U0362210

工商管理优秀教材译丛

会 计 学 系 列 ——▶

财务会计

第11版

[美]
沃尔特·小哈里森（Walter T. Harrison Jr.）
查尔斯·亨格瑞（Charles T. Horngren）　著
威廉·托马斯（C. William Thomas）
温迪·蒂兹（Wendy M. Tietz)

赵小鹿 译

Financial Accounting Eleventh Edition

清華大學出版社
北京

北京市版权局著作权合同登记号　图字：01-2016-9336

财务会计：第 11 版/（美）沃尔特·小哈里森（Walter T. Harrison Jr.）等著；赵小鹿译. —北京：清华大学出版社，2018（2024.2重印）

（工商管理优秀教材译丛. 会计学系列）

书名原文：Financial Accounting

ISBN 978-7-302-50803-8

Ⅰ. ①财…　Ⅱ. ①沃…　②赵…　Ⅲ. ①财务会计－高等学校－教材　Ⅳ. ①F234.4

中国版本图书馆 CIP 数据核字（2018）第 178815 号

责任编辑：王　青
封面设计：常雪影
责任校对：宋玉莲
责任印制：丛怀宇

出版发行：清华大学出版社
　　　　网　　　址：https://www.tup.com.cn, https://www.wqxuetang.com
　　　　地　　　址：北京清华大学学研大厦 A 座　　　　邮　　　编：100084
　　　　社 总 机：010-83470000　　　　邮　　　购：010-62786544
　　　　投稿与读者服务：010-62776969, c-service@tup.tsinghua.edu.cn
　　　　质量反馈：010-62772015, zhiliang@tup.tsinghua.edu.cn
印 装 者：三河市铭诚印务有限公司
经　　销：全国新华书店
开　　本：185mm×260mm　　印　张：51　　插　页：2　　字　　数：1308 千字
版　　次：2018 年 10 月第 1 版　　　　　　　　　　　　印　次：2024 年 2 月第 3 次印刷
定　　价：129.00 元

产品编号：070838-03

目 录
财务会计
Financial Accounting

财务报表

迪士尼公司

　　地球上最幸福的地方在哪里？当然是迪士尼世界或者说是迪士尼乐园！位于佛罗里达奥兰多和加利福尼亚安纳海姆的迪士尼主题公园以提供终极的家庭娱乐体验而闻名。然而，这两个主题公园实际上只是世界娱乐帝国迪士尼公司的一小部分。华特第一次显示他作为动画艺术家的非凡才能是在20世纪20年代。华特和他的哥哥罗伊汇集他们的资源，并于1923年在加利福尼亚州的好莱坞成立了一个卡通工作室。他们早期的工作集中在拍摄动画人物的短片上，其中最著名的是创作于20世纪30年代初的米老鼠。米老鼠因出现在第一个有声卡通"短片"——《汽船威利号》中而一夜成名，并于1932年为迪士尼赢得了第一个奥斯卡奖项。工作室很快推出了其他动画人物，包括米老鼠的朋友唐老鸭和高飞，以及米老鼠心爱的猎犬普拉图。

　　幸运的是，迪士尼的梦想并没有以动画短片而结束。1937年，工作室发布了第一部完整的动画电影——《白雪公主和七个小矮人》。这在当时被认为是一次冒险的尝试，但正是这部电影成为了1938年最成功的电影。在其首次上映时收入超过了800万美元（相当于今天的1.34亿美元）。该片开了动画电影的先河，大量的经典动画影片随之推出，如《木偶奇遇记》《小鹿斑比》《灰姑娘》《彼得潘》和《小飞象》。

　　在想象力的驱动下，迪士尼帝国继续成长。1955年迪士尼乐园的开幕标志着迪士尼发展的新时代，迪士尼这个名字成为世界各地家庭娱乐的代名词。60年后，迪士尼公司的资产包含了5个度假胜地、11个主题公园、2个水上乐园、39个酒店、8个电影公司、6个唱片公司和11个有线电视网络（包括ESPN和ABC），公司还通过零售、网络和批发分销渠道销售数十亿美元的品牌商品。例如，迪士尼公司2014年度合并利润表（年度截止日为9月27日）显示，该公司的年收入为488亿美元，归属于迪士尼公司的净利润为75亿美元。今天的迪士尼公司就是一个梦想和一点想象力可以带你走多远的鲜活例子！

	迪士尼公司合并利润表		百万美元
		截至 2014 年 9 月 27 日	截至 2013 年 9 月 28 日
1	服务收入	40 246	37 280
2	产品收入	8 567	7 761
3	收入合计	48 813	45 041
4	服务成本(除折旧和摊销)	(21 356)	(20 090)
5	产品成本(除折旧和摊销)	(5 064)	(4 944)
6	销售和管理费用	(8 565)	(8 365)
7	折旧与摊销	(2 288)	(2 192)
8	营业费用合计	(37 273)	(35 591)
9	营业利润	11 540	9 450
10	营业外收入(费用)净额	706	170
11	税前利润	12 246	9 620
12	所得税费用	(4 242)	(2 984)
13	净利润	8 004	6 636
14	减:少数股东损益	(503)	(500)
15	归属于迪士尼公司的净利润	7 501	6 136

收入和净利润这些术语,现在对你来说可能非常陌生。完成第 1 章的学习后,你将可以灵活使用这些术语和其他商业术语。欢迎来到会计世界!

本书的每一章都从一张真实的财务报表开始。本章所采用的是迪士尼公司 2014 年度合并利润表(年度截止日为 9 月 27 日)。财务会计的核心是财务报表,基本的财务报表包括:

- 利润表(亦称经营成果表)
- 留存收益表(通常包括在股东权益变动表中)
- 资产负债表(亦称财务状况表)
- 现金流量表

财务报表(financial statements)是公司向不同的会计信息使用者(包括管理层、债权人和监管机构)报告其经营活动成果的书面文件。与此同时,相关利益方会使用报告信息作出各种决策,比如是否向该公司投资或者提供贷款。学习会计应注重决策。本章将解释公认会计原则(GAAP),包括基本假设、概念以及负责制定会计准则的机构。我们将讨论作出高质量会计决策所必需的判断程序,也会讨论四张基本财务报表的内容。在本章的后续部分将详细讲解如何编制财务报表,以及信息使用者如何运用财务报表中的会计信息进行决策。

学习目标

1. 解释为什么会计是商业语言
2. 解释并应用基础会计概念、假设和原则
3. 应用会计等式描述企业的经济活动
4. 通过财务报表评价企业的经营业绩
5. 编制财务报表并分析财务报表之间的关系
6. 从道德规范的角度评价企业

迪士尼公司的管理层需要作出大量的决策。例如,新的创意将如何衍生出新的电影? 这些创意如何与公司的主题公园相结合? 公司应该收购一个电视网络还是出售一个无线广播渠道? 哪些卡通形象最热门——米老鼠、普拉图、唐老鸭? 还是来自《冰雪奇缘》的艾尔莎? 哪些主题公园是最赚钱的? 哪些主题公园是薄利的? 而会计信息能帮助公司作出上述决策。

再来看一下前面给出的迪士尼公司的合并利润表,注意其中归属于迪士尼公司的净利润。净收益(利润)是收入(净销售额)减去费用后的剩余部分。你可以看到,迪士尼公司在年度截止日为 9 月 27 日的 2014 会计年度取得了 75.01 亿美元的净利润。这是一个非常好的指标,因为这意味着迪士尼公司的收入比费用多了 75 亿美元。

迪士尼公司的合并利润传递了更多有趣的信息。总收入在本年度比上一年度增加了大约 8.4%(从 450.41 亿美元增加到 488.13 亿美元)。此外,归属于迪士尼公司的净利润增长了 22.2%(从 61. 36 亿美元增加到 75.01 亿美元)。

假设你有 1 万美元可用于投资。在决定将这笔钱投资于迪士尼公司的股票之前,你需要哪些信息帮助你作出决策? 下面让我们来看看会计的作用。

解释为什么会计是商业语言

会计(accounting)是一个信息系统,它衡量商业行为、记录数据并生成报告,将信息传递给决策者。会计是商业语言。你对这门商业语言掌握得越好,就越能更好地管理个人和公司财务。

会计产生了报告一个商业实体相关信息的财务报表。财务报表计量经营成果并报告公司的财务状况。学完本章之后,你将理解有关财务报表的相关内容。学完第 3 章后,你将理解财务报表的编制流程,我们称之为会计循环(accounting cycle)。

不要将簿记和会计搞混。簿记仅仅是会计的一个组成部分,如同算术是数学的一部分一样。图 1-1 说明了会计在商业中的角色。这个过程以人们作决策为开始和结束。

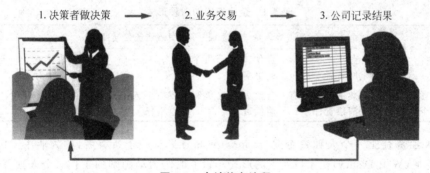

1.决策者做决策 → 2.业务交易 → 3.公司记录结果

图 1-1 会计信息流程

谁使用会计信息

决策者使用各种信息进行决策。银行家需要信息来决定谁能获得贷款。迪士尼公司则需要用会计信息来配合其"幻想工程师"(设计师和工程师)的设计和计划,以确定新的主题公园的规模和地点。接下来介绍决策者如何使用会计信息。

- 个人。当你管理银行账户、制定每月收入和支出预算、决定是租房还是买房时,会计提供了你所需要的信息。

- 投资者和债权人。投资者和债权人为迪士尼公司提供资金。要决定是否投资于一家公司,投资者需要知道该项投资能够带来多少收益。债权人想知道提供给迪士尼公司的贷款何时能够偿还以及偿还的方式。作出上述决策需要会计信息提供支持。
- 监管机构。所有的监管部门都使用会计信息。例如,美国国税局(IRS)以及州与地方政府向企业、个人及其他组织征收所得税、房产税、消费税等各种税项,美国证券交易委员会(SEC)要求上市公司提供财务报告(包括年报、中期报告、季报等)。所有这些财务报告的主要内容都是会计信息。
- 非营利组织。非营利组织是指教堂、医院以及红十字会等慈善组织,该类组织的许多经营决策是以会计信息为依据的。此外,尽管非营利组织不需要缴纳税款,但需要向国税局和州政府定期提供经营活动报告。

会计的两种类别:财务会计和管理会计

会计信息使用者分为内部使用者和外部使用者两类,相应地我们将会计分为财务会计和管理会计。

财务会计(financial accounting)为公司外部的利益相关者(如投资者、债权人、政府机构和公众)提供信息。财务会计信息必须满足决策者所需信息的相关性标准,同时还必须如实反映主体经济活动的情况。本书主要讲解财务会计。

管理会计(management accounting)则为公司的决策者(如迪士尼公司的管理层)提供内部信息。管理会计信息包括企业在进行战略决策时所需的各类信息,如预算和预测。为了满足公司管理层的决策需要,内部信息也必须达到准确性和相关性的标准。

设立企业

任何类型的企业都离不开会计。企业可以是下列组织形式中的一种:个人独资企业、合伙企业、有限责任公司(LLC)和公司。表1-1比较了这四种类型的企业。

表1-1 企业组织的四种形式

	个人独资企业	合伙企业	有限责任公司(LLC)	公司
1. 所有者	业主——一个所有者	合伙人——两个或更多	成员	股东——一般有许多所有者
2. 所有者对企业债务的个人责任	业主个人负有清偿责任	合伙人个人负有清偿责任	成员个人不负有清偿责任	股东个人不负有清偿责任

个人独资企业 个人独资企业(proprietorship)只有一个所有者,称为业主。例如,华特·迪士尼(Walt Disney)在家以业主的形式开始了他作为动画师的工作。个人独资企业一般是比较小的零售商店或专业人士(医生、律师或会计师)。从法律的角度看,企业和业主是合一的,业主个人要对企业的债务承担责任。但是从会计上看,每家独资企业与其业主是分离的。因此,独资企业的会计记录不包括业主的个人财务记录。

合伙企业 合伙企业(partnership)由两个或更多的人作为共同的所有人,业主即为合伙人。个人、合伙企业、公司或其他主体都可成为合伙人。合伙企业的利润或亏损归属于合伙企业中的合伙人,所确认的金额以合伙人在合伙企业所占的利益份额为依据。合伙企业不是独立的纳税主体;相反,合伙人会就来自合伙企业的应纳税所得缴纳个人所得税或公司所得税。很多零售网点、专业服务性公司(如律师事务所、会计师事务所等)、房地产代理、石油和天然气开发公司都是合伙企业。多数合伙企业的规模为小型或中型,但是也有些合伙企业规模巨大,合伙人超过千人。合伙企业受合伙协议规范,一般体现为合伙人之间签署的书面合伙协议。一般合伙企业具有相互代理和无限责任的特征,也就是说,每一个合伙人都可以用合伙企业的名义从事业务活动,其代表企业的行为对其他合伙人均有法律约束力,因此每个合伙人都要对合伙企业的全部债务承担责任。从上述合伙企业的特征可以看出,合伙企业的风险极大,原因在于不负责任的合伙人可在其他合伙人不知情或不允许的情况下使合伙企业陷入债务困境。合伙人的无限责任催生了有限责任合伙企业(LLPs)的产生。

有限责任合伙企业是指其中任意一个合伙人都不能将巨额的债务强加于其他合伙人。因此,在有限责任合伙企业中,每个合伙人只就自己可控的行为承担个人责任。但是,必须有一个总合伙人对该合伙企业的债务承担无限责任。

有限责任公司　有限责任公司(limited-liability company)是指由公司而不是所有者承担清偿责任的企业。有限责任公司可以有一个所有者,也可以有多个所有者,即成员。与个人独资企业和基本的合伙企业不同,有限责任公司的成员对公司的债务不承担个人责任。因此,我们说公司成员的责任是有限的,即仅限于其投资的金额。同样,有限责任公司无须缴纳公司所得税。相反,有限责任公司的收入通过对成员的分配,由公司成员像合伙人一样,按个人所得税税率缴纳个人所得税。当今,大多数个人独资企业和合伙企业以有限责任公司的形式设立,原因在于既可以享受像合伙人一样的税收优惠,又可以只对企业承担有限责任。

公司　公司(corporation)是指**由股东**(stockholder)或称为**股票持有人**(shareholder)所拥有的企业。以公司形式经营的优势之一是可以在资本市场上向公众募集大额资金。各种类型的主体(包括个人、合伙企业、公司等)都可以成为公司的股东。尽管独资企业与合伙企业数量繁多,但公司在交易规模、资产总额、利润总额和员工人数上占有绝对优势。多数知名的公司,如迪士尼、亚马逊、谷歌、通用汽车、丰田汽车和苹果都是公司制。它们的全名都含有Corporation 或 Incorporated(缩写为 Corp. 和 Inc.),有些则还使用 Company 命名,如福特汽车公司(Ford Motor Company)。

公司是根据美国各州的法律组建的企业主体。与独资企业和合伙企业不同,公司从法律上与其所有者相分离。公司像一个存在于所有者之外的假定的人,并且公司拥有许多自然人所拥有的权利。公司的股东对公司的债务不承担个人义务,所以公司的股东像有限合伙人和有限责任公司成员一样,对公司的债务只承担有限责任。然而,与合伙企业或有限责任公司的不同之处在于公司需缴纳公司所得税和其他税项。另外,公司股东来自公司的利润分配(亦称股利)会被重复征税。因此,以公司形式经营的主要劣势之一是利润分配重复征税。

公司的最终控制权属于股东,股东拥有的每一股股票都有相应的一股投票权。股东选举负责制定公司政策以及任命执行官的董事会成员。董事会选出一位董事会主席,主席是公司最有权力的人,并且经常兼任首席执行官(CEO)。董事会还负责任命总裁作为首席运营官(COO),由其处理公司的日常事务。许多公司还设有负责销售、会计、财务和其他关键职能的副总裁。

 ## 解释并应用基础会计概念、假设和原则

会计师遵守财务信息计量和披露的专业指南。这些专业指南被称为公认会计原则(generally accepted accounting principles,GAAP)。在美国,财务会计准则委员会(Financial Accounting Standards Board,FASB)负责制定 GAAP。国际会计准则理事会(International

Accounting Standards Board,IASB)制定全球或国际财务报告准则。关于国际财务报告准则的内容将在本章的后续部分介绍。

图 1-2 给出了由 FASB 和 IASB 开发的联合会计概念框架图。财务报告准则(不论是美国的还是国际的)位于框架图的最底部,以概念框架为基础。财务会计报告的基本目标是向报告主体的现有的和潜在的投资者、出资人及其他债权人提供与报告主体有关的财务信息。

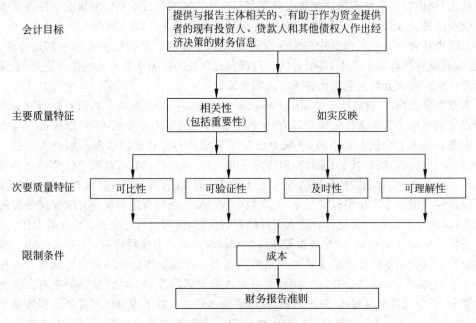

图 1-2 会计概念基础

资料来源:Financial Accounting Standards Board (FASB) and International Accounting Standards Board (IASB),Joint Conceptual Framework for Reporting (2010).

有用的财务信息应具备两个基本的质量特征,即相关性和如实反映。

信息的相关性是指信息必须对决策者具有影响力、预测价值及反馈价值。此外,该信息必须具有重要性,这里是指对信息使用者而言极其重要,以至于如果忽略或错用该信息,会导致使用者作出不同的决策。重要的信息必须在财务报表中单独披露(列示或讨论),不具有重要性的信息可以不单独披露,而是与其他信息合并披露。如实反映是指信息必须完整、中立(没有偏差)及没有重大差错(准确)。会计信息必须反映交易或者事项的经济实质,而经济实质与其法律形式并不会永远保持一致。如实反映可使信息使用者获得可靠的信息。

会计信息还必须具备一些次要的质量特征,具体包括可比性、可验证性、及时性和可理解性。

可比性是指会计信息应保持同一企业不同时期的可比性以及不同企业之间同一时期的可比性。可验证性是指会计信息应具备准确性、完整性和可靠性。验证信息的程序通常由内部审计与外部审计完成。可验证性增强了信息的可靠性,从而使信息能更好地反映企业的经济实质。及时性是指信息必须能满足使用者的决策需求,从而使信息与决策相关。可理解性是指信息必须清晰明了,从而使信息使用者(投资者、债权人、监管机构和企业管理层)易于理解和使用。

会计信息的提供会产生相应的成本。决定是否披露会计信息的基本约束条件是披露成本不能超过使用者的预期收益。企业的管理层负有提供会计信息的主要职责,在准备会计信息的过程中,管理层必须对会计信息是否能够全面反映企业的经济实质作出判断,同时还要判断是否符合成本效益原则。

本书涉及 GAAP 和相关的国际财务报告准则(IFRS)的内容。附录 D 是 GAAP 概览,附录 E 是 IFRS 概览。下面我们将简要讲解在执行 GAAP 和 IFRS 时应遵循的基本假设和原则。

主体假设

会计中最基本的假设是**主体**(entity),即作为一个独立的经济单位而存在的任何组织。每个主体都有明确的界限,从而避免主体之间的业务出现混淆。

下面我们看看迪士尼公司董事会主席及首席执行官罗伯特·艾格(Robert A. Iger)的情况。艾格先生拥有几幢房子和几辆汽车,此外,他可能还有一些私人贷款,所有这些资产和负债都属于艾格先生而与迪士尼公司无关。同样,迪士尼公司的现金、计算机和存货都属于迪士尼公司而与艾格先生无关。为什么?因为主体假设使每个主体都有明确的界限,在本例中,迪士尼公司是一个独立的主体,而罗伯特·艾格是另一个独立的主体。

再来看看迪士尼公司的各种类型的业务。该公司经营五种类型的业务,细分为:媒体网络、主题公园和度假村、影视娱乐、消费产品和互动媒体(游戏、在线服务)。高层管理人员对主题公园和度假村的业绩与媒体网络的业绩分别进行评估。如果主题公园的收入下降,迪士尼公司可以找出其下降的原因。但是,如果所有业务的收入数据合并汇总,管理层将无法确定每个业务部门的具体表现。为了解决这一问题,管理层不仅需要公司中每个业务部门(主体)的会计信息,还需要按地理区域(如国家)提供的单独的会计信息。因此,为满足单独评估的要求,每种类型的业务和每个区域均应保留独立的会计记录。

持续经营假设

在计量和报告会计信息时,我们假设会计主体会持续经营足够长的时间,从而使企业持有的资产(如土地、建筑物、设备及日用物资等)可用于其原有的意图。这被称为**持续经营假设**(going-concern assumption)。

与持续经营假设相对的是终止经营或破产清算。一家面临清算的主体会进入出售资产的程序。在这种情况下,其资产最相关的计量标准是当前的市场价值(企业出售资产时收到的金额)。然而,清算假设只是特例而不是一般情况,因此持续经营假设指出企业会持续经营足够长的时间,通过折旧在资产经济寿命内分摊资产成本。

历史成本原则

历史成本原则(historical cost principle)是指资产应以其实际成本入账,即按照购买日所支付的现金和非现金资产的价值(其他资产或权利)予以计量。假设迪士尼公司为开设新店而购买了一幢建筑物,该建筑物的业主开价 600 万美元,而迪士尼公司的管理层愿意支付 585万美元购买该建筑物。两家不动产代理公司经评估后认为该建筑物的价值为 610 万美元。买卖双方经过协商后以 590 万美元成交。按照历史成本原则,迪士尼公司应以 590 万美元(既不是 585 万美元也不是 600 万美元或 610 万美元,尽管相关各方认为该建筑物值上述金额)作为该建筑物的初始计量成本。在购买时点,590 万美元既是该建筑物的相关价值体现,也如实反映了迪士尼公司购买该建筑物所支付的可靠金额。

在历史成本原则和持续经营假设下,企业持有的某项资产就应该以其历史成本计量。为什么?因为历史成本相对来讲无偏差且是可验证的计量标准。假设迪士尼公司持有一幢建筑物已6年。在此期间不动产价格在上涨,由此导致在会计期末,该建筑物可以650万美元售出。那么迪士尼公司应该将该建筑物的账面价值增至650万美元吗?当然不是。按照历史成本原则,该建筑物在迪士尼公司的账面上依然保持其历史成本,为590万美元。

在美国,历史成本原则不再像以往那样占有主导地位。会计正在向以公允价值为基础报告更多的资产和负债的方向发展。公允价值(fair value)是指企业自愿销售资产或者清偿债务的金额。美国财务会计准则委员会(FASB)发布了企业以公允价值报告其资产和负债的应用指南。然而,近年来,FASB已经同意使GAAP与IFRS的国际财务报告准则趋同。相比美国的GAAP,国际财务报告准则允许更多的资产以公允价值计量,从而会导致更多的资产定期按市场价值进行重新评估。我们将在本章的后续部分讨论会计准则全球化的趋势,并会在本书的其他章节予以阐述。

币值稳定假设

在美国,交易以美元记录,因为美元是交换的媒介。英国会计师用英镑记录交易。在日本,交易以日元记录。在欧盟,交易以欧元记录。

与一公升或一英里等单位不同,一美元的价值会随着时间而发生变化。一般物价水平的上升称为通货膨胀。在通货膨胀期间,一美元只能买到比过去少的食物、牙膏及其他商品和服务。当物价稳定(或只有轻微的通货膨胀)时,一美元的购买力也是稳定的。

在**币值稳定假设**(stable-monetary-unit assumption)下,会计师假定美元的购买力一直是稳定的。不考虑通货膨胀的因素,我们就可以对美元数值进行加减,就像一美元与其他任何时候的一美元拥有相同的购买力一样。这一点对企业非常重要,原因在于企业公开披露的财务信息一般都是比较信息(即当年和去年或以前年度)。如果我们假设币值不稳定,那么以前年度以美元计量的资产和负债需要按照当前的物价水平予以调整。由于假定通货膨胀的影响较小,所以不再需要作出相应的调整。

全球视角

国际财务报告准则(IFRS)

我们生活在一个全球化的经济体中。通过互联网,美国投资者可以在香港、伦敦和布鲁塞尔的证券交易所买卖股票。每年,星巴克、麦当劳、迪士尼等美国公司在全球的业务超过数十亿美元。与此同时,诺基亚、三星、丰田和雀巢等外国公司在美国的业务也超过数十亿美元。美国公司兼并外国公司以创建跨国集团,如本书的出版商培生集团。不论你的职业生涯从哪里开始,你都有机会在全球市场中竞技。

时至今日,跨国经营的主要挑战之一是不同国家采用不同的会计准则核算经济业务,这已是不争的事实。从历史上看,多数发达国家(美国、英国、日本、德国等)采用本国的会计准则。由于投资者需要比较来自不同国家的企业财务信息,为了使信息具有可比性,投资者必须将来自不同国家的会计数据进行重述或转换。这一过程既需要时间,又需要投入财力。

为了解决上述问题,国际会计准则理事会(IASB)开发了国际财务报告准则(IFRS),该准则被世界上多数国家所采用。长期以来,美国会计师并没有对IFRS予以过多的关注,原因在于美国的 GAAP 被认为是在世界范围内最具有权威性的准则。除此之外,在美国,上市公司受到证券交易委员会(SEC)的严格监管,必须遵从美国 GAAP。目前,SEC 在全球范围内具有不可争议的权威性。

然而,为促进全球财务报告的一致性,SEC 正在研究在不久的将来要求美国的上市公司采用部分国际财务报告准则。采用高质量统一的全球会计准则的好处是美国公司(如宾夕法尼亚州的好时公司)的财务报表与外国公司(如瑞士的雀巢公司)的财务报表将具有可比性。采用国际财务报告准则会方便投资者和商业人士对全球范围内同行业的企业进行评价。同时,企业不再需要编制不同版本的财务报表,只需提供一套财务报表即可。因此,从长远来看,统一的高质量的全球会计准则可以大幅降低在全球开展经营的成本。

上述变化是否意味着本书所涉及的会计知识将会过时? 答案当然是否定的。幸运的是,本书涵盖的大量会计基础知识,包括我们在前面所讲到的基础概念框架已经是国际财务报告准则的内容。在 GAAP 和 IFRS 下,大量通用的会计实务规范是相同的。此外,FASB 和 IASB 正共同为实现会计准则的国际趋同而努力,这意味着随着时间的推移,GAAP 与 IFRS 之间的差异将减少并逐渐趋同。这也意味着 IFRS 在美国的过渡采用将会是一个平稳的过程。直到目前——本书出版之际,GAAP 和 IFRS 之间仍然在某些领域存在差异,比如,在美国会计实务中广泛使用的存货成本核算方法(第 6 章会详细讲解)中的后进先出法(LIFO),在 IFRS 下已被废除。除此之外,还存在其他方面的差异。IFRS 在美国全面采用之前,这些差异将会得到解决。

一般而言,GAAP 和 IFRS 之间的主要差异归结为 GAAP 的固有特征,即有史以来以规则为导向的准则规范;与其相反,IFRS(并没有很长的历史)允许在企业的财务信息上作出较多的职业判断。在许多情形下,IFRS 允许会计师和管理层采用他们认为最恰当的会计规范。比如,在收入确认准则中,相对于 GAAP 而言,IFRS 只提供较少的应用指南,却允许较多的职业判断。GAAP 和 IFRS 的另一个主要区别是对长期资产和负债的计量方法。在美国,GAAP 要求采用历史成本原则报告资产和负债。相反,IFRS 鼓励采用公允价值计量方法,即在资产负债表日,对资产和负债采用市价(而不是历史成本)进行重新计量。这看起来是个巨大的差异,但是美国 GAAP 已开始允许部分采用公允价值计量方法,如成本与市价孰低法、长期资产减值以及特定投资的公允价值计量法。在后续章节中,我们会深入讲解上述内容。

在本书的后续章节中,我们会讨论 GAAP 和 IFRS 之间的主要区别。由于本课程是财务会计的基础课程,我们的讨论只会涉及与本课程相关的内容。附录 E 汇总了 GAAP 和 IFRS 的主要区别以及全面采用 IFRS 对财务报表的影响(与相关章节的内容相对应)。

未来,你将知道更多关于采用国际财务报告准则及会计准则国际趋同的信息。从长远来看,财务报表使用者会受益于这些改变,你自己也将受益于本课程的学习。值得注意的是,GAAP 和 IFRS 的相同之处远远超过其差异。不管未来将会怎样改变,你所学到的关于国际会计准则的相关知识将使你受益匪浅。世界经济全球化为你的成功之路提供了千载难逢的机遇。

应用会计等式描述企业的经济活动

迪士尼公司的财务报表反映了该企业的经营成果和财务状况。财务报表是财务会计工作的最终产品。但是,财务报表是怎样产生的呢? 财务报表要素是财务报表的基石,下面我们讲解财务报表要素。

资产和负债

财务报表以会计等式（accounting equation）为基础。该等式的一方代表了企业的资源，另一方代表了对这些资源的索取权。

- **资产**（assets）是预期在未来能够给企业带来利益的经济资源。迪士尼公司的现金、库存商品和设备都是资产。

对资产的索取权来自以下两个方面：

- **负债**（liabilities）是外部索取权，是应对外部人员即债权人进行偿付的债务。例如，向迪士尼公司提供贷款的债权人，在迪士尼公司偿还该笔债务之前，拥有对迪士尼公司部分资产的索取权，这是受法律保护的权利。
- **所有者权益**（owner's equity 或 stockholder's equity）（又称资本或股东权益）代表企业的内部索取权。权益就是所有权，因此迪士尼公司的股东权益是股东对公司资产享有的经济利益。

会计等式揭示了资产、负债和所有者权益之间的关系。资产在等式的左边，而负债和所有者权益在等式的右边。如图 1-3 所示，左右两边必须相等。

迪士尼公司拥有哪些资产呢？一项重要资产是**现金**（cash）及其等价物，即作为交换媒介的流动资产。另一项重要资产是库存商品（也常称作存货），即迪士尼商店销售的商品。此外，迪士尼公司还拥有其他形式的资产，如主题公园、度假村和设备（PPE），这类资产也称作**固定资产**（fixed asstes）。固定资产是企业为生产经营而持有的长期资产，如建筑物、计算机等。

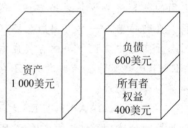

资产＝负债＋所有者权益
1 000美元＝600美元＋400美元

图 1-3　会计等式

迪士尼公司的负债包括某些应付款项，如应付账款和应交所得税。应付二字总是代表一种负债。应付账款是企业在赊购商品和获取服务时发生的负债，仅以购买者的信誉为担保。应付账款一般在下一个经营周期（通常为一年）内偿付。**长期借款**（long-term debt）是指自财务报表编制之日起，偿还期限超过一年的负债。长期借款本年到期的部分是在下一个会计期间应当偿还的金额，需要单独列示。

所有者权益

任何企业的所有者权益都等于该企业的资产减去负债。我们可以通过会计等式把所有者权益表示成资产减去负债后的余额。

$$资产－负债＝所有者权益$$

公司的所有者权益（称为股东权益）主要由实收资本和留存收益两部分组成。

会计等式可以写成：

$$资产＝负债＋股东权益$$
$$资产＝负债＋实收资本＋留存收益$$

- **实收资本**（paid-in capital）是股东投入公司的资本。实收资本的主要组成部分是普通股（common stock），它是公司发给股东的所有权凭证。所有公司都有普通股。
- **留存收益**（retained earnings）是公司在生产经营过程中所创造并留存供使用的利润金

额。收入、费用和股利三类业务活动会对留存收益产生影响。

- **收入**（revenues）是通过向顾客销售商品或提供劳务而产生的资源流入，会导致留存收益增加。例如，迪士尼公司通过旗下主题公园赚取收入，同时增加该公司的留存收益。
- **费用**（expenses）是经营活动中导致的资源流出，会导致留存收益减少。例如，迪士尼公司支付给员工的工资就是一项费用，会减少该公司的留存收益。费用是经营活动的成本，它是收入的相对项目。费用包括商品销售成本、房屋租金、工资和水电煤气费。费用还包括陈列柜、货架和其他设备的折旧费用。
- **股利**（dividends）是指将公司产生的净利润向股东分配的资产（一般是现金），会导致留存收益减少。作为投资回报，成功的公司会向股东分配股利。值得注意的是，股利不是费用，永远不会对净利润产生影响。在计算净利润时，并非在收入中扣除股利，而是将其直接记录为留存收益的减项。

企业的生存目标是赚取利润（profit），即收入超过费用的部分。

- 当收入总额超过费用总额时，结果称为**净收益**（net income）、**净盈余**（net earnings）或**净利润**（net profit）。
- 当费用总额超出收入总额时，结果称为**净亏损**（net loss）。
- 净利润或净亏损列示在利润表的最后一行。在迪士尼公司合并利润表的最后一行报告了该公司 2014 年度的净利润为 75.01 亿美元。

图 1-4 展示了以下各项的关系：

- 留存收益
- 收入－费用＝净利润（或净亏损）
- 股利

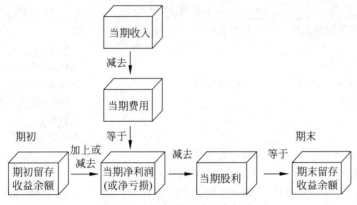

图 1-4　留存收益的组成部分

　　个人独资企业和合伙企业的所有者权益与公司的所有者权益不同。个人独资企业和合伙企业不单独列示实收资本和留存收益。相反，每个所有者的权益都在资本这个单独账户下分别进行核算。例如，如果 Randall Waller 拥有一家个人独资企业，则该企业的资本列示为：资本——Randall Waller。如果 Power 和 Salazar 共同设立合伙企业，那么两个合伙人的资本应该分别列示：资本——Power 和资本——Salazar。

思考题

1.如果某公司的资产是 480 000 美元,负债是 160 000 美元。该公司的所有者权益是多少?

2.如果某公司的所有者权益是 160 000 美元,负债是 100 000 美元。该公司的资产是多少?

3.如果某公司报告的月收入是 365 000 美元,月费用是 225 000 美元。该公司当月的经营成果是多少?

4.如果某公司的留存收益的期初余额是 180 000 美元,收入是 85 000 美元,费用是 35 000 美元,支付股利 20 000 美元。该公司留存收益的期末余额是多少?

答案

1.320 000 美元(480 000 美元−160 000 美元)

2.260 000 美元(160 000 美元+100 000 美元)

3.净利润:140 000 美元(365 000 美元−225 000 美元);收入减去费用

4.210 000 美元[期初余额 180 000 美元+净利润 50 000 美元(85 000 美元−35 000 美元)−股利 20 000 美元]

 ## 通过财务报表评价企业经营业绩

财务报表使用财务术语向社会公众呈现了一个公司的财务状况。每一张财务报表都与一个特定日期或者一定时期相关。在会计年度末,迪士尼公司的投资者想了解该公司的哪些信息? 表 1-2 总结了决策者可能会提出的问题。每一个问题都由一张财务报表来回答。

表 1-2 财务报表报告的信息

问 题	财务报表	答 案
1. 公司当年的经营业绩怎样?	利润表(又称经营成果表)	收入 −费用 净利润(或净亏损)
2. 为什么这一年公司的留存收益发生了变化?	留存收益表	期初留存收益 +净利润(或−净亏损) −股利 期末留存收益
3. 公司在会计年度最后一天的财务状况怎样?	资产负债表 (又称财务状况表)	资产=负债+所有者权益
4. 公司在这一年产生和花费的现金是多少?	现金流量表	经营活动产生的现金流量 ±投资活动产生的现金流量 ±筹资活动产生的现金流量 现金的增加(或减少)

为了掌握财务报表的使用方法,让我们来看一看迪士尼公司 2014 年度的财务报表(截止日为 9 月 27 日)。下图说明了会计数据是怎样从一张报表转到另外一张报表的。顺序非常重要。

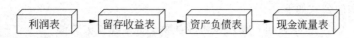

利润表 → 留存收益表 → 资产负债表 → 现金流量表

让我们先从如表 1-3 所示的利润表开始。

表 1-3 迪士尼公司合并利润表 百万美元

		2014 年度(截至 9 月 27 日)	2013 年度(截至 9 月 28 日)
1	服务收入	40 246	37 280
2	产品收入	8 567	7 761
3	收入合计	48 813	45 041
4	服务成本(除折旧和摊销)	(21 356)	(20 090)
5	产品成本(除折旧和摊销)	(5 064)	(4 944)
6	销售和管理费用	(8 565)	(8 365)
7	折旧与摊销	(2 288)	(2 192)
8	营业费用合计	(37 273)	(35 591)
9	营业利润	11 540	9 450
10	营业外收入(费用)净额	706	170
11	税前利润	12 246	9 620
12	所得税费用	(4 242)	(2 984)
13	净利润	8 004	6 636
14	减:少数股东损益	(503)	(500)
15	归属于迪士尼公司的净利润	7 501	6 136

利润表衡量经营成果

利润表(income statement)或称经营成果表(statement of operations)报告企业一段期间的收入和费用。最后一行是该期间的净利润或净亏损。表 1-3 的表头是公司的名称——迪士尼公司以及报表名称——合并利润表。

迪士尼公司实际上是由股东拥制的几家公司组成的。企业集团需要编制合并报表,也就是说,将集团内企业的资产、负债和所有者权益合并成为一个整体进行报告。

迪士尼公司的合并利润表日期是截至 2013 年 9 月 28 日的年度和截至 2014 年 9 月 27 日的年度。与大多数零售企业一样,该公司选择将会计期末定在 9 月 30 日前后向前的 52 周为会计年度。这是因为暑期是迪士尼公司一年中最繁忙的时间,而 9 月通常是淡季,从而公司有时间结账。企业通常选择将经营淡季作为会计期末。全食超市的会计年度的截止日是 9 月 30 日前后,联邦快递的会计年度的截止日是 5 月 31 日。约有 60% 的大公司(如亚马逊)以日历年度作为会计年度。

表 1-3 中,迪士尼公司的合并利润表列示了 2013 年度和 2014 年度的经营成果,以反映收入、费用和净利润的变化趋势。为了避免表中的数字列示过长,迪士尼公司采用百万美元作为货币报告单位。对迪士尼公司的合并利润表进行简单分析有助于我们评估该公司 2014 年度相比 2013 年度的业绩表现。

利润表主要报告两大类科目:

- 收入和利得
- 费用和损失

计算净利润的公式如下:

$$净利润＝收入和利得总额－费用和损失总额$$

在会计上,净代表差额。净利润是收入和利得总额减去费用和损失总额之后得到的收益余额。**净利润是财务报表中最重要的一项。**

总体而言,在截至 2014 年 9 月 27 日的年度,迪士尼公司的总收入为 488.13 亿美元(第 3 行),归属于迪士尼公司的净利润(第 15 行)为 75.01 亿美元。

收入 迪士尼公司通过表演服务和销售产品获得了巨额的收入。服务收入来源于其媒体网络、主题公园和度假村、影视娱乐和互动部门。产品销售收入产生于其消费产品部门。为了更清楚地了解其运营情况,公司分别报告了各项业务的收入来源。截至 9 月 27 日的 2014 年度,服务收入(第 1 行)占公司总收入的 82.4%(402.46 亿美元÷488.13 亿美元)。产品收入(第 2 行)占总收入的 17.6%(85.67 亿美元÷488.13 亿美元)。在截至 9 月 27 日的 2014 年度,服务收入比 2013 年度增长了约 8%,从 372.8 亿美元增加到 402.46 亿美元。产品收入比 2013 年度增长了约 10.4%,从 77.61 亿美元增加到 85.67 亿美元。通过上述计算,我们可以看出,服务收入占公司总收入的比重最高,但产品收入在过去一年中比服务收入增长得更快。

费用 并不是所有的费用在名称中都带着费用两个字。例如,迪士尼公司最大的费用是服务成本和产品成本(分别为第 4 行和第 5 行)。在第 4 行,迪士尼公司只列报了因提供媒体网络、主题公园和度假村、影视娱乐和互动业务部门的服务而发生的直接成本(不包括折旧和摊销)。与服务成本相关的示例包括与每个服务部门的收入直接相关的劳动力成本和原材料成本。在第 4 行,该公司 2014 年度的服务成本为 213.56 亿美元(较 2013 年度的服务成本 200.9 亿美元增长了 6.3%)。比较上段讨论的服务收入的年增长率,我们可以看到 2014 年度的服务收入(约 8%)比服务成本(约 6.3%)增长得更快。这意味着,迪士尼公司的服务业务部门在 2014 年度比 2013 年度更盈利。尽管在表 1-3 中未单独显示,但可以通过从服务收入中扣除服务成本来计算服务业务的毛利。2014 年度,服务业务的毛利为 188.9 亿美元(402.46 亿美元－213.56 亿美元)。2013 年度,服务业务的毛利为 171.9 亿美元(372.8 亿美元－200.9 亿美元)。因此,服务业务的毛利增加了 17 亿美元或 9.9%。

第 5 行给出该公司 2014 年度的产品成本为 50.64 亿美元(比 2013 年度的 49.44 亿美元增长了 1.2 亿美元,即 2.4%)。与产品收入增长 10.4%相比,成本增长 2.4%只是小幅增长,这也是当年该公司销售产品的利润比来自服务业务的利润增加更多的原因。销售产品的毛利(产品销售收入－产品销售成本),从 2013 年度的 28.17 亿美元(77.61 亿美元－49.44 亿美元)到 2014 年度的 35.03 亿美元(85.67 亿美元－50.64 亿美元),增加了 6.86 亿美元,或增长了 24.4%。从上述分析中,我们可以得出结论,虽然服务业务部门的收入是公司总收入的主要来源(服务收入和产品收入分别占总收入的 82.4%和 17.6%),但是 2014 年度产品业务部门的毛利比服务业务部门的毛利增长更快(分别是 24.4%和 9.9%)。

迪士尼公司的其他费用如下。

- 销售和管理费用(第 6 行),是与提供服务或销售产品不直接相关的日常运营的成本。许多费用在这一类别中列报,包括支付给行政管理人员的工资、信息系统费用、仓储费用及其他一般营业费用。这些费用在 2014 年度为 85.65 亿美元,比 2013 年度

(83.65 亿美元)增长了约 2.4%。

- 折旧和摊销(第 7 行)。迪士尼公司在固定资产(公司称之为景点、建筑物和设备)方面投资了数十亿美元,如迪士尼拥有的 11 个主题公园的所有建筑和设施(游乐设施)以及 39 家酒店。这些资产以公司资产负债表上的历史成本报告(见表 1-5,第 9 行)。折旧是在资产预计使用寿命内,因产生收入而进行的资产成本分配的过程。在第 3 章和第 7 章中,我们会对折旧进行更深入的讨论。摊销是一种类似于折旧的过程,只是它适用于某些其他长期有形资产、无形资产以及特定的负债。上述金额初始作为资产和负债在资产负债表上记录,后续则作为摊销费用分配到受其影响的会计期间。在第 7 章和第 9 章中我们将对摊销进行更详细的讨论。2014 年度,折旧和摊销为22.88 亿美元;2013 年度,折旧和摊销为 21.92 亿美元。

- 营业利润(第 9 行)。所有营业收入和所有营业费用之间的差额称为营业利润。这是利润表上非常重要的数字,因为它显示了公司的核心业务是否盈利。营业利润是公司未来盈利能力的最佳预测指标。如果营业利润稳步上升,则表明公司的利润是高质量的。我们将在第 11 章进一步讲述这个概念。

- 其他收入(费用)净额(第 10 行)2014 年度为 7.06 亿美元,2013 年度为 1.7 亿美元。这一行包括一些金额太小、无法单独报告的项目。根据财务报表附注,具体包括外汇交易损益及固定资产处置损益。

- 所得税费用(第 12 行)是联邦政府对迪士尼公司应税所得征收的费用。这项费用通常是公司最大的支出之一。在截至 2014 年 9 月 27 日的 12 个月中,迪士尼公司的所得税费用高达 42.42 亿美元(占税前净利润的 34.6%)。

- 减:少数股东损益(第 14 行)。在本章开始部分曾讨论过,迪士尼公司在世界各地拥有不同持股比例的子公司。当持有子公司的比例为 20%~50% 时,按照 GAAP 的要求,使用权益法对该项投资进行核算。在权益法下,投资公司按占被投资公司所有权的比例增加投资和收益,并通过收到的股利而减少投资。与此相反,只要占被投资公司的权益超过 50%,投资者或母公司就被视为对被投资公司拥有控制性权益。对于拥有控制性权益的一方,按照 GAAP 的要求,应对同一控制下的所有主体(母公司和子公司)的财务报表进行合并。在合并会计下,母公司应报告其拥有权益的所有主体的全部利润。这一数额在 2014 年度为 80.04 亿美元,2013 年度为 66.36 亿美元(第13 行)。母公司还需要扣除不属于自己的净利润份额,这部分称为归属于少数股东的净利润(少数股东损益)。这些子公司的净利润在 2014 年度归属于少数股东的为55.03 亿美元,在 2013 年度归属于少数股东的为 5 亿美元(第 14 行)。尽管合并财务报表和长期股权投资的权益法已超出了本书的范围,在第 8 章,我们仍会对与其相关的问题进行简要讨论。

- 归属于迪士尼公司的净利润(第 15 行)。合并利润表的最后一行(所有收入减去所有费用)是归属于迪士尼公司的净利润。2014 年度归属于该公司的净利润为 75.01 亿美元,2013 年度归属于该公司的净利润为 61.36 亿美元。

现在让我们转到如表 1-4 所示的留存收益表。

表 1-4　迪士尼公司合并留存收益表　　　　　百万美元

1	留存收益(2012 年 9 月 29 日)	42 965
2	归属于迪士尼公司的净利润(2013 年度,截止日为 9 月 28 日)	6 136
3	已宣告分配股利(2013 年度,截止日为 9 月 28 日)	(1 342)
4	其他减少事项(2013 年度,截止日为 9 月 28 日)	(1)
5	留存收益(2013 年 9 月 28 日)	47 758
6	归属于迪士尼公司的净利润(2014 年度,截止日为 9 月 27 日)	7 501
7	已宣告分配股利(2014 年度,截止日为 9 月 27 日)	(1 525)
8	留存收益(2014 年 9 月 27 日)	53 734

留存收益表显示企业将净利润用于何处

留存收益正如其名称所示,是指在过去的年度内企业留存的净利润部分。假如在以前年度收入大于费用,那么在留存收益表中列示的金额为正数;相反,如果费用大于收入,那么累计损失金额在留存收益中作为累计**赤字**(deficit)列报(以括号形式列示)。将利润表中的净利润或净损失(表 1-4 中的第 15 行)过入**留存收益表**(statement of retained earnings)。

净利润会增加留存收益,净损失或股利会减少留存收益。留存收益的金额为正表示企业有能力为其自身的发展积累资源,同时,以股利的形式将部分资产分配给股东。

现在我们对截至 2014 年 9 月 27 日的包含两个会计年度的迪士尼公司合并留存收益表予以说明。这张报表摘自该公司的合并股东权益变动表,该表列示了资产负债表中权益类账户的具体变化,包括权益的增加和权益的减少。2013 年度初(2012 年 9 月 29 日),迪士尼公司的留存收益余额为 429.65 亿美元。2013 年度,归属于迪士尼公司的净利润为 61.36 亿美元(第 2 行),宣告向股东分配股利 13.42 亿美元(第 3 行),其中现金股利为 13.24 亿美元,股票股利为 1 800 万美元。另有一项留存收益的负项调整为 100 万美元(第 4 行)。2013 年度末,留存收益余额为 477.58 亿美元,该余额结转至下一会计年度,即为 2014 年度留存收益的期初余额(第 5 行)。

2014 年度,归属于迪士尼公司的净利润为 75.01 亿美元(第 6 行)。如第 7 行所示,宣告向股东分配股利 15.25 亿美元,其中 15.08 亿美元为现金股利,另外 1 700 万美元为股票股利。我们将在第 10 章更详细地讨论现金股利和股票股利。2014 年度末,留存收益余额为 537.34 亿美元(第 8 行)。

留存收益表中的哪一项直接来自利润表?答案是净利润。留存收益表中的第 2 行和第 6 行直接来自利润表(见表 1-3)的第 15 行(分别是 2013 年度和 2014 年度的净利润)。净利润将两张报表连接起来。请花些时间回顾这两张财务报表。

鼓励一下自己,你已经学会分析财务报表了。

当一个公司赚得净利润之后,由董事会决定是否向股东支付股利。除非董事会宣告发放股利,否则公司并没有向股东分配股利的义务。一般来讲,处于创办初期和发展阶段的公司会选择不分配股利,而是将资金用于扩大经营或者购买房屋、厂房及设备。然而,像迪士尼公司这样发展良好的公司,通常会积累足够的留存收益用于支付股利。股利会减少留存收益,这是由于股利代表公司将资产(一般是现金)向股东的分配。

资产负债表衡量企业的财务状况

资产负债表(balance sheet),又称**财务状况表**(statement of financial position),主要报告三大类科目:资产、负债和股东权益。表 1-5 列示的是迪士尼公司的合并资产负债表,资产负债表日是会计期间结束的日期,即 2013 年 9 月 27 日和 2014 年 9 月 28 日。

表 1-5　迪士尼公司合并资产负债表　　　　　　　　　　　百万美元

		2014 年 9 月 27 日	2013 年 9 月 28 日
1	**流动资产:**		
2	现金及其等价物	3 421	3 931
3	应收款项	7 822	6 967
4	存货	1 574	1 487
5	其他流动资产	2 359	1 724
6	**流动资产合计**	15 176	14 109
7	影视资产	5 325	4 783
8	投资	2 696	2 849
9	主题公园、度假村和其他财产	23 332	22 380
10	无形资产	35 315	34 694
11	其他非流动资产	2 342	2 426
12	**资产总额**	84 186	81 241
13	**流动负债:**		
14	应付账款和应计负债	7 595	6 803
15	长期借款本年到期的部分	2 164	1 512
16	预收款项	3 533	3 389
17	**流动负债合计**	13 292	11 704
18	长期借款	12 676	12 776
19	其他长期负债	10 040	8 611
20	承诺和或有事项(附注 14)		
21	**负债总额**	36 008	33 091
22	**股东权益:**		
23	普通股本和资本溢价	34 301	33 440
24	留存收益	53 734	47 758
25	累计其他综合损失	(1 968)	(1 187)
26	库存股(成本)	(41 109)	(34 582)
27	非控制性权益	3 220	2 721
28	**股东权益合计**	48 178	48 150
29	**负债和股东权益总额**	84 186	81 241

资产　资产分为两大类：流动资产和长期资产。**流动资产**（current assets）是指预计在一年内或者超过一年的一个营业周期内变现、销售或耗用的资产。流动资产包括现金及其等价物、短期投资、应收账款和应收票据、库存商品和其他流动资产（如预付款项）。2014 年 9 月 27 日，迪士尼公司的流动资产总额为 151.76 亿美元。下面我们讲解迪士尼公司所持有的各项流动资产。

- 现金及其等价物。所有的公司都拥有现金。现金是流动性最强的交换媒介，现金等价物包括类似现金的票据和短期内可以转换为现金的金融工具。2014 年 9 月 27 日，迪士尼公司持有现金及其等价物 34.21 亿美元。相比 2013 年的 39.31 亿美元，现金余额在下降。关于下降的原因，我们将在讲解现金流量表时予以说明。

- 应收账款。应收账款是指公司预计向客户收取的款项，主要来自为客户提供服务，出售货物或贷款。在迪士尼公司的案例中，这些款项包括来自迪士尼公司拥有的电视网络的广告客户、在迪士尼公司拥有的度假村预订服务的旅行社以及销售迪士尼商标商品的零售商等。2014 年 9 月 27 日，应收账款是迪士尼公司在流动资产中占比最大的资产（78.22 亿美元），高于上一年的 69.67 亿美元。该公司预计在下一年度内将这些应收款转换为现金。

- 存货。存货通常是公司金额巨大的最重要的流动资产。正如我们前面强调的，迪士尼公司的收入主要来自提供服务，而不是销售商品，因此存货不是公司占比最大的资产。不过，迪士尼公司的存货仍然很多，2014 年 9 月 27 日，存货总额为 15.74 亿美元，高于 2013 年 9 月 28 日的 14.87 亿美元。公司预计将在下一年度内将这些库存出售并转换为现金。

- 其他流动资产。其他流动资产一般指预付费用，是公司预先支付的费用，具体包括预付广告费、预付租金、预付保险、预付税金及预付办公费用等。由于公司预计在下一年度使用上述资产并从中获益，因此预付费用归类为流动资产。2014 年 9 月 27 日，迪士尼公司的其他流动资产为 23.59 亿美元，高于上一年的 17.24 亿美元。

- 资产通常代表未来的经济利益。

长期（非流动）资产（long-term assets）预计将在超过一个会计年度的期内为公司带来收益。让我们看看迪士尼公司的长期资产。

- 影视资产。影视资产包括迪士尼电影、电视和舞台节目的生产成本，如劳动力、原材料和制造费用。我们以迪士尼公司制作电影《冰雪奇缘》的成本为例。制作成本中的大部分在初始确认时作为公司的资产记录（资本化），随着收入的产生，通过摊销过程随时间的推移转化成费用，与同一期间确认的收入相匹配。2014 年 9 月 27 日，尚未摊销的成本金额为 53.25 亿美元，2013 年 9 月 28 日，预付费用余额为 47.83 亿美元。

- 投资。投资主要是迪士尼公司采用权益法在其他媒体公司中的权益，主要包括 A&E 电视网络公司、Seven 电视的 CTV 特殊频道、Hulu 电视公司和 Fusion 公司。如前所述，在利润表的讨论中，这些投资占其他公司 20%～50% 的投票权。权益法要求投资者以成本记录初始投资，并在后续的会计期间以被投资公司的盈利（亏损）为依据，按投资公司所持有的被投资公司的权益比例，增加（或减少）其投资。同时，在被投资公司分配股利时，按比例减少投资。2014 年 9 月 27 日，迪士尼公司对这些公司的股权投资金额为 26.96 亿美元；2013 年 9 月 28 日，投资金额为 28.49 亿美元。该类型的投资在第 8 章中有更深入的讨论。

- 主题公园、度假村和其他财产。该类资产以净额列报,主要包括迪士尼公司的土地、建筑物、家具以及构成其主题公园、度假村、酒店和工作室的财产(固定资产)。迪士尼公司将这类资产列在一行以净额列报,即资产的历史购买成本扣除累计折旧的净额。累计折旧是指随着时间的推移,资产已用于产生收入,且已在利润表中确认为费用,即固定资产的历史成本分配的金额。因此,累计折旧代表固定资产已用尽的部分。我们从主题公园、度假村和其他财产的成本中扣除累计折旧,以确定其账面价值净额(2014 年度末为 233.32 亿美元,2013 年度末为 223.8 亿美元)。我们将在第 3 章和第 7 章进一步讨论折旧的概念。

- 无形资产。无形资产是没有实物形态的资产。也就是说,你既不能看到它们也不能触摸它们,但该类资产是可以为公司带来未来利益的资源,如版权、商标、专利、特许经营权和许可证。迪士尼公司绝大部分的无形资产是商誉,即在收购公司时,超过其净资产(资产减去负债)总市值的费用。2014 年 9 月 27 日,无形资产金额为 353.15 亿美元;2013 年 9 月 28 日,无形资产余额为 346.94 亿美元。我们将在第 7 章对无形资产进行更详细的讨论。

- 其他非流动资产。其他非流动资产是对无法归类的资产的总称。2014 年 9 月 27 日,迪士尼公司拥有约 23.42 亿美元的其他非流动资产;2013 年 9 月 28 日,其他非流动资产的总额为 24.26 亿美元。迪士尼公司的其他非流动资产主要包括长期应收款项和长期待摊费用。

- 2014 年 9 月 27 日,迪士尼公司的资产总额为 841.86 亿美元;2013 年 9 月 28 日,迪士尼公司的资产总额为 812.41 亿美元。

负债　负债又分为流动负债和长期负债两类。**流动负债**(current liabilities)是指通常在一年内需要偿还的债务。流动负债主要包括长期负债的流动部分、应付账款、应计费用、预收款项等。**长期负债**(long-term liabilities)是偿还期限在一年以上的负债。

- 应付账款和应计负债。2014 年度末应付账款和应计负债为 75.95 亿美元,2013 年度末应付账款和应计负债为 68.03 亿美元。应付账款主要是迪士尼公司因向供应商购买存货而应付未付的款项等,应计负债是年度末应付未付的薪金和税费等。

- 长期借款本年到期的部分。长期借款本年到期的部分代表公司必须在下一年内偿还的长期借款(通常是应付票据)。第 17 行的项目显示,2014 年 9 月 27 日,迪士尼公司有长期借款约 126.76 亿美元,与上年基本持平。除此之外,有 21.64 亿美元将在 12 个月内到期,从而共有 148.4 亿美元的长期借款。GAAP 要求公司将长期负债在资产负债表日后 12 个月内到期的部分与长期负债中的其他部分单独列报。12 个月内到期的负债作为流动负债,而不是长期负债列报。我们将在第 9 章更深入地讨论这个问题。

- 预收款项。预收款项是指迪士尼公司提前收取的使用其公司名称及影视版权的特许权使用费等。在提供服务或货物发运之前收到的现金,应确认为负债。换句话说,公司有义务在未来向客户提供这些服务或商品。2014 年 9 月 27 日,客户已提前支付给迪士尼公司 35.33 亿美元用于未来的服务和货物提供。2015 年度,如果公司提供了这些服务或交付了这些商品,那么公司可将这些预收款项正式确认为收入,这也是收入确认的时点,将金额从预售账户转移到服务收入或产品收入。我们将在第 3 章和第 9 章更深入地讨论这个问题。

- 2014 年 9 月 27 日,迪士尼公司的流动负债总额为 132.92 亿美元,高于 2013 年 9 月 28 日的 117.04 亿美元。该公司另有长期借款 126.76 亿美元和其他长期负债 100.4 亿美元。这些负债将在资产负债表日后一年或以后到期。
- 2014 年 9 月 27 日,该公司的负债总额为 360.08 亿美元。负债总额约占资产总额的 42.8%,从债务角度来看公司财务状况良好。上一年度的资产负债率(负债总额/资产总额)为 40.7%,也说明财务状况良好。

股东(所有者)权益 会计等式表明:

$$资产-负债=所有者权益$$

迪士尼公司的资产(经济资源)和负债(债务)理解起来还算简单,而所有者权益却很难清楚地说明。所有者权益计算起来很简单,但是它实际意味着什么呢?

迪士尼公司把所有者权益称为股东权益,这个名称是描述性的。一个公司的股东权益代表股东对公司资产的所有权。迪士尼公司的股东权益包括以下各项:

- 普通股和股本溢价。2014 年 9 月 27 日,该项金额为 343.01 亿美元;2013 年 9 月 28 日,该项金额为 334.4 亿美元。这个账户代表股票的面值,加上超过股票面值支付的额外金额。股票面值是公司为其股票人为设定的金额。有关面值的相关内容将在第 10 章讨论。
- 留存收益。2013 年 9 月 28 日和 2014 年 9 月 27 日,留存收益分别为 537.34 亿美元和 477.58 亿美元。我们可以在如表 1-4 所示的留存收益表中看到相关数据。留存收益余额在资产负债表中列报。
- 迪士尼公司的股东权益还包括其他三个会计科目:一是库存股,该项代表回购本公司股票所支付的金额;二是其他综合收益(损失),该项代表 FASB 允许直接计入股东权益(不通过利润表)的利得或损失,我们将在第 8 章和第 11 章讨论这么做的原因;三是少数股东权益(非控制性权益),表示归属于少数股东的合并留存收益金额(表 1-3,第 14 行)。2014 年 9 月 27 日,该项金额为 32.2 亿美元;2013 年 9 月 28 日,该项金额为 27.21 亿美元,即合并净资产中不属于迪士尼公司的部分。我们将在第 8 章讨论这个问题。
- 2014 年 9 月 27 日,迪士尼公司的股东权益合计 481.78 亿美元。我们可以验证迪士尼公司的资产总额等于负债与股东权益总额(百万美元):

资产总额(第 12 行)·············	84 186
负债总额(第 21 行)·············	36 008
+股东权益合计(第 28 行)·············	48 178
负债与股东权益总额(第 29 行)·············	84 186

必须相等

现金流量表是第四张需要披露的财务报表。

现金流量表衡量现金流入和现金流出

公司从事三种基本类型的活动:经营活动、投资活动和筹资活动。

现金流量表(statement of cash flows)报告上述三类活动中的现金流入和现金流出。

- 公司向客户出售商品或提供劳务的经营活动。经营活动导致净利润或净亏损,并且导致现金的增加或减少。利润表告诉我们公司是否盈利。现金流量表报告经营活动是否增加了现金。经营活动极为重要,经营活动产生的现金流量是公司现金的主要来源。如果经营活动持续产生负的现金流,则可能导致公司破产。

- 公司投资于长期资产。迪士尼公司时常需要使用现金为主题公园和度假村购买财产,还需要购置其他长期资产。当这些资产报废时,公司会将其出售,导致现金增加。长期资产的购买和出售都是由投资活动产生的现金流量。除经营活动外,由投资活动产生的现金流量是最重要的。
- 公司为了筹资需要现金。筹资包括发行股票、支付股利、借款和偿还借款。迪士尼公司既向股东发行股票,也从银行借款,这些事项都会导致现金流入。此外,公司需要偿还贷款、支付股利、回购本公司的股票。这些支付活动是由筹资活动产生的现金流出。

总结　每一类现金流量(经营活动现金流量、投资活动现金流量、筹资活动现金流量),要么增加现金,要么减少现金。在现金流量表中,现金流入用正数表示。现金流出是负的,在数字两侧加圆括号来表示。

如表 1-6(迪士尼公司合并现金流量表)所示,2014 年度,迪士尼公司经营活动现金流量净额为 97.8 亿美元。值得注意的是,该金额与当年净利润 80.04 亿美元相比多了 17.76 亿美元。导致这一情形的原因,主要是由于折旧和摊销费用的影响,在计算净利润时,从总收入中扣除此类费用,但却没有现金的流出。2014 年度的投资活动(主要是购买主题公园、度假村和其他财产)使用现金约 33.45 亿美元。该项支出是公司扩张的信号。

迪士尼公司筹资活动使用的现金为 67.1 亿美元,其中,回购本公司股票支付的现金为 65.27 亿美元。在现金流量表中,这是除了净利润外的最大一笔交易事项。除此之外,支付现金股利 15.08 亿美元。我们将在第 10 章讨论为什么公司会回购股票和分配股利。

总之,2014 年度,迪士尼公司的现金减少了 5.1 亿美元,期末现金余额为 34.21 亿美元。该项金额在资产负债表的第 2 行列示(见表 1-5)。现金是联系现金流量表和资产负债表的纽带。至此,你已经完成了对财务报表的进一步分析。

表 1-6　迪士尼公司合并现金流量表(节选)　　　　　　百万美元

		2014 年度 (截止日为 9 月 27 日)	2013 年度 (截止日为 9 月 28 日)
1	经营活动产生的现金流量:		
2	净利润	8 004	6 636
3	将净利润调整为经营活动现金流量	1 776	2 816
4	经营活动产生的现金流量净额	9 780	9 452
5	投资活动产生的现金流量:		
6	购买主题公园、度假村和其他财产的支出	(3 311)	(2 796)
7	处置固定资产带来的收入	395	479
8	收购公司及其他投资活动的支出	(429)	(2 359)
9	投资活动产生的现金流量净额	(3 345)	(4 676)
10	筹资活动产生的现金流量:		
11	借款取得的净收入	2 281	1 881
12	偿还借款	(1 648)	(1 502)

续表

		2014 年度 (截止日为 9 月 27 日)	2013 年度 (截止日为 9 月 28 日)
13	回购库存股的支出	(6 527)	(4 087)
14	支付股利	(1 508)	(1 324)
15	行使股票期权的收益	692	818
16	筹资活动产生的现金流量净额	(6 710)	(4 214)
17	汇率变动对现金的影响	(235)	(18)
18	现金及其等价物的增加(减少)	(510)	544
19	现金及其等价物的期初余额	3 931	3 387
20	现金及其等价物的期末余额	3 421	3 931

接下来总结财务报表之间的关系。

编制财务报表并分析财务报表之间的关系

表 1-7 总结了 2014 年度迪士尼公司财务报表之间的关系。为方便说明,我们对表 1-3 至表 1-7 中的详细财务数据进行了简化。请认真学习表 1-7,因为该表中所列示的内容适用于各种类型的企业。以下几点需要特别关注:

1. 2014 年度(截至 9 月 27 日,12 个月)利润表

a. 报告了当年的收入和费用。收入和费用只在利润表中报告。

b. 如果收入总额大于费用总额则报告为净利润,如果费用总额大于收入总额则报告为净亏损。

2. 2014 年度(截至 9 月 27 日,12 个月)留存收益表

a. 以留存收益期初余额开始。

b. 加上净利润(或减去净亏损)。净利润直接来利润表(表 1-7 中箭头①所示)。

c. 减去股利。

d. 报告留存收益期末余额。

3. 2014 年 9 月 27 日(会计年度末)的资产负债表

a. 报告当年年末资产。负债和股东权益。只有资产负债表报告资产和负债。

b. 报告资产等于负债和股东权益之和。这个平衡特征引出了会计等式,资产负债表也由此得名。

c. 报告留存收益。留存收益来自留存收益表(表 1-7 中箭头②所示)。

4. 2014 年度(截至 9 月 27 日,12 个月)现金流量表

a. 报告由经营活动、投资活动和筹资活动产生的现金流量。每一类活动都会导致净现金流入(现金增加)或净现金流出(现金减少)。

b. 报告本年度现金的增加额或减少额。报告期末现金余额,如资产负债表中报告的一样(表 1-7 中箭头③所示)。

表 1-7　财务报表之间的钩稽关系　　　　　　　百万美元

迪士尼公司合并利润表（节选）2014 年度（截止日为 9 月 27 日）	
收入	48 813
费用	40 809
净利润	8 004
减：少数股东损益	(503)
归属于迪士尼公司的净利润	7 501

①

迪士尼公司合并留存收益表（节选）2014 年度（截止日为 9 月 27 日）	
期初留存收益	47 758
归属于迪士尼公司的净利润	7 501
现金股利*	(1 525)
期末留存收益	53 734

迪士尼公司合并资产负债表（节选）2014年9月27日	
资产	
现金及其等价物	3 421
所有其他资产	80 765
资产总额	84 186
负债	
负债总额	36 008
股东权益	
普通股和股本溢价	34 301
留存收益	53 734
其他权益	(39 857)
股东权益合计	48 178
负债和股东权益总额	84 186

②

③

迪士尼公司合并现金流量表（节选）2014年度（截止日为9月27日）	
经营活动产生的现金流量净额	9 780
投资活动产生的现金流量净额	(3 345)
筹资活动产生的现金流量净额	(6 710)
汇率变动对现金的影响	(235)
现金及其等价物的增加（减少）	(510)
现金及其等价物的期初余额	3 931
现金及其等价物的期末余额	3 421

* 现金股利 15.08 亿美元，股票股利 1 700 万美元。

管理决策

评价一家公司时,决策者应关注什么?

　　管理决策说明了管理人员、投资者和贷款人是怎样使用财务报表的。管理决策贯穿本书始终,以便说明会计信息是怎样辅助决策过程的。

　　假设你正在考虑投资迪士尼公司的股票。你该怎样进行决策呢? 你会从哪里得到所需的会计信息? 你又需要关注哪些信息?

问题/决策	需要了解什么
1. 公司能卖出它的产品吗?	1. 利润表上的销售收入。销售收入是增加了还是减少了?
2. 哪些是观察利润发展趋势的主要指标?	2. a. 毛利(销售收入－销售成本) 　　b. 营业利润(毛利－营业费用) 　　c. 净利润(利润表上最后一行) 这三个利润指标都应该随时间增加。
3. 销售收入最终转化为利润的百分比是多少?	3. 净利润除以销售收入。观察每年净利润百分比变化的趋势。
4. 公司能收回它的应收款项吗?	4. 从资产负债表中,比较应收账款增长率和销售收入增长率。如果应收款项增长比销售增长快,回收款项的速度就会太慢,可能导致现金不足。
5. 公司能否偿还它的 　a. 流动负债? 　b. 流动负债和长期负债?	5. 从资产负债表中,比较 　　a. 流动资产和流动负债。流动资产应该稍微大于流动负债。 　　b. 总资产和总负债。总资产应该大于总负债。
6. 公司的现金来源于何处? 现金是怎样使用的?	6. 现金流量表上,在大多数年份,经营活动应该提供公司大部分的现金。否则,公司会破产。 观察投资活动产生的现金流量,看公司是否购买了长期资产——房地产、厂房和设备以及无形资产(这是公司扩张的信号)。

 从道德规范的角度评价企业

　　好的企业同样需要决策,不论是在员工层面,还是在企业层面,任何决策都需要进行职业判断。比如,你也许会为像星巴克这样的公司工作,或许你自己也在经营一家这样的公司,那么你是否愿意将每售出一杯咖啡的5分钱捐助给非洲的艾滋病救助机构呢? 如果你这样做,从长远来看,企业会盈利吗?

　　作为一名会计师,你也许会面临这样的决定:是将购买设备的5万美元支出作为资产在资产负债表中确认,还是将该项支出作为费用在利润表中确认。换言之,IBM公司的销售经理可能会面临其他方面的选择,比如,将发生在2016年度的商品销售收入或提供劳务收入在哪一年度确认更为适宜,2016年还是2017年? 正如前面所讲,美国GAAP向IFRS的过渡要求增加较多的职业判断,这是因为,相比美国的GAAP规则导向,IFRS更趋向原则导向。由于企业经营模式的不同,相关会计决策所带来的影响并不十分清晰,而相关会计决策的后果也会直接影响特定会计期间的利润或损失。哪些因素会影响企业决策和会计决策? 这些因素的影响程度如何? 一般来讲,经济因素、法律因素和道德因素会影响企业决策和会计决策。

经济因素是指以该项因素为依据所作出的决策，可以使决策者的经济利益最大化。根据经济理论，任何一个理性的个体在面临决策选择时不会考虑对其他个体的影响，而只会考虑其自身财富的最大化。总之，将个体自身利益汇总，即可使作为一个整体的社会利益最大化。

法律因素是假设自由社会应遵从法律规范。法律提供明确的规范，防止个人或社会的权利受到侵犯。经民主程序制定的法律包含了社会集体的道德标准。法律分析包括在决策时应用相关法律，并且在决策执行中符合法律规定。跨国企业所面对的复杂因素是，在一国是合法的事项，在另一国可能就不合法。在这种情形下，一般是遵从规范较严格的国家的法律。

道德因素是指那些既合法又在经济上取得最大效益的事项可能并不正确。因此，大多数企业和个人会遵循高于法律标准的道德规范。这些规范指导我们如何对待他人，同时约束个人私欲。这些行为准则和基础信念是道德伦理的基石。道德伦理受宗教、社会经济和文化的影响。在决策判断中离不开道德分析的指导。

道德分析的决策规则是选择那些符合道德职责（协会成员之间的责任）的事项。道德分析的难题是识别特定的道德职责，以及这些道德职责与哪些利益相关者有关。与法律问题一样，企业作全球性道德决策时，同样面临难以解决的问题，即相关决策在一个国家被认为是道德的，而在另一个国家可能被视为不道德。

为了解决上述问题，在进行道德分析时，通常需要回答下列问题：

- 哪些选择最诚实、公开及可信？
- 哪些选择最友善、具有同情心及可构建社区意识？
- 哪些选择可以为大多数的利益相关者创造更大的利益？
- 哪些选择的结果可以使人与人之间平等相待？

道德观念的培养始于家庭，并持续于一个人的一生。在成长的过程中，通过个人的宗教信仰、学校的学习以及社会交往和工作不断完善。

对于道德观念的理解需要持续地努力学习，这不是只靠学完本书就能完成的任务。然而，必须牢记，在作会计决策时，千万不能临阵磨枪。

在商业社会的架构下，"自上而下"的道德模式会产生积极的作用。道德伦理研究院以重建企业日常伦理道德为目标，成立了企业道德领导联盟（BELA）。该联盟成员一致同意将信奉和坚守职业道德的核心价值，并将其付诸实践。具体包括：（1）遵纪守法；（2）透明与公开；（3）冲突识别；（4）问责。该研究院每年发布全球最具有道德模范的公司名单。2014 年，道德模范公司包括 UPS、星巴克、Gap 和塔吉特（Target）。本书节选了上述公司的财务报表作为示例讲解。正面临职业生涯选择的你，可将上述公司作为未来就业的参考。如果在重视道德规范的企业工作，那么履行道德规范并不是一件难事。从长远来看，坚守企业道德会获得多方面的回报，该回报不仅来自社会方面、道德方面、精神方面，而且来自经济方面。

决策指南

道德判断的决策框架

在商业和会计实务中进行艰难的道德判断时，应以道德判断的决策框架为依据。

决　　策	指　　南
1. 涉及的问题是什么?	1. 通常涉及对会计计量或者披露作出判断,判断的结果对不同利益相关者会产生经济影响。
2. 谁是利益相关者? 对于每一个利益相关者来讲,决策的后果是什么?	2. 利益相关者中的任何一方,包括个人、企业和潜在的信息使用者(投资者、债权人和政府机构)都有可能受到决策后果的影响。该影响既可能是经济上的,也可能是法律上或者道德上的。
3. 评价各种决策	3. 以经济、法律和道德标准为依据分析决策对利益相关者的影响。试图回答下列问题:"谁是受益者? 谁是受害者? 谁的权利受到保护? 谁的权利受到侵害? 通过什么方式?"
4. 决策并承担决策的后果	4. 以决策后果的正面影响或负面影响为依据,考虑是坚持决策还是改变决策。决策后,你有何体会?

为了简单起见,我们可以试图回答以下三个问题:

(1) 决策是否合法? 如果不合法,则坚决规避。除非你准备进监狱或者为受害者提供巨额赔偿。如果该项决策合法,继续回答第(2)和第(3)个问题。

(2) 谁会受到该决策的影响? 通过什么方式? 从不同的角度(经济、法律和道德)尽可能作详细的分析。

(3) 该决策对你有何影响? 如果你的家人通过公开渠道知道此事后,你又会怎么想?

在本书的后续章节,我们会针对不同的会计决策应用道德决策框架。

美国注册会计师协会专业行为守则

作出道德判断的决策框架是为每个人提供一般指导(不论这个人所处的职业或行业如何)。许多专业组织、企业和其他实体采用自己的道德准则或行为守则,因此其成员有更具体的指导。

美国注册会计师协会(AICPA)有一个适用于其所有成员的专业行为准则。该准则为所有成员履行专业职责提供指导,并由有关道德和专业行为的若干原则组成。该守则还包含扩展性的解释和其他指导。

尽管你可能不是会计专业,并且可能不是 AICPA 的成员,也不受 AICPA 职业行为守则的制约,但其包含的基本原则适用于广泛的专业和组织。此外,你在未来的职业生涯中可能会与 CPA 进行互动,如果他们是 AICPA 的成员,那么了解 CPA 所遵守的行为准则是有帮助的。

AICPA 专业行为守则的基本原则的描述摘录如下。

- 责任原则。在履行其作为专业人员的职责时,成员应在所有活动中进行准确的专业和道德判断。

作为专业人士,会员在社会中扮演着重要角色。根据这一角色的要求,美国注册会计师协会的成员对所有使用其专业服务的人员负有责任。主要体现为:成员帮助他人提高会计能力,保持公众的信心,履行专业的自我管理。所有成员都需要保持和增强该行业的专业性。

- 公共利益原则。成员有义务去服务大众、取得公众的信任和保持专业操守。

专业性的显著标志是对公众负责。其中，公众包括客户、信贷授予人、政府、雇主、投资者、商业和金融界以及其他依靠客观性和诚信来维持商业有序运作的实体。这种依赖对成员施加了公共利益责任。公共利益被定义为专业服务的人们和机构的共同福利。

在履行其职业责任时，成员可能会遇到来自这些群体的压力。在解决这些冲突时，成员应该实事求是，在公共利益原则的要求下，为客户和雇主的利益服务。

- 诚信原则。为了保证公众的信心，成员应以最诚信的态度履行一切专业责任。

诚信是基础。它是公众信任的质量保证和成员作出所有最终决定的标准。诚信要求成员在为客户保密的同时诚实和坦诚。服务和公众的信任不应从属于个人利益。诚信可以容纳无意的错误和诚实的意见分歧。但是，它不能容忍欺骗。

诚信是根据正义和公正来衡量的。在没有具体的规则、标准、指导或存在相互矛盾的意见时，成员应该自问："我是在做一个诚实的人会做的事情吗，我是否保留了我的诚实来作出决定？"

诚信要求成员遵守技术和道德标准的形式和实质。如果规避这些标准，诚信原则将变成作出判断的从属。

- 客观性和独立性原则。成员应保持客观性，在履行专业责任时不存在利益冲突。在提供审计和其他鉴证服务时，成员应该保持独立性。

客观性是能够为成员带来高质量服务。它是专业性的显著特征，同时促进了诚信原则，并且没有利益冲突。独立性排除了在提供鉴证服务时不客观的可能性。

- 必备能力原则。会员应遵守专业的技术和道德标准，不断努力提高能力和服务质量，并尽职尽责地履行专业责任。

追求卓越是必备能力原则的本质。它要求成员尽职尽责地履行专业责任。它规定成员有义务尽最大的能力执行专业服务，关注服务对象的利益，与行业对公众的责任始终保持一致。

能力来源于教育和经验。它是注册会计师所需的知识的基础。为提高专业能力成员必须在职业生涯中不断学习和提高专业水平。这是成员个人的责任。在所有项目中，每个成员应承诺达到一定水平的能力，确保服务质量符合原则所要求的专业性。

能力代表实现和维持一定程度的理解和知识，使成员能够提供高水平的服务。它还规定了成员的最低能力限制，规定当所参与的项目超过成员或成员所在公司的能力时，可能需要协商或转介。每个成员负责评估自己所接受的教育、所拥有的经验和判断力是否足以满足项目要求的能力。

- 服务的范围和性质。公共实践中的成员在确定提供服务的范围和性质时应遵守专业行为准则。

章末习题

Alladin 旅游公司从 2016 年 4 月 1 日开始营业。4 月，公司为客户提供服务。现在是 4 月 30 日，投资者想知道 Alladin 旅游公司第 1 个月的经营业绩怎样。他们还想知道公司在 4 月底的财务状况以及 4 月的现金流量情况。

下面的数据按照其英文名称的字母顺序排列。请在 2016 年 4 月底编制 Alladin 旅游公司的财务报表。

			美元
应付账款	1 800	土地	18 000
应收账款	2 000	现金流出：	
将净利润调节为经营		购置土地	40 000
活动产生的净现金		股利	2 100
流量	(3 900)	租金费用	1 100
4月初现金余额	0	4月初留存收益	0
4月末现金余额	?	4月末留存收益	?
现金流入：		工资费用	1 200
向股东发行(出售)股票	50 000	服务收入	10 000
出售土地	22 000	办公用品	3 700
普通股	50 000	水电煤气费	400

要求

1. 编制截至2016年4月30日的月度利润表、留存收益表和现金流量表,以及2016年4月30日的资产负债表,并用箭头表示这些报表之间的联系。

2. 回答下面的问题:

a. 在经营的第1个月,Alladin旅游公司的经营业绩怎样?

b. 在4月底,Alladin旅游公司的财务状况怎样?

答案

要求1

Alladin旅游公司的财务报表

Alladin旅游公司利润表 **截至2016年4月30日的月度**		
收入：		
服务收入		10 000
费用：		
工资费用	1 200	
租金费用	1 100	
水电煤气费	400	
费用总计		2 700
净利润		7 300

Alladin旅游公司留存收益表 **截至2016年4月30日的月度**	
2016年4月1日留存收益	0
加上：本月净利润	7 300
	7 300
减去：股利	(2 100)

①

续表

Alladin 旅游公司留存收益表 **截至 2016 年 4 月 30 日的月度**	
2016 年 4 月 30 日留存收益	5 200

Alladin 旅游公司资产负债表 **2016 年 4 月 30 日**			
资产		**负债**	
现金	33 300	应付账款	1 800
应收账款	2 000		
办公用品	3 700	**股东权益**	
土地	18 000	普通股	50 000
		留存收益	5 200
		股东权益总额	55 200
资产总额	57 000	负债和股东权益总额	57 000

②

③

Alladin 旅游公司现金流量表 **截至 2016 年 4 月 30 日的月度**		
经营活动产生的现金流量：		
净利润		7 300
将净利润调节为经营活动产生的		
净现金流量		(3 900)
经营活动产生的净现金		3 400
投资活动产生的现金流量：		
购置土地	(40 000)	
出售土地	22 000	
投资活动使用的净现金		(18 000)
筹资活动产生的现金流量：		
发行(出售)股票	50 000	
支付股利	(2 100)	
筹资活动产生的净现金		47 900
现金净增加		33 300
2016 年 4 月 1 日现金余额		0
2016 年 4 月 30 日现金余额		33 300

要求 2

a. Alladin 旅游公司 4 月经营业绩相当好。净利润是 7 300 美元——这个值相对于 10 000 美元的服务收入来说是很不错的。公司有能力支付 2 100 美元的现金股利。

b. Alladin 旅游公司在 4 月底有现金 33 300 美元。总资产 57 000 美元远远超过总负债 1 800 美元。股东权益是 55 200 美元，这为公司借款提供了有力保障。公司在 2016 年 4 月 30 日的财务状况非常不错。

复习：财务报表

选择题(答案见本章末)

1. 假设你正要组建一家医疗数据分析企业。哪种形式的企业会使你只对企业的负债承担有限责任？

a. 个人独资企业

b. 合伙企业

c. 公司

d. 以上都不是

2. Rosenbaum 公司购买了一个价值 500 000 美元的仓库,用于东海岸的配送业务。在购买日,专业评估显示该仓库的价值为 550 000 美元。卖方最初购买该建筑的成本为 475 000 美元。Rosenbaum 公司在西海岸有一个类似的仓库,账面价值为 510 000 美元。根据历史成本原则,Rosenbaum 公司应该确认该建筑物的成本为_____。

a. 475 000 美元

b. 500 000 美元

c. 510 000 美元

d. 550 000 美元

3. 会计等式可以写成_____。

a. 资产－负债＝所有者权益   b. 所有者权益－资产＝负债

c. 资产＝负债－所有者权益   d. 资产＋负债＝所有者权益

4. 以下关于资产性质的描述中,最恰当的是_____。

a. 企业持有的具有现成市值的事物。

b. 以实物形式存在的事物,其价值在会计上按照成本计量。

c. 一种经济资源,它代表现金或者能在不远的将来获得现金的权利。

d. 预计能在未来给企业带来收益的经济资源。

5. Sarah Zocki 下周要去彩虹墨水公司参加求职面试。要了解彩虹墨水公司去年的业绩表现,她应当阅读下面哪张财务报表？

a. 资产负债表   b. 利润表

c. 现金流量表   d. 留存收益表

6. 净利润最可能怎样影响会计等式？

a. 增加资产和负债   b. 减少资产和负债

c. 增加资产和股东权益   d. 增加负债,减少股东权益

7. 某年,Snowtown 公司实现收入 320 000 美元,发生费用 115 000 美元,支付股利 8 000 美元。股东权益变动为_____。

a. ＋205 000 美元   b. －197 000 美元

c. ＋213 000 美元   d. ＋197 000 美元

8. Snowtown 公司(同题 7)的净利润(或净亏损)为多少？

a. 123 000 美元净利润   b. 205 000 美元净利润

c. 435 000 美元净利润   d. 135 000 美元净亏损

9. Jammer 公司持有现金 8 000 美元,有应付账款 21 000 美元。Jammer 公司有应收账款

33 000 美元、存货 28 000 美元,以及价值 42 000 美元的土地。Jammer 公司的资产总额和负债总额分别是多少?

资产总额	负债总额
a. 83 000 美元	49 000 美元
b. 69 000 美元	63 000 美元
c. 111 000 美元	49 000 美元
d. 111 000 美元	21 000 美元

10. 下面哪个(哪些)科目在资产负债表中列报?

a. 存货   b. 应付账款

c. 留存收益   d. 以上各项都是

11. 某年度,McKenna 公司的股东权益从 99 000 美元增加到 115 000 美元。McKenna 公司实现净利润 25 000 美元。假设股本未发生变化。McKenna 公司本年宣布发放多少股利?

a. 25 000 美元   b. 0 美元

c. 9 000 美元   d. 16 000 美元

12. Noonan 公司在年初拥有资产合计 145 000 美元,股东权益合计 75 000 美元。该年度资产增加了 47 000 美元,负债增加了 14 000 美元。年末股东权益为_____。

a. 136 000 美元   b. 122 000 美元

c. 108 000 美元   d. 142 000 美元

13. 以下关于国际财务报告准则的描述,哪个是正确的?

a. 美国拥有世界上执行力最强的会计准则,因此美国企业不需要国际财务报告准则。

b. 国际财务报告准则(包含更多的规则)比美国公认会计原则更精确。

c. 国际财务报告准则逐渐趋同于美国的标准。

d. 目前国际财务报告准则没有被应用在世界任何地方,但很快将被采用。

14. 在适用于会计决策方面,以下关于伦理的说明哪项最准确?

a. 伦理不存在于会计,因为会计只处理数字。

b. 伦理决策是不可能学会的,因为这是你决定做还是不做的事情。

c. 在商业研究领域,伦理道德变得越来越不重要。

d. 道德涉及在压力面前作出艰难的选择,在作出每一个决定时,应该牢记伦理道德,包括那些涉及会计事务的决定。

自我测评

小练习

S1-1 (目标:定义关键的会计术语)会计上的定义很精确,你必须理解每一个定义以便正确地使用。回答下面的问题,以加深你对关键术语的理解。

1. 耐克公司的资产与股东权益有什么区别?资产与股东权益,哪一个必须至少与另外一个一样大?哪一个可以比另一个小?

2. 耐克公司的负债与股东权益在哪些方面相似?在哪些方面不同?

S1-2 (目标:评价企业活动)以大零售商沃尔玛公司为例。帮助沃尔玛公司将下列科目按资产(A)、负债(L)和股东权益(S)归类:

a. _____ 应收账款　　　b. _____ 长期负债

c. _____ 库存商品　　　d. _____ 预付费用

e. _____ 应付费用　　　f. _____ 设备

g. _____ 应付票据　　　h. _____ 留存收益

i. _____ 土地　　　　　j. _____ 应付账款

k. _____ 普通股　　　　l. _____ 办公用品

S1-3 （目标：编制利润表）

1. 指出公司利润表的两大基本科目类别。

2. 我们把利润表的最后一行称为什么？

S1-4 （目标：解释和区分企业的组织形式）Regal Signs 公司需要资金，总裁 Megan Regal 请你考虑向该公司投资。回答下列有关 Regal Signs 公司有可能采取的不同的商业组织形式的问题。解释每一个选择方案。

a. 哪种企业组织形式可以使 Regal Signs 公司的所有者的损失风险仅以其对企业的投资额为限？

b. 哪种企业组织形式可以给 Megan Regal 最大的自由，使他可以按自己的意愿管理企业？

c. 哪种企业组织形式在 Regal Signs 公司经营失败不能偿还债务时可以给债权人最大的保障？

S1-5 （目标：运用会计假设和会计原则）Mason Olson 先生刚刚创立了健康快餐公司并出任董事会主席。假设他把他的家庭和其他私人财产当作公司的一部分。回答下列关于评估健康快餐公司财务状况的问题。

1. 哪一项会计原则或假设适用于这种情形？

2. 这项会计原则或假设应该如何适当运用，使 Mason Olson 和其他人对健康快餐公司有一个真实的了解？请详细说明。

S1-6 （目标：运用会计假设和会计原则）找出最适用于下列情形的会计假设或者会计原则。

a. 餐厅连锁企业汉堡王将一处店址出售给了麦当劳。汉堡王如何判断出售价格？通过专业评估、汉堡王的购买成本，还是店址出售实际收款？

b. 哪个会计假设或原则可以帮助通用汽车公司设计一个会计系统，以确定公司旗下的雪佛兰和别克这两个部门哪个更盈利？

c. 近期通货膨胀率为 5.5%，Woodlake Realtors 正在考虑测量经通货膨胀调整后土地的价值。

d. 你非常幸运地花 300 美元买到了一台正常价为 800 美元的计算机，这台计算机的记账金额是多少？

S1-7 （目标：使用会计等式）假设你负责管理一家泰国餐厅。计算下面每种情况下"？"处应填写的金额。

	资产总额	=	负债总额	+	股东权益
					美元
a.	?		270 000		340 000
b.	95 000		70 000		?
c.	420 000		?		350 000

S1-8 （目标：使用会计等式）。

1. 如果你知道一个企业的资产和所有者权益，如何计算该企业的负债？请给出算式。

2. 使用会计等式得出一个企业的所有者权益。如果你是在分析自己的家庭或是单独一家 IHOP 饭店，你的答案会有何不同？

S1-9 （目标：评价企业活动）假设你正在分析 Bartelle 公司的财务报表，指出下面各项所属的财务报表，使用以下简写：利润表（I）、留存收益表（R）、资产负债表（B）、现金流量表（C）。有三项出现在两张报表中，一项出现在三张报表中。

a. _____ 应付账款　　　　　　　　　h. _____ 股利

b. _____ 存货　　　　　　　　　　　i. _____ 现金的增加或减少

c. _____ 利息收入　　　　　　　　　j. _____ 净利润

d. _____ 长期负债　　　　　　　　　k. _____ 经营活动产生的净现金流量

e. _____ 筹资活动使用的净现金流量　l. _____ 留存收益

f. _____ 工资费用　　　　　　　　　m. _____ 销售收入

g. _____ 现金　　　　　　　　　　　n. _____ 普通股

S1-10 （目标：定义关键的会计术语；评价企业活动）根据你对财务报告之间关系的理解回答下列问题。

a. 为什么一家企业赚到了大量利润而留存收益却很少？

b. 给出一家企业在 5 年中有稳定的净利润但仍然现金短缺的两个原因。

c. 如果你只能给企业选择一个现金来源，你会选择什么？为什么？

d. 为什么一家企业多年来一直亏损但仍然拥有大量现金？

S1-11 （目标：评价企业活动）根据下列问题，回答哪张财务报表能提供相应的答案。使用以下简写：利润表（I）、留存收益表（R）、资产负债表（B）、现金流量表（C）。

a. 公司当年的经营情况如何？

b. 为什么当年公司的留存收益发生了变动？

c. 公司是否宣布分派股利？

d. 公司的负债总额是多少？

e. 公司当年的现金收入和支出各是多少？

f. 公司拥有什么资产？

g. 公司经营活动产生的现金是多少？

h. 公司当年的销售收入净额是多少？

i. 公司当年年末的财务状况如何？

S1-12 （目标：编制利润表）O'Conner 公司 2016 年年初资产总额为 2.35 亿美元，2016 年年末资产总额为 3.55 亿美元。2016 年，该公司有 3.97 亿美元的收入和 1.64 亿美元的费用。该公司 2016 年支付了 0.29 亿美元的股利。编制该公司 2016 年度的利润表（年度截止日为 12 月 31 日),并加上适当的标题。

S1-13 (目标:编制留存收益表) Roam 公司 2016 年年初的留存收益是 2.3 亿美元。当年的收入是 4.9 亿美元,费用总计为 3.4 亿美元。公司宣告支付现金股利 5 400 万美元。公司年末的留存收益余额是多少?要回答该问题,需编制 Roam 公司 2016 年度的留存收益表(年度截止日为 12 月 31 日),并加上适当的标题。

S1-14 (目标:编制资产负债表) 2016 年 12 月 31 日,Aloha 公司拥有现金 5 000 万美元、应收账款 1 900 万美元和长期资产 3 900 万美元。公司的应付账款和长期应付票据分别为 1 300 万美元和 2 500 万美元。公司的普通股为 2 000 万美元,留存收益为 5 000 万美元。编制该公司 2016 年 12 月 31 日的资产负债表,并加上适当的标题。

S1-15 (目标:计算留存收益;编制资产负债表) 在截至 2016 年 9 月 30 日的会计年度末,Harmon 公司拥有现金 7 500 万美元、应收账款 2 200 万美元、设备 2 800 万美元、其他长期资产 1 700 万美元。公司的负债包括应付账款 3 300 万美元和长期应付票据 1 500 万美元。该公司的股东权益总额为 9 400 万美元,其中普通股为 3 000 万美元。计算该公司年度末的留存收益金额,编制 2016 年 9 月 30 日的资产负债表,并加上适当的标题。

S1-16 (目标:编制现金流量表) 2015 年年末,Avalon 公司有现金 18 000 美元。2016 年,该公司实现净利润 105 000 美元,将净利润调整为经营活动产生的现金流量是 10 000 美元(符号为负)。2016 年度(截至 12 月 31 日),该公司支出了 32 000 美元购买设备。当年,公司支付现金股利 80 000 美元。编制 Avalon 公司 2016 年度的现金流量表,并加上适当的标题。

S1-17 (目标:编制利润表、留存收益表和资产负债表)下面是 Masterton 公司的部分财务报表(利润表、留存收益表和资产负债表),请将各张报表补充完整,金额单位为百万美元。

Masterton 公司利润表	
截至 2016 年 12 月 31 日的年度	
销售收入净额	184
费用	103
净利润	a
Masterton 公司留存收益表	
截至 2016 年 12 月 31 日的年度	
期初留存收益	67
净利润	b
现金股利	(5)
期末留存收益	c
Masterton 公司资产负债表	
2016 年 12 月 31 日	
资产	
现金	112
所有其他资产	d
资产总额	e
负债	
负债总额	40

续表

Masterton 公司资产负债表 2016 年 12 月 31 日	
股东权益	
普通股	25
留存收益	f
股东权益总额	g
负债和股东权益总额	h

S1-18 （目标：应用道德规范评估企业决策）良好的企业和会计实务需要履行良好的职业判断。如何将伦理道德纳入会计职业判断中？为什么伦理道德很重要？

练习

（A 组）

E1-19A （目标：应用会计等式；评价经营业绩）计算各公司会计等式中缺失的数据。

10 亿美元

	资产	负债	股东权益
Presto Drycleaners	?	52	37
First Street Bank	26	?	17
Pam's Florals	36	10	?

哪家公司的财务状况最好？解释你的答案。

E1-20A （目标：应用会计等式；评价经营业绩）Hooper 公司有流动资产 2 亿美元，不动产、厂房和设备 3.5 亿美元，其他资产共计 1.6 亿美元。流动负债是 1.7 亿美元，长期负债是 3.2 亿美元。

要求

1. 使用这些数据写出 Hooper 公司的会计等式。
2. Hooper 公司有多少资源可供经营使用？
3. Hooper 公司欠债权人多少债务？
4. Hooper 公司的股东实际拥有公司多少资产？

E1-21A （目标：应用会计等式；评价经营业绩）Franklin 公司 2017 年 1 月 31 日和 2016 年 1 月 31 日的资产负债表报告内容如下：

百万美元

	2017 年	2016 年
资产总额	75	53
负债总额	23	15

要求

下面给出了截至 2017 年 1 月 31 日的该年度 Franklin 公司发行股票和支付股利的三种情况。计算每种情况下 Franklin 公司该年度的净利润或净亏损。

1. Franklin 公司发行 1 200 万美元股票,不支付股利。

2. Franklin 公司不发行股票,支付 1 200 万美元股利。

3. Franklin 公司发行 8 800 万美元股票,支付 3 000 万美元股利。

E1-22A (目标:识别财务报表信息)假设 Malcolm 技术公司要扩展在中国的业务,必须决定在哪里扩展及如何融资。指出决策者们能在哪张财务报表中找到下列有关 Malcolm 技术公司的信息,某些情况下,会有多张报表提供所需的数据。

a. 收入   b. 股利

c. 期末现金余额   d. 资产总额

e. 销售和管理费用   f. 将净利润调整为经营活动产生的现金流量

g. 购买建筑物支付的现金   h. 流动负债

i. 所得税费用   j. 净利润

k. 普通股   l. 留存收益期末余额

m. 应交所得税   n. 长期负债

E1-23A (目标:编制资产负债表)2016 年 12 月 31 日,Womack 公司拥有现金 23 000 美元、应收款项 15 000 美元、存货 77 000 美元。公司设备总额为 184 000 美元。Womack 公司有应付款项 24 000 美元和长期应付票据 165 000 美元。普通股为 32 500 美元。编制 Womack 公司 2016 年 12 月 31 日的资产负债表,并加上适当的标题。使用会计等式计算留存收益。

E1-24A (目标:应用会计等式;编制资产负债表)Ellen Samuel Realty 公司 2016 年 5 月 31 日的资产和负债的数额如下表所示。表中还包括该公司 2016 年度的收入和费用金额:

百万美元

总收入	37.9	长期投资	135.7
应收账款	0.5	不动产和设备净值	1.7
流动负债	2.6	其他费用	5.4
普通股	27.7	期初留存收益	16.8
利息费用	0.4	期末留存收益	?
工资和其他员工费用	13.6	现金	1.6
长期负债	102.8	其他长期资产	10.5

要求

编制 Ellen Samuel Realty 公司 2016 年 5 月 31 日的资产负债表。根据会计等式计算期末留存收益。

E1-25A (目标:编制利润表和留存收益表)本题需要用到 E1-24A 的条件。参考 E1-24A 中 Ellen Samuel Realty 公司的数据。

要求

1. 编制 Ellen Samuel Realty 公司截至 2016 年 5 月 31 日的年度利润表。

2. Ellen Samuel Realty 公司 2016 年 5 月 31 日宣告的股利是多少?(提示:编制留存收益表)

E1-26A (目标:编制利润表和留存收益表)假设 Carson Coffee Roasters 公司 2017 年 8 月末的当月会计数据如下:

美元

现金支出：		现金流入：	
购置设备	204 000	向股东发行股票	13 200
股利	2 300	租金费用	1 900
留存收益：		普通股	13 200
2017 年 8 月 1 日	0	设备	200 400
留存收益：		办公用品	7 500
2017 年 8 月 31 日	?	应付账款	9 000
水电煤气费	5 400	服务收入	279 600
将净利润调整为经营活动产生的现金流量	1 500		
工资费用	78 400		
2017 年 8 月 1 日现金余额	0		
2017 年 8 月 31 日现金余额	5 900		

要求

编制 Carson Coffee Roasters 公司 2017 年 8 月（截至 8 月 31 日）的利润表和留存收益表。

E1-27A　（目标：编制资产负债表）参照 E1-26A 中的数据，编制 Carson Coffee Roasters 公司 2017 年 8 月 31 日的资产负债表。

E1-28A　（目标：编制现金流量表）参照 E1-26A 和 E1-27A 中的数据。编制 Carson Coffee Roasters 公司 2017 年 8 月（截至 8 月 31 日）的现金流量表。以表 1-7 为例，画箭头表示利润表、留存收益表、资产负债表和现金流量表之间的关系。

E1-29A　（目标：通过财务报表评价企业经营业绩）本题需要综合考虑 E1-26A 至 E1-28A。

Carson Coffee Roasters 公司的股东正在就应该停止营业还是继续经营寻求你的建议。写一份报告给他，说明你对公司经营第一个月的经营业绩、股利、财务状况和现金流量的看法。引用财务报表中的数据来支持你的看法。给出你关于公司是应该停止营业还是继续经营的报告结论。

E1-30A　（目标：编制利润表、留存收益表和资产负债表）2016 年，McFall 公司的收入为 1.4 亿美元，发生工资费用 3 100 万美元、租金费用 1 600 万美元和水电煤气费 2 200 万美元。当年，公司宣布并发放股利 1 200 万美元。2016 年 12 月 31 日，公司有现金 1.5 亿美元、应收账款 5 500 万美元、不动产和设备 3 200 万美元、其他长期资产 1 700 万美元。同时，公司的应付账款为 6 000 万美元，长期应付票据为 2 700 万美元。2016 年年初，该公司的股东权益总额为 1.67 亿美元，包括普通股和留存收益。McFall 公司的年度截止日为 12 月 31 日。编制该公司 2016 年度的下列报表（附上适当的标题）：

1. 利润表
2. 留存收益表
3. 资产负债表

（B 组）

E1-31B　（目标：应用会计等式；评价经营业绩）计算各公司会计等式中缺失的数据。

	资产	负债	股东权益
Corner Grocery	?	51	37
Six Street Bank	21	?	20
Valerie's Gifts	29	13	?

10 亿美元

哪家公司的财务状况最好？解释你的答案。

E1-32B （目标：应用会计等式；评价经营业绩）Blackwell 服务公司有流动资产 2.4 亿美元，不动产、厂房和设备 3.5 亿美元，其他资产共计 1.7 亿美元。流动负债是 1.5 亿美元，长期负债是 3.6 亿美元。

要求

1. 使用这些数据写出 Blackwell 服务公司的会计等式。
2. Blackwell 服务公司有多少资源可供经营使用？
3. Blackwell 服务公司欠债权人多少债务？
4. Blackwell 服务公司的股东实际拥有公司多少资产？

E1-33B （目标：应用会计等式；评价经营业绩）Cranberry 公司 2017 年 1 月 31 日和 2016 年 1 月 31 日的资产负债表报告的内容如下：

百万美元

	2017 年	**2016 年**
资产总额	77	51
负债总额	19	12

要求

下面给出了截至 2017 年 1 月 31 日的该年度 Cranberry 公司发行股票和支付股利的三种情况。计算每种情况下 Cranberry 公司该年度的净利润或净亏损。

1. Cranberry 公司发行 1 300 万美元股票，不支付股利。
2. Cranberry 公司不发行股票，支付 2 000 万美元股利。
3. Cranberry 公司发行 6 600 万美元股票，支付 2 000 万美元股利。

E1-34B （目标：识别财务报表信息）假设 Flurrish 公司要扩展在印度的业务，必须决定在哪里扩展及如何融资。指出决策者们能在哪张财务报表中找到下列有关 Flurrish 公司的信息，某些情况下，会有多张报表提供所需的数据。

a. 净利润
b. 流动负债
c. 购买建筑物支付的现金
d. 将净利润调整为经营活动产生的现金流量
e. 销售和管理费用
f. 期末现金余额
g. 留存收益期末余额
h. 所得税费用
i. 长期负债
j. 收入
k. 资产总额
l. 股利
m. 应交所得税
n. 普通股

E1-35B （目标：编制资产负债表）2016 年 12 月 31 日，Robinson 公司有现金 18 000 美元、应收账款 20 000 美元、存货 82 000 美元、设备 183 000 美元；同时，该公司的应付账款为

29 000 美元，长期应付票据为 171 000 美元，普通股为 29 500 美元。编制该公司 2016 年 12 月 31 日的资产负债表，并加上适当的标题。使用会计等式计算留存收益。

E1-36B （目标：应用会计等式；编制资产负债表）David Austin Realty 公司 2016 年 1 月 31 日的资产和负债的数额如下表所示。表中还包括该公司 2016 年度的收入和费用：

百万美元

总收入	37.2	长期投资	135.6
应收账款	0.7	不动产和设备净值	1.8
流动负债	2.1	其他费用	5.6
普通股	25.1	期初留存收益	16.9
利息费用	0.5	期末留存收益	?
工资和其他员工费用	13.5	现金	1.3
长期负债	102.1	其他长期资产	9.9

要求

编制 David Austin Realty 公司 2016 年 1 月 31 日的资产负债表。根据会计等式计算期末留存收益。

E1-37B （目标：编制利润表和留存收益表）本题需要用到 E1-36B 的条件。参考 E1-36B 中 David Austin Realty 公司的数据。

要求

1. 编制 David Austin Realty 公司截至 2016 年 1 月 31 日的利润表。

2. David Austin Realty 公司 2016 年 1 月 31 日宣告的股利是多少？（提示：编制留存收益表）

E1-38B （目标：编制利润表和留存收益表）假设 Earl Coffee Roasters 公司 2016 年 8 月末的当月数据如下：

美元

现金支出：		现金流入：	
购置设备	202 100	向股东发行股票	24 600
股利	3 000	租金费用	1 900
留存收益：		普通股	24 600
2016 年 8 月 1 日	0	设备	202 100
留存收益：		办公用品	7 300
2016 年 8 月 31 日	?	应付账款	8 800
水电煤气费	5 900	服务收入	270 800
将净利润调整为经营活动			
产生的现金流量	1 500		
工资费用	78 700		
2016 年 8 月 1 日现金余额	0		
2016 年 8 月 31 日现金余额	5 300		

要求

编制 Earl Coffee Roasters 公司 2016 年 8 月（截至 8 月 31 日）的利润表和留存收益表。

E1-39B （目标：编制资产负债表）参照 E1-38B 中的数据，编制 Earl Coffee Roasters 公

司截至 2016 年 8 月 31 日的资产负债表。

E1-40B (目标:编制现金流量表)参照 E1-38B 和 E1-39B 中的数据。编制 Earl Coffee Roasters 公司 2016 年 8 月(截至 8 月 31 日)的现金流量表。以表 1-7 为例,画箭头表示利润表、留存收益表、资产负债表和现金流量表之间的关系。

E1-41B (目标:通过财务报表评价企业的经营业绩)本题需要综合考虑 E1-38B 至 E1-40B。

Earl Coffee Roasters 公司的股东正在就应该停止营业还是继续经营寻求你的建议。写一份报告给他,说明你对公司经营第一个月的经营业绩、股利、财务状况和现金流量的看法。引用财务报告中的数据来支持你的看法。给出你关于公司是应该停止营业还是继续经营的报告结论。

E1-42B (目标:编制利润表、留存收益表和资产负债表)2016 年,Young 公司获得收入 1.5 亿美元,发生工资费用 3 000 万美元、租金费用 1 400 万美元和水电煤气费 2 900 万美元。2016 年,Young 公司宣告并支付了 1 000 万美元的现金股利。2016 年 12 月 31 日,公司拥有现金 1.6 亿美元、应收账款 6 200 万美元、不动产和设备 3 400 万美元、其他长期资产 1 900 万美元。同时,公司的应付账款为 6 300 万美元,长期应付票据为 2 500 万美元。2016 年年初,公司的留存收益余额为 7 500 万美元,2016 年 12 月 31 日,公司的股东权益总额为 1.87 亿美元,包括普通股和留存收益。Young 公司的年度截止日为 12 月 31 日。编制该公司 2016 年度的下列报表(附上适当的标题):

1. 利润表
2. 留存收益表
3. 资产负债表

练习测试

回答下列问题,测试你对财务报表的理解。从可能的答案选项中选出最佳选项。

Q1-43 财务报告最主要的目标是提供( )。

a. 关于公司的现金流量的信息 b. 给联邦政府的信息

c. 对投资和贷款决策有用的信息 d. 关于企业盈利的信息

Q1-44 哪种企业组织形式对银行和其他债权人提供最少的保护?( )

a. 个人独资企业 b. 公司

c. 合伙制企业 d. a 和 c

Q1-45 资产通常按( )入账。

a. 当前市场价值 b. 历史成本

c. 评估价值 d. 以上都不是(将正确答案写在横线上)_____

Q1-46 2 月,资产增加了 87 000 美元,负债增加了 31 000 美元,那么股东权益( )。

a. 增加了 56 000 美元 b. 减少了 56 000 美元

c. 增加了 118 000 美元 d. 减少了 118 000 美元

Q1-47 公司预期从客户处收到的货款列示在( )。

a. 资产负债表的股东权益部分 b. 利润表的费用部分

c. 资产负债表的流动资产部分 d. 现金流量表

Q1-48 下列各项都属于流动资产,只除了( )。

a. 应付账款 b. 存货

c. 应收账款　　　　　　　　　　　d. 预付费用

Q1-49　收入是(　　)。

a. 由所有者投资企业导致的实收资本的增加

b. 由出售商品或提供服务导致的留存收益的增加

c. 由偿还债务导致的负债的减少

d. 以上都是

Q1-50　报告收入和费用的财务报表称为(　　)。

a. 利润表　　　　　　　　　　　　b. 资产负债表

c. 留存收益表　　　　　　　　　　d. 现金流量表

Q1-51　资产负债表的另一个名称是(　　)。

a. 财务状况表　　　　　　　　　　b. 收益表

c. 经营成果表　　　　　　　　　　d. 利润和亏损表

Q1-52　Dobson 公司年初拥有 143 000 美元现金及价值 41 000 美元的土地。当年，Dobson 公司实现服务收入 230 000 美元，并发生以下费用：工资，185 000 美元；租金，83 000 美元；水电煤气费，26 000 美元。在年末，Dobson 公司的现金余额减少为 56 000 美元。Dobson 公司本年度实现的净利润(或发生的净亏损)是多少？

a. 45 000 美元　　　　　　　　　　b.(38 000 美元)

c.(151 000 美元)　　　　　　　　　d.(64 000 美元)

Q1-53　2015 年 12 月 31 日，Thompson 设备公司留存收益的余额为 340 000 美元。2016 年净利润总计 185 000 美元，宣告分配股利 85 000 美元。Thompson 公司在 2016 年 12 月 31 日报告的留存收益应为多少？

a. 425 000 美元　　　　　　　　　　b. 340 000 美元

c. 525 000 美元　　　　　　　　　　d. 440 000 美元

Q1-54　净利润出现在下列哪一张(哪几张)财务报表中？

a. 资产负债表　　　　　　　　　　b. 留存收益表

c. 利润表　　　　　　　　　　　　d. b 和 c

Q1-55　购买建筑物支出的现金属于现金流量表中的哪一类？

a. 股东权益　　　　　　　　　　　b. 经营活动

c. 筹资活动　　　　　　　　　　　d. 投资活动

Q1-56　Voronsky 公司的股东权益在 2016 年年初和年末分别是 119 000 美元和 138 000 美元。2016 年年初资产是 144 000 美元。如果 Voronsky 公司的负债在 2016 年增加了 74 000 美元，那么 2016 年年末资产总计是多少？使用会计等式。

a. 218 000 美元　　　　　　　　　　b. 51 000 美元

c. 237 000 美元　　　　　　　　　　d. 208 000 美元

Q1-57　Smith 公司在标明的日期有下列信息：

美元

	2016 年 12 月 31 日	2015 年 12 月 31 日
资产总额	560 000	330 000
负债总额	35 000	25 000

Smith 公司在 2016 年没有股票交易,因此 2016 年股东权益的变动是由净利润和股利引起的。如果股利是 70 000 美元,那么 Smith 公司 2016 年的净利润是多少?使用会计等式和留存收益表。

a. 220 000 美元　　　　　　b. 150 000 美元

c. 290 000 美元　　　　　　d. 360 000 美元

问题

（A 组）

P1-58A (目标:应用会计等式;评价经营业绩)计算各公司会计科目的缺失数据。

百万美元

	Crystal 公司	Lowell 公司	Broom 公司
年初			
资产	83	43	?
负债	43	14	7
普通股	6	3	7
留存收益	?	26	1
年末			
资产	?	61	18
负债	45	26	?
普通股	6	?	9
留存收益	38	?	?
利润表			
收入	228	?	22
费用	222	156	?
净利润	?	?	?
留存收益表			
期初余额	34	26	1
＋净利润	?	10	2
－股利	(2)	(13)	(0)
＝期末余额	38	23	3

在年末,哪家公司的净利润最多?哪家公司的销售净利率最高?

P1-59A (目标:解释会计语言;应用会计等式;评价经营业绩;编制资产负债表)由于会计师生病,Salem News 公司的总经理编制了公司的资产负债表。这张资产负债表有很多错误。特别是,总经理知道资产负债表两边必须平衡,所以调整了股东权益的金额以达到平衡。因此,股东权益的金额是不正确的,而其他科目的金额是正确的。

美元

Salem News 公司资产负债表 2016 年 10 月 31 日			
资产		**负债**	
现金	10 500	应收票据	15 500
设备	35 000	利息费用	2 000
应付账款	5 000	办公用品	1 300
水电煤气费	1 100	应收账款	2 800
广告费用	900	应付票据	55 000
土地	84 000	总计	76 600
工资费用	2 500	**股东权益**	
		股东权益	62 400
资产总额	139 000	负债总额	139 000

要求

1. 编制正确的资产负债表,并标注正确的日期。计算资产总额、负债总额和股东权益。

2. Salem News 公司的财务状况事实上比错误的资产负债表所报告的好吗? 说明理由。

3. 指出不应该出现在资产负债表中的会计科目。说明为什么把它们排除在你按要求 1 所编制的正确的资产负债表之外。这些会计科目应该出现在哪张财务报表中?

P1-60A (目标:应用会计原则;评价经营业绩;编制资产负债表)Caden Healey 是一位房地产经纪人,他在 2017 年 12 月 16 日开办了自己的公司。公司从 Caden Healey 处吸纳了 60 000 美元,并向他发行了普通股。在 2017 年 12 月 31 日考虑如下事项:

a. Caden Healey 在银行的个人账户上有 12 000 美元,公司账户上有 48 000 美元。

b. Caden Healey 个人欠当地一家百货商店 6 800 美元。

c. 12 月 24 日花 23 400 美元为公司购买家具。由于这笔业务,公司在 12 月 31 日欠 2 000 美元的应付账款。

d. 公司现有价值 2 000 美元的办公用品。

e. 公司由于购买一块土地还有 132 000 美元的应付票据尚未偿付,这块土地购买时的价格是 168 000 美元。

f. 公司花 15 000 美元获得了 Realty First 的特许权,可以作为 Realty First 的代理人开展业务。Realty First 是一个全国性的独立房地产代理人联营组织。特许权是一项公司资产。

g. Caden Healey 个人抵押贷款购买住房还欠 190 000 美元,该住房 2012 年购买时的价格是 405 000 美元。

要求

1. 编制 Caden Healey 的公司 2017 年 12 月 31 日的资产负债表。

2. Caden Healey 的公司是否有能力偿还债务? 为什么?

3. 指出不应该在公司资产负债表中报告的个人业务。

P1-61A (目标:评价经营业绩;编制并分析利润表、留存收益表和资产负债表)下面列出了 Beckwith Garden Supply 公司 2016 年 12 月 31 日的资产和负债金额,以及年度截止日为上述日期的该年度的收入和费用。

			美元
设备	119 000	土地	27 000
利息费用	10 200	应付票据	99 500
应付利息	2 500	财产税费用	7 300
应付账款	24 000	租金费用	40 600
工资费用	108 500	应收账款	84 600
建筑物	401 000	服务收入	457 600
现金	41 000	材料	6 800
普通股	12 700	水电煤气费	8 500

期初留存收益是 364 200 美元,当年宣告分配股利 106 000 美元。

要求

1. 编制 Beckwith Garden Supply 公司 2016 年度(截至 12 月 31 日)的利润表。

2. 编制 Beckwith Garden Supply 公司 2016 年度的留存收益表。

3. 编制 Beckwith Garden Supply 公司 2016 年 12 月 31 日的资产负债表。

4. 通过回答下列问题来分析 Beckwith Garden Supply 公司:

a. 2016 年是否盈利?盈利多少?

b. 留存收益是增加了还是减少了?增加或减少了多少?

c. 资产总额和负债总额哪个大?谁拥有 Beckwith Garden Supply 公司更多的资产?债权人还是股东?

P1-62A (目标:评价经营业绩;编制现金流量表)以下是来自 Riley 公司 2017 年 3 月 31 日财务报表的数据。

			百万美元
购置不动产、厂房和设备	3 505	其他投资现金支出	170
净利润	3 040	应收账款	800
将净利润调整为经营活动产生的现金流量	2 410	股利	270
收入	60 000	普通股	4 880
期初现金	210	发行普通股	165
期末现金	1 925	出售不动产、厂房和设备	45
销售成本	37 400	留存收益	12 930

要求

1. 编制 Riley 公司截至 2017 年 3 月 31 日的年度现金流量表。按照章末习题的格式编制,上述科目不一定都要在现金流量表中列示。

2. 哪一项活动给 Riley 公司提供了最大的现金流量?这是财务状况良好还是糟糕的信号?

P1-63A (目标:编制财务报表)以下是 Santos 公司过去两年的财务报表的节选。

千美元

	2017 年	2016 年
利润表		
收入	k	15 000
销售成本	11 000	a
其他费用	1 210	1 180
税前利润	1 500	2 000
所得税（税率 35%）	l	700
净利润	m	b
留存收益表		
期初余额	n	2 650
净利润	o	c
股利	(90)	(110)
期末余额	p	d
资产负债表		
资产：		
现金	q	e
不动产、厂房和设备	1 507	1 346
其他资产	r	11 799
资产总额	s	14 465
负债：		
流动负债	t	5 650
长期债务	4 450	3 380
其他负债	975	1 120
负债总额	9 050	f
股东权益：		
普通股	275	275
留存收益	u	g
其他股东权益	150	200
股东权益合计	v	4 315
负债和股东权益总额	w	h
现金流量表		
经营活动产生的净现金流量	x	975
投资活动产生的净现金流量	(260)	(375)
筹资活动产生的净现金流量	(570)	(540)
现金净增加（或减少）	(180)	i
年初现金	y	1 260
年末现金	z	j

要求

确定字母标注的缺失数值，编制完整的财务报表。

(B 组)

P1-64B (目标：应用会计等式;评价经营业绩)计算各公司会计账户的缺失数据。

百万美元

	Pearl 公司	Loomis 公司	Bryant 公司
年初			
资产	82	42	?
负债	44	20	10
普通股	3	2	3
留存收益	?	20	4
年末			
资产	?	62	19
负债	46	33	?
普通股	3	?	7
留存收益	37	?	?
利润表			
收入	223	?	26
费用	216	160	?
净利润	?	?	?
留存收益表			
期初余额	35	20	4
＋净收益	?	10	1
－股利	(5)	(16)	(2)
＝期末余额	37	14	3

在年末,哪家公司的净利润最多? 哪家公司的销售净利率最高?

P1-65B (目标：解释会计语言;应用会计等式;评价经营业绩;编制资产负债表)由于会计师生病,Candace 设计公司的总经理编制了公司的资产负债表。这张资产负债表有很多错误。特别是,总经理知道资产负债表两边必须平衡,所以他调整了股东权益的金额以达到平衡。因此,股东权益的金额是不正确的,其他科目的金额是正确的。

美元

Candace 设计公司资产负债表			
2016 年 6 月 30 日			
资产		**负债**	
现金	8 500	应收票据	13 000
设备	35 600	利息费用	2 200
应付账款	2 500	办公用品	1 000
水电煤气费	1 800	应收账款	3 800
广告费用	300	应付票据	54 500
土地	76 000	总计	74 500
工资费用	2 500	**股东权益**	
		股东权益	52 700
资产总额	127 200	负债总额	127 200

要求

1. 编制正确的资产负债表,并标注正确的日期。计算资产总额、负债总额和股东权益。

2. Candace 设计公司的财务状况事实上比错误的资产负债表所报告的好吗? 说明理由。

3. 指出不应该出现在资产负债表中的科目。说明为什么把它们排除在你按要求 1 所编制的正确的资产负债表之外? 这些科目应该出现在哪张财务报表中?

P1-66B (目标:应用会计原则;评价经营业绩;编制资产负债表)Billy Higgins 是一位房地产经纪人,他在 2017 年 6 月 16 日开办了自己的公司。公司从 Higgins 处吸纳了 65 000 美元,并向他发行了普通股。在 2017 年 6 月 30 日考虑如下事项:

a. Higginst 在银行的个人账户上有 14 000 美元,公司账户上有 58 000 美元。

b. Higgins 个人欠当地一家百货商店 5 200 美元。

c. 公司 6 月 24 日花 19 600 美元购买家具。由于这笔业务,公司在 6 月 30 日欠 4 000 美元的应付账款。

d. 公司现有价值 4 000 美元的办公用品。

e. 公司由于购买一块土地还有 136 000 美元的应付票据尚未偿付,这块土地购买时的价格是 157 000 美元。

f. 公司花 15 000 美元获得了 American Realty 的特许权,可以作为 American Realty 的代理人开展业务。American Realty 是一个全国性的独立房地产代理人联营组织。特许权是一项公司资产。

g. Higgins 个人抵押贷款购买住房还欠 151 000 美元,该住房 2012 年购买时的价格是 423 000 美元。

要求

1. 编制 Billy Higgins 的公司 2017 年 6 月 30 日的资产负债表。

2. Billy Higgins 的公司是否有能力偿还债务? 为什么?

3. 指出不应该在公司资产负债表中报告的个人业务。

P1-67B (目标:评价经营业绩;编制并分析利润表、留存收益表和资产负债表)下面列出了 Blue Moon 产品公司 2016 年 12 月 31 日的资产和负债金额,以及截止日为上述日期的该年度的收入和费用。

			美元
设备	110 000	土地	28 000
利息费用	10 800	应付票据	99 700
应付利息	2 300	财产税费用	7 900
应付账款	27 000	租金费用	40 200
工资费用	108 300	应收账款	84 500
建筑物	402 000	服务收入	458 600
现金	41 000	材料	6 100
普通股	3 800	水电煤气费	8 100

期初留存收益是 364 500 美元,当年宣布分配股利 108 000 美元。

要求

1. 编制 Blue Moon 产品公司 2016 年度(截至 12 月 31 日)的利润表。

2. 编制 Blue Moon 产品公司 2016 年度的留存收益表。

3. 编制 Blue Moon 产品公司 2016 年 12 月 31 日的资产负债表。

4. 通过回答下列问题来分析 Blue Moon 产品公司:

a. 2016 年是否盈利?盈利多少?

b. 留存收益是增加了还是减少了?增加或减少了多少?

c. 资产总额和负债总额哪个大?谁拥有 Blue Moon 产品公司更多的资产?债权人还是股东?

P1-68B (目标:评价经营业绩;编制现金流量表)以下是来自 Salem Water 公司 2017 年 3 月 31 日财务报表的数据。

百万美元

购置不动产、厂房和设备	3 515	其他投资现金支出	190
净利润	3 060	应收账款	550
将净利润调整为经营活动产生的现金流量	2 350	股利	285
收入	59 000	普通股	4 810
期初现金	230	发行普通股	205
期末现金	1 910	出售不动产、厂房和设备	55
销售成本	37 410	留存收益	13 000

要求

1. 编制 Salem Water 公司截至 2017 年 3 月 31 日的年度现金流量表。按照章末习题的格式编制,上述科目不一定都要在现金流量表中列示。

2. 哪项活动给 Salem Water 公司提供了最大的现金流量?这是财务状况良好还是糟糕的信号?

P1-69B (目标:编制财务报表)以下是 Nettleton 公司过去两年的财务报表的节选。

千美元

	2017 年	2016 年
利润表		
收入	k	16 175
销售成本	11 020	a
其他费用	1 200	1 210
税前利润	1 510	1 820
所得税(税率 35%)	l	637
净利润	m	b
留存收益表		
期初余额	n	2 740

续表

	2017 年	2016 年
净利润	o	c
股利	(82)	(140)
期末余额	p	d
资产负债表		
资产：		
现金	q	e
不动产、厂房和设备	1 567	1 306
其他资产	r	10 872
资产总额	s	13 398
负债：		
流动负债	t	5 660
长期债务	4 300	3 370
其他负债	35	180
负债总额	9 200	f
股东权益：		
普通股	225	225
留存收益	u	g
其他股东权益	120	180
股东权益合计	v	4 188
负债和股东权益总额	w	h
现金流量表		
经营活动产生的净现金流量	x	900
投资活动产生的净现金流量	(210)	(350)
筹资活动产生的净现金流量	(590)	(550)
现金净增加(或减少)	(80)	i
年初现金	y	1 220
年末现金	z	j

要求

确定字母标注的缺失数值,编制完整的财务报表。

知识应用

决策案例

案例 1　(目标:解释会计语言;通过财务报表评价经营业绩)

Queens 服务公司和 Insley 销售公司在你处申请贷款。为了决定是否提供贷款,你要求它们提供资产负债表。

美元

Queens 服务公司资产负债表 2017 年 8 月 31 日			
资产		**负债**	
现金	5 000	应付账款	50 000
应收账款	10 000	应付票据	80 000
家具	75 000	负债总额	130 000
土地	15 000	**股东权益**	
设备	45 000	股东权益	20 000
资产总额	150 000	负债和所有者权益总额	150 000

美元

Insley 销售公司资产负债表 2017 年 8 月 31 日			
资产		**负债**	
现金	5 000	应付账款	6 000
应收账款	10 000	应付票据	9 000
存货	15 000	负债总额	15 000
建筑物	35 000	**股东权益**	
		股东权益	50 000
资产总额	65 000	负债和所有者权益总额	65 000

要求

单从资产负债表的信息来看,你更愿意为哪家公司提供贷款?引用两家公司资产负债表中的科目和数字给予充分说明。

案例 2　(目标:通过财务报表评价经营业绩;更正会计差错;编制财务报表)离开大学一年了,你现在有 1 万美元可用于投资。一个朋友创立了 Flowers 无限公司,她想让你投资她的公司。你取得了该公司截至第一年年末的财务报表。

美元

Flowers 无限公司利润表 截至 2016 年 12 月 31 日的年度	
收入	100 000
费用	80 000
净利润	20 000

美元

Flowers 无限公司资产负债表 2016 年 12 月 31 日			
现金	6 000	负债	60 000
其他资产	100 000	股东权益	46 000
资产总额	106 000	负债和所有者权益总额	106 000

通过询问你的朋友,你发现如下事实:

a. 2016 年向客户提供价值 140 000 美元的服务,并收取了 100 000 美元现金。

b. 将用 50 000 美元现金购买的软件记录为资产,而这些成本应该是费用。

c. 为启动公司,你的朋友在 2015 年年底从她父母处借了 10 000 美元,这笔钱被用来支付 2016 年第 1 个月的工资费用。由于借款来自你朋友的父母,她对借款和工资费用均未进行账务记录。

要求

1. 编制正确的财务报表。

2. 用你编制的正确的财务报表评价该公司的经营业绩和财务状况。

3. 你会给该公司投资吗? 给出理由。

道德事项

(目标:评价道德决策)

你正为第二天的会计考试紧张地复习。这门课程你学得并不顺利,这次考试将决定你最终的成绩是 B 还是 C。如果考绩是 C,你的平均成绩将被拉低,从而会失去奖学金。一小时前,你的一个也选修这门课程、师从同一位教授但不在同一班级的朋友给你打电话,告诉你一个意想不到的消息。她刚在联谊会的考试文件中找到一份去年的试卷复印件。这份试卷中的题目全部来自课堂笔记,甚至连序号都一样。你的朋友说可以复印一份试卷给你送来。

你瞥了一眼课程大纲,发现下面一段话:"希望你独立完成这门课程的学习,尽管你会与其他人一起学习,但是向其他人透露或是从其他人处获取有关考试的信息会被认为是学术上的不诚实行为,除非这些行为得到任课老师的许可。此外,泄露论文内容或是由老师指定的作为测试的考核内容会被认为是学术上的不诚实行为。学术不诚实会被认为是违反学生荣誉的,有此类行为的学生会受到纪律处分,其中包括从大学除名。"虽然你听说联谊会已经与教授一起销毁了以往的考试资料,但并不确定。

要求

1. 本例中的道德问题是什么?

2. 谁是利益相关者? 可能出现的后果是什么?

3. 分别从经济的、法律的和道德的角度进行分析。

4. 你会做什么? 你的决定是根据什么做出的? 有了决定后你的感觉如何?

5. 这与商业情景有何类似之处?

聚焦财务:苹果公司

(目标:应用会计等式;评价经营业绩)

这个案例和以后章节中的类似案例都针对苹果公司的合并财务报表。通过对这些案例的学习,你分析真实财务报表的能力将得到提高。

要求

参照本书附录 A 中苹果公司的合并财务报表。

1. 利用熟知的网站如 http://finance.yahoo.com 或 http://www.google.com/finance,上网搜索有关苹果公司及其产品的内容,写一段(大约 200 字)有关其产品、现在发展和未来规划的描述。

2. 阅读苹果公司年报的第一部分第一项(商业运作)。从这部分你了解到什么? 为什么这部分很重要?

3. 指出至少一个苹果公司的竞争对手。为什么在分析苹果公司的财务绩效时这方面的信息非常重要？

4. 假设你拥有苹果公司的股票。如果你能挑选公司利润表上的一个会计科目使它逐年增长，你会选择哪个科目？为什么这个科目这么重要？这个会计科目在2014年度是增加了还是减少了？对公司来说，这是好消息还是坏消息？

5. 苹果公司2012—2014年度最大的费用是什么？用你自己的语言，解释这项会计科目的含义。举例说明组成这项费用的科目。为什么这项费用少于销售收入？本章给出了这项费用的另外一个名称，是什么？

6. 使用附录A中苹果公司的资产负债表回答下列问题：2014年度末，苹果公司共有多少资源可供使用？公司欠债多少？公司资产中其股东实际拥有多少？使用这些数字写出苹果公司在2014年9月27日的会计等式。

7. 苹果公司2013年9月28日的现金余额是多少？年末现金余额是多少？

聚焦分析：安德玛（Under Armour）公司

（目标：应用会计等式；评价经营业绩）本案例和每章类似的案例都针对附录B中安德玛公司的财务报表。通过对安德玛公司案例的学习，你分析真实公司财务报表的能力将得到提高。

要求

1. 利用知名的网站如 http://finance.yahoo.com 或 http://www.google.com/finance，上网搜索有关安德玛公司及其产品的内容，写一段有关其产品、现在发展和未来规划的描述（大约200字）。

2. 阅读安德玛公司年报附注1（商业描述）。从这部分你了解到什么？为什么这部分很重要？

3. 指出至少两个安德玛公司的竞争对手。为什么在分析苹果公司的财务绩效时这方面的信息非常重要？

4. 写出安德玛公司2014年度末的会计等式（四舍五入到百万美元）。安德玛公司的财务状况看上去是好还是不好？为什么？

5. 安德玛公司2014年度经营业绩如何？确定2014年度经营业绩的名称和金额，并指出它在该年是增加了还是减少了？对公司及其股东来说这是好消息还是坏消息？

6. 观察合并股东权益变动表中的留存收益，是什么使留存收益在2014年度增加了？

7. 哪张财务报表将现金作为安德玛公司财务状况的一部分？哪张财务报表说明当年现金余额增加或减少的原因？哪两项导致安德玛公司在2014年度现金变动最大？

小组项目

项目1 按老师的要求，获取一家知名公司的年报。

要求

1. 扮演美国银行贷款委员会的角色。美国银行是总部设在北卡罗来纳州夏洛特的一家大型银行。假设所选公司向美国银行申请贷款。由于贷款数额较大，分析公司的财务报表和其他决策所需的所有信息。尽你所能进行深入的分析并制定相关决策。详细回答下列问题：

a. 贷款期间的长度。你允许公司多长时间后还款？

b. 贷款的利率。你要求基准利率、优惠利率还是较高的利率？为什么？

c. 作为贷款的条件，你对借款人有什么限制？

注意：财务报表的长期负债附注会提供公司现有负债的详细情况。

2. 给银行的董事会写一份你们小组的报告。字数控制在两页双倍行距的 Word 用纸之内（800～1 200 字）。

3. 如果老师要求，把你们的决策和分析向全班进行报告。把你们的报告时间限制在 10～15 分钟。

项目 2　你是一家公司的所有者，公司打算上市——向外部投资者发行股票。你想让公司看起来尽可能有吸引力，以便募集 100 万美元现金扩展公司业务。同时，你希望给潜在投资者提供公司的真实情况。

要求

1. 设计一本介绍公司的小册子，帮助外部的投资者作出正确的决定，决定是否购买公司的股票。这本小册子应包括以下内容：

a. 公司名称和所在地。

b. 公司业务的种类（尽可能详细）。

c. 你计划如何使用募集的资金。

d. 公司（当年和前一年）的比较利润表、比较留存收益表、比较资产负债表和比较现金流量表。为了得到 100 万美元的资金，尽可能使信息符合现实。

2. 用 Word 文档制作这本小册子，不要超过 5 页。

3. 如果老师要求，给班上每位同学复印一份。发给同学后，向同学介绍案例，争取使同学们产生投资的兴趣。将你的报告时间限制在 10～15 分钟。

复习测验答案

1. c　　　**2.** b　　　**3.** a　　　**4.** b　　　**5.** b　　　**6.** c

7. d（320 000 美元－115 000 美元－8 000 美元＝197 000 美元）

8. b（320 000 美元－115 000 美元＝205 000 美元）

9. d　［总资产＝110 000 美元（8 000 美元＋33 000 美元＋28 000 美元＋42 000 美元）；负债＝21 000 美元］

10. d

11. c　　（99 000 美元＋净利润 25 000 美元－股利 9 000 美元＝115 000 美元）

12. c

美元

	资产	=	负债	+	股东权益
期初	145 000	=	70 000*	+	75 000
增加	47 000	=	14 000	+	33 000*
期末	192 000*	=	84 000*	+	108 000*

＊表示通过计算得出的数据。

13. a

14. d

第 2 章

交 易 分 析

迪士尼公司破纪录的一年——数以百万计交易

2013 年,估计有 1.326 亿人在迪士尼 11 个主题公园中的一家购买了单日门票或多日门票。2015 年 3 月,迪士尼公司的电影《灰姑娘》在全球 4 000 多个影院上映,上映后的第一周便获得了 1.59 亿美元的票房收入。每张电影票的平均价格为 8 美元,这相当于仅一周就售出了约 1 990 万张票。每张公园门票和每张电影票的出售都是一项经济交易,而这只是冰山一角。你还可以登录迪士尼网站(http // www. disney. com),像其他人一样,预订你梦中想去的任何地方。除了可以购买迪士尼主题乐园的门票,你还可以在迪士尼网站上预订度假村,也可以预订在迪士尼酒店就餐、在迪士尼在线商店购买商品、玩视频游戏、观看迪士尼已经发布或者未来准备上映的影片,甚至可以预订迪士尼游轮畅游加勒比、地中海或阿拉斯加。你还可以使用智能手机上的"Disney Movies Anywhere"应用程序购买你选择的迪士尼电影。除此之外,登录 ESPN 网站(http//espn. go. com),你将看到其他很多公司的标志,如一些公司在网站上购买迪士尼公司频道来宣传其产品或服务。正如我们在第 1 章中总结的那样,迪士尼公司取得 488 亿美元的收入,发生 413 亿美元的支出,归属于迪士尼公司的净利润为 75 亿美元。这些数字来自哪里? 那就是数以百万计的交易!

第 1 章介绍了财务报表。第 2 章和第 3 章将介绍编制财务报表过程的会计循环。

会计循环的前四个步骤是确认交易、分析其对会计等式的影响、在日记账中记录交易、将其过到分类账中。

学习目标

1. 解释经济交易
2. 定义"账户",列示和区分会计科目的不同类型
3. 采用会计等式列示经济交易的影响
4. 分析经济交易的会计处理
5. 记录经济交易
6. 编制并使用试算平衡表

解释经济交易

所有的经济活动都与交易有关。在会计上,**交易**(transaction)是指任何影响公司财务状况并且能被可靠计量的事项。例如,迪士尼公司为旗下的餐厅购买新鲜果蔬和肉制品,为度假村和酒店购买物资,通过它的电视频道提供娱乐服务,销售迪士尼的产品,借款和偿还贷款,上述交易都是独立的交易。

但是并非所有事件都可以确认为交易。例如,迪斯尼邮轮航线信息可以刊载在旅游宣传册中,或者一个计划休假的人可能在电视上看到迪士尼主题公园的广告。这些活动可能会为迪士尼公司带来新的业务。不过,除非有人购买了门票、入住了迪士尼的度假村、购买了迪士尼公司的产品,或以其他方式与迪士尼公司进行了交易,交易是没有发生的。

交易提供了某事项对一个会计主体的财务状况的影响的客观信息。每一项交易都包括两个方面:付出了什么;相应地收到了什么。

在会计上,我们总是记录交易事项的两个方面。在将某事项当作一项交易进行记录之前,必须能够确切计量事项对公司财务状况的影响。

 ## 定义"账户",列示和区分会计科目的不同类型

如第 1 章所述,会计等式表明了会计要素的基本关系:

$$资产 = 负债 + 股东(或所有者)权益$$

对于每一项资产、负债和所有者权益,我们都单独设立一个记录表,称为账户。**账户**(account)记录了一个会计期间某一资产、负债或所有者权益所发生的任何变化。它是会计的基本总结工具。在开始分析经济交易之前,让我们先简单回顾一下迪士尼公司用以衡量其经营成果的各类账户。

资产

资产是指能为公司带来未来收益的经济资源。大多数公司使用下列资产账户。

现金　现金(cash)是指货币及其他交易媒介,包括银行账户余额、纸币、硬币、存款凭证和支票。

应收账款　与其他大多数公司一样,迪士尼公司出售产品和服务,换得客户未来付款的承诺。应收账款账户就反映了这些金额。

存货　迪士尼公司最重要的资产之一就是它的存货,即它向客户出售的各类品牌产品。还包括公司以天、周或月为期出售的分时度假产品等资产。该账户也可称为商品或商品存货。

预付费用　迪士尼公司提前预付了保险金和租金等费用。预付费用为公司提供了未来收益,因此属于公司资产。预付租金、预付保险金等都是预付费用。

影视资产　该项资产包括迪士尼电影、电视和舞台节目的生产成本、制造费用、利息以及电影和电视节目的开发支出。上述成本最初作为公司的资产予以记录("资本化"),并通过摊销过程在电影或电视播出时确认为费用,这类资产是迪士尼公司等媒体公司所独有的。

投资　如第 1 章所述,迪士尼公司在世界各地购买了其他公司的股份。由于公司会长期持有该项投资,因此将其作为长期资产列示。

主题公园、**度假村和其他财产**　这个账户列示了迪士尼公司在经营中所使用的土地、建

筑物和设备的成本。在这一类别中,公司按类型划分每种资产,最终通过折旧的方式将相关资产成本在赚取收入的会计期间予以摊销。大多数其他公司将这个账户称为"不动产、厂房和设备",即固定资产。

负债

负债是一种债务,某项"应付"总是指某种负债。最常见的负债类型包括下面几种。

应付账款 应付账款直接对应于应收账款,迪士尼公司因赊购某项存货而作出的支付承诺即通过应付账款账户加以记录。

应付票据(借款) 应付票据是与应收票据相对应的一个账户,它包括迪士尼公司因签发本票而需要在未来支付的款项。与应收票据一样,应付票据需要支付利息。

应计负债 产生于公司的未付费用,绝大部分公司都会发生应付利息和应付工资等应计负债(accrued liability)。应交所得税也属于应计负债。

股东(所有者)权益

所有者对公司资产的所有权或要求权,称为股东权益、股票持有者权益,或者更简单地称为所有者权益。在个人独资企业中只有一个资本账户;在合伙企业中,每位合伙人都有一个独立的所有者权益账户;而像迪士尼公司这样的大企业则通过普通股、留存收益和股利等账户记录所有者权益的变化。

普通股 普通股账户体现所有者对公司的投资。迪士尼公司从股东处获得现金并向其发行股票。普通股是公司的股东权益的主要组成部分。所有公司都有普通股。

留存收益 迪士尼公司必须盈利(有净利润)以维持经营。留存收益账户显示了迪士尼公司经营期间累计净利润扣除累计净亏损及股利后的余额。

股利 是否分派股利由公司董事会决定。如果迪士尼公司盈利,董事会可能宣布并分派现金股利。公司可以设立名为股利的独立账户,股利意味着留存收益的减少。

收入 由于公司向客户销售商品或提供服务而增加的股东权益称为收入。公司可根据需要设立多个收入账户。迪士尼公司通过销售收入账户计算向客户销售产品的收入,通过服务收入账户计算向客户提供服务的收入。律师向客户提供法律服务使用的是服务收入账户;对外借出资金的公司需要设立的是利息收入账户;如果公司提供了出租办公楼服务,则需要设立租金收入账户。

费用 公司从事经营活动的成本称为费用。费用使股东权益减少,是与收入相对的概念。公司需要为每类支出单独设立账户,如销售产品和提供劳务的成本、工资费用、租金费用、广告费用、保险费用、水电煤气费和所得税费用等。每家公司都力求使成本最小化以使净利润最大。

思考题

分别举出产生下列两个作用的例子:(1)增加迪士尼公司的股东权益;(2)减少迪士尼公司的股东权益。

答案

(1)发行股票和净利润(收入大于费用)。(2)股利和净亏损(费用大于收入)。

采用会计等式列示经济交易的影响

范例：Alladin 旅游公司

为了描述记录经济交易的方法，让我们回到 Alladin 旅游公司的例子。在第 1 章的章末习题中，主要股东和经营者 Starr Willams 于 2016 年 4 月开办了这家旅游公司。

我们现在考虑以下 11 项事项并运用会计等式逐个分析它们对公司的影响。在本章的上半部分我们运用会计等式以报表格式填写财务报表，在下半部分我们使用日记账和分类账。

交易 1　Starr Willams 和几个朋友投资 50 000 美元创立了 Alladin 旅游公司，公司向他们发行了普通股。这项交易对 Alladin 旅游公司这一商业主体的会计等式的影响是收到现金和发行普通股，如下所示：

	资产 现金	=	负债 ＋ 股东权益 普通股	股东权益的交易类型
（1）	＋ 50 000		＋ 50 000	发行股票

每项经济交易发生后，等式左边的合计数应等于等式右边的合计数。交易 1 使公司的现金和普通股都增加了。在交易右端我们写下"发行股票"，以说明股东权益增加的原因。

每项交易都会对公司的财务报表产生影响，在一项、两项或任意更多项交易发生后，我们都可以编制财务报表。例如，交易 1 发生后，Alladin 旅游公司可以编制公司的资产负债表，如下所示。

美元

Alladin 旅游公司资产负债表			
2016 年 4 月 1 日			
资产		**负债**	
现金	50 000 美元	无	
		股东权益	
		普通股	50 000
		股东权益总额	50 000
资产总额	50 000	负债和股东权益总额	50 000

资产负债表显示，Alladin 旅游公司拥有 50 000 美元现金而无任何负债。公司股东权益（所有权）在资产负债表上以普通股表示。银行将对 Alladin 旅游公司的这份资产负债表十分满意，因为公司拥有 50 000 美元现金而无负债——这代表一种良好的财务状况。

在实务中，绝大部分公司只在某一会计期间结束后而不是在每项交易发生后编制财务报表。但当管理者们需要了解经营状况时，会计信息系统可以实时编制财务报表。

交易 2　Alladin 旅游公司为兴建新办公场所购入了一块土地，为此支付了 40 000 美元现金。这项交易对会计等式的影响如下所示。

资产			负债 +	股东权益	股东权益交易类型
现金	+	土地		普通股	
(1) 50 000			=	50 000	发行普通股
(2) −40 000		+40 000			
余额 10 000		40 000		50 000	
	50 000			50 000	

这项购买增加了一项资产(土地)并相应地减少了等额的另一项资产(现金)。交易完成后,Alladin 旅游公司拥有 10 000 美元现金、价值 40 000 美元的土地,没有负债。股东权益没有发生变化,仍为 50 000 美元。

请注意资产总额必须等于负债与股东权益总额。

交易 3 公司赊购办公用品,承诺在 30 天内付款 3 700 美元。这项交易使公司的资产和负债都增加了。它对会计等式的影响如下所示。

资产					负债 +	股东权益
现金	+	办公用品	+	土地	应付账款	普通股
余额 10 000				40 000		50 000
(3)		+3 700			= +3 700	
余额 10 000		3 700		40 000	3 700	50 000
		53 700				53 700

新增加的资产是办公用品,而负债是应付账款。Alladin 旅游公司没有签发任何票据,所以这项负债是应付账款,而不是应付票据。

交易 4 Alladin 旅游公司向客户提供服务,赚取了 7 000 美元的收入,同时收取了现金。它对会计等式的影响是现金资产增加,留存收益增加,如下所示。

资产			负债 +	股东权益		股东权益交易类型
现金 +	办公用品 +	土地	应付账款+	普通股+	留存收益	
余额 10 000	3 700	40 000	3 700	50 000		
(4) +7 000			=		+7 000	服务收入
余额 17 000	3 700	40 000	3 700	50 000	7 000	
	60 700			60 700		

在账户右侧我们写下"服务收入"以记录 7 000 美元的留存收益增加额的来源。

交易 5 Alladin 旅游公司也为客户提供赊账服务。公司实现了收入但并没有立即收到现金。在交易 5 中,Alladin 旅游公司为几家大型企业客户安排了旅行,这些客户承诺一个月内支付 3 000 美元。这一承诺对于 Alladin 旅游公司来说就是应收账款。它对会计等式的影响如下所示。

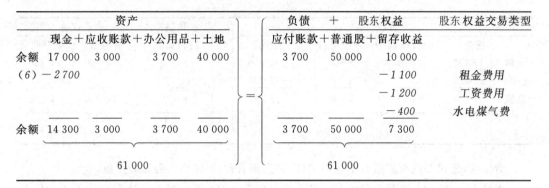

		资产				负债 ＋ 股东权益			股东权益 交易类型
	现金 ＋	应收账款 ＋	办公用品 ＋	土地	＝	应付账款＋	普通股＋	留存收益	
余额	17 000		3 700	40 000		3 700	50 000	7 000	
（5）		＋3 000						＋3 000	服务收入
余额	17 000	3 000	3 700	40 000		3 700	50 000	10 000	
		63 700					63 700		

Alladin 旅游公司向顾客提供服务即取得了收入。因此,当 Alladin 旅游公司提供服务时,需记录收入,而无论是否已收取现金。

交易 6 4 月,Alladin 旅游公司付出 2 700 美元以支付下列费用:租金,1 100 美元;员工工资,1 200 美元;水电煤气费,400 美元。它对会计等式的影响如下所示。

		资产				负债 ＋ 股东权益			股东权益交易类型
	现金＋	应收账款＋	办公用品＋	土地	＝	应付账款＋	普通股＋	留存收益	
余额	17 000	3 000	3 700	40 000		3 700	50 000	10 000	
（6）	－2 700							－1 100	租金费用
								－1 200	工资费用
								－400	水电煤气费
余额	14 300	3 000	3 700	40 000		3 700	50 000	7 300	
		61 000					61 000		

费用减少了现金资产和留存收益。对每项费用都要单列其内容、金额,保证每一项费用的可追溯性,这样有利于之后利润表的编制。

交易 7 Alladin 旅游公司支付了交易 3 所提到的赊购办公用品的 1 900 美元。这项交易同时减少了现金和应付账款,如下所示。

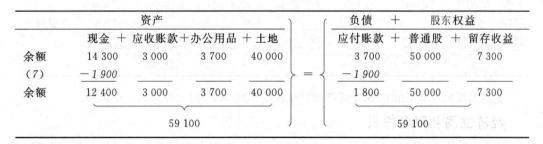

		资产				负债 ＋ 股东权益		
	现金 ＋	应收账款＋	办公用品 ＋	土地	＝	应付账款 ＋	普通股 ＋	留存收益
余额	14 300	3 000	3 700	40 000		3 700	50 000	7 300
（7）	－1 900					－1 900		
余额	12 400	3 000	3 700	40 000		1 800	50 000	7 300
		59 100					59 100	

交易 8 Alladin 旅游公司的主要股东 Starr Willams 花 30 000 美元重新装修了房子,这是 Starr Willams 的家庭事务,因此不需要记入 Alladin 旅游公司的账户。我们关心的只是公司主体,而这项交易并没有对其产生影响。这项交易再次诠释了我们在第 1 章中已学过的公司主体定义。

交易 9 在交易 5 中,Alladin 旅游公司为客户提供赊账服务,公司现在收到客户的 1 000 美元现金。我们说 Alladin 旅游公司收回了应收账款。现金增加了而应收账款相应减少了。

这并不是一项服务收入,因为在交易 5 中公司已记录了这项交易。提供服务才能带来收入。收取现金对各账户的影响如下所示。

	资产				负债 + 股东权益		
	现金 +	应收账款 +	办公用品 +	土地	应付账款 +	普通股 +	留存收益
余额	12 400	3 000	3 700	40 000	1 800	50 000	7 300
(9)	+1 000	−1 000					
余额	13 400	2 000	3 700	40 000	1 800	50 000	7 300
	59 100				59 100		

交易 10 Alladin 旅游公司以它购买土地时的价格 22 000 美元将一部分土地出售。公司收到了 22 000 美元现金,这对会计等式的影响如下所示。

	资产				负债 + 股东权益		
	现金 +	应收账款 +	办公用品 +	土地	应付账款 +	普通股 +	留存收益
余额	13 400	2 000	3 700	40 000	1 800	50 000	7 300
(10)	+22 000			−22 000			
余额	35 400	2 000	3 700	18 000	1 800	50 000	7 300
	59 100				59 100		

请注意,公司并没有将所有土地都出售,它仍拥有价值 18 000 美元的土地。

交易 11 Alladin 旅游公司宣布分红并支付股东 2 100 美元现金。这对会计等式的影响如下所示。

	资产				负债 + 股东权益			股东权益交易类型
	现金 +	应收账款 +	办公用品 +	土地	应付账款 +	普通股 +	留存收益	
余额	35 400	2 000	3 700	18 000	1 800	50 000	7 300	
(11)	−2 100						−2 100	股利
余额	33 300	2 000	3 700	18 000	1 800	50 000	5 200	
	57 000				57 000			

股利的发放导致公司的现金资产和留存收益都减少了,但股利并不属于费用。

经济交易和财务报表

表 2-1 总结了上述 11 项交易。A 组说明了交易细节,B 则是对交易的分析。观察表格,我们注意到每一项交易都满足会计等式:

$$资产=负债+所有者权益$$

表 2-1 为 Alladin 旅游公司财务报表的编制提供了数据。

- 利润表数据体现为留存收益账户下的收入和费用。收入增加留存收益,而费用则减少留存收益。

表 2-1　交易分析：Alladin 旅游公司

A 组——交易说明

(1) 收到 50 000 美元现金，向股东发行股票

(2) 购入土地，支付 40 000 美元现金

(3) 赊账购入 3 700 美元的办公用品

(4) 为顾客提供服务，收取 7 000 美元现金

(5) 为赊账的顾客提供服务，金额为 3 000 美元

(6) 支付现金费用：租金 1 100 美元；工资费用 1 200 美元；水电煤气费 400 美元

(7) 支付交易 3 中产生的应付账款 1 900 美元

(8) 股东个人出资重新装修住房，不属于公司交易

(9) 收回应收账款 1 000 美元

(10) 以购入价 22 000 美元出售土地

(11) 宣布分红并向股东发放股利 2 100 美元

B 组—— 交易分析

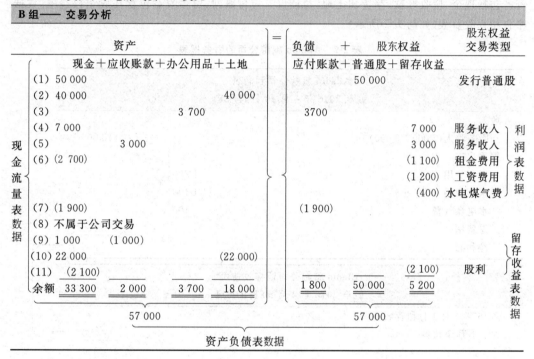

- 资产负债表数据包括资产、负债和股东权益的期末余额，如表最后一行所示。会计等式表明资产总额（57 000 美元）等于负债与股东权益总额（57 000 美元）。
- 留存收益表重申了利润表中扣除股利后的净利润（或净亏损）。留存收益的期末余额即为最终数据。
- 现金流量表数据在现金账户下体现。收到现金使现金增加，支付现金则使现金减少。注意，我们在表 2-2 中并未收录现金流量表。

表 2-2 是 Alladin 旅游公司在开始经营的第 1 个月，即 4 月底的财务报表。根据数据思考下列内容。

1. 利润表反映企业在某一特定会计期间的收入、费用和净利润（或净亏损）。Alladin 旅游公司 4 月净赚了 7 300 美元。在表 2-1 B 组的交易分析中，服务收入包括 7 000 美元的现金收入和 3 000 美元的赊账收入；费用总计 2 700 美元，包括工资费用 1 200 美元、租金费用 1 100 美元、水电煤气费 400 美元，这些费用会在利润表中予以列示。净利润等于服务收入和费用总额的差额（10 000 − 2 700 ＝ 7 300），这被称为单步式利润表。比较 Alladin 旅游公司和

我们在本章开始给出的迪士尼公司的利润表。Alladin 旅游公司的利润表中只包括两类账户：收入账户和费用账户。相比之下，迪士尼公司的合并利润表包含不同类型的收入(服务、产品和其他)和费用(服务成本、产品成本和其他)，采用不同的子标题，分隔不同类型的收入(营业利润、税前利润、净利润)。这被称为多步式利润表。这一内容将在第 3 章和第 11 章深入讨论。

2. 留存收益表自留存益的期初余额开始记录，对于一家新公司，此余额为零。加上本期净利润(如箭头①所示)，扣除股利，即可得出留存收益的期末余额(5 200 美元)。

3. 资产负债表中列出了某一会计期末的资产、负债和股东权益。在表 2-1 B 组的表中，资产包括现金、应收账款、存货和土地，负债仅有应付账款，留存收益包含在股东权益中，数据来自留存收益表(如箭头②所示)。

表 2-2　Alladin 旅游公司的财务报表　　　　美元

Alladin 旅游公司利润表 截至 2016 年 4 月 30 日的月度		
收入		
服务收入(7 000＋3 000)		10 000
费用		
工资费用	1 200	
租金费用	1 100	
水电煤气费	400	
总费用		2 700
净利润		7 300

①

Alladin 旅游公司留存收益表 截至 2016 年 4 月 30 日的月度	
2016 年 4 月 1 日留存收益	0
加：本月净利润	7 300
	7 300
减：股利	(2 100)
2016 年 4 月 30 日留存收益	5 200

②

Alladin 旅游公司资产负债表 2016 年 4 月 30 日			
资产		**负债**	
现金	33 300	应付账款	1 800
应收账款	2 000		
办公用品	3 700	**股东权益**	
土地	18 000	普通股	50 000
		留存收益	5 200
		股东权益合计	55 200
资产总额	57 000	负债与股东权益总额	57 000

让我们应用已学的知识分析下面的问题。

章中习题

谢利·里士满(Shelly Richmond)在一所大学附近开办了一家调查服务公司,公司名为里士满调查公司。在开业的第一个月——2016 年 7 月,公司发生了下列交易。

a. 里士满调查公司向谢利·里士满发行股票,后者向前者投资了 25 000 美元。

b. 公司赊购了 350 美元的办公用品。

c. 里士满调查公司购入大学附近的一块土地,支付了 20 000 美元现金。公司打算用这块土地作为办公楼所在地。

d. 里士满调查公司为客户提供服务,收取现金 1 900 美元。

e. 里士满调查公司支付了交易 b 中产生的应付账款 100 美元。

f. 谢利·里士满用自己的钱支付了度假费用 2 000 美元。

g. 里士满调查公司支付了现金费用:办公室租金 400 美元和水电煤气费 100 美元。

h. 公司以购入价 5 000 美元出售了一部分土地。

i. 公司宣布分红并发放股利 1 200 美元。

要求

1. 分析上述交易对里士满调查公司的会计等式产生的影响。以表 2-1 中的 B 组为参考。

2. 记录各项交易后,编制公司的利润表、留存收益表、资产负债表。画出关联报表之间的箭头。

答案

要求 1

B 组——交易分析:里士满调查公司

资产			=	负债 + 股东权益			股东权益交易类型
现金 +	办公用品 +	土地		应付账款 +	普通股 +	留存收益	
(a) 25 000					25 000		发行普通股
(b)	350			350			
(c) (20 000)		20 000					
(d) 1 900						1 900	服务收入
(e) (100)				(100)			
(f) 不属于公司交易							
(g) (400)						(400)	租金费用
(100)						(100)	水电煤气费
(h) 5 000		5 000					
(i) (1 200)						(1 200)	股利
余额 10 100	350	15 000		250	25 000	200	
	25 450				25 450		

要求 2   美元

里士满调查公司利润表		
截至 2016 年 7 月 31 日的月度		
收入		
服务收入		1 900
费用		
租金费用	400	
水电煤气费	100	
总费用		500
净利润		1 400

里士满调查公司留存收益表	
截至 2016 年 7 月 31 日的月度	
2016 年 7 月 1 日留存收益	0
加：本月净利润	1 400
	1 400
减：股利	（1 200)
2016 年 7 月 31 日留存收益	200

里士满调查公司资产负债表			
截至 2016 年 7 月 31 日的月度			
资产		**负债**	
现金	10 100	应付账款	250
办公用品	350	**股东权益**	
土地	15 000	普通股	25 000
		留存收益	200
		股东权益合计	25 200
		负债与股东权益总额	
资产总额	25 450		25 450

　　本章上半部分讨论的会计等式分析方法可以在实务中运用,但操作起来十分烦琐。迪士尼公司有上百个会计账户和数量庞大的交易事项。如果采用上述方法记录迪士尼公司的交易事项,工作底稿将会巨大无比。在本章的下半部分,我们将讨论公司实务操作中所采用的复式记账法。

 分析经济交易的会计处理

　　所有的经济交易都包括两个方面:你付出某些东西,同时得到另外一些东西。因此,会计是基于复式记录体系而建立的,它记录了交易对经济主体的双重影响。每项交易都至少影

响两个账户。例如,Alladin 旅游公司的 50 000 美元现金收入和股票发行使现金和普通股都增加了,只记录现金的增加或是只记录普通股的增加,都是不完整的。

T 形账户

账户可以用大写的字母"T"代表,我们称之为 T 形账户。字母中间的垂直线把账户分成左右两个部分,账户名称则写在字母"T"的上方。例如,现金账户可记录如下:

现金	
(左方)	(右方)
借方	贷方

账户的左方称为借方(debit),账户的右方则称为贷方(credit)。初学者经常搞混"借"和"贷"。为了自如地使用这些术语,请记住:

账户名称	
借方＝左方	贷方＝右方

每一项交易都既涉及借方又涉及贷方。账户中的借方表示你所得到的事项,而贷方表示你所付出的事项。

账户的增减:借贷规则

如何记录某一账户的增减取决于该账户的种类。图 2-1 汇总了借贷规则。

- 资产的增加记在账户的左(借)方,资产的减少记在账户的右(贷)方。当收到现金时记入现金账户的左方,当支付现金时记入现金账户的右方。
- 相反,负债和所有者权益的增加应记入相应账户的贷方,负债和所有者权益的减少应记入相应账户的借方。

为说明图 2-1 所表达的意义,我们回顾例子中的交易 1。Alladin 旅游公司得到了 50 000 美元并发行(付出)了股票。哪些账户受到上述活动的影响?交易发生后的账户又变成什么样?现金账户和普通股账户将体现这些数目变化。

图 2-1　会计等式和借贷规则

账户中的结余数目称为账户余额。交易 1 使现金账户产生了 50 000 美元的借方余额,使普通股账户产生了 50 000 美元的贷方余额。图 2-2 表明了这种关系。

Alladin 旅游公司的交易 2 是花费 40 000 美元现金购买一块土地。这项交易使现金减少,记入贷方;土地增加,记入借方。如下面的 T 形账户所示(主要指现金账户和土地)。

现金			普通股		土地	
余额　50 000	贷记减少			余额　50 000		借记增加
	40 000					40 000
余额 *10 000*					余额 *40 000*	

图 2-2　Alladin 旅游公司交易 1 后的会计等式

这项交易发生之后,现金账户有 10 000 美元的借方余额,土地账户有 40 000 美元的借方余额,普通股账户有 50 000 美元的贷方余额,如图 2-3 所示。

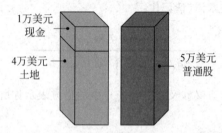

图 2-3　Alladin 旅游公司交易 1 和交易 2 后的会计等式

附加的所有者权益账户:收入账户和费用账户

所有者权益还包括两类利润表账户:收入账户和费用账户。

- 收入是指公司向客户销售商品或提供服务而增加的所有者权益。
- 费用是指由于公司经营所产生的成本而减少的所有者权益。

因此,会计等式可被扩展为如图 2-4 所示的样子。收入和费用归入同一圆括号中,因为它们的净效应(收入与费用之差)等于净利润,净利润将使所有者权益增加。如果费用超过收入,公司存在净亏损,从而将使所有者权益减少。

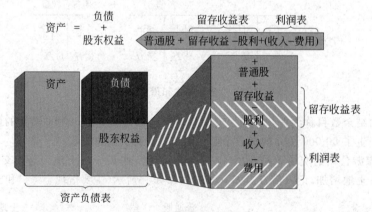

图 2-4　扩展的会计等式

图 2-5 汇总了借贷规则,掌握这些规则以后我们才能进一步学习其他内容。例如,必须牢记,借方增加了资产,贷方减少了资产。

资产		=	负债		+		股东权益		

资产		负债		普通股		留存收益		股利	
借方 +	贷方 −	借方 −	贷方 +	借方 −	贷方 +	借方 −	贷方 +	借方 +	贷方 −

						收入		费用	
						借方 −	贷方 +	借方 +	贷方 −

图 2-5　借贷规则汇总

负债和所有者权益则相反,贷方使负债和所有者权益增加,借方使负债和所有者权益减少。

股利和费用账户是不适用此规则的例外情况。它们同属权益类账户,借方会使账户增加,它们是负(或备抵)权益类账户。

收入和费用因为出现在利润表中,记录时经常作为独立的账户种类处理。图 2-5 中给出的是其他权益账户下的收入账户和费用账户。

记录经济交易(日记账和过账)

会计人员按照时间顺序对每项经济交易进行记录,称为**日记账**(journal),又称为原始记录表。在日记账中记录交易的过程包括以下 3 个步骤:

1. 具体确认交易影响的账户及其性质(资产、负债或所有者权益,收入或费用)。

2. 明确各账户的交易是增加还是减少,使用借贷记账规则,确定是借记还是贷记该账户。

3. 在日记账中记录该交易,并简述日记账分录的内容。借方记入左边,贷方记入右边。

步骤 3 又称为编制日记账分录或做日记账分录。让我们按照上述步骤对 Alladin 旅游公司的交易 1 做日记账分录:

步骤 1　公司收到现金并发行股票。现金账户和普通股账户受到了影响。现金是一项资产,而普通股是一项权益。

步骤 2　现金和普通股都增加了。根据借贷记账规则,现金账户的增加记为借方,普通股账户的增加记为贷方。

步骤 3　编制日记账分录,如下所示。

日　记　账

日期	账户名称和说明	借方	贷方
4 月 1 日	现金	50 000	
	普通股		50 000
	发行普通股。		

开始分析一项交易时,首先要确定它对现金的影响。现金是增加还是减少了?一般来说,对现金的影响最容易识别,然后再确定对其他账户的影响。

将信息从日记账过到分类账（过账）

日记账是对公司所有交易的序时记录，但它无法反映一家公司还有多少现金可以运用。

分类账（ledger）就是标明了各自余额的一系列账户。例如，现金 T 形账户的余额显示了公司持有的现金数量，应收账户的余额显示了应向客户收回的金额，应付账款则反映公司因向供应商赊购而负有的欠款，等等。

在记账一词中，账指的是分类账中的账户。在大部分会计体系中，记录是通过计算机进行的。图 2-6 显示了资产、负债和所有者权益账户是如何设置在一个分类账中的。收入和费用账户也出现在总账中，其中可能包含数百甚至数千个子账户。

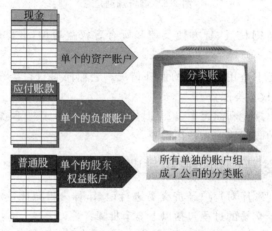

图 2-6　分类账（资产、负债和股东权益账户）

日记账中交易的登记并未使数据传到分类账。数据应该被复制到分类账中，这一过程称为**过账**（posting）。日记账中的借方被过入各账户的借方，贷方也是如此。图 2-7 说明了 Alladin 旅游公司的股票发行交易是如何过到分类账中的。

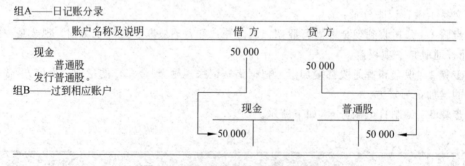

图 2-7　日记账分录及过账到分类账

会计数据的流程

图 2-8 总结了会计数据从经济交易到分类账的流动过程。我们继续分析 Alladin 旅游公司前面提到的 11 项交易，并编制会计分录。过入账户的每个日记账分录都按照业务发生日期或业务号加上了索引，方便你轻松地找到所需要的信息。

交易 1 分析　Alladin 旅游公司收到股东 50 000 美元的现金投资，相应地，公司向他们发

图 2-8　会计数据的流动

行了普通股。这项交易的日记账、会计等式和分类账记录如下：

日记账分录　　现金　　　　　　　　　　50 000

　　　　　　　　　普通股　　　　　　　　　　　50 000
　　　　　　　发行普通股。

会计等式

资产	=	负债	+	股东权益
50 000	=	0	+	50 000

分类账

现金		普通股	
（1）　50 000			（1）　50 000

交易 2 分析　　公司购入土地，支付了 40 000 美元现金。这项购买减少了现金，因此应记入现金账户的贷方；同时增加了土地资产，应记入土地账户的借方。

日记账分录　　土地　　　　　　　　　　40 000

　　　　　　　　　现金　　　　　　　　　　　40 000
　　　　　　　购入土地，支付现金。

会计等式

资产	=	负债	+	股东权益
+40 000	=	0	+	0
−40 000				

分类账

现金		土地	
（1）　50 000	（2）　40 000	（2）　40 000	

交易 3 分析　　公司赊购了价值 3 700 美元的办公用品。这项购买增加了一项资产——办公用品，也增加了一项负债——应付账款。

日记账分录　　办公用品　　　　　　　　3 700

　　　　　　　　　应付账款　　　　　　　　　3 700
　　　　　　　赊购办公用品。

会计等式

资产	=	负债	+	股东权益
+3 700	=	+3 700	+	0

分类账

办公用品		应付账款	
（3）　3 700			（3）　3 700

交易 4 分析 公司为客户提供服务,收取现金 7 000 美元。这项业务增加了现金和服务收入。应将这项收入记入服务收入账户的贷方。

日记账分录	现金	7 000	
	服务收入		7 000
	提供服务,收取现金。		

会计等式	资产	=	负债	+	股东权益	+	收入
	7 000	=	0			+	7 000

分类账

现金		服务收入	
(1) 50 000	(2) 40 000		(4) 7 000
(4) 7 000			

交易 5 分析 公司为客户提供服务,客户没有立即付款,所以公司向客户开出了 3 000 美元的账单。这项业务增加了应收账款,因此记入应收账款账户的借方。服务收入也增加了,记入服务收入账户的贷方。

日记账分录	应收账款	3 000	
	服务收入		3 000
	提供服务,客户暂未付款。		

会计等式	资产	=	负债	+	股东权益	+	收入
	3 000	=	0			+	3 000

分类账

应收账款		服务收入	
(5) 3 000			(4) 7 000
			(5) 3 000

交易 6 分析 公司付出 2 700 美元以支付以下费用:设备租金 1 100 美元;员工工资 1 200 美元;水电煤气费 400 美元。将这些金额记入现金账户的贷方。费用的增加应记入相关费用账户的借方。

日记账分录	租金费用	1 100	
	工资费用	1 200	
	水电煤气费	400	
	现金		2 700
	支付费用。		

会计等式	资产	=	负债	+	股东权益	−	费用
	−2 700	=	0	+		−	2 700

分类账

现金		租金费用	
(1) 50 000	(2) 40 000	(6) 1 100	
(4) 7 000	(6) 2 700		

工资费用		水电煤气费	
(6) 1 200		(6) 400	

交易 7 分析 公司支付了交易 3 中产生的应付账款 1 900 美元。将这项支付记入现金账户的贷方。支付使负债减少了,因此应记入应付账款的借方。

日记账分录	应付账款	1 900	
	现金		1 900
	支付应付账款。		

会计等式	资产	=	负债	+	股东权益
	−1 900	=	−1 900	+	0

分类账			现金					应付账款		
	(1)	50 000	(2)	40 000		(7)	1 900	(3)	3 700
	(4)	7 000	(6)	2 700					
			(7)	1 900					

交易 8 分析　公司的主要股东 Starr Willams 装修了他的住宅。这不属于公司的交易,所以公司没有记录这一事项。

交易 9 分析　公司收到交易 5 中客户应付的 1 000 美元。现金增加了,因此应记入现金账户的借方。应收账款减少了,因此应记入应收账款账户的贷方。

日记账分录	现金	1 000	
	应收账款		1 000
	收回应收账款。		

会计等式	资产	=	负债	+	股东权益
	+1 000	=	0	+	0
	−1 000				

分类账			现金					应收账款		
	(1)	50 000	(2)	40 000		(5)	3 000	(9)	1 000
	(4)	7 000	(6)	2 700					
	(9)	1 000	(7)	1 900					

交易 10 分析　公司以购入价 22 000 美元卖出一部分土地,收取现金。现金资产增加了,应记入现金账户的借方;土地资产减少了,应记入土地账户的贷方。

日记账分录	现金	22 000	
	土地		22 000
	出售土地。		

会计等式	资产	=	负债	+	股东权益
	+22 000	=	0	+	0
	−22 000				

分类账			现金					土地		
	(1)	50 000	(2)	40 000		(2)	40 000	(10)	22 000
	(4)	7 000	(6)	2 700					
	(9)	1 000	(7)	1 900					
	(10)	22 000							

交易 11 分析　公司支付股利 2 100 美元,这项支付应记入现金账户的贷方。这项业务同时减少了股东权益,因此应记入权益账户——股利账户的借方。

| 日记账分录 | 股利 | 2 100 | |
| | 现金 | | 2 100 |

宣布并发放股利。

会计等式	资产	=	负债	+	股东权益	−	股利
	−2 100	=	0	+		−	2 100

分类账

	现金				股利	
(1)	50 000	(2)	40 000	(11)	2 100	
(4)	7 000	(6)	2 700			
(9)	1 000	(7)	1 900			
(10)	22 000	(11)	2 100			

过账后的账户

图 2-9 显示了所有业务都过账以后的账户。将这些账户按照资产、负债和股东权益进行分类。

资产	=	负债	+	股东权益

	现金		
(1)	50 000	(2)	40 000
(4)	7 000	(6)	2 700
(9)	1 000	(7)	400
(10)	22 000	(11)	2 100
余额	33 300		

	应付账款		
(7)	1 900	(3)	3 700
		余额	1 800

	普通股		
		(1)	50 000
		余额	50 000

	股利		
(3)	3 700		
余额	1 800		

	应收账款		
(5)	3 000	(9)	1 000
余额	2 000		

收入

	服务收入		
		(4)	7 000
		(5)	3 000
		余额	10 000

费用

	租金费用	
(6)	1 100	
余额	1 100	

	办公用品	
(3)	3 700	
余额	3 700	

	工资费用	
(6)	1 200	
余额	1 200	

	土地		
(2)	40 000	(10)	22 000
余额	18 000		

	水电煤气费	
(6)	400	
余额	400	

图 2-9　Alladin 旅游公司过入分类账后的账户

每一个账户都会有一个余额,它是某个账户中借方总额和贷方总额的差额。例如,应付账款账户的余额 1 800 美元就是贷方金额 3 700 美元减去借方金额 1 900 美元之差。现金账户有 33 300 美元的借方余额。

交易金额与账户余额用一条水平线分开。如果某个账户的借方总额超过了它的贷方总额,那么该账户就有了借方余额,如现金账户;如果贷方的金额更高,那么该账户就有了贷方余额,如应付账款账户。

编制并使用试算平衡表

试算平衡表(trial balance)列出了所有账户及其余额——首先是资产,然后是负债和所有者权益(包括收入和费用账户)。试算平衡表为最后的财务报表总结了所有账户余额,并显示贷方总额是否等于借方总额。原则上,任何时候都可以编写试算平衡表,但通常是在某一会计时期的期末进行。表 2-3 是 Alladin 旅游公司根据 4 月末所有业务编制日记账,然后过账到各账户后的试算平衡表。

表 2-3　试算平衡表　　　　　　　　　　　　　　　　　　　　　　美元

账 户 名	余　　额	
Alladin 旅游公司试算平衡表 2016 年 4 月 30 日		
	借　　方	贷　　方
现金	33 300	
应收账款	2 000	
办公用品	3 700	
土地	18 000	
应付账款		1 800
普通股		50 000
股利	2 100	
服务收入		10 000
租金费用	1 100	
工资费用	1 200	
水电煤气费	400	
总额	61 800	61 800

如表 2-3 所示的试算平衡表中的数据可用于编制利润表、留存收益表和资产负债表。Alladin 旅游公司财务报表的数据见表 2-2。在试算平衡表阶段,由于未进行最后的数据调整,还无法编制完整的财务报表,这部分知识将在第 3 章介绍。

分析账户

通过对账户进行分析,你可以了解企业的经营状况。对于有会计背景的管理者来说,这是一个非常有效的分析工具。例如,如果已知现金账户的期初和期末余额,又已知现金的收入总额,我们就可以计算当期的现金支付总额。

在本章的范例中,假定 Alladin 旅游公司在 5 月初的现金余额为 1 000 美元,5 月收到现金 8 000 美元,5 月末的现金余额为 3 000 美元。通过分析 Alladin 旅游公司现金账户的变动,可以计算该公司当月的现金支付总额,具体如下。

现金		
期初余额	1 000	x=期初余额+现金收入−期末余额
现金收入	8 000	=1 000+8 000−3 000
		现金支出 x=6 000
期末余额	3 000	

或者,已知一家公司的现金期初、期末余额和当期现金支出总额,我们就可以计算该公司的当期现金收入总额。

通过对应收账款账户进行分析,可以计算赊账收入或者收回账款的金额。具体计算如下(金额是假定的)。

应收账款

期初余额	6 000	$x=$期初余额+赊账收入-期末余额
现金收入	10 000	$=6\,000+10\,000-5\,000$
		收回账款　$x=11\,000$
期末余额	5 000	

同样,通过对应付账款账户的分析,可以确定支付了多少已欠的款项(金额是假定的)。

应付账款

$x=$期初余额+赊购-期末余额		期初余额	9 000
$=9\,000+6\,000-11\,000$		赊购	6 000
支付账款　$x=4\,000$		期末余额	11 000

请掌握这一有效的分析工具。这一分析工具适用于任何一家公司,同时可以帮助你进行个人理财。当你成为一名管理者时,你会发现这一分析工具更加有用。

会计差错更正

即使在计算机化的系统中也会出现会计差错。数据可能被输错,也可能被重复输入,借方可能被输成了贷方或者相反。通过计算借方总额与贷方总额之差,可以查出许多不平衡情况出现的原因。接下来进行以下操作中的一项或多项。

1. 查找缺漏账户的资料记录。从日记账到分类账逐个反复追查每个账户。某项金额为200 美元的交易可能在登记日记账或从日记账过账到分类账的过程中出现错误。在日记账中查找金额为 200 美元的交易。

2. 将借贷方的不平衡金额除以 2。若某个借方被错误地当作贷方处理,或者相反,会使差错金额翻倍。假设 Alladin 旅游公司在现金账户上增加而不是减少了 300 美元,不平衡金额将变成 600 美元,将此数目除以 2,则刚好等于交易额 300 美元。在日记账中查找这项交易并调整相关账户。

3. 将不平衡金额除以 9。如果借贷方的差额可被 9 整除,则出现的错误可能是:

* 错写(将 400 美元写成 40 美元)。在这种情形下,账户余额会不平衡,少 360 美元(400美元-40 美元=360 美元)。用 9 去除 360 美元,将得到 40 美元。在表 2-3 中查找与40 美元相似的金额。可以发现账户水电煤气费(400 美元)即为错写的账户。

* 错位(将 2 100 美元写成 1 200 美元)。在这种情形下,账户余额会不平衡,少 900 美元(2 100 美元-1 200 美元=900 美元)。用 9 去除 900 美元,将得到 100 美元。将试算平衡表中的金额与 T 形账户对比,可以查出股利账户(余额为 2 100 美元)即为错写的账户。

账户表

分类账中包括许多账户,可归为如下两类。

1. 资产负债表账户:资产、负债和所有者权益

2. 利润表账户:收入和费用

公司使用**账户表**（chart of accounts）列出所有账户及其编号。账户编号通常是两位数或更多位数。资产类账户编号以 1 开头，负债类账户编号以 2 开头，所有者权益类账户编号以 3 开头，收入类账户编号以 4 开头，费用类账户编号以 5 开头。账户编号的第二三位数或者更高位数显示了各账户在其类别内的位置。例如，现金的账户编号可能是 101，即资产类账户中的第一项；应付账款的账户编号可能是 201，即负债类账户中的第一项。通过这一体系，所有账户都编上了号。

如果公司使用的账户很多，则它的账户编号将很长。如迪士尼公司可能会使用 10 位数的账户号码。表 2-4 是 Alladin 旅游公司的账户表。账户编号 111～141 之间的空白是为了添加另一种应收款项，如某项应收票据，可能被编号为 121。

表 2-4　账户表——Alladin 旅游公司

资产负债表账户		
资产	**负债**	**所有者权益**
101 现金	201 应付账款	301 普通股
111 应收账款	231 应付票据	311 留存收益
141 办公用品		312 股利
151 土地		
191 办公家具		

	利润表账户 （所有者权益的一部分）	
	收入	**费用**
	401 服务收入	501 租金费用
		502 工资费用
		503 水电煤气费

账户的正常余额

账户的正常余额一般是在账户记录增加额的那一方——借方或贷方。资产的正常余额在借方，因此资产是借方余额账户；与之相反，负债和所有者权益通常具有贷方余额，因此是贷方余额账户。表 2-5 列出了所有资产类账户、负债类账户和所有者权益类账户，包括收入类账户和费用类账户。

表 2-5　账户的正常余额

资产	借方	
负债		贷方
所有者权益——综合		贷方
普通股		贷方
留存收益		贷方
股利	借方	
收入		贷方
费用	借方	

如前所述，所有者权益类一般包括若干个账户。总的来说，权益类账户会显示贷方的正常

余额,但也有例外,股利账户和费用账户就具有借方余额,因为它们意味着所有者权益的减少。

账户格式

到目前为止我们已经介绍了两栏的 T 形账户格式,借方记在左边,贷方记在右边。表 2-6 说明了另一种格式的账户,它有四个数据栏。前两个数据栏分别记录某个单项交易的借方和贷方金额,后两栏则用来记录账户余额。这种四栏的记账格式在最右边的两栏中保持了一种动态的余额。

表 2-6　四栏格式的账户

账户名称:现金					账户编号:101
日期	项目	借方	贷方	余额	
				借方	贷方
2016 年 4 月 2 日		50 000		50 000	
4 月 3 日			40 000	10 000	

运用 T 形账户分析交易

人们经常需要在缺乏一个完整会计体系帮助的情况下作出决策。例如,Alladin 旅游公司的管理者考虑购买价值 10 万美元的设备。公司将借入这笔款项(a 借入现金,b 购买设备)。要了解这两项交易对公司的影响,管理者可直接利用 T 形账户进行分析,如下所示:

T 形账户:

现金		应付票据	
(a) 100 000			(a) 100 000

T 形账户:

现金		设备		应付票据	
(a) 100 000	(b) 100 000	(b) 100 000			(a) 100 000

这一交易分析显示,Alladin 旅游公司将增加价值 10 万美元的设备和等额的应付票据。假设 Alladin 旅游公司的期初余额为零,设备和应付票据这两项业务的影响将如下面的资产负债表所示(日期为假设,仅作说明之用):

美元

Alladin 旅游公司资产负债表			
2016 年 9 月 30 日			
资产		**负债**	
现金	0	应付票据	100 000
设备	100 000	**股东权益**	
资产总额	100 000	负债与股东权益总额	100 000

通常公司记账时并不采用这种简略方式,但如果决策者需要立刻得到信息,他将没有时间为各项业务编制日记账,将它们过到账户中,进行试算平衡,最后再编写财务报表。通过分析账户,决策者可以迅速分析交易并在充分了解事实的基础上作出决策。

现在,我们将所学的知识予以运用。下面的"管理决策"专栏是本章的总结。

管理决策

如何衡量经营成果和财务状况

任何企业家都需要判断某项投资是否盈利,因此需要知道公司的经营成果和财务状况。如果迪士尼公司的股东想知道公司是否在盈利,下列指南将对他有所帮助。

决　　策	指　　引
交易是否发生?	事项影响了公司的财务状况且能够被可靠地计量——是 以上任一条件不被满足——否
交易记录在哪里?	在日记账中,是交易的序时记录。
以下账户如何记录增减?	借贷规则:

	增加	减少
资产	借方	贷方
负债	贷方	借方
所有者权益	贷方	借方
收入	贷方	借方
费用	借方	贷方

决策	指引
各账户的所有信息储存在哪里?	在分类账中,会计账簿
所有账户及其余额列在哪里?	在试算平衡表中
在哪里体现经营成果?	在利润表中 (收入－费用＝净利润或净亏损)
财务状况?	在资产负债表中 (资产＝负债＋股东权益)

章末习题

Dunn 服务中心 2016 年 3 月 1 日的试算平衡表列出了公司当日的资产、负债和股东权益。

美元

账户名称	余　　额	
	借　　方	贷　　方
现金	26 000	
应收账款	4 500	
应付账款		2 000
普通股		10 000
留存收益		18 500
总额	30 500	30 500

3 月,公司完成了以下交易:

a. 从银行借入 45 000 美元,Dunn 以服务中心的名义签发了应付票据。

b. 购入土地,向房地产公司支付了 40 000 美元。

c. 提供服务,收取现金 5 000 美元。

d. 赊购 300 美元的材料。

e. 为客户提供服务,得到应收账款 2 600 美元。

f. 偿付应付账款 1 200 美元。

g. 用现金支付了下列费用:工资费用,3 000 美元;租金费用,1 500 美元;利息费用,400 美元。

h. 收回应收账款 3 100 美元。

i. 收到 200 美元的水电煤气费账单,需在下周内支付。

j. 宣布并发放股利 1 800 美元。

要求

1. 在 Dunn 服务中心的分类账中设立以下账户,并列示各账户的余额。使用 T 形账户格式。

- 资产——现金,26 000 美元;应收账款,4 500 美元;材料,余额为 0;土地,余额为 0。
- 负债——应付账款,2 000 美元;应付票据,余额为 0。
- 股东权益——普通股,10 000 美元;留存收益,18 500 美元;股利,余额为 0。
- 收入——服务收入,余额为 0。
- 费用——(余额都为 0)工资费用,租金费用,利息费用,水电煤气费。

2. 编制这些交易的日记账。以交易代号标记各日记账分录。

3. 将所有交易过到分类账户,并给出各账户的余额。

4. 编制 Dunn 服务中心 2016 年 3 月 31 日的试算平衡表。

5. 编制 Dunn 服务中心截至 2016 年 3 月 31 日的月度利润表,以确定公司当月有净利润还是净亏损。

按金额大小排列各个费用账户。

答案

要求 1

美元

资产	=	负债	+	股东权益	
现金		**应付账款**		**普通股**	**费用**
余额 26 000		余额 2 000		余额 10 000	**工资费用**
应收账款		**应付票据**		**留存收益**	**租金费用**
余额 4 500				余额 18 500	
材料				**股利**	**利息费用**
土地				**收入**	**水电煤气费**
				服务收入	

要求 2

美元

账户名称及说明	借方	贷方	账户名称及说明	借方	贷方
a. 现金	45 000		g. 工资费用	3 000	
应付票据		45 000	租金费用	1 500	
以应付票据借入现金。			利息费用	400	
b. 土地	40 000		现金		4 900
现金		40 000	以现金支付费用。		
购入土地,支付现金。			h. 现金	3 100	
c. 现金	5 000		应收账款		3 100
服务收入		5 000	收回应收账款。		
提供服务,收取现金。			i. 水电煤气费	200	
d. 材料	300		应付账款		200
应付账款		300	收到水电煤气费账单。		
赊购材料。			j. 股利	1 800	
e. 应收账款	2 600		现金		1 800
服务收入		2 600	宣布并发放股利。		
提供服务,尚未取得现金。					
f. 应付账款	1 200				
现金		1 200			
偿付应付账款。					

要求 3

美元

资产	=	负债	+	股东权益

现金

余额	26 000	(b)	40 000
(a)	45 000	(f)	1 200
(c)	5 000	(g)	4 900
(h)	31 000	(j)	1 800
余额	31 200		

应付账款

(f)	1 200	余额	2 000
		(d)	300
		(i)	200
		余额	1 300

普通股

	余额	10 000

留存收益

	余额	18 500

费用

工资费用

(g) 3 000	
余额 3 000	

应收账款

余额	4 500	(h)	3 100
(e)	2 600		
余额	4 000		

应付票据

		(a)	45 000
		余额	45 000

股利

(j)	1 800	
余额	1 800	

租金费用

(g) 1 500	
余额 1 500	

材料

(d)	300
余额	300

收入

服务收入

		(c)	5 000
		(e)	2 600
		余额	7 600

利息费用

(g) 400	
余额 400	

土地

(b)	40 000
余额	40 000

水电煤气费

(i) 200	
余额 200	

要求 4

美元

账户名称	余额	
	借方	贷方
	Dunn 服务中心试算平衡表	
	2016 年 3 月 31 日	
现金	31 200	
应收账款	4 000	
材料	300	
土地	40 000	
应付账款		1 300
应付票据		45 000
普通股		10 000
留存收益		18 500
股利	1 800	
服务收入		7 600
工资费用	3 000	
租金费用	1 500	
利息费用	400	
水电煤气费	200	
总额	82 400	82 400

要求 5

美元

Dunn 服务中心利润表		
截至 2016 年 3 月 31 日的月度		
收入		
服务收入		7 600
费用		
工资费用	3 000	
租金费用	1 500	
利息费用	400	
水电煤气费	200	
总费用		5 100
净利润		2 500

复习：交易分析

复习测试（答案见本章末）

1. 账户的借方_____。

a. 增加了资产　　　　　　　　b. 增加了负债

c. 增加了所有者权益　　　　　d. b 和 c

2. 下列哪种账户类型通常不具有借方余额？

a. 费用　　　　　　　　　　　b. 收入

c. 负债　　　　　　　　　　　d. b 和 c

3. 一位建筑师为某位顾客提供了服务，收费 1 100 美元。已收 400 美元现金，余额客户尚未付清。此交易的日记账应记成_____。

a. 借记现金和服务收入，贷记应收账款。

b. 借记现金和应收账款，贷记服务收入。

c. 借记现金，贷记服务收入。

d. 借记现金，贷记应收账款和服务收入。

4. 应付账款账户在期初有 1 300 美元的正常余额。在当期，借方与贷方分别有 700 美元和 900 美元的金额过入该账户。期末余额为_____。

a. 借方 1 100 美元　　　　　　b. 贷方 1 500 美元

c. 贷方 1 100 美元　　　　　　d. 借方 1 500 美元

5. 所有账户及其余额的列表是_____。

a. 账户表　　　　　　　　　　b. 资产负债表

c. 日记账　　　　　　　　　　d. 试算平衡表

6. 会计的基本总结工具是_____。

a. 账户　　　　　　　　　　　b. 试算平衡表

c. 日记账　　　　　　　　　　d. 分类账

7. 现金账户的期初余额为 6 000 美元，期末余额为 7 000 美元。当期付出的现金为 20 000 美元，则收到的现金为_____。

a. 26 000 美元　　　　　　　　b. 21 000 美元

c. 19 000 美元　　　　　　　　d. 27 000 美元

8. 在复式记账会计体系中，_____。

a. 一半的账户都具有贷方正常余额

b. 负债类账户、所有者权益类账户和收入类账户都具有借方正常余额

c. 借方分录记在 T 形账户的左边

d. a 和 b

9. 下列有哪些账户与财务报表各自相互对应？

	资产负债表	利润表
a.	现金、收入、土地	费用、应付款项
b.	现金、应收款项、应付款项	收入、费用
c.	费用、应付款项、现金	收入、应收款项、土地
d.	应收款项、土地、应付款项	收入、办公用品

10. 一位医生购买了 640 美元的医药用品并支付了 290 美元的现金,余额尚未付清。此交易的日记账分录为_____。

a. 材料   b. 材料
 应付账款   应收账款
  现金   现金

c. 材料   d. 材料
 应收账款   应付账款
  现金   现金

11. 会计记账和编制财务报表的正确流程是_____。

a. 分类账,试算平衡表,日记账,财务报表

b. 财务报表,试算平衡表,分类账,日记账

c. 日记账,分类账,试算平衡表,财务报表

d. 分类账,日记账,试算平衡表,财务报表

12. 把 500 错记成 50 可以通过以下哪种方法检测到?

a . 加总分类账的各个账户

b . 用 2 除余额

c . 用 9 除余额

d . 检查会计科目表

自我测评

小练习

S2-1 (目标:解释什么是交易)对于下列每一个事项,指出是否可以认为是 Highpoint Lawn Maintenance 的一项交易。

a. Highpoint Lawn Maintenance 向州政府提交其公司章程。

b. Highpoint Lawn Maintenance 通过向草坪设备公司签发应付票据,获得新的草坪拖拉机。

c. 客户 Molly Anderson 与 Highpoint Lawn Maintenance 签订下个季度的草坪服务合同。

d. Highpoint Lawn Maintenance 在 12 月 31 日向员工支付年终奖。

e. 客户 Billy Harrison 交给 Highpoint Lawn Maintenance 一张 540 美元的支票用来支付即将到来的下一季度的草坪维护费。

f. Highpoint Lawn Maintenance 支付了下个月的电费 250 美元。

g. Highpoint Lawn Maintenance 选择了一个新的供应商购买草坪化学剂。

h. Highpoint Lawn Maintenance 的财务总管支付了员工培训年会上的自助午餐的费用。

S2-2 (目标:区分不同类型的账户)对于下面的每一类账户,辨别它们是资产类、负债类还是权益类账户。

a. 应付账款   b. 销售收入

c. 现金   d. 应付债券

e. 普通股   f. 应收账款

g. 设备   h. 应付工资

i. 存货   j. 留存收益

S2-3　（目标：给出会计术语的定义）会计有其自身的专业术语和基本关系。将左边的会计术语与右边相对应的定义或含义搭配起来。

　　　_____　1. 借方　　　　　　　A. 公司经营的成本；股东权益减少

　　　_____　2. 费用　　　　　　　B. 资产－负债

　　　_____　3. 净利润　　　　　　C. 一组交易账簿

　　　_____　4. 分类账　　　　　　D. 将数据从日记账复制到分类账

　　　_____　5. 过账　　　　　　　E. 交易的记录

　　　_____　6. 正常余额　　　　　F. 收入－费用

　　　_____　7. 应付款项　　　　　G. 账户的左方

　　　_____　8. 日记账　　　　　　H. 总是一项资产

　　　_____　9. 应收款项　　　　　I. 用来记录账户增加的一方

　　　_____　10. 所有者权益　　　　J. 总是一项负债

S2-4　（目标：区分不同的账户）Carey Anderson 开办了一家软件咨询公司并立即花 21 000 美元购买了一台计算机。这项购买是否属于公司的一项费用？如果不是，请解释你的观点。

S2-5　（目标：说明交易对会计等式的影响）LeVon 时尚公司主要经营进口服装，3月完成了一系列经济业务。针对下面每项会计事项对 LeVon 时尚公司会计等式的影响的描述，举出一个交易实例。

a. 一项资产增加，同时一项负债增加

b. 一项资产减少，同时所有者权益减少

c. 一项资产减少，同时一项负债减少

d. 一项资产增加，同时所有者权益增加

e. 一项资产增加，同时另一项资产减少

S2-6　（目标：说明交易对会计等式的影响）填充下表以说明各交易事项对会计等式的影响。

日期	描述	资产		负债		股东权益	
		增加	减少	增加	减少	增加	减少
1 月 2 日	赊购 500 美元的材料						
1 月 4 日	发行普通股，收到 5 000 美元现金						
1 月 10 日	提供 2 000 美元的服务，尚未收款						
1 月 15 日	支付 1 月 2 日购买材料所欠款项						
1 月 18 日	提供服务，收取现金 200 美元						
1 月 21 日	收到 1 月 10 日提供服务应获得的现金						
1 月 31 日	支付员工当月工资 1 500 美元						

S2-7 (目标：分析交易对账户的影响) Greene's 餐饮公司期初有现金 17 000 美元,之后赊购了 2 200 美元的材料,并花费 4 600 美元购买了设备。回答下列问题:

a. 公司的资产总额是多少?

b. 公司的负债是多少?

S2-8 (目标：分析交易对账户的影响) 第七投资公司发行普通股收到现金 250 000 美元。公司马上赊购了价值 106 000 美元的计算机设备。

1. 为第七投资公司建立下列 T 形账户:现金、计算机设备、应付账款、普通股。

2. 不通过日记账直接将第七投资公司的前两项交易记入 T 形账户。

3. 说明借方总额等于贷方总额。

S2-9 (目标：分析交易对账户的影响) Gloria Varay 开办了一家医药公司后完成了下列经济业务:

7 月 1 日	Varay 投资 29 000 美元开办公司,公司向 Varay 发行了股票。
2 日	赊购 9 200 美元的医药用品。
3 日	支付办公室月租金 4 000 美元。
6 日	收到为患者提供服务的费用 7 100 美元(现金)。

这些经济业务完成之后,公司有多少现金? 用 T 形账户列示答案。

S2-10 (目标：记录交易) 在数个月的经营之后,Mark Meecham 建筑设计公司在 1 月下半月完成了下列交易:

1 月 15 日	从银行借入 31 000 美元,签发了一张应付票据。
22 日	为客户提供服务,应收账款为 16 800 美元。
28 日	收到客户支付的现金 12 000 美元。
29 日	收到水电煤气费账单(1 400 美元)并立即支付。
31 日	支付员工的月工资 9 000 美元。

将 Mark Meecham 建筑设计公司的上述交易编制成日记账,对每个日记账分录附上说明。

S2-11 (目标：记账并过账) Dina Delorme 咨询公司赊购了 5 200 美元的材料,并于稍后支付了所欠款项中的 1 750 美元。

1. 将这两项交易编制进 Dina Delorme 咨询公司的日记账,并对每项交易作出说明。

2. 设立应付账款 T 形账户并过到应付账款的分类账中。计算账户余额并以余额标识。

3. 所有交易完成后,该公司的负债是多少? 该金额出现在哪个账户中?

S2-12 (目标：记账并过账) Borland 咨询公司为某位无法立即付款的客户提供服务,预计将在下个月收到 4 900 美元。一个月后,公司收到了客户的 2 300 美元现金。

1. 将这两笔交易编入 Borland 咨询公司的日记账,并对每项交易进行说明。

2. 设立下列 T 形账户:现金、应收账款、服务收入。将这 3 个账户都过到分类账中。计算各账户余额并以余额标识。

S2-13 (目标：记账) 记录以下交易。包括日期和每个日记账分录的简短说明。

7 月 1 日	发行普通股筹集 10 000 美元
7 月 5 日	提供价值 5 000 美元的服务,尚未收款
7 月 9 日	赊购 500 美元的材料
7 月 10 日	提供价值 2 100 美元的服务,收到现金
7 月 12 日	收到 7 月 5 日提供服务应收的全部款项
7 月 24 日	全额支付 7 月 9 日赊购的材料的价款
7 月 25 日	收到当月的电费账单(200 美元)并立即支付
7 月 30 日	签发一张应付票据购买价值 3 500 美元的材料
7 月 31 日	支付月工资 3 000 美元

S2-14 （目标：编制并使用试算平衡表）假设 Navy Port 公司在 2016 年 12 月 31 日报告了以下汇总数据。账户未按顺序排列。

百万美元

其他负债	1	收入	39
其他资产	23	费用	4
费用	24	应付账款	5
股东权益	6		

编制 Navy Port 公司 2016 年 12 月 31 日的试算平衡表。以正确顺序列出所有账户。Navy Port 公司的净利润或净亏损是多少？

S2-15 （目标：使用试算平衡表）Yellowberry 公司的试算平衡表如下所示。

美元

Yellowberry 公司试算平衡表 **2016 年 12 月 31 日**		
账户名称	**余额**	
	借方	**贷方**
现金	4 000	
应收账款	14 000	
材料	1 000	
土地	48 000	
设备	27 000	
应付账款		54 000
应付票据		26 000
普通股		13 000
留存收益		9 000
服务收入		31 600
工资费用	29 000	
租金费用	9 000	
水电煤气费	1 600	
总额	133 600	133 600

计算公司的下列数据:

1. 总资产;2. 总负债;3. 12 月的净利润或净亏损。

S2-16 (目标:使用试算平衡表)参考 S2-15 所示的 Yellowberry 公司的试算平衡表。本题的目的是帮助你了解如何更正会计中的 3 个常见差错。

差错 1 错写:假设试算平衡表中土地账户的金额列成了 4 800 美元而非 48 000 美元。重新计算各列的总额,得出与原总额的差额,再将差额除以 9。结果如果是一个整数(没有小数点),那么发生的差错不是移位错误就是位数交换错误。

差错 2 错位:假设试算平衡表中应收账户的余额列成了 41 000 美元而非 14 000 美元。重新计算各列的总额,得出与原总额的差额,再将差额除以 9,结果如果是一个整数,那么发生的差错不是移位错误就是位数交换错误。

差错 3 记错账户:假设 Yellowberry 公司不小心将应收账款的借方余额记成贷方余额。重新计算试算平衡表中的借方和贷方总额,得出它们的差额后再除以 2 就可以得到应收账款的原有金额。

练习

(A 组)

E2-17A (目标:解释什么是交易;分析交易对账户的影响)假设 Designs 无限公司在俄亥俄州哥伦布开了一家分店,开业时有现金和普通股 98 000 美元。经理 Laura Sprague 以分店的名义签发了一张应付票据,用于购买 76 000 美元的土地、199 000 美元的办公楼。她还购买了 36 000 美元的设备和 6 600 美元的材料供分店经营之用。

假设 Designs 无限公司的总部要求分店经理每周作一次汇报。编写 Sprague 向总部汇报各项借款和购买的备忘录,并在最后部分附上分店的资产负债表。编制一个 T 形账户计算现金余额。

E2-18A (目标:分析交易对账户的影响)下列各事项的主体为 Knox Eldercare 公司或大股东 Steve Knox。说明各事项是(1)增加了,(2)减少了,还是(3)没有影响公司的资产总额。指出受影响的资产。

a. 出售土地并收取现金 69 000 美元(这块土地在公司账簿上的登记价值为 69 000 美元)。

b. 收回 15 400 美元的应收账款。

c. 以现金 89 000 美元购入一块土地,准备用于兴建办公场所。

d. 从银行借入 62 000 美元供公司经营之用。

e. Knox 以个人资金为自己家购买了一台平面电视。

f. 购买医用设备并签发了 90 000 美元的本票。

g. 赊购 1 200 美元的材料。

h. 收到现金 12 000 美元,向对方发行股票。

i. 偿付应付账款 400 美元。

j. 公司支付 Knox 股利 4 000 美元。

E2-19A (目标:说明交易对会计等式的影响)Kristine Cohen 开了一家外科诊所。在经营的第一个月(7 月),外科诊所完成了下列经济业务。

7 月 6 日	Cohen 投资 148 000 美元于诊所,相应地诊所向他发行了股票。
9 日	诊所花费 66 000 美元购买土地,Cohen 打算在这块土地上建办公楼。
12 日	诊所赊购了价值 2 000 美元的医疗用品。
15 日	诊所正式开业。
15~31 日	下半月,Cohen 为患者治疗,获得服务收入 9 200 美元,以现金形式收到其中一半金额。
15~31 日	诊所支付以下现金费用:员工工资,2 900 美元;办公室租金,1 500 美元;水电煤气费,700 美元。
31 日	诊所以购入价 600 美元将一部分医疗用品卖给另一位医生。
31 日	诊所借入 36 000 美元,向银行签发了应付票据。
31 日	诊所偿付应付账款 1 500 美元。

要求

1. 分析这些事项对 Kristine Cohen 外科诊所的会计等式的影响。

2. 根据以上的分析,回答下列问题:

a. 诊所的资产总额是多少?

b. 诊所预计能从患者那里收到的款项是多少?

c. 诊所的负债总额是多少?

d. 诊所拥有的真实资产总额是多少?

e. 在经营的第一个月,诊所的净利润或净亏损是多少?

E2-20A (目标:记账)参阅 E2-19A。

要求

将这些交易编制进 Kristine Cohen 外科诊所的日记账。按日期将交易排序,并对每项交易作简要说明。

E2-21A (目标:分析交易对账户的影响;编制日记账,过账;编制并使用试算平衡表)参阅 E2-19A 和 E2-20A。

要求

1. 用 T 形账户编写 Kristine Cohen 外科诊所上述交易的日记账并过到分类账中。以日期标识各交易。

2. 编制 Kristine Cohen 外科诊所 2016 年 7 月 31 日的试算平衡表。

3. 从试算平衡表中确定诊所在 7 月 31 日的资产总额、负债总额和股东权益总额。

E2-22A (目标:解释什么是交易;分析交易对账户的影响;编制日记账)Fournier 广告公司的最初 7 项经济业务已过到公司的账户中,如下所示。

现金		材料		土地		设备	
(1) 8 900	(4) 12 000	(3) 1 000	(5) 75	(4) 36 000		(7) 37 000	
(2) 10 000	(6) 300						
(5) 75	(7) 3 700						

应付账款		应付票据		普通股	
(6) 300	(3) 1 000		(2) 10 000		(1) 8 900
			(4) 24 000		

要求

编写这 7 项业务的日记账,对各项分录添加说明。在 Fournier 广告公司进入下一个会计期时，公司有多少现金可以运用？有多少负债？

E2-23A （目标：编制并使用试算平衡表）Custom Patio 服务公司的账户在 2016 年 4 月 30 日的余额为正常余额。账户未按顺序排列。

美元

账户	余额	账户	余额
股利	3 400	普通股	16 800
水电煤气费	2 200	应付账款	4 900
应收账款	5 100	服务收入	21 100
运输费用	600	设备	30 400
留存收益	2 400	应付票据	24 000
工资费用	8 800	现金	18 700

要求

1. 编制公司 2016 年 4 月 30 日的试算平衡表，按本章正文所示的正确顺序列出各账户。例如，材料应排在土地之前，费用账户按金额大小排序，等等。

2. 编制公司截至 2016 年 4 月 30 日的经营成果表，以告知公司的高层管理者公司本月的经营状况。

E2-24A （目标：编制并使用试算平衡表）Harper 公司 2016 年 9 月 30 日的试算平衡表借方和贷方总额不相等。

现金	14 500	
应收账款	12 600	
存货	16 800	
办公用品	200	
土地	50 000	
应付账款		12 000
普通股		47 100
服务收入		40 000
工资费用	2 400	
租金费用	900	
水电煤气费	800	
总额	98 200	99 100

上述会计记录存在以下问题：

a. 将 500 美元的现金收入记入应付账款的借方。贷方分录是正确的。

b. 应付账款的贷方 3 000 美元在过账时错记成 300 美元。

c. 水电煤气费或相关的应付账款有 240 美元被遗漏。

d. 普通股账户少报了 100 美元。

e. 试算平衡表遗漏了 3 700 美元保险费用。

要求

重新编制公司 2016 年 9 月 30 日的试算平衡表，不要求编制日记账分录。

E2-25A （目标：分析交易对账户的影响）建立以下 T 形账户：现金、应收账款、办公用品、办公家具、应付账款、普通股、股利、服务收入、工资费用和租金费用。不通过日记账直接以 T 形账户记录这些交易。用字母代号标识各交易。

a. Leigh Hampton 投资 22 500 美元现金和价值 9 000 美元的办公家具开办了一家律师事务所公司。事务所按照专业公司的形式组建，向 Leigh Hampton 发行普通股。

b. 支付月租金 1 600 美元。

c. 赊购了价值 1 400 美元的办公用品。

d. 支付员工工资 3 300 美元。

e. 支付交易 c 产生的应付账款 850 美元。

f. 提供法律服务，应收账款为 10 100 美元。

g. 宣布并发放股利 2 300 美元。

E2-26A（目标：编制并使用试算平衡表）参阅 E2-25A。

1. E2-25A 中的交易入账后，假设这些交易均发生在 2016 年 1 月，编制 Leigh Hampton 律师事务所 2016 年 1 月 31 日的试算平衡表。使用 T 形账户。

2. 事务所第一个月的经营情况如何？计算这个月的净利润（净损失）。

E2-27A（目标：编制并使用试算平衡表）假设 New Towne 公司在 2016 年 9 月 30 日报告了下列摘要资料，账户未按顺序排列。

百万美元

股东权益，2016 年 9 月 1 日*	5	收入	37
应付账款	7	费用	30
其他资产	21	现金	?
其他负债	6		

* 股东权益中不包括当期净利润。

要求

1. 计算现金是多少。

2. 编制 New Towne 公司 9 月 30 日的试算平衡表。按顺序排列账户。New Towne 公司的净利润或净损失是多少？

（B 组）

E2-28B（目标：解释什么是交易；分析交易对账户的影响）假设 Summertime 时尚公司在奥兰多开了一家分店，开业时有现金和普通股 108 000 美元。经理 Gary Breen 以分店的名义签发了一张应付票据，用于购买 79 000 美元的土地、200 000 美元的办公楼。他还购买了 42 000 美元的设备和 5 700 美元的材料供分店经营之用。

假设 Summertime 时尚公司的总部要求分店经理每周作一次汇报。编写 Breen 向总部汇报各项借款和购买的备忘录，并在最后部分附上分店的资产负债表。编制一个 T 形账户计算现金余额。

E2-29B（目标：分析交易对账户的影响）下列各事项的主体为 Bishop 工业公司或大股东 Kate Bishop。说明各事项是(1)增加了，(2)减少了，还是(3)没有影响公司的总资产。指出受影响的资产。

a. 出售土地并收取现金 43 000 美元（这块土地在公司账簿上的登记价值为 43 000 美元）。

b. 收到现金 140 000 美元，向对方发行股票。

c. 花费 81 000 美元现金购买设备。

d. 收回因提供服务获得的 37 000 美元的应收账款。

e. 购买一块土地作为经营用建筑用地，并向银行签发了 98 000 美元本票。

f. 因提供服务赚取了 15 000 美元的收入，客户承诺一个月内付款。

g. 偿付应付账款 1 200 美元。

h. 赊购 4 000 美元的材料。

i. Bishop 用个人资金为自己家购买了一个桌球台。

j. 公司支付 Bishop 股利 4 500 美元。

E2-30B （目标：说明交易对会计等式的影响）Sue Smith 开了一家外科诊所。在经营的第一个月（5 月），Sue Smith 外科诊所完成了下列经济业务。

5 月 6 日	Smith 投资 148 000 美元于诊所，相应地诊所向他发行了股票。
9 日	诊所花费 59 000 美元购买土地，Smith 打算在这块土地上建办公楼。
12 日	诊所赊购了价值 1 700 美元的医疗用品。
15 日	诊所正式开业。
15～31 日	下半月，Smith 为患者治疗，获得服务收入 9 000 美元，以现金形式收到其中一半金额。
15～31 日	诊所支付以下现金费用：员工工资，3 200 美元；办公室租金，1 100 美元；水电煤气费，1 200 美元。
31 日	诊所以购入价 300 美元将一部分医疗用品卖给另一位医生。
31 日	诊所借入 32 000 美元，向银行签发了应付票据。
31 日	诊所偿付应付账款 1 300 美元。

要求

1. 分析这些事项对 Sue Smith 外科诊所的会计等式的影响。

2. 根据以上的分析，回答下列问题：

a. 诊所的资产总额是多少？

b. 诊所预计能从患者那里收到的款项是多少？

c. 诊所的负债总额是多少？

d. 诊所拥有的真实资产总额是多少？

e. 在经营的第一个月，诊所的净利润或净亏损是多少？

E2-31B （目标：记账）参阅 E2-30B。

要求

将这些交易编制进 Sue Smith 外科诊所的日记账。按日期将交易排序，并对每项交易作简要说明。

E2-32B （目标：分析交易对账户的影响；编制日记账，过账；编制并使用试算平衡表）参阅 E2-30B 和 E2-31B。

要求

1. 用 T 形账户编写 Sue Smith 外科诊所上述交易的日记账并过到分类账中。以日期标识各交易。

2. 编制 Sue Smith 外科诊所 2016 年 5 月 31 日的试算平衡表。

3. 从试算平衡表中确定 Sue Smith 外科诊所在 5 月 31 日的资产总额、负债总额和股东权益总额。

E2-33B （目标：解释什么是交易；分析交易对账户的影响；编制日记账）Big Horn 广告公司的最初 7 项济业务已经过到公司的账户中，如下所示。

现金				材料			土地		设备	
(1)	8 600	(4)	7 000	(3) 800	(5) 70		(4) 36 000		(7) 35 000	
(2)	7 500	(6)	230							
(5)	70	(7)	3 500							

应付账款			应付票据		普通股	
(6) 230	(3) 800			(2) 7 500		(1) 8 600
				(4) 29 000		

要求

编写这 7 项业务的日记账，对各项分录添加说明。在 Big Horn 广告公司进入下一个会计期时，公司有多少现金可以运用？有多少负债？

E2-34B （目标：编制并使用试算平衡表）Deluxe Deck 服务公司的账户在 2016 年 4 月 30 日的余额为正常余额。账户未按顺序排列。

美元

账户	余额	账户	余额
股利	3 900	普通股	16 800
水电煤气费	1 400	应付账款	4 900
应收账款	5 800	服务收入	21 200
运输费用	750	设备	30 000
留存收益	3 450	应付票据	22 500
工资费用	8 500	现金	18 500

要求

1. 编制公司 2016 年 4 月 30 日的试算平衡表，按本章正文所示的正确顺序列出各账户。例如，材料应排在土地之前，费用账户按金额大小排序，等等。

2. 编制公司截至 2016 年 4 月 30 日的经营成果表，以告知公司的高层管理者公司本月的经营状况。

E2-35B （目标：编制并使用试算平衡表）Carver 公司 2016 年 9 月 30 日的试算平衡表借方和贷方总额不相等。

现金	14 100	
应收账款	12 600	
存货	17 200	
材料	800	
土地	52 000	
应付账款		12 100
普通股		47 600
服务收入		41 000
工资费用	2 100	
租金费用	500	
水电煤气费	200	
总额	99 500	100 700

上述会计记录存在以下问题：

a. 将 200 美元的现金收入记入应付账款的借方。贷方分录是正确的。

b. 应付账款的贷方 2 000 美元在过账时错记成 200 美元。

c. 水电煤气费或相关的应付账款有 650 美元被遗漏。

d. 普通股账户少报了 300 美元。

e. 试算平衡表遗漏了 3 300 美元保险费用。

要求

重新编制公司 2016 年 9 月 30 日的试算平衡表，不要求编制日记账分录。

E2-36B （目标：分析交易对账户的影响）建立以下 T 形账户：现金、应收账款、办公用品、办公家具、应付账款、普通股、股利、服务收入、工资费用和租金费用。不通过日记账直接以 T 形账户记录这些交易。用字母代号标识各交易。

a. Eric Newton 投资 23 000 美元现金和价值 9 400 美元的办公家具开办了一家律师事务所。事务所按照专业公司的形式组建，向 Eric Newton 发行普通股。

b. 支付月租金 1 000 美元。

c. 赊购了价值 700 美元的办公用品。

d. 支付员工工资 2 500 美元。

e. 支付交易 c 产生的应付账款 150 美元。

f. 提供法律服务，应收账款为 10 900 美元。

g. 宣布并发放股利 2 000 美元。

E2-37B （目标：编制并使用试算平衡表）参阅 E2-36B。

1. E2-36B 中的交易入账后，假设这些交易均发生在 2016 年 12 月，编制 Eric Newton 律师事务所 2016 年 12 月 31 日的试算平衡表。使用 T 形账户。

2. 事务所第一个月的经营情况如何？计算这个月的净利润(净损失)。

E2-38B （目标：编制并使用试算平衡表）假设 Wolf 产品公司在 2016 年 5 月 31 日报告了下列摘要资料，账户未按顺序排列。

百万美元

股东权益,2016 年 5 月 1 日*	6	收入	38
应付账款	7	费用	25
其他资产	20	现金	?
其他负债	3		

*股东权益中不包括当期净利润。

要求

1. 计算现金是多少。

2. 编制 Wolf 产品公司 5 月 31 日的试算平衡表。按顺序排列账户。Wolf 产品公司的净利润或净损失是多少？

系列练习

从 E2-39 开始的会计循环系列练习将在第 3 章最终完成。

E2-39 （目标：解释什么是交易；分析交易对账户的影响；编制日记账；过账；编制并使用试算平衡表）Barbara Miracle 注册了一家会计师事务所，该公司在 2016 年 8 月的上半月完成了下列经济业务。

8月2日	从 Miracle 处收到现金 10 000 美元,公司向她发行了股票。
2 日	支付办公室月租金 600 美元。
3 日	花费 27 00 美元购买戴尔计算机,预计可以使用 5 年。
4 日	赊购价值 4 500 美元的办公家具,预计可以使用 5 年。
5 日	赊购价值 800 美元的材料。
9 日	为某位客户提供税收服务,客户全款支付 1 400 美元。
12 日	收到 300 美元的水电煤气费账单并支付。
18 日	为某位客户提供咨询服务,客户尚未付款,应收账款为 1 900 美元。

要求

1. 编写这些交易的日记账。不要求作出说明。

2. 过到 T 形账户。所有交易标上日期并以"余额"列示 2016 年 8 月 18 日的账户余额。

3. 编制 2016 年 8 月 18 日的试算平衡表。在第 3 章的后续练习中,我们将增加 8 月下旬的交易活动并要求编制 8 月 31 日的试算平衡表。

练习测试

回答下列问题以测试你对交易分析的理解程度。从选项中选出最合适的答案。

Q2-40　股东对公司的现金投资将(　　)。

a. 增加股东权益　　　　　　　　　　b. 减少负债总额

c. 对资产总额没有影响　　　　　　　d. 减少资产总额

Q2-41　赊购计算机将(　　)。

a. 增加资产总额　　　　　　　　　　b. 对股东权益没有影响

c. 增加负债总额　　　　　　　　　　d. 以上都对

Q2-42　为客户提供后收费服务将(　　)。

a. 增加资产总额　　　　　　　　　　b. 增加股东权益

c. 增加负债总额　　　　　　　　　　d. a 和 b

Q2-43　收到客户的事后付款将(　　)。

a. 减少负债　　　　　　　　　　　　b. 对资产总额没有影响

c. 增加股东权益　　　　　　　　　　d. 增加资产总额

Q2-44　以现金购买计算机设备将(　　)。

a. 使负债总额和股东权益都减少

b. 使资产总额和负债总额都增加

c. 对资产总额、负债总额和股东权益都没有影响

d. 使资产总额和股东权益都减少

Q2-45　购买价值 80 000 美元的建筑物,支付 25 000 美元的现金并签发 55 000 美元的应付票据将(　　)。

a. 使资产总额减少 25 000 美元,负债总额增加 25 000 美元

b. 使资产总额和负债总额都增加 55 000 美元

c. 使资产总额和负债总额都增加 80 000 美元

d. 使资产总额和负债总额都减少 25 000 美元

Q2-46　每月收到电话费账单后立即付款账对资产总额和股东权益的影响是(　　)。

资产总额	股东权益
a. 减少	减少
b. 无影响	减少
c. 减少	无影响
d. 无影响	无影响

Q2-47 下列哪项交易将同时增加资产和负债?( )

a. 支付应付账款　　　　　　　　b. 以现金购买办公设备

c. 发行股票　　　　　　　　　　d. 赊购设备

Q2-48 下列哪项交易将增加资产和股东权益?( )

a. 为客户提供服务,客户尚未付款

b. 从银行借入款项

c. 从客户处收回应收账款

d. 赊购材料

Q2-49 交易发生后首先记录于( )。

a. 分类账　　　　　　　　　　　b. 账户

c. 日记账　　　　　　　　　　　d. 试算平衡表

Q2-50 下列哪项不属于资产账户?( )

a. 工资费用　　　　　　　　　　b. 普通股

c. 服务收入　　　　　　　　　　d. 以上都不是资产

Q2-51 下列哪种说法错误?( )

a. 股利的增加记入贷方　　　　　b. 负债的减少记入借方

c. 资产的增加记入借方　　　　　d. 收入的增加记入贷方

Q2-52 股东以土地和建筑物投资于公司,公司向其发行普通股的日记账是( )。

a. 借记土地和建筑物,贷记普通股

b. 借记土地、建筑物和普通股

c. 借记普通股,贷记土地和建筑物

d. 借记土地,贷记普通股

Q2-53 赊购材料的日记账分录是( )。

a. 借记材料费用,贷记材料　　　b. 贷记材料,借记现金

c. 贷记材料,借记应付账款　　　d. 借记材料,贷记应付账款

Q2-54 如果赊购材料交易的贷方未被过到分类账,则( )。

a. 负债会被低估　　　　　　　　b. 资产会被低估

c. 股东权益会被低估　　　　　　d. 费用会被高估

Q2-55 偿还应付账款的日记账是( )。

a. 借记应付账款,贷记留存收益

b. 借记现金,贷记费用

c. 借记费用,贷记现金

d. 借记应付账款,贷记现金

Q2-56 如果偿还应付账款的贷方未被过到分类账,则( )。

a. 费用将被低估　　　　　　　　b. 现金将被低估

c. 负债将被低估   d. 现金将被高估

Q2-57 下列哪种说法是错误的？（   ）

a. 试算平衡表可以检验借方总额和贷方总额是否相等

b. 试算平衡表列出了所有账户及其余额

c. 任何时候都可以编写试算平衡表

d. 试算平衡表等同于资产负债表

Q2-58 企业通过 75 000 美元的应付抵押借款和发行 40 000 美元的普通股购买了价值 115 000 美元的建筑物，该交易将（   ）。

a. 使资产增加 40 000 美元

b. 使股东权益增加 115 000 美元

c. 使股东权益增加 40 000 美元

d. 使资产减少 75 000 美元

Q2-59 新公司 NextTalk 完成以下交易后的资产总额等于（   ）。

1. 股东投资 51 000 美元现金和价值 30 000 美元的存货于公司。

2. 赊销了 22 000 美元的产品。

a. 51 000 美元   b. 103 000 美元

c. 81 000 美元   d. 73 000 美元

问题

（A 组）

P2-60A （目标：编制并使用试算平衡表）Amusement Specialties 公司的试算平衡表如下：

美元

Amusement Specialties 公司试算平衡表 2016 年 12 月 31 日		
现金	14 000	
应收账款	40 000	
预付费用	4 500	
建筑物	96 000	
设备	239 000	
应付账款		51 300
应付票据		96 000
普通股		35 000
留存收益		91 000
股利	19 000	
服务收入		270 000
租金费用	47 000	
广告费用	2 000	
工资费用	79 000	
材料费用	3 000	
总额	543 500	543 500

你的好朋友 Vicki Gutierrez 正考虑投资这家公司。她就这份试算平衡表反映的信息征求你的建议,特别地,她想知道如何使用试算平衡表计算得到这家公司当年的资产总额、负债总额和净利润(或净亏损)。

要求

写份便笺回答朋友的问题。列出这家公司当年的资产总额、负债总额、净利润(或净亏损)。说明你是怎样计算的。

P2-61A (目标:说明交易对会计等式的影响;分析交易对账户的影响)下列数据汇总了 Rodriguez Computing 公司 2016 年 9 月 30 日的财务状况。

资产				=	负债	+	股东权益	
现金	+ 应收账款	+ 材料	+ 设备	= 应付账款	+ 普通股	+ 留存收益		
余额　2 200	3 600		12 000	7 700	6 200	3 900		

2016 年 10 月,Rodriguez Computing 公司完成了下列经济业务:

a. 收到 3 800 美元现金并发行普通股。

b. 为客户提供服务,收取 6 000 美元现金。

c. 支付了应付账款 4 300 美元。

d. 赊购了 500 美元的材料。

e. 收回应收账款 2 000 美元。

f. 为客户提供计算机系统设计服务,向客户开出由此产生的账单 4 000 美元。

g. 记录本月的以下费用:(1)办公室租金 1 300 美元;(2)广告费用 700 美元。

h. 宣布分红并发放股利 2 800 美元。

要求

1. 分析上述交易对 Rodriguez Computing 公司会计等式的影响。

2. 编制 Rodriguez Computing 公司截至 2016 年 10 月 31 日的月度利润表。按金额递减的顺序排列各项费用。

3. 编制 Rodriguez Computing 公司截至 2016 年 10 月 31 日的月度留存收益表。

4. 编制 Rodriguez Computing 公司 2016 年 10 月 31 日的资产负债表。

P2-62A (目标:分析交易对账户的影响;编制日记账,过账)参阅 P2-61A,本题与 P2-61A 的内容相关。

要求

1. 将 Rodriguez Computing 公司的这些交易编制成日记账。不要求解释。

2. 建立每个账户的 T 形账户,对每个账户都注明其 9 月 30 日的余额(例如,现金 2 200 美元)。将 10 月的经济业务过到各账户中。

3. 计算各账户的余额。

P2-63A (目标:分析交易对账户的影响;编制日记账,过账;编制并使用试算平衡表) Martinson 服务公司在组建期间和经营的第一个月发生了下列经济业务。其中有一部分活动属于个人事务,对公司不产生影响;其他则是经济交易,应记入公司的会计账簿。

5 月 2 日	Martinson 服务公司收到 65 000 美元现金,并向公司的股东发行了普通股。
3 日	赊购了 600 美元的材料和 11 700 美元的设备。
4 日	为客户提供服务并向客户收取 5 600 美元现金。
7 日	支付 37 000 美元现金购买土地。
11 日	为客户提供服务,开出账单 2 900 美元,客户承诺在一个月内付款。
16 日	支付 5 月 3 日赊购的设备的价款。
17 日	支付在报纸上做广告的费用 610 美元。
18 日	收到客户的部分应付款 800 美元。
22 日	收到 440 美元的水电费账单并支付。
29 日	为客户维修暖气并收到 2 500 美元现金。
31 日	支付员工工资 2 400 美元。
31 日	宣布分红并发放股利 2 000 美元。

要求

1. 将各交易编写成日记账。以日期标识各经济业务,不要求说明。

2. 将各交易过到 T 形账户,以日期作为过账参考,标识账户余额,如本章正文所示。

3. 编制公司当年 5 月 31 日的试算平衡表。

4. 公司经理提出以下问题:公司有多少资源可以运用?负债总额是多少?5 月是否盈利(金额是多少)?

P2-64A (目标:分析交易对账户的影响;编制并使用试算平衡表)在经营的第一个月(2016 年 4 月),Stein 音乐服务公司完成了下列经济业务。

a. 公司收到 44 000 美元现金和价值 106 000 美元的建筑物,公司向股东发行了普通股。

b. 从银行借入 63 000 美元,签发了应付票据。

c. 购买音响设备,支付了 49 000 美元。

d. 赊购了 230 美元的材料。

e. 支付员工工资,总额为 6 000 美元。

f. 为客户提供服务,收到 3 710 美元。

g. 为后付款的客户提供服务,应收账款为 13 300 美元。

h. 支付交易 d 产生的应付账款 100 美元。

i. 收到 800 美元的水电煤气费账单,账单需在近期付清。

j. 收回应收账款 1 200 美元。

k. 支付以下费用:(1)租金 1 100 美元;(2)广告费 700 美元。

要求

1. 不通过日记账直接将交易记入 T 形账户。用字母代号标识各项经济业务。

2. 编制该公司 2016 年 4 月 30 日的试算平衡表。

(B 组)

P2-65B (目标:编制并使用试算平衡表)Larrabee 设计公司的试算平衡表如下:

美元

Larrabee 设计公司试算平衡表 2016 年 12 月 31 日		
现金	13 000	
应收账款	47 000	
预付费用	5 500	
建筑物	103 000	
设备	22 400	
应付账款		50 400
应付票据		98 000
普通股		80 000
留存收益		96 100
股利	23 000	
服务收入		220 000
租金费用	33 000	
广告费用	15 000	
工资费用	79 000	
材料费用	2 000	
总额	544 500	544 500

你的好朋友 Amy Swoboda 正考虑投资这家公司。她就这份试算平衡表反映的信息征求你的建议，特别地，她想知道如何使用试算平衡表计算得到这家公司当年的资产总额、负债总额和净利润（或净亏损）。

要求

写份便笺回答朋友的问题。列出这家公司当年的资产总额、负债总额、净利润（或净亏损）。说明你是怎样计算的。

P2-66B （目标：说明交易对会计等式的影响；分析交易对账户的影响）下列数据汇总了 Willis Computing 公司 2016 年 10 月 31 日的财务状况。

资产				=	负债	+	股东权益	
现金 +	应收账款 +	材料 +	设备 =		应付账款 +	普通股 +		留存收益
余额 2 100	3 400		12 400 =		7 500	5 600		4 800

2016 年 11 月，Willis Computing 公司完成了以下经济业务：

a. 收到 3 900 美元现金并发行普通股。

b. 为客户提供服务，收取 6 000 美元现金。

c. 支付了应付账款 4 800 美元。

d. 赊购了 900 美元的材料。

e. 收回应收账款 1 100 美元。

f. 为客户提供计算机系统设计服务，向客户开出由此产生的账单 4 500 美元。

g. 记录本月的以下费用：(1)办公室租金 1 700 美元；(2)广告费用 1 300 美元。

h. 宣布分红并发放股利 2 300 美元。

要求

1. 分析上述交易对 Willis Computing 公司会计等式的影响。

2. 编制 Willis Computing 公司截至 2016 年 11 月 30 日的月度利润表。按金额递减的顺序排列各项费用。

3. 编制 Willis Computing 公司截至 2016 年 11 月 30 日的月度留存收益表。

4. 编制 Willis Computing 公司 2016 年 11 月 30 日的资产负债表。

P2-67B　（目标：分析交易对账户的影响；编制日记账，过账）参阅 P2-66B,本题与 P2-66B 的内容相关。

要求

1. 将 Willis Computing 公司的这些交易编制成日记账。不要求解释。

2. 建立每个账户的 T 形账户，对每个账户都注明其 10 月 31 日的余额（例如，现金 2 100 美元）。将这些经济业务过到各账户中。

3. 计算各账户的余额。

P2-68B　（目标：分析交易对账户的影响；编制日记账，过账；编制并使用试算平衡表）Gagne 服务公司在组建期间和经营的第一个月发生了下列经济业务。其中有一部分活动属于个人事务，对公司不产生影响；其他则是经济交易，应记入公司的会计账簿。

7 月 2 日	Gagne 服务公司收到 62 000 美元现金，并向公司的股东发行了普通股。
3 日	赊购了 800 美元的材料和 12 100 美元的设备。
4 日	为客户提供服务并向客户收取 5 600 美元现金。
7 日	支付 39 000 美元现金购买土地。
11 日	为客户提供服务，开出账单 2 900 美元，客户承诺在一个月内付款。
16 日	支付 7 月 3 日赊购的设备的价款。
17 日	收到 590 美元的电话费账单并支付。
18 日	收到客户的部分应付款 800 美元。
22 日	收到 420 美元的水电费账单并支付。
29 日	为客户维修暖气并收到 2 300 美元现金。
30 日	支付员工工资 2 500 美元。
30 日	宣布分红并发放股利 2 000 美元。

要求

1. 将各交易编写成日记账。以日期标识各经济业务，不要求说明。

2. 将各交易过到 T 形账户，以日期作为过账参考，标识账户余额，如本章正文所示。

3. 编制公司当年 7 月 31 日的试算平衡表。

4. 公司经理提出以下问题：公司有多少资源可以运用？负债总额是多少？7 月是否盈利（金额是多少）？

P2-69B　（目标：分析交易对账户的影响；编制并使用试算平衡表）在经营的第一个月（2016 年 5 月），Spahr 音乐公司完成了下列经济业务。

a. 公司收到 50 000 美元现金和价值 106 000 美元的建筑物，公司向股东发行了普通股。

b. 从银行借入 63 000 美元,签发了应付票据。

c. 购买音响设备,支付了 44 000 美元。

d. 赊购了 210 美元的材料。

e. 支付员工工资,总额为 5 900 美元。

f. 为客户提供音乐服务,收到 3 700 美元。

g. 为后付款的客户提供服务,金额为 13 100 美元。

h. 支付交易 d 产生的应付账款 200 美元。

i. 收到 600 美元的水电煤气费账单,账单需在近期付清。

j. 收回应收账款 1 700 美元。

k. 支付以下费用:(1)租金 1 200 美元;(2)广告费 300 美元。

要求

1. 不通过日记账直接将交易记入 T 形账户。用字母代号标识各项经济业务。

2. 编制该公司 2016 年 5 月 31 日的试算平衡表。

挑战性练习

E2-70 (目标:分析交易对账户的影响)Sadie 工业家具公司的经理需要从会计账簿中计算下列数据:

a. 12 月支付的现金总额;

b. 12 月自后付款客户处收取的现金,分析应收账款;

c. 12 月为应付票据支付的现金,分析应付票据。

以下是额外的信息:

美元

账户	余 额 11 月 30 日	余 额 12 月 31 日	12 月的其他信息
1. 现金	16 500	8 500	现金收入,91 000 美元
2. 应收账款	23 000	21 000	赊销,42 000 美元
3. 应付票据	11 500	19 500	新借入款项,31 000 美元

要求

编制 T 形账户来计算 a~c。

E2-71 (目标:分析交易对账户的影响;编制并使用试算平衡表)4AC 公司 2016 年 10 月 31 日的试算平衡表借方与贷方总额不相等。

美元

现金	3 900	普通股	24 100
应收账款	7 100	留存收益	1 700
土地	30 100	服务收入	9 400
应付账款	6 200	工资费用	2 900
应付票据	5 900	广告费用	1 400

要求

1. 试算平衡表的不平衡差额是多少？算出不平衡金额。错误出在应收账款的金额上。用应收账款加上或减去不平衡金额以得出应收账款的正确余额。

2. 更正账户之后，告知公司的管理层下述信息：(a)公司的资产总额；(b)负债总额；(c)公司 10 月的净利润(或净亏损)。

E2-72　（目标：分析交易对账户的影响）下列问题是关于 Henderson 公司和 Goodland 医院的。这两个主体在其财务报表中应该反映的事项及其金额如下。

11 月，Goodland 医院为 IIenderson 公司的员工体检并开出 38 000 美元的账单。

12 月 7 日，Henderson 公司交给 Goodland 医院 27 000 美元的支票。Henderson 公司 11 月的现金余额为 57 000 美元，Goodland 医院 11 月的现金余额为 0。

要求

1. 列出 Henderson 公司和 Goodland 医院 11 月和 12 月的利润表及 11 月 30 日、12 月 31 日的资产负债表中应列报的所有信息。

2. 列出各主体需报告的事项后，简要解释 Henderson 公司和 Goodland 医院的数据是如何相互联系的。

P2-73　（目标：说明经济交易的影响；分析会计差错的影响并计算正确的金额；记账及过账）Frontland 广告公司在三个州创作、规划和开展广告业务。最近，Frontland 广告公司不得不替换一个没经验的负责账簿记录的员工，因为他在账簿记录中犯了一些错误。你被聘用复核这些交易，根据判断决定作出必要的修正。在所有列报示例中，该员工对交易的描述是正确的。

5 月 1 日

应收账款	100	
服务收入		100
收回应收账款。		

5 月 2 日

租金费用	20 000	
现金		20 000
支付月租金 2 000 美元。		

5 月 5 日

现金	2 800	
应收账款		2 800
收到先前提供服务收入的现金。		

5 月 10 日

材料	3 100	
应付账款		3 100
赊购材料。		

5 月 16 日

股利	5 600	
现金		5 600
支付工资。		

5月25日

应收账款	5 400	
现金		5 400

支付先前购买设备欠下的应付账款。

要求

1. 对每一笔分录,描述其对现金、资产总额和净利润的影响。按第一笔交易的例子回答问题。

日期	对现金的影响	对资产总额的影响	对净利润的影响
5月1日	少记100美元	多记100美元	多记100美元

2. 如果现金账户的期初余额是6 400美元,交易发生后期末的正确余额应该是多少?

3. 如果资产总额的期初余额是28 000美元,交易发生后期末的正确余额应该是多少?

4. 如果净利润的期初余额是8 000美元,交易发生后期末的正确余额应该是多少?

知识应用

决策案例

案例1 (目标:分析交易对账户的影响;编制并使用试算平衡表)你的朋友杰伊·巴洛(Jay Barlow)询问你若干交易对他的公司的影响。时间较紧,所以无法应用日记账和过账等流程,你需要在没有日记账的情况下分析交易。只要每个月的净利润能达到5 000美元,巴洛就会继续公司的经营。本月发生了下列交易。

a. 巴洛将7 000美元现金存入公司的银行账户,公司向巴洛发行了普通股。

b. 从银行借入6 000美元现金并签发了在1年内付款的应付票据。

c. 购买材料,支付了1 300美元现金。

d. 在当地报纸上刊登广告,支付了1 800美元。

e. 赊购5 400美元的办公家具。

f. 支付本月的以下费用:员工工资2 000美元,办公室租金1 200美元。

g. 取得应收账款8 000美元。

h. 取得现金收入2 500美元。

i. 收回应收账款1 200美元。

j. 偿还应付账款1 000美元。

要求

1. 建立以下T形账户:现金、应收账款、材料、家具、应付账款、应付票据、普通股、股利、服务收入、工资费用、广告费用和租金费用。

2. 不通过日记账直接将交易记入T形账户。用字母代号标识各交易。

3. 编制公司当日的试算平衡表。各项费用按金额大小排列,金额最高的列在前面。公司名称为巴洛网络咨询公司。

4. 计算公司经营第一个月的净利润或净亏损。说明为何建议(或不建议)巴洛继续经营。

案例2 (目标:分析交易对账户的影响;更正财务报表差错;决定是否扩大经营)威尔·加德纳(Will Gardner)开了一家名为小意大利公司的意大利餐厅。餐厅生意很好,因此他正在考虑扩大规模。加德纳几乎不懂会计知识,在经营的第一个月月末——2016年12月31日,加德纳为小意大利公司编制了下列财务报表。

美元

小意大利公司利润表 截至 2016 年 12 月 31 日的月度		小意大利公司资产负债表 2016 年 12 月 31 日	
销售收入	42 000	资产	
普通股	10 000	现金	12 000
收入总额	52 000	销售成本（费用）	22 000
应付账款	8 000	食品存货	5 000
		家具	10 000
广告费用	5 000	资产总额	49 000
租金费用	6 000	负债	
费用总额	19 000	无	
净利润	33 000	所有者权益	49 000

上述财务报表中除了所有者权益以外所有金额都是正确的。加德纳听说资产总额必须等于负债与所有者权益总额，因此把所有者权益的金额改成 49 000 美元以实现资产负债表的平衡。

要求

加德纳想知道是否可以扩大餐厅的规模。银行经理告诉他如果满足以下两个条件：(1)经营的第一个季度净利润达到 10 000 美元，(2)资产总额最少为 35 000 美元，那么扩大经营就是明智的。看上去餐厅似乎满足上述条件，但加德纳对自己的会计知识存在疑虑。加德纳需要你的帮助以正确决策。为此你需要编制正确的利润表和资产负债表（留存收益在资产负债表中被遗漏了，它在第一年应等于净利润；没有股利）。编制好这些报表之后，就是否应扩大餐厅规模向加德纳提出建议。

道德事项

事项 1 斯克菲·墨菲(Scruffy Murphy)是 Scruffy 餐吧公司的总裁和主要股东。为扩大规模，公司正在向银行申请一笔金额为 350 000 美元的贷款。为获得贷款，墨菲在考虑增加公司所有者权益的途径，有以下两种方案可供选择。

选择 1 是发行股票以取得 200 000 美元现金。有位朋友一直想要投资该公司。也许这是接受投资的合适时机。

选择 2 是将价值 200 000 美元的土地转到公司名下，由公司向墨菲发行股票。在申请到贷款后，他可以将土地转回给自己，扣除相应的股票。

要求

使用第 1 章讲述的道德规范回答下列问题：

1. 本例中所涉及的道德事项是什么？
2. 谁是利益相关者？对各方的影响是什么？
3. 从经济的、法律的和道德的角度进行分析。
4. 你会怎样做？你的决定有何依据？你的决定会给你带来什么样的感受？

事项 2 （a）你收到了会计入门课的考试成绩,令你惊讶的是成绩是 A。你觉得教授一定是弄错了。期末前你的成绩是 B,而且你很确定这次考试你考得很烂,这次考试的成绩占期末考试成绩的 30％。实际上,你只做了 50％的考试题,可是给你的成绩显示你做对了 99％的考试题。

要求

1．本例中所涉及的道德事项是什么?

2．谁是利益相关者? 对各方的影响是什么?

3．从经济的、法律的和道德的角度进行分析。

4．你会怎样做? 你的决定有何依据? 你的决定会给你带来什么样的感受?

（b）假设你期末考试的成绩是 B。你确信自己考得很好,事实上,你坚持到考试结束,足足仔细检查了两遍。你确信教授把成绩搞错了。

要求

1．本例中所涉及的道德事项是什么?

2．谁是利益相关者? 对各方的影响是什么?

3．从经济的、法律的和道德的角度进行分析。

4．你会怎样做? 你的决定有何依据? 你的决定会给你带来什么样的感受?

c．上述情形与财务报表的错报一样吗? 有什么不同?

聚焦财务：苹果公司

（目标：记录交易;计算净利润）参考附录 A 中苹果公司的财务报表。假设苹果公司在 2014 年度完成了以下交易事项：

a．公司实现销售收入 1 827.95 亿美元,全部为赊销(借记应收账款,贷记销售收入净额)。

b．收回 1 784.37 亿美元的应收账款。

c．赊购 1 126.05 亿美元的存货(贷记应付账款)。

d．发生销售成本 1 122.58 亿美元,借记销售成本(费用),贷记存货。

e．偿还应付账款 1 047.76 亿美元

f．用现金支付运营费用 180.34 亿美元。

g．收到营业外收入 9.8 亿美元。

h．缴纳所得税 139.73 亿美元(借记备付所得税)。

i．销售其他资产收到现金 13.82 亿美元。

j．用现金购买不动产、厂房和设备 40.27 亿美元。

要求

1．建立以下 T 形账户：现金(借方余额 0[①]),应收账款净额(借方余额 131.02 亿美元),存货(借方余额 17.64 亿美元),不动产、厂房和设备(借方余额 165.97 亿美元),其他资产(借方余额 51.46 亿美元),应付账款(贷方余额 223.67 亿美元),销售收入净额(余额为 0),销售成本(余额为 0),运营费用(余额为 0),营业外收入(支出)净额(余额为 0),备付所得税(余额为 0)。

2．编写苹果公司交易 a～j 的日记账,不要求说明。

---

① 为了使这个练习保持适当的难度,我们假设期初现金余额为零。

3. 将交易过到 T 形账户并计算各账户的余额。以字母 a～j 标识各交易的过账。

4. 对于下列账户,将计算出的余额与附录 A 中苹果公司的利润表或资产负债表中的实际金额进行比较。你计算的金额应该与实际金额一致。

a. 应收账款净额

b. 存货

c. 不动产、厂房和设备净值(假设除了本例所涉及外无其他交易)

d. 其他资产

e. 应付账款

f. 销售收入净额

g. 销售成本

h. 运营费用

i. 营业外收入(支出)净额

j. 备付所得税

5. 运用要求 4 的相关账户编制苹果公司 2014 年度的利润表。比较你算出的净利润金额与苹果公司的实际金额。两个金额应该相等。

聚焦分析:安德玛公司

(目标:分析财务状况)查阅附录 B 中安德玛公司的财务报表。假设你是一位正在考虑购买该公司股票的投资者。下列问题是很重要的(单位为百万美元,且采取四舍五入制):

1. 解释安德玛公司在 2014 年度是否取得了更多的销售收入,或者从客户处收到了更多现金。分析计算结果。

2. 投资者都很关心公司的销售和利润以及销售、利润的长期变化趋势。考虑安德玛公司 2012—2014 年的净收入和净利润。计算净收入和净利润在 2012—2014 年的增长百分比。哪一项在这段时期的增长速度较快,净收入还是净利润?(为方便起见,以百万美元为单位表示金额。)你希望哪一项增长得更快,净收入还是净利润?

小组项目

项目 1　你正在为组织一场摇滚音乐会做宣传。你的目的是赚取利润,所以你需要设立一个正式的经济主体结构。假设你以公司的形式组建。

要求

1. 详细列出你组建公司时必须考虑的 10 个因素。

2. 叙述你的公司在宣传和筹划摇滚音乐会时必须完成的 10 个事项。

3. 明确公司为组织、宣传和筹划音乐会所进行的交易。编制这些交易的日记账并过到相关的 T 形账户。设立分类账中需要的各账户。如有需要,参阅书末附录 C。

4. 在摇滚音乐会结束后,在你支付所有账单和收取所有应收款项之前,立即编制利润表、留存收益表和资产负债表。

5. 假设此次活动成功后你将继续为各摇滚音乐会提供宣传;而如果此次活动不成功,你将在 3 个月内结束公司的经营。讨论如何评判你这次活动是否成功以及如何决定是否继续经营。

项目 2　与当地企业联系,向其所有者请教该企业使用的账户类型。

要求

1. 获取一份企业账户表的复本。

2. 编写企业在最近的月度(季度或年度)的财务报表。账户余额可由你自己编制或企业所有者提供。

如果企业的每种账户类型都包含为数众多的单个账户,汇总相关联的账户而只在财务报表上反映一个数据。例如,企业可能会有若干个现金账户,将所有现金数额加在一起,只在资产负债表上报告汇总数据。

你很可能遇到许多还没学过的账户,尽可能处理好这些账户。本书附录 C 中的账户表将对你有所帮助。

复习测试答案

1. a   2. a   3. b

4. b($1\ 300 + 900 - 700$)   5. d   6. a

7. b($6\ 000 + x - 20\ 000 = 7\ 000$; $x = 21\ 000$)   8. c

9. b   10. d   11. c

12. c

第**3**章

权责发生制和收入计量

财经焦点

迪士尼总部最繁忙的9月

　　每年9月过完劳工节,天气越来越冷,孩子们回到了学校,迪士尼主题公园开始慢慢清闲下来。然而,因为迪士尼公司将9月作为其会计年度的最后一个月,位于加利福尼亚伯班克的公司总部此时却开始忙碌起来。反映该公司一年中全球业务的数百万笔交易将会在接下来的50～60天内汇总并记录在公司的财务报表中,作为公司年度报告(10-K表)的组成部分在11月的最后两周提交给证券交易委员会(SEC)。为了与GAAP保持一致以及更加清楚、透明地反映公司的财务状况和经营成果,需要对财务报表的特定项目进行调整,将其更新至9月的最后一周。同时,还需要结账:将暂时性账户的余额清零,同时将这些账户的金额结转到留存收益账户,作为永久盈利记录予以保存。

　　本章过后,会计循环的基本覆盖范围都已涉及,包括调整分录、编制财务报表及结账。本章还介绍了三个财务指标,分别是净营运资本、流动比率和资产负债率。这些指标对理解财务报表信息大有帮助。

学习目标

1. 解释权责发生制与收付实现制的区别
2. 应用收入与费用配比原则
3. 调整会计账项
4. 编制财务报表
5. 结账
6. 分析并评价公司的偿债能力

解释权责发生制与收付实现制的区别

　　管理者希望公司能投资于有利可图的项目,投资者寻求股票价格会上涨的公司,银行则希望寻找可以归还贷款的企业。会计为人们提供了进行上述决策所需的信息。会计可以以权责发生制为基础,也可以以收付实现制为基础。

107

在**权责发生制会计制度**(accrual accounting)下,一项经济业务一经发生,会计人员就马上对相关影响进行记录。只要企业在经营中提供了一项服务、实现了一宗销售,或发生了一笔费用,不管此时现金的收付是否实现,会计人员都要记录这笔业务。

在**收付实现制会计制度**(cash-basis accounting)下,只有发生现金收付时,会计人员才对一项业务予以记录。现金的收入视为收入,现金的支出视为费用。

GAAP 要求使用权责发生制会计制度。这意味着企业在收入和费用发生时就要对其进行记录,而此时并不一定有现金的变化。

我们以赊销交易为例。假设你拥有一笔存货,这笔存货曾花费你 500 美元。现以赊销的方式卖掉,即你将在 30 天后收到顾客支付的 800 美元。存货的销售与现金的回收是两项交易。哪项交易会导致你的财富增加? 赊销 800 美元? 还是收回现金 800 美元? 扣除存货成本 500 美元,这笔赊销会使财富增加 300 美元,应收账款同时增加 800 美元。随后以现金形式收回 800 美元的应收账款,这笔交易不会产生收益。销售产品会增加你的财富,而现金收回则不会引起财富的变化。

收付实现制的主要缺陷是该制度下的会计记录忽略了许多重要信息,导致财务报表信息不完整,从而会导致财务报表使用者作出错误决策。

假定你的企业以赊销的方式销售产品,按照收付实现制的规定,收到现金之前,企业不能确认收入。你会认为:"既然要等收到现金后才能确认收入,而且我们需要用现金支付账单,所以可以忽略那些对现金不产生影响的交易。"

上述观点错在哪里? 上述观点至少有两个缺陷:一个是资产负债表的缺陷;另一个是利润表的缺陷。

资产负债表的缺陷 如果不对赊销进行记录,在资产负债表中就不会有应收账款。这样为什么不好呢? 应收账款是一项真实资产,本应反映在资产负债表内。没有这项信息,会使资产负债表中的资产被低估。

利润表的缺陷 一笔赊销业务因为增加了企业的收入而增加了财富。利润表中不反映赊销,会使利润表中的收入和净利润被低估。

从上述讨论中可以吸取下列教训:

- 提防那些使用收付实现制会计制度的公司(收付实现制不符合 GAPP 的要求)。它们的财务报表中遗漏了一些重要信息。
- 除了特别小的企业外,所有企业都使用权责发生制会计制度。

权责发生制与现金流量

权责发生制比收付实现制更复杂,而且从会计概念基础(参见图 1-2)来看,也更完备。权责发生制记录的现金业务包括:

- 从客户处的收款
- 收取利息收入
- 支付工资、租金和其他费用
- 借款
- 偿还贷款
- 发行股票

权责发生制也同样记录非现金业务,如:

- 赊销
- 赊购存货
- 已发生但尚未支付的费用
- 折旧费用
- 预付租金、保险费及材料费用
- 预收款的收入确认

权责发生制是建立在一个由概念和原理组成的框架之上的。我们首先学习会计期间概念、收入原则与费用配比原则。

会计期间概念

要确切知道一个公司的业绩，唯一的方法是：停业，卖掉资产，偿还负债，把剩余的现金还给股东。这一过程被称为清算，这意味着公司关门不干了。持续经营的公司不能用这种方法计量收益。相应地，持续经营的公司需要使用反映公司渐进发展的定期报告。因此，会计人员要为特定的会计期间编制财务报告。**会计期间概念**（time-period concept）可以确保定期报告会计信息。

最基本的会计期间是一年，换句话说，所有企业都要准备年度财务报表。大约 60% 的大公司（包括亚马逊、eBay 和安德玛）使用从 1 月 1 日到 12 月 31 日的日历年度。

会计年度的结束日期也可以选择除 12 月 31 日以外的其他日期。大多数商品零售企业，包括沃尔玛、Gap 和 JCPenny 公司使用结束日期为 1 月 31 日的会计年度，因为在圣诞热卖之后，这类公司的营业低谷将会在 1 月来临。迪士尼公司的会计年度结束日期为以 52 周为周期的 9 月最后一个完整周的最后一天。

公司还会编制间隔期间小于一年的财务报表，如一个月、一个季度（3 个月）、半年（6 个月）。本书后面的多数讨论都是以年度会计期间作为假设的。

 ## 应用收入与费用配比原则

收入原则

收入原则（revenue principle）要确定两件事：

1. 什么时候对收入进行确认（编制相关的会计分录）？
2. 确认的收入金额是多少？

什么时候对收入进行确认？在收入实现后，而不是在此之前。在大多数情况下，收入是在公司将商品或服务交付客户时实现的。在商品交易中，公司承诺以特定的价格将商品和服务交付客户时，收入才得以确认，这里的价格是公司期望以商品和服务所换取的金额。

全球视角

美国公认会计原则（GAAP）与国际财务会计准则（IFRS）最近发布了一个具备一致性、趋同性以及简化的全球联合收入准则。准则基于这样一个想法，即所有的商业交易都应包含一个合同，合同中规定交换商品和服务以换取现金或者是收到现金的要求。销售主体应满足以下条件：(1)识别与顾客签订的合同；(2)识别合同中应单独履行的义务；(3)确定交易价格；(4)将交易价格分配到应单独履行的义务；(5)当主体履行义务时确认收入。本书以商品流通行业为例,大多数企业的业务涉及购买和出售产成品以及提供服务。在其他行业(如计算机软件行业、长期建设行业、电影行业、自然资源行业及房地产行业)所涉及的合同可能会十分复杂,使收入的确认方式和时点也变得复杂。幸运的是,长期以来,在零售行业,由于 GAAP 和 IFRS 在收入确认的一般原则上基本保持一致,所以新收入准则的实施不会对零售行业带来重大的变化。

图 3-1 描述的情形可以对迪士尼公司何时记录收入提供一些指导。在图中,你可以看到,人们在迪士尼小镇闲逛。没有额外的入场费,并且窗口消费是免费的。由于没有交易发生,所以也就不存在合同,迪士尼也就不需要记录。现在假设一个人走进迪士尼商店,在展览区选择一个玩具,并在柜台区进行购买。现在交易发生,双方之间产生了待履行的义务。迪士尼在交付产品时确认收入,因为它满足合同义务,同时获得收取现金的权利。顾客收到产品并支付价款,也满足了合同规定的义务。

图 3-1　确认收入的时点

作为参照,假设一家管道公司与一位正在装修房屋的顾客签订了一份合同。服务费用是 5 万美元。在这份合同中,管道公司有义务在某一特定日期前完成管道安装服务。收入应该在管道公司实际履行义务并切实为顾客提供了服务时才予以确认。

收入确认的金额是客户支付给销售者的现金或现金等价物。假设为了促进交易,迪士尼进行了一次促销,将原本 20 美元的玩具以折扣价格 15 美元销售。迪士尼商店应该如何确认收入呢?答案是以 15 美元(公允价值)确认收入。实现的收入是销售价格 15 美元而不是正常价格 20 美元。

费用配比原则

费用配比原则(expense recognition principle)是确认费用的基本原则。费用是指在收入实现的过程中,资产的消耗或负债的增加而引起的成本。费用不能在将来为公司带来任何经济利益。费用配比原则包括两部分:

1. 确认在会计期间发生的所有费用。
2. 对费用进行计量,并使其与实现的收入相配比。

使费用和收入配比,就是要把费用从收入中减掉以计算净利润或净亏损。图 3-2 展示了费用配比原则。

会计期间内费用与收入的配比确认

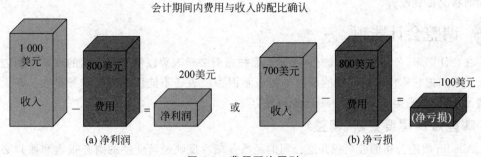

图 3-2　费用配比原则

某些费用是以现金的方式支付的；另外一些费用的产生原因是诸如物料之类的资产的消耗；还有一些费用的发生源于公司负债的增加。例如，当迪士尼公司的员工为公司工作的时候，该公司的工资费用就发生了。迪士尼公司可能马上支付这笔工资，也可能将这笔费用贷记为一项负债。无论哪一种情况，迪士尼公司都发生了工资费用。记录一项费用的重要标志是该项费用的发生，而不是现金的支付。

思考题

1. 3 月 15 日，一位顾客为其 6 月 1～4 日的假期，购买了 10 张迪士尼乐园的门票，通过网站向迪士尼公司支付了 3 133 美元。3 月 15 日，迪士尼公司的收入实现了吗？迪士尼公司什么时候才能实现该项收入？

2. 7 月 1 日，迪士尼公司支付了未来 6 个月的房屋租金共计 60 000 美元。公司在 7 月 1 日发生了该项费用吗？公司会确认这项费用吗？

答案

1. 收入没有实现。迪士尼公司收取了现金，但是在将来而不是现在提供服务。只有在 6 月 1～4 日，顾客进入迪士尼乐园并且工作人员扫描了票上的条码后，收入才得以实现。在此之前，迪士尼公司必须确认一笔对消费者的负债（预收收入）。

2. 否。迪士尼公司提前用现金支付了房租。由于公司尚未占用空间，此时未发生租金费用。这笔预付的租金在迪士尼公司将来使用办公场所之前是公司的一项资产。从房屋被占用之日起，每个月需确认租金费用 10 000 美元。

权责发生制中的道德问题

权责发生制产生了许多在收付实现制下能够避免的道德问题。例如，假设 2016 年迪士尼公司为一家大型广告代理商承办的广告宣传预付了 450 万美元。该广告宣传将在 2016 年 9 月、10 月和 11 月进行。在这种情形下，迪士尼公司购买了一项资产——预付费用。

如果迪士尼公司在 9 月 1 日支付了这笔费用，并且广告宣传马上开始。迪士尼公司应该将支付金额的 1/3（即 150 万美元）在 2016 年 9 月 30 日记为本年度的费用，另外的 2/3（即 10 月和 11 月的 300 万美元）在 2017 年度记为费用。

假设 2016 年度对迪士尼公司来说是一个"丰收年"——净利润高于预期，并且迪士尼公司的高层管理者相信 2017 年度公司的盈利状况将会不佳。在这种情况下，公司就有很强的动机将全部的 300 万美元都记为 2016 年度的费用并反映在 2016 年度的利润表中。这种不道德的行为将使公司 2017 年度的利润表中的广告费用少记 300 万美元,从而使 2017 年度的净利润状况得到改善。

调整会计账项

在会计期末,公司要披露其财务报表。而披露财务报表要以第 2 章介绍的试算平衡表为基础。我们把它称作未经调整的试算平衡表是因为该表还不能用于编制财务报表。在大多数情况下,试算平衡表一词意味着未经调整。

哪些账户需要更新(调整)

Alladin 旅游公司的股东想知道公司的经营业绩。反映经营业绩的财务报表和账户必须是更新过的——这意味着必须对某些账户进行调整。表 3-1 是 Alladin 旅游公司 2016 年 6 月 30 日的试算平衡表。

这张试算平衡表的科目和第 2 章的表 2-3 中的科目相同,在此基础上增加了两个月份——2016 年 5 月和 6 月。这张试算平衡表未经调整,即意味着会计数据并未全部更新,因此不能以其为基础编制上市公司的财务报表。

表 3-1　未经调整的试算平衡表　　　　　　　　　　　　　　　　　　　美元

Alladin 旅游公司未经调整的试算平衡表 2016 年 6 月 30 日		
现金	36 800	
应收账款	2 200	
办公用品	700	
预付租金	3 000	
土地	18 00	
设备	24 000	
应付账款		13 100
预收服务收入		400
普通股		50 000
留存收益		18 800
股利	3 200	
服务收入		7 000
工资费用	900	
水电煤气费	500	
总计	89 300	89 300

现金、土地、设备、应付账款、普通股和股利账户已经更新,因此不需要进一步调整。为什么呢?因为会计期间内的日常业务为这些账户提供了所有的数据。

应收账款、办公用品、预付租金和其他账户则与此不同。这些账户在 6 月 30 日还没有更新。为什么呢?因为有些相关业务还没有记录。以办公用品为例,6 月,Alladin 旅游公司为了向客户提供服务耗用了办公用品。但 Alladin 旅游公司并不是在每次为客户服务时都编制记账分录——这样做既浪费时间又浪费金钱。相应地,Alladin 旅游公司等到月底才对本月耗用的办公用品进行记录。

耗用的办公用品的成本是一项费用。6 月底的一个调整分录可以实现办公用品(一项资产)和办公费用的同时更新。一经更新,这些账户就可以为编制财务报表所使用了。必须记住对尚未更新的账户进行调整。

调整分录的分类

会计账项的调整可分为三大基本类型:递延、折旧及应计项目。

递延 递延(deferral)是指对企业已经预付或预收的现金的调整。迪士尼公司采购易耗物资以备经营使用之需。在会计期间,某些易耗物资(资产)被耗用,因而转变成费用。在期末需要予以调整,调减易耗物资账户中在当期被耗用的部分。这是办公费用的处理。预付租金、预付保险费及其他预付费用都需要做相应的递延调整。

同样,也存在对负债的递延调整。像迪士尼这样的公司往往会在收入实现前预先收取一些现金(如门票销售)。当迪士尼公司预先收取现金时,公司便承担了一项未来对客户开放公园准入的负债。这项负债称为预收销售收入。此后,当客户拿着已购门票实际参观公园时,销售收入得以实现。这一销售收入的实现过程要求每一会计期间都进行相关调整。调整是以当期实现收入的金额调减负债,调增收入。当其他公司使用迪士尼的电影和媒体制品时,迪士尼公司会提前收取专利使用费。在产品被使用时,迪士尼公司的收入才得以实现。公司在以上收入实现时,应做调整分录。

折旧 折旧(depreciation)是为了将一项固定资产的成本在其使用寿命内费用化而对其进行的分摊。折旧是最常见的长期递延。迪士尼公司购置建筑物和设备,在使用这些资产时,由于有形损耗和过时,需要对其折旧金额进行记录。这项会计账项调整记入折旧费用,同时在固定资产使用寿命内调减其账面价值。这一处理过程与递延类调整相同,唯一的区别在于这里涉及的是长期资产。

应计 应计(accrual)恰好与递延相反。对于预提费用,迪士尼公司在现金尚未支付时就已经记录;而对于应计收入,迪士尼公司在现金收妥之前已经确认。

工资费用可能引起应计调整。员工为迪士尼公司工作,随着时间的流逝,公司的工资费用在逐渐增长。2014 年 9 月 27 日,迪士尼公司欠员工的工资,这些工资将在下一会计期间支付。9 月 27 日,迪士尼公司在工资费用和应付工资账户中同时记录所欠金额。预提费用的其他例子包括利息费用和所得税费用。

应计收入是指企业在来年才能收到现金的收入。会计期末,迪士尼公司要对应计收入进行确认。对此进行的会计账项调整要借记应收账款并贷记收入。如应计利息收入就要借记应收利息而贷记利息收入。

我们以 Alladin 旅游公司 6 月 30 日的账项为例来说明会计账项的调整过程。让我们从预付费用开始。

预付费用

预付费用(prepaid expense)是一项提前支付的费用。因此,预付费用是一项资产,因为它能为其所有者带来未来利益。让我们具体做一下预付租金和办公用品的会计账项调整。

预付租金 公司的租金通常提前支付。这一预付项目对于承租者来说是一项资产——承租者可以在将来使用租赁标的。假设 Alladin 旅游公司在 6 月 1 日预付了 3 个月的店铺租金 3 000 美元。预付 3 个月租金要借记预付租金,具体的分录如下:

6 月 1 日	预付租金(1 000 美元×3)	3 000
	现金	3 000
	预付 3 个月租金。	

会计等式显示此项业务使一项资产增加而另一项资产减少,资产总额没有改变。

资产	=	负债	+	股东权益
3 000	=	0	+	0
−3 000				

过账以后,预付租金账户的记录如下:

预付租金	
6 月 1 日　3 000	

在整个 6 月,预付租金账户始终保持月初余额,该余额见表 3-1。调整是将 1 000 美元从预付租金账户转移到租金费用账户,具体分录如下:*

调整分录 a

6 月 30 日　租金费用(3 000 美元×1/3)	1 000	
预付租金		1 000
记录租金费用。		

调整后,资产和股东权益都减少。

资产	=	负债	+	股东权益	−	费用
−1 000	=	0				−1 000

过账后,预付租金账户和租金费用账户的记录如下:

预付租金		租金费用	
6 月 1 日　3 000	6 月30 日　　1 000 →	6 月30 日　　1 000	
余额　　2 000		余额　　1 000	

这个调整分录体现了费用配比原则,我们记录这项费用的目的是计算净利润。

办公用品　办公用品是另一类预付费用。6 月 2 日,Alladin 旅游公司花 700 美元购入办公用品,其会计分录如下:

6 月 2 日　办公用品	700	
现金		700
现金购入办公用品。		

资产	=	负债	+	股东权益
700	=	0	+	0
−700				

Alladin 旅游公司耗费办公用品的成本记录在办公费用科目中。为了计量办公费用的金额,公司要在 6 月末对现存的办公用品进行盘点。盘点显示还剩余 400 美元的办公用品,从期初可用的办公用品(700 美元)中扣除剩余办公用品的价值就得到本月应记入办公费用的金额(300 美元)。

---

*　调整分录(a~g)的小结参见表 3-6。

期初资产金额	−	期末剩余资产金额	=	本期资产耗用额（费用）
700	−	400	=	300

6 月 30 日的调整分录是借记费用账户，贷记资产账户，具体分录如下：

调整分录 b

6 月 30 日　办公费用（700 美元−400 美元）	300	
办公用品		300
记录办公费用。		

资产	=	负债	+	股东权益	−	费用
−300	=	0			−	300

过账后，办公用品账户和办公费用账户的记录如下，以斜体标示调整分录以示重点强调。

办公用品					办公费用	
6 月 2 日	700	*6 月 30 日*	*300*	→	*6 月 30 日*	*300*
余额	400				余额	300

7 月初办公用品的余额为 400 美元，上述调整过程每个月都要重复。

思考题

月初办公用品的余额为 5 000 美元，本月新购入办公用品 7 000 美元，月底盘存的办公用品为 3 000 美元。本月办公用品相关的会计调整分录应怎样做？办公用品账户的余额是多少？

答案

调整分录如下：

办公费用（5 000 美元＋7 000 美元−3 000 美元）	9 000	
办公用品		9 000

期末办公用品账户的余额＝3 000 美元（即剩余办公用品的金额）。

固定资产折旧

固定资产（plant assets）是指长期的有形资产，如土地、建筑物、家具和设备。除土地以外的所有固定资产随着使用年限的增加，其可用性都是下降的，而这种下降构成了一项费用。会计人员要在固定资产（土地除外）的使用寿命内对这些资产的成本进行分摊。将长期固定资产的成本费用化的过程就称为**折旧**（depreciation）。

为了说明折旧如何处理，仍以 Alladin 旅游公司为例。假设 6 月 3 日，该公司赊购了价值 24 000 美元的设备，其会计分录如下：

6 月 3 日　设备	24 000	
应付账款		24 000
赊购设备。		

资产	=	负债	+	股东权益
24 000	=	24 000	+	0

过账后,设备账户的记录如下:

设备

| 6 月 3 日 | 24 000 | |

Alladin 旅游公司购买设备时,记录一项资产。然后,在该资产使用时,它的一部分成本就转入折旧费用中。设备是用来产生收入的,因此要将其成本与收入匹配——这就是费用配比原则。在计算机化的会计处理系统中,这些折旧分录在固定资产的使用寿命内的每个月都会程式化地记录。

Alladin 旅游公司购买的设备可以使用 5 年,然后就毫无价值了。计算固定资产每年折旧金额的一种方法是将这项资产的成本(在本例中是 24 000 美元)除以资产的预计使用年限(本例为 5 年)。这种方式(称为直线法)下,年折旧金额为 4 800 美元。折旧金额的多少仅是一种估计(第 7 章将详细介绍固定资产和折旧)。

年折旧额＝24 000/5＝4 800(美元)

6 月的折旧金额为 400 美元:

月折旧额＝4 800/12＝400(美元)

累计折旧账户　6 月折旧费用提取的分录如下:

调整分录 c

6 月 30 日	折旧费用——设备	400	
	累计折旧——设备		400
	记录设备折旧。		

过账以后,资产总额将随折旧费用而减少:

资产	=	负债	+	股东权益	−	费用
−400	=	0			−	400

贷记累计折旧(不是设备)使设备的原始购置成本在设备账户中保持不变。假如管理人员想知道这项资产的购置成本,则可以查询设备账户。

累计折旧账户表示的是自固定资产使用以来的折旧费用之和。因此,累计折旧账户余额随着固定资产已使用时间的增加而增加。

累计折旧(accumulated depreciation)是一个备抵账户,这类资产的余额通常在贷方。**备抵账户**(contra account)的两个最突出的特征是:(1)常常会有一个伴随账户;(2)正常余额与伴随账户的余额方向相反。

这种情况下,累计折旧是设备的备抵账户,因此累计折旧在资产负债表中紧跟在设备后面。企业为每一个可折旧的资产都设置一个累计折旧账户,如累计折旧——建筑物、累计折旧——机器。

过账后,Alladin 旅游公司的固定资产账户记录为(调整分录用斜体标示):

设备		累计折旧——设备		折旧费用——设备	
6月3日 24 000			6月30日 400		6月30日 400
余额 24 000			余额 400		余额 400

账面价值 固定资产净值（成本减去累计折旧）称为**账面价值**（book value），或称账面余额。表 3-2 说明了 Alladin 旅游公司如何在 6 月 30 日报告其设备及建筑物的账面价值。

表 3-2 Alladin 旅游公司资产负债表中的固定资产 美元

Alladin 旅游公司固定资产（6 月 30 日）		
土地		18 000
设备	24 000	
减：累计折旧	（400）	23 600
固定资产账面价值		41 600

6 月 30 日，设备的账面价值是 23 600 美元。

思考题

Alladin 旅游公司 7 月末设备的账面余额是多少？

答案

设备的账面价值＝24 000 美元－400 美元－400 美元＝23 200 美元。

表 3-3 说明了 2014 年 9 月 27 日，迪士尼公司如何在年报中报告主题公园、景点及其他财产的净值。第 6 行是累计折旧总额，第 9 行显示固定资产的账面价值（2014 年度为 233.32 亿美元，2013 年度为 223.8 亿美元）。

表 3-3 迪士尼公司对其主题公园、景点及其他财产净值的报告（节选） 百万美元

		2014 年 9 月 27 日	2013 年 9 月 28 日
1	景点、建筑物及其改良	21 539	21 195
2	租赁改良	757	697
3	家具和设备	15 701	15 135
4	土地改良	4 266	4 165
5		42 263	41 192
6	累计折旧	（23 722）	（22 459）
7	在建项目	3 553	2 476
8	土地	1 238	1 171
9	主题公园、景点和其他财产净值	23 332	22 380

预提费用

公司往往在支付现金之前就已经发生了费用。以员工的工资为例。只要员工工作，迪士尼公司的费用和应付项目就会增加，即负债在逐渐增加。另一个例子是应付票据的利息费用。随着时针的跳动，利息是时刻在增加的。**预提费用**（accrued expense）是指由费用引起的

一项负债,而该项费用尚未支付。

公司并非每天或每周都对预提费用进行计提。相反,公司会等到会计期末再通过调整分录对每项费用(及相关负债)进行更新,为编制财务报表做准备。下面先介绍工资费用。

大多数公司在固定的时间向员工支付工资。假设 Alladin 旅游公司每月向员工支付工资 1 800 美元,一般在每月的 15 日支付一半,另一半在月底支付。以下是 6 月的日历,支付工资的日期已经被圈了出来。

6 月						
周日	周一	周二	周三	周四	周五	周六
						1
2	3	4	5	6	7	8
9	10	11	12	13	14	⑮
16	17	18	19	20	21	22
23	24	25	26	27	28	29
㉚						

如果原定工资支付日在周末,则 Alladin 旅游公司会在下周一再向员工支付工资。6 月,公司向其员工支付了半个月的工资 900 美元并做了如下分录:

6 月 15 日	工资费用	900	
	现金		900
	发放工资。		

资产	=	负债	+	股东权益	−	费用
−900	=	0				−900

过账以后,工资费用账户的记录如下:

工资费用		
6 月 15 日	900	

6 月 30 日的试算平衡表(见表 3-1)包括借方余额为 900 美元的工资费用。因为当月的第二个工资支付日 6 月 30 日刚好是周日,所以另外半个月的工资将在 7 月 1 日(周一)支付。因此,6 月 30 日,Alladin 旅游公司对于另外半个月的 900 美元工资费用和应付工资做了如下调整:

调整分录 d

6 月 30 日	工资费用	900	
	应付工资		900
	记录工资费用。		

预提费用会增加负债,减少股东权益:

资产	=	负债	+	股东权益	−	费用
0	=	900				−900

过账后,应付工资账户和工资费用账户的记录如下(调整项目用斜体着重标示):

应付工资	
	6月30日 *900*
	余额 900

工资费用	
6月15日 900	
6月30日 *900*	
余额 1 800	

调整以后,会计账户中就包含了 6 月所有的工资信息。工资费用显示的是整个月的工资金额,应付工资显示的是 6 月 30 日应付的工资金额。所有的预提费用都如此记录——借记费用,贷记负债。

计算机化的会计处理系统包含一个薪金模块,应计的工资会在每一期期末自动记账和过账。

应计收入

公司经常在收到现金之前就已经实现了收入。一项已经实现但尚未收账的收入,称为**应计收入**(accrued revenue)。

假设 6 月 15 日,某豪华度假酒店向 Alladin 旅游公司支付 600 美元的佣金,后者在接下来的 30 日为其介绍 100 名旅客到该酒店入住。Alladin 旅游公司 6 月介绍了 50 名旅客入住该酒店,7 月介绍了 50 名旅客入住该酒店。Alladin 旅游公司 6 月将赚取一半的佣金,即 300 美元,这是对 6 月 15~30 日介绍游客入住所实现收入的确认。6 月 30 日,Alladin 旅游公司做如下调整分录:

调整分录 e

6 月 30 日 应收账款(600 美元×1/2)　　　　　　　　　　300
　　　　　　　服务收入　　　　　　　　　　　　　　　　　　　300
　　　　　　　记录服务收入。

这项收入使资产总额和股东权益都增加了:

资产	=	负债	+	股东权益	+	收入
300	=	0				+300

回想一下,公司的应收账款账户和服务收入账户未调整的余额分别为 2 200 美元和 7 000 美元(见表 3-1)。6 月 30 日这项调整分录导致如下结果(调整项目用斜体着重标示):

应收账款	
2 200	
6月30日 *300*	
余额 2 500	

服务收入	
	7 000
	6月30日 *300*
	余额 7 300

所有应计收入的会计处理都与此相似——借记应收科目,贷记收入。

思考题

如果 Alladin 旅游公司作为投资,持有一张客户签发的应收票据。6 月底已经实现了 100 美元的利息收入。请写出 6 月 30 日公司的记账分录。

答案

6月30日	应收利息	100	
	利息收入		100
	应计利息收入。		

预收收入

有些公司在收入实现前就向客户收取现金,从而产生了一项名为**预收收入**(unearned revenue)的负债。只有当服务或产品提供后,该项收入才予以确认。假设位于佛罗里达奥兰多的迪士尼乐园与一些旅游公司(包括 Alladin 旅游公司)约定,如果在迪士尼酒店为客户预定房间,迪士尼乐园可以提前支付一笔佣金。假设迪士尼乐园每月向 Alladin 旅游公司支付400 美元,条件是 Alladin 旅游公司在30 天内的预定人数达到8 人。如果 Alladin 旅游公司6月15 日收到第一笔款项,则对该笔业务做如下分录:

6月15日	现金	400	
	预收服务收入		400
	提前收到服务收入。		

资产	=	负债	+	股东权益
400	=	400	+	0

过账后,预收收入这一负债账户记录如下:

预收服务收入	
	6月15日 400

预收服务收入是一项债务,因为 Alladin 旅游公司有义务为迪士尼乐园提供服务。6月30 日未经调整的试算平衡表(参见表 3-1)显示预收服务收入账户有400 美元的贷方余额。6月的最后15 天,Alladin 旅游公司已实现的服务收入是400 美元的 1/2,即200 美元。6月30日,会计人员做了如下调整分录:

调整分录 f

6月30日	预收服务收入(400 美元×1/2)	200	
	服务收入		200
	记录预收服务收入中已赚取的部分。		

资产	=	负债	+	股东权益	+	收入
0	=	−200	+			200

该调整分录将总计收到的 400 美元中的 200 美元由负债转为收入。过账以后,预收服务收入减少为200 美元,服务收入增加了200 美元,账户的具体记录如下(调整项用斜体标示):

预收服务收入		
6月30日 *200*	6月15日 400	
	余额 200	

服务收入		
		7 000
	6月30日 300	
	6月30日 *200*	
	余额 7 500	

所有的预收收入都以同样的方式进行账务处理。预收收入不是收入,而是负债。

一家公司的预付费用是另一家公司的预收收入。例如,迪士尼公司的预付费用是 Alladin 旅游公司的负债——预收收入。

表 3-4 给出了递延项目和应计项目在时间概念上的显著区别。我们先一步步学习预付费用处理,然后学习预收收入等。

表 3-4 递延和预计调整事项

递延项目——先收款			
	首先		**随后**
预付费用	支付现金,记录资产: 预付费用 ××× 　现金 ×××		记录费用,减少资产: 费用 ××× 　预付费用 ×××
预收收入	收到现金,记录预收收入: 现金 ××× 　预收收入 ×××		记录收入,减少预收收入: 预收收入 ××× 　收入 ×××
预计项目——后收款			
	首先		**随后**
应计费用	记录费用和相关应付项目: 费用 ××× 　应付账款 ×××		支付现金,减少应付项目: 应付账款 ××× 　现金 ×××
应计收入	记录收入和相关应收项目: 应收账款 ××× 　收入 ×××		收到现金,减少应收项目: 现金 ××× 　应收账款 ×××

调整账项总结

调整处理的两个目的是计量利润和更新资产负债表。

因此,调整处理中每个调整分录至少会影响以下项目之一:

- 收入或成本——为了计量利润
- 资产或负债——为了更新资产负债表

表 3-5 对标准的调整方式做了总结。

表 3-5 调整分录总结

调整分录种类	账户类型	
	借	贷
预付费用	费用	资产
折旧	费用	资产备抵
预提费用	费用	负债
应计收入	资产	收入
预收收入	负债	收入

表 3-6 对 Alladin 旅游公司 6 月 30 日的调整分录进行了汇总。这些调整分录是我们在前面分析过的。

- 子表 A 重复了每一调整的数据。
- 子表 B 给出了调整分录。
- 子表 C 展示了对调整分录过账后的账户记录状况。每个调整都以字母标示。

表 3-6 包括我们尚未讨论过的一个附加的调整分录——对所得税费用的预提。个人需要缴纳个人所得税,公司需要缴纳公司所得税。公司往往把应计所得税费用和调整应交所得税作为会计期末最终的调整分录。Alladin 旅游公司通过调整分录 g 预提公司的所得税费用,具体处理如下:

调整分录 g

6 月 30 日	所得税费用	6 00	
	应交所得税		600
	预提所得税费用。		

所得税费用的应计账务处理与预提费用相同。

表 3-6　Alladin 旅游公司账项调整处理

子表 A——2016 年 6 月 30 日 会计账项调整信息	子表 B——调整分录		
(a) 预付租金耗用,1 000 美元	(a) 租金费	1 000	
	预付租金		1 000
	记录租金费用。		
(b) 办公耗用,300 美元	(b) 办公费用	300	
	办公用品		300
	记录办公用品耗用。		
(c) 设备折旧,400 美元	(c) 折旧费用——设备	400	
	累计折旧——设备		400
	记录设备折旧。		
(d) 预提工资费用,900 美元	(d) 工资费用	900	
	应付工资		900
	预提工资费用。		
(e) 应计服务收入,300 美元	(e) 应收账款	300	
	服务收入		300
	应计服务收入。		
(f) 预收服务收入的实现,200 美元	(f) 预收服务收入	200	
	服务收入		200
	记录预收服务收入的实现。		
(g) 预提所得税费用,600 美元	(g) 所得税费用	600	
	应交所得税		600
	预提所得税费用。		

子表 C——总分类账

资产

现金

借方	贷方
余额 36 800	

应收账款

借方	贷方
2 200	
(e) 300	
余额 2 500	

办公用品

借方	贷方
700	(b) 300
余额 400	

预付租金

借方	贷方
3 000	(a) 1 000
余额 2 000	

土地

借方	贷方
18 000	
余额 18 000	

设备

借方	贷方
24 000	
余额 24 000	

累计折旧——设备

借方	贷方
	(c) 400
	余额 400

负债

应付账款

借方	贷方
	余额 13 100

应付工资

借方	贷方
	(d) 900
	余额 900

预收服务收入

借方	贷方
(f) 200	400
	余额 200

应交所得税

借方	贷方
	(g) 600
	余额 600

股东权益

普通股

借方	贷方
	余额 50 000

留存收益

借方	贷方
	余额 18 800

股利

借方	贷方
3 200	
余额 3 200	

收入

服务收入

借方	贷方
	7 000
	(e) 300
	(f) 200
	余额 7 500

费用

租金费用

借方	贷方
(a) 1 000	
余额 1 000	

工资费用

借方	贷方
900	
(d) 900	
余额 1 800	

办公费用

借方	贷方
(b) 300	
余额 300	

折旧费用——设备

借方	贷方
(c) 400	
余额 400	

水电煤气费

借方	贷方
500	
余额 500	

所得税费用

借方	贷方
(g) 600	
余额 600	

调整后的试算平衡表

本章从未经调整的试算平衡表开始(见表 3-1)。会计账项调整经记账和过账后,各账户的记录结果如表 3-6 中的子表 C 所示。编制财务报表过程中一个有用的步骤是,在调整后的试算平衡表中列示各账户及其调整后的余额。调整后的试算平衡表将所用账户及其最终余额列在同一张表上。表 3-7 就是 Alladin 旅游公司调整后的试算平衡表。

表 3-7　调整后的试算平衡表　　　　　　　　　　　　　　　美元

账户名称	试算平衡 借方	试算平衡 贷方	调整 借方	调整 贷方	调整后的试算平衡余额 借方	调整后的试算平衡余额 贷方	
现金	36 800				36 800		
应收账款	2 200		(e) 300		2 500		
办公用品	700			(b) 300	400		
预付租金	3 000			(a) 1 000	2 000		
土地	18 000				18 000		
设备	24 000				24 000		资产负债表
累计折旧——设备				(c) 400		400	(表3-10)
应付账款		13 100				13 100	
应付工资				(d) 900		900	
预收服务收入		400	(f) 200			200	
应交所得税				(g) 600		600	
普通股		50 000				50 000	留存收益表
留存收益		18 800				18 800	(表3-9)
股利	3 200				3 200		
服务收入		7 000		(e) 300		7 500	
				(f) 200			
租金费用			(a) 1 000		1 000		
工资费用	900		(d) 900		1 800		利润表
办公费用			(b) 300		300		(表3-8)
折旧费用			(c) 400		400		
水电煤气费	500				500		
所得税费用			(g) 600		600		
合计	89 300	89 300	3 700	3 700	91 500	91 500	

调整后的试算平衡表可以清晰地展示账务数据。账户名称和试算平衡表的数据来自未经调整的试算平衡表;两列调整项目是对调整分录的总结;调整后的试算平衡余额则给出了各账户最终的余额。表 3-7 中每一个调整后的账户余额都等于未经调整余额加上或者减去调整额。例如,应收账款开始时的未经调整余额是 2 200 美元,加上 300 美元的借方调整额后最终的余额为 2 500 美元。电子数据表软件为这种分析提供了支持。

 ## 编制财务报表

利用调整后的试算平衡表即可编制 Alladin 旅游公司 6 月的财务报表。在表 3-7 的最右端,我们可以看到各账户是怎样归结到财务报表中去的。

- 利润表(表 3-8)反映的是收入类账户和费用类账户的内容；
- 留存收益表(表 3-9)反映的是留存收益的变化；
- 资产负债表(表 3-10)则是对资产、负债和股东权益的报告。

表 3-8、表 3-9 和表 3-10 中的箭头显示了三张报表的钩稽关系。

表 3-8　Alladin 旅游公司利润表

截至 2016 年 6 月的月度		美元
收入		
服务收入		7 500
费用		
工资费用	1 800	
租金费用	1 000	
水电煤气费	500	
折旧费用——设备	400	
办公费用	300	4 000
税前利润		3 500
所得税费用		600
净利润		2 900

表 3-9　Alladin 旅游公司留存收益表

截至2016年6月的月度	美元
留存收益(2016 年 5 月 31 日)	18 800
加：净利润	2 900
小计	21 700
减：股利	(3 200)
留存收益(2016 年 6 月 30 日)	18 500

①

表 3-10　Alladin 旅游公司资产负债表

2016年6月30日				美元
资产			**负债**	
现金		36 800	应付账款	13 100
应收账款		2 500	应付工资	900
办公用品		400	预收服务收入	200
预付租金		2 000	应交所得税	600
土地	18 000		负债总额	14 800
设备	24 000			
减：累计折旧	(400)	41 600		
			股东权益	
			普通股	50 000
			留存收益	18 500
			股东权益总额	68 500
资产总额		83 300	负债和股东权益总额	83 300

②

为什么要最先编制利润表而最后编制资产负债表？

1. 利润表报告的是收入减去费用后得到的净利润或净亏损。收入和费用影响股东权益,所以净利润要转入留存收益中。箭头①反映的是净利润的流向。

2. 留存收益是资产负债表最终的平衡项目。为了加深印象,请看数额为 18 500 美元的留存收益是如何从表 3-9 过账到表 3-10 的。箭头②反映的是留存收益的流向。

章中习题

以下是 Bedger Ranch 公司 2016 年 12 月 31 日的试算平衡表,12 月 31 日是该公司的会计年度截止日。需要调整的会计事项如下:

　　a. 年底办公用品的余额为 2 000 美元;

　　b. 家具和器具的折旧为 20 000 美元;

　　c. 建筑物折旧为 10 000 美元;

　　d. 应付未付员工工资 5 000 美元;

　　e. 应计服务收入为 12 000 美元;

　　f. 45 000 美元的预收服务收入中有 32 000 美元在本年实现;

　　g. 应计所得税费用为 35 000 美元。

要求

1. 使用未经调整的余额建立分类账户。以千美元作为单位,如将应收账款记为:

应收账款
_____
370 |

2. 编制 Bedger Ranch 公司 2016 年 12 月 31 日的调整分录。像在表 3-6 中那样,用字母对每一分录进行标示。

3. 将调整分录过账。

4. 编制与表 3-7 类似的调整后的试算平衡表。

5. 编制利润表、留存收益表及资产负债表(在这一步,不需要对资产和负债按长短期进行分类),并用箭头表示三者之间的钩稽关系。

美元

Bedger Ranch 公司试算平衡表 2016 年 12 月 31 日					
现金	198 000		普通股		100 000
应收账款	370 000		留存收益		193 000
办公用品	6 000		股利	65 000	
建筑物	250 000		服务收入		286 000
累计折旧——建筑物		130 000	工资费用	172 000	
家具和器具	100 000		办公费用		
累计折旧——家具和器具		40 000	折旧费用——建筑物		
应付账款		380 000	折旧费用——家具和器具		
应付工资			所得税费用		
预收服务收入		45 000	杂项费用	13 000	
应交所得税			合计	1 174 000	1 174 000

答案

要求 1 与要求 3

资产

现金
余额 198

应收账款
370
(e) 12
余额 382

办公用品
6 | (a) 4
余额 2

建筑物
100
余额 100

累计折旧——建筑物
130
(c) 10
余额 140

家具和器具
余额 100

累计折旧——家具和器具
40
(b) 20
余额 60

负债

应付账款
380
余额 380

应付工资
(d) 5
余额 5

预收服务收入
(f) 32 | 45
余额 13

应交所得税
(g) 35
余额 35

股东权益

普通股
余额 100

留存收益
余额 193

股利
65

收入

服务收入
286
(e) 12
(f) 32
余额 330

费用

工资费用
172
(d) 5
余额 177

办公费用
(a) 4
余额 4

折旧费用——建筑物
(c) 10
余额 10

折旧费用——家具和器具
(b) 20
余额 20

所得税费用
(g) 35
余额 35

杂项费用
13

要求2

12 月 31 日

（a）办公费用   4 000

        公办用品   4 000

  记录耗用的公办用品。

（b）折旧费用——家具和器具   20 000

        累计折旧——家具和器具   20 000

  记录家具和器具的折旧费用。

（c）折旧费用——建筑物   10 000

        累计折旧——建筑物   10 000

  记录建筑物的折旧费用。

（d）工资费用   5 000

        应付工资   5 000

  预提工资费用。

（e）应收账款   12 000

        服务收入   12 000

  确认服务收入。

（f）预收服务收入   32 000

        服务收入   32 000

  确认预收服务收入中已经实现的部分。

（g）所得税费用   35 000

        应交所得税   35 000

  确认所得税费用。

要求4

千美元

账户名称	试算平衡 借方	试算平衡 贷方	调整 借方	调整 贷方	调整后的试算平衡余额 借方	调整后的试算平衡余额 贷方
现金	198				198	
应收账款	370		(e)　12		382	
办公用品	6			(a)　4	2	
建筑物	250				250	
累计折旧——建筑物		130		(c)　10		140
家具和器具	100				100	
累计折旧——家具和器具		40		(b)　20		60
应付账款		380				380
应付工资				(d)　5		5
预收服务收入		45	(f)　32			13
应交所得税				(g)　35		35
普通股		100				100
留存收益		193				193
股利	65				65	

表标题：**Bedger Ranch 公司试算平衡表（2016 年 12 月 31 日）**

续表

账户名称	试算平衡		调整		调整后的试算平衡余额	
	借方	贷方	借方	贷方	借方	贷方
服务收入		286		(e)　12		330
				(f)　32		
工资费用	172		(d)　5		177	
办公费用			(a)　4		4	
折旧费用——建筑物			(c)　10		10	
折旧费用——家具和器具			(b)　20		20	
所得税费用			(g)　35		35	
杂项费用	13				13	
	1 174	1 174	118	118	1 256	1 256

要求 5

千美元

Bedger Ranch 公司利润表（截至 2016 年 12 月 31 日的年度）		
收入		
服务收入		330
费用		
工资费用	177	
折旧费用——家具和器具	20	
折旧费用——建筑物	10	
办公费用	4	
杂项费用	13	224
税前利润		106
所得税费用		35
净利润		71

①

千美元

Bedger Ranch 公司留存收益表（截至 2016 年 12 月 31 日的年度）	
留存收益(2015 年 12 月 31 日)	193
加：净利润	71
小计	264
减：股利	(65)
留存收益(2016 年 12 月 31 日)	199

千美元

Bedger Ranch 公司资产负债表（2016 年 12 月 31 日）				
资产			**负债**	
现金		198	应付账款	380
应收账款		382	应付工资	5
办公用品		2	预收服务收入	13
建筑物	250		应交所得税	35
减：累计折旧	(140)	110	负债总额	433
家具和器具	100			
减：累计折旧	(60)	40	**股东权益**	
			普通股	100
			留存收益	199
			股东权益总额	299
资产总额		732	负债和股东权益总额	732

②

结账

假设现在是 6 月 30 日,月底。Alladin 旅游公司将在 7 月、8 月,甚至更长时间继续经营下去。但是,且慢——收入类账户和费用类账户还保留着 6 月发生的部分账目。在每一个会计期末,有必要对这些账户进行结账。

结账(closing the books)意味着账户可以进行下一个会计期间的账务处理了。**结账分录**(closing entries)使收入类账户和费用类账户的余额归零。这与在比赛结束后将记分牌归零是同样的道理。

使用计算机,结账的操作非常方便,但其必须受到会计部门管理人员的监管。回想一下,利润表只反映一个会计期间的收益状况。举例来说,迪士尼公司 2014 年度的净利润是截至 2014 年 9 月 27 日的整个会计年度的。所有涉及净利润的科目以及其他一些科目(如股利),仅仅涉及一个会计期间。

暂时性账户　因为收入类账户和费用类账户只与一段时间相关,所以把它们称作**暂时性账户**(temporary accounts)。股利账户也是暂时性账户。结账处理仅适用于暂时性账户(如收入类、费用类及股利)。

永久性账户　让我们比较一下暂时性账户和**永久性账户**(permanent accounts)(资产类、负债类及股东权益类)。永久性账户在期末并不进行结账处理,因为这些账户的金额会延续到下一个会计期间。以现金、应收账款、建筑物、应付账款、普通股及留存收益等账户为例,这些账户某一期的期末余额将会是下一期的期初余额。

结账分录将收入、费用和股利等账户的余额转入留存收益账户中。迪士尼公司和 Alladin 旅游公司的结账步骤如下。

1. 以其贷方余额的金额借记各收入类账户,以收入总和的金额贷记留存收益账户。这样一来,收入总和转入留存收益中,从而增加留存收益的金额。

2. 以其借方余额的金额贷记各费用类账户,以费用总和的金额借记留存收益账户。这样一来,费用总和转入留存收益中,从而减少留存收益的金额。

3. 以其借方余额的金额贷记股利账户,以同样的金额借记留存收益账户。这笔分录使股利的金额转到留存收益账户的借方。要记住股利不是费用,不影响净利润,但是代表留存收益的一个永久减少项。

假设 Alladin 旅游公司在 6 月末结账。表 3-11 可以反映其结账的整个过程。子表 A 是结账分录,子表 B 展示了结账后的账户情况。

结账后,Alladin 旅游公司留存收益账户的记录如下。

留存收益

		期初余额	18 800
费用	4 600	收入	7 500
股利	3 200		
		期末余额	18 500

表 3-11 结账分录及其过账

子表 A——结账分录

①	6 月 30 日	服务收入	7 500	
		留存收益		7 500
②	6 月 30 日	留存收益	4 600	
		租金费用		1 000
		工资费用		1 800
		办公费用		300
		折旧费用——设备		400
		水电煤气费		500
		所得税费用		600
③	6 月 30 日	留存收益	3 200	
		股利		3 200

子表 B——过账

租金费用

调整	1 000		
余额	1 000	结账	1 000

工资费用

	900		
调整	900		
余额	1 800	结账	1 800

办公费用

调整	300		
余额	300	结账	300

折旧费用——设备

调整	400		
余额	400	结账	400

水电煤气费

调整	500		
余额	500	结账	500

所得税费用

调整	600		
余额	600	结账	600

服务收入

			7 000
		调整	300
		调整	200
结账	7 500	余额	7 500

②

①

留存收益

结账	4 600		18 800
结账	3 200	结账	7 500
		余额	18 500

股利支付

余额	3 200	结账	3 200

③

调整表示从调整分录所得的过账金额；

结账表示从结账分录所得的过账金额；

箭头②显示，没有必要对每一个费用类账户单独做结账分录。我们可以在一个结账分录里借记一笔留存收益，而对每一个费用类账户分别贷记。

基于流动性对资产和负债进行分类

在资产负债表中,资产和负债分为流动项目和长期项目以显示其相对的流动性。**流动性**(liquidity)用来衡量一项资产(或负债)转换为现金的速度。现金是流动性最强的资产。应收账款的流动性也相对较强,因为它很快就会转为现金。存货的流动性较应收账款差,公司要实现由存货到现金的转换,首先要有一个出售的过程。设备和建筑物等流动性更差,因为这些资产的持有目的是使用而不是销售。资产负债表是按流动性对资产和负债进行排序的。

流动资产 正如我们在第 1 章所看到的,**流动资产**(current assets)是流动性最强的一类资产。它们会在短于 12 个月或虽然长于一年但短于企业的一个正常的经营周期的时间内被变现、出售或耗用。**经营周期**(operating cycle)是指从为购买商品和服务发生现金支出到出售商品和服务取得现金收入之间的时间跨度。

对于大多数企业来说,经营周期往往只有几个月。现金、应收账款、商品存货及预付费用是流动资产。

长期资产 **长期资产**(long-term assets)是指所有未归入流动资产的资产。长期资产中的一类是固定资产,常常标以不动产、厂房和设备的标签。土地、建筑物、家具和器具以及设备都是固定资产。对于 Alladin 旅游公司来说,固定资产只有土地和设备。长期投资、无形资产及其他资产(不能进行精确归类的资产)都是长期资产。

流动负债 正如我们在第 1 章所见到的,**流动负债**(current liabilities)是必须在短于一年或虽长于一年但短于企业的一个经营周期内偿还的债务。应付账款、一年以内到期的应付票据、应付工资、预收收入、应付利息及应交所得税都属于流动负债。

银行和其他贷款者都很关心企业负债的到期日。一项负债的到期日越近,企业的偿债压力就越大。因此,在资产负债表中,负债是以偿还的先后顺序排列的。资产负债表中,负债一般列示为两类:流动负债和长期负债。

长期负债 所有未归入流动负债的负债都是**长期负债**(long-term liabilities)。许多应付票据是长期负债。一些应付票据是需要分期支付的,第一次付款在一年以内,第二次付款在一年以后。这样,第一次付款的部分是流动负债,其余的部分是长期负债。

让我们看一看迪士尼公司在资产负债表中是如何对资产和负债进行分类的。

报告资产和负债:迪士尼公司

表 3-12 是迪士尼公司真实的分类资产负债表,与表 1-5 相同。**分类资产负债表**(classified balance sheet)将流动资产和流动负债同长期资产和长期负债区分开来。你大概对迪士尼公司的大部分账户已经很熟悉了。请逐行仔细阅读迪士尼公司的资产负债表。

财务报表的格式

公司在报告其财务报表时可以采用不同的格式。资产负债表和利润表都有两种基本的格式。

资产负债表的格式 **报告式**(report format)资产负债表的最上面是资产项目,接下来是负债项目,股东权益在最下面。如表 3-12 所示的迪士尼公司的资产负债表就是报告式。报告式是较流行的资产负债表格式,大约有 60% 的大公司使用这一格式。

表 3-12　迪士尼公司的分类资产负债表　　　　百万美元

迪士尼公司合并资产负债表（节选）		
	2014 年 9 月 27 日	**2013 年 9 月 28 日**
资产		
流动资产		
现金及其等价物	3 421	3 931
应收账款	7 822	6 967
存货	1 574	1 487
其他流动资产	2 359	1 724
流动资产合计	15 176	14 109
影视成本	5 325	4 783
投资	2 696	2 849
主题公园、景点和其他财产	23 332	22 380
无形资产	35 315	34 694
其他长期资产	2 342	2 426
资产总额	84 186	81 241
负债和股东权益		
流动负债		
应付账款和应计负债	7 595	6 803
一年内到期的长期借款	2 164	1 512
预收收入	3 533	3 389
流动负债合计	13 292	11 704
长期借款	12 676	12 776
其他长期负债	10 040	8 611
承付款项与或有负债（附注 14）		
负债总额	36 008	33 091
股东权益		
普通股	34 301	33 440
留存收益	53 734	47 758
累计其他综合损失	(1 968)	(1 187)
库存股（成本）	(41 109)	(34 582)
非控制性权益	3 220	2 721
股东权益总额	48 178	48 150
负债和股东权益总额	84 186	81 241

　　账户式（account format）资产负债表将资产列在左边，负债和股东权益列在右边。这种列法与 T 形账户相同——资产（借方）列在账户的左边，负债和股东权益（贷方）列在账户的右边。表 3-10 所展示的就是 Alladin 旅游公司的账户式的资产负债表。两种格式都允许采用。

　　利润表格式　单步式利润表（single-step income statement）是将所有的收入列在收入或

收入及利得项下，而将所有的费用列在费用或费用及损失项下。只需要通过一步，即从收入及利得中减去费用及损失，就可以得到净利润。迪士尼公司的利润表（表 3-8）就是单步式。

多步式利润表（multistep income statement）中有多个小计项目从而可以强调不同的收入和费用之间的关系。表 3-13 是表 1-3 的再现，是迪士尼公司的多步式合并利润表。表 3-13 与表 1-3 略有不同，将服务和产品的成本进行小计，以显示公司的毛利总额（从 2013 年度的 200.07 亿美元增至 2014 年度的 223.93 亿美元）。对像迪士尼这样的公司而言，毛利是十分重要的信息，这是因为它显示了直接从服务和产品的收入中减去服务和产品的成本所得到的"纯利润"。一些额外的快速计算可以揭示其他一些有价值的信息。2014 年度的毛利总额（223.93 亿美元）可以进一步划分，分为服务毛利 188.9 亿美元（402.46 亿美元－213.56 亿美元）和产品毛利 35.03 亿美元（85.67 亿美元－50.64 亿美元）。然后，我们可以计算产品和服务的毛利百分比（毛利/收入），来展示不同收入所产生的利润。对于服务而言，毛利百分比为 46.9%（188.9 亿美元/85.67 亿美元）。对于产品而言，毛利百分比为 40.9%（35.03 亿美元/85.67 亿美元）。这些比率可以与前期相比，也可以与竞争对手相比，来评估迪士尼公司的运营情况。我们将在第 6 章详细地讲解毛利率。表 3-13 展示了各种层次的利润，包括营业利润、其他利润、税前利润和净利润。

表 3-13　迪士尼公司多步式利润表　　　　　　　　百万美元

	年度截至 2014 年 9 月 27 日	年度截至 2013 年 9 月 28 日
服务收入	40 246	37 280
产品收入	8 567	7 761
收入总额	48 813	45 041
服务成本（不包括折旧和摊销）	(21 356)	(20 090)
产品成本（不包括折旧和摊销）	(5 064)	(4 944)
成本总额（产品和服务）	(26 420)	(25 034)
毛利（产品和服务）	22 393	20 007
销售费用、管理费用和其他	(8 565)	(8 365)
折旧和摊销	(2 288)	(2 192)
营业利润	11 540	9 450
来自投资对象的收益	854	688
其他收入（费用）	(148)	(518)
税前利润	12 246	9 620
所得税	(4 242)	(2 984)
净利润	8 004	6 636
减：分配给少数股东的净利润	(503)	(500)
归属于迪士尼公司的净利润	7 501	6 136

在本例中，迪士尼公司将营业利润（115.4 亿美元）与其他利润进行单独列报，原因在于其他利润并不是因提供娱乐服务和销售产品赚取的。营业利润反映了公司核心业务活动创造的所得。其他利润主要包括利息收入和投资收益。大多数公司认为将营业利润与非

营业利润(如利息和股利)单独列报是十分重要的,这样做便于评价公司核心商业活动的盈利能力。

　　大部分公司的利润表并不完全符合纯单步式或者纯多步式的格式,现实的经营活动很复杂,以至于公司报表不可能拘泥于某种固定的格式。我们将在第 11 章详细讨论合并利润表。

分析并评价公司的偿债能力

　　正如我们所看到的,会计可以为决策的制定提供信息。考虑提供贷款的银行必须对借款人能否偿还贷款进行预测。如果借款人本身已经背负大量的债务,那么他偿付贷款的概率就不高。如果借款人的负债较少,那么贷款的偿付将能够顺利地履行。为了分析一家公司的财务状况,决策制定者经常使用一些由财务报表项目计算而来的比率。下面让我们看看这些比率是如何发挥作用的。

营运资本净额

营运资本净额反映企业的经营流动性。简单计算公式如下:

$$营运资本净额＝流动资产总额－流动负债总额$$

2014 年 9 月 27 日,迪士尼公司的营运资本净额为(单位:百万美元,数据来自表 3-12)

$$营运资本净额＝15\ 176－13\ 292＝1\ 884$$

　　一般来讲,为保持充足的流动性,企业持有的流动资产应超过流动负债。超过的金额一般以流动比率的形式表示。而且,超过的金额是否充足也随着行业的不同而不同。迪士尼公司的流动资产超过流动负债的金额为 18.84 亿美元,这就意味着,公司偿付全部的流动负债后,余下的流动资产还有将近 19 亿美元,这部分资产可以转换成现金。因此,迪士尼公司的流动性较高。

流动比率

　　使用最广泛的财务比率之一是**流动比率**(current ratio),它是通过将资产负债表中的流动资产除以流动负债得到的。

$$流动比率＝\frac{流动资产总额}{流动负债总额}$$

2014 年 9 月 27 日,迪士尼公司的流动比率如下(单位:百万美元,数据来自表 3-12):

$$流动比率＝\frac{流动资产总额}{流动负债总额}＝\frac{15\ 176}{13\ 292}＝1.14$$

　　与营运资本净额一样,流动比率衡量的是公司用流动资产偿还流动负债的能力。较高的流动比率对公司有利,这样公司就有较多的流动资产来偿付流动负债。公司流动比率的逐期增长预示着公司财务状况的改善。

　　经验显示,较好的流动比率是 1.5,这意味着公司每 1 美元的流动负债有 1.5 美元的流动资产做支撑。流动比率为 1.5 的公司几乎不存在无法偿还流动负债的风险。大多数成功企业的流动比率介于 1.2~1.5;低于 1 的流动比率被视为较低,这也意味着流动负债超过了流动资产。

　　迪士尼公司当前的流动比率为 1.14,虽然低于前面提到的衡量标准,但由于一些原因,这并不表示公司处于流动性的弱势地位。首先,流动比率的计算是假设最糟糕的情况,公司将不得不将其所有的流动资产变现,立即偿付流动负债,并停止营业。对于像迪士尼这样的公司来说,这样的假设远远超乎现实。其次,迪士尼公司通过经营活动产生了大量的现金(根据表1-6中的合并现金流量表,2014年度超过98亿美元),足以偿还应付账款和应计负债(约合76亿美元)以及长期借款中一年内到期部分(22亿美元)。流动负债的剩余部分包括预收收入,这是提前收取的。总之,在对一家公司进行评价时,有必要结合该公司的整体财务状况及商业模式,而不是采取"一刀切"的标准或是将评价标准局限于一个财务比率。

资产负债率

另一个衡量偿债能力的比率是**资产负债率**(debt ratio),它是通过将负债总额除以资产总额得到的:

$$资产负债率 = \frac{负债总额}{资产总额}$$

2014年9月27日,迪士尼公司的资产负债率如下(单位:百万美元,数据来自表3-12):

$$资产负债率 = \frac{负债总额}{资产总额} = \frac{36\ 008}{84\ 186} = 0.43$$

资产负债率表示公司的资产中用负债融资支持的部分。这一比率用来衡量公司偿还流动负债和长期负债(即负债总额)的能力。

对于公司来说,资产负债率低比资产负债率高更安全。为什么?因为负债少的企业需要偿还的债务较少,不容易发生财务困难。与此相反,资产负债率高的公司容易发生债务偿付困难,特别是在产品销量较低以及现金比较短缺的情况下。

迪士尼公司的资产负债率是43%(0.43),这比美国大部分公司都低。公司正常的资产负债率为60%~70%。这意味着迪士尼公司的信贷风险很低,公司及时偿还本金的概率很高。

当公司不能偿付债务时,债权人就会从所有者手中接管公司。大多数的公司破产都源于较高的资产负债率。

经济业务是如何影响财务比率的

类似迪士尼这样的公司都密切关注经济业务对财务比率的影响。借贷协议经常要求借款公司的流动比率不能低于某一水平。另一项贷款要求是借款公司的资产负债率不能突破某一上限,如0.7。如果借款公司不能达到这些要求,就是违反了借贷协议。由此带来的惩罚可能是很严重的,贷款者会要求借款公司立即偿付贷款。迪士尼公司因为负债很少,所以不会发生这类风险。但很多公司却面临这一风险。要将资产负债率保持在正常的水平,公司可以采取下列一种或多种策略:

- 增加收入、降低成本,从而在不增加负债的情况下增加流动资产、净利润和留存收益。
- 发行股票,从而增加现金和股东权益。
- 选择减少对借贷的依赖。

让我们使用迪士尼公司的资料来研究某些业务对公司的流动比率和资产负债率的影响。我们在前面看到,迪士尼公司的两个比率如下(单位:百万美元):①

---

① 由于与原始组成部分相比,这些说明性交易的数量相对较少,因此我们选择在计算流动比率和资产负债率时精确到小数点后三或四位,以说明个别交易对当前流动比率和资产负债率的影响。

$$流动比率 = \frac{15\ 176}{13\ 292} = 1.142$$

$$资产负债率 = \frac{36\ 008}{84\ 186} = 0.428$$

每家公司的管理人员都很关注存货购买、赊购、预提费用和折旧对其财务比率的影响。让我们看看某些经济业务对迪士尼公司的影响(单位:百万美元)。对于每一种经济业务,会计分录都有助于我们确定其对公司的影响。

a. 发行股票收到现金 5 000 万美元。

现金	50	
普通股		50

现金是一项流动资产,在本经济业务中对流动比率和资产负债率的影响如下:

$$流动比率 = \frac{15\ 176 + 50}{13\ 292} = 1.146$$

$$资产负债率 = \frac{36\ 008}{84\ 186 + 50} = 0.427$$

发行股票使上述两个财务比率都有所改进。

b. 花费 2 000 万美元现金购买建筑物。

建筑物	20	
现金		20

流动资产现金减少,但资产总额保持不变。

$$流动比率 = \frac{15\ 176 - 20}{13\ 292} = 1.14$$

$$资产负债率 = \frac{36\ 008}{84\ 186 + 20 - 20} = 0.428(无变化)$$

用现金购买建筑物会导致公司的流动比率恶化,但并不影响资产负债率。

c. 赊销 3 000 万美元的商品。

应收账款	30	
销售收入		30

应收账款的增加会同时增加流动资产和资产总额,对两个比率的影响如下:

$$流动比率 = \frac{15\ 176 + 30}{13\ 292} = 1.144$$

$$资产负债率 = \frac{36\ 008}{84\ 186 + 30} = 0.4276$$

赊销会同时改进两个财务比率。

d. 收回应收账款 3 000 万美元。

现金	30	
应收账款		30

这项经济业务对流动资产和资产总额均无影响,对两个财务比率也无影响。

e. 年底预提费用 4 000 万美元。

费用	40	

预提费用　　　　　　　　　　　　　　　　　40

$$流动比率 = \frac{15\ 176}{13\ 292 + 40} = 1.138$$

$$资产负债率 = \frac{36\ 008 + 40}{84\ 186} = 0.4282$$

大多数费用项目会同时导致两个财务比率恶化。

f. 记录折旧8 000万美元。

折旧费用　　　　　　　　　　　　　　　　　80

　　累计折旧　　　　　　　　　　　　　　　80

折旧不涉及流动资产账户，因此只影响资产负债率。

$$流动比率 = \frac{15\ 176}{13\ 292} = 1.142$$

$$资产负债率 = \frac{36\ 008}{84\ 186 - 80} = 0.4281$$

折旧会导致资产总额减少，从而使资产负债率恶化。

g. 赚取利息收入，收到现金4 000万美元。

现金　　　　　　　　　　　　　　　　　　　40

　　利息收入　　　　　　　　　　　　　　　40

现金是一项流动资产，在本经济业务中对流动比率和资产负债率的影响如下：

$$流动比率 = \frac{15\ 176 + 40}{13\ 292} = 1.145$$

$$资产负债率 = \frac{36\ 008}{84\ 186 + 40} = 0.4275$$

收入会同时改进两个财务比率。

现在让我们通过观察如何使用营运资本净额、流动比率和资产负债率制定决策来结束本章的内容。下面的管理决策专栏会提供一些有用的信息。

管理决策

使用营运资本净额、流动比率和资产负债率评价债务偿付能力

　　一般来说，较高的营运资本净额优于较低的营运资本净额。同样，较高的流动比率优于较低的流动比率。增加营运资本净额和提高流动比率可以改善公司的财务状况。相反，较低的资产负债率优于较高的资产负债率。资产负债率的降低预示着公司财务状况的改善。

　　没有哪个单一的财务比率能描述一家公司的全貌。因此，债权人和投资者会使用多个财务比率指标对公司进行评价。下面检验一下你所学的会计知识。假设你是美国银行信贷部的一名信贷员，迪士尼公司向银行申请2 000万美元贷款，用以建设一个新的主题公园。你该怎样作出这个贷款决策？决策指南给出了债权人和投资者所关注的两个重要比率。

营运资本净额和流动比率的运用	
决　策	**指　南**
你怎样衡量一家公司用流动资产偿还流动负债的能力?	营运资本净额＝流动资产总额－流动负债总额 $$流动比率 = \frac{流动资产总额}{流动负债总额}$$
哪些人运用营运资本净额、流动比率制定决策?	贷款人和其他债权人。他们必须预测债务人能否偿还其流动负债。 股东。股东知道不能偿还其负债的公司不是好的投资目标,因为它可能破产。 管理人员。管理人员必须保证有充足的现金来偿还公司的流动负债。
营运资本净额、流动比率的理想值是多少?	这个问题没有确切的答案。既取决于行业,也取决于公司迅速且主要通过经营获得现金的能力。 有较强现金流的公司即使流动比率较低,如 1.1～1.2,依然可以很好地运转。 现金流较弱的公司需要较高的流动比率,如 1.3～1.5。 传统上认为,流动比率为 2 是较为理想的。最近,随着公司经营效率的提高,这一合意值已经降低。今天,流动比率为 1.5 就被认为很强。像迪士尼这样现金流较强的公司,即使流动比率在 1 左右依然可以正常地运转。

资产负债率的运用	
决　策	**指　南**
你怎样衡量一家公司偿还全部负债的能力?	$$资产负债率 = \frac{负债总额}{资产总额}$$
哪些人使用资产负债率制定决策?	贷款人和其他债权人。他们必须预测债务人能否偿还其债务。 股东。股东知道不能偿还其负债的公司不是好的投资目标,因为它可能破产。 管理人员。管理人员必须保证有充足的现金来偿还公司债务。
资产负债率的理想值是多少?	取决于行业: 有较强现金流的公司即使资产负债率较高,如 0.7～0.8,依然可以很好地运转。 现金流较弱的公司需要较低的资产负债率,如 0.5～0.6。 传统上认为,0.5 的资产负债率是较为理想的。最近,随着公司经营效率的提高,这一合意值已经提高。如今,资产负债率的正常范围是 0.6～0.7。

章末习题

参考前面的章中习题,特别是调整后的试算平衡表。

要求

1. 做出 Badger Ranch 公司 2016 年 12 月 31 日的结账分录。解释结账分录的目的以及这样做的必要性。

2. 把结账分录过账到留存收益账户,并比较留存收益账户的期末余额与章中习题资产负债表中留存收益的金额。这两个数值应该相同。

3. 编制 Badger Ranch 公司的分类资产负债表以确定公司的流动资产和流动负债(Badger Ranch 公司没有长期负债),然后计算 2016 年 12 月 31 日该公司的营运资本净额、流动比率和资产负债率。

4. Badger Ranch 公司的高层管理人员向你请求贷款 50 万美元以拓展业务。Badger Ranch 公司打算在 10 年内偿还这笔贷款。重新计算得到贷款后 Badger Ranch 公司的资产负债率。利用公司的财务报表及据此计算的财务比率决定对其贷款的年利率应该是 8%、10% 还是 12%,并给出你如此决策的理由。假设 Badger Ranch 公司的现金流状况良好。

答案

要求 1

美元

2016 年			
12 月 31 日	服务收入	330 000	
	留存收益		330 000
12 月 31 日	留存收益	259 000	
	工资费用		177 000
	折旧费用——家具和器具		20 000
	折旧费用——建筑物		10 000
	办公费用		4 000
	所得税费用		35 000
	杂项费用		13 000
12 月 31 日	留存收益	65 000	
	股利		65 000

对结账分录的解释

结账分录将每一个收入、费用和股利账户归零,从而为下一个会计期间的开始做准备。这些账户之所以必须进行结账处理是因为这些账户的余额仅仅与一个会计期间相关。

要求 2

留存收益

				193 000
结账	259 000	结账	330 000	
结账	65 000			
		余额	199 000	

正如所预期的一样,留存收益账户的余额与资产负债表报告的金额是一致的。

要求 3

美元

Badger Ranch 公司资产负债表 2016 年 12 月 31 日				
资产			**负债**	
流动资产			流动负债	
现金		198 000	应付账款	380 000
应收账款		382 000	应付工资	5 000
办公用品		2 000	预收服务收入	13 000
流动资产合计		582 000	应交所得税	35 000
建筑物	250 000		流动负债合计	433 000
减：累计折旧	(140 000)	110 000	**股东权益**	
家具和器具	100 000		普通股	100 000
减：累计折旧	(60 000)	40 000	留存收益	199 000
			股东权益合计	299 000
总资总额		732 000	负债和股东权益总额	732 000

$$营运资本净额 = 582\,000 - 433\,000 = 149\,000(美元)$$

$$流动比率 = \frac{582\,000}{433\,000} = 1.34 \qquad 资产负债率 = \frac{433\,000}{732\,000} = 0.59$$

要求 4

$$贷款后的资产负债率 = \frac{433\,000 + 500\,000}{732\,000 + 500\,000} = \frac{933\,000}{1\,232\,000} = 0.76$$

决策：以 10% 的年利率发放贷款。

理由：在贷款以前，公司的财务状况和现金流状况都很好。流动比率处在中等水平，而且资产负债率不高。公司的净利润（可以从利润表中看到）相对总收入来说较高。因此，公司应该可以偿还这笔贷款。

这笔贷款使公司的资产负债率由现在的 59% 提高到 76%，公司的财务状况较现在面临更大的风险。在以上分析的基础上，中等的利率显得较为合理——至少在 Badger Ranch 公司与贷款银行开始谈判时这一利率是合理的。

复习：权责发生制和收入计量

复习测试（答案见本章末）

1. Seaside Apartments 9 月 1 日收到租房人预交的 4 个月的租金 2 800 美元。这笔收入贷记了预收租金收入账户。Seaside Apartments 的会计年度截止日是 12 月 31 日，在那一天该公司会做相应的年度会计调整分录。12 月 31 日，应该做怎样的调整分录？

a. 现金   700

        租金收入   700

b. 预收租金收入   2 800

        租金收入   2 800

c. 预收租金收入   700

        租金收入   700

    d. 租金收入   700

        预收租金收入   700

2. Portland 公司调整后的试算平衡表列示的一些科目余额如下：

	美元
设备	70 000
累计折旧——设备	18 000
折旧费用——设备	6 000

设备的账面价值为_____。

a. 64 000 美元   b. 46 000 美元

c. 52 000 美元   d. 34 000 美元

3. Barlow 公司 2016 年购买了 1 100 美元的材料。年末,公司剩余的材料为 500 美元。调整分录应该是_____。

a. 借记材料 500 美元   b. 贷记材料 500 美元

c. 借记材料费用 600 美元   d. 借记材料费用 600 美元

4. Trumbull 公司的会计人员未对本年的折旧做调整分录。由此引发的错误后果是_____。

a. 资产被高估,股东权益和净利润被低估。

b. 净利润被高估,负债被低估。

c. 资产和费用被低估,净利润被低估。

d. 资产、净利润和股东权益都被高估。

5. 12 月 31 日,应收票据的利息为 375 美元。对这项预计费用的调整分录为_____。

a. 应收利息   375

    利息收入   375

b. 利息费用   375

    现金   375

c. 利息费用   375

    应付利息   375

d. 应付利息   375

    利息费用   375

6. 如果某房地产公司未预计佣金收入,则_____。

a. 收入被低估,净利润被高估。

b. 负债被高估,股东权益被低估。

c. 资产被低估,净利润被低估。

d. 净利润被低估,股东权益被高估。

7. 下列陈述除一个以外都正确。哪一个是错误的?

a. 使用收付实现制的公司要做调整分录。

b. 权责发生制较收付实现制能产生更好的信息。

c. 会计年度可以不在 12 月 31 日结束。

d. 费用配比原则指导会计人员确认费用的发生并将费用从同一期的收入中扣除。

8. 预收收入是一项_____。

a. 资产　　　　　　　b. 收入　　　　　　　c. 费用　　　　　　　d. 负债

9. 调整分录_____。

a. 可以更新会计账户。

b. 不发生现金账户的借贷记录。

c. 用来衡量会计期间的净利润或净亏损。

d. 以上几项均正确。

10. 借记一项费用并贷记一项相关负债的调整分录是如下哪种类型？

a. 预付费用　　　　b. 应计费用　　　　c. 折旧费用　　　　d. 现金费用

使用下列数据回答第 11 题和第 12 题。

下面是从 Atwood 公司 2016 年年末资产负债表中摘录的主要数据。

千美元

	2016 年 12 月 31 日
资产总额(其中 30% 是流动资产)	4 000
流动负债	600
应付债券(长期)	800
普通股	500
留存收益	2 100
负债和股东权益总额	4 000

11. Atwood 公司 2016 年年末的流动比率是_____。

a. 6.67　　　　　　b. 2.00　　　　　　c. 0.86　　　　　　d. 0.57

12. Atwood 公司 2016 年年末的资产负债率是_____。

a. 15%　　　　　　b. 29%　　　　　　c. 20%　　　　　　d. 35%

13. 在试算平衡表中,下列哪项表明有账务处理错误发生？

a. 预收收入存在贷方余额。

b. 工资费用存在借方余额。

c. 服务收入存在借方余额。

d. 以上几项均有错误。

14. 下列哪笔分录是对管理费收入进行结账的分录？

a. 留存收益

　　　管理费收入

b. 管理费收入

　　　留存收益

c. 管理费收入

　　　服务收入

d. 管理费收入账户无须进行结账处理。

15. 下列哪个账户不必进行结账处理？

　　a. 累计折旧　　　　　b. 利息收入　　　　c. 折旧费用　　　　d. 股利

　　16. 联邦快递公司赚得服务收入 650 000 美元。这笔交易对联邦快递公司的流动比率和资产负债率有何影响？

　　a. 两个比率都得到了改善。

　　b. 使流动比率恶化但改善了资产负债率。

　　c. 改善了流动比率，对资产负债率没有影响。

　　d. 两个比率都出现了恶化。

　　17. 假设 Frederick 公司通过 10 年期应付票据的形式借到 2 000 万美元。这项业务对该公司的流动比率和资产负债率有何影响？

　　a. 改善了流动比率，但使资产负债率恶化。

　　b. 两个比率都出现了恶化。

　　c. 两个比率都得到了改善。

　　d. 使流动比率恶化但改善了资产负债率。

自我测评

小练习

S3-1　（目标：解释权责发生制与收付实现制的区别）Carter 公司 2016 年度的销售额为 9 亿美元。对于这一销售额，Carter 公司已经收到现金 8.71 亿美元。公司的销售成本是 2.8 亿美元，该年度的其他费用总计 3.25 亿美元。2016 年度该公司为存货支付了 3.75 亿美元，为其余花费支付了 2.85 亿美元。现金的期初余额为 1.15 亿美元。假设公司的高管人员正在对你进行工作面试，并问了下面两个问题：

　　a. 2016 年度，Carter 公司的净利润是多少？

　　b. 2016 年年末，Carter 公司的现金余额是多少？

　　如果你能正确回答上面两个问题，你就能得到这份工作。

S3-2　（目标：解释权责发生制与收付实现制的区别）Riverside 公司 2016 年年初所欠的应付票据是 350 万美元。2016 年，Riverside 又借入了 170 万美元的应付票据，并偿还了 160 万美元以前年度的应付票据。该年度，公司发生的利息费用是 40 万美元，其中包括 2016 年 12 月 31 日预提的利息费用 20 万美元。

　　请说明上述经济业务如何在下列财务报表中报告。

　　1. 2016 年度的利润表

　　a. 利息费用

　　2. 2016 年 12 月 31 日的资产负债表

　　a. 应付票据

　　b. 应付利息

S3-3　（目标：应用收入与费用配比原则）作为 Newton 咨询公司的财务主管，你聘请了一名新员工并负责对她进行入职培训。新员工的工作职责是在会计期末，对预提工资费用进行相关调整。她提出疑问："既然工资在未来支付，为什么不等到实际支付时再确认费用？因为不管怎样做，最后的结果是相同的。"写一份书面回复，说明为什么要做预提工资费用的调整分录。

S3-4　（目标：应用收入与费用配比原则）一家大型汽车制造公司向 Budget 公司和 Hertz

公司等汽车租赁企业出售大批汽车。假设 Budget 公司在与这家汽车制造公司谈判,要购入 827 辆轿车。请用一小段文字来解释,这家汽车制造公司在何种情况下应该记录、在何种情况下不应该记录销售收入以及相关产品的销售成本。要记住费用配比原则会为你的解释提供依据。

S3-5 (目标:应用收入与费用配比原则)请用自己的话写一小段文字来解释折旧在会计中的应用。

S3-6 (目标:应用收入与费用配比原则)指出对于下列情形的会计处理最为适宜的会计概念或原理。

a. 为了准确地度量收入,在会计期末应预提 48 000 美元的工资费用。

b. 3 月的经营情况尤为糟糕,当年的第二季度将出现净亏损。公司的管理层正在考虑不按照惯例向公众发布季度盈利情况。

c. 一位医生在外科手术之后向患者的保险公司开具账单。从保险公司收款估计要花费 3 个月的时间。这位医生是应该立即记录收入还是等到收款后再记录?

d. 一家建筑公司正在兴建高速公路网,工程为期 4 年。公司应当在何时记录赚取的收入?

e. 12 月 27 日收到了将于次年支付的水电煤气费账单。公司为何应记录水电煤气费?

S3-7 (目标:调整会计账项)回答下列关于预付费用的问题:

a. 假设 Davis 公司在 7 月 1 日预付的租金 3 000 美元是未来 6 个月的,请做出 7 月 31 日公司记录租金费用的调整分录。要包括分录日期和对分录的简单解释。然后,对涉及的两个账户进行过账,并说明两个账户 12 月 31 日的余额。Davis 公司仅在其会计年度截止日 7 月 31 日进行会计调整。

b. 7 月 1 日 Davis 公司支付 850 美元购买材料,7 月 31 日剩余的材料是 400 美元。做出所需要的会计分录,然后过账并说明相关账户 7 月 31 日的余额。

S3-8 (目标:调整折旧账户)假设 1 月 1 日 Coddington 旅游公司花 30 000 美元购买了一台预计可以使用 5 年的设备。预计 5 年后设备的残值为零。

1. 编制分录记录 1 月 1 日购买设备和 12 月 31 日计提折旧的事项。要包括分录日期和对分录的简单解释。使用的账户包括:设备、累计折旧——设备、折旧费用——设备。

2. 过账并给出这些账户 12 月 31 日的余额。

3. 12 月 31 日设备的账面价值是多少?

S3-9 (目标:应用收入与费用配比原则)2016 年 Quanta 航空公司支付工资费用 4 120 万美元。2016 年 12 月 31 日,Quanta 航空公司预提的工资费用是 240 万美元。Quanta 航空公司在 2017 年 1 月 3 日(2016 年后的第一个工资发放日)发放工资 260 万美元。根据上述两笔业务的结果,说明该公司在 2016 年度利润表和 2016 年年末资产负债表中报告的内容。

S3-10 (目标:调整利息费用账户)Laziza 酒店 10 月 1 日通过向第一国民银行签发应付票据的形式取得 80 000 美元的贷款。每月的利息费用是 433 美元。借贷协议要求 Laziza 酒店在 1 月 2 日支付 10~12 月的利息。

1. 编制 10 月 31 日、11 月 30 日和 12 月 31 日 Laziza 酒店预提利息费用的调整分录及说明。

2. 将 3 笔分录过账到应付利息账户。你不必考虑每个月月底该账户的余额。

3. 1 月 2 日,对 3 个月的利息支付进行记录。

S3-11 （目标：调整利息收入账户）参照 S3-10。假设你负责第一国民银行的会计日常处理工作。

1. 编制 10 月 31 日、11 月 30 日和 12 月 31 日第一国民银行应计利息收入的调整分录及说明。

2. 将 3 笔分录过账到应收利息账户。你不必考虑每个月月底该账户的余额。

3. 1 月 2 日，对 3 个月的利息收入进行记录。

S3-12 （目标：调整预收收入账户）写一段文字来解释为什么预收收入是负债而不是收入。在你的解释中，请使用《纽约时报》的例子。《纽约时报》是一份全国性的报纸，它向订户预收现金，之后给订户送一年的报纸。解释在向订户送报纸的这一年中，预收收入账户会发生怎样的变化。在向订户送报纸时，预收收入账户的金额转入了哪个账户？做出（a）收到订户预付的 65 000 美元；（b）《纽约时报》实现了 55 000 美元订阅收入的调整分录。分录中要包括与本章正文示例类似的解释。

S3-13 （目标：调整预付费用账户）Peachtree 服务公司 2016 年 8 月 1 日预付 1 年的租金 24 000 美元。租金覆盖了 2016 年 8 月 1 日到 2017 年 7 月 31 日的费用。公司的会计年度截止日是 12 月 31 日。假设 Peachtree 服务公司没有其他的预付交易，2016 年年初的试算平衡表上预付租金列示的金额为 0。给出下列事项的会计分录：（a）8 月 1 日支付全年租金；（b）2016 年 12 月 31 日租金费用的调整分录。2016 年 12 月 31 日试算平衡表上预付租金列示的金额是多少？

S3-14 （目标：调整应计收入和预收收入账户）Gerbig 公司提前或延后向顾客收取现金。编制下列事项的会计分录：

a. 应计收入。在 Gerbig 公司提供服务后顾客进行支付。2016 年，Gerbig 公司的赊销收入为 22 000 美元，不久后收到 7 000 美元的现金。

b. 预收收入。一些顾客提前付款给 Gerbig 公司，然后 Gerbig 公司再给他们提供服务。2016 年，Gerbig 公司提前收到 5 500 美元的现金，而实际提供服务收入为 4 000 美元。

S3-15 （目标：编制财务报表）Tree City 体育用品公司 2016 年 7 月 31 日报告了如下财务数据：

			千美元
留存收益（2015 年 7 月 31 日）	36 900	销售成本	136 200
应收账款	28 500	现金	43 100
收入净额	184 500	不动产和设备净值	17 400
流动负债合计	60 000	普通股	30 800
其他费用合计	28 000	存货	37 000
其他流动资产	5 400	长期负债	12 000
其他资产	28 600	股利	0

使用上述数据编制 Tree City 体育用品公司截至 2016 年 7 月 31 日的年度利润表、年度留存收益表以及 2016 年 7 月 31 日的分类资产负债表。资产负债表要使用报告式编制，并用箭头表示三张财务报表之间的联系。

S3-16 （目标：结账）使用 S3-15 所给的 Tree City 体育用品公司的数据，编制该公司

2016 年 7 月 31 日的结账分录。为留存收益账户建立 T 形账户,把编制的分录过到这个账户,并将该账户的最终余额与 Tree City 体育用品公司资产负债表中报告的留存收益金额进行比较。你会有什么发现?

S3-17　(目标:分析并计算流动比率和资产负债率)使用下面所给的 Tree City 体育用品公司的数据。

千美元

Tree City 体育用品公司利润表 截至 2016 年 7 月 31 日的年度	
收入净额	184 500
销售成本	136 200
其他费用合计	28 000
净利润	20 300

Tree City 体育用品公司留存收益表 截至 2016 年 7 月 31 日的年度	
2015 年 7 月 31 日留存收益	36 900
加:净利润	20 300
2015 年 7 月 31 日留存收益	57 200

Tree City 体育用品公司资产负债表 2016 年 7 月 31 日	
资产	
流动资产:	
现金	43 100
应收账款	28 500
存货	37 000
其他流动资产	5 400
流动资产合计	114 000
不动产和设备净值	17 400
其他资产	28 600
资产总额	160 000
负债	
流动负债合计	60 000
长期负债	12 000
负债总额	72 000
所有者权益	
普通股	30 800
留存收益	57 200
股东权益总额	88 000
负债和股东权益总额	160 000

1. 计算 Tree City 体育用品公司的营运资本净额。

2. 计算 Tree City 体育用品公司的流动比率。

3. 计算 Tree City 体育用品公司的资产负债率。

保留小数点后两位。上述财务比率是好、坏还是一般？

S3-18 （目标：分析并评价流动性和偿债能力）使用 S3-17 所给的 Tree City 体育用品公司的数据。

2016 年 7 月 31 日,Tree City 体育用品公司的流动比率是 1.9,资产负债率是 0.45。在下面每笔交易后计算该公司的营运资本净额、流动比率和资产负债率(所有数据单位为千美元,如 Tree City 体育用品公司财务报表所示)。

1. Tree City 体育用品公司赊销 12 000 美元。

2. Tree City 支付应付账款 12 000 美元

上述事项彼此独立。计算结果保留小数点后两位。

练习

(A 组)

E3-19A （目标：解释权责发生制与收付实现制的区别;应用收入与费用配比原则）Nicholson 网络公司从事网络服务器设计,2016 年实现收入 8 亿美元,总计发生费用 5.7 亿美元。公司该年实现的收入中有 2 100 万美元尚未收款,并且为费用支付了 6 亿美元现金。公司的高级管理层正在分析公司 2016 年的经营状况,并且他们向你提出了以下几个问题：

a. 在权责发生制下,2016 年该公司应该确认多少收入? 收入原则对回答这个问题有何帮助?

b. 在权责发生制下,2016 年该公司应报告的费用总额是多少? 哪项会计准则有助于回答这个问题?

c. 在收付实现制下重新回答上面两个问题,并解释权责发生制与收付实现制有何不同。

d. 哪张财务报表报告收入和费用? 哪张财务报表报告现金的收付?

E3-20A （目标：解释权责发生制与收付实现制的区别;编制调整分录）一名会计人员在会计期末 12 月 31 日做了下列调整：

a. 预付保险费账户期初余额为 300 美元,期末余额为 600 美元。本期支付保险费 2 900 美元。

b. 应计利息收入 2 400 美元。

c. 预收收入的期初余额为 1 600 美元,期末余额为 300 美元。

d. 折旧为 5 500 美元。

e. 公司员工 2 天的工资未支付。在 5 天的工作周内员工工资总额为 13 000 美元。

f. 税前利润为 20 000 美元,公司适用的所得税税率是 35%。

要求

1. 编制相应的调整分录。

2. 假如没有进行上述调整。计算由于这些遗漏而对公司净利润造成的高估或低估的金额。

E3-21A （目标：应用收入与费用配比原则;调整会计账项）Rankle 公司经历了以下 4 种情形。请计算每种情形下问号表示的金额。对于情形 1 和情形 2 做出必要的会计分录。4 种情形是相互独立的。

美元

	情形			
	1	**2**	**3**	**4**
期初材料	2 500	600	700	700
本年购入材料	?	500	?	900
材料总成本	3 500	?	?	1 600
期末材料	(1 030)	(300)	(400)	?
材料费用	2 470	?	2 200	1 000

E3-22A　（目标：调整会计账项）Dellroy 租赁公司面临以下情形。编制 2016 年 12 月 31 日公司在每一种情形下应做的调整分录。单独考虑每种情形。

a. 公司将在下一个会计期间的期初 2017 年 1 月支付 3 200 美元的利息费用。

b. 实现利息收入 4 100 美元但尚未收到。

c. 2016 年 7 月 1 日，公司收到 12 000 美元的预付租金，并做了借记现金、贷记预收租金收入的处理。租房人支付的是 2 年的租金。

d.（从周一到周五）每天的工资费用是 6 100 美元，并且公司在周五发放工资。当年的 12 月 31 日是周四。

e. 未经调整的材料账户的余额是 3 200 美元，剩余的材料的购置成本是 1 300 美元。

f. 当年 1 月 1 日购入价值 180 000 美元的设备，该设备可以使用 5 年。记录当年的折旧，并计算设备的账面价值。

E3-23A　（目标：调整预付费用账户；编制财务报表）Childtime 玩具公司 2016 年 1 月 1 日预付 3 年的租金 54 000 美元。2016 年 12 月 31 日，Childtime 玩具公司编制了试算平衡表，在年末对这些分录做了必要的调整。Childtime 玩具公司在每年 12 月 31 日对账户进行一次调整。

a. 在 2016 年 12 月 31 日未经调整的试算平衡表中，预付租金的金额是多少？

b. 在 2016 年 12 月 31 日调整后的试算平衡表中，预付租金的金额是多少？

c. 在 2016 年 12 月 31 日未经调整的试算平衡表中，租金费用的金额是多少？

d. 在 2016 年 12 月 31 日调整后的试算平衡表中，租金费用的金额是多少？

E3-24A　（目标：编制财务报表）Honeybell 公司调整后的试算平衡表如下：

千美元

Honeybell 公司试算平衡表		
2016 年 12 月 31 日		
账 户 名 称	调整后的试算平衡表	
	借方	贷方
现金	3 900	
应收账款	1 400	
存货	2 200	

续表

账 户 名 称	调整后的试算平衡表	
	借方	贷方
预付费用	1 800	
不动产、厂房和设备	16 700	
累计折旧——不动产、厂房和设备		2 800
其他资产	9 500	
应付账款		7 400
应交所得税		400
其他负债		2 500
普通股		14 600
留存收益(期初,2015 年 12 月 31 日)		5 900
股利	1 300	
销售收入		41 200
销售成本	25 500	
销售和管理费用	10 500	
所得税费用	2 000	
合 计	74 800	74 800

要求

编制 Honeybell 公司截至 2016 年 12 月 31 日的年度利润表和留存收益表以及 2016 年 12 月 31 日的资产负债表。

E3-25A (目标：调整会计账项；编制财务报表)Victory 公司 2016 年 8 月 31 日和 2015 年 8 月 31 日调整后的试算平衡表包括以下数据。

百万美元

	2016 年度	**2015 年度**
应收款项	470	290
预付保险费	380	460
预计负债(因为其他营业费用而发生)	760	650

在截至 2016 年 8 月 31 日的会计年度,Victory 公司完成了下列交易：

美元

从客户处收款	20 800
为预付费用支付现金	460
为其他营业费用支付现金	4 600

计算截至 2016 年 8 月 31 日的会计年度的利润表中下列科目的金额：销售收入、保险费用以及其他营业费用。

E3-26A (目标：结账)以下是 Wolf 公司 2016 年 12 月 31 日的一些账户记录。

		美元
服务成本	14 300	服务收入　32 100
累计折旧	40 800	折旧费用　4 600
销售和管理费用	6 300	其他收入　200
留存收益(2015 年 12 月 31 日)	2 400	宣布发放的股利　300
		所得税费用　300
		应交所得税　700

2016 年 Wolf 公司实现的净利润是多少？建立留存收益的 T 形账户,利用它来展示 2016 年 12 月 31 日留存收益的账户余额。

E3-27A　(目标:调整会计账项;结账)以下是 Winwood 生产公司 12 月 31 日未经调整的试算平衡表和根据调整后的试算平衡表得到的利润表数据。

Winwood 生产公司				美元
账户	未经调整的 试算平衡表		来自调整后的 试算平衡表	
现金	13 300			
预付租金	1 600			
设备	45 000			
累计折旧——设备		3 300		
应付账款		4 900		
应付工资				
预收服务收入		9 200		
应交所得税				
应付票据(长期)		16 000		
普通股		8 400		
留存收益		11 400		
股利	1 300			
服务收入		13 600		19 900
工资费用	4 500		5 200	
租金费用	1 100		1 900	
折旧费用——设备			400	
所得税费用			1 200	
总计	66 800	66 800	8 700	19 900

要求

编制 Winwood 生产公司 12 月 31 日的调整分录和结账分录。对服务收入的调整只有一项。

E3-28A　(目标:编制财务报表;分析并评价流动性和偿债能力)参照 E3-27A。

要求

1. 利用 E3-27A 中的数据编制 Winwood 生产公司本年 12 月 31 日的分类资产负债表。要求使用报告式格式。首先你要计算出资产负债表中几个经过调整的账户。

2. 计算 Winwood 生产公司 12 月 31 日的流动率和资产负债率。一年前,公司的营运资本净额为 3 900 美元,流动比率和资产负债率分别为 1.4 和 0.64。说明公司本年偿还债务的能力是提高了还是降低了。

E3-29A (目标:分析并评价流动性和偿债能力)Landry 公司 2016 年 12 月 31 日报告的财务比率如下(单位:百万美元)。

$$流动比率 = \frac{20}{10} = 2$$

$$资产负债率 = \frac{20}{50} = 0.4$$

假设 2017 年 Landry 公司发生了以下业务:

a. 赊购设备,价值为 700 万美元。

b. 偿还长期负债 1 000 万美元。

c. 从客户处预收 500 万美元。

d. 预提利息费用 600 万美元。

e. 实现现金销售 800 万美元。

确定以上每笔经济业务对该公司的流动比率和资产负债率的影响。

(B 组)

E3-30B (目标:解释权责发生制与收付实现制的区别;应用收入与费用配比原则)Gibson 公司从事网络服务器设计,2016 年实现收入 7.2 亿美元,总计发生费用 5.2 亿美元。公司本年实现的收入中有 2 000 万美元尚未收款,并且为费用支付了 5.7 亿美元现金。公司的高级管理层正在分析公司 2016 年的经营状况,并且向你提出了以下问题:

a. 在权责发生制下,2016 年该公司应该确认多少收入? 收入原则对回答这个问题有何帮助?

b. 在权责发生制下,2016 年该公司应报告的费用总额是多少? 哪一条会计准则有助于回答这个问题?

c. 在收付实现制下重新回答上面两个问题,并解释权责发生制与收付实现制有何不同。

d. 哪张财务报表报告收入和费用? 哪张财务报表报告现金的收付?

E3-31B (目标:解释权责发生制与收付实现制的区别;编制调整分录)一名会计人员在会计期末 12 月 31 日做了下列调整:

a. 预付保险费账户期初余额为 600 美元,期末余额为 1 200 美元。本期支付保险费 2 000 美元。

b. 应计利息收入 2 100 美元。

c. 预收收入的期初余额为 1 800 美元,期末余额为 400 美元。

d. 折旧为 5 200 美元。

e. 公司员工 2 天的工资未支付。在 5 天的工作周内员工工资总额为 18 000 美元。

f. 税前利润为 25 000 美元,公司适用的所得税税率是 35%。

要求

1. 编制相应的调整分录。

2. 假如没有进行上述调整。计算由于这些遗漏而对公司净利润造成的高估或低估的金额。

E3-32B　（目标：应用收入与费用配比原则；调整会计账项）Henry 公司经历了以下 4 种情形。请计算每种情形下问号表示的金额。对于情形 1 和情形 2 做出必要的记账分录。4 种情形是相互独立的。

美元

	情形			
	1	2	3	4
期初材料	2 400	700	600	600
本年购入材料	?	400	?	900
材料总成本	3 400	?	?	1 500
期末材料	(1 020)	(800)	(300)	?
材料费用	2 380	?	1 700	900

E3-33B　（目标：编制调整分录）Rockwell 公司面临以下情形。编制 2016 年 12 月 31 日公司在每一种情形下应做的调整分录。单独考虑每种情形。

a. 公司将在下一个会计期间的期初 2017 年 1 月支付 3 300 美元的利息费用。

b. 实现利息收入 4 500 美元但尚未收到。

c. 7 月 1 日，公司收到 13 900 美元的预付租金，并做了借记现金、贷记预收租金收入的处理。租房人支付的是 2 年的租金。

d.（从周一到周五）每天的工资费用是 5 500 美元，并且公司在周五发放工资。当年的 12 月 31 日是周四。

e. 未经调整的材料账户的余额是 2 800 美元，剩余的材料的购置成本是 1 600 美元。

f. 当年 1 月 1 日购入价值 60 000 美元的设备，该设备可以使用 5 年。记录当年的折旧，并计算设备的账面价值。

E3-34B　（目标：调整预付费用账户；编制财务报表）McCool Floral 公司 2016 年 1 月 1 日预付 3 年的租金 36 000 美元。2016 年 12 月 31 日，McCool Floral 公司编制了试算平衡表，在年末对这些分录做了必要的调整。McCool Floral 公司在每年 12 月 31 日对账户进行一次调整。

a. 在 2016 年 12 月 31 日未经调整的试算平衡表中，预付租金的金额是多少？

b. 在 2016 年 12 月 31 日调整后的试算平衡表中，预付租金的金额是多少？

c. 在 2016 年 12 月 31 日未经调整的试算平衡表中，租金费用的金额是多少？

d. 在 2016 年 12 月 31 日调整后的试算平衡表中，租金费用的金额是多少？

E3-35B　（目标：编制财务报表）Marshall 公司调整后的试算平衡表如下：

千美元

	Marshall 公司试算平衡表 2016 年 12 月 31 日	
账 户 名 称	调整后的试算平衡表	
	借方	贷方
现金	4 300	
应收账款	1 400	
存货	2 400	
预付费用	1 600	
不动产、厂房和设备	16 700	
累计折旧——不动产、厂房和设备		2 400
其他资产	9 300	
应付账款		7 500
应交所得税		800
其他负债		2 700
普通股		14 500
留存收益（期初,2015 年 12 月 31 日）		5 100
股利	1 500	
销售收入		42 400
销售成本	25 500	
销售和管理费用	10 500	
所得税费用	2 200	
合计	75 400	75 400

要求

编制 Marshall 公司截至 2016 年 12 月 31 日的年度利润表和留存收益表以及 2016 年 12 月 31 日的资产负债表。

E3-36B （目标：调整会计账项；编制财务报表）Bova 公司 2016 年 8 月 31 日和 2015 年 8 月 31 日调整后的试算平衡表包括以下数据：

百万美元

	2016 年度	2015 年度
应收款项	460	290
预付保险费	320	450
预计负债（因为其他营业费用而发生）	730	610

在截至 2016 年 8 月 31 日的会计年度，Bova 公司完成了下列交易：

	美元
从客户处收款	20 600
为预付保险费支付现金	480
为其他营业费用支付现金	4 500

计算截至 2016 年 8 月 31 日的会计年度的利润表中下列科目的金额：销售收入、保险费用以及其他营业费用。

E3-37B （目标：结账）以下是 Hector 公司 2016 年 12 月 31 日的一些账户记录。

			美元
服务成本	14 600	服务收入	32 300
累计折旧	41 400	折旧费用	4 100
销售和管理费用	6 500	其他收入	1 000
留存收益（2015 年 12 月 31 日）	2 100	股利	700
		所得税费用	600
		应交所得税	700

2016 年 Hector 公司实现的净利润是多少？建立留存收益的 T 形账户，利用它来展示 2016 年 12 月 31 日留存收益的账户余额。

E3-38B （目标：调整会计账项；结账）以下是 Emerson 生产公司 12 月 31 日未经调整的试算平衡表和根据调整后的试算平衡表得到的利润表数据。

账　户	Emerson 生产公司 未经调整的 试算平衡表		来自调整后的 试算平衡表	美元
现金	13 690			
预付租金	1 500			
设备	42 000			
累计折旧——设备		3 200		
应付账款		4 300		
应付工资				
预收服务收入		9 100		
应交所得税				
应付票据（长期）		11 000		
普通股		8 300		
留存收益		15 090		
股利	1 400			
服务收入		13 400		19 700
工资费用	4 500		5 300	
租金费用	1 300		1 800	
折旧费用——设备			800	
所得税费用			1 400	
总计	64 390	64 390	9 300	19 700

要求

编制 Emerson 生产公司 12 月 31 日的调整分录和结账分录。对服务收入的调整只有一项。

E3-39B (目标:编制财务报表;分析并评价流动性和偿债能力)参照 E3-38B。

要求

1. 利用 E3-38B 中的数据编制 Emerson 生产公司本年 12 月 31 日的分类资产负债表。要求使用报告式格式。首先你要先计算出资产负债表中几个经过调整的账户。

2. 计算 Emerson 生产公司 12 月 31 日的流动率和资产负债率。一年前,公司的营运资本净额为 5 790 美元,流动比率和资产负债率分别为 1.61 和 0.23。说明公司本年偿还债务的能力是提高了还是降低了。

E3-40B (目标:分析并评价流动性和偿债能力)Halston 咨询公司 2016 年 12 月 31 日报告的财务比率如下(单位:百万美元)。

$$流动比率 = \frac{40}{30} = 1.33$$

$$资产负债率 = \frac{40}{70} = 0.57$$

假设 2017 年 Halston 咨询公司发生了以下经济业务:

a. 赊购设备,价值为 800 万美元。

b. 偿还长期负债 1 000 万美元。

c. 从客户处预收 500 万美元。

d. 预提利息费用 200 万美元。

e. 实现现金销售 1 200 万美元。

确定以上每笔经济业务对该公司的流动比率和资产负债率的影响。

系列练习

E3-41 继续对第 2 章 E2-39 中 Barbara Miracle 的会计师事务所进行分析。

E3-41 (目标:调整会计账项;编制财务报表;结账;分析并评价流动性和偿债能力)

参考第 2 章练习 E2-39 的资料,我们从 Barbara Miracle 的会计师事务所 8 月 18 日的试算平衡表和过账后的 T 形账户开始,编制该公司 8 月 18 日的财务报表。专业服务公司无须缴纳公司所得税。8 月下旬,公司发生了以下业务:

8 月 21 日	预收 2 700 美元的税务服务佣金,该服务将在未来 30 天内提供。
22 日	雇用了一位秘书,在每月 15 日支付工资。
26 日	支付应付账款 800 美元(8 月 5 日购买的材料)。
28 日	收取款项 1 900 美元(8 月 18 日提供的服务)。
31 日	宣告并支付现金股利 1 400 美元。

要求

1. 编制 8 月 21~31 日的经济交易的会计分录。

2. 把 8 月 21~31 日发生的经济交易的会计分录过账到相应的 T 形账户,并用业务发生日期进行标注。

3. 编制 8 月 31 日的试算平衡表。

4. 8 月 31 日,该公司需做调整分录的相关信息如下:

a. 应计服务收入 1 800 美元。

b. 预收服务收入实现 900 美元(8 月 21 日预收)。

c. 剩余的材料为 400 美元。

d. 折旧费用:设备为 45 美元,家具为 75 美元。

e. 预提新雇用秘书的工资费用 600 美元。

直接在账项调整栏目中做出调整分录,完成 8 月 31 日调整后的试算平衡表。

5. 做出调整分录并过账。用"调整"标注调整的金额,用"余额"标注账户余额。

6. 编制 Barbara Miracle 的会计师事务所截至 8 月 31 日的月度利润表和留存收益表以及 8 月 31 日的资产负债表。

7. 做出 8 月 31 日的结账分录并过账。用"结账"标注结账调整的金额,用"余额"标注账户余额。

8. 计算该公司的营运资本净额、流动比率和资产负债率,并以上述指标为依据,评价该公司的财务状况。

练习测试

通过回答下列问题检验你对权责发生制的理解。从给定的备选答案中选择最佳的一个。

Q3-42~Q3-44 基于以下假设:Kelsey Allerton 于 2016 年 7 月开始经营一家音乐公司。Allerton 采用权责发生制编制月度财务报表。以下是 Kelsey Allerton 的公司 7~10 月的全部业务。

7 月 14 日	赊购 25 美元的音乐产品,90 天内向供应商付款。
8 月 3 日	为 Jimmy Jones 提供一项 40 美元的服务,30 天以内收款。用尽了 7 月 14 日所购的音乐产品。
9 月 16 日	收回应收账款 40 美元(Jones 所欠)。
10 月 22 日	支付 7 月交易所产生的对供应商的负债 25 美元。

Q3-42 Kelsey Allerton 的公司应该在哪个月将音乐产品的成本转为费用?

a. 8 月   b. 7 月   c. 9 月   d. 10 月

Q3-43 Kelsey Allerton 的公司应该在哪个月的利润表中报告 40 美元的收入?

a. 7 月   b. 9 月   c. 10 月   d. 8 月

Q3-44 如果 Kelsey Allerton 的公司采用收付实现制而不是权责发生制编制财务报表,该公司应该在哪个月报告收入?在哪个月报告费用?

	收入	费用
a.	8 月	8 月
b.	9 月	10 月
c.	9 月	7 月
d.	8 月	10 月

Q3-45 在权责发生制下,收入应该在哪个月确认?

a. 在商品运送给顾客的月份。   b. 在发票寄给顾客的月份。

c. 在顾客订购商品的月份。   d. 在顾客付款的月份。

Q3-46 本年 1 月,Bamber 公司支付了 6 个月(1~6 月)的租金 1 500 美元。Bamber 公司对这笔业务做了如下记录:

会计分录			
日期	账户	借方	贷方
1月1日	预付租金	1 500	
	现金		1 500

Bamber 公司在每月的月末进行账项调整。基于上述业务,1 月末的调整分录应该包括_____。

a. 借记预付租金 250 美元　　　　b. 贷记预付租金 1 250 美元

c. 借记预付租金 1 250 美元　　　d. 贷记预付租金 250 美元

Q3-47 基于与 Q3-46 相同的假设。Bamber 公司 2 月末的调整分录应包括借记租金费用_____。

a. 0 美元　　　　　　　　　　b. 1 500 美元

c. 500 美元　　　　　　　　　d. 250 美元

Q3-48 Q3-47 中的调整分录对该公司 2 月的净利润有何影响?

a. 减少 500 美元　　　　　　　b. 增加 500 美元

c. 减少 250 美元　　　　　　　d. 增加 250 美元

Q3-49 有一项调整分录记录将在 7 月支付的 6 月的工资费用。下列哪一个陈述能最好地描述这一调整分录对会计等式的影响?

a. 对资产无影响,负债增加,股东权益增加。

b. 资产减少,对负债无影响,股东权益减少。

c. 资产减少,负债增加,股东权益减少。

d. 对资产无影响,负债增加,股东权益减少。

Q3-50 2016 年 4 月 1 日,Jiminee 保险公司销售了一份一年期保单,保险期限结束日为 2017 年 3 月 31 日。2016 年 4 月 1 日,该公司收到了全额保险费 1 800 美元。相应的会计分录如下:

会计分录			
日期	账户	借方	贷方
4月1日	现金	1 800	
	预收收入		1 800

在过去的 9 个月里,该公司未对这份保险单做任何相关的调整分录。基于以上事实, 2016 年 12 月 31 日,该公司应做的调整分录为_____。

a. 保险收入　　　　　　450

　　预收收入　　　　　　　　450

b. 预收收入　　　　　1 350

　　保险收入　　　　　　　　1 350

c. 保险收入　　　　　1 350

　　预收收入　　　　　　　　1 350

d. 预收收入　　　　　　　　450

　　保险收入　　　　　　　　　　　450

Q3-51　2016 年年初,Berry 公司的预收收入账户的正常余额为 3 000 美元,2016 年年末该账户的正常余额为 19 000 美元。2016 年,预收收入增加了 22 000 美元。基于以上假设,2016 年,该公司实现的收入是多少?

　　a. 38 000 美元　　　　　　　　　　b. 22 000 美元

　　c. 6 000 美元　　　　　　　　　　 d. 0 美元

Q3-52　固定资产折旧费用对公司财务报表的影响是什么?

　　a. 净利润不受影响,资产和股东权益减少。

　　b. 净利润、资产及股东权益都减少。

　　c. 净利润和资产减少,但股东权益不受影响。

　　d. 资产减少,但净利润和股东权益不受影响。

Q3-53　2016 年,Nestor 公司的收入大于成本。下列哪一个陈述可以描述 2016 年年末该公司的结账分录(假设收入和费用均只有一项结账分录)?

　　a. 借记收入,贷记费用,借记留存收益。

　　b. 借记收入,贷记费用,贷记留存收益。

　　c. 贷记收入,借记费用,贷记留存收益。

　　d. 贷记收入,借记费用,借记留存收益。

Q3-54　下面哪个账户不包括在结账分录中?

　　a. 留存收益　　　　　　　　　　　b. 折旧费用

　　c. 服务收入　　　　　　　　　　　d. 累计折旧

Q3-55　编制结账分录的一个重要目的是_____。

　　a. 使负债账户归零。　　　　　　　b. 将资产账户调整为正确的当前余额。

　　c. 关闭材料账户。　　　　　　　　d. 更新留存收益账户。

Q3-56　Dublin 公司节选的主要财务数据如下:

			美元
流动资产	25 200	流动负债	21 000
长期资产	175 000	长期负债	102 000
总收入	194 000	总费用	160 000

基于以上数据,该公司的流动比率和资产负债率是多少?

	流动比率	资产负债率
a.	1.213	0.206
b.	1.200	0.614
c.	1.628	0.614
d.	9.533	0.833

Q3-57　未经调整的净利润为 5 000 美元。经过下列调整分录,净利润是多少?

(1) 应付员工工资,700 美元。

(2) 支付银行应付票据利息,130 美元。

(3) 预收收入已实现部分,750 美元。

（4）材料耗用，175 美元。

Q3-58 应付工资的月初余额为 28 000 美元。本月的工资费用为 126 000 美元。如果月末应付工资余额为 12 000 美元,那么本月支付的工资费用是多少?

　　a. 166 000 美元　　　　b. 139 000 美元　　　　c. 86 000 美元　　　　d. 142 000 美元

问题

（A组）

P3-59A （目标:解释权责发生制与收付实现制的区别）马斯特咨询公司 10 月的主要业务数据如下:

10 月 1 日	预付 10～12 月的保险费用 3 900 美元。
4 日	用现金购买价值 4 500 美元的办公家具。
5 日	提供服务并收到现金 1 000 美元。
8 日	支付广告费用 500 美元。
11 日	以赊销方式提供服务 3 200 美元。
19 日	以赊购方式购买价值 1 900 美元的计算机。
24 日	收到 10 月 11 日提供服务的现金收入。
26 日	支付 10 月 19 日购买计算机所欠的款项。
29 日	支付工资费用 800 美元。
31 日	调整 10 月的保险费用(见 10 月 1 日的交易事项)。
31 日	实现在 9 月提前收取的 800 美元的收入。
31 日	计提 10 月所有固定资产的折旧费用 460 美元。

要求

1. 说明每项业务(确认收入和费用)在收付实现制和权责发生制下的会计处理。

2. 计算在两种会计制度下,该公司 10 月的税前利润(亏损)。

3. 以 10 月 11 日和 10 月 24 日的经济业务为例,说明哪一种会计制度可以更好地计量净利润(损失)。

P3-60A （目标:调整会计账项）在本会计期末——12 月 31 日,为 Woolton 公司编制调整分录,每一种情形都是独立的,并对每个调整分录作出解释。

　　a. 预付保险费账户的详细情况如下:

预付保险费	
1 月 1 日余额 2 300	
3 月 31 日　　3 200	

Woolton 公司在每年的 3 月 31 日支付一年的保险费,12 月 31 日预付保险费的余额为800 美元。

　　b. 每周五,Woolton 公司向其员工支付当周的工资。每周(5 个工作日)的员工工资总额为 5 900 美元。当期会计期末是周二。

　　c. Woolton 公司持有应收票据。当年,该公司实现应计的利息收入 500 美元,该笔利息收入将于下一年度收到。

　　d. 材料的期初余额是 3 100 美元。当年,该公司购入 6 200 美元的材料。12 月 31 日,材料的余额为 2 300 美元。

e. Woolton 公司为 Orca 投资公司提供服务，Orca 投资公司向 Woolton 公司支付年度服务费 11 400 美元。Woolton 公司将这笔收入确认为预收收入。Woolton 公司预计本年度实现的服务收入为总金额的 60%。

f. 本年度的折旧费用包括：办公家具 3 200 美元；设备 5 800 美元。以复合分录的形式完成上述调整分录。

P3-61A　（目标：调整会计账项；编制财务报表）2016 年 12 月 31 日，Spateness 公司调整前的试算平衡表以及月底相关的调整分录如下。

Spateness 公司试算平衡表工作底稿 2016 年 12 月 31 日						
账　户	试算平衡		调整分录		调整后的试算平衡	
	借方	贷方	借方	贷方	借方	贷方
现金	8 300					
应收账款	1 400					
预付租金	3 000					
材料	2 200					
家具	54 000					
累计折旧——家具		3 200				
应付账款		3 600				
应付工资						
普通股		13 000				
留存收益		29 070				
股利	3 900					
服务收入		27 400				
工资费用	3 000					
租金费用						
水电煤气费	470					
折旧费用——家具						
材料费用						
合计	76 270	76 270				

2016 年 12 月 31 日，调整数据如下：

a. 12 月 31 日，确认应计服务收入 3 960 美元。

b. 确认当月的租金费用。未经调整的预付租金余额为 3 000 美元，租赁期间为 2016 年 12 月 1 日到 2017 年 2 月 28 日。

c. 12 月耗用的材料为 1 880 美元。

d. 计提当月家具的折旧。家具的预期使用寿命是 5 年。

e. 12 月 31 日，预提当周周一至周三的工资费用。每周 5 个工作日，每周工资费用总额为 20 000 美元,每周五支付工资。

要求

1. 参照表 3-7 的格式,编制 Spateness 公司 2016 年 12 月 31 日调整后的试算平衡表。以字母为每个调整分录排序。

2. 编制单步式月度利润表、留存收益表以及月末的资产负债表,并用箭头表示三张表之间的联系。

P3-62A (目标:调整会计账项)2016 年 6 月 30 日,柠檬树租赁公司未经调整的试算平衡表和调整后的试算平衡表如下:

美元

账　　户	未经调整的试算平衡表		调整后的试算平衡表	
	借方	贷方	借方	贷方
现金	8 000		8 000	
应收账款	6 000		6 810	
应收利息			300	
应收票据	4 500		4 500	
材料	1 400		700	
预付保险费	2 600		900	
建筑物	63 000		63 000	
累计折旧——建筑物		7 900		9 500
应付账款		6 500		6 500
应付工资				840
预收租金收入		1 800		1 380
普通股		23 000		23 000
留存收益		41 4000		41 400
股利	3 600		3 600	
租金收入		10 300		11 530
利息收入		700		1 000
折旧费用——建筑物			1 600	
材料费用			700	
水电煤气费	400		400	
工资费用	1 400		2 240	
财产税费用	700		700	
保险费用			1 700	
总计	91 600	91 600	95 150	95 150

要求

1. 编制能够说明调整前后余额差别的调整分录。

2. 计算柠檬树租赁公司的资产总额、负债总额、股东权益总额及净利润。

P3-63A　（目标：编制财务报表；分析并评价偿债能力）2016 年 10 月 31 日，Nicholl 公司调整后的试算平衡表如下所示：

美元

账　户	借方	贷方
Nicholl 公司调整后的试算平衡表 2016 年 10 月 31 日		
现金	15 000	
应收账款	18 600	
材料	2 500	
预付租金	1 800	
设备	36 000	
累计折旧——设备		4 700
应付账款		8 800
应付利息		600
预收服务收入		200
应交所得税		2 500
应付票据		18 000
普通股		16 000
留存收益		2 900
股利	4 000	
服务收入		93 200
折旧费用——设备	1 700	
工资费用	40 500	
租金费用	10 400	
利息费用	2 600	
保险费用	3 800	
材料费用	2 500	
所得税费用	7 500	
合计	146 900	146 900

要求

1. 编制 Nicholl 公司 2016 年度的单步式利润表、留存收益表和资产负债表。在利润表中按金额由高到低的顺序列出各费用（除所得税费用外）项目，在资产负债表中列出负债总额。用箭头表示三者之间的联系。

2. Nicholl 公司的债权人要求公司保持不高于 0.5 的资产负债率。计算 Nicholl 公司 2016 年 12 月 31 日的资产负债率，并确定该公司是否符合其债权人提出的约束条件。如果不符合，请给出 Nicholl 公司摆脱这种困境的方法。

P3-64A　（目标：结账；评价留存收益）2016 年 1 月 31 日，Granger 服务公司的账户按英文字母顺序列示如下。

			美元
应付账款	12 200	利息费用	500
应收账款	17 000	长期应付票据	16 000
累计折旧——设备	6 500	其他长期资产	13 700
广告费用	11 300	预付费用	5 900
现金	17 400	留存收益(2015年1月31日)	13 300
普通股	5 300	工资费用	26 100
应付票据一年内到期部分	1 900	应付工资	3 400
折旧费用——设备	1 900	服务收入	95 000
股利	12 500	材料	3 500
设备	42 000	材料费用	4 600
		预收服务收入	2 800

要求

1. 假设所有账项调整均已完成并过账,但还未做结账分录。编制该公司2016年1月31日的结账分录。

2. 建立留存收益的T形账户,并编制相应的过账分录。计算年度截止日为2016年1月31日的净利润。留存收益账户的期末余额是多少?

3. 当年,留存收益账户余额是增加了还是减少了?导致留存收益账户增加或减少的原因是什么?

P3-65A (目标:编制财务报表;分析并评价流动性和偿债能力)继续使用P3-64A中的数据,回答下列问题。

要求

1. 使用P3-64A中的相关数据,编制该公司2016年1月31日的资产负债表,重点标示资产总额、负债总额以及负债和股东权益总额。

2. 计算该公司2016年1月31日的营运资本净额、流动比率和资产负债率,精确到小数点后两位。2015年1月31日,公司的营运资本净额为22 600美元、流动比率为1.9、资产负债率为0.15。2016年度,该公司的流动性和总体偿债能力是改善了还是恶化了?评价该公司的债务状况是强还是弱,并给出理由。

P3-66A (目标:分析并评价流动性和偿债能力)本题列示了各类经济业务对Hartford公司的流动比率和资产负债率的影响。该公司2016年12月31日的简明资产负债表节选如下:

	百万美元
流动资产合计	15.4
不动产、厂房、设备及其他资产	16.0
	31.4
流动负债合计	8.6
长期负债合计	5.8
股东权益合计	17.0
	31.4

假设在下一年即 2017 年的第一季度,该公司发生了下列经济业务:

a. 赊销获得 250 万美元的应收账款。

b. 借入 300 万美元的长期债务。

c. 偿付了一半的流动负债。

d. 支付销售费用 300 万美元。

e. 预提管理费用 90 万美元。贷记应付管理费用,这是一项流动负债。

f. 购买价值 460 万美元的设备,其中:支付现金 180 万美元,签发长期应付票据 280 万美元。

g. 计提折旧费用 90 万美元。

要求

1. 计算 2016 年 12 月 31 日该公司的流动比率和资产负债率,精确到小数点后两位。

2. 完成 2017 年度每笔业务后,计算该公司的流动比率和资产负债率。假设各项业务是相互独立的。

3. 通过上述分析,你应该有能力确定各种经济业务对流动比率和资产负债率的影响。请用"增加"或"减少"完成下列陈述来检验你的理解。

a. 收入通常会_____流动比率。

b. 收入通常会_____资产负债率。

c. 费用通常会_____流动比率。(注:不包括折旧费用项目)

d. 费用通常会_____资产负债率。

e. 如果像 Hartford 公司一样,公司的流动比率大于 1,那么偿付流动负债会_____流动比率。

f. 借入长期债务通常会_____流动比率和资产负债率。

(B 组)

P3-67B (目标:解释权责发生制与收付实现制的区别)Whittaker 咨询公司 7 月的主要业务数据如下:

7 月 1 日	预付 7～9 月的保险费用 750 美元。
4 日	用现金购买价值 3 500 美元的办公家具。
5 日	提供服务并收到现金 1 200 美元。
8 日	支付广告费用 200 美元。
11 日	以赊销方式提供服务 3 300 美元。
19 日	以赊购方式购买价值 2 500 美元的计算机。
24 日	收到 7 月 11 日提供服务的现金收入。
26 日	支付 7 月 19 日购买计算机所欠的款项。
29 日	支付工资费用 1 500 美元。
31 日	调整 7 月的保险费用(见 7 月 1 日的交易事项)。
31 日	实现在 6 月提前收取的 400 美元的收入。
31 日	计提 7 月所有固定资产的折旧费用 260 美元。

要求

1. 说明每项业务(确认收入和费用)在收付实现制和权责发生制下的会计处理。

2. 计算在两种会计制度下,该公司 7 月的税前利润(亏损)。

3. 以 7 月 11 日和 7 月 24 日的经济业务为例,说明哪一种会计制度可以更好地计量净利润(损失)。

P3-68B （目标:调整会计账项）在本会计期末——12 月 31 日,为 Tiger 公司编制调整分录,每一种情形都是独立的,并对每个调整分录作出解释。

a. 预付保险费账户的详细情况如下:

预付保险费	
1 月 1 日余额 2 900	
3 月 31 日　4 000	

Tiger 公司在每年的 3 月 31 日支付一年的保险费,12 月 31 日预付保险费的余额为 1 800 美元。

b. 每周五,Tiger 公司向其员工支付当周的工资。每周(5 个工作日)的员工工资总额为 5 900 美元。当期会计期末是周四。

c. Tiger 公司持有应收票据。当年,该公司实现应计的利息收入 500 美元,该笔利息收入将于下一年度收到。

d. 材料的期初余额是 3 100 美元。当年,该公司购入 6 100 美元的材料。12 月 31 日,材料的余额为 2 300 美元。

e. Tiger 公司为 Dolphin 投资公司提供服务,Dolphin 投资公司向 Tiger 公司支付年度服务费 11 500 美元。Tiger 公司将这笔收入确认为预收收入。Tiger 公司预计本年度实现的服务收入为总金额的 70%。

f. 本年度的折旧费用包括:办公家具 3 800 美元;设备 6 100 美元。以复合分录的形式完成上述调整分录。

P3-69B （目标:调整会计账项;编制财务报表）2016 年 12 月 31 日,Edison 公司调整前的试算平衡表以及月底相关的调整分录如下。

账　　户	试算平衡		调整分录		调整后的试算平衡	
	借方	贷方	借方	贷方		
现金	8 600					
应收账款	1 300					
预付租金	3 000					
材料	1 800					
家具	81 000					
累计折旧——家具		3 900				
应付账款		3 500				
应付工资						
普通股		10 000				

Edison 公司试算平衡表工作底稿
2016 年 12 月 31 日

续表

账　户	试算平衡		调整分录		调整后的试算平衡	
	借方	贷方	借方	贷方	借方	贷方
留存收益		65 390				
股利	4 500					
服务收入		21 400				
工资费用	3 500					
租金费用						
水电煤气费	490					
折旧费用——家具						
材料费用						
合计	104 190	104 190				

2016 年 12 月 31 日,调整数据如下:

a. 12 月 31 日,确认应计服务收入 2 780 美元。

b. 确认当月的租金费用。未经调整的预付租金余额为 3 000 美元,租赁期间为 2016 年 12 月 1 日到 2017 年 2 月 28 日。

c. 12 月耗用的材料为 1 330 美元。

d. 计提当月家具的折旧。家具的预期使用寿命是 5 年。

e. 12 月 31 日,预提当周周一至周三的工资费用。每周 5 个工作日,每周工资费用总额为 14 000 美元,每周五支付工资。

要求

1. 参照表 3-7 的格式,编制 Edison 公司 2016 年 12 月 31 日调整后的试算平衡表。以字母为每个调整分录排序。

2. 编制单步式月度利润表、留存收益表以及月末的资产负债表,并用箭头表示三张表之间的联系。

P3-70B (目标:调整会计账项)2016 年 6 月 30 日,胡椒树租赁公司未经调整的试算平衡表和调整后的试算平衡表如下:

美元

账　户	胡椒树公司试算平衡表 2016 年 6 月 30 日			
	未经调整的试算平衡表		调整后的试算平衡表	
	借方	贷方	借方	贷方
现金	8 300		8 300	
应收账款	6 300		6 880	
应收利息			200	
应收票据	4 100		4 100	
材料	1 500		900	
预付保险费	2 800		1 400	

续表

账　户	未经调整的试算平衡表		调整后的试算平衡表	
	借方	贷方	借方	贷方
建筑物	68 000		68 000	
累计折旧——建筑物		8 500		10 000
应付账款		7 200		7 200
应付工资				1 190
预收租金收入		2 200		1 900
普通股		21 000		21 000
留存收益		44 500		44 500
股利	3 300		3 300	
租金收入		12 500		13 380
利息收入		900		1 100
折旧费用——建筑物			1 500	
材料费用			600	
水电煤气费	400		400	
工资费用	1 500		2 690	
财产税费用	600		600	
保险费用			1 400	
总计	96 800	96 800	100 270	100 270

要求

1. 编制能够说明调整前后余额差别的调整分录。

2. 计算胡椒树公司的资产总额、负债总额、股东权益总额及净利润。

P3-71B （目标：编制财务报表；分析并评价偿债能力）2016 年 12 月 31 日，Schneider 公司调整后的试算平衡表如下所示：

美元

Schneider 公司调整后的试算平衡表		
2016 年 12 月 31 日		
账　户	借方	贷方
现金	12 400	
应收账款	19 500	
材料	2 300	
预付租金	1 200	
设备	36 000	
累计折旧——设备		4 100
应付账款		8 700
应付利息		800
预收服务收入		800
应交所得税		2 200
应付票据		18 500

续表

账　户	借方	贷方
普通股		16 000
留存收益		3 000
股利	5 000	
服务收入		91 500
折旧费用——设备	1 700	
工资费用	39 800	
租金费用	10 400	
利息费用	3 500	
保险费用	3 800	
材料费用	2 700	
所得税费用	7 300	
合计	145 600	145 600

要求

1. 编制 Schneider 公司 2016 年度的单步式利润表、留存收益表和资产负债表。在利润表中按金额由高到低的顺序列出各费用（除所得税费用外）项目，在资产负债表中列出负债总额。

2. Schneider 公司的债权人要求公司保持不高于 0.5 的资产负债率。计算 Schneider 公司 2016 年 12 月 31 日的资产负债率，并确定该公司是否符合其债权人提出的约束条件。如果不符合，请给出 Schneider 公司摆脱这种困境的方法。

P3-72B　（目标：结账；评价留存收益）2016 年 1 月 31 日，Spa View 服务公司的账户按英文字母顺序列示如下。

美元

应付账款	12 700	利息费用	800
应收账款	16 600	长期应付票据	15 900
累计折旧——设备	6 500	其他资产	13 500
广告费用	10 800	预付费用	5 800
现金	17 500	留存收益（2015 年 1 月 31 日）	13 700
普通股	8 900	工资费用	27 700
应付票据一年内到期部分	1 000	应付工资	3 400
折旧费用——设备	1 700	服务收入	94 100
股利	15 000	易耗物资	3 300
设备	43 000	易耗物资费用	4 200
		预收服务收入	3 700

要求

1. 假设所有账项调整均已完成并过账，但还未做结账分录。编制该公司 2016 年 1 月 31 日的结账分录。

2. 建立留存收益的 T 形账户，并编制相应的过账分录。计算年度截止日为 2016 年 1 月

31 日的净利润。留存收益账户的期末余额是多少？

3. 当年,留存收益账户余额是增加了还是减少了？ 导致留存收益账户增加或减少的原因是什么？

P3-73B （目标：编制财务报表；分析并评价流动性和偿债能力)继续使用 P3-72B 中的数据,回答下列问题。

要求

1. 使用 P3-72B 中的相关数据,编制该公司 2016 年 1 月 31 日的资产负债表,重点标示资产总额、负债总额以及负债和股东权益总额。

2. 计算该公司 2016 年 1 月 31 日的营运资本净额、流动比率和资产负债率,精确到小数点后两位。2015 年 1 月 31 日,公司的营运资本净额为 21 600 美元、流动比率为 1.7、资产负债率为 0.15。2016 年度,该公司的流动性和总体偿债能力是改善了还是恶化了？ 评价该公司的债务状况是强还是弱,并给出理由。

P3-74B （目标：分析并评价流动性和偿债能力)本题列示了各类经济业务对 Digger 公司的流动比率和资产负债率的影响。该公司 2015 年 12 月 31 日的简明资产负债表节选如下：

	百万美元
流动资产合计	15.2
不动产、厂房、设备及其他资产	15.8
	31.0
流动负债合计	8.6
长期负债合计	5.8
股东权益合计	16.6
	31.0

假设在下一年即 2016 年的第一季度,该公司发生了下列经济业务：

a. 赊销获得 270 万美元的应收账款。

b. 借入 700 万美元的长期债务。

c. 偿付了一半的流动负债。

d. 支付销售费用 60 万美元。

e. 预提管理费用 70 万美元。贷记应付管理费用,这是一项流动负债。

f. 购买价值 420 万美元的设备,其中：支付现金 170 万美元,签发长期应付票据 250 万美元。

g. 计提折旧费用 30 万美元。

要求

1. 计算 2015 年 12 月 31 日该公司的流动比率和资产负债率,精确到小数点后两位。

2. 完成 2016 年度每笔业务后,计算该公司的流动比率和资产负债率,精确到小数点后两位。假设各项业务是相互独立的。

3. 通过上述分析,你应该有能力确定各种经济业务对流动比率和资产负债率的影响。请用"增加"或"减少"完成下列陈述来检验你的理解。

a. 收入通常会_____流动比率。

b. 收入通常会_____资产负债率。

c. 费用通常会＿＿＿＿＿流动比率。（注：不包括折旧费用项目）

d. 费用通常会＿＿＿＿＿资产负债率。

e. 如果像 Digger 公司一样，公司的流动比率大于1，那么偿付流动负债会＿＿＿＿＿流动比率。

f. 借入长期债务通常会＿＿＿＿＿流动比率和资产负债率。

挑战性练习

E3-75　（目标：分析并评价流动性和偿债能力）Satterfield 公司报告的 2016 年 12 月 31 日部分流动账户数据如下：

	千美元
现金	1 500
应收账款	5 900
存货	2 700
预付费用	1 000
应付账款	2 600
预收收入	1 600
应付费用	1 900

2017 年 1 月，Satterfield 公司完成了如下经济业务：

- 赊销服务收入：9 000 美元。
- 折旧费用：400 美元。
- 支付费用：7 300 美元。
- 收回应收账款：8 100 美元。
- 预提费用：500 美元。
- 支付应付账款：1 400 美元。
- 预付费用摊销：700 美元。

计算 Satterfield 公司 2016 年 12 月 31 日和 2017 年 1 月 31 日的营运资本净额和流动比率。2017 年 1 月，上述财务比率是改善了还是恶化了？评价该公司的营运资本净额和流动比率水平。

E3-76　（目标：调整会计账项；计算财务报表数据）联合数字服务公司年末账项调整前的账户状况如下

	美元		美元
现金	7 300	普通股	14 000
应收账款	7 500	留存收益	46 000
材料	4 600	股利	16 000
预付保险费	3 500	服务收入	161 000
建筑物	110 000	工资费用	37 000
累计折旧——建筑物	15 600	折旧费用——建筑物	
土地	53 000	材料费用	
应付账款	6 100	保险费用	
应付工资		广告费用	7 300
预收服务收入	5 500	水电煤气费	2 000

会计年度末,应调整数据如下:

a. 实现预收服务收入 1 650 美元。

b. 应计服务收入 32 200 美元。

c. 材料耗用 3 100 美元。

d. 预提工资费用 3 500 美元。

e. 预付保险费当期耗用 1 500 美元。

f. 折旧费用——建筑物为 2 600 美元。

Megan Hodge 是该公司的大股东,有人向他提议要收购联合数字服务公司。他需要在 1 小时内知道下列信息:

a. 根据以上数据计算的年度净利润。

b. 资产总额。

c. 负债总额。

d. 股东权益总额。

e. 在所有账户得到更新后,证明:资产总额=负债总额+股东权益总额。

要求

在不建立任何账户、不做任何会计分录、不使用工作底稿的情况下,给出 Hodge 所需要的相关信息。假设不考虑公司所得税。

E3-77 (目标:根据已知财务数据编制资产负债表)Tidy Car 公司向客户提供汽车清洗和美容服务。截至 2016 年 1 月 31 日的月度利润表、2015 年 12 月 31 日的资产负债表以及 2016 年 1 月的现金总账如下:

美元

Tidy Car 公司利润表		
截至 2016 年 1 月 31 日的月度		
收入		
汽车美容收入	36 500	
礼券收入	700	37 200
费用		
工资费用	10 000	
折旧——设备	6 800	
材料费用	3 100	
广告费用	3 000	22 900
净利润		14 300

美元

Tidy Car 公司资产负债表			
2015 年 12 月 31 日			
资产		**负债**	
现金	1 900	应付账款	3 500
应收账款	2 600	应付工资	1 700
材料	1 800	预收礼券收入	1 200

续表

Tidy Car 公司资产负债表 2015 年 12 月 31 日				
资产			**负债**	
设备	34 000		负债合计	6 400
减：累计折旧	(6 800)	27 200	**股东权益**	
			普通股	10 000
			留存收益	17 100
			股东权益合计	27 100
资产总额		33 500	负债和股东权益总额	33 500

现金			
2015 年 12 月 31 日余额	1 900		
客户付款	38 700	支付工资	11 400
发行普通股	12 000	支付股利	1 300
		购买设备	6 000
		支付应付账款	1 800
		支付广告费	2 800
2016 年 1 月 31 日余额	?		

其他信息如下：

1. 2016 年 1 月，收回现金礼券 1 100 美元，该礼券之前售出，承诺服务在未来提供。2016 年 1 月 31 日，礼券余额为 1 600 美元。

2. 赊购 3 300 美元的材料。

3. 员工工资按月支付，支付日在下个月的第一周。

要求

基于以上信息，编制该公司 2016 年 1 月 31 日的资产负债表。

知识应用

决策案例

案例 1　（目标：调整会计账项；分析并评价流动性）2017 年 1 月 31 日，石头城服务公司未经调整的试算平衡表不平衡。账户名称及余额如下表所示。在编制 2017 年 1 月 31 日的财务报表之前，需要编制试算平衡表并进行相关的账项调整。石头城服务公司的管理层还想知道公司的流动比率是多少。

	美元
现金	8 000
应收账款	4 200
材料	800
预付租金	1 200
土地	43 000
应付账款	12 000

应付工资	0
预收服务收入	700
应付票据(3 年后到期)	23 400
普通股	5 000
留存收益	9 300
服务收入	9 100
工资费用	3 400
租金费用	0
广告费用	900
材料费用	0

要求

1. 调整前试算平衡表不平衡的金额是多少？唯一一个差错是应付票据账户被低估。

2. 1 月 31 日,石头城服务公司需要做如下调整分录：

a. 1 月,材料耗用金额为 400 美元。

b. 1 月 1 日,支付预付租金余额,该项金额是 2017 年全年的租金费用。1 月 31 日,未做任何调整。

c. 1 月 31 日,石头城服务公司应付员工工资为 1 000 美元。

d. 1 月,实现预收收入的金额为 500 美元。

编制一张正确的调整后的试算平衡表。给出应付票据账户的正确余额。

3. 完成错误更正和调整分录后,计算该公司的流动比率。如果你的公司具有同样的流动比率,你晚上能安然入睡吗?

案例 2 （目标：编制财务报表；分析并评价流动性和偿债能力)2016 年 10 月 1 日,Hilda Petrochuck 开了 Hilda 咖啡厅。Petrochuck 现在面临抉择。10 月,Hilda 咖啡厅的财务报表显示前景光明,Petrochuck 向你请教是否应该拓展业务。要想拓展业务,Petrochuck 每月必须赚取 10 000 美元的净利润,并拥有 50 000 美元的总资产。Petrochuck 相信自己可以达到这个目标。

为了开设咖啡厅,Petrochuck 投入了 25 000 美元,而不是资产负债表中普通股账户所列示的金额——15 000 美元。咖啡厅向 Petrochuck 发行了 25 000 美元的普通股。为了使资产负债表平衡,簿记员将 15 000 美元计入普通股账户,没有做任何说明。簿记员还犯了其他一些错误。Petrochuck 给你看了簿记员编制的财务报表,具体如下：

美元

Hilda 咖啡厅利润表 **截至 2016 年 10 月 31 日的月度**		
收入：		
所有者投入	25 000	
预收宴会销售收入	3 000	
		28 000

续表

费用：		
工资费用	5 000	
租金费用	4 000	
股利	3 000	
折旧费用——家具	1 000	
		13 000
净利润		15 000

美元

Hilda 咖啡厅资产负债表				
2016 年 10 月 31 日				
资产		负债		
现金	8 000	应付账款	7 000	
预付保险费	1 000	销售收入	32 000	
保险费用	1 000	累计折旧——家具	1 000	
食品存货	5 000		40 000	
销售成本（费用）	12 000			
家具（桌子、椅子等）	24 000	**股东权益**		
餐具	4 000	普通股	15 000	
总额	55 000	总额	55 000	

要求

为 Hilda 咖啡厅编制正确的财务报表——利润表、留存收益表及资产负债表。基于 Petrochuck 的目标和你编制的正确的财务报表数据，对 Petrochuck 是否应拓展咖啡厅的咨询给出你的建议。

案例 3　（目标：调整会计账项；编制财务报表；以财务报表数据为依据评价企业）Rachel Gambol 拥有并经营着 10 年前开业的 Gambol 广告公司。最近，Gambol 先生表示他正在考虑以适当的价格卖掉公司。

假设你有意购买这家公司，并且你得到了该公司近期的月度试算平衡表（如下所示）。收入和费用项目各月之间的差别非常细微，6 月的数据更具代表性。你在具体核查时，发现该公司的试算平衡表中并未包括一项 4 000 美元的收入和一项 1 100 美元的费用。如果你买下 Gambol 广告公司，你会聘请一名经理来管理，好让自己有更多的时间做其他事情。假设拟聘请经理的月工资为 5 000 美元。

美元

Gambol 广告公司试算平衡表	
2016 年 6 月 30 日	
现金	12 000
应收账款	6 900
预付费用	3 200

Gambol 广告公司试算平衡表		
2016 年 6 月 30 日		
土地	158 000	
固定资产	125 000	
累计折旧——固定资产		81 500
应付账款		13 800
应付工资		
预收广告收入		58 700
普通股		50 000
留存收益		93 000
股利	9 000	
广告收入		22 000
租金费用		
工资费用	4 000	
水电煤气费	900	
折旧费用——固定资产		
材料费用		
合计	319 000	319 000

要求

1. 如果你愿意支付的最高价格是该公司每月预期净利润的 16 倍,计算购买价格。

2. 如果 Gambol 先生表示,他愿意以 6 月 30 日股东权益 2 倍的最低价格出售该公司。计算这一金额。

3. 在上述情形下,你会出价多少? 陈述你的理由。

道德事项

事项 1 绿色视野能源公司正处在第 3 个经营年度,并处于增长期。为了扩展业务,绿色视野能源公司从 Ravenna 银行借入一笔 1 500 万美元的贷款。作为发放贷款的条件,银行要求绿色视野能源公司的流动比率不低于 1.5,资产负债率不高于 0.5。

绿色视野能源公司的业务最近没有预期的好。费用因素导致该公司当年 12 月 15 日的流动比率降到 1.47,而资产负债率却提高至 0.51。公司总经理 Dana McCoy 考虑到报告这些财务比率对于公司的影响,准备将预收收入中次年才能实现的一部分记入当年的收入账户。这部分业务的合同已经签订,绿色视野能源公司将在次年的 1 月提供天然气。

要求

1. 编制这笔收入业务的会计分录,并说明 12 月记录这笔收入会对公司的流动比率和资产负债率产生什么影响。

2. 根据第 1 章中有关道德判断的决策框架,分析这笔收入业务:

a. 涉及哪些道德事项?

b. 谁是利益相关者? 对他们的影响是什么? 从经济的、法律的和道德的角度进行评价。

c. 你会做出怎样的决策?

3. 向绿色视野能源公司建议一种符合道德规范的做法。

事项 2 2016 年度,Dusek 摄影公司的净利润急剧下降。店主 Patty Dusek 预期 2017 年将需要一笔银行贷款。2016 年年末,Dusek 指示会计师 Tim Loftus 确认一项 15 000 美元的服务收入,该项服务是为 Dusek 一家提供摄影服务,并于 2017 年 1 月完成。Dusek 还指示会计师在 2016 年 12 月 31 日不要对以下事项做调整分录:

应付员工工资:14 000 美元

预提保险费用:2 000 美元

要求

1. 计算上述会计处理对该公司 2016 年度净利润的总体影响。净利润是被高估了还是低估了?

2. Dusek 这样做的原因是什么? 这种行为道德吗? 这么做,哪些人会得到好处? 哪些人会受到伤害? 参考第 1 章道德判断的决策框架,首先考虑的因素(经济、法律和道德)是什么? 确定本例中所涉及的利益相关者,以及对他们的潜在影响。

3. 作为会计师 Tim Loftus 的朋友,你会给他什么建议?

聚焦财务:苹果公司

(目标:调整会计账项;编制财务报表;评价偿债能力) 与其他所有企业一样,苹果公司在年末前要对账户进行调整,以便得到编制财务报表的正确数字。请查阅附录 A 中苹果公司的资产负债表,并特别关注预提费用账户。

要求

1. 为什么公司在年底预提应付费用?

2. 请参阅苹果公司 2013 年度和 2014 年度的合并资产负债表。在上述资产负债表日,预提费用的余额是多少? 预提费用是什么类型的账户?

3. 参见附注 3——合并财务报表明细。找到该说明的预提费用部分,根据该附注,苹果公司应该预提什么费用? 核实两个年度的预提费用总额与资产负债表中的预提费用余额是否相同。

4. 计算苹果公司 2013 年 9 月 28 日和 2014 年 9 月 27 日的营运资本净额和流动比率。2014 年度,这些财务比率是有所提高、进一步恶化,还是保持不变? 这些财务比率说明苹果公司的财务状况是强还是弱?

聚焦分析:安德玛公司

(目标:解释应计事项和递延事项) 参考附录 B 中安德玛公司的合并财务报表。该公司 2014 年度合并利润表显示净收入为 30.84 亿美元。此外,安德玛公司发生了许多应计事项和递延事项。你是刚进入安德玛公司的一名会计人员,你的工作是解释应计事项和递延事项对安德玛公司 2014 年度净利润的影响。(请注意,这些事项的金额均四舍五入到百万美元。)

要求

1. 参见附注 2——重要会计政策摘要。解释公司辨识合并利润表所列各类收入的政策。

2. 如附注 2——重大会计政策摘要所示,审查安德玛公司 2013 年 12 月 31 日和 2014 年 12 月 31 日的合并资产负债表。2013 年期末应收账款(2014 年期初余额)为 2.1 亿美元。2014 年期末应收账款净额为 2.8 亿美元(所有金额四舍五入到百万美元)。说明这些应收账款的来源。所有这些金额都可以收回吗(见附注 2 中的坏账准备账户)? 说明理由。

3. 请参阅安德玛公司 2014 年 12 月 31 日和 2013 年 12 月 31 日的合并资产负债表,并检查名为预付费用和其他流动资产的账户余额。在这个资产负债表项目中可能包括哪些具体账户? 期初余额为 6 400 万美元,期末余额为 8 700 万美元。编制可能会导致该账户变动的会计分录。

4. 参见附注 4——不动产和设备净值。累计折旧和摊销费用余额 2013 年年末为 1.72 亿美元,2014 年年末为 2.17 亿美元。假设 2014 年的折旧和摊销费用为 7 200 万美元。说明可能导致该账户在 2014 年发生变动的会计事项。

5. 在附注 2——重要会计政策摘要中,找到名为预提费用的段落。预提费用的主要类别是什么? 预提费用属于什么类型的账户? 2013—2014 年,该公司的预提费用是增加、减少还是保持不变? 这一变化对公司 2014 年总的净利润有何影响?

小组项目

在得克萨斯州立技术学院毕业后,你的邻居约翰·阿贝尔(John Abel)马上接受了得克萨斯州奥斯汀的一家大型电气维修公司的电工助理职位。经过 3 年的努力,约翰获得了高级电工证书,决定开办自己的公司。约翰已经存了 10 万美元,他从个人储蓄账户转出资金投资了该公司。该笔资金转成了 10 万股股本。

2016 年 10 月 1 日,约翰用 6 000 美元现金买了一台二手小货车,用 1 200 美元现金购买了一些二手工具。同一天,他租了一间小店面,并提前支付了 3 000 美元作为半年的租金。当天,他还买了一台带有两年合约的 iPhone 手机,并支付了 100 美元的定金。该定金将在合同期限结束时返还。当天他还在 Craigslist 上发布了一个小广告。约翰的电子公司终于在 2016 年 10 月营业了。

约翰很快就接到了一些潜在客户打来咨询各种小型修理和施工项目的电话。营业一个月之后,约翰忙得不可开交,他不得不聘请工作助理了。

虽然约翰对财务几乎不懂,但他很聪明,意识到他的公司需要编制一些报告,相关的成本和款项必须仔细控制。在年底时,一是由于担心他的所得税申报(公司及员工必须缴纳所得税),二是为了购买新的工具和扩张店面,要向银行申请 15 000 美元的贷款,约翰意识到他需要编制财务报表。知道了他的情况后,正在得克萨斯大学读商科的你,作为他的邻居愿意为他提供一些帮助。他把所有的记录(保存在一个鞋盒中)拿给你看。关于截至 2016 年 12 月 31 日的 3 个月经营期,你收集的信息如下:

- 为客户提供服务收到款项并存入银行账户的总额为 33 000 美元。
- 为客户提供服务而开具账单但尚未收款的款项总额为 3 000 美元。
- 开具的支票包括:约翰的工资 5 000 美元;助理工资 3 500 美元(仍欠助理工资 500 美元);工资税 575 美元;购买材料 9 500 美元(12 月 31 日,剩余材料金额为 1 000 美元);燃料和卡车维修费用 1 200 美元;保险费 700 美元;包括电话费在内的杂费 825 美元;广告费 600 美元(仍欠 100 美元)。
- 根据国税局的规定,卡车的预计使用寿命为 5 年,工具的预计使用寿命为 3 年。这些资产估计无残值,你建议约翰使用直线折旧法。
- 你将公司本季度的营业收入和费用输入 Excel 表中,得出季度所得税为 1 680 美元。

要求

1. 分析上述各项交易的原始凭证。你准备了一份 Excel 电子表格,其中包括涉及的每个财务报表账户(如现金、应收账款、材料、不动产和设备等)。使用表 2-1 中的电子表格格式作为参考。(提示:为确保正确输入交易并完成交易,在确认交易时应连续编号。)

2. 在要求 1 中创建的电子表格中,采用公认会计原则,编制该公司截至 2016 年 12 月 31 日的 3 个月的利润表。

3. 在要求 1 中创建的电子表格中,编制该公司截至 2016 年 12 月 31 日的 3 个月的留存收益表。

4. 在要求 1 中创建的电子表格中,编制该公司 2016 年 12 月 31 日的资产负债表。

5. 分析你在要求 1 中创建的现金账户,并编制公司截至 2016 年 12 月 31 日的 3 个月的现金流量表。将各种增减变动分为三类:经营活动、投资活动和融资活动。在小组中讨论这些类别的含义。

6. 深入分析公司在获得银行贷款方面的声誉。为此,假设贷款期限为 5 年,本金在贷款到期时偿还,利息则是每年支付。使用你迄今为止学到的所有比率。不仅要考虑公司当前的财务状况,而且要考虑获得贷款应具备的财务状况。如果你是银行的贷款官员,你会批准阿贝尔的公司的贷款请求吗? 请说明理由。

复习测试答案

1. a	**2.** c	**3.** c	**4.** d	**5.** a
6. c	**7.** a	**8.** d	**9.** d	**10.** b
11. b	**12.** d	**13.** c	**14.** b	**15.** a
16. a	**17.** a			

内部控制和现金管理

绿谷咖啡的假账：一千万美元能买多少咖啡豆呀！

以下案例改编于真实事件。

绿谷咖啡公司的经理弗兰克·罗伯茨(Frank Roberts)咆哮道："这是我一生中受到的最大震撼！难以相信这样的事竟然发生在我们公司。我们如此团结，彼此信任。我们的员工亲如一家，可现在我的亲人背叛了我。"

罗伯茨刚刚听完法院对乔·约翰逊(Joe Johnson)的聆讯。约翰逊被指控在过去的 9 年内偷窃了超过一千万美元的公司财产。公司坐落于丹佛郊区，历经 30 年的发展，凭借由充分烘烤的咖啡豆制作的、独特而美味的咖啡以及糖浆、糖果、点心而闻名于世。它的前身是利特尔顿的一家小商店，20 世纪 90 年代互联网的出现使它的销售额直线上升。现在它在中西部的高档购物区有 100 家分店。在过去几年里，公司沿着从科罗拉多州到密苏里州的繁忙的州际公路开了 10 家新店。公司的顾客也都十分忠诚。销售收入从前一年的 200 万美元上升到 500 万美元，上涨幅度超过两倍。网络销售也打开了新世界的大门，产品销向全球，为公司带来了额外 500 万美元的销售额。

约翰逊是绿谷咖啡公司的老员工，为公司服务长达 12 年。他毕业于一所位于俄克拉荷马州的小型教会大学，曾经为一家大公司工作，之后搬家到利特尔顿，成为绿谷咖啡公司的管理人员。作为社会的栋梁之材，约翰逊和妻子是镇上的知名人物，并且是一个豪华的乡村俱乐部的成员。这家俱乐部的网站称，该俱乐部力求吸引"最高水平"的成员。约翰逊有着慷慨的好名声，他给学校、艺术项目和教会捐赠了大量资金。他经常在自己的庄园举办豪华派对，他家里还有私人酒窖。虽然约翰逊的年薪只有 10 万美元，他却不动声色地让大家认为他和妻子从从事石油和矿业的家族那里继承了大笔遗产。没有人对此产生怀疑。

作为管理者，约翰逊负责向公司供应商开具支票，他还可以弄到公司的空白支票、罗伯茨和首席执行官的电子签名，并且可以接触到会计账簿。约翰逊很快就发现这种不兼容职责的结合给了他一个几乎充满无限现金的宝箱，他有机会贪污公司的钱。约翰逊和妻子通过个人信用卡消费大量的金钱(每月通常超过 2 万美元)。这使约翰逊可以保持一种奢华的生活方式。通过信用卡融资和消费，他们拥有位于新墨西哥州圣达菲的度假屋、位于利特尔顿的豪宅、价值数百万美元的手表、珠宝收藏、多辆豪华汽车、600 瓶葡萄酒收藏、一架 Steinway 三角钢琴,并曾多次乘坐私人包机出行。当信用卡账单寄到他家时,约翰逊会给银行开具公司支票。为了隐瞒这些支票是他的个人债务,而不是开给绿谷咖啡公司的供应商的事实,他在公司的现金日记账中将支票记录为"无效"(注销)。然后,他给公司的合法债权人开出同样金额的重复支票。他大约写了 900 张这样的支票。因此,这 9 年公司通过银行处理的现金支付被约翰逊个人账单的数额夸大了。罗伯茨在支票上签名,他从来没有核查过自己的电子签名的支票。约翰逊还负责编制公司的银行对账单,这给他大开方便之门,来确保月末银行对账单总是和会计账簿一致。约翰逊必须修改在途支票,使账簿平衡。

公司的高级管理层开始怀疑哪里出了问题。他们注意到,在过去 5 年中,尽管公司的扩张计划使销售额大幅增长,但公司的现金余额和利润却在下降。然而,公司的销售增长如此之快,产生了充足的现金,这些下降看起来微不足道。整整 12 年里,该公司没有被独立审计师审计。不过,公司的高级管理层发起了内部审查,寻找库存盗窃、劳动力成本增加、管理不善和效率低下的原因。后来发现,他们忽视了"屋里的大象"。这些短缺只能追溯到一个人身上——善良忠诚被信任的乔。会计办公室员工伊丽莎白·华纳之前做过银行出纳,刚来公司不到一年。6 月的一天,这位有良知的员工提醒她的老板乔注意一些有问题的记录。她偶然发现一张面额 2 万美元的支票被用来支付 1 万美元的邮资账单。支票上的金额是账单金额的两倍。最开始乔撒谎说这是计算机错误引起的差异。伊丽莎白审查了其他供应商 8 个月的应付账款记录。她从中发现了很多差异。她将此事告知了罗伯茨和其他高管,他们叫来了警察和 FBI,结束了乔的贪污计划。

美元

绿谷咖啡公司资产负债表(节选) 2016 年 12 月 31 日	
资产	
现金及其等价物	6 000 000
有价证券	2 000 000
应收账款	8 000 000
存货	36 200 000
预付费用	1 400 000
长期投资	10 000 000
设备和设施净值(减:累计折旧 2 400)	13 170 000
其他资产	3 930 000
资产总额	80 700 000

绿谷咖啡公司的资产负债表(节选)反映了该公司的资产状况。先看首行——现金及其等价物。2016 年 12 月 31 日,绿谷咖啡公司持有现金 60 万美元。如果绿谷咖啡公司拥有良好的内部控制,那么约翰逊就不可能私吞 1 000 万美元。这笔巨额资金原本可以用于购买机器、扩大经营、偿还贷款等正常经营活动。

绿谷咖啡公司现在改革了内部控制系统。公司专门雇用了一名员工,他不能接触现金,负责在管理部门保留供应商的应付账款记录。只有经过批准的供应商才可以通过公司支票支付。管理部门不再能够接触到空白支票或首席执行官的电子签名。对经过批准的供应商的应付账款出具的支票将被发送到财务部门进行最终审查,同时要附上相关文档,其中必须包括采购订单、验收报告和经批准的供应商发票。负责管理罗伯茨的电子签名的人员审查相关文件,以确定在附加签名之前所有文件是有序的。超过10万美元的支票需要罗伯茨和另一位公司高管的双重签名。签署支票后,支持文件将标记为"已付"以防止它们被重新用作另一支票的资料。签名支票直接从财务部门邮寄给供应商,而不是退还给管理部门。另一名既不经手现金也不负责记录客户账簿的员工负责编制绿谷咖啡公司每月的银行对账单,并将公司开具的支票总金额与获批的供应商发票总额进行核对。

创造虚假供应商是一种被称为"盗用资产"的欺诈。它并不需要惊才绝艳的计划,只需要一些动机,并且通常可以用扭曲和不道德的思想解释。较弱的内部控制系统为实施这种类型和其他类型的欺诈提供了机会。在本案例中,约翰逊可以接触到罗伯茨的电子签名和会计账簿(如应付账款),再加上罗伯茨未能监控约翰逊的活动,这是致命的组合,为约翰逊提供了欺诈的机会。

本章首先讨论舞弊的概念、类型及常见特征。之后探讨内部控制。内部控制是防止舞弊以及由于疏忽导致的财务报表错误的主要手段。本章也会涉及现金的会计处理。本章涵盖了舞弊、内部控制和现金管理三项内容。有效的内部控制可以防止舞弊的发生,而现金则是最容易产生舞弊的资产。

学习目标

1. 描述舞弊及其影响
2. 解释内部控制的目的和组成部分
3. 编制并使用银行存款余额调节表
4. 评估现金收付款中的内部控制
5. 编制并使用现金预算
6. 在资产负债表中列报现金

描述舞弊及其影响

舞弊(fraud)是一种曲解事实并导致他人受到伤害或遭受损失的故意行为。舞弊是一个愈演愈烈的全球性问题。注册舞弊审查员协会2014年的全美职业欺诈情况报告表明:

- 企业每年平均因舞弊损失收入的5%。根据2011年世界总产值,每年因舞弊产生的损失超过37 000亿美元。仅在美国,这就相当于每位员工平均4 500美元。
- 职业欺诈案的平均损失高达145 000美元,这其中也包括员工监守自盗的情况。
- 在已报道的舞弊案中,22%造成了超过100万美元的损失;损失更大的案例包括篡改财务报表。
- 职业欺诈对于小企业而言是巨大的威胁。
- 舞弊重灾区包括银行和金融服务业、政府与公共管理部门以及制造业。
- 舞弊者在组织里工作的时间越长,造成的损失越大。
- 大多数(77%)见报的舞弊案是由下列六个部门中的员工实施的:会计、运营、销售、经理或高级管理部门、顾客服务和采购部门。
- 大多数舞弊者都是初次犯罪,他们的就业历史十分清白。

- 在大多数见报的舞弊案里,舞弊者有以下一个或几个行为特征:①生活入不敷出; ②陷入财务困境;③与供应商或顾客有不寻常的亲密关系。

随着电子商务的蓬勃发展,舞弊的形式更加多样。在发展中国家,基于电子商务舞弊的损失比例远远高于发达国家。

什么是常见的舞弊行为?什么因素导致舞弊的发生?有哪些防范措施?

舞弊有很多种形式。最常见的舞弊包括骗保、伪造支票、信用卡欺诈、身份盗窃等。对财务报告危害最大的舞弊行为有以下两类。

- **挪用资产**。挪用资产是指公司员工伪造会计记录,偷盗公司资产。本章开头绿谷咖啡公司的案例就是典型的挪用现金资产的舞弊行为。这类行为的其他形式还有偷盗存货、私自收取采购回扣、报销虚假费用等。
- **财务报告欺诈**。财务报告欺诈是指公司管理层通过虚假、错误的会计处理,粉饰公司的经营业绩。财务报告欺诈常常误导投资者作出错误的投资决策,也会误导债权人作出错误的借贷决策。

这两种类型的舞弊都包括作出虚假的会计处理。我们称之为做假账。挪用资产是最常见的舞弊行为,而财务报告欺诈的危害更大。2001 年的安然事件和 2002 年的世通事件都是著名的财务报告欺诈案例。这两件丑闻动摇了美国经济并影响了全球金融市场。安然公司(第 8 章会有讨论)通过虚拟不存在的销售来操纵公司利润。与安然公司有借贷业务的银行发现后,停止借款,导致安然公司立即破产。世通公司(第 7 章会有讨论)通过费用资本化的会计处理,虚增公司资产和利润。世通公司内部审计人员的举报导致公司最终破产。两家公司的外部审计师均为安达信会计师事务所。这家名噪一时的事务所也因此名誉受损,于 2002 年被迫倒闭。

然而舞弊的影响远不止此。这些公司的破产导致数十亿美元的资产损失,千百万人失去工作机会。媒体连篇累牍的报道加剧了资本市场的负面反应以及投资者对上市公司财务信息的不信任,最终超过万亿美元的股票市值在资本市场上蒸发。我们将在本书以后的章节深入讨论这些案例,详细分析公司在薄弱的内部控制环境下是怎样滥用会计制度操纵会计数字的。

图 4-1 是舞弊产生的三要素,我们称之为**舞弊三角** (fraud triangle)。

图 4-1 舞弊三角

舞弊产生的第一个要素是动机。舞弊动机通常来自舞弊者的贪婪或个人压力。有时是舞弊者的个人利益得不到满足(以大部分人的标准来看,一些舞弊者已经很富有了),有时则来自舞弊者经济上的客观压力,如急需支付高额医疗费用。总之,舞弊者的动机可以归结为"别人都有的,我也得有,我要用尽所有方法去争取我应该得到的"。

舞弊产生的第二个要素是机会。以绿谷咖啡公司为例,内部控制的漏洞给了舞弊行为产生的机会。舞弊可能来自某个薄弱的内部控制环节,如不正确的职责划分、不恰当的授权等。此外,内部控制环境上的缺陷也是舞弊成因的机会之一,如专横跋扈的首席执行官、监管不力的董事会、形同虚设的职业道德规范、高管层随意违反业务流程里的内控措施等。

舞弊产生的第三个要素是自我合理化。舞弊者常用的理由有"我值得拥有这一切""别人对我太不公平了""没人会知道""就这么一次,没人会发现""其他人也这么干"等。

舞弊和道德规范

我们在第 1 章曾介绍过从道德的角度评价经营决策。舞弊也是一种隐含经济、法律和伦理因素的决策行为。舞弊者通常只考虑自身的短期经济利益,而忽视了舞弊行为对企业造成的长期损害。各个国家和地区的法律都认定舞弊是违法行为。舞弊者将受到监禁、罚款、赔偿经济损失等惩罚。从道德角度出发,舞弊是以大多数人的损失换取少数人的短暂利益。因此,舞弊是商业社会最严重的不道德行为。

 解释内部控制的目的和组成部分

内部控制系统是公司有效地防止、辨别和纠正舞弊行为的主要途径。**内部控制**(internal control)是公司采取的整体计划和相关措施,其目的是实现以下 5 个目标:

1. 保护资产。公司必须确保资产的安全性,否则会造成资源的浪费、流失和被挪用。正如绿谷咖啡公司的情况,如果未对现金提供恰当的管理,会导致现金流失。

2. 鼓励员工遵守公司制度。公司中的任何一员,包括经理和普通员工均应向同一个目标努力。行之有效的内部控制制度将确保公司的员工和客户获得公平对待。

3. 提高经营效率。公司无法承担资源浪费导致的后果。公司竭尽全力增加销售,不希望浪费任何资源。如果公司可以用 30 美元采购,为什么要付 35 美元?杜绝浪费可以增加公司的利润。

4. 确保准确、可靠的会计信息。高质量的会计信息至关重要。没有可靠的会计信息,公司将无法评价哪一个部门盈利、哪一个部门需要改进。如果不对产品成本进行有效记录,有可能是赔本赚吆喝。

5. 确保合规性。公司与人一样,都要遵守法律,如美国证券交易委员会、美国国税局以及州、地方和国际监管机构发布的法律。不遵守法律的公司,必将承担巨额的罚款,公司的高管甚至会获刑入狱。有效的内部控制有助于确保公司遵守法律,不陷入法律困境。

内部控制有多重要?美国国会为此专门颁布法律要求上市公司保持良好的内部控制制度。表 4-1 节选了一家典型的上市公司年报中关于管理层对内部控制所担负的责任的表述。

表 4-1　上市公司关于管理层对内部控制所担负的责任的讨论(节选)

管理层负责建立并完善关于财务报告的恰当的内部控制……公司关于财务报告的内部控制包括保存记录……准确公正地反映交易……公司资产……确保必要的交易都被记录以使财务报表符合公认会计原则的要求,公司的收支均获得管理层及董事的批准……

在公司管理层(包括首席执行官和首席财务官)的监督及参与下,我们对公司的内部控制进行了评估……基于我们的评估……管理层认为 2016 年 12 月 31 日公司对财务报告的内部控制是有效的。

《萨班斯—奥克斯利法案》

为了回应公众的关注,美国国会通过了《萨班斯—奥克斯利法案》(以下简称 SOX)。SOX 改进了美国的公司治理并对会计界产生了巨大影响。以下是 SOX 的一些条款:

1. 上市公司必须发布内部控制报告,同时外部审计师必须评估客户的内部控制。

2. 成立上市公司会计监督委员会,对上市公司的审计进行监督。

3. 不允许会计师事务所为同一个客户提供财务报表审计和特定的咨询服务。

4. 对违规行为进行严惩：对证券欺诈处以 25 年徒刑，对毁坏会计记录处以 20 年徒刑。

世界通讯公司的前首席执行官因证券欺诈罪被判入狱 25 年，安然公司的高管人员也被判入狱。从中我们可以发现内控失误将会带来严重的后果。

图 4-2 展示了内部控制为公司提供的安全保障。通过这道"防火墙"的保护，公司可以规避舞弊、浪费与低效率。公司可以以公众信赖的方式经营，而这对于维持全球金融市场的稳定是至关重要的。

公司如何才能构建良好的内部控制体系？下面讲解如何辨识内部控制要素。

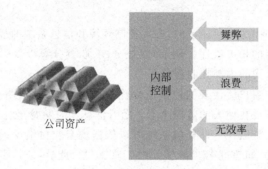

图 4-2 内部控制的防火墙

内部控制的组成部分

内部控制可以分为 5 个组成部分：控制环境；风险评估；信息系统；控制程序；控制监督。图 4-3 列示了内部控制要素。

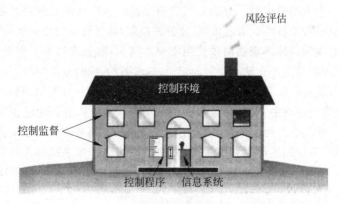

图 4-3 内部控制要素

控制环境 图 4-3 中代表屋顶的控制环境设定了一个公司的基调。它始于公司的所有者和高级管理层，他们必须为员工树立良好的榜样。公司的所有者必须向员工阐明内部控制的重要性。公司的道德规范手册是控制环境的重要组成部分。道德规范手册由公司高级管理层负责制定。道德规范手册的内容包括禁止收受贿赂，禁止接受客户和供应商的回扣，禁止与公司利益冲突的交易发生，鼓励员工树立良好的社会形象以及公司承担社会责任。

风险评估 图中烟囱中冒出的烟代表了风险评估，它向公司揭示了哪里有可能存在错误,哪里有可能滋生舞弊。公司必须识别风险并完善过程来最小化风险对公司的影响。例如,卡夫食品公司面临食品安全问题,美洲航空公司的飞机有可能坠毁。同时,所有的公司都面临破产的风险。公司的管理层及董事会必须识别风险,尽力避免风险给公司、员工、股东及债权人造成财务或其他损失。

信息系统　图中建筑物的门所代表的信息系统是会计信息出入的路径。公司所有者需要掌握准确的信息来了解自己的资产状况并度量利润和亏损。公司内每一个处理会计数据的系统都应当具有在交易发生时予以捕捉,准确、及时记录这些交易(日记账),将这些交易综合记入(过账)账簿(总账),并以账户余额或财务报表附注的形式对这些交易进行报告的能力。

控制程序　正如图中房门所显示的,嵌入控制环境和信息系统的控制程序是为确保公司达到既定的目标而制定的相关程序。例如,责任分配、职责分离以及设立安保系统以防止资产被窃。后面将讨论公司的内部控制程序。

控制监督　由图中窗户所代表的控制监督让公司可以"眼观六路,耳听八方",使每个岗位和每个部门的工作都处在他人的监控之下。随着信息化的发展,公司内大部分日常活动都可以通过计算机系统实施监控。计算机系统可以依据现金收付情况向公司管理层及时报告超出警戒线的现金活动,如超过 15 000 美元的工资支付。此外,公司可以聘请审计师对其内部控制予以监督。内部审计师从内部监督公司的控制以确保资产的安全;外部审计师从外部检验公司的控制以确保会计信息的准确性。下一节将更深入地讨论审计。

内部控制程序

无论是绿谷咖啡公司、微软公司,还是迪士尼商店都应遵循下列内部控制程序。

恰当的招聘程序和岗位分离　在一家内部控制运作良好的公司,每个重要的岗位都被看重。信息链上的每个人都很重要。一家公司的内部控制程序从员工招聘开始。良好的公司注重调查应聘人员的背景资料。通过培训、监督和高薪,确保公司聘用到胜任其岗位的员工。每个员工的职责必须明确地体现在岗位说明书里。例如,财务部门的工作是经手现金、签发并审核支票,仓库保管员负责仓储和存货的记录,二者各司其职,分工明确。

精明的管理者将资产保管、会计记录和交易审批这三个职权分配给不同岗位的员工。例如,在绿谷咖啡公司的案例中,现金保管和会计记录的职责分离有可能防止乔·约翰逊的舞弊行为。如果他不能签发公司的支票,他就不能用公司的支票来支付自己的账单。会计活动应该完全从经营部门(如制造部门和销售部门)中分离出来。如果销售人员可以记录公司的销售收入,后果会怎样? 销售收入金额可能被夸大,公司的主管人员无法知道真实的销售数据。

会计人员应该被禁止接触现金,出纳也应该被禁止接近会计账簿。如果一个员工同时负责现金保管和会计记录,他就能够偷窃现金并通过做假账来掩盖其盗窃行为。我们在绿谷咖啡公司的案例中看到了这一内部控制的失效。

对于一些小公司,如果没有足够的人手实现岗位分离,公司的所有者应当负责审批重大交易、管理银行存款以及编制银行存款余额调节表。这样可以实现各种职能的岗位分离,形成良好的内部控制。

比较和合规监督　在一个良好的内部控制系统下,每项交易必须贯穿多个员工和不同的业务部门。他们的业务记录可以相互比较,形成监督机制。例如,财务部门应有专门的分部负责签发支票,会计部门应负责记录公司采购及给供应商的付款,另外安排一名独立于这两个部门的员工负责对比注销(已付)支票与相对应的发票以及日记账中的付款记录与会计部门过账到具体供应商账户的付款记录。

经营预算(operational budget)和**现金预算**(cash budget)是合规监督的有效工具。预算是一个财务计划的定量系统,帮助管理者控制公司的日常活动。公司管理者可以按预算周期的长短编制年度预算、季度预算、月度预算等。经营预算用于计划未来一定时期内公司的利润活动,可以依据利润表列示的各项科目进行编制。现金预算是计划未来一定时期内公司收付现金的活动。本章后面将对现金预算做更详尽的介绍。公司常常采用滚动预算编制法,即根据上一期的预算完成情况,调整和编制下一期预算,并将预算期连续滚动向前推进。预算和实际完成情况之间的差异可以由信息系统计算汇总。对于超出预算的重大差异,系统将迅速生成**差异报告**(exception reporting),帮助管理层及时采取应对措施。

为核实会计记录,很多公司会进行审计。审计是对公司的财务报表和会计信息系统的检查。为评价会计信息系统,审计师应对内部控制制度进行检查。

审计分为内部审计和外部审计。内部审计师是公司的员工,他们的职责是确保员工遵守公司内部控制制度和经营高效运行。同时,保证公司的运营合法合规。

外部审计师完全独立于公司。他们的职责是确保公司的财务报表符合公认会计原则的要求。为了对财务报表出具专业意见,审计师会对客户的财务报表和相关的交易记录予以审计。

详尽的文档　文档提供公司交易的详细信息。公认会计原则规定所有重要交易都要有纸质复印件或电子版文件,如销售发票、运输记录、客户汇款通知、订购单、供应商发票、验收单和注销(已付)支票。为防止偷窃和低效,文档应该预先编号,缺少的号码意味着可能有文档不见了,应给予关注。

限制授权　授权制度保证只有相关人员才能在权限范围内接触公司资产。例如,只有资金部门的员工才能经手现金,尚未使用的支票必须妥善保管,收到的现金必须通过银行存款箱系统处理。只有仓库保管员和运输人员才能接触库存。此外,必须安全保管公司的手工记录,限制负责记录的人员接触记录,对电子记录设置密码保护,只有被授权的人才能读取。公司内每一台计算机都设有用户名和密码。公司的电子文档也要加密处理,防止黑客攻击。

适当审批　公司的每一笔业务必须经过管理层的审批。业务金额越大,越要明确审批的职责。小金额业务可以由具体操作部门进行审批。比如:

- 赊销业务必须经独立的授信部审批。该部门对赊销客户实行信用评估,确定授信额度,防止发生无力还款的现象。
- 采购业务必须经采购部审批。所有的供应商应该事先筛选,公平竞标,保证质量。
- 人事决策必须经人力资源部审批,包括招聘、解聘、加薪等事宜。

超过一定金额的重大业务需经公司高级管理层甚至董事会的批准。

信息技术

会计系统对文档的依赖逐渐减弱,同时,数字存储系统在不断加强。塔吉特和梅西百货等零售商通过在商品上贴电子传感器来控制存货。收银员取下传感器后顾客才能离开商店。如果顾客带着贴有电子传感器的商品离店,则警报会响起。根据 Checkpoint 公司的数据,这些电子传感器减少了大约 50% 的偷窃。电子条形码加快了柜台的付款速度,也实现了会计系统对销售收入、库存和现金账户的即时记录。

随着现代公司大规模使用信息技术,传统的内部控制程序也在不断更新。例如,信息技术部门和其他业务部门(如管理、销售、采购、信贷、人力资源、财务主管)必须岗位分离,只有经授权的人员才能接触信息系统和设备。信息技术部门内,计算机操作员和数据保管员必须岗位分离。公司内敏感信息须加密处理,电子记录定期备份。对现金、存货等交易的比较和合规监督可以由计算机系统完成。

信息技术带来快捷和准确的同时,也增加了不确定风险。一旦计算机程序发生错误,可能会破坏所有数据。因此,公司应当为信息技术部门配备胜任的人员,严格执行相关的内部控制程序。

安全控制

公司可启用防火金库保存重要文档,在办公大楼内安装防盗系统,用监控探头保护其他资产。同时,聘请损失预防专家对员工进行培训,使其具备发现可疑行动的能力。

负责现金业务的员工在一个充满诱惑的环境里工作。很多公司为出纳购买**忠诚保险**(fidelity bonds)。该保险保障公司由于员工偷窃而蒙受的损失。在签发保险单之前,保险公司会对投保公司的员工的背景进行调查。

强制性休假和轮岗制度可以改进公司的内部控制体系。很多公司采用员工轮岗制,一方面可以增强员工对公司的全方位了解;另一方面,由于轮岗制的执行,促使员工在诚信方面更加严格地要求自己。

电子商务的内部控制

电子商务的发展带来了其自身特有的风险。黑客可以通过各种方式盗取秘密信息,如信用卡号码和密码。

电子商务的风险包括盗取信用卡号码、计算机病毒和木马、钓鱼软件。

盗取信用卡号码　假设你通过 emusic.com 在线购买光盘。为了购买商品,你的信用卡号码就必须在网络空间穿行。无线网络正在创造新的网络隐患。

业余黑客小卡洛斯·萨尔加多(Carlos Salgado Jr.)使用个人计算机盗取了 10 万个信用卡号码,累计信用额度超过 10 亿美元。萨尔加多在向 FBI 的卧底兜售号码时被其拘捕。

计算机病毒和木马　计算机病毒是一种恶意程序,它不经许可侵入程序代码并在受到侵害的计算机文档或程序中执行破坏性行动。**木马**(Trojan horse)是一种恶意计算机程序,它隐藏在合法的程序中,类似于病毒。病毒可以破坏或改变数据,进行伪计算并感染文档。大多数公司都曾在自己的系统中发现过病毒。

假设美国国防部针对导弹系统进行招标。Raytheon 和 Lockheed-Martin 两家公司在争夺这份合约。一名黑客侵入了 Raytheon 的系统并更改了其设计。其结果是,国防部认为 Raytheon 的设计有瑕疵,把合约给了 Lockheed-Martin。技术舞弊会极大地影响公司能否成功。

钓鱼软件　窃贼通过伪造类似 AOL4Free.com 和 AmericaBank.com 这样的网站来窃取资料。这些以假乱真的网站吸引了大量的访问者,窃贼趁机从毫无防备的人那里窃取账号和密码。这些数据接下来会被用于非法的勾当。

安全防范措施

为解决电子商务所带来的风险,公司采取了多种安全防范措施,包括加密、防火墙保护。

加密　储存在服务器中的秘密信息也不一定安全。保护客户数据的一个重要技术手段是加密处理。**加密**(encryption)是通过数据处理器对信息进行重新处理,没有密码的人无法阅读经过加密的信息。例如,某个会计系统采用账号的校验位,每个账号的最后一位数等于前几位数之和。例如,客户号码为 2237,2+2+3=7。未能通过这一检测的任何账号都会"触发"一个错误信息。

　　防火墙保护　**防火墙**(firewalls)限制了人们对局域网的访问,局域网成员可以自由访问,但是非成员则限制访问。通常会在系统内设置多重防火墙。设想一下为保护位于核心的公司计算机化数据而建造的多层城堡,在入口处需要使用密码、个人识别码和签名。在系统内会设置更复杂的防火墙,从防火墙 1 开始,直到中心区域。

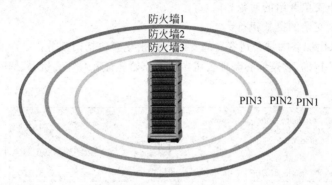

内部控制的局限性——成本与收益

　　遗憾的是,大部分内部控制措施都可能被规避。串通一两个或更多的员工共谋可以逃脱内部控制的监督。我们以绿谷咖啡公司为例。即使公司经理罗伯茨雇用新员工管理现金,如果约翰逊和新员工串通一气,仍旧可以设计出和约翰逊单独舞弊时一样的计划,分享赃款。其他可以绕过运行良好的内部控制的行为有管理人员越权、人类本身的缺点(如疲劳和疏忽)以及由于玩忽职守而逐步堕落。由于后文将介绍的成本收益原则,内部控制程序并不能完全杜绝各种舞弊行为,但是公司可以通过招聘诚实可靠的员工、实施适当的监督程序来保证有效的内部控制。

　　内部控制制度越严格,所耗费的成本就越高。复杂的内部控制制度会阻碍公司正常的经营活动。什么样的内部控制制度才比较适当? 良好的内部控制制度需要权衡成本和收益。沃尔玛是这方面的典范:超市内每名保安的年薪约为 28 000 美元,每年每名保安防范商品不被盗取的金额平均为 50 000 美元。对于沃尔玛来说,每年的净收益为 22 000 美元。大多数人都会认为这样的安保是值得的。

 ## 编制并使用银行存款余额调节表

　　现金作为交换媒介是最具流动性的资产。现金容易隐藏也容易被偷,因此很多公司采用具体的控制措施来保管现金。

　　将现金存入银行是非常重要的,因为银行可以保管现金并提供关于现金交易的独立的详细记录。用于控制银行账户的文件包括签名卡、存款单、支票、银行对账单和银行存款余额调节表。

签名卡

银行要求经授权的相关人员在签名卡上签名。这一措施可防止伪造。

存款单

银行会提供标准的存款单。客户将填写每笔存款金额。作为交易凭证,客户需保存存款单存根。

支票

要从账户提取资金,存户需要写一张支票(check),即指令银行支付特定金额现金的文件。支票有三个当事人:

- 出票人,即签发支票的人;
- 收款人,即支票开给的对象;
- 银行,即该支票的提款银行。

图 4-4 是一张由绿谷咖啡公司签发的支票。这张支票包括两部分:支票本身和付款通知。付款通知可以电子扫描,它是绿谷咖啡公司转账的原始凭证并且在高级办公软件中留下记录。

图 4-4 附带付款通知的支票

银行对账单

银行每月向储户寄送银行对账单。**银行对账单**(bank statement)报告了储户现金变动的情况。银行对账单列示账户的期初余额、期末余额、现金收入和现金支出,也包括出票人取消的支票(或是实际支付的支票)。大部分公司有多个开在不同银行的账户。图 4-5 是绿谷咖啡公司在第一国民银行的小额银行账户 12 月的银行对账单。

电子支付系统(electronic fund transfer,EFT)依靠电子通信而不是纸面文件来转移现金。通过 EFT 支付比通过开具支票便宜得多。同样,很多人通过它来支付账单,包括房屋抵押贷款、租金、水电煤气费和保险费等。

银行存款余额调节表

有两份材料记录公司的现金:

1. 公司编制的现金账户。如图 4-6 所示,绿谷咖啡公司在第一国民银行的现金余额为 3 340 美元。

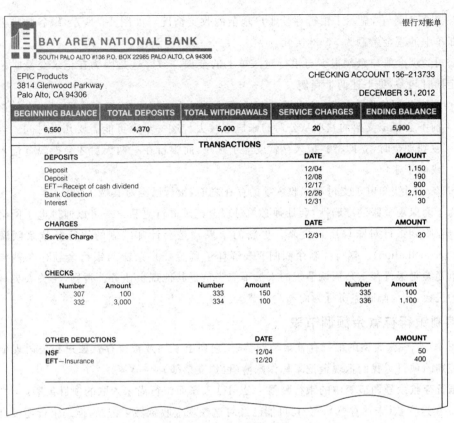

图 4-5 银行对账单

General Ledger:

ACCOUNT Cash: Checking Account First National Bank				
Date	Item	Debit	Credit	Balance
2016				
Dec 1	Balance			6,550
2	Cash receipt	1,150		7,700
7	Cash receipt	190		7,890
31	Cash payments		6,150	1,740
31	Cash receipt	1,600		3,340

Cash Payments:

Check No.	Amount	Check No.	Amount
332	$3,000	337	$ 280
333	510*	338	320
334	100	339	250
335	100	340	490
336	1,100	Total	$6,150

*Correct amount of check #333 is $150. See bank reconciliation in Exhibit 4-8 for correction.

图 4-6 绿谷咖啡公司的现金记录

＊ ＃333 号支票的正确金额是 150 美元。参见图 4-7 中的银行存款余额调节表来进行更正。

2. 银行对账单,显示了银行存款账户现金的收支情况。如图 4-5 所示,绿谷咖啡公司银行对账单中的现金余额为 5 900 美元。

公司的现金账户余额很少与银行对账单上的金额一致。这是因为在记录交易时两者存在一定的时间差,见下述两个释例:

- 一家公司签发支票后,立即将其记入现金账户的贷方。而银行在收到并支付该支票前不会将该支票的款项从公司的账户中减去。这一步骤可能需要几天时间。当公司收到现金时,立即将其记入存款或电子账户,而银行在一两天后才会把现金记入存款或电子账户。
- 在公司获知电子支付和代收款项的存在之前,银行已经对其做了记录。

为了确保现金账的准确性,会计师必须对现金记录进行更新——可以通过电子网络更新也可以在收到银行对账单后再更新。更新的结果就是会计师编制的**银行存款余额调节表**(bank reconciliation)。银行存款余额调节表解释了现金账户余额与银行余额存在差异的原因。负责编制银行存款余额调节表的人员不应当负责其他现金业务。否则,相关人员有窃取现金的机会,会为隐瞒盗窃行为而篡改调节表。

编制银行存款余额调节表

图 4-7 是一张典型的银行存款余额调节表,它列出了导致银行存款账户和公司现金账户存在差别的项目。我们把现金记录称作账簿(也称支票簿)。

银行存款余额调节表中的银行账簿　公司已入账而银行尚未入账的项目包括:

a. 在途存款(未达存款)。公司可能已经对这些现金收款做了记录,但是银行还没有。应在银行存款余额调节表中调增在途存款。

b. 在途支票。公司可能已经在账户中记录了这笔现金支付,但是银行尚未付款。应调减在途支票。

c. 银行差错。更正银行记错的账项。例如,银行可能错将其他公司的支票记到本公司名下。

银行存款余额调节表中的公司账簿　银行已入账而公司尚未入账的项目包括:

a. 银行代收。银行为公司代收款项。很多公司让客户直接付款到自己的银行存款账户,这被称为银行存款箱,同时也可防止现金偷窃。例如,银行代公司收回应收账款。该项应调增公司现金账户。

b. 电子支付(EFT)。银行可能已经代表公司收到现金或者进行了支付。EFT 可能是现金收入,也可能是现金支出。应在现金账户中加上 EFT 收入,减去 EFT 支出。

c. 手续费。银行收取的费用。应减去费用支出。

d. 支票账户的利息收入。某些类别的银行账户只要保有足够的余额,就会产生利息收入。银行会告知利息收入金额。应加上利息收入。

e. 空头支票。空头支票是指收到客户的现金支票,但是客户账户中没有足够的存款。空头支票被视为现金支出。应在银行存款余额调节表中减去空头支票的金额。

f. 支票印刷成本。这项支出与手续费支出类似。应扣除此项成本。

g. 账簿差错。更正账簿中的差错。例如,公司可能将一张 510 美元的支票错记成 150 美元。

银行存款余额调节表图解 如图 4-5 所示的银行对账单显示绿谷咖啡公司 12 月 31 日的银行账面余额为 5 900 美元(右上角),然而该公司的现金账户记录的账面余额为 3 340 美元(见图 4-6),因此,我们需要编制银行存款余额调节表。图 4-7 中的框 A 列示了调节项目以备参考,框 B 则涵盖了完整的调节过程。

框 A——调节项目

银 行	公 司 账 簿
1. 在途存款,1 600 美元。 2. 银行差错:银行错将其他公司签发的支票 100 美元从公司的账户扣除。应在公司的账户中加上 100 美元。 3. 在途支票总额 1 340 美元。	4. 银行 ETF 收取公司股利收入,900 美元。 5. 银行代收应收账款,2 100 美元。 6. 银行存款利息收入,30 美元。 7. 账簿差错:将实际支付(支票号码:333)的 150 美元错记为 510 美元。借记现金 360 美元。 8. 银行手续费,20 美元。 9. 客户开出的空头支票,50 美元。贷记现金 50 美元。 10. EFT 支付保险费用,400 美元。

<table>
<tr><td colspan="2" align="right">美元</td></tr>
<tr><td>支票号码</td><td>金额</td></tr>
<tr><td>337</td><td>280</td></tr>
<tr><td>338</td><td>320</td></tr>
<tr><td>339</td><td>250</td></tr>
<tr><td>340</td><td>490</td></tr>
</table>

框 B——银行存款余额调节表   美元

绿谷咖啡公司银行存款余额调节表
2016 年 12 月 31 日

银 行			账 簿		
12 月 31 日余额		**5 900**	**12 月 31 日余额**		**3 340**
加上:			加上:		
1. 在途存款		1 600	4. EFT 收取的股利		900
2. 银行差错更正		100	5. 银行代收应收账款		2 100
		7 600	6. 银行存款利息收入		30
			7. 账簿差错更正——第 333 号		
			支票多记		360
					6 730
减去:					
3. 在途支票:			减去:		
337	280		8. 银行手续费	20	
338	320		9. 空头支票	50	
339	250		10. EFT 支付保险费	400	(470)
340	490	(1 340)			
调节后余额		**6 260**	**调节后余额**		**6 260**

金额应相等

调节事项总结：

银行存款账户余额	现金账户余额
• 加上在途存款	• 加上银行代收款项、利息收入和 EFT 收款
• 减去在途支票	• 减去银行服务费、空头支票和 EFT 付款
• 加上或减去银行记账错误	• 减去或加上记账错误

图 4-7 银行存款余额调节表

对银行存款余额调节表中的事项作出的会计处理 银行存款余额调节表是与公司的日记账和分类账完全分开的会计工具。银行存款余额调节表并不直接影响公司的会计账目。为了将交易事项登记入账，我们需要做会计分录和过账。公司未记录的所有事项均需做会计分录。基于如图 4-7 所示的银行存款余额调节表，绿谷咖啡公司编制了以下会计分录。

4.	12 月 31 日	现金	900	
		股利收入		900
		收到投资收益。		
5.	12 月 31 日	现金	2 100	
		应收账款		2 100
		银行代收应收账款。		
6.	12 月 31 日	现金	30	
		利息收入		30
		银行存款利息收入。		
7.	12 月 31 日	现金	360	
		应付账款		360
		修正 333 号支票的错误。		
8.	12 月 31 日	杂费 *	20	
		现金		20
		银行服务手续费。		
9.	12 月 31 日	应收账款	50	
		现金		50
		银行退回空头支票。		
10.	12 月 31 日	保险费用	400	
		现金		400
		支付当月保险费。		

银行退票分录(分录 9)需要说明。从这个分录中，我们得知顾客开出的是空头支票(50 美元)，因此需要贷记现金。由于顾客并未实际支付货款，所以我们需要借记应收账款以恢复应收账款账户余额。

网上银行

网上银行使你可以通过电子系统支付账单和查询账户。你再也不需要等到月末才能收

---

* 杂费用来核算银行手续费，因为银行手续费没有单独的核算科目。

到银行对账单。通过网上银行系统,你可以随时对相关交易进行调节,也可以随时更新你的账户。图 4-8 是 Toni Anderson 的银行账户历史交易数据中的其中一页。

```
         Account History for Toni Anderson Checking # 5401-632-9
                    as of Close of Business 07/27/2016

                              Account Details
                                    Current Balance    $4,136.08

Date ↓      Description                  Withdrawals   Deposits    Balance
            Current Balance                                        $4,136.08
07/27/16    DEPOSIT                                    1,170.35
07/26/16    28 DAYS INTEREST                           2.26
07/25/16    Check #6131 View Image       443.83
07/24/16    Check #6130 View Image       401.52
07/23/16    EFT PYMT CINGULAR            61.15
07/22/16    EFT PYMT CITICARD PAYMENT    3,172.85
07/20/16    Debit card payment, Anthropologie Stores   550.00
07/19/16    Debit card payment, CEPCO Convenience Stores   50.00
07/16/16    Debit card payment, Haverty's Furniture Stores   2,056.75
07/15/16    Debit card payment, Dillard's Department Stores   830.00
07/13/16    Debit card payment, HEB Stores   150.00
07/11/16    ATM 4900 SANGER AVE         200.00
07/09/16    Debit card payment, CEPCO Convenience Stores   30.00
07/05/16    Debit card payment, Warren University   2,500.00
07/04/16    ATM 4900 SANGER AVE         100.00
07/01/16    DEPOSIT                                    9,026.37
07/01/16    Beginning Balance                                     $4,483.20

FDIC                                                      E-Mail
```

图 4-8 网上银行——账户历史交易数据

银行账户历史交易数据——就像银行对账单一样,列示了存款、支票付款、EFT 支付、ATM 提款和利息收入等项目。它也会列出账户的动态平衡情况(在每笔收入或支出发生后的更新情况)。

思考题

银行对账单的账面余额为 4 500 美元,包括手续费 15 美元、利息收入 5 美元、一张 300 美元的空头支票。在途存款为 1 200 美元、在途支票为 575 美元。会计人员在支付一笔 125 美元的应付账款时误开了 152 美元的支票。这就产生了 27 美元的误差。

1. 调整后的银行存款余额是多少?
2. 调整前的现金账户余额是多少?

答案

1. 5 125 美元(4 500 美元+1 200 美元-575 美元)。
2. 5 408 美元(5 125 美元+15 美元-5 美元+300 美元-27 美元)。调整后的账户余额和银行存款余额是相同的,该答案可以从调整后的余额逆推。

使用银行存款余额调节表来控制现金 银行存款余额调节表是一种非常有效的控制手段。提姆·博斯沃思(Tim Bosworth)是路易斯安那州新奥尔良市的注册会计师。他拥有几套公寓,由他的姑妈管理。他的姑妈负责签署租赁合同并收取租金,安排保管和维护工作,雇用和解雇员工,签发支票并编制银行存款余额调节表。简单地说,她负责一切。将所有职权集中于一个人身上对内部控制是很不利的。博斯沃思的姑妈可以从他那里偷窃钱物,而作为一名注册会计师他也意识到了这种可能。

博斯沃思信任他的姑妈,因为她是家人。不过,对她的公寓管理工作,他也实施了一些控制。博斯沃思定期检查员工有没有对公寓进行良好的管理和维护。为了控制现金,博斯沃思不定期检查他的姑妈编制的银行存款余额调节表。这样博斯沃思能够立刻看出她的姑妈是否为自己填写了支票。通过检查每张支票,博斯沃思对现金支出建立了控制。

博斯沃思有一套控制现金收款的简单方法。他知道他的公寓的出租率,他也知道每月他所收取的租金。通过将公寓的数量(如20)乘以每月的租金(平均每套公寓500美元)得到每月预期收入10 000美元。通过将这10 000美元追查至银行对账单,博斯沃思可以了解所有租金是否已经存入银行账户。为了让他的姑妈循规蹈矩,博斯沃思让她知道自己会定期检查她的工作。

类似这样的控制措施是重要的,如果只有少数几名员工,岗位分离就不是很可行。管理者必须对经营实施控制,否则资产可能会流失。

章中习题

Ayers Associates 2016 年 2 月 28 日的现金账户如下所示:

现金

2 月 1 日	余额 3 995	2 月 3 日	400
6 日	800	12 日	3 100
15 日	1 800	19 日	1100
23 日	1 100	25 日	500
28 日	2 400	27 日	900
2 月 28 日	余额 4 095		

Ayers Associates 2016 年 2 月 28 日收到下面这张银行对账单(负数以括号表示):

2016 年 2 月的银行对账单		美元
期初余额		
存款:		3 995
2 月 7 日	800	
15 日	1 800	
24 日	1 100	3 700
支票(每日总额):		
2 月 8 日	400	
16 日	3 100	
23 日	1 100	(4 600)
其他项目:		
手续费		(10)
收到的顾客的空头支票		(700)
银行代收的应收票据		1 000
EFT——每月租金费用		(330)
银行存款利息		15
期末余额		3 070

其他信息：Ayers Associates 将所有现金存入银行，且通过支票支付。

要求

1. 编制 Ayers Associates 2016 年 2 月 28 日的银行存款余额调节表。

2. 基于银行存款余额调节表编制相应的会计分录。

答案

要求 1

美元

Ayers Associates 银行存款余额调节表 2016 年 2 月 28 日		
银行：		
2016 年 2 月 28 日余额		3 070
加：2 月 28 日在途存款		2 400
		5 470
减：2 月 25 日（500 美元）和 2 月 27 日（900 美元）开具的在途支票		
2016 年 2 月 28 日调节后余额		(1 400)
		4 070
账簿：		
2016 年 2 月 28 日余额		4 095
加：银行代收应收票据		1 000
银行存款利息		15
减：手续费	10	5 110
空头支票	700	
EFT——租金费用	330	(1 040)
2016 年 2 月 28 日调节后余额		4 070

相等

要求 2

2 月 28 日	现金	1 000	
	应收票据		1 000
	银行代收的应收票据。		
28 日	现金	15	
	利息收入		15
	银行存款利息收入。		
28 日	杂费	10	
	现金		10
	银行收取手续费。		
28 日	应收账款	700	
	现金		700
	银行退回空头支票。		
28 日	租金费用	330	
	现金		330
	支付月租费。		

评估现金收付款中的内部控制

由于现金较易于被窃取和转换成财富的其他形式,因此应有专门的内部控制手段对其进行管理。然而,几乎所有的交易对现金都会产生影响。下面讲述现金收款的内部控制。

为了安全起见,所有的现金收款应立即存入银行。每一笔现金收款——通过柜台或通过邮寄——都需要相应的安全措施。

柜台交易收款

图4-9反映了在某杂货店的购物场景。销售点终端机提供了对现金收款的管理控制,在记录销售收入的同时根据销售成本减记存货。以全食超市的一家门店为例。超市政策要求收银员开出销售发票以确保每笔销售做了记录。现金抽屉只在收银员键入销售金额后开启,同时收银机向公司主机发送销售金额。在每天营业结束时,收银员把现金抽屉送往办公室,所有终端机的现金汇集在一起后,装甲车将现金运往银行存入账户。另一名员工比对现金抽屉内的现金和收银机当天的销售记录。这种做法使经理可以对现金进行有效监控,同时可以减少偷窃行为。

图4-9　柜台交易收款

销售点终端机也可以对存货实施有效管理。以一家餐厅为例,销售点终端机记录每道菜的销售,还能区分现金消费和刷卡消费。销售点终端机自动生成销售台账,并与总账相连。餐厅经理根据销售情况检查存货并与销售记录进行比较。以红酒销售为例,每天营业结束时,餐厅经理清点红酒存货。前一天的红酒存货数,加上当天的进货数,减去当天歇业时的红酒存货数,应该等于销售点终端机统计的当天红酒销售数。

许多连锁零售业(如饭店、杂货店、服装店)为了防止未经授权的人接触到现金也为了更加有效地管理现金,会使用托存银行账户来管理现金。现金收入必须每天存入指定的当地银行账户(出于安保考虑由装甲车运送),然后汇入公司总部的中央账户,用于支付公司账单。托存银行账户是一种"单向"账户,每家门店只能存入不能取出。

邮寄方式收款

许多公司通过邮寄方式收取现金。图4-10说明了通过邮寄方式收取现金的控制过程。所有邮件应该由专门的邮件处理人员打开。该员工会将客户的付款支票转交财务主管,由财务主管将支票和现金收款存入银行。同时,邮件处理人员将所有的汇款通知单转到会计部门,会计部门以此为凭据借记现金,同时贷记该客户的应收账款。作为最后一步,会计主管应对当天的下列记录进行核对:

- 财务主管存入银行的存款总额。
- 会计部门借记的现金金额。

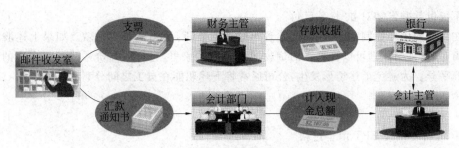

图 4-10　邮寄方式收款

借记现金账户的金额应等于存入银行的现金总额。现金存入银行比较安全,会计部门需对相关账户进行更新。

许多公司使用银行存款箱而不是通过邮件收款。顾客直接将支票寄给由银行掌控的信箱。银行发送详细的顾客现金记录给公司,公司据此调整应收账款账户。这种方式的内部控制很有效,因为这样避免了该公司的员工处理收入现金业务。银行存款箱提高了效率,与通过邮件收发室收款相比,公司可以更快地使用现金。

支票付款的内部控制

公司多数情况下采用支票或电子支付系统付款。我们知道一个良好的内部控制制度需要适当的岗位分离。例如,经营部门与付款部门就应该分离。支票或电子支付系统付款是一种重要的内部控制手段,具体作用如下:

- 支票或电子支付系统提供了每笔支付的记录。
- 支票或电子支付系统必须由经授权的主管人员签发和审批。
- 在签发支票或授权电子支付前,主管人员需核对相关的支付文件。

采购和付款的内部控制　为说明支票付款的内部控制,我们以绿谷咖啡公司为例。假设绿谷咖啡公司从西斯科食品公司购进一批风味糖浆。采购和付款按照以下步骤进行,具体情形如图 4-11 所示。我们从左边的绿谷咖啡公司开始。

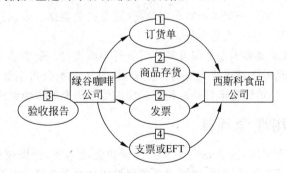

图 4-11　采购和付款流程

1. 绿谷咖啡公司通过传真或电子邮件将订货单发给西斯科食品公司。订货单写道:"请发 2 000 瓶 16 盎司的糖浆。"

2. 西斯科食品公司发货并将纸质或电子版发票发送给绿谷咖啡公司。货物已发。

3. 绿谷咖啡公司收到货物,准备验收报告列示已收货物。货物已收到。

4. 审核所有的采购文件后,绿谷咖啡公司付款,将支票寄给西斯科食品公司或使用电子支付系统付款并告知对方"货款已付"。

在良好的内部控制制度下,采购代理不能负责收货,更不能负责付款。如果上述职能没有分离,那么采购代理可以将购买的货物运到自己的家里,也可以高价采购并将多出的钱与供应商平分。为避免上述情形发生,公司通常将下述职能在员工之间分离:

- 采购货物
- 验收货物
- 准备支票或 EFT 用于付款
- 批准付款

图 4-12 列示了绿谷咖啡公司的付款文件夹。在签发支票或使用电子支付系统前,财务部门应当核查所有的付款文件,并确认公司:

1. 已收到所订的货物。
2. 只对收到的货物付款。

图 4-12 付款文件夹

付款后,财务部门的支票签发人在付款文件夹上加印"已付"以防止重复提交。不诚实的员工会利用这些文件进行重复支付。盖章或打孔表示该发票已经被支付。已使用的支票应直接寄给收款人,不允许再次回到签发支票的部门,否则会造成现金收付与记录职权分离不彻底,并且会造成未经授权的人接触现金。

零用金 为总裁乘坐出租车、马上要用的标签或寄送包裹而签发支票是很不经济的,因此公司通常保留零用金以支付这些小额支出。零用代表小额。零用金就是单个员工保存的小额现金储备,用于支付现场的小额交易。

设置零用金时应先确定具体的现金额度,然后向零用金保管员开具这一金额的支票,由其负责记账。假设 2 月 28 日,思科系统公司的一个销售部门设置了 500 美元的零用金。向零用金保管员开具了一张 500 美元的支票,由其将 500 美元放在现金盒里或其他地方。

对于每笔小额支付,保管员要准备零用金单据以列示购买的物品。零用金中剩余的现金总额加上单据的总额应该等于期初余额——在本例中,是 500 美元。零用金账户在任何时候都将保持为 500 美元。保留一个固定的账面余额(现金加上票据),是预付款系统的特征。该项控制措施明确了保管员应负责的金额。

近年来,银行开发了储蓄卡业务以方便公司进行小额支付。经手小额采购的员工只需向公司主管申请使用公司的储蓄卡进行支付。然后,将发票交给公司主管,与银行对账单进行比较,确保金额相符。公司储蓄卡日益取代了公司保留零用金的传统做法。

 ## 编制并使用现金预算

正如前面章节所介绍的,预算是一个财务计划的定量系统,帮助调整公司的经营活动。管理者通过经营预算控制经营活动,通过现金预算控制公司现金收付以及期末现金余额。

例如,绿谷咖啡公司如何决定什么时候投资于新的存货管理系统?绿谷咖啡公司如何决定将花费多少?是通过借款,还是使用内部产生的现金?期末现金余额至少为多少才能提供"安全边际",防止公司现金流断裂?公司的现金预算大体上与个人预算一致。同样,你通过怎样的过程作出关于在教育、汽车、房子上花费多少的决定?所有的决策在一定程度上都取决于现金预算提供的信息。

现金预算通过制订未来一段时间内现金的收付计划来帮助公司或个人管理现金。公司

必须决定需要多少现金,然后决定是否需要借入现金。管理者通常要执行如下步骤:

1. 从公司期初的现金余额入手,即上期留到本期的现金数额。

2. 加上预算的现金收款,减去预算的现金支付。

3. 期初余额加上收款减去支付等于预计的期末余额。

4. 比较新的筹资前手头的现金与期末的预算现金余额。管理者知道他们最少需要多少现金(预算余额)。如果有多余的现金,他们可以扩张投资。但是如果预期的现金余额低于预算余额,则公司就需要筹集资金。预算是帮助公司对未来作出计划的非常有用的工具。

预算期可以涵盖任何时间长度——一天、一周、一个月或者一年。表 4-2 列示了绿谷咖啡公司截至 2017 年 12 月 31 日的年度现金预算。仔细研究它,因为未来你可能需要使用现金预算。

表 4-2   现金预算   美元

	绿谷咖啡公司现金预算表 截至 2017 年 12 月 31 日的年度		
1	2016 年 12 月 31 日现金余额		6 000 000
2	现金收入预算		
3	从客户处收款		55 990 000
4	股利收入		1 200 000
5	出售设备		5 700 000
6			68 890 000
7	现金支出预算		
8	购买存货	33 720 000	
9	运营费用	11 530 000	
10	新店建设	12 000 000	
11	偿还长期借款	5 000 000	
12	支付股利	3 000 000	65 250 000
13	筹资前可用(所需)现金		3 640 000
14	2017 年 12 月 31 日现金余额预算		(5 000 000)
15	额外投资可用现金(或所需的新的融资)		(1 360 000)

表 4-2 中绿谷咖啡公司的现金预算从 2016 年年末现金余额 6 000 000 美元开始(第 1 行),然后加上预算的现金收款,减去预算的现金支付。在本例中,绿谷咖啡公司预算本年年末现金的账面余额为 3 640 000 美元(第 13 行)。假设绿谷咖啡公司的管理层希望使现金余额至少在 5 000 000 美元以上(第 14 行),则他们需要筹集 1 360 000 美元,以得到 2017 年需要筹集的资金。

在资产负债表中列报现金

大多数公司都有很多银行账户,但通常把所有的现金账户加总到现金及其等价物科目中。现金等价物包括定期存款、存单以及即将到期的高级别政府证券(购买时距离到期日仅 3

个月或更少)等流动资产,这些资产账户没有利息,可以随时提取无须支付罚金。虽然流动性稍弱于现金,但它们也足以与现金一起反映在报表中。绿谷咖啡公司资产负债表的节选如下:

美元

绿谷咖啡公司资产负债表(节选) 2016 年 12 月 31 日	
资产	
现金及其等价物	6 000 000

大多数上市公司在财务报表的附注中说明关于现金及其等价物的进一步信息。例如,苹果公司 2014 年度财务报表附注 1(重要会计政策概要)包含以下有关现金等价物的简要评论:

现金等价物
所有在购买日距离到期日 3 个月或以下的高流动性投资均归类为现金等价物。

补偿性余额协议

资产负债表中的现金账户列出的是每天可以使用的流动资产金额,而不包括以任何方式进行限定的现金余额。任何受到限制的现金都不应作为现金及其等价物在资产负债表中列出。银行经常在补偿性余额协议下借出款项。借款人同意在任何时候都在其资金账户中保留一笔最低的资金余额。这笔最低的现金余额成为公司的长期资产,因此不是通常意义上的现金。假设绿谷咖啡公司以 8% 的利率从第一州际银行借款 10 000 美元,并且同意始终在其存款账户中保留 20%(2 000 美元)。该补偿性余额协议的结果是绿谷咖啡公司实际上仅借款 8 000 美元,但要对全额的 10 000 美元支付 8% 的利息,绿谷咖啡公司借款的实际利率为 10%。计算如下:

$$10\ 000 美元 \times 0.08 = 800 美元(利息)$$
$$800 美元 / 8\ 000 美元 = 10\%(利率)$$

章末习题

假定 Petco 公司的情形如下:2016 年年末现金余额为 2 亿美元。2016 年 12 月 31 日,Petco 公司的首席财务官鲍勃·德特默(Bob Detmer)正在编制 2017 年的预算。

德特默预期 2017 年 Petco 公司可以从客户处收款 264 亿美元,同时可以得到 8 000 万美元的投资收益。Petco 公司预计要购入存货 125 亿美元,并支付经营费用 54 亿美元。为了保持竞争力,Petco 公司计划花 22 亿美元对生产设施进行升级,同时用 3.5 亿美元收购其他公司。Petco 公司还计划出售价值大约 3 亿美元的旧资产,预计可以收回 2.2 亿美元现金。公司计划在 2017 年发放 5.5 亿美元的现金股利。最后,公司需要支付 2016 年延续下来的 12 亿美元长期负债和 66 亿美元流动负债。

考虑到 2017 年的发展计划,德特默认为现金余额不能低于 3 亿美元。

要求

Petco 公司 2017 年应该借多少款以保持其现金余额不低于 3 亿美元?编制 2017 年的现

金预算表来回答这一重要问题。你可以使用 Excel 来简化这个问题。

百万美元

Petco 公司现金预算表 截至 2017 年 12 月 31 日的年度		
2016 年 12 月 31 日现金余额		200
预计现金收入：		
从客户处收款		26 400
利息收入		80
资产出售		220
		26 900
预计现金支出：		
购买存货	12 500	
支付营业费用	5 400	
升级生产设施	2 200	
收购其他公司	350	
支付股利	550	
偿还长期债务和其他负债（1 200＋6 600）	7 800	(28 800)
融资前可用（所需）现金		(1 900)
2017 年 12 月 31 日预算现金余额		(300)
可用于额外投资的现金（或所需的新的融资）		(2 200)

Petco 公司必须借款 22 亿美元。

复习：内部控制和现金管理

复习测试（答案见本章末）

1. 内部控制有其专有术语。下面左边是一些重要的内部控制概念,右边则是一些关键词汇。将每个内部控制概念与词汇进行匹配,将合适的字母填在相应的空格上。并非所有字母都会用到。

_____内部控制并不能保证解决该问题。　　　　a. 忠诚保险

_____经常被称作一个良好的内部控制系统的基石。　　b. 监管

_____向员工支付足够的工资以要求他们做好本职工作。　c. 岗位分离

_____这一程序限制了接触敏感数据的途径。　　　d. 加密

_____这种保单覆盖因员工偷窃带来的损失。　　　e. 有专业胜任能力的人

_____如果信任你的员工则可以忽略这一程序。　　　f. 公司章程

_____这是内部控制最基本的目的。　　　　　g. 共谋

h. 资产保护

i. 外部审计

2. 下面的每一项都是内部控制程序的例子,除了_____。

a. 健全的人事手续

b. 完善的营销计划

c. 限制接触资产的途径

d. 岗位分离

3. 下面哪一项是内部控制较弱的例子?

a. 让员工在不同岗位间轮换

b. 会计部门将收到的货物与相应的采购单进行核对

c. 在邮件收发室工作的员工立即在分录中记录每天的现金收款

d. 员工必须休假

Trisha 公司要求你准备当月月底的银行存款余额调节表。使用下面几个字母回答问题 4～8,以说明为何这些项目会在银行存款余额调节表中出现。

a. 从银行对账单余额中减去

b. 加到账户余额中

c. 并不出现在银行存款余额调节表中

d. 从账户余额中减去

e. 加到银行对账单余额中

4. 银行对账单显示利息收入 50 美元。

5. 银行对账单显示银行错误地将 Tryon 公司的 500 美元存款记为 Trisha 公司的存款。

6. 一张由 Trisha 公司在当月开出的 753 美元的支票被错误地记作 375 美元。

7. 银行对账单包括顾客开出的一张空头支票。

8. 当月最后一天的一笔 600 美元存款并没有出现在银行对账单上。

9. 下列调节事项中哪一项不需要做会计分录?

a. 空头支票　　　　　　　　　　b. 银行代收应收票据

c. 银行手续费　　　　　　　　　d. 在途存款

10. 一张 295 美元的支票被开出以购买材料,这张支票在日记账中被记作 259 美元,纠正该错误的分录为_____。

a. 增加材料 36 美元　　　　　　b. 减少现金 36 美元

c. 减少材料 36 美元　　　　　　d. a 和 b

11. 现金预算通过_____管理现金。

a. 确保正确的现金记录

b. 帮助决定投资所需的额外现金是否足够,是否需要筹集资金

c. 制订促销计划

d. 以上各项

自我测评

道德检测

下列情况违反了 AICPA 职业行为守则三原则(客观性、独立性和谨慎性)中的哪个原则?假设例子中的所有人都是 AICPA 的成员(注:有关原则的描述,请参阅第 1 章有关 AICPA 专业行为准则的内容)。

a. Sally 负责公司的应付账款,她经手的超过 10 000 美元的支票必须由经理签署。经理

本周不在办公室，Sally 仿造了经理的签名，以确保支票按时发出。

b. Angelica 是一家大型会计师事务所的新任审计师。她被派去审计一家主营自行车旅游的旅行社 Bike Tyme。Angelica 没有向公司透露，她的妈妈是这家旅行社的共同所有人。Angelica 认为自己不会受到妈妈的影响。

c. Mark 出任公司的首席执行官，有权批准所有交易。因此，他使用公司资金给自己家购买了一个新的沙发。

d. Joe 在公司工作了 10 年，每年都要参加内部控制培训。他觉得自己已经了解政策，今年没有参加培训。但是在过去一年中发生了重大的政策变更。

小练习

S4-1　（目标：描述舞弊及其影响）舞弊的定义是什么？列举和描述"舞弊三角"的三要素。

S4-2　（目标：描述舞弊及其影响）Dorthea Alston 是 Fun Tymes 公司的一名会计师，她发现上司 Eli Golden 去年犯了一些错误。总的来说，这些错误导致该公司的净利润被高估了20%。Dorthea Alston 不确定这些错误是故意的还是过失造成的，她应该如何做？

S4-3　（目标：解释内部控制的目的和组成部分）计算机病毒、木马和钓鱼软件是如何实施攻击的？这些电子商务缺陷对你有何影响？请具体阐述。

S4-4　（目标：解释内部控制的目的和组成部分）列举内部控制的各组成部分并用自己的话简短地描述各组成部分。

S4-5　（目标：解释内部控制的目的和组成部分）用自己的话解释为什么岗位分离是资产保护的重要环节。如果同一个人既保管一项资产又负责记录这项资产将会有什么后果？

S4-6　（目标：解释内部控制的目的和组成部分）除岗位分离之外，公司的内部控制还有哪些程序？阐述每一项的重要性。

S4-7　（目标：解释内部控制的目的和组成部分）现金可能是财务报表中的一个小项目，但是对于现金的内部控制是非常重要的，为什么？

S4-8　（目标：解释内部控制的目的和组成部分）Cardinal 公司要求在签出支票的所有相关文件上打孔。为什么要求这么做？如果不这么做，可能发生什么？

S4-9　（目标：编制并使用银行存款余额调节表）2016 年 8 月 31 日，Rampart 公司的现金账户余额是 3 530 美元，其中包括在途支票 1 700 美元和一张 8 月 31 日到期的未在银行对账单上列示的 400 美元的存款。来自 Park 银行的银行对账单显示 8 月 31 日银行余额是5 483 美元。银行存款余额包括一位客户 8 月 30 日直接向银行支付的 691 美元。银行对账单还列示了 13 美元的手续费、20 美元的存款利息收入和一张 45 美元的空头支票。

编制银行存款余额调节表以确定 Rampart 公司在 8 月 31 日的实际现金余额是多少。

S4-10　（目标：编制并使用银行存款余额调节表）根据 S4-9 编制的银行存款余额调节表，编制该公司因该调节表所需编制的调整分录并给出解释。

S4-11　（目标：编制并使用银行存款余额调节表）克莱尔·亨特（Claire Hunter）经营着Sunshine 制造公司。亨特担心一名她曾信任的员工偷窃。这名员工负责从客户处收取现金并按月编制银行存款余额节表。为了监督该员工，亨特编制的银行存款余额调节表如下所示：

美元

Sunshine 制造公司银行存款余额调节表			
2016 年 5 月 31 日			
银　　行		现金账户	
5 月 31 日余额	4 400	5 月 31 日余额	3 780
加：在途存款	350	加：银行代收	950
		利息收入	50
减：在途支票	(760)	减：手续费	(25)
调节后的银行存款余额	3 990	调节后的账面余额	4 755

上表中的数据是否表明员工从公司偷窃？如果是，金额是多少？给出适当的解释。银行存款余额调节表的哪一边反映该公司的实际现金余额？

S4-12　（目标：评估现金收付款中的内部控制）维克多·阿尔伯特（Victor Albert）代理销售奥兰多交响乐协会的会员身份。协会要求阿尔伯特每售出一个会员身份即出具一张收据，而收据已经事先编号。阿尔伯特由于自身的财务危机从公司偷盗了客户支付的 600 美元。为了掩盖事实，阿尔伯特销毁了应提交协会的收据联。什么漏洞能使协会管理者詹妮弗·施瓦布（Jennifer Schwab）察觉到异常？

S4-13　（目标：评估现金支付的控制程序）回答下列有关现金支付的内部控制问题：

1. 支票支付对现金有三个基本的控制，是什么？

2. 假设一位采购代理人收到了他购买并已支付款项的货物。一位不诚实的采购代理人会如何欺骗他的公司？而公司又可以如何避免这种内部控制漏洞？

S4-14　（目标：编制并使用现金预算）KM 是一家大型食品公司。假设该公司 2017 年开始经营时有 500 万美元现金。该公司估计 2017 年现金收款总额为 1.03 亿美元，计划支付 9 300 万美元。为了满足日常现金需要，CAG 必须保持至少 1 100 万美元的现金余额。编制该公司 2017 年的现金预算。

S4-15　（目标：在资产负债表中列报现金）描述资产负债表中现金及其等价物项下资产的类型。什么是现金等价物？

练习

（A 组）

E4-16A　（目标：描述舞弊及其影响；解释内部控制的目的和组成部分）指出下列情况下缺少的内部控制，说明员工可能怎样损害公司的利益。

a. 朱利·斯威特在 SPEEDY 停车场做保安，他拥有收费箱的钥匙。每晚他会编制现金报告以记录停车数量和日现金收入。哈莉·多诺万是 SPEEDY 公司的会计，她通过将停车数量与每辆车的停车费相乘来检查斯威特的数据，然后将现金存入银行。

b. 李伟是 Targhee 体育用品公司的采购代理人，他根据公司部门经理的要求填写采购订单并将订单传真给供应商，之后供应商会将货物运送到 Targhee 公司。李伟收到货物后按合同规定对货物进行检查，之后将货物送到各部门经理处，将发货单和接收单送交财务部门由其进行支付。

E4-17A　（目标：评估现金收付款中的内部控制）下面的情况有两个是关于现金付款、两个是关于现金收款的。在每一对中，其中一个的内部控制比另一个好。用强或弱评价每一种情况下的内部控制情况，并说明理由。

现金付款：

a. Garrett Colton 建筑公司规定由工程主管提出工程所需购买的设备，然后由总部办公室购买该设备并将之运到工程现场。

b. Sellers 建筑公司规定由工程主管购买工程所需的设备，该主管随后将付款收据交到总部办公室报销，这一政策能让工程主管迅速得到所需的设备从而保证工程的进行。

现金收款：

a. 在 Gopherton 汽车配件公司，现金直接邮寄给会计人员，然后由会计人员借记现金、贷记应收账款，并将现金存入银行。

b. 在 Markley 皮肤病诊所，现金邮寄到邮箱中，由专职的收发人员拆开信封，并汇总当天收到的所有现金。收发人员将顾客的支票送给出纳由其存入银行，并将汇款单送到会计部门，会计部门再做贷记客户账户的记录。

E4-18A　（目标：描述舞弊及其影响；解释内部控制的目的和组成部分；评估现金收付款中的内部控制）朗达·邓巴（Rhonda Dunbar）是 Downtown Forest Lake 公司的执行董事。在过去的 11 年间，邓巴盗用了公司 444 000 美元。他是如何做到的呢？他将订户的现金付款存入自己的银行账户，给自己开出 Downtown Forest Lake 公司的支票，并且编制虚假分录。

Downtown Forest Lake 公司的董事会是由市政官员组成的。直到 Downtown Forest Lake 公司不能对外支付时，朗达·邓巴的盗用行为才被发现。

给出至少 4 种能够阻止朗达·邓巴的盗用行为的方法。

E4-19A　（目标：编制并使用银行存款余额调节表）F. L. Hardy 的支票簿列记了如下项目：

美元

日期	支票编号	事项	支票金额	存款金额	余额
10 月 1 日					515
4 日	622	Landry 咖啡馆	25		490
9 日		收到股利		125	615
13 日	623	City 轮胎公司	160		455
14 日	624	杰夫润滑油公司	68		387
18 日	625	现金	65		322
26 日	626	沙洛姆教堂	75		247
28 日	627	Greenside 公寓	175		72
30 日		薪金支票		1 225	1 297

10 月的银行对账单如下：

			美元
余额			515
加：存款			125
减：支票			

编号	金额
622	25
623	160
624	86*
625	65

减：支票合计			(336)
其他收费：			
空头支票		20	
手续费		5	(25)
余额			279

* 此金额为 624 号支票的正确金额。

要求

编制该公司 2017 年 10 月 31 日的银行存款余额调节表。

E4-20A　（目标：使用银行存款余额调节表）狄恩·怀特开了一家旱冰场。3 月 31 日他收到城市国民银行寄出的银行月对账单，显示其账户余额为 740 美元。在对账单上列出的有：一笔 EFT 租金收款 320 美元，银行手续费 8 美元，两张总额 110 美元的空头支票和 10 美元的支票印刷费。在核对现金记录时，怀特确认在途支票总额为 610 美元，3 月 31 日的在途存款为 1 790 美元。3 月，他误将一名兼职员工的 280 美元工资记为 28 美元。怀特的现金日记账显示 3 月 31 日他的现金余额为 1 980 美元。怀特 2016 年 3 月 31 日实际有多少现金？

E4-21A　（目标：使用银行存款余额调节表）使用 E4-20A 中的数据，为怀特编制 3 月 31 日的调整分录，以更新其现金账目，并解释每个分录。

E4-22A　（目标：评估现金收付款中的内部控制）Orchard 商店使用现金出纳机，该机器显示每笔销售的金额、从顾客处收取的现金，以及给顾客的找零。该机器还生成顾客收据但是不对交易做记录。在每天结束的时候，员工清点出纳机内的现金后交给出纳，然后由出纳存入公司的银行账户。

写份备忘录以让商店经理相信现金出纳机存在内部控制缺陷，指出该缺陷给予员工偷取现金的最佳机会，并说明如何防止类似的偷窃行为。

E4-23A　（目标：评估现金支付的内部控制）Linus 公司生产一款热销的工作服，雇用了125 名员工并将他们的工作记录在每周工作小时数的时间表上，每周五负责人收集并检查时间表，然后将表格送交财务部门以备支付。财务人员签署支票后发给员工。

指出主要的内部控制漏洞以及该漏洞可能给公司造成的损害和相应的解决办法。

E4-24A　（目标：编制并使用现金预算）长途电话服务商 Byer 公司正在编制 2017 年的现金预算。假设 Byer 公司 2016 年年末的现金余额为 6 500 万美元，同时管理层需要将现金余额保持在 6 800 万美元以上以满足正常的经营需要。

2017 年大概可以从顾客处收款 112.83 亿美元，服务费用和产品成本大约为 61.94 亿美元。经营费用支出预算为 25.56 亿美元。

2017 年,Byer 公司预计将投资 18.23 亿美元购置新设备,同时出售旧设备预计将收回 1.37 亿美元,2017 年预计的债务偿还总计为 5.64 亿美元。该公司预计 2017 年的净利润为 8.87 亿美元,计划发放现金股利 3.25 亿美元。

编制 Byer 公司 2017 年的现金预算,其预算的期末现金余额能否保持在 6 800 万美元的水平? 该公司是否需要筹资? 如果需要,筹资金额是多少?

（B 组）

E4-25B　（目标:解释舞弊及其影响;解释内部控制的目的和组成部分）指出下列情况下缺少的内部控制,说明员工可能怎样损害公司的利益。

a. 曼迪·莫里森（Mandy Morrison）在 POST 停车场做保安,他拥有收费箱的钥匙。每晚他会编制现金报告以记录停车数量和日现金收入。朱迪·吉布森（Judy Gibson）是 POST 公司的会计,她通过将停车数量与每辆车的停车费相乘来检查莫里森的数据,然后将现金存入银行。

b. 苏菲·彼得森（Sophie Peterson）是 Pinkerton 体育用品公司的采购代理人,她根据公司部门经理的要求填写采购订单并将订单传真给供应商,之后供应商会将货物运送到 Pinkerton 公司。彼得森收到货物后按合同规定对货物进行检查,之后将货物送到各部门经理处,将发货单和接收单送交财务部门由其进行支付。

E4-26B　（目标:评估现金收付款中的内部控制）下面的情况有两个是关于现金付款、两个是关于现金收款的。在每一对中,其中一个的内部控制比另一个好。用强或弱评价每一种情况下的内部控制情况,并说明理由。

现金付款:

a. Thomas Giles 建筑公司的政策规定由工程主管提出工程所需购买的设备,然后由总部办公室购买该设备并将之运到工程现场。

b. Chumton 建筑公司规定由工程主管购买工程所需的设备,该主管随后将付款收据交到总部办公室报销,这一政策能让工程主管很快得到所需的设备从而保证工程的进行。

现金收款:

a. 在 Tallmadge 汽车配件公司,现金直接邮寄给会计人员,然后由会计人员借记现金、贷记应收账款,并将现金存入银行。

b. 在 Nelson Heart 诊所,现金邮寄到邮箱中,由专职的收发人员拆开信封,并汇总当天收到的所有现金。邮件工作人员将顾客的支票送给出纳由其存入银行,并将汇款单送到会计部门,会计部门再做贷记客户账户的记录。

E4-27B　（目标:描述舞弊及其影响;解释内部控制的目的和组成部分;评估现金收付款中的内部控制）苏·瓦伦丁（Sue Valentine）是 Downtown Wooster 公司的执行董事。在过去的 14 年间,瓦伦丁盗用了公司 236 000 美元。他是如何做到的呢? 他将订户的现金付款存入自己的银行账户,给自己开出 Downtown Wooster 公司的支票,并且编制虚假分录。

Downtown Wooster 公司的董事会是由市政官员组成的,直到 Downtown Wooster 公司不能对外支付时,瓦伦丁的盗用行为才被发现。

给出至少 4 种能够阻止瓦伦丁的盗用行为的方法。

E4-28B　（目标:编制并使用银行存款余额调节表）F. L. Hill 的支票簿列记了如下项目:

美元

日期	支票编号	事项	支票金额	存款金额	余额
7月1日					525
4日	622	Sun 咖啡馆	20		505
9日		收到股利		125	630
13日	623	Hartford 公司	160		470
14日	624	Fast 石油公司	18		452
18日	625	现金	60		392
26日	626	第一教堂	80		312
28日	627	Willow Tree 公寓	280		32
31日		薪金支票		1 220	1 252

7月的银行对账单如下:

美元

余额			525
加:存款			125
减:支票			
	编号	金额	
	622	20	
	623	160	
	624	81*	
	625	60	(321)
其他收费:			
空头支票		25	
手续费		10	(35)
余额			294

* 此金额为 624 号支票的正确金额。

要求

编制该公司 2016 年 7 月 31 日的银行存款余额调节表。

E4-29B (目标:使用银行存款余额调节表)瑞克·尼尔(Rick Neal)开了一家旱冰场。10 月 31 日他收到 Sandstone 国民银行寄出的银行月对账单,显示其账户余额为 750 美元。在对账单上列出的有:一笔 EFT 租金收款 330 美元,银行手续费 10 美元,两张总额为 110 美元的空头支票和 11 美元的支票印刷费。在核对现金记录时,尼尔确认在途支票总额为 603 美元,10 月 31 日的在途存款为 1 770 美元。10 月,他误将一名兼职员工的工资 310 美元记为 31 美元。尼尔的现金日记账显示 10 月 31 日他的现金余额为 1 997 美元。尼尔 2016 年 10 月 31 日实际有多少现金?

E4-30B (目标:使用银行存款余额调节表)使用 E4-29B 中的数据,为尼尔编制 10 月 31 日的调整分录,以更新其现金账目,并解释每个分录。

E4-31B (目标:评估现金收付款中的内部控制)Rally 商店使用现金出纳机,该机器显示每笔销售的金额、从顾客处收取的现金,以及给顾客的找零。该机器还生成顾客收据但是不对交易做记录。在每天结束的时候,员工清点出纳机内的现金后交给出纳,然后由出纳存入公司的银行账户。

写份备忘录以让商店经理相信现金出纳机存在内部控制缺陷,指出该缺陷给予员工偷取现金的最佳机会,并说明如何防止类似的偷窃行为。

E4-32B (目标:评估现金支付的内部控制)Greentown 公司生产一款热销的足球,雇用了 142 名员工并将他们的工作记录在每周工作小时数的时间表上,每周五负责人收集并检查时间表,然后将表格送交财务部门以备支付。财务人员签署支票后发给员工。

指出主要的内部控制漏洞以及该漏洞可能给公司造成的损害和相应的解决办法。

E4-33B (目标:编制并使用现金预算)长途电话服务商 Ayers 公司正在编制 2017 年的现金预算。假设 Ayers 公司 2016 年年末的现金余额为 6 200 万美元,同时管理层需要将现金余额保留在 7 100 万美元以上以满足正常的经营需要。

2017 年大概可以从顾客处收款 113.39 亿美元,服务费用和产品成本大约为 61.93 亿美元。经营费用支出预算为 25.44 亿美元。

2017 年,Ayers 公司预计将投资 18.23 亿美元购置新设备,同时出售旧设备预计将收回 1.32 亿美元,2017 年预计的债务偿还总计为 5.52 亿美元。该公司预计 2017 年的净利润为 8.93 亿美元,计划发放现金股利 3.55 亿美元。

编制 Ayers 公司 2017 年的现金预算,其预算的期末现金余额能否保持在 7 100 万美元的水平? 该公司是否需要筹资? 如果需要,筹资金额是多少?

练习测试

通过回答下列问题测试你对内部控制和现金管理的理解,为每个题目选择最佳的答案。

Q4-34　下列各项中除了哪项以外都是内部控制的目的?

a. 遵守法律法规

b. 确保会计记录的准确性和可信度

c. 最大化净利润

d. 保护资产

Q4-35　下列各项中除了哪项以外都属于有效的内部控制程序的特征?

a.《萨班斯—奥克斯利法案》的改革

b. 详细记录

c. 岗位分离

d. 内部和外部审计

Q4-36　要求由不能接触现金的员工记录会计事项是内部控制的哪项特征的一个例子?

a. 有胜任能力的、可靠的人员

b. 监督控制

c. 责任分配

d. 岗位分离

Q4-37　下列各项都是针对柜台收款的内部控制,除了_____。

a. 必须开具收据给顾客

b. 顾客应当可以看到输入现金出纳机的金额

c. 收银员必须有接近现金出纳机的途径

d. 现金抽屉只在收银员键入一定数额的时候才能开启

Q4-38　在银行存款余额调节表中,在途支票_____。

a. 加到银行账户余额中

b. 从现金账户余额中减去

c. 从银行账户余额中减去

d. 加到现金账户余额中

Q4-39　在银行存款余额调节表中,EFT 现金收款是指_____。

a. 在银行账户余额中扣除的收款

b. 在现金账户余额中扣除的收款

c. 加到现金账户余额中的收款

d. 加到银行账户余额中的收款

Q4-40　如果会计人员将一笔 34 美元的存款误记为 43 美元,该错误会以哪种形式出现在银行存款余额调节表中?

a. 现金账户余额多记了 9 美元

b. 现金账户余额少记了 43 美元

c. 现金账户余额多记了 43 美元

d. 现金账户余额少记了 9 美元

Q4-41　如果银行存款余额调节表中包括一笔 790 美元的在途存款,则根据银行存款余额调节表做的会计分录应该包括_____。

a. 贷记预付保险费 790 美元

b. 借记现金 790 美元

c. 贷记现金 790 美元

d. 不需要做任何分录

Q4-42　在银行存款余额调节表中,银行存款的利息收入应该_____。

a. 从现金账户余额中扣除

b. 加到银行账户余额中

c. 加到现金账户余额中

d. 从银行账户余额中扣除

Q4-43　在支付货款之前,会计人员或者出纳应该保证_____。

a. 该公司是为实际收到的货物付款

b. 公司还没有支付该发票中的款项

c. 该公司是为其所订购的货物付款

d. 以上所有各项

Q4-44　Jubilee 公司正在编制 2017 年的现金预算,该公司在 2016 年 12 月 31 日的现金余额为 6 000 美元。Jubilee 公司预计 2017 年将收到现金 81 000 美元,预计现金付款中包括 44 000 美元存货、34 000 美元营业费用以及 15 000 美元扩展店铺的支出。Jubilee 公司需要随时保留最低现金余额 13 000 美元。该公司预期 2017 年净利润为 76 000 美元,Jubilee 公司 2017 年现金预算的最终结果是什么?

a. 必须筹资 19 000 美元

b. 偿还 38 000 美元债务

c. 38 000 美元可用于额外的投资

d. 19 000 美元可用于额外的投资

Q4-45　下列哪项资产不包括在资产负债表中的现金等价物里?

a. 美国国债

b. 外国政府发行的债券

c. 定期存款

d. 风险极低的股票

e. 以上都是

问题

（A 组）

P4-46A　（目标:描述舞弊及其影响;评估现金收付款中的内部控制）爱尔兰进口公司是一家从爱尔兰进口银、铜和家具的进口商。帕特丽夏·奥马利是该公司的经理,她雇用了另外两名员工。莫琳·肯尼迪是公司的采购员,经常去爱尔兰寻找有创意的新产品。当发现新的产品时,她会组织公司前去购买。莫琳帮助爱尔兰的工匠开具发票并传真到爱尔兰进口公司。

奥马利的公司位于波士顿,由莱斯利·拉克管理。拉克处理各种邮件、做会计记录、去银行存款并编制月度银行存款余额调节表。事实上爱尔兰进口公司的所有现金收入都是通过邮寄收到的。

拉克根据由肯尼迪负责联系的供应商的发票进行支票付款。为了加强现金支付的管理,奥马利检查所有的文书并签署支票。

要求

指出爱尔兰进口公司内部控制的漏洞及其后果,并给出解决的办法。

P4-47A　（目标：解释内部控制的目的和组成部分；评估内部控制）下面的每一种情形都揭示了内部控制的缺陷。

a. 在评估 Judd 制造公司关于现金支付的内部控制时，审计人员发现：采购公司制造过程所需的珠宝的代理人既批准付款的发票又签署支票。没有任何人对他进行监督。

b. Krysta Pesarchick 拥有一家建筑公司。该公司有 16 名专业建筑师由 Pesarchick 进行管理。Pesarchick 的工作常常要求她外出去见客户。在过去的 6 个月中，Pesarchick 发现每当她出差后，公司的建筑工作都进展缓慢。她了解到在她出差时，两名资深建筑师接管了公司的管理工作而忽视了自己的职责。其实一名员工就可以管理该公司。

c. Ian Holt 在 Streetsboro 市政府工作多年，因为该市比较小，Holt 负责所有的财务工作并查看邮件、去银行存款和编制银行存款余额调节表。

要求

1. 指出在每种情形下缺少的内部控制要素。

2. 指出每家公司可能存在的问题。

3. 提出问题的解决方案。

P4-48A　（目标：编制并使用银行存款余额调节表）Dunlap 汽车公司 2016 年 6 月的现金数据如下：

美元

现金					账号：101
日期	项目	日记账索引	借方	贷方	余额
6 月 1 日	余额				7 450
30 日		CR 6	9 478		16 928
30 日		CP11		10 397	6 531

美元

现金收款（CR）		现金付款（CP）	
日期	现金借方	支票编号	现金贷方
6 月 2 日	2 930	3113	1 509
8 日	532	3114	1 869
10 日	1 696	3115	1 830
16 日	837	3116	87
22 日	355	3117	871
29 日	885	3118	149
30 日	2 243	3119	453
合计	9 478	3120	1 013
		3121	208
		3122	2 408
		合计	10 397

Dunlap 汽车公司收到的 2016 年 6 月 30 日的银行对账单如下所示。

美元

2016 年 6 月的银行对账单		
期初余额		7 450
存款和其他加项：		
6 月 1 日	625（电子支付）	
4 日	2 930	
9 日	532	
12 日	1 696	
17 日	837	
22 日	355	
23 日	1 275（银行代收）	8 250
支票和其他减项		
6 月 7 日	1 509	
13 日	1 380	
14 日	489（签名未经授权）	
15 日	1 869	
18 日	87	
21 日	382（电子支付）	
26 日	871	
30 日	149	
30 日	30（手续费）	(6 766)
期末余额		8 934

银行存款余额调节表的额外数据如下：

a. 电子支付的存款是每月的租金收入，电子支付的支票是用来支付每月的保险费的。

b. 签名未经授权的支票是从客户手中收到的一张空头支票。

c. 编号 3115 的支票的正确金额为 1 380 美元（Dunlap 汽车公司的会计人员将其错记为 1 830 美元）。

要求

1. 为 Dunlap 汽车公司编制 2016 年 6 月 30 日的银行存款余额调节表。

2. 为 Dunlap 汽车公司编制 2016 年 6 月 30 日的现金日记账。

3. 说明银行账户和银行存款余额调节表如何帮助经理管理公司的现金。

P4-49A （目标：编制并使用现金预算）朱莉娅·比彻（Julia Beecher）是 Keller 无线电公司的首席财务主管，她负责编制公司的预算。假设比彻手下的员工正在编制 Keller 无线电公司 2017 年的预算，预算起点是 2016 年现金流量表上的现金期末余额。

千美元

Keller 无线电公司 2016 年度现金流量表	
经营活动产生的现金流量	
从客户处收款	66 000
利息收入	600
购买存货	(45 000)

续表

经营活动产生的现金流量	
经营费用	（13 600）
经营活动产生的净现金流量	8 000
投资活动产生的现金流量	
购买设备	（4 600）
购买投资	（200）
出售投资	900
投资活动产生的净现金流量	（3 900）
筹资活动产生的现金流量	
偿还长期借款	（400）
发行股票	1 400
支付股利	（300）
筹资活动产生的净现金流量	700
现金	
当期增加（减少）	4 800
现金期初余额	3 300
现金期末余额	8 100

要求

1. 编制 Keller 无线电公司 2017 年的现金预算。将时间简单标注为 2017 年，同时将预算的起始分别用“期初”和“期末”表示。假设该公司预测除了以下变化外，其他数据与 2016 年相同：

a. 2017 年，公司预计从客户外收款将增加 14%，存货购买将增加 20%。

b. 2017 年不会出售投资。

c. Keller 无线电公司 2017 年没有发行股票的计划。

d. Keller 无线电公司希望年度结束时现金余额为 350 万美元。

（B 组）

P4-50B （目标：描述舞弊及其影响；评估现金收付款中的内部控制）瑞典进口公司是一家从瑞典进口银、铜和家具的进口商。桑德拉·古斯塔夫森是该公司的经理，她雇用了另外两名员工。曼迪·马丁是公司的采购员，她经常去瑞典寻找有创意的新产品。当发现新的产品时，她会组织公司前去购买。她还帮助瑞典的工匠开具发票并传真到瑞典进口公司。

古斯塔夫森的公司位于纽约布鲁克林，由桑德拉·摩尔管理。摩尔处理各种邮件、做会计记录、去银行存款并编制银行月度存款余额调节表。事实上瑞典进口公司的所有现金收入都是通过邮寄收到的。

摩尔根据由马丁负责联系的供应商的发票进行支票付款。为了加强现金支付的管理，古斯塔夫森检查所有的文书并签署支票。

要求

指出瑞典进口公司内部控制的漏洞及其后果，并给出解决的办法。

P4-51B （目标：解释内部控制的目的和组成部分；评估内部控制）下面的每一种情形都揭示了内部控制的缺陷。

a. 在评估 Arlington 制造公司关于现金支付的内部控制时，审计人员发现：采购公司制造过程所需的珠宝的代理人既批准付款的发票又签署支票。没有任何人对他进行监督。

b. 凯利·希克森拥有一家建筑公司。该公司有19名专业建筑师由希克森进行管理。希克森的工作常常要求她外出去见客户。在过去的6个月中，希克森发现每当她出差后，公司的建筑工作都进展缓慢。她了解到在她出差时，两名资深建筑师接管了公司的管理工作而忽视了自己的职责。其实一名员工就可以管理该公司。

c. 罗恩·卢卡斯在 Scandia 市政府工作多年，因为该市比较小，卢卡斯负责所有的财务工作并查看邮件、去银行存款和编制银行存款余额调节表。

要求

1. 指出在每种情形下缺少的内部控制要素。

2. 指出每家公司可能存在的问题。

3. 提出问题的解决方案。

P4-52B （目标：编制并使用银行存款余额调节表）Duffy 汽车公司 2016 年 7 月的现金数据如下：

美元

现金					账号：101
日期	项目	日记账索引	借方	贷方	余额
7月1日	余额				7 450
31日		CR 6	9 693		17 143
31日		CP11		9 885	7 258

美元

现金收款（CR）		现金付款（CP）	
日期	现金借方	支票编号	现金贷方
7月2日	2 850	3113	1 532
8日	560	3114	1 615
10日	1 693	3115	1 830
16日	890	3116	70
22日	409	3117	790
29日	915	3118	97
30日	2 376	3119	477
合计	9 693	3120	990
		3121	183
		3122	2 301
		合计	9 885

Duffy 汽车公司收到的 2016 年 7 月 31 日的银行对账单如下所示。

美元

2016 年 7 月的银行对账单		
存款和其他加项：		
7 月 1 日	800（电子支付）	
4 日	2 850	
9 日	560	
12 日	1 693	
17 日	890	
22 日	409	
23 日	1 275（银行代收）	8 477
支票和其他减项		
7 月 7 日	1 532	
13 日	1 380	
14 日	430（签名未经授权）	
15 日	1 615	
18 日	70	
21 日	351（电子支付）	
26 日	790	
30 日	97	
30 日	10（手续费）	(6 275)
期末余额		9 652

银行存款余额调节表的额外数据如下：

a. 电子支付的存款是每月的租金收入，电子支付的支票是用来支付每月的保险费的。

b. 签名未经授权的支票是从客户手中收到的一张空头支票。

c. 编号 3115 的支票的正确金额为 1 380 美元（Duffy 汽车公司的会计人员将其错记为 1 830 美元）。

要求

1. 为 Duffy 汽车公司编制 2016 年 7 月 31 日的银行存款余额调节表。

2. 为 Duffy 汽车公司编制 2016 年 7 月 31 日的现金日记账。

3. 说明银行账户和银行存款余额调节表可以如何帮助经理管理公司的现金。

P4-53B （目标：编制并使用现金预算）马克·法马（Mark Farmer）是 Carvel 公司的首席财务主管，他负责编制公司的财务预算。假设法马手下的员工正在编制 Carvel 公司 2017 年的预算，预算起点是 2016 年现金流量表上的现金期末余额。

千美元

Carvel 公司 2016 年度现金流量表	
经营活动产生的现金流量	
从客户处收款	65 000
利息收入	300
购买存货	(44 000)

续表

经营活动产生的现金流量	
经营费用	(13 900)
经营活动产生的净现金流量	7 400
投资活动产生的现金流量	
购买设备	(4 400)
购买投资	(400)
出售投资	900
投资活动产生的净现金流量	(3 900)
筹资活动产生的现金流量	
偿还长期借款	(500)
发行股票	1 800
支付股利	(200)
筹资活动产生的净现金流量	1 100
现金	
当期增加(减少)	4 600
现金期初余额	3 300
现金期末余额	7 900

要求

1. 编制 Carvel 公司 2017 年的现金预算。将时间简单标注为 2017 年,同时将预算的起始分别用"期初"和"期末"表示。假设该公司预测除了以下变化外,其他数据与 2016 年相同:

a. 2017 年,公司预计从客户处收款将增加 12%,存货购买将增加 20%。

b. 2017 年不会出售投资。

c. Carvel 公司 2017 年没有发行股票的计划。

d. Carvel 公司希望年度结束时现金余额为 350 万美元。

挑战性练习

E4-54 (目标:描述舞弊及其影响;评估现金收付款中的内部控制)朱莉·布朗(Julie Brown)是 Julie's Party Sandwiches 公司的所有者。她的朋友斯泰西·伍德(Stacie Wood)主要负责公司经营。布朗时不时来公司会见客户并检查现金收入。伍德负责采购和付款。虽然公司业务发展良好,现金收入和销售同时增长,然而,近一年来,公司的现金余额始终偏低。伍德的解释是供应商普遍提价。布朗还发现伍德去年休了两次假,出外参加豪华旅游。布朗疑惑伍德的年薪只有 52 000 美元,怎么负担得起这些开支。

至少列举三种伍德私吞公司现金的方法。每种方法下,布朗如何判断伍德的行为是否存在舞弊?假设伍德在付款环节私吞现金,而公司用支票给所有供应商付款。重新思考以上答案。

E4-55 (目标:编制并使用现金预算)梅根·威廉姆斯(Megan Williams)是 Dollar Depot 公司的首席财务官,她负责编制公司 2017 年度现金预算。该现金预算可以帮助威廉姆斯计算公司需要多少长期借款才能保证年底现金余额达到 175 000 美元。以下是威廉姆斯的助理使用计算机系统打印的 2017 年度预算项目。但是并非所有项目都将用于编制 2017 年度现金预算。

千美元

预算数据	
2016 年 12 月 31 日,现金期末余额	100
预计资产总额,2017 年 12 月 31 日	22 177
预计流动资产总额,2017 年 12 月 31 日	7 476
预计流动负债总额,2017 年 12 月 31 日	4 760
预计负债总额,2017 年 12 月 31 日	11 588
预计股东权益总额,2017 年 12 月 31 日	7 197
从客户处收款	20 400
支付股利	257
发行股票	647
净利润	1 163
偿还长、短期借款	950
支付经营费用	2 349
购买存货	14 445
购买不动产、厂房和设备	1 548

要求

1. 编制 Dollar Depot 公司 2017 年度现金预算。

2. 计算 Dollar Depot 公司 2017 年 12 月 31 日的流动比率和资产负债率。

3. 威廉姆斯希望公司年底的现金余额达到 175 000 美元。确定她是需要进行额外融资还是会有多余的资金用于投资。

P4-56 (目标:编制和使用银行存款余额调节表)Parkview 公司总裁最近怀疑公司会计贪污现金。假设你是公司委派的调查员,公司希望你检查会计编制的银行存款余额调节表,找出会计记录与银行对账单之间的差异。公司总裁为你提供了 12 月 31 日公司现金日记账、银行对账单和银行存款余额调节表。此外,11 月银行存款余额调节表显示,11 月 30 日有 4 笔在途支票:1560 号支票,金额 184 美元;1880 号支票,金额 549 美元;1882 号支票,金额 122 美元;1883 号支票,金额 467 美元。11 月 30 日还有一笔在途存款 1 275 美元。银行记录显示在途存款记录无误。假设 12 月 24 日现金存款 2 375 美元金额正确。1 月银行对账单显示,1 月 2 日银行存款为 670 美元。

美元

Parkview 公司银行存款余额调节表 2016 年 12 月 31 日			
银 行		**现 金 账 户**	
12 月 31 日余额	3 936	12 月 31 日余额	10 747
加上:		加上:	
在途存款	3 170	EFT 收取的客户款	55
	7 106	银行存款利息收入	13
			10 815

续表

银　　行		现　金　账　户		
减去：		减去：		
未兑现支票：		账面错误	4 000	
1560 号	184	空头支票	155	
1901 号	849	EFT 支付水电费	755	(4 910)
1902 号	168	(1 201)		
调节后余额	5 905	调节后余额		5 905

Parkview 公司 12 月的现金总账如下所示：

现金

12 月 1 日余额	7 291		
7 日	1 600	1880 号支票	549
15 日	4 165	1882 号支票	122
23 日	6 375	1883 号支票	467
30 日	670	1884 号支票	1 285
		1885 号支票	1 332
		1886 号支票	720
		1887 号支票	2 430
		1888 号支票	1 012
		1889 号支票	420
		1901 号支票	849
		1902 号支票	168
12 月 31 日余额	10 747		

Parkview 公司收到的 12 月 31 日的银行对账单如下所示。

美元

12 月的银行对账单		
12 月 1 日期初余额		3 700
存款：		
12 月 1 日	1 275	
8 日	1 600	
16 日	4 165	
24 日	2 375	
31 日	13	
31 日	55	
存款总计		9 483

续表

支票和其他减项		
1880 号支票	549	
1882 号支票	122	
1883 号支票	467	
1884 号支票	1 285	
1885 号支票	1 332	
1886 号支票	720	
1887 号支票	2 430	
1888 号支票	1 012	
1889 号支票	420	
空头支票	155	
电子支付(EFT)	755	
支票和其他减项总计		(9 247)
12 月 31 日期末余额		3 936

要求

重新编制 12 月 31 日的银行存款余额调节表。将不能解释的差异作为账面余额的调整项目。计算公司会计贪污的现金金额,并分析他是如何掩盖偷窃行为的。

知识应用

决策案例

案例 1 (目标:描述舞弊及其影响;编制并使用银行存款余额调节表;评估现金收付款中的内部控制)Environmental Concerns 公司的内部控制很弱。最近,公司经理奥斯卡·本兹(Oscar Benz)怀疑公司会计有偷窃行为。9 月 30 日公司现金状况的详细情况如下:

a. 现金账户余额为 10 402 美元,其中包括 9 月 30 日存入银行的 3 794 美元,这笔存款没有显示在 9 月 30 日的银行对账单上。

b. 9 月 30 日的银行对账单显示银行账户余额为 8 224 美元,银行对账单列出一笔 200 美元的银行代收款项、一笔 8 美元的手续费和一张 36 美元的空头支票。公司会计对以上各项没有记录。

c. 9 月 30 日,在途支票情况如下:

美元

支票编号	金额	支票编号	金额
154	116	291	990
256	150	292	206
278	853	293	145

d. 公司会计收取所有的现金收入,并将之存入银行。他同时调节每月的银行对账单,下面是他编制的 9 月 30 日的银行存款余额调节表:

	美元
9 月 30 日的现金余额	10 402
加：在途支票	1 460
银行代收款项	200
小计	12 062
减：在途存款	3 794
手续费	8
空头支票	36 　(3 838)
9 月 30 日的银行余额	8 224

要求

奥斯卡要求你说明会计是否从公司偷窃现金。如果有,解释会计是如何掩盖其偷窃行为的。为了作出判断,编制银行存款余额调节表。银行或账户没有任何错误。奥斯卡还要求你评估公司的内部控制状况,并对任何需要的改进提出建议。

案例 2　(目标：描述舞弊及其影响;评估现金收付款中的内部控制)本案例是根据作者的真实经历改编的。总部位于堪萨斯州 Topeka 的 Gilead 建筑公司在堪萨斯市开了一家汽车旅馆。工程主管斯利姆·皮金斯(Slim Pickins)雇用工人以完成工程。斯利姆让工人填写必要的纳税表格,并把雇用文件寄回公司。

工程于 5 月 1 日开工,12 月完工。每周四晚上,斯利姆填写一张时间卡记录每名工人在每周 5 个工作日(到周四下午 5 点)中的工作时间。斯利姆将该时间表传真回公司,公司则在周五早上开好所有工人的薪金支票。斯利姆在周五午餐后开车回公司,拿到支票后返回工地。周五下午 5 点,斯利姆将薪金支票分发给工人。

a. 详细说明上述情况下的内部控制缺陷。明确说明由于其中的内部控制缺陷会导致什么样的不良影响。

b. 指出你会采取什么措施以纠正该内部控制缺陷。

道德事项

要求

针对下面三种情境,分别回答以下问题：

1. 指出每种情境下存在的道德问题。

2. 针对问题提出解决建议。

3. 每种情境下的利益相关者是谁？对他们各自都有什么影响？试从经济的、法律的和道德的角度进行分析。

4. 如果你是决策者,你会怎么处理？请说明理由。

情境 1　Sunrise 银行最近聘请 SGH 会计师事务所作为银行的外部审计师。Sunrise 银行是该事务所最大的客户。出于银行监管的需要,Sunrise 银行必须提供任何有关应收票据潜在损失的估计。

在审计期间,SGH 会计师事务所辨别出三笔金额重大的可疑票据,并与银行财务主管苏珊·卡特(Susan Carter)讨论还款能力。苏珊坚持说这些票据的还款没有问题。一旦经济好转,签发票据的三家公司都会及时还款。

SGH 会计师事务所则认为这些票据不可能收到全额还款,Sunrise 银行必须对这部分坏账提取坏账准备。苏珊竭力反对并以解聘为由威胁 SGH 会计师事务所。SGH 会计师事务所很想保住 Sunrise 银行这个客户。实际上,SGH 会计师事务所的发展确实很需要 Sunrise 银行这笔业务。

情境 2 巴里·戈尔文(Barry Galvin)是 Community 银行的执行副总裁。同时,他还是 Salvation Army 公司的董事会成员。随着 Salvation Army 公司的迅速扩张,公司正在考虑迁址。最近的一次会议上,Salvation Army 公司决定购买城郊一块 250 英亩的土地。土地所有者奥尔加·纳达尔(Olga Nadar)是 Community 银行的主要储户。奥尔加刚刚离婚,巴里知道他急于出售手中的土地。基于奥尔加现在的困难处境,巴里相信他愿意低价出售这块土地。房地产中介估计这块土地价值 360 万美元。

情境 3 Community 银行与 IMS 公司有笔贷款业务。IMS 公司已经逾期 6 个月未还款。詹·弗伦奇(Jan French)是 Community 银行的副总裁,正在帮助 IMS 公司进行债务重组。

詹知道 IMS 公司急于和 Snicker 公司达成一项销售协议。Snicker 公司也是 Community 银行的客户,其信贷业务也由詹负责。因此,詹知道 Snicker 公司正在考虑申请破产。虽然破产消息还未公开,詹很想提前告诉 IMS 公司有关 Snicker 公司的财务困境,使 IMS 公司避免不必要的损失。这样做也可以帮助银行收回 IMS 公司的贷款。

聚焦财务:苹果公司

(目标:在资产负债表上列报现金)请参阅附录 A 中苹果公司的合并财务报表。截至 2014 年 9 月 27 日,合并资产负债表中的现金及其等价物的余额为 138.44 亿美元。

要求

1. 资产被划分为现金等价物的一般标准是什么?

2. 参见附注 1——重要会计政策摘要中的"金融工具"部分。公司通常在现金等价物类别中包括哪些类型的资产?

3. 公司是否有对现金等价物更详细的描述?如果有,在哪一部分?指出相关类别。

聚焦分析:安德玛公司

(目标:分析内部控制和现金流量)参考本书附录 B 中安德玛公司的财务报表。

1. 关于现金及其等价物。为什么现金数额在 2014 年有所改变?现金流量表给出了问题的答案。分析现金流量表中 7 项最大的个别事项(不是类似经营活动现金流量这样的小计)。对于该 7 项中的每一项,指出安德玛公司的业务如何影响了其现金的变化。给出具体数额,以百万美元为单位,并且只保留小数点后一位。

2. 参见表 4-1——管理层关于财务报告的内部控制报告。安德玛公司的年度报告中包括了类似报告。指出该报告与内部控制的各项目标有何关系。

小组项目

你正在筹办一场摇滚音乐会。假设你以公司名义主办,且你们小组的每个成员购买了 5 000 美元的公司股票。也就是说,你们每一个人都将辛苦钱投入了这一项目。假设现在是 4 月 1 日,音乐会将在 6 月 30 日举办。宣传活动立刻开始,售票将在 5 月 1 日开始,你希望在 7 月 31 日前将公司所有的资产出售,偿还所有负债并且将剩余现金分配给小组成员。

要求

写一份内部控制手册以帮助保护公司资产。该手册应该解决下述内部控制问题:

1. 在小组成员中分配责任。

2. 授权相关人员负责特定的工作,包括小组成员和你需要聘用的任何外部人士。

3. 在小组及所有员工内实现岗位分离。

4. 指出所需的所有文件,并保护公司资产。

复习测试答案

1. g,c,e,d,a,b,h ;未使用: f 和 i

2. b   3. c   4. b   5. a   6. d   7. d   8. e

9. d   10. d   11. b

Financial Accounting

第 **5** 章

短期投资和应收款项

苹果公司如此令人惊叹——短期投资和应收账款合计是存货的 14 倍

你如何管理你繁忙的生活？你可以在苹果公司制造的设备上使用数千种应用程序（Apps）。苹果公司是一家总部位于美国的跨国公司，它设计、制造、销售创新度高且可靠的电子产品、相关设备和软件。通过其零售商店、网上商店、直营店以及第三方网络运营商、批发商、零售商和增值经销商，公司在全球销售 iPad、iPhone、iPod、Apple Watches、Apple TV 以及 Macbook Pro 和 iMac 笔记本电脑。这些产品在过去 10 年中为公司创造了数百亿美元的利润，其中大部分是现金。你可能会惊讶地发现，苹果公司并没有大量花费这笔现金。事实上，根据公司 2014 年 9 月 27 日的资产负债表，大部分现金（112 亿美元）在资产负债表上归于一个类别——短期有价证券投资。此外，公司有近 175 亿美元的应收账款。公司另有 138 亿美元的现金及其等价物。

由于苹果公司是制造公司，你自然会认为库存将是其资产负债表上金额最大的流动资产。然而，仔细观察其资产负债表，你会发现在其 685 亿美元的流动资产中，现金及其等价物、短期有价证券和应收账款就超过 420 亿美元，占比约 61%。这些流动资产使存货显得相对较少。短期有价证券和应收账款净额（287 亿美元）合计约为存货（21 亿美元）的 14 倍。

百万美元

苹果公司资产负债表（节选）		
	2014 年 9 月 27 日	**2013 年 9 月 28 日**
流动资产：		
现金及其等价物	13 844	14 259
短期有价证券	11 233	26 287
应收账款（减：8 600 万美元和 9 900 万美元的坏账准备）	17 460	13 102
存货	2 111	1 764

续表

	2014 年 9 月 27 日	2013 年 9 月 28 日
递延所得税资产	4 318	3 453
供应商非贸易应收款项	9 759	7 539
其他流动资产	9 806	6 882
流动资产合计	68 531	73 286
长期有价证券	130 162	106 215
不动产、厂房和设备净值	20 624	16 597
商誉	4 616	1 577
购入的无形资产净值	4 142	4 179
其他资产	3 764	5 146
资产总额	231 839	207 000

学习目标

1. 短期投资的会计处理
2. 运用公认会计原则进行恰当的收入确认
3. 应收款项的核算与内部控制
4. 使用备抵法评估应收账款的可收回性
5. 应收票据的会计处理
6. 加速应收账款向现金的流转
7. 运用三种新比率衡量流动性

　　本章讨论短期投资和应收款项的会计处理。我们将短期投资与应收款项一同介绍,是为了强调它们的相对流动性。短期投资是流动性仅次于现金的流动资产。

 ## 短期投资的会计处理

对其他公司投资的原因

　　公司投资于其他公司的债券或股票,至少有以下两个原因:

　　1. 公司可能有充裕的现金,以至于短期内可以投资于其他公司的债券或股票,希望赚取额外的收入。

　　2. 公司可能有长期的投资战略,如获取影响另一家公司的能力。例如,一家公司可能对其供应商投资,以便获得稳定、优质、价格合理的原材料。

　　对债权或股权的投资可分为短期和长期投资。

　　短期投资在资产负债表上列示为流动资产,长期投资则列示为长期资产。归类为流动资产的投资必须符合以下两个条件:

- 投资必须具有流动性(易于转换为现金);
- 投资者必须打算在一年或当前经营周期内(以较长者为准)将投资转换为现金,或者用于偿付流动负债。

否则,将投资分类为长期资产。

如表 5-1 所示,证券投资分为三类,即:交易性金融资产;可供出售金融资产;持有至到期证券。

- 交易性金融资产是指通过活跃市场在近期内购买并预计出售的债权(债券、票据等)或股权(股票)投资。这些投资每天通过其价格的变化产生利得或损失。
- 可供出售金融资产是未分类为交易性金融资产或持有至到期证券的债权或股权证券。管理层持有该类投资的目的是在未来一段时间内出售。
- 持有至到期证券是指投资者有意图和能力持有至到期的证券(债券、票据或其他具有既定到期日的票据)。

表 5-1　证券投资分类

类　　别	交易性金融资产	可供出售金融资产		持有至到期证券	
	(1)	(2)	(3)	(4)	(5)
资产分类	流动资产	流动资产	长期资产	流动资产	长期资产
初始计量	成本法	成本法	成本法	成本法	成本法
后续计量	公允价值	公允价值	公允价值	摊余成本	摊余成本
未确认利得/损失	利润表(其他损益,利得或损失)	其他综合损益(OCI)	其他综合损益(OCI)	不适用	不适用
所在章	5	5	8	8	8

只要满足前面所述的两个条件,上述类别的投资都可以归类为流动资产。但是,在这三个类别中,只有交易性金融资产通常被归类为流动资产。

下面是苹果公司对投资的说明(摘自附注 1——重要会计政策摘要):

现金等价物和有价证券

所有在购买日至到期日为 3 个月或以下的高流动性投资均归类为现金等价物。本公司的有价债券和有价股权证券已经分类并计入可供出售金融资产。管理层在购买时将投资适当分类,并在每个资产负债表日重新评估其指定分类是否恰当。本公司根据每个权益工具的基本合同到期日将有价债券分为短期和长期。至到期日为 12 个月或以下的有价债券被归类为短期债券,至到期日大于 12 个月的有价债券被归类为长期债券。本公司根据每种证券的性质及是否可用于当前经营业务,将有价股权证券(包括共同基金)分为短期投资和长期投资。本公司的有价债券和有价股权证券按照公允价值计量,未实现利得或损失(税后)作为股东权益的一部分列报。已售证券的成本根据具体的计量方法确定。

资料来源:苹果公司 2014 年度报告,http://www.sec.gov/Archives/edgar/data/320193/000119312514383437/d783162d10k.htm。

将此说明应用于资产负债表中的对应科目,请注意涵盖三项证券投资。

- 现金及其等价物,138.44 亿美元,包括期限为 3 个月或更短的债券投资组合。这些内容在第 4 章中讨论过。
- 短期有价证券,包括被列为有价债券和有价股权证券的投资组合。如附注 1 所述,这些投资是流动资产,因为它们符合高度流动性的条件,并且公司打算在下一会计年度内将其转换为现金。然而,公司选择不把它们分类为交易性金融资产,原因在于公司并没有每天进行交易。

- 长期有价证券，1 301.62亿美元，包括一组投资资产，这些投资资产不符合至少一项归类为流动资产的标准。苹果公司已将这些投资用于长期战略目的，不打算在下一会计年度内出售，换句话说，这些投资的流动性不强。

请注意，现金和这三类投资资产合计为1 552亿美元，占苹果公司2014年9月27日的资产总额的67%。

本章将讨论公司如何衡量和报告满足流动资产分类标准的交易性金融资产和可供出售金融资产，如表5-1中的列(1)和(2)所示。本章不讨论长期有价证券和长期持有至到期证券，相关内容将在第8章讨论。

交易性金融资产

假设苹果公司2016年6月18日购买了英特尔公司的5 000股股票，并将其分类为交易性金融资产，打算在几个月内将股票卖出。如果英特尔公司的股价上涨，苹果公司将获取收益；如果英特尔公司的股价下跌，苹果公司就会蒙受损失。此外，苹果公司将从英特尔公司获取股利收入。

假设英特尔公司的股票是苹果公司的唯一短期投资。苹果公司花费100 000美元现金购买股票，每股支付20美元。苹果公司购买该投资的成本如下：

2016年6月18日	交易性金融资产	100 000	
	现金		100 000
	股票投资。		

交易性金融资产	
100 000	

假设6月30日，苹果公司从英特尔公司收到4 000美元的现金股利，并对该股利收入做如下记录：

2016年6月30日	现金	4 000	
	股利收入		4 000
	收到现金股利。		

资产	=	负债	+	股东权益	+	收入
+4 000	=				+	4 000

未实现利得或损失　苹果公司2016会计年度的截止日为9月24日，即财务报表日。当天，英特尔公司的股价为每股22美元。英特尔公司的股票升值了，9月24日该投资当前的公允价值为110 000美元。公允(市场)价值是指投资人在卖出投资时可得到的价值。苹果公司在该投资中持有未实现利得：

- 因为证券的公允价值(110 000美元)大于苹果公司的投资成本(100 000美元)，所以产生利得。利得与收入的性质相同。
- 因为苹果公司尚未出售该投资，所以是未实现利得。

交易性金融资产在资产负债表上是以当前的公允价值列示的，这是因为公允(市场)价值是投资者卖出投资的所得。在9月24日编制财务报表之前，苹果公司根据对英特尔公司股票投资的当前公允价值调整了这笔投资的日记账分录。

2016 年 9 月 24 日　交易性金融资产　　　　　　　　　　10 000

　　　　　　　　未实现投资利得　　　　　　　　　　　　　10 000

　　　　　　　　将投资调整为公允价值。

交易性金融资产		未实现投资利得	
100 000			*10 000*
10 000			
110 000			

经过调整后,苹果公司的投资账户如上所示。资产负债表上反映对英特尔公司的股票投资的短期投资账户将以当前的公允价值 110 000 美元列示。

假设苹果公司决定在下一会计年度继续持有英特尔公司的股票,并依然将其分类为交易性金融资产。2017 年,英特尔公司股价下跌。2017 年 9 月 30 日,即苹果公司会计年度截止日,英特尔公司股票的公允价值为每股 21 美元。在编制 2017 年度的财务报表时,苹果公司应该做出如下调整:

2017 年 9 月 30 日　未实现投资损失　　　　　　　　　5 000

　　　　　　　　交易性金融资产　　　　　　　　　　　　5 000

　　　　　　　　将投资调整为公允价值。

交易性金融资产		未实现投资损失	
100 000	*5 000*	*5 000*	
10 000			
105 000			

未实现的交易性金融资产损益在利润表中列为其他损益,如表 5-1 所示。

在每个会计期间结束时,由于要在利润表上列示,未实现的交易性金融资产损益要与其他收入和费用一并结账,最终成为资产负债表中留存收益的一部分。在本例中,2016 年度利润表列报了未实现利得为 10 000 美元,并在年度结束时计入留存收益。2017 年度未实现损失在 2017 年度的利润表中列报,并结转至留存收益,导致留存收益减少。因此,该公司 2017 年度的留存收益期末余额中包括投资于英特尔公司股票的未实现利得净额 5 000 美元(2016 年未实现利得 10 000 美元—2017 年未实现损失 5 000 美元)。

已实现利得或损失　投资者出售投资时,通常产生已实现利得或损失,其不同于苹果公司报告的未实现利得或损失。结果可能是下列情况之一:

- 已实现利得＝销售价格高于投资成本的金额
- 已实现损失＝销售价格低于投资成本的金额

假设苹果公司在 2018 年 6 月 19 日售出其持有的英特尔公司股票。销售价格为 107 000 美元,会计分录为:

2018 年 6 月 19 日　现金　　　　　　　　　　　　　　　107 000

　　　　　　　　交易性金融资产　　　　　　　　　　　　　105 000

　　　　　　　　交易性金融资产出售利得(其他收益)　　　　2 000

　　　　　　　　出售投资获利。

会计人员在账户名称中很少使用已实现这个词。利得(或损失)即被视为销售交易产生的已实现利得(或损失)。未实现利得或损失则明确地列报为未实现。

可供出售金融资产 表 5-2 中的 A 组对比了在不同假设下苹果公司对英特尔公司股票投资的会计处理：(1)假设投资为交易性金融资产；(2)假设投资为可供出售金融资产。

表 5-2 短期投资及相关的收入、利得和损失

分 录	交易性金融资产(TS)		可供出售金融资产(AFSS)	
	A 组 会计分录			
1 2016 年购入 (100 000 美元现金)	交易性金融资产 100 000 　现金 100 000		可供出售金融资产 100 000 　现金 100 000	
2 收到股利 4 000 美元	现金 4 000 　股利收入 4 000		现金 4 000 　股利收入 4 000	
3 2016 年期末调整 (未实现利得 10 000 美元)	交易性金融资产 10 000 　交易性金融资产未 　实现利得 10 000 　(其他收益)		可供出售金融资产* 10 000 　可供出售金融资产未 　实现利得 10 000 　(其他收益)	
4 2017 年期末调整 (未实现损失 5 000 美元)	交易性金融资产未实现损失 (其他损失) 5 000 交易性金融资产 5 000		可供出售金融资产未实现损失 (其他损失) 5 000 可供出售金融资产 5 000	
5 2018 年出售 (107 000 美元现金)	现金 107 000 　交易性金融资产 105 000 　交易性金融资产投资收益 2 000 　(其他收益)		现金 107 000 可供出售金融资产 未实现利得 5 000 　可供出售金融资产 105 000 　可供出售金融资产利得 7 000	

	B 组 财务报表				
	交易性金融资产		**可供出售金融资产**		
资产负债表	2016 年 2017 年 2018 年			2016 年 2017 年 2018 年	
资产			资产		
交易性金融资产	110 000 105 000 0		可供出售金融资产	110 000 105 000 0	
			股东权益		
			累计其他综合收益	10 000 5 000 0	
利润表	2016 年 2017 年 2018 年			2016 年 2017 年 2018 年	
股利收入	4 000 0 0			4 000 0 0	
未实现利得(损失)	10 000 (5 000)			0 0	
投资收益	0 0 2 000			0 0 7 000

　　* 许多公司使用备抵账户记录证券投资的公允价值变动，这一做法能够保留券投资的初始成本信息。在资产负债表中，证券投资余额以扣除备抵科目后的净值列报以反映其公允价值。

　　前面我们已讲解了关于将英特尔公司股票分类为交易性金融资产的会计处理。接下来让我们把目光集中于表 5-2 的右侧。对于 2016 年购入的股票，除了使用的会计科目不同外，可供出售金融资产与交易性金融资产的其他会计处理是相同的。此外，2016 年可供出售金融资产的定期股利收入(会计分录 2)与交易性金融资产相同。然而，可供出售金融资产的公允价值(会计分录 3 和会计分录 4)的 2016 年和 2017 年的期末调整与交易性金融资产的处理不同。虽然投资账户调整（2016 年：借记 10 000 美元；2017 年：贷记 5 000 美元）相同，但是可供出售金融资产的未实现利得或损失不在利润表中作为其他损益列报。相反，在每个会计期间，这部分未实现利得或损失作为其他综合损益，在股东权益部分的累计其他综合损益项下单独列报。这是因为即使可供出售金融资产被视为短期投资，通常也不像交易性金融资产一样快速频繁地交易。因此，在实际出售之前，前期记录的未实现利得或损失很有可能被转回。只要这些股票仍然未被售出，这些未实现利得或损失就应该单独列报，且不影响各期的净利润。

2018 年出售股票时（会计分录 5），可供出售金融资产剩余的未实现利得或损失将从投资账户和累计其他综合损益账户中扣除。这笔会计分录将投资账户还原为原始成本，然后将投资成本与出售投资的收入进行比较，从而计算出已实现利得或损失（本例中，实现了 7 000 美元的利得）。在第 8 章、第 10 章和第 11 章，我们将更加详细地讨论其他综合损益和累计其他综合损益。

资产负债表和利润表中的列示

表 5-2 中的 B 组说明了如何在资产负债表和利润表中列报交易性金融资产和可供出售金融资产。

资产负债表　短期投资是流动资产，因为短期投资几乎和现金一样易于变现，所以在资产负债表中紧随现金项后列示。短期交易性金融资产和短期可供出售金融资产以其当前公允（市场）价值列示。

对于可供出售金融资产，将未实现利得或损失列报为其他综合损益的一部分，随着时间的推移，这些利得或损失在股东权益中单独列报。在只有一支股票的简单情况下，2017 年年末其他综合收益的累计余额为 5 000 美元，这一结果是 2016 年增加 10 000 美元和 2017 年减少 5 000 美元形成的。2018 年，在出售该股票时，这个余额被清零。投资账户（105 000 美元）在这一时点恢复到初始投资成本（100 000 美元），以反映已实现利得（7 000 美元）。

利润表　债券和股票投资赚取利息收入和股利收入。投资也会产生未实现利得或损失。对于交易性金融资产来说，这些项目同其他收入、利得（损失）一同列示在利润表中。对于可供出售金融资产，股利收入以与交易性金融资产相同的方式列报，已实现利得或损失在股票出售时在其他收入、利得或损失中确认。请注意，无论证券投资是被视为交易性金融资产还是可供出售金融资产，对 3 年期间的账面盈余的影响是相同的（2016 年、2017 年和 2018 年均为 +14 000 美元、-5 000 美元和 +2 000 美元，不同的是交易性金融资产在 2016 年为 +4 000 美元，可供出售金融资产在 2018 年为 +7 000 美元）。两种分类之间的唯一区别在于时间性差异（在利润表中确认净利润或损失的期间）。

道德事项和流动比率

流动比率的计算公式如下：

$$流动比率 = \frac{流动资产总额}{流动负债总额}$$

贷款协议通常要求借款人保持某一具体水平的流动比率，如 1.5 或更高。那么，当借款人的流动比率低于 1.5 会怎样呢？结果是严重的：（1）贷款人可以要求立即收回贷款；（2）如果借款人无法偿还，在极端情况下，贷款人将接管借款人的公司。

假设现在是 12 月 10 日，预计美国健康公司（HCA）年底的流动比率为 1.48，这将使 HCA 违反贷款协议并陷入困境。在当年余下的 3 周里，HCA 可以如何提高流动比率？

为达到提高流动比率的目的，公司可以采取下列策略：

1. 刺激销售。增加销售将使现金和应收账款增加的幅度远远超过存货减少的幅度，从而使流动资产增加，最终达到改进流动比率的目的。

2. 在年底前清偿部分流动负债。这种做法会使作为分子的流动资产和作为分母的流动负债减少同样的金额，但对分母流动负债的比例影响会大于对分子流动资产的比例影响，从而会提高流动比率。在流动比率已经大于 1 的情形下，这种策略会发挥作用，就像 HCA 的情形。

3. 第三种策略十分具有争议性，揭示了不道德公司通常采用的一种会计数字游戏。假定 HCA 持有一些长期投资（HCA 计划持有这些投资超过一年——这属于长期资产）。在年底之前，HCA 可能选择将这些长期投资重新分类为短期资产，从而使短期资产增加，达到提高流动比率的目的。如果 HCA 确实在下一年度出售该项投资，那么这种做法可以被接受。但是，如果 HCA 计划持有该项投资超过一年，那么这种做法就不道德，具有欺骗性。

从这个例子中，你可以看到会计并非一成不变的，也并非总是黑白分明的。要成为一名优秀的会计人员，必须具有良好的判断能力，而这其中就包括道德判断。

章中习题

Waverly 公司资产负债表上最大的流动资产就是短期投资。该项短期投资是对其他公司的股票投资，成本为 86.6 亿美元，在资产负债表日其公允价值为 90 亿美元。

假设 Waverly 公司打算在短期内以一定利润出售该投资。Waverly 公司将如何对这些投资进行分类？Waverly 公司在 2016 年 12 月 31 日的资产负债表和 2016 年度的利润表中如何报告该项短期投资？列出短期投资的 T 形账户（单位：百万美元）。

答案

交易性金融资产

8 660	
340	
余额　9 000	

交易性金融资产是流动资产，在 2016 年资产负债表和 2016 年度利润表中列示如下：

百万美元

资产负债表		利润表	
流动资产：		其他收入和费用：	
现金	××	未实现投资利得	
交易性金融资产	9 000	（9 000－8 660）	340

假设 Waverly 公司 2017 年以 87 亿美元出售了该项投资。编制会计分录，并列示出售投资后短期投资的 T 形账户。

答案

	百万美元
现金	8 700
出售投资损失	300
交易性金融资产	9 000

亏本出售投资。

交易性金融资产	
8 660	
340	9 000
余额　0	

 ## 应用公认会计原则进行恰当的收入确认

如果不对收入确认原则进行简短回顾,应收账款和应收票据的学习或许就不完整。收入确认原则是应收账款和应收票据的基础。回想一下第 1 章和第 3 章关于收入确认原则的讨论,收入是对客户销售商品或提供服务引起的资产的流入或负债的减少,它应当在实现时而不是在此之前予以确认。

收入确认(revenue recognition)的核心原则是收入应当在公司将商品或服务交付客户,并预期将收到客户支付的用于交换这些商品或服务的与之价值相当的现金或其他资产时予以确认。收入的确认过程基于公司与外部人士签订的合同。合同是双方之间达成的行使权利或履行义务的书面或口头协议。以下五步模型按顺序进行(即,除非满足步骤 1,否则不能进入步骤 2;除非满足步骤 1 和 2,否则无法继续执行步骤 3,以此类推)。

1. 确定与客户的合同。
2. 确定合同中的履约义务。
3. 确定交易价格。
4. 将交易价格分配到合同的履约义务中。
5. 在公司履行义务时确认收入。

履行义务意味着公司已经完成了赚取收入所需做的一切。如果涉及商品销售,一般来说,当商品转移给客户并且客户已经取得对商品的所有权和控制权时,视为履行了义务。如果涉及服务,一般来说,当公司基本上完成了对客户的服务时,视为履行了义务。此外,商品或服务的价格必须是固定的或可确定的,并且必须合理地确定可以收到货款或服务费。卖方确认的收入金额是指买方因购买商品或服务而支付的现金金额或其他资产的公允价值。

有时收入确认是由于一份简单的合同,甚至可能没有书面合同。例如,零售商在柜台上向支付现金的客户出售商品。此时合同是基于客户取得商品并将现金交给零售商而得到默认的。卖方要履行的义务就是:交付商品以换取现金。当该事件发生时,收入被确认。然而,商业交易通常并非如此简单。大公司经常参与复杂的、涉及多方面的合同,其中一些合同具有多个待履行义务,需交付多种商品和/或服务,而其价格可能会发生变化或取决于未来事件。在这些情况下,收入确认模型的应用可能变得相当复杂,需要管理层作出大量判断。本书只涉及具有单一履约义务的简单明了的合同。收入确认模型的更复杂的应用将在更高级的会计课程上讲解。

表 5-3 是苹果公司财务报表附注 1 的摘录,包含苹果公司的收入确认政策。前两段说明了公司相对简单的政策,用于确认与销售产品相关的收入。这些销售收入通常在产品交付客户时确认。最后一段描述了公司如何记录来自具有多个可交付成果的合同的收入,包括硬件、软件以及服务和支持合同。这些类型的收入在本质上更复杂,需要更多的计算,也需要管理层作出更多的判断。我们在本书中不讨论这些类型的收入。

表 5-3   苹果公司财务报表摘要——收入确认政策

销售收入净额主要来自销售硬件、软件、数字内容及应用程序、附件和服务及支持合同的收入。当存在有说服力的证据可以说明产品已交接,销售价格固定或可确定并且可取得时,公司确认收入。产品一旦发货,即视为交付客户,并且所有权、风险和收益已转移。对于公司销售的大部分产品,这些标准在产品发货时均已满足。对于面向个人的网上销售及其他某些类型的销售,公司的收入确认将推迟到客户收到产品,这是因为公司在产品运输期间需承担部分风险。

……

公司记录了与价格保护和其他客户激励计划相关的估计的收入扣除。对于涉及价格保护的交易,本公司确认收入时扣除估计应予退还的金额……公司还根据历史经验预期未来收入的扣除……

多种产品销售收入的确认

对于包含硬件产品功能所必需的软件的硬件产品,与硬件产品基本软件相关的未发出的软件和未发出的非软件服务的多种产品组合,本公司根据其相对销售价格将收入分配给所有产品……

资料来源:苹果公司财务报表,收入确认政策,http://www. sec. gov/Archives/edgar/data/320193/000119312514383437/d783162d10k. htm.

让我们看一个简单的例子。假设苹果公司签订合同,向佛罗里达州的 AT&T 公司交付一卡车的苹果手机。在卡车上有 3 万部苹果手机,每部苹果手机以 100 美元的价格卖给 AT&T 公司。每部手机的成本是 60 美元。合同规定,如果 AT&T 公司在 30 天内付款,苹果公司将给予其购买价格 2% 的折扣。让我们将五步收入确认模型应用到这个例子上。

1. 确定合同。苹果公司同意向 AT&T 公司(客户)交付 3 万部苹果手机,AT&T 公司需要在 30 天内用现金付款。

2. 确定履约义务。苹果公司在本合同中唯一的义务是将产品运送到 AT&T 公司,AT&T 公司在收到手机后,会将它们与各种服务合同打包并销售给客户。

3. 确定交易价格。苹果公司同意按照商定的价格向 AT&T 公司开具发票,发票要求 AT&T 公司在 30 天内付款。AT&T 公司的义务是在约定的时间内付款。3 万部手机的协议价格为每部手机 100 美元,销售总额是 300 万美元。不过,像大多数其他大公司一样,苹果公司向客户提供提前付款的销售折扣激励,以加速现金流动。典型的销售折扣激励可以表示为 2/10,n/30,即如果买方在发票日期后 10 天内支付,卖方愿意提供 2% 的折扣,超过该期限则无法享受折扣,而且买方必须在 30 天内付款。在苹果公司向 AT&T 公司出售手机的例子中,如果 AT&T 公司在 10 天内付款,则可获得每部手机 2 美元的折扣(100 美元的销售价格乘以 2%),总折扣为 6 万美元。AT&T 公司应付的全部金额,以及苹果公司预计收取的全部金额是 2 940 000 美元,而不是 3 000 000 美元。

4. 将交易价格分配到合同中的履约义务。根据苹果公司的收入确认政策(如表 5-3 所示),在苹果公司将手机运送到 AT&T 公司时,它就履行了提供产品的义务,同时,AT&T 公司获得产品的所有权并承担支付货款的义务。

5. 义务履行完毕时确认收入。苹果公司通过下面两个会计分录记录这笔交易：[①]

应收账款	2 940 000	
销售收入		2 940 000

销售 3 万部手机，每部手机的价格为 98 美元（100 美元－2％的折扣）。

销售成本	1 800 000	
存货		1 800 000

记录销售成本（60 美元×30 000）。

装运条款

商品的所有权从卖方转移到买方时确认收入的实现时间由销售合同中规定的**装运条款**（shipping terms）决定。如果装运条款是船上交货（FOB），则当商品离开卖方的运输港时，商品所有权发生转移，应确认收入；如果运输方式是目的地交货，则当商品交付买方时，商品所有权发生转移，应确认收入。根据如表 5-3 所示的收入确认政策，苹果公司将大多数产品的装运条款确认为船上交货，这意味着公司在产品离开其运输港时确认销售收入和成本。在途商品被视为买方（在我们的例子中，为 AT&T 公司）的财产。而对于网上销售及其他某些类型的销售，苹果公司将装运条款确认为目的地交货，因为公司在运输期间承担了产品的部分损失风险。

在折扣期内（与在折扣期外）付款

假设 AT&T 公司在 10 天的折扣期内付款，则苹果公司收回这笔应收账款的会计处理如下：

现金	2 940 000	
应收账款		2 940 000

记录扣除 2％的销售折扣的赊销回款。

如果出于某种原因，AT&T 公司没有在 10 天内付款，它放弃了销售折扣，需要全额付款。在这种情况下，苹果公司收回这笔应收账款的会计处理如下：

现金	3 000 000	
应收账款		2 940 000
销售折扣（其他收入）		60 000

记录客户放弃了 2％的销售折扣的赊销回款。

销售退回与折让

零售商和消费者有权退回不满意或者损坏的商品，要求退款或换货。这被称为**销售退回与折让**（sales returns and allowance）。在这些情况下，如果客户选择退货，卖方有义务接受退回的商品。在现金销售的情况下，客户有权获得退回商品的现金退款。采用赊销方式的卖方产生来自客户的应收账款，因此当客户退货时，卖方将发出**退货通知单**（credit memo），该通知单是授权在账簿上对客户应收账款进行扣减的凭证。退货意味着利润损失。对于像苹果公司这样拥有丰富商业经验的公司，退换货等事件在长期内往往是有规律可循的，公司可以根据历史经验对客户的销售退回金额进行相当准确的估计，并应用费用配比原则（见第 3 章），

[①] 我们假设苹果公司采用永续盘存制，该制度要求持续记录在这些交易发生时购买和出售的所有库存。因此，每笔交易需要两个会计分录：(1)以公司预期收取的净额记录应收账款和销售收入；(2)记录销售成本（费用）并调减（贷记）产品成本。库存和销售成本将在第 6 章介绍。

根据退货和退款对销售收入、应收账款和存货进行期末调整。有关产品退货处理的解释,请参阅苹果公司的收入确认政策(表5-3第二段)。

请注意,收入确认原则要求只记录公司预期最终会实现的收入净额。因此,在特定期间确认的销售收入中必须减记(借记)预计的销售退回。对于现金销售的货物,应贷记退货负债账户,金额为预计的退款额。对于赊销的货物,应将预计的退款额贷记销售退回(备抵资产)账户。同时必须从销售成本中减去所退货物的预计成本,并将该金额借记名为退货库存的抵销账户。稍后,当退货实际发生时,如果退回货物仍可销售,则将退回货物的实际成本借记库存账户,并在退货库存中扣除相同的金额。对于现金销售的货物,应借记退货负债,贷记现金。对于赊销的货物,应借记销售退回,贷记应收账款。

例如,假设 Cox 百货公司有一项政策,在商品售出后 60 天内退货可全额退款。6月,商店的总销售额是 2 000 000 美元,都是现金支付。所售商品的成本为 1 200 000 美元。公司编制的会计分录如下:

6月30日	现金	2 000 000	
	主营业务收入		2 000 000
	记录6月销售收入。		
	销售成本	1 200 000	
	存货		1 200 000
	记录6月已售商品成本。		

基于以往的经验,大约有 5% 的已售商品会被退回。6月末,公司应做出如下调整:

6月30日	主营业务收入	100 000	
	退货负债		100 000
	记录6月销售的商品的预计退货。		
	预计退货库存	60 000	
	销售成本		60 000
	记录6月销售的商品的预计退货成本。		

在允许的退货期(7月)内,顾客退回了价值 90 000 美元的商品,其成本为 54 000 美元。公司编制会计分录如下:

7月	退货负债	90 000	
	现金		90 000
	记录7月发生的销售退回。		
	存货	54 000	
	预计退货库存		54 000
	记录7月退回商品的成本。		

零售商、批发商、制造商通常以销售收入净额来披露销售收入,这意味着销售折扣、销售退回与折让已经被扣除。苹果公司 2014 年(以及此前两年)的销售收入净额如下:

百万美元

	2014 年	2013 年	2012 年
销售收入净额	182 795	170 910	156 508

应收账款的核算与内部控制

应收款项是仅次于现金和短期投资的最易于变现的资产。在本章余下的部分,我们将讨论应收款项的会计处理。

应收款项的类型

应收款项(receivables)是对其他方的货币性要求权,主要通过销售商品和提供服务(应收账款)、借出资金(应收票据)的方式取得。记录应收款项的日记账分录如下所示:

提供服务获取应收账款		以应收票据的形式贷出资金	
应收账款	×××	应收票据	×××
服务收入	×× ×	现金	×××
以赊账方式提供服务。		借款给另一家公司。	

两类主要的应收款项是应收账款和应收票据。企业的**应收账款**是通过销售商品、提供服务从客户处可收回的金额。应收账款是流动资产,有时又称为商业应收款。

应收账款科目在总分类账中作为一个控制账户概括了来自所有客户的应收账款总额。公司还会为每位客户设置独立账户,即应收账款的明细分类账:

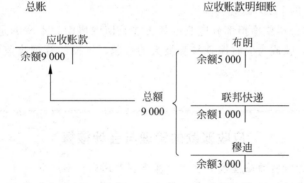

应收票据是比应收账款更为正式的契约。债务人签署书面承诺,在到期日向债权人支付一笔包含利息的确定金额,这也是票据被称为期票的原因。票据可能要求债务人为贷款提供抵押担保。也就是说,如果债务人到期无法偿还,债务人将给予债权人对某些资产的求偿权,这些资产称为担保物。我们将在本章后面对应收票据进行详细讲解。

其他应收款是除应收账款和应收票据以外的所有应收款的杂项分类,如应收利息和预付工资。

应收账款收回的内部控制

赊销商品的公司大多通过应收账款收回而取得现金收入。应收账款收回的内部控制十分重要。第 4 章讨论了现金收入的控制程序,而内部控制的另一个关键因素——现金经手与现金记账两个职责相分离此时需要加以强调。看看下面的案例。

Central Paint 公司是一个家族制的小企业,并以员工对公司的忠诚为骄傲,其大部分员工在公司至少工作 10 年了。该公司 90% 的销售都是赊销,且通过邮寄方式收取现金。

办公室有两名员工,即一名簿记员和一名主管。簿记员负责记录总账和应收账款明细分类账,还负责每天到银行存款。主管则负责编制每月的财务报表和公司需要的任何特殊报告,她还负责处理客户的销售订单,同时行使办公室经理的职能。

你能识别这个例子中内部控制的缺陷吗?问题就在于,簿记员有机会接触账簿和现金,从而能够偷窃刚收到的客户支票,并将该客户的账户当作无法收回而注销。客户不会投诉,因为簿记员已经冲销了该客户的账户,Central Paint 公司不会再向其追债。

这一缺陷可以如何弥补?应该由主管负责开启刚收到的信件,并负责每天去银行存款。不能允许簿记员经手现金,只需将汇款通知转寄给簿记员,供其贷记客户的应收账款。簿记员不能经手现金,主管人员不能接触账簿,这些措施使职责分离,从而加强了内部控制。

使用银行锁箱系统同样可以达到岗位分离的目的。客户可以直接将付款寄给 Central Paint 公司的开户行,由这家银行负责记录汇入 Central Paint 公司户头的现金。然后,银行将汇款通知单转发给公司的簿记员,由簿记员贷记该客户的应收账款账户。这样一来,Central Paint 公司的员工根本接触不到现金。

如何管理无法收回账款的风险?

Gap、全食超市和星巴克等零售企业的销售收入几乎全部是现金。不过,苹果公司除了拥有自己的零售店之外,还向 AT&T 公司等独立分销商销售。这些销售属于赊销,会产生应收账款。苹果公司 2014 年 9 月 27 日的资产负债表中,应收账款净额为 174.6 亿美元,约占公司流动资产的 25%。第 1~3 章提及的迪士尼公司在 2014 年 9 月 27 日持有 78.22 亿美元应收账款,约占流动资产的 51.5%。

采取赊销方式,公司要承担部分应收账款无法收回的风险。不幸的是,有些客户拒不偿还欠款。无法收回欠款成为应收账款核算最大的难题。下面的管理决策专栏详细论述了这一挑战。

管理决策

应收账款的管理与会计核算

公司允许客户赊账将面临管理和会计核算方面的问题。对于每一个问题,本专栏都会提出行动计划。我们来举例说明。假设你在学校附近开了一家健身俱乐部,你让客户使用健身器材,每月向其出具账单。你为客户提供的这种赊账服务会遇到哪些挑战?

管理应收账款的主要问题及行动计划如下:

问　题	行　动　计　划
1. 允许客户赊账的收益与成本各是什么?	1. 收益:增加销售。成本:有可能无法收回账款。
2. 对潜在客户进行信誉审查。	2. 仅允许有信誉的客户赊账。
3. 设计内部控制制度以实现岗位分离。	3. 现金经手和会计职责分离,以避免员工偷窃从客户处收到的现金。
4. 关注客户的付款习惯,在必要时,向拖延付款的客户发送第二、三封催款通知书。	4. 尽量从客户处收回应收账款,使现金流最大化。

应收账款会计核算的主要问题及行动计划如下(金额是假定的):

美元

问　　题	行 动 计 划
1. 应收账款以可变现净值（预期可收回的金额）计量并在资产负债表上列报。	1. 报告应收账款的可变现净值

资产负债表

应收账款	1 000
减：坏账准备	(80)
应收账款净额	920

问　　题	行 动 计 划
2. 计量并报告与无法收回应收账款相关的损失。该项费用称为坏账损失，在利润表中列示。	2. 核算无法从客户处收回账款的损失

利润表

销售（或服务）收入	8 000
费用：	
坏账费用	190

上述决策指南将我们引入本章的下一个问题，即坏账的会计处理。

 ## 使用备抵法评估应收账款的可收回性

公司只有以赊销的形式销售产品或提供服务时，才会产生应收账款。记录赊销收入的会计分录如下所示：

应收账款	1 000	
销售收入（或服务收入）		1 000

记录赊销收入。

在理想的状况下，公司应当全额收回应收账款。但在本例中，收回的应收账款金额仅为950 美元。会计分录如下：

现金	950	
应收账款		950

收回应收账款。

你会发现很少有公司能全额收回应收账款，所以，公司必须对无法收回的应收账款进行会计处理，即本例中的 50 美元。

赊销能带来收益，但也会产生成本：

- 收益：因为可以赊账，无法立即支付现金的客户也能够购买，从而可以增加公司的销售收入和利润。
- 成本：公司无法从部分客户处收回应收账款。会计人员将这种成本称为**无法收账费用**（uncollectible account expense）、**呆账费用**（doubtful account expense），或**坏账费用**（bad-debt expense）。

苹果公司在其资产负债表上对应收账款列示如下：

	2014 年 9 月 27 日	2013 年 9 月 28 日
应收账款，分别减坏账准备 8 600 万美元和 9 900 万美元	174.6 亿美元	131.02 亿美元

减坏账准备表示已经从应收账款总额中扣除了小部分金额（8 600 万美元，不足总额的

0.5%),这些是苹果公司预期无法收回的款项。① 有时候,坏账准备被认为不足以单独列示,因此仅在财务报表附注中披露,而资产负债表中的科目则是应收账款净额。苹果公司的应收账款净额(174.6 亿美元)是苹果公司预期将收到的现金。请注意,应收账款净额在 2014 年度增加了约 33%(从 131.02 亿美元增加到 174.6 亿美元),而坏账准备则从 9 900 万美元减少到8 600 万美元。

坏账费用与工资、折旧、租金和水电煤气费一并归为营业费用。公认会计原则要求采取备抵法来计量坏账费用。

备抵法

计量坏账的最佳方法是**备抵法**(allowance method)。这种方法基于公司以往账款收回情况的估计,记录账款收回损失。苹果公司不需要等到客户确实无法支付欠款时才记录坏账费用,而是根据估计的金额记录坏账费用,并建立**坏账准备**(allowance for uncollectible accounts)账户。在这样做的同时,苹果公司遵循第 3 章中讨论的费用配比原则,将该费用与同一时期确认的销售收入相关的坏账进行配比。在资产负债表上,坏账准备将应收账款总额减少到其可变现净值。该账户又称呆账备抵账户。坏账准备反映了公司预期无法收回的应收账款金额。

在第 3 章我们用累计折旧账户反映固定资产费用化的金额,而记入累计折旧的部分不会再给公司带来收益。坏账准备对应收账款也有相似的用途,该账户反映了应收账款应予费用化的金额。下表对理解该类账户会有所帮助(金额是假定的):

美元

设备	100 000	应收账款	10 000
减:累计折旧	(40 000)	减:坏账准备	(900)
设备净值	60 000	应收账款净额	9 100

注意看应收账款。客户欠这家公司 10 000 美元,而公司预计只能收回 9 100 美元,因此应收账款的可变现净值是 9 100 美元。另一种报告应收账款的方法是:

应收账款,减坏账准备 900 美元	9 100 美元

你也可以通过倒推,算出应收账款的原值为 10 000 美元(可变现净值 9 100 美元加上坏账准备 900 美元)。

利润表列示了营业费用中的坏账费用,如下表所示(金额是假定的):

美元

利润表(节选):	
费用:	
坏账费用	2 000

---

① 苹果公司和许多其他大型制造和销售公司一样,允许销售退回并存在无法收回的应收账款。我们认为同时考虑这两种情形下的坏账准备已超出本书难度,仅适用于更高级的课程。因此,在讨论如何计算坏账准备时以及在相关的课后练习中,我们假设应收账款和销售收入的金额已经扣除了销售退回。

思考题

参考本章开篇处苹果公司的资产负债表。2014 年 9 月 27 日,客户对苹果公司的欠款是多少? 苹果公司预计有多少账款无法收回? 预计可收回多少? 应收账款的可变现净值是多少?

答案

	百万美元
客户欠款	17 546(17 460+86)
预计无法收回欠款	(86)
预计可收回欠款——可变现净值	17 460

请注意,要确定客户欠款总额,必须将坏账准备添加到可变现净值(174.6 亿美元＋0.86 亿美元＝175.46 亿美元)中。其中,预计无法收回 8 600 万美元,剩下的 174.6 亿美元预计可以收回(即可变现净值)。虽然在财务报表中没有列示欠款总额,但是在财务分析中,该金额非常有用。

估计坏账的最佳方法是分析公司收回客户账款的历史记录。销售百分比法和账龄分析法这两种基本方法可以用来估计坏账。

销售百分比法　销售百分比法(percent-of-sales method)计算坏账费用占销售收入的百分比。[1] 该方法关注利润表中列示的坏账费用金额,因此采取利润表方法。假设现在是 2014 年 9 月 27 日,在年末账项调整前苹果公司的账户余额(单位:百万美元)如下:

应收账款		坏账准备
17 546		10

客户欠苹果公司 175.46 亿美元,坏账准备金额为 1 000 万美元,但公司高管认为公司的坏账准备将超过 1 000 万美元。假设苹果公司的信用部门估计坏账费用占总收入 1 827.95 亿美元的 0.04%。确认该年度的坏账费用,调整坏账准备的分录(单位:百万美元)如下:

2014 年 9 月 27 日　坏账费用(182 795×0.000 4)　　73

　　　　　　　　　坏账准备　　　　　　　　　　　　　73

　　　　　记录本年坏账费用(计算结果四舍五入到百万美元)。

坏账费用减少了苹果公司的资产,如下面的会计等式所示:

资产	=	负债	+	股东权益	—	费用
−73	=	0				73

销售百分比法通常在月或季度的基础上,通过费用确认(或配比)的概念来估计为获得一定量的销售收入而发生的成本,并确认同一期间内的收入与费用。

应收账款		坏账准备		坏账费用	
17 546			10	73	
		调整	73		
		余额	83		

应收账款净额, 17 463

----

[1]　本节假设所有销售收入均为赊销,除非特别说明是现销。

使用销售百分比法,应收账款的可变现净值,或者苹果公司预计最终从客户处收回的金额是 174.63 亿美元(175.46 亿美元-0.83 亿美元)。这种方法和账龄分析法计算的结果通常不同。

账龄分析法 另一种普遍使用的估计坏账的方法是应收账款**账龄分析法**(aging-of-receivables)。这种方法属于资产负债表方法,因为该方法关注的是应收账款账户。账龄分析法根据特定客户的各笔应收账款未偿付的时间长短分析应收账款。

假设现在是 2014 年 9 月 27 日,苹果公司年末账项调整前的应收账款账户(单位:百万美元)列示如下:

应收账款	坏账准备
17 546	10

这些账户还不能直接填入财务报表。

苹果公司的会计电算化程序自动记录应收账款的账龄。表 5-4 为 2014 年 9 月 27 日的账龄分析表。苹果公司应收账款总额为 175.46 亿美元,分析表明其中 8 600 万美元(右下角)将无法收回。

表 5-4 苹果公司应收账款账龄分析 百万美元

客 户	1~30 天	31~60 天	61~90 天	90 天以上	总额
百思买					
沃尔玛					
总额	16 682	600	200	64	17 546
估计坏账比例	×0.383%	×1%	×5%	×10%	
坏账准备余额	64* +	6 +	10 +	6* =	86

* 四舍五入到百万美元。

运用账龄分析法将坏账准备账户的余额(1 000 万美元)调整到账龄分析表确定的金额(8 600 万美元)。账龄分析表右下角显示了要求的坏账准备余额。为了调整坏账准备,苹果公司将在年度末编制调整分录:

2014 年 9 月 27 日	坏账费用	76	
	坏账准备(86-10)		76
	确认本年度的坏账费用。		

如下面的会计等式所示,坏账费用将导致苹果公司资产和净利润的减少。

资产	=	负债	+	股东权益	-	费用
-76	=	0			-	76

现在资产负债表可以列示苹果公司预计从客户处收回的金额为 174.6 亿美元(175.46 亿美元－0.86 亿美元)。这就是苹果事公司应收账款的可变现净值。

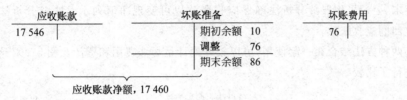

注销坏账　假设 2015 年度初,苹果公司的应收账款余额(单位：百万美元)如下：

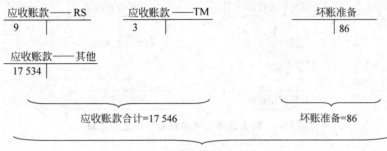

假设 2015 年度初,苹果公司的信用部门认为公司无法收回客户 RS 和 TM 的欠款,于是编制了注销这两家欠账客户的应收账款的会计分录。

2015 年 1 月 31 日　坏账准备	12	
应收账款——RS		9
应收账款——TM		3
注销坏账。		

注销坏账后,苹果公司的账户余额如下：

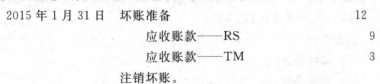

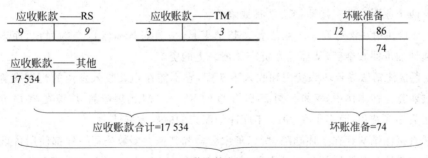

会计等式表明,注销坏账对资产总额、流动资产和应收账款净额均没有影响。应收账款净额仍然是 174.6 亿美元。对净利润同样没有影响。为什么对净利润没有影响？因为注销坏账不影响费用账户。如果该公司采用前面提到过的备抵法,费用将会在其发生的期间确认,而这个时期也正是相关销售发生的期间。

销售百分比法同账龄分析法相结合　大部分公司同时采用销售百分比法和账龄分析法,具体如下：

- 对于中期财务报表(月报或季报),公司通常采用销售百分比法,因为该方法较为简单。但是,销售百分比法主要关注坏账费用,因此还不够全面。
- 年末,公司采用账龄分析法确保应收账款以可变现净值列示。账龄分析法关注无法收回的应收账款。
- 将两种方法结合在一起使用,可以较好地计量坏账费用和资产。图 5-1 对这两种方法进行了比较。

图 5-1 销售百分比法和账龄分析法的比较

直接注销法

处理坏账的另一种方法是直接注销法,这种方法不是很可取。使用**直接注销法**(direct write-off method),要等到证实特定客户的应收账款无法收回,会计人员才注销该客户的应收账款,同时记录坏账费用,如下所示(数据为假定值):

2015 年 1 月 31 日	坏账费用	12
	应收账款——RS	9
	应收账款——TM	3
	用直接注销法注销坏账。	

以下两个原因表明直接注销法是有缺陷的:

(1) 直接注销法没有设立坏账准备。其结果是,应收账款通常以全额列示,而该金额大于公司预计的可回收金额,从而虚增资产负债表上的资产。

(2) 直接注销法导致坏账费用和收入不匹配,它不能在相关收入发生的当期核算不可收回的应收账款。在本例中,苹果公司 2014 年度向 RS 和 TM 销售产品,应该在 2014 年度就开始记录相关坏账费用,而不是在 2015 年度冲销账户的时候才确认。

由于直接注销法存在上述缺陷,所以苹果公司和其他大多数公司一样都使用备抵法。

直接注销法是计算联邦收入所得税时必须使用的坏账核算方法。这种方法是会计利润与联邦税收应税所得产生时间性差异的来源之一。我们将在之后的章节讨论其他差异。

计算从客户处收取的现金

公司赚取收入,然后从客户处收取现金。像苹果公司一样,多数公司赚取收入与收取现金之间存在时滞。从客户处收取账款,对任何公司来说,都是最重要的现金来源。可以通过分析应收账款账户计算公司从客户处收取的账款。应收账款通常仅涉及五个项目,如下所示(金额为假定值):

应 收 账 款

期初余额（上期剩余）	200	注销坏账	100**
销售（服务）收入	1 800*	应收账款收回	X＝1 500♀
期末余额（计入下期）	400		

* 将收入计入应收账款的会计分录为

| 应收账款 | 1 800 | |
| 销售（服务）收入 | | 1 800 |

** 注销坏账的会计分录为

| 坏账准备 | 100 | |
| 应收账款 | | 100 |

♀收回应收账款的会计分录为

| 现金 | 1 500 | |
| 应收账款 | | 1 500 |

　　假设除了预期从客户处收回的应收账款外，其他数据你都知道。而预期收回的应收账款可通过从 T 形账户求解 X 得出。① 应收账款的注销通常是未知的而且会被忽略，所以应收账款收回的计算值为近似值。

 ## 应收票据的会计处理

　　如前所述，应收票据比应收账款更为正式。一年或一年以内到期的应收票据是流动资产。超过一年到期的票据是长期应收款项，作为长期资产列报。有些票据是分期收回的，一年内到期的部分作为流动资产列报，剩余的部分作为长期资产列报。某公司持有 20 000 美元的应收票据，其中 6 000 美元将在一年内到期，应作为流动资产列报。

　　在介绍应收票据的会计处理前，我们首先定义相关的专业术语：

　　债权人。出借资金的一方，债权人也称为贷款方。

　　债务人。借入资金或以票据的形式借款的一方，债务人也称为出票人或借款方。

　　利息。借款的成本。利息一般以年率的形式表述。

　　到期日。债务人清偿票据的日期。

　　到期价值。票据的本金和利息之和。

　　本金。债务人借入的资金金额。

　　期限。债务人发行票据的起始日到票据到期日的这一段期间。

　　票据涉及两方当事人：

　　• 债权人持有应收票据。

　　• 债务人持有应付票据。

　　图 5-2 是一张典型的期票。

　　票据的**本金**（principal）是债务人借入的金额（1 000 美元），也是债权人借出的金额。假设期限为 6 个月的应收票据的有效期从 2016 年 8 月 31 日到 2017 年 2 月 28 日，劳伦·霍兰（Lauren Holland）（出票人）承诺支付大陆银行（债权人）1 000 美元本金加 9％的利息。利息是债权人（在本例中是大陆银行）的收入。

---

① 列出等式可以帮你求解 X。等式为 200＋1 800－X－100＝400。X＝1 500。

图 5-2 期票

应收票据的会计核算

考虑如图 5-2 所示的期票。劳伦·霍兰签发了这张票据后，大陆银行向他支付了 1 000 美元现金。假设 12 月 31 日为大陆银行的年终结算日，银行做出的分录如下：

2016 年 8 月 31 日

应收票据——劳伦·霍兰	1 000	
现金		1 000

发放贷款。

应收票据——劳伦·霍兰	
1 000	

银行支付了现金资产，作为相应回报取得了另一项资产——应收票据，所以资产总额保持不变。

大陆银行在 9 月、10 月、11 月、12 月都赚取了利息收入。截至 12 月 31 日，银行在过去 4 个月中应计 9% 的利息收入如下所示：

2016 年 12 月 31 日

应收利息（1 000×0.09×4/12）	30	
利息收入		30

应计利息收入。

大陆银行的资产和收入同时增加。该银行在 2016 年 12 月 31 日的财务报表中将上述金额列报如下：

	美元
资产负债表	
流动资产：	
应收票据	1 000
应收利息	30
利润表	
利息收入	30

大陆银行在 2017 年 2 月 28 日兑现票据,并做出如下分录:

2017 年 2 月 28 日

现金	1 045	
应收票据——劳伦·霍兰		1 000
应收利息		30
利息收入(1 000×0.09×2/12)		15

到期兑现票据。

这一分录导致应收票据和应收利息账户归零,并记录了 2017 年度的利息收入。

应收票据——劳伦·霍兰

1 000	1 000

在 2017 年的财务报表中,该银行只列报了 15 美元的利息收入,由于票据已兑现收回,所有资产负债表上的应收票据和应收利息的余额为零。

在计算利息时,应注意以下几个方面:

1. 除非另有说明,利率通常指年利率。在这个例子中,年利率是 9%。2016 年 12 月 31 日,大陆银行应计 4 个月的利息收入。利息计算如下:

本金	×	利率	×	期限	=	利息
1 000	×	0.09	×	4/12	=	30

2. 期限(4/12)是 2016 年票据生效时间所占的比例。

3. 利息通常以天数为依据计算。例如,假定在 4 月 10 日,你借出资金 10 000 美元,该票据的期限为 90 天,年利率为 8%。

a. 从 4 月 11 日开始计息,期限为 90 天,到期日为 7 月 9 日,具体情形如下:

月　份	应计利息天数	月　份	应计利息天数
4	20	7	9
5	31	合计	90
6	30		

b. 利息计算如下:

$$10\ 000\ 美元 \times 0.08 \times 90/365 = 197\ 美元$$

某些公司通过应收票据(而不是应收账款)的方式销售商品或提供服务。这种情形通常发生在支付期限超过正常的信用期限时,如 30~60 天。

假设苹果公司在 2017 年 3 月 20 日将大量 iPad 卖给沃尔玛。苹果公司收到沃尔玛签发的期票,期限为 30 天,年利率为 10%。在这项交易中,苹果公司应借记应收票据,贷记销售收入。

一家公司也有可能接受未如期支付应收账款的客户的票据,将应收账款转为应收票据,即借记应收票据,贷记应收账款。我们可以这样认为:"公司从赊销客户处取得了应收票据。"下面我们学习加速现金流动的有关策略。

加速应收账款向现金的流转

所有公司都想加快现金收款的速度。现金的快速流动意味着公司有能力更快地偿还流动负债,可以为新产品和研发提供经费。因此,苹果公司等都在寻找能够缩短信贷周期和快速回收现金的方法。例如,它们可能为提前付款提供销售折扣,这在前面已经介绍过;或者对超过一定期限的客户收取利息;或者采取更有效的信贷和收款方法。近几年,电子银行已经变得非常普遍,一种常用的策略是注重信用卡或银行卡销售。

信用卡或银行卡销售

商家卖出商品,并允许顾客使用信用卡或银行卡支付,如美国运通卡(American Express)、维萨卡(VISA)或万事达卡(MasterCard)。这种策略可以显著地提高销量,但是增加的收入是有成本的,成本通常占销售总额的 2% ~ 3%。让我们从卖方的角度看看信用卡和银行卡是如何发挥作用的。

假设苹果公司以 5 000 美元售出计算机,客户用维萨卡支付。苹果公司对这笔销售记录如下:

现金	4 900	
财务费用	100	
销售收入		5 000

记录银行卡销售。

美元

资产	=	负债	+	股东权益	+	收入	−	费用
+4 900	=	0	+		+	5 000	−	100

苹果公司将维萨卡的付款凭证存入银行,立即取得 5 000 美元销售款中的折扣部分 4 900 美元,而维萨卡则得到 100 美元(2%)。对于苹果公司来说,信用卡的贴现费用是与利息费用相似的一种营业费用,在利润表上,作为其他损益与营业收入分开列报。

出售应收账款

苹果公司对大型电子商店赊销大量产品,借记应收账款,贷记销售收入。苹果公司可以将这些应收账款出售给被称为应收账款代理商的企业。应收账款代理商通过支付应收账款的贴现价格,然后从客户处回收全额应收账款的方式,赚取收益。对苹果公司的好处是可以立即取得现金收入。出售应收账款的最大缺点是,与将应收账款保留在账簿上并最终收取全部金额的成本相比,付出的代价太大。此外,将应收账款出售导致公司会失去对收款过程的控制。由于这些原因,可以通过其他成本较低的手段(如银行的短期借款)来筹集现金的公司通常不会出售应收账款。信用不足的初创公司、信用不良的公司或债务繁重的公司则可能向应收账款代理商出售应收账款。

为举例说明出售或代理经营应收账款的过程,假设某公司想要加速现金流动,因此出售了 100 000 美元的应收账款,取得了 95 000 美元的现金。出售应收账款的会计分录如下:

现金	95 000	
筹资费用	5 000	
应收账款		100 000

出售应收账款。

筹资费用在利润表中(与营业费用分开)作为其他费用列报。有些公司可能会借记一个损失账户。对应收票据进行贴现,与出售应收账款类似,只不过是贷记应收票据而不是应收账款。

注意,为了立即收回现金,而不是等待 30～60 天再收回全部金额,该公司不得不支付高昂的价格(票面金额的 5％,或 5 000 美元)。如果该公司等得起,则可能不会出售应收账款而是等待一段时间好收回全部应收账款。

在财务报表中列报现金流量

应收账款和短期投资作为流动资产在资产负债表中列报。我们在本章的开始就在苹果公司的资产负债表中看到了这两项,我们也已经知道如何在利润表中报告相关的收入、费用、收益和损失。因为应收款项和投资交易会影响现金,它们的影响也必然在现金流量表中报告。

当企业从客户处收回账款时,应收账款就带来了现金收入。这些交易将作为经营活动在现金流量表中报告,因为该交易源于销售。投资交易在现金流量表中作为投资活动列示。第 12 章将说明公司如何通过现金流量表报告现金流量,即如何报告与应收账款和投资交易有关的现金流量。

运用三种新比率衡量流动性

投资者和债权人运用比率来评估公司的财务状况。我们在第 3 章介绍过流动比率。速动比率(或酸性测试比率)、应收账款周转率和应收账款周转天数等其他比率也有助于投资者评估流动性。

速动比率(酸性测试比率)

资产负债表根据相对流动性顺序列示资产:

1. 现金及其等价物
2. 短期投资
3. 应收账款(或应收票据)

本章开篇处苹果公司的资产负债表按顺序列示了这些账户。

管理者、股东和债权人都关注公司资产的流动性。流动比率用来衡量流动资产偿还流动负债的能力。衡量偿还流动负债能力的更有效的方法是**速动比率**(quick ratio),或称**酸性测试比率**(acid-test ratio)。

百万美元

数据来自苹果公司 2014 年资产负债表

$$酸性测试比率 = \frac{现金及其等价物 + 短期投资 + 应收账款净额}{流动负债总额} = \frac{13\ 844 + 11\ 233 + 17\ 460}{63\ 448} = 0.67$$

速动比率越高,偿还流动负债就越容易。苹果公司的速动比率为 0.67,这意味着苹果公司每 1 美元的流动负债,仅有 0.67 美元的速动资产来偿付。在很多情况下,这一比值都会被视为低于平均水平。但请回顾一下我们在第 3 章中关于流动比率的讨论。流动比率和速动比率的数值都假定了最坏的情况:公司可能被迫停业、清算资产并立即偿付所有的流动负债。这个假设显然不适用于苹果公司,其运营产生了大量现金。这有助于缓解我们对于速动比率较低的担忧。可接受的速动比率应该是多少?答案取决于所处的行业。汽车经销商能够以 0.2 的速动比率平稳运营,这还不足苹果公司比值的 1/3。那么,汽车经销商是如何在如此低的速动比率下生存的呢?汽车制造商为其经销商提供资金。因此,大部分经销商都有一个财务安全网。零售商店和大批量集成设计、制造及营销公司(如苹果公司)的速动比率通常相对较低,其较高的存货周转率和几乎100%的现金销售弥补了这一不足。苹果公司的现金流充足,有能力偿付债务。

应收账款周转率和应收账款周转天数

公司完成赊销后,下一步就是收回应收账款。下面介绍两个重要的比率:**应收账款周转率**(accounts receivable turnover)和**应收账款周转天数**(days' sales outstanding,DSO),后者又称为销售回款期或收账期,表明收回平均水平的应收账款所需要的时间。应收账款周转率是销售收入净额占平均应收账款的比例。结果以小数表示,表示公司每年完全收回其平均应收账款的次数。这个比例越大越好。计算了应收账款周转率之后,用365(每年的天数)除以该比率,将其转换为销售回款期。销售回款期越短越好,因为这表示现金流动的速度很快。请注意,应收账款周转率越高,销售回款期就越短,反之则越长。

苹果公司2014年应收账款周转率的计算如下所示:

百万美元

数据来自苹果公司财务报表

$$应收账款周转率=\frac{赊销净额}{平均应收账款}=\frac{182\ 795}{(17\ 460+13\ 102)/2}=11.96(次)$$

$$应收账款周转天数=\frac{365}{11.96}=30.5(天)$$

应收账款周转率为每年11.96次。这意味着公司在2014年将其平均应收账款转换为现金11.96次。将这一结果转换为天,苹果公司平均30.5天收回一次应收账款(365÷11.96)。

为了评估苹果公司的收账期,我们需要比较30.5天和苹果公司在向客户销售商品时提供的付款条件,以及债权人通常允许苹果公司归还债务的平均天数。假设苹果公司的付款条件是"月结30天",这意味着客户应该在销售后30天内向苹果公司支付货款。苹果公司的收账期与其付款条件相比是可以接受的。关于应付款项的付款条件,如果苹果公司的短期债权人期望在30天内收到还款,与之相比,苹果公司的收账期也是可以接受的。

公司应密切关注收账期。无论何时,一旦账款的收回速度减缓,企业必须寻找其他融资渠道,如通过借款或应收账款转售。在经济衰退时期,客户支付账款的速度较慢,收账期可能无法避免地延长。[1]

---

[1] 应收账款周转天数也可以通过下列步骤计算。第一步,计算日平均销售额;第二步,用会计期间内的应收账款平均值除以日销售额。苹果公司的应收账款周转天数的计算如下所示(数据来自苹果公司财务报表,单位:百万美元):

应收账款周转天数		
1. $日平均销售额=\frac{销售收入净额}{365\ 天}$	$\frac{182\ 795}{365\ 天}=500.8/天$	
2. $日平均应收账款=\frac{平均应收账款净额^*}{日平均销售额}$	$\frac{15\ 281^*}{每天\ 500.8}=30.5(天)$	

* $平均应收账款净额=\frac{期初应收账款净额+期末应收账款净额}{2}=\frac{17\ 460+13\ 102}{2}=15\ 281$

你会发现这种方法仅仅是对书中正文公式进行的重新排列,另辟蹊径得到了同样的结果。

章末习题

ETR 公司 2016 年 12 月 31 日的资产负债表报告如下：

	百万美元
应收账款	382
坏账准备	(52)

ETR 公司综合使用销售百分比法和账龄分析法核算坏账。

要求

1. 2016 年 12 月 31 日的应收账款余额中，ETR 公司预计可收回多少？换句话说，这些应收账款的预计可变现价值是多少？

2. 编制 ETR 公司 2017 年的下列会计分录，不要求解释。

a. 根据销售百分比法，估计全年的坏账费用为 4 000 万美元。

b. 注销坏账总金额为 5 800 万美元。编制 T 形账户，记录坏账准备、过账，并列示 2017 年 12 月 31 日的未经调整余额。

c. 2017 年 12 月 31 日，应收账款账龄分析显示，年末 4.09 亿美元的应收账款中有 4 700 万美元无法收回。过账到坏账准备账户，并列示 2017 年 12 月 31 日的调整后余额。

3. 说明 ETR 公司的应收账款和相关备抵科目在 2017 年 12 月 31 日的资产负债表上如何列示。

4. 说明 ETR 公司将在利润表上如何报告上述事项。

答案

要求 1

	百万美元
应收账款预计可变现净值（382－52）	330

要求 2

a. 坏账费用	40	
坏账准备		40
b. 坏账准备	58	
应收账款		58

坏账准备			
		2016 年 12 月 31 日	52
2017 年注销	58	2017 年坏账费用	40
		2017 年 12 月 31 日未调整余额	34

c. 坏账费用（47－34）	13	
坏账准备		13

坏账准备

2017 年 12 月 31 日未经调整余额	34
2017 年坏账费用	13
2017 年 12 月 31 日已调整余额	47

要求 3

	百万美元
应收账款	409
坏账准备	(47)
应收账款净额	362

要求 4

	百万美元
费用：2017 年坏账费用(40＋13)	53

复习：短期投资和应收款项

复习测试(答案见本章末)

1. Dazzle 制造公司 2016 年 12 月 31 日持有的交易性金融资产的公允价值为 35 000 美元。假设该投资 2016 年 1 月 1 日的成本为 25 000 美元。Dazzle 制造公司在 2016 年 12 月 31 日的资产负债表中应如何记录这笔交易性金融资产？

a. 10 000 美元利得   b. 35 000 美元

c. 25 000 美元   d. 无法根据所给的数据得出答案

2. 参考第 1 题，Dazzle 制造公司在 2016 年 12 月 31 日的利润表中应如何列报该笔交易性金融资产？

a. 25 000 美元   b. 35 000 美元

c. 10 000 美元未实现利得   d. 无法根据所给的数据得出答案

使用下列资料回答第 3～7 题。

Marshall 公司 2016 年与赊销有关的资料如下：

	美元
2016 年 12 月 31 日应收账款余额	14 000
2016 年 12 月 31 日坏账准备(调整前)	800
2016 年赊销收入	35 000
2016 年现销收入	16 000
2016 年应收账款回收金额	47 000

3. 采用销售百分比法，坏账是赊销收入的 2%。2016 年的坏账费用是多少？

a. 320 美元   b. 1 010 美元   c. 700 美元   d. 800 美元

4. 2016 年坏账费用是 1 450 美元，2016 年年末，调整后的坏账准备账户的余额是多少？

a. 800 美元   b. 650 美元   c. 2 250 美元   d. 1 450 美元

5. 如果按照账龄分析法确定的坏账为 1 200 美元,则 2016 年的坏账费用是多少?

a. 1 200 美元   b. 2 000 美元   c. 700 美元   d. 400 美元

6. 参考第 5 题,使用账龄分析法,编制调整分录后的坏账准备账户的余额为_____。

a. 1 200 美元   b. 700 美元   c. 400 美元   d. 2 000 美元

7. 参考第 5 题,使用账龄分析法,2016 年 12 月 31 日资产负债表中的应收账款可变现净值为_____。

a. 12 800 美元   b. 14 800 美元   c. 14 000 美元   d. 15 200 美元

8. 应收账款的借方余额为 2 400 美元,坏账准备的贷方余额为 300 美元。有一笔 40 美元的应收账款被注销。注销后,应收账款净额(可变现净值)为_____。

a. 2 100 美元   b. 2 360 美元   c. 2 140 美元   d. 2 060 美元

9. Birchwood 公司 2016 年年初应收账款为 600 000 美元,当年服务收入(均为后收款)为 1 600 000 美元,年末应收账款为 800 000 美元。该公司的坏账费用可以忽略不计。2016 年 Birchwood 公司从客户处收回了多少现金?

a. 1 800 000 美元   b. 2 400 000 美元   c. 1 600 000 美元   d. 1 400 000 美元

10. 3 月 1 日,Carey 公司收到一笔期限为 4 个月、利率为 6% 、面值为 2 400 美元的应收票据,则 3 月 31 日的调整分录为_____。

a. 借记现金 144 美元   b. 贷记利息收入 12 美元

c. 借记应收利息 144 美元   d. 借记应收利息 48 美元

11. 一张面值为 80 000 美元、利率为 14% 、期限为 6 个月的票据的到期值是多少?

a. 85 600 美元   b. 91 200 美元   c. 80 000 美元   d. 74 400 美元

12. 如果没有编制应收票据应计利息的调整分录,则_____。

a. 资产、净利润和股东权益被高估。

b. 资产被高估,净利润和股东权益被低估。

c. 负债被低估,净利润和股东权益被高估。

d. 资产、净利润和股东权益被低估。

13. 赊销收入净额为 584 000 美元,应收账款的期初余额和期末余额分别为 46 000 美元和 50 000 美元,则应收账款周转天数为_____。

a. 27 天   b. 31 天   c. 36 天   d. 30 天

14. 根据下列账户,计算速动比率:

				美元
现金	7 000	应付账款		9 000
应收账款	13 600	应付工资		3 000
存货	10 000	应付票据(2 年内到期)		9 000
预付保险费	2 000	短期投资		1 000

a. 1.6   b. 2.4   c. 2.7   d. 1.8

自我测评

道德检测

下列情况违反了 AICPA 职业行为守则三原则(客观性、独立性和谨慎性)中的哪个原则?

假设其中涉及的所有人都是 AICPA 的成员(注:有关三原则的描述,请参阅第 1 章相关内容)。

a. Bryan 是 Crawley 公司的审计人员。他被分配去审计 Farley 公司。Farley 公司是由他的继母管理的高速发展的技术公司。他很高兴接到了这个激动人心的任务,因为他认为这对自己的职业生涯很有帮助。他和他的继母都没有告诉任何人他与这家公司的关系。

b. Smythe 公司持有的交易性金融资产存在大量的未实现利得。Norbert 是 Smythe 公司的管理者,他将这些未实现利得记录为已实现利得。他的这一做法导致 Smythe 公司的净利润远高于实际水平。

c. Sheila 是 Morrison 公司的财务主管。她知道公司计划持有苹果公司的股票多年(这实际上已被认定为 Morrison 公司在当地银行贷款的抵押品)。但是,她决定将苹果公司的股票分类为交易性金融资产。股票分类为交易性金融资产的直接后果是将其作为流动资产列报,从而可以提高公司的流动比率,让公司对投资者更有吸引力。

d. Marguerite 是 Brown 公司的一名会计师。她一直没有搞清楚短期投资的规则。在大学时,她在相关的会计课上就表现很差。当她负责审查公司的短期投资相关科目时,她将该期间与前一期间进行比较,而没有按照规定进行进一步的审查或分析。

小练习

S5-1 (目标:报告交易性投资)回答下列关于投资的问题。

1. 交易性投资在资产负债表中报告的金额是多少?

2. 为什么交易性投资通常是流动资产? 给出解释。

S5-2 (目标:短期投资的会计处理)Slocomb 公司持有交易性投资组合。假设 1 月 15 日,Slocomb 公司花 80 000 美元购买 Turok 公司的股票作为交易性投资持有。10 月 31 日,Turok 公司的股票的市值是 97 000 美元。在这种情况下,列示 Slocomb 公司在截至 10 月 31 日的年度资产负债表和利润表上应列报的科目。

S5-3 (目标:短期投资的会计处理)12 月 16 日,Barfield 公司持有 109 000 美元的 Melnick 公司股票作为交易性投资。

1. 假设 12 月 31 日,Melnick 公司的这些股票贬值到 92 000 美元。编制 Barfield 公司将短期投资账户调整至市场价值的日记账分录。

2. 列示 Barfield 公司是如何在资产负债表上列报短期投资,并在利润表上列报未实现利得或损失的。

S5-4 (目标:运用公认会计原则进行恰当的收入确认)2016 年 12 月 23 日,Robertson 公司采用 FOB 目的地的装运条款向俄亥俄州哥伦布市的 Sports R Us 商店销售了一卡车体育用品。卡车在运送途中遭遇恶劣天气,直到 2017 年 1 月 2 日才到达哥伦布市。Robertson 公司开出的发票的含税价格为 150 000 美元。公司的会计年度截止日是 12 月 31 日。这笔销售业务应该怎样反映在公司 2016 年度的利润表中?

S5-5 (目标:运用公认会计原则进行恰当的收入确认)Costello 公司 6 月 1 日从 Terry Pool 公司购买商品。发货单上的销售条款是 4/20,n /30。这是什么意思? Costello 公司可能会享受多少优惠?公司在多长时间内付款可以享受这项优惠?

S5-6 (目标:运用公认会计原则进行恰当的收入确认)Landeau 公司 8 月销售了 500 000 美元的商品,所有的销售均是现销。8 月的销售成本为 320 000 美元。基于以往的经验,公司预计会有 4% 的退货。编制 8 月销售收入、销售成本、预计销售退回及预计销售退回成本的会计分录。

S5-7　（目标：应收账款的会计处理）4 月 3 日，Parker 公司向 Wheeler 公司出售了价值 5 000 美元的商品，销售条款是 2/10，n/30，装运条款是 FOB 起运地交货。Parker 公司这批商品的销售成本是 4 000 美元。商品于 4 月 4 日离开 Parker 公司，并于 4 月 10 日抵达 Wheeler 公司。Wheeler 公司于 4 月 11 日支付了货款。

要求

1. 假设 Wheeler 公司在折扣期内付款，编制 Parker 公司销售收入、销售成本及收到货款的会计分录（不需要考虑退货/退款）。

2. 在以下每个日期结束时，指明哪家公司（Parker 公司或 Wheeler 公司）拥有该商品的所有权。

　　a. 4 月 3 日　　　　　　　b. 4 月 4 日　　　　　　　c. 4 月 10 日

S5-8　（目标：应收账款的会计处理）对 2016 年 12 月 31 日 Bronson & Moore 律师事务所的应收账款进行如下会计处理。

要求

1. 设置现金、应收账款和服务收入的 T 形账户。期初余额为：现金，27 000 美元；应收账款，98 000 美元；服务收入，0 美元。将 2016 年发生的下列交易过入 T 形账户：

　　a. 服务收入总计 703 000 美元，都是赊销。

　　b. 收回应收账款 720 000 美元。

2. 现金、应收账款和服务收入的期末余额是多少？

S5-9　（目标：应收账款的内部控制）作为一名刚毕业的大学生，你的第一份工作是在 Silktown 出版公司的客户收款部门任职。公司经理 Alicia Donovan 要求你制定一项制度来确保以邮寄方式从客户收回现金能够有效运行。起草一份备忘录解释你计划中的基本要素，并说明原因。

S5-10　（目标：使用备抵法评估应收账款的可收回性）在 Old Tyme 家具销售公司运营的第一年，销售净额为 461 000 美元，且全部为赊销。行业经验表明，Old Tyme 的坏账为净赊销额的 4%。2016 年 12 月 31 日，Old Tyme 的应收账款总额为 56 000 美元。公司使用备抵法核算坏账（假设不存在退货或退款）。

1. 使用销售百分比法，编制该公司的坏账费用的会计分录。

2. 说明公司应该如何在 2016 年 12 月 31 日的资产负债表上列报应收账款。

S5-11　（目标：使用备抵法评估应收账款的可收回性）在本年度末（编制调整分录前），Holliday 公司的应收账款余额为 75 000 美元，坏账准备余额为 4 000 美元。该年度的服务收入（均为赊销）总计为 450 000 美元。

要求

考虑以下两种情况。

1. 如果 Holliday 公司估计其坏账为赊销额的 2%，使用销售百分比法计算坏账准备的金额。在这种情况下，坏账准备的期末余额是多少？

2. 假设 Holliday 公司使用账龄分析法。Holliday 公司估计，坏账准备的贷方余额将为 14 000 美元。计算其坏账费用。在这种情况下，坏账准备的期末余额是多少？

S5-12　（目标：应收票据的会计处理）

1. 计算下列应收票据在 2016 年、2017 年和 2018 年的利息金额：2016 年 5 月 31 日，

Charter 银行向 Laurie Walker 贷款 220 000 美元。Laurie Walker 签发了一张期限为 2 年、利率为 10％、面值为 220 000 美元的票据。

2. 下列各项分别由哪一方当事人拥有？

a. 应收票据　　　　b. 应付票据　　　　c. 利息收入　　　　d. 利息费用

3. 假如 Laurie Walker 在 2016 年 11 月 30 日提前偿付票据，Charter 银行可收回的总金额是多少？

S5-13 （目标：应收票据的会计处理）2016 年 8 月 31 日，Diane Fields 从 Ferris 银行借入 4 000 美元。Fields 签发了应付票据，承诺 2017 年 8 月 31 日偿还本息。利率定为 9％。Ferris 银行的会计年度截止日是 2017 年 6 月 30 日。记录 Ferris 银行的日记账：(a)2016 年 8 月 31 日凭应收票据借出资金；(b)2017 年 6 月 30 日，计提利息收入；(c)票据到期日 2017 年 8 月 31 日，收回本金和利息。

S5-14 （目标：信用卡销售的会计处理）Collins 家具公司允许客户用信用卡付款。Collins 公司的信用卡处理商收取信用卡销售总额 3％ 的费用。假设 Russell Knight 购买了 8 000 美元的定制家具，并用维萨卡付款。编制这笔交易的会计分录（不需要考虑商品成本。由于这是定制订单，因此不允许退款或退货）。

S5-15 （目标：运用速动（酸性测试）比率和应收账款周转天数衡量流动性）Highland 公司在 2017 年的财务报表中报告了如下金额，并给出了 2016 年的数字用于比较。

美元

	2017 年		2016 年	
流动资产：				
现金		9 700		9 700
短期投资		15 000		11 500
应收账款	87 500		77 000	
减：坏账准备	(8 200)	79 300	(6 200)	70 800
存货		193 000		195 000
预付保险费		2 400		2 400
流动资产合计		299 400		289 400
流动负债合计		100 000		109 000
销售收入净额（均为赊销）		777 450		733 000

1. 计算 2017 年年末 Highland 公司的速动（酸性测试）比率（保留小数点后两位）。与行业平均值 0.92 相比，该公司的速动（酸性测试）比率如何？

2. 将该公司 2017 年的应收账款周转天数与公司 30 天的付款期限相比较。

S5-16 （目标：运用公认会计原则进行恰当的收入确认；应收账款、坏账和应收票据的会计处理；加速从应收账款向现金的流转）回答下列关于应收账款和坏账的问题。对于判断对错题中判断为错的，请解释错误的原因。

1. 判断对错：赊销增加应收账款，回收欠款和注销坏账则减少应收账款。

2. 判断对错："起运地交货"是表达信用政策的一种方法。

3. 考虑购买公司股票的投资者对应收账款的哪个数字更感兴趣：客户欠款的总金额，还是公司预计可收回的净值？给出你的理由。

4. 说明当存在销售折扣时,如何确定销售收入。

5. 说明如何确定应收账款净额。

6. 判断对错:坏账的直接注销法会低估资产。

7. Mason 公司以一张期限为 6 个月、利率为 6‰ 的票据,向 Iowa 银行借款 150 000 美元。当事人哪一方有应收利息? 哪一方有应付利息? 利息费用、利息收入各是多少? 在 Mason 公司签发这张票据一个月后,这些机构记录的利息是多少?

8. 当 Iowa 银行从 Mason 公司的票据中获取利息收入时,写出对该银行资产、负债和权益的影响(增加、减少,或没有影响)。

9. 判断对错:信用卡销售会增加应收账款。

10. 判断对错:流动性较强的公司经常出售应收款项。

练习

(A 组)

E5-17A (目标:短期投资的会计处理)Riverton 公司从事投资银行业务,经常将多余的现金用于投资。假设 Riverton 公司以每股 48 美元的价格购买了 Switzer 公司 1 000 股股票。假设 Riverton 公司预计持有 Switzer 公司股票一个月以后将其卖出。购买日为 2016 年 12 月 15 日。12 月 31 日,Switzer 公司股票的市价为每股 58 美元。

要求

1. Riverton 公司的这一交易属于何种投资? 为什么?

2. 编制 12 月 15 日 Riverton 公司购买 Switzer 公司股票的分录,以及 12 月 31 日将股价调整为市价的调整分录。

3. 说明 Riverton 公司如何在其 12 月 31 日的资产负债表上报告这项投资,以及在截至 2016 年 12 月 31 日的年度利润表上是盈利还是亏损。

4. 假设 Riverton 公司不打算将 Switzer 公司股票列为交易性金融资产,但依然想将其视为短期投资。参考表 5-2 重新回答前面三个问题。

E5-18A (目标:销售、销售折扣和销售退回的会计处理;应收账款的会计处理)Chic Interiors 公司 11 月报告的交易和事项如下:

11 月 2 日	赊销给 Ella Barron 1 300 美元的货物,条件为 1/10,n/30。
10 日	销售给 Amanda O'Connor 2 500 美元的货物,条件为 2/10,n/30。
12 日	收回 Ella Barron 11 月 2 日所购货物的款项。
15 日	Amanda O'Connor 支付了 11 月 10 日所购货物款项中的 1 700 美元。
19 日	收回 Amanda O'Connor 11 月 10 日所购货物的剩余款项。

要求

1. 在日记账中记录 Chic Interiors 公司的上述交易。(不需要考虑销售成本、预计退货或预计退货成本的会计分录,假设 Chic Interiors 公司将在会计期末完成这些调整分录。)

2. 计算公司 11 月的销售收入净额。

S5-19A (目标:应收账款和坏账的会计处理)完成 Bronson & Moore 律师事务所 2016 年 12 月 31 日有关应收账款的会计核算。

要求

1. T 形账户的期初余额如下：

应收账款，97 000 美元；坏账准备，13 000 美元。

将下述发生在 2016 年的业务过入 T 形账户：

a. 服务收入 702 000 美元，客户均为后付款。

b. 收回应收账款，716 000 美元。

c. 注销无法收回的坏账，9 000 美元。

d. 坏账费用（备抵法），7 000 美元。

2. 应收账款和坏账准备的期末余额各是多少？

3. 说明 Bronson & Moore 律师事务所如何在其 2016 年 12 月 31 日的资产负债表上报告应收账款。

E5-20A （目标：坏账的会计处理）2016 年 12 月 31 日，Fako 旅行社的应收账款余额为 96 000 美元，2016 年的服务收入为 550 000 美元（客户均为后付款）。年末调整前，坏账准备的贷方余额为 830 美元。该公司估计坏账费用为服务收入的 2%。编制年末确认坏账费用的会计分录。说明如何在 2016 年 12 月 31 日的资产负债表上报告应收账款和坏账准备。

E5-21A （目标：收入确认；应收账款和坏账的会计处理）6 月 30 日，Paisley 公司的应收账款余额为 35 000 美元，坏账准备的贷方余额为 3 252 美元。7 月，Paisley 公司赊销了 198 000 美元的货物。7 月收回应收账款 169 000 美元，注销坏账 2 890 美元。坏账费用估计为赊销额的 4%。预计无销售退回。

要求

1. 登记 7 月销售商品、收回应收账款、注销坏账以及用备抵法计算坏账费用的日记账。不要求解释。

2. 给出 7 月 31 日应收账款、坏账准备和应收账款净额的期末余额。Paisley 公司预计可收回多少应收账款？

3. 说明 Paisley 公司如何在 7 月 31 日的资产负债表上报告应收账款，如何在截至 7 月 31 日的月度利润表上报告销售收入净额。

E5-22A （目标：坏账的会计处理）2016 年 12 月 31 日年末调整前，Turf Trimmers 公司的应收账款余额为 350 000 美元，坏账准备的贷方余额为 18 700 美元。Turf Trimmers 公司编制应收账款账龄分析表如下：

总余额	账 龄			
	1～30 天	31～60 天	61～90 天	超过 90 天
350 000 美元	140 000 美元	110 000 美元	70 000 美元	30 000 美元
预计坏账率	0.5%	4%	9%	40%

要求

1. 根据应收账款账龄分析，未经调整的坏账准备账户余额是否适当？过高还是过低？

2. 编制账龄分析表所要求的分录。编制坏账准备的 T 形账户。

3. 说明 Turf Trimmers 公司应如何在其 12 月 31 日的资产负债表上报告应收账款。

E5-23A　（目标：坏账的会计处理）假设 Birch 食品公司的收入和应收账款注销额如下所示：

美元

| 月份 | 服务收入 | 各月度应收账款注销额 | | | |
		1 月	2 月	3 月	总计
1 月	4 400	54	89		143
2 月	3 900		103	31	134
3 月	4 100	—	—	112	112
	12 400	54	192	143	389

假设 Birch 食品公司估计 4％的销售收入将无法收回。所有销售均为赊销。

要求

登记销售收入（全部为赊销）、坏账费用和注销坏账的日记账，并给出解释。

E5-24A　（目标：应收票据的会计处理）Celtic 服务公司的应收票据交易事项的日记账如下。

10 月 1 日	借给 Carroll Fadal 11 000 美元，获得利率为 6％的一年期票据。
12 月 6 日	为 Fairway Masters 提供服务，收到面值为 9 000 美元、利率为 8％、期限为 90 天的票据。
12 月 16 日	从 Warren 公司处收到期限为 6 个月、利率为 12％的 4 000 美元票据。
12 月 31 日	计提本年利息收入。

Celtic 服务公司今年赚取的利息收入是多少？计算利息时，一年为 365 天，并将计算所得利息金额四舍五入取整数。Celtic 服务公司的会计年度截止日为 12 月 31 日。

E5-25A　（目标：加速从应收账款向现金的流转；运用比率衡量流动性）2015 年和 2016 年 12 月 31 日，Marshall 公司报告了以下项目。

| 资产负债表（简表） | | | | | 美元 |
| | 2016 年 | 2015 年 | | 2016 年 | 2015 年 |
	12 月 31 日	12 月 31 日		12 月 31 日	12 月 31 日
流动资产			流动负债		
现金	15 000	11 000	应付账款	16 000	17 500
交易性金融资产	22 000	11 000	其他流动负债	107 000	109 000
应收账款净额	54 000	68 000	长期负债	20 000	21 000
存货	194 000	190 000			
其他流动资产	6 000	6 000	所有者权益	148 000	148 500
长期资产		10 000			
资产总额	291 000	296 000	负债和所有者权益总额	291 000	296 000

利润表（节选）	2016 年度
销售收入	727 000

要求

1. 计算 Marshall 公司的：(a)速动（酸性测试）比率；(b)2016 年的平均应收账款周转天

数。评价每个比率是大还是小。假设 Marshall 公司的销售信用期为 30 天。

2．推荐两种加速应收账款向现金流动的方法。

E5-26A （目标：加速从应收账款向现金的流转；运用比率衡量流动性）Stark 公司报告了以下数据：

百万美元

	2017 年	2016 年
销售收入净额*	565 750	607 725
年末应收账款余额	3 820	4 710

* 所有销售均为赊销。

要求

1．计算 2017 年 Stark 公司的应收账款周转天数或平均收现期。

2．Stark 公司的收现期是长还是短？ Viflex 网络公司的平均收现期为 39 天，Donahue 运输公司的平均收现期为 33 天。什么原因使 Stark 公司的收现期如此与众不同？

（B 组）

E5-27B （目标：短期投资的会计处理）Northern 公司从事投资银行业务，经常将多余的现金用于投资。假设 Northern 公司以每股 46 美元的价格购买了 Twister 公司 1 000 股股票。假设 Northern 公司预计持有 Twister 公司股票一个月以后将其卖出。购买日为 2016 年 12 月 15 日。12 月 31 日，Twister 公司股票的市价为每股 69 美元。

要求

1．Northern 公司的这一交易属于何种投资？ 为什么？

2．编制 12 月 15 日 Northern 公司购买 Twister 公司股票的分录，以及 12 月 31 日将股价调整为市价的调整分录。

3．说明 Northern 公司如何在其 12 月 31 日的资产负债表上报告这项投资，以及在截至 2016 年 12 月 31 日的年度利润表上是盈利还是亏损。

4．假设 Northern 公司不打算将 Twister 公司股票列为交易性金融资产，但依然想将其视为短期投资。参考表 5-2 重新回答前面三个问题。

E5-28B （目标：销售、销售折扣和销售退回的会计处理；应收账款的会计处理）Wolford 公司 11 月报告的交易和事项如下：

11 月 2 日	赊销给 Maxine Holder 1 000 美元的货物，条件为 2/10,n/30。
10 日	赊销给 Alexis Pinney 2 600 美元的货物，条件为 3/10,n/30。
11 日	收回 Maxine Holder 11 月 2 日所购货物的款项。
15 日	Alexis Pinney 支付了 11 月 10 日所购货物款项中的 1 500 美元。
19 日	收回 Alexis Pinney 11 月 10 日所购货物的剩余款项。

要求

1．在日记账中记录 Wolford 公司的上述交易。（不需要考虑销售成本、预计退货或预计退货成本的会计分录，假设 Wolford 公司将在会计期末完成这些调整分录。）

2．计算公司 11 月的销售收入净额。

E5-29B （目标：应收账款和坏账的会计处理）完成 Laksmana 会计师事务所 2016 年 12 月 31 日有关应收账款的会计核算。

要求

1. T 形账户的期初余额如下：

应收账款，303 000 美元；坏账准备，26 000 美元。

将下述发生在 2016 年的业务过入 T 形账户：

a. 服务收入 1 978 000 美元，客户均为后付款。

b. 收回应收账款，2 010 000 美元。

c. 注销无法收回的坏账，29 000 美元。

d. 坏账费用（备抵法），35 000 美元。

2. 应收账款和坏账准备的期末余额各是多少？

3. 说明 2016 年 12 月 31 日，Laksmana 会计师事务所如何在其资产负债表上报告应收账款。

E5-30B （目标：坏账的会计处理）2016 年 12 月 31 日，Canning 旅行社的应收账款余额为 89 000 美元，2016 年的服务收入为 600 000 美元（客户均为后付款）。年末调整前，坏账准备的贷方余额为 840 美元。该公司估计坏账费用为销售收入的 2％。编制年末确认坏账费用的会计分录。说明如何在 2016 年 12 月 31 日的资产负债表上报告应收账款和坏账准备。

E5-31B （目标：收入确认；应收账款和坏账的会计处理）6 月 30 日，Maloney 公司的应收账款余额为 43 000 美元，坏账准备的贷方余额为 2 493 美元。7 月，Maloney 公司赊销了 200 000 美元的货物。7 月收回应收账款 169 000 美元，注销坏账 2 910 美元。坏账费用估计为赊销额的 1％。预计无销售退回。

要求

1. 登记 7 月销售商品、收回应收账款、注销坏账以及用备抵法计算坏账费用的日记账。不要求解释。

2. 给出 7 月 31 日的应收账款、坏账准备和应收账款净额的期末余额。Maloney 公司预计可收回多少账款？

3. 列示 Maloney 公司如何在 7 月 31 日的资产负债表上报告应收账款，如何在截至 7 月 31 日的月度利润表上报告销售收入净额。

E5-32B （目标：坏账的会计处理）2016 年 12 月 31 日调整前，Foley 分销公司的应收账款余额为 320 000 美元，坏账准备的贷方余额为 22 200 美元。Foley 分销公司编制应收账款账龄分析表如下：

总余额	账　龄			
	1～30 天	31～60 天	61～90 天	超过 90 天
320 000 美元	130 000 美元	100 000 美元	60 000 美元	30 000 美元
预计坏账率	0.4％	5％	7％	60％

要求

1. 根据应收账款账龄分析，未经调整的坏账准备账户余额是否适当？过高还是过低？

2. 编制账龄分析法所要求的分录。编制坏账准备的 T 形账户。

3. 说明 Foley 分销公司应如何在其 12 月 31 日的资产负债表上报告应收账款。

E5-33B　（目标：坏账的会计处理）假设 Olson 食品公司的收入和应收账款注销额如下所示：

千美元

月份	服务收入	各月应收账款注销额			
		3 月	4 月	5 月	总计
3 月	3 300	53	87		140
4 月	4 400		100	26	26
5 月	4 100			100	100
	11 800	53	187	126	366

假设 Olson 食品公司估计 4% 的销售收入将无法收回。假设销售均为赊销。

要求

登记销售收入(全部为赊销)、坏账费用和注销坏账的日记账，并给出解释。

E5-34B　（目标：应收票据的会计处理）Caribou 公司的应收票据交易事项的日记账如下。

8 月 1 日	贷给 Carl Fajar 19 000 美元，获得利率为 7% 的一年期票据。
10 月 6 日	为 Green 提供服务，收到面值为 6 000 美元、利率为 6%、期限为 90 天的票据。
10 月 16 日	从 Voeron 公司处收到期限为 6 个月、利率为 11% 的 5 000 美元票据。
10 月 31 日	计提本年利息收入。

Caribou 公司今年赚取的利息收入是多少？计算利息时，一年为 365 天，并将计算所得利息金额四舍五入取整数。Caribou 公司的会计年度截止日为 10 月 31 日。

E5-35B　（目标：加速从应收账款向现金的流转；运用比率衡量流动性）2015 年和 2016 年 12 月 31 日，Saybrooke 公司报告了以下项目。

资产负债表(简表)　　　　　　　　　　　　　　　美元

	2016 年 12 月 31 日	2015 年 12 月 31 日		2016 年 12 月 31 日	2015 年 12 月 31 日
流动资产			流动负债		
现金	16 000	12 000	应付账款	19 000	20 500
交易性金融资产	23 000	12 000	其他流动负债	107 000	109 000
应收账款净额	58 000	72 000	长期负债	20 000	21 000
存货	195 000	191 000			
其他流动资产	2 000	2 000	所有者权益	148 000	148 500
长期资产		10 000			
资产总额	294 000	299 000	负债和所有者权益总额	294 000	299 000

利润表(节选)	2016 年度
销售收入	732 000

要求

1. 计算 Saybrooke 公司的：(a)速动(酸性测试)比率；(b)2016 年的平均应收账款周转天数。评价每个比率是大还是小。假设 Saybrooke 公司的销售信用期为 30 天。

2. 推荐两种加速应收账款向现金流动的方法。

E5-36B (目标：加速从应收账款向现金的流转；运用比率衡量流动性)Iverson 公司报告了以下数字：

百万美元

	2017 年	2016 年
销售收入净额*	578 525	613 200
年末应收账款余额	3 880	4 610

* 所有销售均为赊销。

要求

1. 计算 2017 年 Iverson 公司的应收账款周转天数或平均收现期。

2. Iverson 公司的收现期是长还是短？Dartex 网络公司的平均收现期为 39 天，Defranco 公司的平均收现期为 33 天。什么原因使 Iverson 公司的收现期如此与众不同？

练习测试

通过回答下列问题测试你对应收账款的理解，为每个题目选择最佳的答案。

Q5-37　美国国家银行是美国全国性的大银行，拥有各种类型的投资。假定 12 月 5 日美国国家银行用 650 000 美元购买了交易性金融资产，两周后美国国家银行收到 40 000 美元的现金股利。12 月 31 日该笔交易性金融资产的市值为 657 000 美元。美国国家银行的利润表中应报告_____。

a. 未实现损失 7 000 美元　　　　　b. 未实现损失 2 000 美元

c. 未实现利得 7 000 美元　　　　　d. 未实现利得 47 000 美元

Q5-38　应用 Q5-37 的答案回答，美国国家银行 12 月 31 日的资产负债表应报告_____。

a. 交易性金融资产 650 000 美元　　b. 未实现利得 7 000 美元

c. 交易性金融资产 657 000 美元　　d. 股利收入 40 000 美元

Q5-39　在备抵法下，记录坏账费用的分录对财务报表有何影响？

a. 净利润和资产减少　　　　　　　b. 费用和所有者权益增加

c. 资产减少，对净利润没有影响　　d. 所有者权益减少，负债增加

Q5-40　Snead 公司在期末采用账龄分析法调整坏账准备。2016 年 12 月 31 日，应收账款余额为 210 000 美元，坏账准备的贷方余额为 3 000 美元(调整前)。通过分析应收账款，得到以下账龄分组：

美元

当期	160 000
过期 60 天及以内	43 000
过期 60 天以上	7 000
	210 000

根据以往的经验,Snead 公司估计在三个账龄分组中,无法收回应收账款的比例分别为4%、10%和18%。基于这些情况,坏账调整分录的金额是多少?

    a. 14 960 美元   b. 11 960 美元   c. 8 960 美元   d. 15 960 美元

Q5-41   参考 Q5-40,在 2016 年 12 月 31 日的资产负债表中报告的应收账款净额是多少?

Q5-42   Milo 公司用销售百分比法估计坏账费用。当年销售收入净额为 100 000 美元,管理层估计 4% 的应收账款将无法收回。调整前,坏账准备的贷方余额为 3 000 美元。在利润表中报告的坏账费用是多少?

    a. 7 000 美元   b. 4 000 美元   c. 6 000 美元   d. 1 500 美元

Q5-43   参考 Q5-42,调整后,坏账准备的余额为_____。

    a. 1 000 美元   b. 4 000 美元   c. 3 000 美元   d. 7 000 美元

Q5-44   参考 Q5-42 和 Q5-43,在次年年初,Milo 公司将 2 000 美元的应收账款作为坏账注销。备抵账户的余额现在是多少?

使用以下资料回答 Q5-45 至 Q4-49。

2016 年 8 月 1 日,Azore 公司卖出设备,接受期限为 6 个月、利率为 8%、本金为 30 000 美元的应收票据。Azore 公司的会计年度截止日为 12 月 31 日。

Q5-45   2016 年 12 月 31 日,Azore 公司的应计利息收入是多少?

    a. 1 550 美元   b. 2 400 美元   c. 1 200 美元   d. 1 000 美元

Q5-46   如果 Azore 公司 2016 年 12 月 31 日没有做应计利息的调整分录,则_____。

    a. 将高估净利润和资产   b. 将低估净利润和资产

    c. 将低估净利润,高估负债   d. 将高估净利润,低估负债

Q5-47   票据到期日(2017 年 2 月 1 日),Azore 公司的利息收入是_____。

    a. 1 200 美元   b. 2 400 美元   c. 200 美元   d. 2 000 美元

Q5-48   假设全额收回应收票据,2017 年 2 月 1 日,Azore 公司应在日记账分录中贷记以下哪个账户?

    a. 现金   b. 应付票据   c. 应付利息   d. 应收利息

Q5-49   编制票据到期日(2017 年 2 月 1 日)的日记账分录。

Q5-50   速动(酸性测试)比率的计算中要用在下面哪个选项?

    a. 存货和预付费用   b. 预付费用和现金

    c. 存货和短期投资   d. 现金和应收账款

Q5-51   某公司的赊销净额为 1 017 000 美元,期初应收账款净额为 90 000 美元,期末应收账款净额为 120 000 美元,则应收账款的周转天数是_____。

    a. 48 天   b. 44 天   c. 41 天   d. 38 天

Q5-52   某公司的赊销付款条件为"2/10,n/30",应收账款周转天数为 31 天,则其应收账款周转天数_____。

    a. 大致合适   b. 过高

    c. 过低   d. 根据所给数据无法判断

问题

(A 组)

P5-53A   (目标:短期投资的会计处理)2016 年第四季度,Abbott 公司持有多余的现金,

公司将其投资于交易性金融资产,如下所示:

2016 年 11 月 16 日	以每股 9 美元购买 900 股普通股作为交易性金融资产投资。
12 月 16 日	交易性金融资产投资收到每股 0.35 美元的现金股利。
12 月 31 日	将交易性金融资产投资按市价调整为每股 5 美元。

要求

1. 编制下列科目的 T 形账户:现金(余额为 19 000 美元);交易性金融资产;股利收入;交易性金融资产未实现利得(损失)。

2. 登记上述事项的日记账,并过账到 T 形账户。

3. 说明如何在 Abbott 公司 2016 年 12 月 31 日的资产负债表中报告这笔短期投资。

4. 说明如何在 Abbott 公司截至 2016 年 12 月 31 日的利润表中列报上述事项。

5. 2017 年 1 月 14 日,Abbott 公司以 6 300 美元出售了该交易性金融资产。登记这笔交易的日记账。

6. 假设这笔投资被归为可供出售金融资产。再假设 2017 年 12 月 31 日其公允价值为每股 10 美元,2018 年 1 月 1 日出售时为每股 10.5 美元。重做第 3 和第 4 题,并登记 2018 年 1 月1 日出售投资的日记账。可参考表 5-2。

P5-54A (目标:从客户处收取现金的控制)Bogoda 公司的所有销售都是赊销。Ian Holt 是公司的会计人员,负责接收并开启信件。公司规定 Holt 将客户支票和汇款通知单分开保管,汇款通知单上载有 Holt 记录客户应收账款账户的赊销金额。Holt 负责将支票存入银行。每天下班前,他都会计算当日过账到客户明细账的金额并将其与银行存款通知单相比对。该规定可以保证所有收款都存入了银行。

要求

作为 Bogoda 公司雇用的顾问,为公司管理层撰写一份备忘录,评价公司从客户处收取现金的内部控制。如果该内部控制机制有效,指出最明显的特点。如果该机制有缺陷,设计一种方法加强内部控制。

P5-55A (目标:使用销售百分比法确认收入、应收账款、应收账款收回和坏账费用;应收票据的会计处理)本题涉及 Bates 快递公司的销售收入、应收账款、坏账和应收票据的会计处理。由于采取赊销方式,Bates 快递公司预计无法全部收回应收账款。2016 年和 2017 年的 10 月 31 日,Bates 快递公司在资产负债表中分别列报了如下事项:

百万美元

	2017 年 10 月 31 日	2016 年 10 月 31 日
应收账款	3 900	3 600
减:坏账准备	(160)	(230)
应收账款净额	3 740	3 370

在截至 2017 年 10 月 31 日的会计年度,Bates 快递公司赚取服务收入,并从客户处收回现金。假设当年度坏账费用是服务收入的 4%。Bates 快递公司注销了坏账并做了必要的调整。2017 年 10 月 31 日,Bates 快递公司的期末余额如前所述。

要求

1. 编制应收账款和坏账准备的 T 形账户,并填入 2016 年 10 月 31 日的余额。

2. 登记 Bates 快递公司在截至 2017 年 10 月 31 日的会计年度下列经济业务的日记账(不要求解释):

a. 服务收入 329 亿美元,其中 7% 为现金收入,其余为赊销。

b. 从客户处收回应收账款 288.6 亿美元。

c. 坏账费用占赊销服务收入的 4%。

d. 注销无法收回的应收账款 12.94 亿美元。

e. 10 月 1 日,Bates 快递公司收到一位大客户用来偿付逾期账款的面值 1.85 亿美元、期限 2 个月、利率 7% 的应收票据。针对票据利息,公司做了正确的年末调整。

f. 2017 年 10 月 31 日,公司的银行对账单上显示从某客户处收到了 4 200 万美元的空头支票。

3. 将你所做的会计分录过入应收账款和坏账准备的 T 形账户。

4. 计算应收账款和坏账准备两个 T 形账户的期末余额,并与 2017 年 10 月 31 日的实际金额进行比较。这两个金额应该相同。2017 年 10 月 31 日之后,公司预计能从客户处收回多少欠款?

5. 说明上述交易对 Bates 快递公司截至 2017 年 10 月 31 日的会计年度的利润表的净影响。

P5-56A (目标:坏账的会计处理)2017 年 9 月 30 日,First Data 公司的财务记录中包括以下账户:

	美元
应收账款	243 000
坏账准备	(8 200)

First Data 公司估计当年的坏账费用为赊销收入的 1%。年末(12 月 31 日),公司调整应收账款的账龄,并调整坏账准备账户,使其与账龄分析表一致。

应收账款	账 龄			
	1~30 天	31~60 天	61~90 天	超过 90 天
231 000 美元	134 000 美元	45 000 美元	16 000 美元	36 000 美元
预计坏账率	0.2%	2%	15%	35%

2017 年第四季度,First Data 公司完成了下列交易事项:

11 月 30 日	将下列应收账款作为坏账注销:Black Carpets 公司,1 600 美元;Rare Antiques 公司,600 美元。
12 月 31 日	根据应收账款账龄分析调整坏账准备科目,并在年末记录坏账费用。

要求

1. 在 2017 年第四季度的日记账中记录上述交易事项。不要求解释。

2. 编制坏账准备的 T 形账户,并填入正确的期初余额。将要求 1 中的记录过入该账户。

3. 说明 First Data 公司将如何在 2016 年和 2017 年的比较资产负债表中报告应收账款。采用三栏式报表。2016 年 12 月 31 日,公司的应收账款余额为 215 000 美元,坏账准备为 4 500 美元。

P5-57A （目标：短期投资、坏账的会计处理；运用比率衡量流动性）假设 Williams & Sellers 会计师事务所建议 Ocean Mist 海产品公司将其财务报表与公认会计原则调整一致。2016 年 12 月 31 日,Ocean Mist 海产品公司的账户包括以下项目:

	美元
现金	50 000
交易性金融资产（投资成本）	26 000
应收账款	42 000
存货	62 000
预付费用	11 000
流动资产合计	191 000
应付账款	66 000
其他流动负债	40 000
流动负债合计	106 000

会计师事务所建议 Ocean Mist 海产品公司做如下调整:

- 现金中包括 2018 年才可解冻的 18 000 美元的银行补偿性存款。
- 交易性金融资产的市值为 17 000 美元,这笔投资是两周前购买的。
- 公司使用直接注销法处理坏账。2016 年,公司注销了 4 000 美元的坏账。年末应收账款账龄分析表明坏账为 26 500 美元。
- 2016 年公司的净利润是 94 000 美元。

要求

1. 按照公认会计原则,重新编制公司的流动账户。
2. 计算调整前后,公司的流动比率和速动（酸性测试）比率。
3. 确定 2016 年公司正确的净利润。

P5-58A （目标：应收票据的会计处理）假设 Hughes 食品公司完成了下列交易事项:

2016 年	
10 月 31 日	销售商品给 BiLo 食品公司,并收到面值 36 000 美元、期限 3 个月、利率 4.5% 的票据（不需要编制本次交易的销售成本日记账分录）。
12 月 31 日	编制计提 BiLo 食品公司票据利息收入的会计分录。
2017 年	
1 月 31 日	BiLo 食品公司偿付票据。
2 月 18 日	收到 Dutton Market 公司期限 90 天、利率 7%、面值 7 000 美元的票据。
2 月 19 日	将 Dutton Market 公司的票据出售给 Seabrook 银行,收到 6 800 美元现金（差异借记财务费用）。
11 月 11 日	贷给 Sauble 公司 15 600 美元现金,并收到期限 90 天、利率 9.5% 的票据。
12 月 31 日	计提 Sauble 公司的票据的利息收入。

要求

1. 登记 Hughes 食品公司上述事项的日记账。假设预期没有销售退回。结果四舍五入取整数。不要求做出解释。

2. 说明 Hughes 食品公司将在 2017 年 12 月 31 日和 2016 年 12 月 31 日的比较分类资产负债表上列报的项目。

P5-59A (目标：加速应收账款向现金的流转；利用比率评价流动性)Kenmore Pools 公司 2015 年、2016 年和 2017 年的比较财务报表包括下列数据：

百万美元

	2017 年	2016 年	2015 年
资产负债表			
流动资产			
现金	70	80	40
交易性金融资产	130	165	125
应收账款净额(分别抵	270	260	230
减坏账准备 7、6 和 4)	350	325	300
存货	65	30	50
预付费用	885	860	745
流动资产合计	560	620	660
流动负债合计			
利润表			
销售收入净额(均为赊销)	7 665	5 110	4 015

要求

1. 计算 2016 年和 2017 年的下列比率：

a. 流动比率　　　　b. 速动(酸性测试)比率　　　　c. 应收账款周转天数

2. 2016—2017 年，哪些比率有所改善，哪些比率有所恶化？说明这个趋势对公司是好是坏，并给出你评判的理由。

3. 为 Hughes 食品公司提两条建议来加速应收账款向现金的流转。

(B 组)

P5-60B (目标：短期投资的会计处理)2016 年第四季度，Zinner 公司持有多余的现金，公司将这些现金投资于交易性金融资产，如下所示：

2016 年 11 月 17 日	以每股 9 美元购买 1 300 股普通股用于交易性金融资产投资。
12 月 19 日	交易性金融资产投资收到每股 0.48 美元的现金股利。
12 月 31 日	将交易性金融资产投资按市价调整为每股 6 美元。

要求

1. 编制下列科目的 T 形账户：现金(余额为 15 000 美元)；交易性金融资产；股利收入；交易性金融资产未实现投资利得(损失)。

2. 登记上述事项的日记账，并过账到 T 形账户。

3. 说明如何在 Zinner 公司 2016 年 12 月 31 日的资产负债表中报告这笔短期投资。

4. 说明如何在 Zinner 公司截至 2016 年 12 月 31 日的利润表中列报上述事项。

5. 2017 年 1 月 11 日，Zinner 公司以 10 400 美元出售了该交易性金融资产。登记这笔交易的日记账。

6. 假设这笔投资被归为可供出售金融资产。再假设 2017 年 12 月 31 日其公允价值为每股 10 美元，2018 年 1 月 1 日出售时为每股 10.5 美元。重做第 3 和第 4 题，并登记 2018 年 1 月 1 日出售投资的会计分录。可参考表 5-2。

P5-61B　（目标：从客户处收取现金的控制）Carso 公司的所有销售都是赊销，几乎所有现金收入都通过邮寄方式取得。公司的总经理 Jeannette Carson 刚参加了一个介绍经营新观念的行业协会会议。Carson 计划制订更加严格的现金收款内部控制制度。

要求

如果你是 Jeannette Carson，作为公司的总经理，撰写一份备忘录，描述保证现金收入存入银行，每天的现金收入总额都过入客户应收账款明细账的程序。

P5-62B　（目标：使用销售百分比法确认收入、应收账款、应收账款收回和坏账费用；应收票据的会计处理）本题涉及 Henderson 船运公司的销售收入、应收账款、坏账和应收票据的会计处理。由于采取赊销方式，Henderson 船运公司预计无法全部收回应收账款。2016 年和 2017 年的 8 月 31 日，Henderson 船运公司在资产负债表中分别报告了如下事项：

百万美元

	2017 年 8 月 31 日	2016 年 8 月 31 日
应收账款	4 300	3 500
减：坏账准备	(180)	(240)
应收账款净额	4 120	3 260

在截至 2017 年 8 月 31 日的会计年度，Henderson 船运公司赚取服务收入，并从客户处收回现金。假设当年度坏账费用是销售收入的 4%。Henderson 船运公司注销了坏账并做了必要的调整。2017 年 8 月 31 日，Henderson 船运公司的期末余额如前所述。

要求

1. 编制应收账款和坏账准备的 T 形账户，并填入 2016 年 8 月 31 日的余额。

2. 登记 Henderson 船运公司在截至 2017 年 8 月 31 日的会计年度下列经济业务的日记账（不要求解释）。

a. 服务收入 326 亿美元，其中 6% 为现金收入，其余为赊销。

b. 从客户处收回应收账款 283.95 亿美元。

c. 坏账费用占赊销服务收入的 4%。

d. 注销无法收回的应收账款 12.86 亿美元。

e. 8 月 1 日，公司收到一位大客户用来偿付逾期账款的面值 2.1 亿美元、期限 2 个月、利率 8% 的应收票据。针对票据利息，公司做了正确的年末调整。

f. 2017 年 8 月 31 日，公司的银行对账单上显示从某客户处收到了 4 700 万美元的空头支票。

3. 将你所做的会计分录过入应收账款和坏账准备的 T 形账户。

4. 计算应收账款和坏账准备两个 T 形账户的期末余额，并与 2017 年 8 月 31 日的实际金额进行比较。这两个金额应该相同。2017 年 8 月 31 日之后，公司预计能从客户处收回多少欠款？

5. 说明上述交易对 Henderson 船运公司截至 2017 年 8 月 31 日的会计年度的利润表的净影响。

P5-63B （目标：坏账的会计处理）2017 年 9 月 30 日，媒体传播公司的财务记录中包括以下账户：

	美元
应收账款	242 000
坏账准备	（8 400）

媒体传播公司估计当年的坏账费用为赊销收入的 1%。年末（12 月 31 日），公司调整应收账款账龄，并调整坏账准备账户，使其与账龄分析表一致。

应收账款	账龄			
	1～30 天	**31～60 天**	**61～90 天**	**90 天以上**
230 000 美元	132 000 美元	54 000 美元	17 000 美元	27 000 美元
预计坏账率	0.2%	2%	15%	35%

2017 年第四季度，公司完成了下列交易事项：

11 月 30 日	将下列应收账款作为坏账注销：Blue Carpets 公司,1 300 美元；Rare Antiques 公司,400 美元。
12 月 31 日	根据应收账款账龄分析调整坏账准备科目，并在年末记录坏账费用。

要求

1. 在 2017 年第四季度的日记账中记录上述交易事项。不要求解释。

2. 编制坏账准备的 T 形账户，并填入正确的期初余额。将要求 1 中的记录过入该账户。

3. 说明媒体传播公司将如何在 2016 年和 2017 年的比较资产负债表中报告应收账款。采用三栏式报表。2016 年 12 月 31 日，公司的应收账款余额为 215 000 美元，坏账准备为 4 200 美元。

P5-64B （目标：短期投资、坏账的会计处理；运用比率衡量流动性）假设 Spahr & Kennedy 会计师事务所建议 Arctic 海产品公司将其财务报表与公认会计原则调整一致。2016 年 12 月 31 日，Arctic 海产品公司的账户包括以下项目：

现金	55 000
交易性金融资产（投资成本）	22 000
应收账款	36 000
存货	63 000
预付费用	18 000
流动资产合计	194 000
应付账款	62 000
其他流动负债	37 000
流动负债合计	99 000

会计师事务所建议 Arctic 海产品公司做如下调整：

• 现金中包括 2018 年才能解冻的 22 000 美元的银行补偿性存款。

- 交易性金融资产的市值为 16 000 美元。这笔投资是两周前购买的。
- 公司使用直接注销法处理坏账。2016 年,公司注销了 8 500 美元的坏账。年末应收账款账龄分析表明坏账为 22 000 美元。
- 2016 年公司的净利润为 95 000 美元。

要求

1. 按照公认会计原则,重新编制公司的流动账户。
2. 计算调整前后,公司的流动比率和速动(酸性测试)比率。
3. 确定 2016 年公司正确的净利润。

P5-65B (目标:应收票据的会计处理)假设速食公司完成了下列交易事项:

2016 年	
10 月 31 日	销售商品给 Dorsey 食品公司,并收到面值 38 000 美元、期限 3 个月、利率 5.75% 的票据(不需要编制本次交易的销售成本日记账分录)。
12 月 31 日	编制计提 Dorsey 食品公司票据利息收入的会计分录。
2017 年	
1 月 31 日	Dorsey 食品公司偿付票据。
2 月 18 日	收到 Barb's Market 公司期限 90 天、利率 7%、面值 7 600 美元的票据。
2 月 19 日	将 Barb's Market 公司的票据出售给 Glen Cove 银行,收到 7 400 美元现金(差异借记财务费用)。
11 月 11 日	贷给 Master 食品公司 15 600 美元现金,并收到期限 90 天、利率 9% 的票据。
12 月 31 日	计提 Master 食品公司的票据的利息收入。

要求

1. 登记速食公司上述事项的日记账。假设预期没有销售退回。结果四舍五入取整数。不要求给出解释。

2. 说明速食公司将在 2016 年 12 月 31 日和 2017 年 12 月 31 日的比较分类资产负债表上列报的项目。

P5-66B (目标:加速应收账款向现金的流转;利用比率评价流动性)金色池塘公司 2015 年、2016 年和 2017 年的比较财务报表包括下列数据:

百万美元

	2017 年	2016 年	2015 年
资产负债表			
流动资产:			
现金	70	60	50
交易性金融资产	150	175	110
应收账款净额(分别抵减坏账准备 7、6 和 4)	270	260	240
存货	350	345	300
预付费用	70	20	45
流动资产合计	910	860	745
流动负债合计	560	620	650
利润表			
销售收入净额(均为赊销)	6 570	5 110	5 110

要求

1. 计算 2016 年和 2017 年的下列比率:

a. 流动比率　　　　b. 速动(酸性测试)比率　　　　c. 应收账款周转天数

2. 2016—2017 年,哪些比率有所改善,哪些比率有所恶化? 说明这种趋势对公司是好是坏,并给出你评判的理由。

3. 为金色池塘公司提两条建议来加速应收账款向现金的流转。

挑战性练习

E5-67 (目标:加速应收账款向现金的流转)Ripley Shirt 公司采用赊销方式,并自行管理应收账款。其过去 3 年的平均记录如下:

美元

	现金销售	赊销	总计
销售收入	350 000	350 000	700 000
销售成本	175 000	175 000	350 000
坏账费用	—	20 000	20 000
其他费用	89 000	89 000	178 000

公司所有者 Jack Rivers 正在考虑是否接受信用卡(维萨、万事达)支付。他预计总销售额会提高 12%,但是现金销售将保持不变。如果接受信用卡支付,公司将节约 10 000 美元的其他费用,不过维萨和万事达会收取信用卡销售额的 2% 作为手续费。Rivers 认为,销售的增长将归因于信用卡销售的增加。

要求

Ripley Shirt 公司是否应该开始信用卡销售? 在现行计划和信用卡计划下分别计算净利润(假设不存在退换货)。

E5-68 (目标:应收账款和坏账的会计处理)假设 Carat 公司在 2017 年和 2016 年的 1 月 31 日,分别扣除 6 800 万美元和 6 500 万美元坏账准备后,应收账款净额分别为 25.84 亿美元和 22.65 亿美元。截至 2017 年 1 月 31 日的会计年度,Carat 公司的收入总额为 466.67 亿美元(全部是赊销收入),坏账费用为 1 400 万美元。

要求

根据以上条件,估算截至 2017 年 1 月 31 日的会计年度的以下金额:

a. 注销坏账金额。

b. 从客户处收回的应收账款金额。

P5-69 (目标:分析应收账款)Libra 公司 2015 年和 2016 年的资产负债表列示了以下内容:

千美元

	2016 年 12 月 31 日	2015 年 12 月 31 日
应收账款(分别减去坏账准备 1 050 和 990)	8 650	8 910

2016 年,Libra 公司的销售收入为 1 320 万美元(全部为赊销),其中 120 万美元的商品被退回。销售成本为 726 万美元,退回商品的成本为 66 万美元。Libra 公司为客户提供的信用

政策是 2/10,n/30。60％的应收账款在折扣期内收回。2016 年,Libra 公司注销了 20 万美元的坏账。预计销售退回占总销售额的 5％。

要求

1. 计算 Libra 公司 2016 年的坏账费用是多少。

2. 计算 Libra 公司 2016 年从客户处收回的现金是多少。

3. 建立应收账款和坏账准备的 T 形账户。在账户中输入期初余额。在 T 形账户中为以下事项编制日记账分录。

a. 销售收入	b. 销售成本	c. 预计退款
d. 退款成本	e. 退货	f. 退货成本
g. 包括销售折扣的收款	h.注销坏账	i.坏账费用

知识应用

决策案例

案例 1　(目标:收入、应收账款和坏账的会计处理)2016 年的一场大火将 Sinclair 娱乐公司的大部分会计记录销毁了。Sinclair 娱乐公司只知道 2016 年 12 月 31 日的下列财务数据。公司经理知道坏账费用占后收款服务收入的 5％。

	美元
应收账款	180 000
减:坏账准备	(22 000)
费用合计(不包括坏账费用)	670 000
收回账款	840 000
注销坏账	30 000
2015 年 12 月 31 日应收账款	110 000

编制 Sinclair 娱乐公司会计年度截止日为 2016 年 12 月 31 日的年度利润表。股东想要知道公司 2016 年是否盈利。利用应收账款 T 形账户计算服务收入是多少。假设均为赊销。

案例 2　(目标:坏账的会计处理;通过比率评价流动性)假设你在第二国家银行贷款部门工作。Evert 美容用品公司的所有者 Brian Evert 找你申请贷款 500 000 美元用于扩大经营。Evert 计划将应收账款作为贷款抵押,并向你提供了有关公司近期财务报表的下列信息:

			千美元
	2017 年	**2016 年**	**2015 年**
销售收入(均为赊销)	1 475	1 001	902
销售成本	876	647	605
毛利	599	354	297
其他费用	518	287	253
税前净损益	81	67	44
应收账款	128	107	94
坏账准备	13	11	9

要求

分析 2016 年和 2017 年的销售趋势、应收账款周转天数及从客户处收回的现金。你会给 Evert 提供贷款吗？用事实和数据为你的决策提供支持。

道德事项

Rockville 信贷公司从事消费者贷款业务。该公司从银行取得借款，并以较高的利率贷出。Rockville 的银行要求 Rockville 信贷公司提供季度财务报表，以保证其信用贷款的最高限额。Rockville 信贷公司的主要资产是应收票据，因此坏账费用和坏账准备是重要的账户。

公司所有者 Rachel Laber 希望公司的净利润平稳增长，而不是一些时期增长，一些时期减少。为了报告平稳增长的净利润，Laber 低估了某些时期的坏账费用，而在其他时期则高估了坏账费用。她解释说，高估的收入可以大致抵销低估的收入。

要求

1. 这个案例中的道德问题是什么？

2. 谁是利益相关者？对每个人的影响是什么样的？

3. 分别从经济的、法律的和道德的角度进行分析。

4. 你会怎么做？如何证明你的决策正确？

聚焦财务：苹果公司

（目标：短期投资的会计处理；运用公认会计原则进行恰当的收入确认）查阅本书附录 A 中的苹果公司合并资产负债表。

要求

1. 查看合并资产负债表中有价证券账户和附注 2 中的相关内容（参考现金及其等价物和有价证券部分）。

a. 这个账户由什么构成？

b. 你认为公司为什么进行这些投资？

c. 从 2013 年 9 月 28 日到 2014 年 9 月 27 日，短期投资的比例出现了多大的变化，这揭示了怎样的商业管理策略？

d. 参考财务报表附注 1，说明苹果公司怎样对有价证券进行会计处理。

e. 在截至 2014 年 9 月 27 日的会计年度，公司持有这些有价证券投资组合是否获利？你是怎么知道的？

2. 参考附注 1 中的收入确认部分，描述苹果公司是如何确认收入的。苹果公司通过哪些类型的活动赚取收入？

3. 苹果公司合并资产负债表中列示的第三个账户被称作"应收账款（净额），扣除折扣"。"折扣"指的是什么？

4. 参考附注 2 中的应收账款部分，苹果公司的应收款项中包含哪些应收账款？

5. 2013 年度和 2014 年度的坏账准备各是多少？

6. 计算苹果公司 2013 年度和 2014 年度的流动比率、速动（酸性测试）比率和营运资本净额。比较这两年的流动性。还有其他哪些信息对评价这些数据有帮助？

聚焦分析：安德玛公司

（目标：运用公认会计原则进行恰当的收入确认；应收账款的会计处理和控制）查阅本书附录 B 中安德玛公司的合并资产负债表、合并利润表和财务报告附注 2（重要的会计政策）。

1. 描述安德玛公司的收入确认政策。根据附注 2 中的信贷风险部分，该公司的大部分收入来自哪里?

2. 安德玛公司是一家消费品零售商,因此大部分零售额来自现金销售。然而,应收账款仍然约占流动资产的 18%(280 /1 549)。安德玛公司与什么样的客户通过赊销方式进行交易? 为什么有必要这么做? 参考附注 2——信贷风险部分。

3. 计算 2014 年度的下列指标:

a. 平均日销售额,使用总销售额。

b. 应收账款收现期,假设所有销售均为赊销。

4. 计算安德玛公司 2013 年度和 2014 年度的流动比率、速动(酸性测试)比率和营运资本净额。比较这两年的流动性。还有其他哪些信息对评价这些数据有帮助?

小组项目

吉利恩·迈克尔斯(Jillian Michaels)和迪·奇尔德雷斯(Dee Childress)多年来都在做施乐公司的销售代理。在这段时间里,她们成为亲密的朋友,并拥有公司全部复印机设备的专业知识。现在,她们看到一个可以发挥专业知识,并实现毕生愿望建立自己公司的机会。位于她们所在城市的 Navarro 社区学院正在扩大规模,在校园 5 英里范围内没有复印中心。该地区的商业愈发繁荣,办公楼和公寓楼纷纷拔地而起,Navarro 地区的人口也在增长。

迈克尔斯和奇尔德雷斯想在 Navarro 校园附近开设一家类似于 FedEx Kinko 的复印中心。学院对面有一家小型购物中心的闲置房正好满足了她们的要求。迈克尔斯和奇尔德雷斯每人都投资 35 000 美元,预计翻新商店和购买设备共需要 200 000 美元。施乐公司将以每月 6 000 美元的租金向她们出租两台大型复印机。由于有足够的现金支持前 6 个月的经营,所以她们对取得经营成功信心十足。迈克尔斯和奇尔德雷斯合作得很愉快,而且两人都有极好的信用评级。她们必须借入 130 000 美元为开业做准备、为开张做广告,并维持复印中心在开始 6 个月的经营。

要求

假设有两方当事人:(1)拥有 Navarro 复印中心的迈克尔斯和奇尔德雷斯;(2)Synergy 银行的信贷员。

1. 以小组形式,参观一家复印店,并熟悉复印店的运作。如果可能的话,采访店员或经理。然后为迈克尔斯和奇尔德雷斯写一份贷款申请,向 Synergy 银行申请贷款 130 000 美元,并要求在 3 年后偿还贷款。该笔贷款作为合伙人迈克尔斯和奇尔德雷斯的个人贷款,而不是 Navarro 复印中心的贷款。贷款申请应该详细说明迈克尔斯和奇尔德雷斯旨在促使银行授信的计划细节,并包括拟成立的复印社开始 6 个月经营过程中各月的预算。

2. 以小组形式,采访银行的信贷员。写出 Synergy 银行对贷款申请的回复。详细说明银行所要求的放款条件细节。

3. 如果必要,为了使双方达成协议,修改贷款申请或银行的回复。

复习测试答案

1. b

2. c

3. c(35 000 美元×0.02)

4. c(1 450 美元+800 美元)

5. d(1 200 美元-800 美元)

6. a

7. a(14 000 美元－1 200 美元)

8. a[(2 400 美元－40 美元)－(300 美元－40 美元)]

9. d(60 000 美元＋1 600 000 美元－800 000 美元)

10. b(2 400 美元×0.06×4/12×1/4)

11. a[80 000 美元＋(80 000 美元×0.14×6/12)]

12. d

13. d{[(46 000 美元＋50 000 美元)/2]÷(584 000 美元/365)}

14. d[(7 000 美元＋13 600 美元＋1 000 美元)÷(9 000 美元＋3 000 美元)]

第 6 章

存货和销售成本

安德玛：不仅仅是一家卖运动服装的公司！

你在健身吗？如果是，那么你最近很可能买过安德玛的产品。安德玛公司坐落在马里兰州巴尔的摩市，主营业务是开发、营销和分销安德玛品牌的男女服装、鞋类及服饰配件。安德玛品牌的领先技术是适用于各种气候条件的速干透气。安德玛公司的产品远销全球，深受专业运动员以及崇尚动感生活的消费者的青睐。在公司 2014 年的合并资产负债表上，存货占流动资产（5.367 亿/15.5 亿）的 35％。2014 年 12 月 31 日存货是 2013 年 12 月 31 日存货（5.367 亿/4.69 亿）的 114.4％。这表明公司正准备在 2015 年扩张其产品线以满足强劲的销售增长势头。安德玛公司的目标是更专注于运动员的运动体验而不仅仅是为其提供运动服装。最近，公司对开发监控个人健康数据的应用程序的其他公司进行了巨额投资。其开发理念是不仅可以作为设备单独佩戴，而且可以置于衣服内部用来监测脉搏、血压，还可以计算卡路里、步数和里程，希望这些关注健康的理念可以为公司带来丰厚的销售收入。

安德玛公司截至 2014 年 12 月 31 日的年度合并利润表中报告的收入净额超过 30 亿美元，比 2013 年度的 23 亿美元增长约 32.3％。公司收入主要来自批发销售。同时，公司也采用品牌店、工厂店、网店和特许经销商等直销方式销售。尽管公司大多数的产品在北美销售，但公司的长远目标是扩大产品销售范围，吸引全球运动员和具有积极生活方式的消费者。安德玛公司几乎所有的产品都是由位于美国以外的 13 个国家的独立经营的厂商制造的。

商品的销售成本是合并利润表中最大的费用项目，2014 年度为 15.7 亿美元，比 2013 年度的 11.95 亿美元增长约 31.5％。因此，销售毛利（销售收入净额－销售成本）为 15.12 亿美元，比 2013 年度的 11.37 亿美元增长约 33％。毛利率（毛利/销售收入净额）略微增高，从 2013 年度的 48.7％增长到 2014 年度的略高于 49％。这意味着公司的销售盈利能力更强，其毛利率在 2014 年度比 2013 年度增加了 0.3％。虽然 0.3％看起来并不起眼，但是，乘以 30 亿美元的销售收入，2014 年度的销售毛利则增加了约 900 万美元。

我们将安德玛公司作为本书关注的重点公司之一（详见附录 B）。下次你再去逛这家体育用品商店时，相信你对它的了解将不仅仅是你在货架上看到的。

安德玛公司合并资产负债表

（除非特别说明，单位为千美元）

	2014 年 12 月 31 日	2013 年 12 月 31 日
资产		
流动资产		
现金及其等价物	593 175	347 489
应收账款净额	279 835	209 952
存货	536 714	469 006
预付费用和其他流动资产	87 177	63 987
递延所得税	52 498	38 377
流动资产合计	1 549 399	1 128 811
房地产和设备净值	305 564	223 952
商誉	123 256	122 244
无形资产净额	26 230	24 097
递延所得税	33 570	31 094
其他长期资产	57 064	47 543
资产总额	2 095 083	1 577 741
负债和股东权益		
流动负债		
循环信用额度	—	100 000
应付账款	210 432	165 456
应计费用	147 681	133 729
一年内到期的长期负债	28 951	4 972
其他流动负债	34 563	22 473
流动负债合计	421 627	426 630
长期负债（不含一年内到期部分）	255 250	47 951
其他长期负债	67 906	49 806
负债总额	744 783	524 387
股东权益		
普通股	59	57
可转换普通股	12	13
资本公积	508 350	397 248
留存收益	856 687	653 842
累计其他综合收益（亏损）	(14 808)	2 194
股东权益总额	1 350 300	1 053 354
负债和股东权益总额	2 095 083	1 577 741

安德玛公司合并利润表

（年度截止日为 12 月 31 日）

千美元

	2014 年度	2013 年度	2012 年度
销售收入净额	3 084 370	2 332 051	1 834 921
销售成本	1 572 164	1 195 381	955 624
毛利	1 512 206	1 136 670	879 297
销售和管理费用	1 158 251	871 572	670 602
营业利润	353 955	265 098	208 695
利息费用净额	(5 335)	(2 933)	(5 183)
其他费用净额	(6 410)	(1 172)	(73)
税前利润	342 210	260 993	203 439
备付所得税	134 168	98 663	74 661
净利润	208 042	162 330	128 778

　　库存商品是商品销售业务的核心，对于以销售商品而非提供服务为主业的公司来说，销售成本是最重要的费用。毛利是销售收入净额与销售成本之间的差额。毛利率是毛利占销售收入净额的百分比。该指标显示了公司销售产品的盈利能力。存货周转率和存货周转天数代表了公司销售商品的速度。所有这些都是衡量商品销售公司是否成功的重要指标。

　　本章介绍存货和销售成本的会计处理，并分析存货和费用的变化对财务报表的影响。

学习目标

1. 存货的会计处理
2. 应用并比较各种存货计价方法
3. 解释公认会计原则在存货业务中的应用
4. 计算并评估毛利率、存货周转率和存货周转天数
5. 利用销售成本（COGS）模型进行管理决策
6. 分析存货差错的影响

存货的会计处理

　　本章首先比较安德玛等商品销售公司与 21 世纪房地产等服务性公司的财务报表的区别。表 6-1 中的财务报表显示了两种公司的不同。

　　下面举例说明存货会计处理的基本概念。假设一家安德玛专营店有 300 件男连帽衫，每件的成本是 30 美元。每件连帽衫在成本基础上加价 20 美元，售价为 50 美元，并售出 200 件。这笔销售后：

- 资产负债表报告了该店仍然持有 100 件连帽衫。
- 利润表报告了销售的 200 件连帽衫的收入和成本，如表 6-2 所示。

表 6-1 服务性公司和商品销售公司的对比

服务性公司 21 世纪房地产公司利润表 截至 2014 年 12 月 31 日		商品销售公司 安德玛公司利润表 截至 2014 年 12 月 31 日	
服务收入	×××	销售收入	×××
费用:		销售成本	<u>×××</u>
工资费用	×	毛利	×××
折旧费用	×	营业费用:	
所得税费用	<u>×</u>	工资费用	×
净利润	<u><u>×</u></u>	折旧费用	×
		所得税费用	<u>×</u>
		净利润(净亏损)	<u><u>×</u></u>

21 世纪房地产公司资产负债表(节选) 2014 年 12 月 31 日		安德玛公司资产负债表(节选) 2014 年 12 月 31 日	
资产		资产	
流动资产		流动资产	
现金	×	现金	×
应收账款净额	×	应收账款	×
预付费用	×	存货	×
		预付费用	×
		与服务性公司相比,销售性公司有两个特有的会计科目:	
		• 利润表中的销售成本	
		• 资产负债表中的存货	

表 6-2 存货成本不变情况下的存货和销售成本

资产负债表(节选)		利润表(节选)	
流动资产		销售收入	
现金	×××	(200 件连帽衫,每件 50 美元)	10 000
应收账款	×××	销售成本	
存货(100 件连帽衫,每件 30 美元)	3 000	(200 件连帽衫,每件 30 美元)	<u>6 000</u>
预付费用	×××	毛利	4 000

　　下面,我们就来看看存货(资产)与销售成本(费用)是如何区分的。当卖方履行与买方的合同,将货物交付买方并确认收入时,库存商品的成本就从资产转变成了费用。

持有存货成本=存货	已售存货成本=销售成本
资产负债表中的资产	利润表中的费用

销售价格与存货成本

注意商品售价与库存商品成本之间的区别,在本例中:

- 销售收入是根据售出商品的价格(每件连帽衫 50 美元)计算得出的。
- 销售成本是根据库存商品成本(每件连帽衫 30 美元)得出的。
- 期末资产负债表上的存货项目是根据仍然持有的库存商品成本(每件连帽衫 30 美元)计算得出的。

表 6-2 列示了这些项目。

毛利又称毛利润,是指销售收入减去销售成本后的余额。之所以称其为毛利润是因为营业费用还未扣除。表 6-3 通过安德玛公司调整后的财务报表说明了实际存货成本和销售成本。

表 6-3　安德玛公司的存货和销售成本　　　　　　　　　　百万美元

安德玛公司合并资产负债表(节选) 2014 年 12 月 31 日	
流动资产	
现金及其等价物	593.2
应收账款净额	279.8
存货	**536.7**

百万美元

安德玛公司合并利润表(节选) 截至 2014 年 12 月 31 日	
销售收入净额	3 084.4
**　销售成本**	**1 572.2**
毛利	1 512.2

安德玛公司的 5.367 亿美元存货可表示为:

$$存货(资产负债表项目)=持有存货数量×存货单位成本$$

安德玛公司的 15.722 亿美元销售成本可表示为:

$$销售成本(利润表项目)=商品销售数量×商品销售单价$$

下面讲解存货数量和单位成本。

存货数量　存货数量通过会计记录和年末的实地盘点确定。公司如果代销其他公司的商品,则这部分代销商品不包括在公司的存货中,因为这部分代销商品的所有权是其他公司的。但是本公司委托其他公司代销本公司商品时,这部分代销商品要包括在本公司的存货中。如第 5 章所讨论的一样,公司的存货应该包括截至年末,根据装运条款,所有权仍然归自己所有的在途购货和在途销货。装运条款(如 FOB)可以表明货物所有权的转移时间以及运费由谁负担等。当合同确定为 FOB 起运地交货(常用的交货条款)时,意味着当货物从供货方起运时,其所有权即从供货方转移至购货方。购货方对运输途中的货物享有所有权并支付运费。当年末核算存货数量时,购货方必须将起运地交货方式下购入的,尚在运输途中的货物计入年末存货数量。使用目的地交货方式购进货物时,货物到达购货方接货地点时,其所有权才从供货方转至购货方。所以,购货方的年末存货数量不应该包括目的地交货方式下购进的在途货物。相反,在货物没有到达购货方指定交货地点时,这些货物应该包括在供货方的存货数量中。

单位存货成本　如何计量单位存货成本是一个难题,因为公司在一个会计年度内以不同的价格购进存货。发生的何种成本应列入存货成本,何种成本应列入销售成本?

下面介绍不同的会计处理方法是如何计量资产负债表中的存货和利润表中的销售成本的。但是,你首先应该理解存货的会计处理。

永续盘存制下的存货核算

存货有两种主要的盘存制度:定期盘存制和永续盘存制。

定期盘存制(periodic inventory system)用于对非贵重物品的核算(详见附录 6A)。纺织品生产企业或木材生产企业不可能把每一卷纺织品或材料的变动都记录下来,甚至记录每两卷或四卷的变动也是不可能的。相反,这些企业定期盘存存货(至少一年一次)来确定现有存货数量。餐饮行业也采用定期盘存制,因为这种盘存制度成本很低。

永续盘存制(perpetual inventory system)是指通过计算机软件连续记录每一笔存货业务,这种盘存制度能够帮助企业有效地控制存货,适用于家具、汽车、珠宝和服装等产品的存货。大多数商业企业采用永续盘存制。

即使采用永续盘存制,企业每年仍然需要进行实物盘点。实物盘点可以确定期末财务报表中的存货数量,还可以作为对永续盘存制记录的一种检验。

永续盘存制	定期盘存制
• 适用于所有商品	• 适用于非贵重商品
• 逐笔记录购入、售出和持有的存货	• 不逐笔记录购入、售出和持有的存货
• 每年至少对存货实物盘存一次	• 每年至少对存货实物盘存一次

永续盘存制的运行机制　永续盘存制如何运作? 让我们用一个日常发生的情况来说明。当你准备结账离开安德玛、沃尔玛或全食超市时,收银员将扫描你想购买的商品的条形码,图 6-1 是一个典型的商品条形码。假设你从安德玛购买了一件连帽衫,商品标签上的条形码包含很多信息。光电扫描仪浏览条形码,计算机记录这笔销售并更新存货记录。

图 6-1　电子扫描仪
扫描条形码

永续盘存制下的业务记录　在永续盘存制下,商业企业逐笔记录购进存货。当安德玛公司发生一笔销售业务时,需要做两笔分录。首先借记现金或应收账款,贷记销售收入,金额为所销售商品的价格;同时还要结转所销售商品的成本,借记销售成本,贷记存货。

表 6-4 反映了永续盘存制下存货的会计处理。A 组是日记账和 T 形账户,B 组是利润表和资产负债表。所有数据均为假设(本章附录 6A 将介绍这些业务在定期盘存制下的核算)。

表 6-4 永续盘存制下存货的会计处理

A组——交易的会计分录和 T 形账户(数据为假定值)

1. 存货	560 000			存货			
应付账款		560 000		期初余额	100 000*		
记录赊购存货。				购入	560 000	销售成本	540 000
2. 应收账款	900 000			期末余额	120 000		
销售收入		900 000			销售成本		
记录赊销。							
销售成本	540 000			销售成本	540 000		
存货		540 000					
记录销售成本。							

B组——财务报表中的会计记录

利润表(节选)		资产负债表(节选)	
销售收入	900 000	流动资产:	
销售成本	**540 000**	现金	×××
毛利	360 000	短期投资	×××
		应收账款	×××
		存货	**120 000**
		预付费用	×××

* 期初存货为 100 000 美元。

在表 6-4 中,A 组中的会计分录给出了很多详细信息。存货成本 560 000 美元为购入净额,由下列因素给定(所有的数据均为假设):

	美元
购入存货的价格	600 000
＋ 进货运费(货物从卖方运达买方发生的运费)	4 000
－ 由于货物质量不合格所导致的退货	(25 000)
－ 卖方给予买方的销售折让	(5 000)
－ 买方由于提前付款享受的现金折扣	(14 000)
＝ 存货购入净额	560 000

在 FOB 起运地交货条件下,把商品从供货方运到购货方所发生的费用称为进货运费,是由购货方支付的。进货运费记入存货成本。在 FOB 目的地交货条件下,销货运费由供货方支付,不记入存货成本,是供货方将商品运送给购货方所发生的费用。

购货退回(purchase return)意味着存货的减少及相应的应付账款的减少,因为购货方把这部分商品退给了供货方。**购货折让**(purchase allowance)的情况下,购货方仍然持有存货只是存货的成本减少了,因为购货方在原有买价的基础上获得了一部分折让。这些术语与第 5 章讨论过的销售退回和销售折让类似,只是会计处理不同。为记录购货退回的批准,管理层需要编制**借项通知单**(debit memorandum),说明应付账款因购货退回而减少(借记),同时贷记存货,因为商品被运回供货方。购货退回和折让通常记录在供货方开具的最终发票上。本书所涉及的购货价格通常是指购货净额。

购货折扣(purchase discount),与第 5 章销售折扣的概念类似,是购货方提前付款获得折扣而使存货成本减少。很多公司采取的折扣是:2/10,n/30,即购货方在 10 天内付款可以享受 2% 的折扣,最长付款期限为 30 天。可总结如下:

$$购货净额=购货价格$$
$$-购货退回及折让$$
$$-购货折扣$$
$$+进货运费$$

购货退回和购货折扣的日记账分录如下(假设购货退回为 500 美元,以 2/10,n/30 的条件购买了 1 000 美元商品):

	借	贷
购货退回		
应付账款	500	
存货		500
记录 500 美元的购货退回。		
购货折扣		
初始购买:		
存货(1 000×1)	1 000	
应付账款(1 000×1)		1 000
记录 1 000 美元的进货总额。		
在 10 天后付款(在折扣期内):		
应付账款	1 000	
存货		20
现金		980
记录在 10 天内付款享受 2% 的折扣。		

应用并比较各种存货计价方法

存货是公司管理层可以决定采取何种会计处理方法核算的第一项资产。采取何种会计处理方法有着一系列重要影响,因为会计处理方法直接影响报告的利润金额、需要支付的所得税额以及从财务报表中得出的存货周转率和毛利率等。

存货成本包括什么

安德玛公司资产负债表中的存货成本代表公司使存货保持在可供销售状态所承担的所有成本。下面的成本核算原则适用于所有资产:

> 任何资产(如存货)的成本,是指使资产达到预期用途所发生的所有成本扣除折扣后的金额。

存货成本包括基本的采购价格、运费、运输期间的保险费、相关税费,并应扣减购货退回、折让和折扣。

当 T 恤被放在安德玛公司的货架上后，广告费和销售佣金等其他成本就不包括在存货成本中了。广告费、销售佣金和运费属于销售费用，列示在利润表而不是资产负债表中。

应用各种存货计价方法

如表 6-2 所示，当存货的单价不变时，计算存货成本比较容易。然而，存货的单价通常是波动的。例如，产品的价格有时会随着原油价格的上涨而上涨，因为将产品运送到零售店的运输费增加了。安德玛公司购入的 T 恤 1 月的单位成本可能为 10 美元，到了 7 月可能就变为 14 美元，而到了 10 月又变为 18 美元。假设安德玛的某个零售店 11 月销售了 1 000 件 T 恤。这些 T 恤中哪些的成本是 10 美元？哪些的成本是 14 美元？哪些的成本是 18 美元？

为了核算销售成本及现有存货的期末成本，我们必须为每件货物指定成本。公认的存货计价方法主要有四种：个别计价法；加权平均成本法；先进先出法（FIFO）；后进先出法（LIFO）。

企业可以选择这四种方法中的任何一种。这四种方法对财务报表中的利润、所得税和现金流量有不同的影响。因此，企业应当谨慎选择存货计价方法。

个别计价法　一些企业的存货比较特殊，如汽车、古董家具、珠宝和不动产等。这些企业以每件商品的特定价格确定存货成本。例如，某丰田汽车经销商的展厅内有两辆汽车：一辆是基本款，成本为 19 000 美元；一辆是豪华款，成本为 30 000 美元。如果经销商售出了豪华款，则销售成本为 30 000 美元。基本款将是公司唯一的存货，所以期末存货成本为 19 000 美元。

个别计价法（specific-unit-cost method）又称特别成本认定法，这种方法对于具有共同特征的商品（如蒲式耳计小麦、加仑装涂料和汽车轮胎）来说实施成本太高。

其他存货计价方法（加权平均成本法、先进先出法和后进先出法）之间有很大的区别。这些存货计价方法并不采用单个商品的特定价格，而是假定采用不同的存货成本流转方法。为了解释加权平均成本法、先进先出法和后进先出法，我们采用如表 6-5 所示的数据。

表 6-5　解释不同存货计价方法的存货数据

存货

期初余额（10 件，每件 10 美元）	100		
购入：		销售成本	
1.（25 件，每件 14 美元）	350	（40 件，每件? 美元）	?
2.（25 件，每件 18 美元）	450		
期末余额（20 件，每件? 美元）	?		

在表 6-5 中，安德玛公司期初有 10 件 T 恤，每件成本 10 美元，因此期初存货成本为 100 美元。在当前会计期间，安德玛公司购入了 50 件 T 恤，售出了 40 件 T 恤，期末库存 20 件 T 恤。

可供销售商品		商品数量/件	总成本/美元
可供销售商品	=	10＋25＋25＝60	100＋350＋450＝900
销售成本	=	40	?
期末存货	=	20	?

存货会计处理中最重要的问题是:

1. 利润表中的销售成本是多少?

2. 资产负债表中的期末存货成本是多少?

上面两个问题的答案取决于安德玛公司采取何种存货计价方法。我们首先看一下平均成本计价法。

平均成本计价法　平均成本计价法(average-cost method)又称为加权平均成本法,是基于会计期间内存货的平均成本计价的一种方法。平均成本由下式计算得出(数据来自表 6-5):

$$单位平均成本 = \frac{可供销售存货成本^*}{可供销售存货数量^*} = \frac{900\ 美元}{60} = 15\ 美元$$

$$销售成本 = 销售数量 \times 单位平均成本 = 40\ 单位 \times 15\ 美元 = 600\ 美元$$

$$期末存货 = 库存数量 \times 单位平均成本 = 20\ 单位 \times 15\ 美元 = 300\ 美元$$

下面的 T 形账户说明了采用平均成本计价法的影响。

存货(平均成本计价法)

期初余额(10 件,每件 10 美元)	100		
购入:			
1. (25 件,每件 14 美元)	350		
2. (25 件,每件 18 美元)	450	销售成本(40 件,每件 15 美元)	600
期末余额(20 件,每件 15 美元)	300		

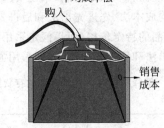

平均成本法

先进先出法　采用先进先出法时,先购入的存货首先转出,作为卖出存货的成本,所以称为先进先出。下图说明了先进先出法对存货核算的影响。

先进先出法

---

* 可供销售存货=期初存货+购入存货

下面的 T 形账户解释了采用先进先出法如何计量销售成本和期末存货成本,以安德玛公司的 T 恤为例(数据来自表 6-5)。

存货(先进先出法)

期初余额(10 件,每件 10 美元)	100	销售成本(40 件)	
购入:		(10 件,每件 10 美元)	100 ⎫
1.(25 件,每件 14 美元)	350	(25 件,每件 14 美元)	350 ⎬ 540
2.(25 件,每件 18 美元)	450	(5 件,每件 18 美元)	90 ⎭
期末余额(20 件,每件 18 美元)	360		

在先进先出法下,期末存货成本通常以最近购进的存货价格核算,在本例中期末存货成本为 18 美元。

后进先出法　后进先出法与先进先出法正好相反。在后进先出法下,最近购入的存货首先转出,作为卖出存货的成本,如下图所示。比较先进先出法和后进先出法,你会发现两种方法有很大不同。

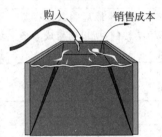

后进先出法

下面的 T 形账户说明了如何利用后进先出法核算安德玛公司的 T 恤成本(数据来自表 6-5)。

存货(后进先出法)

期初余额(10 件,每件 10 美元)	100		
购入:		销售成本(40 件)	
1.(25 件,每件 14 美元)	350	(25 件,每件 18 美元)	450 ⎫
2.(25 件,每件 18 美元)	450	(15 件,每件 14 美元)	210 ⎬ 600
期末余额(10 件,每件 10 美元)	100 ⎫		
(10 件,每件 14 美元)	140 ⎬ 240		

在后进先出法下,期末存货以最先购入(期初存货和本期最早购入的存货)的存货价格 10 美元和 14 美元确定。

先进先出法、后进先出法和加权平均成本法对销售成本、毛利和期末存货的影响

当存货的单价发生波动时,不同的存货计价方法将得到不同的销售成本。表 6-6 总结了三种存货计价方法对利润(销售收入−销售成本=毛利)的影响(价格在上涨)。仔细研究该表,关注销售成本和毛利的变化。

表6-6　先进先出法、后进先出法和加权平均成本法对利润的影响　　　　　　美元

	先进先出法	后进先出法	加权平均成本法
销售收入(假定)	1 000	1 000	1 000
销售成本	540(最低)	660(最高)	600
毛利	460(最高)	340(最低)	400

表6-7 说明了先进先出法和后进先出法在成本上涨(A 组)和成本下跌(B 组)情况下的成本变动。仔细研究表6-7,它有助于你理解先进先出法和后进先出法。

表 6-7　先进先出法和后进先出法在成本上涨和成本下跌情况下
的销售成本和期末存货成本

A组:当存货成本不断上涨时

	销售成本	期末存货
先进先出法(FIFO)	由于销售成本是按照最先购入的存货成本(成本低)结转的,所以销售成本最低,毛利最高。	由于期末存货以最近购入的存货成本(成本高)为依据,所以期末存货最高。
后进先出法(LIFO)	由于销售成本是按照最近购入的存货成本(成本高)结转的,所以销售成本最高,毛利最低。	由于期末存货以最先购入的存货成本(成本低)为依据,所以期末存货最低。

B组:当存货成本不断下降时

	销售成本	期末存货
先进先出法(FIFO)	由于销售成本是按照最先购入的存货成本(成本高)结转的,所以销售成本最高,毛利最低。	由于期末存货以最近购入的存货成本(成本低)为依据,所以期末存货最低。
后进先出法(LIFO)	由于销售成本是按照最近购入的存货成本(成本低)结转的,所以销售成本最低,毛利最高。	由于期末存货以最先购入的存货成本(成本高)为依据,所以期末存货最高。

财务分析师在股票市场上寻找利润具有成长前景的公司。分析师有时比较采用先进先出法和后进先出法的公司的净利润,附录 6B 给出了如何把采用后进先出法的公司的净利润转变为采用先进先出法的净利润以方便对比。

后进先出法和加权平均成本法下永续盘存制的使用

后进先出法下的成本流转假设与实物流转不一致。因此,当存货成本不断变化时,几乎不可能使用后进先出法下的单位成本来核算永续盘存制会计系统下的存货采购和销售。同样道理,对于存货采购与销售业务数以百万计的大公司而言,尽管在永续盘存制会计系统中使用加权平均成本法在一定程度上可行,但极具挑战性,且必须使用极其复杂的计算机软件系统每天重新计算数量和单位成本。因此,采用永续盘存制与后进先出法或加权平均成本法的公司,在会计期内仅仅核算数量,在期末编制调整分录时,再采用后进先出法下的单位成本或者加权平均单位成本对期末存货或已销存货的成本进行计量。后续高级会计课程将会对这一问题进行深入分析。

后进先出法的税赋优势

美国国税局要求所有美国公司在报税时采用与财务报告中相同的库存成本核算方法。这样一来,存货计价方法直接影响公司需要缴纳的所得税金额。当价格不断上涨时,采用后进先出法核算存货成本可得到最低的应纳税所得额,因而所缴纳的所得税最少。让我们用表 6-6 中的毛利数据来说明。

美元

	先进先出法	后进先出法
毛利(表 6-6)	460	340
营业费用(假定)	260	260
税前利润	200	80
所得税费用(40%)	80	32

采用后进先出法核算存货成本的情况下,所得税费用可节省大约 48 美元(80 美元－32 美元),这是后进先出法最吸引人的地方,也是大约 1/3 的美国公司采用这种存货计价方法的原因。在通货膨胀时期,大多数公司考虑到税收和现金流量优势而采用后进先出法。

让我们从两个角度来比较先进先出法和后进先出法。

1. 计量销售成本。每种方法是如何通过存货费用(销售成本)和销售收入的配比来核算收益的?后进先出法最为真实地反映了净利润;先进先出法使当前的销售成本和销售收入实现了最好的配比,因为后进先出法把最近的存货成本结转为销售费用。相反,先进先出法把最早的存货成本与当期的销售收入配比——没能很好地配比收入和费用。采用先进先出法计算的利润没有采用后进先出法计算的利润真实。

2. 计量期末存货。哪一种方法在资产负债表上反映的存货成本最贴近实际价值?答案是先进先出法。相反,后进先出法在资产负债表上反映最早的存货成本,因为期末存货以最早的购货价格确定。

后进先出法与操纵对外报告利润　在后进先出法下,公司的管理层可以通过调整存货购入时间来操纵净利润。当存货价格上涨很快时,公司管理层如果想让当年的利润少一些(少缴纳所得税),可以在接近年末的时候大量购进存货。在后进先出法下,这些高价购入的存货可以立即结转为销售成本,结果,公司当年的净利润就减少了。

如果公司当年的经营业绩很糟,管理层可能希望对外报出较高的利润。管理层可以推迟到下一会计年度再购入高价存货,这样可以避免公司本年度利润减少。在此过程中,公司减少了存货数量,这在实践中称为后进先出法存货清理。

后进先出法存货清理　当采用后进先出法并且期末存货数量低于期初时,我们称之为后进先出法存货清理。为了计算销售成本,公司必须探究较早期购入的存货的成本。在后进先出法下,当存货价格不断上涨时,采用后进先出法会把早期的、较低的存货成本结转为销售成本,从而造成较高的当期净利润。管理层应尽量避免后进先出法存货清理的发生,因为这会造成所得税费用的增加。

全球视角

许多美国公司在国内采用后进先出法,而在国外则需采用其他存货计价方法。为什么呢？因为国际财务报告准则不允许采用后进先出法,只允许使用先进先出法和其他方法。

由于这些差异的存在,财务分析师在比较美国公司报表与其他国家公司报表时将不具可比性。附录6B说明了财务分析师应如何将后进先出法下的报告利润调整为先进先出法下的报告利润。

如果美国的公认会计原则与国际财务报告准则实现统一,采用后进先出法的美国公司就不得不转而采用其他存货计价方法。正如本章前文所述,在价格上涨时期,后进先出法的采用将使利润金额最低,进而所得税金额最低。如果在随后的几年内,大约1/3的采用后进先出法的美国公司转而采用其他存货计价方法,则意味着这些公司的利润将因此增加。这一变换具有深远的潜在影响。例如,如果美国国税局继续要求公司在报税时采用与财务报告相同的存货计价方法,那么存货的后进先出法转为其他方法将大大增加许多美国公司的税收负担,中小公司将难以负担新增税赋。

国际财务报告准则下存货成本计量不允许采用后进先出法仅仅是美国可以采纳国际财务报告准则时必须解决的许多棘手问题之一。这些差异的解决,既需要考虑政治因素,也需要考虑金融因素。本书将在后面的章节考虑美国公认会计原则与国际财务报告准则之间的其他主要差异。附录E汇总了所有差异。

章中习题

假设得州仪器公司的一家分支机构经营计算机芯片业务,其2016年1月的存货记录如下:

日期	项目	数量/件	单位成本/美元	成本合计/美元
1月1日	期初存货	100	8	800
1月6日	购入	60	9	540
1月21日	购入	150	9	1 350
1月27日	购入	90	10	900

公司的会计记录显示1月营业费用为1 900美元,销售310件商品实现销售收入6 770美元。

要求

1. 编制公司1月的多步式利润表,分别采用先进先出法、后进先出法和加权平均成本法核算存货成本,同时在后面列示营业费用(四舍五入保留小数点后三位)。给出计算过程。

2. 假设你是得州仪器公司的财务副总裁,出于下列动机,你将选择何种存货计价方法?

a. 所得税费用最低;

b. 对外报出的营业利润最高;

c. 对外报出的营业利润处于先进先出法和后进先出法核算的利润之间;

d. 资产负债表上列示的存货价值最接近其现值;

e. 能够最恰当地衡量利润表中的净利润。

答案要说明理由。

答案

要求 1

得州仪器公司计算机芯片分公司月度利润表

截至 2016 年 1 月 31 日   美元

	先进先出法	后进先出法	加权平均成本法
销售收入	6 770	6 770	6 770
销售成本	2 870	2 782	2 690
毛利	3 900	3 988	4 080
营业费用	1 900	1 900	1 900
营业利润	2 000	2 088	2 180

销售成本计算如下:

后进先出法:$90×10+150×9+60×9+10×8=2\ 870$(美元)

平均成本法:$310×8.975^* = 2\ 782$(美元)

先进先出法:$100×8+60×9+150×9=2\ 690$(美元)

要求 2

a. 应用后进先出法以最小化所得税费用。当存货价格不断上涨时,正如本例(单价从 8 美元上涨到 10 美元),后进先出法下得到的营业利润最低(如果存货单价不断下跌,则先进先出法得到的利润最低)。

b. 采用先进先出法能够报出最高的营业利润。正如本例,当单位存货价格上涨时,采用先进先出法将使营业利润最高。

c. 采用加权平均成本法报出的营业利润处于先进先出法和后进先出法之间,无论存货单价上涨还是下跌,这个结论都正确。

d. 采用先进先出法能使资产负债表中的期末存货价值最接近现值。最早入库的存货最先结转为销售成本,留在期末资产负债表中的存货价值将是最近入库的存货成本。

e. 后进先出法能够最好地衡量净利润。后进先出法使当期的费用与当期的收入相配比,最近的存货成本结转为销售成本。

 解释公认会计原则在存货业务中的应用

一些会计准则适用于存货业务,如一致性、信息披露和可靠性。

信息披露原则

信息披露原则(disclosure principle)认为公司的财务报表应当提供充分的信息,以利于报表的外部使用者作出正确决策。公司应当对外报告与其相关的、可靠的信息。这就意味着要披露与存货计价方法有关的信息,同时,还要披露所有影响存货恰当估值的重大交易事项核算的本质。财务报告包括附注,附注中记录所使用的存货计价方法和存货采用成本与市价孰低原则的事实。成本与市价孰低原则稍后讲解。没有会计处理方法方面的信息,没有清晰

$* \quad \dfrac{800+540+1\ 350+900}{100+60+150+90}=8.975$(美元)

的、全面的信息披露,银行家将无法作出明智的贷款决策。假定某银行家正在比较两家公司——一家采用后进先出法,另一家采用先进先出法。采用先进先出法的公司报出的净利润较高,但这只是因为它采用先进先出法计价。如果不知道这些信息,银行家可能作出错误的信贷决策。

成本与市价孰低原则

成本与市价孰低原则(lower-of-cost-or-market rule,LCM)以相关性和可靠性为基础。成本与市价孰低原则要求财务报表中记录的存货价值为历史成本和市价两者中的较低者。对于存货来说,市价一般指当前的重置成本(即公司目前重置这项存货要花费多少)。如果存货的重置成本低于历史成本,则公司必须以市价记录存货价值。公司根据成本与市价孰低原则确定存货价值,填列于资产负债表的期末存货项目中。这些工作都可以通过会计电算化系统自动完成。那么这一减记是怎样实现的呢?

假定安德玛公司 11 月 1 日支付 3 000 美元购入存货。会计年度截止日 12 月 31 日,这批存货的重置成本为 2 000 美元。安德玛公司 12 月 31 日资产负债表中按成本与市价孰低原则确定存货成本,即以 2 000 美元填列。表 6-8 反映了成本与市价孰低原则对资产负债表和利润表的影响。按照成本与市价孰低原则冲销存货的减值,增加销售成本,如下所示:

12 月 31 日	销售成本	1 000 000	
	存货		1 000 000

将存货价值减记至市价。

表 6-8　成本与市价孰低原则(LCM)对存货和销售成本的影响

资产负债表	
流动资产:	
现金	×× × ×× ×
短期投资	×× × ×× ×
应收账款	×× × ×× ×
存货,按市价	
(比成本 3 000 000 美元低)	2 000 000
预付费用	×× × ×× ×
流动资产合计	× ×× × ×× ×
利润表	
销售收入	21 000 000
销售成本(9 000 000+1 000 000)	10 000 000
毛利	11 000 000

如果安德玛公司存货的市价高于成本,根据成本与市价孰低原则,安德玛公司不需作任何调整。在本例中,公司按成本对外报出存货价值,这个数值就是成本与市价的最低值。

公司在财务报表附注中披露成本与市价孰低原则的采用。GAAP 强制要求公司采用成本与市价孰低原则确定存货价值。

为了说明公司应如何遵循存货的披露原则,下面给出安德玛公司财务报附注 2 中关于存货的说明。

重要会计政策的总结

存货。公司以标准成本(约等于到岸价)计算存货的采购成本,采用先进先出法确定存货的发出成本。市场价格的估计取决于对将来需求和零售市场环境的假设。如果公司确定存货的市场价格低于账面价值,则将两者之间的差额计入销售成本以反映遵循成本与市价孰低原则。

全球视角

国际财务报告的另外一项差异

　　国际财务报告准则与美国公认会计原则的市价定义存在差异。根据国际财务报告准则,市价被定义为可变现净值,就存货而言,即现时的市场价值(销售价格一处置成本)。美国一旦采用国际财务报告准则,存货减值计提将远不及现在普遍,这是因为存货的市价常常高于重置成本。

　　根据美国公认会计原则,存货采用成本与市价孰低原则时,需要将存货减记至较低的重置成本,且一旦减值,不许转回。相反,根据国际财务报告准则,某些成本与市价孰低原则下的减值可以转回,其价值可以再次回升,但回升不许超过原始成本。在公司销售存货的情况下,将导致公司报告利润的更大波动。

 ## 计算并评估毛利率、存货周转率和存货周转天数

　　所有者、经营者和投资者使用一些财务比率对公司进行评估。有两个财务比率直接与存货相关:毛利率和存货周转率。

毛利率

　　毛利(销售收入减去销售成本)是公司销售货物获得利润的一个关键指标。公司经营者努力提高毛利率。毛利率是毛利占销售收入的百分比。安德玛公司 2014 年 12 月 31 日的毛利率可计算如下。数据来自公司的合并利润表。

$$毛利率 = \frac{毛利}{销售收入净额} = \frac{1\ 512\ 206\ 美元}{3\ 084\ 370\ 美元} = 0.49 = 49\%$$

　　公司管理层和投资者都密切关注毛利率。毛利率为 49%,意味着每一美元的销售收入能够产生 0.49 美元的毛利。平均来看,安德玛公司每赚取 1 美元的销售收入要花费 0.51 美元的销售成本。对于大多数公司来说,毛利率每年变化不大,因此毛利率小幅下降也可能说明公司销售出现了问题,小幅上涨则意味着能够给公司增加数百万美元的利润。安德玛公司2012—2014 年的毛利率分别为 47.9%、48.7%和 49%。这些数字说明公司过去三年中毛利率在稳步增长。2012—2014 年毛利率增加了 1.1%,乘以 2014 年的销售收入 31 亿美元,毛利增加了 3 400 万美元。运动领域的另外两家大公司——耐克和阿迪达斯,每一家都有巨大的潜能和购买力。这三家公司在全球运动服饰领域竞争激烈。如果仅看毛利率和存货周转率这两个指标,与其他两家更大的公司相比,安德玛公司有着明显的竞争优势。

　　如图 6-2 所示,2014 年,安德玛公司的毛利率(49%)高于其主要的竞争对手——耐克公司的毛利率(44.8%)。要搞清楚原因,你需要了解更多的内情。安德玛公司是 2005 年上市的,公司 80%的客户群由 2 万家零售店组成,其中包括 Dick's Sporting Goods、Foot Locker 和

Modell's 等连锁店。这些连锁店的特点是规模较小,销售专业(价格更高)的运动服装。安德玛公司的特许经营产品是由合成纤维制成的运动服,这种纤维可以排汗,而不是像纯棉那样吸收水分。该公司最近才进入多年来一直由耐克公司主导的运动鞋市场。与安德玛公司相反,耐克公司通过多年的经营,业务已经比较成熟,产品更多样化,价格空间更加具有灵活性。一方面,耐克将具有竞争性的产品卖给专卖店,拥有比安德玛公司更大的客户群;另一方面,耐克还会将低端品牌产品卖给沃尔玛和塔吉特等超级市场。通过低价售卖耐克的产品,既可以提升客户的购买力,也为客户带来更多的实惠。因此,预计耐克公司的毛利率会低于安德玛公司。然而,由于耐克公司的产品销量(2014 年财务报告中为 278 亿美元)和更多样化的客户群(从折扣店到专业运动服饰零售商),耐克公司比安德玛公司多赚了约 124 亿美元的净利润。

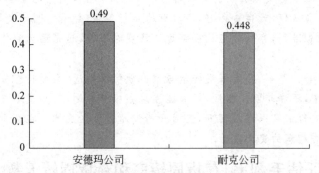

图 6-2　两家相互竞争的运动服饰公司 2014 年的毛利率

存货周转率

安德玛公司想方设法尽快把存货销售出去,因为公司只有将产品销售出去才能赚钱。销售实现越快,公司的收益就越高。如果销售实现很慢,情况则刚好相反。在理想的状态下,公司可以达到零库存,但是大多数公司要保留一定量的存货,特别是零售类公司必须保留一定量的存货。存货周转率是销售成本和平均存货的比值,表示存货销售的速度有多快。2013 年和 2014 年,安德玛公司存货周转率的计算过程如下(数据来自合并资产负债表和合并利润表,单位:千美元):

$$存货周转率 = \frac{销售成本}{平均存货} = \frac{销售成本}{(期初存货 + 期末存货)/2}$$

2014 年:

$$\frac{1\ 572\ 164}{(536\ 714 + 469\ 006)/2} = 3.13\ 次/年(117\ 天周转一次)$$

2013 年:

$$\frac{1\ 195\ 381}{(469\ 006 + 319\ 286^*)/2} = 3.03\ 次/年(120\ 天周转一次)$$

存货周转率显示了公司一年能够销售平均存货的次数(周转率)。不同行业的存货周转率有很大差异。2014 年,安德玛公司的存货周转率为 3.13 次。与所有的周转率一样,通过用 365 除以存货周转率可以将其转换为存货周转天数。因此,2014 年的存货周转天数为 117

---

* 2013 年年报中 2013 年期初存货(未列示)。

天。这意味着,平均来看,存货在被卖出去之前停留在货架上约 117 天。我们如何评价这个结果是强还是弱呢? 通过与上一年以及一些主要竞争对手的比较。计算结果还显示安德玛公司的存货周转率在 2013 年为 3.03 次,或者说周转天数约为 120 天。因此,尽管 2014 年的存货周转率 3.13(117 天)看起来较慢,但是相比 2013 年的 3.03(120 天)的存货周转率更快。平均来看,卖出同样数量的货物在 2014 年比 2013 年少用了 3 天。

评价安德玛公司存货周转率的另一个方法就是与竞争对手比较。图 6-3 反映了安德玛公司和耐克公司 2014 年的存货周转率。可以看到耐克公司的存货周转率为 4.13 次,每 88 天周转一次;而安德玛公司的存货周转率为 3.13 次,每 117 天周转一次。这样的结果与我们比较这两家公司的毛利是一样的。耐克公司是一家规模更大的公司,不仅产品多样化,客户也多样化,这其中就包括折扣店。因此,公司还保留了低端产品线,从而可以低价出售产品。当然,这些产品也会卖得更快。因此,平均来讲,相比安德玛公司较贵的产品而言,耐克公司的产品可以提前将近 1 个月(29 天)售出。

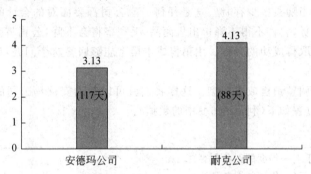

图 6-3　安德玛公司和耐克公司的存货周转率

思考题

参考图 6-2 和图 6-3,这些比率说明安德玛公司和耐克公司在推销(定价)策略方面有何差异?

答案

很明显,安德玛公司销售高端产品,其毛利率高于耐克公司。而耐克公司的存货周转率则较高。价格越低,存货周转率越高,反之亦然。

 # 利用销售成本(COGS)模型进行管理决策

表 6-9 给出了销售成本模型。有些人可能认为这个模型和定期盘存制有关。然而所有的公司都采用这个模型,包括那些采用永续盘存制的公司。这个模型之所以有这么强的应用性,是因为它抓住了整个会计期间有关存货的所有信息。仔细研究这个模型(所有数据均为假设值)。

假设表 6-9 中给出的是安德玛公司的一家直销店的销售成本。因为直销店的销售价格是打折的,毛利率是 35%,而不是公司之前合并利润表中显示的 49%。让我们看看商店经理是如何利用销售成本模型来更加有效地管理公司的。

表 6-9 销售成本模型	美元
销售成本:	
期初存货	1 200
＋购入存货	6 300
＝可供销售存货	7 500
－期末存货	(1 500)
＝销售成本	6 000

计算预算采购量

1. 安德玛公司面临的最重要的问题是什么？

安德玛公司应当为客户提供何种商品？这是一个营销方面的问题，需要通过市场调研来回答。如果安德玛公司及其商店囤积卖不出去的商品，则会导致销量下降，利润下降。

2. 安德玛公司面临的次要问题是什么？

安德玛公司应当购买多少存货？这是任何一家公司都要面对的会计问题。如果安德玛公司购买过多的存货，它将不得不降价出售商品，毛利率将会下降，公司将会受到损失。购买适量的存货是公司取得成功的关键。用销售成本模型能够回答这个问题，让我们看一下模型是如何应用的。

我们必须重新调整销售成本模型。这样我们就可以帮助安德玛公司的管理层决定应购买多少存货，计算过程如下（利用表 6-9 中的数据）：

	美元
销售成本（基于下一年度的财务预算）	6 000
＋期末存货（基于下一年度的财务预算）	1 500
＝可供销售存货（预算）	7 500
－期初存货（前期实际库存的存货）	(1 200)
＝购入存货（管理者应当购入的存货）	6 300

在本例中，公司应当购入 6 300 美元的存货以达到下一年度的目标销售成本和期末存货。

应用毛利法估计存货成本

公司经常需要估计存货价值。例如，假设一场火灾烧毁了仓库以及所有的存货和会计账簿，保险公司需要估计存货损失。在这种情况下，公司只能估计期末存货价值，因为所有的账簿已不复存在。

毛利法（gross profit method）又称毛利率法，在期末存货估值中被广泛应用。这种方法采用我们熟知的销售成本模型（所有数据均为假设值）。

	美元
期初存货	4 000
＋购入存货	16 000
＝可供销售存货	20 000
－期末存货	(5 000)
＝销售成本	15 000

我们重新调整销售成本模型如下：

期初存货	4 000
＋购入存货	16 000
＝可供销售存货	20 000
－销售成本	（15 000）
＝期末存货	5 000

假设一场火灾毁损了安德玛公司的一些存货。为了获得保险赔偿款，安德玛公司必须估计毁损存货的期末成本。期初成本、购入净额和销售收入净额都可以直接从会计记录中得出。利用安德玛公司的实际毛利率 35％，能够估计销售成本。接下来，用可供销售的存货减去销售成本得到期末存货成本。表 6-10 列示了用新的假设的数据采用毛利法计算存货成本的过程。

表 6-10　毛利法：估计存货成本		美元
期初存货		38 000
购入存货		72 000
可供销售的存货		110 000
销售成本：		
销售收入净额	100 000	
减：估计的毛利（利率为 35％）	（35 000）	
估计的销售成本		65 000
估计的期末存货		45 000

你也可以利用毛利法检验期末实物存货盘点数量的合理性。这种方法也有助于发现重大会计差错。

思考题

期初存货 70 000 美元，本期净购入 365 000 美元，本期销售收入净额 500 000 美元，毛利率为 40％（销售成本占 60％），期末存货是多少？

答案

135 000 美元＝[70 000 美元＋365 000 美元－（0.60×500 000 美元）]

分析存货差错的影响

存货差错经常发生。期末存货处理出现差错会导致两个会计期间内的销售成本和毛利出现错误。表 6-11 始于会计期间 1，高估期末存货 5 000 美元，而低估销售成本 5 000 美元。比较会计期间 1 和会计期间 3，哪个期间的数据是正确的？期间 1 和期间 3 的情况应当类似。

请记住，期间 1 的期末存货是期间 2 的期初存货，因此，期间 1 发生的会计差错会递延至期间 2。追踪期间 1 的期末存货成本递延至期间 2 的期初存货成本，再比较期间 2 和期间 3 的存货成本。所有期间的情况应当与期间 3 的类似。表 6-11 中加粗的数字都是错误的。

表 6-11 存货差错的影响：一个例子 美元

	期间 1	期间 2	期间 3
	期末存货高估 10 000 美元	期初存货高估 10 000 美元	正确
销售收入	100 000	100 000	100 000
销售成本：			
期初存货	10 000	**20 000**	10 000
购入存货	50 000	50 000	50 000
可供销售存货	60 000	**70 000**	60 000
**　期末存货**	**(20 000)**	**(10 000)**	**(10 000)**
销售成本	**40 000**	**60 000**	50 000
毛利	**60 000**	**40 000**	50 000
	100 000		

期初存货和期末存货对销售成本的影响正好相反（期初存货是加项，而期末存货是减项）。因此，两个会计期间过后，存货差错已经对冲（平衡）。注意会计期间 1 和期间 2 的毛利总和（100 000 美元）是正确的，虽然两个期间内的毛利分别差错 1 000 美元。每个会计期间正确的毛利应为 50 000 美元，如表 6-11 中期间 3 所示。

我们必须拥有所有会计期间的准确信息，表 6-12 总结了存货会计差错的影响。

表 6-12 存货会计差错的影响

存货会计差错	期间 1		期间 2	
	销售成本	毛利和净利润	销售成本	毛利和净利润
期间 1 期末存货高估	低估	高估	高估	低估
期间 2 期末存货低估	高估	低估	低估	高估

做假账——存货

Crazy Eddie 公司

核算存货时无意中发生错误是一回事，如果是通过存货犯欺诈罪就是另一回事了。两种最常见的存货造假方式是：

1. 增加虚拟的存货以高估存货数量；

2. 故意高估期末计量存货的单价。

无心之失与蓄意造假对利润的影响是一样的。不同之处在于，无心之失一旦被发现通常会立即进行修正，从而减小对利润的影响；蓄意造假则会在数月甚至多年内一直重复下去，结果导致被发现的时候，错估的金额会很庞大。到那时候，对于公司来说就已经太晚了。

Crazy Eddie 公司是一家电子商品零售商。1987 年，Crazy Eddie 公司在纽约拥有 43 个零售终端，报告的销售收入为 3.5 亿美元，利润为 1 050 万美元。该公司的股票是华尔街的宠儿，市值为 6 亿美元。唯一的问题是，公司报告的利润自 1984 年上市之初就被高估了很多。

公司的创办者和最大的股东艾迪·安塔尔（Eddie Antar）从 1984 年就开始高度关注公司

的股票。安塔尔意识到,在一个竞争异常激烈的零售行业市场里,而且是在美国最大的城市,公司必须持续公布很高的经营利润才能够保证公司股价的上涨势头。

公司上市后的前 6 个月内,安塔尔命令下属高估存货达 200 万美元。由表 6-11 和表 6-12 可见,存货的高估直接影响利润,使公司的毛利虚增了一倍。不幸的是,公司的审计人员没有发现存货被高估的情况。这使安塔尔第二年胆子更大了,安塔尔命令下属(此时已经是同犯)高估存货达 900 万美元。另外,他命令员工销毁涉案文档以掩盖存货短缺的事实。当审计人员要求查看这些文档时,员工说这些文档已经弄丢了。安塔尔还命令公司停止使用复杂的计算机存货系统,重新使用过时的手工存货系统,以更方便地进行存货操纵。审计人员犯了一个错误,告诉了安塔尔将对公司的哪些商店和库房进行年末存货盘点。安塔尔在盘点前转移了足够的存货到这些地方以隐瞒其短缺。到 1988 年,当骗局被揭穿时,存货短缺超出了其自 1984 年上市以来报告的总利润。

1989 年 6 月,Crazy Eddie 公司根据破产法第 11 章申请破产保护。其后,公司关闭了商店并变卖了公司资产。为了逃避法律的制裁,安塔尔逃到以色列,并隐姓埋名。1992 年安塔尔被逮捕并引渡回美国接受审判。1993 年安塔尔被指控犯有 17 项财务报告欺骗罪,并且被判赔付 1.21 亿美元给公司以前的股东和债权人。

1996 年,由于法院的一系列过失导致安塔尔得以达成辩诉协议。作为协议条件,安塔尔第一次承认了他曾通过篡改公司的会计记录欺骗投资者。用一位检察官的话说,"Crazy Eddie 公司并不是疯子,而是骗子。"

下面的管理决策专栏总结了使用各种存货计价方法的前提条件和动机。

管理决策

存货的会计处理

假设 Williams-Sonoma 的一家商场主要库存两类商品:
- 高端炊具、小电器、餐具和厨房家具。
- 放在收款台附近的低值小件商品,如茶杯托和开瓶器。

商场经理雅各布·斯泰尔斯(Jacob Stiles)正在考虑会计处理对公司业绩会产生哪些影响。为了恰当地对公司的存货进行会计处理,斯泰尔斯必须作出几个决策。

决　　策	指　　南	采用的方法或制度
采用哪种存货盘存制度	• 贵重商品 • 无法通过肉眼检查来控制的商品	单位价值高的商品采用永续盘存制
	• 可以通过肉眼检查来控制的商品	小件、价值低的商品采用定期盘存制
	• 独特的库存物品	由于其独特性,对独一无二的商品要采用指定的单位成本
采用哪种存货计价方法	• 期末存货以最近期的成本计算 • 当存货成本上涨时,报告的利润最高	先进先出法

续表

决　　策	指　　南	采用的方法或制度
	• 销售成本和净利润以最近期的存货成本计算 • 当存货成本上涨时,报告的利润最低	后进先出法
	• 所得税和报告的利润处于中间水平	加权平均成本法

章末习题

礼品屋公司 2016 年年初持有存货 60 000 件,成本为 36 000 美元。2016 年礼品屋公司赊购了 352 500 美元的存货,具体如下所示:

购入存货 1	100 000 件	65 000 美元
购入存货 2	270 000 件	175 500 美元
购入存货 3	160 000 件	112 000 美元

2016 年,用现金支付赊购存货的货款共 326 000 美元(不考虑购货折扣)。销售存货 520 000 件,实现销售收入 660 000 美元,均为赊销。公司采用先进先出法。收到客户偿付的货款 630 000 美元。总营业费用为 240 500 美元,其中 211 000 美元用现金支付,其余费用则贷记应计负债。12 月 31 日,公司按照税前利润的 35% 计提所得税费用。

要求

1. 编制礼品屋公司 2016 年发生的所有交易的会计分录。假定公司采用永续盘存制。省略会计分录的解释说明。

2. 采用先进先出法核算礼品屋公司 2016 年 12 月 31 日的存货成本,使用两种方法:

a. T 形账户法。

b. 存货数量乘以存货单位成本。

3. 说明礼品屋公司如何计算 2016 年的销售成本,给出具体步骤。可参考正文中先进先出法的示例。

4. 编制礼品屋公司 2016 年度的利润表,列出毛利和税前利润。

5. 计算礼品屋公司 2016 年的毛利率、存货周转率及净利润占销售收入的比例。礼品屋公司所在行业的平均水平:毛利率为 40%、存货周转率为一年 6 次、净利润占销售收入的比例为 7%。与行业平均水平相比,礼品屋公司的表现如何?

答案

要求 1

存货(65 000 美元＋175 500 美元＋112 000 美元)	352 500	
应付账款		352 500
应付账款	326 000	
现金		326 000
应收账款	660 000	
销售收入		660 000

销售成本(参见要求3)	339 500	
存货		339 500
现金	630 000	
应收账款		630 000
营业费用	240 500	
现金		211 000
应计负债		29 500
所得税费用(参见要求4)	28 000	
应交所得税		28 000

要求 2

a.

		存货		
期初余额	36 000			
购入	352 500	销售成本	339 500	
期末	49 000			

b.

期末存货数量(60 000＋100 000＋270 000＋160 000－520 000)		70 000
先进先出法下期末存货成本(112 000 美元÷160 000 件来自购入存货3)	×	0.7 美元
先进先出法下期末存货成本		49 000 美元

要求 3

	美元
销售成本(520 000 件):	
60 000 件的成本	36 000
100 000 件的成本	65 000
270 000 件的成本	175 500
90 000 件的成本(每件成本 0.7 美元 *)	63 000
销售成本	339 500

* 来自购入存货3:112 000 美元/160 000 件＝0.7 美元/件。

要求 4

	美元
礼品屋公司利润表	
截至 2016 年 12 月 31 日的年度	
销售收入	660 000
销售成本	339 500
毛利	320 500
营业费用	240 500
税前利润	80 000
所得税费用(35％)	28 000
净利润	52 000

要求5

		行业平均值
毛利率	320 500 美元÷660 000 美元=48.6%	40%
存货周转率	$\dfrac{339\ 500\ 美元}{(36\ 000\ 美元+49\ 000\ 美元)/2}=8$ 次	6 次
净利润占销售收入的比例	52 000 美元÷660 000 美元=7.9%	7%

礼品屋公司的财务比率优于行业平均水平。

复习：存货和销售成本

复习测试(答案见本章末)

1. 下面的论述哪一个是正确的？

a. 毛利是指销售收入减去销售成本后的余额

b. 购货退回和购货折让增加了购买的净额

c. 销售收入账户只记录赊销收入

d. 服务性企业从供货方购入商品然后销售出去

2. 销售成本列示在哪张报表中？

a. 留存收益表
b. 资产负债表

c. 现金流量表
d. 利润表

3. 存货在财务报表的哪类账户中列示？

a. 费用
b. 销售成本的备抵账户

c. 收入
d. 负债

e. 资产

使用 Tortoise 销售公司的数据回答第 4~6 题。

	数量/个	单位成本/美元	总成本/美元	销售量/个
期初存货	25	4	100	
4 月 25 日购入	39	8	312	
11 月 16 日购入	12	9	108	
销售收入	60	?	?	

4. Tortoise 销售公司采用先进先出法进行存货计价,本期销售成本为_____。

a. 450 美元
b. 430 美元

c. 420 美元
d. 540 美元

5. Tortoise 销售公司采用后进先出法时,期末存货为_____。

a. 120 美元
b. 360 美元

c. 96 美元
d. 430 美元

6. Tortoise 销售公司采用加权平均成本法进行存货计价时,期末存货为_____。

a. 540 美元
b. 140 美元

c. 120 美元
d. 150 美元

7. 当采用成本与市价孰低原则时,市价是指_____。

a. 转售价格

b. 初始成本减去折旧

c. 现行重置成本

d. 初始成本

8. 在存货价格上涨时,下面哪种存货计价方法报出的净利润和资产价值最高?

a. 后进先出法

b. 加权平均成本法

c. 个别计价法

d. 先进先出法

9. 下面的论述哪一个是正确的?

a. 应用成本与市价孰低原则能够得到较低的存货价值。

b. 2016 年度高估期末存货的会计差错将使 2016 年度的净利润被低估。

c. 当存货价格上涨时,使期末存货最低的存货计价方法是先进先出法。

d. 能够最好地配比当期成本和当期收益的存货计价方法是先进先出法。

10. 海角港公司的期末存货为 46 000 美元。如果期初存货 64 000 美元,可供销售的存货为 117 000 美元,则销售成本为_____。

a. 135 000 美元

b. 64 000 美元

c. 71 000 美元

d. 53 000 美元

11. Chime 公司的本期销售成本为 150 000 美元。如果期初和期末存货分别为 13 000 美元和 28 000 美元,则本期购入存货为_____。

a. 178 000 美元

b. 165 000 美元

c. 163 000 美元

d. 135 000 美元

利用下面的信息回答第 12～14 题。

Wedge 公司的期初存货为 26 000 美元,期末存货为 29 000 美元。本期销售收入净额为 160 000 美元,购入存货 80 000 美元,购货退回和折让为 8 000 美元,发生的购货运费为 3 000 美元。

12. 本期的销售成本为_____。

a. 78 000 美元

b. 88 000 美元

c. 72 000 美元

d. 69 000 美元

13. Wedge 公司的毛利率(四舍五入取整数)为_____。

a. 55％

b. 18％

c. 45％

d. 16％

14. Wedge 公司的存货周转率为_____。

a. 2.9 次

b. 5.5 次

c. 2.6 次

d. 2.5 次

15. 期初存货为 110 000 美元,本期购入 220 000 美元的存货,总销售收入为 500 000 美元,毛利率为 35％。利用毛利法计算的期末存货为_____。

a. 175 000 美元

b. 215 000 美元

c. 5 000 美元

d. 280 000 美元

16. 在一个会计期间高估期末存货会导致_____。

a. 低估下一期的期初存货

b. 对下一期的净利润没有影响

c. 高估下一期的净利润

d. 低估下一期的净利润

自我测评

道德测试

下列情况违反了 AICPA 职业行为守则三原则(客观性、独立性和谨慎性)中的哪个原则? 假设其中涉及的所有人都是 AICPA 的成员(注: 有关三原则的描述,请参阅第 1 章相关内容)。

a. Mariah 的公司在使用后进先出法几年后正在转换成先进先出法。Mariah 不记得如何应用先进先出法,她太忙了以至于无暇研究该方法。她认为审计师会帮她查出任何错误。

b. Xun 是某家具制造公司的总会计师。两年前,Xun 将公司的库存方法改为先进先出法。今年,Xun 又变回了后进先出法。这么做的动机仅仅是为了粉饰利润。

c. Eboni 是一家会计师事务所的审计师。她正在对公司的一个客户进行审计,而她的姑妈是该客户的首席执行官。Eboni 没有向自己的上司提及这个关系。

d. Sean 的公司发生火灾毁坏了大部分会计记录和大量存货。他发现能够利用一些记录通过毛利法重建大多数财务记录。他发现可以虚增存货,好让保险公司支付比实际损失更多的赔偿款。他知道实际存货比他申报的保险索赔数量低得多。但他认为他的公司已经支付保险费很多年了,所以这样做也是合理的。

小练习

S6-1 (目标: 存货的会计处理)假定 Cozelle 公司购入价值 125 000 美元的存货,售出其中的 80%,得到 200 000 美元的应收账款。所有的购买和销售都采用后付款方式。公司后续收到货款的 25%。不考虑销售退回。

1. 应用永续盘存制编制 Cozelle 公司上述两笔业务的会计分录。

2. 说明对上述业务,Cozelle 公司应如何在当月的财务报表中报告相关的存货、收入和费用,以及如何在相应的财务报表中报告毛利。

S6-2 (目标: 存货的会计处理)Rootstown 公司最近一年以每罐 8 美元的价格出售了 10 000 罐有机蜂蜜,每罐蜂蜜的成本为 3.5 美元(假设不存在销售退回)。计算以下内容:

1. 销售收入
2. 销售成本
3. 毛利

S6-3 (目标: 存货的会计处理)Trinkets 公司最近一年总计购入 250 000 美元的存货,进货运费为 3 000 美元。销货运费(向客户交付商品产生的运输成本)总计为 7 000 美元。这些存货中,Trinkets 公司总计退回了 22 000 美元的存货。Trinkets 公司利用了供应商提供的 2 000美元的购货折扣。

Trinkets 公司的存货成本是多少?

S6-4 (目标: 应用加权平均成本法、先进先出法和后进先出法)McDonough 复印中心销售激光打印机和耗材。假定年初 McDonough 复印中心的存货包括 100 箱墨水(加权平均法下单位成本是 8 美元,先进先出法下单位成本是 8.6 美元,后进先出法下单位成本是 7.9 美元)。当年,McDonough 复印中心以每箱 9.9 美元的价格购入 600 箱墨水,以每箱 20 美元的价格售出 570 箱墨水。McDonough 复印中心当年支付的营业费用是 5 500 美元。假定 McDonough 复印中心不缴纳所得税。

编制 McDonough 复印中心当年 12 月 31 日在采用加权平均成本法、先进先出法和后进先出法下的利润表,包括表头。

S6-5　（目标：比较不同存货计价方法对所得税的影响）本题应结合 S6-4 完成。假定 McDonough 复印中心的所得税税率为 30％，计算 McDonough 复印中心在加权平均成本法、先进先出法和后进先出法下的所得税费用。为了使税前利润最大化、所得税费用最小化，你会选择何种方法？

S6-6　（目标：后进先出法对利润和所得税的影响）Marley 公司采用后进先出法核算存货成本。Marley 公司今年的业绩非常好，净利润远高于预期。Marley 公司的存货成本上涨很快。为了减少净利润，Marley 公司在年末前可以立刻做些什么？解释这样做是怎样减少净利润的。

S6-7 至 S6-9 要用到 Cowell 公司的下列数据。

	数量	单位成本/美元	总成本/美元
期初存货	100	5.00	500
购买	150	8.00	1 200
可供销售的存货	250		
期末存货	90		
销售成本	160		

S6-7　（目标：应用加权平均成本法）使用加权平均成本法，计算 Cowell 公司的期末存货成本和销售成本。

S6-8　（目标：应用先进先出法）使用先进先出法，计算 Cowell 公司的期末存货成本和销售成本。

S6-9　（目标：应用后进先出法）使用后进先出法，计算 Cowell 公司的期末存货成本和销售成本。

S6-10　（目标：比较不同存货计价方法对利润、所得税和其他方面的影响）本练习的目的是测试你对各种存货计价方法的理解。假设存货不断上涨，请在空白处填入与后面的叙述最符合的存货计价方法。

1. _____旧方法下的期末存货成本。
2. _____为期末存货和销售成本提供一种平均的尺度。
3. _____通过清算早期存货使公司所报告的净利润不至于下滑。
4. _____当存货重置成本低于历史成本时，减记存货。
5. _____将近期销售成本与销售收入相匹配。
6. _____最大化地报告利润。
7. _____适用于汽车、珠宝和艺术品的计价。
8. _____使期末存货的成本接近存货的当前重置成本。
9. _____通常可以少缴纳所得税。
10. _____使公司可以通过在期末购入高价的存货来减少报告的净利润和所得税。

S6-11　（目标：应用成本与市价孰低原则计量存货）Saxton 公司的财务总监在会计年度截止日（12 月 31 日），应用市价与成本孰低原则计量存货。调整前，Saxton 公司的财务数据如下：

	美元
销售成本	445 000
期末存货历史成本（根据存货实物盘点确定）	58 000

Saxton 公司确认期末存货的重置成本是 45 000 美元，说明该公司应如何列报期末存货和销售成本，并指出包含相关科目的财务报表。

S6-12　（目标：使用比率评估经营业绩）Spritzer 公司 2016 年销售收入为 240 亿美元，销售成本为 110.4 亿美元。2015 年年末公司存货成本为 10 亿美元，2016 年年末存货成本为 14 亿美元。计算 Spritzer 公司 2016 年的毛利率和存货周转率。

S6-13　（目标：采用毛利法估计期末存货）Metro 技术公司期初存货为 299 000 美元，本年购入存货 1 820 000 美元，售出 3 887 500 美元的存货，毛利率是 60%。使用毛利法计算该公司的期末存货估计成本。

S6-14　（目标：评估管理决策）确定下列购买、销售和存货会计处理方法是否符合道德规范。请说明理由。

1. 应用成本与市价孰低原则计量期末存货，蓝山咖啡公司确认的期末存货价值（既低于成本也低于市价）过低。这一做法使公司能够减少当年的所得税费用。

2. Rosalind 销售公司为避免 2016 年的销售成本增长过快，将采购计划推迟到了 2016 年 12 月 31 日以后。采购计划的推迟有助于公司 2016 年度的净利润达到投资者的预期。

3. 卡尔森制药公司为减少当年利润，在年底前购买了大量存货，以提高后进先出法下的销售成本。

4. 冰川公司故意高估采购，以提高销售成本（降低净利润）。真实的原因是为了少缴纳所得税。

5. Farley 销售公司故意高估期末存货，以报告更高的利润。

S6-15　（目标：分析存货差错在两年间的影响）Richardson 供应公司去年的期末存货成本（390 万美元）低估了 120 万美元。

1. 去年报告的毛利是 290 万美元，被高估、低估还是正确的？去年的毛利应该是多少？

2. 今年报告的毛利是 360 万美元，被高估、低估还是正确的？今年的毛利应该是多少？

3. 去年报告的销售成本是 540 万美元，被高估、低估还是正确的？去年的销售成本应该是多少？

4. 今年报告的销售成本是 570 万美元，被高估、低估还是正确的？今年的销售成本应该是多少？

S6-16　（目标：分析存货差错在多年间的影响）下面是 Truman 公司 2014—2017 年销售成本的明细表：

美元

	2017 年	2016 年	2015 年	2014 年
期初存货	350	500	600	400
＋ 本期购买	1 250	1 450	1 100	1 000
＝ 可供销售的存货	1 600	1 950	1 700	1 400
－ 期末存货	450	350	500	600
＝ 销售成本	1 150	1 600	1 200	800

在编制 2017 年财务报表期间，Truman 公司发现 2015 年期末存货被低估了 200 美元。更正 2015 年的期末存货以及相关年份中销售成本明细表中受影响的相关数据。

1. 2015 年正确的销售成本是多少?

2. 2015 年期末存货的低估导致 2015 年期末销售成本被高估还是低估?

3. 2016 年正确的销售成本是多少?

4. 2015 年期末存货的低估导致 2016 年期末销售成本被高估还是低估?

5. 2015 年期末存货 200 美元的低估是否会影响其他会计年度? 说明理由。

练习

（A 组）

E6-17A （目标：存货的会计处理；应用先进先出法）Ontario 公司截至 2016 年 6 月 30 日的会计年度的财务数据如下（假设不考虑销售退回）：

	美元
2015 年 6 月 30 日存货	8 000
购入存货（赊购）	66 000
销售存货,81% 是赊销,19% 是现销（成本为 52 000）	99 000
2016 年 6 月 30 日先进先出法（FIFO）下的存货成本	22 000

要求

1. 编制永续盘存制下 Ontario 公司当年度存货交易的会计分录。

2. 在恰当的财务报表中列报期末存货、销售收入、销售成本和毛利。

E6-18A （目标：存货的会计处理；应用先进先出法）假定 5 月 31 日 Cranwell 公司某软件的存货记录如下：

5 月 1 日	期初存货 6 套×150 美元＝600 美元
15 日	购入存货 4 套×151 美元＝604 美元
26 日	购入存货 14 套×160 美元＝2 240 美元

5 月 31 日,软件库存为 10 套。编制该公司的下列会计分录：

1. 5 月购入的存货统一编制在一个会计分录中,所有的购买均为赊购。

2. 分别编制 5 月的销售收入和销售成本的会计分录,销售价格为每套 550 美元,所有的销售均为赊销。假定该公司采用先进先出法。

3. 在先进先出法下,该公司的毛利是多少? 期末存货是多少?

E6-19A （目标：采用四种方法比较期末存货和销售成本）利用 E6-18A 中 Cranwell 公司的假设数据回答下列问题。

要求

1. 应用下述各种存货计价方法计算销售成本和期末存货成本。

a. 个别计价法,假定库存 5 套单价为 150 美元的存货和 5 套单价为 160 美元的存货。

b. 加权平均成本法。

c. 先进先出法。

d. 后进先出法。

2. 在哪种方法下销售成本最高? 在哪种方法下销售成本最低? 是什么原因导致了不同的销售成本?

E6-20A （目标：比较后进先出法相比先进先出法的税收优势）利用 E6-18A 中的数据解释 Cranwell 公司采用后进先出法相比先进先出法的所得税优势。假设销售收入为 7 700 美元，营业费用为 1 400 美元，所得税税率为 25％。与先进先出法相比，采用后进先出法 Cranwell 公司可以节省多少所得税费用？

E6-21A （目标：应用加权平均成本法、先进先出法和后进先出法）Spicer 公司最近一年的存货数据如下所示：

	数量/件	单价/美元
期初存货	5 000	10.00
本年购买	15 000	12.00

Spicer 公司当年销售了 19 100 件存货。

要求

1. 采用加权平均成本法计算当年的销售成本和期末存货成本。

2. 采用先进先出法计算当年的销售成本和期末存货成本。

3. 采用后进先出法计算当年的销售成本和期末存货成本。

E6-22A （目标：比较先进先出法与后进先出法下的期末存货和销售成本）MusicPlace 公司专营音响设备。基于每台设备都很贵重的考虑，公司采用永续盘存制核算存货。某款麦克风的存货数据列示如下：

日期	项目	数量/个	单位成本/美元	售价/美元
6 月 1 日	余额	15	42	
2 日	购入存货	7	73	
7 日	销售存货	6		118
13 日	销售存货	4		111

要求

1. 采用先进先出法和后进先出法两种方法，分别确定该公司应当报告的销售成本和期末存货成本。

2. 假设该公司采用先进先出法，编制公司截至 2016 年 6 月 30 日的月度利润表并报告毛利。总营业费用为 280 美元，所得税税率为 40％。

E6-23A （目标：计算先进先出法和后进先出法下的毛利——假设价格下降）假设一家位于密苏里州盖恩斯维尔的好市多超市 2016 年 5 月底的库存商品为 100 万件，每件存货的成本为 8 美元。假设该超市 6 月售出 10 万件存货，实现销售收入 85 万美元。假设 6 月超市发生了两宗大的购货业务，具体如下：

6 月 5 日	45 000 件，每件单价 6.1 美元，共 274 500 美元。
25 日	30 000 件，每件单价 5.2 美元，共 156 000 美元。

要求

1. 计算该超市 6 月 30 日在先进先出法和后进先出法下的毛利。

2. 是什么原因导致采用先进先出法和后进先出法计算的毛利不同？

E6-24A （目标：应用成本与市价孰低原则计量存货）Gordon 花园用品公司采用永续盘存制核算存货。年末账项调整之前,2016 年 1 月 31 日,相关账户余额如下:

存货		销售成本	
期初余额 11 500			
期末余额 13 500		余额 69 000	

销售收入	
	余额 118 000

一年前,期末存货的重置成本是 12 000 美元,比初始成本 11 500 美元高。Gordon 花园用品公司确定 2016 年 1 月 31 日期末存货的重置成本为 13 000 美元。

要求

编制 Gordon 花园用品公司 2016 年度的利润表,并采用毛利法说明公司如何应用成本与市价孰低原则确定期末存货价值。

E6-25A （目标：计算销售成本和毛利）填写下面利润表中的缺失项:

美元

公司	销售收入净额	期初存货	购入存货	期末存货	销售成本	毛利
Arnold	106 000	19 000	60 000	17 000	(a)	(b)
Donahue	132 000	27 000	(c)	26 000	(d)	40 000
Allen	(e)	(f)	57 000	22 000	63 000	32 000
Nugent	86 000	8 000	32 000	(g)	35 000	(h)

要求

编制 Arnold 公司截至 2016 年 12 月 31 日的年度利润表,采用销售成本模型计算 Arnold 公司的销售成本。Arnold 公司的营业费用和其他费用为 41 000 美元。不考虑所得税。

注:E6-26A 以 E6-25A 为基础,对上述公司进行盈利能力分析。

E6-26A （目标：评价盈利能力和存货周转率）在 E6-25A 的基础上回答下列问题:

• 哪家公司的毛利率最高,哪家最低?

• 哪家公司的存货周转率最高,哪家最低?

根据你计算的数据,判断哪家公司的盈利能力最强。

E6-27A （目标：计算并评价毛利率和存货周转率）Burner & Brett 是家合伙企业,其存货数据如下:

美元

	2015 年	2016 年
期末存货:		
先进先出法	24 920	33 500
后进先出法	12 500	20 160

续表

	2015 年	2016 年
销售成本：		
先进先出法		87 630
后进先出法		97 980
销售收入		138 000

要求

1. 2016 年,Burner & Brett 在先进先出法和后进先出法下的毛利率和存货周转率分别是多少?

2. 哪种方法使 Burner & Brett 的毛利率和存货周转率看起来更好?

E6-28A （目标：利用销售成本模型进行管理决策）Toyland 公司为方便管理,正在编制截至 2016 年 1 月 31 日的会计年度的预算。在截至 2015 年 1 月 31 日的会计年度,销售收入总计 96 亿美元,销售成本为 68 亿美元。2015 年 1 月 31 日,存货价值 16 亿美元。假定 2016 年度该公司的销售成本将增加 14%。公司预计 2016 年度期末存货余额为 19 亿美元。

要求

管理者所做的一个重要决定是需要购买多少存货。为达到预算的要求,该公司 2016 年度需要购买多少存货?

E6-29A （目标：利用销售成本模型进行管理决策）Yoder 农用物资公司 1 月存货余额为 45 300 美元。在一场大火将公司的存货付之一炬之前,公司购入了 37 200 美元的存货,销售了 77 100 美元的存货。过去几年,公司的毛利率是 40%。估算因火灾而损失的存货价值,并指出管理者和公司所有者利用毛利法计算存货价值的另一个原因。

E6-30A （目标：分析存货差错的影响）海湾海上用品公司截至 11 月 30 日的 2016 年度和 2015 年度比较利润表如下所示：

海湾海上用品公司利润表

2016 年度和 2015 年度（年度截止日为 11 月 30 日）　　　　　　　　美元

	2016 年度		2015 年度	
销售收入		135 000		122 000
销售成本：				
期初存货	14 500		14 000	
购入存货	76 000		75 000	
可供销售存货	90 500		89 000	
期末存货	(19 000)		(14 500)	
销售成本		71 500		74 500
毛利		63 500		47 500
营业费用		30 000		23 000
净利润		33 500		24 500

海湾海上用品公司的总裁和股东对公司 2016 年度销售收入和净利润的巨幅增长十分惊喜。然而,公司的会计师发现 2015 年度期末存货被低估了 9 000 美元。编制这两个会计年度更正后的比较利润表。与 2015 年度相比,2016 年度海湾海上用品公司的表现如何?

（B 组）

E6-31B （目标：存货的会计处理；应用先进先出法）Dundas 公司截至 2016 年 6 月 30 日的会计年度的财务数据如下：

	美元
2015 年 6 月 30 日存货	7 000
购入存货（赊购）	60 000
销售存货，79％是赊销，21％是现销（成本为 40 000）	90 000
2016 年 6 月 30 日先进先出法（FIFO）下的存货成本	27 000

要求

1. 编制永续盘存制下 Dundas 公司当年度存货交易的会计分录。

2. 在恰当的财务报表中列报期末存货、销售收入、销售成本和毛利。

E6-32B （目标：存货的会计处理；应用先进先出法）假定 3 月 31 日 Arrow 公司某软件的存货记录如下：

3 月 1 日	期初存货 9 套×165 美元＝1 485 美元
15 日	购入存货 5 套×166 美元＝830 美元
26 日	购入存货 13 套×175 美元＝2 275 美元

3 月 31 日，软件库存为 11 套，编制该公司的下列会计分录：

1. 3 月购入的存货统一编制在一个会计分录中，假设所有的购买均为赊购。

2. 分别编制 3 月的销售收入和销售成本的会计分录，销售价格为每套 500 美元，所有的销售均为赊销。假定该公司采用先进先出法。

3. 在先进先出法下，该公司的毛利是多少？期末存货是多少？

E6-33B （目标：采用四种方法比较期末存货和销售成本）利用 E6-32B 中 Arrow 公司的假设数据回答下列问题。

要求

1. 应用下述各种存货计价方法计算销售成本和期末存货成本。

a. 个别计价法，假定持有 7 套单价为 165 美元的存货和 4 套单价为 175 美元的存货。

b. 加权平均成本法。

c. 先进先出法。

d. 后进先出法。

2. 在哪种方法下销售成本最高？在哪种方法下销售成本最低？是什么原因导致了不同的销售成本？

E6-34B （目标：比较后进先出法相比先进先出法的税收优势）利用 E6-32B 中的数据解释 Arrow 公司采用后进先出法相比先进先出法的所得税优势。假设销售收入为 8 000 美元，营业成本为 1 400 美元，所得税税率为 30％。与先进先出法相比，采用后进先出法 Arrow 公司可以节省多少所得税费用？

E6-35B （目标：应用加权平均成本法、先进先出法和后进先出法）Calder 公司最近一年的存货数据如下所示：

	数量/件	单价/美元
期初存货	10 000	12.00
本年购买	30 000	15.00

Calder 公司当年销售了 38 000 件存货。

要求

1. 采用加权平均成本法计算当年的销售成本和期末存货。

2. 采用先进先出法计算当年的销售成本和期末存货。

3. 采用后进先出法计算当年的销售成本和期末存货。

E6-36B （目标：比较先进先出法与后进先出法下的期末存货和销售成本）MusicMagic 公司专营音响设备。基于每台设备都很贵重的考虑，公司采用永续盘存制核算存货。某款麦克风的存货数据列示如下：

日期	项目	数量/个	单位成本/美元	售价/美元
3月1日	余额	11	46	
5日	购入存货	7	68	
7日	销售存货	6		91
13日	销售存货	4		91

要求

1. 采用先进先出法和后进先出法两种方法，分别确定该公司应当报告的销售成本和期末存货成本。

2. 假设该公司采用先进先出法，编制公司截至 2016 年 3 月 31 日的月度利润表并报告毛利。总营业费用为 330 美元，所得税税率为 35%。

E6-37B （目标：计算先进先出法和后进先出法下的毛利——假设价格下降）假设一家位于伊利诺伊州香槟市的山姆会员店 2016 年 1 月底的库存商品为 80 万件，每件存货的成本为 5 美元。假设该店 2 月售出 10 万件存货，实现销售收入 51 万美元。假设 2 月该店发生了两宗大的购货业务，具体如下：

2月5日	45 000 件，每件单价 3.1 美元，共 139 500 美元。
28日	40 000 件，每件单价 2.2 美元，共 88 000 美元。

要求

1. 计算该店 2 月 29 日在先进先出法和后进先出法下的毛利。

2. 是什么原因导致采用先进先出法和后进先出法计算的毛利不同？

E6-38B （目标：应用成本与市价孰低原则计量存货）Erie 花园用品公司采用永续盘存制核算存货。年末账项调整之前，2016 年 8 月 31 日，相关账户余额如下：

存货		销售成本	
期初余额 12 500			
期末余额 13 500		余额 73 000	

销售收入
余额 116 000

一年前,期末存货的重置成本是 12 600 美元,比初始成本 12 500 美元高。Erie 花园用品公司确定 2016 年 8 月 31 日期末存货的重置成本为 11 500 美元。

要求

编制 Erie 花园用品公司 2016 年度的利润表,并采用毛利法说明公司如何应用成本与市价孰低原则确定期末存货价值。

E6-39B （目标：计算销售成本和毛利）填写下面利润表中的缺失项：

美元

公司	销售净额	期初存货	购入存货	期末存货	销售成本	毛利
Baker	106 000	22 000	62 000	20 000	(a)	(b)
Johnson	136 000	26 000	(c)	21 000	(d)	41 000
Ethan	(e)	(f)	7 000	25 000	64 000	27 000
Thomas	85 000	9 000	33 000	(g)	29 000	(h)

要求

编制 Baker 公司截至 2016 年 12 月 31 日的年度利润表,采用销售成本模型计算 Baker 公司的销售成本。Baker 公司的营业费用和其他费用为 40 000 美元。不考虑所得税。

注：E6-40B 以 E6-39B 为基础,对上述公司进行盈利能力分析。

E6-40B （目标：评价盈利能力和存货周转率）在 E6-39B 的基础上回答下列问题：

- 哪家公司的毛利率最高,哪家最低？
- 哪家公司的存货周转率最高,哪家最低？

根据你计算的数据,判断哪家公司的盈利能力最强。

E6-41B （目标：计算并评价毛利率和存货周转率）Thurston & Talty 是家合伙企业,其存货数据如下：

美元

	2015 年	2016 年
期末存货：		
先进先出法	23 700	28 150
后进先出法	11 200	18 000
销售成本：		
先进先出法		82 960
后进先出法		99 280
销售收入		136 000

1. 2016 年,Thurston & Talty 在先进先出法和后进先出法下的毛利率和存货周转率分别是多少？

2. 哪种方法使 Thurston & Talty 的毛利率和存货周转率看起来更好？

E6-42B (目标:利用销售成本模型进行管理决策)Fun Toys 公司为方便管理,正在编制截至 2016 年 1 月 31 日的会计年度的预算。在截至 2015 年 1 月 31 日的会计年度,销售收入总计 99 亿美元,销售成本为 69 亿美元。2015 年 1 月 31 日,存货价值 18 亿美元。假定 2016 年度该公司的销售成本将增加 14%。公司预计 2016 年度期末存货余额为 21 亿美元。

要求

管理者所做的一个重要决定是购买多少存货。为达到预算要求,该公司 2016 年度需要购买多少存货?

E6-43B (目标:利用销售成本模型进行管理决策)Ontario 农用物资公司 6 月存货余额为 49 300 美元。在一场大火将公司的存货付之一炬之前,公司购入了 61 000 美元的存货,销售了 82 000 美元的存货。过去几年,公司的毛利法是 40%。估计因火灾而损失的存货价值,并指出管理者和所有者应用毛利法计算存货价值的另一个原因。

E6-44B (目标:分析存货差错的影响)蓝天海上用品公司截至 4 月 30 日的 2016 年度和 2015 年度比较利润表如下所示:

蓝天海上用品公司利润表

2016 年度和 2015 年度(年度截止日为 4 月 30 日) 美元

	2016 年度		2015 年度	
销售收入		144 000		115 000
销售成本:				
期初存货	16 000		9 000	
购入存货	77 000		73 000	
可供销售存货	93 000		82 000	
期末存货	(16 000)		(16 000)	
销售成本		77 000		66 000
毛利		67 000		49 000
营业费用		25 000		22 000
净利润		42 000		27 000

蓝天海上用品公司的总裁和股东对公司 2016 年度销售收入和净利润的巨幅增长十分惊喜。然而,公司的会计师发现期末存货低估了 9 500 美元。编制这两个会计年度更正后的比较利润表。与 2015 年度相比,2016 年度蓝天海上用品公司的表现如何?

练习测试

通过回答下列问题测试你对存货会计处理的理解。在所有备选答案中选出最恰当的一个。

Q6-45 Riverview 软件公司 1 月期初存货 3 700 美元。本月发生的存货交易的会计分录如下:

存货	6 600	
应付账款		6 600
应收账款	7 300	
销售收入		7 300
销售成本	5 200	
存货		5 200

1 月末 Riverview 软件公司的存货价值为_____。

a. 5 100 美元   b. 0 美元

c. 6 600 美元   d. 10 300 美元

Q6-46 Riverview 软件公司 1 月的毛利为_____。

a. 0 美元   b. 5 200 美元

c. 7 300 美元   d. 2 100 美元

Q6-47 存货成本什么时候转变成一项费用?

a. 将存货交付客户时   b. 从供货方购入存货时

c. 向供货方支付货款时   d. 从客户处收到现金时

下面两个问题利用下列数据。Leading Edge Frame 商店想知道不同存货计价方法对财务报表的影响。6 月存货和存货购入数据如下:

		单位/个	单价/美元	总成本/美元
6 月 1 日	期初存货	2 400	18.00	43 200
4 日	购入存货	1 500	18.30	27 450
9 日	销售存货	(1 800)		

Q6-48 如果 Leading Edge Frame 商店采用先进先出法核算存货成本,则期末存货成本为_____。

a. 32 400 美元   b. 27 450 美元

c. 32 700 美元   d. 38 250 美元

Q6-49 如果 Leading Edge Frame 商店采用后进先出法核算存货成本,则销售成本为_____。

a. 27 450 美元   b. 32 850 美元

c. 32 700 美元   d. 32 400 美元

Q6-50 在存货价格上涨的会计期间_____。

a. 后进先出法下的销售成本比先进先出法下的销售成本低。

b. 后进先出法下的存货成本比先进先出法下的存货成本高。

c. 先进先出法下的毛利比后进先出法下的毛利高。

d. 后进先出法下的净利润比先进先出法下的净利润高。

Q6-51 Good Heart 食品公司的利润表显示毛利为 149 000 美元,营业费用为 124 000 美元,销售成本为 218 000 美元。销售收入净额是多少?

a. 342 000 美元   b. 491 000 美元

c. 367 000 美元   d. 273 000 美元

Q6-52 成本与市价孰低原则中市价一词的大概含义是_____。

a. 清算价格   b. 初始成本

c. 零售市场价格   d. 当前重置成本

Q6-53 期末存货成本与销售成本之和为_____。

a. 毛利   b. 可供销售存货

c. 净购买额   d. 期初存货

Q6-54 下面的数据摘自 Dapper 公司的存货记录:

	美元
销售收入净额	624 000
期初存货	64 000
期末存货	43 000
购入存货净额	400 000

基于上述信息,该公司的毛利是_____。

a. 224 000 美元　　　　　　　　b. 193 000 美元

c. 150 000 美元　　　　　　　　d. 203 000 美元

Q6-55 Patterson 公司 3 月末存货为 20 000 美元。Patterson 公司预期 4 月售出销售成本为 93 000 美元的存货后 4 月末存货为 13 000 美元。为此,Patterson 公司 4 月应当购入多少存货?

a. 106 000 美元　　　　　　　　b. 126 000 美元

c. 100 000 美元　　　　　　　　d. 86 000 美元

Q6-56 有两个财务比率能够清晰地区分折扣连锁店(如沃尔玛)和高端专卖店(如古驰),即毛利率和存货周转率。下面两个比率之间的关系最有可能属于古驰的是_____。

	毛利率	存货周转率
a.	高	高
b.	低	低
c.	低	高
d.	高	低

Q6-57 销售收入为 500 000 美元,销售成本为 320 000 美元。期初存货和期末存货分别为 28 000 美元和 38 000 美元。在此期间公司存货周转的次数为_____。

a. 9.7 次　　　b. 6.4 次　　　c. 15.2 次　　　d. 5.5 次

Q6-58 Trudell 公司给出下列数据:

	美元		美元
进货运费	26 000	股利	4 000
购入存货	207 000	购货退回	6 300
期初存货	52 000	销售收入	446 000
购货折扣	4 300	期末存货	47 000

Trudell 公司的毛利率为_____。

a. 51%　　　b. 48%　　　c. 49%　　　d. 55.7%

Q6-59 Crystal Aquarium 公司 2016 年第一季度的数据如下:

期初存货,57 000 美元	购入存货净额,72 000 美元
销售收入净额,92 000 美元	毛利率,20%

采用毛利法,公司的期末存货应为_____。

a.110 600 美元　b. 55 400 美元　c. 129 000 美元　d. 73 600 美元

Q6-60 Bowerston 公司 2016 年 12 月 31 日的期末存货被低估了 54 000 美元,这项差错

对 2016 年度的资产总额和净利润有什么影响？

　　 资产　　　　　　 **净利润**

a. 无影响　　　　　　高估

b. 无影响　　　　　　无影响

c. 低估　　　　　　　低估

d. 低估　　　　　　　无影响

　　 Q6-61　 Grand 公司 2016 年 12 月 31 日存货被低估了 27 000 美元。这项差错对 2017 年度的净利润有何影响？

a. 低估　　　　　　 b. 无影响　　　　　　 c. 高估

问题

（A 组）

　　 P6-62A　（目标：永续盘存制使用加权平均成本法核算存货）Big Box 公司购买板条箱存货，每个板条箱是一个存货单位。该公司的会计年度截止日是 1 月 31 日。假设你负责经营该公司在明尼苏达 Rosedale 的分店。该分店 2016 年度的期初存货为 23 000 件，成本为 1 219 000 美元。2016 年度赊购存货记录如下：

	美元
7 月（30 000 件，每件 58 美元）	1 740 000
11 月（50 000 件，每件 62 美元）	3 100 000
12 月（60 000 件，每件 68 美元）	4 080 000
购入存货总额	8 920 000

　　现金支付货款总金额为 8 592 000 美元。2016 年度，该分店共销售 151 000 件存货，销售收入为 15 477 500 美元，其中 5 300 000 美元为现金收款，剩下的采取赊销方式。该分店采用加权平均成本法对存货进行计价。2016 年度的营业费用为 2 500 000 美元，该分店以现金支付其中的 70%，剩下的计入负债。该分店的所得税税率为 30%。

　　 要求

　　1. 编制该分店截至 2017 年 1 月 31 日的交易的会计分录。该分店采用永续盘存制。单位平均成本四舍五入保留小数点后两位，其他金额四舍五入取整数。

　　2. 用存货的 T 形账户来反映存货的变动。

　　3. 编制该分店截至 2017 年 1 月 31 日的利润表，列示毛利率、税前利润和净利润。

　　 P6-63A　（目标：应用多种存货计价方法）假设 Watercrest 运动品专营店 2016 年 10 月期初存货为 47 双运动鞋，每双运动鞋的成本为 38 美元，售价为 67 美元。该店 10 月发生以下交易：

		数量/双	单位成本/美元	单价/美元
10 月 2 日	销售	19	38	67
9 日	购买	83	40	
13 日	销售	28	38	67
18 日	销售	10	40	68
22 日	销售	34	40	68
29 日	购买	24	42	

要求

1. 上述数据是从该店永续盘存制下存货的记录中得到的。该店采用的是哪种存货计价方法？请说明理由。

2. 确定 10 月的销售成本，并计算毛利。

3. 10 月 31 日，该店的运动鞋存货的成本是多少？

P6-64A　（目标：采用三种存货计价方法核算存货）Armed Forces Surplus 公司 2016 年 3 月帐篷的期初存货是 80 顶，每顶帐篷的成本是 15 美元。Armed Forces Surplus 公司 3 月发生下列购货业务：

3 月 6 日	100 顶，每顶 20 美元，共计 2 000 美元
18 日	120 顶，每顶 25 美元，共计 3 000 美元
26 日	50 顶，每顶 30 美元，共计 1 500 美元

Armed Forces Surplus 公司 3 月销售 296 顶帐篷，3 月 31 日帐篷的期末存货为 54 顶。每顶帐篷的售价为 45 美元。

要求

1. 分别使用加权平均成本法、先进先出法和后进先出法确定 Armed Forces Surplus 公司 3 月的销售成本和期末存货成本。使用加权平均成本法计算的成本四舍五入保留小数点后两位，使用其他方法计算的成本四舍五入取整数。

2. 详细解释为何使用后进先出法计算的销售成本高于使用其他方法计算的销售成本。

3. 编制 Armed Forces Surplus 公司 3 月的利润表，报告毛利。营业费用总计 5 000 美元。Armed Forces Surplus 公司采用加权平均成本法核算存货成本，所得税税率为 35%。

P6-65A　（目标：比较各种存货计价方法）Aldrin 航空公司本年 7 月 31 日库存航空零件记录如下：

		存货		
8 月 1 日	余额	700 单位×6.00 美元	4 200	
11 月 5 日	购买	400 单位×7.00 美元	2 800	
1 月 24 日	购买	8 400 单位×7.50 美元	63 000	
4 月 8 日	购买	500 单位×8.00 美元	4 000	

销售收入	
7 月 31 日 9 050 单位	133 035

要求

1. 分别在加权平均成本法、先进先出法和后进先出法下，使用毛利法编制部分利润表。使用加权平均成本法计算的成本四舍五入保留小数点后两位，使用其他方法计算的成本四舍五入取整数。

2. 要使所得税最低，应使用哪种存货计价方法？解释原因。

P6-66A　（目标：解释公认会计原则并应用成本与市价孰低原则计量存货）Dixson 贸易公司近期销售低迷，存货周转率下降，产品开始积压。同时，竞争的加剧使 Dixson 贸易公司的供应商降价，Dixson 贸易公司重置存货的成本也随之下降。现在是 2016 年 12 月 31 日，公司存货的当前重置成本比当初采购这些存货的成本 260 000 美元低 90 000 美元。年末账项调整之前，Dixson 贸易公司销售成本的余额是 770 000 美元。

    a. 在这种情况下，Dixson 贸易公司在会计方面应当采取什么措施？

    b. 写出必要的会计分录。

    c. Dixson 贸易公司在资产负债表上列报的存货金额应当是多少？

    d. Dixson 贸易公司在利润表上列报的销售成本应当是多少？

    e. 讨论与这个问题关系最密切的会计原则和概念。

    P6-67A　（目标：计算并评估毛利率和存货周转率）Pastry People 公司和 Captain 咖啡公司的财务报表如下：

Pastry People 公司利润表（节选）

年度截止日为 12 月 31 日 　　　　　　　　　　　　　　　　　　百万美元

	2016 年度	2015 年度
收入：		
销售收入净额	600	704
成本与费用：		
销售成本	540	590
销售费用和管理费用	62	51

Pastry People 公司资产负债表（节选）

　　　　　　　　　　　　　　　　　　　　　　　　　　　　　　百万美元

	2016 年 12 月 31 日	2015 年 12 月 31 日
资产		
流动资产：		
现金及其等价物	12	23
应收账款	22	32
存货	15	25

Captain 咖啡公司利润表（节选）

年度截止日为 12 月 31 日 　　　　　　　　　　　　　　　　　　百万美元

	2016 年度	2015 年度
销售收入净额	7 000	6 360
销售成本	3 500	2 600
销售费用和管理费用	2 925	2 390

Captain 咖啡公司资产负债表（节选）

　　　　　　　　　　　　　　　　　　　　　　　　　　　　　　百万美元

	2016 年 12 月 31 日	2015 年 12 月 31 日
资产		
流动资产：		
现金及其等价物	316	176
应收账款净额	220	188
存货	700	550

1. 分别计算上述两家公司 2016 年度的毛利率和存货周转率。

2. 从以上数据你能得出哪家公司的盈利能力更强吗？为什么？在对这两家公司进行评估时,还需要考虑哪种费用？

P6-68A (目标:计算毛利;利用销售成本模型作出管理决策;使用毛利法估计存货)假设主营照相器材的 Watertown 公司在 3 月 15 日的一场火灾中损失了部分存货。为了填写保险理赔单,Watertown 公司必须使用毛利法估计 3 月 15 日的存货。假设过去两年,Watertown 公司的毛利平均占销售收入的 39%。Watertown 公司的存货数据记录如下:

	美元
3 月 1 日存货	57 400
3 月 1~15 日交易:	
购入存货	490 300
购货折扣	11 000
购货退回	70 800
销售收入	647 000

要求

1. 使用毛利法估算在火灾中损失的存货成本。

2. 利用毛利法编制 Watertown 公司 3 月 1 日至 15 日有关此项存货的利润表。在另一张表格中详细列示销售成本的计算过程。

P6-69A (目标:利用销售成本模型作出管理决策;确定存货的购买数量)下面是 Gary 便利店截至 2015 年 12 月 31 日的年度利润表和 2015 年的资产负债表。

Gary 便利店利润表

截至 2015 年 12 月 31 日的年度

	美元
销售收入	961 000
销售成本	724 000
毛利	237 000
营业费用	106 000
净利润	131 000

Gary 便利店资产负债表

2015 年 12 月 31 日

资产		负债和资本	美元
现金	43 000	应付账款	32 000
存货	64 000	应付票据	191 000
土地和建筑物净值	269 000	负债合计	223 000
		资本——所有者	153 000
资产总额	376 000	负债和资本总额	376 000

因为该便利店是独资企业,所以无须缴纳公司所得税。店主正在编制 2016 年的财务预算,他预期销售收入和销售成本将增长 10%。为了满足客户的要求,2016 年 12 月 31 日期末

存货应为 82 000 美元。店主希望下一年能够实现 158 000 美元的净利润。

要求

1. 便利店店主需要做的一个重要决策是购买多少存货。计算 2016 年应该购入存货的数量。

2. 编制便利店 2016 年度的预算利润表，以实现目标净利润 158 000 美元。要实现这个目标，营业费用必须减少 3 300 美元。

P6-70A　（目标：分析存货差错的影响）Brilliant 家居卖场的会计记录给出了以下数据。公司股东对净利润的稳定增长非常满意。

百万美元

	2016 年	2015 年	2014 年
销售收入净额	42	39	36
销售成本：			
期初存货	10	9	8
购入存货	30	28	26
可供销售存货	40	37	34
减：期末存货	(11)	(10)	(9)
销售成本	29	27	25
毛利	13	12	11
营业费用	6	6	6
净利润	7	6	5

审计人员发现 2014 年年末存货低估了 400 万美元，2015 年年末存货低估了 500 万美元。2016 年 12 月 31 日的期末存货数值正确。

要求

1. 编制这三年正确的利润表。

2. 更正存货差错后 Brilliant 家居卖场上述三年的净利润总额增加或减少了多少？更正存货差错对净利润的趋势有何影响？

3. 股东对 Brilliant 家居卖场的净利润还会感到满意吗？给出解释。

（B 组）

P6-71B　（目标：永续盘存制下使用加权平均成本法核算存货）Super Value 公司购买板条箱存货，每个板条箱是一个存货单位。该公司的会计年度截止日是 1 月 31 日。假设你负责经营该公司在威斯康星麦迪逊的分店。该分店 2016 年度的期初存货为 14 000 个，成本为 742 000 美元。2016 年度赊购存货记录如下：

美元

7 月（31 000 件，每件 55 美元）	1 705 000
11 月（51 000 件，每件 59 美元）	3 009 000
12 月（61 000 件，每件 65 美元）	3 965 000
购入存货总额	8 679 000

现金支付货款总金额为 8 351 000 美元。2016 年度，该分店共销售 149 000 件存货，销售收入为 15 272 500 美元，其中 5 200 000 美元为现金收款，剩下的采取赊销方式。该分店采用加权平均成本法对存货进行计价。2016 年度的营业费用为 3 250 000 美元，该分店以现金支付其中的 70%，剩下的计入负债。该分店的所得税税率为 35%。

要求

1. 编制该分店截至 2017 年 1 月 31 日的交易的会计分录。该分店采用永续盘存制。单位平均成本四舍五入保留小数点后两位，其他金额四舍五入取整数。

2. 用存货的 T 形账户来反映存货的变动。

3. 编制该分店截至 2017 年 1 月 31 日的利润表，列示毛利率、税前利润和净利润。

P6-72B （目标：应用多种存货计价方法）假设 Cross Country 运动品专营店 2016 年 3 月期初存货为 49 双运动鞋，每双运动鞋的成本为 35 美元，售价为 70 美元。该店 3 月发生以下交易：

		数量/双	单位成本/美元	单价/美元
3 月 2 日	销售	17	35	70
9 日	购买	83	37	
13 日	销售	32	35	70
18 日	销售	12	37	71
22 日	销售	34	37	71
29 日	购买	18	39	

要求

1. 上述数据是从该店永续盘存制下存货的记录中得到的。该店采用的是哪种存货计价方法？请说明理由。

2. 确定 3 月的销售成本，并计算毛利。

3. 3 月 31 日，该店的运动鞋存货的成本是多少？

P6-73B （目标：采用三种存货计价方法核算存货）Military Surplus 公司 2016 年 5 月帐篷的期初存货为 80 顶，每顶帐篷的成本为 20 美元。Military Surplus 公司 5 月发生下列购货业务：

5 月 6 日	100 顶，每顶 25 美元，共计 2 500 美元
18 日	120 顶，每顶 30 美元，共计 3 600 美元
26 日	50 顶，每顶 35 美元，共计 1 750 美元

Military Surplus 公司 3 月销售 286 顶帐篷，5 月 31 日帐篷的期末存货为 64 顶。每顶帐篷的售价为 45 美元。

要求

1. 分别使用加权平均成本法、先进先出法和后进先出法确定 Military Surplus 公司 5 月的销售成本和期末存货成本。使用加权平均成本法计算的成本四舍五入保留小数点后两位，使用其他方法计算的成本四舍五入取整数。

2. 详细解释为何使用后进先出法计算的销售成本高于使用其他方法计算的销售成本。

3. 编制 Military Surplus 公司 5 月的利润表,报告毛利。营业费用总计 3 500 美元。Military Surplus 公司采用加权平均成本法核算存货成本,所得税税率为 30%。

P6-74B (目标:比较各种存货计价方法)Buzz 航空公司本年 7 月 31 日库存航空零件记录如下:

存货

8 月 1 日	余额	600 单位×5.50 美元	3 300
11 月 5 日	购买	500 单位×7.20 美元	3 600
1 月 24 日	购买	7 000 单位×7.50 美元	52 500
4 月 8 日	购买	900 单位×8.00 美元	7 200

销售收入

7 月 31 日	8 090 单位	114 878 美元

要求

1. 分别在加权平均成本法、先进先出法和后进先出法下,使用毛利法编制部分利润表。单位平均成本四舍五入保留小数点后两位,其他金额四舍五入取整数。

2. 要使所得税最低,应采用哪种存货计价方法? 解释原因。

P6-75B (目标:解释公认会计原则并应用成本与市价孰低原则计量存货)Mahtomedi 贸易公司近期销售低迷,存货周转率下降,产品开始积压。同时,竞争的加剧使 Mahtomedi 贸易公司的供应商降价,Mahtomedi 贸易公司重置存货的成本也随之下降。现在是 2016 年 12 月 31 日,公司存货的当前重置成本比当初采购这些存货的成本 270 000 美元低 75 000 美元。年末账项调整之前,Mahtomedi 贸易公司销售成本的余额是 820 000 美元。

a. 在这种情况下,Mahtomedi 贸易公司在会计方面应当采取什么措施?

b. 写出必要的会计分录。

c. Mahtomedi 贸易公司在资产负债表上列报的存货金额应当是多少?

d. Mahtomedi 贸易公司在利润表上列报的销售成本应当是多少?

e. 讨论与这个问题关系最密切的会计原则和概念。

P6-76B (目标:计算并评估毛利率和存货周转率)糖霜甜甜圈公司和咖啡豆公司的财务报表如下:

糖霜甜甜圈公司利润表(节选)

年度截止日为 12 月 31 日　　　　　　　　　　　　　　　　百万美元

	2016 年度	2015 年度
收入:		
销售收入净额	700	708
成本与费用:		
销售成本	560	594
销售费用和管理费用	64	55

糖霜甜甜圈公司资产负债表（节选）

百万美元

	2016 年 12 月 31 日	2015 年 12 月 31 日
资产		
流动资产：		
现金和短期投资	19	28
应收账款	20	36
存货	30	70

咖啡豆公司利润表（节选）
年度截止日为 12 月 31 日

百万美元

	2016 年度	2015 年度
销售收入净额	6 000	6 370
销售成本	2 700	2 601
销售费用和管理费用	2 925	2 363

咖啡豆公司资产负债表（节选）

百万美元

	2016 年 12 月 31 日	2015 年 12 月 31 日
资产		
流动资产：		
现金和短期投资	313	172
应收账款净额	225	191
存货	650	550

1. 分别计算上述两家公司 2016 年度的毛利率和存货周转率。

2. 从以上数据你能得出哪家公司的盈利能力更强吗？为什么？在对这两家公司进行评估时，还需要考虑哪种费用？

P6-77B （目标：计算毛利；利用销售成本模型作出管理决策；使用毛利法估计存货）假设主营照相器材的 Thompson 公司在 7 月 15 日的一场火灾中损失了部分存货。为了填写保险理赔单，Thompson 公司必须使用毛利法估计 7 月 15 日的期末存货。假设过去两年，Thompson 公司的毛利平均占销售收入的 44%。Thompson 公司的存货数据记录如下：

美元

7 月 1 日存货	57 600
7 月 1～15 日交易：	
购入存货	490 600
购货折扣	14 000
购货退回	70 300
销售收入	648 000

要求

1. 使用毛利法估算在火灾中损失的存货成本。

2. 使用毛利法编制 Thompson 公司 7 月 1 日至 15 日有关此项存货的利润表。在另一张表格中详细列示销售成本的计算过程。

P6-78B　（目标：利用销售成本模型作出管理决策；确定存货的购买数量）下面是 Maroney 便利店截至 2015 年 12 月 31 日的利润表和 2015 年的资产负债表。

<table>
<tr><td colspan="3" align="center">**Maroney 便利店利润表**</td></tr>
<tr><td colspan="2" align="center">**截至 2015 年 12 月 31 日的年度**</td><td align="right">美元</td></tr>
<tr><td>销售收入</td><td></td><td align="right">957 000</td></tr>
<tr><td>销售成本</td><td></td><td align="right">721 000</td></tr>
<tr><td>毛利</td><td></td><td align="right">236 000</td></tr>
<tr><td>营业费用</td><td></td><td align="right">113 000</td></tr>
<tr><td>净利润</td><td></td><td align="right">123 000</td></tr>
</table>

<table>
<tr><td colspan="4" align="center">**Maroney 便利店资产负债表**</td></tr>
<tr><td colspan="3" align="center">**2015 年 12 月 31 日**</td><td align="right">美元</td></tr>
<tr><td>**资产**</td><td></td><td>**负债和资本**</td><td></td></tr>
<tr><td>现金</td><td align="right">42 000</td><td>应付账款</td><td align="right">34 000</td></tr>
<tr><td>存货</td><td align="right">66 000</td><td>应付票据</td><td align="right">190 000</td></tr>
<tr><td>土地和建筑物净值</td><td align="right">268 000</td><td>负债合计</td><td align="right">224 000</td></tr>
<tr><td></td><td></td><td>资本——所有者</td><td align="right">152 000</td></tr>
<tr><td>资产总额</td><td align="right">376 000</td><td>负债和资本总额</td><td align="right">376 000</td></tr>
</table>

因为该便利店是独资企业，所以无须缴纳公司所得税。店主正在编制 2016 年的财务预算，他预期销售收入和销售成本将增长 5%。为了满足客户的要求，2016 年 12 月 31 日期末存货应为 77 000 美元。店主希望下一年能够实现 154 000 美元的净利润。

要求

1. 便利店店主需要做的一个重要决策是购买多少存货。计算 2016 年应该购入存货的数量。

2. 编制便利店 2016 年度的预算利润表，以实现目标净利润 154 000 美元。要实现这个目标，营业费用必须减少 19 200 美元。

P6-79B　（目标：分析存货差错的影响）Columbia 家居卖场的会计记录给出了以下数据。公司股东对净利润的稳定增长非常满意。

百万美元

	2016 年	2015 年	2014 年
销售收入净额	39	36	33
销售成本：			
期初存货	9	8	7
购入存货	26	24	22
可供销售存货	35	32	29

续表

	2016 年	2015 年	2014 年
减：期末存货	(10)	(9)	(8)
销售成本	25	23	21
毛利	14	13	12
营业费用	9	9	9
净利润	5	4	3

审计人员发现 2014 年年末存货低估了 600 万美元,2015 年年末存货低估了 400 万美元。2016 年 12 月 31 日的期末存货数值正确。

要求

1. 列出这三年正确的利润表。

2. 更正存货差错后 Columbia 家居卖场上述三年的净利润总额增加或减少了多少? 更正存货差错对净利润的趋势有何影响?

3. 股东对 Columbia 家居卖场的净利润还会感到满意吗? 给出解释。

挑战性练习

E6-80 (目标：使用各种存货计价方法进行存货决策)对于以下给出的每种情况,说明你将采用哪种存货计价方法,或者,对于每种给定的存货计价方法,说明你将采用什么战略以达到你的目标。

a. 存货成本正在下跌,公司董事会希望最小化所得税。

b. 存货成本正在上涨,公司希望报告较高的利润。

c. 你的存货供应商正面临一次罢工,这将使你的公司很难取得存货。这种情形可能增加你的所得税费用。

d. 几年来存货成本一直保持稳定,你希望在充满不确定性的将来,存货成本仍然能够保持稳定(给出你选择这种存货计价方法的理由)。

e. 存货成本正在上涨,公司采用后进先出法,并且当年销售情况出奇的好。现在接近年末,你需要保持净利润不要增长过快以达到节税的目的。

f. 公司的管理层偏好折中的存货政策,避免走极端。

E6-81 (目标：衡量后进先出法存货清理的影响)Uptown 时尚公司 2016 年度女士晚礼服库存的记录如下。

美元

期初存货(36 件,每件 1 050 美元)	37 800
2 月购入存货(24 件,每件 1 200 美元)	28 800
6 月购入存货(46 件,每件 1 250 美元)	57 500
12 月购入存货(35 件,每件 1 400 美元)	49 000
可供销售的存货	173 100

假设 2016 年度共销售晚礼服 131 件,采用后进先出法进行存货计价,所得税税率为 35%。

要求

1. 计算 Uptown 时尚公司 2016 年度晚礼服的销售成本。

2. 如果 Uptown 时尚公司 12 月(以 1 400 美元的单位成本)购入了足够的存货以保证期末存货水平和期初一样,2016 年公司的销售成本是多少?

E6-82 (目标:评价盈利能力)A Mart 公司宣布破产,让我们看一下原因。A Mart 公司报告了下列数据:

A Mart 公司利润表

年度截止日为 12 月 31 日

百万美元

	2016 年度	2015 年度	2014 年度	2013 年度
销售收入	37.9	36.8	34.5	
销售成本	30.7	29.2	27.2	
销售费用	7.5	6.3	6.2	
其他费用	0.1	0.9	0.7	
净利润(净损失)	(0.4)	(0.4)	(0.4)	
其他数据:				
期末存货	8.4	7.2	7.0	6.0

要求

评估 A Mart 公司 2014—2016 年经营状况的发展趋势,重点考虑销售收入、毛利和净利润的发展趋势。跟踪对比每年的毛利率和存货周转率。分析销售费用在 A Mart 公司的财务危机中所扮演的角色。

E6-83 (目标:存货的会计核算;分析使用不同存货方法的两家公司)Rollyson 财务管理公司认为生物技术行业是好的投资,正在考虑投资两家公司中的一家。但是,其中的一家公司 FutureNow 公司使用先进先出法,另一家公司生命技术公司则使用后进先出法。从两家公司的年报中得到下列信息。

美元

FutureNow 公司	2015 年	2014 年
存货	90 000	80 000
销售成本	1 020 000	852 000
销售收入	1 500 000	1 420 000
净利润	194 000	187 000
生命技术公司	**2015 年**	**2014 年**
存货(见附注)	348 000	309 000
销售成本	3 921 000	3 982 000
销售收入	7 000 000	6 750 000
净利润	900 000	780 000

注:如果生命技术公司使用先进先出法,2014 年期末存货将是 21 000 美元,2015 年期末存货将是 22 000 美元。

很难对两家公司的净利润进行比较,因为生命技术公司是规模比较大的公司,并且使用不同的存货计价方法。为了更好地比较这两家公司,Rollyson 财务管理公司想让你做如下分析。

要求

1. 使用后进先出法核算生命技术公司 2015 年的销售成本。参考附录 6B。

2. 编制记录生命技术公司 2015 年购买存货(假设全部为赊购)、销售(假设全部为赊销)和销售成本等交易的会计分录。编制存货的 T 形账户,并将上述分录过账。

3. 使用先进先出法计算生命技术公司 2015 年的销售成本。

4. 使用先进先出法计算 FutureNow 公司和生命技术公司 2015 年的毛利率。

5. 使用先进先出法计算 FutureNow 公司和生命技术公司 2015 年的存货周转率。

6. 哪家公司看起来实力更雄厚? 给出理由。

知识应用

决策案例

案例 1 (目标:应用并比较各种存货计价方法;评估期末购买存货的影响)Jubilee 公司的第一个经营年度即将结束。本年度公司购买了 745 000 美元的存货。具体数据如下:

1 月	1 000 件	×	100.00 美元	=	100 000 美元
7 月	4 000 件	×	121.25 美元	=	485 000 美元
11 月	1 000 件	×	160.00 美元	=	160 000 美元
合计	6 000 件				745 000 美元

本年度销售存货 5 000 件,实现销售收入 1 200 000 美元。销售成本之外的费用和所得税费用合计为 200 000 美元。公司总裁尚未确定是采用先进先出法还是后进先出法计量存货。所得税税率为 40%。

要求

1. 为帮助公司决策,编制两种不同方法(先进先出法和后进先出法)下的利润表。

2. 比较两种方法下的净利润。哪种方法下的净利润较高? 为什么? 给出具体原因。

案例 2 (目标:应用并比较各种存货计价方法;应用 GAAP 的存货准则)公司所选择的存货计价方法会直接影响公司的财务报表,从而影响报表使用者的决策。

要求

1. A 公司采用后进先出法(LIFO)核算存货,并且在财务报表附注中予以披露。B 公司采用先进先出法(FIFO)核算存货,但是在财务报表附注中并未加以披露。与 A 公司相比,B 公司的净利润较高。你愿意投资哪家公司? 给出理由。

2. 如实反映是公认的会计原则。作为公司的股东或者债权人,你是否希望公司的管理层如实对存货进行会计处理? 给出理由。

道德事项

2016 年,Vanguard 公司将存货的计价方法变更为后进先出法(LIFO)。假设 2017 年该公司将存货计价方法又变更为先进先出法(FIFO),而 2018 年则再次变更为后进先出法(LIFO)。

要求

1. 如果一家公司每年都变更存货计价方法，你认为这家公司是否遵循了道德规范？

2. 每年变更存货计价方法违反了哪项会计原则？

3. 频繁变更存货计价方法会损害哪些人的利益？具体说明。

聚焦财务：苹果公司

（目标：存货的会计处理；计算并评估毛利率和存货周转率）附注是财务报表的组成部分，可以为财务报表中的数据提供详细说明。本例有助于你学习使用公司的财务报表附注。参考附录 A 中苹果公司的合并财务报表及其相关附注，回答下列问题：

1. 2014 年 9 月 27 日和 2013 年 9 月 28 日，苹果公司的存货余额分别是多少？在资产负债表中是否已包括了公司所经手的全部存货？

2. 参考附注 1——重要会计政策，苹果公司如何计量公司的存货？采用哪一种存货计价方法？

3. 采用销售成本模型，计算截至 2014 年 9 月 27 日的会计年度公司存货采购的金额。

4. 与以前年度相比，在截至 2014 年 9 月 27 日的会计年度，苹果公司的毛利率是提高了还是下降了？

5. 假设苹果公司 2012 年 9 月 30 日的期初存货为 7.91 亿美元。计算苹果公司 2014 年度和 2013 年度的存货周转率。其存货周转率与该行业中的大多数其他公司相比是快还是慢？说明理由。

6. 登录美国证券交易委员会（SEC）网站（www.sec.gov），找到苹果公司截至 2015 年 9 月 26 日的会计年度的合并资产负债表和利润表。2014 年 9 月 27 日以后的一年间，苹果公司的存货周转率和毛利率有什么变化？解释变化的原因。可以从哪里找到苹果公司关于这些变化的解释？

聚焦分析：安德玛公司

（目标：存货的会计处理；公认会计原则在存货业务中的应用；计算并评估毛利率和存货周转率）参考本书附录 B 中安德玛公司的财务报表。单位：百万美元，四舍五入取整数。

要求

1. 有关存货的三条重要信息是：(a)持有存货成本；(b)销售成本；(c)购入存货成本。确定并计算安德玛公司 2014 年 12 月 31 日的这些数据。

2. 要求 1 中的三项数据中哪个与现金流量最直接相关？为什么？

3. 假定所有的购入存货均为赊购，即存货购入仅增加应付账款。计算安德玛公司 2014 年度为存货支付的现金。

4. 安德玛公司是如何确定存货价值的？公司采用何种存货计价方法？

5. 安德玛公司 2014 年度的毛利率和存货周转率（与 2013 年度相比）是提高了还是降低了？考虑这两个比率的综合影响。安德玛公司 2014 年度的经营状况是否有所改善？这些因素对 2014 年度的净利润有何影响？（注：安德玛公司 2012 年度的期末存货是 3.19 亿美元。）答案四舍五入保留小数点后三位。

小组项目

（目标：评估公司的存货周转率）获取 10 家公司的年度财务报告，这 10 家公司应来自 5

个不同的行业,每个行业2家公司。多数公司的财务报表都可以从网上下载。

1. 计算每家公司最近两年的毛利率和存货周转率。

2. 对于公司所处行业的分析,要收集行业平均的毛利率和存货周转率。

3. 你所选取的每一家公司与行业内的其他公司相比结果如何? 你所选取的公司与行业平均水平相比如何? 通过这些比率的比较,你对所选择的公司有何评价?

4. 写一份报告总结你的研究发现,说明你的小组是否愿意对你们分析的公司进行投资。

复习测试答案

1. a

2. d

3. e

4. b(25×6 美元+35×8 美元)

5. c[(25+39+12−60)×6 美元]

6. c{16×[(150 美元+312 美元+108 美元)÷76]}

7. c

8. d

9. a

10. c(117 000 美元−46 000 美元)

11. b(150 000 美元+ 28 000 美元−13 000 美元)

12. c(26 000 美元+80 000 美元+3 000 美元−8 000 美元−29 000 美元)

13. a(160 000 美元−72 000 美元)÷160 000 美元

14. c[72 000 美元÷(26 000 美元+29 000 美元)/2]

15. c{110 000 美元+220 000 美元−[500 000 美元×(1−0.35)]}

16. d

 # 附录 6A 定期盘存制下的存货会计处理

在定期盘存制下,企业不连续记录持有的存货,而是在期末对持有的存货进行实地盘存,并根据存货单价确定期末存货的成本。这样得出的存货数据反映在期末资产负债表上,并用来计算销售成本。

定期盘存制下对业务的会计记录

在定期盘存制下,本期存货账户在资产负债表的左方以期初余额的形式结转上期存货余额。企业在购入存货(一项费用)账户中记录存货购入情况,接下来出于编制财务报表的目的在期末对存货账户进行更新。通过一笔会计分录抵销期初余额:借记存货,贷记销售成本。根据实物盘点结果,编制另一笔分录给出期末存货余额。按照这个顺序最后一笔分录把购入存货转变为销售成本。这些期末分录的编制可以在结账的过程中进行。

表 6A-1 解释了定期盘存制下存货业务的会计处理。这个过程完成后,存货正确的期末余额是 120 000 美元,销售成本是 540 000 美元。

表 6A-1 存货的记录与报告——定期盘存制下（所有数据均为假设值）

A组——存货业务的记录与 T 形账户

1. 购入存货   560 000
       应付账款   560 000
   赊购存货。

2. 应收账款   900 000
       销售收入   900 000
   赊销存货。

3. 更新存货和记录销售成本的期末会计分录：

a. 销售成本   100 000
       存货（期初余额）   100 000
   把期初存货转为销售成本。

b. 存货（期末余额）   120 000
       销售成本   120 000
   根据实物盘存结果确定期末存货。

c. 销售成本   560 000
       购入存货   560 000
   把购入存货转为销售成本。

T 形账户表示如下：

存货		销售成本	
100 000*	100 000	100 000	120 000
120 000		560 000	
		540 000	

* 期初存货为 100 000 美元。

B组——财务报告   美元

利润表（节选）		期末资产负债表（节选）	
销售收入	900 000	流动资产：	
销售成本：		现金	×××
期初存货	100 000	短期投资	×××
购入存货	560 000	应收账款	×××
可供销售存货	660 000	存货	120 000
期末存货	(120 000)	预付费用	×××
销售成本	540 000		
毛利	360 000		

附录练习题

小练习

S6A-1 （定期盘存制下的存货会计处理）Wexton 技术公司本年期初存货为 560 美元。本年度 Wexton 技术公司购入存货 1 160 美元，实现销售收入 2 600 美元，发生的所有交易都是赊账。Wexton 技术公司的期末存货为 640 美元。在定期盘存制下，编制所有必需的会计分录。

S6A-2 （定期盘存制下计算销售成本并编制利润表）利用 S6A-1 中 Wexton 技术公司的数据完成以下练习：

1. 结转存货和销售成本账户。
2. 利用销售成本模型计算销售成本。
3. 采用毛利法编制 Wexton 技术公司的利润表。

练习

E6A-3 （定期盘存制下计算存货数量）假定 Synthetix 公司 10 月 31 日某种计算机芯片的存货记录如下：

10 月 1 日	期初存货 4 件，每件 60 美元，合计 240 美元
8 日	购入存货 3 件，每件 60 美元，合计 180 美元
15 日	购入存货 12 件，每件 70 美元，合计 840 美元
26 日	购入存货 1 件，每件 80 美元，合计 80 美元

10 月 31 日的实物盘点显示库存 5 件存货。

要求

采用下列存货计价方法计算期末存货和销售成本：

1. 个别计价法，假定 5 件存货中 3 件单价为 60 美元，另外 2 件单价为 70 美元
2. 加权平均成本法（四舍五入保留小数点后两位）
3. 先进先出法
4. 后进先出法

E6A-4 （定期盘存制下编制存货交易的会计分录；计算销售成本）利用 S6A-3A 中的数据在定期盘存制下编制下列交易的会计分录：

1. 用一个会计分录反映 10 月购入存货总额，假定所有的交易都是赊购。
2. 用一个会计分录反映 10 月销售收入总额，假定存货的销售单价为 275 元，所有的交易都是赊销。
3. 编制 10 月 31 日与存货有关的会计分录。Synthetix 公司采用后进先出法。过账至销售成本 T 形账户来显示销售成本是如何确定的。标注账户中的每个项目。
4. 利用销售成本模型说明销售成本的计算过程。

问题

P6A-5 （定期盘存制下计算销售成本和销售毛利）假定 Championship 的一家直销店 2016 年 7 月期初存货为 52 件，每件存货的成本为 18 美元、销售价格为 75 美元。7 月，该店发生了下列有关存货的交易：

		数量/件	单位成本/美元	单位售价/美元
7 月 3 日	销售存货	18	18	75
8 日	购入存货	86	19	77
11 日	销售存货	34	18	75
19 日	销售存货	2	19	77
24 日	销售存货	33	19	77
30 日	购入存货	22	20	78
31 日	销售存货	3	19	77

要求

1. 在定期盘存制下,确定该店 7 月的销售成本。假定采用先进先出法。

2. 计算 7 月的毛利率。

P6A-6 (定期盘存制下记录交易;在财务报表中报告存货)Just Desserts 公司的会计记录提供了 2016 年 12 月 31 日的数据,如下所示:

	千美元
2015 年 12 月 31 日存货	510
购入存货(赊购)	1 180
销售存货(80%是赊销,20%是现销)	3 400
按照先进先出法下成本与市价孰低原则确定的 2016 年 12 月 31 日存货成本	690

要求

1. 编制 Just Desserts 公司在定期盘存制下 2016 年度存货交易的会计分录。

2. 在相应的财务报表中报告存货、销售成本和毛利。给出销售成本的计算过程。

附录 6B 后进先出法储备——将基于后进先出法的净利润转化为基于先进先出法的净利润

假设你是一名财务分析师,你的工作是向客户推荐值得投资的股票。假定你要在 Mega-Mart 公司和 Kohl 公司之间作出选择。Mega-Mart 公司采用后进先出法,而 Kohl 公司采用先进先出法。两家公司的净利润不具有可比性,因为它们采用不同的存货计价方法。因此,为了比较两家公司,你要把两者调整到相同的计价基础上。

美国国税局允许公司在申报所得税时采用后进先出法,但前提是其在编制财务报表时也要采用后进先出法。采用后进先出法的公司在其财务报表附注中会披露先进先出法下成本的补充信息,这样做可以让投资者将公司后进先出法下的净利润转换为先进先出法下的净利润。很多采用后进先出法的公司通常在财务报表附注中披露先进先出法下的存货成本和后进先出法储备。后进先出法储备是后进先出法下的存货成本和先进先出法下的存货成本之间的差额。假定 Mega-Mart 公司对外报出以下数据:

Mega-Mart 公司后进先出法下的部分报表项目		百万美元
	2015 年	**2014 年**
来自 Mega-Mart 公司的资产负债表		
存货(约等于先进先出法下的存货成本)	25 056	22 749
减:后进先出法储备	(165)	(135)
后进先出法下的存货成本	24 891	22 614
来自 Mega-Mart 公司的利润表		
销售成本	191 838	
净利润	8 039	
所得税税率	35%	

　　将 Mega-Mart 公司 2015 年的净利润转为以先进先出法为计价基础的净利润,要关注后进先出法储备,因为这项储备反映了 Mega-Mart 公司期末存货按照后进先出法计价和先进先出法计价之间的差额。仔细观察这两年的数据,先进先出法下的期末存货成本大于后进先出法下的期末存货成本。2015 年,后进先出法储备增长了 3 000 万美元(1.65 亿美元－1.35 亿美元)。只有存货成本上涨时,后进先出法储备才会增加。我们回忆一下以前所学的知识,在存货成本上涨的会计期间,后进先出法得到最高的销售成本和最低的净利润。因此,2015 年,如果采用先进先出法进行存货计价,Mega-Mart 公司的销售成本将会低一些,而净利润将会高一些,计算过程如下:

百万美元

Mega-Mart 公司 2015 年如果采用先进先出法	
后进先出法下的销售成本	191 838
减:后进先出法储备的增加(165－135)	(30)
＝Mega-Mart 公司先进先出法下的销售成本	191 808
销售成本降低→税前利润增加	30
减:所得税(35%)	11
先进先出法下净利润增加	19
后进先出法下报告的净利润	8 039
2015 年 Mega-Mart 公司如果采用先进先出法的净利润	8 058

　　现在你可以比较 Mega-Mart 公司和 Kohl 公司的净利润了。所有在财务分析中使用的财务比率(流动比率、存货周转率等)均可以在两家公司之间进行比较,因为两者都采用先进先出法进行存货计价。

　　后进先出法储备使公司管理层和投资者能够回答与公司相关的另一个关键问题:采用后进先出法核算存货成本,公司在此会计期间共节省了多少所得税费用?

　　以 Mega-Mart 公司为例,2015 年年末,计算过程如下(单位:百万美元):

$$采用后进先出法节省的所得税费用＝后进先出法储备×所得税税率$$
$$58 \qquad = \qquad 165 \qquad × \qquad 0.35$$

随着价格的变化,到 2015 年年末,Mega-Mart 公司采用后进先出法核算存货总共节省了 5 800 万美元。如果 Mega-Mart 公司采用先进先出法核算存货,则将使它开设新店的现金流减少近 5 800 万美元。

近年来,很多公司由于存货数量的减少或者单位价格的下降都有过存货成本下跌的经历。当存货成本下跌时,后进先出法储备有可能减少甚至为负数。这最终会造成先进先出法下的毛利率和净利润少于后进先出法下的毛利率和净利润。这个主题更详细的内容将在高级会计学课程中讲解。

第 7 章

固定资产、自然资源和无形资产

财经焦点

联 邦 快 递

如果你需要将一个文件或包裹连夜送到某地,联邦快递可以帮你做到。联邦快递为快递行业设立了较高的行业标准。基于上述原因,在过去的 10 年里,联邦快递连续被《财富》杂志评选为全球最令人敬佩的公司之一。从公司的合并资产负债表中不难发现,联邦快递使用计算机、包裹处理设备、飞机和运输卡车处理和运送包裹。这些都是联邦快递最重要的资产。2014 年 5 月 31 日,该公司拥有原值超过 400 亿美元的不动产和设备,比公司资产总额还要多76 亿美元。这是怎么回事呢? 实际上,在这些资产的使用期间,公司已计提 211 亿美元的累计折旧,超过原值的一半。这意味着,这些不动产和设备的使用已经过半(21 141/40 691 ＝52%),账面净值约 196 亿美元。同时,公司还拥有 38 亿美元的商誉和其他无形长期资产。完成本章的学习后,你会对上述术语和概念有更深入的理解。

联邦快递合并资产负债表(节选)		百万美元
	2014 年 5 月 31 日	**2013 年 5 月 31 日**
流动资产		
现金及其等价物	2 908	4 917
应收账款(分别减坏账准备 1.64 亿美元和 1.76 亿美元)	5 460	5 044
零部件、物资和燃油,扣除折扣	463	457
递延所得税	522	533
预付费用和其他	330	323
流动资产合计	9 683	11 274
不动产和设备成本		
飞机和相关设备	15 632	14 716
包裹处理设备和其他辅助设备	7 196	6 452
计算机和电子设备	5 169	4 958
运输车	4 400	4 080
设施和其他	8 294	7 903

续表

	2014 年 5 月 31 日	2013 年 5 月 31 日
不动产和设备原值	40 691	38 109
减：折旧与摊销	(21 141)	(19 625)
不动产和设备净值	19 550	18 484
其他长期资产		
商誉	2 790	2 755
其他资产	1 047	1 054
其他长期资产合计	3 837	3 809
资产总额	33 070	33 567

本章介绍长期固定资产和长期无形资产的会计处理。与公司购置、生产、销售的存货不同,公司通常长期使用固定资产和无形资产来创造利润。此外,本章还简要介绍了自然资源的会计处理和报告方式。自然资源的初始成本将以长期资产的形式列示,随着资源的挖掘和消耗,逐渐转化为利润表上的费用。本章的后半部分介绍资产收益率,这是衡量公司如何利用资产创造利润的重要比率。

学习目标

1. 计量和核算固定资产成本
2. 区分资本化支出和费用
3. 计量和记录固定资产折旧
4. 分析固定资产处置的影响
5. 公认会计原则在自然资源和无形资产中的应用
6. 解释资产减值对财务报表的影响
7. 分析资产收益率
8. 分析固定资产交易对现金流量的影响

公司的长期资产有很多种,如表 7-1 所示。表中还列示了与相关资产对应的费用项目,如建筑物、飞机及设备的折旧,自然资源的折耗(一般通过销售成本完成)和无形资产的摊销。

表 7-1　固定资产及相关的费用账户

资产账户(资产负债表)	相关的费用账户(利润表)
固定资产	
土地	无
建筑物、机器和设备	折旧费用
家具和装置	折旧费用
土地改良	折旧费用
自然资源	折耗费用(通过销售成本体现)
无形资产	摊销费用

- 固定资产是指长期的有形资产,如土地、建筑物和设备。与固定资产相关的费用称为

折旧费用。在固定资产中,土地是独一无二的。土地不会随着时间而消耗,因为其使用价值不会减少。大部分公司将不动产、厂房和设备等作为固定资产在资产负债表中列示。联邦快递的资产负债表中使用的就是这种分类。

- **自然资源**,如石油和天然气储备、煤矿、森林,在购置或开发时,它们的成本都作为长期资产列支。随着自然资源的开采,成本逐渐转化为存货。一旦销售,存货即转化为销售成本。这些与我们在第 6 章学习的存货处理十分相似。

- **无形资产**因其自身的特定权利而有使用价值。无形资产不具有实物形态。专利权、著作权和商标等都是无形资产,商誉也是。无形资产的会计处理与固定资产类似,联邦快递将商誉和其他资产在资产负债表中列示。

计量和核算固定资产成本

计量固定资产成本的基本原则是:资产的成本是使该资产达到可使用状态前发生的一切支出。

固定资产的成本包括购置价款、所有相关税金、佣金以及其他为使该资产达到可使用状态的相关支出。因为不同种类的固定资产的具体成本不同,我们分别讨论主要的资产。

土地

土地的成本包括其购买价格(现金加上所有应付票据)、经纪人佣金、评估费用、律师费以及需要购买者支付的所有财产税等。土地的成本还包括绿化和清理、拆除废弃建筑物的费用。

土地的成本并不包括筑墙、铺路、安全设施和照明的成本。这些是单独的固定资产,称为土地改良,它们也是折旧的对象。

假设联邦快递签发了一张 300 000 美元的票据购买 20 英亩土地作为新的发运中心。联邦快递还用现金支付了地产佣金 10 000 美元、财产税 8 000 美元、拆除旧建筑物花费的 5 000 美元、评估费 1 000 美元,为铺设停车场还花费了 260 000 美元。联邦快递获取该项土地的历史成本是多少?

		美元
土地的购买价格		300 000
加相关支出:		
地产佣金	10 000	
财产税	8 000	
拆除旧建筑物	5 000	
评估费	1 000	
相关支出合计		24 000
土地的总成本		324 000

注意:为铺设停车场所花费的 260 000 美元并不包括在这块土地的成本内,因为这项支出属于土地改良项目。联邦快递购买这块土地的会计分录如下:

土地	324 000	
应付票据		300 000
现金		24 000

资产	=	负债	+	股东权益
+324 000				
−24 000	=	+300 000	+	0

购买这块土地使资产和负债同时增加,但对股东权益并没有影响。

建筑物、机器和设备

建筑物的成本包括设计费、建筑许可权费、承包商的佣金以及材料、人工和日常开支等。如果公司自己建造房屋,其成本可能还包括为建造该建筑物的专项借款的利息支出。

如果是购买一幢现成的建筑物(无论新旧),其成本包括购买价款、经纪人佣金、支付的其他税金以及为使该建筑物达到预定状态所支付的修理或翻新费用。

联邦快递的包裹处理设备成本包括其购买价格(折扣后的价格),加上运费、保险费、营业税和其他税费、购买佣金、安装费,以及该设备正常运营之前的调试费用。设备的成本还包括用来支撑设备的任何特殊平台的成本。而在设备安装完毕开始正常运行之后的保险费、税费和维修支出都作为费用记录,而不再作为其成本的一部分。

土地和租赁资产的改良

对于联邦快递的运输终端来说,其铺设停车场所支付的 260 000 美元将作为土地改良而单独记录。这个项目还包括车道、标志、围墙、洒水装置等支出。尽管这些资产都位于土地之上,但是会逐渐损坏,而它们的成本也要以相应地提取折旧的形式分摊。

联邦快递的部分飞机和其他资产是租用的,该公司将这些资产按特定需要改良,如联邦快递在其飞机和运货卡车上喷涂公司标志。这些改良都是联邦快递的资产,虽然该公司并不拥有这些飞机或卡车。针对租赁资产的改良支出作为其他资产和设备出现在资产负债表上,同时这些租赁资产的改良费用也要在租赁期内进行分摊。大部分公司将租赁资产的改良部分的折旧称为摊销,这实质上与折旧是没有区别的。

资产购买的一次付清(或一揽子购买)

企业经常将一系列的资产成组购买,或者一揽子支付经过加总的价格。如联邦快递可能为土地和某幢建筑物合计支付一个价格。而该公司必须分别确认各单项资产的支出。总支出需要在多项资产中根据其估计的相关资产(市场)价值分摊,这种分配方式称为近似销售价值。

假设联邦快递在丹佛购入一块土地和一幢建筑物,该建筑物占地 2 英亩,而土地和建筑物的合计支出为 2 800 000 美元。评估师指出土地的市场价值为 300 000 美元,建筑物的市场价值为 2 700 000 美元。

联邦快递首先计算各单项资产占总资产的价值比例。估计的资产总值为 2 700 000 + 300 000 = 3 000 000 美元。因此,这块价值 300 000 美元的土地占总资产的比例为 10%,建筑物的评估价值占总价值的 90%。这些比例将用来计算各单项资产的购买成本,如下表所示:

美元

资产	市场(销售)价值	总市值	占总市值的百分比	总成本	各项资产的成本
土地	300 000	÷ 3 000 000 =	10%	× 2 800 000	280 000
建筑物	2 700 000	÷ 3 000 000 =	90%	× 2 800 000	2 520 000
总计	3 000 000		100%		2 800 000

如果联邦快递以现金支付,则购买土地和建筑物的会计分录如下:

土地	280 000	
建筑物	2 520 000	
现金		2 800 000

资产	=	负债	+	股东权益
＋280 000				
＋2 520 000	=	0	+	0
－2 800 000				

总资产并没有改变,仅仅是资产的组成发生了变化。

思考题

联邦快递如何将总购买成本120 000美元在土地、建筑物和设备之间进行分配?土地、建筑物和设备估计的市场价值分别为40 000美元、95 000美元和15 000美元。

答案

	估计的市场价值/美元	占总价值比例/%	×	总成本/美元	=	每项资产的成本/美元
土地	40 000	26.7*	×	120 000	=	32 040
建筑物	95 000	63.3	×	120 000	=	75 960
设备	15 000	10.0	×	120 000	=	12 000
总计	150 000	100.0				120 000

* 40 000美元/150 000美元＝0.267……

区分资本化支出和费用

企业购买固定资产的时候,必须决定是记录为一项资产还是一项费用。例如,联邦快递的上述支出包括购买飞机,也包括运货卡车轮胎的换新。

所有可以提升设备的性能或者延长其使用期限的支出都可以称为**资本化支出**(captial expenditures)。例如,针对联邦快递运货卡车的旨在延长使用期限的全面翻修就是一项资本化支出。资本化支出被称为资本化,是指其支出应被相应地加总在资产价值上而不是作为当期费用摊销。

并未提升设备性能或者延长使用期限而仅仅是对该项资产的一般性维修或者是重新架构其工作程序的支出,都作为费用处理。例如,修理支出在利润表上列出并且与相应的收入配比。对于联邦快递的运货卡车的重新喷漆费用、对挡泥板凹陷部分的修理支出、轮胎的置换支出等都是在发生当期作为费用处理的。表7-2说明了对于运货卡车的资本化支出和当期费用的区分。

区别资本化支出和费用需要判断:这笔支出是否提升了设备性能或延长了有效使用期限?如果是,则作为资产。如果这笔支出仅仅是修理或者维持该资产的正常使用或者使其恢复到原先的使用状态,则作为费用记录。

表 7-2 资本化支出与当期费用

资本化支出：资产	费用：维修费用（不作为资产）
特殊的修理： 发动机大修 对卡车整体的改造以满足新用途 **增加卡车载货能力的改造**	**日常修理：** 传动或其他装置的修理 换油、润滑及其他 更换轮胎、挡风玻璃，或者重新喷漆

多数公司将 1 000 美元以下的支出作为费用处理，而对于高额费用，则遵循上面所介绍的规则：将提升了资产性能或延长有效使用期限的予以资本化，其他支出则费用化。比较谨慎的政策是避免夸大资产和利润。当投资者或债权人因为公司夸大资产的不当做法而损失金钱时，他们随时可以诉诸法律。

长期资产通常会导致会计差错，比如公司可能：

- 将资本化的支出费用化。这种差错会高估费用，并低估当年的净利润。
- 将费用化的支出资本化。这种差错会低估费用，并高估当年的净利润。

通过不恰当的资本化做假账

世 通 公 司

一家公司由于疏忽将费用支出资本化是一回事，而有的公司故意将费用支出资本化来高估公司资产和利润同时低估费用则是另一回事了。著名的世通公司就因为上述做假账行为犯下了美国历史上最大的财务欺诈案之一。

2002 年世通公司是美国最大的电信运营商之一。而仅在 1983 年，该公司还只是一家小型的地区性电信公司。通过多年快速发展和一系列兼并收购，世通公司成为美国电信业巨头。和其他许多电信公司一样，2002 年世通公司处境艰难。当时，美国整体经济仍然深陷 2000 年"互联网泡沫"破灭的泥潭中，再加上 2001 年"9·11"事件的不良影响。华尔街不遗余力地找寻积极的信号，希望上市公司保持盈利上升的态势以支持其现有的股价。然而在当时的环境下诚实的公司很难做到这一点。

世通公司的首席执行官艾博斯十分担心公司的业绩，对首席财务官沙利文连续施压，希望他拿出一份漂亮的业绩报表。沙利文尝试了所有合乎会计制度的方式，仍然没有多少成效。于是沙立文决定铤而走险。

按照电信业通行的做法，世通公司向其他电信公司支付固定的网络使用费，使公司客户在漫游时可以使用其他电信公司的移动网络。公认会计原则规定网络使用费只能作为费用支出，不能资本化。世通公司过于乐观地估计了业务增长趋势，导致公司支付了数十亿美元的网络使用费，比客户的实际使用量多了 15%。

沙利文决定违反公认会计原则的规定，将上述网络使用费资本化。他的理由是这笔费用有助于公司未来年度的销售收入，所以作为公司的资产也是合情合理的。沙利文指示手下将这笔网络使用费重新划分为建筑物、机器和设备类的固定资产，然后按期计提折旧。几个季度间，沙利文和他的助理一共转移了 31 亿美元的经营费用，将它们重新分配到资产账户。这样，公司 2001 年全年和 2002 年第一季度立刻扭亏为盈。这成为当时美国历史上最大的财务欺诈案。

世通公司的内部审计人员在一次例行的资本支出抽查中发现了沙利文的欺诈行为。他们立即向公司审计委员和外部审计师举报,并发起一系列解雇艾博斯和沙利文的行动。世通公司也因此宣布破产。艾博斯、沙利文及参与欺诈的员工进了监狱。

世通公司的破产导致股东损失了数十亿美元,50 万名员工失去了工作。

世通丑闻震惊了金融市场。全球股市因投资者信心受损而动荡不已。该丑闻也直接导致美国国会和当时的总统布什批准颁布了《2002 年萨班斯—奥克斯利法案》。该法案被视为美国自 20 世纪 30 年代经济大萧条以来最重要的投资者保护法案。

 ## 计量和记录固定资产折旧

如前所述,在资产负债表中,长期资产以账面价值列报,计算公式如下:

长期资产的账面价值＝成本－累计折旧

固定资产会逐渐磨损,变得过时,随着时间流逝而丧失价值。为记录其过程,我们将一项固定资产的成本在其寿命内摊销,这就是被称为折旧的过程。折旧的过程遵循第 3 章介绍过的费用配比原则。在每个会计期间,以折旧的形式将固定资产的成本分摊给因其使用所赚取的收入。图 7-1 说明了联邦快递的一架波音 737 飞机的折旧过程。

图 7-1　折旧:收入与费用的期间配比

回忆一下,折旧费用(而不是累计折旧)在利润表中列报。

只有土地的使用寿命是无限的,且无须计提折旧。对于大多数固定资产来说,折旧是由下列原因引起的:

- 实物形态的磨损和破坏。例如,实物的磨损使联邦快递的飞机、运货卡车和建筑物的价值降低。
- 技术上过时。计算机和其他电子设备可能在磨损之前就已过时。当另一项资产能够更有效地做该工作时这项资产就过时了。一项资产的有效使用年限往往低于其物理年限。联邦快递及其他公司将计算机在更短的时间内摊销——可能是 4 年,即使这些计算机在更长的时间内仍然处于良好的工作状态。

假设联邦快递购买了一台计算机以跟踪其包裹。联邦快递相信该计算机能有效使用 4 年,随后将没有任何价值。在直线折旧法下,联邦快递会在 4 年使用期间内按季度摊销其成本。

我们已经知道折旧是什么,下列情形不是折旧。

1. 折旧不是一个估值过程。公司并不根据固定资产的市场价值变动来计提折旧。公司会将固定资产的成本在其有效使用年限内基于特定的折旧方法予以摊销。

2. 折旧并不意味着提取现金以在固定资产废弃时置换资产。折旧并不涉及任何现金业务。

如何计量折旧

要计量一项固定资产的折旧,我们必须知道成本、预计使用年限和预计残值。

我们之前已经讨论了成本,其金额已知。其他两个因素则需要估计。

预计使用年限是预期使用该资产的时间长度。预计使用年限可能以年数、产出数量、里程或者其他标准计量。例如,一幢建筑物的预计使用年限是以年数来定义的,而联邦快递的飞机或运货卡车可能是按照其运输里程数来衡量的。公司会基于以往的经验和行业统计数据进行估计。

预计残值又称废料值或剩余价值,是该资产在使用寿命的期末进行处置后预期的现金价值。例如,联邦快递可能认为打包机可以有效使用 7 年。在那之后,联邦快递估计可以将该机器作为废金属出售。联邦快递认为可以从该机器上获取的金额就是预期残值。在计算折旧的过程中,资产的预期残值并不纳入折旧中,因为联邦快递期望从出售该资产中获取一定的金额。如果没有预期残值,则该资产的所有成本支出都将被折旧。一项资产的**可折旧成本**(depreciable cost)为

$$可折旧成本＝资产的取得成本－预计残值$$

折旧方法

有三种主要的折旧方法:直线折旧法;工作量折旧法;双倍余额递减法,这是一种加速折旧方法。

这些方法每期分摊不同的折旧金额,但是折旧总额相同,即资产的可折旧成本。表 7-3 列出了说明联邦快递的运货卡车折旧所需的数据。

表 7-3　联邦快递卡车的折旧计算数据

项　　目	金　　额
卡车成本	41 000 美元
减:预计残值	(1 000)美元
可折旧成本	40 000 美元
估计使用寿命:	
年数:	5 年
工作量:	100 000 单位(英里)

直线折旧法　在**直线折旧法**(straight line,SL)下,每期分摊相等的金额。将可折旧成本除以预计使用年限以决定每年的折旧费用。应用表 7-3 中联邦快递运货卡车的数据,我们可得其折旧:

$$直线折旧法下的年折旧费用＝\frac{成本－预计残值}{使用年限}＝\frac{41\ 000\ 美元－1\ 000\ 美元}{5\ 年}＝8\ 000\ 美元$$

会计分录如下:

折旧费用	8 000	
累计折旧		8 000

资产	=	负债	+	股东权益	-	费用
－8 000	=	0				－8 000

我们可以观察到折旧不仅减少了资产价值(通过累计折旧),而且减少了股东权益(通过折旧费用)。现在假设联邦快递在2013年1月1日购买了这辆卡车。联邦快递的会计年度截止日是12月31日。表7-4给出了对这辆卡车计提直线折旧的过程。表的最后一列显示的是该资产的账面价值,即成本扣除折旧之后的余额。

表7-4 联邦快递卡车的直线折旧   美元

日 期	资产成本	折旧率*	可折旧成本	年折旧费用	累计折旧	资产的账面价值
2013年1月1日	41 000		40 000			41 000
2013年12月31日		0.2	40 000	8 000	8 000	33 000
2014年12月31日		0.2	40 000	8 000	16 000	25 000
2015年12月31日		0.2	40 000	8 000	24 000	17 000
2016年12月31日		0.2	40 000	8 000	32 000	9 000
2017年12月31日		0.2	40 000	8 000	40 000	1 000

* 1/使用年限=1/5年=0.2年。

一项资产投入使用之后,其累计折旧增加,账面价值随之减少。

固定资产已使用的年限可以通过计算累计折旧和成本之间的比例来估计。例如,如果一项资产的累计折旧为500 000美元,该项资产的成本为1 000 000美元,则可以估计该资产已折旧50%。一项资产的最终账面价值等于其残值(即表7-4中的1 000美元)。在预计使用期末,该资产将全部折旧完毕。

思考题

联邦快递1月1日购买了一台分拣机,成本为10 000美元,预计使用年限为5年,残值为2 000美元。这台分拣机每年的直线折旧费用是多少?

答案

(10 000美元-2 000美元)/5=1 600美元

工作量折旧法 在**工作量折旧法**(units-of-production, UOP)下,一项资产的折旧费用以每单位产出或服务表示。可折旧成本除以预计使用年限,以产出数量的形式决定其数额。每单位工作量的折旧支出随后乘以每期产出的数量从而得到当期折旧费用。根据表7-3,联邦快递的运货卡车用工作量折旧法计算的折旧费用为

$$工作量折旧法下每单位产出 = \frac{成本-预计残值}{使用年限内的工作量}$$

$$= \frac{41\ 000美元-1\ 000美元}{100\ 000英里}$$

$$= 0.40美元/英里$$

假设联邦快递预计该卡车在第一年行驶20 000英里,第二年行驶30 000英里,第三年行驶25 000英里,随后两年分别行驶15 000英里和10 000英里。表7-5展示了工作量折旧法的计算过程。

工作量折旧法计算的折旧数额随着该资产生产的数量的不同而相应变化。在我们的例子中,产出的总量是行驶100 000英里。工作量折旧法并不像其他方法一样依靠时间跨度来计算。

表 7-5 联邦快递卡车的工作量折旧 美元

日　　期	资产成本	单位折旧率	工作量	折旧费用	累计折旧	资产的账面价值
2013 年 1 月 1 日	41 000					41 000
2013 年 12 月 31 日		0.4	20 000	8 000	8 000	33 000
2014 年 12 月 31 日		0.4	30 000	12 000	16 000	21 000
2015 年 12 月 31 日		0.4	25 000	10 000	30 000	11 000
2016 年 12 月 31 日		0.4	15 000	6 000	36 000	5 000
2017 年 12 月 31 日		0.4	10 000	4 000	40 000	1 000

双倍余额递减法 与直线折旧法相比,**加速折旧法**(accelerated depreciation method)能在资产的使用初期更快地摊销其应折旧金额。**双倍余额递减法**(double-declining-balance,DDB)是一种主要的加速折旧法。双倍余额递减法直接用每年的年初账面价值乘以一个固定的比率,这个固定的比率是直线法年折旧率的两倍。双倍余额递减法计算折旧的方法如下:

$$双倍余额递减法下的年折旧率 = \frac{1}{预计使用年限} \times 2 = \frac{1}{5} \times 2 = 20\% \times 2 = 40\%$$

首先,计算直线折旧法的年折旧率。一辆可使用 5 年的卡车的直线折旧率为 1/5,即 20%;一个使用寿命为 10 年的资产的直线折旧率为 1/10,即 10%;等等。

其次,将直线法折旧率乘以 2 得到双倍余额折旧率。寿命为 5 年的资产的双倍余额折旧率为 40%(20%×2);寿命为 10 年的资产的双倍余额折旧率为 20%(10%×2)。

再次,用每年的年初账面价值乘以双倍余额折旧率。在双倍余额递减法下,不考虑资产的预期残值,除了在最后一年。

最后,计算得出每年的折旧额,即需要减少扣除了预期残值后的账面价值的数额。如表 7-6 所示,第 5 年和最后一年的双倍余额折旧额为 4 314 美元,即账面价值 5 314 美元减去预期残值 1 000 美元。预期残值不会被纳入折旧计算,而应该一直在账面上显示直到该资产被处置。

表 7-6 联邦快递卡车的双倍余额折旧 美元

日期	资产成本	DDB 折旧率	年折旧费用	累计折旧	资产的账面价值
2013 年 1 月 1 日	41 000				41 000
2013 年 12 月 31 日		0.4	16 400	16 400	24 600
2014 年 12 月 31 日		0.4	9 840	26 240	14 760
2015 年 12 月 31 日		0.4	5 904	32 144	8 856
2016 年 12 月 31 日		0.4	3 542	35 686	5 314
2017 年 12 月 31 日		0.4	4 314	40 000	1 000*

* 最后一年的折旧额等于资产的账面价值减去其预计残值。

双倍余额递减法与其他折旧法在两个方面存在明显不同:

1. 一开始便不考虑预期残值;第一年的折旧是基于该资产的取得成本计算得出的。

2. 最后一年的折旧费用等于该资产的账面价值扣除预期残值后的余额。

思考题

上一道思考题中的资产每年的双倍余额折旧费用是多少?

答案

第1年：4 000美元(10 000美元×40％)

第2年：2 400美元(6 000美元×40％)

第3年：1 440美元(3 600美元×40％)

第4年：160美元(10 000美元－4 000美元－2 400美元－1 440美元－2 000美元)*

第5年：0美元

＊ 该资产在低于预计残值2 000美元后不再计提折旧。

不同折旧方法的对比

下面通过每年的折旧额比较三种折旧方式。方法不同，每年的折旧额也不同，但总的可折旧金额40 000美元在所有方法下都是一样的。

年	每年的折旧额		
	直线折旧法	工作量折旧法	双倍余额递减法
1	8 000	8 000	16 400
2	8 000	12 000	9 840
3	8 000	10 000	5 904
4	8 000	6 000	3 542
5	8 000	4 000	4 314
总计	40 000	40 000	40 000

公认会计原则(GAAP)要求将一项资产的折旧与该资产带来的收入相配比。对于一项始终产生平滑的收入的固定资产来说，直线折旧法是最符合该配比要求的。工作量折旧法比较适合因为物理磨损而非技术过时导致报废的资产。加速折旧法的最佳使用对象则是那些在有效使用期初期相比晚期产生更多收入的资产。

图7-2展示了根据直线折旧法、工作量折旧法、双倍余额递减法计算得出的年折旧额。直线折旧法下其图形为一条直线，这是因为每期的折旧额是等额的。工作量折旧法下由于折旧额与工作量直接相关，所以其图形是不规则的。双倍余额递减法则是第一年最高，最后一年最低。

图7-3给出了根据美国注册会计师协会对600家公司的问卷调查得出的采用以上几种折旧法的比例。

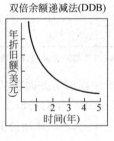

图7-2 长期的折旧模式　　　　**图7-3 600家公司的折旧方法**

基于财务报表的目的，直线折旧法是最受欢迎的方法。然而，正如我们将看到的，双倍余额递减法在纳税申报时是最受欢迎的方法。

章中习题

假设联邦快递于 2016 年 1 月 1 日花费 44 000 美元购买了一台设备,其预计使用年限是 10 年或者 100 000 单位产量,预计残值为 4 000 美元。在三种不同的折旧方法下,每年的折旧费用以及 2016 年和 2017 年的累计折旧分别列示如下:

年	方法 A		方法 B		方法 C	
	年折旧费用	累计折旧	年折旧费用	累计折旧	年折旧费用	累计折旧
2016	4 000	4 000	8 800	8 800	1 200	1 200
2017	4 000	8 000	7 040	15 840	5 600	6 800

要求

1. 确定在每个例子中使用的折旧方法,并列出各种方法的计算等式及过程。

2. 假设继续采用该方法至 2018 年,计算各种方法下 2016—2018 年的年折旧额、累计折旧和账面价值,假设至 2018 年的总工作量为 12 000 单位。

答案

要求 1

方法 A:直线折旧法

$$可折旧成本 = 40\,000\,美元(44\,000\,美元 - 4\,000\,美元)$$

$$年折旧额:\frac{40\,000\,美元}{10\,年} = 4\,000\,美元$$

方法 B:双倍余额递减法

$$折旧率 = \frac{1}{10} \times 2 = 10\% \times 2 = 20\%$$

2016 年:0.2 × 44 000 美元 = 8 800 美元

2017 年:0.2 × (44 000 美元 − 8 800 美元) = 7 040 美元

方法 C:工作量折旧法

$$单位折旧额 = \frac{44\,000\,美元 - 4\,000\,美元}{100\,000\,单位} = 0.4\,美元/单位$$

2016 年:0.4 美元/单位 × 3 000 单位 = 1 200 美元

2017 年:0.4 美元/单位 × 14 000 单位 = 5 600 美元

要求 2

美元

方法 A:直线折旧法

年	年折旧费用	累计折旧	账面价值
期初			44 000
2016	4 000	4 000	40 000
2017	4 000	8 000	36 000
2018	4 000	12 000	32 000

方法 B:双倍余额递减法

年	年折旧费用	累计折旧	账面价值
期初			44 000
2016	8 800	8 800	35 200
2017	7 040	15 840	28 160
2018	5 632	21 472	22 528

方法 C:工作量折旧法

年	年折旧费用	累计折旧	账面价值
期初			44 000
2016	1 200	1 200	42 800
2017	5 600	6 800	37 200
2018	4 800	11 600	32 400

2018 年折旧费用的计算过程

直线折旧法	40 000 美元/10 年＝4 000 美元
双倍余额递减法	28 160 美元×0.2＝5 632 美元
工作量折旧法	12 000 单位×0.4 美元/单位＝4 800 美元

固定资产会计核算中的其他事项

固定资产的会计核算之所以比较复杂,有以下几点原因:

- 使用年限较长;
- 折旧影响所得税;
- 公司可能由于出售固定资产而获得收益或承担损失;
- 国际会计准则的未来变化可能影响固定资产的价值确认。

出于纳税目的的折旧

联邦快递和其他多数公司使用直线折旧法编制呈报给股东和债权人的财务报表。但是在计算所得税时,联邦快递在美国国税局制定的税收法规许可范围内,采用双倍余额递减法。这种做法合规可信,且被美国法律所允许。由于美国公认会计原则和税收法规的目标不同,公司在编制财务报表和税务报表时可以采用不同的折旧方法。美国公认会计原则的目标是为经济决策提供可靠的信息。而税收法规的目标是征收足够的税收以满足联邦政府的支出。

为什么联邦快递更愿意使用双倍余额递减法来报税呢? 因为双倍余额递减法可以最快地带来纳税抵扣,从而减少当期纳税支出。联邦快递可以将这部分现金重新投入经营中。联邦快递面临的选择是支付税金或者购买设备,答案显而易见。

为了理解现金流、折旧和所得税之间的关系,我们来回顾一下联邦快递的运货卡车的折旧例子:

- 直线折旧法下第一年的折旧额是 8 000 美元,而双倍余额递减法下第一年的折旧额是 16 400 美元。
- 在编制所得税报告时允许采用双倍余额递减法。

假设联邦快递在使用该卡车的第一年获得了 400 000 美元的收入,同时用现金支付营业费用 300 000 美元,其所得税税率为 30%,现金流量表见表 7-7。

表 7-7 基于纳税目的时加速折旧法相对直线折旧法的现金优势 美元

	直线折旧法	加速折旧法
1. 现金收入	400 000	400 000
2. 经营现金支出	300 000	30 0000
3. 所得税前经营现金流量	100 000	100 000
4. 折旧费用(非现金支出)	8 000	16 400
5. 税前利润	92 000	83 600
6. 所得税费用(30%)	27 600	25 080
现金流分析:		
7. 税前经营现金流	100 000	100 000
8. 所得税费用	27 600	25 080
9. 经营活动提供的净现金流	72 400	74 920
10. 双倍余额递减法下可供投资的额外现金(74 920 美元-72 400 美元)		2 520

从表 7-7 可见,采用双倍余额递减法报税使公司可以保留更多的现金。这也是在实务中几乎所有的公司都采用加速折旧法计算所得税的原因。

有一种特殊的折旧方法仅在编制税务报告时采用,即**修正的加速折旧系统**(modified accelerated cost recovery system,MACRS)。在这种方法下,资产根据其年限被划入八种类型(见表 7-8)。前四种折旧是根据双倍余额递减法计算得出的。使用年限为 15 年和 20 年的资产则采用 150% 的余额折旧计算法。在折中方法下,其年折旧率为直线折旧率乘以 1.5(区别于双倍余额递减法下的 2)。对于一项使用年限为 20 年的资产,其直线折旧率为每年 0.05(1/20),所以 MACRS 的年折旧率为 0.075(0.05×1.5),形式上类似于双倍余额递减法。

表 7-8 修正的加速折旧系统

根据有效使用年限划分(年)	代表性资产	折旧方法
3	赛马	双倍余额递减法
5	汽车、轻型货车、计算机	双倍余额递减法
7	办公家具,装置	双倍余额递减法
10	其他设备	双倍余额递减法
15	污水处理设备	150% 递减法
20	特定房产	150% 递减法
27.5	出租的住宅	直线折旧法
39	出租的非住宅	直线折旧法

在某些情况下,美国国税局允许使用其他几种加速折旧的方法。允许公司在初始购买年度对"有形个人财产"(除房地产以外的固定资产)进行额外的"红利折旧"。在其他情况下,对这些类型的固定资产的一定投资额可以从应纳税所得额中全部扣除,而不是资本化和折旧。

所有这些方法都旨在鼓励公司不断对新厂房和设备进行再投资,节省其在税收上的现金支出,从而刺激美国经济的发展。

大部分的房产都是根据直线折旧法计提折旧的(参见表 7-8 中的最后两种资产分类)。

不完整年份的折旧

公司在需要的时候购置固定资产,所以购买的时间不一定是年初或月初。因此,就需要计算非完整年份的折旧金额。假设联邦快递在 9 月 1 日以 500 000 美元购买了一间仓库。该仓库的预计使用年限为 20 年,预计残值为 80 000 美元。联邦快递的会计年度截至日为 5 月 31 日。该公司计算 9 月至次年 5 月的折旧额的过程如下。

首先,计算完整年份的折旧额(除非采用的是工作量折旧法,该方法可以通过计算折旧期的工作量来自动调整相对应的折旧额)。

其次,将全年折旧乘以公司持有该资产的时间占全年的比例,本例中是 9/12。假设在直线折旧法下,联邦快递该项资产的全年折旧额为 15 750 美元,具体计算如下:

$$完整年份折旧=\frac{500\ 000-80\ 000}{20}=21\ 000(美元)$$

$$非完整年份折旧=21\ 000\times 9/12=15\ 750(美元)$$

如果联邦快递是在 9 月 18 日购置的该资产呢?多数公司在 15 日后购置资产时并不计提当月折旧,而在 15 日或之前购买资产时则计提当月全月折旧。

多数公司有一套电算化系统来记录固定资产。每项资产有一个单独的序列号对应于其成本、预计使用年限、预计残值和使用的折旧方法等。该系统会自动计算每期的折旧费用。无论是累计折旧数据还是账面价值数据都会自动更新。

改变可折旧资产的使用年限

一项资产开始使用后,管理者基于经验和新的信息会重新估计其尚可使用的年限。迪士尼公司就作出了这样的改变,称为会计估计变更。迪士尼公司修正了其多个主题公园资产的使用年限并因此重新计算了折旧。下面的附注便是迪士尼公司财务报告中对该项会计估计变更的声明:

附注 5

……公司根据历史数据和工程学研究结果延长了特定主题公园的交通工具和娱乐设施的使用年限。这项变更的结果使折旧额减少了约 800 万美元(净利润相应增加了约 420 万美元……)

假设迪士尼的一个热狗售卖亭的成本是 50 000 美元,公司最初估计该售卖亭的使用年限为 10 年,且没有残值。在直线折旧法下,公司每年应计提折旧 5 000 美元(50 000 美元/10 年＝5 000 美元)。假设迪士尼公司已经使用该资产 4 年,累计折旧已达到 20 000 美元,剩余的可折旧价值为 30 000 美元(50 000 美元－20 000 美元)。根据经验判断,管理层认为该资产尚可使用 10 年。公司因此会将余下的可折旧价值在其剩余年限内分摊:

资产的剩余可折旧账面价值÷(新)估计的剩余有效使用年限＝(新)年折旧额

　　　 30 000 美元　　　 ÷　　　　　 10 年　　　　　　 ＝　 3 000 美元

根据新的使用年限估计得出的年折旧费用的会计分录如下:

折旧费用——热狗售卖亭　　　　　　　　　　　　　　　　 3 000

累计折旧——热狗售卖亭				3 000		
资产	=	负债	+	股东权益	-	费用
-3 000	=	0				-3 000

通过折旧做假账

美国废品管理公司

　　固定资产通常金额大、数量多。有时,会计处理上的细微变化就会对财务报表产生重大影响。一旦有人想利用这些变化来做假,后果往往不堪设想。

　　废品管理公司是北美最大的综合性废品处理公司,提供废品回收、转运、再生、处置及资源化等服务。公司客户遍及全美,包括工商业企业、市政机构和普通居民。

　　1992 年,公司的创始人、董事会主席、首席财务官、总会计师、首席律师和财务副总裁等六名高管人员发现公司的利润增长难以满足预期目标,影响了他们的业绩奖金。于是,他们不惜弄虚作假,伪造财务信息。其造假行为包括:(1)无根据地提高垃圾车的预计残值;(2)延长垃圾车的有效使用年限;(3)为无残值的固定资产设定残值。这些行为导致利润表上的折旧费用减少,净利润增加。如果这些小动作放在单个资产上,效果并不明显。不过别忘了该公司拥有成千上万辆垃圾车,所以短时间内效果显著。更何况公司高管持续作假长达 5 年,最终导致 17 亿美元的虚增利润。

　　在世通公司丑闻之前,美国废品管理公司案曾经是美国历史上最大的财务欺诈案件。1997 年,公司解雇了所有涉案人员,任命了新的首席执行官。新首席执行官在履新过程中,发现了整个财务欺诈事件。而这些涉案高管已经通过利润造假获取了巨额业绩奖金,有的还因此争取到更优厚的退休待遇。其中一名高管变本加厉,在欺诈被揭发的 10 天前,以股票捐赠的方式资助他的母校建立了一座以他的名字命名的教学楼,以此减免自己的个人所得税。虽然事后这些高管因巨额资金损失的罪名被起诉,但是没有人被送进监狱。

　　财务造假案发生后,美国废品管理公司的股价立即下跌 33%,广大股东因此损失了 60 亿美元的股票市值。公司及涉案高管最终赔偿了 7 亿美元的损失达成了民事和解。

　　你可能会问:“公司的外部审计师怎么没有发现财务造假?”公司当时的审计公司是安达信会计师事务所,负责该项目的审计合伙人也被证明参与了造假。实际上,美国废品管理公司的多名涉案高管是安达信会计师事务所的前任合伙人。因此,审计师现场发现多项不合规的会计处理时,他们并没有坚持要公司立即纠正错误以减少风险,而仅仅是让管理层保证以后不再犯同样的错误,然后帮助管理层在 10 年间逐步核销资产负债表上的虚增资产。由于安达信会计师事务所 1993—1996 年在对美国废品管理公司的审计中故意出具误导投资者的审计报告,2001 年 6 月美国证券管理委员会对安达信会计师事务所处以 700 万美元的罚款。

　　2001 年 10 月,紧接着美国废品管理公司的欺诈案,美国安然公司、世通公司的丑闻也相继爆发,导致负责为其提供审计服务的安达信会计师事务所最终倒闭。许多人认为,如果没有之前的美国废品管理公司案,安达信在安然事件中也不至于受到美国证券管理委员会的重罚。

　　安然事件将在本书第 10 章作进一步阐述。

已全额计提折旧的资产

一项已经全额计提折旧的资产是指到达其预期使用年限期末的资产。假设联邦快递有一台残值为 0 的已全额计提折旧的设备(成本为 60 000 美元)。相关的账户信息如下:

设备		累计折旧		账面价值
60 000	−	60 000	=	0

该设备的账面价值为 0,但并不代表该设备没有价值。联邦快递可在未来几年继续使用该设备,但是联邦快递将不再对已全额计提折旧的资产计折旧。

当联邦快递处置该资产的时候,会相应地在账面上结转该资产的成本(60 000 美元)和累计折旧(60 000 美元)。下一节将介绍固定资产处置的会计处理。

 ## 分析固定资产处置的影响

固定资产最终将不再符合公司的需要。该资产可能彻底磨损、技术过时或者由于其他原因不再有用。在对该资产的处置进行会计处理之前,公司应当将累计折旧计提至处置当日,用于计算:

- 处置资产的最终账面价值;
- 截至处置当日应该计提的折旧费用。

处置已经全额计提折旧且没有处置收入的固定资产

对于这类资产,需要从账面上移除资产并相应地结转累计折旧。假设一台成本为 60 000 美元且残值为 0 的设备最后一年的折旧费用已计提。该设备的累计折旧为 60 000 美元,若该设备被废弃了,则处置该设备的会计分录如下:

累计折旧——设备	60 000	
设备		60 000

处置已全额计提折旧的资产。

资产	=	负债	+	股东权益
+60 000				
−60 000	=	0	+	

由于在该项资产处置中,既无利得也无损失,所以对总资产、负债和股东权益都不会产生影响。

如果该设备在全额计提折旧之前被废弃,则公司在处置中将承担损失。假设联邦快递处置了一台成本为 60 000 美元的设备,累计折旧为 50 000 美元,其账面价值为 10 000 美元。报废该设备将带来等同于账面价值的损失,具体会计分录如下:

累计折旧——设备	50 000	
设备处置损失	10 000	
设备		60 000

处置设备。

资产	=	负债	+	股东权益	−	损失
+50 000						
−60 000	=	0				−10 000

联邦快递处置该设备损失了 10 000 美元的账面价值且没有任何收入,导致 10 000 美元

的损失,相应地股东权益减少了 10 000 美元。

处置该设备带来的损失作为营业外收入(支出)在利润表中列示。损失与费用一样,导致净利润减少;而营业外收入与收入一样,导致净利润增加。

出售固定资产

假设联邦快递在 2016 年 9 月 30 日以 7 300 美元的价款出售某设备。在 2013 年 1 月 1 日最初购买时,该设备的成本是 10 000 美元,且根据直线法计提折旧。联邦快递最初估计该资产的使用年限为 10 年且残值为 0。在确认这笔出售之前,联邦快递的会计人员需要先计提折旧。联邦快递使用日历年作为会计期间。这项资产的非完整年份的折旧期限从 2016 年 1 月 1 日到出售时为止。在直线折旧法下,2016 年 9 月 30 日,计提折旧的会计分录如下:

9 月 30 日	折旧费用(10 000 美元/10 年×9/12)	750	
	累计折旧——设备		750
	计提折旧。		

设备账户和累计折旧账户如下所示,可知该设备的账面价值为 6 250 美元(10 000 美元-3 750 美元)。

设备		累计折旧——设备		
2013 年 1 月 1 日　10 000		2013 年 12 月 31 日　1 000		
	−	2014 年 12 月 31 日　1 000	=	账面价值
		2015 年 12 月 31 日　1 000		6 250 美元
		2016 年 9 月 30 日　　750		
		余额　　　　　　　3 750		

联邦快递以 7 300 美元现金出售该设备的收益为 1 050 美元,计算过程如下所示:

		美元
出售资产收到的现金		7 300
资产的账面价值:		
成本	10 000	
减:累计折旧	(3 750)	6 250
出售资产的收益		1 050

记录这一出售设备交易的会计分录如下:

9 月 30 日	现金	7 300	
	累计折旧——设备	3 750	
	设备		10 000
	出售设备的收益		1 050
	出售设备。		

资产总额和股东权益增加,增加的金额等于出售设备的收益。

资产	=	负债	+	股东权益	+	收入
+7 300						
+3 750	=	0				+1 050
-10 000						

处置资产的收益或损失在利润表上以营业外收入（支出）的形式列报。

交换固定资产

管理者经常以旧的固定资产换取新的资产，这被称为非货币性资产交换。非货币性交换的资产以公允价值计量。这样，新资产的成本以公允价值计量，则应当等于旧资产的公允价值加减现金收支。旧资产的公允价值和账面价值之差计入当期损益。如果公允价值大于账面价值，则差额计入收益；如果公允价值小于账面价值，则差额计入损失。

例如，棒约翰比萨店有一辆旧送货车，成本为 9 000 美元，累计折旧为 8 000 美元。旧车的账面价值为 1 000 美元。假设现在棒约翰想用旧车加 10 000 美元来换取一辆市场公允价为 15 000 美元的新车。这样，旧车的隐含公允价值就是 5 000 美元（15 000 美元－10 000 美元），该金额被视为旧车交易带来的现金收入。

新车的成本是 15 000 美元（旧车的公允价值 5 000 美元加上现金支付的 10 000 美元）。

棒约翰记录这笔资产交换的会计分录如下：

送货车（新）	15 000	
累计折旧——送货车（旧）	8 000	
送货车（旧）		9 000
现金		10 000
送货车交换收益		4 000

用旧送货车换取新车。

资产	=	负债	+	股东权益	+	收入
+15 000						
+8 000	=	0				+4 000
−9 000						
−10 000						

在这笔资产交换中，资产总额和股东权益同时增加 4 000 美元以反映资产交换收益。值得注意的是，该金额也等于旧车的公允价值（5 000 美元）超过其账面价值（1 000 美元）的金额。我们将在更高级的课程中继续探讨关于非货币性资产交换的会计问题。

运用 T 形账户分析固定资产交易

理解了交易事项对固定资产的影响，就可以利用 T 形账户做一些简单的交易分析。下列账户列示并说明了每一种具体的交易活动。

建筑物（或设备）		累计折旧	
期初余额		处置资产的累计	期初余额
购入成本	处置成本	折旧	当期折旧
期末余额			期末余额

现金		长期负债	
处置资产的现金收入	购入资产的现金支出		购置资产产生的负债

折旧费用		建造物(或设备)出售收益	
当期折旧费用			出售收益

建造物(或设备)出售损失	
出售损失	

你可以通过分析这些账户的具体交易来解答一些非常有用的问题,例如,为购置新资产所支付的现金、处置旧资产的现金收入、购入资产的成本、处置资产的原值和净值。

例如,某公司年初建筑物的成本为 100 000 美元,当年又购入一幢建筑物,成本为 150 000 美元,期末建筑物的成本为 180 000 美元。当年售出的建筑物的成本是多少?

建筑物			
期初余额	100 000		
购入成本	150 000	出售成本	$X = 70\,000^*$
期末余额	180 000		

* $X = 100\,000 + 150\,000 - 180\,000$

全球视角

美国公认会计原则和国际财务报告准则最大的区别之一是怎样计算不动产、厂房和设备等固定资产的账面价值。回想一下第 1 章介绍过公认会计原则长久以来倡导用历史成本法来列示固定资产价值,因为历史成本法使用的是最客观也是最可靠的价值数据。公认会计原则还支持持续性假设,认为公司会持续经营足够长的时间,能对所有的固定资产成本计提折旧。

相比较而言,虽然历史成本法也是国际财务报告准则的重要原则,但它允许定期使用公允价值对固定资产重新定价。这样处理的主要动因是大多数固定资产的历史成本已经不能正确地反映该资产的现有价值。这样,资产负债表上的固定资产价值不能有效地反映资产的真实价值。例如,一家公司于 1960 年耗资 100 万美元在佛罗里达州奥兰多市购置了一处房产。假设这些年该房产已升值到 2 000 万美元。国际财务报告准则允许公司在资产负债表上定期调整该房产的公允价值。在本例中,通过借记建筑物账户使其增加 1 900 万美元,同时,贷记重估增值账户使其增加 1 900 万美元,该账户在股东权益项下单独列报。从这一时点开始,折旧应以重估的资产价值为依据计算。如果未来该建筑物的公允价值下降,则做相反的会计处理,即贷记建筑物账户,借记重估增值账户。

在资产负债表上用公允价值计量固定资产的主要目的在于公允价值能快速地反映市场变化。以 2008—2009 年金融危机期间美国加利福尼亚州的商住房为例,这些房产的公允市场价在一年间以两位数百分比的速度急剧下跌。如果用公允价值计价,这些房产在资产负债表上的价值应当相应调整,导致资产负债表的金额大幅波动。此外,如果该资产还在计提折旧,则相应的折旧费用和累计折旧也会频繁调整。

国际财务报告准则在折旧的处理上也和公认会计原则不同。公认会计原则只允许对整体资产计提折旧,如一处房产、一台制造设备、一架飞机等。而国际财务报告准则允许使用组合法计提折旧。例如,一家公司建造并拥有一个建筑物用于经营活动。该建筑物的总成本为1 500万美元,其中包括建筑物本身、空调系统、屋顶、管道、下水道和照明系统等。公认会计原则通常将建筑物整体列为一项固定资产,使用直线法在建筑物使用年限40年内折旧完毕(相当于年折旧375 000美元)。而国际财务报告准则要求将建筑物的每个组成部分都单列为一项固定资产,采用不同的使用年限和折旧方法。这样,建筑物的结构、屋顶、空调系统、管道、下水道和照明系统等主要组成部分都有各自的使用年限(大多数都远远低于40年),按照不同的折旧方法在较短时期内折旧完毕。在会计记录中,该建筑物的每个组成部分也都作为一项单独的固定资产,计算各自的折旧费用和累计折旧。对大公司的会计信息系统来说,使用组合法来更新原有的记录将会是一场耗资巨大的行动,同时,后续的记录维持也将是一笔昂贵的支出。

公认会计原则在自然资源和无形资产中的应用

自然资源的会计处理

自然资源是固定资产的特殊形式,如铁矿、石油和木材等。这些资源常被称为消耗型资产。因为与建筑物、设备等固定资产相比,自然资源的物理形态在开采使用的过程中渐渐耗竭。这种过程称为**折耗**(depletion)。折耗与折旧不同,它实际上记录了自然资源从原始状态转化为存货,直至出售,变为产品销售成本或其他费用进入利润表的过程。企业取得或发掘一项自然资源后,采用与固定资产类似的成本法,记录自然资源原值。在开采阶段,通常采用类似工作量法的方式计算资源的生产。如果自然资源开采出来即视为已销售(如钻探公司的情形),则耗用的自然资源直接从长期资产科目转为利润表上的折耗费用。而对于同时开展开采和冶炼业务的综合性公司(如一些油气公司),已开采尚未出售的资源先在资产负债表上记为可出售存货(流动资产科目)。一旦冶炼完毕予以销售,即转为利润表上的销售成本,与本书第6章存货会计处理方式相似。

例如,一块油田可能花费美孚公司100 000 000美元,且估计产量为10 000 000桶石油。美孚公司是一家综合性油气公司,从事石油开采及冶炼,所以公司会保留一些石油存货而非全部出售。在购买和发掘油田时,美孚公司相关的会计分录如下:

石油储备	100 000 000	
现金		100 000 000

折耗率为10美元/桶(100 000 000美元/10 000 000桶)。如果已经开采了3 000 000桶,其中1 000 000桶已经出售,则公司的各部门会进行下列会计处理。在开采阶段,石油(长期资产科目)的折耗为30 000 000美元(3 000 000桶×10美元/桶),30 000 000美元转为存货(流动资产科目)。折耗的会计分录如下:

石油存货(3 000 000桶×10美元)	30 000 000	
石油储备		30 000 000

下周,出售石油时,会计分录如下:

石油销售成本(1 000 000桶×10美元)	10 000 000	
石油存货		10 000 000

上述分录将1 000万美元转为销售成本(费用科目),剩余的2 000万美元作为石油存货

（流动资产科目）。因此，石油储备（长期资产科目）的净值为 7 000 万美元（100 000 000 美元－30 000 000 美元）

无形资产的会计处理

如前所述，无形资产是没有实物形态的长期资产，其价值在于它们代表一种特殊的权利，如专利权、版权、商标、特许经营权和商誉等。与建筑物和设备一样，无形资产也是按照其取得成本入账的。无形资产是高科技公司以及那些依靠研发的公司最具价值的资产。多数无形资产的残值为零。

无形资产分为以下两类：

1. 使用寿命有限的无形资产。使用寿命有限的无形资产应予以摊销。摊销费用是与无形资产相关的费用。该项费用与折旧费用类似，一般以直线法为依据进行计算。摊销可以直接贷记资产，具有有限寿命的无形资产采用法定使用年限或剩余使用寿命中较短者来摊销。

2. 使用寿命无限的无形资产。使用寿命无限的无形资产不予以摊销，相反，对该类资产进行年度减值测试，如有减值需予以确认。商誉是使用寿命无限的无形资产的典型例子。

在接下来的章节中，我们将介绍上述两类无形资产的会计处理。

各种无形资产的会计处理

每一种无形资产都是独特的，其会计处理也各不相同。

专利权　专利权（patents）是政府授予发明人的一种许可，根据该许可，发明人享有排他性制造和销售该发明的权利，时效为 20 年。其发明可能是一项产品也可能是生产技术，如索尼公司的压缩唱片播放器和杜比的降噪技术等。与其他资产一样，专利权也可以通过购买获得。假设一家公司在 1 月 1 日花费 170 000 美元购买了一项专利，认为该专利的有效使用年限为 5 年，则摊销费用为 34 000 美元/年（170 000 美元/5 年）。这笔购买支出和摊销费用的会计分录如下：

1 月 1 日	专利权	170 000	
	现金		170 000
	获取专利权。		
12 月 31 日	摊销费用——专利权（170 000/5）	34 000	
	专利权		34 000
	摊销专利权的成本。		

资产	=	负债	+	股东权益	-	费用
-34 000	=	0				-34 000

从上述分录中不难发现，无形资产摊销费用直接贷记无形资产账户（无累计摊销账户）。与设备和建筑物的折旧一样，无形资产的摊销会导致资产和股东权益的减少。

版权　版权（copyrights）是排他性复制和销售书籍、音乐作品、电影及类似产品的权利。版权还保护计算机软件程序，如微软公司的视窗系统和 Excel 等。根据美国政府的规定，版权的有效年限为 70 年，即使作者已经去世。从政府获得版权的初始成本是非常低的，但是一家公司要从所有者手中购买这种资产则需要支付一大笔费用。例如，出版商可能向一位畅销书作者支付 1 万美元甚至更多以获得某本书的版权。由于版权的有效使用年限通常为 2～3 年，每期的摊销额都占初始成本相当高的比例。

商标和商业名称 商标(trademarks)和**商业名称**(trade names)(又称品牌)是一种产品或服务的特定名称。在电视屏幕上闪烁的"眼睛"的标志是 CBS 电视网的商标。你可能很熟悉 NBC 的孔雀标志。美国航空公司的"常旅客计划"和可口可乐公司的"让 TA 开心"广告语等都受到法律保护。这些都是产品或服务的区别性证明,以™或®表示。

有些商标依据合同设定了有效使用年限。在这种情形下,商标的摊销应以其有效使用年限为基础。然而,对使用年限不确定的商标,则不做摊销。

特许经营权和许可证 **特许经营权**(franchises)和**许可证**(licenses)是由一家企业或者政府颁发的销售某种产品或提供某种服务的许可。芝加哥公牛队即是美国职业篮球联盟授予其所有者的一项特许经营权。麦当劳餐厅和假日酒店都是非常受欢迎的特许经营的例子。这些特许经营权和许可证的有效使用期限都是无限期的,因此不用摊销其成本。

商誉 在会计里,**商誉**(goodwill)有其特殊意义,被定义为收购一家公司时支付的超过该公司净资产价值(资产减去债务)的超额支出。收购者愿意为具有超额盈利能力的其他公司支付商誉。

联邦快递在多个国家开展业务。假设联邦快递以 1 000 万美元购买了 Europa 公司。该公司的所有资产的市场价值为 900 万美元,总负债为 200 万美元,因此其净资产的当前市场价值为 700 万美元。在这个例子中,联邦快递为商誉支付了 300 万美元,具体计算过程如下所示:

		万美元
Europa 公司的购买价格		1 000
Europa 公司资产的市场净值总额	900	
减:Europa 公司的负债	(200)	
Europa 公司的净资产的市场价值		700
称为商誉的超出部分		300

联邦快递购买 Europa 公司(包括其商誉)的会计分录如下:

资产(现金、应收账款、存货、固定资产,均以市场价值计价)	9 000 000	
商誉	3 000 000	
负债		2 000 000
现金		10 000 000

商誉的会计处理有其特殊性,具体包括以下两个方面:

1. 商誉的获取成本仅仅在购买另一家公司时才作会计记录。一项收购的交易提供了关于商誉价值的客观评估。公司不能记录自身创造的商誉。

2. 根据公认会计原则,许多公司的价值会增长,所以其商誉不予摊销。但是,拥有商誉的公司每年应当采用与其他长期资产减值测试类似的方法进行商誉减值测试。一旦测试显示商誉价值下降,则需要核销减值部分。减值测试的具体细节超出了本书的范围,将在中高级会计课程中详细介绍。

研发费用的会计处理

研发费用是会计中最难处理的事项之一。研发是宝洁、通用电气、英特尔和波音等公司的生存之本,甚至可以认为研发是上述公司最有价值的资产。但是通常情况下,公司并不在资产负债表上列示研发资产。大多数美国公司都将研发支出在发生当期费用化。

解释资产减值对财务报表的影响

公认会计原则要求公司管理层每年对长期固定资产和长期无形资产进行减值测试。当一项资产的未来预期现金流（相对于未来预期收益）低于该资产的账面价值（资产成本减累计折旧或摊销）时，资产就发生了减值。如果资产发生减值，公司需要将该资产的账面价值下调至公允价值。在这种情况下，公允价值不是根据未来预期现金流，而是按照测试时该资产的市场估值来定价。表 7-9 列示了长期资产的账面净值、未来现金流、公允价值在正常情况下和发生减值后的关系。

表 7-9　资产价值在正常情况下和发生减值时的关系

正常情况下	发生减值后
最大：未来现金流	最大：账面净值
中间：公允价值	中间：未来现金流
最小：账面净值	最小：公允价值

在正常情况下，预计未来现金流是资产价值中最大的一项，其次是公允价值，而资产账面净值最小。如果资产账面净值高于其未来预计现金流，则资产就发生了减值。资产减值的会计处理分为以下两步。

第一步　资产减值测试。
- 如果资产账面净值＞预计未来现金流，则资产发生减值。

第二步　如果第一步发现资产减值，则计算减值损失。
- 减值损失＝资产账面净值－资产公允价值。

举例说明，假设 2014 年 5 月 31 日，联邦快递的长期资产的相关信息如下：
- 账面净值　　　　　　1 亿美元
- 预计未来现金流　　　8 000 万美元
- 公允（市场）价值　　7 000 万美元

资产减值的两步测试为：

第一步　减值测试：资产账面净值是否大于预计未来现金流？（答案：是，因此资产发生了减值）

第二步　减值损失＝资产账面净值（1 亿美元）－资产公允价值（7 000 万美元）＝3 000 万美元

联邦快递的会计分录如下（单位：百万美元）：

2014 年 5 月 31 日　长期资产减值损失（100－70）　　　30
　　　　　　　　　　长期资产　　　　　　　　　　　　　　　30

资产	＝	负债	＋	股东权益	－	损失
－30	＝	0				－30

公司的长期资产和股东权益（通过损失科目）同时减少。公认会计原则还规定，即使资产价值在减值以后有所回升，也不得调回前期已经确认的减值损失。

全球视角

与公认会计原则不同,国际财务报告准则基于单步法记录长期资产的减值。具体方法将在中高级会计课程中详细介绍。与公认会计原则不同的是,国际财务报告准则允许某些长期资产在市场价格回升的情况下调回前期确认的资产减值损失。因此,采用国际财务报告准则的公司可能在一个期间记录某项长期资产的减值损失,在以后的期间记录该资产的增值收益。

研发成本的会计处理是公认会计原则和国际财务报告准则的另一大区别。公认会计原则下,研发成本应当在发生期间费用化。而在国际财务报告准则下,创造无形资产的相关成本可以分为两类:研究阶段的成本和开发阶段的成本。研究阶段的成本于当期费用化。开发阶段的成本如果满足以下所有六项条件,则可以资本化:

- 达到无形资产在技术上的可行性;
- 公司有足够的意愿完成无形资产的开发;
- 公司有能力使用和销售这项无形资产;
- 合理保证无形资产的未来经济收益(例如:该资产存在市场;如果内部使用,可以证实该资产在公司内部的用途);
- 有足够的资源完成开发;
- 在开发阶段,可以可靠地计量与无形资产有关的支出。

因此,国际财务报告准则在研发支出资本化上的标准比公认会计原则更为宽泛。在研发支出产生的当期,使用国际财务报告准则会显示较高的净利润。

目前,美国财务会计准则委员会(FASB)正在制定一项有关研发支出的新准则,旨在减少公认会计原则和国际财务报告准则的差异。

此外,公认会计原则和国际财务报告准则在处理品牌、专利等内部开发的无形资产上也存在差异。在公认会计原则下,公司从外部购买的无形资产的成本可以资本化。如果品牌和专利是内部开发的,则相关的成本只能费用化。国际财务报告准则允许公司在合理预计未来收益的情况下,将内部开发的无形资产的相关成本资本化。如果一家美国公司采用国际财务报告准则,那么其资产负债表上可能会列报更多的无形资产。根据不同的资产类型,这些无形资产可能在使用期内予以摊销,也可能在持有期内定期进行减值测试。

 分析资产收益率

衡量公司的业绩是财务报表分析的主要目的之一。公司股东委托管理层制定经营战略、使用公司资产、合理有效地创造利润。我们将从本章开始,建立一套评价公司业绩的指标框架。其中最基本的框架就是**资产收益率**(return on asstes,ROA)。

资产收益率用于衡量公司管理层使用股东和债权人提供的资产创造利润的能力。资产收益率的基本公式如下:

$$资本收益率 = \frac{净利润^{①}}{平均总资产}$$

---

① 对于负债较多的公司,有些分析师会在净利润中加入利息费用,用于计算资产收益率。虽然理论上可行,但是我们在这里暂不考虑。只有当利息费用相对较高时,加入利息才会影响资产收益率。

$$平均总资产 = \frac{期初总资产 + 期末总资产}{2}$$

资产收益率可以衡量股东和债权人投入的每单位资产创造多少净利润。资产收益率高的公司使用和管理资产的效率更高。通过单独计算各部门或各产品线的资产收益率可以识别盈利能力较弱的部门，从而改进其业绩。

杜邦分析法：资产收益率的具体运用

为了更好地分析不同期间资产收益率上升或下降的原因，公司经常使用杜邦分析法[①]将资产收益率分解成两部分：

$$销售净利率 = \frac{净利润}{销售收入净额}$$

$$资产周转率 = \frac{销售收入净额}{平均总资产}$$

销售净利率衡量每单位销售收入产生多少净利润。提高净利润的方法有三种：(1)提高产品销售或服务的数量；(2)提高销售价格；(3)降低产品销售成本和经营费用。

资产周转率计算每单位资产产生多少销售收入。它衡量公司管理资产的效率和效果。改善资产周转率的方法包括：(1)提高销售收入；(2)减少库存；(3)关闭非生产性设施、变卖闲置资产、整合运营场所以减少固定资产。

资产收益率等于销售净利率乘以资产周转率。

$$资产收益率 = 销售净利率 \times 资产周转率$$

$$资产收益率 = \frac{净利润}{销售收入净额} \times \frac{销售收入净额}{平均总资产} = \frac{净利润}{平均总资产}$$

管理者通过影响销售净利率和资产周转率的各种动因，达到改善资产收益率的目的。成功的制造企业通常选择产品差别化和低成本两种战略。采用产品差别化战略的公司通常在研发上投入巨大，向顾客积极推广高价格的产品。例如，苹果公司采用产品差别化战略，在市场上总是领先于其他对手推出创新技术吸引顾客，同时产品价格也居高不下。而低成本战略意味着有效管理存货和生产性资产，从而提高资产周转率。例如，苹果公司的竞争对手——戴尔公司就是低成本战略的范例。当然所有公司都想同时实现销售净利率和资本周转率的最大化，但在实际中大多时候只能两者择一。

下面应用杜邦分析法来看一下联邦快递的资产收益率。

联邦快递财务数据摘要		百万美元
	2013 年度	**2014 年度**
销售收入净额	44 287	45 567
净利润	1 561	2 097
平均总资产	31 735	33 319

---

①　实际上，完整的杜邦分析模型在计算股东权益回报率时包括三个部分：净利润率、资产周转率和资产负债率。在本章中，我们只讨论杜邦分析模型的其中一部分——资产收益率，该比率是前两个比率的乘积。第 9 章将详细介绍资产负债率，第 10 章将介绍如何将资产收益率转化为股东权益回报率。

联邦快递杜邦分析

	销售净利率	×	资产周转率	=	资产收益率
	$\dfrac{净利润}{销售收入净额}$	×	$\dfrac{销售收入净额}{平均总资产}$	=	$\dfrac{净利润}{平均总资产}$
2013 年度	$\dfrac{1\ 561}{44\ 287}$	×	$\dfrac{44\ 287}{31\ 735}$	=	4.9%
2014 年度	$\dfrac{2\ 097}{45\ 567}$	×	$\dfrac{45\ 567}{33\ 319}$	=	6.3%

2013 年度,公司的销售净利率是 3.5%(15.61 亿美元/442.87 亿美元),即在每 1 美元的销售收入中,公司赚取了 3.5 美分的净利润。公司的资产周转率是 1.396(442.87 亿美元/317.35 亿美元),即每 1 美元的资产投入可产生 1.396 美元的销售收入。2014 年度,公司通过采取增加销售收入、减少营业费用和其他费用的手段,使销售净利率大幅提高至 4.6%(20.97 亿美元/455.67 亿美元)。但是公司的资产周转率降到 1.368(455.67 亿美元/333.19 亿美元)。当年,联邦快递购买的固定资产超过了销售收入金额的增加。因此,尽管公司 2014 年度的效益(盈利能力)优于 2013 年度,但其效率却略有下降。幸运的是,利润的增长弥补了效率的下降,资产收益率由 4.9% 上升到 6.3%。

资产收益率是本书介绍的第一个财务分析指标。以后的章节将陆续介绍其他财务分析指标,帮助大家理解财务分析师是如何解读财务报表数据、发掘管理层的战略以及评价公司业绩的。本书第 9 章和第 10 章将介绍财务杠杆指标,结合资产回报率,进一步分析股东权益回报率。

 分析固定资产交易对现金流量的影响

有三种主要的固定资产交易会在现金流量表上列报,即购买、出售和折旧(包括折耗和摊销)。

固定资产的购买和出售都属于投资活动。资本性支出是现金流量表中投资活动产生的现金流出的例子。厂房及其他固定资产的处置则属于投资活动产生的现金流入。表 7-10 摘自联邦快递的现金流量表,从中可以看到,各种投资活动产生的现金流出和流入在某些时候会取净值。固定资产的折旧、购买、资本化和出售都以斜体标出。

表 7-10　在现金流量表中列报固定资产交易

联邦快递现金流量表(节选)

截至 2014 年 5 月 31 日的年度　　　　　　　　　　　　百万美元

1	**经营活动产生的现金流量:**	
2	净利润	2 097
3	将净利润调整为经营活动产生的净现金流量:	
4	*折旧和摊销*	*2 587*
5	其他事项(汇总)	(420)
6	经营活动产生的净现金流量	4 264
7	**投资活动产生的现金流量:**	
8	*资本化支出净额*	*(3 533)*
9	其他资产采购和处置净额	(18)

续表

10	投资活动产生(使用)的净现金流量	(3 551)
11	**筹资活动产生的现金流量：**	
12	筹资活动产生(使用)的净现金流量	(2 719)
13	汇率变动对现金的影响	(3)
14	**现金及其等价物净增加(减少)**	(2 009)
15	**期初现金及其等价物**	4 917
16	**期末现金及其等价物**	2 908

　　首先看一下投资性活动。2014 年度,联邦快递的资本化支出为 35.33 亿美元(第 8 行)。联邦快递还采购和处置了其他资产,花费了 1 800 万美元(第 9 行)。联邦快递现金流量表列报的折旧和摊销合计为 25.87 亿美元(第 4 行)。请注意,折旧和摊销是作为将净利润调整为经营活动产生的现金流入列示的。你可能会疑惑,折旧并不影响现金流量,又为什么会出现在现金流量表上呢? 采用间接法编制的现金流量表中,经营活动现金流量是从净利润(第 2 行)开始的,最后将其调整为经营活动产生的净现金流量(第 6 行)。折旧和摊销费用只减少净利润,并不对现金流量产生影响,因此在计算经营现金流量时,应加回折旧和摊销费用。折旧费用的加回抵消了当初对净利润的影响。将净利润(基于权责发生制)加上折旧,即调整为经营活动产生的净现金流量(基于收付实现制)。我们将在第 12 章介绍现金流量表时详细讲解这部分内容。

　　2014 年度,联邦快递的现金流量状况良好。经营活动产生的净现金流量超过净利润约 21.67 亿美元现金(42.64 亿美元－20.97 亿美元)。这些现金流为公司经营规模的扩张提供强大的支持,联邦快递在资本支出上投入巨大,用于购置新厂房、设备及其他固定资产,扩大公司的经营规模。与此同时,在投资活动产生的现金流部分,我们还看到,公司偿付长期债务和分配给股东的股利合计为 27.19 亿美元。尽管与 2013 年度相比,现金及其等价物减少了 20 多亿美元,但是 2014 年度末,联邦快递尚有 29.08 亿美元的现金余额,现金流量状况仍然不错。

管理决策

固定资产及相关的支出

　　与其他公司一样,联邦快递必须对在会计上如何处理公司的固定资产和无形资产作出决定。下面是与其相关的管理决策。

决　　策	指　　南
资本化还是费用化某项成本?	一般规则:将新的包裹管理系统等能给公司带来未来收益的成本支出资本化,而对于类似飞机修理费等不能带来未来收益的予以费用化。
资本化还是费用化: 与新资产相关的成本支出?	将所有为使该资产达到预定可使用状态的支出(如购买价款、运费、相关税费等)均予以资本化。

续表

决　策	指　南
• 与现有资产相关的成本支出？	只将提升该资产性能或延长有效使用年限的成本支出资本化,将维修支出等其他成本予以费用化。
使用哪种成本折旧方法？	
• 财务报告？	使用能将该资产的折旧支出与其所带来的收入最佳配比的折旧方法。多数公司使用直线折旧法。
• 缴纳所得税？	使用能实现最快的税费抵扣的方法。一家公司可以分别使用两种折旧方法来编制财务报表和税务报告。在美国,这种做法被法律和道德所认可。
如何对自然资源做会计处理？	将该资产的取得成本及之后所有能增加该自然资源的未来收益的成本支出予以资本化。同时采用工作量法计提折耗。
对无形资产如何处理？	将取得成本及之后所有能增加该资产未来收益的成本支出予以资本化。对于拥有有限寿命的无形资产,按期摊销其成本。对于无限寿命的无形资产,无须摊销成本。但是如果一项无形资产出现价值减损,则应计提减值准备。
如何记录固定资产减值？	每年,公司应当使用两步法来测试固定资产是否减值。第一步,比较资产的账面净值和预计未来现金流。如果账面净值大于预计未来现金流,资产发生减值;相反,资产没有减值。第二步,针对第一步里发生减值的所有资产,将其账面价值降至公允价值。差额部分计入损失。
如何分析公司的盈利能力？	使用资产收益率(ROA)=销售净利率×资产周转率=(净利润/销售收入净额)×(销售收入净额/平均总资产)

章末习题

下表中的数据参见本章章中习题答案的要求2。

美元

方法 A:直线折旧法

年	年折旧费用	累计折旧	账面价值
期初			44 000
2016	4 000	4 000	40 000
2017	4 000	8 000	36 000
2018	4 000	12 000	32 000

方法 B：双倍余额递减法

年	年折旧费用	累计折旧	账面价值
期初			44 000
2016	8 800	8 800	35 200
2017	7 040	15 840	28 160
2018	5 632	21 472	22 528

要求

1. 假设税务当局允许在直线折旧法和双倍余额递减法中进行选择,联邦快递在编制所得税报告时会采用哪种方法? 为什么?

2. 假设联邦快递 2016 年 1 月 1 日购买了上表中所述的设备,管理层采用双倍余额递减法计提折旧。2018 年 7 月 1 日,联邦快递以 27 000 美元出售了该设备。

编制 2018 年计提折旧和 2018 年 7 月 1 日出售设备的会计分录。

答案

1. 出于纳税目的,多数公司会选择加速折旧法,因为这样能在资产生命周期的初期计提大部分折旧。由于加速折旧法可最小化在资产生命周期的初期的应纳税所得和所得税支出,相应地可最大化公司的现金流。

2. 先计提设备出售之前的折旧,再记录设备的出售:

2018 年 7 月 1 日　折旧费用——设备(5 632 美元×1/2 年)　　2 816

　　　　　　　　累计折旧——设备　　　　　　　　　　　　　　2 816

　　　　　　　　计提设备折旧。

7 月 1 日　现金　　　　　　　　　　　　　　　　　　27 000

　　　累计折旧——设备(15 840 美元＋2 816 美元)　　18 656

　　　　　　设备　　　　　　　　　　　　　　　　　　　　44 000

　　　　　　设备出售收益　　　　　　　　　　　　　　　　　1 656

　　　出售设备。

复习:固定资产和无形资产

复习测试(答案见本章末)

1. Baker 公司购买了一块土地、一幢小型办公楼和一些设备,总共支付了 1 700 000 美元。土地、办公楼和设备的评估价值分别为 1 100 000 美元、660 000 美元和 440 000 美元。土地的成本应为多少?

a. 850 000 美元

c. 566 667 美元

b. 1 100 000 美元

d. 以上都不是

2. 下面哪一个表述是错的?

a. 对固定资产计提折旧使公司积累了一笔资金以在固定资产使用期结束后购置新的替换资产。

b. 固定资产的成本减去累计折旧等于其账面价值。

c. 折旧是基于配比原则的,它将资产的成本与该资产所带来的收入在其有效使用期限内配比。

d. 折旧是指将固定资产的价值在其有效使用年限内分配的过程。

使用下列数据回答第 3～6 题。

2016 年 7 月 1 日,Roam 通信公司花费 45 000 美元购买了一台新设备,其预计使用年限为 5 年,预计残值为 7 500 美元。

3. 如果 Roam 公司使用直线折旧法,则该设备 2016 年的折旧费用是多少?

a. 2 250 美元

c. 1 875 美元

b. 4 500 美元

d. 3 750 美元

4. 假设 Roam 公司于 2016 年 1 月 1 日购得该设备,且使用直线折旧法计提折旧,则该设备 2017 年 12 月 31 日的账面价值为_____。

    a. 37 500 美元　　　　　　　　　　b. 36 000 美元

    c. 45 000 美元　　　　　　　　　　d. 30 000 美元

5. 假设 Roam 公司于 2016 年 1 月 1 日购得该设备,且使用双倍余额递减法计提折旧,则 2017 年计提的折旧额为_____。

    a. 9 000 美元　　　　　　　　　　b. 6 000 美元

    c. 7 200 美元　　　　　　　　　　d. 16 200 美元

6. 回到 Roam 公司最初的设备购买时间 2016 年 7 月 1 日。假设 Roam 公司使用直线折旧法,且于 2020 年 7 月 1 日以 32 000 美元将该设备出售,则该设备出售业务的收益(损失)为_____。

    a. (11 000)美元　　　　　　　　　　b. 2 000 美元

    c. 5 000 美元　　　　　　　　　　d. 0 美元

7. 一家公司于 1 月 1 日以 26 000 美元的价格购买了一台机器,预计可使用 4 年,期末残值为 3 000 美元。如果该公司采用双倍余额递减法计提折旧,则第二年年末的累计折旧为_____。

    a. 17 250 美元　　　　　　　　　　b. 26 000 美元

    c. 19 500 美元　　　　　　　　　　d. 23 000 美元

8. 下面哪一项不是资本化支出?

    a. 对空调系统进行了彻底翻修

    b. 建筑物添加了一个侧翼

    c. 对一台设备的发动机进行了更换

    d. 对公司一辆车的发动机进行了调试

    e. 安装了一台设备

9. 下面哪项资产的账面价值不会因为折旧、折耗、摊销而减少?

    a. 土地改良　　　　　　　　　　b. 商誉

    c. 自然资源　　　　　　　　　　d. 无形资产

10. 为何公司要采用加速折旧法编制税务报告?

    a. 修正的加速折旧法遵循特定的折旧模式。

    b. 加速折旧法比直线折旧法在资产的使用期内计提更多的折旧。

    c. 由于不考虑残值,加速折旧法更容易计算。

    d. 加速折旧法在资产使用初期计提更多的折旧,相应地减少早期的纳税支出。

11. 一家公司以 270 000 美元的价格购买了一口油井,预期该油井可使用 8 年,储油量为 90 000 桶,没有残值。如果该公司在第一年已经开采并出售了 7 000 桶油,则当年应记录的产品销售成本为_____。

    a. 27 000 美元　　　　　　　　　　b. 135 000 美元

    c. 33 750 美元　　　　　　　　　　d. 21 000 美元

12. 下列哪一项不是无形资产?

    a. 专利权　　　　　　　　　　b. 商誉

    c. 商标　　　　　　　　　　d. 版权

    e. 以上都是无形资产

13. 盈利能力的一个重要衡量指标是_____。

a. 资产收益率(ROA)　　　　　　　　　b. 速动(酸性测试)比率

c. 销售收入净额　　　　　　　　　　　d. 存货周转率

14. 2016 年,Jabber 公司的总资产周转率增加了。这意味着_____。

a. 公司变得更有效益了。

b. 公司既没有变得更有效益,也没有变得更有效率。

c. 公司变得更有效率了。

d. 公司变得更有效益和更有效率了。

自我测评

道德检测

下列情况违反了 AICPA 职业行为守则三原则(客观性、独立性和谨慎性)中的哪个原则? 假设例子中的所有人都是 AICPA 的成员(注:有关原则的描述,请参阅第 1 章有关 AICPA 专业行为准则的内容)。

a. 奥利弗知道自己的公司可通过调整折旧费用的记录方法获得税收优惠。对一项新的资产,第一年采用双倍余额递减法计提折旧,第二年将折旧方法变更为工作量法,但却没有考虑上一年已计提的折旧费用。奥利弗的这种做法使其公司在第二年的纳税申报表中相比正确的方法确认了较高的折旧费用。

b. 目前,Jamie 所在的 AirTravel 航空公司使用直线折旧法对飞机计提折旧。Jamie 的老板想知道如果使用工作量法是否可以为公司节省税收支出。Jamie 已不记得如何使用工作量法计算折旧,所以她根据自己认为可能是正确的数据来计算并向老板报告。

c. Frank 是一家会计师事务所的审计经理。该公司正在考虑将工资业务模块外包出去。Frank 强烈建议选择 Speedy Payroll 公司作为承包方,但没有透露他的儿子是该公司的共同所有者。

d. 为了增加公司的税收优惠,塔拉将与土地相关的调查费用、平整土地支出以及其他费用都确认为土地改良支出。

小练习

S7-1 (目标:度量固定资产的成本和账面价值)以下数据摘自 Red Rock 公司 2016 年 9 月 30 日年度报告中的附注。

不动产和设备主要分类的余额		千美元
	2016 年 9 月 30 日	**2015 年 9 月 30 日**
土地	76 597	48 922
建筑物和租赁改良支出	2 219 767	1 958 617
融资租赁房地产	24 869	24 264
家具和设备	1 674 089	1 387 110
在建工程和尚未投入服务的设备	53 328	118 933
	4 048 650	3 537 846
减:累计折旧和摊销	(1 853 963)	(1 644 414)
	2 194 687	1 893 432

1. 2016 年 9 月 30 日,Red Rock 公司最大的两类资产是什么?用一般术语描述这两类资产的支出类型。

2. 2016 年 9 月 30 日,Red Rock 公司的不动产和设备的成本是多少？不动产和设备的账面价值是多少？为什么账面价值低于成本？

S7-2 （目标：计量和确认一揽子购买中的个别资产）Pittsfield 音响公司一次性支付 330 000 美元购买了土地、建筑物和设备。在购买时,该土地的市场价值为 54 000 美元,建筑物的市场价值为 90 000 美元,设备的市场价值为 216 000 美元。该公司为本次一揽子购买开具了一张 330 000 美元的应付票据。编制本次一揽子购买中三项个别资产的会计分录。

S7-3 （目标：区分固定资产成本的资本化和费用）指出下列每个项目是资本化支出(C)、费用(E),还是两者都不是(N)。

费用的类型(C,E,或者 N)	交　易
	(1) 为第一年使用新楼支出 75 000 美元的房产税
	(2) 支付新建厂房的借款利息 550 000 美元
	(3) 维修主厂房管道花费 270 000 美元
	(4) 签发长期应付票据 6 000 000 美元以购买新的制造设备
	(5) 支付股利 40 000 美元
	(6) 花费 29 000 美元购买了一台计算机和配件
	(7) 花费 300 000 美元铺设了一个租赁的停车场
	(8) 花费 90 000 美元现金安装(4)中的设备
	(9) 在新的厂址拆除旧厂房花费 148 000 美元
	(10) 在(4)中的设备使用的第一年支出保养费 31 000 美元

S7-4 （目标：使用三种方法计算第一年的折旧和账面价值）假设 2015 年年初 QuickAir 公司花费 56 700 000 美元购买了一架旧的波音 747 飞机。QuickAir 公司预期该飞机可使用 5 年(500 万英里),预计残值为 4 700 000 美元。QuickAir 公司预计该飞机第一年将飞行 775 000 英里,第 2～4 年每年将飞行 1 200 000 英里,最后一年将飞行 625 000 英里。

1. 计算 QuickAir 公司使用下列折旧方法得出的该飞机第一年和第二年的折旧额：

a. 直线折旧法

b. 工作量法(保留小数点后两位)

c. 双倍余额递减法

2. 列示不同方法下该飞机第一年年末的账面价值。

S7-5 （目标：为编制所得税报告选择最好的折旧方法）本题采用的是 S7-4 中 QuickAir 公司的数据。假设 QuickAir 公司正试图决定采用何种折旧方法来编制所得税报告,有直线折旧法、工作量法和双倍余额递减法三种方法可供选择。

1. 哪种方法可在第一年享受最大的税收优惠？说明税收优惠的性质。

2. 采用上述方法后,与直线折旧法相比,QuickAir 公司在第一年可节省多少所得税？美国联邦和州政府加总的所得税率为 35%,不考虑因现金投资而带来的投资收益。

采用以下信息回答 S7-6 至 S7-8。

2015 年 1 月 1 日,Dazzle 公司花费 25 000 美元购买了一辆新车。预期汽车可使用 4 年,预计残值为 0。Dazzle 公司预计该车在 2015 年的行驶里程为 60 000 英里,在 2016 年的行驶里程为 65 000 英里,在 2017 年的行驶里程为 40 000 英里,在 2018 年的行驶里程为 35 000 英里,总计 200 000 英里。

S7-6　(目标:计算直线折旧法下的折旧,假设净残值为 0)在直线折旧法下,这辆汽车的使用年限为 4 年,分别计算下列数据。

a. 折旧费用

b. 累计折旧余额

c. 账面价值

S7-7　(目标:计算工作量法下的折旧,假设净残值为 0)在工作量法(单位:英里)下,这辆汽车的使用年限为 4 年,计算下列数据(不取整;每英里折旧保留小数点后三位):

a. 折旧费用

b. 累计折旧余额

c. 账面价值

S7-8　(目标:计算双倍余额递减法下的折旧,假设净残值为 0)在双倍余额递减法下,这辆汽车的使用年限为 4 年,计算下列数据:

a. 折旧费用

b. 累计折旧余额

c. 账面价值

使用以下数据回答 S7-9 至 S7-11。

2015 年 1 月 1 日,Lovell 公司花费 13 000 美元购买了一辆二手货车。Lovell 公司预计该车的使用年限为 4 年,净残值为 1 000 美元。Lovell 公司预计该车在 2015 年的行驶里程为 35 000 英里,在 2016 年的行驶里程为 40 000 英里,在 2017 年的行驶里程为 25 000 英里,在 2018 年的行驶里程为 20 000 英里,总计 120 000 英里。

S7-9　(目标:计算直线折旧法下的折旧,假设有残值)在直线折旧法下,这辆货车的使用年限为 4 年,分别计算下列数据:

a. 折旧费用

b. 累计折旧余额

c. 账面价值

S7-10　(目标:计算工作量法下的折旧,假设有净残值)在工作量法(单位:英里)下,这辆货车的使用年限为 4 年,计算下列数据:

a. 折旧费用

b. 累计折旧余额

c. 账面价值

S7-11　(目标:计算双倍余额递减法下的折旧,假设有净残值)在双倍余额递减法下,这辆货车的使用年限为 4 年,计算下列数据:

a. 折旧费用

b. 累计折旧余额

c. 账面价值

S7-12　(目标:计算不完整年份的折旧,选择最好的折旧方法)假设 2015 年 9 月 30 日,LuxAir 公司花费 42 500 000 欧元购买了一架飞机。预期该飞机可使用 5 年(5 000 000 英里),预计残值为 5 200 000 欧元。在 2015 年剩余的时间里,LuxAir 公司预计该飞机的飞行里程为 350 000 英里,计算截至 2015 年 12 月 31 日 LuxAir 公司对这架飞机应计提的折旧,分别

使用以下方法:

    a. 直线折旧法

    b. 工作量法

    c. 双倍余额递减法

哪种折旧方法可使 LuxAir 公司 2015 年的净利润最高? 哪种折旧方法可使 LuxAir 公司 2015 年的净利润最低?

S7-13 (目标:资产使用年限变更后折旧的计算和记录)欢乐时光娱乐公园支付 180 000 美元获得了一个特许经营摊位。该公司开始按 10 年期限用直线折旧法计提折旧,残值为 0。假设在使用了 3 年之后,公司认为该资产尚可使用 2 年。计算该公司在直线折旧法下第 4 年对该资产计提的折旧。

S7-14 (目标:计算折旧;记录资产处置收益或损失)2015 年 1 月 1 日,全球制造公司花费 920 000 美元购买了一台设备。该设备的使用年限为 5 年,残值为 70 000 美元,以直线折旧法计提折旧。该设备在使用 2 年后于 2017 年 1 月 1 日以 250 000 美元售出。2016 年 12 月 31 日,该设备的累计折旧余额是 340 000 美元。

1. 计算出售该设备的收益或损失。

2. 编制 2017 年 1 月 1 日出售该设备的会计分录。

S7-15 (目标:计算自然资源的折耗)BB 石油公司持有大量的石油和天然气资产。假设 2016 年年末,公司的矿物资产总值约为 2 080 亿美元,即 160 亿桶地下石油储备。

1. BB 和其他石油公司对开采出来的矿物资源采用的折耗方法最近似于哪种折旧方法?

2. 假设 BB 于 2017 年开采了 10 亿桶石油,编制折耗费用的会计分录。

3. 假设第 2 题中已开采的石油售出了 9 亿桶,编制销售成本的会计分录。

S7-16 (目标:计量并确认商誉)Crunchies 公司的 Salty 薯片是深受大众喜爱的休闲食品。假设 Crunchies 公司花费 580 万美元购买了 Healthy Snacks 公司。Healthy Snacks 公司资产的市场价值为 700 万美元,负债为 600 万美元。

要求

1. 计算 Crunchies 公司购买的商誉的价值。

2. 说明 Crunchies 公司在未来应如何对其所购买的商誉进行会计处理。

S7-17 (目标:解释资产减值对财务报表的影响)判断以下每项固定资产是否减值。如果减值,减值损失为多少?

美元

资产	账面原值	预期未来现金流	公允价值	是否减值?	减值损失的金额
a. 设备	180 000	140 000	100 000		
b. 商标	320 000	460 000	375 000		
c. 土地	52 000	24 000	21 000		
d. 厂房	9 000 000	9 000 000	7 000 000		

S7-18 (目标:计算资产收益率)2016 年,Amici 公司列报的销售收入为 8 亿美元,净利润为 3 300 万美元,平均总资产为 3 亿美元。Amici 公司 2016 年的资产收益率是多少?

S7-19 (目标:计算资产收益率)Oswald Optical 公司是一家向眼科医院销售镜架的公司。2015 年和 2016 年该公司的相关财务数据如下:

美元

	2016 年	2015 年
销售收入	560 000	430 000
净利润	46 800	33 000
平均总资产	260 000	220 000

　　计算该公司 2015 年和 2016 年的资产收益率。应用杜邦分析法,计算其分解指标,说明相比 2015 年,2016 年每个指标是改善了还是恶化了。

　　S7-20　（目标:在现金流量表中报告投资活动)2016 年,西北卫星系统公司花费 1 300 万美元收购了另外两家公司。同年,西北卫星系统公司还斥资 1 130 万美元扩大市场份额。2016 年,西北卫星系统公司卖掉了其北美业务,收到现金 1 140 万美元。整体而言,公司 2016 年的净利润为 260 万美元。

　　说明西北卫星系统公司 2016 年度现金流量表上报告的投资活动产生的现金流量是多少。指出其投资活动产生(使用)的净现金流量。

练习

（A 组）

　　E7-21A　（目标:确定固定资产的成本)Pawtucket 公司购买了一块土地,支付了 150 000 美元现金作为定金,同时签发了一张 170 000 美元的应付票据。Pawtucket 公司还需要支付财产税 3 000 美元、产权保险 4 500 美元,以及 7 000 美元用以平整土地和拆除旧建筑物。该公司为构建地基支付了 54 000 美元,并在其上建造了一幢成本为 800 000 美元的办公楼,另外还花费 48 000 美元建造了该资产周边的围墙。入口处的公司标志和地面照明分别花费了 19 000 美元和 10 000 美元。该公司土地、土地改良和建筑物的入账价值分别是多少?

　　E7-22A　（目标:在一揽子付款的交易中分摊成本;固定资产处置)Eastwood 制造公司以 209 000 美元的总价购买了三台旧机器。一位独立的评估师作出如下估计:

美元

机 器 编 号	评 估 价 值
1	73 100
2	120 400
3	21 500

　　每台机器的成本分别为多少? 在上述购置业务发生后,Eastwood 制造公司立刻按评估价值卖出机器 1。该出售业务的结果如何?（保留小数点后三位,在计算中使用同一比例）。

　　E7-23A　（目标:区分资本化支出与费用)假设 Akro 产品公司购买了一台传送机器。区分下列与该机器相关的支出应该资本化还是费用化:（a)延长其使用时间 5 年的全面翻修;(b)在投入使用之后的定期润滑;(c)购买价格;(d)人员培训费用;(e)对于机器操作平台的特殊加固;(f)机器从卖方运送到买方的运输费用和保险支出;(g)为保证机器的良好运转而进行的日常维修;(h)在机器投入使用之前的润滑;(i)基于购买价格而支付的销售税;(j)安装费;(k)为这台机器生产的产品销售所得缴纳的所得税。

　　E7-24A　（目标:固定资产的计量、折旧和报告)2016 年,Chun 书店花费 485 000 美元在克利夫兰购买了一块土地建新书店。在建造之前,克利夫兰市政府收取了 1 400 美元的建造许可费。Chun 书店还支付了 15 320 美元的建筑设计费。其建造支出 690 000 美元以长期应付票据的形式支付,该票据的利息 28 300 美元在项目结束时支付。这幢建筑物在 2016 年 6 月 30 日建造完工。Chun 书店对该建筑物在 35 年内以直线折旧法计提折旧,预计残值为 337 000 美元。

1. 编制以下交易的会计分录:

a. 购买土地

b. 在一笔会计分录里反映所有与该建筑物相关的支出

c. 该建筑物 2016 年的折旧

不要求作出解释。

2. 列报 Chun 书店 2016 年 12 月 31 日的资产负债表中的固定资产。

3. 根据上述情况编制 Chun 书店截至 2016 年 12 月 31 日的利润表。

E7-25A (目标:用三种方法计算折旧金额)2016 年 1 月 2 日,Piccadilly 比萨店花费 19 200 美元购买了一辆旧的丰田牌货车,预计该车还可使用 4 年(71 200 英里)。在使用寿命结束时估其残值为 1 400 美元。该车第一年行驶了 28 000 英里,第二年行驶了 20 500 英里,第三年行驶了 18 500 英里,第四年行驶了 4 200 英里。

1. 计算该车在直线折旧法、工作量法和双倍余额递减法三种折旧方法下每年的折旧费用(对于工作量法和双倍余额递减法,结果四舍五入保留小数点后两位)。

2. 哪种折旧方法能最好地反映该车的损耗?

3. 哪种折旧方法能获得最高的税收优惠?详细解释为什么 Piccadilly 比萨店更偏好采用这种折旧方法。

E7-26A (目标:报告固定资产、折旧以及投资活动现金流量)2016 年 1 月 1 日,Merriman 牛排餐厅购买了一幢建筑物,支付了 55 000 美元现金并签发了一张 108 000 美元的应付票据。该餐厅还花费了 66 000 美元重新装修,购买家具花费了 58 000 美元,还花 9 000 美元购买了碟子和物料(属于流动资产)。假设所有支出都发生在 2016 年 1 月 1 日。

Merriman 牛排餐厅将该建筑物按照直线折旧法在 25 年内计提折旧,预计残值为 59 000 美元。家具在 5 年后将被替换,采用双倍余额递减法计提折旧,残值为 0。在第一年结束时,碟子和物料的价值为 1 500 美元。

说明该餐厅第一年年末在利润表、资产负债表和现金流量表(仅限于投资活动)等财务报表中如何列报物料、固定资产和现金流。

注意:碟子和物料的购买属于经营活动现金流,因为物料是流动资产。

E7-27A (目标:改变固定资产的使用年限)假设 McGregor 咨询公司花费 445 000 美元购买了一幢建筑物并在 40 年内采用直线折旧法计提折旧,预计残值为 90 000 美元。在使用该建筑物 20 年之后,McGregor 公司认为该建筑物尚可使用 14 年。从第 21 年开始,McGregor 公司开始根据新评估的 34 使用年限和调减后的预计残值 15 500 美元计提折旧。编制第 20 年和第 21 年该建筑物折旧费用的会计分录。

E7-28A (目标:计算折旧;确认处置收益或损失)2015 年 1 月 1 日,Alpha 制造公司花费 920 000 美元购买了一台机器。公司预计这台机器的使用年限为 8 年,净残值为 70 000 美元。Alpha 制造公司使用直线折旧法计提折旧。2019 年 1 月 1 日,Alpha 制造公司使用该资产 4 年后将其以 400 000 美元出售。

1. 计算该机器 2019 年 1 月 1 日的累计折旧(与 2018 年 12 月 31 日相同)。

2. 编制 2019 年 1 月 1 日出售该机器的会计分录。

E7-29A (目标:分析出售固定资产的影响;双倍余额递减法)假设 2016 年 1 月 2 日,Sonoma-Maine 公司花费 8 200 美元购买了一个装置。该装置预计可使用 5 年,净残值为 1 200 美元。该公司采用双倍余额递减法计提折旧。2017 年 8 月 31 日,该公司以 2 200 美元出售了该装置。编制该装置 2017 年计提折旧和出售的会计分录,并说明如何计算出售该装置的收益或损失。

E7-30A (目标:计量固定资产的成本;计算工作量法下的折旧;分析以旧换新的影响)Covenant 卡车公司是一家大型运输企业,其业务覆盖美国各地。该公司使用工作量法对卡车计提折旧。Covenant 卡车公司经常以旧换新购入卡车以保持驾驶员高昂的士气并最大化利用燃油。我们以公司的一辆 Mack 卡车为例。2016 年购买时花费了 400 000 美元,当时估计可使用 10 年或者行驶 1 000 000 英里,预计残值为 90 000 美元。2016 年的行驶里程为 85 000 英里、2017 年的行驶里程为 165 000 英里、2018 年的行驶里程为 175 000 英里。2019 年继续行驶 41 000 英里后,公司以这辆 Mack 卡车换入一辆较便宜的标价(公允价值)为 230 000 美元的 Freightliner 卡车。Covenant 卡车公司另支付现金 29 000 美元补了差价。计算 Covenant 卡车公司在这项交易中的收益或损失。编制这一以旧换新交易的会计分录。

E7-31A (目标:确认自然资源及其折耗)Goldstein 采矿公司支付 424 000 美元取得了对一个 200 000 吨矿床的开采权。此外,该公司还支付了 100 美元的申请费、1 900 美元的许可权费和 50 000 美元的地质勘测费。由于该公司购买的权利仅限于矿物开采,因此该权利预计残值为 0。在生产的第一年,Goldstein 采矿公司开采了 30 000 吨矿物,其中 25 000 吨已经出售。编制下列交易的会计分录:(a)购买开采权;(b)费用和其他相关支出;(c)第一年的折耗费用;(d)出售矿产。结果四舍五入保留小数点后两位。

E7-32A (目标:记录无形资产、摊销及资产减值)

1. Maynard 打印机公司最近支付 800 000 美元购买了一项新型激光打印机专利。尽管其法律保护年限为 20 年,但该专利预期仅仅可以为 Maynard 打印机公司带来 8 年的竞争优势。假设采用直线折旧法对该专利的成本进行摊销。编制购买该专利和专利第一年摊销的会计分录。

2. 在使用该专利 4 年后,Maynard 打印机公司在一次工业展示会上发现 Fast 打印机公司正在设计一款更有效率的打印机。根据新信息,Maynard 打印机公司认为该专利的预期未来现金流为 310 000 美元。该专利在市场上价值为 0。这项专利是否已发生减值? 如果是,编制确认减值的调整分录。

E7-33A (目标:计算并核算商誉;解释资产减值的影响)假设 Caltron 公司支付 1 900 万美元收购了 Burton 工业公司。进一步假设在本次收购发生时,Burton 工业公司的相关财务数据如下:

Burton 工业公司			百万美元
资　　产		**负债和股东权益**	
流动资产	15	负债合计	29
长期资产	21	股东权益	7
	36		36

Burton 工业公司的流动资产当前的市场价值为 1 500 万美元,长期资产当前的市场价值仅为 1 700 万美元,负债的市场价值为 2 900 万美元。

要求

1. 计算 Caltron 公司在该收购中为商誉支付的价格。

2. 编制 Caltron 公司收购 Burton 工业公司的会计分录。

3. 说明 Caltron 公司会对商誉做怎样的会计处理。

E7-34A (目标:计算资产收益率)Gunny 公司是一家大型食品零售商。以下是公司 2015 年 1 月 31 日的部分财务信息。

	2015 年 1 月 31 日	2014 年 1 月 31 日
销售收入净额	75 000	73 600
净利润	3 600	3 300
平均总资产	60 000	59 400

要求

1. 计算公司 2015 年 1 月 31 日和 2014 年 1 月 31 日的销售净利率。2015 年的销售净利率是改善了还是恶化了?

2. 计算公司 2015 年 1 月 31 日和 2014 年 1 月 31 日的资产周转率。2015 年的资产周转率是改善了还是恶化了?

3. 计算公司 2015 年 1 月 31 日和 2014 年 1 月 31 日的资产收益率。2015 年的资产收益率是改善了还是恶化了?哪个指标(销售净利率或资产周转率)对其影响较大?

E7-35A (目标:报告与固定资产相关的现金流量)假设 Abbey 公司进行了如下交易。

a. 以 65 万美元出售了一栋商场大楼。该楼成本为 140 万美元,在出售时已累计折旧 75 万美元。

b. 因火灾损毁了一栋商场大楼。该楼成本为 37 万美元,累计折旧 20 万美元,获得保险赔偿 18 万美元。

c. 耗资 19 万美元现金翻新一个商场。

d. 花费 5 万美元购买固定资产,预计使用 10 年,并能以 5 万美元的价格出售。公司采用直线折旧法计提折旧。

对于上述每笔交易,Abbey 公司将如何在现金流量表中报告其投资活动。用圆括号中的数字表示负值。

(B 组)

E7-36B (目标:确定固定资产的成本)Pierce 公司购买了一块土地,支付了 145 000 美元现金作为定金,同时签发了一张 175 000 美元的应付票据。Pierce 公司还需要支付财产税 1 000 美元、产权保险 2 500 美元以及 4 000 美元用以平整土地和拆除旧建筑物。该公司为构建地基支付了 55 000 美元并在其上建造了一幢成本为 800 000 美元的办公楼,另外还花费 53 000 美元建造了该资产周边的围墙。入口处的公司标志和地面照明设备分别花费了 19 000 美元和 11 000 美元。该公司土地、土地改良和建筑物的入账价值分别是多少?

E7-37B (目标:在一揽子付款的交易中分摊成本;固定资产处置)Boltwood 制造公司以 148 000 美元的总价购买了三台旧机器。一位独立的评估师作出如下估计:

美元

机 器 编 号	评 估 价 值
1	30 000
2	75 000
3	45 000

每台机器的成本分别为多少？在上述购置业务发生后，Boltwood 制造公司立刻按评估价值卖出机器 3。该出售业务的结果如何？（保留小数点后三位，在计算中使用同一比例）。

E7-38B　（目标：区分资本化支出与费用）假设 Blynn 体育用品公司购买了一台传送机器。区分下列与该机器相关的支出是应该资本化还是费用化：(a)延长其使用时间 4 年的全面翻修；(b)在投入使用之后的定期润滑；(c)购买价格；(d)人员培训费用；(e)对于机器操作平台的特殊加固；(f)机器从卖方运送到买方的运输费用和保险支出；(g)为保证机器的良好运转而进行的日常维修；(h)在机器投入使用之前的润滑；(i)基于购买价格而支付的销售税；(j)安装费；(k)为这台机器生产的产品销售所得缴纳的所得税。

E7-39B　（目标：固定资产的计量、折旧和报告）2016 年，Liang 书店花费 484 000 美元在乔治城购买了一块土地建新书店。在建造之前，乔治城政府收取了 1 300 美元的建造许可费。Liang 书店还支付了 15 300 美元的建筑设计费。其建造支出 685 000 美元以长期应付票据的形式支付，该票据的利息 28 220 美元在项目结束时支付。这幢建筑物在 2016 年 6 月 30 日建造完工。Liang 书店将该建筑物在 35 年内以直线折旧法计提折旧，预计残值为 336 000 美元。

1. 编制以下交易的会计分录：

a. 购买土地

b. 在一笔分录里反映所有与该建筑物相关的支出

c. 该建筑物 2016 年的折旧

不要求作出解释。

2. 列示 Liang 书店 2016 年 12 月 31 日资产负债表中的固定资产。

3. 根据上述情况编制 Liang 书店截至 2016 年 12 月 31 日的利润表。

E7-40B　（目标：用三种方法计算折旧金额）2016 年 1 月 2 日，Langley 比萨店花费 18 600 美元购买了一辆旧的雪佛兰货车，预计该车还可使用 4 年（57 000 英里）。在使用寿命结束时估计其残值为 1 500 美元。该车第一年行驶了 20 500 英里，第二年行驶了 16 000 英里，第三年行驶了 15 400 英里，第四年行驶了 5 100 英里。

1. 计算该车在直线折旧法、工作量法和双倍余额递减法三种折旧方法下每年的折旧费用（对于工作量法和双倍余额递减法，结果四舍五入保留小数点后两位）。

2. 哪种折旧方法能最好地反映该车的损耗？

3. 哪种折旧方法能获得最高的税收优惠？详细解释为什么 Langley 比萨店更偏好采用这种折旧方法。

E7-41B　（目标：报告固定资产、折旧以及投资活动现金流量）2016 年 1 月 1 日，Shipley 寿司餐厅购买了一幢建筑物，支付了 56 000 美元现金并签发了一张 101 000 美元的应付票据。该餐厅还花费了 63 000 美元重新装修，购买家具花费了 58 000 美元，还花 9 800 美元购买了碟子和物料（属于流动资产）。假设所有支出都发生在 2016 年 1 月 1 日。

Shipley 寿司餐厅将该建筑物按照直线折旧法在 25 年内计提折旧，预计残值为 50 000 美元。家具在 5 年后将被替换,采用双倍余额递减法计提折旧,残值为 0。在第一年结束时,碟子和物料的价值为 1 800 美元。

说明该餐厅第一年年末在利润表、资产负债表和现金流量表(仅限于投资活动)等财务报表中如何报告物料、固定资产和现金流。

注意:碟子和物料的购买属于经营活动现金流,因为物料是流动资产。

E7-42B (目标:改变固定资产的使用年限)假设 Franklin 咨询公司花费 430 000 美元购买了一幢建筑物并在 40 年内采用直线法计提折旧,预计残值为 70 000 美元。在使用该建筑物 20 年之后,Franklin 咨询公司认为该建筑物尚可使用 14 年。从第 21 年开始,Franklin 咨询公司开始根据新评估的 34 年使用年限和调减后的预计残值 12 980 美元计提折旧。编制第 20 年和第 21 年该建筑物折旧费用的会计分录。

E7-43B (目标:计算折旧;确认处置收益或损失)2013 年 1 月 1 日,Regal 制造公司花费 850 000 美元购买了一台机器。公司预计这台机器可以使用 8 年,净残值为 40 000 美元。Regal 制造公司使用直线折旧法计提折旧。2018 年 1 月 1 日,Alpha 制造公司使用该机器 5 年后将其以 325 000 美元出售。

3. 计算该机器 2018 年 1 月 1 日的累计折旧(与 2017 年 12 月 31 日相同)。

4. 编制 2018 年 1 月 1 日出售该机器的会计分录。

E7-44B (目标:分析出售固定资产的影响;双倍余额递减法)假设 2016 年 1 月 2 日,Drake-Neiman 公司花费 8 000 美元购买了一个装置。该装置预计可使用 5 年,净残值为 1 500 美元。该公司采用双倍余额递减法计提折旧。2017 年 9 月 30 日,公司以 2 200 美元出售了该装置。编制该装置 2017 年计提折旧和出售的会计分录,并说明如何计算出售该装置的收益或损失。

E7-45B (目标:计量固定资产的成本;计算工作量法下的折旧;分析以旧换新的影响)Carson 卡车公司是一家大型运输企业,其业务覆盖美国各地。Carson 卡车公司使用工作量法对卡车计提折旧。Carson 卡车公司经常以旧换新购入卡车以保持驾驶员高昂的士气并最大化利用燃油。我们以公司的一辆 Mack 卡车为例。2016 年购买时花费了 390 000 美元,当时估计可使用 10 年或者行驶 1 000 000 英里,预计残值为 70 000 美元。2016 年的行驶里程为 79 000 英里、2017 年的行驶里程为 159 000 英里、2018 年的行驶里程为 189 000 英里。2019 年继续行驶 36 000 英里后,公司以这辆 Mack 卡车换入一辆较便宜的标价(公允价值)为 240 000 美元的 Freightliner 卡车。Carson 卡车公司另支付现金 24 000 美元补了差价。计算 Carson 卡车公司在这项交易中的收益或损失。编制这一以旧换新交易的会计分录。

E7-46B (目标:确认自然资源及其折耗)Nero 采矿公司支付 432 000 美元取得了对一个 425 000 吨矿床的开采权。此外,该公司还支付了 150 美元的申请费、2 700 美元的许可权费和 92 150 美元的地质勘测费。由于该公司购买的权利仅限于矿物开采,因此该权利预计残值为 0。在生产的第一年,Nero 采矿公司开采了 70 000 吨矿物,其中 64 000 吨已经出售。编制下列交易的会计分录:(a)购买开采权;(b)费用和其他相关支出;(c)第一年的折耗费用;(d)出售矿产。结果四舍五入保留小数点后两位。

E7-47B (目标:记录无形资产、摊销及资产减值)

1. Midway 打印机公司最近支付 600 000 美元购买了一项新型激光打印机专利。尽管其法律保护年限为 20 年,但是该专利预期仅仅可以为 Midway 打印机公司带来 10 年的竞争优势。假设采用直线折旧法对该专利的成本进行摊销。编制购买该专利和专利第一年摊销的会计分录。

2. 在使用该专利 5 年后，Midway 打印机公司在一次工业展示会上发现 Superb 打印机公司正在设计一款更有效率的打印机。根据新信息，Midway 打印机公司认为该专利的预期未来现金流为 230 000 美元。该专利在市场上价值为 0。这项专利是否已发生减值？如果是，编制确认减值的调整分录。

E7-48B　（目标：计算并核算商誉；解释资产减值的影响）假设 Doltron 公司支付 1 800 万美元收购 Bailey 工业公司。进一步假设在本次收购发生时，Bailey 工业公司的相关财务数据如下：

	Bailey 工业公司		百万美元
资　　产		负债和股乐权益	
流动资产	17	负债合计	24
长期资产	26	股东权益	19
	43		43

Bailey 工业公司的流动资产当前的市场价值为 1 700 万美元，长期资产当前的市场价值仅为 2 100 万美元，负债的市场价值为 2 400 万美元。

要求

1. 计算 Doltron 公司在该收购中为商誉支付的价格。

2. 编制 Doltron 公司收购 Bailey 工业公司的会计分录。

3. 说明 Doltron 公司会对商誉做怎样的会计处理。

E7-49B　（目标：计算资产收益率）Kirby 公司是一家大型家装零售商。以下是公司 2015 年 1 月 31 日的部分财务信息。

		美元
	2015 年 1 月 31 日	**2014 年 1 月 31 日**
销售收入净额	75 000	73 600
净利润	3 600	3 450
平均总资产	60 000	59 300

要求

1. 计算公司 2015 年 1 月 31 日和 2014 年 1 月 31 日的销售净利率。2015 年的销售净利率是改善了还是恶化了？

2. 计算公司 2015 年 1 月 31 日和 2014 年 1 月 31 日的资产周转率。2015 年的资产周转率是改善了还是恶化了？

3. 计算公司 2015 年 1 月 31 日和 2014 年 1 月 31 日的资产收益率。2015 年的资产收益率是改善了还是恶化了？哪个指标（销售净利率或资产周转率）对其影响较大？

E7-50B　（目标：报告与固定资产相关的现金流量）假设 Thomas 制造公司进行了如下交易：

a. 以 60 万美元出售了一栋商场大楼。该楼成本为 130 万美元，在出售时已累计折旧 70 万美元。

b. 因火灾损毁了一栋商场大楼,该楼成本为 34 万美元,累计折旧 16 万美元,获得保险赔偿 13 万美元。

c. 耗资 14 万美元现金翻新一个商场。

d. 花费 13 万美元购买固定资产,预计使用 10 年,并能以 3 万美元的价格出售。公司采用直线折旧法计提折旧。

对于上述每笔交易,Thomas 制造公司将如何在现金流量表中报告其投资活动。用圆括号中的数字表示负值。

练习测试

下列问题测试你对固定资产、自然资源和无形资产的理解,选择所给答案中最佳的答案。

Q7-51 一项资本化支出_____。

a. 发生后立即予以费用化

b. 是一项贷记,与资本(所有者权益)类似

c. 增加一项资产的价值

d. 记录追加资本

Q7-52 下面哪一项应该被列作资本化支出?

a. 为修理建筑物房顶漏洞发生的支出。

b. 使用公司自有资本支付的维修支出。

c. 为购买一台办公设备而支付的销售税。

d. 一幢办公楼每月的租赁费用。

Q7-53 假设你支付 3 000 000 美元购买了一块土地,同时花费 1 500 000 美元规划和开发该土地。随后你将土地作如下划分:

美元

类　别	每块土地的售价
15 个小山丘	575 000
15 个小山谷	143 750

每个小山丘的成本是多少?

a. 60 000 美元

b. 50 000 美元

c. 575 000 美元

d. 240 000 美元

Q7-54 下面各项关于折旧的陈述中哪一项是错误的?

a. 折旧是将一项资产的成本在其预计使用年限内分配的过程。

b. 折旧的一个主要目的是将一项资产的成本与其所带来的收入相配比。

c. 在资产增值的年份不应该计提折旧。

d. 在考虑折旧期限时应当考虑资产过时、物理磨损等因素。

Q7-55 去年年初,Brentwood 公司花费 88 000 美元购买了一台重型设备。设备的使用年限为 5 年或 100 000 小时,残值为 8 000 美元。该设备去年使用了 19 000 小时,今年使用了 22 000 小时。使用双倍余额递减法和工作量法计算的第二年折旧费用为_____。

双倍余额递减法	工作量法
a. 19 200 美元	19 360 美元

b. 19 200 美元   17 600 美元

c. 21 120 美元   19 360 美元

d. 21 120 美元   17 600 美元

Q7-56 Tulsa 公司花费 27 000 美元购买了一台机器，且在预计可使用 5 年、残值为 2 000 美元的基础上按照直线折旧法计提了 2 年折旧。从第 3 年开始，Tulsa 公司重新估计其有效使用年限为 10 年，且残值减少到 0。

该机器在剩下的 8 年使用期（即第 3~10 年）内，调整以后每年应计提多少折旧？

a. 2 475 美元   b. 10 800 美元

c. 2 700 美元   d. 其他金额

Q7-57 Kline 公司没有计提设备折旧，这一疏忽对 Kline 公司的财务报表有何影响？

a. 净利润被低估，资产被高估   b. 净利润被高估，资产被低估

c. 净利润和资产被低估   d. 净利润和资产被高估

Q7-58 Acton 公司对计算机采用双倍余额递减法计提折旧，下面哪一项在第一年计提折旧时不需要考虑？

a. 预计残值   b. 预计使用寿命

c. 初始成本   d. 上述各项都需要

Q7-59 下列哪些成本应列示在公司的利润表和资产负债表上？

利润表	资产负债表
a. 销售成本	累计折旧
b. 累计折旧	土地
c. 商誉	应付账款
d. 出售土地收益	销售成本

使用以下资料回答 Q7-60 和 Q7-61。

Hamilton 公司于 2016 年 1 月 2 日支付 11 800 美元购买了一台机器。该机器使用直线折旧法计提折旧，使用寿命为 4 年，预计残值为 1 600 美元。2018 年 1 月 1 日，Hamilton 公司以 8 800 美元的价格出售该机器。

Q7-60 使用直线折旧法，该机器 2016 年的折旧费用是多少？2017 年 12 月 31 日的账面价值是多少？

Q7-61 Hamilton 公司出售该机器的收益或损失是多少？

a. 收益，1 300 美元   b. 损失，1 250 美元

c. 损失，1 300 美元   d. 收益，2 200 美元

Q7-62 一家公司花费 889 000 美元购买了矿产，其预计残值为 70 000 美元，且大概的矿产储量为 260 000 吨。在第一年，开采并销售了 53 000 吨，则第一年应该计提的折耗费用是多少？

a. 166 950 美元   b. 181 219 美元

c. 151 850 美元   d. 根据所给数据无法计算

Q7-63 假设 AmerEx 公司花费 7 200 万美元收购了 Lone Star 公司。Lone Star 公司资产的公允价值是 8 600 万美元，负债的公允价值是 2 100 万美元，则 AmerEx 公司在收购 Lone Star 公司时支付的商誉价格是多少？

a. 700 万美元   b. 2 100 万美元

c. 5 100 万美元　　　　　　　　　　　d. 3 500 万美元

Q7-64 Harper 公司正在审核当年年末公司资产减值的情况。以下是有关资产的信息：

	美元
账面净值	900 000
预计未来现金流	670 000
公允（市场）价值	645 000

Harper 公司当年应该列示多少减值损失？

a. 0 美元　　　　　　　　　　　　　b. 230 000 美元

c. 25 000 美元　　　　　　　　　　d. 255 000 美元

Q7-65 Data World 公司的销售收入为 480 000 美元，净利润为 36 000 美元，平均总资产为 300 000 美元。Data World 公司的资产收益率是多少？

a. 7.5%　　　　　　　　　　　　　b. 1.6%

c. 62.5%　　　　　　　　　　　　d. 12%

问题

（A 组）

P7-66A （目标：固定资产的计量和会计核算；区别资本化支出和费用；计算并记录折旧）假设 Bowler 公司在俄亥俄州都柏林设立了办事处。Bowler 公司在购置土地、改良土地、修建并装修办公楼时发生了以下支出。

		美元
a.	购买土地的价款，包括一幢将被用作车库的建筑物（土地的市场价值为 315 000 美元，建筑物的市场价值为 85 000 美元）	360 000
b.	土地平整	8 800
c.	在土地周围修建围墙	31 100
d.	关于土地产权调查过程中发生的律师费用	600
e.	由 Bowler 公司支付的该土地的不动产税	5 500
f.	在公司入口处的标志	1 000
g.	办公楼建设许可费	300
h.	办公楼的设计费	45 220
i.	修建办公楼时的石匠、木匠、屋顶工人的劳动力成本	510 000
j.	车库翻新	32 980
k.	修建办公楼的专项贷款利息	9 200
l.	环境美化（树木和灌木）	6 700
m.	停车场和水泥步道	52 100
n.	停车场和水泥步道的照明	7 300
o.	工程监理人工费用（84%属于办公楼，10%属于土地改良，6%属于车库翻新）	42 000
p.	办公楼中的办公家具	79 600
q.	家具的运输费用和安装费用	800

假设 Bowler 公司使用直线折旧法对该办公楼按照 30 年、土地改良按照 15 年、家具按照 12 年的预计使用年限计提折旧,所有的残值均为 0。

要求

1. 列示 Bowler 公司对每项支出的会计处理,包括所涉及的会计账户。计算每项资产的总成本。

2. 假设 4 月 2 日,所有工程都已经完工且所有资产都已投入使用,计提折旧到本年年末即 12 月 31 日。结果四舍五入取整数。

3. 你在本题中学到的知识对你管理企业会有何帮助?

P7-67A (目标:固定资产成本的计量和会计核算;采用双倍余额递减法计提折旧) Romano 公司 2016 年 12 月 31 日的资产负债表上列示的数据如下:

	美元
不动产、厂房和设备,按成本计价:	
土地	141 000
建筑物	702 000
减:累计折旧	(340 000)
设备	407 000
减:累计折旧	(264 000)

2017 年 7 月初,Romano 公司扩大了经营规模并花费 105 000 美元购买了新的设备。Romano 公司对建筑物按直线折旧法计提折旧,预期可使用 20 年,预计残值 87 000 美元。由于磨损等原因,设备的使用年限仅为 10 年,且残值为 0,按照双倍余额递减法计提折旧。

要求

1. 编制 Romano 公司 2017 年购买固定资产和计提折旧的相关会计分录。

2. 在公司 2017 年 12 月 31 日的资产负债表上列报固定资产。

P7-68A (目标:固定资产成本和折旧的计量与会计核算;分析并记录固定资产处置) Carr 公司拥有的固定资产包括土地、建筑物和设备。该公司对上述除土地外的资产分别设置累计折旧账户。假设 Carr 公司完成了如下交易:

1 月 3 日	以累计折旧 61 000 美元(初始成本为 136 000 美元)的旧设备,换入价值 183 000 美元的新设备。Carr 公司以旧设备抵价 76 000 美元,以现金支付了剩余的 107 000 美元。
6 月 30 日	出售一幢成本为 655 000 美元且截至上一年 12 月 31 日已计提 160 000 美元折旧的建筑物。该建筑物的有效使用年限为 40 年,预计残值为 275 000 美元,以直线折旧法计提折旧。Carr 公司收到 140 000 美元现金和一张 350 250 美元的票据。
10 月 31 日	购买了一块土地和一栋建筑物,总共支付了 310 000 美元现金。一位独立的评估师认为该土地的价值为 50 250 美元,建筑物的价值为 284 750 美元。
12 月 31 日	计提折旧如下: 采用双倍余额递减法对设备按照 5 年使用期限、残值率为初始成本的 11% 计提折旧。 对建筑物采用直线折旧法计提折旧,该建筑物的预期使用期限为 40 年,残值率为初始成本的 20%。

要求

编制 Carr 公司上述交易的会计分录。

P7-69A (目标：固定资产成本的计量和会计核算；使用三种方法计算折旧；说明加速折旧法在现金流方面的税收优势)2016 年 1 月 3 日，Wayne 公司花费 280 000 美元购买了一台计算机，除此之外，公司还支付了 1 900 美元的安装费、7 000 美元的销售税以及用来安放计算机的 28 600 美元的特殊平台费。Wayne 公司的管理层估计该计算机可使用 5 年且预计残值为 35 500 美元。这台计算机估计在第一年能处理 25 000 个文档，在接下来的 4 年内每年处理的文档减少 2 500 个(即 2017 年 22 500 个文档，2018 年 20 000 个文档，依此类推)。为了决定采用哪种折旧方法，公司总裁要求列表给出每种折旧方法(直线折旧法、工作量法和双倍余额递减法)的结果。

要求

1. 列表给出每种折旧方法的结果，包括资产成本、折旧费用、累计折旧和资产的账面价值。

2. Wayne 公司在向股东和债权人报告的财务报表中使用的折旧方法最大化了最初几年资产使用的报告利润。为了编制纳税报告，该公司使用最小化其最初几年的应纳税所得的折旧方法。考虑 Wayne 公司使用该计算机的第一年，说明何种折旧方法能实现总裁的目标，假设税务当局允许使用任何折旧方法。

3. 该计算机第一年带来的税前经营活动现金流量为 155 000 美元，所得税税率为 40%。对于要求 2 中确定的两种折旧方法，比较其净利润和经营活动现金流量。说明哪种方法净利润更高，哪种方法现金流更大。

P7-70A (目标：从公司的财务报表中分析固定资产交易)Sweet 公司出售各类电器产品。下列数据节选自 Sweet 公司 2016 年度和 2015 年度的财务报表。

百万美元

资产负债表	2016 年 3 月 31 日	2015 年 3 月 31 日
资产		
流动资产合计	7 980	6 907
不动产、厂房和设备	4 836	4 194
减：累计折旧	2 121	1 726
商誉	553	515

百万美元

现金流量表	年度截至 2016 年 3 月 31 日	年度截至 2015 年 3 月 31 日
经营活动产生的现金流量		
净利润	1 142	988
非现金项目对净利润的影响：		
折旧	459	459
出售不动产、厂房和设备的收益	(131)	0
投资活动产生的现金流量		
购买不动产、厂房和设备	(720)	(615)
出售不动产、厂房和设备	145	0

要求

1. 2016 年 3 月 31 日,Sweet 公司的固定资产的成本是多少? 这些固定资产的账面价值是多少? 给出计算过程。

2. 财务报表中给出了 Sweet 公司 2016 年度购买固定资产和商誉的 3 个证据,这 3 个证据是什么?

3. 编制不动产、厂房和设备以及累计折旧和商誉的 T 形账户。然后使用比较资产负债表和现金流量表中的信息填写 T 形账户。标记每个业务的增加或减少,并给出其金额。

4. 编制 2016 年度出售不动产、厂房和设备的会计分录。

P7-71A　(目标:自然资源的会计核算)西南能源公司的资产负债表上包括铁矿石资产。该公司以 220 万美元获得了开采一个估计储量为 190 000 吨的铁矿的权利。另外支付 61 000 美元拆除了无用的建筑物,花费 71 000 美元为开采工作平整了场地。西南能源公司还签发了一张 24 000 美元的应付票据给一家景观公司要求其在开采结束后恢复该地区的原貌。第一年,西南能源公司开采了 31 500 吨铁矿石,并以每吨 31 美元的价格赊销了其中 24 400 吨铁矿石。第一年营业费用总计 242 000 美元,全部以现金支付。该公司的所得税税率为 25%。

要求

1. 对西南能源公司这一年的所有交易编制会计分录。

2. 编制该公司第一年关于铁矿石业务的单步式利润表,并评价该公司的盈利能力。

3. 西南能源公司第一年经营结束后资产负债表应列示的余额是多少?

P7-72A　(目标:分析购买和处置固定资产的影响;在财务报表中报告固定资产交易)假设 2015 年年末,Chesapeake 能源公司拥有总资产 172 亿美元、总负债 98 亿美元,其资产中包括总成本为 47 亿美元的不动产、厂房和设备,相应的累计折旧为 28 亿美元。

假设 Chesapeake 能源公司在 2016 年完成了下列交易:该公司的营业收入为 269 亿美元,总费用为 215 亿美元,其中包括 13 亿美元折旧。当年,Chesapeake 能源公司花费 18 亿美元购置了新不动产、厂房和设备,同时以 3 亿美元出售部分旧资产。旧资产的成本为 10 亿美元,累计折旧为 4 亿美元。

要求

1. 说明 Chesapeake 能源公司在该资产出售业务中是获得了收益还是承担了损失。如果有的话,确定其损益金额。

2. 说明 Chesapeake 能源公司在完成当年所有活动后应如何在 2016 年 12 月 31 日的资产负债表中报告不动产、厂房和设备,并列示其各自的账面价值。

3. 说明 Chesapeake 能源公司如何在其 2016 年现金流量表中报告经营活动现金流量和投资活动现金流量。不考虑收益或损失。

P7-73A　(目标:计算资产收益率)Shopper's World 公司在美国经营连锁商品和食品超市。公司截至 2015 年 12 月 31 日的连续三年的财务数据如下:

Shopper's World 公司利润表(节选)　　　　　　　　　百万美元

	2015 年度	2014 年度	2013 年度
销售收入净额	75 000	62 000	61 000
销售成本	27 000	21 700	21 350
销售和管理费用	43 950	35 020	36 120

续表

	2015 年度	2014 年度	2013 年度
营业利润	4 050	5 280	3 530
营业外收入(费用)	(770)	(800)	(840)
税前利润	3 280	4 480	2 690
所得税费用	(850)	(2 230)	(570)
净利润	2 430	2 250	2 120

Shopper's World 公司资产负债表(节选)			百万美元
	2015 年 12 月 31 日	2014 年 12 月 31 日	2013 年 12 月 31 日
流动资产合计	29 530	28 590	4 570
不动产、厂房和设备	30 000	25 800	25 100
其他资产	970	810	830
资产总额	60 500	55 200	30 500

要求

1. 计算 Shopper's World 公司截至 2015 年 12 月 31 日和 2014 年 12 月 31 日的销售净利率。

2. 计算 Shopper's World 公司截至 2015 年 12 月 31 日和 2014 年 12 月 31 日的资产周转率。

3. 计算 Shopper's World 公司截至 2015 年 12 月 31 日和 2014 年 12 月 31 日的资产收益率。

4. 哪些因素导致了资产收益率的变化?

P7-74A (目标:分析固定资产处置的影响和固定资产交易对现金流的影响)

Cook 公司报告的与不动产和设备相关的数据如下(单位:百万美元)。

来自资产负债表:

	2016 年 12 月 31 日	2015 年 12 月 31 日
不动产和设备	26 430	24 220
累计折旧	(16 045)	(15 210)

来自 2016 年现金流量表的投资活动部分:

用于购买不动产和设备的现金	(2 820)
出售不动产和设备得到的现金	43

来自 2016 年利润表:

折旧费用	1 145
出售设备的收益或损失	??

要求

1. 编制不动产和设备以及累计折旧的 T 形账户。填入所列示的信息,并计算每个账户中的未知数(提示：回忆使每个账户增加和减少的交易类型。本题涉及不动产和设备的成本以及相关的累计折旧)。

2. 根据要求 1 中的计算结果,计算 2016 年处置资产的账面价值。销售价格与账面价值之间的差额是多少?

3. 编制 2016 年出售不动产和设备的会计分录。说明该交易对财务报表的影响。比较会计分录中的销售价格和账面价值,并将其与在要求 2 中计算的差异进行比较。请简要说明。

4. 编制不动产和设备净值的 T 形账户。重复要求 1。

(B 组)

P7-75B (目标：固定资产的计量和会计核算；区别资本化支出和费用；计算并记录折旧)假设 Royale 公司在伊利诺伊州厄巴纳设立了办事处。Royale 公司在购置土地、改良土地、修建并装修办公楼时发生了以下支出。

		美元
a.	购买土地的价款,包括一幢将被用作车库的建筑物(土地的市场价值为 315 000 美元,建筑物的市场价值为 85 000 美元)	360 000
b.	土地平整	8 100
c.	在土地周围修建围墙	31 900
d.	关于土地产权调查过程中发生的律师费用	700
e.	由 Royale 公司支付的该土地的不动产税	5 100
f.	在公司入口处的标志	1 100
g.	办公楼建设许可费	500
h.	办公楼的设计费	26 050
i.	修建办公楼时的石匠、木匠、屋顶工人的劳动力成本	513 000
j.	车库翻新	31 650
k.	修建办公楼的专项贷款利息	9 000
l.	环境美化(树木和灌木)	6 600
m.	停车场和水泥步道	52 300
n.	停车场和水泥步道的照明	7 000
o.	工程监理人工费用(85% 属于办公楼,10% 属于土地改良,5% 属于车库翻新)	37 000
p.	办公楼中的办公家具	79 800
q.	家具的运输费用和安装费用	2 600

假设 Royale 公司使用直线折旧法对该办公楼按照 50 年、土地改良按照 25 年、家具按照 12 年的预计使用年限计提折旧,所有的残值均为 0。

要求

1. 列示 Royale 公司对每项支出的会计处理,包括所涉及的会计账户。计算每项资产的总成本。

2. 假设 4 月 2 日,所有工程都已经完工且所有资产都已投入使用,计提折旧到本年年末即 12 月 31 日。结果四舍五入取整数。

3. 你在本题中学到的知识对你管理企业会有何帮助?

P7-76B （目标：固定资产成本的计量和会计核算；采用双倍余额递减法计提折旧）
Donatello 公司 2016 年 12 月 31 日的资产负债表上列示的数据如下：

	美元
不动产、厂房和设备，按成本计价：	
土地	145 000
建筑物	700 000
减：累计折旧	(348 000)
设备	401 000
减：累计折旧	(261 000)

2017 年 7 月初，Donatello 公司扩大了生产规模并花费 109 000 美元购买了新的设备。
Donatello 公司对建筑物按直线折旧法计提折旧，预期可使用 20 年，预计残值 84 000 美元。
由于磨损等原因，设备的使用年限仅为 10 年，且残值为 0，按照双倍余额递减法计提折旧。

要求

1. 编制 Donatello 公司 2017 年购买固定资产和计提折旧的会计分录。

2. 在公司 2017 年 12 月 31 日的资产负债表上列报固定资产。

P7-77B （目标：固定资产成本和折旧的计量与会计核算；分析并记录固定资产处置）
Tucker 公司拥有的固定资产包括土地、建筑物和设备。该公司对以上除土地外的资产分别
设置累计折旧账户。假设 Tucker 公司完成了如下交易：

1 月 3 日	以累计折旧 61 000 美元(初始成本为 131 000 美元)的旧设备，换入价值 177 000 美元的新设备。Tucker 公司以旧设备抵价 76 000 美元，以现金支付了剩余的 101 000 美元。
6 月 30 日	出售一幢成本为 640 000 美元且截至去年 12 月 31 日已计提 150 000 美元折旧的建筑物。该建筑物的有效使用年限为 40 年，预计残值为 240 000 美元，以直线折旧法计提折旧。Tucker 公司收到 125 000 美元现金和一张 360 000 美元的票据。
10 月 31 日	购买了一块土地和一栋建筑物，总共支付了 350 000 美元现金。一位独立的评估师认为该土地的价值为 127 400 美元，建筑物的价值为 236 600 美元。
12 月 31 日	计提折旧如下：对设备根据 8 年使用期限、残值率为初始成本的 12%，采用双倍余额递减法计提折旧。对建筑物采用直线折旧法计提折旧，该建筑物的预期寿命为 40 年，残值率为初始成本的 20%。

要求

编制 Tucker 公司上述交易的会计分录。

P7-78B （目标：固定资产成本的计量和会计核算；利用三种方法计算折旧；说明加速折
旧在现金流方面的税收优势）2016 年 1 月 2 日，Smythe 公司花费 255 000 美元购买了一台计
算机，除此之外，公司还支付了 1 500 美元的安装费、6 600 美元的销售税以及用来安放计算机
的 31 900 美元的特殊平台费。Smythe 公司的管理层估计该计算机可使用 5 年且预计残值为
30 000 美元。这台计算机估计在第一年能处理 55 000 个文档，在接下来的 4 年内每年处理的
文档减少 2 500 个（即 2017 年 52 500 个文档，2018 年 50 000 个文档，依此类推）。为了决定采

用哪种折旧方法,公司总裁要求列表给出每种折旧方法(直线折旧法、工作量法和双倍余额递减法)的结果。

要求

1. 列表给出每种折旧方法的结果,包括资产成本、折旧费用、累计折旧和资产的账面价值。

2. Smythe 公司在向股东和债权人报告的财务报表中使用的折旧方法最大化了最初几年资产使用的报告利润。为了编制纳税报告,该公司使用最小化其最初几年的应纳税所得的折旧方法。考虑 Smythe 公司使用该计算机的第一年,说明何种折旧方法能实现总裁的目标,假设税务当局允许使用任何折旧方法。

3. 该计算机第一年带来的税前经营活动现金流量为 157 000 美元,所得税税率为 40%。对于要求 2 中确定的两种折旧方法,比较其净利润和经营活动现金流量。说明哪种方法净利润更高,哪种方法现金流更大。

P7-79B (目标:从公司的财务报表中分析固定资产交易)Hometown 销售公司出售各类电器产品。下列数据节选自 Hometown 销售公司 2016 年度和 2015 年度的财务报表。

百万美元

资产负债表	2016 年 4 月 30 日	2015 年 4 月 30 日
资产		
流动资产合计	7 987	6 906
不动产、厂房和设备	4 833	4 198
减:累计折旧	2 121	1 725
商誉	559	510

百万美元

资产负债表	年度截至 2016 年 4 月 30 日	年度截至 2015 年 4 月 30 日
经营活动产生的现金流量		
净利润	1 140	983
非现金项目对净利润的影响:		
折旧	462	457
出售不动产、厂房和设备的收益	(124)	0
投资活动产生的现金流量		
购买不动产、厂房和设备	(712)	(615)
出售不动产、厂房和设备	135	0

要求

1. 2016 年 4 月 30 日,Hometown 销售公司的固定资产的成本是多少? 这些固定资产的账面价值是多少? 给出计算过程。

2. 财务报表中给出了 Hometown 销售公司 2016 年度购买固定资产和商誉的 3 个证据,这 3 个证据是什么?

3. 编制不动产、厂房和设备以及累计折旧和商誉的 T 形账户。然后使用比较资产负债表和现金流量表中的信息填写 T 形账户。标记每个业务的增加或减少，并给出其金额。

4. 编制 2016 年度出售不动产、厂房和设备的会计分录。

P7-80B　（目标：自然资源的会计核算）东北能源公司的资产负债表上包括铁矿石资产。该公司以 290 万美元获得了开采一个估计储量为 225 000 吨的铁矿的权利。另外支付 68 000 美元拆除了无用的建筑物，花费 78 000 美元为开采工作平整了场地。东北能源公司还签发了一张价值 38 750 美元的应付票据给一家景观公司要求其在开采结束后恢复该地区的原貌。第一年，东北能源公司开采了 35 000 吨铁矿石，并以每吨 38 美元的价格出售了其中 27 500 吨铁矿石。第一年营业费用总计 256 000 美元，全部以现金支付。该公司的所得税税率为 40%。

要求

1. 对东北能源公司这一年的所有交易编制会计分录。

2. 编制该公司第一年关于铁矿石业务的单步式利润表，并评价该公司的盈利能力。

3. 东北能源公司第一年的资产负债表应显示多少余额？

P7-81B　（目标：分析购买和处置固定资产的影响；在财务报表中报告固定资产交易）假设 2015 年年末，标准能源公司拥有总资产 175 亿美元、总负债 96 亿美元，其资产中包括总成本 47 亿美元的不动产、厂房和设备，相应的累计折旧为 29 亿美元。

假设标准能源公司在 2016 年完成了下列交易：该公司的营业收入为 268 亿美元，总费用为 220 亿美元，其中包括 10 亿美元折旧。当年，标准能源公司花费 21 亿美元购置了新不动产、厂房和设备，同时以 9 亿美元出售部分旧资产。旧资产的成本为 15 亿美元，其累计折旧为 10 亿美元。

要求

1. 说明标准能源公司在该项资产出售业务中是获得了收益还是承担了损失。如果有的话，确定其损益金额。

2. 标准能源公司在完成当年所有活动后应如何在 2016 年 12 月 31 日的资产负债表中报告不动产、厂房和设备，并列示其各自的账面价值。

3. 说明标准能源公司如何在其 2016 年现金流量表中报告经营活动现金流量和投资活动现金流量。不考虑收益或损失。

P7-82B　（目标：计算资产收益率）Bargain Hut 公司在美国经营连锁商品和食品超市。公司截至 2015 年 2 月 28 日的连续三年的财务数据如下：

Bargain Hut 公司利润表（节选）　　　　　　　　百万美元

	2015 年度	2014 年度	2013 年度
销售收入净额	75 000	62 000	60 000
销售成本	27 000	21 700	21 000
销售和管理费用	43 950	36 392	34 440
营业利润	4 050	3 908	4 560
营业外收入（费用）	(770)	(870)	(860)
税前利润	3 280	3 038	3 700
所得税费用	(850)	(788)	(600)
净利润	2 430	2 250	3 100

Bargain Hut 公司资产负债表（节选）			百万美元
	2015 年 2 月 28 日	**2014 年 2 月 28 日**	**2013 年 2 月 28 日**
流动资产合计	32 690	28 820	1 340
不动产、厂房和设备	26 900	25 500	25 800
其他资产	910	880	860
资产总额	60 500	55 200	28 000

要求

1. 计算 Bargain Hut 公司截至 2015 年 2 月 28 日和 2014 年 2 月 28 日的销售净利率。

2. 计算 Bargain Hut 公司截至 2015 年 2 月 28 日和 2014 年 2 月 28 日的资产周转率。

3. 计算 Bargain Hut 公司截至 2015 年 2 月 28 日和 2014 年 2 月 28 日的资产收益率。

4. 哪些因素导致了资产收益率的变化？

P7-83B　（目标：分析固定资产处置的影响和固定资产交易对现金流的影响）

Morgan 公司报告的与不动产和设备相关的数据如下（单位：百万美元）。

来自资产负债表：

	2016 年 12 月 31 日	**2015 年 12 月 31 日**
不动产和设备	23 530	21 350
累计折旧	(18 395)	(17 530)

来自 2016 年现金流量表的投资活动部分：

用于购买不动产和设备的现金	(2 820)
出售不动产和设备得到的现金	56

来自 2016 年利润表：

折旧费用	1 145
出售设备的收益或损失	??

要求

1. 编制不动产和设备以及累计折旧的 T 形账户。填入所列示的信息，并找出每个账户中的未知数（提示：回忆使两个账户增加和减少的交易类型。本题涉及不动产和设备的成本以及相关的累计折旧）。

2. 根据要求 1 中的计算结果，计算 2016 年处置资产的账面价值。销售价格与账面价值之间的差额是多少？

3. 编制 2016 年出售不动产和设备的会计分录。说明该交易对财务报表的影响。比较会计分录中的销售价格和账面价值，并将其与在要求 2 中计算的差异进行比较。请简要说明。

4. 编制不动产和设备净值的 T 形账户。重复要求 1。

挑战性练习

E7-84　（目标：确定变更折旧方法对净利润的影响）Yentun 公司以生产电子书写板而闻名，2016 年的净利润为 6 200 万美元。当年折旧费用总计 2 800 万美元。假设 Yentun 公司采用直线折旧法对固定资产按照年限为 8 年且残值为 0 计提折旧。

2016 年年初，Yentun 公司花费 2.24 亿美元购买固定资产。2017 年年初，Yentun 公司转而采用双倍余额递减法来计提折旧。除折旧方法改变外，2016 年情况与 2017 年相同。如果 Yentun 公司今后一直使用双倍余额递减法计提折旧，则该公司预计在 2017 年可获得多少净利润(不考虑所得税)?

E7-85 (目标：区别资本化支出与费用；考虑会计差错的影响)Acorn-France 是一家大型电信企业。假设第一年年初，Acorn-France 花费 500 万欧元购买了一台设备。公司管理层预期该设备可使用 4 年且到期残值可以忽略不计。Acorn-France 使用直线折旧法。由于一项会计错误，Acorn-France 将该设备的所有成本在购买时记为费用了。Acorn-France 是一家合伙企业，不需要缴纳所得税。

要求

列表说明流动资产总额、设备净值和净利润在该设备 4 年的使用期内每一年是被高估还是低估了。

P7-86 (目标：确认一家真实公司的不动产和设备交易)联邦快递的业务包括运输、电子商务和商业服务。以下是联邦快递 2015 年度的财务年报。

联邦快递合并资产负债表(节选)   百万美元

	2015 年 5 月 31 日	2014 年 5 月 31 日
不动产和设备成本		
飞机	16 186	15 632
包裹处理和其他辅助设备	6 725	7 196
计算机和电子设备	5 208	5 169
运输车	5 816	4 400
设施及其他	8 929	8 294
不动产和设备总额	42 864	40 691
减：累计折旧和摊销	(21 989)	(21 141)
不动产和设备净值	20 875	19 550

联邦快递合并现金流量表(节选)   百万美元

	2015 年 5 月 31 日	2014 年 5 月 31 日
投资活动产生的现金流量		
资本支出	(4 374)	(3 533)
业务收购	(1 429)	(36)
资产处置及其他的现金收入	24	18
用于投资活动的现金	(5 752)	(3 551)

附注 1：公司简介及主要会计政策

不动产和设备

为了编制财务报表，公司的不动产和设备均使用直线折旧法，在资产使用年限或租赁期两者中较短的期限内计提折旧或摊销。为了计算所得税，在税法允许的范围内，公司使用加速法计提折旧。不考虑销售经营性不动产和设备的损益的影响，公司 2015 年度和 2014 年度的折旧费用均为 26 亿美元，2013 年度的折旧费用为 23 亿美元。

2015 年第四季度，公司确认 2.76 亿美元的不动产和设备减值损失。这些减值损失主要由于 2015 年 5 月公司决定永久性停用 7 架波音 MD11 飞机及 12 台相关的引擎设备、4 架空中客车 A310-300 飞机及 3 台相关的引擎设备、3 架空中客车 A300-600 飞机及 3 台相关的引擎设备、1 架波音 MD10-10 飞机及 3 台相关的引擎设备。

要求

1. 运用以上资产负债表和现金流量表的信息，分析不动产和设备、累计折旧两个账户的变化情况。不必考虑单个资产类别，仅需考虑不动产和设备的总成本以及累计折旧金额。你需要先计算已出售不动产和设备的初始成本。忽略业务合并对这部分的影响。

2. 编制有关总资本支出，总折旧费用，以及不动产、厂房和设备总销售的会计分录。你需要基于题目中所给的信息计算出售设备隐含的收益或损失。

知识应用

决策案例

案例 1 （目标：基于不同的存货计价方法和折旧方法来衡量盈利能力）假设你正在考虑投资两家公司：La Petite 和 Burgers Ahoy。这两家公司的情况基本相同，都是在当年年初开始运营的。假设在当年，两家公司的存货采购如下：

美元

1 月 4 日	10 000 件，单价 4 美元＝40 000	
4 月 6 日	5 000 件，单价 5 美元＝25 000	
8 月 9 日	7 000 件，单价 6 美元＝42 000	
11 月 27 日	10 000 件，单价 7 美元＝70 000	
合计	32 000 件	177 000

第一年，两家公司都出售了 25 000 件存货。

1 月初，两家公司都以 150 000 美元的价格购买了一台设备，设备预期可使用 10 年，预计残值为 20 000 美元。La Petite 使用能最大化报告的净利润的存货计价方法和折旧方法。与之相反，Burgers Ahoy 使用能最小化其应纳税所得的存货计价方法和折旧方法。假设两家公司 12 月 31 日的试算平衡表均包括下列项目：

美元

销售收入	350 000
营业费用*	50 000

* 不包括折旧费用。

所得税税率为 40%。

要求

1. 编制这两家公司的多步式利润表。

2. 写一封投资简报解释如下问题：哪家公司看起来盈利能力更强？哪家公司有更多现金投资于有潜力的项目？如果物价长期持续上升，你更愿意投资于哪家公司？为什么？

案例 2 （目标：区别资本化支出和费用；固定资产和无形资产的会计处理）除了与固定资产和无形资产相关，下列问题相互独立。

1. Wired Connections 公司的经理通常将购买固定资产的成本借记维修费用账户。他知道这种做法不符合公认会计原则,为什么他还要这样做?

2. Alpine Homes 公司的经理经常将固定资产的维修费用借记不动产和设备账户。她知道这种做法不符合公认会计原则,为什么她还要这样做?

3. 有建议称,由于无形资产只对其所有者有价值,因此在资产负债表上应该将无形资产的价值标示为 1 美元或 0 美元。很多会计师不同意这一观点。你支持哪种观点?为什么?

道德事项

Dellroy 国家银行以 600 万美元的总价购买了一块土地和一幢建筑物。为了实现最大的税收减免,银行经理将购买价格的 80% 分配到建筑物上,另外的 20% 划归土地。更符合现实的分配方案是 60% 归建筑物,40% 归土地。

要求

1. 以上事件存在哪些道德问题?

2. 事件里有哪些利益相关方?对每一方产生怎样的后果?

3. 从经济的、法律的和道德的角度进行分析。

4. 你会怎么做?用证据支持你的决策。

聚焦财务:苹果公司

(目标:分析与固定资产相关的业务活动)

参考本书附录 A 中苹果公司的财务报表,回答下列问题:

1. 参考公司合并财务报表附注 1 和附注 3,哪些资产是苹果公司的固定资产?

2. 苹果公司在向股东和债权人发布的财务报表中采用哪种折旧方法?该公司更可能采用哪种折旧方法来编制纳税报告?为何该方法在基于纳税目的时更受偏好?

3. 折旧费用包含在利润表的费用栏中,不能直接反映折旧的实际金额。参考附注 1 中不动产、厂房和设备部分的内容,苹果公司 2014 年度的折旧费用是多少?这个数字包含哪些项目?参考附注 3——合并财务报表明细。2014 年度末固定资产的累计折旧是多少?解释为何累计折旧的金额超过当年的折旧费用。

4. 参考公司合并财务报表附注 1 和附注 4,苹果公司有哪些无形资产?公司对这些无形资产在其使用寿命内做了怎样的会计处理?

聚焦分析:安德玛公司

(目标:区别资本化支出和费用;解释与固定资产相关的业务活动;公认会计原则在无形资产方面的应用;解释资产减值;分析资产收益率;分析长期资产的交易对现金流的影响)

参考本书附录 B 中安德玛公司的财务报表。本案例将引导你对安德玛公司的长期资产作深入分析,并计算其资产收益率。

1. 在现金流量表中,安德玛公司 2014 年在不动产和设备方面支出了多少?在现金流量表的哪个部分可以找到该金额?

2. 安德玛公司使用哪种折旧方法?安德玛公司各种固定资产的折旧年限是多少?你可以在公司合并财务报表附注 2(主要会计政策)中找到答案。

3. 参考附注 4(不动产和设备净值)中的信息。列出安德玛公司 2014 年 12 月 31 日和 2013 年 12 月 31 日不动产和设备的资产类别。在计算这两个会计年度的净利润时,包括多少折旧费用?2014 年度末与 2013 年度末相比,不动产和设备相对较新还是较旧?说明理由。

4. 参考附注 5(商誉和无形资产净额)和附注 2。简要说明安德玛公司对商誉及其他无形资产的会计处理方法。2014 年 12 月 31 日,安德玛公司还有其他类型的无形资产吗?

5. 运用杜邦分析法计算安德玛公司 2014 年度和 2013 年度的资产收益率。公司 2012 年 12 月 31 日(2012 年度末)的总资产为 11.57 亿美元。与 2013 年度相比,公司 2014 年度的经营状况是更好还是更糟?

小组项目

访问当地的一家公司。

要求

1. 列出该公司所有的固定资产。

2. 如果可能,采访公司经理。获取尽可能多的关于该公司固定资产的信息。例如,试着了解该资产的成本以及该公司正在使用的折旧方法和每类资产的预计使用寿命。如果不可能通过访谈获取所需数据,则自己对资产成本、预计使用年限和账面价值等进行估计,设定一种合适的折旧方法。

3. 了解该公司是否拥有无形资产。如果有,列出这些无形资产并获取有关其性质、成本和预计使用寿命等尽可能多的信息。

4. 写一篇详细的调查报告,并将你的调查结果讲给你所在班级的同学听。

复习测试答案

1. a {[1 100 美元/(1 100 美元+660 美元+440 美元)]×1 700 美元=850 美元}

2. a

3. c [(45 000 美元−7 500 美元)/10×6/12=1 875 美元]

4. a [(45 000 美元−7 500 美元)/10×2=7 500 美元;45 000 美元−7 500 美元=37 500 美元]

5. c [45 000 美元×0.2=9 000 美元;(45 000 美元−9 000 美元)×0.2=7 200 美元]

6. b [(45 000 美元−7 500 美元)/10×4=15 000 美元;45 000 美元−15 000 美元=30 000 美元;32 000 美元−30 000 美元=2 000 美元收益]

7. c [26 000 美元×2/4=13 000 美元;(26 000 美元−13 000 美元)×2/4=6 500 美元;13 000 美元+6 500 美元=19 500 美元]

8. d

9. b

10. d

11. d [270 000 美元×(7 000 美元/90 000 美元)=21 000 美元]

12. e

13. a

14. c

长期投资与货币的时间价值

英特尔公司持有不同类型的投资

如果你足够明智,那么大学毕业后开始第一份工作时,你就应该着手为退休存钱。你可以通过共同基金、工作单位的年金,也可以自己做一些投资计划。个人购买长期投资(如股票、债券和不动产等)的理由,除了获取当期收益(利息和股利)外,还包括投资升值。某些极端富有的人士为了获取财产的最大化和获取对投资公司的重大影响或控制,在传统和非传统的领域进行广泛投资。

英特尔、苹果、通用电气和可口可乐等大公司出于同样的目的进行投资。我们以英特尔公司为例,因为该公司持有各种类型的投资。在本章中,你会学到各种类型投资的会计处理,你还会学到货币的时间价值。货币的时间价值是评价长期投资或长期负债(在第9章讲述)的主要因素。

提到英特尔公司你想到的是什么?计算机处理器和微型芯片?没错,但是有趣的是,该公司 22.4%[(24.3 亿美元+90.63 亿美元+70.97 亿美元+ 20.23 亿美元)/919.56 亿美元]的资产来自不同类型的投资。英特尔公司在其 2014 年资产负债表的资产部分报告了各类投资。

英特尔公司合并资产负债表(节选)		百万美元
	2014 年 12 月 27 日	**2013 年 12 月 28 日**
流动资产		
现金及其等价物	2 561	5 674
短期投资	2 430	5 972
交易性资产	9 063	8 441
应收账款净额	4 427	3 582
存货	4 273	4 172
其他流动资产	4 976	4 243
流动资产合计	27 730	32 084
不动产、厂房和设备净值	33 238	31 428

续表

	2014 年 12 月 27 日	2013 年 12 月 28 日
可供出售的权益证券	7 097	6 221
其他长期投资	2 023	1 473
商誉	10 861	10 513
无形资产净值	4 446	5 150
其他长期资产	6 561	5 489
资产总额	91 956	92 358

通过本门课程的学习,我们对迪士尼、苹果、安德玛和联邦快递等公司的财务报表越来越熟悉了,财务报表中的大部分科目也已经学到。我们的学习目的之一就是使自己具备深入而又全面地理解现实公司报告的能力。通过本章的学习,我们会逐步实现这个目标。

本章的前半部分会讲解长期投资的会计处理,包括合并财务报表概述以及美国公司将其所持有的境外子公司的财务报表进行折算的会计处理。本章的后半部分将讲解货币的时间价值对投资估值的影响。

学习目标

1. 分析和报告持有至到期投资
2. 分析和报告可供出售投资
3. 使用权益法分析和报告在联营企业的投资
4. 使用合并财务报表分析和报告在其他企业的控制性权益
5. 在现金流量表中报告投资活动
6. 解释货币的时间价值对不同类型投资的影响

投资的规模和形式多种多样,从持有少量股票投资到持有多家公司的控制性权益,或者持有其他类型的投资,如公司债券、政府债券和房地产。在后续章节,我们将从发行者的角度讨论股票和债券。本章我们从购买者或投资者的角度学习长期投资的会计处理。

谈到投资,我们必须先对两个重要的名词下一个定义——投资者和被投资者。投资者是指持有某家公司股票或债券的主体。被投资者是指发行股票或债券的公司或主体。发行债券的公司或其他主体(如地方政府),是债务人。如果你拥有一定数量的英特尔公司的普通股股票,那么你就是该公司的投资者,而英特尔公司就是被投资者。如果你拥有英特尔公司的债券,那么你就是该公司的债权人(投资者),而英特尔公司就是债务人(被投资者)。

股票和债券价格

你可以通过互联网了解英特尔公司股票的现行价格和债券的公开交易价格。表 8-1 提供了英特尔公司普通股股票的相关信息。在过去的 52 周里,英特尔公司普通股股票的最高价格是每股 37.9 美元,而最低价格是每股 24.92 美元。年度的现金股利是每股 0.9 美元。在前一天,英特尔公司的普通股股票的交易数量达到 6 478 万股,并且以每股 31.31 美元的价格收盘,比此前一个交易日的收盘价上升了 0.57 美元。

表 8-1　英特尔公司的股票信息

| 52 周 | | 股票(代码) | 股利/美元 | 平均交易量 | 收盘价/美元 | 涨跌幅/美元 |
最高价/美元	最低价/美元					
37.9	24.92	INTC	0.9	6 478 万	31.31	+0.57

在资产负债表中列报投资

一项投资对投资者来说是一项资产。投资可能是长期的也可能是短期的。可交易证券的**短期投资**(short-term investments)是一项流动资产。投资可以根据管理层的意图和持有至到期的能力分类为交易性投资、持有至到期投资和可供出售投资。一项投资要在资产负债表中以短期投资列示,必须符合下列条件:

- 这项投资必须具备流动性,即迅速转换成为现金的能力。
- 投资者打算在一年以内将这项投资变现或者偿还流动负债。

在第 5 章,我们曾经学习过短期投资的会计处理。

不满足短期投资特征的投资被视为**长期投资**(long-term investments)。长期投资是一种非流动性资产。长期投资是指投资者打算持有一年或一年以上的股票或者债券。表 8-2 给出了长期投资和短期投资在资产负债表中的位置。

表 8-2　长期投资和短期投资在资产负债表中的位置

流动资产:		
现金	×	
短期投资	×	
应收账款	×	
存货	×	
预付费用	×	
流动资产合计		×
不动产、厂房和设备		×
长期投资(或简称投资)		×
无形资产		×
其他资产		×

在资产负债表中,各项资产是按流动性排列的。长期投资的流动性低于短期投资,这是因为公司既不打算也没有能力在当年或一个经营周期内将长期投资变现。英特尔公司在资产负债表中把短期投资列在现金及其等价物之后,把长期投资(包括债权投资和股权投资)在非流动资产部分列报。接下来我们讨论不同类型的长期投资的财务报告。

分析和报告持有至到期投资

债券的主要投资者是金融机构,如英特尔资本公司这样的养老基金、共同基金和保险公司。债券发行方和投资者(债券持有人)之间的关系如下所示:

第 8 章		第 9 章
投资者（债券持有人）		发行公司
债券投资	←————————→	应付债券
利息收入	←————————→	利息费用

如果投资者本打算持有债券超过一年的时间，但又未能持有至到期，则这类投资可以分类为可供出售投资，采用公允价值法进行会计处理，详细内容会在后面的章节讲解。如果投资公司打算持有债券至到期，则该项投资可分类为**持有至到期投资**（held-to-maturity investment），采用摊余成本法进行会计处理。

公开交易的公司债券与股票一样在公开市场交易。像其他负债一样，债券发行方需向投资者支付利息，一般是半年一次（一年两次）。特定债券的利率在债务凭证上列示，由此决定向投资者支付的半年现金利息金额。债券通常以面值发行（如面值为 1 000 美元），但是债券的价格一般不等于其面值。特定时间的债券价格以债券面值的百分比报价。债券的市场价格随着市场利率波动。如果其他金融工具的市场利率高于特定债券的利率，那么该债券就是以折价发行（低于 100% 或低于面值）。例如，债券报价为 96.5，代表面值为 1 000 美元的债券的销售价格为 965 美元，即面值的 96.5%（折价后的面值）。如果市场利率低于所发行的债券，那么债券就是以溢价发行（超过面值的 100%）。例如，债券报价为 102.5，代表面值为 1 000 美元的债券的销售价格为 1 025 美元，即面值的 102.5%。

持有至到期投资按照摊余成本法报告，从而决定持有至到期投资的账面价值。债券投资的初始确认以成本计量（市价×100% ×债券发行的面值）。在每个利息支付日（半年息），投资者确认利息收入（年利率×1/2 ×债券面值）。此外，在债券溢价或者折价发行的情况下，通过摊余成本法，扣除利息收入或者利息费用的影响，将债券的账面价值调整（向上或者向下）至债券的面值。在债券到期日，应将债券的初始发行价格调整至债券的面值，投资者将以债券的面值赎回投资。

例如，假设 2016 年 4 月 1 日，英特尔资本公司购买 CBS 公司发行的债券。债券面值为 10 000 美元，利率为 6%，发行价格为 95.2。英特尔资本公司准备将该债券投资持有至 2020 年 4 月 1 日。债券每半年付息一次，利息支付日分别是 4 月 1 日和 10 月 1 日。由于该债券的到期日是 2020 年 4 月 1 日，所以债券的存续期限为 4 年（48 个月）。在本例中，由于当时同类金融工具的市场利率高于 6%，[①]所以英特尔资本公司以折价购买该债券（面值的 95.2%）。初始购买价格和账面价值为 9 520 美元（95.2%×10 000 美元）。在债券存续期间（48 个月）内英特尔资本公司必须分摊债券折价 480 美元，即面值 10 000 美元与购买价格 9 520 之间的差额。英特尔资本公司采用直线摊销法摊销债券折价。下面是本次债券投资在债券发行日 4 月 1 日和首次利息支付日 10 月 1 日的相关会计分录：

2016 年			
4 月 1 日	持有至到期债券投资（10 000×0.952）	9 520	
	现金		9 520
	购买债券投资。		

---

① 在本章的后半部分，我们将讨论货币的时间价值对投资价格的影响。

续表

2016 年			
10 月 1 日	现金(10 000×0.06×6/12)	300	
	利息收入		300
	收到半年利息。		
10 月 1 日	持有至到期债券投资[(10 000 − 9 520)/48]×6	60	
	利息收入		60
	摊销债券投资折价。		

2016 年 12 月 31 日,英特尔资本公司年末的调整分录如下:

2016 年			
12 月 31 日	应收利息(10 000×0.06×3/12)	150	
	利息收入		150
	计提利息收入。		
12 月 31 日	持有至到期债券投资[(10 000−9 520)/48]×3	30	
	利息收入		30
	摊销债券投资折价。		

这笔摊销分录有以下两方面的影响:

- 使长期投资账户向到期价值的方向增加,即 2020 年 4 月 1 日,账面价值为 10 000 美元。
- 确认由于账面价值增加而赚取的利息收入。

2016 年 12 月 31 日,英特尔资本公司财务报表报告该项投资如下:

资产负债表(2016 年 12 月 31 日)	
流动资产:	
应收利息	*150*
长期资产:	
不动产、厂房和设备	××××
持有至到期投资(9 520＋60＋30)	*9 610*
利润表(截至 2016 年 12 月 31 日的年度)	
其他收入:	
利息收入(300＋60＋150＋30)	*540*

2020 年 4 月 1 日,债券到期,债券的账面价值将会调整至其面值 10 000 美元,英特尔资本公司将以面值兑现该债券。

在购买日,如果其他金融工具的市场利率低于该债券的利率,那么该债券就以溢价发行(初始账面价值高于 10 000 美元)。在每个利息支付日,随着利息收入的确认,债券的溢价也会逐步摊销,利息收入的金额减少,同时将债券的账面价值逐渐调整至债券的到期价值 10 000 美元。

分析和报告可供出售证券

可供出售证券（available-for-sale securities）可以是债券（不包括持有至到期债券），也可以是股票（不包括交易性证券）。可供出售证券的成本是其初始成本即购买成本。由于公司期望在将来某日，尽管不是在下一个会计年度，以公允价值出售该项投资，所以在每个报告期末，可供出售证券会调整至其公允价值，

长期股权投资的会计处理

长期股权投资的会计处理方法，以投资者持有的股权投资比例为依据，具体参见图 8-1。

如果一项投资少于 20%，投资者对被投资企业一般影响很小或者没有影响，该项投资一般被视为可供出售投资，持有该项投资的策略是在一年以后以市价出售。如果一项投资介于 20% 和 50% 之间，投资者对被投资企业的长期经营决策有重大影响。如果一项投资大于 50%，那么投资者对被投资企业会产生长期的重大影响——有可能是控制。投资大于 20% 的会计处理将在本章的后续部分讲解。本节将讨论可供出售证券的会计处理。接下来以具体实务为例。

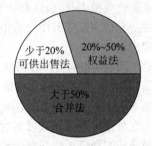

图 8-1　长期股权投资的会计处理方法
——所有权份额百分比法

例如，英特尔公司以每股 44 美元的市场价格购买了亚帝文软件公司（Advent Software）1 000 股普通股股票。由于英特尔公司打算持有该股票一年以上，因此这项投资应被视为可供出售投资。英特尔公司对这项投资的会计处理如下：

2016 年 10 月 23 日

长期投资（1 000×44 美元）	44 000	
现金		44 000

购买股票。

资　产	=	负　债	+	股东权益
+44 000	=	0	+	
−44 000				

假设每个季度英特尔公司从亚帝文软件公司那里获得每股 0.2 美元的现金股利。英特尔公司收到股利的会计处理如下：

2016 年 11 月 14 日

现金（1 000×0.2 美元）	200	
股利收入		200

收到现金股利。

资　产	=	负　债	+	股东权益	+	收入
+200	=	0				+200

股票股利与现金股利的会计处理不同。就股票股利而言，投资者并没有得到一笔实实在在的收入，只是所持有的股票数量发生了变化，因此投资者只需要在会计报告中做个备忘录以反映收到股票股利后所持有的股票数量。投资者持有的股票数量增加了，从而每股股票应

分摊的成本下降了。以英特尔公司为例,假设英特尔公司从亚帝文软件公司那里获得了10%的股票股利,那么英特尔公司将收到100(1 000×0.10)股亚帝文软件公司的普通股股票。英特尔公司在其会计报告中应做如下备忘录。

> **备忘录——**收到股票股利:收到亚帝文软件公司普通股10%的股票股利共计100股。收到股票股利之后的每股成本为40美元(44 000美元÷1 100)。

在以后与此项投资有关的交易中,英特尔公司所持有该股票的成本为40美元。

公允价值调整

在资产负债表日,公认会计原则要求公司将可供出售投资的账面价值调整至公允价值。资产的公允价值是在有序交易中,出售证券所能收到的价格。公认会计原则认可三种公允价值确定方法。

第1层次:相同资产在活跃市场的报价。

第2层次:以其他可观察值为依据的估值(比如,类似资产的价格)。

第3层次:以不可观察值为依据的估值(在特定假设前提下,公司自身的估值)。

公允价值应该采用最可靠的方法确定。第1层次的公允价值最为可靠,原因在于该金额可以被验证。如果无法获取活跃市场的报价,投资者会依次采用第2层次或者第3层次的估值,对公允价值进行调整。在财务报表附注中,公司必须披露交易性投资和可供出售投资的总额以及每个层次的确定方法。在本例中,英特尔公司投资亚帝文软件公司的股票可以获取第1层次的公允价值,因为股票在年末有挂牌报价。现在回到本例的初始假设,即未分配股票股利之前。2016年12月31日,假定亚帝文软件公司的股票的市价为46.5美元,从而英特尔公司所持有的1 000股普通股股票的市场价值总额为46 500美元。在这种情况下,英特尔公司通过如下会计处理,将该投资的账面价值调整到公允价值。

2016年12月31日

可供出售投资——公允价值调整准备＊(46 500美元－44 000美元)　　2 500

　　未实现投资利得　　　　　　　　　　　　　　　　　　　　　　　　　2 500

将投资调整至市场价值。

＊或者,直接调整可供出售投资账户。

这项投资的公允价值变动导致英特尔公司的股东权益增加。

资　产	=	负　债	+	股东权益
+2 500	=	0		+2 500

可供出售投资——公允价值调整账户是可供出售投资的备抵账户。除了使用备抵账户之外,公司也可以直接对可供出售投资账户进行定期调整(参见表5-2)。无论采用哪种方法,投资的成本(44 000美元)加上公允价值调整准备(2 500美元)等于投资的账面价值(46 500美元),具体如下所示:

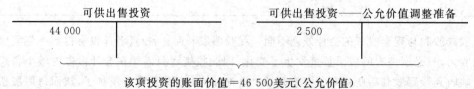

该项投资的账面价值=46 500美元(公允价值)

　　在本例中,公允价值调整准备账户是借方余额,因为投资的公允价值增加了。如果投资的公允价值下降,则公允价值调整准备账户就应是贷方余额,投资的账面价值就等于其成本减公允价值调整准备账户贷方余额。

　　调整分录的另一方是贷记未实现投资利得账户。如果投资的公允价值下降,则应该借记未确认投资损失账户。未实现投资利得或未确认投资损失来自投资的公允价值变动,而不是出售投资所得。对于可供出售投资来说,未实现投资利得和未确认投资损失作为其他综合损益(导致所有者权益变动)可以在单独的综合收益表中列报,或者是在汇总的利润表和综合收益表中净利润的下方单独列示。

　　有关综合收益表的内容将在第 11 章讲述。

　　2016 年年末,英特尔公司在其汇总的利润表和综合收益表中列示未实现投资利得(为解释说明,其他所有数据都是假定的)。

英特尔公司合并综合收益表

截至 2016 年 12 月 29 日的年度		美元
收入		50 000
费用,包括所得税费用		36 000
净利润		14 000
其他综合收益:		
未实现投资利得	*2 500*	
减:所得税费用	*(1 000)*	1 500
综合收益		15 500

　　在前面的例子中,假设投资者只持有一种权益投资——其他公司的股票。在实务中,公司持有的是投资组合(包括多家公司的债权和股权投资)。在本例中,必须对整个投资组合定期做公允价值变动调整。相关解释说明,请参考思考题中的例子。

出售可供出售投资

　　出售可供出售投资通常会导致实现的利得或损失。如果一项可供出售投资经过公允价值调整后售出,那么在出售日已存在的未实现利得或损失应该冲回,与此同时,将出售部分的账面价值调整至初始成本。实现的利得或损失等于出售日投资所获得的价款与投资成本之间的差额。

　　假设英特尔公司 2017 年以 43 000 美元的价格出售所持有的亚帝文软件公司的股票。英特尔公司对该项交易所做的会计处理如下:

2017 年	未实现投资利得	2 500	
5 月 19 日	可供出售投资——公允价值调整准备		2 500
	抵销可供出售投资未实现利得。		
5 月 19 日	现金	43 000	
	出售投资损失	1 000	
	可供出售投资——成本		44 000
	出售投资。		

资产	=	负债	+	股东权益	—	损失
−2 500				−2 500		
+43 000	=	0				−1 000
−44 000						

英特尔公司应在利润表中的其他收益项下反映出售投资的损失。

思考题

2017 年 12 月 31 日,假设英特尔公司持有以下几种可供出售的证券作为长期投资:

美元

股　　票	成　　本	第 1 层次公允价值
可口可乐	85 000	71 000
通用电气	16 000	12 000
合计	101 000	83 000

2017 年 12 月 31 日,英特尔公司如何在其资产负债表中报告长期投资?

答案

资产	
可供出售投资	83 000 美元

 ## 使用权益法分析和报告在联营企业的投资

买进另一家公司的大份额股票

当投资者持有被投资公司 20%～50% 的有表决权的股份时,投资者就有可能对被投资公司施加重大影响。例如,投资者可能会影响公司的股利政策、产品线以及其他重要事项。投资者更有可能在被投资公司的董事会占有一个或多个席位。如图 8-1 所示,我们采用权益法核算该类型的投资。

英特尔公司对 IM Flash 技术公司和 Intel-GE 医疗电子公司的投资采用权益法核算。这些被投资公司通常被视为英特尔公司的附属公司。英特尔公司通过持有该公司足够的股权,对附属公司的经营施加重大影响。由于英特尔公司在 IM Flash 技术公司的决策和经营过程中具有话语权,因此 IM Flash 技术公司的利润或损失应在英特尔公司的利润表中予以反映。

投资的会计处理——权益法

采用权益法核算的初始投资以其成本作为入账价值。假如英特尔公司用 4.9 亿美元购买了 IM Flash 技术公司 49% 的股份,那么英特尔公司购买投资的会计分录如下(单位:百万美元):

2016 年 1 月　权益法投资	490	
现金		490
购买权益法核算的投资。		

资　产	=	负　债	+	股东权益
+490	=	0	+	0
−490				

投资者占被投资公司收益的份额　在权益法下,英特尔公司作为投资者,按照 49％的比例享有被投资公司的净利润和股利。如果 IM Flash 技术公司 2016 年报告的净利润为 3 亿美元,则英特尔公司应按照 49％的比例确认投资收益,其会计处理如下(单位:百万美元):

2016 年 12 月 31 日　权益法投资(300×0.49)　　　　　　147

　　　　　　　　权益法投资收益　　　　　　　　　147

　　　　确认投资收益。

资　产	=	负　债	+	股东权益(收入)
+147	=	0	+	+147

因为两家公司(英特尔公司和 IM Flash 技术公司)之间的密切关系,投资者(英特尔公司)应在被投资公司(IM Flash 技术公司)报告利润时,调增权益法投资账户并记录权益法投资收益。随着被投资公司的股东权益增加,投资者英特尔公司的权益法投资账户余额也随之增加。

采用权益法投资收到股利　英特尔公司按照所持有 IM Flash 技术公司的比例确认该公司分配的现金股利。例如,IM Flash 技术公司宣告并发放了 2 亿美元的现金股利。英特尔公司收到这笔现金股利的 49％,其会计处理如下(单位:百万美元):

2016 年 12 月 31 日　现金(200×0.49)　　　　　　　98

　　　　　　　　权益法投资　　　　　　　　　98

　　　　收到权益法投资的现金股利。

资　产	=	负　债	+	股东权益
+98	=	0	+	0
−98				

权益法下,收到现金股利时,权益法投资账户的金额反而下降了。这是为什么?因为股利的分配导致被投资公司的股东权益减少,从而使投资者的投资的账面价值下降。

将前面几笔会计分录过账后,2016 年 12 月 31 日,英特尔公司在 IM Flash 公司的权益法投资账户余额变动如下(单位:百万美元):

权益法投资

1 月 1 日购买	490	12 月 31 日股利	98
12 月 31 日净利润	147		
12 月 31 日余额	539		

2016 年 12 月 31 日,英特尔公司在资产负债表中报告的权益法投资账户和在利润表中报告的权益法投资收益如下(单位:百万美元):

资产负债表（节选）：

资产

    流动资产合计   ×××

    不动产、厂房和设备净值   ×××

    权益法投资   *539*

利润表（节选）：

    营业收入   ×××

    其他收入：

        权益法投资收益   *147*

    净利润   ×××

出售权益法投资的利得或损失等于出售投资成本与长期投资账面价值之间的差额。例如，2017 年 1 月 1 日，英特尔公司将其持有的 IM Flash 技术公司的股票的 20% 以 1 亿美元的价格出售，会计处理如下（单位：百万美元）：

2017 年 1 月 1 日   现金   100

             出售权益法投资损失   7.8

                权益法投资（539×0.2）   107.8

             出售 20% 的权益法投资。

资　产	=	负　债	+	股东权益	−	损　失
+100	=	0				−7.8
−107.8						

权益法小结   下面的 T 形账户完整地列示了权益法投资的会计处理方法：

权益法投资

初始成本	利润份额
损失份额	股利份额
余额	

使用合并财务报表分析和报告在其他主体的控制性权益

本节讨论投资者购买被投资公司超过 50% 的有表决权的股票份额，即投资者实际上可以对被投资公司施加控制的情形。英特尔公司对英特尔资本公司的投资就是一个典型的例子。

为什么要收购另一家公司

多数大型公司持有其他主体的控制性权益。**控股权**（controlling interest）是指持有被投资公司 50% 以上的具有表决权的股票。这种投资能够使投资者掌握被投资公司董事会的多数席位从而控制被投资公司（如公司的产品线、供应链管理以及融资和投资决策）。这时，投资者被称为**母公司**（parent company），被投资公司被称为**子公司**（subsidiary）。例如，迈克菲公司是英特尔公司的一个子公司，所以英特尔公司的股东能够控制迈克菲公司，如图 8-2 所示。

截至 2014 年度末，英特尔公司在 29 家子公司中拥有控制性权益。表 8-3 列出了英特尔

图 8-2 英特尔公司与迈克菲公司的所有权结构

公司比较重要的子公司。

表 8-3 英特尔公司的部分子公司

英特尔资本公司	英特尔美洲公司
南美洲哥斯达黎加英特尔原件公司	英特尔欧洲公司
英特尔亚洲控股有限公司	风河系统公司

合并会计

合并会计是指将同一批股东所控制的全部公司的财务报表合并在一起的方法。采用这种方法,以母公司的名义,编制合并主体的一整套财务报表。

合并财务报表(consolidated financial statements)将母公司及其所有子公司的资产负债表、利润表和现金流量表合并在一起。其结果是将母公司及其所有子公司视为一个整体。与审阅母公司及各个子公司独立的财务报表相比,合并财务报表为投资者评价公司的整体经营成果提供了一个全面的视角。

在合并财务报表中,各个子公司的资产、负债、收入和费用加总进母公司的相应账户。例如,将英特尔资本公司的现金账户余额加到英特尔公司的现金账户余额中,再加上其他子公司现金账户的余额,即为英特尔公司在合并财务报表中应列报的现金账户余额。子公司(如英特尔资本公司或英特尔欧洲公司)的账户余额不在合并财务报表中单独列示,而只是作为母公司英特尔公司账户余额的一部分合并报告。子公司的财务报表合并入母公司的财务报表中后,公众将无法获取子公司的财务报表。

图 8-3 是一家公司的股权结构图。该公司拥有 5 家合并子公司,并对另一家公司进行了权益法投资。

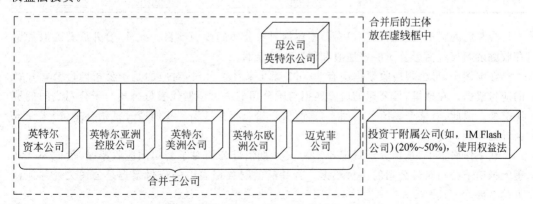

图 8-3 母公司及其子公司和权益法投资

合并资产负债表和相关工作底稿

英特尔公司购买了迈克菲公司发行的全部(100%)普通股股票。英特尔公司和迈克菲公司分别有自己独立的会计核算体系。在合并英特尔公司及其子公司的财务报表时,英特尔公司首先应编制合并工作底稿。英特尔公司的合并资产负债表提供了英特尔公司及其子公司作为一个报告主体的全部资产和负债情况。

表 8-4 是母公司及其子公司合并资产负债表的合并工作底稿。为了说明合并报表的编制流程,我们使用了虚拟公司的相关数据。首先看抵销分录(a)——母子公司的股东权益账户。贷记母公司的长期投资账户,抵销母公司对子公司的投资余额,同时借记子公司的股东权益和留存收益账户,以抵销子公司的股东权益账户。如果不进行抵销处理,那么合并财务报表数据就会既包括母公司对子公司的投资余额,也包括子公司的股东权益。而这两个账户都代表子公司的股东权益,如果不进行抵销,很显然同一个账户就会重复计算两次。

表 8-4 合并资产负债表工作底稿					美元
	母公司	子公司	抵销分录		合并后余额
			借方	贷方	
资产					
现金	12 000	18 000			30 000
应收票据——子公司	80 000	—		(b)80 000	—
存货	104 000	91 000			195 000
对子公司的投资	150 000	—		(a)150 000	—
其他资产	218 000	138 000			356 000
合计	564 000	247 000			581 000
负债和股东权益					
应付账款	43 000	17 000			60 000
应付票据	190 000	80 000	(b)80 000		190 000
普通股	176 000	100 000	(a)100 000		176 000
留存收益	155 000	50 000	(a)50 000		155 000
合计	564 000	247 000	230 000	230 000	581 000

合并后的资产负债表(最右一列)不包括对子公司的投资项目。此外,合并后普通股和留存收益余额仅包括母公司的普通股和留存收益余额。

在本例中,母公司应收票据中有 80 000 美元来自子公司,对应的是子公司向母公司发行的应付票据。在这里,母公司的应收票据与子公司的应付票据代表母公司与子公司之间的资源交换。因此,对整个集团公司而言,这两项金额应相互抵销。我们通过抵销分录(b)来完成会计处理。

在工作底稿中,抵销分录贷记 80 000 美元抵销母公司对子公司的应收票据,借记 80 000 美元抵销子公司对母公司的应付票据。合并后的财务报表中的应付票据是公司欠外部债权人的余额。

工作底稿编制完成后,每个会计账户合并后的余额代表公司整体的资产和负债以及母公司的股东权益。

思考题

仔细研究表 8-4,你会发现合并后的股东权益(176 000 美元＋155 000 美元)并没有将子公司的股东权益计算在内,这是为什么?

答案

公司整体的股东权益等于母公司的股东权益。如果同时将子公司的股东权益和对子公司的投资计算在内,那么母公司的账面价值就会出现重复计算的情况。

商誉和少数股东权益

商誉和少数股东权益这两个账户只有在合并主体的报表中才有。在第 7 章,我们已经学习了商誉账户。如果母公司收购子公司时支付的价格超过子公司净资产的市场价值就会产生商誉。商誉是一项无形资产,它代表母公司在收购子公司时的超额支出。

当母公司购买子公司的股份没有达到 100% 时就会产生**少数股东权益**(minority interest)或称**非控制性权益**(noncontrolling interest)。例如,通用电气公司持有其所控制的一些公司的股票少于 100%,这些子公司其余的股票对通用电气公司来说就是少数股东权益。少数股东权益在母公司资产负债表中的股东权益项下单独列示。少数股东持有子公司的权益必须单独列报。通用电气公司在其合并报表的股东权益项下单独列示少数股东权益。相反,在英特尔公司的合并报表中并没有报告少数股东权益,这意味着英特尔公司的子公司都是全资子公司。

合并主体的收益

合并主体的收益等于母公司的净利润加上母公司所享有的子公司净利润的份额。假设母公司持有子公司 S-1 的全部股份和子公司 S-2 的 60% 的股份。上一年度,母公司实现净利润 330 000 美元,S-1 实现净利润 150 000 美元,S-2 亏损 100 000 美元。母公司应报告的净利润为 420 000 美元,计算过程如下:

美元

	个别公司的净利润 (亏损)		母公司持有各 公司的份额		母公司合并 净利润(亏损)
母公司	330 000	×	100%	=	330 000
子公司 S-1	150 000	×	100%	=	150 000
子公司 S-2	(100 000)	×	60%	=	(60 000)
合并后净收入					420 000

做假账——投资和负债

安然公司

总部位于美国得克萨斯州休斯敦市的安然公司,在电力、天然气、纸浆和通信等方面都处于世界领先地位。2000 年,安然公司雇用员工约 22 000 人,报告的收入总额近 1 010 亿美元。安然公司连续 6 年被美国《财富》杂志评选为最具创新性企业。对于大多数人来说,安然公司就是成功企业的典范。

安然公司的财务报表显示,该公司非常赚钱,但是,实际上,大部分利润都是"纸上的"。安然公司日常经营所需的现金,绝大部分来自银行贷款,而不是来自经营。对于安然公司,为保持良好的信用记录,适当水平的财务比率(资产负债率、资产周转率)显得极为重要。过去几年,安然公司资产负债表中包括大量的负债和权益项目错报的事项。多数错报事项涉及长期资产项目。特别是,安然公司持有大量的长期投资,如电力厂房、水资源使用权、跨国电缆以及与天气相关的衍生金融工具。实际上,这些投资的价值很值得怀疑。但是,安然公司不采用公允价值计量上述资产,从而导致资产的价值被严重高估。

为了创造"纸上"利润,安然公司的财务总监安德鲁·法斯图(Andrew Fastow)创造了错综复杂的迷官——特殊目的实体(SPE),并通过特殊目的实体向银行借款。法斯图采用"盯住市价"(公允价值会计)的方法对上述投资进行会计处理。由于采用不恰当的假设,资产负债表上的资产被严重高估。然后,为了将这类可疑资产从安然公司的账簿中剔除,法斯图将这类资产"出售"给特殊目的实体。从这些交易中,安然公司赚取了数亿美元的"利润"。随后,法斯图以安然公司的股票为特殊目的实体的银行贷款作抵押,从而使安然公司与这些特殊目的实体之间形成了"体内循环交易"。更有甚者,安然公司的董事们并不知晓,多数特殊目的实体由法斯图及其家庭成员所控制,成为安然公司的关联方。实质上,安然公司拥有这些特殊目的实体的资产,并为这些特殊目的实体的债务作担保。

2001年年末,当安然公司的财务欺诈被揭发后,安然公司被迫将这些特殊目的实体的资产、负债予以合并。高估的资产被迫按照公允价值计提减值准备。结果导致调整后的财务比率(资产负债率和资产周转率)无法满足银行的要求,银行也拒绝再向安然公司提供经营所需的贷款。安然公司的核心业务——能源企业,在一夜间无米下锅,60天内宣布破产。据估计将近600亿美元的股东价值和22 000个职位一夜之间化为乌有。安然公司的首席执行官杰弗里·斯克林(Jeffery Skilling)、财务总监安德鲁·法斯图以及董事会主席肯尼斯·雷都被控财务欺诈罪。斯克林和法斯图被判处入狱,而雷在判决之前因突发心脏病而死亡。

为安然公司提供审计服务的安达信会计师事务所因试图帮助安然公司销毁会计欺诈证据而成为被告。2002年3月,安达信会计师事务所被美国司法部起诉,并因此失去所有的审计客户,宣告破产。本事件导致全球58 000名员工失业。2005年,尽管美国最高法院最终撤回了起诉,但是对于曾经拥有金牌声誉的安达信会计师事务所,这个决定确实是来得太晚了。对于安然公司审计质量的指控,以及废品处理公司和世通公司这两家安达信的审计客户等众所周知的审计失当,使安达信在劫难逃。

决策指南

长期投资的会计处理方法

本专栏旨在说明各种长期投资的会计处理方法。

英特尔公司持有各种各样的投资资产——股票、债券、25%的股份、控制性权益等。英特尔公司应该如何对这些不同类型的投资进行会计处理?

投 资 类 型	会计处理方法
长期债券投资(持有至到期投资)	摊余成本法
持有债券、其他债券和股权(小于20%)投资组合	可供出售,公允价值
持有被投资单位20%～50%的股权	权益法
持有被投资单位大于50%的股权	合并会计

章中习题

1. 为下面不同类型的投资选择适当的会计处理方法：

a. 持股比例为 25% 的股权投资

b. 持股比例为 10% 的股权投资

c. 持股比例大于 50% 的股权投资

2. 下列可供出售投资在期末的资产负债表中应以何种价格作为账面价值？所有投资在被投资公司所占比例均小于 5%。根据这些数据编制相应的调整分录。

美元

股 票 名 称	投 资 成 本	当前市场价值
杜邦	5 000	5 500
埃克森—美孚	61 200	53 000
宝洁	3 680	6 230

3. 投资者花 67 900 美元购买了被投资公司 40% 的普通股股票。该投资以权益法核算。第一年年末，被投资公司实现净利润 80 000 美元，宣布并分配 55 000 美元的现金股利。在权益法下，投资者权益法投资账户的期末余额是多少？使用 T 形账户回答。

4. 母公司花 85 000 美元购买了子公司的全部普通股股票，而且以应付票据的形式欠子公司 20 000 美元。完成下面的合并工作底稿。

美元

	母公司	子公司	抵销分录 借方	抵销分录 贷方	合并后余额
资产					
现金	7 000	4 000			
应收票据——母公司	—	20 000			
对子公司的投资	85 000	—			
其他资产	108 000	99 000			
合计	200 000	123 000			
负债和股东权益					
应付账款	15 000	8 000			
应付票据	20 000	30 000			
普通股	120 000	60 000			
留存收益	45 000	25 000			
合计	200 000	123 000			

答案

1. a. 权益法

b. 可供出售，在每个报告期末调整到公允价值

c. 合并会计方法

2. 这项投资应按照市场价值 64 730 美元入账：

美元

股 票 名 称	投 资 成 本	当前市场价值
杜邦	5 000	5 500
埃克森—美孚	61 200	53 000
宝洁	3 680	6 230
合计	69 880	64 730

调整分录:

未确认投资损失(69 880－64 730)	5 150	
可供出售投资——公允价格调整准备		5 150

将投资调整至当前市场价值。

3.

权益法投资

成本	67 900	股利	22 000 **
利润	32 000 *		
余额	77 900		

* 80 000 美元×0.40＝32 000 美元

** 55 000 美元×0.40＝22 000 美元

4. 合并工作底稿如下:

美元

	母公司	子公司	抵销分录 借方	抵销分录 贷方	合并后余额
资产					
现金	7 000	4 000			11 000
应收票据——母公司	—	20 000		(a) 20 000	—
对子公司的投资	85 000			(b) 85 000	—
其他资产	108 000	99 000			207 000
合计	200 000	123 000			218 000
负债和股东权益					
应付账款	15 000	8 000			23 000
应付票据	20 000	30 000	(a) 20 000		30 000
普通股	120 000	60 000	(b) 60 000		120 000
留存收益	45 000	25 000	(b) 25 000		45 000
合计	200 000	123 000	105 000	105 000	218 000

全球视角

境外子公司的合并

美国大多数公司都有大量的海外业务,百事、英特尔、通用电气等大公司在国外市场非常活跃。事实上,英特尔公司有 84% 的收入来自境外市场。表 8-5 列出了百事可乐、英特尔、通用电气三家公司来自国际市场的销售份额。

表 8-5　国际业务份额

公　司	国际销售份额/%
英特尔	84
通用电气	54
百事可乐	40

外币和汇率

大多数国家都发行并使用本国的货币。欧盟则是一个例外,法国、德国、意大利、比利时等国家都使用统一的货币——欧元(€)。如果英特尔公司这家美国公司向法国软件开发公司出售计算机处理器,那么英特尔公司是收取美元,还是收取欧元呢?如果使用美元进行结算,那么法国公司必须购进美元支付给英特尔公司。如果使用欧元进行结算,那么英特尔公司需要卖出欧元才能换入美元。

一国货币的价格可以用其他国家的货币单位标价。这种用其他国家货币衡量的一国货币的价格叫作外币兑换汇率。在表 8-6 中,2015 年 4 月 15 日,1 欧元的外币兑换汇率是 1.06 美元。这意味着我们可以用 1 欧元购买 1.06 美元。表 8-6 中列示了一些国家货币的外币兑换汇率。

表 8-6　外币兑换汇率,2015 年 4 月 15 日

国家	货币单位	美元标价	国家	货币单位	美元标价
巴西	里拉(R)	0.33	英国	英镑(£)	1.48
加拿大	加元(C$)	1.24	中国	人民币(元)	0.16
法国	欧元(€)	1.06	日本	日元(¥)	0.01
德国	欧元(€)	1.06	墨西哥	比索(P)	0.06

资料来源:https://www.fiscal.treasury.gov/fsreports/rpt/treasRptRateExch/currentRates.htm.

我们可以将用某一货币计量的物品转换成用另一种货币表示,这种转换叫作折算。假如 2015 年 4 月 15 日,某一物品的成本为 200 欧元,为了以美元计量该物品,我们用欧元值乘以折算汇率:200 欧元×1.06 美元/欧元＝212 美元。

有两个重要的因素影响货币的汇率:

1. 一国的进出口比率。

2. 一国资本市场的平均收益率。

进出口比率　日本的出口通常超过进口。日本公司的顾客在购买产品时必须购入日元。这种强烈的需求会使日元的汇率上升。相反,美国的进口大于出口。美国消费者购买外国商品时必须卖出美元换入外国货币。随着美元供给的增加,美元的汇率将下降。

收益率　一国资本市场的平均收益率影响流入该国的资本数量。当一个政局稳定的国家(如美国)的收益率较高时,国际投资者就会购买该国的股票、债券和房地产等。这些活动都会使该国货币的需求增加,从而使该国货币的汇率上升。

我们经常用"强"或"弱"来形容一国货币。强货币的汇率相对其他国家的货币来说是上升的,而弱货币的汇率相对其他国家的货币是下降的。

2015 年 4 月 15 日,英镑兑美元的汇率是 1.48 美元。10 月 17 日,英镑兑美元的汇率可能上升至 1.62 美元。在这种情形下,我们可以说美元相对英镑变弱了,因为英镑的价格变贵了,美元能购买的英镑变少了。这样一来,对于美国人来说,去英国旅行或者做生意就变得更昂贵了。

外币折算调整

将境外子公司的财务报表折算成美元的过程,即为外币折算调整。外币折算调整项目是跨国公司合并财务报表中特有的项目,该项目作为其他综合收益列报。第 11 章将介绍其他综合收益表。

外币折算调整产生的原因,是由于汇率随着时间的变动而发生变化。一般来讲:

- 在资产负债表日,资产和负债按现行汇率折算。
- 股东权益按照历史汇率折算。实收资本按照购买子公司时的历史汇率折算。在持有子公司的期间,留存收益按照平均汇率折算。

汇率的变动导致资产负债表出现暂时的不平衡,而外币折算调整使资产负债表重归平衡。下面我们举例说明外币折算调整的具体作用。

假设英特尔公司拥有一家意大利子公司,意大利子公司的财务报表是用欧元计量的。英特尔公司必须将这家意大利子公司的财务报表予以合并。2009 年,英特尔公司收购意大利子公司,当时欧元兑美元的汇率是 1 欧元等于 1.35 美元(假定)。2009—2014 年,意大子公司的留存收益采用的平均汇率是 1.30 美元(假定)。2014 年资产负债表日,欧元兑美元的汇率是 1.20 美元(假定)。表 8-7 显示了如何将意大利子公司的资产负债表(欧元)折算成美元报表。

表 8-7　将外币资产负债表折算成以美元为单位

意大利进口公司	欧元	折算汇率	美元
资产	800 000	1.20 美元	960 000
负债	500 000	1.20 美元	600 000
股东权益			
普通股	100 000	1.35 美元	135 000
留存收益	200 000	1.30 美元	260 000
累计其他综合损益:			
外币折算调整	———		(35 000)
	800 000		960 000

外币折算调整是一个平衡账户,用来平衡境外子公司以美元计量的负债和股东权益与以美元计量的资产总额(在表 8-7 中资产总额为 960 000 美元)。只有加上外币折算调整35 000 美元以后,以美元计量的负债和股东权益总额才等于以美元计量的资产总额。

在本例中,是什么原因导致了外币折算差额为负数?答案是:英特尔公司收购意大利进口公司后,欧元开始贬值。2009 年,英特尔公司收购境外子公司时,欧元兑美元的汇率是1.35 美元。2009—2014 年,意大利进口公司的留存收益按照这一期间欧元兑美元的平均汇率 1.30 美元折算。2014 年的资产负债表日,欧元兑美元的汇率仅为 1.20 美元。因此,意大利进口公司的股东权益折算后的余额为 360 000 美元(960 000 美元－600 000 美元)。为了使股东权益的余额达到 360 000 美元,需要进行一笔负的外币折算调整。

从某种意义上说,负的外币折算调整就如同一项损失,应该在其他综合收益表中列报。因外币折算调整而产生的利得或损失,最后转至资产负债表的股东权益部分。表 8-7 中意大利进口公司的美元金额应包括在英特尔公司的资产负债表中。合并的具体流程如本章前面所述。

 ## 在现金流量表中报告投资活动

投资活动包括很多种类型的经济交易。第 7 章讨论了厂房和设备等长期资产的取得与出售。本章主要讨论股票和债券投资。

表 8-8 摘自英特尔公司 2014 年的合并现金流量表。2014 年,英特尔公司出售可供出售投资并获得 12 亿美元现金,购买可供出售投资耗资 70 亿美元。其他可供出售投资到期,带来 89 亿美元的现金。公司购买 144 亿美元交易性资产,出售其他交易性资产获得 132 亿美元现金。此外,公司购买不可转让股权投资花费 14 亿美元,购买不动产、厂房和设备花费 101 亿美元,并投入 3 亿美元进行其他投资活动。总体上看,2014 年投资活动消耗了英特尔公司 99 亿美元现金。

表 8-8　在现金流量表中报告投资活动——英特尔公司

英特尔公司 2014 年合并现金流量表(节选,已调整)	亿美元
投资活动产生(使用)的现金流量:	
出售可供出售投资	12
购买可供出售投资	(70)
可供出售投资到期	89
购买交易性投资	(144)
出售交易性投资	132
购买非交易性股权投资	(14)
购买不动产、厂房和设备	(101)
其他现金支出	(3)
投资活动产生(使用)的净现金流量	**(99)**

 ## 解释货币的时间价值对不同类型投资的影响

今天收到 1 000 美元,还是 1 年后收到 1 000 美元? 你会作出什么选择? 一个理性的回答是:"我当然愿意现在收到现金。原因在于,如果现在持有现金,可以将其投资并赚取利息。"**终值**(future value)是指在未来某个给定日期,在给定的利率下,现行投资金额的价值。货币的时间价值是指货币在一定时期内能够获得利息。利息是指使用货币的成本。对于借款人而言,利息是借用资金的费用;对于贷款人而言,利息是借出资金所获得的收益。

无论是投资,还是借入长期贷款,企业必须确认应当获取或者支付的利息。否则,我们会忽视经济业务中的一个重要组成部分。假定你投资 4 545 美元购买公司债券,每年获得 10% 的利息收入。一年后,这项投资的价值增加至 5 000 美元(如图 8-4 所示)。

初始投资(4 545 美元)和投资终值(5 000 美元)之间的差额,就是本年度的利息收入

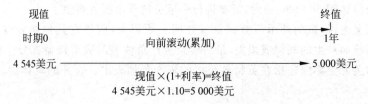

图 8-4　投资终值

（455 美元）。随着投资时间的延长，利息变得越来越重要，因为利息的多少由货币投资的时间跨度决定。货币的时间价值在确定某些长期投资和长期负债的价值中，扮演重要角色。

如果货币的投资期限是 5 年，则需要做 5 次同样的计算。而且，还需要按照复利计算应获取的利息。复利不仅是从本金中获得的利息，而且包括从已经获得的利息中所赚取的利息。大多数交易采用复利计息。

计算投资终值需要考虑三个因素：（1）初始支付（收入）金额；（2）初始支付（收入）与终值之间的时间长度；（3）利率。下表给出了初始投资为 4 545 美元、复利率为 10%、投资期限为 5 年，所获得的投资收益明细。

美元

年　末	利　息	终　值
0	—	4 545
1	4 545×0.10＝455	5 000
2	5 000×0.10＝500	5 500
3	5 500×0.10＝550	6 050
4	6 050×0.10＝605	6 655
5	6 655×0.10＝666	7 321

按 10% 的年复利计息，4 545 美元的初始投资第 1 年年末增长至 5 000 美元，第 2 年年末增长至 5 500 美元，第 5 年年末增长至 7 321 美元。

现值

在已知未来金额（终值）的情形下，需要计算终值的现值。现值是指在给定利率水平下，未来某一时点上特定支付金额或者分期支付金额的折现值。现值反映的是货币的时间价值。在图 8-4 中，终值和现值位于同一时间轴上相反的两端。假设一项投资承诺 1 年后支付 5 000 美元，你现在愿意支付多少来获取这项投资？你只会愿意为这项终值为 5 000 美元的投资支付相当于其现值的金额，即 4 545 美元，利率为 10%。

与终值的确定方法一样，现值的确定也取决于三个因素：（1）初始支付（收入）金额；（2）初始支付（收入）与终值之间的时间长度；（3）利率。由于现值小于终值，所以计算现值的过程称为折现。

在上述投资的例子中，未来收到的终值为 5 000 美元，投资期限为 1 年。假设你要求投资的年回报率为 10%，利用所列出的三个要素，计算折现率为 10%、终值为 5 000 美元、期限为 1 年的现值：

$$现值 = \frac{终值}{1 + 利率} = \frac{5\,000}{1.10} = 4\,545(美元)$$

通过将数据转化为终值,我们可以验证现值的计算过程:

投资额(现值)	4 545 美元
预期收益(4 545 美元×0.10)	455 美元
1 年后可以收到的金额(终值)	5 000 美元

这个例子说明终值和现值的计算基于同一个等式:

$$终值 = 现值 \times (1 + 利率)^n$$

$$现值 = \frac{终值}{(1 + 利率)^n}$$

其中,n=计息期数

如果从现在开始两年后收到的终值为 5 000 美元,那么你只需为这项投资支付 4 132 美元,如图 8-5 所示。通过数据转换,我们可以证明,初始投资 4 132 美元,当复利为 10% 时,两年后累计的投资金额为 5 000 美元:

投资额(现值)	4 132 美元
第一年的预期收益(4 132 美元×0.10)	413 美元
一年后投资的价值	4 545 美元
第二年的预期收益(4 545 美元×0.10)	455 美元
两年以后可以收到的金额(终值)	5 000 美元

计算公式:

$$现值 = \frac{终值}{(1 + 利率)^n}$$

$$4\,132 = \frac{5\,000}{(1 + 0.10)^2}$$

$$终值 = 现值 \times (1 + 利率)^n$$

$$5\,000 = 4\,132 \times (1 + 0.10)^2$$

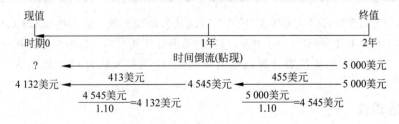

图 8-5 现值:一个例子

你将支付 4 132 美元(5 000 美元的现值),以获取复利率为 10%,两年后终值为 5 000 美元的投资。初始投资额(4 132 美元)和回收额(5 000 美元)之间的差额 868 美元是这项投资的回报。两年期间所获得的利息收入合计为 868 美元(413 美元+455 美元)。

现值表

我们已经学习了现值计算的一些简单公式，然而手工计算长期投资的现值既费时，也容易出现计算差错。现值表简化了计算工作，让我们使用表 8-9 重新计算上例中的现值。

对于利率为 10％ 的 1 年期投资，我们可以看一下表 8-9 中以 10％ 为列、1 为行的交汇处，数字为 0.909。计算如下：1/1.10＝0.909。这项计算工作已经完成，表中只给出了现值。要计算 5 000 美元的现值，我们用 0.909 乘以 5 000 美元，结果是 4 545 美元，该金额与我们手工计算的数值完全相同。

表 8-9　现值表（1 美元）

	A	B	C	D	E	F	G	H	I	J
1					1美元的现值					
2	期数	4%	5%	6%	7%	8%	10%	12%	14%	16%
3										
4	1	0.962	0.952	0.943	0.935	0.926	0.909	0.893	0.877	0.862
5	2	0.925	0.907	0.890	0.873	0.857	0.826	0.797	0.769	0.743
6	3	0.889	0.864	0.840	0.816	0.794	0.751	0.712	0.675	0.641
7	4	0.855	0.823	0.792	0.763	0.735	0.683	0.636	0.592	0.552
8	5	0.822	0.784	0.747	0.713	0.681	0.621	0.567	0.519	0.476
9	6	0.790	0.746	0.705	0.666	0.630	0.564	0.507	0.456	0.410
10	7	0.760	0.711	0.665	0.623	0.583	0.513	0.452	0.400	0.354
11	8	0.731	0.677	0.627	0.582	0.540	0.467	0.404	0.351	0.305
12	9	0.703	0.645	0.592	0.544	0.500	0.424	0.361	0.308	0.263
13	10	0.676	0.614	0.558	0.508	0.463	0.386	0.322	0.270	0.227
14	11	0.650	0.585	0.527	0.475	0.429	0.350	0.287	0.237	0.195
15	12	0.625	0.557	0.497	0.444	0.397	0.319	0.257	0.208	0.168
16	13	0.601	0.530	0.469	0.415	0.368	0.290	0.229	0.182	0.145
17	14	0.577	0.505	0.442	0.388	0.340	0.263	0.205	0.160	0.125
18	15	0.555	0.481	0.417	0.362	0.315	0.239	0.183	0.140	0.108
19	16	0.534	0.458	0.394	0.339	0.292	0.218	0.163	0.123	0.093
20	17	0.513	0.436	0.371	0.317	0.270	0.198	0.146	0.108	0.080
21	18	0.494	0.416	0.350	0.296	0.250	0.180	0.130	0.095	0.069
22	19	0.475	0.396	0.331	0.277	0.232	0.164	0.116	0.083	0.060
23	20	0.456	0.377	0.312	0.258	0.215	0.149	0.104	0.073	0.051
24										

对于两年期的投资，我们可以看以 10％ 为列、2 为行的交汇处。我们用 0.826（0.909/1.10＝0.826）乘以 5 000 美元，得到 4 130 美元，与我们前面计算的结果 4 132 美元也是一致的（两个数值之间的差异是由于现值表计算取整的原因）。应用表 8-9，可以计算任意一个终值的现值。

年金的现值

回到前面的例子，这项投资只为投资者提供了一个确定的未来回收金额（2 年后收到 5 000 美元）。在持续投资的期限内，年金投资为投资者提供了定期、等额的多次回收安排。

考虑一项投资，这项投资承诺你在未来 3 年内每年年末都可以收到 10 000 美元。假定你对投资所要求的回报率为 12％。这项投资的现值是多少？也就是说，当前你愿意为这笔投资支付多少？这笔投资期限为 3 年，你需要将 3 个现值加总，具体计算过程如下：

美元

年度	年现金收入	1 美元的现值,贴现率为 12%(见表 8-9)	年度现金收入的现值
1	10 000	0.893	8 930
2	10 000	0.797	7 970
3	10 000	0.712	7 120
投资现值总额	……		24 020

这项年金的现值为 24 020 美元,当期,你支付了这些现金,在未来 3 年内,每年年末收到 10 000 美元的回报,投资的回报率为 12%。

这个例子演示了 3 个未来金额反复计算现值的过程,计算过程很费时间。一种简便的计算方法是将 1 美元的 3 个现值相加(0.893+0.797+0.712),然后用相加的总和(2.402)乘以每年收回的现金 10 000 美元,得到年金的现值(10 000 美元×2.402=24 020 美元)。

另外一种更加简单的方法是使用年金现值表。表 8-10 列出了在给定的期限内定期收到 1 美元的现值。在利率为 12% 的情况下,3 年期年金的现值为 2.402(以 12% 为列、3 为行的交汇处)。因此,在 12% 的折现率下,3 年内,每年年末收到 10 000 美元的现值为 24 020 美元 (10 000 美元×2.402)。

表 8-10　年金现值表(1 美元)

期数	4%	5%	6%	7%	8%	10%	12%	14%	16%
				1美元年金的现值					
1	0.962	0.952	0.943	0.935	0.926	0.909	0.893	0.877	0.862
2	1.886	1.859	1.833	1.808	1.783	1.736	1.690	1.647	1.605
3	2.775	2.723	2.673	2.624	2.577	2.487	2.402	2.322	2.246
4	3.630	3.546	3.465	3.387	3.312	3.170	3.037	2.914	2.798
5	4.452	4.329	4.212	4.100	3.993	3.791	3.605	3.433	3.274
6	5.242	5.076	4.917	4.767	4.623	4.355	4.111	3.889	3.685
7	6.002	5.786	5.582	5.389	5.206	4.868	4.564	4.288	4.039
8	6.733	6.463	6.210	5.971	5.747	5.335	4.968	4.639	4.344
9	7.435	7.108	6.802	6.515	6.247	5.759	5.328	4.946	4.608
10	8.111	7.722	7.360	7.024	6.710	6.145	5.650	5.216	4.833
11	8.760	8.306	7.887	7.499	7.139	6.495	5.938	5.453	5.029
12	9.385	8.863	8.384	7.943	7.536	6.814	6.194	5.660	5.197
13	9.986	9.394	8.853	8.358	7.904	7.103	6.424	5.842	5.342
14	10.563	9.899	9.295	8.745	8.244	7.367	6.628	6.002	5.468
15	11.118	10.380	9.712	9.108	8.559	7.606	6.811	6.142	5.575
16	11.652	10.838	10.106	9.447	8.851	7.824	6.974	6.265	5.668
17	12.166	11.274	10.477	9.763	9.122	8.022	7.120	6.373	5.749
18	12.659	11.690	10.828	10.059	9.372	8.201	7.250	6.467	5.818
19	13.134	12.085	11.158	10.336	9.604	8.365	7.366	6.550	5.877
20	13.590	12.462	11.470	10.594	9.818	8.514	7.469	6.623	5.929

使用 Microsoft Excel 计算现值

表 8-9 和表 8-10 尽管非常有用,但可以采用的仅为列中给出的利率和行中给出的期数。而计算机应用程序(如 Microsoft Excel)则为利率和期数变量提供了无限区间。基于上述原

因,大多数商业人士不再使用现值表,而是使用 Microsoft Excel 计算现值。

计算单一支付款项的现值。打开一张空白的 Excel 工作表,在空格内输入下列公式:

$$＝支付金额/(1＋i)^n$$

其中,$i＝$利率;$n＝$期数。

在 Excel 中,使用符号^代表指数。为了方便说明,假设 4 年后,你预期可以收到 500 000 美元的回报,市场利率为 8%。你可以在 Excel 工作表中输入:

$$＝500000/(1.08)^4$$

计算结果:现值 = 367 514.93 美元(四舍五入为 367 515 美元)。

计算年金现值(分期支付)。打开一张空白的 Excel 工作表,单击插入函数(f_x)。然后从下拉列表框中选择"财务(Financial)",将弹出下面的窗口。

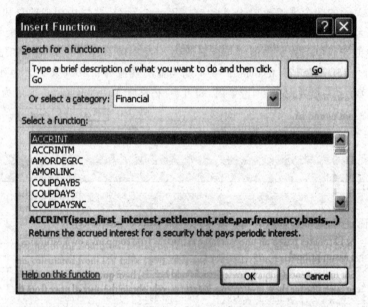

在函数列表中向下滚动光标,选择 PV。PV 函数的描述将出现在函数列表下面,同时出现的还有:PV(rate, nper, pmt, fv, type)。双击 PV,将出现 PV 函数界面。

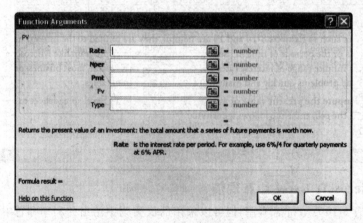

输入利率、期数以及支付金额(负值)。年金现值的计算结果会在界面下方"＝"之后

列示。

举例说明,假定未来 20 年,每年预期的投资回报为 20 000 美元,市场利率为 8%,该年金的净现值为 196 362.95 美元,使用 Excel 具体计算如下:

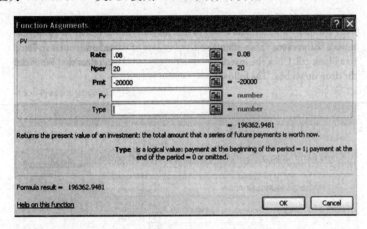

采用现值模型计算可供出售投资的公允价值

在本章的前面,我们讨论了公认会计原则关于可供出售投资的会计处理方法。在每年年末,投资者需要将可供出售投资组合的账面价值调整至公允价值。公允价值根据以下三种方法确定(按次序):

第 1 层次:相同资产在活跃市场上的报价。

第 2 层次:以其他可观察值为依据的估值(如类似资产的价格)。

第 3 层次:以不可观察值为依据的估值(以公司自身的某些假设为依据)。

某些投资(如公开发行的股票和债券)在活跃市场上有报价。确定这类投资的公允价值不难:可以直接从财经媒体获取(如互联网或者年末的《华尔街日报》)。其他一些非传统投资(如票据、股票、合同和年金等)在活跃市场上可能没有每天的市场报价。因此,公司需要采用财务模型,预测在未来一定期间内该类投资的预计现金流量,并将现金流折现至资产负债表日。我们将这种情形称为采用第 2 层次或者第 3 层次方法的资产估值。采用上述模型,需要对未来现金流的时间和金额作出大量及复杂的职业判断,有时也会对某些变量(如利率)作出主观的估计。估值模型对于判断与估计的变动极其敏感。下面举一个简单的例子予以说明。

债券投资的现值

债券的现值,即债券的市场价格,是指到期日收到的本金现值加上应付利息的现值。本金是指在债券到期日债务人应支付的金额。利息是一种年金,因为它是按期支付的。

下面我们以西南航空为例,从投资者的角度,计算利率为 9% 的 5 年期债券的现值。假设债券的票面价值为 100 000 美元,每半年按 4.5% 的利率支付一次利息(一年支付两次)。假定在债券发行时,市场利率为 10%,则按半年计息的利率为 5%(同样,每年付息两次),因此 10 个半年付息期,每期的实际利率为 5%。我们采用 5% 来计算到期价值和利息的现值。该债券的市场价格为 96 149 美元,具体计算如下所示:

	年利率÷2	每半年付息期数
本金的现值:		
100 000 美元×利率为 5% 的单一数量的现值		10 期
100 000 美元×0.614(表 8-9)		
应付(现金)利息的现值:		61 400
100 000 美元×0.045×利率为 5% 的年金现值		10 期
4 500 美元 ×7.722(表 8-10)		34 749
债券的现值(市场价格)		96 149

采用 Excel PV 函数计算现值,具体流程如下:[①]

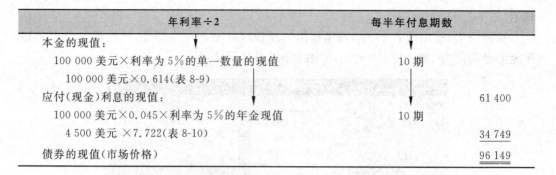

资产负债表日,西南航空的债券的公允价值为 96 149 美元。

采用现值表计算的现值为 96 149 美元,采用 Excel 的 PV 函数计算的现值为 96 139 美元,两者之间的细微差距是四舍五入造成的。在第 9 章,我们将从债务人(债券发行方)的角度讨论债券的会计处理。建议你在学习第 9 章的相关知识之前,先重温本节的内容。

英特尔公司 2014 年的财务报表附注中,投资的公允价值列报如下:

百万美元

	第 1 层次	第 2 层次	第 3 层次
交易性权益证券	7 097	0	0
其他长期资产	717	1 540	39

某些第 2 层次和第 3 层次的公允价值的估算采用的就是我们在本节介绍的未来现金流量折现方法。

章末习题

1. 将美国威格公司的一家巴西子公司的资产负债表折算成以美元为报告货币的资产负债表。威格公司收购这家子公司时,巴西货币里拉兑美元的汇率是 0.40 美元。留存收益所适用的平均汇率是 0.41 美元。里拉当前的汇率是 0.43 美元。

---

① 假定所有的利息和本金支付都发生在期末,而不是期初。因此,应将 Excel 表中的"Type"一行设为空白。

在报表折算前,预测外币折算差额是正数还是负数。上述的折算结果会导致外币折算利得还是损失? 说明理由。

	里拉
资产	900 000
负债	600 000
股东权益:	
普通股	30 000
留存收益	270 000
	900 000

答案

外币资产负债表的折算:在这种情况下,将会导致正的外币折算差额,即一项利得。这种利得产生的原因是用来折算净资产(资产减负债)的现行汇率大于用来折算股东权益的历史汇率。

计算过程如下:

	里拉	折算汇率	美元
资产	900 000	0.43	387 000
负债	600 000	0.43	258 000
股东权益:			
普通股	30 000	0.40	12 000
留存收益	270 000	0.41	110 700
累计其他综合损益:			
外币折算差额	—		6 300
	900 000		387 000

2. 你投资了一栋商用建筑,并将该建筑出租给一家全国性的零售连锁店。承租者签订了一份10年期的不可撤销租赁协议。在租赁期内,你预期每月收到租金8 000美元。如果年利率为12%,按照月复利计算,那么这项投资的现值是多少?

答案

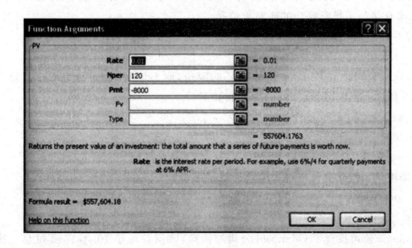

由于按月复利计算，所以，租赁期限为 120 个月，而不是 10 年。另外，需要将年利率 12％ 调整为月利率 1％（12％÷12）。这项租赁的净现值为 557 604 美元。你会发现，应用现值表 无法计算本题中的现值。因为在现值表中，既不包括 1％ 的利率数值，也没有 120 的期数值。 不过，Excel 的 PV 函数可以帮你轻松解决问题。

复习：长期投资与货币的时间价值

复习测试（答案见本章末）

1. 假设 Crandall 公司投资于美孚公司的股票，所占份额小于 2％，并且 Crandall 公司打 算持有 3 年之后出售，这项投资属于何种类型？

a. 交易性投资　　　　　　　　　　b. 权益性投资

c. 可供出售投资　　　　　　　　　d. 合并—控股投资

2. Jacques 公司购买了一项可供出售投资——以每股 20 美元的价格购买 Northwest Supplies 公司 2 000 股股票。在下一个资产负债日，Northwest Supplies 公司的股票交易价 格为 21 美元。Jacques 公司应在其资产负债表中报告_____。

a. 投资余额 42 000 美元　　　　　　b. 投资余额 40 000 美元

c. 未实现投资利得 40 000 美元　　　d. 未确认投资损失 2 000 美元

3. 利用第 2 题中给出的 Jacques 公司的相关数据。Jacques 公司在其利润表中应报 告_____。

a. 投资余额 40 000 美元

b. 未实现投资利得 2 000 美元

c. 未确认投资损失 2 000 美元

d. 不作任何报告，因为 Jacques 公司还没有出售该项投资。

4. 利用第 2 题中给出的 Jacques 公司的相关数据。Jacques 公司将 Northwest Supplies 公 司的股票以 50 000 美元的价格出售。Jacques 公司应在其利润表中报告_____。

a. 投资余额 50 000 美元　　　　　　b. 出售投资利得 10 000 美元

c. 出售投资损失 10 000 美元　　　　d. 未实现投资利得 2 000 美元

5. William 运输仓储公司在年初以 150 000 美元的价格购买了 Welton 公司 20％ 的普通 股股票。当年，Welton 公司的净利润为 40 000 美元，并且支付现金股利 25 000 美元。 William 运输仓储公司投资账户的账面价值是_____。

a. 153 000 美元　　　　　　　　　　b. 150 000 美元

c. 165 000 美元　　　　　　　　　　d. 190 000 美元

6. Tarrant 公司持有 Boulder 公司 80％ 的股份，而 Boulder 公司持有 Corby 公司 80％ 的 股份。2016 年度，上述公司合并前的净利润如下。

* Tarrant 公司：180 000 美元

* Boulder 公司：66 000 美元

* Corby 公司：45 000 美元

2016 年度，Tarrant 公司应报告的净利润是多少？

a. 291 000 美元　　　　　　　　　　b. 180 000 美元

c. 268 800 美元　　　　　　　　　　d. 261 600 美元

7. Majestic 公司投资了 Cromwell 公司的债券，该债券每年 10 月 31 日付息一次。12 月

31 日,Majestic 公司应在其资产负债表中报告_____。

   a. 利息费用   b. 利息收入

   c. 应付利息   d. 应收利息

8. 你打算去德国旅行,以 1.65 美元的价格购买欧元。当你返回时,你以 1.40 美元的价格将未用完的欧元售出。在你旅行期间,_____。

   a. 欧元相对美元升值   b. 美元相对欧元升值

   c. 美元贬值   d. 欧元升值

9. Raymond 公司向航空公司出租飞机。Remond 公司与承租人签订了一份 20 年期的租赁协议,年度最低租赁付款额为 900 000 美元。如果利率为 10%,该项租赁的现值是多少?

   a. 134 100 美元   b. 1 341 000 美元

   c. 7 662 600 美元   d. 76 626 000 美元

10. Sunnyside 公司持有多家境外子公司。当合并其瑞士子公司时,Sunnyside 公司应以何种汇率将子公司的资产折算成美元?

   a. Sunnyside 公司持有瑞士子公司期间的平均汇率

   b. 现行汇率

   c. Sunnyside 公司购买该子公司时的历史汇率

   d. 以上均不是,没有必要把子公司的资产折算成美元

自我测评

道德检测

下列情况违反了 AICPA 职业行为守则三原则(客观性、独立性和谨慎性)中的哪个原则?假设例子中的所有人都是 AICPA 的成员(注:有关原则的描述,请参阅第 1 章有关 AICPA 专业行为准则的内容)。

a. Nature Creations 公司最近购买了 TimberCare 公司 100%的有表决权的流通在外的股票。Nature Creations 公司和 TimberCare 公司将继续保留其独立的会计核算。Nature Creations 公司持有一笔来自 TimberCare 公司的应收账款,相应地 TimberCare 公司在账簿中记录了对 Nature Creations 公司的负债。Kerrie 是 Nature Creations 公司的会计,她不知道如何做两家公司合并后的抵销分录。Kerrie 决定直接将两家公司的资产负债表与利润表的余额进行加总,她希望未做的抵销分录不会对整个报表产生重大影响。

b. Justin 是 Pagano & Vitetta 公司的一名新合伙人。他运用自己的影响力改变了对 Vito 证券经纪公司的投资数额。然而,Justin 并没有披露他母亲是 Vito 证券经纪公司的高级咨询师。

c. 由于当地经济出现衰退,Jubilee 游乐园的销售收入下降,低于其预算收入。为了使公司的投资者保持乐观,财务总监 Maria 将一笔投资的未实现收益确认为已实现的收益,从而增加了当期的净利润。Maria 认为这笔投资迟早会被卖出并获取收益,因此现在就确认收益是可以接受的。

d. Corrigan 公司购买了 200 000 美元的债券,这些债券将在 2026 年 5 月 1 日到期。尽管公司的管理层有意将该债券持有至到期,然而财务总监 Albert 将该债券分类为交易性投资。分类的理由是,将该债券投资分类为交易性投资,公司的财务比率会显得更好。

小练习

S8-1 （目标：记录平价发行的持有至到期投资及其利息）2016 年 1 月 1 日，Midtown 工业公司购买了 10 000 美元 BRS 公司的债券，价格与票面价值相等（平价），票面利率为 5％。Midtown 工业公司打算将该投资持有至到期日——2021 年 1 月 1 日。BRS 公司每半年支付一次现金利息（分别在 1 月 1 日和 7 月 1 日）。编制 Midtown 工业公司 2016 年 1 月 1 日购买该债券的会计分录。编制 Midtown 工业公司 2016 年 7 月 1 日收到债券利息的会计分录。

S8-2 （目标：记录折价发行的持有至到期投资及其利息）2016 年 1 月 1 日，Broadbent 保险公司购买了 100 000 美元 DGM 公司的债券，价格为 90（折价），利率为 5.5％，当时市场利率为 8％。Broadbent 保险公司打算将该投资持有至到期日——2021 年 1 月 1 日。BRS 公司每半年支付一次现金利息（分别在 1 月 1 日和 7 月 1 日）。编制 Broadbent 保险公司 2016 年 1 月 1 日购买该债券的会计分录。编制 Broadbent 保险公司 2016 年 7 月 1 日收到债券利息的会计分录。

S8-3 （目标：计算和记录折价发行的债券投资的利息）使用 S8-2 中的相关数据，计算 2016 年 7 月 1 日的折价摊销（使用直线摊销法），并编制相应的会计分录。计算 Broadbent 保险公司 2016 年前 6 个月的利息收入。（提示：包括 S8-2 中收到的利息以及本题中的折价摊销。）

S8-4 （目标：报告折价发行的债券投资）使用 S8-2 中的相关数据，编制 Broadbent 保险公司 2016 年 12 月 31 日对 DGM 公司债券进行调整的会计分录。2016 年 12 月 31 日，Broadbent 保险公司应如何在资产负债表中对 DGM 公司的投资进行报告？Broadbent 保险公司在利润表中确认的 DGM 公司债券的利息收入是多少？

S8-5 （目标：计算和记录溢价发行的债券投资的利息）2016 年 1 月 1 日，Sunshine Pools 公司购买了 100 000 美元 BHT 公司的债券，价格为 107.5（溢价），利率为 12％，当时市场利率为 10％。Sunshine Pools 公司打算将该投资持有至到期日——2021 年 1 月 1 日。BHT 公司每半年支付一次现金利息（分别在 1 月 1 日和 7 月 1 日）。计算 2016 年 7 月 1 日的折价摊销（使用直线摊销法），并编制相应的会计分录。计算 Sunshine Pools 公司 2016 年前 6 个月的利息收入。

S8-6 （目标：报告溢价发行的债券投资）使用 S8-5 中的相关数据，编制 Sunshine Pools 公司 2016 年 12 月 31 日对 BHT 公司债券进行调整的会计分录。2016 年 12 月 31 日，Broadbent 保险公司应如何在资产负债表中对 BHT 公司的投资进行报告？Broadbent 保险公司在利润表中确认的 BHT 公司债券的利息收入是多少？

S8-7 （目标：分析和报告持有至到期投资）Helio Ward（HW）公司持有大量的公司债券。假设 2016 年 6 月 30 日，HW 公司购买了 1 300 000 美元 Amexon 公司的债券，价格为 103。Amexon 公司每半年支付一次现金利息（分别在 6 月 30 日和 12 月 31 日），年利率是 5％，期限是 5 年。

1. HW 公司购买该债券投资的成本是多少？债券到期时，HW 公司收回的投资是多少？

2. HW 公司每年从 Amexon 公司收到的现金利息是多少？

3. HW 公司每年因债券投资而取得的利息收入大于还是小于所收到的现金利息？说明理由。

4. 计算 HW 公司每年因该项债券投资所获得的利息收入。使用直线法摊销债券的溢价。

S8-8　（目标：记录持有至到期投资交易）使用 S8-7 中的相关数据，编制 HW 公司下列交易事项的会计分录。

a. 2016 年 6 月 30 日，购买 Amexon 公司的债券。HW 公司打算将该投资持有至到期。

b. 2016 年 12 月 31 日，收到半年的现金利息。

c. 2016 年 12 月 31 日，摊销债券溢价。使用直线法摊销。

d. 2021 年 6 月 30 日，债券到期，收回债券投资面值（假设 2021 年的利息收入和债券溢价摊销分录都已完成，不再予以考虑）。

S8-9　（目标：记录可供出售投资及相关的股利收入）2016 年 3 月 23 日，Williams 公司以每股 81.34 美元的价格购买 1 000 股美国运通公司的普通股股票（本情形不适用权益法）。Williams 公司打算持有该投资一年以上。2016 年 6 月 22 日，收到美国运通公司发放的现金股利，每股 0.29 美元。要求：（1）编制 Williams 公司初始投资的会计分录；（2）编制 Williams 公司收到现金股利的会计分录。

S8-10　（目标：调整可供出售投资至公允价值）使用 S8-9 中的相关数据。2016 年年末，Williams 公司持有的美国运通公司的股票的每股市值上升到 84.16 美元。假设 Williams 公司没有其他投资，请编制其将美国运通公司股票价格调整至公允价值的会计分录。

S8-11　（目标：报告可供出售投资的出售情况）使用 S8-9 和 S8-10 中的相关数据。2017 年 11 月 22 日，Williams 公司将其持有的美国运通公司的全部股票出售，收到 74 500 美元。编制该项销售的会计分录。

S8-12　（目标：分析和报告可供出售投资）2016 年，Hilton 公司的长期可供出售投资交易如下：

2016 年	
4 月 10 日	以每股 20 美元的价格购买 300 股 Microscape 公司的股票。Hilton 公司计划在未来长期持有该投资。
7 月 22 日	收到 Microscape 公司发放的现金股利，每股 1.29 美元。
12 月 31 日	将 Microscape 公司股票的账面价值调整至当前的市场价值 5 800 美元。

1. 编制 Hilton 公司的投资交易的会计分录。不需要解释。

2. 假设 Hilton 公司只持有 Microscape 公司的长期投资。说明 Hilton 公司如何在利润表和综合收益表中报告该项投资。

3. 说明 Hilton 公司如何在 2016 年 12 月 31 日的资产负债表中报告该投资的余额及未实现的投资利得或损失。不考虑所得税的影响。

S8-13　（目标：可供出售投资出售的会计处理）使用 S8-12 中的相关数据。2017 年 5 月 21 日，Hilton 公司将所持有的 Microscape 公司股票以每股 30 美元的价格出售。

要求

1. 编制该项交易的会计分录。不需要解释。

2. 本次交易确认的利得或损失与 2016 年 12 月 31 日确认的利得或损失有什么不同？

S8-14　（目标：分析和报告在联营企业的投资）2016 年 1 月 1 日，东方汽车公司以 4.3 亿美元的价格收购了 Tripp 汽车公司 30% 的股权。假设 Tripp 汽车公司 2016 年度的净利润为 8 000 万美元并支付现金股利 4 000 万美元。

1. 东方汽车公司应采用哪种方法核算其在 Tripp 汽车公司的股权投资？说明理由。

2. 编制东方汽车公司上述三项交易的会计分录。以百万美元为货币单位,并对每一笔会计分录做出解释。

3. 将上述会计分录过入权益法投资的 T 形账户。过账后,该账户的余额是多少?

S8-15 (目标:出售权益法投资的会计处理)使用 S8-14 中的相关数据。假设东方汽车公司 2017 年 1 月 1 日将其在 Tripp 汽车公司的投资出售了一半,售价为 1.25 亿美元。计算东方汽车公司出售该项投资所获得的利得或损失。

S8-16 (目标:定义并解释控制性权益和合并财务报表)回答下列关于合并会计的问题:

1. 给出母公司和子公司的定义。

2. 指出合并财务报表与个别公司财务报表的区别。

3. 哪家公司的名字应该出现在合并财务报表中? 母公司必须持有子公司多少股权,才能将子公司纳入其合并财务报表?

S8-17 (目标:解释商誉和少数股东权益)

商誉和少数股东权益是由于合并财务报表而产生的两个特殊账户。

1. 什么是商誉? 商誉是怎么产生的? 哪一家公司应该报告商誉,子公司还是母公司? 商誉应该如何在报表中列报?

2. 什么是少数股东权益? 哪一家公司应该报告少数股东权益,子公司还是母公司? 少数股东权益应该如何在报表中列报?

S8-18 (目标:在现金流量表中报告投资活动)在现金流量表中,公司将其现金流量分为三部分。

1. 按照现金流量表中的顺序,列出现金流量的三个类别。这三类现金流量中哪一类与本章的内容密切相关?

2. 列出至少两项公司将作为投资活动产生的现金流量列报的交易。

S8-19 (目标:使用现金流量表)数据摘录自 Ink Spot 公司的现金流量表(节选),具体如下所示。

Ink Spot 公司及其子公司现金流量表(节选)   百万美元

	年度截至 12 月 31 日	
	2016 年度	**2015 年度**
经营活动产生的现金流量		
经营活动产生的净现金流量	5 404	1 498
投资活动产生的现金流量		
购买不动产、厂房和设备	(1 001)	(951)
并购和投资(主要是商标和装瓶公司)	(851)	(521)
购买投资	(590)	(668)
处置投资收入	608	384
处置不动产、厂房和设备收入	128	72
其他投资活动	183	178
投资活动产生的净现金流量	(1 523)	(1 506)

	年度截至 12 月 31 日	
	2016 年度	**2015 年度**
筹资活动产生的现金流量		
发行债务（借款）	3 867	4 704
偿付债务	(5 142)	(5 477)
发行股票	220	438
回购库存股	(358)	(186)
股利	(2 298)	(2 172)
筹资活动产生的净现金流量	(3 711)	(2 693)

假设你是 Ink Spot 公司的首席执行官，你需要撰写面向股东的管理建议书，说明公司 2016 年度的主要投资活动。请对比以前年度的投资活动，指出公司在 2016 年度是如何为投资活动提供资金支持的。

S8-20　（目标：计算现值）计算下列金额的现值：

1. 利率为 10％，5 年后的终值为 12 000 美元。

2. 利率为 10％，未来 5 年，每年的年金为 12 000 美元。

S8-21　（目标：计算某项投资的现值）Chaplin 租赁公司出租一辆汽车，租赁期限为 60 个月，每月租金收入为 150 美元。

1. 如果利率为 12％，这项租赁的现值是多少？使用 Excel 的 PV 函数计算现值。

2. 如果第 5 年年末，这辆汽车以 7 500 美元售出，那么这项租赁的现值是多少？

练习

（A 组）

E8-22A　（目标：分析和报告持有至到期债券交易）假设 Rentex 公司 2016 年 9 月 30 日以 97 的价格购买 Morin 公司年利率为 6％的债券，作为持有至到期的长期投资。2021 年 9 月 30 日，债券到期时的面值是 30 000 美元。应付债券的付息日分别是 3 月 31 日和 9 月 30 日。

要求

1. Rentex 公司应采取何种方法核算其对 Morin 公司的债券的投资？

2. 采用直线法摊销债券折价。编制 2016 年度这项债券投资交易的会计分录。

3. 2016 年 12 月 31 日，Rentex 公司应如何在资产负债表中报告这项债券投资？

E8-23A　（目标：编制可供出售投资交易的会计分录）为 Isley 百货公司的下列长期可供出售投资交易编制会计分录：

a. 以每股 35 美元的价格购买 Howell 美食公司 400 股普通股股票，并打算长期持有。

b. 收到 Howell 美食公司发放的现金股利，每股 1.6 美元。

c. 年末，按每股 42 美元的公允价值，调整长期投资的账面余额。

d. 以每股 25 美元的价格出售 Howell 美食公司的股票。

E8-24A　（目标：分析和报告可供出售投资）Michael 公司以每股 38 美元的价格购买加拿大公司的 3 800 股股票，以每股 47.25 美元的价格购买巴西公司的 640 股股票；以每股 77

美元的价格购买俄罗斯公司的 1 500 股股票。上述投资均属于可供出售投资。12 月 31 日，从胡佛在线获知，加拿大公司的股价是每股 29.125 美元，巴西公司的股价是每股 49.25 美元，俄罗斯公司的股价是每股 69.5 美元。

要求

1. 确定 Michael 公司 12 月 31 日上述长期投资组合的成本和公允价值。

2. 编制 Michael 公司 12 月 31 日的调整分录。

3. 对于上述信息，Michael 公司应在其他综合收益表和资产负债表中如何予以报告？做出必要的信息披露。不考虑所得税因素。

E8-25A （目标：采用权益法对投资交易进行会计处理）尼尔森公司在几家公司拥有权益法核算的投资。假设尼尔森公司以 1 500 000 美元的价格收购了辛普森软件公司 40％的股份。第一年，辛普森软件公司报告的净利润为 670 000 美元，宣告并支付现金股利 440 000 美元。

要求

1. 编制尼尔森公司下列交易事项的会计分录：(a)购入投资；(b)享有辛普森软件公司净利润的份额；(c)收到现金股利。

2. 尼尔森公司的投资账户的余额是多少？

E8-26A （目标：分析权益法下出售投资的利得或损失）不编制会计分录，直接在尼尔森公司的权益法投资的 T 形账户中列示 E8-25A 中的交易事项。假定在上述所有交易事项完成后，尼尔森公司将其在辛普森软件公司的所有投资以 1 500 000 美元的价格出售。尼尔森公司出售这项投资的利得或损失是多少？

E8-27A （目标：采用适当的方法，核算持有 30％股份的股权投资）Ashcroft 财务公司以 500 000 美元的价格购买了 Magic 公司 30％的普通股股票。第一年，Magic 公司报告了 220 000 美元的净利润，宣告并发放现金股利 140 000 美元。在资产负债表日，Ashcroft 财务公司持有的 Magic 公司股票的公允价值为 430 000 美元。

要求

1. Ashcroft 财务公司应采取哪种方法核算其在 Magic 公司的股票投资？为什么？

2. 在年末财务报表中，Ashcroft 财务公司应如何报告这项投资的账面价值及投资收益？

E8-28A （目标：编制合并资产负债表）Nutone 公司是 Othello 公司的母公司。两家公司各自的资产负债表数据如下：

Nutone 公司合并工作底稿 美元

	Nutone 公司	Othello 公司	抵销分录 借方 贷方	合并金额
现金	46 000	20 000		
应收账款净额	81 000	53 000		
应收票据——Nutone 公司	—	42 000		
存货	59 000	84 000		
固定资产净值	289 000	91 000		

	Nutone 公司	Othello 公司	抵销分录		合并金额
			借方	贷方	
长期投资——Othello 公司	107 000	—			
其他资产	29 000	10 000			
合计	611 000	300 000			
应付账款	48 000	20 000			
应付票据	145 000	39 000			
其他负债	77 000	134 000			
普通股	105 000	85 000			
留存收益	236 000	22 000			
合计	611 000	300 000			

要求

1. 编制 Nutone 公司的合并资产负债表。根据上面提供的条件,完成合并资产负债表工作底稿。使用表 8-4 的格式。

2. 合并主体的股东权益是多少?

E8-29A　(目标:将外币资产负债表折算成美元资产负债表)将北卡罗来纳皮货公司的德国子公司的资产负债表折算成以美元为货币单位的报表。北卡罗来纳皮货公司收购这家子公司时,欧元兑美元的汇率为 1.06 美元。欧元当前的汇率为 1.326 美元。在持有子公司期间,留存收益按照欧元平均汇率(1.19 美元)折算。

	欧元
资产	650 000
负债	300 000
所有者权益:	
普通股	55 000
留存收益	295 000
	650 000

在持有该子公司期间,哪种货币较为强势,是美元还是欧元?

E8-30A　(目标:编制并使用现金流量表)2016 年度,Honey Bakery 公司报告的净利润为 1.324 亿美元。Honey Bakery 公司因处置其他业务取得收入 140 万美元。Honey Bakery 公司的资本支出为 1 000 万美元,处置不动产、厂房和设备获得 730 万美元。公司购买长期投资的成本为 1 150 万美元,出售其他长期投资利得为 250 万美元。

要求

编制 Honey Bakery 公司的现金流量表——投资活动部分。仅从 Honey Bakery 公司投资活动的角度考虑,能否看出该公司是在扩张还是在萎缩? 说明理由。

E8-31A　(目标:使用现金流量表)会计期末,Cityside 房地产公司在其现金流量表中报告的投资活动数据如下:

<table>
<tr><td colspan="2">**Cityside 房地产公司合并现金流量表(节选)**</td><td>美元</td></tr>
<tr><td colspan="3">投资活动产生的现金流量</td></tr>
<tr><td>收回应收票据</td><td></td><td>3 116 000</td></tr>
<tr><td>购买短期投资</td><td></td><td>(3 465 000)</td></tr>
<tr><td>出售设备收入</td><td></td><td>1 409 000*</td></tr>
<tr><td>出售投资收入(成本为 500 000 美元)</td><td></td><td>515 000</td></tr>
<tr><td>购买不动产和设备支出</td><td></td><td>(1 770 000)</td></tr>
<tr><td>投资活动产生的净现金流量</td><td></td><td>(195 000)</td></tr>
</table>

* 成本为 5 100 000 美元,累计折旧为 3 691 000 美元。

要求

对于上面列出的每个项目,编制在现金流量表中相对应的会计分录。

E8-32A (目标:计算债券投资的现值)Stockman 公司购买了 Voltgo 公司 10 份面值为 1 000 美元、利率为 6% 的债券,购买时市场利率为 7%。债券每半年付息一次,期限为 8 年。使用 Excel 的 PV 函数计算 Stockman 公司购买该债券时所支付的价格(即债券的现值)。

(B 组)

E8-33B (目标:分析和报告持有至到期债券交易)假设 Baytex 公司 2016 年 9 月 30 日以 97 的价格购买 Hartley 公司年利率为 5% 的债券,作为持有至到期的长期投资。2021 年 9 月 30 日,债券到期时的面值是 46 000 美元。应付债券的付息日分别是 3 月 31 日和 9 月 30 日。

要求

1. Baytex 公司应采取何种方法核算其对 Hartley 公司的债券的投资?

2. 采用直线法摊销债券折价。编制 2016 年度这项债券投资交易的会计分录。

3. 2016 年 12 月 31 日,Baytex 公司应如何在资产负债表中报告这项债券投资?

E8-34B (目标:编制可供出售投资交易的会计分录)为 Hammond 百货公司的下列长期可供出售投资交易编制会计分录:

a. 以每股 31 美元的价格购买 Potter 美食公司的 410 股普通股股票,并打算长期持有。

b. 收到 Potter 美食公司发放的现金股利,每股 1.1 美元。

c. 年末,按每股 36 美元的公允价值,调整长期投资的账面余额。

d. 以每股 27 美元的市场价格出售 Potter 美食公司的股票。

E8-35B (目标:分析和报告可供出售投资)Ogden 公司以每股 35 美元的价格购买 Dublin 公司的 2 800 股股票,以每股 45.5 美元的价格购买 Chile 公司的 590 股股票,以每股 70 美元的价格购买俄罗斯公司的 1 000 股股票。上述投资均属于可供出售投资。12 月 31 日,从胡佛在线获知,Dublin 公司的股价是每股 28.125 美元,Chile 公司的股价是每股 48 美元,俄罗斯公司的股价是每股 63.25 美元。

要求

1. 确定 Ogden 公司 12 月 31 日上述长期投资组合的成本和公允价值。

2. 编制 Ogden 公司 12 月 31 日的调整分录。

3. 对于上述信息,Ogden 公司应在其他综合收益表和资产负债表中如何予以报告?做出必要的信息披露。不考虑所得税因素。

E8-36B （目标：采用权益法对投资交易进行会计处理）Watson 公司在几家公司拥有权益法核算的投资。假设 Watson 公司以 1 300 000 美元的价格收购了 Smith 软件公司 30％的股份。第一年，Smith 软件公司报告的净利润为 680 000 美元，宣告并支付现金股利 450 000 美元。

要求

1. 编制 Watson 公司下列交易事项的会计分录：(a)购入投资；(b)享有 Smith 软件公司净利润的份额；(c)收到现金股利。

2. Watson 公司的投资账户的余额是多少？

E8-37B （目标：分析权益法下出售投资的利得或损失）不编制会计分录，直接在 Watson 公司的权益法投资的 T 形账户中列示 E8-36B 中的交易事项。假定在上述所有交易事项完成后，Watson 公司将其在 Smith 软件公司的所有投资以 1 000 000 美元的价格出售。Watson 公司出售这项投资的利得或损失是多少？

E8-38B （目标：采用适当的方法，核算持有 45％股份的股权投资）Agani 财务公司以 570 000 美元的价格购买了 Sonic 公司 45％的普通股股票。第一年，Sonic 公司报告了 260 000 美元的净利润，宣告并发放现金股利 135 000 美元。在资产负债表日，Agani 财务公司持有的 Sonic 公司股票的公允价值为 430 000 美元。

要求

1. 财务公司应采取哪种方法核算其在 Sonic 公司的股票投资？为什么？

2. 在年末财务报表中，Agani 财务公司应如何报告这项投资的账面价值及投资收益？

E8-39B （目标：编制合并资产负债表）Gamma 公司是 Cressida 公司的母公司。两家公司各自的资产负债表数据如下：

	Gamma 公司合并工作底稿				美元
	Gamma 公司	**Cressida 公司**	**抵销分录**		**合并金额**
			借方	贷方	
现金	54 000	14 000			
应收账款净额	80 000	55 000			
应收票据——Gamma 公司	—	40 000			
存货	53 000	84 000			
固定资产净值	290 000	99 000			
长期投资——Cressida 公司	98 000	—			
其他资产	24 000	8 000			
合计	599 000	300 000			
应付账款	46 000	28 000			
应付票据	154 000	36 000			
其他负债	78 000	138 000			
普通股	113 000	85 000			
留存收益	208 000	13 000			
合计	599 000	300 000			

要求

1. 编制 Gamma 公司的合并资产负债表。根据上面提供的条件,完成合并资产负债表工作底稿。使用表 8-4 的格式。

2. 合并主体的股东权益是多少?

E8-40B (目标:将外币资产负债表折算成美元资产负债表)将俄亥俄皮货公司的希腊子公司的资产负债表折算成以美元为货币单位的报表。俄亥俄皮货公司收购这家子公司时,欧元兑美元的汇率为 1.06 美元。欧元当前的汇率为 1.36 美元。在持有子公司期间,留存收益按照欧元平均汇率(1.17 美元)折算。

	欧元
资产	600 000
负债	200 000
所有者权益:	
普通股	45 000
留存收益	355 000
	600 000

在持有该子公司期间,哪种货币较为强势,是美元还是欧元?

E8-41B (目标:编制并使用现金流量表)2016 年度,Ellis Bakery 公司报告的净利润为 1.307 亿美元。Ellis Bakery 公司因处置其他业务取得收入 140 万美元。Ellis Bakery 公司的资本支出为 1 060 万美元,处置不动产、厂房和设备获得 750 万美元。公司购买长期投资的成本为 1 210 万美元,出售其他长期投资利得为 310 万美元。

要求

编制 Ellis Bakery 公司的现金流量表——投资活动部分。仅从 Ellis Bakery 公司投资活动的角度考虑,能否看出该公司是在扩张还是在萎缩?说明理由。

E8-42B (目标:使用现金流量表)会计期末,蓝月亮房地产公司在其现金流量表中报告的投资活动数据如下:

蓝月亮房地产公司合并现金流量表(节选)	美元
投资活动产生的现金流量	
收回应收票据	3 117 000
购买短期投资	(3 460 000)
出售设备收入	1 399 000*
出售投资收入(成本 460 000 美元)	468 000
购买不动产和设备支出	(1 731 000)
投资活动产生的净现金流量	(207 000)

* 成本为 5 100 000 美元,累计折旧为 3 701 000 美元。

要求

对于上面列出的每个项目,编制在现金流量表中相对应的会计分录。

E8-43B （目标：计算债券投资的现值）Shriver 公司购买了 Geotherm 公司 5 份面值为 1 000 美元、利率为 7％的债券，购买时市场利率为 8％。债券每半年付息一次，债券期限为 5 年。使用 Excel 中的 PV 函数计算 Shriver 公司购买该债券所支付的价格（即债券的现值）。

练习测试

通过回答下列问题，测试你对长期投资与货币的时间价值的理解。选出备选项中的最佳答案。

使用下面的数据回答 Q8-44～Q8-46。

假设 Clear 网络公司持有下列长期可供出售投资：

公司	股票数量	每股成本/美元	年末每股公允价值/美元	每股股利/美元
Harper 公司	800	58	74	2.1
Weston 公司	250	9	13	1.3
Rainglow 公司	400	24	26	0.9

Q8-44 Clear 网络公司年末的资产负债表应报告_____。

a. 投资余额 58 250 美元

b. 股利收入 2 365 美元

c. 投资余额 72 850 美元

d. 未确认投资损失 11 600 美元

Q8-45 Clear 网络公司的年度利润表应报告_____。

a. 出售投资利得 14 600 美元

b. 投资余额 72 850 美元

c. 股利收入 2 365 美元

d. 未确认投资损失 14 600 美元

Q8-46 假定 Clear 网络公司以每股 74 美元的价格将 Harper 公司的股票出售。编制这笔交易的会计分录。

Q8-47 权益法下股权投资收到的股利_____。

a. 增加股利收入

b. 增加投资账户余额

c. 减少投资账户余额

d. 增加股东权益

Q8-48 所有投资的初始计量成本等于_____。

a. 资产负债表日的市场价值

b. 成本减去股利

c. 权益价值

d. 成本

Q8-49 合并会计_____。

a. 将母公司和子公司相应的账户合并在一起

b. 只报告母公司的应收、应付项目

c. 抵销所有负债项目

d. 以上各项皆对

Q8-50 Microstore 公司 2016 年 1 月 1 日以 110 的价格购买 Service Express 公司面值为 100 000 美元、年利率为 5％的债券。债券到期日为 2021 年 1 月 1 日。2019 年 12 月 31 日，Microstore 公司收到的现金利息是_____。

a. 5 500 美元

b. 7 000 美元

c. 3 000 美元

d. 5 000 美元

Q8-51 回到上题 Microstore 公司的债券投资。2017 年，Microstore 公司收到的现金利息为 5 000 美元。Microstore 公司当年的利息收入是_____。

a. 2 000 美元　　　　　　　　　　　　b. 5 000 美元

c. 7 000 美元　　　　　　　　　　　　d. 3 000 美元

Q8-52　利率为 8%，第 4 年年末终值为 2 000 美元的现值是_____。

a. 6 624 美元　　　　　　　　　　　　b. 1 228 美元

c. 1 470 美元　　　　　　　　　　　　d. 2 000 美元

Q8-53　在计算投资现值时，下面哪一项不包括在内？

a. 初始投资与到期日的时间跨度　　　　b. 通货膨胀率

c. 利率　　　　　　　　　　　　　　　d. 到期日终值

Q8-54　债券面值为 2 000 美元，利率为 6%，当时的市场利率为 9%，6 年后到期，半年付息一次。该债券的现值是多少？使用 Excel 计算。

a. 1 010 美元　　　　　　　　　　　　b. 1 726 美元

c. 2 456 美元　　　　　　　　　　　　d. 2 000 美元

Q8-55　合并境外子公司的报表通常会产生_____。

a. 合并利得或损失

b. 外币折算差额

c. 外币交易利得或损失

d. 先进先出法与后进先出法的差额

问题

（A 组）

P8-56A　（目标：分析和报告持有至到期投资——债券溢价）保险公司和养老基金等机构拥有大量的债券投资。2016 年 1 月 1 日，Bolton 保险公司花费 2 800 000 美元以 112 的价格，购买了 Souza 公司年利率为 9% 的债券。债券到期日为 2020 年 1 月 1 日。付息日为每年 1 月 1 日和 7 月 1 日。在 Bolton 保险公司的会计期末 2016 年 10 月 31 日，债券的市场价格为 105。

要求

1. 编制 Bolton 保险公司下列交易事项的会计分录：2016 年 1 月 1 日，购买债券（持有至到期投资）；2016 年 7 月 1 日，收到现金利息和摊销债券溢价。采用直线法摊销债券溢价。

2. 编制 2016 年 10 月 31 日应收利息和摊销债券溢价的会计分录（结果四舍五入取整数）。

3. 说明这笔长期债券投资对 Bolton 保险公司 2016 年 10 月 31 日的资产负债表和截至 2016 年 10 月 31 日的利润表的影响。

P8-57A　（目标：在资产负债表和利润表中分析和报告各种类型的投资）2016 年，Delaware Exchange（DE）公司完成了下列长期投资交易事项：

2016 年	
5 月 12 日	斥资 340 000 美元购买 Nashua 公司 18 200 股普通股股票，占 Nashua 公司股权的 25%。
7 月 9 日	收到 Nashua 公司发放的现金股利，每股 1.23 美元。
9 月 16 日	以每股 41.5 美元的价格，购买 Columbus 公司 1 000 股普通股股票作为可供出售投资。
10 月 30 日	收到 Columbus 公司发放的现金股利，每股 0.33 美元。
12 月 31 日	收到 Nashua 公司的年报。该公司当年的净利润是 540 000 美元。

年末，Columbus 公司股票的公允价值是 30 100 美元，Nashua 公司股票的公允价值是

658 000 美元。

要求

1. 哪一项投资应采用公允价值计量？为什么某些投资采用公允价值计量，而其他投资却不采用公允价值计量？

2. DE 公司在年末资产负债表、利润表和综合收益表中应如何报告这些投资交易？可以使用权益法投资的 T 形账户。不考虑所得税因素。

P8-58A （目标：分析并报告可供出售投资和权益法投资）Robideau 公司资产负债表的期初余额如下：

权益法投资——FUN 软件公司	610 000 美元

本年度，Robideau 公司完成了下列投资交易：

3 月 16 日	以每股 12.75 美元的价格购买 Orange 公司 1 400 股普通股股票作为长期的可供出售投资。
5 月 21 日	收到 Orange 公司发放的现金股利，每股 2.25 美元。
8 月 17 日	收到 FUN 软件公司发放的现金股利 90 000 美元。
12 月 31 日	收到 FUN 软件公司的年报，该公司当年的净利润为 530 000 美元。Robideau 公司在该公司所占的股权比例为 20%。

年末，Robideau 公司长期投资的公允价值如下：在 Orange 公司的投资为 26 200 美元；在 FUN 软件公司的投资为 746 000 美元。

要求

1. 编制 Robideau 公司上述投资交易的会计分录。

2. 将上述会计分录过账到 Robideau 公司对 FUN 软件公司的权益法投资 T 形账户，并确定该账户 12 月 31 日的余额。

3. 说明如何在 Robideau 公司 12 月 31 日的资产负债表中报告对 FUN 软件公司的长期可供出售投资和权益法投资。

P8-59A （目标：分析合并财务报表）本题讨论合并会计对公司财务比率的重大影响。Spindler 汽车公司拥有其财务子公司 Spindler 汽车财务公司（SMCC）100% 的股份。Spindler 汽车公司的主营业务是生产汽车产品。SMCC 主要是为从 Spindler 汽车公司及其代理商购买汽车的顾客提供融资服务。两家公司各自的资产负债表数据如下：

10 亿美元

	Spindler 汽车公司（母公司）	**SMCC（子公司）**
资产总额	85.1	169.2
负债总额	65.3	155.9
股东权益总额	19.8	13.3
负债和股东权益总额	85.1	169.2

假设 SMCC 的负债总额中包括欠母公司 Spindler 汽车公司的 13 亿美元。

要求

1. 计算 Spindler 汽车公司的资产负债率（只考虑 Spindler 汽车公司自身）。

2. 计算 Spindler 汽车公司与子公司 SMCC 的合并资产总额、负债总额和股东权益总额。

3. 计算合并主体的资产负债率。为什么母公司不愿意将财务子公司纳入合并财务报表的范围?

P8-60A (目标:合并全资子公司)假设 Ronny 公司以 362 000 美元的价格收购了 Bircher 公司的全部普通股股票。Bircher 公司以应付票据的形式欠 Ronny 公司 194 000 美元。2016 年 9 月 30 日收购交易完成后,两家公司各自的资产负债表数据如下:

美元

	Ronny 公司	Bircher 公司
资产		
现金	54 000	20 000
应收账款净额	196 000	88 000
应收票据——Bircher 公司	194 000	—
存货	346 000	469 000
固定资产净值	381 000	484 000
长期投资——Bircher 公司	362 000	—
资产总额	1 533 000	1 061 000
负债和股东权益		
应付账款	126 000	75 000
应付票据	400 000	330 000
其他负债	231 000	294 000
普通股	588 000	254 000
留存收益	188 000	108 000
负债和股东权益总额	1 533 000	1 061 000

要求

编制 Ronny 公司的合并资产负债表工作底稿。采用表 8-4 的格式。

P8-61A (目标:解释货币的时间价值对投资估值的影响)两个投资项目的年度现金流量列示如下。两个投资项目的初始投资金额一样。

美元

年度	投资项目 A	投资项目 B
1	7 000	10 000
2	9 000	10 000
3	14 000	10 000
	30 000	30 000

要求

假设利率为 14%,你会选择哪个投资项目?

P8-62A (目标:合并境外子公司)假设 Mason 公司拥有一家日本子公司。

	日元
资产	410 000 000
负债	145 000 000
股东权益：	
普通股	25 000 000
留存收益	240 000 000
	410 000 000

要求

1. 将 Mason 公司的日本子公司的外币资产负债表折算成美元报表。Mason 公司收购这家日本子公司时,日元的汇率是 0.0075 美元。当前,日元的汇率是 0.009 美元。持有该子公司期间,净利润按照平均汇率折算,日元的平均汇率是 0.0088 美元。在进行外币折算之前,Mason 公司的外币折算差额是正数还是负数? 产生的外币折算差额是利得还是损失? 说明应如何在财务报表中报告外币折算差额。

2. 外币折算差额"归属于"哪家公司? 应在哪家公司的财务报表中报告外币折算差额?

（B 组）

P8-63B （目标：分析和报告持有至到期投资——债券溢价）保险公司和养老基金等机构拥有大量的债券投资。2016 年 1 月 1 日,Variety 保险公司花费 3 900 000 美元以 114 的价格购买了 Sherman 公司年利率为 4% 的债券。债券到期日为 2020 年 1 月 1 日。付息日为每年 1 月 1 日和 7 月 1 日。在 Variety 保险公司的会计期末 2016 年 10 月 31 日,债券的市场价格为 101。

要求

1. 编制 Variety 保险公司下列交易事项的会计分录：2016 年 1 月 1 日,购买债券（持有至到期投资）；2016 年 7 月 1 日,收到现金利息和摊销债券溢价。采用直线法摊销债券溢价。

2. 编制 2016 年 10 月 31 日应收利息和摊销债券溢价的会计分录（结果四舍五入取整数）。

3. 说明这笔长期债券投资对 Variety 保险公司 2016 年 10 月 31 日的资产负债表和截至 2016 年 10 月 31 日的利润表的影响。

P8-64B （目标：在资产负债表和利润表中分析和报告各种类型的投资）2016 年,Utah Exchange(UE)公司完成了下列长期投资交易事项：

2016 年	
5 月 12 日	斥资 340 000 美元购买 Exeter 公司 21 000 股普通股股票,占 Exeter 公司股权的 45%。
7 月 9 日	收到 Exeter 公司发放的现金股利,每股 1.21 美元。
9 月 16 日	以每股 42.25 美元的价格,购买 Amsterdam 公司 1 000 股普通股股票作为可供出售投资。
10 月 30 日	收到 Amsterdam 公司发放的现金股利,每股 0.34 美元。
12 月 31 日	收到 Exeter 公司的年报。该公司当年的净利润是 580 000 美元。

年末,Amsterdam 公司股票的公允价值是 30 900 美元,Exeter 公司股票的公允价值是 652 000 美元。

要求

1. 哪一项投资应采用公允价值计量？为什么某些投资采用公允价值计量，而其他投资却不采用公允价值计量？

2. UE 公司在年末资产负债表、利润表和综合收益表中应如何报告这些投资交易？可以使用权益法投资的 T 形账户。不考虑所得税因素。

P8-65B（目标：分析并报告可供出售投资和权益法投资） Landeau 公司资产负债表的期初余额如下：

权益法投资——NEW 软件公司	614 000 美元

本年度，Landeau 公司完成了下列投资交易：

3 月 16 日	以每股 12 美元的价格购买 Hubbardston 公司 2 200 股普通股股票作为长期的可供出售投资。
5 月 21 日	收到 Hubbardston 公司发放的现金股利，每股 2.5 美元。
8 月 17 日	收到 NEW 软件公司发放的现金股利 85 000 美元。
12 月 31 日	收到 NEW 软件公司的年报，该公司当年的净利润为 550 000 美元。Landeau 公司在该公司所占的股权比例为 26%。

年末，Landeau 公司长期投资的公允价值如下：在 Hubbardston 公司的投资为 26 600 美元；在 NEW 公司的投资为 745 000 美元。

要求

1. 编制 Landeau 公司上述投资交易的会计分录。

2. 将上述会计分录过账到 Landeau 公司对 NEW 软件公司的权益法投资 T 形账户，并确定该账户 12 月 31 日的余额。

3. 说明如何在 Landeau 公司 12 月 31 日的资产负债表中报告对 NEW 软件公司的长期可供出售投资和权益法投资。

P8-66B（目标：分析合并财务报表）本题讨论合并会计对公司财务比率的重大影响。Randall 汽车公司拥有其财务子公司 Randall 汽车财务公司（RMCC）100% 的股份。Randall 汽车公司的主营业务是生产汽车产品。RMCC 主要是为从 Randall 汽车公司及其代理商购买汽车的顾客提供融资服务。两家公司各自的资产负债表数据如下：

10 亿美元

	Randall 汽车公司（母公司）	RMCC（子公司）
资产总额	80.6	164.8
负债总额	63.9	155.4
股东权益总额	16.7	9.4
负债和股东权益总额	80.6	164.8

假设 RMCC 的负债总额中包括欠母公司 Randall 汽车公司的 16 亿美元。

要求

1. 计算 Randall 汽车公司的资产负债率（只考虑 Randall 汽车公司自身）。

2. 计算 Randall 汽车公司与子公司 RMCC 的合并资产总额、负债总额和股东权益总额。

3. 计算合并主体的资产负债率。为什么母公司不愿意将财务子公司纳入合并财务报表的范围？

P8-67B　（目标：合并全资子公司）假设 Robertson 公司以 289 000 美元的价格收购了 Dinette 公司的全部普通股股票。Dinette 公司以应付票据的形式欠 Robertson 公司 197 000 美元。2016 年 9 月 30 日收购交易完成后，两家公司各自的资产负债表数据如下：

美元

	Robertson 公司	Dinette 公司
资产		
现金	59 000	57 000
应收账款净额	199 000	87 000
应收票据——Dinette 公司	197 000	—
存货	294 000	412 000
固定资产净值	388 000	441 000
长期投资——Dinette 公司	289 000	—
资产总额	1 426 000	997 000
负债和股东权益		
应付账款	121 000	77 000
应付票据	405 000	335 000
其他负债	212 000	296 000
普通股	550 000	272 000
留存收益	138 000	17 000
负债和股东权益总额	1 426 000	997 000

要求

编制 Robertson 公司的合并资产负债表工作底稿。采用表 8-4 的格式。

P8-68B　（目标：解释货币的时间价值对投资估值的影响）两个投资项目的年度现金流量列示如下。两个投资项目的初始投资金额一样。

美元

年度	投资项目 X	投资项目 Y
1	8 000	10 000
2	5 000	10 000
3	17 000	10 000
	30 000	30 000

要求

假设利率为 8%，你会选择哪个投资项目？

P8-69B　（目标：合并境外子公司）Lundgren 公司拥有一家日本子公司。

	日元
资产	410 000 000
负债	115 000 000
股东权益：	
普通股	35 000 000
留存收益	260 000 000
	410 000 000

要求

1. 将 Lundgren 公司的日本子公司的外币资产负债表折算成美元报表。Lundgren 公司收购这家日本子公司时，日元的汇率是 0.0095 美元。当前，日元的汇率是 0.011 美元。持有该子公司期间，净利润按照平均汇率折算，日元的平均汇率是 0.01 美元。在进行外币折算之前，Lundgren 公司的外币折算差额是正数还是负数？产生的外币折算差额是利得还是损失？说明应如何在财务报表中报告外币折算差额。

2. 外币折算差额"归属于"哪家公司？应在哪家公司的财务报表中报告外币折算差额？

挑战性练习

E8-70 （目标：不同类型投资的会计处理）假设 PlaySpace 公司 2016 年 12 月 31 日持有下列投资项目。

a. 持有 PlaySpace 英国公司 100% 的普通股股票。PlaySpace 英国公司的资产总计 700 000 英镑，负债总计 400 000 英镑。2016 年 12 月 31 日，英镑兑美元的汇率为 1 英镑＝1.99 美元。股东权益适用的汇率为 1 英镑＝1.61 美元。2016 年度，PlaySpace 英国公司的净利润为 110 000 英镑，适用的平均汇率为 1 英镑＝1.9 美元。2016 年度，PlaySpace 英国公司宣告并支付现金股利 60 000 英镑。

b. PlaySpace 公司持有可供出售投资，这项投资的成本为 750 000 美元，占被投资公司的比例不超过 20%。2016 年度，这项投资的减值金额为 300 000 美元，PlaySpace 公司获得了 18 000 美元的现金股利。2015 年 12 月 31 日，这项投资的公允价值为 1 000 000 美元。

c. PlaySpace 公司持有其财务子公司 45% 的普通股股票。2016 年度，该财务子公司的净利润为 1 000 000 美元，宣告并发放现金股利 50 000 美元。2015 年 12 月 31 日，这项投资的账面价值为 700 000 美元。

要求

1. 上述各项投资适用的会计处理方法是什么？

2. 2016 年度，上述各项投资对 PlaySpace 公司的净利润有什么影响？是增加还是减少？金额是多少？

3. PlaySpace 公司应如何在 2016 年 12 月 31 日的资产负债表中报告投资 b 和 c？

P8-71 （目标：分析和报告累计其他综合收益）Big-Box 零售公司 12 月 31 日的资产负债表中报告的股东权益数据如下：

Big-Box 零售公司资产负债表（节选）	百万美元
股东权益：	
普通股（面值 0.2 美元）——授权发行 12 亿股，已发行 6 亿股	120
股本溢价	1 100

续表

留存收益	6 200
累计其他综合收益	(?)
减:库存股(成本)	(100)

要求

1. 列举至少两项典型的累计其他综合收益项目。

2. 对于累计其他综合收益项目,分别描述一项可以产生正数余额的事项和一项可以产生负数余额的事项。

3. 2016 年 12 月 31 日,Big-Box 零售公司的累计其他综合损失是 5 800 万美元。2017 年度,Big-Box 零售公司的外币折算差额是 2 200 万美元,可供出售投资的未确认的损失是 1 500 万美元。2017 年 12 月 31 日,Big-Box 零售公司的累计其他综合收益余额是多少?

P8-72　(目标:计算竞争性投资的现值)现存在两种投资选择,哪一种更好? 一是现在收到 120 000 美元;二是在接下来的 5 年里,分别收到 25 000 美元、45 000 美元、35 000 美元、15 000 美元和 50 000 美元。

要求:

1. 假设利率为 8%,你将选择哪种投资机会?

2. 如果利率为 10%,你的选择会改变吗?

3. 假设利率为 10%,要使两种选择的投资收益相同,第 5 年的现金流应该是多少?

知识应用

决策案例

案例 1　(目标:投资决策)2016 年度,Infografix 公司合并后的销售收入为 266 亿美元,费用总额为 248 亿美元。Infografix 公司的业务遍及全球,在美国境外的业务占 37%。2016 年度,Infografix 公司在其财务报表中报告的数据如下:

	10 亿美元
外币折算差额	(202)
可供出售投资的未确认损失	(328)

假如你正考虑投资 Infografix 公司的股票,你一定会产生不少疑问。回答下列问题:

1. 数字外面的括号意味着什么?

2. 这些项目是属于资产、负债、股东权益、收入还是费用? 是账户的正常余额还是属于备抵账户?

3. 这些项目包括在 Infografix 公司的净利润中吗? 还是包括在留存收益中? 在最终的分析结果中,2016 年度 Infografix 公司报告的净利润是多少?

4. 这些项目会使你放弃对 Infografix 公司股票的投资吗? 说明理由。

案例 2　(目标:制定处置投资的决策)卡西·塔尔伯特(Cathy Talbert)是 Barham 公司的总经理。Barham 公司为俄亥俄州哥伦布地区的医生提供数据管理服务。Barham 公司今年并不景气。公司今年的净利润目标还有 75 000 美元没有完成。这个缺口影响非常大。因为 Barham 公司计划下一年年初发行股票,公司的首要任务是向投资者证明能够达到盈利目标。

Barham公司持有几项数年前购买的投资。尽管股票投资不属于公司的核心业务,但塔尔伯特认为这些投资项目也许可以帮助公司达到今年的净利润目标。她正在考虑如何处置下列投资项目。

1. Barham公司持有俄亥俄办公系统公司50%的普通股股票。这家公司提供Barham公司所需要的业务。俄亥俄办公系统公司在过去两年一直亏损,但其留存收益账户仍有550 000美元的余额。塔尔伯特考虑让俄亥俄办公系统公司的财务主管宣告发放现金股利160 000美元,那么其中的一半将归属于Barham公司。

2. Barham公司持有一笔8年前花250 000美元购买的折价债券投资。债券的到期价值为400 000美元。现在离到期日还有2年,Barham公司将其作为持有至到期长期投资。债券当前的市场价值为380 000美元。塔尔伯特考虑出售这些债券,为此她正在与投资代理商嘉信理财协商。嘉信理财将对这笔交易收取1%的佣金。

3. Barham公司持有5 000股微软公司的股票,当前的股票价格为53美元。一年前微软公司的股票价格仅为28美元。Barham公司购买股票时的价格为37美元。塔尔伯特考虑是否可以出售微软公司股票。

要求

对上述三种方案进行评估,计算每种方案所产生的收益金额。在此基础上,向Barham公司推荐能使其完成净利润目标的最佳方案。

道德事项

Media One公司持有Web Talk公司18%的有表决权的股票。Web Talk公司剩余的股份被大量小股东持有。奥斯丁·科恩(Austin Cohen)是Media One公司的总裁,同时也是Web Talk公司的董事会成员,因此科恩对Web Talk公司的政策可以施加重大影响。

Media One公司采用公允价值核算该项投资,公司的净利润会因收到Web Talk公司发放的股利而增加。Media One公司会按照净利润的一定比例支付总裁奥斯丁·科恩的奖金。因此,奥斯丁可以通过影响Web Talk公司的股利政策,在一定程度上控制自己的奖金。

2016年,由于经济不景气,Media One公司的净利润也出现下滑。科恩利用职权促使Web Talk公司发放了一大笔现金股利。Web Talk公司为了发放股利而被迫举债。

要求

1. 本案例中所涉及的道德事项是什么?

2. 谁是利益相关者?对每一方的潜在影响是什么?

3. 奥斯丁·科恩可以选择的方法有哪些?从经济的、法律的和道德的角度进行分析。

4. 如果你是奥斯丁·科恩,你会怎么做?

5. 讨论说明为什么采用权益法核算该投资会减少奥斯丁操纵奖金的可能性。

聚焦财务:苹果公司

(目标:分析投资、合并子公司和跨国经营)苹果公司的合并财务报表参见本书附录A。

1. 参见附注1——重要会计政策中有关现金等价物与有价证券的内容。苹果公司如何对投资进行分类?

2. 参见附注1中有关现金等价物与有价证券的内容。苹果公司对其投资组合是否进行了公允价值调整?如果做了调整,这些调整体现在什么地方?采用哪一个层次的公允价值?你认为这些处理方法适当吗?

3. 参见附注2——金融工具中有关现金及其等价物与有价证券的内容。苹果公司对该类投资是如何规范的？理由是什么？

聚焦分析：安德玛公司

（目标：分析和报告可供出售投资；分析合并财务报表和跨国经营）

本案例基于本书附录 B 中的安德玛公司的合并财务报表。

1. 参见附注 16——分部数据及相关信息。安德玛公司主要的三种产品是什么？2014年，哪种产品为公司带来的收入最高？

2. 参见附注 16——分部数据及相关信息。安德玛公司列示了六个主要的分部经营地区，分别是什么？哪一个地区为公司带来的收入最高？

3. 参见附注 2——重要会计政策（列报基础）。安德玛公司合并了哪些公司？公司间的内部交易是如何处理的？

小组项目

从《华尔街日报》或者其他数据库或出版物中选取任意一只股票。假设你们小组购买了 1 000 股该公司的股票作为一项长期投资。小组所持有的股票占该公司流通在外的股票份额小于 20%。通过 Value Line、Moody's Investor Record 或其他资料来源分析这只股票，看看这家公司是否发放现金股利。如果是，发放的频率是多少？

要求

1. 在你的教师指定的期间内跟踪这只股票。在这一特定期间内，每天记录这只股票的价格，以便了解你们小组的投资业绩。每天查看《华尔街日报》关于公司股利的报道并记录你们小组所收到的现金股利。以月末作为分析期间的结束日，如 9 月 30 日或 12 月 31 日。

2. 编制相关交易事项的会计分录，包括购买股票、收到股利（现金股利或股票股利），以及不同投资核算方法下所要求的年末的调整分录。假定你们在学习结束日编制财务报表。

3. 说明如何在公司的资产负债表、利润表和现金流量表中报告上述投资交易事项。

复习测试答案

1. c

2. a（2 000 股×21 美元＝42 000 美元）

3. d

4. b（50 000 美元－40 000 美元初始成本＝10 000 美元）

5. a［150 000 美元＋0.2（40 000 美元－25 000 美元）＝153 000 美元］

6. d（180 000 美元＋0.8×66 000 美元＋0.64×45 000 美元＝261 600 美元）

7. d

8. b

9. c（8.514×900 000 美元）

10. b

第 **9** 章

负　债

西南航空：飞得更高

西南航空进入航空运输业已有 45 年了。该公司自 1971 年起定位于短程航线，并且不提供不必要的服务。当时，公司只有 3 架波音 737 飞机，主要往返于得克萨斯州的达拉斯、休斯敦和圣安东尼奥，在旅途中只为商务旅客提供简单的花生和饮料，没有丰盛的午餐或晚餐。公司选择在靠近市中心且小型的机场运营，提供可靠的低成本的飞行服务。这对于商务旅客和度假者而言十分方便，同时也为公司带来了良好的声誉。经过多年的运营，西南航空形成低成本的公司战略，其经营成本低于其他航空公司。该公司将节省下来的成本以低票价的形式回馈旅客。2012 年 12 月 31 日，西南航空成为美国国内最大的航空公司。它拥有一组包含687 架飞机的机群，服务于 41 个州的 93 个目的地，还有哥伦比亚地区、波多黎各以及包括墨西哥、牙买加、巴拿马、阿鲁巴岛、多米尼加共和国和百慕大群岛的 6 个近邻国家。尽管身处一个波动频繁的行业，在其他航空公司苦苦挣扎时，西南航空依旧保持了一贯的盈利。2014年，公司的营业收入达到 186 亿美元，实现净利润 11.36 亿美元。公司的流动性也高于其他航空公司。2011 年，公司主要以现金和股票的形式收购了其竞争对手穿越航空公司。

然而，为什么本章将关注的焦点放在西南航空的负债上呢？与其他航空公司一样，西南航空在资产负债表上报告了一些令人感兴趣的负债（参照下一页的表格）。例如，该公司实行飞行奖励计划，按飞行里程计入计划的积分可以在未来兑换成免费旅程。西南航空将该计划确认为常客飞行负债，并在资产负债表上以"应计负债"项目列报。此外，西南航空先收取现金，再为旅客提供飞行服务。这项交易会产生预收收入，以"空中交通负债"项目列报，在之后旅客使用机票时转化为客票收入。以上两种负债在资产负债表的流动负债项下列报。西南航空还持有应付票据和应付债券，这两项负债在"长期负债"项下列报。西南航空利用这些负债为购买大型资产（机群）提供资金支持。

有趣的是，西南航空在资产负债表中报告的负债并不是很多，很大一部分是在表外。财务报表的附注中披露，西南航空租赁了目的地场地以及一些飞机，因此公司承担了在未来支付应计租赁款的义务。这些义务大多没有被报告为负债，这是因为合同中规定，在未来债务被偿还完后，公司也不具有对资产的所有权。此外，公司还与波音公司约定，在未来的一段期间,每年都向波音公司购买一定数量的新飞机。尽管这些义务还没有发生,西南航空仍需在附注中披露相关信息。

西南航空合并资产负债表(节选)		百万美元
	2014 年 12 月 31 日	2013 年 12 月 31 日
流动资产		
现金及其等价物	1 282	1 355
短期投资	1 706	1 797
应收账款	365	419
零件及物资的存货(按成本计量)	342	467
递延所得税	477	168
预付费用及其他	232	250
流动资产合计	4 404	4 456
不动产和设备(以成本计量)		
飞行设备	18 473	16 937
地面不动产和设备	2 853	2 666
其他不动产和设备	1 187	1 217
不动产和设备(以成本计量)	22 513	20 820
减:折旧和摊销	(8 221)	(7 431)
不动产和设备净值	14 292	13 389
商誉	970	970
其他资产	534	530
资产总额	20 200	19 345
流动负债		
应付账款	1 203	1 247
应计负债	1 565	1 229
空中交通负债	2 897	2 571
长期负债中一年内到期的部分	258	629
流动负债合计	5 923	5 676
长期负债(扣除一年内到期部分)	2 434	2 191
递延所得税	3 259	2 934
其他长期负债	1 809	1 208
负债总额	13 425	12 009
股东权益		
普通股	808	808
股本溢价	1 315	1 231
留存收益	7 416	6 431
其他综合损益	(738)	(3)
库存股(以成本计量)	(2 026)	(1 131)
股东权益总额	6 775	7 336
负债和股东权益总额	20 200	19 345

本章讲解负债(包括流动负债、长期负债)以及那些仅仅通过附注进行披露的负债的会计

处理。接下来先介绍流动负债的会计处理。

1. 流动负债和或有负债的会计处理
2. 直线摊销法下应付债券和利息费用的会计处理
3. 实际利率摊销法下应付债券和利息费用的会计处理
4. 分析并区分债务融资和权益融资
5. 理解其他长期负债
6. 在财务报表中报告负债

流动负债和或有负债的会计处理

流动负债是在一年以内或在长于一年的正常经营周期内到期的债务。长于一年或超过正常经营周期的到期债务可被归为长期负债。

流动负债可分为以下两类:

- 已知金额的负债
- 估计金额的负债

我们首先看一下已知金额的流动负债。

已知金额的流动负债

已知金额的流动负债包括应付账款、短期应付票据、应交销售税、应计负债、应付工资、预收收入以及长期负债的流动部分。

应付账款　以赊销方式购买商品、接受服务所欠的款项为应付账款。2014年12月31日,西南航空报告的应付账款达12.03亿美元。例如,西南航空以赊购的方式购买饮料、餐巾纸以及用于飞机维护的零部件。我们在前面的章节已经了解了很多其他应付账款的例子。实务中最常见的经济业务就是赊购存货。沃尔玛和塔吉特都是以赊购的方式购买存货。

应付账款周转率　衡量零售企业流动性的一个重要指标是应付账款周转率,是指在一定的会计期间,企业有能力支付应付账款的次数。该比率的计算公式如下:

$$应付账款周转率 = 采购成本 \div 平均应付账款$$
$$应付账款周转天数 = 365 \div 应付账款周转率$$

应付账款周转率计算的难点是采购成本通常不会直接反映在公司的财务报表中,需通过计算得出。在商品流通企业,通过分析存货账户以及计算商品购买情况,可以计算出存货的采购成本。

存货

期初余额(来自资产负债表)	销售成本(来自利润表)
采购成本*	
期末余额(来自资产负债表)	

* 采购成本(假设全部为赊购)＝销售成本＋期末存货－期初存货

应付账款周转率计算完毕,通常可以通过用365除以应付账款周转率将其转换为**应付账**

款周转天数(days' payable outstanding,DPO)。下面是沃尔玛和塔吉特应付账款周转率的比较(数据摘自两家公司 2014 年度的财务报表):

	沃尔玛	塔吉特
销售成本	358 069 美元	51 278 美元
＋期末存货	＋44 858 美元	＋8 790 美元
－期初存货	－43 803 美元	－8 278 美元
＝采购成本	＝359 124 美元	＝51 790 美元
÷平均应付账款	÷37 748 美元	÷7 547 美元
＝应付账款周转率	＝9.51	＝6.86
应付账款周转天数(365/应付账款周转率)	38 天	53 天

如果期初存货与期末存货之间不存在重大的差异,则没有必要对存货账户进行调整。这是因为现有的差异对应付账款周转率没有多少影响。在这种情况下,直接用销售成本除以平均应付账款即可得出应付账款周转率,接着用 365 除以应付账款周转率得出应付账款周转天数。

沃尔玛的应付账款周转天数约为 38 天,而塔吉特的应付账款周转天数则为 53 天。如果你是产品供应商,基于上述比率,你愿意为哪家公司供货?如果你的公司依赖现金回收来支付账款,那么仅以上述比率为依据,你的选择一定是沃尔玛。

从债权人和投资者的角度看,什么因素会导致应付账款周转率较高或较低?一般来说,较高的周转率(周转天数短)优于较低的周转率。与支付期限较长的公司相比,支付期限较短的公司信用风险更低。然而,一些信用评级较高的公司却采取严格的现金管理政策,为了保留现金,在加速现金回收的同时,尽可能延长对供应商的支付期限。例如,沃尔玛的应付账款周转天数是 38 天,塔吉特的应付账款周转天数是 53 天,都比通常的信用期限(30 天)长。从公司的战略角度来看,这些公司给供应商施加压力,延长应付账款的支付期限。它们的成功之处,就在于公司拥有强大的经营规模、巨大的市场份额以及强势的购买能力,所以很少有公司能够拒绝与塔吉特和沃尔玛做生意。

无可否认,信用风险和销售决策不仅依赖应付账款周转率,所以明智的做法是不应简单地夸大该比率的作用。因此,在进行整体流动性分析时,还应该综合考虑以下因素的影响:存货周转率(在第 6 章讲过)、应收账款周转率(在第 5 章讲过)和应付账款周转率。上述比率都以天数来表示,同时也是计算现金循环周期的重要因素。结合流动比率(在第 3 章讲过)和速动比率(在第 5 章讲过),再加上现金循环周期,可以帮助财务报表使用者客观评价公司的整体流动性。在第 13 章,我们将深入介绍现金循环周期。

由于服务企业没有存货成本也没有销售成本,所以无法计算其存货周转率和应付账款周转率。例如,作为一家服务企业,西南航空的财务报表中没有销售成本账户。尽管西南航空在其资产负债表中报告了一些零件及物资存货,但远不足以与零售企业相比。因此,无论存货周转率还是应付账款周转率,对西南航空而言都是没有意义的。

短期应付票据　短期应付票据(short-term notes payable)是指一年内到期的应付票据,是一种常见的融资方式。星巴克的短期应付票据是作为短期负债列示的。星巴克可以通过签发应付票据借入现金或者购买资产。在会计期末,星巴克必须预提利息费用并确认应付利息。下列分录包括购买存货、预提利息费用以及偿付一年内到期的短期应付票据(利率为 10%)。

| 2016 年 1 月 1 日 | 存货 | 8 000 | |
| | 短期应付票据 | | 8 000 |

购买存货,并开具 1 年期利率为 10% 的应付票据。

这项经济业务使资产和负债同时增加。

资产	=	负债	+	股东权益
+8 000	=	+8 000	+	0

星巴克的会计年度截止日为每年的 9 月 30 日。会计年度末,星巴克需要计提 1~9 月的利息费用。

| 9 月 30 日 | 利息费用(8 000 美元×0.10×9/12) | 600 | |
| | 应付利息 | | 600 |

会计年度末计提利息费用。

费用增加导致负债增加,股东权益减少。

资产	=	负债	+	股东权益	-	费用
0	=	+600				-600

期末资产负债表列报 8 000 美元的应付票据,以及作为流动负债的相关应付利息 600 美元。利润表将列报 600 美元的利息费用。

下面的会计分录记录了 2017 年 1 月 1 日票据到期偿付的经济业务。

2017 年 1 月 1 日	短期应付票据	8 000	
	应付利息	600	
	利息费用(8 000 美元×0.10×3/12)	200	
	现金[8 000 美元+(8 000 美元×0.10)]		8 800

到期日支付应付票据本金和利息。

该分录清空了应付票据账户,同时确认了 10~12 月的利息费用。

应交销售税 大部分国家都对零售商品征收销售税。零售商从顾客处取得税金,该笔税金成为零售商对国家的一项负债。假设家得宝的一家商店在某个周六的销售额为 200 000 美元。该店额外收取的销售税为销售额的 5%(10 000 美元)。该店记录的日销售情况如下:

现金(200 000 美元×1.05)	210 000	
销售收入		200 000
应交税金(200 000 美元×0.05)		10 000

记录现金销售及相关销售税。

资产、负债和股东权益同时增加——收入增加导致股东权益增加。

资产	=	负债	+	股东权益	+	收入
+210 000	=	+10 000				+200 000

应计负债(应计费用) 应计负债(accrued liabilitiy)是企业已经发生,但尚未支付的费

用。因此,应计费用也是一种负债,这也解释了为什么它被称为应计负债。西南航空 2014 年 12 月 31 日的应计负债为 15.65 亿美元。

西南航空的工资和应付工资是因员工为公司提供劳务而产生的。利息费用是根据借款期限的长短而计提的。应计费用通常包括应付工资、应付利息和应交工资税。

应付工资是公司在会计期末尚未支付的工资。应付利息是公司应付票据产生的利息费用。应交工资税是雇主应从员工的工资中代扣代缴的税金。

工资负债 工资(payroll),又称员工薪酬,是公司应支付给员工的一项主要费用。对律师事务所、房地产公司和航空公司等服务企业来说,员工薪酬是公司的主要费用,而商品流通企业的主要费用是销售成本。

员工薪酬有各种形式。薪金是按年和按月定期支付的员工薪酬;工资是按小时定期支付的员工薪酬;销售人员赚取销售佣金,佣金是按其销售额百分比提取的;奖金是超过常规薪酬的金额。表 9-1(使用假设数据)列出了所有形式的薪酬。

表 9-1 工资费用和负债的会计处理

工资费用	10 000
应交工资税	1 200
应交社会保险税	800
应付工资(税后实际工资)	8 000
记录工资费用。	

每项费用的计提都会产生相同的影响:负债增加,股东权益减少。会计等式列示了这种关系。

资产	=	负债	+	股东权益	−	费用
		+1 200				−10 000
0	=	+800				
		+8 000				

工资费用是指工资总额(即扣除税金和其他扣减项之前的员工薪酬)。工资费用导致了下列各项工资负债:

- 员工的应交所得税,是从员工工资中扣除的工资税。
- 《美国联邦社会保险捐款法》(FICA)规定的应交税金,包括员工社会保障税和医疗保险税,这些应交税金也从员工工资中扣除。
- 应付工资是扣税后的工资净额。

公司还必须支付雇主工资税以及与员工福利相关的工资费用。这些费用的会计处理与表 9-1 所列示的处理方法相似。

预收收入 预收收入又称递延收入或预先收到的收入。所有这些账户名称都表明,公司在赚取收入前从客户处收取了现金。公司有义务为客户提供商品和服务。下面让我们来看一个例子。

西南航空预先售出机票,并收回现金。因此公司将预售机票的收入作为预收收入列报,有些航空公司将这项负债称为机票负债。2014 年 12 月 31 日,西南航空尚欠客户 28.97 亿美元的航空服务。让我们来看一下西南航空如何处理这项预收收入。

假设 2016 年 12 月 15 日西南航空预售了一张达拉斯到洛杉矶的往返机票，并收到 300 美元。西南航空记录收到现金和相关的负债，如下所示：

2016 年 12 月 15 日	现金	300	
	预收收入		300
	预收机票销售现金。		

	预收机票收入	
	300

假设客户在 12 月底飞往洛杉矶。西南航空记录赚取的收入如下：

2016 年 12 月 28 日	预收机票收入	150	
	机票收入（300 美元×1/2）		150
	实现预收收入。		

预收机票收入			机票收入	
150	300			150
	余额 150			

负债减少，收入增加。

会计年度末，西南航空报告了如下事项：

- 资产负债表上的预收机票收入（一项负债），150 美元。
- 利润表上的机票收入，150 美元。

客户在 2017 年 1 月返回达拉斯，西南航空编制如下会计分录：

2017 年 1 月 4 日	预收机票收入	150	
	机票收入（300 美元×1/2）		150
	实现预收收入。		

预收机票收入	
150	300
150	
	余额 0

至此为止，负债账户余额为 0，原因在于西南航空已经实现了预收机票的收入。

长期负债的流动部分 某些长期负债必须以分期付款的方式偿还。**长期负债的流动部分**（current installation of long-term debt）（又称流动负债部分）是应该在一年内偿付的本金额。在每年年末，公司将其在后续一年内必须偿付的长期负债重新进行分类（从长期负债转到流动负债）。

西南航空将长期负债中一年内到期的负债作为流动负债列报，2014 年 12 月 31 日的金额为 2.58 亿美元。同时还报告了扣除一年内到期负债后的长期负债部分，金额为 24.34 亿美元。长期负债涉及应付票据和应付债券，这些内容将在本章的后半部分介绍。

金额必须估计的流动负债

公司可能知道负债已经发生，但还并不知道负债的确切金额。但是，公司必须在资产负债表中列报这类负债。需要估计的负债因公司的不同而不同。我们先来看一下估计的应付保修费用，这是大部分销售商都有的负债科目。

估计的应付保修费用 很多公司通过担保协议为其产品提供保修服务。对于消费品来说，保修期可以延续为 90 天到一年。宝马、通用和丰田等汽车公司都会为车辆提供保修服务，从而产生产品保修负债。

不论保修期限多长，费用配比原则规定，公司应将产品保修费用与相关销售收入在同一会计期间予以确认。毕竟，产品保修费用会促使客户购买产品，所以公司也必须确认相关的产品保修费用。然而，在销售发生时，公司并不知道哪些产品是有缺陷的。由于无法确定产品保修费用的确切金额，所以公司必须估计产品保修费用和相关的产品保修负债。

假设工具制造商百得（Black & Decker）销售了 100 000 美元的产品，并承担相关的产品保修费用。假设在过去几年，产品的残次率为 2%～4%。百得可能估计已售产品的 3% 需要修理或更换。在本例中，百得估计当年的产品保修费用为 3 000 美元（100 000 美元×0.03），相关的会计分录如下：

保修费用	3 000	
估计的应付保修		3 000

计提产品保修费用。

估计的应付保修费	
	3 000

假设残次产品的保修费用合计 2 800 美元，百得将更换有缺陷的产品。百得相关的会计分录如下：

估计的应付保修费	2 800	
存货		2 800

更换已出售的保修残次产品。

估计的应付保修费	
2 800	3 000
	余额 200

在会计年度末，百得将估计的应付保修费（200 美元）作为流动负债予以列报。在利润表中报告当年的保修费用为 3 000 美元。在下一个会计年度，百得将重复这一过程。估计的应付保修费账户一般情形下不会为零。如果百得用现金支付产品保修费用，则应贷记现金账户，而不是存货账户。

带薪假期的工资是另一项需要估计的负债。应交所得税也需要估计，原因在于其金额直到下一年度支付的时候才能最后确定。

或有负债

或有负债并不是一项实际发生的负债，而是一项潜在的负债。或有负债取决于由过去的交易或事项引起的未来事项的结果。或有负债的例子包括未决的法律诉讼、税收争议以及违反环境保护法的相关事项。在第 1 章，我们讨论过财务报表的质量特征之一是如实反映实质，即要求公司尽可能在透明和完整的基础上，充分披露财务状况和经营成果。对于负债事项,财务会计原则要求"如果不确定,则需要披露;如果已经发生,则需要确认"。美国财务会计准则委员会(FASB)提供了以下指南,解释或有负债的会计处理规范:

1. 如果管理层认为,损失(或费用)很可能会发生,而且金额可以合理估计,则需要确认一项负债。前面讲过的产品保修费用就是一个例子。另外一个例子是,西南航空很可能在未来的诉讼中败诉,赔偿金额为 100 万美元。

2. 如果损失(或费用)有合理的可能性会发生,则需要在财务报表的附注中披露该或有事项。未决诉讼是最好的例子。西南航空 2014 年财务报表附注中披露了或有负债——美国国税局关于以前年度公司所得税申报的调查报告。具体如下:

> **附注 17　或有负债**
> 　　公司涉及多项未决法律事项[……]包括[……]美国国税局的检查。国税局定期对公司的所得税纳税申报进行检查,从而将对相关的纳税调整作为负债予以确认。公司管理层预期当前的未决事项及国税局所建议的纳税调整将不会对公司的财务状况、经营成果和现金流量产生实质性的负面影响。

3. 对于不可能发生的或有损失是不需要报告的,而应等到实际事项发生时才予以报告。例如,假设德尔蒙(Del Monte)公司在尼加拉瓜种植蔬菜,尼加拉瓜政府发出将没收所有外国公司资产的措辞并不严厉的威胁。如果该项损失的可能性极小,则德尔蒙公司就不会报告或有事项。

或有负债可能产生于起诉西南航空的不当行为或者原告通过法庭索取赔偿金。如果法院或国税局的裁决对西南航空有利,就不会产生负债。但是,如果法院的裁决对原告有利,那么西南航空就会产生实际的负债。如果在财务报表中对上述事项未做充分披露则是不道德的。原因在于投资者需要依据这些信息对西南航空的股票进行客观的评价。

承诺　合同承诺的披露与或有负债的披露相似,只是稍有不同。承诺代表公司对未来进行交易的允诺,因此公司有义务将一定的资源用于特定的目标。西南航空的财务报表附注 4 中提到,公司作出一个购买合同承诺,将在 2016—2017 年购买 521 架波音 737 飞机。计提与承诺有关的负债显然是不合适的,因为直到资产负债表日交易还没有发生。然而,未来为实现承诺需要大额的资金(每架飞机花费 5 000 万～7 000 万美元),会给公司的财务报表带来巨大的影响。因此,西南航空有义务将此承诺披露给股东和债权人。

全球视角

关于或有损失的会计处理,国际财务报告准则与美国公认会计原则有着不同的会计语言和计提要求。尤其是,会计术语或有负债被定义为由过去的交易或事项形成的,其存在需通过未来不确定事项的发生或不发生予以确认。如果或有负债有合理的可能性会发生,则仅仅需要在财务报表的附注中披露。如果或有负债很可能发生(可能性高于 50%),并且金额可以估计,那么公司就产生了一项负债,国际财务报告准则要求做分录来进行确认。由此,我们可以看出,对于或有负债的确认,国际财务报告准则与公认会计原则的规定有所不同。关于此概念的更多细节将在高级会计书中介绍。

附录 E 总结了美国公认会计原则与国际财务报告准则(IFRS)的差异。

所有的负债都在资产负债表中报告了吗

在资产负债表上漏报巨额负债对公司来说是非常危险的事情。漏报巨额负债的后果是什么呢？这无疑会低估负债金额和负债比率。同时，公司的净利润也有被高估的可能。简言之，公司的财务报表会比实际看起来更好。任何严重的差错都会对公司的信誉造成致命的破坏。

或有负债很容易被忽略，原因在于这类负债并不是实际发生的负债。如果你持有股票的公司因漏报或有负债而破产，你会做何感想？如果你清楚公司或有负债的实情，你会卖掉该公司的股票，以避免不应该承担的损失。在这种情况下，你可以聘请律师，针对公司对财务报告的虚假陈述提起诉讼。

做假账——与负债相关的数字游戏

Crazy Eddie 公司

如果说由于疏忽而低估负债还是可以理解的，那么有意低估负债则另当别论。当无诚信的管理层决定通过负债进行报表粉饰时，通常的做法是有意低估负债的金额，如有意低估现有的负债金额，或者是漏记某些负债事项。

第 6 章我们首次提到的 Crazy Eddie 公司连续 4 年通过多种手段夸大公司的财务状况。除了高估存货金额（结果是低估销售成本和高估利润），公司管理层还通过签发虚假借项通知单有意低估应付账款金额。因为向卖方（如索尼公司）退还产品而签发借项通知单。签发借项通知单的结果是，借记（减少）应付账款，从而减少流动负债，最后的结果是流动比率提高。这样做的后果是，费用也会减少，则利润会相应地增加。Crazy Eddie 公司在一年中签发了 300 万美元的借项通知单，使公司的流动比率和资产负债率都要优于实际水平，当然，利润也被过度地夸大。

流动负债总结

下面我们对已讲述的流动负债予以总结。公司可以参照以下格式在资产负债表上列报流动负债项目。

Accounting 公司资产负债表

2016 年 12 月 31 日　　　　　　　　　　　　　　　　　　　　　美元

资　　产	负　　债
流动资产	流动负债
现金	应付账款
短期投资	应付工资 *
……	应付利息 *
不动产、厂房和设备	应交所得税 *
土地	预收收入
……	应付保修费 *
其他资产	短期应付票据
	长期负债的短期部分

续表

资　　产		负　　债	
		流动负债合计	
		长期负债	
		股东权益	
		普通股	
		留存收益	
资产总额	×× ×	负债和股东权益总额	×× ×

* 上述各项通常予以加总,以总数作为应计负债或应付费用列报。

在利润表上,公司将列报如下事项:

- 与流动负债相关的费用,包括工资费用、利息费用、所得税费用和产品保修费。
- 与预收收入相关的收入,包括已收取但尚未提供产品和服务的销售收入和服务收入。

章中习题

假设雅诗兰黛公司 2016 年 6 月 30 日的负债状况如下:

a. 上一年的工资费用为 900 000 美元。该金额包括代缴的员工工资税 88 000 美元及社会保险税 61 000 美元。这笔费用将在 7 月初支付。

b. 2016 年度,公司销售收入为 4 亿美元,管理层估计产品保修费率为 2%。2015 年 6 月 30 日,公司估计的产品保修费负债为 300 万美元。在截至 2016 年 6 月 30 日的会计年度,公司实际支付的保修费用为 900 万美元。

c. 公司为所购买的商标支付使用费。商标使用费占雅诗兰黛公司销售收入的固定比率。假设 2016 年度公司的销售收入为 4 亿美元,商标权使用费占销售收入的 3%。2016 年 6 月 30 日,雅诗兰黛公司仍有 2/3 的年度商标使用费没有支付,这笔使用费将在 7 月支付。

d. 长期负债总计 1 亿美元,每年分期偿还 1 000 万美元。这项负债的利率为 7%,利息于每年 12 月 31 日支付。

说明雅诗兰黛公司将如何在 2016 年 6 月 30 日的资产负债表中列报上述负债项目。

答案

美元

2016 年 6 月 30 日负债	
a. 流动负债:	
应付工资(900 000 美元−88 000 美元−61 000 美元)	751 000
应交工资税	88 000
应交社会保险税	61 000
b. 流动负债:	
估计应付保修费	2 000 000
[3 000 000 美元＋(400 000 000 美元×0.02)− 9 000 000 美元]	
c. 流动负债:	
应付使用权费(400 000 000 美元×0.03×2/3)	8 000 000
d. 流动负债:	
长期负债的流动部分	10 000 000

续表

应付利息(100 000 000 美元×0.07×6/12)	3 500 000
长期负债(100 000 000 美元−10 000 000 美元)	90 000 000

直线摊销法下应付债券和利息费用的会计处理

第 8 章从投资者的角度讨论了债券和票据,如持有至到期投资和可供出售投资(长期资产)。本章将从另一个角度——借款者的角度讨论债券和票据。这些项目在资产负债表中作为长期负债列报。我们将应付债券和应付票据放在一起讲解,是因为它们的会计处理方法是相同的。

西南航空、苹果公司和丰田公司等大公司很难从一个贷款人处贷到几十亿美元的资金。那么,大公司如何贷到巨额资金? 这些大公司通常通过向公众发行(销售)债券取得资金。**应付债券**(bonds payable)是向被称为债券持有者的众多投资者发行的应付票据。西南航空需要购买飞机,它能够通过向成千上万可以借出适度金额的个人投资者发行债券,筹措大额资金。西南航空得到了所需要的现金,同时,每个投资者通过多样性的投资来规避风险,而不是将所有的"鸡蛋都放在同一个篮子里"。

债券简介

应付债券是发行债券的公司的债务。债券的购买者会收到载有发行公司名称的债券凭证。凭证上载明了本金,通常以 1 000 美元为单位。本金也被称为债券的票面价值、到期价值或者面值。债券使发行公司负有在未来的某个具体时间偿还贷款的义务,这个时间称为到期日。

利息是借入资金的租金。债券凭证载明了发行人向债券持有人进行支付所采用的利率,以及支付利息的日期(通常是一年两次)。图 9-1 列示了一张真实的债券凭证。

图 9-1　债券(票据)凭证

发行债券通常需要证券公司(如摩根大通和美林证券)来充当债券发行的承销商。**承销商**(underwriter)从发行公司手中购入债券,并将债券转售给自己的客户。承销商也可以直接将债券卖给客户,从中赚取佣金收入。

债券种类 不同种类的债券可能会在某一个时间到期,即**定期债券**(term bonds);或者在一定时期内分批到期,即**分期偿还债券**(serial bonds)。分期偿还债券类似于分期偿还的应付票据。西南航空的长期债务实质上是分期偿付的,因为这些债务以分期付款的方式进行偿付。

担保债券或抵押债券使债券持有人在债券发行公司违约的情况下,即未能如期支付本金或利息时,获得对债券发行人指定资产的权利。无担保债券,称为**信用债券**(debenture),是由借款人的良好信誉支持的。信用债券的利率比担保债券的利率高,这是因为信用债券是风险较高的投资。

债券价格 投资者可以通过债券市场买入或卖出债券。债券价格是以债券到期价值的某一百分比报价的。例如,一张 1 000 美元的债券报价是 100,即买入和卖出价格都是 1 000 美元,该价格为债券面值的 100%。同样的债券如报价 101.5,则其市场价格为 1 015 美元(债券面值的 101.5%=1 000 美元×1.015)。一张 1 000 美元的债券如报价为 88.375,则其市场价格为 883.75 美元(1 000 美元×0.883 75)。

债券溢价和债券折价 以高于票面价值发行的债券称为**溢价**(premium)发行。以低于票面价值发行的债券称为**折价**(discount)发行。应付债券的溢价有贷方余额,应付债券的折价有借方余额。债券折价是负债项目的备抵账户。

随着债券到期日的临近,其市场价格逐步趋向债券面值。因此,溢价发行的债券,其价格不断降低,直到等于面值。折价发行的债券,其价格不断增加,直到等于面值。

在到期日,债券的市场价格恰好等于面值,这是因为发行债券的公司会支付等于面值的金额来偿付债券。

货币的时间价值 第 8 章曾经介绍过货币的时间价值,你应该牢记有关货币时间价值的概念,因为在应付债券、应付票据和利息费用的会计处理中会广泛地运用。下面我们来分析货币的时间价值如何影响债券的定价,继续使用第 8 章中用到的例子——不同的是,现在我们是站在发行者(借款人)的角度。

债券利率决定债券价格 债券通常以市场价格出售,即投资者愿意支付的金额。市场价格是债券的现值,它等于本金支付的现值加上现金利息支付的现值[在债券期限内,每半年(一年两次)、每年或者每个季度支付一次利息]。

正如第 8 章所介绍的,下面两个利率对确定债券的价格起决定性的作用。

- **约定利率**(stated interest rate),又称票面利率,是债券凭证上所列示的利率。该利率是决定借款人支付的和投资者收到的现金利息额的利率。来看第 8 章中提到的例子,假定西南航空债券的约定利率为 9%。因此,西南航空发行的 100 000 美元的债券,每年应支付 9 000 美元的利息,每半年支付一次的利息为 4 500 美元(100 000 美元×0.09×6/12)。

- **市场利率**(market interest rate),或实际利率,是投资者贷出资金所要求的利率。市场利率是瞬息万变的。

公司可以采用不同于市场利率的约定利率发行债券。在实务中,这两种利率一般也是不同的。

表 9-2 说明在三种情形(每种情形都是独立的)下,约定利率和市场利率如何相互作用,从而决定应付债券的发行价格。

表 9-2　约定利率和市场利率如何相互作用以决定债券价格

应付债券发行价				
案例 A				
应付债券约定利率	等于	市场利率	因此,	面值(等于面值)
例:9%	=	9%	→	平价:1 000 美元的债券发行价为 1 000 美元
案例 B				
应付债券约定利率	小于	市场利率	因此,	折价(低于面值)
例:9%	<	10%	→	折价:1 000 美元的债券发行价低于 1 000 美元
案例 C				
应付债券约定利率	大于	市场利率	因此,	溢价(高于面值)
例:9%	>	8%	→	溢价:1 000 美元的债券发行价高于 1 000 美元

当市场利率上升到 10% 时,西南航空如果发行利率为 9% 的债券,该债券在市场上对投资者有吸引力吗? 答案是没有。因为投资者能够在其他具有相似风险的债券上获得 10% 的收益。因此,投资者只有在西南航空债券的价格低于其票面价值时,才会购买西南航空债券。较低的价格和面值之间的差额就是折价(见表 9-2)。相反,如果市场利率为 8%,发行利率为 9% 的西南航空债券对投资者将更有吸引力,投资者会以高于债券面值的价格购买债券。较高的价格和面值之间的差额就是溢价。

应付债券——面值发行

我们以最简单的情形开始——以面值发行债券(参照表 9-2 中的案例 A),既没有应付债券的溢价,也没有应付债券的折价。

假设西南航空欲发行 10 万美元的债券,该债券的利率为 9%,5 年后到期。假设 2016 年 1 月 1 日,西南航空以面值发行债券。这意味着债券的约定利率等于 2016 年 1 月 1 日的市场利率。发行债券的会计分录如下:

2016 年 1 月 1 日　现金	100 000	
应付债券		100 000
按面值发行债券。		

应付债券
100 000

公司发行债券时,资产和负债同时增加。

资产	=	负债	+	股东权益
+100 000	=	+100 000	+	0

借款人——西南航空用一笔会计分录来记录现金收入和债券发行的交易事项。其后,投资者通过债券市场买卖债券。这些外部投资者之间的债券买卖交易都与西南航空无关。

利息支付发生在每年的 1 月 1 日和 7 月 1 日。西南航空记录第一笔半年的利息支付的分录如下:

2016 年 7 月 1 日	利息费用(100 000 美元×0.09×6/12)	4 500	
	现金		4 500
	支付半年利息。		

利息支付导致资产和股东权益同时减少,而应付债券则不受影响。

资产	=	负债	+	股东权益	−	费用
−4 500	=	0				−4 500

年末,西南航空计提利息费用,同时确认 6 个月的应付利息负债(7~12 月),具体分录如下:

2016 年 12 月 31 日	利息费用(100 000 美元×0.09×6/12)	4 500	
	应付利息		4 500
	计提利息费用。		

负债增加,股东权益减少。

资产	=	负债	+	股东权益	−	费用
0	=	+4 500				−4 500

1 月 1 日,西南航空将支付利息,借记应付利息,贷记现金。在发行债券的 5 年期间,都需要做此会计处理。债券到期日,西南航空偿付应付债券,具体分录如下:

2021 年 1 月 1 日	应付债券	100 000	
	现金		100 000
	到期偿付应付债券。		

应付债券	
100 000	100 000
	余额　　0

资产	=	负债	+	股东权益
−100 000	=	−100 000		

应付债券——折价发行

市场条件的变化会促使公司折价发行债券。假设在市场利率为 10% 时,西南航空发行了 100 000 美元利率为 9%、期限为 5 年的债券。债券每半年支付一次利息,分别在 1 月 1 日和 7 月 1 日。由于债券的市场价格下降,导致西南航空本次债券发行只收到 96 150 美元[①]。债券发行的具体会计分录如下:

[①] 在第 8 章的例子中已说明如何确定债券的价格。

2016 年 1 月 1 日　现金　　　　　　　　　　　　　　　　96 150

　　　　　　　　应付债券折价　　　　　　　　　　3 850

　　　　　　　　　应付债券　　　　　　　　　　　　　　　　　100 000

　　　　　　折价发行债券。

资产	=	负债	+	股东权益
+96 150	=	−3 850	+	0
		+100 000		

应付债券账户的净额为 96 150 美元,如下所示:

应付债券	−	应付债券折价	=	应付债券账面净值 96 150 美元
100 000		3 850		

债券发行后,西南航空的资产负债表列报如下:

	美元
流动负债合计	×××
长期负债:	
应付债券,利率 9%,2021 年到期	100 000
减:应付债券折价	(3 850)　96 150

　　应付债券折价是应付债券的备抵账户,是公司负债的减少额。在应付债券中扣除折价金额可以得到债券的账面价值。

　　每半年支付的债券利息在债券合约中均有约定,因此在债券存续期间内的支付金额都是固定的:

$$每半年的利息支付 = 100\ 000\ 美元 \times 0.09 \times 6/12 = 4\ 500\ 美元$$

　　西南航空的利息费用随债券到期日的临近而增加,这是因为这些债券是折价发行的,借款的成本在不断增加。折价金额必须作为每个利息期间的额外利息费用,在债券的存续期间内逐渐被摊销。

　　直线摊销法是在债券存续期间内,将应付债券折价分为相同的金额。因此,每个利息支付期的利息费用是相同的。

　　西南航空应用直线摊销法处理以 96.15 折价发行的应付债券如下。

	美元
半年现金利息支付(100 000×0.09×6/12)	4 500
+ 半年应付债券折价摊销(3 850÷10)	385
= 估计的半年利息费用	4 885

　　算式中的 10 代表利息支付的期数。西南航空债券为 5 年期债券,利息每半年支付一次,因此期数为 2×5=10。在债券存续期间内,直线摊销法采用上述相同的金额对利息费用进行会计处理。在直线摊销法下,西南航空确认利息费用和摊销应付债券折价的会计分录如下:

2016 年 7 月 1 日　利息费用　　　　　　　　　　　　　　4 885

　　　　　　　　应付债券折价摊销　　　　　　　　　　　　　　385

　　　　　　　　现金　　　　　　　　　　　　　　　　　　4 500

　　　　　　　　支付半年利息和摊销应付债券折价。

完成这笔会计分录后,债券的账面价值为 96 535 美元,计算过程如下:

应付债券		应付债券折价		
2016 年 1 月 1 日	－	2016 年 1 月 1 日　3 850	2016 年 7 月 1 日　　385	债券账面价值
100 000		余额　　　　　3 465		96 535 美元

　　在每个利息期间,应付债券的折价金额减少 385 美元,同时债券的账面价值相应地增加 385 美元,在债券到期日,账面价值达到 100 000 美元。

应付债券——溢价发行

　　假设在上一个例子中,西南航空面值为 100 000 美元的债券报价为 103.85。此时,债券的约定利率要高于市场利率。每份债券按照面值的 103.85% 销售。债券的初始确认成本为 103 850 美元,包括应付债券面值 100 000 美元和应付债券溢价 3 850 美元。

应付债券		应付债券溢价	
2016 年 1 月 1 日　100 000	＋	2016 年 1 月 1 日　　3 850	＝账面价值 103 850 美元

　　采用直线摊销法,在债券存续期间内,对应付债券溢价摊销的计算与对应付债券折价摊销的计算方式相同。不过,随着溢价逐渐被摊销,每期确认的利息费用也在逐渐减少,这是因为债券的发行价格大于其到期的面值。债券溢价金额不断减少,同时,债券的账面价值也在减少,在债券到期日时两者相同。每半年一次的利息支付额与之前的计算结果相同,为 4 500 美元。然而,在每个利息支付日,必须对 1/10 的债券折价(385 美元)进行摊销,这导致利息费用为 4 115 美元(4 500 美元－385 美元)。由于债券为 5 年期,每半年支付一次利息(5×2＝10),10 个支付期间的计算方法相同。2016 年 7 月 1 日,第一次利息支付的会计分录如下:

2016 年 7 月 1 日　利息费用　　　　　　　　　　　　　　4 115

　　　　　　　　应付债券溢价摊销　　　　　　　　　　　　　385

　　　　　　　　现金　　　　　　　　　　　　　　　　　　4 500

　　　　　　　　支付半年利息和摊销应付债券溢价。

　　第一次利息支付过账后,应付债券溢价减至 3 465 美元,应付债券的账面价值减至 103 465 美元。

应付债券		应付债券溢价		
2016 年 1 月 1 日	＋	2016 年 7 月 1 日　　385	2016 年 1 月 1 日　3 850	账面价值
100 000			余额　　　　　3 456	103 465 美元

　　在每个利息支付日,应付债券溢价金额都会减少 385 美元,债券的账面价值也相应地减少 385 美元。如此重复 10 个期间,直到债券的账面价值达到到期面值 100 000 美元,且以现金将应付债券偿还完毕。

　　公认会计原则规定,只有在使用直线摊销法下得到的金额与实际利率摊销法下得到金额的差别很小时,才允许使用直线摊销法。

下图说明了债券账面价值的变动情况:(a)虚线代表报价为 96.15,折价发行的债券;(b)点线代表报价为 103.85,溢价发行的债券;(c)实线代表以面值平价发行的债券。直线的变动说明在直线摊销法下,经过 5 年(或 10 个利息支付期间),债券的账面价值经过摊销最终调整至面值。当然,平价发行的债券,其账面价值在债券存续期间保持一条水平的直线。

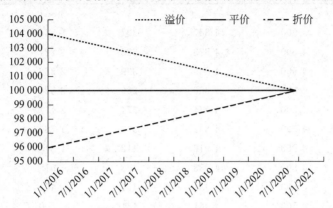

 ## 实际利率摊销法下应付债券和利息费用的会计处理

从理论上讲,实际利率摊销法是债券折价和溢价摊销方法中最准确的。这是因为实际利率摊销法在每个利息支付期间都考虑了时间价值对利息费用的影响。与直线摊销法不同,实际利率摊销法下每个利息支付期间计算出的利息费用都有所不同。具体的计算步骤如下:

1. 计算出精确的债券发行价格。考虑以下三个因素:一是市场利率;二是定期的应付利息,可以由债券的票面价值乘以票面利率得出;三是债券的到期值。本步骤可以借助 Excel 中的 PV 函数进行计算(参见第 8 章)。

2. 建立摊销表。表格应包括应付利息、利息费用、折价或溢价摊销、折价或溢价余额以及债券的账面价值。在创建摊销表时,建议使用 Excel。

应付债券——折价发行

表 9-3 中的框 A 给出了我们到目前为止使用的西南航空债券的数据。框 B 是一张摊销表格,其中列示了下面两个事项:

- 确定每一期的利息费用(C 列)
- 列示债券的账面价值(F 列)

仔细研究表 9-3,因为我们将使用的金额直接来自摊销表格。

表 9-3 债券折价摊销

框 A:债券数据

发行日:2016 年 1 月 1 日	到期日:2021 年 1 月 1 日
面值:100 000 美元	发行时市场利率:年利率 10%,半年利率 5%
约定利率:9%	发行价:96 149 美元
支付利息:半年利率 4.5%,4 500 美元＝100 000 美元×0.09×6/12	
利息支付日:1 月 1 日,7 月 1 日	

框 B：摊销表　　　　　　　　　　　　　　　　　　　　　　　　　　　　　　　　　　　　　美元

A 半年期利息 支付日	B 利息支付 (面值的 4.5%)	C 利息费用 (前期债券账面 净值的 5%)	D 折价摊销 (C－B)	E 折价账户余额 (前期 E－D)	F 债券账面价值 (100 000 美元－E)
2016 年 1 月 1 日				3 851	96 149
2016 年 7 月 1 日	4 500	4 807	307	3 544	96 456
2017 年 1 月 1 日	4 500	4 823	323	3 221	96 779
2017 年 7 月 1 日	4 500	4 839	339	2 882	97 118
2018 年 1 月 1 日	4 500	4 856	356	2 526	97 474
2018 年 7 月 1 日	4 500	4 874	374	2 152	97 848
2019 年 1 月 1 日	4 500	4 892	392	1 760	98 240
2019 年 7 月 1 日	4 500	4 912	412	1 348	98 652
2020 年 1 月 1 日	4 500	4 933	433	915	99 085
2020 年 7 月 1 日	4 500	4 954	454	461	99 539
2021 年 1 月 1 日	4 500	4 961*	461	0	100 000

* 四舍五入调整的结果。

利息费用——折价发行债券

表 9-3 中，西南航空借入了 96 149 美元的现金，但必须在债券到期时支付 100 000 美元。在债券存续期间内，应该如何对折价余额 3 851 美元进行会计处理？

3 851 美元是西南航空高于每半年支付的约定利息以外的额外利息费用。图 9-2 显示了在西南航空债券存续期内的利息费用和利息支付。可以观察到，每半年的利息支付是根据合同确定的——4 500 美元(表 9-3 的 B 列)，而利息费用(表 9-3 的 C 列)是随着债券到期日的临近逐渐增加的。

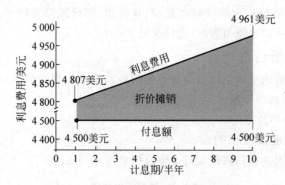

图 9-2　折价发行应付债券的利息费用

在债券存续期间内，债券折价通过摊销分配到利息费用中。图 9-3 列示了债券从发行时的 96 149 美元至到期日的 100 000 美元这段时间内的摊销金额。这些数据来自表 9-3 的 F 列。

现在让我们来看看西南航空对折价发行债券的会计处理。在本例中，2016 年 1 月 1 日，西南航空发行债券。7 月 1 日，西南航空进行第一笔半年利息支付。但是，西南航空的利息费

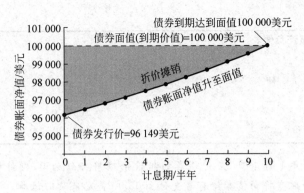

图 9-3　折价发行应付债券的摊销

用高于 4 500 美元的利息支付。具体利息费用和第一个半年期利息支付的会计分录如下(所有数据来自表 9-3)。

2016 年 7 月 1 日　利息费用	4 807	
应付债券折价		307
现金		4 500
支付半年期利息和摊销债券折价。		

贷记应付债券折价可以达到下面两个目的:

- 随着债券价值趋向到期价值,调整债券的账面价值。
- 摊销债券折价至利息费用 。

2016 年 12 月 31 日,西南航空计提 7~12 月的利息费用,摊销应付债券折价的会计分录如下(数据来表 9-3)。

2016 年 12 月 31 日　利息费用	4 823	
应付债券折价		323
应付利息		4 500
计提半年期利息费用和摊销应付债券折价。		

2016 年 12 月 31 日,西南航空的债券账户如下:

应付债券			应付债券折价	
	100 000	—	3 851	307
				323
			余额　3 221	

债券账面价值:96 779 美元＝100 000 美元－3 221 美元

思考题

2016 年度,西南航空在其利润表和资产负债表中如何报告应付债券?

答案

	美元
2016 年度利润表	
利息费用(4 807 美元＋4 823 美元)	9 630

2016 年 12 月 31 日资产负债表

流动负债:		
应付利息		4 500
长期负债:		
应付债券	100 000	
减:应付债券折价	(3 221)	96 779

在到期日 2021 年 1 月 1 日,应付债券的折价余额将摊销为 0,应付债券的账面价值为 100 000 美元。西南航空将向债券持有者支付 100 000 美元来赎回债券。

期中利息费用的计算

公司并不总是在会计期初或会计期末发行债券,而通常在市场条件有利时发行债券,如 5 月 16 日、8 月 1 日或其他时间。我们以谷歌公司为例来说明期中利息费用的计算。假设 2016 年 8 月 31 日,谷歌公司以 96 的价格折价发行应付债券 100 000 美元,利率为 8%。当时的市场利率为 9%,半年利息支付的日期为每年的 2 月 28 日和 8 月 31 日。下面是谷歌公司利息费用的摊销表:

美元

半年期利息 支付日	利息支付 (到期值的 4%)	4.5%的利 息费用	折价摊销额	应付债券 折价余额	应付债券 账面余额
2016 年 8 月 31 日				4 000	96 000
2017 年 2 月 28 日	4 000	4 320	320	3 680	96 320
2017 年 8 月 31 日	4 000	4 334	334	3 346	96 654

由于谷歌公司的会计年度截止日为 12 月 31 日,所以在会计年度末,谷歌公司应计提 4 个月的利息费用(9~12 月),同时,摊销 4 个月的应付债券折价金额。2016 年 12 月 31 日,谷歌公司的会计分录如下:

2016 年 12 月 31 日	利息费用(4 320 美元×4/6)	2 880	
	应付债券折价(320 美元×4/6)		213
	应付利息(4 000 美元× 4/6)		2 667
	年末计提利息费用和摊销应付债券折价。		

2016 年 12 月 31 日的会计分录计提了 4/6 即将在 2017 年 2 月 28 日到期的利息费用。这个简单的例子清楚地说明了利息费用摊销计划的好处。

应付债券——溢价发行

我们对上述西南航空应付债券的例子做如下更改,说明应付债券溢价发行的会计处理。假设 2016 年 1 月 1 日,西南航空发行 100 000 美元利率为 9%的 5 年期债券,该债券每半年支付一次利息。如果在市场利率为 8%时以 104 100 美元的价格发行利率为 9%的债券,[①]则应付债券的溢价金额为 4 100 美元。表 9-4 说明了如何采用实际利率摊销法摊销应付债券的溢价。在实务中,因为很少有公司会以高于市场利率的方式发行应付债券,所以几乎不存在应

---

① 可以参考第 8 章中的例子决定债券的价格。

付债券的溢价。为了保持课程内容的完整性,本书涵盖溢价发行应付债券的会计处理。

表 9-4　应付债券溢价摊销　　　　　　　　　　　　　　　　　美元

框 A:债券数据

发行日:2016 年 1 月 1 日	到期日:2021 年 1 月 1 日
面值:100 000 美元	发行时市场利率:年利率 8%,半年利率 4%
约定利率:9%	发行价:104 100 美元
支付利息:半年利率 4.5%,4 500 美元=100 000 美元×0.09×6/12	
利息支付日:1 月 1 日和 7 月 1 日	

框 B:摊销表

A 半年期利息 支付日	B 利息支付 (到期值的 4.5%)	C 利息费用 (前期债券账面 净值的 4%)	D 折价摊销额 (B−C)	E 溢价账户余额 (前期 E−D)	F 债券账面价值 (100 000 美元+E)
2016 年 1 月 1 日				4 100	104 100
2016 年 7 月 1 日	4 500	4 164	336	3 764	103 764
2017 年 1 月 1 日	4 500	4 151	349	3 415	103 415
2017 年 7 月 1 日	4 500	4 137	363	3 052	103 052
2018 年 1 月 1 日	4 500	4 122	378	2 674	102 674
2018 年 7 月 1 日	4 500	4 107	393	2 281	102 281
2019 年 1 月 1 日	4 500	4 091	409	1 872	101 872
2019 年 7 月 1 日	4 500	4 075	425	1 447	101 447
2020 年 1 月 1 日	4 500	4 058	442	1 005	101 005
2020 年 7 月 1 日	4 500	4 040	460	545	100 545
2021 年 1 月 1 日	4 500	3 955*	545	0	100 000

*四舍五入调整的结果。

2016 年 1 月 1 日,公司发行应付债券,7 月 1 日支付利息并摊销应付债券溢价。具体会计分录如下:

2016 年 1 月 1 日　现金	104 000	
应付债券		100 000
应付债券溢价		4 100
溢价发行应付债券。		

发行初始,西南航空的负债金额为 104 100 美元,而不是 100 000 美元。参见下面的会计等式。

资产	=	负债	+	股东权益
+104 100	=	+100 000	+	0
		+4 100		

2016 年 1 月 1 日,溢价发行应付债券后,西南航空在资产负债表上对应付债券作出如下报告:

	美元	
流动负债合计		×××
长期负债:		
应付债券	100 000	
应付债券溢价	4 100	104 100

将应付债券溢价加上应付债券余额,可以得到应付债券的账面价值。

在表 9-4 中,西南航空借入 104 100 美元现金,在到期日仅需偿付 100 000 美元。4 100 美元的溢价将在债券期限内摊销,以冲减利息费用。2016 年 7 月 1 日,第一笔利息支付分录如下:

2016 年 7 月 1 日	利息费用(数据来自表 9-4)	4 164	
	应付债券溢价	336	
	现金		4 500

支付半年利息和摊销应付债券溢价。

通过上述会计分录,摊销 6 个月的应付债券溢价,使利息费用减少为 4 164 美元(4 500 美元－336 美元),同时,现金利息支付始终保持在 4 500 美元。图 9-4 列示了西南航空的利息支付(表 9-4 的 B 列)和利息费用(表 9-4 的 C 列)的情况。

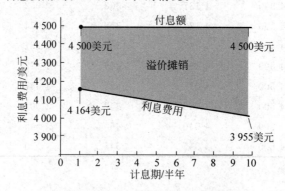

图 9-4　溢价发行应付债券的利息费用

在债券期限内,通过每一期摊销,应付债券溢价都会使利息费用降低。图 9-5 阐释了应付债券溢价的摊销使 104 100 美元的发行价格减少到 100 000 美元的到期价值。所有数据均来自表 9-4。

应该在到期日前赎回应付债券吗

通常情况下,公司都会等到到期日才赎回或者清偿应付债券。但是,公司有时候也会提前清偿债券。这样做主要是为了缓解利息支付的压力。另外,公司也可能是有机会借入利率较低的资金。

某些债券是**可提前赎回**(callable)的,也就是说发行人可以在任何时间,以某个特定的价格赎回或者清偿债券。赎回价格通常比债券面值高 1% 或 2%,也许是债券面值的 101% 或 102%。可赎回债券使发行人享有在最有利的时机清偿债券的好处。赎回债券的替代方案是以目前的市场价格在公开市场上购买债券。

西南航空有 3 亿美元的信用债券流通在外。假设未摊销的应付债券折价余额是 3 000 万

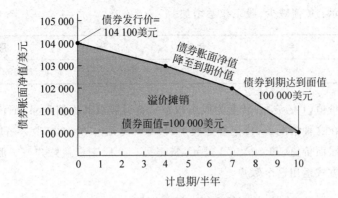

图 9-5 溢价发行应付债券的摊销

美元。较低的利率可能使管理层下决心即刻清偿这些债券。假设债券以 101 的价格赎回。如果债券的市场价格是 99,西南航空会在公开市场以 101 的价格赎回债券还是以 99 的价格在市场上回购债券?市场价格是个比较好的选择,因为市场价格低于赎回价格。让我们看一下提前回购债券的会计处理。以 99 的价格回购债券,将导致 2 700 万美元的损失,计算如下:

	百万美元
回购债券面值	300
减:未摊销折价	(30)
债券账面净值	270
市场价格(300 美元×0.99)	297
回购应付债券损失	27

提前回购应付债券的利得或损失,在利润表中作为营业外收入(损失)列报。

可转换债券和票据

某些公司债券可以转换成发行公司的普通股股票。这些债券被称作**可转换债券**(convertible bonds),或**可转换票据**(convertible notes)。对于投资者来说,可转换债券既可提供收到利息和债券本金的安全保障,又可提供获得股票收益的机会。由于转换特性的巨大吸引力,导致投资者通常愿意接受远低于不可转换债券的利率。较低的利率支付对债券的发行人更有利。如果发行公司的股票升值到一定的高度,那么债券持有人就会将债券转换成该公司的股票。

假定西南航空的可转换应付票据为 1 亿美元。如果西南航空的股票价格大幅上升,那么票据持有者就会将票据转换成该公司的普通股股票。将应付票据转换成股票会降低西南航空的负债,同时增加西南航空的股东权益。

假设 5 月 14 日,票据持有人将一半的票据转换为西南航空 400 万股的普通股股票(面值 1 美元)。相关的会计分录如下:

5 月 14 日 可转换应付票据	100 000 000	
普通股(4 000 000 股×1 美元面值)		4 000 000
股本溢价——普通股		96 000 000
应付票据转换成普通股。		

会计等式显示：负债减少,股东权益增加。

资产	=	负债	+	股东权益
0	=	−100 000 000		+4 000 000+96 000 000

票据的账面价值(1 亿美元)转变为股东权益。普通股以其面值记录,面值是分派到每股股票上的金额。在这种情况下,贷记普通股 4 000 000 美元(4 000 000 股×每股面值 1 美元)。额外的应付债券账面价值(96 000 000 美元)贷记另一个股东权益账户——股本溢价。下一章我们将以各种方式运用这个账户。

分析并区分债务融资和权益融资

公司的管理层必须决定通过何种方式获得资产。购买资产的资金主要有三种融资方式:留存收益、发行股票和签发应付债券(票据)。

每种战略都有其优势和劣势:

1. 通过留存收益融资意味着公司有足够的现金购买所需资产,从而不需要发行股票或借款。这种方法对公司来说风险较低。

2. 发行股票融资,不会产生负债或者利息费用,而且对发行公司来说风险较低。但是,股票发行的成本较高,这一点我们将在后面的例子中讲到。

3. 发行票据或应付债券不会稀释公司的控制权,从而带来更高的每股盈余数据,因为借入资金的收益通常会超出利息费用。但是,较高的负债同样会增加公司的信用风险。

每股盈余(earnings per share,EPS)是公司每股股票所赚取的净利润。EPS 也许是评价公司最为重要的统计指标,这是因为每股盈余是比较不同规模、不同行业的公司经营业绩的标准尺度。

假设西南航空需要 500 000 美元用于扩大规模。西南航空的净利润为 300 000 美元,有100 000 股普通股流通在外。管理层考虑了两项融资计划。计划 1 是发行 500 000 美元利率为 6%的应付债券;计划 2 是发行 50 000 股普通股股票以筹集 500 000 美元的资金。管理层认为,新增现金可以用于公司经营,从而产生 200 000 美元的息税前利润。

表 9-5 显示了债务融资的每股盈余优势。如表 9-5 所示,西南航空通过发行债券借入款项后的每股盈余比较高(比较第 9 行与第 10 行)。西南航空通过投资获得的收益(102 000 美元)比其支付的债券利息(30 000 美元)高。这被称作**负债经营**(trading on the equity),或者是利用财务杠杆经营。这种方法被普遍用于增加每股盈余。

表 9-5   债务融资的每股盈余的相对优势   美元

	计划 1	计划 2
	以 6%的利率借款 500 000 美元	发行普通股 50 000 股募集 500 000 美元
1. 扩张前净利润	300 000	300 000
2. 预期项目息税前收益	200 000	200 000
3. 减：利息费用(500 000 美元×0.06)	(30 000)	0

续表

	计划 1 以 6%的利率借款 500 000 美元	计划 2 发行普通股 50 000 股募集 500 000 美元
4. 预期项目税前收益	170 000	200 000
5. 减：所得税费用(40%)	(68 000)	(80 000)
6. 预期项目净利润	102 000	120 000
7. 公司净利润总额	402 000	420 000
8. 扩张后每股盈余：		
9. 计划 1(402 000 美元/100 000 股)	4.02	
10. 计划 2(420 000 美元/150 000 股)		2.80

　　本例中,债务融资所产生的每股盈余数据显然要比权益融资所产生的每股盈余数据高。但是债务融资也有其缺点。例如,利息费用可能会很高,从而使净利润下降,甚至亏损。同样,债务融资产生的负债不论在好年景还是坏年景都需要支付。相反,通过权益融资的公司在坏年景时可以不发放股利。下面的管理决策专栏中列示的指南可以帮助公司决定如何融资经营。

管理决策

债务融资还是权益融资

　　EI Chico 是美国 Tex-Mex 连锁餐厅旗下最早的餐厅之一,由 Cuellar 家族 1940 年在达拉斯地区创建。假设 EI Chico 正在向临近的两个州扩张。假设你是 Miguel Cuellar 先生,必须对如何为扩张进行融资作出关键的决定。

决　策	指　南
你将如何为 EI Chico 的扩张融资?	你的融资计划取决于 EI Chico 产生现金流的能力、放弃部分经营控制权的意愿、愿意承担的风险以及 EI Chico 的信用评级。
EI Chico 的经营会产生满足融资需求的足够现金吗?	如果是,公司就不需要外部融资,没有必要借款。 如果不是,则需要发行额外的股票,或者借入资金。
你愿意放弃公司的部分控制权吗?	如果愿意,则向其他股东发行股票,股东可以选举公司的董事。 如果不愿意,则从债券持有者处借款,债券持有者对公司的管理层没有选举权。
你愿意承担多少融资风险?	如果能承担较大的风险,则尽可能借款,结果可能增加 EI Chico 的每股盈余,但这样会提高公司的资产负债率和无法清偿债务的风险。 如果不能承担较大的风险,则保守地借款。这会维持较低的资产负债率,并减少借款协议的违约风险。但是,EI Chico 的每股盈余可能比借款方式低。

续表

决　　　策	指　　　南
公司的信用评级如何?	信用评级越高,公司越容易在优惠条款下借款。高的信用评级也会使发行股票变得容易。股东和债权人都不会将其资金借给信用评级不佳的公司。

财务杠杆比率

如前所述,债务融资有很多优势。但是,管理层必须谨慎决策,以免陷入过度负债的窘境。第 3 章介绍了资产负债率,该比率衡量负债总额占资产总额的比例。

$$资产负债率 = \frac{负债总额}{资产总额}$$

为了解释财务杠杆对盈利能力的影响,我们可以重新调整资产、负债和股东权益之间的关系。财务杠杆比率的计算公式如下:

$$财务杠杆比率 = \frac{平均总资产}{平均股东权益}$$

财务杠杆比率,又称权益乘数,该比率表明每 1 美元的股东权益所配置的资产金额的比率。如果财务杠杆比率为 1,则说明该公司没有负债,因为资产总额等于股东权益总额。在实务中,这种情形几乎不存在。原因在于,所有的公司都有负债,所以财务杠杆比率一般大于 1。一家公司积累越多的负债,通过股东权益进行的融资就越少,因此,分母减少,财务杠杆比率增加。事实上,正像我们前面讲述的一样,从股东投资的角度来看,适当的负债水平可以增强公司的盈利能力。财务杠杆比率是杜邦分析模型的第三个要素,第 7 章在讲解资产周转率时曾讲过这部分内容。[①] 财务杠杆比率越高,对股东权益回报率的影响就越大(净利润/平均股东权益,或者 ROE)。如果净利润为正数,那么资产收益率也为正。财务杠杆比率会加强对股东权益回报率的正面影响。这是因为公司用借来的资金赚取利润(这种情形被称作负债经营)。

然而,如果盈余是负数(亏损),那么资产收益率也是负数,从而财务杠杆比率会加强对股东权益回报率的负面影响。第 10 章,我们在详细讲解股东权益的同时,还会讲解杜邦分析模型和股东权益回报率。现在,通过比较西南航空与其竞争对手之一联合大陆(联合航空与大陆航空的母公司)的财务杠杆,加深对财务杠杆比率的理解。2014 年年末,两家公司的财务杠杆比率和资产负债率如下:

百万美元

2014 年	西南航空	联合大陆
1. 平均总资产	19 773	37 083
2. 平均股东权益	7 056	2 690
3. 财务杠杆比率(1÷2)	2.80	13.79

---

① 杜邦分析模型对股东权益回报率进行了详细分析。杜邦分析模型是三个要素的乘积:(净利润/销售收入净额)×(销售收入净额/资产总额)×(资产总额/股东权益总额)。从上述公式可知,通过要素之间的交叉抵销,可以得到净利润/股东权益。第 10 章将详细讲解股东权益回报率。第 7 章讨论过简化的分析模型,只考虑公式中的前两个要素,在此基础上计算资产收益率。

续表

2014 年	西南航空	联合大陆
4. 负债总额	13 425	34 386
5. 资产总额	20 200	37 353
6. 资产负债率(4÷5)	66.5%	92.1%

上述数据表明,西南航空每 1 美元的股东权益所配置的资产总额为 2.8 美元。从另一个角度来看,该公司的资产负债率为 66.5%,处于一个正常水平,但低于航空行业平均水平(在第 3 章中曾讲过)。联合大陆的财务杠杆比率为 13.79,资产负债率为 92.1%,处于较高水平。查阅美国证券交易委员会网站上美国航空公司和 Delta 航空公司的资产负债表,这两家公司处于类似的困境。从杠杆的角度来看,相比其他航空公司,西南航空的确与众不同。

利息保障倍数

财务分析人员运用的第二个比率——利息保障倍数(times-interest-earned ratio),将利润和利息费用联系在一起。要计算该比率,我们用经营活动产生的利润(又称营业利润)除以利息费用。该比率衡量了可以覆盖利息费用的营业利润倍数,又称偿付利息能力比率。较高的利息保障倍数表明公司有偿付利息费用的能力;较低的利息保障倍数表明公司偿付利息费用有困难。西南航空和联合大陆两家公司的利息保障倍数的比较数据(数据来自两家公司 2014 年度的财务报表)如下所示。

$$利息保障倍数 = \frac{营业利润}{利息费用}$$

$$西南航空 \quad \frac{2\ 225}{130} = 17.1\ 倍$$

$$联合大陆 \quad \frac{2\ 373}{735} = 3.23\ 倍$$

西南航空的营业利润是其利息费用的 17.1 倍,这对于航空行业来讲是非常宽松的。相反,联合大陆的利息保障倍数是 3.23 倍,虽然相比前几年已经有所提高,但相比西南航空仍然较低。

 ## 理解其他长期负债

租赁

租赁(lease)是租赁者[即**承租人**(lessee)]同意向财产所有者[即**出租人**(lessor)]支付租金换取资产使用权的租赁协议。租赁使承租人既可获得所需资产的使用权,又无须按照购买协议的要求支付巨额现金。会计师将租赁分成两种类型:经营租赁和融资租赁。

租赁类型

经营租赁(operating leases)通常是短期租赁或者可取消租赁。然而,一般来讲,经营租赁是不可以取消的,同时,租赁协议规定为获取一定年限的资产使用权,承租人需承诺向出租人支付一定数额的资金。经营租赁赋予承租人使用资产的权利,而非提供对资产的连续持有的权利。出租人保留持有租赁资产的一般风险和报酬。为了核算经营租赁,承租人应借记租赁费用(或租金费用),贷记现金。承租人的账簿不会记录租赁资产或者任何租赁负债。尽管如此,经营租赁要求承租人支付租金。因此,即使不会反映在资产负债表上,经营租赁仍会产生负债。近年来,西南航空采用经营租赁方式租赁大部分设备(机场廊桥、建筑物、设备,也包括飞机)。下面的附注8摘自西南航空2014年度的财务报表:

附注8 租赁(节选)

经营租赁下,2014年、2013年和2012年租赁费用总额分别为9.31亿美元、9.97亿美元和9.43亿美元。2014年12月31日,西南航空航站楼的经营设备以及174架飞机都是以经营租赁的方式租赁的。在不可撤销经营租赁下,初始未来最低租赁付款额或者超过一年期的未来最低租赁付款额(单位:百万美元)如下:

2015 年	684
2016 年	636
2017 年	592
2018 年	496
2019 年	430
以后年度	2 317
总额	5 155

上述数据显示,尽管公司只是签署了这些资产的租赁协议,但是对公司来说,在未来的几年间,因租赁这些资产所需承担的负债超过51亿美元。在西南航空的资产负债表中,既没有确认相关的负债,也没有确认相关的资产。这就是所谓的表外融资。

大部分公司通过融资租赁的形式取得长期资产。**融资租赁**(capital lease)是一项长期的、不可撤销的负债。如何区分融资租赁和经营租赁?美国财务会计准则委员会(FASB)的公认会计原则在这方面有相关的标准。判断一项租赁是否为融资租赁,必须满足以下任意一条标准:

1. 在租赁期满后,租赁资产的所有权会转移给承租人。因而承租人将成为租赁资产的法定所有者。

2. 租赁协议中包括一项承租人的优先购买权。预计承租人会购买租赁资产,从而成为该资产的法定所有者。

3. 租赁期限高于租赁资产预计可使用年限的75%。租赁资产的绝大部分剩余使用价值被承租人消耗。

4. 最低租赁付款额的现值至少为租赁资产市场价值的90%或以上。实质上,每期的租金费用相当于是用分期付款方式购入该租赁资产。

如果一项租赁不满足以上任何一条标准,则该项租赁为经营租赁。

承租人对融资租赁的会计处理与购买资产的会计处理相似。在租赁期开始日,承租人将资产作为长期资产入账,入账价值为租赁合同未来现金流量的现值。同时,确认一项长期租赁负债。因此,即使承租人最后也没有取得租赁资产在法律上的所有权,承租人也会将资产资本化。原因在于,从实质上看,租赁协议已经将与资产所有权及相关负债的风险和报酬转移给了承租人。与此同时,确认相关的租赁费用,即融资租赁的承租人需确认资产的折旧费用(同资产的所有者一样)、与租赁义务相关的利息费用。在租赁期间内确认折旧费用和利息费用。

2014年12月31日,西南航空在其财务报表附注8中披露与融资租赁资产相关的信息如下：

2014 年 12 月 31 日,公司将 16 架飞机归类为融资租赁设备。2013 年 12 月 31 日,公司将 4 架飞机归类为融资租赁设备。融资租赁设备在不动产和设备项下列报(单位：百万美元),具体如下：

	2014 年	2013 年
飞行设备	214	69
减：累计摊销	22	12
	192	57

附注表明,2014 年 12 月 31 日,西南航空只有 16 架飞机属融资租赁设备。相比 2013 年的 9 架,数字有所上升,但仍然低于以前年度的融资租赁设备。相比之下,2014 年 12 月 31 日,西南航空的 174 架飞机属经营租赁设备。

承租人偏好经营租赁还是融资租赁

假设你是西南航空的首席财务官。西南航空的 665 架飞机中有 174 架是通过经营租赁方式取得的。假定租赁协议可以被设计为经营租赁或者融资租赁。你认为西南航空会更愿意选择哪种类型的租赁？为什么？如果西南航空将经营租赁转换成融资租赁,这一变动对公司的资产负债率有什么影响？采用两种方式(一种是经营租赁,一种是融资租赁)计算资产负债率,计算结果会有助于你的决策(使用西南航空的财务报表数据)。

	经营租赁	将经营租赁重分类为融资租赁	
资产负债率 ＝ $\dfrac{负债总额}{资产总额}$ ＝	$\dfrac{13\ 425}{20\ 200}$	$\dfrac{13\ 425+5\ 155}{20\ 200+5\ 155}$ ＝	$\dfrac{18\ 580}{25\ 355}$
＝	0.665		＝ 0.733

从上述数据可知,融资租赁可提高资产负债率,对西南航空来说,资产负债率提高了近 7%。相反,在当前的会计准则下,经营租赁并不影响资产负债率。基于这一原因,公司更倾向于选择经营租赁。从附注 8 中可以看到,西南航空经营租赁的比例远高于融资租赁。

道德挑战　由于融资租赁判断标准固有的缺陷,在美国现有的准则下,有目的地设计租赁方式也成为可能,如租赁协议很容易通过第三个标准(75% 测试)或者第四个标准(90% 测试)的测试。很多美国公司在合法的前提下,尽享判断标准所提供的便利。在获取与自有长期资产相关的所有经济利益的同时,又可以规避融资租赁对资产、负债及资产负债率的影响。

全球视角

相比美国公认会计原则对融资租赁所规定的判断标准或"清晰的底线"测试,国际财务报告准则(IFRS)所采用的方法比较宽松。IFRS 更关注整体的交易实质而不是交易的形式,并对交易的判断提供相关的"指引",为编制财务报表提供了更多的判断空间。如果公司的会计师判断,一项租赁从实质上向承租人转移了与所有权相关的所有的风险和报酬,那么 IFRS 要求将该项租赁资本化,即确认为融资租赁。除此之外,应将租赁费用化,即确认为经营租赁。

在本书完成时,FASB 和 IASB 就长期租赁资产发布了新的征求意见稿,大多数这样的租赁协议将被视为融资租赁。这一规定将结束经营租赁实务和通过表外融资租赁资产的做法。

新准则实施后,西南航空及其他公司将被迫把经营租赁重分类为融资租赁,结果将增加上亿美元的资产、负债及资产负债率。

养老金和退休福利

大多数公司会为员工成立养老金计划。**养老金**(pension)是员工在退休期间享受的员工福利。公司也会为员工提供退休后福利,如为退休员工提供医疗保险。由于员工是通过为公司提供服务而取得相关福利的,所以在员工为公司提供服务期间,公司应预提养老金和退休福利。

养老金会计处理是非常复杂的会计事项之一。员工在工作期间赚取的养老金,由公司向养老金计划进行支付,养老金计划的资产规模会逐渐增长。同时,未来向员工支付的养老金义务也在不断增加。在每个会计年度末,公司应比较下面两项金额:

- 养老金计划资产(现金和投资)的公允市场价值。
- 养老金计划预计支付的应付福利,该应付福利是公司承诺对退休员工支付的未来养老金的现值。

如果养老金计划资产的公允价值大于应付福利的累计金额,则养老金计划资产有足够的现金予以支付。在这种情况下,养老金计划资产超出应付福利的金额必须在资产负债表中报告。如果需要支付的应付福利累计数超过了养老金计划资产的总额,即养老金计划资产不足支付,则公司必须将超出的部分作为负债,在资产负债表中报告。

西南航空的养老金计划并未带来很大的负债金额。下面以美国航空集团的养老金计划为例来说明养老金负债。2014 年 12 月 31 日,美国航空集团的养老金计划资产储备不足。具体情形如下:

- 养老金计划资产的公允价值为 109.86 亿美元;
- 预计应付的养老金负债总额为 175.94 亿美元。

因此,美国航空集团的资产负债表中应确认一项名为养老金和退休福利的负债,金额为66.08 亿美元(175.94 亿美元－109.86 亿美元)。根据该项负债的到期日,将其分为短期负债和长期负债予以列报。

在财务报表中报告负债

本章从西南航空合并资产负债表中报告的负债开始。表 9-6 再次以标准格式列出了西南航空资产负债表的负债部分。

表 9-6 包括西南航空财务报表附注 6 的内容。附注 6 披露了该公司有关负债的详细信息,如长期负债的到期日和利率。投资者需要以这些数据为依据对公司进行评价。附注中还披露了以下信息:

- 长期负债中一年内到期的部分(2.58 亿美元)作为流动负债列报;
- 扣除了一年内到期的部分后长期负债为 24.34 亿美元。

从公司的资产负债表中找到附注 6 所披露的相关信息。在财务报表和相关附注中反复分析和比较,这是财务分析的重要组成部分。上述分析工具可以帮助你理解公司在资产负债表中报告的负债情况。

表 9-6　报告西南航空的负债　　　　　　　　　　　百万美元

西南航空合并资产负债表（节选） 2014 年 12 月 31 日		附注 6 长期负债（节选） 2014 年 12 月 31 日	
负债		定期贷款,2019—2020 年到期	923
流动负债：		担保证明,2022 年到期	355
应付账款	1 203	浮动利率票据（飞机）	300
应计负债	1 565	公司债券,7.375%,2027 年到期	134
预收机票收入	2 897	可转换优先债券,2016 年到期	113
一年内到期的长期负债	258	应付票据,5.75%,2016 年到期	313
流动负债合计	5 923	应付票据,5.125%,2017 年到期	316
长期负债,扣除一年内到期的部分	2 434	融资租赁	199
其他长期负债	5 068	其他长期负债	60
负债总额	13 425	长期负债合计	2 713
		减：一年内到期的部分	(258)
		减：债务贴现和发行成本	(21)
		长期负债	2 434

长期负债公允价值的披露

公认会计原则要求公司披露长期负债的公允价值。2014 年 12 月 31 日,西南航空财务报表附注 11 中披露内容如下（节选）：

> 估计的公司长期负债（包括一年内到期的部分）的公允价值是……28.43 亿美元。

总体来讲,西南航空长期负债的公允价值比其账面价值（26.92 亿美元）高出约 1.51 亿美元。公开交易债券的公允价值以市场报价为依据（公允价值的第 1 层次,在第 8 章中讲过）,而公允价值的波动又受利率变动和市场条件的影响。因此,在任何时点,负债的公允价值都有可能高于或低于其账面价值。

在现金流量表中报告筹资活动

下面,让我们来分析西南航空在现金流量表中列报的筹资活动。表 9-7 摘自西南航空合并现金流量表。

表 9-7　西南航空合并现金流量表（节选）

年度截至 2014 年 12 月 31 日	百万美元
经营活动产生的现金流量：	
经营活动产生的净现金流量	2 902
投资活动产生的现金流量：	
投资活动产生的净现金流量	(1 727)
筹资活动产生的现金流量：	
支付长期负债和长期应付租赁款	(561)
回购普通股	(955)
发行长期负债取得的收入	300
支付现金股利	(139)
其他筹资活动产生的现金流量（净值）	107

续表

筹资活动产生的净现金流量	(1 248)
现金及其等价物净变化	(73)

2014 年度,西南航空经营活动产生的现金流量为 29 亿美元,远高于当年所使用的现金数量。长期以来,该公司保持着良好的财务管理水平,是同行业中流动性和盈利能力最好的航空公司。由于经营活动提供了大量的现金,公司投资于不动产和设备及各种投资约 17.3 亿美元。相反,公司借入 3 亿美元的长期负债,并支付长期负债和长期应付租赁款 5.61 亿美元。此外,公司花费 9.55 亿美元回购普通股,并将 1.39 亿美元用于支付现金股利。为了公司的成长及整修飞机,西南航空还借入大量的负债。这一点在表 9-6 的长期负债附注中可以看出。截至 2014 年年末,大多数负债仍未到期。尚未到期的负债总额达 27 亿美元,其中一年内到期的负债为 2.58 亿美元,其余的负债最晚将于 2027 年到期。在接下来的几年,由于债务陆续到期,西南航空将不得不用经营活动产生的现金偿付债务。

章末习题

Cessna 航空公司发行了 2024 年 10 月 1 日到期、利率为 4% 的可转换公司债券。假设这些债券发行的日期是 2016 年 10 月 1 日,并在每年的 4 月 1 日和 10 月 1 日支付利息。

债券数据

到期价值(面值)——100 000 美元

约定利率——4%

利息支付——半年利率 2%,每次 2 000 美元(100 000 美元×0.04×6/12)

发行日的市场利率——年利率 5%,半年利率 2.5%

要求

1. 假设债券以 93.5 的价格发行。用直线摊销法对债券的折价进行摊销。

a. 计算应付债券每半年的利息费用。

b. 计算 2016 年 12 月 31 日应计利息的金额。

c. 计提 2016 年 12 月 31 日的利息费用,并编制相应的会计分录。

2. 运用 Excel 建立截至 2018 年 10 月 1 日的摊余成本表。运用 Excel 获取发行价格。运用实际利率摊销法进行摊销。

3. 根据实际利率摊销表,编制下列经济业务的会计分录:

a. 2016 年 10 月 1 日,发行债券。

b. 2016 年 12 月 31 日,计提债券利息并摊销应付债券折价。

c. 2017 年 4 月 1 日,支付应付债券利息并摊销应付债券折价。

d. 2018 年 10 月 2 日,将 1/3 的应付债券转换为无票面价值的股票。对于无票面价值的股票,可以将债券的账面价值转入普通股账户。该转换不会产生股本溢价。

e. 2018 年 10 月 2 日,赎回 2/3 的应付债券。公司以 102 的价格赎回债券。

答案

要求 1

a.

(a) 债券面值   100 000 美元

×发行价格	×0.935
（b）实收款项	93 500 美元
（c）债券折价(a)－(b)	6 500 美元
利息支付的期数(8×2)	16
直线法下每个利息支付期间的折价摊销（6 500 美元/16）	406.25 美元
支付利息（0.02×100 000 美元）	2 000 美元
每个利息支付期间的费用总和	2 406.25 美元

b.

2016 年 12 月 31 日的应计利息

每个利息支付期间应计利息（0.02×100 000 美元）	2 000 美元
×时间比（2016 年 10 月 1 日至 2016 年 12 月 31 日）	×3/6
2016 年 12 月 31 日的应计利息	1 000 美元

c.

利息费用（2 406.25 美元×0.5）	1 203.13 美元
应付债券折价（406.25 美元×0.5）	203.13 美元
应付利息（2 000 美元×0.5）	1 000 美元

要求 2

Cessna 航空公司摊销表　　　　　　　美元

半年期利息支付日	A 利息支付（面值的 2%）	B 利息费用（前期债券账面价值的 2.5%）	C 折价摊销（C－B）*	D 折价账户余额（前期 E－D）*	E 债券账面净值（100 000－E）*
2016 年 10 月 1 日				6 528	93 472
2017 年 4 月 1 日	2 000	2 337	337	6 191	93 809
2017 年 10 月 1 日	2 000	2 345	345	5 846	94 154
2018 年 4 月 1 日	2 000	2 354	354	5 492	94 508
2018 年 10 月 1 日	2 000	2 363	363	5 129	94 871
发行价格	93 472				

* 由于取整，金额可能有 1 美元的差异。

要求 3

a.　2016 年

10 月 1 日	现金	93 472	
	应付债券折价	6 528	
	应付债券		100 000
	折价发行应付债券。		

b.　12 月 31 日

	利息费用（2 337 美元×3/6）	1 169	
	应付债券折价（337 美元×3/6）		169
	应付利息（2 000 美元×3/6）		1 000

计提利息费用和摊销应付债券折价。

c. 2017 年

4 月 1 日	利息费用（2 337 美元×3/6）	1 168	
	应付利息	1 000	
	应付债券折价（337 美元×3/6）		168
	现金		2 000

支付半年利息，其中部分已经计提，并摊销应付债券折价。

d. 2018 年

10 月 2 日	应付债券（100 000 美元×1/3）	33 333	
	应付债券折价（5 129 美元×1/3）		1 710
	普通股（94 871 美元×1/3）		31 623

部分应付债券转换成普通股股票。

e.

10 月 2 日	应付债券（100 000 美元×2/3）	66 667	
	债券赎回损失	4 752	
	应付债券折价（5 129 美元×2/3）		3 419
	现金（100 000 美元×2/3×1.02）		68 000

以 102 的价格提前赎回债券。

复习：负债

复习测试（答案见本章末）

1. 以下哪一个选项不是估计负债？

a. 假期工资　　　　　　　　　b. 坏账准备

c. 所得税　　　　　　　　　　d. 产品保修

2. 当前的支付期在 1 月 2 日周五，而该公司的会计年度末在 12 月 31 日周三。假设年末公司未对应付工资费用进行调整，将会产生什么影响？

a. 低估资产　　　　　　　　　b. 高估营业利润

c. 低估股东权益　　　　　　　d. 高估负债

3. 2016 年度，Big Blue 公司的应付账款周转率从 10 增加到 12。下面哪一项陈述最好地解释了这种情形？

a. 2016 年度，公司加快了应付账款的支付速度，这表明公司的流动性有所增强。

b. 2016 年度，公司放缓了应付账款的支付速度，这表明公司的流动性有所减弱。

c. 2016 年度，存货周转率加快，这意味着销量在增加。

d. 信息不足，无法得出结论。

4. Outback 公司销售单一产品，其残次产品的保修期为 45 天。工程部预计约 3% 的已售产品会出现残次情况，同时，单位产品的平均维修成本约为 45 美元。在公司经营的第一个月内，产品销售总量为 1 100 件；月末，有 7 件产品被报告有缺陷并被送回总部维修。当月末，产品保修负债应为_____。

a. 315 美元　　　　　　　　　b. 1 800 美元

c. 1 170 美元　　　　　　　　d. 1 485 美元

e. 没有正确选项

5. 在下列哪一种情形下应确认或有负债?

a. 如果或有负债金额可以合理地估计

b. 如果应在一年内用现金偿付

c. 如果相关的未来事项很可能会发生

d. b 和 c

e. a 和 c

6. 未担保债券是_____。

a. 定期债券

b. 抵押债券

c. 记名债券

d. 分期偿还债券

e. 信用债券

7. 应付债券折价账户_____。

a. 在债券到期日记入费用

b. 是杂项收入账户

c. 是费用账户

d. 是应付债券的备抵账户

e. 有正常的贷方余额

8. 应付债券折价是_____。

a. 到期当年债券利息费用的抵减

b. 债券期限内利息费用的抵减

c. 债券期限内的额外利息费用

d. 债券出售当年的额外利息费用

e. 债券出售当年的一项负债

9. 分批到期的债券被称为_____。

a. 定期债券

b. 零息债券

c. 可赎回债券

d. 担保债券

e. 分期偿还债券

10. 应付债券的账面价值等于_____。

a. 应付债券减应付债券溢价

b. 应付债券加应计利息

c. 应付债券加应付债券折价

d. 应付债券减应付债券折价

11. Dart 公司的财务杠杆比率从 2015 年的 2.5 增加至 2016 年的 3。在不阅读财务报表的情形下,下面哪一项陈述最好地描述了公司可能已发生的事项?

a. 2016 年度,公司增加了新的债务融资,公司的盈利能力有可能提高,也有可能下降。

b. 2016 年度,公司增加了新的债务融资,使公司的盈利能力有所提高。

c. 2016 年度,公司增加了新的权益融资,使公司的盈利能力有所下降。

d. 2016 年度,公司增加了新的权益融资,公司的盈利能力有可能提高,也有可能下降。

使用下列信息回答第 12~17 题。

McLennan 公司发行了 250 000 美元、利率为 6.5% 、期限为 10 年的债券。债券的发行日期是 2016 年 1 月 1 日,利息支付日分别是 1 月 1 日和 7 月 1 日。债券发行时的市场利率是

7%。采用实际利率法回答第12~16题。

12. 使用 Excel 中的 PV 函数,计算债券的价格。

a. 239 717 美元

b. 250 000 美元

c. 250 717 美元

d. 241 117 美元

13. 在第一个半年利息支付日 2016 年 7 月 1 日,McLennan 公司确认的利息费用是多少?

a. 10 525 美元

b. 314 美元

c. 8 125 美元

d. 8 439 美元

14. 在第一个半年利息支付日 2016 年 7 月 1 日,McLennan 公司摊销的应付债券折价金额是多少?

a. 314 美元

b. 8 125 美元

c. 0 美元

d. 8 439 美元

15. 每年支付利息的现金总额是多少(答案四舍五入取整数)?

a. 17 500 美元

b. 15 673 美元

c. 16 250 美元

d. 16 878 美元

16. 2017 年 1 月 1 日的资产负债表报告的应付债券的账面价值是多少?

a. 241 756 美元

b. 250 000 美元

c. 241 117 美元

d. 241 431 美元

17. 在采用直线摊销法的情况下,2016 年 12 月 31 日(会计年度末),McLennan 公司应付债券的账面价值是多少?

a. 240 673 美元

b. 240 229 美元

c. 241 561 美元

d. 242 005 美元

自我测评

道德检测

下列情况违反了 AICPA 职业行为守则三原则(客观性、独立性和谨慎性)中的哪个原则?假设例子中的所有人都是 AICPA 的成员(注:有关原则的描述,请参阅第 1 章有关 AICPA 专业行为准则的内容)。

a. Nicole 在 Blue Steel 公司的应付账款部门工作。她注意到公司的流动比率低于行业平均水平。为了提高公司的流动比率,她决定本月不再计提应付工资。

b. Francis Candle 公司是一家小型的家族企业,只雇用了一名会计师 Jean。由于 Jean 负责所有的会计业务,所以她认为即使犯错也不会被发现。Jean 决定虚构 Francis Candle 公司对她自己所拥有的 Candle Supply 公司的应付账户。

c. Louie 最近获得了会计学位,并且在 Smith Sneaker 公司的应付账款部门找到了一份工作。Louie 负责应计负债的调整账户,但是他不记得怎样处理这些账户,因为他在上学时没有学习过这些账户。最后,Louie 推定本月的应计负债余额和上个月的相同。因此,他没有在本月编制新的会计分录,也没有对上个月的应计负债进行调整。

d. Jill 是 Jamestown & Blice 会计师事务所的一名新任审计师。她的父亲是 J&J 兽医用品公司的所有者。Jill 很高兴自己被分到 J&J 兽医用品公司做审计,因为她暑期在 J&J 兽医用品公司做过兼职,对那里非常了解。Jill 没有告诉别人她的父亲实际控制 J&J 兽医用品公司,认为自己在工作时不会持有任何偏见。

小练习

S9-1　（目标：短期应付票据的会计处理）Drexel Sports Authority 公司以签发短期应付票据的形式购买存货，存货成本为 23 000 美元，短期应付票据的票面利率为 10％，期限为 6 个月。假设存货购买发生在 2016 年 1 月 1 日，该公司将于 2016 年 7 月 31 日支付票据本金及利息。根据以上信息，编制该公司下列业务的会计分录：

（a）购买存货；（b）2016 年 7 月 31 日还本付息，清偿应付票据。

S9-2　（目标：分析应付账款周转率）2015 年度和 2016 年度，Wango 销售公司的比较资产负债表和利润表的主要数据如下：

美元

	2016 年度	2015 年度
销售成本	2 850 000	2 700 000
期末存货	800 000	600 000
期初存货	600 000	400 000
平均应付账款	305 000	255 000

要求

1. 计算该公司 2015 年度和 2016 年度的应付账款周转率和应付账款周转天数。

2. 仅以上述计算结果为依据，说明 2016 年度该公司的流动性是改进了还是恶化了。

S9-3　（目标：产品担保维修费用和预计担保费用的会计处理）美国 Barnstormers 公司为汽车轮胎提供 5 年期或者 60 000 英里（以先到期者为准）的担保服务。假设美国 Barnstormers 公司预计担保费用在 5 年内合计将达到销售收入的 7％。2016 年度，假设位于明尼苏达州圣保罗市的经销商的销售收入为 460 000 美元。销售收入的 15％为现金收款，余下的为应收票据。2016 年度，为满足客户担保要求而支付的现金总计 19 700 美元。

要求

1. 编制该公司的销售收入、担保费用以及支付担保费用的会计分录。

2. 将预计应付担保费用过入 T 形账户。该账户的期初余额为 16 000 美元。2016 年度末，该公司估计支付给客户的应付担保费用是多少？

S9-4　（目标：在财务报表上报告担保费用）参考 S9-3 中的相关数据。2016 年度，美国 Barnstormers 公司应报告的担保费用是多少？哪一条会计原则规范了这一事项？当年的担保费用等于当年现金支付的担保费用吗？解释用于计量担保费用的相关会计原则。

S9-5　（目标：解释公司的或有负债）Hamm Cycles 公司是摩托车生产商，在其年报中披露了以下附注：

合并财务报表附注

附注 7（节选）：承诺和或有事项

公司在美国自行为其产品责任损失提供的保险最高为 380 万美元（个人赔偿的巨灾险介于 380 万～2 630 万美元）。在美国以外，公司为其产品责任提供的个人担保总额为 2 630 万美元。

1. 为什么这些负债是或有负债（与实际负债相对比）？

2. 在美国，对于 Hamm Cycles 公司来说，或有负债在什么条件下可以成为实际负债？在美国,公司产品责任的上限是多少?

3. 在什么条件下,公司在美国以外的或有事项可以成为实际负债? Hamm Cycles 公司的潜在负债与在美国以外的担保责任有何不同?

S9-6 (目标:折价发行债券)阅读以下陈述,并判断正误。给出简要的解释。

1. 当债券折价出售时,收到的现金要少于其未来现金流量的现值(以发行日的市场利率为折现率)。

2. 当债券折价发行时,应使用发行日的市场利率来计算每半年的现金利息。

3. 当债券折价发行时,每半年的利息费用要大于现金利息。

4. 当债券折价出售时,债券的到期值小于本金及未来利息折现后的现值(以发行日的市场利率为折现率)。

5. 在债券存续期间,应付债券的折价摊销将导致额外的利息费用。

6. 在年末,应计利息以及折价摊销被记录后,资产负债表中应付债券的账面价值将会增加。

S9-7 (目标:确定债券是平价、溢价还是折价发行)确定以下债券应该以平价发行、溢价发行,还是折价发行:

a. 当市场利率为 5% 时,Typecast 公司发行债券,约定利率为 5%。

b. 当市场利率为 6.75% 时,Eugene 公司发行债券,约定利率为 6.25%。

c. 在市场利率为 4% 时,Raintree 公司发行债券,约定利率为 5.5%。

d. DoubleTyme 公司发行债券,约定利率为 3%。在债券发行日,市场利率为 3.75%。

S9-8 (目标:应付债券交易的会计分录;平价发行债券的会计处理)假设 McQueen 公司在市场利率为 7.5% 时,发行了 7 年期的应付债券,债券面值为 90 000 美元,利率为 7.5%。假设该公司的会计年度截止日是 12 月 31 日,应付债券利息支付日分别是 1 月 1 日和 7 月 1 日。编制该公司下列交易或事项的会计分录,包括分录的解释说明:

a. 2016 年 7 月 1 日,平价发行应付债券。

b. 2016 年 12 月 31 日,计提应付债券的利息费用(结果四舍五入取整数)。

c. 2017 年 1 月 1 日,支付现金利息。

d. 到期日(给出日期),偿付应付债券。

S9-9 (目标:确定应付债券金额;使用直线法摊销债券折价)2016 年 7 月 1 日,Superior Drive-Ins 公司通过发行债券借入资金 1 000 000 美元。假设发行价格是 96.5,票面利率是 7%,债券期限是 10 年,利息支付日分别是 1 月 1 日和 7 月 1 日。

要求

1. 该公司发行债券时收到多少现金? 编制会计分录。

2. 该公司在债券到期日应偿付多少金额? 哪一天是到期日?

3. 该公司每 6 个月支付多少现金利息?

4. 该公司每 6 个月报告多少利息费用? 假设采用直线法摊销债券折价。编制下列交易或事项的会计分录:

(a)2016 年 12 月 31 日,计提利息费用和折价摊销;(b)2017 年 1 月 1 日,支付现金利息。

S9-10 (目标:确定应付债券的溢价金额;使用直线法摊销债券溢价)2016 年 7 月 1 日,Charley 公司通过发行债券借入资金 2 000 000 美元,发行价格是 101.5,票面利率是 6%,债券期限是 5 年,利息支付日分别是 1 月 1 日和 7 月 1 日。

要求

1. 该公司发行债券时收到多少现金？编制会计分录。

2. 该公司在债券到期日应偿付多少金额？哪一天是到期日？

3. 该公司每 6 个月支付多少现金利息？

4. 该公司每 6 个月报告多少利息费用？假设采用直线法摊销债券折价。编制以下交易或事项的会计分录：

(a)2016 年 12 月 31 日，计提利息费用和溢价摊销；(b)2017 年 1 月 1 日，支付现金利息。

S9-11 （目标：折价发行债券；采用实际利率法摊销债券折价）2016 年 3 月 31 日，Hartley 公司发行了 520 000 美元、利率为 5% 的 12 年期债券。发行日的市场利率为 8%，Hartley 公司每半年支付一次利息。Hartley 公司的会计年度截止日是 3 月 31 日。

要求

1. 使用 Excel 中的 PV 函数计算债券的发行价格。

2. 编制前三次利息支付的实际利率摊销法的利息费用摊销表。结果四舍五入取整数。

3. 编制下列交易或事项的会计分录：(a)2016 年 3 月 31 日，发行债券；(b)2016 年 9 月 30 日，第一次支付半年现金利息和摊销折价。不要求解释。

S9-12 （目标：实际利率法下折价发行债券的会计处理）使用你在 S9-11 中为 Hartley 公司编制的利息费用摊销表，回答下列问题：

1. 2016 年 3 月 31 日，Hartley 公司借入了多少现金？在债券到期日 2028 年 3 月 31 日，Hartley 公司应该偿还多少现金？

2. Hartley 公司每 6 个月支付的现金利息是多少？

3. 2016 年 9 月 30 日和 2017 年 3 月 31 日，Hartley 公司报告的利息费用分别是多少？为什么每一期的利息费用金额在逐渐增加？

S9-13 （目标：溢价发行债券；采用实际利率法摊销债券溢价）2016 年 1 月 1 日，Jackson 公司发行了 600 000 美元、利率为 6% 的 10 年期应付债券。发行日的市场利率为 4%，Jackson 公司每半年支付一次利息，其会计年度截止日为 6 月 30 日。

要求

1. 使用 Excel 中的 PV 函数，计算债券的发行价格。

2. 编制前三次利息支付的实际利率摊销法的利息费用摊销表。结果四舍五入取整数。

3. 编制下列交易或事项的会计分录：

(a)2016 年 1 月 1 日，发行债券；(b)2016 年 6 月 30 日，第一次支付半年现金利息和摊销溢价。不要求解释。

S9-14 （目标：实际利率法下溢价发行债券的会计处理）使用你在 S9-13 中为 Jackson 公司编制的利息费用摊销表，回答下列问题：

1. 2016 年 1 月 1 日，Jackson 公司借入了多少现金？在债券到期日，Jackson 公司应该偿还多少现金？

2. Jackson 公司每 6 个月支付的现金利息是多少？

3. 2016 年 6 月 30 日和 2017 年 12 月 31 日，Jackson 公司报告的利息费用分别是多少？为什么每一期的利息费用金额在逐渐增加？

S9-15 （目标：计算财务杠杆比率、资产负债率和利息保障倍数；评估偿债能力）2015 年度，百思买和沃尔玛的主要财务数据如下：

百万美元

		百思买	沃尔玛
1	资产总额	15 256	203 706
2	股东权益总额	4 995	81 394
3	营业利润	1 450	27 147
4	利息费用	90	2 348
5	财务杠杆比率		
6	负债总额		
7	资产负债率		
8	利息保障倍数		

要求

1. 完成表格,计算两家公司所需提供的相关数据(用年末数据代替平均值计算相关指标)。

2. 评价每家公司的长期负债支付能力(强、中、弱)。

S9-16 (目标:计算债务融资和权益融资对每股盈余的影响)Nautical Marina 公司需要筹集 100 万美元用以扩大公司规模。该公司考虑从以下两个方案中二选一:

(1) 以 8%的利率发行 100 万美元的债券;

(2) 以每股面值 10 美元,发行 100 000 股普通股股票。

在进行新的融资之前,该公司预计净利润为 400 000 美元,公司有 100 000 股普通股流通在外。该公司认为扩大规模会使息税前利润增加 100 000 美元。该公司的所得税税率为 40%。

通过分析,决定哪一个方案会产生较高的每股盈余。仅仅基于每股盈余数据的比较,你会向该公司推荐哪种筹资方案?

S9-17 (目标:计算并评价三个财务比率)2016 年度,Jalbert 水暖产品公司报告的财务数据如下:

百万美元

	2016 年
营业收入净额	31.8
营业费用	26.7
营业利润	5.1
非营业项目:	
利息费用	(0.6)
其他	(0.6)
净利润	3.9
资产总额	200.0
股东权益总额	74.0

要求

计算该公司的财务杠杆比率、资产负债率和利息保障倍数,并用一句话解释这个比率的具体含义(用年末数据代替平均值计算相关指标)。你愿意借给 Jalbert 水暖产品公司 100 万美元吗? 给出原因。

S9-18 (目标:与租赁和退休金相关的专业术语)根据列出的词汇完成下面的句子。

融资租赁	资金过剩
资金不足	承租人
退休金	经营租赁
出租人	负债

1. 没有将有关资产所有权的风险和报酬转移给承租人的租赁协议是_____。

2. 承租人实质上承担了有关资产所有权的风险和报酬的租赁协议是_____。

3. 员工在退休期间收到的员工福利是_____。

4. 如果养老金计划资产的公允价值大于应付福利的累计金额,那么该养老金计划被认为_____。

5. 租客在租赁协议中也被称为_____。

6. 在_____的养老金计划下,养老金计划资产的公允价值大于应付福利的累计金额。

7. 为获取租金而以资产的使用权作为交换的资产所有者被称为_____。

S9-19 (目标:报告负债,包括融资租赁负债)2016 年 12 月 31 日,LuxAll 公司的总分类账中的主要账户如下:

	美元
应付债券(不包括当年到期部分)	450 000
设备	115 000
应付债券当年到期部分	50 000
长期应付票据	300 000
应付利息(到期日:2017 年 3 月 1 日)	1 200
应付账款	41 000
应付债券折价(长期)	13 500
应收账款	31 000

编制 LuxAll 公司 2016 年 12 月 31 日资产负债表的负债部分。说明该公司如何报告这些负债项目。报告流动负债总额和负债总额。

练习

(A 组)

E9-20A (目标:短期应付票据的会计处理)Ivanhoe Sports Authority 公司以签发短期票据的形式购买存货,存货成本为 28 000 美元。应付票据的票面利率为 7%,期限为一年。假设存货购买发生在 2016 年 7 月 31 日,该公司在每年的 7 月 31 日支付票据利息。根据以上信息,编制公司下列业务的会计分录:(a)购买存货;(b)2017 年 4 月 30 日(会计年度截止日)计提利息费用;(c)2017 年 7 月 31 日,还本付息,清偿应付票据(答案四舍五入取整数);(d)说明 2017 年 4 月 30 日,公司如何在其资产负债表和利润表中报告负债。

E9-21A (目标:担保费用和相关负债的会计处理)会计期末,Jim's Appliances 公司的会计账户余额如下:

预计应付担保费用	销售收入	担保费用
期初余额　5 000	106 000	

过去,Jim's Appliances 公司的担保费用占销售收入的 9%。当期,公司向顾客支付了 9 000 美元的赔偿金。

要求

1. 编制 Jim's Appliances 公司当期担保费用和用于顾客索赔的现金支付的会计分录。不要求解释。

2. 说明 Jim's Appliances 公司如何在利润表和资产负债表中报告上述情形。

3. 要求 2 中的哪一项数据会影响该公司的流动比率? 在其影响下,Jim's Appliances 公司的流动比率会上升还是下降?

E9-22A (目标:记录和报告流动负债)假设 TransWorld 出版社 2016 年度完成了以下交易事项:

10 月 1 日	签订 1 年期的预售合同,预收现金 2 000 美元,额外加收 8%的销售税。
11 月 15 日	向俄亥俄州缴纳销售税。
12 月 31 日	年末,编制必要的会计调整分录。

要求

编制上述交易事项的会计分录(不要求解释)。然后,在公司的资产负债表中报告相关的负债项目。

E9-23A (目标:工资费用和负债的会计处理)Perrault 公司每年的工资费用为 190 000 美元。此外,公司的工资税为工资的 8%。12 月 31 日,Perrault 公司需支付工资费用 8 200 美元、FICA 税和其他工资税 700 美元。公司将在下一年的年初支付这笔款项。

对于上述交易或事项,说明 Perrault 公司在当年的利润表和年末的资产负债表中如何进行报告。

E9-24A (目标:应付票据的会计处理)假设 Cart 销售公司完成的应付票据的交易事项如下:

2016 年	
7 月 1 日	购买运输卡车,成本 57 000 美元,签发一张一年期的应付票据,票据利率为 6%。
12 月 31 日	计提应付票据利息。
2017 年	
7 月 1 日	到期日,承兑应付票据。

要求

1. 2016 年 12 月 31 日应计提多少利息费用? 答案四舍五入取整数。

2. 2017 年 7 月 1 日,该公司最后一次支付的金额是多少?

3. 2016 年度和 2017 年度,该公司的利息费用分别是多少? 答案四舍五入取整数。

E9-25A (目标:所得税的会计处理)2016 年 12 月 31 日,Hawley 房地产公司作为流动负债报告的应交所得税为 78 000 美元。2017 年度,该公司的税前利润为 650 000 美元。2017 年度,该公司的所得税税率为 35%,支付的所得税费用为 172 000 美元。

2017 年 12 月 31 日,Hawley 房地产公司在其资产负债表中报告的应交所得税是多少? 2017 年度,该公司在利润表中报告的所得税费用是多少?

E9-26A (目标:分析流动负债和长期负债;评价偿债能力)地球之友公司是环保设备制

造商。2016 年度,公司的收入总额为 27.6 亿美元。2016 年 12 月 31 日和 2015 年 12 月 31 日,公司的流动资产分别为 6.58 亿美元和 6.03 亿美元。2016 年度和 2015 年度,公司的资产负债表和利润表中报告的数据如下。

百万美元

	2016 年度	2015 年度
负债和股东权益		
流动负债		
应付账款	144	172
应付费用	112	180
员工薪酬和福利	45	32
一年内到期的长期负债	4	6
流动负债合计	305	390
长期负债	1 842	1 321
应付退休后福利	77	116
其他负债	29	22
股东权益	2 418	1 785
负债和股东权益总额	4 671	3 634
年末		
销售成本	1 580	1 218

要求

1. 描述地球之友公司的各项负债,并指出这些负债是如何产生的。

2. 2016 年 12 月 31 日,该公司的资产总额是多少? 计算该公司 2015 年度和 2016 年度末的财务杠杆比率和资产负债率。该公司的资产负债率和财务杠杆比率是上升、下降,还是和上一年一样?

3. 假设期初与期末存货的数额没有发生实质性的变动。2014 年度末,应付账款余额是 1.76 亿美元。计算 2015 年度和 2016 年度的应付账款周转率和应付账款周转天数。计算 2015 年度和 2016 年度的流动比率。从应付账款和流动负债偿付能力的角度,评价该公司的偿债能力是提高了还是下降了。

E9-27A (目标:报告或有负债)2016 年度,Barclay 系统公司的收入总额为 2 620 万美元。与很多公司一样,该公司涉及一桩与其产品质量有关的诉讼案。2016 年度,该公司年度报告的附注 14 披露内容如下:

附注 14　或有事项

公司涉及一些法律诉讼……公司的政策是,如果这些法律诉讼引发的负债很可能发生,而且金额可以合理地估计,则应该确认这些负债的金额。

要求

1. 假设 Barclay 系统公司的律师认为极有可能出现不利于公司的重要法律判决。该公司应该如何在财务报表中报告这种情况?

2. 假设 Barclay 系统公司的律师认为公司很可能会被判赔付 200 万美元。在该公司的财务报表中报告上述情况。按照公认会计原则的要求,编制相关会计分录。不要求解释。

E9-28A （目标：报告流动负债和长期负债）假设 Banff 电子公司 2016 年 3 月完成了下列交易或事项：

a. 销售收入为 2 100 000 美元,估计担保费用占销售收入的 2%。估计的应付担保费用的年初余额为 35 000 美元,当年支付的担保费总额为 58 000 美元。

b. 3 月 1 日,Banff 电子公司签发了一张面值为 45 000 美元的票据,每年 3 月 2 日除支付 9 000 美元外,还需支付未偿付应付票据余额 5% 的利息。

c. 折扣连锁店 BuyMore 订购了价值 105 000 美元的无线扬声器及相关产品。BuyMore 为这笔订单提前支付了一张 105 000 美元的现金支票。Banff 电子公司已发出了价值 60 000 美元的商品,余下的商品将在 2016 年 4 月 3 日发出。

d. 3 月,员工的工资为 220 000 美元,代缴工资所得税为 30 700 美元,FICA 税税率为 7.65%。3 月 31 日,Banff 电子公司向员工支付工资,并计提相应的应交税金。

要求

在 Banff 电子公司 2016 年 12 月 31 日的资产负债表中报告上述项目。

E9-29A （目标：折价发行应付债券；支付和计提利息；使用直线法摊销债券折价）2016 年 1 月 31 日,Danvers 物流公司发行了 5 年期、利率为 7% 的应付债券,面值为 1 000 000 美元。发行价格为 96,利息支付日为 1 月 31 日和 7 月 31 日。Danvers 物流公司采用直线法摊销债券折价。编制下列交易或事项的会计分录：(a)2016 年 1 月 31 日,发行应付债券；(b)2016 年 7 月 31 日,支付半年期利息和摊销债券折价；(c)2016 年 12 月 31 日,计提利息费用和摊销债券折价。

E9-30A （目标：计量应付债券（溢价）的现金收入；使用直线法摊销应付债券溢价）County 银行有 300 000 美元利率为 7% 的信用债券流通在外。该债券于 2016 年以 103 的价格发行,到期日为 2036 年,按年支付利息。

要求

1. 在发行债券时,County 银行将有多少现金收入？

2. 截至债券到期日,该银行支付给债券持有人的现金总额是多少？

3. 比较要求 1 和要求 2 的答案的差额。这个差额代表在债券存续期内,County 银行发行债券的利息费用总额。

4. 采用直线摊销法计算 County 银行每年的利息费用。将该金额乘以 20,即可得到 20 年的利息费用总额,该金额应与要求 3 的答案相同。

E9-31A （目标：折价发行应付债券；使用实际利率法记录利息支付并摊销债券折价）Score 公司被授权发行面值为 2 000 000 美元、利率为 3% 的 10 年期票据。2016 年 12 月 31 日,当市场利率为 7% 时,公司发行了 1 600 000 美元的债券。该公司使用实际利率法摊销债券折价。半年期的利息支付日分别为 6 月 30 日和 12 月 31 日。

要求

1. 使用 Excel 中的 PV 函数计算债券的发行价格。

2. 以表 9-3 为模板,编制债券折价摊销表。

3. 编制下列交易或事项的会计分录：(1)2016 年 12 月 31 日,发行债券；(2)2017 年 6 月 30 日,第一次支付半年利息；(3)2017 年 12 月 31 日,第二次支付半年利息。

E9-32A （目标：溢价发行债券；使用实际利率法记录利息支付并摊销债券溢价）2016 年

6 月 30 日,当市场利率为 8% 时,Team Sports 公司发行了 800 000 美元、利率为 10%、期限为 10 年的债券。利息支付日分别为 6 月 30 日和 12 月 31 日。该公司采用实际利率法摊销债券溢价。

要求

1. 使用 Excel 中的 PV 函数计算债券的发行价格。

2. 以表 9-4 为模板,编制债券溢价摊销表。

3. 编制下列交易或事项的会计分录:(1)2016 年 6 月 30 日,发行债券;(2)2016 年 12 月 31 日,第一次支付半年利息;(3)2017 年 6 月 30 日,第二次支付半年利息。

E9-33A (目标:解释经营租赁附注)2014 年度(年度截止日为 2015 年 1 月 31 日),Abercrombie & Fitch 公司的财务报表附注 2 包括以下信息:

千美元

2015 年 1 月 31 日,本公司持有不可撤销的租赁协议,租赁协议的剩余年限为 1～16 年。不可撤销的经营租赁协议汇总如下:	
会计年度	
2015	409 046
2016	366 909
2017	279 960
2018	210 674
2019	165 307
以后年度	525 286
合计	1 957 182

要求

1. 解释附注所披露的信息。该公司有哪些权利和义务?

2. 资产负债表的负债部分是否报告了在要求 1 中所讨论的权利和义务?为什么?上述做法是否会对公司的资产负债率和财务杠杆比率产生影响?

3. 在未来,上述报告形式会发生怎样的变化?

E9-34A (目标:评价债务偿付能力)在不同产业经营的公司,其财务比率会有很大差异。比较不同国家的公司时,财务比率之间的差异可能会变得更大。

下面比较三家行业领先公司的流动比率、资产负债率、财务杠杆比率和利息保障倍数。计算 F 公司、K 公司和 R 公司的财务比率,具体数据如下:

	F 公司/百万美元	K 公司/10 亿日元	R 公司/百万欧元
利润表数据			
收入总额	9 724	7 907	136 492
营业利润	239	224	5 692
利息费用	46	33	736
净利润	23	15	448
资产负债表数据			
流动资产合计	434	5 383	148 526
长期资产	114	405	49 525

续表

	F公司/百万美元	K公司/10亿日元	R公司/百万欧元
流动负债合计	207	2 197	72 600
长期负债	116	2 318	110 107
股东权益	225	1 273	15 344

要求

基于所计算的财务比率,你认为哪家公司的风险最低?

E9-35A (目标:分析各种类型的筹资方案)Green Nation 财务咨询公司想筹集 600 000 美元以扩大经营规模,有两个筹资方案可供选择。A 方案:以 5%的利率发行债券借入资金。B 方案:以每股 6 美元的价格发行普通股股票 100 000 股。在新的筹资方案实施之前,该公司的净利润为 400 000 美元,当年该公司有 100 000 股普通股流通在外。假设你持有该公司的大部分股票。管理层认为,公司使用这笔新的资金可以赚取额外的息税前利润 550 000 美元。该公司的所得税税率为 40%。

要求

1. 分析 Green Nation 财务咨询公司的情形,确定哪个方案的每股盈余更高。

2. 哪个方案会使你保持对公司的控制权? 哪个方案会使公司的财务风险增大? 你认为哪个方案更可取? 为什么? 将你的结论写成一份备忘录,呈交 Green Nation 财务咨询公司的董事会。

(B 组)

S9-36B (目标:短期应付票据的会计处理)Kimball Sports Authority 公司以签发短期票据的形式购买存货,存货成本为 22 500 美元,应付票据的票面利率为 6%,期限为一年。假设存货购买发生在 2016 年 7 月 31 日,该公司将在每年的 7 月 31 日支付利息。根据以上信息,编制公司下列业务的会计分录:(a)购买存货;(b)2017 年 4 月 30 日(会计年度截止日)计提利息费用;(c)2017 年 7 月 31 日,还本付息,清偿应付票据(答案四舍五入取整数);(d)说明 2017 年 4 月 30 日,公司如何在其资产负债表和利润表中报告负债。

E9-37B (目标:担保费用和相关负债的会计处理)会计期末,Carmine Appliances 公司的会计账户余额如下:

预计应付担保费用	销售收入	担保费用
期初余额　4 000	120 000	

过去,Carmine Appliances 公司的担保费用占销售收入的 8%。当期,公司向顾客支付了 7 000 美元的赔偿金。

要求

1. 编制 Carmine Appliances 公司当期担保费用和用于顾客索赔的现金支付的会计分录。不要求解释。

2. 说明 Carmine Appliances 公司如何在利润表和资产负债表中报告上述情形。

3. 要求 2 中的哪一项数据会影响该公司的流动比率? 在其影响下,Carmine Appliances 公司的流动比率会上升还是下降?

E9-38B (目标:记录和报告流动负债)假设 Great White 出版社 2016 年度完成了以下

交易事项：

10 月 1 日	签订 1 年期的预售合同,预收现金 1 400 美元,额外加收 8% 的销售税。
11 月 15 日	向明尼苏达州缴纳销售税。
12 月 31 日	年末,编制必要的会计调整分录。

要求

编制上述交易事项的会计分录(不要求解释)。然后,在公司的资产负债表中报告相关的负债项目。

E9-39B (目标：工资费用和负债的会计处理)Penske 公司每年的工资费用为 215 000 美元。此外,公司的工资税为工资的 12%。12 月 31 日,Perrin 公司需支付工资费用 7 800 美元、FICA 税和其他工资税 550 美元。公司将在下一年的年初支付这笔款项。

对于上述交易或事项,说明 Penske 公司在当年的利润表和年末的资产负债表中如何进行报告。

E9-40B (目标：应付票据的会计处理)假设波士顿销售公司完成的应付票据的交易事项如下：

2016 年	
4 月 1 日	购买运输卡车,成本 64 000 美元,签发一张一年期的应付票据,票据利率为 5%。
12 月 31 日	计提应付票据利息。
2017 年	
4 月 1 日	到期日,承兑应付票据。

要求

1. 2016 年 12 月 31 日应计提多少利息费用？答案四舍五入取整数。

2. 2017 年 4 月 1 日,该公司最后一次支付的金额是多少？

3. 2016 年度和 2017 年度,该公司的利息费用分别是多少？答案四舍五入取整数。

E9-41B (目标：所得税的会计处理)2016 年 12 月 31 日,Saglio 房地产公司作为流动负债报告的应交所得税为 73 000 美元。2017 年度,该公司的税前利润为 650 000 美元。2017 年度,该公司的所得税税率为 33%,支付的所得税费用为 173 000 美元。

2017 年 12 月 31 日,Saglio 房地产公司在其资产负债表中报告的应交所得税是多少？2017 年度,该公司在利润表中报告的所得税费用是多少？

E9-42B (目标：分析流动负债和长期负债；评价偿债能力)绿色家园公司是环保设备制造商。2016 年度,公司的收入总额为 27.7 亿美元。2016 年 12 月 31 日和 2015 年 12 月 31 日,公司的流动资产分别为 6.53 亿美元和 5.83 亿美元。2016 年度和 2015 年度,公司的资产负债表和利润表中报告的数据如下：

百万美元

	2016 年度	2015 年度
负债和股东权益		
流动负债		
应付账款	178	170

续表

	2016 年度	2015 年度
应付费用	112	178
员工薪酬和福利	20	31
一年内到期的长期负债	5	16
流动负债合计	315	395
长期负债	1 379	1 324
应付退休后福利	165	131
其他负债	9	23
股东权益	1 701	1 175
负债和股东权益总额	3 569	3 048
年末		
销售成本	2 784	2 464

要求

1. 描述绿色家园公司的各项负债,并指出这些负债是如何产生的。

2. 2016 年 12 月 31 日,该公司的资产总额是多少? 计算该公司 2015 年度和 2016 年度末的财务杠杆比率和资产负债率。该公司的财务杠杆比率和资产负债率是上升、下降,还是和上一年一样?

3. 假设期初与期末存货的数额没有发生实质性的变动。2014 年度末,应付账款余额是1.82 亿美元。计算 2015 年度和 2016 年度的应付账款周转率和应付账款周转天数。计算2015 年度和 2016 年度的流动比率。从应付账款和流动负债偿付能力的角度,评价该公司的偿债能力是提高了还是下降了。

E9-43B (目标:报告或有负债)2016 年度,Crockett 系统公司的收入总额为 2 190 万美元。与很多公司一样,该公司涉及一桩与其产品质量有关的诉讼案。2016 年度,该公司年度报告的附注 14 披露内容如下:

附注 14   或有事项

公司涉及一些法律诉讼······公司的政策是,如果这些法律诉讼引发的负债很可能发生,而且金额可以合理地估计,则应该确认这些负债的金额。

要求

1. 假设 Crockett 系统公司的律师认为极有可能出现不利于公司的重要法律判决。该公司应该如何在其财务报表中报告这种情况?

2. 假设 Crockett 系统公司的律师认为公司很可能会被判赔付 170 万美元。在该公司的财务报表中报告上述情况。按照公认会计原则的要求,编制相关会计分录。不要求解释。

E9-44B (目标:报告流动负债和长期负债)假设 Costello 电子公司 2016 年 6 月完成了下列交易或事项:

a. 销售收入为 2 500 000 美元,估计担保费用占销售收入的 3%。估计的应付担保费用的年初余额为 36 000 美元,当年支付的担保费总额为 52 000 美元。

b. 9 月 1 日,Costellor 电子公司签发了一张面值为 65 000 美元的票据,每年 9 月 2 日除支付 13 000 美元外,还需支付未偿付应付票据余额 5％的利息。

c. 折扣连锁店 SaveMore 订购了价值 110 000 美元的无线扬声器及相关产品。SaveMore 为这笔订单提前支付了一张 110 000 美元的现金支票。Costellor 电子公司已发出了价值 60 000 美元的商品,余下的商品将在 2016 年 10 月 3 日发出。

d. 9 月,员工的工资为 200 000 美元,代缴工资所得税为 30 700 美元,FICA 税税率为 7.65％。9 月 30 日,Costellor 电子公司向员工支付工资,并计提相应的应交税金。

要求

在 Costello 电子公司 2016 年 12 月 31 日的资产负债表中报告上述项目。

E9-45B　(目标:折价发行应付债券;支付和计提利息;使用直线法摊销债券折价)2016 年 1 月 31 日,Stonewall 物流公司发行了 10 年期、利率为 5％的债券,面值为 6000 000 美元。发行价格为 96,利息支付日为 1 月 31 日和 7 月 31 日。Stonewall 物流公司采用直线法摊销债券折价。编制下列交易或事项的会计分录:(a)2016 年 1 月 31 日,发行债券;(b)2016 年 7 月 31 日,支付半年期利息和摊销债券折价;(c)2016 年 12 月 31 日,计提利息费用和摊销债券折价。

E9-46B　(目标:计量应付债券(溢价)的现金收入;使用直线法摊销债券溢价)City 银行有 100 000 美元利率为 7％的信用债券流通在外。该债券于 2016 年以 103 的价格发行,到期日为 2036 年,按年支付利息。

要求

1. 在发行债券时,City 银行将有多少现金收入?

2. 截至债券到期日,该银行支付给债券持有人的现金总额是多少?

3. 比较要求 1 和要求 2 的答案的差额。这个差额代表在债券存续期内,City 银行发行债券的利息费用总额。

4. 采用直线摊销法计算 City 银行每年的利息费用。将该金额乘以 20,即可得到 20 年的利息费用总额,该金额应与要求 3 的答案相同。

E9-47B　(目标:折价发行应付债券;使用实际利率法记录利息支付并摊销债券折价)ActiveGo Sports 公司被授权发行面值 5 000 000 美元、利率为 4％的 10 年期票据。2016 年 12 月 31 日,当市场利率为 4.5％时,公司发行了 4 000 000 美元的债券。该公司使用实际利率法摊销债券折价。半年期的利息支付日分别为 6 月 30 日和 12 月 31 日。

要求

1. 使用 Excel 中的 PV 函数计算债券的发行价格。

2. 以表 9-3 为模板,编制债券折价摊销表。

3. 编制下列交易或事项的会计分录:(1)2016 年 12 月 31 日,发行债券;(2)2017 年 6 月 30 日,第一次支付半年利息;(3)2017 年 12 月 31 日,第二次支付半年利息。

E9-48B　(目标:溢价发行债券;使用实际利率法记录利息支付并摊销债券溢价)2016 年 6 月 30 日,当市场利率为 6％时,Victory Sports 公司发行了 2 000 000 美元利率为 8％、期限为 10 年的债券。利息支付日分别为 6 月 30 日和 12 月 31 日。该公司采用实际利率法摊销债券溢价。

要求

1. 使用 Excel 中的 PV 函数计算债券的发行价格。

2. 以表 9-3 为模板,编制债券溢价摊销表。

3. 编制下列交易或事项的会计分录：(1)2016 年 6 月 30 日，发行债券；(2)2016 年 12 月 31 日，第一次支付半年利息；(3)2017 年 6 月 30 日，第二次支付半年利息。

E9-49B （目标：解释经营租赁附注）2014 年度，Ann Taylor Stores 公司的财务报表附注 7 包括以下信息：

附注 7　承诺和或有事项

经营租赁

本公司以经营租赁的形式租用零售店铺和管理设施，大多数租赁协议都是不可撤销的。部分店铺租赁协议规定在原有租赁协议的基础上，本公司可以享受延长一个 5 年期限或两个 5 年期限的租赁协议。部分店铺租赁协议还包括在特定情形下，可由本公司行使的提前终止租赁协议的条款。大部分店铺租赁协议要求承租人支付最低租赁付款额，附加或有租金，该或有租金以超过店铺净销售额的一定百分比为依据。本公司还以不可撤销的经营租赁形式，为公司总部租赁办公设备，租赁期一般为 3 年。

2015 年 1 月 31 日，不可撤销的经营租赁的未来最低租赁付款额如下（单位：千美元）：

会计年度	
2015	211 182
2016	186 276
2017	171 203
2018	150 959
2019	132 921
以后年度	363 047
合计	1 215 588
分包租赁	(7 688)
租金净额	1 207 900

要求

1. 解释附注所披露的信息。该公司有哪些权利和义务？

2. 资产负债表的负债部分是否报告了在要求 1 中所讨论的权利和义务？为什么？上述做法是否会对公司的资产负债率和财务杠杆比率产生影响？

3. 在未来，上述报告形式会发生怎样的变化？

E9-50B （目标：评价债务偿付能力）在不同产业经营的公司，其财务比率会有很大差异。比较不同国家的公司时，财务比率之间的差异可能会变得更大。

下面比较三家行业领先公司的流动比率、资产负债率、财务杠杆比率和利息保障倍数。计算 E 公司、L 公司和 R 公司的财务比率。具体数据如下：

	E 公司/百万美元	L 公司/10 亿日元	R 公司/百万欧元
利润表数据			
收入总额	9 733	7 312	136 390
营业利润	294	229	5 639
利息费用	45	30	720

续表

	E 公司/百万美元	L 公司/10 亿日元	R 公司/百万欧元
净利润	24	17	441
资产负债表数据			
流动资产合计	434	5 383	155 364
长期资产	126	349	39 558
流动负债合计	207	2 197	72 600
长期负债	127	2 331	110 627
股东权益	226	1 204	11 695

要求

基于所计算的财务比率,你认为哪家公司的风险最低?

E9-51B　(目标:分析各种类型的筹资方案)Stockwell 财务咨询公司想筹集 600 000 美元以扩大经营规模,有两个筹资方案可供选择。A 方案:以 6％的利率发行债券借入资金。B 方案:以每股 4.8 美元的价格发行普通股股票 125 000 股。在新的筹资方案实施之前,该公司的净利润为 300 000 美元,当年该公司有 100 000 股普通股流通在外。假设你持有该公司的大部分股票。管理层认为,公司使用这笔新的资金可以赚取额外的息税前利润 500 000 美元。该公司的所得税税率为 25％。

要求

1. 分析 Stockwell 财务咨询公司的情形,决定哪个方案的每股盈余更高。

2. 哪个方案会使你保持对公司的控制权?哪个方案会使公司的财务风险增大?你认为哪个方案更可取?为什么?将你的结论写成一份备忘录,呈交 Stockwell 财务咨询公司的董事会。

练习测试

回答下列问题,测试你对流动负债和长期负债核算的理解。从给出的可能选项中,选出最佳选项。

Q9-52　为了将负债分为流动负债和非流动负债,经营周期指的是_____。

a. 从商品购买到将商品转换为现金的期间

b. 一年的期间

c. 企业衰退的平均期间

d. 从销售日到相关销售收入收回的期间

Q9-53　如未在期末计提利息费用会导致_____。

a. 高估净利润,低估负债

b. 高估净利润和负债

c. 低估净利润,高估负债

d. 低估净利润和负债

Q9-54　Tennis Shoe 仓储公司的销售税税率为 6.5％。为了简便,Tennis Shoe 仓储公司贷记从每位客户处收到的销售收入总额(售价加上销售税金)。如果 Tennis Shoe 仓储公司未做销售税金的调整分录,结果会_____。

a. 低估净利润和负债

    b. 高估净利润和负债

    c. 高估净利润,低估负债

    d. 低估净利润,高估负债

Q9-55 预收收入账户属于哪一类账户?

a. 资产账户	b. 收入账户
c. 费用账户	d. 负债账户

Q9-56 借记预收收入的期末调整分录最有可能贷记_____。

a. 一项资产	b. 一项负债
c. 一项收入	d. 一项费用

Q9-57 Myron 公司制造和销售计算机显示器,保修期为 3 年。在保修期内,保修成本预计占平均销售收入的 7%。下表列出了在前两年的经营中销售收入和实际支付的保修费用。

美元

年　度	销 售 收 入	担保费用支付金额
2016	500 000	4 500
2017	800 000	40 000

    根据上述数据,Myron 公司在 2017 年 12 月 31 日的资产负债表中报告的担保负债金额是多少?

a. 46 500 美元	b. 91 000 美元
c. 40 000 美元	d. 44 500 美元

Q9-58 直至今年(2016 年),Maridell 时尚公司的一项负债作为长期负债被适当报告。该项负债中的一部分将在 2016 年到期。如果 Maridell 时尚公司继续将当年到期的部分作为长期负债报告,将会导致_____。

a. 低估资产负债率	b. 低估负债总额
c. 高估流动比率	d. 高估净利润

Q9-59 面值为 17 000 美元的应付债券目前的报价为 103.85。该应付债券的价格是多少?

a. 17 103.85 美元	b. 176 545 美元
c. 1 765.45 美元	d. 17 654.5 美元

Q9-60 债券的账面价值等于应付债券_____。

a. 减去应付债券溢价	b. 加上应付债券折价
c. 减去应付债券折价	d. 加上应付债券溢价
e. a 和 b	f. c 和 d

Q9-61 应付债券折价属于哪一类账户?该账户的正常余额在借方还是贷方?

a. 备抵负债;贷方	b. 调整账户;贷方
c. 备抵负债;借方	d. 转回账户;借方

使用下列数据回答 Q9-62~Q9-65。

2016 年 4 月 1 日,Sweetwater 公司以 96.8507 的价格发行 300 000 美元利率为 13%、期限为 15 年的应付债券。发行日的市场利率为 13.5%。利息在每年 4 月 1 日支付。

Q9-62　4 月 1 日,记录债券发行的会计分录是_____。

a　现金　　　　　　　　　　　　　　　　290 552
　　应付债券折价　　　　　　　　　　　　　9 448
　　　应付债券　　　　　　　　　　　　　　　　300 000

b　现金　　　　　　　　　　　　　　　　300 000
　　　应付债券折价　　　　　　　　　　　　　　9 448
　　　应付债券　　　　　　　　　　　　　　　　290 552

c　现金　　　　　　　　　　　　　　　　300 000
　　　应付债券　　　　　　　　　　　　　　　　300 000

d　现金　　　　　　　　　　　　　　　　290 552
　　　应付债券　　　　　　　　　　　　　　　　290 552

Q9-63　Sweetwater 公司使用直线法摊销债券折价。每年的利息费用金额为_____。

a. 39 000 美元　　　　　　　　　　b. 41 130 美元

c. 19 815 美元　　　　　　　　　　d. 39 630 美元

e. 以上答案都不正确

Q9-64　使用直线摊销法编制 2016 年 12 月 31 日的相关调整分录。

Q9-65　使用直线摊销法编制 2017 年 4 月 1 日的相关会计分录。

Q9-66　2016 年 1 月 1 日,McIntosh 公司发行 100 000 美元利率为 12%、20 年期的债券。债券发行时的市场利率为 13%。利息支付日分别是 1 月 1 日和 7 月 1 日,每半年支付一次利息。第一次利息支付是在 2016 年 7 月 1 日。采用实际利率法摊销债券折价,该公司 2016 年 7 月 1 日应计提多少利息费用? 参考表 9-3。使用 Excel 计算债券的发行价。

a. 6 040 美元　　　　　　　　　　b. 5 576 美元

c. 6 500 美元　　　　　　　　　　d. 6 000 美元

e. 40 美元

Q9-67　使用上一题中的数据。2016 年 7 月 1 日,McIntosh 公司记录利息费用的会计分录应该包括_____。

a. 贷记利息费用　　　　　　　　　b. 借记应付债券

c. 贷记应付债券折价　　　　　　　d. 借记应付债券溢价

Q9-68　摊销应付债券折价_____。

a. 减少半年期利息的现金支付

b. 只有当债券以高于面值的价格发行时才是必要的

c. 增加记录的利息费用金额

d. 减少债券负债的账面价值

Q9-69　债券面值为 2 500 000 美元,应付债券折价为 90 000 美元。债券到期日,该债券偿付的会计分录应该包括_____。

a. 借记应付债券折价 90 000 美元

b. 借记应付债券 2 500 000 美元

c. 贷记现金 2 590 000 美元

d. 上述所有选项

Q9-70   在债券到期日,偿付应付债券的活动属于经营活动、投资活动,还是筹资活动?

a. 经营活动   b. 投资活动

c. 筹资活动

问题

(A 组)

P9-71A   (目标:计量和报告流动负债)本年,Salt Air Marine 公司发生的交易事项如下:

a. 12 月,销售收入总计 110 000 美元,Salt Air Marine 公司额外收取销售税,销售税税率为 5%。1 月初,这笔销售税要上缴北卡罗来纳州政府。

b. 8 月 31 日,Salt Air Marine 公司签发一张期限为 6 个月、利率为 9% 的票据用来购买一艘船,成本为 88 000 美元。在到期日,该票据的本金和利息将一同支付。

c. 8 月 31 日,Salt Air Marine 公司提前收取服务费 3 000 美元。该项服务将在未来 6 个月内均匀提供。

d. Salt Air Marine 公司对 775 000 美元的销售提供产品担保服务。1 月 1 日,估计的应付担保费用为 11 300 美元。本年,该公司计提的担保费用为 31 000 美元,实际支付索赔的担保费用为 34 300 美元。

e. 公司有一项价值 75 000 美元的长期应付票据。12 月 31 日,票据利率为 10%,其中 40 000 美元的本金将在一年内到期。

要求

对每一交易事项,说明 Salt Air Marine 公司在 12 月 31 日的资产负债表中作为流动负债列报的账户名称和金额。

P9-72A   (目标:记录与负债相关的交易事项)2016 年和 2017 年,Smooth Notes Music 公司发生了下列交易事项:

2016 年	
3 月 3 日	花费 50 000 美元购入一架钢琴(存货),签发一张票面利率为 4%、期限为 6 个月的票据予以支付。
5 月 31 日	发行利率为 8% 的票据借入资金 90 000 美元。该票据的本金分期偿还,每年需支付的本金为 15 000 美元,再加上当年的利息费用。将一年内到期的应付票据从长期应付票据账户中分离,单独列示。
9 月 3 日	到期偿付票面利率为 4% 的 6 个月应付票据。
12 月 31 日	计提担保费用,按销售收入 196 000 美元的 2.5% 估计费用。
12 月 31 日	计提应付票据利息。
2017 年	
5 月 31 日	支付发行在外的应付票据的第一次分期付款及年度利息费用。

要求

编制上述交易事项的会计分录。不要求解释。

P9-73A   (目标:记录债券交易(平价);在资产负债表中报告应付债券)假设 Circuits Plus 公司的董事会授权发行 900 万美元的债券,利率为 8%、期限为 25 年。该债券每年付息两次,利息支付日为 5 月 31 日和 11 月 30 日。该债券于 2016 年 5 月 31 日以平价发行。

要求

1. 编制下列交易事项的会计分录：

a. 2016 年 5 月 31 日，发行一半的债券。

b. 2016 年 11 月 30 日，支付利息。

c. 2016 年 12 月 31 日，计提利息费用。

d. 2017 年 5 月 31 日，支付利息。

2. 说明 Circuits Plus 公司在 2016 年 12 月 31 日的资产负债表中应如何报告应付利息和应付债券。

P9-74A　（目标：折价发行债券；采用直线法摊销债券折价；在资产负债表中报告应付债券和应付利息）2016 年 2 月 28 日，Mackerel 公司发行利率为 6%、面值为 1 800 000 美元的 20 年期债券。该债券的利息支付日为 2 月 28 日和 8 月 31 日。该公司采用直线法摊销债券折价。

要求

1. 如果 Mackerel 公司发行债券时市场利率为 5%，那么该债券的定价是平价、溢价，还是折价？为什么？

2. 如果 Mackerel 公司发行债券时市场利率为 7%，那么该债券的定价是平价、溢价，还是折价？为什么？

3. 假设债券的发行价格为 96。编制下列应付债券交易事项的会计分录：

a. 2016 年 2 月 28 日，发行债券。

b. 2016 年 8 月 31 日，支付现金利息和摊销债券折价。

c. 2016 年 12 月 31 日，计提利息费用和摊销债券折价。

d. 2017 年 2 月 28 日，支付现金利息和摊销债券折价。

4. 说明 Mackerel 公司在 2016 年 12 月 31 日的资产负债表中如何报告应付利息和应付债券。

P9-75A　（目标：折价发行应付债券的会计处理；采用直线法摊销债券折价）

要求

1. 编制 Lamore 通信公司下列交易事项的会计分录：

2016 年	
1 月 1 日	发行 3 000 000 美元债券，期限为 10 年，票面利率为 6%，发行价格为 94。利息支付日为 1 月 1 日和 7 月 1 日。
7 月 1 日	支付半年期利息，采用直线法摊销债券折价。
12 月 31 日	计提应付债券半年期利息费用，采用直线法摊销债券折价。
2017 年	
1 月 1 日	支付半年期利息。
2026 年	
1 月 1 日	到期日，赎回应付债券。

2. 确定 Lamore 通信公司 2016 年 12 月 31 日年末会计分录调整后应付债券的账面净值。

3. 截至 2016 年 7 月 1 日，即 6 个月末，确定该公司的下列项目：

a. 利息费用

b. 支付的现金利息

为什么应付债券的利息费用大于所支付的现金利息?

P9-76A (目标:分析公司的长期负债;在资产负债表中报告长期负债——实际利率法)
第 1 年的 12 月 31 日(会计年度末),Mann 公司的财务报表所列的数据如下

	美元
附注 6 负债	
应付债券,票面利率 2%,期限 8 年	4 000 000
减:应付债券折价	? ?
应付票据:票面利率 6%,第 5~10 年	
每年偿还本金 55 000 美元	330 000

Mann 公司以实际利率法摊销债券折价并在每年 12 月 31 日支付利息。

要求

1. 假设第 1 年的 1 月 1 日,债券发行日的市场利率为 6%。回答下列关于 Mann 公司长期负债的问题:

a. 使用 Excel 中的 PV 函数计算债券的发行价格。

b. 利率为 2% 的应付债券的到期价值是多少?

c. 利率为 2% 的应付债券每年的现金利息支付额是多少?

d. 利率为 2% 的应付债券在第 1 年的 12 月 31 日的账面价值是多少?

2. 以表 9-3 为模板,编制第 1~4 年利率为 2% 的应付债券的折价摊销表(结果四舍五入取整数)。在截至 12 月 31 日的第 4 个会计年度,利率为 2% 的应付债券的利息费用是多少?

3. 说明第 4 年的 12 月 31 日,Mann 公司应如何在资产负债表中报告利率为 2% 的应付债券和利率为 6% 的应付票据。

P9-77A (目标:折价发行可转换债券;用实际利率法摊销债券折价,债券转换;在资产负债表中报告应付债券)2016 年 12 月 31 日,Rugaboo 公司发行可转换债券,利率为 6%,到期价值为 4 000 000 美元,期限为 10 年。半年期利息支付日为 6 月 30 日和 12 月 31 日。债券发行时的市场利率为 8%。Rugaboo 公司采用实际利率法摊销债券折价。

要求

1. 使用 Excel 中的 PV 函数计算债券的发行价格。

2. 以表 9-3 为模板,采用实际利率法编制债券折价摊销表。

3. 编制下列交易事项的会计分录:

a. 2016 年 12 月 31 日,发行债券,贷记可转换应付债券。

b. 2017 年 6 月 30 日,支付现金利息,摊销债券折价。

c. 2017 年 12 月 31 日,支付现金利息,摊销债券折价。

d. 2018 年 7 月 1 日,债券持有人将面值为 1 600 000 美元的债券转换为该公司面值 1 美元的 50 000 股普通股股票。

4. 说明 Rugaboo 公司应如何在 2018 年 12 月 31 日的资产负债表中报告余下的应付债券。

P9-78A (目标:区分债务融资和权益融资)Mountainside 医疗用品公司正处于发展的鼎

盛时期。假设在接下来的两年内,公司打算再开 20 家新店。每家店铺计划比现有规模扩大 30%,提供更多的商品和更加精致的柜台陈列。公司管理层预计公司可提供 100 万美元的现金来满足扩张需求,剩下的 450 万美元必须从外部筹集。董事会决定通过以 9% 的利率借债或发行 500 000 股普通股的方式筹集这笔款项。今年公司的息税前利润为 250 万美元,发行在外 500 000 股面值 1 美元的普通股。公司股票的市场价格为每股 9 美元。假设接下来两年,每年的息税前利润都比上一年增加 30%,公司的边际所得税税率为 20%。

要求

1. 使用 Excel 分别评估两种融资方案对公司从目前起两年的净利润和每股盈余的影响。

2. 给公司管理层写一份研究报告,说明举债和发行新股的利弊,并给出融资建议。

P9-79A (目标:在资产负债表中报告负债项目;计算财务杠杆比率、资产负债率和利息保障倍数) 2016 年 12 月 31 日,Brownfield 食品公司的财务数据如下:

			美元
抵押应付票据流动部分	95 000	资产总额	4 600 000
累计应付养老金福利费	455 000	累计折旧——设备	166 000
长期应付债券	300 000	长期应付债券折价	23 000
长期抵押应付票据	316 000	营业利润	340 000
应付债券流动部分	200 000	设备	745 000
利息费用	226 000	养老金计划资产(市价)	405 000
		应付利息	74 000

要求

1. 说明如何在 Brownfield 食品公司的资产负债表中报告上述项目,报告的内容包括标题及流动负债和长期负债的金额。

2. 回答关于 Brownfield 食品公司 2016 年 12 月 31 日的财务状况的下列问题:

a. 应付债券的账面价值(包括应付债券的流动部分和长期部分)是多少?

b. 为什么应付利息大大低于利息费用?

3. 2016 年度,Brownfield 食品公司的利息保障倍数是多少?

4. 假定上述数据已包含了所有的负债项目。计算该公司的财务杠杆比率和资产负债率。本题在计算财务比率时使用年末数据而非平均数。从财务杠杆的角度,评价该公司的财务状况。哪些额外的信息有助于你作出客观评价?

5. 本题独立于要求 4。假设在公司财务报表附注 8 中披露了以下有关经营租赁的信息:租赁期限为 15 年,租赁金额为 390 万美元。2016 年,如果公司将经营租赁转换成融资租赁,那么对公司的财务杠杆和资产负债率将产生什么影响?从财务杠杆的角度,上述变化是否会对该公司的财务状况产生影响?

(B 组)

P9-80B (目标:计量和报告流动负债) 本年,Sea Spray Marine 公司发生的交易事项如下:

a. 12 月,销售收入总计 130 000 美元,Sea Spray Marine 公司额外收取销售税,销售税税率为 5%。1 月初,这笔销售税要上缴罗德岛政府。

b. 8 月 31 日,Sea Spray Marine 公司签发一张期限为 6 个月、利率为 8% 的票据用来购买一艘船,成本为 80 000 美元。在到期日,该票据的本金和利息将一同支付。

c. 8 月 31 日,Sea Spray Marine 公司提前收取服务费 1 800 美元。该项服务将在未来 6 个月内均匀提供。

d. Sea Spray Marine 公司对 825 000 美元的销售提供产品担保服务。1 月 1 日,估计的应付担保费用为 11 400 美元。本年,该公司计提的担保费用为 33 000 美元,实际支付索赔的担保费用为 34 500 美元。

e. 公司有一项价值 70 000 美元的长期应付票据。12 月 31 日,票据利率为 6%,其中 25 000 美元的本金将在一年内到期。

要求

对每一交易事项,说明 Sea Spray Marine 公司在 12 月 31 日的资产负债表中作为流动负债列报的账户名称和金额。

P9-81B (目标:记录与负债相关的交易事项)2016 年和 2017 年,Signature Music 公司发生了下列交易事项:

2016 年	
3 月 3 日	花费 70 000 美元购入一架钢琴(存货),签发一张票面利率为 10%、期限为 6 个月的票据予以支付。
5 月 31 日	发行利率为 5% 的票据借入资金 85 000 美元。该票据的本金分期偿还,每年需支付的本金为 14 167 美元,再加上当年的利息费用。将一年内到期的应付票据从长期应付票据账户中分离,单独列示。
9 月 3 日	到期偿付票面利率为 10% 的 6 个月应付票据。
12 月 31 日	计提担保费用,按销售收入 193 000 美元的 3% 估计费用。
12 月 31 日	计提应付票据利息。
2017 年	
5 月 31 日	支付发行在外的应付票据的第一次分期付款及年度利息费用。

要求

编制上述交易事项的会计分录。不要求解释。

P9-82B (目标:记录债券交易(平价);在资产负债表中报告应付债券)假设 Laptops Plus 公司的董事会授权发行 900 万美元的债券,利率为 7%、期限为 15 年。该债券每年付息两次,利息支付日为 5 月 31 日和 11 月 30 日。该债券于 2016 年 5 月 31 日以平价发行。

要求

1. 编制下列交易事项的会计分录:

a. 2016 年 5 月 31 日,发行一半的债券。

b. 2016 年 11 月 30 日,支付利息。

c. 2016 年 12 月 31 日,计提利息费用。

d. 2017 年 5 月 31 日,支付利息。

2. 说明 Laptops Plus 公司在 2016 年 12 月 31 日的资产负债表中应如何报告应付利息和应付债券。

P9-83B (目标:折价发行应付债券;采用直线法摊销债券折价;在资产负债表中报告应付债券和应付利息)2016 年 2 月 28 日,Marlin 公司发行利率为 8%、面值为 900 000 美元的 10 年期债券。该债券的利息支付日为 2 月 28 日和 8 月 31 日。该公司采用直线法摊销债券折价。

要求

1. 如果 Marlin 公司发行债券时市场利率为 7%,那么该债券的定价是平价、溢价,还是折价? 为什么?

2. 如果 Marlin 公司发行票据时市场利率为 9%,那么该债券的定价是平价、溢价,还是折价? 为什么?

3. 假设债券发行价格为 99。编制下列应付票据交易事项的会计分录:

a. 2016 年 2 月 28 日,发行债券。

b. 2016 年 8 月 31 日,支付现金利息和摊销债券折价。

c. 2016 年 12 月 31 日,计提利息费用和摊销债券折价。

d. 2017 年 2 月 28 日,支付现金利息和摊销债券折价。

4. 说明 Marlin 公司在 2016 年 12 月 31 日的资产负债表中如何报告应付利息和应付债券。

P9-84B (目标:折价发行应付债券的会计处理;采用直线法摊销债券折价)

要求

1. 编制 Lamothe 通信公司下列交易事项的会计分录:

2016 年	
1 月 1 日	发行 6 000 00 美元债券,期限为 10 年,票面利率为 9%,发行价格为 96。利息支付日为 1 月 1 日和 7 月 1 日。
7 月 1 日	支付半年期利息,采用直线法摊销债券折价。
12 月 31 日	计提应付债券半年期利息费用,采用直线法摊销债券折价。
2017 年	
1 月 1 日	支付半年期利息。
2026 年	
1 月 1 日	到期日,赎回应付债券。

2. 确定 Lamothe 通信公司 2016 年 12 月 31 日年末会计分录调整后应付债券的账面净值。

3. 截至 2016 年 7 月 1 日,即 6 个月末,确定该公司的下列项目:

a. 利息费用

b. 支付的现金利息

为什么应付债券的利息费用大于所支付的现金利息?

P9-85B (目标:分析公司的长期负债;在资产负债表中报告长期负债——实际利率法)

第 1 年的 12 月 31 日(会计年度末),Friendship 公司的财务报表所列的数据如下:

		美元
附注 6 负债		
应付债券,票面利率 3%,期限 8 年	3 000 000	
减:应付债券折价	?	?
应付票据:票面利率 7%,第 5~10 年		
每年偿还本金 50 000 美元		300 000

Friendship 公司以实际利率法摊销债券折价并在每年 12 月 31 日支付利息。

要求

1. 假设第 1 年的 1 月 1 日,债券发行日的市场利率为 6%。回答下列关于 Friendship 公司长期负债的问题:

a. 使用 Excel 中的 PV 函数计算债券的发行价格。

b. 利率为 3% 的应付债券的到期价值是多少?

c. 利率为 3% 的应付债券每年的现金利息支付额是多少?

d. 利率为 3% 的应付债券在第 1 年的 12 月 31 日的账面价值是多少?

2. 以表 9-3 为模板,编制第 1~4 年利率为 3% 的应付债券的折价摊销表(结果四舍五入取整数)。在截至 12 月 31 日的第 4 个会计年度,利率为 3% 的应付债券的利息费用是多少?

3. 说明第 4 年的 12 月 31 日,Friendship 公司应如何在资产负债表中报告利率为 7% 的应付票据和利率为 3% 的应付债券。

P9-86B (目标:折价发行可转换债券;用实际利率法摊销债券折价,债券转换;在资产负债表中报告应付债券)2016 年 12 月 31 日,Zenith 公司发行可转换债券,利率为 7%,到期价值为 2 000 000 美元,期限为 10 年。半年期利息支付日为 6 月 30 日和 12 月 31 日。债券发行时的市场利率为 9%,Zenith 公司采用实际利率法摊销债券折价。

要求

1. 使用 Excel 中的 PV 函数计算债券的发行价格。

2. 以表 9-3 为模板,采用实际利率法,编制债券折价摊销表。

3. 编制下列交易事项的会计分录:

a. 2016 年 12 月 31 日,发行债券,贷记可转换应付债券。

b. 2017 年 6 月 30 日,支付现金利息,摊销债券折价。

c. 2017 年 12 月 31 日,支付现金利息,摊销债券折价。

d. 2018 年 7 月 1 日,债券持有人将面值为 800 000 美元的债券转换为该公司面值 1 美元的 70 000 股普通股股票。

4. 说明 Zenith 公司如何在 2018 年 12 月 31 日的资产负债表中报告余下的应付债券。

P9-87B (目标:区分债务筹资和权益筹资)Summit 医疗用品公司正处于发展的鼎盛时期。假设在接下来的两年内,公司打算再开 20 家新店。每家店铺计划比现有规模扩大 30%,提供更多的商品和更加精致的柜台陈列。公司管理层预计公司可提供 100 万美元的现金来满足扩张需求,剩下的 475 万美元必须从外部筹集。董事会决定通过以 3% 的利率借债或发行 100 000 股普通股的方式筹集这笔款项。今年公司的息税前利润为 150 万美元,发行在外 100 000 股面值为 1 美元的普通股。公司股票的市场价格为每股 47.5 美元。假设接下来两年,每年的息税前利润都比上一年增加 10%,公司的边际所得税税率为 20%。

要求

1. 使用 Excel 分别评估两个融资方案对公司从目前起两年的净利润和每股盈余的影响。

2. 给公司管理层写一份研究报告,说明举债和发行新股的利弊,并给出筹资建议。

P9-88B (目标:在资产负债表中报告负债项目;计算财务杠杆比率、资产负债率和利息保障倍数)2016 年 12 月 31 日,Brillhart 食品公司的财务数据如下:

			美元
抵押应付票据流动部分	98 000	资产总额	4 600 000
累计应付养老金福利费	470 000	累计折旧——设备	168 000
长期应付债券	300 000	长期应付债券折价	21 000
长期抵押应付票据	312 000	营业利润	390 000
应付债券流动部分	200 000	设备	745 000
利息费用	223 000	养老金计划资产(市价)	420 000
		应付利息	75 000

要求

1. 说明如何在 Brillhart 食品公司的资产负债表中报告上述项目,报告的内容包括标题及流动负债和长期负债的金额。

2. 回答关于 Brillhart 食品公司 2016 年 12 月 31 日的财务状况的下列问题:

a. 应付债券的账面价值(包括应付债券的流动部分和长期部分)是多少?

b. 为什么应付利息大大低于利息费用?

3. 2016 年度,Brillhart 食品公司的利息保障倍数是多少?

4. 假定上述数据已包含了所有的负债项目。计算该公司的财务杠杆比率和资产负债率。本题在计算各财务比率时使用年末数据而非平均数。从财务杠杆的角度,评价该公司的财务健康状况。哪些额外的信息有助于你作出客观评价?

5. 本题独立于要求 4。假设在公司财务报表附注 8 中披露了以下有关经营租赁的信息:租赁期限为 15 年,租赁金额为 380 万美元。2016 年,如果公司将经营租赁转换成融资租赁,那么对公司的财务杠杆和资产负债率将产生什么影响?从财务杠杆的角度,上述变化是否会对该公司的财务状况产生影响?

挑战性练习

P9-89 (目标:在资产负债表中报告流动负债和长期负债;评估财务杠杆比率)8 月 29 日,距离会计年度截止日 8 月 31 日只差 2 天,Parker 营销公司的高级管理层在审阅公司的会计记录,具体数据如下:

	美元
流动资产合计	324 900
非流动资产	1 074 000
	1 398 900
流动负债合计	173 700
非流动负债	245 500
股东权益	979 700
	1 398 900

要求

1. 假设该公司的高级管理层希望流动比率达到 2.8。在接下来的 2 天内,该公司需要偿还多少流动负债才能达到期望的目标?

2. 计算该公司的财务杠杆比率和资产负债率。该公司的负债水平是低、高,还是平均水平？哪些额外的信息有助于你作出客观评价？

　　P9-90　（目标：理解债务结构对公司的影响）Organic Soda 公司报告的比较财务报表（节选）数据如下：

百万美元

	2016 年度	2015 年度
流动资产	20 900	16 700
资产总额	72 800	46 500
流动负债	18 300	12 900
股东权益总额	30 500	26 100
销售收入净额	35 700	30 400
净利润	11 312	6 510

要求

　　1. 计算 2015 年度和 2016 年度的流动比率和资产负债率。

　　2. 2016 年度，Organic Soda 公司为偿付短期借款而举借了 18.4 亿美元的长期负债。如果这项交易没有发生，那么该公司的流动比率和资产负债率是多少？

　　3. Organic Soda 公司报告其经营租赁未来付款总额为 9.4 亿美元，下一年（2017 年）的租赁支付款为 2.5 亿美元。如果该项租赁为融资租赁，那么该公司的流动比率和资产负债率是多少？

知识应用

决策案例

　　案例 1　（目标：分析一个真实的公司破产案例；计算财务杠杆比率、资产周转率、资产负债率和利息保障倍数）2002 年，安然公司依照《破产法》第 11 章申请破产保护，震惊了整个工商界：一家如此庞大而且成功的公司是如何走向破产的呢？本案例揭示了安然公司破产的原因及影响。

　　2000 年 12 月 31 日，安然公司报告了 4 年的财务数据如下：

百万美元

资产负债表（汇总）			
资产总额			65 503
负债总额			54 033
股东权益总额			11 470
利润表（节选）			
	2000 年度	1999 年度	1998 年度	1997 年度
净利润	979*	893	703	105
收入	100 789			

　　* 营业利润＝1 953；利息费用＝838

　　通过欺骗投资人和贷款人，安然公司还控制了成百上千特殊目的实体，这些特殊目的实体大都存在巨额的外债。这些特殊目的实体的资产并未在安然公司的财务报表中列报。假设这些特殊目的实体的资产总额为 70 亿美元，负债为 69 亿美元，负债的利率为 10%。

　　1997—2000 年 4 年间，安然公司的股票价格从 17.5 美元迅速上升为 90.56 美元。安然公司利用股票价格的高涨为这些实体融资，方法是向贷款人担保，如果这些特殊目的实体无法偿还贷款,安然公司将以本公司的股票向贷款人偿付。

2001 年,美国证券交易委员会对安然公司的会计处理进行调查。调查指出,安然公司应该将特殊目的实体包括在其财务报表中一同列报。事后,安然公司重新报告了 1997—2000 年的净利润,冲减了将近 6 亿美元的净利润(和总资产)。假设其中 3 亿美元对应于 2000 年。此后安然公司的股价突然下跌,仅仅在给特殊目的实体贷款人的担保费方面,就使安然公司的负债增加了数百万美元(假设为特殊目的负债总额)。更糟糕的是,这些特殊目的实体的资产也相应地大幅贬值,假设这些特殊目的实体的市场价值仅为 5 亿美元。

要求

1. 计算安然公司 2000 年年末的资产负债率。使用杜邦分析模型(在第 7 章讨论过),计算安然公司 2000 年度的资产周转率。为了简化计算,资产总额采用 2000 年年末的数据,而不是年初和年末的平均数据。

2. 计算财务杠杆比率。采用杜邦分析模型计算股东权益回报率,即将资产周转率乘以财务杠杆比率。从上述财务比率中,你可以发现安然公司的任何异常情况吗?给出原因。

3. 将特殊目的实体资产和负债与安然公司的资产和负债合并。然后,重新计算上述财务比率,同时,计算在两种情形下,2000 年度的利息保障倍数。假定上述财务报表变化发生在 2000 年度。

4. 为什么将特殊目的实体的数据与安然公司的财务报表合并后,安然公司就倒闭了?把特殊目的实体的数据合并到安然公司的财务报表后,你如何评价安然公司的财务状况?

案例 2 (目标:分析各种筹集方案——筹集 500 万美元)Park'N Fly 公司经营状况良好,公司经营位于大型飞机场附近的较为偏远的停车场。这家家族公司的董事会认为,Park'N Fly 公司通过开拓新市场,可以增加 150 万美元息税前利润。然而,家族成员无法提供业务增长所需的 500 万美元。公司董事们虽然强烈希望保持家族对公司的控制,但必须考虑对外发行证券。他们考虑了以下三个筹资方案:

方案 A 是以 6% 的利率借款;方案 B 是发行 10 万股普通股股票;方案 C 是发行 10 万股无投票权、每股股利为 3.75 美元的优先股(3.75 美元是每股优先股的年股息)。[1] Park'N Fly 公司当期的净利润为 350 万美元,流通在外的普通股股数为 100 万股。公司的所得税税率为 35%。

要求

1. 通过分析,计算每个方案下的普通股每股盈余,选出使每股盈余最高的方案。

2. 向董事会推荐一个筹资方案,并说明你的理由。

道德事项

事项 1 微软公司因不公平交易事项卷入多起诉讼案。微软公司有不披露这些或有负债的强烈动机。但是,公认会计原则要求公司披露或有负债事项。

要求

1. 为什么公司不愿意披露或有负债事项?

2. 确定上述决策所涉及的相关方以及相关的潜在影响。

---

[1] 关于优先股的内容请参考第 10 章。

3. 从经济的、法律的和道德的角度分析是否披露未决诉讼所产生的或有负债的影响。

4. 美国公认会计原则和国际财务报告准则未来的改变对于或有损失披露的规范会有哪些影响？

事项 2 何时将一项租赁确认为融资租赁？Gocker 公司与 Morgan 公司签订一项租赁协议租赁一台设备。Morgan 公司的主要业务是租赁。该设备的现金购买价格为 100 万美元，经济寿命为 6 年。

Gocker 公司的资产负债表显示，该公司的资产总额为 1 000 万美元，负债总额为 750 万美元，其中长期应付票据为 250 万美元，票据的持有者为 Last National 银行。该票据附有特定限制条款，要求 Gocker 公司的资产负债率不能超过 75%。由于 Gocker 公司的销售收入在持续下降，所以股东对其盈利能力表示担忧。

Gocker 公司和 Morgan 公司针对租赁协议的具体条款进行协商，所涉及的具体事项如下：

1. Morgan 公司有意在租赁期结束后，保留对租赁资产的所有权。

2. Gocker 公司表示，租赁期可能为 4～5 年。

3. Morgan 公司估计该设备无残值；在租赁期结束后，Gocker 公司将不会购买租赁资产。

4. 该设备的最低租赁付款额的现值为 890 000 美元。

要求

1. 本案例涉及哪些道德事项？

2. 谁是利益相关者？从经济的、法律的和道德的角度分析对利益相关者的影响。

3. Gocker 公司应该怎样设计这项租赁协议？

4. 在本书完成之际，FASB 和 IASB 联合颁布了新的租赁准则的征求意见稿。对于长期租赁协议，准则要求公司对这类租赁予以资本化。如果新准则颁布实施，对本案例的分析将会产生什么影响？

聚焦财务：苹果公司

（目标：分析流动负债和长期负债；评估偿债能力）参考附录 A 中苹果公司的合并财务报表，回答下列问题：

1. 2014 年度，苹果公司的应付账款余额是增加了还是减少了？计算应付账款周转率。该公司支付应付账款的平均天数是多少？给出相应的评价。

2. 查阅合并财务报表附注中的附注 5——所得税。所得税费用也被称作备付所得税。2014 年度，苹果公司的所得税费用是多少？2014 年 12 月 31 日，公司的应交所得税是多少？为什么上述金额会有不同？2014 年公司的实际税率是多少？

3. 查阅附注 6——负债。2014 年度，苹果公司是借入的资金多，还是清偿的长期负债多？你是如何分辨的？公司长期负债的实际利率是多少？你认为该利率为什么如此低？

4. 查阅附注 10——承诺和或有事项。描述 2014 年 9 月 27 日该公司的承诺和或有负债事项。资产负债表中是否报告了这些事项？

5. 你如何评价苹果公司的总体负债状况——有风险、安全，还是适中？通过计算 2013 年 9 月 28 日和 2014 年 9 月 27 日的相关比率（三个财务比率）来回答。

聚焦分析：安德玛公司

（目标：分析流动负债和长期负债）参考附录 B 中安德玛公司的合并财务报表。这些财务报表报告了一些负债项目。回答下列问题：

1. 2014 年 12 月 31 日,安德玛公司合并资产负债表的负债部分报告了五种不同类型的负债。列出每一项负债,并给出简要的说明。

2. 2014 年,在安德玛公司的流动负债中,循环信贷额度减至 0。参考附注 6——债务和信用额度,解释什么是循环信贷额度,以及该额度为什么在 2014 年减为 0。

3. 计算应付账款周转率和应付账款周转天数。解释该比率的含义。同时计算下列比率(在前面章节中,我们已经计算过):(1)流动比率;(2)速动比率;(3)应收账款周转天数;(4)存货周转率(包括存货周转天数)。以上述计算的财务比率为依据,评价公司的短期偿债能力。

4. 参考附注 6——债务和信用额度。该公司 2014 年外部负债的加权平均利率是多少?该公司 2015 年还有多少长期债务?

5. 参考附注——承诺和或有事项。描述该附注的具体内容。附注中的相关事项是否在资产负债表的流动负债部分或长期负债部分报告?给出原因。

6. 参考附注 7——经营租赁项下的承诺和或有事项。描述公司在经营租赁下的承诺。如果公司在 2014 年将经营租赁转为融资租赁,计算对公司资产收益率和资产负债率的影响。

7. 计算公司的资产负债率、财务杠杆比率和利息保障倍数。你如何评价该公司的负债状况——有风险、安全,还是适中?

8. 从证监会网站(www.sec.gov)获取一份该公司最新的财务报表并进行评价(评价方法参照本章开头西南航空财务报表的描述方法)。2014 年年末以来,安德玛公司的债务状况发生了什么变化?

小组项目

项目 1 考察三家不同类型的公司:

1. 银行

2. 杂志社

3. 百货商店

对每一家公司,列示所有的负债项目——流动负债和长期负债。比较这三家公司的负债数据,确定这三家公司在负债方面的共同之处,以及这三家公司在负债方面的独特之处。

项目 2 Alcenon 公司在经营中使用的大部分资产都是通过租赁取得的。为了使租赁负债不反映在资产负债表中,同时又可保持较低的资产负债率,Alcenon 公司更愿意采用经营租赁(与之相对的是融资租赁)的方式。

Alcenon 公司正在商谈一项 10 年期的资产租赁协议,该资产的预计尚可使用年限为 15 年。该租赁协议要求 Alcenon 公司在未来 10 年每年支付 20 000 美元租金,在租赁期开始日,支付第一笔租金。该租赁资产的市场价值为 135 180 美元。在租赁合同中注明,该资产不转让给承租人,而且承租人也不享有优惠购买该租赁资产的权利。

向 Alcenon 公司的管理层提交一份研究报告,说明在什么情况下,Alcenon 公司可以将这项租赁作为经营租赁进行会计处理。

复习测试答案

1. b

2. b

3. a

4. c[1 100×0.03×45 美元=1 485 美元产品保修费用;45 美元×7=315 美元维修费用;年末负债金额=1 170 美元(1 485 美元－315 美元)]

5. e

6. e

7. d

8. c

9. e

10. d

11. a

12. d

13. d

14. a

15. c

16. a

17. d (241 117 美元＋8 883 美元/10)

12~17 题的折价摊销表

美元

A 半年期利息 支付日	B 利息支付 （0.0325×到期值）	C 利息费用 （0.035×上一期的 债券票面价值）	D 折价摊销 （C－B）	E 折价摊销账户 余额（上一期 的 E－D）	F 债券账面价值 （250 000－E）
2016 年 1 月 1 日				8 883	241 117
2016 年 7 月 1 日	8 125	8 439	314	8 569	241 431
2017 年 1 月 1 日	8 125	8 450	325	8 244	241 756
2017 年 7 月 1 日	8 125	8 461	336	7 908	242 092

第 **10** 章

股 东 权 益

家得宝：迈向成功之路

家得宝成立于 1978 年，是世界上最大的家居建材零售商。它在美国、加拿大和墨西哥拥有 2 200 多家零售店。家得宝的普通股在纽约证券交易所上市交易，股票代码为 HD。家得宝的股票也是道琼斯工业平均指数和标准普尔 500 指数的成分股。

2014 年度，家得宝的 14.41 亿起客户交易贡献了 832 亿美元的销售收入净额，与 2013 年度相比上升了 5.5%，同期的店面销售收入上升了 5.3%。几乎所有的销售都属于现金销售。2014 年度，每个客户平均花费了 57.87 美元，与 2013 年度相比上升了 2%。尽管因公司支付数据系统存在安全漏洞，从而导致公司需花费数百万美元调查和解决问题，但是当年的销售增长仍然保持了良好水平。普通股的基本每股盈余提高到 4.74 美元，增长了 25.4%。2014 年度，美国房地产市场的持续复苏也使家得宝从中获益。

基于巨大的盈利和现金流，家得宝 2014 年度最终使季度股息提升到 0.59 美元/股，在家得宝连续 116 个季度支付的股息中增长率排名第四。家得宝的目标股息支付率（股息/盈利）为 50%。2014 年度，股息支付率为 50.8%。从 2002 年 2 月到 2015 年 2 月，家得宝通过回购股票的方式向股东返还了超过 531 亿美元。家得宝的目标是保持较高的股东权益回报率（ROE），截至 2015 年 2 月 1 日，公司的股东权益回报率已达到 24.9%。以下是家得宝 2015 年 2 月 1 日和 2014 年 2 月 2 日的合并资产负债表。

家得宝合并资产负债表（经调整）		百万美元
	2015 年 2 月 1 日	2014 年 2 月 2 日
流动资产合计	15 302	15 279
不动产和设备，成本	38 513	39 064
减：累计折旧及摊销	(15 793)	(15 716)
不动产和设备净值	22 720	23 348
商誉	1 353	1 289
其他资产	571	602

续表

	2015 年 2 月 1 日	2014 年 2 月 2 日
资产总额	39 946	40 518
流动负债合计	11 269	10 749
长期负债,不包括本年到期部分	16 869	14 691
其他长期负债	1 844	2 042
递延所得税	642	514
负债总额	30 624	27 996
股东权益		
普通股(每股 0.05 美元;已授权 100 亿股;2015 年 2 月 1 日发行 17.68 亿股;2014 年 2 月 2 日发行 17.61 亿股;2015 年 2 月 1 日流通在外 13.07 亿股,2014 年流通在外 13.8 亿股)	88	88
实收资本	8 885	8 402
留存收益	26 995	23 180
累计其他综合收益(损失)	(452)	46
库存股(以成本计量,2015 年 2 月 1 日为 4.61 亿股,2014 年 2 月 2 日为 3.81 亿股)	(26 194)	(19 194)
股东权益总额	9 322	12 522
负债和股东权益总额	39 946	40 518

本章着重介绍股东权益,包括公司如何向投资者发行股票,以及股东权益里的其他部分——实收资本、留存收益、库存股、股利和股票分割。股东权益变动表报告了资产负债表中股东权益账户的变动情况。学完本章之后,你对家得宝会有更深入的了解。也许你会希望购买家得宝或者其竞争对手的股票。

本章将讨论公司在发行股票、回购股票以及发放股利时所面临的决策。此外,我们还将讨论与股东权益相关的影响盈利能力的因素。

首先让我们来回顾一下公司是如何组成的。

学习目标

1. 解释公司的特点
2. 股票发行的会计处理
3. 描述库存股交易对公司的影响
4. 留存收益、股利和股票分割的会计处理
5. 利用股票价值进行决策
6. 在财务报表中报告股东权益交易

解释公司的特点

企业发起人必须决定采用何种方式组建企业。相比个人独资企业和合伙企业,公司在许多方面有其独特之处。

独立的法人实体 在美国,公司是依据各州法律成立的企业实体。它是与其所有者(股东)分离的独立的法人。公司拥有许多自然人的权利,如公司可以购买、拥有和出售财产,公司的资产和负债归属于公司而不是其股东,公司可以签订合同、起诉或者被起诉。

几乎所有知名公司(如家得宝、丰田和沃尔玛)的组织形式都是公司制,其名称中往往含有公司或股份有限公司字样以表明身份,如英特尔公司和家得宝股份有限公司。

可持续经营和所有权的可转让性 不管股票所有权如何变化,公司都可以持续经营。股东可以按自己的意愿购买公司更多的股票,也可以将股票出售给他人、赠与他人、遗赠后代或者以其他任意方式处理,股票的转移不影响公司的可持续性。相比之下,个人独资企业或合伙企业会随所有权的转移而终止经营。

有限责任 股东对公司债务负有限责任,他们对公司的债务不承担个人责任,股东对公司投资的最大可能损失是投资成本。有限责任是公司制组织形式最吸引人的特征之一,它使公司可以在较个人独资企业和合伙企业更广泛的投资群体中吸收更多的资金。相比之下,个人独资企业和合伙企业的所有企业债务都可以向投资者个人追偿。

所有权和经营权的分离 股东是公司的所有者,但董事会(由股东选举产生)任命执行官来管理公司。这样,股东可以将 1 000 美元或 100 万美元投资于公司,而不必参与公司的具体经营管理。

管理层的目标是帮助股东实现公司的价值最大化,但所有权和经营权的分离可能会产生一些问题。公司管理层有可能出于自身利益而不是股东利益来经营。他们可能会在财务报告中做假或者不当购买和使用资产。内部和外部审计师以及独立董事会的监督等适当的公司治理方法有助于防止这类做法。

公司税收 公司是独立承担税收的实体,它们要缴纳各种各样的税,其中有些是个人独资企业和合伙企业不必承担的,如由各州政府征收的特许权税。特许权税是为维持公司执照的效力而征收的。公司还要缴纳联邦所得税和各州所得税。

公司的收益承受**双重税赋**(double taxation)。首先,公司为其利润缴纳公司所得税;然后,股东为其从公司获得的现金股利支付个人所得税。相比之下,个人独资企业和合伙企业不支付企业所得税,而只需缴纳所有者的个人所得税。

政府监管 由于股东对公司债务只承担有限责任,当公司不能偿还债务时,与公司有业务往来的第三方只能向公司追偿。为保护债权人和股东的利益,联邦和州政府都会对公司实施监管。监管的目的主要是使公司披露投资者和债权人决策所需的信息。公司的会计资料提供了大部分信息。

表 10-1 总结了公司作为企业组织形式的优缺点。

表 10-1 公司的优缺点

优 点	缺 点
1. 较个人独资企业和合伙企业能够筹集到更多的资金	1. 所有权和经营权的分离
2. 永久存续性	2. 利润分配被重复征税
3. 所有权转移的简便性	3. 政府监管
4. 股东的有限责任	

组建公司

组建公司的过程始于其组织者(创办人)从州政府获得许可证之时。许可证中包括对公司发行一定数量股票的授权,股票的每一股是表明对公司所有权的基本单位。创办人支付相关费用、在许可证上签字并将文件在州政府处存档。各创办人一致同意一套章程,这套章程相当于公司的宪法,公司从此创立。

公司的最终控制人是股东,他们选举出董事会,董事会负责制定政策并任命经理。董事会选举出董事长,董事长往往是机构中最有权力的人,董事长往往也是首席执行官。董事会任命总经理,总经理是负责日常事务的首席运营官(COO),大多数公司还设有副总经理,掌管销售、制造、会计和金融(首席财务官,CFO)以及其他重要领域。图 10-1 列示了公司的管理层结构。

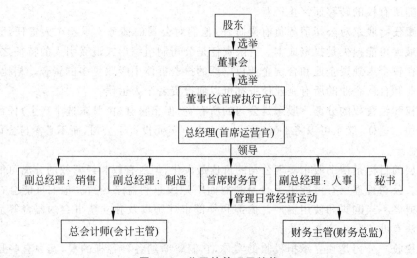

图 10-1　公司的管理层结构

股东权利

除非股东协议中有限制性规定,否则股东将享有以下四项基本权利:

1. 表决权。即通过对相关事项投票参加管理的权利,是公司经营过程中股东参加管理的唯一办法,一股股票享有一份表决权。

2. 分红权。获得相应比例公司所分配收益的权利,同种股票的每一股获得相等的股息。

3. 清偿权。公司清算过程中在偿还完债权人后,股东有权获得相应比例(依据持有的股票数量而定)的剩余财产。清偿是指停止营业、出售其财产以偿还债务,并将所有剩余现金归还股东的过程。

4. 优先认股权。维持股东对公司所有权份额的权利。假设某股东拥有公司 5% 的股份,若公司发行 100 000 股新股,则该股东有优先购买 5%(5 000 股)新股的权利。这种权利称为优先认股权,通常为股东所享受。

股东权益

正如我们在第 1 章学过的,股东权益是指股东在公司资产中享有的经济利益。股东权益可以分为两个主要部分。

1. **实收股本**(paid-in capital),又称**缴入股本**(contributed capital),是指股东投入公司的所有者权益数额。缴入股本包括股本和股本溢价。

2. **留存收益**(retained earnings)。这部分股东权益是公司通过营利性业务获得的并且未作为股利分配的利润。

公司按照股东权益的来源对其进行报告，由于许多情况下禁止从缴入股本中支付现金股利，所以缴入股本和留存收益会分别列示在公司的资产负债表中。现金股利从留存收益中支付。

公司的股东权益分为等额股份的股票。公司向其所有者发放股票权证来交换他们对公司的投资（通常是现金）。由于股票代表公司的资本，所以往往被称为股本。股本的基本单位是股。公司可以发行含有任意股份数的股票权证，如 1 股、100 股或其他任何数额，但所核定的股份总数受到公司章程的限制。图 10-2 列示了一张虚拟公司的普通股股票权证。

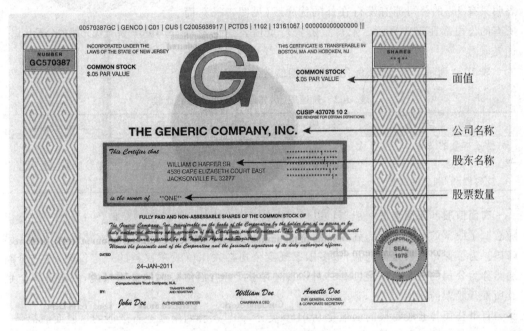

面值 ←
公司名称 ←
股东名称 ←
股票数量 ←

图 10-2　虚拟公司的股票权证

股东持有的股票被称为流通在外的股票。任一时刻公开发行的股票总数代表对公司100％的所有权。

股票分类

公司发行各种不同的股票来吸引各种投资者。公司的股票可以是：普通股或优先股；有面值股或无面值股。

普通股和优先股　每家公司都会发行**普通股**（common stock），这是股本的基本形式。除非特别标明，股票一词应理解为普通股股票。若无限制性的规定，普通股持有人享有股东的四项基本权利。普通股股东是公司的所有者。当公司成功时，普通股股东是最大的受益者，这是由于他们在公司的投资同样承担最多的风险。

优先股（preferred stock）赋予其持有者享有一些优先于普通股股东的权利。优先股股东在普通股股东之前获得股利并且在公司清算时，优先于普通股股东受偿。除非特殊情况下某项权利不被承认，优先股股东和普通股股东一样，也享有四项股东基本权利。公司可以发行不同种类的优先股（如 A 类股和 B 类股，或者 A 系列和 B 系列），每一类别的优先股都需单独列示。多数优先股股东预期获取固定的投资回报，即固定的股利。

优先股是普通股和长期债券的有机结合。与长期债券类似的是，它支付给投资者固定数额的股利。但是不同于债务的利息，除非董事会宣布了股利，否则股东不能要求发放股利，并且公司没有义务偿还真正的优先股股票。必须被公司赎回（偿还）的优先股实际上是一种被错归为股票的债券。

优先股可能比你想象的少。近期对 600 家公司的调查表明只有 9％ 的公司拥有发行在外的优先股（见图 10-3），而所有的公司都拥有普通股。家得宝的资产负债表中也没有优先股。

表 10-2 列示了普通股、优先股和长期债务的异同。

拥有优先股的公司占9%

没有优先股的公司占91%

图 10-3　发行优先股的公司比例

表 10-2　普通股、优先股和长期债务的比较

项　　目	普　通　股	优　先　股	长　期　债　务
1. 偿还本金的义务	无	无	有
2. 股利/利息	不能抵减应税所得	不能抵减应税所得	能够抵减应税所得
3. 支付股利/利息的义务	只在宣布后支付	只在宣布后支付	定期支付

有面值股和无面值股　股票可以标明面值，也可以不标明面值。**面值**（par value）是公司随意赋予股票的一定数额。许多公司将面值定得很低以规避低于股票面值发行股票的法律障碍。为了保护债权人的利益，很多国家规定公司必须保留股东权益的一定份额，这一份额通常称为公司的**法定资本金**（legal capital）。对于发行有面值股票的公司来说，法定资本金是其所发行股票的面值。

百事公司普通股每股的面值是 0.0166 美分，百思买和西南航空普通股的每股面值都是 1 美元。家得宝普通股的每股面值是 0.05 美元。

无面值股票没有标明面值。一些无面值股票有**设定价值**（stated value），在这种情形下，无面值股票与面值股票非常类似。设定价值与面值一样，是一个随意指定的数额。最近的一份调查表明，仅 9％ 的公司有流通在外的无面值股票，这其中就包括 KKD 公司和索尼公司。

股票发行的会计处理

一些大公司，如家得宝、谷歌和微软有时为了特定用途需要巨额资金，如维持运营或偿还长期债务。公司首次向公众发行股票称为**首次公开发行**（Initial Public Offering，IPO）。公司可以直接将股票出售给股东，也可以通过摩根大通集团和高盛等承销商销售其股票。公司通常会为其发行的股票在《华尔街日报》上打广告以吸引投资者。下面让我们来看看股票是怎样发行的。

普通股

平价（面值）发行普通股　假设家得宝需要通过发行股票获得 1 亿美元的资金。假设家得宝普通股的每股面值为 10 美元，平价发行 1 亿美元的股票的会计分录如下：

1 月 8 日	现金（10 000 000×10 美元）	100 000 000
	普通股	100 000 000

发行普通股。

家得宝的资产和股东权益同时增加。

资产	=	负债	+	股东权益
+100 000 000	=	0		+100 000 000

溢价发行普通股 大多数公司将面值定得很低,然后再以高于面值的价格发行股票。家得宝普通股的每股面值是 0.05 美元。发行价格 10 美元与面值 0.05 美元之间 9.95 美元的差异是股本溢价,也叫溢缴资本或资本溢价。股票的面值和股本溢价都属于实收股本。

由于是向公司的股东发行股票,所以股票的销售不会为公司带来利得、收益或利润。这种情况反映了会计的一项基本原则:

> 当公司将股票销售给股东,或者从股东处回购股票的时候,既不会形成利润,也不会产生亏损。

家得宝对每股面值 0.05 美元溢价发行的会计分录如下:

7 月 23 日	现金(10 000 000×10 美元)	100 000 000	
	普通股(10 000 000×0.05 美元)		500 000
	普通股股本溢价(1 0000 000×9.95 美元)		99 500 000
	发行普通股。		

资产和股东益同时增加。

资产	=	负债	+	股东权益
+100 000 000	=	0		+500 000
				+99 500 000

实收资本账户在资产负债表的股东权益部分列示,紧接着是股票类型(见家得宝案例中的普通股)。在编制了上面的发行股票会计分录后,家得宝资产负债表中股东权益部分可能如下所示(数据为假设):

美元

股东权益	
普通股,面值 0.05 美元,授权发行 100 亿股,已发行并流通 1 000 万股	500 000
股本溢价	99 500 000
实收资本合计	100 000 000
留存收益	500 000 000
股东权益总额	600 000 000

本节的所有交易均包括公司通过发行新股而获取现金的会计事项。这些交易与每天刊登在证券报刊上的交易有所不同,因为这些交易发生在股东与投资者之间,与公司无关,所以公司对此无须进行任何会计处理。

思考题

以本章章首家得宝 2015 年 2 月 1 日的合并资产负债表为依据,回答下列有关家得宝实际股票交易的问题:

1. 2015 年 2 月 1 日,家得宝的实收资本合计是多少?

2. 2015 年 2 月 1 日,家得宝发行了多少股普通股股票?

3. 2015 年 2 月 1 日,家得宝发行股票的平均价格是多少?

答案

	2015 年 2 月 1 日
1. 实收资本合计	88 美元＋8 885 美元＝8 973 美元
2. 发行股票数	1 768

3. 2015 年 2 月 1 日股票发行的平均价格 ＝ 发行股票所得合计/新发行股票数 ＝ $\frac{88+8\,885}{1\,768}$ ＝5.08 美元/股

家得宝股票的平均发行价格为 5.08 美元。

无面值普通股　公司发行无面值普通股的会计分录为:借记所获取的资产,按所得资产的现金价值贷记股本账户。假定 KKD 公司 2015 年 4 月 1 日发行 64 926 000 股无面值普通股,获取现金 310 768 000 美元。KKD 公司发行股票的会计分录如下:

4月1日　现金	310 768 000	
普通股		310 768 000

发行无面值股票。

资产	=	负债	+	股东权益
+310 768 000	=	0		+310 768 000

KKD 公司章程授权发行 3 亿股无面值股票,留存收益账户有 42 982 000 美元的累计赤字,其他综合收益和库存股账户余额为零。KKD 公司资产负债表中的股东权益报告如下:

美元

股 东 权 益	
股东权益普通股,无面值,授权发行 3 亿股,已发行 64 926 000 股	310 768 000
累计赤字	(42 982 000)
股东权益总额	267 786 000

从上表中可以发现无面值的股票没有股本溢价科目。

有设定价值的无面值股　有设定价值的无面值股的会计处理与有面值股的会计处理相同,超过设定价值的部分贷记股本溢价账户。

为交换非现金资产而发行的普通股　当公司为交换非现金资产而发行股票时,应按照当期市场价格借记所取得的资产,并相应地贷记普通股和股本溢价账户。在该项交易中,非现金资产的账面价值不相关,原因在于股东会按照资产的市场价值要求获得等值的股票。例如,卡恩公司 11 月 12 日发行了 15 000 股面值 1 美元的普通股,用于交换价值 4 000 美元的设备和价值 120 000 美元的建筑物。卡恩公司的会计分录为:

11 月 12 日	设备	4 000	
	建筑物	120 000	
	普通股(15 000×1 美元)		15 000
	普通股股本溢价(124 000 美元－15 000 美元)		109 000

发行面值 1 美元的普通股以交换建筑物和设备。

资产和股东权益同时增加 124 000 美元。

美元

资产	=	负债	+	股东权益
+4 000	=	0		+15 000
+120 000				+109 000

为换取服务而发行的普通股 有时候,公司为换取本公司员工或外部人员提供的服务而发行普通股股票。在这种情形下,没有现金的交换。但是,这项交易应以公允的市场价值予以确认。公司通常将该服务的市场价值以费用的形式予以确认。如果存在面值与发行溢价,则普通股和股本溢价账户应同时增加。例如,假设卡恩公司向律师事务所咨询法律事务,该项咨询服务费用为 25 000 美元,律师事务所同意以股票(2 500 股,面值 1 美元)而不是现金的形式进行结算。股票的市场价格为每股 10 美元。相关的会计分录如下:

法律费用	25 000	
普通股		2 500
普通股股本溢价(25 000 美元－2 500 美元)		22 500

本例中,留存收益(股东权益)会相应地减少 25 000 美元(由于法律费用增加),同时,实收资本会增加相同的金额。

为交换非现金资产而发行股票可能引发会计道德问题

公认会计原则认为应该以股票所换得资产的公允市场价格来记录股票。当公司获得的是现金时,所得现金很清楚地表明了股票的价值,因为现金的价值就是其面值。但当公司获取的是非现金资产时,资产的价值有可能引发会计道德问题。

一位计算机高手可能通过投资计算机软件来设立公司。该软件可能已经通过市场测试,也可能是全新的。该软件可能价值百万美元,也可能一文不值。公司必须以如下方式记录所得的资产和所发行的股票(假设发行的是无面值股票):

软件	500 000	
普通股		500 000

发行普通股以换取软件。

如果软件价值为 500 000 美元,则上述会计分录是正确的。但如果软件是全新开发且并未通过测试,那么资产和股东权益有可能被高估。

假设你这位精通计算机的朋友邀请你投资他的新公司。公司的资产负债表如下:

Gee-Whiz Computer Solutions 公司资产负债表

2016 年 12 月 31 日

美元

资 产		负债和股东权益	
计算机软件	500 000	负债总额	0

续表

		股东权益	
		普通股	500 000
资产总额	500 000	负债和股东权益总额	500 000

　　某些公司倾向于在资产负债表中多报资产和股东权益,从而使公司看起来有前景且信用状况良好。该公司似乎没有负债,并且好像拥有有价值的资产。你会投资这家公司吗? 以下两条经验供你参考:

- 一些会计价值较另一些更有保证。
- 不是所有的会计报告都精确地反映了实际情况,除非这些报告经过了独立的会计师事务所的审计。

优先股

　　优先股的会计处理方法与普通股基本相同。公司以账面价值记录优先股,超过账面价值的部分贷记优先股股本溢价。

　　优先股股本溢价与普通股股本溢价可以单独列示,但这并不是必需的。有些公司将这两个账户合并列示。无面值优先股的会计处理方法与无面值普通股基本相同。资产负债表中股东权益报告的顺序如下:

- 优先股
- 普通股
- 股本溢价
- 留存收益

　　在第 9 章,我们已经学习了可转换应付债券的会计处理方法。公司也有可能发行可转换优先股股票。优先股通常可转换为公司的普通股,这取决于优先股股东的意愿。当普通股股价高到一定水平或者优先股股价低到一定水平时,持有可转换优先股股票的股东会将优先股转换成普通股。下面列举典型的可转换优先股的会计分录,金额是假定的。

　　发行可转换优先股 50 000 股,每股面值 1 美元,以面值发行。

2016 年	现金	50 000	
	可转换优先股		50 000
	发行可转换优先股。		

　　可转换优先股转换成普通股,转换比例为 6.25∶1(发行 8 000 股面值 1 美元的普通股交换 50 000 股可转换优先股)。

2016 年	可转换优先股	50 000	
	普通股		8 000
	普通股股本溢价		42 000
	可转换优先股转换为普通股。		

　　从上述分录可以看出,我们只是以账面价值将优先股从优先股账户转移到普通股账户。

章中习题

　　1. 对下列陈述作出正误判断,以检验自己对前半章知识的掌握程度。

　　a. 公司中负责制定政策的机构被称为董事会。

b. 100 股优先股股票的持有者比 100 股普通股股票的持有者享有更多的表决权。

c. 有面值股票的价值高于无面值股票。

d. 以 12 美元的价格发行 1 000 股面值为 5 美元的股票会使实收资本增加 12 000 美元。

e. 有设定价值的无面值股票的发行与有面值股票的发行有着本质的区别。

f. 为换取市场价值总额为 200 000 美元的土地和建筑物而发行的股票,无论非现金资产先前的账面价值是多少,都会使公司的所有者权益增加 200 000 美元。

g. 优先股股票的投资风险大于普通股股票。

2. Adolfo 公司有两种类型的普通股股票,只有 A 种普通股才有表决权,公司的资产负债表列示如下:

美元

股东权益	
股本:	
A 种普通股,有表决权,面值 1 美元,授权并发行了 1 260 000 股	1 260 000
B 种普通股,无表决权,无面值,授权并发行了 46 200 000 股	11 000 000
	12 260 000
股本溢价	2 011 000
留存收益	872 403 000
股东权益总额	886 674 000

要求

a. 编制发行 A 种普通股的会计分录,使用 Adolfo 公司的账户名称。

b. 编制发行 B 种普通股的会计分录,使用 Adolfo 公司的账户名称。

c. Adolfo 公司的股东权益中有多少资本是股东实际缴付的?有多少是公司通过营利性业务获得的?这种划分能够表明公司是成功的吗?说明理由。

d. 用一句话描述 Adolfo 公司的股东权益所表明的意义。

答案

1. a. 正确　　b. 错误　　c. 错误　　d. 正确　　e. 错误　　f. 正确　　g. 错误

2. a.

现金	3 271 000	
普通股——A 种股票		1 260 000
股本溢价		2 011 000

发行 A 种普通股股票。

b.

现金	11 000 000	
普通股——B 种股票		11 000 000

发行 B 种普通股股票。

c. 股东实际缴付的资本金额:14 271 000 美元(12 260 000 美元＋2 011 000 美元),其中营利性业务贡献部分为 872 403 000 美元。

这种划分表明公司是成功的,因为股东权益的大部分都来源于营利性业务。

d. Adolfo 公司的股东权益是 886 674 000 美元，表明股东拥有公司资产中的 886 674 000 美元。

授权发行的、已发行的以及流通在外的股票

区分上述三种股票的数量是十分重要的。下面以家得宝的实际数据来说明这三种股票的不同。

授权发行的股票（authorized stock）是指在公司章程下，公司可以发行的最大数量的股票。2015 年 2 月 1 日，家得宝授权可发行的股数为 100 亿股。

已发行的股票（issued stock）是指公司已发行给股东的股票。这是一个累计的数额，包括至今为止公司已发行的股票数量减去已永久赎回的股的数量。2015 年 2 月 1 日，家得宝已发行股票为 17.68 亿股。

流通在外的股票（outstanding stock）是指股东持有的股票的数量（即股东持有的流通在外的股票数量）。流通在外的股票数量等于已发行的股票数量减去库存股的数量。2015 年 2 月 1 日，家得宝流通在外的普通股股票为 13.07 亿股，具体如下：

	亿美元
已发行的股票	17.68
减：库存股	(4.61)
流通在外的股票	13.07

下面学习库存股的相关知识。

描述库存股交易对公司的影响

公司已发行后来又购回的股票称为**库存股**（treasury stock）。[1] 实际上，公司将这种股票库存起来。公司可能由于以下原因购回自己的股票：

1. 公司已发行完授权的股票数额并需要在股票回购计划中将股票奖励给员工。
2. 公司想通过低价购入股票再以高价卖出的方式增加净资产。
3. 管理层通过回购本公司的股票避免来自外界的收购。
4. 管理层试图通过回购股票来达到提高普通股每股盈余（EPS）的目的（每股盈余等于净利润除以流通在外的普通股股数）。回购股票会导致流通在外的股数减少，从而减少公式中的分母，达到增加每股盈余的目的。有关每股盈余的计算将在第 11 章讲解。
5. 管理层采用股票回购计划将剩余的现金回馈给股东，这种做法与向股东支付股利一样。

如何记录库存股交易

库存股以成本入账（即回购日股票的市场价值），不会考虑股票的面值。库存股是股东权益的备抵账户，所以库存股的余额在借方，这与其他权益账户相反。在资产负债表中库存股列示在留存收益项下，且为负数。

为了理解库存股交易的会计处理程序，最好的方法是对一年中库存股账户的变动进行分

---

① 在本书中，我们只讨论库存股会计处理中的成本法，原因是成本法应用最为广泛。其他方法将在中级会计课程中介绍。

析。我们以家得宝 2014 年 2 月 2 日的股东权益为例来学习库存股的会计处理。2014 年 2 月 2 日,家得宝公司股东权益报告如下:

家得宝股东权益	
2014 年 2 月 2 日	百万美元
普通股	88
实收资本	8 402
留存收益	23 180
其他累计综合收益	46
库存股(381 000 000 股)	(19 194)
股东权益总额	12 522

值得注意的是,截至 2014 年 2 月 2 日,家得宝为回购 3.81 亿股票花费了 191.94 亿美元。回购股票的历史平均价格为每股 50.38 美元(191.94 亿美元 ÷ 3.81 亿股)。

回购库存股是上市公司以股利形式回馈股东之外的另一种方式。回购计划对股东的劣势在于,为了获取现金,股东必须放弃(稀释)对公司持有的股份。

家得宝在财务报表附注 6 中对公司加速股票回购计划进行了详细说明:

2014 年度家得宝启动加速股票回购计划,与第三方金融机构签订协议,回购 27 亿美元的公司普通股股票。根据协议,公司向金融机构支付 27 亿美元,并在 2014 年度收回 3 400 万股。合同双方最终达成的股票数量取决于公司加速股票回购协议中商定的年度的普通股股票的平均价格。在公司的合并资产负债表中,这 27 亿美元的回购股票包含在库存股中。

附注反映了在加速股票回购协议下,家得宝支付 27 亿美元从机构投资者处购回 3 400 万股,并在库存股内反映。在合并股东权益变动表(参见后面的表 10-5)中可以看到,家得宝以 70 亿美元回购了 8 000 万股股票,从而还剩 4 600 万股股票需要从公开市场上购回。回购股票的平均价格是每股 87.5 美元(70 亿美元 ÷ 8 000 万股)。相关的会计分录如下:

2014 年	库存股	7 000 000 000	
	现金		7 000 000 000
	回购库存股。		

资产	=	负债	+	股东权益
− 7 000 000 000	=	0		− 7 000 000 000

注意,库存股以其购入成本记录,即回购日家得宝股票的市场价格。回购股票对财务报表的影响是同时减少现金和股东权益。

库存股注销

公司可以购回自己的股票并将其注销。被注销的股票不能再发行。股票一经注销,将不会对资产和负债产生影响,但会减少已发行普通股股票的数量。

库存股的再销售

以获取现金的形式再销售库存股会同时增加资产和股东权益,这与发行新股完全一样。

公司资产和股东权益将增加与所获现金同等的金额。回购股票的交易不会确认利得或损失，然而，超出库存股成本的部分会确认为股本溢价，所以不会对利润表产生影响。如果再销售的价格低于库存股的成本，那么两者之间的差额会减少股本溢价账户的余额(假设该账户有余额)，如果余额不够，则抵减留存收益余额。家得宝在 2014 年度并没有再出售库存股。我们假设家得宝在 2014 年 7 月 22 日出售库存股 100 万股，每股价格为 90 美元，再假设库存股的平均回购成本为每股 87.5 美元。家得宝出售库存股的会计分录如下：

2014 年 7 月 22 日	现金	90 000 000	
	库存股		87 500 000
	股本溢价		2 500 000
	出售库存股。		

资产	=	负债	+	股东权益
+90 000 000	=	0		+87 500 000
				+2 500 000

出于员工薪酬计划发行股票

某些公司会以提供公司股票而不是现金的形式作为员工薪酬的补充手段。为满足这一需求，公司有时会回购自己的股票，有时也会发行新的股票。从 2015 年 2 月 1 日合并股东权益变动表(参见后面的表 10-5)中可以看到，家得宝为员工股权激励计划发行了 700 万新股(不是库存股)。由于每股面值仅为 0.05 美元，所以对普通股的影响仅为 350 000 美元(700 万股×0.05 美元/股)，剩下部分为股本溢价。相关的会计分录如下：

工资费用	122 000 000	
库存股		350 000
股本溢价		121 650 000

记录股权激励计划。

由于股东权益变动表中的数据四舍五入到百万，因此对普通股的数量的影响为 0，对股本溢价账户的影响为 1.22 亿美元。

现在让我们来看看 2015 年 2 月 1 日家得宝的股东权益，重点关注库存股账户。

家得宝股东权益

	2015 年 2 月 1 日	百万美元
普通股		88
股本溢价		8 885
留存收益		26 995
累计其他综合收益(损失)		(452)
减：库存股(成本)，4.61 亿股		(26 194)
股东权益总额		9 322

2015 年 2 月 1 日，当库存股交易完成后，库存股股数更新为 4.61 亿股。库存股账户余额为 261.94 亿美元。库存股新的平均购买成本为每股 56.82 美元(261.94 亿美元÷4.61 亿股)。

库存股交易小结

库存股交易的类型回顾如下：

- 购买库存股。资产和股东权益同时减少，减少额等于购买的库存股成本。
- 出售库存股。资产和股东权益同时增加，增加额等于出售的库存股销售价格。
- 注销库存股。普通股和库存股同时减少。
- 出于员工薪酬计划发行股票。费用增加，库存股减少，股本溢价增加或者减少。

留存收益、股利和股票分割的会计处理

　　留存收益账户记录的是公司净利润减去净亏损以及公司存续期内宣布派发的累积股利后的余额。留存表示继续保留。成功的公司通过将其经营所得的利润再投资而保持持续增长，家得宝就是一个很好的例子。现在让我们来看看该公司 2015 年 2 月 1 日的股东权益。值得注意的是，股东权益中余额最大的账户为留存收益（269.95 亿美元）。由于家得宝长期以来花费巨额资金回购股票，留存收益的余额实际上已经超过股东权益的余额（93.22 亿美元）。

　　留存收益账户不是支付给股东股利的现金蓄水池。实际上，某些公司可能有巨额的留存收益余额，却没有足够的现金支付给股东。现金账户和留存收益账户实质上完全独立，相互之间并没有什么特别的联系。

　　留存收益的余额一般在贷方，表明公司存续期的利润超过了损失与支付给股东的股利之和。当公司存续期的损失和股利总额超过公司存续期的利润时，留存收益会出现借方余额，又称为赤字，这一数额抵减其他股东权益账户得到股东权益总额。在最近的一份调查中，有 15.5％ 的公司出现了留存收益赤字（见图 10-4）。

留存收益
为赤字的
公司占
15.5%

留存收益为正的
公司占84.5%

图 10-4 留存收益为正和为赤字
的公司所占的比例

公司应该宣告并发放现金股利吗

　　股利（dividend）是公司将收益回报给股东的方式，一般有现金股利、股票股利和非现金资产股利三种形式。

　　本节主要讲解现金股利和股票股利，因为非现金资产股利的情形很少见。发放非现金资产股利时，相关的会计处理应为：借记留存收益，贷记以公允价值计量的相关资产账户（长期股权投资）。

现金股利

　　大部分股利都是现金。金融学关注的是公司如何决定股利政策。会计学关注的是公司能否支付股利。支付股利的公司必须有：足够的留存收益来宣布派发股利；足够的现金来支付股利。

　　公司在支付股利前宣布要发放股利，只有董事会才有宣布股利的权力。在宣布分配股利之前，公司没有发放股利的义务，但是一经宣布，股利便成为公司的法定负债。下面介绍与股利发放相关的三个日期（金额是假定的）。

　　1. 股利宣告日，6 月 19 日　在股利宣告日，董事会宣告发放股利，股利成为公司的一项债务。股利宣告的会计分录为借记留存收益，贷记应付股利。假设宣告的股利为 50 000 美元。

6 月 19 日 留存收益①   50 000

应付股利   50 000

宣告分配现金股利。

负债增加,股东权益减少。

资产	=	负债	+	股东权益
0	=	+50 000		−50 000

2. 股权登记日,7 月 1 日 作为股利宣布的一部分,公司也会宣布股权登记日。股权登记日往往在股利宣告日的几周后。在股权登记日拥有公司股票的股东能够获得股利。在股权登记日,无须做会计分录。

3. 股利支付日,7 月 10 日 股利的支付往往在股权登记日之后的一周或两周。股利支付的会计分录为借记应付股利,贷记现金。

7 月 10 日 应付股利   50 000

现金   50 000

支付现金股利。

资产和负债同时减少。

资产	=	负债	+	股东权益
−500 000	=	−50 000		

股利宣告和股利支付的净影响在上述第1～3步已列示,即资产和股东权益同时减少。

分析股东权益账户

学习会计后,通过阅读一家公司的比较财务报表,你会了解该公司当年的经营业绩。以家得宝为例,该公司报告了有关留存收益的如下信息(单位:百万美元):

	2015 年 2 月 1 日	2014 年 2 月 2 日
留存收益	26 995	23 180

这些数据与家得宝 2015 年度的经营成果的关系是什么?净利润还是净亏损?你是怎样分析的?请关注以下几点:

- 净利润是唯一可导致留存收益增加的科目;
- 净亏损可导致留存收益减少;
- 股利也可以导致留存收益减少;
- 其他调整事项对留存收益的影响通常相对较小,甚至很少有影响。

多数情形下,如果已知净利润或股利,并且已知留存收益的期初和期末余额,通过分析留存收益账户,你就可以计算未知的数据。

现在我们来分析家得宝年度截至 2015 年 2 月 1 日的留存收益账户。2014 年 2 月 2 日该公司留存收益余额为231.8亿美元。根据家得宝年度截至 2015 年 2 月 1 日的合并利润表,当

---

① 在本书前面的章节,借记股利账户以表明宣告分配股利。从现在开始,我们采用更惯用的做法,直接借记留存收益账户。

年的净利润为 63.45 亿美元。假定除了股利,留存收益账户中的其他项目未发生变动,那么家得宝当年支付的股利是多少?

如果学过会计,你可以计算在截至 2015 年 2 月 1 日的年度家得宝已宣告的股利金额,具体如下(单位:百万美元):

留存收益			
		期初余额	23 180
股利	x	净利润	6 345
		期末余额	26 995

股利(x)为 25.3 亿美元(231.8 亿美元 + 63.45 亿美元 − x = 269.95 亿美元)。T 形账户有助于你理解会计处理。

有时候计算并没有这么简单。原因在于随着时间的推移,留存收益账户会记录以前年度调整事项或者其他非经常性项目。但是,影响留存收益的两个主要因素是净利润(亏损)和股利,所以大多数时候计算就是这么简单。

优先股股利

当公司既发行优先股又发行普通股时,优先股股东最先获得股利。只有股利足以支付优先股股东时,普通股股东才会获得股利。

Avant Garde 公司除了拥有普通股之外,还拥有 100 000 股每股 1.5 美元的优先股。1.5 美元表示每股优先股每年可获得 1.5 美元的股利。2016 年,Avant Garde 公司宣告了 500 000 美元的年度股利,股利在优先股和普通股中的分配如下:

	美元
优先股股利(100 000 股×1.5 美元/股)	150 000
普通股股利(剩余:500 000 美元 − 105 000 美元)	350 000
股利合计	500 000

如果 Avant Garde 公司只宣告了 200 000 美元的股利,则优先股股东可以得到 150 000 美元的股利,普通股股东获得剩余的 50 000 美元(200 000 美元 − 150 000 美元)的股利。

优先股股利支付率的两种表达方式 优先股的股息率可以表示为面值百分比形式或每股美元数额形式。

例如,优先股可能有 6% 的股息,表示优先股持有者每年可获得的股息是票面价值的 6%。如果票面价值为每股 100 美元,则优先股股东每年获得的股利是 6 美元/股(100 美元的 6%)。另外,优先股可能标明 3 美元股息,表示优先股股东每年可获得 3 美元/股的股利,而与优先股的票面价值无关。无面值优先股的股息率以每股美元数额的方式来表示。

累积优先股和非累积优先股的股利 在资产负债表中,优先股需进行分类,同样,股利的分配也需进行分类。如果优先股是累积优先股,则股利的分配会变得比较复杂。为什么呢?因为公司有时无法支付优先股股利,这种无法支付的股利被称为逾期未分配股利,属于公司的欠款。**累积优先股**(cumulative preferred stock)的股东必须获得所有逾期未分配股利和当年应支付的股利,公司才能支付普通股股利。除非标明是非累积优先股,否则法律上会断定为累积优先股,因此大多数优先股都是累积优先股。

下面介绍累积优先股股利的会计处理。以 Avant Garde 公司为例。Avant Garde 公司的优先股是累积优先股,假设公司未能发放 2015 年的优先股股利 150 000 美元。2016 年支付普通股股利前,该公司必须支付 2015 年和 2016 年的优先股股利各 150 000 美元,共 300 000 美元。2016 年 9 月 6 日,Avant Garde 公司宣告分配股利 500 000 美元,相关的会计分录为:

9 月 6 日	留存收益	500 000	
	应付优先股股利(150 000 美元×2)		300 000
	应付普通股股利(500 000 美元−300 000 美元)		200 000
	宣告分配现金股利。		

如果是非累积优先股,公司便没有义务支付欠下的股利。对优先股或普通股股利的负债只有当董事会宣告分配股利时才会产生。

股票股利

股票股利(stock dividend)是公司按照一定比例分配给股东的股票。股票股利会增加普通股和股本溢价账户,减少留存收益账户,股东权益总额不变,对资产和负债没有影响。

公司分配给股东的股票股利与股东持有的股票数额成比例。如果你拥有 300 股家得宝的股票,若家得宝分配 10% 的股票股利,那么你将获得 30 股(300×0.01)股票,总股票数是 330 股。家得宝的其他股东也将按先前股票数 10% 的比例获得额外的股票。

在分配股票股利的过程中,公司不用放弃资产。那么,公司为什么要分配股票股利呢?公司选择分配股票股利可能是出于以下原因:

1. 保留现金的同时使股利政策持续。公司可能想为运营保留资金,然而又想维持某种形式的股利,此时就可以分配股票股利。而且,股东不用为股票股利付税。

2. 降低股票的价格。分配股票股利会由于增加股票供应而降低股票的市场价格,目的是使股票不再那么昂贵,从而可以吸引更多的投资者。

公认会计原则认为 25% 或以下的股票股利数额较小,建议按照所分配股票的市场价值进行会计处理。假设家得宝 2015 年 2 月 3 日宣告了 10% 的股票股利,并假设当时家得宝约有 13.07 亿股流通在外的普通股股票。假设分配股票股利时,家得宝股票的交易价格为每股 106 美元。分配股票股利的会计分录如下:

2015 年 2 月 3 日

留存收益①(13.07 亿股流通在外普通股×股票股利 0.10×普通股每股市场价值 106 美元)	13 854 200 000	
普通股(13.07 亿股×0.10×每股面值 0.05 美元)		6 535 000
股本溢价		13 847 665 000

宣告并分配 10% 的股票股利。

会计等式清楚表明,股票股利对资产、负债和股东权益不产生影响。由于股东权益账户同时增加和减少,所以最终的影响为零。

资产	=	负债	+	股东权益
0	=	0		−13 854 200 000
				+6 535 000
				+13 847 665 000

---

① 有些公司对于股票股利是借记股本溢价账户。

公认会计原则认为 25％以上的股票股利分配属于较大数额,建议按照面值对其进行会计处理。因此,对于大额股票股利的分配,家得宝将按所分配股票的票面价值借记留存收益,贷记普通股。

股票分割

股票分割会增加已授权股票、已发行股票和流通在外股票的数量,并相应减少每股股票的面值。例如,如果公司对股票进行一分为二的分割,则股票数量将增加一倍,而每股面值将减少一半。与大额股票股利相似,股票分割也会降低股票的市场价格,目的是使公司的股票更具有吸引力。美国的大多数顶级公司——IBM、百事、苹果和家得宝都进行过股票分割。家得宝 1978 年首次公开发行股票后已经进行了 13 次股票分割。

假设家得宝的普通股的市场价格为每股 100 美元。再假设家得宝想要将其股票价格降低到每股 50 美元。家得宝可以将其股票一分为二,使股票价格下降到每股 50 美元。一分为二的股票分割意味着:公司将拥有 2 倍于先前数量的股票;每股的面值将减少一半。

假设股票分割前,家得宝大约有 5 亿股每股面值为 0.10 美元的流通在外的股票。对家得宝一分为二的股票分割前后的股东权益进行比较。

家得宝股东权益(节选,数据为假设值) 百万美元

股票一分为二分割前		股票一分为二分割后	
普通股,面值 0.10 美元,授权发行 10 亿股,已发行 5 亿股	50	普通股,面值 0.05 美元,授权发行 20 亿股,已发行 10 亿股	50
股本溢价	643	股本溢价	643
留存收益	4 304	留存收益	4 304
其他权益	260	其他权益	260
股东权益总额	5 257	股东权益总额	5 257

股票分割前后,所有科目的余额都没有变化,只有以下三项受到影响:

- 普通股每股面值从 0.10 美元降至 0.05 美元
- 授权发行股票数量从 10 亿股增加至 20 亿股。
- 已发行股票数量从 5 亿股增加至 10 亿股。

股东权益总额没有发生变化。

股东权益交易对资产、负债和股东权益的影响小结

我们已经学习了如何记录基本的股东权益交易,具体如下:

- 发行股票——普通股和优先股
- 购买和出售库存股
- 现金股利
- 股票股利和股票分割

这些交易对资产、负债和股东权益有何影响呢? 表 10-3 给出了很有用处的总结。

 利用股票价值进行决策

公司计量股票价值的方法有很多种,具体采取哪种方法取决于计量的目的。这些方法包

括市场价值、赎回价值、清算价值和账面价值。

表 10-3　股东权益交易对资产、负债和股东权益的影响

交　易	资产	=	负债	+	股东权益
发行股票——普通股和优先股	增加		无影响		增加
购买库存股	减少		无影响		减少
出售库存股	增加		无影响		增加
宣告发放现金股利	无影响		增加		减少
支付现金股利	减少		减少		无影响
股票股利——高比例与低比例	无影响		无影响		无影响 *
股票分割	无影响		无影响		无影响

* 股本增加,留存收益减少,净影响为零。

市场价值、赎回价值、清算价值和账面价值

股票的**市场价值**(market value),或称市值,是在固定日期普通股股票的每股市场价格与流通在外的普通股股数的乘积。股票发行公司的净利润、财务状况、未来前景和一般经济状况决定了股票的市场价格。几乎在所有的情形下,股东都更加关注股票的市场价值,而不是任何其他价值。普通股的整体市场价值评估可以由市盈率反映,表示如下:

$$市盈率 = \frac{普通股每股市场价格}{普通股每股盈余}$$

例如,2015 年 2 月 1 日家得宝普通股的市场价格为每股 104.42 美元。最新的年度报告中合并报表下普通股每股盈余(基本)为 4.74 美元。因此 2015 年 2 月 1 日,市盈率为 22.03(104.42 美元÷4.74 美元)。该公司年度报告中显示流通在外的普通股为 13.07 亿股(已发行股票 17.68 亿股—库存股 4.61 亿股)。因此 2015 年 2 月 1 日,家得宝股票的市场价值约为 1 364.77 亿美元(13.07 亿股×104.42 美元/股)。我们将会在第 11 章投资决策部分进一步讨论股票市值的概念。

公司必须按照一定价格赎回的优先股称为可赎回优先股。公司有义务赎回(回购并注销)这种优先股,所以可赎回优先股实际上不属于股东权益,而是公司的负债。公司同意为赎回股票支付的价格是股票发行时就已确定的,称为赎回价值。清算价值是公司在清算(售出)并停止营业时必须支付给优先股股东的金额。

普通股每股的**账面价值**(book value)是以公司账面上股东权益金额决定的每股股票的价值。如果公司只有流通在外的普通股,则账面价值是股东权益总数除以流通在外的普通股股数。例如,某公司的股东权益为 150 000 美元,有 5 000 股流通在外的普通股,则每股的账面价值为 30 美元(150 000 美元÷5 000 股)。

如果公司流通在外的股票既有优先股又有普通股,则优先股股东对股东权益享有优先求偿权。优先股股票往往有特殊的清算价值和赎回价值。优先股权益是赎回价值加所有逾期未分配的优先股股利。此时,每股普通股股票的账面价值如下:

$$每股普通股股票的账面价值 = \frac{股东权益总额 - 优先股权益}{流通在外的普通股股数}$$

Crusader 公司的资产负债表列报了以下数据:

美元

股 东 权 益	
优先股,5%,面值 100 美元,已发行 400 股,每股赎回价值 130 美元	40 000
普通股,面值 10 美元,已发行 5 500 股,5 000 股流通在外	55 000
股本溢价——普通股	72 000
留存收益	88 000
库存普通股,500 股(成本)	(15 000)
股东权益总额	240 000

假设公司已拖欠 4 年(含当年)的累积优先股股利,优先股的赎回价值为每股 130 美元。该公司每股账面价值的计算如下:

美元

优先股权益	
赎回价值(400 股×130 美元)	52 000
累积股利(40 000 美元×0.05×4 年)	8 000
优先股权益	60 000 *
普通股权益	
股东权益总额	240 000
减:优先股权益	(60 000)
普通股权益	180 000
每股账面价值[180 000 美元÷流通在外的 5 000 股(已发行的 5 500 股减 　　500 股库存股)]	36.00

　* 如果优先股股票没有赎回价值,则优先股权益为 40 000 美元+逾期未分配的优先股股利。

有些投资者青睐股价低于账面价值的股票。他们相信这种股票物有所值。财务分析人员通常会回避股价等于或低于账面价值的公司。这些投资者认为,这种公司正面临麻烦。由此可见,并非所有的投资者对于股票的价值都能达成共识。事实上,聪明的投资者不仅仅基于一个比率做决策。第 13 章将全面介绍各种财务比率以及一些更具有分析性的方法。

股东权益回报率(ROE):盈利能力与股东投资

投资者寻找股票有可能增值的公司。投资决策往往涉及对公司的持续比较。但是对家得宝和一家新设立的公司进行比较则毫无意义。家得宝的利润高达数百万美元,远远超过了新公司的净利润。此外,公司的管理层还花费数年时间进行资产投资和负债管理。难道这就可以说明家得宝更值得投资吗?答案是不一定。比较不同规模的公司,投资者运用的是标准化的指标,两个常用的衡量盈利能力的指标是资产收益率和股东权益回报率。

第 7 章和第 9 章讨论过的杜邦分析为分析盈利能力的影响因素提供了便捷和有效的方法,杜邦分析框架图如下:

资产收益率			×	财务杠杆比率	=	股东权益回报率
净利润率	×	资产周转率	×	财务杠杆比率	=	股东权益回报率
$\dfrac{\text{净利润}^*}{\text{销售收入净额}}$	×	$\dfrac{\text{销售收入净额}}{\text{平均总资产}}$	×	$\dfrac{\text{平均总资产}}{\text{平均普通股东权益}}$	=	$\dfrac{\text{净利润}^*}{\text{平均普通股东权益}}$

　* 减去优先股股利。

该图的左边是总资产收益率,简称**资产收益率**(rate on asset,ROA)。影响资产收益率的两大驱动因素是净利润率和资产周转率。净利润率衡量的是公司如何在赚取收入的同时有效地控制成本。资产周转率衡量的是公司如何有效地管理资产。在第 7 章我们讨论了这些比率以及公司管理层为改进这些比率采取的策略。在第 9 章我们介绍了财务杠杆比率,又称权益乘数,该比率表示负债的影响、杠杆效应以及对资产收益率的影响。净利润率、资产周转率和权益乘数这三个比率共同影响普通股权益回报率,简称**股东权益回报率**(return on equity,ROE),该比率在图的右边。

股东权益回报率显示的是净利润和股东权益之间的关系。这里的股权回报率只代表普通股股权回报率,原因在于优先股股东回报率通常是已经限定的(如 5% 的股息率)。股东权益回报率的分子等于净利润减去优先股股利(如果存在优先股),分母等于平均的普通股股东权益——股东权益总额减去优先股权益。由于大多数公司没有优先股及优先股股利,因此相应的调整也就不存在了。

下面我们采用杜邦分析法对家得宝 2015 年 2 月 1 日的股东权益回报率进行分析。本部分所有的计算数据参考合并资产负债表,你需要重新计算比例来确认你看到的数据是正确的。参考该公司的合并报表(http://www.sec.gov)(本章未予摘抄),该公司截至 2015 年 2 月 1 日的年度的净利润为 63.45 亿美元,销售收入净额为 831.76 亿美元,净利润率为 7.628%。结合资产负债表中的相关信息,资产收益率和股东权益回报率计算如下:

	ROA		×	财务杠杆比率	=	股东权益回报率
净利润率	×	资产周转率	×	财务杠杆比率	=	股东权益回报率
$\dfrac{\text{净利润}^*}{\text{销售收入净额}}$	×	$\dfrac{\text{销售收入净额}}{\text{平均总资产}}$	×	$\dfrac{\text{平均总资产}}{\text{平均普通股股东权益}}$	=	$\dfrac{\text{净利润}^*}{\text{平均普通股股东权益}}$
$\dfrac{6\,345}{83\,176}$	×	$\dfrac{83\,176}{40\,232}$	×	$\dfrac{40\,232}{10\,922}$	=	$\dfrac{6\,345}{10\,922}$
{7.628%}	×	{2.067}	×	{3.6836}	=	{58.1%}
	{ROA=15.77%}					

* 减去优先股股利。

这意味着每 1 美元的销售可产生 7.628 美分的利润。该公司的资产周转率为 2.067,这表明平均每 1 美元的投入可带来 2.067 美元的销售收入。财务杠杆比率为 3.6836,说明股东每 1 美元的投入需配置 3.68 美元的资产,该公司的平均负债总额为 293.1 亿美元,资产负债率(平均总负债/平均总资产)约为 73%(29 310 美元/40 232 美元)。因此,将财务杠杆比率 3.6836 乘以资产收益率 15.77% 即可得出股东权益回报率 58.1%。

上述计算出的比率是强、弱,还是中规中矩?要回答这一问题还需考虑其他因素的影响,如与家得宝以前年度指标的比较、与同一行业中其他公司指标的比较。

例如,下表比较了家得宝 2014 年度和 2013 年度的股东权益回报率,并比较了 2015 年度家得宝与其竞争对手美国劳氏公司的股东权益回报率。

	净利润率	×	资产周转率	×	财务杠杆比率	=	股东权益回报率
家得宝(2015 年度)	7.628%	×	2.067	×	3.6836	=	58.1%
家得宝(2014 年度)	6.83%	×	1.93	×	2.69	=	35.5%
家得宝(2013 年度)	6.07%	×	1.83	×	2.29	=	25.4%
美国劳氏公司(2015 年度)	4.80%	×	1.74	×	2.96	=	24.7%

与截至 2014 年 2 月 2 日的年度相比,家得宝截至 2015 年 2 月 1 日的年度的股东权益回报率要高很多。2015 年度的净利润率从 2014 年度的 6.83% 上升到了 7.628%,这意味着每 1 美元的销售带来了更多的利润。虽然净利润率增长 0.8% 乍一看似乎没有什么影响,但是乘以 830 亿美元的销售收入后净利润增加了 6.64 亿美元。此外,资产周转率由 1.93 上升到 2.067,这意味着每 1 美元的投入带来了更高的销售收入,2015 年度的效率比 2014 年度高。2015 年度财务杠杆比率由 2014 年度的 2.69 上升到了 3.68,这表明相较 2014 年度家得宝在 2015 年度采用了更多的债务融资。因为利率处于历史低点,只要能及时偿还并且公司利用借款赚取的钱高于借款的利息,2013—2015 年期间采用债务融资就是很明智的。总的来说,2013—2015 年期间,家得宝更加有效益(利润率更高)、有效率(投资的资产更少),同时保持较高的财务杠杆比率。综合考虑上述因素,净资产收益率在截至 2015 年 2 月 1 日的年度上升到 58.1%。这对投资者和公司股价而言都是一个利好,因此家得宝的每股股价由 2013 年 1 月 31 日的 67.3 美元上升到了 2015 年 2 月 1 日的 104.43 美元。

2015 年度,家得宝的上述几个比率都高于美国劳氏公司。家得宝的净利润率(7.628%)远远高于美国劳氏公司的净利润率(2.8%),这意味着家得宝的每 1 美元的销售收入的利润都要高很多。换句话说,家得宝每 1 美元的销售收入的成本都要低于美国劳氏公司。2015 年度,家得宝的资产周转率(2.067)也比美国劳氏公司(1.74)高。最后,家得宝在其资本结构中与美国劳氏公司相比有更高的财务杠杆比率(3.6836 与 2.96),从而在资产收益率仅为 15.77% 的情况下创造了 58.1% 的股东权益回报率,相比之下,美国劳氏公司的股东权益回报率仅为 24.7%。

资产收益率要多高才算好? 对于多数行业来说,10% 的资产收益率是一个不错的水平。但是不同行业的资产收益率存在差别,原因是每个行业的资产收益率的组成因素不同。例如,高科技公司的资产收益率要远远高于公用事业公司、食品杂货店和消费品(如牙膏和纸巾)制造商的资产收益率。对于效率高的公司,每 1 美元的资产投入可以产生较高的销售收入。拥有差异化产品的公司有较高的利率和资产周转率,与其他公司相比具有一定的优势。

通过杜邦分析你可以发现,当资产收益率为正时,股东权益回报率一般都高于资产收益率,这主要是杠杆作用的影响。这一点也可以从经济学的角度来解释。与债权人相比,股东需承受更多的投资风险,从而股东要求的投资回报(股东权益回报率)一定会超过债权人所要求的回报(资产收益率)。在进行比较时,投资者和债权人将资产收益率和股东权益回报率看得同样重要。收益率越高,表明公司经营得越成功。在多数行业中,15% 被认为是很好的股东权益回报率。2015 年度,家得宝的股东权益回报率为 58.1%,表现特别出色。

本章结尾部分的管理决策专栏就股票投资中应考虑的因素给出了一些建议。在第 13 章我们还会对这些比率进行更多的讲解。

 ## 在财务报表中报告股东权益交易

股东权益交易对权益账户的影响会在现金流量表和股东权益变动表中予以列报。

现金流量表

本章讨论的多数股东交易都应在现金流量表中报告。股东权益交易是筹资活动,因为公司是在与其所有者,即投资于公司的股东进行交易。影响股东权益和现金的筹资活动可以分为三大类别：发行股票；购买库存股；发放股利。

家得宝截至 2015 年 2 月 1 日的年度的合并现金流量表中的筹资活动如表 10-4 所示。

发行股票　截至 2015 年 2 月 1 日的年度，家得宝发行普通股股票，收到 2.52 亿美元现金。

库存股　截至 2015 年 2 月 1 日的年度，家得宝用 70 亿美元现金购回普通股作为库存股，并将该交易作为筹资活动的现金支出进行了报告。

股利　包括家得宝在内的大多数公司向股东支付现金股利。股利支付是一种筹资活动，因为公司是为使用了股东的资金而向其支付报酬。截至 2015 年 2 月 1 日的年度，家得宝支付 25.3 亿美元现金股利。股票股利不在现金流量表中报告，因为公司没有为此支付现金。

在表 10-4 中，回购库存股和支付股利的现金支出为负数（用括号表示）。发行股票则为正数。

表 10-4　家得宝与股东权益相关的筹资活动　　　　　百万美元

筹资活动产生的现金流量	
回购普通股	（7 000）
发行普通股收到的现金	252
股利支付	（2 530）

股东权益变动表

与我们所列举的例子不同，公司经常运用术语和表格来描述股东权益。表 10-5 为家得宝截至 2015 年 2 月 1 日的年度和截至 2014 年 2 月 2 日的年度的合并股东权益变动表。

表 10-5　家得宝合并股东权益变动表（节选）　　　　　百万美元

	总计	普通股	股数	实收资本	留存收益	累计其他综合收益（损失）	库存股	股数
2013 年 2 月 3 日余额	17 777	88	1 754	7 948	20 038	397	（10 694）	270
净利润	5 385				5 385			
根据员工持股计划发行的股票	103		7	103				
股权激励的税收影响	123			123				
外币折算调整	（329）					（329）		
现金流量套期（税后）	（12）					（12）		
股票期权、限制性股票奖励和摊销	228			228				
普通股回购	（8 500）						（8 500）	111
现金股利	（2 243）				（2 243）			
其他	（10）					（10）		
2014 年 2 月 2 日余额	12 522	88	1 761	8 402	23 180	46	（19 194）	381
净利润	6 345				6 345			
根据员工持股计划发行的股票	122		7	122				
股权激励的税收影响	136			136				
外币折算调整	（510）					（510）		
现金流量套期（税后）	11					11		

续表

	总计	普通股	股数	实收资本	留存收益	累计其他综合收益（损失）	库存股	股数
股票期权、限制性股票奖励和摊销	225			225				
普通股回购	(7 000)						(7 000)	80
现金股利	(2 530)				(2 530)			
其他	1					1		
2015 年 2 月 1 日余额	9 322	88	1 768	8 885	26 995	(452)	(26 194)	461

我们可以发现，股东权益变动表提供了股东权益项下多年内（大多数是三年，但是由于版面问题，我们这里的分析只包含了两年）明细科目的变动情况。在股东权益变动表中，股东权益每个明细科目——普通股（金额和数量）、实收资本、留存收益、库存股（金额和数量）单独列示。该表还包括累计其他综合收益一列，累计其他综合收益综合了一些不记入利润表中的收入要素，包括由境外子公司合并引起的外币折算调整和可供出售金融资产的未实现利得或损失，这些在第 8 章讨论过。累计其他综合收益将在第 11 章介绍。

在资产负债表中报告股东权益

通过本课程的学习，你应该掌握的一项重要技能是理解真实公司财务报表的能力。表 10-6 对一般教科书中的格式和实际中更常见的格式（如家得宝股东权益变动表）进行了比较。本例中的金额是假定的。

表 10-6　报告股东权益的格式　　　　　　　　　　美元

一般教科书中的格式		实际中常见的格式	
实收资本			
优先股，8%，面值 10 美元， 　授权并发行流通 30 000 股	300 000	优先股，8%，面值 10 美元， 　授权并发行流通 30 000 股	330 000
超过优先股面值的股本溢价	30 000	普通股，面值 1 美元，授权 100 000 股， 　发行 60 000 股，流通在外 58 600 股	60 000
普通股，面值 1 美元，授权 100 000 股， 　发行 60 000 股，流通在外 58 600 股	60 000	股本溢价	2 150 000
普通股股本溢价	2 100 000	留存收益	1 500 000
库存股交易所获实收资本	20 000	减：库存普通股（1 400 股， 　以成本计价）	(40 000)
优先股收回形成的股本溢价	30 000	累计其他综合收益	200 000
实收资本合计	2 540 000	股东权益总额	4 200 000
留存收益	1 500 000		
小计	4 040 000		
减：库存普通股（1 400 股， 　以成本计价）	(40 000)		
累计其他综合收益	200 000		
股东权益总额	4 200 000		

通常情况下：

- 优先股在先并且通常只作为单项金额报告。
- 普通股列出每股面值、授权的股数和已发行股数。普通股股票的余额取决于下式：

$$普通股＝已发行股数×每股面值$$

- 股本溢价是股票面值溢价、库存股交易所获实收资本、优先股股票注销所获实收资本的总和，股本溢价属于普通股股票账户。
- 流通股数等于已发行股数减去库存股股数。
- 留存收益账户紧随实收资本账户。
- 库存股(成本)可以列在最后，作为股东权益总额的减项。
- 累计其他综合收益是累计的利得或损失，可以在库存股前面或后面列报。

管理决策

投资于股票

假设你将存下的 5 000 美元进行投资。你参观了附近的一家 Edward Jones 公司，那里的经纪人想要知道你对风险的容忍程度。你投资主要是为了获得股利，还是为了获得股价的增长？你必须作出几项关键的决策。

投资者决策	决策指南
购买哪一种股票？	
• 安全型投资？	优先股的安全性高于普通股，但更安全的是投资于资信等级高的公司债券或政府证券。
• 股利稳定型投资？	累积优先股股票。然而，公司没有宣告分配优先股股利的义务，而且股利增长的可能性很小。
• 股利增长型投资？	普通股股票。只要公司的净利润不断增长，而且公司有足够的现金能够在满足了所有的债务和其他现金需求后进行股利支付。
• 股价上涨型投资？	普通股股票，但只有在公司的净利润和现金流不断增长的情况下。
如何找出值得购买的好股票？	有很多方法可以用来选择股票进行投资。一种很有效的方法是选择总资产收益率和股东权益回报率较同行业竞争者高的公司。同时，也要选择预期会持续增长的行业。

章末习题

1. Newline 公司 2016 年 12 月 31 日的资产负债表报告了下列事项。2016 年度，该公司没有发生与累计其他综合收益或损失相关的交易。

股 东 权 益	美元
优先股，4%，面值 10 美元，已授权并发行 10 000 股(赎回价值 110 000 美元)	100 000
普通股，无面值，设定价值 5 美元，授权 100 000 股，已发行 50 000 股，流通在外 4 900 股	250 000
普通股股本溢价	239 500
留存收益	395 000
减：库存普通股(1 000 股)	(8 000)
股东权益总额	976 500

要求

a. 优先股是累积优先股还是非累积优先股？说明理由。

b. 每年优先股股利的总额是多少？

c. 流通在外的普通股股票有多少？

d. 计算普通股每股的账面价值。没有逾期未分配的优先股股利，并且 Newline 公司还没有宣告分配 2016 年度的股利。

2. 运用以下账户及相关余额，编制 Whitewing 公司 2016 年 9 月 30 日的分类资产负债表，资产负债表采用账户形式。

	美元		美元
普通股，面值 1 美元，授权 50 000 股，已发行 20 000 股	20 000	长期应付票据	80 000
		存货	85 000
应付股利	4 000	不动产、厂房和设备净值	226 000
现金	9 000	应收账款净额	23 000
应付账款	28 000	优先股，3.75 美元，无面值，授权 10 000 股，已发行 2 000 股	24 000
普通股股本溢价	115 000	应计负债	3 000
库存普通股，1 000 股，成本价	6 000	留存收益	75 000

答案

1. a. 优先股是累积优先股，因为本例中没有作其他标明。

b. 本年度优先股股利合计：4 000 美元(100 000 美元×0.04)

c. 流通在外的普通股股数：49 000(5 000 股已发行普通股－1 000 股库存股)

d. 普通股每股账面价值计算如下：

	美元
普通股：	
股东权益总额	976 500
减：优先股股东权益	(114 000)*
普通股股东权益	862 500
每股账面价值(862 500 美元÷49 000 股)	17.60

* 赎回价值	110 000
累积股利(100 000 美元×0.04)	4 000
优先股股东权益	114 000

2.

Whitewing 公司资产负债表
2016 年 9 月 30 日

资产		负债	美元
流动资产		流动负债	
现金	9 000	应付账款	28 000
应收账款净额	23 000	应付股利	4 000
存货	85 000	应计负债	3 000
流动资产合计	117 000	流动负债合计	35 000

续表

不动产、厂房和设备净值	226 000	长期应付票据	80 000
		负债总额	115 000
		股东权益	
		优先股，3.75 美元，无面值，授权 10 000 股，已发行 2 000 股	24 000
		普通股，面值 1 美元，授权 50 000 股，已发行 20 000 股	20 000
		普通股股本溢价	115 000
		留存收益	75 000
		库存普通股，1 000 股，成本	(6 000)
		股东权益总额	228 000
资产总额	343 000	负债和股东权益总额	343 000

复习：股东权益

复习测试（答案见本章末）

1. Cooper 公司授权发行 60 000 股面值 1 美元的普通股股票。2016 年 3 月 30 日，Cooper 公司以 11 美元的价格发行了 30 000 股。Cooper 公司记录这一事项的会计分录应该包括_____。

a. 借记普通股 330 000 美元

b. 贷记股本溢价 330 000 美元

c. 贷记普通股 30 000 美元

d. a 和 c

使用 Machado 公司 2016 年 8 月 31 日资产负债表中的数据，回答第 2～5 题：

美元

应付股利	10 000	现金	136 000
优先股，面值 50 美元	25 000	普通股，面值 10 美元	1 800 000
普通股股本溢价	180 000	留存收益	225 000

2. Machado 公司发行了多少普通股？

a. 136 000

b. 180 000

c. 1 980 000

d. 其他数值

3. Machado 公司 2016 年 8 月 31 日的实收资本合计为_____。

a. 2 005 000 美元

b. 1 995 000 美元

c. 180 000 美元

d. 2 220 000 美元

4. Machado 公司 2016 年 8 月 31 日的股东权益总额是_____。

a. 2 230 000 美元

b. 2 005 000 美元

c. 2 356 000 美元

d. 850 000 美元

5. 如果有 20 000 美元的库存股，Machado 公司的股东权益总额将会是多少？

a. 2 356 000 美元

b. 2 005 000 美元

c. 2 210 000 美元   d. 2 220 000 美元

6. BOGO 公司 2016 年以每股 22 美元的价格回购库存股,并于 2017 年以每股 42 美元的价格再次售出。BOGO 公司 2017 年度的利润表应报告的金额是多少?

a. 每股 20 美元利得   b. 每股 22 美元利得

c. 每股 42 美元利得   d. 0 美元

7. 公司资产负债表股东权益部分是否报告下列项目?

	应付债券折价	库存股
a.	否	是
b.	是	是
c.	是	否
d.	否	否

8. 回购库存股_____。

a. 增加一项资产,减少另一项资产

b. 减少资产总额,增加股东权益总额

c. 对资产总额、负债总额和股东权益总额没有影响

d. 减少资产总额和股东权益总额

9. 现金股利在什么时候成为法定负债?

a. 股利支付日   b. 股权登记日

c. 股利宣告日   d. 由于已支付,所以不会成为负债

10. 什么时候股利会增加股东权益?

a. 股利支付日   b. 股权登记日

c. 股利宣告日   d. 从来不会

11. Forest Run Mall 公司有流通在外的 3 000 股 10% 股息率、面值 30 美元的累积优先股和 180 000 股面值 5 美元的普通股。至当年年初已拖欠 4 年的优先股股利。公司董事会决定向流通在外的每股普通股股票分配 5.25 美元的现金股利。为此,Forest Run Mall 公司必须宣告的股利总额是多少?

a. 981 000 美元   b. 990 000 美元

c. 945 000 美元   d. 其他数值

12. 股票股利_____。

a. 会增加公司的负债总额   b. 会减少公司的资产总额

c. 对股东权益总额没有影响   d. 是分配给股东的现金

13. 股票股利和股票分割对资产总额有什么影响?

	股票股利	股票分割
a.	无影响	无影响
b.	减少	减少
c.	无影响	减少
d.	减少	无影响

14. 一分为二的股票分割与下列哪一项对已发行股票数量的影响是一样的?

a. 200% 的股票股利   b. 100% 的股票股利

c. 20％的股票股利　　　　　　　　　　　d. 50％的股票股利

15. 计算总资产收益率的分子是_____。

a. 净利润加折旧费用　　　　　　　　　　b. 净利润减优先股股利

c. 毛利　　　　　　　　　　　　　　　　d. 净利润

16. 计算股东权益回报率的分母是_____。

a. 平均普通股股东权益　　　　　　　　　b. 销售收入净额

c. 平均总资产　　　　　　　　　　　　　d. 净利润

自我测评

道德检测

下列情况违反了 AICPA 职业行为守则三原则（客观性、独立性和谨慎性）中的哪个原则？假设例子中的所有人都是 AICPA 的成员（注：有关原则的描述，请参阅第 1 章有关 AICPA 专业行为准则的内容）。

　　a. 亨利是前街咖啡公司的首席财务官，他打算在 6 个月内让公司上市。为了让股票看起来更有吸引力，可以以更高的价格出售，亨利无视内部控制制度虚构了销售记录。

　　b. 希瑟是 Lenardi & Calwell 会计师事务所的高级审计师，并在过去几年为客户 New Iron 公司提供审计服务。几个月前，New Iron 公司给希瑟提供了一个内部审计部门的职位。希瑟接受了这个职位，并与外部审计师密切合作。事实上，因为她比新审计师更了解系统，她经常替外聘审计师准备工作文件。

　　c. 劳伦供职的 Tombolo 技术公司近期决定从股东手里回购股票。劳伦负责记录这项库存股交易。但是她不知道如何去做会计处理，因此她仅仅将普通股股数减去了回购股票的数量。

　　d. 埃文是 Firth & Wells 会计师事务所的高管。Firth & Wells 会计师事务所最近接收了一个新的客户 Gatmut 公司。埃文的姐姐是 Gatmut 公司的首席执行官，但他并未向董事会披露这个信息。

小练习

S10-1　（目标：解释公司的优缺点）与个人独资企业和合伙企业相比，公司的两大主要优点是什么？公司的两大缺点是什么？根据公司的管理层架构，谁拥有最终权利？

S10-2　（目标：普通股与优先股的特征）回答下列关于公司股票的问题：

1. 谁是公司的真正所有者？

2. 优先股股东较普通股股东有哪些优先权？

3. 哪一类股东能够从高利润公司中获得更多的利益？为什么？

S10-3　（目标：发行股票对实收资本的影响）Mitchell 公司在 5 月 14 日发行股票并收到了 11 500 000 美元现金。Mitchell 公司的股票面值仅为 11 500 美元。股本溢价 11 488 500 美元可以确认为 Mitchell 公司的利润吗？如果不能确认，应该如何处理？

假设 Mitchell 公司股票的每股面值是 2 美元、4 美元或 7 美元。公司股票面值的变化会影响其实收资本的总额吗？说明理由。

S10-4　（目标：发行股票——有面值股票和无面值股票）2016 年年末，Martin 法律服务公司和 Kramer 甜甜圈公司在各自的资产负债表中报告了下列调整后的数据（单位：百万美元)。

Martin **法律服务公司:**	
普通股,面值 1 美分,已发行 21 亿股	21
股本溢价	17 700
Kramer 甜甜圈公司:	
普通股,无面值,已发行 6 700 万股	294

假设上述两家公司都只通过单一交易发行股票。编制每家公司股票发行交易的会计分录,使用实际账户名称。不需要解释。

S10-5 (目标:发行股票的会计分录)1 月 14 日,Roland 公司发行了 100 000 股面值 0.01 美元的普通股股票,市场价格为每股 13.5 美元。需向律师 Christie Mann 支付发行费用 28 000 美元,Christie Mann 同意 Roland 公司以 2 000 股面值 0.01 美元的普通股股票予以全额支付。1 月 29 日,Roland 公司向 Christie Mann 发行该股票,当时每股股票的市场价格为 13.7 美元。编制 Roland 公司股票发行交易的会计分录。

S10-6 (目标:为购买资产而发行股票)本练习分析了获得固定资产的两种方法的异同。

情况 A:发行股票和购买资产通过独立的交易进行

Livingston 公司发行了 11 000 股每股面值 15 美元的普通股,获得现金 750 000 美元。在另外一项交易中,Livingston 公司用所获现金中的 525 000 美元购买了一幢建筑物,还用 225 000 美元购买了设备。编制上述两项交易的会计分录。

情况 B:发行股票和购买资产通过一次交易进行

Livingston 公司发行了 11 000 股每股面值 15 美元的普通股,获得一幢价值 525 000 美元的建筑物和价值 225 000 美元的设备。编制这一交易的会计分录。

完成会计分录后,比较各账户的余额,它们是相同还是有差别?

S10-7 (目标:编制资产负债表的股东权益部分)Hillcrest 服务公司的财务报表列示了以下内容(节选,除每股面值外,单位为千美元):

股本溢价	166	收入总额	1 370
短期应付票据	110	应付账款	510
普通股,面值 0.01 美元,已发行 90 万股	9	留存收益	646
长期负债	22	其他流动负债	2 452
		费用总额	959

编制 Hillcrest 服务公司资产负债表中的股东权益部分。净利润已结转为留存收益。

S10-8 (目标:运用股东权益数据)根据 S10-7 中的数据,使用期末余额(不需平均)计算 Hillcrest 公司的下列数据:

a. 净利润

b. 负债总额

c. 资产总额(运用会计等式)

d. 净利润率

e. 资产周转率

f. 财务杠杆比率

g. 股东权益回报率

决策之前,除了上述数据,你还需要哪些额外信息?

S10-9 (目标:库存股回购及出售的会计处理)2016 年 1 月 10 日,Jenson 公司以 2 100 万美元购回库存股。2016 年 7 月 3 日,Jenson 公司重新售出一部分库存股,并获得 1 200 万美元,本次出售库存股的成本为 400 万美元。编制 Jenson 公司回购库存股和出售库存股的会计分录。两次交易之后,股东权益总共增加或减少了多少?

S10-10 (目标:回购库存股以击退恶意收购)Lowery 出口公司位于新墨西哥州的克兰斯。该公司是有着可靠的进口礼品供应渠道的公司。该公司与 Neiman Marcus 等各类专卖店保持着很好的合作关系。该公司近年来的成功使其成为市场上的收购目标。埃尔伯顿投资集团不顾该公司董事会的反对,试图收购该公司流通在外的 52% 的股权。该公司董事会认为,埃尔伯顿投资集团收购成功后,会将公司最有价值的部门拆分出售,从而使剩下的部门一文不值。

在近期的董事会上,提出了若干提议以尽全力击退这一恶意收购。其中最被看好的提议是大规模回购本公司的股票。Lowery 出口公司拥有足够的现金实施这一阻击计划。

要求

1. 假设你是 Lowery 出口公司的大股东。写一份备忘录陈述为什么回购本公司股票可以为投资集团制造障碍。在备忘录中,应讨论以下内容:(1)回购公司股票对流通在外股票的影响;(2)回购公司股票对公司规模的影响。

2. 假设 Lowery 出口公司成功击退了投资集团的恶意收购。此后,Lowery 出口公司又将回购的股票以高于回购成本的价格在市场上再次出售。请说明再次出售库存股对资产、股东权益和净利润的影响。

S10-11 (目标:现金股利的会计处理)2016 年 2 月 5 日,Jubilee 租赁公司宣布在 2016 年 3 月 18 日发放每股 0.24 美元的现金股利,股权登记日为 2016 年 3 月 9 日。Jubilee 租赁公司授权发行的普通股为 2 000 000 股,面值为 0.01 美元。现今已发行且流通在外的普通股为 1 200 000 股。该公司没有优先股。编制宣告发放股利和支付股利的会计分录,并写出相关日期。

S10-12 (目标:现金股利的会计处理)2016 年 12 月 31 日,Greenwood 公司报告当年的净利润为 90 000 美元。12 月 15 日,Greenwood 公司宣布对股息率 2% 的优先股(15 000 股,总面值为 150 000 美元)发放年度现金股利,对普通股(50 000 股,总面值为 500 000 美元)每股发放 0.45 美元的现金股利。Greenwood 公司在 2017 年 1 月 4 日支付了上述股利。

为 Greenwood 公司编制下列事项的会计分录:

a. 2016 年 12 月 15 日,宣布分配现金股利。

b. 2017 年 1 月 4 日,支付现金股利。

2016 年度的留存收益是增加了还是减少了?增加或减少的金额是多少?

S10-13 (目标:现金股利在优先股与普通股间的分配)除了普通股,Baxter 公司有 25 000 股优先股,每股股息 1.35 美元(即优先股股东可以收取的年度现金股利为每股 1.35 美元)。2016 年度,Baxter 公司宣告分配股利 500 000 美元。该金额在优先股股东和普通股股东之间分配如下:

	美元
优先股股利(25 000 股×1.35 美元/股)	33 750
普通股股利(剩余：500 000 美元－33 750 美元)	466 250
股利总额	500 000

回答下列关于 Baxter 公司现金股利的问题。

1. 每年普通股股东得到现金股利前，Baxter 公司必须宣布分配多少股利？

2. 如果 Baxter 公司 2016 年宣布分配的股利是 400 000 美元，那么优先股股东将获得多少股利？普通股股东将获得多少股利？

3. Baxter 公司的优先股是累积优先股还是非累积优先股？说明理由。

4. Baxter 公司未能发放 2015 年度和 2016 年度的优先股股利。2017 年度，若该公司宣布分配股利 1 300 000 美元，那么优先股股东将获得多少股利？普通股股东将获得多少股利？

S10-14 （目标：小额股票股利的会计处理）Downtown Bancshares 公司有 40 000 股流通在外的普通股，每股面值 8 美元。假设当股票的市场价格为 20 美元/股时，Downtown Bancshares 公司分配 16％的股票股利。

1. 编制 5 月 11 日 Downtown Bancshares 公司分配股票股利的会计分录。不要求解释。

2. 股票股利对 Downtown Bancshares 公司的资产总额、负债总额和股东权益总额有何影响？

S10-15 （目标：计算每股账面价值）Fresco Ambulatory 公司的股东权益数据报告如下：

	美元
优先股，股息率 1％，面值 4 美元，授权并已发行 34 000 股	136 000
普通股，面值 4 美元，授权 100 000 股，已发行 65 000 股	260 000
股本溢价	2 190 000
留存收益	1 700 000
减：库存普通股(1 200 股，成本)	(46 000)
股东权益总额	4 240 000

公司连续 3 年(包括当年)未分配优先股股利，计算公司每股普通股股票的账面价值。

S10-16 （目标：计算并解释资产收益率和股东权益回报率）使用杜邦模型计算总资产收益率(ROA)和股东权益回报率(ROE)，然后回答下列关于收益率计算的问题。

1. 解释 ROA 计算中用到的各个要素。

2. 财务杠杆比率对计算 ROA 有何影响？

3. 在什么情形下，ROE 会高于 ROA？在什么情形下，ROE 会低于 ROA？

S10-17 （目标：计算市场领先者的资产收益率和股东权益回报率）Nestor 公司 2016 年的财务报表中包含下列事项，同时给出了 2015 年的比较数据(节选)。

		百万日元
	2016 年	**2015 年**
资产负债表		
资产总额	10 616	9 507
负债总额	7 406	6 631

续表

	2016 年	2015 年
股东权益总额（普通股）	3 210	2 876
负债和股东权益总额	10 616	9 507
利润表		
销售收入净额	7 629	
经营费用	7 292	
利息费用	31	
其他费用	196	
净利润	110	

计算 Nestor 公司 2016 年的资产收益率（ROA）和股东权益回报率（ROE），并评价该公司的盈利能力是高还是低。你在决策时，还需要哪些额外信息？

S10-18 （目标：各种股票价值的定义和用法）Wallace 公司正在举行董事会特别会议，讨论股东提出的一些问题。回答股东提出的下列问题：

1. 优先股的赎回价值和清算价值的区别是什么？

2. Wallace 公司的股东 Suzanne Gibson 有意将自己的土地投资于公司以换取公司的股票。Wallace 公司应如何决定为此发行的股份数？

3. 优先股通常在股利发放和公司清算时享有优先权。为什么投资者在可以买到优先股时还会选择普通股？

4. 如何计算优先股的赎回价值？

5. 其中一名股东拥有公司 200 股的股票，其他投资者想以账面价值购买这些股票。这名股东想知道计算这些股票账面价值的公式。

S10-19 （目标：衡量筹资活动的现金流量）2016 年，Advantage 公司获得净利润 58 亿美元，偿还了 27 亿美元的长期应付票据。Advantage 公司发行普通股股票筹集到 14 亿美元的资金，支付 30 亿美元回购了公司的库存股，并支付了 17 亿美元的现金股利。在 Advantage 公司 2016 年度的现金流量表中报告筹资活动的现金流量。

S10-20 （目标：分析股东权益变动表）利用下面的股东权益变动表中的数据回答下列有关 Beckett 公司的问题。

Beckett 公司股东权益变动表

截至 2016 年 12 月 31 日的年度 美元

	普通股，每股面值 4 美元	股本溢价	留存收益	库存股	股东权益总额
2015 年 12 月 31 日余额	40 000	11 000	140 000	(25 000)	166 000
发行股票	128 000	580 000			708 000
净利润			120 000		120 000
现金股利			(25 000)		(25 000)
回购库存股				(15 000)	(15 000)
出售库存股		7 000		6 000	13 000
2016 年 12 月 31 日余额	168 000	598 000	235 000	(34 000)	967 000

1. 2016 年发行普通股收到了多少现金？

2. Beckett 公司在 2016 年宣布发放多少股利？

3. 股利对 Beckett 公司的留存收益、实收资本总额、股东权益总额和资产总额有何影响？

4. 2016 年 Beckett 公司回购的库存股的成本是多少？

5. 2016 年 Beckett 公司出售的库存股的成本是多少？2016 年 Beckett 公司出售库存股获得了多少现金？

6. Beckett 公司的净利润是多少？

7. 2016 年 12 月 31 日，Beckett 公司的股东权益总额是多少？

S10-21 （目标：分析股东权益变动表，包括股利和其他综合收益）Hammer 公司的股东权益变动表如下所示。

Hammer 公司股东权益变动表

截至 2016 年 12 月 31 日的年度　　　　　　　　　　　　　　美元

	普通股，每股面值 4 美元	股本溢价	留存收益	库存股	累计其他综合收益	股东权益总额
2015 年 12 月 31 日余额	40 000	12 000	140 000	(23 000)	10 000	179 000
发行股票	128 000	530 000				658 000
净利润			84 500			84 500
现金股利			(21 000)			(21 000)
股票股利——10%	16 800	29 200	(46 000)			0
回购库存股				(7 000)		(7 000)
出售库存股		8 000		3 000		11 000
其他综合收益					12 000	12 000
2016 年 12 月 31 日余额	184 800	579 200	157 500	(27 000)	22 000	916 500

根据 Hammer 公司的股东权益变动表回答下列问题：

1. 2016 年发行普通股收到了多少现金？

2. 股利对 Hammer 公司的留存收益、实收资本总额、股东权益总额和资产总额有何影响？

3. 2016 年 Hammer 公司回购的库存股的成本是多少？2016 年 Hammer 公司出售的库存股的成本是多少？获得了多少现金？

4. Hammer 公司 2016 年度因重估可供出售投资，未实现的利得为 9 000 美元。因合并一家境外子公司，产生了 3 000 美元的外币折算收益。其他综合收益是多少？其中多少应加入累计其他综合收益？累计其他综合收益是否包含在 Hammer 公司的净利润中？

练习

（A 组）

E10-22A （目标：发行股票的会计处理；编制资产负债表的股东权益部分）Pinkerton Stores 公司授权发行 13 000 股普通股。在两个月的时间里，该公司完成了下列股票交易：

3 月 23 日	发行面值 6 美元的普通股股票 3 000 股,每股发行价格为 15.5 美元。
4 月 12 日	发行面值 6 美元的普通股股票 3 100 股,换取价值 20 000 美元的存货和市场价值 39 000 美元的设备。

要求

1. 编制上述交易的会计分录。

2. 根据所给资料,基于题中的交易事项,为 Pinkerton Stores 公司编制资产负债表的股东权益部分。留存收益余额为 46 000 美元。

E10-23A (目标:计算公司的实收股本)Journey 出版公司刚刚组建,向一位为公司组建提供了 15 000 美元法律服务的律师发行了普通股股票,并向一位发明人发行了普通股股票以换取其市场价值 78 000 美元的专利。另外,Journey 出版公司通过发行优先股和普通股获取现金,具体如下:以每股 110 美元的价格发行优先股股票 9 000 股,以每股 2 美元的价格发行 18 000 股普通股股票。在第一年的经营中,Journey 出版公司获得净利润 94 000 美元,并宣布分配现金股利 25 000 美元。计算上述交易所产生的实收资本总额,不必编制会计分录。

E10-24A (目标:编制资产负债表的股东权益部分)Wellman 就业服务公司的财务报表报告了以下数据(节选):

			千美元
股本溢价	192	收入总额	1 390
其他股东权益(负)	(22)	应付账款	470
普通股,面值 0.01 美元,已发行 300 000 股	3	留存收益	648
长期负债	24	其他流动负债	2 568
		费用总额	556

编制 Wellman 就业服务公司资产负债表的股东权益部分。净利润已结转为留存收益。

E10-25A (目标:说明库存股对公司的影响;编制资产负债表的股东权益部分)Alistair 软件公司 2016 年 12 月 31 日报告了下列账户余额。

			千美元
存货	654	普通股,面值 2.5 美元,授权 800 股,已发行 250 股	625
不动产、厂房和设备净值	950	留存收益	2 222
股本溢价	900	应收账款净额	600
库存股,140 股,成本	1 890	应付票据	1 166
累计其他综合收益(损失)	(730)*		

* 借方余额。

要求

1. 编制 Alistair 软件公司资产负债表的股东权益部分。

2. Alistair 软件公司库存股的余额为什么会大于普通股和股本溢价之和?

E10-26A (目标:回购和出售库存股的会计处理)Cinders 营销公司 12 月 31 日报告了下列账户余额。

	百万美元
普通股	281
股本溢价	275
留存收益	2 129
库存股	(611)
股东权益总额	2 074

接下来的一年中,Cinders 营销公司以 2 800 万美元回购了库存股,同时再出售了 900 万美元的库存股(这些库存股的成本为 300 万美元)。编制 Cinders 营销公司回购和出售库存股的会计分录。完成上述两次交易之后,股东权益总额是增加了还是减少了?

E10-27A (目标:股票发行的会计处理;说明库存股对公司的影响;股利的会计处理)2016 年 12 月 31 日,Sidestep 公司报告的股东权益账户如下:

	百万美元
普通股,每股面值 1 美元,已发行 2 600 万股	26
股本溢价	91
留存收益	270
库存股,成本	(40)
股东权益总额	347

Sidestep 公司 2017 年发生了下列交易:

a. 净利润 4.46 亿美元。

b. 以每股 12.5 美元的价格发行了 600 万股普通股股票。

c. 以 1.21 亿美元回购了 1 100 万股库存股。

d. 将 c 中回购的库存股再出售 500 万股换回 6 000 万美元。

e. 宣告并发放 3 600 万美元的现金股利。

要求

1. 为 Sidestep 公司的 b、c、d 和 e 项交易编制会计分录。不要求解释。

2. 上述交易(a~e)对 Sidestep 公司的股东权益有何影响?

E10-28A (目标:报告一系列交易后的股东权益)使用 E10-27A 中 Sidestep 公司的数据,编制该公司 2017 年 12 月 31 日资产负债表的股东权益部分。

E10-29A (目标:通过分析股东权益了解公司业务)Quanto 产品公司在其资产负债表中报告了如下股东权益数据:

		百万美元
	2017 年 12 月 31 日	**2016 年 12 月 31 日**
可转换优先股——每股面值 1 美元,授权 6 500 万股,2017 年和 2016 年分别发行并流通 400 万股和 800 万股	4	8
普通股——每股面值 5 美元,授权 15 亿股,2017 年和 2016 年分别发行 2 亿股和 1 亿股	200	100
股本溢价	700	278
留存收益	6 300	5 025

	2017 年 12 月 31 日	2016 年 12 月 31 日
库存普通股,成本,2017 年 3 800 万股,2016 年 800 万股	(874)	(152)
股东权益总额	6 330	5 259
负债与股东权益总额	46 955	44 009

要求

1. 是什么原因导致该公司 2017 年的优先股权益下降?列出所有可能的原因。

2. 是什么原因导致该公司 2017 年的普通股权益上升?列出所有可能的原因。

3. 2017 年 12 月 31 日,该公司有多少流通在外的普通股股票?

4. Quanto 产品公司 2017 年的净利润为 13.8 亿美元。该公司当年的股利是多少?

5. 假设 2017 年 Quanto 产品公司没有出售库存股,公司当年回购库存股支付的每股平均价格是多少?

E10-30A (目标:计算优先股和普通股股利)Supreme 制造公司 2016 年 12 月 31 日和 2017 年 12 月 31 日报告了下列事项:

股东权益	
累积优先股,面值 4 美元,股息率 7%,已发行 65 000 股	260 000 美元
普通股,面值 0.35 美元,已发行 9 090 000 股	3 181 500 美元

假定从 2013 年至今,Supreme 制造公司已支付了全部的优先股股利。

要求

如果 2016 年的股利总额是 120 000 美元,2017 年的股利总额是 204 000 美元,分别计算 2016 年和 2017 年的优先股股利总额和普通股股利总额。

E10-31A (目标:记录股票股利;报告股东权益)2017 年 6 月 16 日,Rightwell 公司的股东权益报告如下:

	美元
股东权益	
普通股,面值 0.40 美元,授权 2 300 000 股,已发行 400 000 股	160 000
普通股股本溢价	861 013
留存收益	7 133 000
累计其他综合收益(损失)	(190 000)
股东权益总额	7 964 013

2017 年 6 月 16 日,Rightwell 公司普通股股票的市场价格为每股 18 美元。假设 Rightwell 公司在当日宣告并发放了 12% 的股票股利。

要求

1. 编制发放股票股利的会计分录。

2. 编制发放股票股利后资产负债表的股东权益部分。

3. 股票股利为什么对股东权益总额没有影响?

4. 假设 Rightwell 公司 2017 年 6 月 17 日的现金余额是 550 000 美元。Rightwell 公司能够宣布分配的现金股利的上限是多少?

E10-32A (目标:评价股票发行、股利、股票分割和库存股交易的影响)确定下列交易对 Ashby 公司股东权益总额的影响,包括影响的方向和影响的金额。各项交易是独立的。

a. 宣告发放现金股利 7 800 万美元。

b. 支付 a 中宣告发放的现金股利。

c. 发放 20% 的股票股利。发放股票股利前,流通在外的每股面值为 4 美元的普通股有 6 800 万股,发放股票股利时,股票的市场价格是 16.47 美元。

d. 发放 30% 的股票股利。发放股票股利前,流通在外的每股面值为 4 美元的普通股有 6 800 万股,发放股票股利时,股票的市场价格是 20.25 美元。

e. 以每股 15.25 美元的价格回购 2 300 股库存股(面值为 4 美元)。

f. 以每股 18 美元的价格出售 400 股库存股,库存股的成本是每股 15.25 美元。

g. 将股票一分为三。分割前,流通在外的面值为 4 美元的普通股有 6 800 万股。

E10-33A (目标:计算普通股每股账面价值)Eclectic Rug 公司的资产负债表如下:

	美元
可赎回优先股,股息率 8%,票面价值 100 美元,赎回价值为 25 000 美元,流通在外 200 股	20 000
普通股股东权益:发行并流通 4 000 股	70 000
股东权益总额	90 000

要求

1. 计算普通股每股账面价值,假设所有优先股股利都已足额支付(没有拖欠股利)。

2. 计算普通股每股账面价值,假设已拖欠 3 年(包括当年)的优先股股利。

3. Eclectic Rug 公司的普通股当前的市场价格是 14.75 美元,这是否意味着以 14.75 美元的价格购买其股票是一项不错的选择?

E10-34A (目标:评价盈利能力)York 公司报告了 2016 年的下列财务数据:

			百万美元
偿还长期债务	17 075	股息支付	205
发行普通股收入	8 415	销售收入净额:	
负债总额:		本年度末	80 000
本年度末	32 311	上一年度末	67 000
上一年度末	38 029	净利润:	
股东权益总额:		本年度末	2 379
本年度末	23 475	上一年度末	2 007
上一年度末	14 045	营业收入:	
借款	6 590	本年度末	4 878
		上一年度末	3 998

要求

1. 采用杜邦分析模型计算 York 公司 2016 年(当年)的资产收益率和普通股股东权益回报率,假定不存在优先股。

2. 这些比率说明 York 公司的收益率是高还是低？说明理由。

3. 在回答要求 2 之前，你还需要哪些额外信息？

E10-35A （目标：报告筹资活动的现金流量）使用 E10-34A 中的数据，说明 York 公司是如何报告 2016 年(当年)筹资活动的现金流量的。按金额从大到小的顺序排列。

E10-36A （目标：分析公司的股东权益变动表）2016 年 12 月 31 日，Seaside Water 公司的股东权益变动表中列报的数据如下：

千美元

	普通股(面值 1 美元)	股本溢价	留存收益	累计其他综合收益	股东权益总额
2015 年 12 月 31 日余额	395	1 630	4 500	7	6 532
净利润			1 110		
其他综合收益				1	
股票发行	100	290			
现金股利	——	——	(75)	——	——
2016 年 12 月 31 日余额					

要求

1. 2016 年 12 月 31 日，Seaside Water 公司股东权益各个账户和股东权益总额是多少？

2. 2016 年 12 月 31 日，Seaside Water 公司的负债总额是 780 万美元，该公司当天的资产负债率是多少？

3. 截至 2016 年 12 月 31 日，该公司是亏损还是盈利？为什么？

4. 该公司 2016 年发行的普通股的每股价格是多少？

（B组）

E10-37B （目标：股票发行的会计处理；编制资产负债表的股东权益部分）热带商品公司授权发行 10 000 股普通股。在两个月的时间里，该公司完成了下列股票交易：

2 月 23 日	发行面值 2 美元的普通股股票 1 700 股，每股发行价格为 15 美元。
3 月 12 日	发行每股面值 2 美元的普通股股票 3 200 股，换取价值 19 000 美元的存货和市场价值 46 000 美元的设备。

要求

1. 编制上述交易的会计分录。

2. 根据所给资料，基于题中的交易事项，为热带商品公司编制资产负债表的股东权益部分。留存收益余额为 45 000 美元。

E10-38B （目标：计算公司的实收股本）Nationwide 出版公司刚刚组建，向一位为公司组建提供了 27 000 美元法律服务的律师发行了普通股股票，并向一位发明人发行了普通股股票以换取其市场价值 83 000 美元的专利。另外，Nationwide 出版公司通过发行优先股和普通股获取现金，具体如下：以每股 70 美元的价格发行优先股股票 10 000 股，以每股 8 美元的价格发行 17 000 股普通股股票。在第一年的经营中，Nationwide 出版公司获得净利润 72 000 美元，并宣布分配现金股利 28 000 美元。计算上述交易所产生的实收资本总额，不必编制会计分录。

E10-39B （目标：编制资产负债表的股东权益部分）Royal 就业服务公司的财务报表报告了以下数据（节选）。

千美元

股本溢价	207	收入总额	1 450
其他股东权益（负）	(27)	应付账款	460
普通股，面值 0.01 美元，已发行 900 000 股	9	留存收益	643
长期负债	23	其他流动负债	2 562
		费用总额	836

编制 Royal 就业服务公司资产负债表的股东权益部分。净利润已结转为留存收益。

E10-40B （目标：说明库存股对公司的影响；编制资产负债表的股东权益部分）Patterson 软件公司 2016 年 12 月 31 日报告了下列账户余额。

千美元

存货	653	普通股，每股面值 2 美元，授权 800 股，已发行 400 股	800
不动产、厂房和设备净值	903	留存收益	2 240
股本溢价	899	应收账款净额	1 100
库存股，160 股，成本	1 840	应付票据	1 254
累计其他综合收益（损失）	(730)*		

* 借方余额。

要求

1. 编制 Patterson 软件公司资产负债表的股东权益部分。

2. Patterson 软件公司库存股的余额为什么会大于普通股和股本溢价之和？

E10-41B （目标：回购和出售库存股的会计处理）Raintree 营销公司 12 月 31 日报告了下列账户余额。

百万美元

普通股	365
股本溢价	286
留存收益	3 190
库存股	(690)
股东权益总额	3 151

接下来的一年中，Raintree 营销公司以 3 400 万美元回购了库存股，同时再出售了 1 500 万美元的库存股（这些库存股的成本为 600 万美元）。编制 Raintree 营销公司回购和出售库存股的会计分录。完成上述两次交易之后，股东权益总额是增加了还是减少了？

E10-42B （目标：股票发行的会计处理；说明库存股对公司的影响；股利的会计处理）2016 年 12 月 31 日，Pioneer 公司报告的股东权益账户如下：

	百万美元
普通股,每股面值 3 美元,已发行 2 200 万股	66
股本溢价	33
留存收益	250
库存股,成本	(100)
股东权益总额	249

Pioneer 公司 2017 年发生了下列交易:

a. 净利润 4.47 亿美元。

b. 以每股 14 美元的价格发行了 1 000 万股普通股股票。

c. 以 6 500 万美元回购了 500 万股库存股。

d. 将 c 中回购的股票再出售 400 万股换回 5 600 万美元。

e. 宣告并发放了 3 300 万美元的现金股利。

要求

1. 为 Pioneer 公司的 b、c、d 和 e 项交易编制会计分录。不要求解释。

2. 以上交易(a～e)对 Pioneer 公司的股东权益有何影响?

E10-43B (目标:报告一系列交易后的股东权益)使用 E10-42B 中 Pioneer 公司的数据,编制该公司 2017 年 12 月 31 日资产负债表的股东权益部分。

E10-44B (目标:通过分析股东权益了解公司业务)Crogan 产品公司在其资产负债表中报告了如下股东权益数据:

	百万美元	
	2017 年 12 月 31 日	**2016 年 12 月 31 日**
可转换优先股——每股面值 2.5 美元,授权 7 000 万 股,2017 年和 2016 年分别发行并流通 600 万股和 1 200 万股	15	30
普通股——每股面值 3 美元,授权 13 亿股,2017 年和 2016 年分别发行 3 亿股和 2 亿股	900	600
股本溢价	1 200	655
留存收益	6 300	5 075
库存普通股,成本,2017 年 5 700 万股,2016 年 1 200 万股	(1 254)	(228)
股东权益总额	7 161	6 132
负债与股东权益总额	47 686	44 932

要求

1. 是什么原因导致该公司 2017 年的优先股权益下降? 列出所有可能的原因。

2. 是什么原因导致该公司 2017 年的普通股权益上升? 列出所有可能的原因。

3. 2017 年 12 月 31 日,该公司有多少流通在外的普通股股票?

4. Crogan 产品公司 2017 年的净利润为 14.3 亿美元。该公司当年的股利是多少?

5. 假设 2017 年 Crogan 产品公司没有出售库存股,公司当年回购库存股支付的每股平均价格是多少?

E10-45B （目标：计算优先股和普通股股利）Ontario 制造公司 2016 年 12 月 31 日和 2017 年 12 月 31 日报告了下列事项：

股东权益	
累积优先股，面值 2.5 美元，股息率 4%，已发行 55 000 股	137 500 美元
普通股，面值 0.15 美元，已发行 9 070 000 股	1 360 500 美元

假定从 2013 年至今，Ontario 制造公司已支付了全部的优先股股利。

要求

如果 2016 年的股利总额是 90 000 美元，2017 年的股利总额是 225 000 美元，分别计算 2016 年和 2017 年的优先股股利总额和普通股股利总额。

E10-46B （目标：记录股票股利；报告股东权益）2017 年 8 月 13 日，Little Wonders 公司的股东权益报告如下：

	美元
股东权益	
普通股，面值 0.60 美元，授权 2 100 000 股，已发行 700 000 股	420 000
普通股股本溢价	1 506 773
留存收益	7 111 000
累计其他综合收益（损失）	(185 000)
股东权益总额	8 852 773

2017 年 8 月 13 日，Little Wonders 公司普通股股票的市场价格为每股 20 美元。假设 Little Wonders 公司在当日宣告并发放了 25% 的股票股利。

要求

1. 编制发放股票股利的会计分录。

2. 编制发放股票股利后资产负债表的股东权益部分。

3. 股票股利为什么对股东权益总额没有影响？

4. 假设 Little Wonders 公司 2017 年 8 月 14 日的现金余额是 530 000 美元。Little Wonders 公司能够宣布发放的现金股利的上限是多少？

E10-47B （目标：评价股票发行、股利、股票分隔和库存股交易的影响）确定下列交易对 Newberry 公司股东权益总额的影响，包括影响的方向和影响的金额。各项交易是独立的。

a. 宣告发放现金股利 8 200 万美元。

b. 支付 a 中宣告发放的现金股利。

c. 发放 25% 的股票股利。发放股票股利前，流通在外的每股面值为 1 美元的普通股有 7 300 万股，发放股票股利时，股票的市场价格是 19.88 美元。

d. 发放 30% 的股票股利。发放股票股利前，流通在外的每股面值为 1 美元的普通股有 7 300 万股，发放股票股利时，股票的市场价格是 18.5 美元。

e. 以每股 17.25 美元的价格回购 1 700 股库存股（面值为 1 美元）。

f. 以每股 19 美元的价格出售 600 股库存股，库存股的成本是每股 17.25 美元。

g. 将股票一分为二。分割前，流通在外的面值为 1 美元的普通股有 7 300 万股。

E10-48B （目标：计算普通股每股账面价值）Walton Wallcoverings 公司的资产负债表如下：

	美元
可赎回优先股，股息率 6%，票面价值 90 美元，赎回价值为 25 000 美元，流通在外 200 股	18 000
普通股股东权益：发行并流通 4 000 股	60 000
股东权益总额	78 000

要求

1. 计算普通股每股账面价值，假设所有优先股股利都已足额支付（没有拖欠股利）。

2. 计算普通股每股账面价值，假设已拖欠 3 年（包括当年）的优先股股利。

3. Walton Wallcoverings 公司的普通股当前的市场价格是 10.75 美元，这是否意味着以 10.75 美元的价格购买其股票是一项不错的选择？

E10-49B （目标：评价盈利能力）Easton 公司报告了 2016 年的下列财务数据：

			百万美元
偿还长期债务	17 055	股息支付	195
发行普通股收入	8 425	销售收入净额：	
负债总额：		本年度末	60 000
本年度末	32 311	上一年度末	67 000
上一年度末	38 025	净利润	
股东权益总额：		本年度末	6 488
本年度末	23 483	上一年度末	2 003
上一年度末	14 039	营业收入：	
借款	6 500	本年度末	10 054
		上一年度末	4 012

要求

1. 采用杜邦分析模型计算 Easton 公司 2016 年（当年）的资产收益率和普通股股东权益回报率，假定不存在优先股。

2. 这些比率说明 Easton 公司的收益率是高还是低？说明理由。

3. 在回答要求 2 之前，你还需要哪些额外信息？

E10-50B （目标：报告筹资活动的现金流量）使用 E10-49B 中的数据，说明 Easton 公司是如何报告 2016 年（当年）筹资活动的现金流量的。按金额从大到小的顺序排列。

E10-51B （目标：分析公司的股东权益变动表）2016 年 12 月 31 日，Rickett Water 公司的股东权益变动表中列报的数据如下：

					千美元
	普通股（面值 1 美元）	股本溢价	留存收益	累计其他综合收益	股东权益总额
2015 年 12 月 31 日余额	370	1 730	4 500	9	6 609
净利润			1 310		
其他综合收益				1	

续表

	普通股（面值 1 美元）	股本溢价	留存收益	累计其他综合收益	股东权益总额
股票发行	160	230			
现金股利	—	—	(85)	—	—
2016 年 12 月 31 日余额					

要求

1. 2016 年 12 月 31 日，Rickett Water 公司股东权益各个科目和股东权益总额是多少？

2. 2016 年 12 月 31 日，Rickett Water 公司负债总额是 700 万美元，该公司当天的资产负债率是多少？

3. 2016 年 12 月 31 日，该公司是亏损还是盈利？为什么？

4. 该公司 2016 年发行的普通股的每股价格是多少？

练习测试

通过回答下列问题，测试你对股东权益的理解。选出备选项中的最佳答案。

Q10-52 以下哪一项可以认为是公司的特征之一？

a. 股东的有限责任

b. 无须缴纳所得税

c. 共同代理

d. b 和 c

Q10-53 Fair Play 公司以每股 5 美元的价格，发行 250 000 股无面值的股票。会计分录为_____。

a. 现金	1 250 000	
普通股		250 000
出售股票利得		1 000 000
b. 现金	250 000	
普通股		250 000
c. 现金	1 250 000	
普通股		1 250 000
d. 现金	1 250 000	
普通股		500 000
普通股股本溢价		750 000

Q10-54 下列说法中哪个是正确的？

a. 普通股股票可能有面值，但优先股股票无面值

b. 面值是一个任意数值，决定了每股股票的法定资本

c. 面值代表每股股票的初始售价

d. 面值是在股票发行后确定的

e. 面值代表每股股票的价值

Q10-55 股东权益的实收资本部分不包括_____。

a. 股本溢价

b. 普通股

c. 留存收益

d. 优先股

e. c 和 d

Q10-56　优先股最不可能具有以下哪项特征？

a. 持有者享有将其转换成普通股的权利　　　b. 对股利的优先权

c. 投票的优先权　　　d. 公司清算时对资产的优先权

Q10-57　下列哪类股票代表的普通股股数最多？

a. 已发行的股票　　　b. 流通在外的股票

c. 库存股　　　d. 未发行的股票

e. 已授权的股票

使用下列信息回答 Q10-58～ Q10-60。

下面是 Sportstuff 公司 12 月 31 日的财务报表中的部分账户余额：

			美元
应付账款	51 600	普通股股本溢价	270 000
应收账款	81 450	优先股,股息率 10%,面值 100 美元	89 000
普通股	318 000	留存收益	71 200
库存股	5 900	应收票据	12 600
应付债券	3 800		

Q10-58　Sportstuff 公司的实收资本总额是多少？

a. 682 900 美元　　　b. 671 100 美元

c. 748 200 美元　　　d. 677 000 美元

e. 以上均不正确

Q10-59　Sportstuff 公司的股东权益总额是多少？

a. 742 300 美元　　　b. 677 000 美元

c. 748 200 美元　　　d. 754 100 美元

e. 以上均不正确

Q10-60　如果 Sportstuff 公司当期的净利润是 119 200 美元,期初普通股股东权益是 681 700 美元,则 Sportstuff 公司的股东权益回报率(ROE)最接近_____。

a. 18.6%　　　b. 16.7%

c. 17.9%　　　d. 16.5%

Q10-61　某公司支付每股 28 美元回购 900 股普通股作为库存股。股票的初始发行价格为 12 美元/股。库存股回购的会计分录为_____。

a. 库存股　　　25 200
现金　　　25 200

b. 库存股　　　10 800
留存收益　　　14 400
现金　　　25 200

c. 普通股　　　25 200
现金　　　25 200

d. 库存股　　　10 800
股本溢价　　　14 400
现金　　　25 200

Q10-62　当库存股出售价格低于成本时,会计分录应该借记_____。

a. 库存股出售利得
b. 库存股出售损失
c. 留存收益
d. 股本溢价

Q10-63　某公司以每股 46 美元的价格回购了 100 股库存股,然后以每股 76 美元的价格再出售了 45 股库存股。出售库存股的会计分录应包括_____。

a. 贷记留存收益 3 000 美元
b. 借记留存收益 1 350 美元
c. 贷记现金 3 420 美元
d. 贷记实收资本——库存股 1 350 美元
e. 贷记库存股 3 420 美元

Q10-64　在哪一天拥有股票的股东可以获得股利?

a. 股票发行日
b. 股利支付日
c. 股利登记日
d. 股利宣告日

Q10-65　Paul 食品公司有 500 股流通在外的股息率为 9% 的优先股,面值 100 美元,并有流通在外的面值为 20 美元的普通股 1 700 股。该公司宣布分配 20 500 美元的股利。正确的会计分录是_____。

a. 应付股利——优先股　　　　　　　4 500
　应付股利——普通股　　　　　　　16 000
　　　现金　　　　　　　　　　　　　　　　　　20 500

b. 留存收益　　　　　　　　　　　　20 500
　　　应付股利——优先股　　　　　　　　　　4 500
　　　应付股利——普通股　　　　　　　　　　16 000

c. 留存收益　　　　　　　　　　　　20 500
　　　应付股利——优先股　　　　　　　　　　10 250
　　　应付股利——普通股　　　　　　　　　　10 250

d. 股利费用　　　　　　　　　　　　20 500
　　　现金　　　　　　　　　　　　　　　　　　20 500

Q10-66　某公司有流通在外的股息率为 12% 的优先股 50 000 股。另外,还有 50 000 股流通在外的普通股,每股面值为 100 美元。如果公司支付了 900 000 美元的股利,优先股股东可以得到多少?

a. 0
b. 600 000 美元
c. 580 000 美元
d. 108 000 美元
e. 900 000 美元

Q10-67　假设条件与 Q10-66 相同。普通股每股股利是多少?

a. 12.00 美元
b. 6.00 美元
c. 3.00 美元
d. 18.00 美元
e. 以上均不正确

Q10-68　下列关于 10% 股票股利的描述中,不正确的是_____。

a. 留存收益减少
b. 采用股票的市场价值记录股票股利

c. 股东权益总额保持不变

d. 股票面值减少

e. 实收资本增加

Q10-69 某公司宣布发放 5％的股票股利。借记留存收益账户的金额应等于_____。

a. 拟发行股票的市场价值

b. 拟发行股票的市场价值超出其初始发行价格的部分

c. 拟发行股票的面值

d. 拟发行股票的账面价值

Q10-70 下列关于一分为三的股票分割的描述中,不正确的是_____。

a. 面值减少为股票分割前的 1/3

b. 留存收益保持不变

c. 股东权益总额上升

d. 每股股票的市场价格将下降

e. 在分割前持有 10 股的股东在分割后持有 30 股

Q10-71 Dellanova 公司的净利润和销售收入净额分别为 25 000 美元和 1 150 000 美元,平均总资产为 120 000 美元,则 Dellanova 公司的资产收益率为多少?

a. 20.8％ b. 2.8％

c. 9.8％ d. 22.8％

问题

（A 组）

P10-72A （目标:股票发行的会计处理;报告股东权益）Lane Rafts 合伙企业的所有者希望避免合伙制下的无限责任,于是决定注册 Lane Rafts 公司。加利福尼亚州的公司注册处授权 Lane Rafts 公司发行 160 000 股面值为 6 美元的普通股股票。在注册后的第一个月,Lane Rafts 公司完成了下列交易:

3 月 6 日 向股票承销商发行普通股 1 000 股,承销费为 27 000 美元。借记开办费用账户。

9 日 向 Jenny Collins 发行普通股 10 000 股,向 Pam Lane 发行普通股 20 000 股,换取每股市价 10 美元的现金。Collins 和 Lane 是 Lane Rafts 合伙企业的合伙人。

26 日 以每股 22 美元的价格发行普通股 1 500 股。

要求

1. 编制上述交易的会计分录。

2. 编制 Lane Rafts 公司 2017 年 3 月 31 日的资产负债表的股东权益部分,其中留存收益的期末余额为 90 000 美元。

P10-73A （目标:报告股东权益）Rollo 公司发生了下列股东权益交易:

公司章程授权发行 5 000 股优先股,股息率为 7％,面值为 110 美元;以及 650 000 股无面值的普通股。公司已发行 2 500 股面值为 110 美元的优先股以及 65 000 股无面值的普通股,共收到 511 000 美元。2016 年年初,公司的留存收益余额为 79 000 美元,当年的净利润为 95 000 美元。2016 年度,公司宣告分配指定的优先股股利,同时分配每股 0.6 美元的普通股股利。2015 年度,该公司未分配优先股股利。

要求

编制 Rollo 公司 2016 年 12 月 31 日资产负债表的股东权益部分,列出全部计算过程。不必编制会计分录。

P10-74A (目标：分析公司的股东权益和股利)Yoder 户外家具公司 2017 年 2 月 28 日的资产负债表中列示的股东权益项目如下：

	美元
股 东 权 益	
累积优先股,股息率 6%,每股面值 35 美元,各类别优先股均授权发行 120 000 股	
优先股 A——已发行 72 000 股	2 520 000
优先股 B——已发行 89 000 股	3 115 000
普通股,每股面值 6 美元,授权发行 1 500 000 股,已发行 310 000 股	1 860 000
普通股股本溢价	5 570 000
留存收益	8 370 000
股东权益总额	21 435 000

要求

1. 列出 Rollo 户外家具公司流通在外的各种股票。

2. 对 Rollo 户外家具公司发行的所有股票编制简要的会计分录。假设发行的所有股票所获取的都是现金。不要求解释。

3. 假设 Rollo 户外家具公司已经 3 年没有发放优先股股利了。公司在发放普通股股利前,必须补足这些股利吗？为什么？

4. 为了避免拖欠优先股股利,Rollo 户外家具公司每年必须宣告并发放多少优先股股利？

5. 假设公司未能发放 2016 年的优先股股利,为 2017 年 2 月 28 日宣布的 820 000 美元股利编制相应的会计分录。不要求解释。

P10-75A (目标：股票发行、股利和库存股的会计处理)2016 年 12 月 31 日,Walker 珠宝公司简要的资产负债表数据报告如下：

	美元
资产	
流动资产	34 500
不动产和设备净值	93 200
资产总额	127 700
负债和股东权益	
负债	38 000
股东权益：	
股息 0.4 美元的累积优先股,面值 15 美元,已发行 200 股	3 000
普通股,面值 7 美元,已发行 6 300 股	44 100
普通股股本溢价	17 600
留存收益	25 000
负债和股东权益总额	127 700

2017 年,Walker 珠宝公司发生了下列影响股东权益的交易：

2 月 13 日	以每股 10 美元的价格发行普通股 5 700 股。
6 月 7 日	按期宣告分配优先股现金股利。
6 月 24 日	支付现金股利。
8 月 9 日	宣告并分配 10% 的普通股股票股利,当时股票的市场价格为每股 14 美元。
10 月 26 日	以每股 16 美元的价格回购 900 股普通股作为库存股。
11 月 20 日	以每股 21 美元的价格售出 300 股库存股。
12 月 31 日	宣告分配每股 0.25 美元的普通股股利,股利将在 2018 年 1 月支付。

要求

1. 编制 Walker 珠宝公司上述交易的会计分录。不要求解释。

2. 报告 Walker 珠宝公司 2017 年 12 月 31 日的股东权益。2017 年度的净利润为 27 000 美元。

P10-76A (目标:衡量股利和库存股对公司的影响)假设乳品冷冻公司 2016 年(公司经营的第 10 个年头)完成了下列交易:

2 月 3 日	发行票面价值 2 美元的 17 000 股股票,获取现金 510 000 美元。
3 月 19 日	以每股 21 美元的价格回购本公司 2 800 股普通股作为库存股。
4 月 24 日	以每股 29 美元的价格售出 1 900 股库存股。
8 月 15 日	对发行的 13 000 股无面值的优先股宣告分配每股 0.7 美元的现金股利。
9 月 1 日	支付现金股利。
11 月 22 日	对流通在外的 92 000 股面值 2 美元的普通股股票宣告并发放 15% 的股票股利。普通股的市场价格为每股 27 美元。

要求

1. 分析乳品冷冻食品公司的上述每一项交易对其股东权益的影响。

2. 分析上述每一项交易对现金流的影响。

P10-77A (目标:编制公司的资产负债表;评价盈利能力)Seagull Designers 公司 2016 年 12 月 31 日的账户余额如下(未按特定顺序排列):

			美元
现金	42 000	利息费用	16 300
应收账款净额	20 000	不动产、厂房和设备净值	354 000
股本溢价	22 000	普通股,面值 1 美元,授权发行 1 250 000 股,已发行 118 000 股	118 000
应计负债	25 000		
长期应付票据	98 000	预付费用	22 000
存货	89 000	普通股股东权益(2015 年 12 月 31 日)	226 000
应付股利	11 000	净利润	90 000
留存收益	?	资产总额(2015 年 12 月 31 日)	494 000
应付账款	145 000	库存股,23 000 股(成本)	32 000
商标,净值	11 000	销售收入净额	950 000
商誉	16 000		

要求

1. 编制 Seagull Designers 公司 2016 年 12 月 31 日的账户式分类资产负债表。

2. 使用杜邦分析模型,计算 2016 年 12 月 31 日 Seagull Designers 公司的总资产收益率(ROA)和普通股股东权益回报率(ROE)。

3. 这些比率说明公司的盈利能力是强还是弱? 在作出决策前,还需要哪些额外信息?

P10-78A (目标:分析股东权益变动表)Paulus Specialties 公司截至 2016 年 10 月 31 日的年度的股东权益变动表如下所示。

Paulus Specialties 公司股东权益变动表

截至 2016 年 10 月 31 日的年度　　　　　　　　　　　　　　　　百万美元

	普通股	股本溢价	留存收益	库存股	合计
2015 年 10 月 31 日余额	460	1 600	909	(116)	2 853
净利润			350		350
现金股利			(192)		(192)
发行股票(100 股)	100	300			400
股票股利	112	210	(322)		—
出售库存股		17		5	22
2016 年 10 月 31 日余额	672	2 127	745	(111)	3 433

回答下列有关 Paulus Specialties 公司股东权益交易的问题:

1. 该公司普通股股票的面值是多少?

2. 当年 Paulus Specialties 公司发行的普通股的每股价格是多少?

3. 当年 Paulus Specialties 公司出售的库存股的成本是多少? 出售价格是多少? 股东权益总共增加了多少?

4. Paulus Specialties 公司的股东权益是按照交易顺序排列的。股票股利的比例是多少?结果四舍五入保留整数百分比(回答该问题时忽略库存股)。

(B 组)

P10-79B (目标:股票发行的会计处理;报告股东权益)Canal Kayaks 合伙企业的所有者希望避免合伙制下的无限责任,于是决定注册 Canal Kayaks 公司。内华达州的公司注册处授权 Canal Kayaks 公司发行 125 000 股面值为 15 美元的普通股股票。在注册后的第一个月,Canal Kayaks 公司完成了下列交易:

1 月 6 日	向股票承销商发行普通股 100 股,承销费为 1 800 美元。借记开办费用账户。
9 日	向 Debby Evrard 发行普通股 11 000 股,向 Kathy Priesto 发行普通股 15 000 股,换取每股市价 22 美元的现金。Evrard 和 Priesto 是 Canal Kayaks 合伙企业的合伙人。
26 日	以每股 22 美元的价格发行普通股 1 400 股。

要求

1. 编制上述交易的会计分录。

2. 编制 Canal Kayaks 公司 2017 年 1 月 31 日的资产负债表的股东权益部分,其中留存收益的期末余额为 65 000 美元。

P10-80B (目标:报告股东权益)Jackson 公司发生了下列股东权益交易:

公司章程授权发行 9 000 股优先股,股息率为 6%,面值为 110 美元;以及 450 000 股无面值的普通股。公司已发行 2 250 股面值为 110 美元的优先股以及 112 500 股无面值的普通股,共收到 515 000 美元。2016 年年初,公司的留存收益余额为 73 000 美元,当年的净利润为 96 000 美元。2016 年度,公司宣告分配指定的优先股股利,同时分配每股 0.4 美元的普通股股利。2015 年度,该公司未分配优先股股利。

要求

编制 Jackson 公司 2016 年 12 月 31 日资产负债表的股东权益部分,列出全部计算过程。不必编制会计分录。

P10-81B (目标:分析公司的股东权益和股利)Classic 户外家具公司 2017 年 2 月 28 日的资产负债表中列示的股东权益项目如下:

	美元
股东权益	
累积优先股,股息率 6%,每股面值 35 美元,各类别优先股均授权发行 130 000 股	
优先股 A——已发行 79 000 股	2 765 000
优先股 B——已发行 89 000 股	3 115 000
普通股,每股面值 5 美元,授权发行 1 750 000 股,已发行 240 000 股	1 200 000
股本溢价	5 540 000
留存收益	8 350 000
股东权益总额	20 970 000

要求

1. 列出 Classic 户外家具公司流通在外的各种股票。

2. 对 Classic 户外家具公司发行的所有股票编制简要的会计分录。假设发行的所有股票所获取的都是现金。不要求解释。

3. 假设 Classic 户外家具公司已经 3 年没有发放优先股股利了。公司在发放普通股股利前,必须补足这些股利吗?为什么?

4. 为了避免拖欠优先股股利,Classic 户外家具公司每年必须宣告并发放多少优先股股利?

5. 假设公司未能发放 2016 年的优先股股利,为 2017 年 2 月 28 日宣布的 870 000 美元股利编制相应的会计分录。不要求解释。

P10-82B (目标:股票发行、股利和库存股交易的会计处理)2016 年 12 月 31 日,Dublin珠宝公司简要的资产负债表的数据如下:

	美元
资产	
流动资产	33 700
不动产和设备净值	84 700
资产总额	118 400
负债和股东权益	
负债	37 600
股东权益:	
股息 0.9 美元的累积优先股,面值 20 美元,已发行 200 股	4 000

续表

普通股,面值 5 美元,已发行 6 100 股	30 500
普通股股本溢价	17 300
留存收益	29 000
负债和股东权益总额	118 400

2017 年,Dublin 珠宝公司发生了下列影响股东权益的交易:

2 月 13 日	以每股 8 美元的价格发行普通股 4 900 股。
6 月 7 日	按期宣告分配优先股现金股利。
6 月 24 日	支付现金股利。
8 月 9 日	宣布并分配 15%的普通股股票股利,当时股票的市场价格为每股 9 美元。
10 月 26 日	以每股 14 美元的价格回购 1 000 股普通股作为库存股。
11 月 20 日	以每股 19 美元的价格售出 800 股库存股。
12 月 31 日	宣告分配每股 0.25 美元的普通股股利,股利将在 2018 年 1 月支付。

要求

1. 编制 Dublin 珠宝公司上述交易的会计分录。不要求解释。

2. 报告 Dublin 珠宝公司 2017 年 12 月 31 日的股东权益。2017 年度的净利润为 23 000 美元。

P10-83B (目标:衡量股利和库存股对公司的影响)假设 Sweet Treats 公司 2016 年(公司经营的第 10 个年头)完成了下列交易:

2 月 3 日	发行票面价值 2 美元的 13 000 股股票,获取现金 416 000 美元。
3 月 19 日	以每股 27 美元的价格回购本公司 2 200 股普通股作为库存股。
4 月 24 日	以每股 30 美元的价格售出 1 300 股库存股。
8 月 15 日	对发行的 16 000 股无面值的优先股宣告分配每股 0.6 美元的现金股利。
9 月 1 日	支付现金股利。
11 月 22 日	对流通在外的 98 000 股面值 2 美元的普通股股票宣告并发放 15%的股票股利。普通股的市场价格为每股 29 美元。

要求

1. 分析 Sweet Treats 公司的上述每一项交易对其股东权益的影响。

2. 分析上述每一项交易对现金流的影响。

P10-84B (目标:编制公司的资产负债表;评价盈利能力)Ginger Designers 公司 2016 年 12 月 31 日的账户余额如下(未按特定顺序排列):

美元

现金	50 000	利息费用	16 200
应收账款净额	23 000	不动产、厂房和设备净值	363 000
普通股股本溢价	16 000	普通股,面值 2 美元,授权发行 1 500 000 股,	224 000
应计负债	26 000	已发行 112 000 股	
长期应付票据	95 000	预付费用	16 000
存货	89 000	普通股股东权益(2015 年 12 月 31 日)	247 000

应付股利	5 000	净利润	32 000
留存收益	?	资产总额(2015 年 12 月 31 日)	492 000
应付账款	130 000	库存股,9 000 股(成本)	25 000
商标,净值	6 000	销售收入净额	650 000
商誉	16 000		

要求

1. 编制 Ginger Designers 公司 2016 年 12 月 31 日的账户式分类资产负债表。

2. 使用杜邦分析模型,计算 2016 年 12 月 31 日 Ginger Designers 公司的总资产收益率(ROA)和普通股股东权益回报率(ROE)。

3. 这些比率说明公司的盈利能力是强还是弱? 在作出决策前,还需要哪些额外信息?

P10-85B (目标:分析股东权益变动表)Fall River Specialties 公司截至 2016 年 10 月 31 日的年度的股东权益变动表如下所示。

Fall River Specialties 公司股东权益变动表

截至 2016 年 10 月 31 日的年度 百万美元

	普通股	股本溢价	留存收益	库存股	合计
2015 年 10 月 31 日余额	430	1 640	904	(115)	2 859
净利润			480		480
现金股利			(190)		(190)
发行股票(200 股)	100	120			220
股票股利	106	127	(233)		—
出售库存股		11		7	18
2016 年 10 月 31 日余额	636	1 898	961	(108)	3 387

回答下列有关 Fall River Specialties 公司股东权益交易的问题:

1. 该公司普通股股票面值是多少?

2. 当年 Fall River Specialties 公司发行的普通股的每股价格是多少?

3. 当年 Fall River Specialties 公司出售的库存股的成本是多少? 出售价格是多少? 股东权益总共增加了多少?

4. Fall River Specialties 公司的股东权益是按照交易顺序排列的。股票股利的比例是多少? 结果四舍五入保留整数百分比(回答该问题时不考虑库存股)。

挑战性练习

E10-86 (目标:以财务报表为依据重构交易)Dolson 网络公司于 2016 年 1 月 1 日开始营业,通过发行股票的形式获取现金。公司 2016 年 12 月 31 日的资产负债表的股东权益数据如下:

	美元
普通股,面值 1 美元	52 000
股本溢价	260 300
留存收益	27 000

续表

库存股,1200 股	(13 200)
股东权益总额	326 100

2016 年,Dolson 网络公司发生如下交易:

a. 以每股 6 美元的价格发行股票。

b. 以每股 11 美元的价格回购 1 300 股本公司股票作为库存股。

c. 再出售部分库存股。

d. 宣告并支付现金股利。

要求

编制 Dolson 网络公司 2016 年股东权益交易的会计分录。将净利润结转为留存收益的会计分录为:

收入	171 000
费用	119 000
留存收益	52 000

E10-87　(目标:在现金流量表中报告筹资活动)使用 E10-86 中的数据,在现金流量表中报告 Dolson 网络公司的筹资活动。

E10-88　(目标:股票发行和库存股的会计处理;解释股东权益的变动)Atlantic 公司的股东权益数据如下:

百万美元

	2016 年 12 月 31 日	2015 年 12 月 31 日
优先股	606	730
普通股,面值 1 美元	906	884
股本溢价	1 512	1 468
留存收益	20 650	19 108
库存普通股	(2 800)	(2 605)

2016 年度,Atlantic 公司的净利润为 29.4 亿美元。除留存收益外,有一项交易可以解释股东权益账户期末余额相对于期初余额变动的原因。有两项交易影响了留存收益账户。解释每一账户变动的原因(包括金额的变动)。

E10-89　(目标:股票发行、库存股和股东权益其他变动的会计处理)Fandom 公司 2016 年流通在外的普通股为 900 万股,面值为 1 美元。股本溢价期初余额为 900 万美元,留存收益为 3 600 万美元。

2017 年 4 月,Fandom 公司以每股 2 美元的价格发行了 400 万股普通股。6 月,当公司股票的市场价值为每股 10 美元时,发放了 10% 的股票股利。9 月,Fandom 公司的股票价格降到每股 1 美元,公司回购了 400 万股作为库存股。2017 年,Fandom 公司的净利润为 2 900 万美元,宣布分配 1 300 万美元的现金股利。

要求

完成下列表格,说明 Fandom 公司 2017 年 12 月 31 日股东权益应该报告的事项。不必编制会计分录。

百万美元

	普通股 ＋	股本溢价 ＋	留存收益 －	库存股 ＝	股东权益总额
期初余额(2016 年 12 月 31 日)	9	9	36		54
股票发行					
股票股利					
回购库存股					
净利润					
现金股利					
期末余额(2017 年 12 月 31 日)					

E10-90   (目标:分析股东权益中的信息)Akron Uniforms 公司 2016 年 12 月 31 日和 2015 年 12 月 31 日报告的股东权益如下:

美元

	2016 年	2015 年
普通股,授权发行 2 000 000 股,2016 年和 2015 年分别发行 1 000 000 股和 900 000 股。	350 000	315 000
股本溢价	34 850 000	30 115 000
库存股交易股本溢价	53 000	50 000
留存收益	64 500 000	50 000 000
库存股(成本),2016 年和 2015 年分别回购 40 000 股和 45 000 股	(1 528 000)	(1 719 000)
股东权益总额	98 225 000	83 761 000

要求

1. 普通股的面值是多少?

2. 2016 年年末,流通在外的普通股是多少?

3. 2016 年 12 月 31 日,普通股发行的平均价格是多少?

4. 编制 2016 年度普通股变动的会计分录。

5. 2016 年发行的普通股的平均价格是多少?

6. 2016 年 12 月 31 日,Akron Uniforms 公司回购库存股的平均价格是多少?

7. 编制 2016 年度库存股变动的会计分录。

8. 假设 2016 年度 Akron Uniforms 公司的净利润为 11 000 000 美元,编制当年宣告分配股利的会计分录。

知识应用

决策案例

案例 1 (目标:评价各种筹资方法)内特·史密斯(Nate Smith)和达拉·琼斯(Darla Jones)编写了一个视频游戏软件。他们认为该软件可以与现有市场上的其他视频游戏系统媲美。他们需要额外的资金对产品进行营销,因此决定将合伙企业改成公司制。他们正在考虑可选择的公司资本结构。他们的首要目的是在不失去公司控制权的条件下,获得尽可能多的资本。他们计划用合伙企业的净资产交换公司 50 000 股普通股。合伙企业关闭后,公司资产按市场价值进行调整,内特·史密斯和达拉·琼斯各自的资本余额均为 25 000 美元。

公司章程授权发行 10 000 股优先股和 500 000 股面值 1 美元的普通股。内特·史密斯和达拉·琼斯对优先股最吸引投资者的特征并不是很了解。在注册公司前,他们与两个投资集团商讨自己的计划。公司可以按以下两种方式获得外部投资者的资本。

计划 1:投资集团 1 将投资 80 000 美元以获得 800 股面值 100 美元、股息率为 6%、无表决权的累积优先股。

计划 2:投资集团 2 将投资 55 000 美元以获得 500 股无面值优先股,同时,投资 35 000 美元获得 35 000 股普通股。每股优先股具有 50 份优先股股东表决权。

要求

假设公司已获批组建。

1. 编制向内特·史密斯和达拉·琼斯发行普通股的会计分录。借记每位合伙人的资本账户。

2. 为上述两个计划编制对外发行股票的会计分录。

3. 假设第一年的净利润为 120 000 美元,股利总额为 30 000 美元。为不同的计划编制资产负债表的股东权益部分。

4. 向内特·史密斯和达拉·琼斯推荐一个计划,说明理由。

案例 2 (目标:分析现金股利和股票股利)UPS 2016 年 12 月 31 日的股东权益数额如下:

	百万美元
普通股和股本溢价,已发行 113 500 万股	278
留存收益	9 457
股东权益总额	9 735

2016 年,UPS 发放了每股 0.715 美元的现金股利。假设支付现金股利后,UPS 发放了 10% 的股票股利。再假设 2017 年,UPS 公司宣告并发放了每股 0.65 美元的现金股利。

如果你拥有 UPS 10 000 股的普通股股票,是 3 年前取得的,当时还未发放 10% 的股票股利。发放股票股利前,公司股票的市场价格是每股 61.02 美元。

要求

1. 股票股利对你持有的 UPS 的所有权份额会产生什么影响?说明理由。

2. 2016 年你收到了多少现金股利?发放股票股利后你会收到多少现金股利?

3. 假设发放股票股利后,UPS 股票的市场价格立即从每股 61.02 美元降到 55.473 美元,这一变动会给你带来损失吗?说明理由。

4. 假设 UPS 在发放股票股利时宣布,即使发放了股票股利,仍将继续发放每股 0.715 美元的年度股利。你认为股票的市场价格还会像要求 3 中那样降到 55.473 美元吗?说明理由。

道德事项

事项 1 (注:本案例基于真实事件)乔治·坎贝尔(George Campbell)支付 50 000 美元取得了在欧盟国家销售 Success Associates 软件的特许经营权。乔治想转让在德国、法国、英国、西班牙和意大利的特许经营权。显而易见,考虑从乔治处购买特许权的投资者会要求查阅他的公司的财务报表。

因为深信特许权的价值要大于 50 000 美元,所以乔治将自己的特许权资本设定为 500 000 美元。McDonald & LaDue 律师事务所帮助乔治组建公司,公司章程授权其发行

500 000 股每股面值 1 美元的普通股。律师建议进行如下一系列交易：

　　a. 第三方借款 500 000 美元,以此购买乔治的特许权。

　　b. 乔治以 500 000 美元获得公司的全部股票。

　　c. 公司从第三方买下特许权,第三方偿还借款。

　　最后结果是,第三方没有负债,与此事不再有关联,乔治拥有公司所有的股票而公司拥有特许权。公司资产负债表上列示以 500 000 美元的成本取得的特许权。这张资产负债表是乔治最有价值的营销工具。

　　要求

　　1. 本案例中涉及哪些不道德事项?

　　2. 谁是上述交易的利益相关者?

　　3. 从经济的、法律的和道德的角度分析本案例对利益相关者的影响。

　　4. 应该如何报告这项交易?

　　事项 2　圣吉纳维夫石油公司是路易斯安那州巴顿教区的独立石油生产商。2 月,公司的地质学家发现了 3 倍于公司石油储量的油矿。在向公众公告新油井储量前,公司悄悄买进了公司的大部分股票作为库存股。新储量发现宣布后,公司股票价格由 6 美元上升到 27 美元。

　　要求

　　1. 本案例中涉及哪些道德事项? 涉及哪些会计原则?

　　2. 谁是本案例的利益相关者?

　　3. 从经济的、法律的和道德的角度分析这一案例。对不同利益相关者的影响是什么?

　　4. 你该作出怎样的决策?

　　聚焦财务:苹果公司

　　(目标:分析普通股股票、留存收益、股东权益回报率和资产收益率)苹果公司的合并财务报表见本书附录 A。

　　要求

　　1. 参考苹果公司的合并资产负债表和报表附注 7(股东权益)。描述苹果公司已授权发行的股票类别。2014 年 12 月 27 日,每一类别已发行的股票数额是多少? 2014 年 12 月 27 日,流通在外的股票总数是多少?

　　2. 参考苹果公司的合并资产负债表和合并股东权益变动表。在截至 2014 年 12 月 27 日的年度,该公司共回购了多少库存股? 库存股的成本是多少? 每股的平均成本是多少?

　　3. 查阅合并资产负债表和合并股东权益变动表。分析在截至 2014 年 12 月 27 日的年度,留存收益账户的变动情况。你知道这一变动与其他财务报表的关系吗? 这一变动是好还是坏?

　　4. 使用杜邦分析模型,计算苹果公司 2014 年度的股东权益回报率(ROE)和资产收益率(ROA)。哪一个更大? 选择苹果公司的一个竞争对手,计算同样的比率并进行比较。哪些比率相同? 哪些比率不同? 你认为哪家公司盈利能力较强? 请说明理由。

　　聚焦分析:安德玛公司

　　(目标:分析库存股和留存收益)本案例以附录 B 中安德玛公司的合并财务报表为基础。

本案例只参考安德玛公司 2014 年的合并资产负债表和合并股东权益变动表。

要求

1. 2014 年 12 月 31 日,安德玛公司授权发行、已发行和流通在外的普通股各是多少?

2. 参考安德玛公司的合并股东权益变动表和报表附注 8(股东权益),安德玛公司的普通股 A 与可转换普通股 B 有什么区别? 普通股 B 拥有者有什么限制?

3. 2014 年,安德玛公司发行了新的普通股 A 吗? 简要说明。

4. 用 T 形账户表示期初、期末余额,包括 2014 年度留存收益账户的所有交易事项。

小组项目——道德事项

始于 2007 年的全球经济危机,至今仍在某些行业持续,几乎已蔓延至各行各业,特别是对银行业、汽车制造业和零售企业的影响尤为严重。银行业应为本次危机承担主要的责任。一些大型银行通过房地产抵押的形式进行大规模的高风险投资,当房地产市场崩溃时,以其为抵押的投资也就大规模蒸发。银行不得不将相关投资减至市场价值,与此同时,监管机构会告知银行其资产负债表中的资本充足率不足以维持正常经营。银行只能停止发放贷款。由于股票价格下跌,银行也无法再通过资本市场发行股票融资。债务融资和股权融资基本冻结,迫使许多银行终止经营。

为防止整个经济的崩溃,美国中央政府和多数欧盟国家为银行提供贷款,以提高银行的资本充足率并确保其正常经营。美国政府更是通过向某些大公司贷款予以救助,如美国最大的保险公司 AIG、通用汽车公司和克莱斯勒汽车公司。为什么要救助这些公司? 政府的回答是:"因为这些公司太重要所以不能倒闭。"在某些情形下,为了注入现金,美国政府不得不成为银行的优先股股东。

由于经济危机,公司缩减规模已经在全球大面积蔓延。由于零售行业的状况要好于银行业和汽车业,所以政府并没有对零售业给予救助。本书中提到的公司或行业都面临缩减生产规模、裁员和重组经营的困境。有些公司已经无法经营以致倒闭。

要求

1. 列出公司所有的利益相关者。利益相关者是指能够从公司的成功中获利的个人或集团。

2. 你认为某些公司真的是"太重要所以不能倒闭"吗? 美国政府是否应该救助某些公司使其在危机中得以生存? 还是应听任其倒闭?

3. 找出可以衡量公司是否存在缺陷并需要缩减规模的办法。缩减规模会如何帮助公司解决问题?

4. 讨论政府救助问题。一组学生代表公司和股东的观点,另一组学生代表公司的其他利益相关者(公司经营所在地和社区)。

5. 政府作为公司权益的持有者的问题是什么? 特别是作为私营企业的优先股股东的问题是什么?

复习测试答案

1. c(30 000 股×1 美元＝30 000 美元)

2. b(1 800 000 美元/10 美元面值＝180 000 股)

3. a(180 000 美元＋25 000 美元＋1 800 000 美元)

4. a(180 000 美元＋25 000 美元＋1 800 000 美元＋225 000 美元)

5. c(2 230 000 美元－20 000 美元)

6. d(库存股交易对利润表无影响,不产生利得或损失)

7. a

8. d

9. c

10. d

11. b[首先,年度优先股股利＝9 000 美元(3 000×30 美元×0.10)。必须支付 5 年的优先股股利(拖欠的 4 年和当年),即 9 000 美元×5＋180 000×5.25 美元＝990 000 美元]

12. c

13. a

14. b

15. b

16. a

第 **11** 章

业绩评价：盈余质量、利润表和综合收益表

Gap 公司：关键在于盈余质量

Gap 公司是研究公司如何适应不断变化的市场条件,在竞争激烈的全球零售市场上保持繁荣发展的一个很好的案例。影响公司业绩的因素有很多,包括来自管理者的战略选择(如产品开发、采购、销售)和其他因素,如超出公司可控范围的全球市场趋势和美元在全球市场上的相对价值。Gap 公司处在一个竞争激烈的全球"时尚前沿"市场上,管理层必须根据青少年服装和配饰市场的高度波动的时尚趋势,快速决定采购商品的类型。Gap 公司除在美国境内以外还在境外 9 个国家设有自己的直营门店。除此之外,公司还与其他非附属公司通过特许经营方式,在世界各地经营 Gap、Banana Republic 和 Old Navy 品牌商店。该公司的产品也可以通过公司网站对全球的客户在线销售。该公司的许多销售和采购必须通过外币进行结算。以美元以外的货币进行结算可能会对公司的利润产生重大的影响。

在 2014 年度给股东的信中,公司的新任董事长兼首席执行官 Art Peck 表示,公司 2015 年度及以后年度重点发展的四个方面包括全球增长、产品、经验和人才。表 11-1 列示了公司 2014 年度(截至 2015 年 1 月 31 日)的合并利润表及此前两个会计年度的比较数据。2014 年度,公司报告的销售收入净额比 2013 年度增长了 1.8%,而销售成本和费用则增长了 3%,所以,当年的毛利率下滑了近 1 个百分点,从销售收入净额的 39%下降至约 38%。2014 年度的营业费用比 2013 年度增长了 1.5%,导致营业利润下降了 3.1%。以上数据表明,Gap 公司的经营业绩起伏不定,还没进入一个稳定的发展阶段。因此,分析师预测在未来的几年,Gap 公司并不是一个好的投资选择。

表 11-1　Gap 公司合并利润表(节选)

百万美元,每股盈余除外

	2014 年度	2013 年度	2012 年度
	截至 2015 年 1 月 31 日	截至 2014 年 2 月 1 日	截至 2013 年 2 月 2 日
销售收入净额	16 435	16 148	15 651
销货成本和租金费用	10 146	9 855	9 480

续表

	2014 年度	2013 年度	2012 年度
	截至 2015 年 1 月 31 日	截至 2014 年 2 月 1 日	截至 2013 年 2 月 2 日
毛利	6 289	6 293	6 171
营业费用	4 206	4 144	4 229
营业利润	2 083	2 149	1 942
利息费用	(75)	(61)	(87)
利息收入	5	5	6
税前利润	2 013	2 093	1 861
所得税费用	751	813	726
净利润	1 262	1 280	1 135
加权平均股数——基本	435	461	482
加权平均股数——稀释	440	467	488
每股盈余——基本	2.90	2.78	2.35
每股盈余——稀释	2.87	2.74	2.33
宣告及支付的每股现金股利	0.91	0.61	0.50

有一个关于 Gap 公司的有趣的故事你可能不知道：Gap 公司在社会责任领域（CSR）做了重要的工作。这是一个衡量成功企业的非财务的绩效指标，该指标的重要性正在增强。Gap公司在四个关键领域设定目标，以衡量和改善其作为一个良好的企业公民的表现。这四个指标分别是环境、员工、人权和社区投资。每一年，Gap 公司和家得宝等其他公司都会发布单独的社会责任报告。

完成本章的学习后，你会更好地了解盈余质量，并学会如何使用一家公司的利润表（包括其附注）估计盈余。除此之外，你还会了解其他一些衡量公司业绩的方法，而这些方法与公司的盈余并没有直接的关系。

本章涵盖了公司利润表的全部内容。完成本章的学习后，你会熟悉在利润表中列报的具体项目，也会学到营业利润的构成要素。营业利润是财务分析师预测公司未来及当前价值的重要依据。你将学习如何使用当期财务报表以及附注中的信息进行决策——决定是否投资于某家公司的股票。你还将了解公司如何和为什么通常将终止经营业务的收益与持续经营收益分开报告。你还会学到跨国公司的会计处理及外币交易对净利润的影响。本章还会讲解有关每股盈余的相关内容，每股盈余是公司最常用的财务指标。我们还会学习如何编制综合收益表。综合收益表包括利润表不列报的收益项目或损失项目，这些收益项目或损失项目最终会在股东权益项下列报。最后，你将有机会看到公司管理层和审计人员发布的关于公司业绩的财务和非财务报告。本章中的知识不仅有助于你对财务报表进行分析，而且有助于你运用相关信息进行决策。

我们从基本的问题开始——如何评价公司的盈余质量。盈余质量是指与决策最相关的收益的特征。

1. 评价盈余质量
2. 外币利得或损失的会计处理
3. 利润表中其他项目的会计处理
4. 计算每股盈余
5. 分析综合收益表、附注和补充披露
6. 区分管理层和审计人员对财务报告应负的责任

评价盈余质量

一家公司的净利润或净收益（包括每股盈余）比财务报表上的其他任何项目都引人注目。对股东来说，净利润越多，分红的可能性就越大。此外，稳定持续增长的盈余趋势一般意味着在不久的将来公司股价将上涨。

假设你正在考虑投资 Gap 公司和另一家零售公司的股票。你会怎样作出决策？一名专业的投资者会对两家公司的盈余质量进行评估。如果公司当期的盈余质量高于其历史水平，则表明公司当前执行的成功经营战略必将产生未来的盈利，这也是影响公司股票价格的重要因素。

影响盈余质量的因素有很多，其中最重要的包括：（1）合理的收入及费用的确认；（2）持续高水平的毛利率；（3）较低的营业费用率；（4）持续高水平的营业利润率。为了分析净利润的构成及盈余质量，让我们来仔细分析收益的不同来源。表 11-1 是 Gap 公司 2012—2014 年度的合并利润表。本章将以 Gap 公司的合并利润表为依据讨论盈余质量。

收入确认

盈余质量的第一个组成要素是收入净额的合理确认。在第 3 章至第 5 章，你已经学过与收入确认相关的内容。收入确认原则（在第 3 章中讲过）是指在权责发生制下，当收入已实现时才予以确认。在零售业，卖方已完成所有的义务，即商品或服务已交付客户。在确认收入时，通常考虑以下几个重要事项：（1）卖方将商品或服务交付买方；（2）买方既占有商品或服务，也享有对商品或服务的所有权；（3）卖方已收到现金，或者确定在不久的将来可以收到现金。在第 4 章，你已经学到有关收入确认流程和现金回记账的内部控制的重要性。在第 5 章，你不仅学到了销售收入净额的计算（销售收入净额等于销售收入减去销售退回和折扣），还学到了赊销的会计处理程序。赊销必须经过现金回收的程序。如果赊销账户最终无法收回，则公司需要计提坏账准备。在前面的章节，你还学到了离岸价格（FOB）等专业术语，这些条款涉及商品在运输过程中归谁所有的问题，也就是收入确认的时间问题。为了更好地掌握合理收入确认的原则，你应当全面理解上述专业概念。

对于像 Gap 公司这样的零售企业来说，合理的收入确认相对比较简单。Gap 公司在其合并利润表附注中有这样的解释：当顾客收到商品时，收入及其相关的销售成本才予以确认。在实体店，当顾客收到商品并已支付货款时，收入才予以确认。对于网络销售（2014 年度网络销售收入约为 25 亿美元，占总销售收入的 15％），公司会根据顾客收到商品的估计时间（普通邮寄或快递的时间）来确认收入。不论是网络销售，还是实体店销售，Gap 公司都会估计商品退回的情形，并将其从销售收入中扣除。

我们以表 11-1 为依据,分析 Gap 公司销售收入净额的趋势。值得注意的是,过去 3 年,Gap 公司的销售收入净额整体略有上升。2012—2013 年度,销售收入净额从 156.51 亿美元上升至 161.48 亿美元(约增长 3.2%)。2014 年度,销售收入净额增加到 164.35 亿美元(与 2013 年度相比增长了 1.8%,与 2012 年相比增长了 5%)。2014 年度的增长幅度小的主要原因是美元在当年相对于其他国家的货币升值,导致 Gap 品牌产品的价格更加昂贵,使公司产品在境外的需求减少。如果剔除该因素的影响,销售收入净额在 2014 年度会增加 3%。Gap 旗舰店的主要增长指标可比店铺销售收入,2014 年度与 2013 年度相比下降了 5%。但是,由于 Old Navy 品牌店同比销售收入增加了 5%,该部门销售的低成本产品抵消了上述影响。综上所述,2014 年度,整体可比店铺销售收入与 2013 年度相比增长持平。因此,销售收入增长的 1.8% 来自新设店铺的销售,而不是现有店铺的销售增长。Gap 公司在亚洲开设了 30 个 Althea 品牌店、37 个 Gap 品牌店、17 个 Old Navy 品牌店。

Gap 公司未来投资的真正关键是它能否保持销售收入净额的持续增长。来自其他专业零售商的激烈竞争以及专业时尚零售的狂热节奏,预示着收入增长将面临巨大的挑战。与其他专业零售商一样,Gap 公司的股价波动反复无常,过去三年最低为每股 15.6 美元,最高为每股 46 美元。

全球视角

美国财务会计准则理事会(FASB)和国际会计准则理事会(IASB)已达成协议,在 2017 年颁布实施新的收入准则。该准则的实施将使 FASB 与 IASB 在收入确认的规定上变得更趋同和一致(相比现存的准则规范)。在第 3 章和第 5 章,我们讨论过即将出台的准则。由于零售企业在全球范围内关于收入确认的标准基本一致,因此新准则对本课程不会产生实质性的影响。在后续的会计课程中,你将学到更具体的与新准则相关的内容。

做假账——收入确认

相关研究显示,过去 20 年间,约半数的财务报表欺诈涉及不恰当的收入确认。[1] 下面是来自美国证券交易委员会(SEC)卷宗的一些涉及欺诈的最严重的收入确认事项。

- **(在收入实现前)提前确认收入**。常见的欺诈手段之一是"渠道堵塞",即公司运送给老客户的存货数量超过其订单要求。全球性的制药企业 Bristol-Myers Squibb 公司 2004 年被美国 SEC 起诉,原因就是该公司 2000—2001 年通过"渠道堵塞"的手段提前确认收入。具体做法是,该公司通过其分销渠道,在每季度末分销产品以完成公司的销售目标(该目标与公司管理层的业绩挂钩)。通过这种手段,该公司虚报收入约 15 亿美元。Bristol-Myers Squibb 公司为此支付了 1 亿美元的民事罚款,同时,还设立了 5 000 万美元的赔偿基金以弥补给公司股东带来的损失。[2]
- **为客户提供优惠条件**,如在未来给客户提供购货折扣或其他利益,使客户购买多于其所需的存货。

---

[1] CPA Letter (February 2003). American Institute of Certified Public Accountants. See www.aicpa.org/pubs/cpaltr/feb2003/financial.htm.

[2] Accounting and Auditing Enforcement Release No. 2075, August 4, 2004. *Securities and Exchange Commission v. Bristol-Myers Squibb Company*, 04-3680DNJ (2004). See www.sec.gov/news/press/2004-105.htm.

- 在重要的服务还未完成或货物仍未交付客户时，确认收入。
- **报告虚假销售或不存在的销售。**这种做法通常包括虚假的运输记录和存货记录。

销售成本和毛利（毛利率）

在销售收入项目之后，接下来的两项影响盈余质量的重要因素是销售成本和毛利。然而，在讨论这两个因素前，我们必须强调，与避免提前确认收入或不恰当确认收入一样重要的是，在计算净利润时，所有费用项目都应被准确地、全面地、透明地予以考虑。第 7 章讲述过世通公司财务欺诈的案例，我们清楚地看到公司有意低估费用导致盈余错报的情形。如果对已发生的费用不进行全面的披露，对因创造收入而产生的费用不予以确认，那么从好的方面看，盈余趋势预测无任何意义；从坏的方面看，则会产生信息误导。

销售成本　如第 6 章所述，销售成本是指销售给客户的产品的直接成本。在 Gap 公司的案例中，销售成本包括用于销售产品的场地使用费，即店铺租金。如表 11-1 所示，销售成本和租金费用是 Gap 公司单项最大的营业费用。销售成本占销售收入的比例从 2012 年度和 2013 年度的 61％小幅上升到 2014 年度的 62％左右。通常情形下，假定每期的销售成本都可以准确地计量，且销售成本占销售收入的比例相对稳定，则意味着公司的盈余质量较高。制定有效的营销策略，建立统一的库存采购供应链，以及与供应商建立长期的伙伴关系，通常可以实现成本控制的目标。与其他大零售商一样，Gap 公司的销售成本包括场地占用费（租金）。场地占用费通常是新建店铺租约谈判时应考虑的主要问题。

毛利（毛利率）　毛利是销售收入净额与销售成本的差额。因此，在其他条件不变的情形下，销售成本的增加表明同一期间毛利的下降。Gap 公司的毛利率由 2013 年度的 39％（62.93 亿美元/161.48 亿美元）下降到 2014 年度的 38％（62.89 亿美元/164.35 亿美元）。过去 10 年间，Gap 公司的毛利率变化不大，一直在 36％和 40％之间波动。

营业费用和其他费用

就像其项目名称一样，营业费用是指公司持续经营所产生的费用，不包括产品的直接成本和与销售直接相关的成本。大额的营业费用通常包括工资、水电煤气费和物料。假定公司可以准确地计量营业费用，那么营业费用越低，经营效率就越高，从而公司的盈利能力就越强，我们可以推断公司管理层的经营越来越有效率、越来越有效益。如表 11-1 所示，Gap 公司 3 年内营业费用与销售收入呈现相当稳定的模式。2012—2014 年度，营业费用分别为 42.29 亿美元、41.44 亿美元和 42.06 亿美元。然而，营业费用占销售收入的百分比在 3 年内由 27％下降到 25.6％，这是一个良好的趋势。众所周知，公司在面临收入增长的困境时，常常通过降低成本来缩减经营规模。但问题是何时缩减？缩减多少？因为不合理缩减和降低成本会侵蚀公司产品或服务的质量，从而进一步损害公司的盈利能力。Gap 公司显然在多年前未雨绸缪，因为其营业费用占销售收入净额的百分比多年来一直保持在 25％～28％。

营业利润

假定报告的收入和费用满足准确和透明的要求，那么持续增长的营业利润则意味着盈余质量的不断提高。营业利润是销售收入、销售成本、毛利和营业费用等因素的函数。Gap 公司由于销售收入净额、销售成本和租金费用的关系发生了变化，营业利润也发生了变化。2012 年度营业利润为 19.42 亿美元（占销售收入净额的 12.4％）；2013 年度上升到 21.49 亿美元（占销售收入净额的 13.3％）；2014 年度回落到 20.83 亿美元（占销售收入净额的

12.7%)。然而,正如我们在本节中讨论过的,部分是由于经营决策的失误,部分是由于超出了管理层的控制能力,人们对 Gap 公司能否在长期中改善其营业利润状况存在疑问。事实上,如果分析 Gap 公司 2014 年度之前 5 年的盈利增长趋势,你可以发现,Gap 公司营业利润的趋势并不是很稳定。

外币利得或损失的会计处理

国际业务在很多公司十分普遍且会对公司盈余产生重大影响。大多数产品的生产制造已经迁移到中国、印度、墨西哥、中美洲和东南亚,原因在于上述地区的人工成本和原料成本相对较低。随着上述发展中国家的交通运输和通信设施以及生产制造流程越来越完善,零售商从设在上述发展中国家的公司采购产品用于再销售变得更方便、更有效率。根据 Gap 公司的年度报告,该公司大部分的存货都是从美国以外的地方购买的。有时候,采购的结算货币是人民币等其他货币而不是美元。Gap 公司在加拿大、英国、法国、爱尔兰、日本、中国和意大利开店经营。此外,Gap 公司还在世界各地与其他公司签订协议授权其特许经营 Gap 和 Banana Republic 品牌店。

美元与外币

假设 Gap 公司将其服装和饰品运送到墨西哥城、蒙特雷、瓜达拉哈拉和坎昆的与其无关联关系的特许专营店 Republica 销售。销售可以用美元结算,也可以用墨西哥比索结算。如果 Republica 同意以美元支付,那么这笔交易就同发生在美国的旧金山一样,Gap 公司可以避免外币交易带来的复杂会计问题。但是,假设 Republica 向 Gap 公司订购价值 100 万比索(约等于 65 000 美元)的存货,再假设 Republica 要求这笔交易用比索支付,Gap 公司并没有表示反对。

Gap 公司需要将比索兑换成美元,因此这笔交易将面临风险。如果在 Gap 公司收回现金之前比索贬值,那么 Gap 公司只能收到少于预期的美元。下面的例子说明了外币交易利得或损失的会计处理。

7 月 28 日,Gap 公司向 Republica 销售 100 万比索的产品。同日,比索兑美元的汇率为 1 比索=0.065 美元。一个月后,8 月 28 日,比索相对美元发生贬值,1 比索=0.062 美元。8 月 28 日,Gap 公司收到 100 万比索,兑换成美元,则少收现金 3 000 美元。这导致利润比预期也减少了 3 000 美元。相关的会计分录如下:

7 月 28 日	应收账款——Republica(100 万比索×0.065 美元)	65 000	
	销售收入		65 000
	赊销。		
8 月 28 日	现金(100 万比索×0.062 美元)	62 000	
	外币交易损失	3 000	
	应收账款——Republica		65 000
	应收账款收回。		

如果 Gap 公司要求 Republica 在交易时立即付款,那么对于 Gap 公司来说,收到的就是 65 000 美元。但是,如果这笔销售是赊销,Gap 公司将承担外币交易的汇率变动风险。因此,在本例中,Gap 公司收到的金额比预期少了 3 000 美元,也就是承担了外币交易带来的损失 3 000 美元。相反,如果比索相对于美元升值,那么在本例中,这笔交易产生的就是外币交易利得。

如果公司持有的应收账款是以外币结算的，那么公司希望外币升值，从而在兑换时可以收到更多的美元。非常不幸，这种情形并没有在本例中发生。

如果以外币购买产品，同样面临汇率变动风险。例如，Gap 公司从瑞士 Excel 公司购买一批手表。这批货物价值 20 000 瑞士法郎。9 月 15 日，Gap 公司收到货物，瑞士法郎兑美元的汇率为 1 瑞士法郎＝1.1 美元。两周后，Gap 公司支付货款，当时瑞士法郎贬值，1 瑞士法郎＝1.05 美元。相关的购买与付款的会计分录如下：

9 月 15 日	存货(20 000 法郎×1.1 美元)	22 000	
	应付账款——Excel 公司		22 000
	赊购。		
9 月 29 日	应付账款——Excel 公司	22 000	
	现金(20 000 法郎×1.05 美元)		21 000
	外币交易利得		1 000
	偿还应付账款。		

相反，如果瑞士法郎升值，那么 Gap 公司所承担的是外币交易损失。如果持有以外币结算的应付账款，那么公司希望美元升值，这样就可以支付较少的美元。

在利润表中报告外币交易利得或损失

外币交易利得账户记录以外币结算而产生的利得。同样，外币交易损失账户记录以外币结算而产生的损失。公司在利润表中以其他收入和利得或者其他费用和损失报告这两者之间的净额(视情况而定)。例如，假设我们刚讲到的案例中当年只有两笔外币交易，我们可以将外币交易损失 3 000 美元和外币交易利得 1 000 美元在利润表中汇总列报，具体如下：

	美元
其他费用和损失：	
外币交易损失净额	(2 000)

利得或损失是由于外币买卖而产生的，不是公司的主营业务，所以利得或损失应在其他项下列报。根据 Gap 公司的财务报表附注，该公司 2014 年度外币交易损失的金额为 3 400 万美元。

在现金流量表的现金及其等价物中报告外币兑换损益

像 Gap 公司这样以外币为主要的现金及其等价物的公司必须在现金流量表中将外汇兑换损益的影响作为一个单独的项目列出，位置在融资活动提供的净现金之后。在第 12 章我们将进一步讨论这个话题。

是否应该对外币交易风险进行对冲

美国公司规避外币交易损失的一种方法是，在国际贸易中采用美元结算。这种做法将外币折算的风险转移给交易的对方。但是这种方法也会使客户避而远之，从而导致销售收入的减少。公司也可以采用另外一种方法——对冲来保护自身的利益。对冲是指公司通过与交易对手安排一种交易，使公司规避风险。

美国公司向墨西哥客户销售产品，以墨西哥比索作为结算货币，希望收取固定的墨西哥比索。如果墨西哥比索贬值，那么美国公司收到的比索兑换成美元会比应收到美元现金少，即会出现预期损失的情形，正如 Gap 公司的例子。

美国公司也许持有以外币结算的累计应付账款,如 Gap 公司对瑞士公司的应付账款。瑞士法郎的利得也许会抵销墨西哥比索的损失。多数公司都不会有以外币结算的等额的应收账款和应付账款。要实现精确的对冲,公司可以购买远期合约。远期合约是指在未来收取外币的合约。远期合约可以使应收账款和应付账款精确地对冲。像 Gap 公司一样,大多数开展国际贸易的公司会采用对冲方法。从 Gap 公司 2014 年度报表附注 1 可以看到 Gap 公司有 2 800 万美元的套期保值收益,并用其抵销 3 400 万美元的外汇交易损失,最终净损失只有 600 万美元。

 ## 利润表中其他项目的会计处理

利息费用和利息收入

在第 5 章、第 8 章和第 9 章,我们分别讨论了利息收入和利息费用。利息收入是指投资所赚取的收入;利息费用代表借款所付出的成本。这些项目与公司的经营活动无关,因此在利润表中单独列报。在 Gap 公司的财务报表附注 5 中可以看到,2015 年 1 月 31 日,该公司有大约 13.5 亿美元的长期负债。如表 11-1 所示,2014 年度、2013 年度和 2012 年度的利息费用分别为 7 500 万美元、6 100 万美元和 8 700 万美元,而这 3 年的利息收入均很少。

公司所得税

利润表中报告的一个重要部分是公司所得税费用,利润扣减所得税费用后就是净利润。当前,联邦所得税的税率最高为 35%。此外,某些州的所得税税率大约为 5%。2014 年度,Gap 公司的所得税费用为 7.51 亿美元,约占税前利润的 37.3%。因此,在下面的示例中,我们采用 40% 作为所得税税率。

为了对所得税进行会计处理,公司需要计算:

- 所得税费用。这是利润表中的一项费用。计算净利润时需扣除所得税费用。
- 应交所得税。这是资产负债表中的流动负债。应交所得税是公司申报的向政府支付的税额。

所得税的会计处理遵循权责发生制。假设 2016 年度 Gap 公司报告的税前净利润(也称税前会计利润)为 20 亿美元。如前所述,Gap 公司的综合所得税税率约为 40%。为便于讨论,假设该公司的所得税费用等于应交所得税。2017 年 1 月 28 日(2016 年度末),Gap 公司关于所得税的会计分录如下(单位:百万美元):

2017 年 1 月 28 日	所得税费用(2 000 × 0.40)	800	
	应交所得税		800
	记录当年所得税。		

2016 年度,Gap 公司的财务报表报告如下(节选):

百万美元

利润表		资产负债表	
所得税前利润	2 000	流动负债:	
所得税费用	(800)	应交所得税	800
净利润	1 200		

一般而言,所得税费用和应交所得税可以按以下公式计算:

$$所得税费用= 所得税税前利润（来自利润表）×所得税税率$$
$$应交所得税= 应税所得（来自纳税申报表）×所得税税率$$

利润表和纳税申报表是两个完全独立的文件：

- 利润表报告公司的经营成果。
- 纳税申报表是公司向税务局申报的文件，用于计量公司应向政府支付的税额。

对于大多数公司来说，所得税费用和应交所得税的金额是不同的。因为某些收入和费用项目对会计和税收的影响是不一样的。最常见的不同是，公司在财务报表中采用直线折旧法，而在纳税申报表中则采用加速折旧法，从而导致会计利润和应税所得不同。

我们继续看 Gap 公司的示例。假设该公司 2016 年度利润表中报告的税前利润为 20 亿美元，而在纳税申报表中报告的应税所得为 16 亿美元。应税所得少于会计利润，原因在于该公司在会计上采用直线法计提折旧（折旧费用为 2 亿美元），而在纳税申报时采用加速折旧法（折旧费用为 6 亿美元）。Gap 公司 2016 年度关于所得税的会计处理如下（单位：百万美元；所得税税率：40%）：

2017 年 1 月 28 日	所得税费用（2 000×0.40）	800
	应交所得税（1 600×0.40）	640
	递延所得税负债	160
	记录当年所得税。	

递延所得税负债通常是长期负债。

2016 年度，Gap 公司的财务报表报告如下：

			百万美元
利润表		**资产负债表**	
所得税税前利润	2 000	流动负债：	
所得税费用	(800)	应交所得税	640
净利润	1 200	长期负债：	
		递延所得税负债	160*

* 递延所得税负债的期初余额为零。

由于应交所得税是流动负债，所以 2017 年 3 月 Gap 公司应支付应交所得税 6.4 亿美元。递延所得税则可在后续支付。

在特定年度，应交所得税有可能超过所得税费用，原因是收入和费用对会计利润和纳税所得的影响不同，从而导致纳税所得超过会计利润。如果发生这种情形，公司应借记所得税资产。关于递延所得税的问题将在高级会计课程中讨论。

公司内部税务部门或者外部独立的会计师及律师所制定的有效纳税筹划有助于减轻公司的税收负担，同时可为公司营业利润的提升作出实质性的贡献。

哪一项收益数据可用于预测未来利润？

持续经营收益如何用于投资分析呢？假设摩根士—士丹利投资银行的分析师金伯利·库尔（Kimberly Kuhl）正在对 Gap 公司的普通股股票进行估值。库尔认为，Gap 公司每年取得的利润等于其税后持续经营收益，2014 年度为 12.62 亿美元。

库尔用 Gap 公司未来收益的现值（第 8 章中讨论过现值方法）估算其普通股价值。库尔需要选择用来计算现值的利率。对于 Gap 公司，假定合适的利率（i）是 10%。这个利率通常根据公司的**加权平均资本成本**(weighted-average cost of capital,WACC)计算得出。加权平均资本成本是公司财务学的核心内容,在这里不做详细讨论。但是,由于加权平均资本成本还受到风险因素的影响,从而导致公司在无限的将来不可能保持较高的投资回报率。投资风险越高,投资者和债权人所要求的回报也就越高;反之亦然。由于这个利率被用来估算投资的价值,所以它也被称作**投资资本化率**(investment capitalization rate)。假定该投资资本化率是合理的,Gap 公司的股票价值计算如下:

$$Gap\ 公司的普通股估计的价值 = \frac{估计的未来年收益金额}{投资资本化率}$$

$$= \frac{12.62\ 亿美元}{0.10}$$

$$= 126.2\ 亿美元$$

据此,库尔估算出 Gap 公司的价值是 126.2 亿美元。接下来,她根据近期的股票价格计算 Gap 公司的股票市值。2015 年 1 月 31 日,Gap 公司资产负债表中列示的流通在外的普通股为 4.21 亿股。2015 年 2 月 2 日,该公司股票的市场价格为每股 41.18 美元(2015 年 1 月 31 日股票市场价格不可获得,因为当天为非交易日,因此我们选取了下一个交易日 2015 年 2 月 2 日),该公司的现行市值如下:

$$公司现行市值 = 发行在外普通股股数 \times 现行每股市价$$

$$173.4\ 亿美元 = 4.21\ 亿股 \times 41.18\ 美元$$

投资决策规则如下:

如果公司估计的价值(如 Gap 公司)		决策
大于———————→		———————→购买股票,因为你认为股票价格会上涨。
等于———————→	公司现行的市场价值	———————→持有股票,因为你认为股票价格会保持不变。
小于———————→		———————→卖出股票,因为你认为股票价格会下跌。

在本例中

			决策
Gap 公司估计的价值:		公司现行市值:	
126.2 亿美元	小于	173.4 亿美元	———→ 卖出股票
估计的每股价格:		现行每股价格:	
29.98 美元*	小于	41.18 美元	———→ 卖出股票

*126.2 亿美元/4.21 亿股

2 月的股票价格(41.18 美元)超过了其估计价格(29.98 美元),库尔相信 Gap 公司的股价会从现在的每股 41.18 美元下降至每股 30 美元附近的某一价位。基于以上分析,库尔会建议投资者卖出 Gap 公司的股票。跟踪一段时间股票的变动趋势,可以验证库尔的决策是否正确。2015 年 11 月 3 日,Gap 公司的股价约为 28.27 美元。这一价格显示库尔的卖出建议是对的。在使用这些预测的信息时,你应该小心。原因在于,分析师在预测时并没有考虑公司未来的发展趋势以及市场的其他不确定性。在现实中,这些预测只是有根据的猜测。预测股价走势非常困难。尽管某些专家在股价预测方面很有见地,但是通常没有人可以始终准确地预测股票价格。

终止经营

很多大公司从事多种业务。例如，Gap 公司拥有不同等级的实体店，如 Gap 是中等价位店、Old Navy 是廉价店、Banana Republic 是高端店，Piperlime 则是女士鞋包专卖店。通用电气（GE）不仅生产家居用品，还制造飞机发动机并经营媒体网络公司（NBC）。我们称公司的每个可以辨认的分部为业务分部。

公司可以出售其业务分部。2012—2014 年度，Gap 公司没有出售任何业务分部（见表 11-1）。然而，2015 年 1 月，Gap 公司宣布将在 2015 年第一季度末终止 Piperlime 品牌，包括其网络销售平台及设在纽约的专卖店。Piperlime 的经营成果将作为 2015 年度的终止经营业务予以披露。下面列举一个典型的案例。2012 年第二季度，著名跨国公司耐克宣布出售两个主要的品牌 Umbro 和 Cole Haan。通过出售这两个品牌，耐克获得了 2.25 亿美元的现金。耐克在2012 年第二季度财报中报告了终止经营损失 1.07 亿美元（扣除所得税的影响）。同时，在该季度耐克与 Apax Partners 签订了出售 Cole Haan 的协议，交易价格为 5.7 亿美元。该交易事实上是 2013 年才发生的，由于耐克在 2012 年就签署了出售品牌的协议，所以耐克有权在2012 年从停产业务损失中报告其终止经营业务的亏损（扣除税收优惠）。值得注意的是，标题"终止经营"包括在剥离期间的经营收益或亏损，以及出售该业务分部的损益。

终止经营业务的所有收益和亏损均以税后净额的形式列报，即在利润表中报告之前，从收益（或损失）中扣除所得税费用（或节余）的影响。财务分析师通常不将终止业务包括在公司未来收入预测中，因为终止分部不会继续为公司创造收入。在本章的章末习题中有涉及终止经营报告的问题。有关这一问题的深入分析将在高级会计课程中讨论。

会计变更

公司采用的会计方法有时候会由一种变更为另外一种，例如，折旧方法由双倍余额递减法（DDB）变更为直线折旧法，存货计价方法由先进先出法（FIFO）变更为平均成本法。有些时候，公司可能还需要根据 FASB 发布的新会计准则进行相应的会计变更。会计变更使某一期间的会计数据与前期的会计数据相比变得非常复杂。如果没有详细的信息披露，投资者往往会被数据误导，认为当期的业绩比以前年度的业绩更好或更差。事实上，导致不同的原因很可能只是会计方法的变更。

下面两类会计变更在初级会计中最为普遍。

1. 会计估计变更，包括厂房或设备预计使用寿命的变更和应收款项可收回性的变更。对于这类变更，公司会以新的依据为基础，报告当期以及未来期间的影响金额，不再做追溯调整。折旧方法的变更被视为会计估计变更。

2. 会计原则变更，包括大多数会计方法的变更，如存货计价由先进先出法变更为平均成本法，收入或费用的确认方法的变更等。对于这类会计变更，公司会以新的依据为基础，在利润表中报告当期以及前期的影响金额。为了列报比较数据，公司需将会计变更的影响做追溯调整，视为新会计方法一直都存在。这种做法使投资者可以在相同会计基础上对各期的会计数据进行比较。如果会计变更影响前期利润表项目，那么留存收益的期初余额需要做相应的调整。

如果会计变更影响当期利润表中列示的最早期间之前的会计期间，则称为前期调整，且必须对本期股东权益变动表中的期初留存收益余额进行调整。本章的章末习题给出了具体示例。

有关会计变更的详细讨论将在后续的课程中完成。

计算每股盈余

利润表的最后列示的是每股盈余数据。**每股盈余**(earnings per share,EPS)是公司流通在外的普通股每股净利润。每股盈余是衡量公司业务成功与否的关键指标。股票价格以每股金额标价,投资者购买一定数量的股票。每股盈余有助于衡量每股股票的价值,其计算公式如下:

$$每股盈余 = \frac{净利润 - 优先股股利}{流通在外普通股平均股数}$$

公司会按照不同的来源单独列示收益数据,如持续经营收益、终止经营收益等。同时,公司也会列示作为净利润的组成要素的每股盈余数据。下面让我们来看看 Gap 公司的每股盈余数据。表 11-1 的最后列示了公司是如何报告每股盈余的。请注意,每股盈余由两部分组成:一是基本每股盈余(只考虑当前流通在外的股票数量);二是稀释每股盈余(需要考虑潜在增加的股票数量)。公司通常先计算加权平均的流通在外的股票数量,在计算过程中,需要考虑当年流通在外股票的变动,如库存股的回购和再发行(此部分内容已超出本书的范围)。根据表 11-1 中的数据,2014 年度末,Gap 公司流通在外普通股基本加权平均股数为 4.35 亿,基本每股盈余为 2.9 美元。

加权平均股数——基本	4.35 亿股
每股盈余——基本(12.62 亿美元/4.35 亿股)	2.9 美元

优先股股利对每股盈余的影响   我们知道每股盈余是指普通股的每股盈余。但是,优先股股东拥有对股利的优先求偿权。因此,计算每股盈余时必须先从净利润中减去优先股股利。不过,优先股股利并不从终止经营收益中扣除。

像绝大多数公司一样,Gap 公司只有一种类型的股票——普通股。但是,为了方便讨论,我们假设 Gap 公司持有流通在外的优先股 500 万股,每股股利 1 美元。因此,Gap 公司的年度优先股股利为 500 万美元(500 万×1 美元)。净利润中应扣减 500 万美元,每股盈余的计算结果如下(Gap 公司流通在外普通股加权平均股数为 4.35 亿股):

普通股基本每股盈余(流通在外加权平均股数 4.35 亿股):	
(12.62 亿美元-0.05 亿美元)/4.35 亿股	2.89 美元

稀释每股盈余   有些公司发行了可以转换为普通股的可转换优先股。当优先股转换为普通股时,每股盈余会被稀释(减少),因为有更多的普通股来分摊净利润。其他潜在交易可能也会稀释每股盈余。例如,Gap 公司的财务报表附注显示,公司可能发行额外的 500 万股普通股,作为员工薪酬计划的一部分。股权结构较为复杂的公司报告两项每股盈余数据:

- 基于实际流通在外普通股股数的每股盈余(基本每股盈余)。
- 基于流通在外普通股股数加上额外的普通股股数的每股盈余,额外的普通股股数是指优先股转换为普通股而导致普通股的增加数额(稀释每股盈余)。

2015 年 1 月 31 日,Gap 公司加权平均稀释的股数为 4.4 亿股(4.35 亿股+0.05 亿股的员工薪酬计划),这样一来,因为额外流通股的稀释,基于稀释股数计算的每股盈余会减少约 0.03 美元(见表 11-1)。

分析综合收益表、附注和补充披露

报告综合收益

所有公司都通过利润表报告净利润或净亏损。正如我们在第 8 章所看到的,具有未实现投资损益和外币折算调整事项的公司还会报告另一项收益数字——综合收益。**综合收益**(comprehensive income)是指公司在某一期间除与所有者以其所有者身份进行的交易之外的其他交易或事项所引起的股东权益变动。综合收益等于净利润加上:

- 可供出售投资的未实现得得(损失)
- 外币折算利得(损失)

上述其他综合收益项目曾在第 8 章讨论,除此以外的其他综合收益项目将在后续课程中讲解。

不同于净利润,综合收益项目不影响每股盈余的计算。

公认会计原则允许公司的综合收益单独在综合收益表中列报,或与"正常"利润表结合成为统一的综合收益表。表 11-2 单独列示了 Gap 公司截至 2015 年 1 月 31 日的 3 个会计年度的综合收益表。值得注意的是,3 个会计年度的净利润分别为 12.62 亿美元、12.8 亿美元和 11.35 亿美元,与表 11-1 中是一致的。表 11-2 中还包括 3 个会计年度税后的外币折算差额,对 3 个会计年度的衍生金融工具(可供出售投资的一种)的未实现公允价值变动的调整,以及 3 个会计年度内出售的衍生金融工具已实现损益的重新分类。

从这一点来看,净利润和其他综合收益是从不同的路径转入资产负债表的股东权益部分。净利润将转入合并股东权益变动表的留存收益中。其他综合收益将保留到合并股东权益变动表的累计其他综合收益中。

表 11-2　Gap 公司合并综合收益表　　　　　　　　百万美元

	年度截至		
	2015 年 1 月 31 日	2014 年 2 月 1 日	2013 年 2 月 2 日
净利润	1 262	1 280	1 135
其他综合收益(损失),税后净额:			
外币折算调整,扣除(税收优惠)—2、5 和 0 的税	(47)	(51)	(71)
衍生金融工具公允价值变动,扣除(税收优惠)48、30 和 18 的税	118	48	28
衍生金融工具已确认损失的重分类调整,扣除(税收优惠)—20、—27、—4 的税	(41)	(43)	(5)
其他综合收益(损失),除税净额	30	(46)	(48)
综合收益	1 292	1 234	1 087

财务报表附注——提供更详细的信息

为了充分了解财务报表中数据的影响,并形成更准确的关于公司盈余质量的判断,你需要熟悉财务报表附注中披露的其他详细信息。

每家上市公司的财务报表附注 1 中都会披露用于编制财务报表的重要会计政策。例如,在 Gap 公司的合并财务报表附注 1 中,你可以看到以下信息,通过这些信息,你会更加了解 Gap 公司是如何计算其净利润的:

- 组织结构;
- 合并原则;
- 如何确定会计年度报告期;
- 收入确认政策;
- 销售成本和营业费用的构成;
- 如何计算租金、广告、员工的股权薪酬、礼品卡收入、每股盈余、外币损益、综合收益和所得税费用等;
- 最近颁布的会计原则对所报告收入的可比性的影响以及可能导致的会计变更。

其他附注中还包括关于资产负债表和利润表的详细信息。例如,在 Gap 公司的财务报表的附注中关于影响净利润和其他综合收益的附注有以下几个。

附注 2:附加财务报表信息,包括有关不动产和设备的详细信息(包括折旧),累计其他综合收益,以及销售退回和折让。

附注 3:公司在 2014 年度进行的一项收购的细节。

附注 4:商誉和无形资产,包括摊销费用。

附注 5:长期负债,包括利息费用。

附注 10:累计其他综合收益。

附注 11:股权激励。

附注 12:租赁。

附注 13:所得税。

附注 14:员工福利计划。

附注 15:每股盈余。

附注 16:承付款项和或有负债。

附注 17:经营分部信息。

列表中的最后一项需要特别注意。如果有经营分部,公司报告经营分部的主要信息(包括销售收入、营业利润和资产)。为达到报告上述信息的目的,经营分部被定义为公司运营的部门或下属单位。经营分部可以通过产品线、业务类型、地理区域或其他标准划分并创建。在公司内部,每个经营分部的收入和费用都单独计量。

披露经营分部信息的目的,是向财务报表使用者报告关于公司所涉及的不同业务类型,以及公司经营所处的不同经济环境。这些详细信息有助于财务报表的使用者更好地了解公司的经营业绩,更好地评估公司未来现金流的前景,从而对公司整体作出更全面的判断。为了达到报告分部信息的目的,公司可以根据其"管理方法"来定制信息,即公司可以根据管理和评估业务活动的方式定义经营分部(按地理区域、品牌、收入类型等进行划分)。

表 11-3 是公司合并财务报表附注 7 的摘要,列示了其根据"管理方法"界定的 4 个经营分部的销售收入净额明细。

在阅读这个附注后,你应该更了解公司获得收入的地理区域、产生收入的品牌(Gap、Old Navy、Banana Republic 和其他品牌)以及每个品牌在 2014 年度的销售增长。这些详细信息的总计与表 11-1 报告的合并销售收入净额相关。例如,你会发现,合并销售收入净额的 77% 来自美国,23% 来自其他国家。在最近一个会计年度报告的销售增长最高的经营分部是"其他品牌",其中包括 Piperlime、Althea 和 Intermix。销售增长最快的主要经营分部是 Old Navy。但是 Old Navy 旗舰店的销量降低了 3%。这个附注涵盖了我们在这里讨论的更多细节,包括以往年份的比较信息,使分析师能够计算随时间变化的趋势变动。详细的信息可以更准确地预测公司未来可能的走向及增长前景和股票增加值。

表 11-3　附注 17 摘要：经营分部信息——销售

　　我们根据公司对业务活动的管理和评估标准确定经营分部。截至 2015 年 1 月 31 日,公司共有 4 个经营分部,分别是 Gap、Old Navy、Banana Republic 和 GID。每个品牌的专卖店、在线经营和特许经营由全球品牌总裁管理,Piperlime,Athleta 和 Intermix 由 GID 分部总裁管理。公司的每个品牌通过零售商店和在线渠道为客户提供服务,使我们能够执行公司的全渠道战略,客户可以轻松地在零售商店购物以及通过笔记本电脑或移动设备在线购物。我们确定每个经营分部具有相似的经济及其他质量特征,因此,将各经营分部的结果加总即为公司 2015 年度的整体报告。

　　按品牌和地区的净销售收入如下：

百万美元

2014 年度	GAP 全球	Old Navy 全球	Banana Republic 全球	其他(2)	总计	百分比
美国(1)	3 575	5 967	2 405	725	12 672	77%
加拿大	384	500	249	4	1 137	7%
欧洲	824	—	94	—	917	6%
亚洲	1 208	149	145	—	1 502	9%
其他地区	174	3	30	—	207	1%
总计	6 165	6 619	2 922	729	16 435	100%
销售增长(下降)率	(3%)	6%	2%	8%	2%	

(1) 包括美国、波多黎各和关岛。
(2) 包括 Piperlime、Athleta 和 Intermix。
2012 年度、2013 年度和 2014 年度的在线销售收入总额分别是 19 亿美元、23 亿美元和 25 亿美元。

非财务报告

　　越来越多的公司在发布年度报告时将其在企业社会责任等非财务领域的表现包括在内。本书中的许多焦点公司(如 Gap 公司、迪士尼、苹果公司和家得宝)都发布了年度企业社会责任报告。这些报告是公司自愿披露的关于公司如何在指导和管理其业务时,不仅仅顾及股东的利益,还将其与环境、员工和社会的利益视为一体。全球报告倡议组织(GRI)是 1997 年成立的一个独立机构,旨在为可持续性报告制定一个共同框架。世界上的许多大公司根据全球报告倡议组织的严格指南发布企业社会责任报告。虽然该报告在这个框架下是自愿的,但在美国是强制性的,而且美国证券交易委员会已经认可了这一类型的报告。法国、南非和荷兰等其他国家现在也将提交某种形式的企业社会责任报告作为在证券交易所上市的前提条件。

　　你可以在 http://www.letsdomore.com 上找到 Gap 公司的社会责任报告。查阅该报告,可以让你在与该公司做生意或投资其股票时更胸有成竹。

 # 区分管理层和审计人员对财务报告应负的责任

管理层的责任

　　公司管理层在发布财务报表时,还会发布一份针对财务报告内部控制制度的报告。表 11-4 摘自 Gap 公司的管理层报告。

　　公司管理层声明对符合《2002 年萨班斯—奥克斯利法案》的财务报告的内部控制制

度负责。同时,管理层对根据科索委员会(COSO)内部控制框架建立的财务报告内部控制制度实施了评价,并对截至 2015 年 1 月 31 日的会计年度的财务报告内部控制的有效性进行了评估。另外,公司管理层还声明,本公司的内部控制评价报告已通过独立审计人员的审计,在美国证券交易委员会网站(http://www.sec.gov)上的该公司年度报告中可以找到。表 11-5 列示了独立审计人员关于财务报表以及虚拟上市公司内部控制的综合报告的摘要。

表 11-4　Gap 公司管理层责任声明

　　管理层有责任建立和保持一套适当的财务报告内部控制制度,如《交易法案》13a-15(f)。管理层根据科索委员会建立的内部框架(内部控制——整合框架)(2013 年发布)对公司的财务报告内部控制制度予以评价。在对内部控制制度评价的基础上,管理层得出结论,截至 2015 年 1 月 31 日,公司的财务报告内部控制制度是有效的。公司的财务报告内部控制制度报告已经由独立注册会计师事务所(……)审计,如随附的该事务所的报告所述。

审计报告

　　1934 年的《证券交易法》要求公开发行股票的公司必须向政府机构——证券交易委员会(SEC)呈报经过审计的财务报表。公司聘请外部审计人员对公司的财务报表及财务报告内部控制制度进行审计。独立的审计人员需要对公司的财务报告是否符合公认会计原则(GAAP)作出判断,还需要对公司的内部控制制度是否符合相关规范作出判断。在此基础上,审计人员针对公司的财务报表及财务报告的内部控制制度出具审计报告。

　　审计报告的使用者是公司董事会。会计师事务所的合伙人要以事务所的名义署名。

表 11-5　独立审计人员的报告——虚拟上市企业

高档服装公司董事会及全体股东

　　我们审计了高档服装公司及其子公司(以下简称"该公司")2015 年 1 月 31 日和 2014 年 2 月 1 日的合并资产负债表,同时,还审计了截至 2015 年 1 月 31 日的 3 个会计年度的合并利润表、综合收益表、合并股东权益变动表和合并现金流量表。根据科索委员会所建立的内部控制——整合框架的相关规定,我们还审计了该公司截至 2015 年 1 月 31 日的财务报告内部控制制度报告。公司管理层的责任是编制财务报表、保持财务报告内部控制制度的有效性以及对财务报告内部控制制度的有效性实施评价,这些包括在管理层关于财务报告内部控制的报告中。我们的责任是在实施审计工作的基础上,对财务报表及财务报告内部控制制度发表审计意见。

　　我们按照美国上市公司会计监督委员会(PCAOB)的准则实施审计工作。美国上市公司会计监督委员会的准则要求我们计划和执行审计工作,以对财务报表是否存在重大错报和财务报告内部控制制度的有效性获取合理保证。我们相信我们的审计工作为发表审计意见提供了合理的依据。

　　公司的财务报告内部控制制度是在公司财务主管的监督下设立的,由公司董事会负责执行……为依据公认会计原则编制财务报表和财务报告的可靠性提供合理保证。

　　由于财务报告内部控制体系的固有局限,这其中包括事故发生的可能性和不恰当的管理层凌驾于内部控制的能力,使因差错或舞弊而产生的重大错报不能被及时地防范和规避。同时,针对未来会计期间的基于风险控制的财务报告内部控制体系有效性评价的预测,因内部控制环境的变化或者符合内部控制规范和程序的合规水平的下降而受到影响。

　　我们认为,该公司的财务报表按照美国公认会计原则(GAAP)编制,在所有重大方面公允地反映了该公司及其子公司 2015 年 1 月 31 日和 2014 年 2 月 1 日的合并财务状况,以及截至 2015 年 1 月 31 日的 3 个会计年度各年度的合并经营成果和现金流量。同时,我们认为,该公司在所有重大方面,

续表

依据科索委员会内部控制框架(内部控制——整合框架)所建立的截至 2015 年 1 月 31 日的财务报告内部控制体系是有效的。

×××××
美国×××
2015 年 3 月 15 日

将财务报表审计和财务报告内部控制制度审计合二为一的审计报告一般包括五段。

第一段确认经过审计的财务报表以及被审计的公司。同时,声明公司管理层的责任和审计人员的责任。

第二段描述审计工作是如何根据上市公司会计监督委员会(SEC 监督下的独立监管机构)颁布的公认审计标准实施的,并指出公认审计标准是评价审计质量的基准。

第三段详细描述内部控制体系,该体系旨在为按照公认会计原则编制的财务报表如实反映交易事项提供合理的保证。

第四段描述内部控制体系的固有局限性,并强调一个有效的内部控制体系应为财务报表的如实反映提供合理的保证。

第五段是会计师事务所的审计意见,包括对按照公认会计原则编制的财务报表是否公允的审计意见,以及对财务报告内部控制制度是否有效的审计意见。会计师事务所对该公司财务报表的公允性和财务报告内部控制制度的有效性出具了无保留的审计意见。**无保留的审计意见**(unqualified opinion)是独立注册会计师可以出具的最高级别的审计意见。

独立审计增加了公司财务报表和内部控制的公信力。毫无疑问,美国的财务报告和审计制度领先于世界其他国家。同时,美国的资本市场也居世界领先地位。

管理决策

使用利润表及相关附注作投资分析

假如你已经完成学业,找到一份工作,并且有 1 万美元存款。现在,你准备开始投资。下列指南提供了一个运用会计信息进行投资分析的框架。

决策	需考虑的因素		决策变量或模型
投资分析应该采用哪项盈利能力指标?	你是否关注会计收益?	收益包括所有收入、费用、得或损失吗?	净利润(底线)
		收益预期每年都能获得吗?	持续经营收益
	你是否关注现金流?		经营活动现金流量(第 12 章)

注：保守的策略是同时运用利润与现金流,并对比两种方法的结果。

股票的估值是多少?	如果你确信公司能永久地获取利润(或现金流)	估计值 = $\dfrac{持续经营收益}{投资资本化利率^*}$

续表

决策	需考虑的因素	决策变量或模型
	如果你认为公司能在有限的年度内获取利润(或现金流) ⟶	估计值＝持续经营收益×年金现值*(第 8 章)
风险如何影响股票的价值？	如果投资的风险高 ⟶	提高投资资本化利率
	如果投资的风险低 ⟶	降低投资资本化利率

* 该比率近似于公司的加权平均资本成本。

章末习题

以下信息来自 Maxima 公司的分类账。

美元

前期损益调整——不含税：		库存股,普通股(5 000 股,按成本计价)	25 000
贷记留存收益	5 000	销售费用	78 000
出售固定资产利得	21 000	普通股,无面值,发行了 45 000 股	180 000
销售成本	380 000	销售收入	620 000
所得税费用(收益)：		利息费用	30 000
持续经营	32 000	终止经营收益	46 000
终止经营	18 000	诉讼损失	11 000
优先股,股息率 8%,面值 100 美元,		综合费用	62 000
发行了 500 股	50 000		
股利	16 000		
留存收益期初余额	103 000		

要求

编制 Maxima 公司截至 2016 年 12 月 31 日的年度单步式利润表(所有收入和利得汇总)以及留存收益表。在报表中列报每股盈余数据,并列出计算过程。假定当年的股票账户没有发生任何变动。

答案

美元

Maxima 公司利润表 截至 2016 年 12 月 31 日的年度		
收入和利得：		
销售收入		620 000
出售固定资产利得		21 000
收入和利得合计		641 000
费用和损失：		
销售成本	380 000	
销售费用	78 000	
一般费用	62 000	

		续表
利息费用	30 000	
诉讼损失	11 000	
所得税费用	<u>32 000</u>	
费用和损失合计		593 000
持续经营收益		48 000
终止经营收益，46 000 元，扣除所得税费用 18 000 元		28 000
净利润		<u>76 000</u>
每股盈余: *		
持续经营每股盈余[(48 000 美元－4 000 美元)/40 000 股]		1.10
终止经营每股盈余(28 000 美元/40 000 美元)		<u>0.70</u>
每股盈余[(76 000 美元－4 000 美元)/40 000 股]		<u>1.80</u>

* 每股盈余计算过程：

$$每股盈余 = \frac{利润－优先股股利}{流通在外普通股股数}$$

优先股股利：50 000 美元×0.08＝4 000 美元

流通在外普通股股数：

45 000(已发行)－5 000(库存股)＝40 000(流通在外)

	美元
Maxima 公司留存收益表 **截至 2016 年 12 月 31 日的年度**	
未经调整的留存收益期初余额	103 000
前期损益调整——贷方	<u>5 000</u>
调整后的留存收益期初余额	108 000
当期损益	<u>76 000</u>
	184 000
当期股利	(16 000)
留存收益期末余额	<u>168 000</u>

注：留存收益表通常被纳入股东权益变动表，详见第 10 章。

复习：利润表

复习测试（答案见本章末）

1. 盈余质量意味着_____。

a. 股东要求公司获取的利润足以偿付其债务。

b. 净利润是经营成果最好的衡量指标。

c. 持续经营与一次性交易同等重要。

d. 持续经营收益比一次性交易收益的质量好。

2. 以下哪种说法是正确的？

a. 非常损益与持续经营收益在利润表上汇总列报。

b. 终止经营项目在利润表上单独列报。

c. 非常损益是终止经营的一部分。

d. 以上说法都正确。

3. Neylon 公司普通股的每股盈余为 5.94 美元。假设你对 Neylon 公司利润的资本化利率的要求是 6%。你愿意以什么价格购买该公司的股票?

    a. 5.94 美元   b. 35.64 美元   c. 99 美元   d. 50 美元

4. 下列数据摘自 Trendy Trinket 公司的利润表。

美元

	2017 年度	2016 年度	2015 年度
持续经营收益(损失)	(20 000)	62 000	120 000
终止经营收益(损失)	(8 000)	(4 500)	2 500
净利润(损失)	(28 000)	57 500	122 500
持续经营每股盈余(损失):基本	(0.20)	0.60	1.12
终止经营每股盈余(损失):基本	(0.08)	(0.04)	0.02
每股盈余(损失):基本	(0.28)	0.56	1.14

Trendy Trinket 公司没有流通在外的优先股股票。2017 年度,该公司有多少流通在外的普通股股票?

    a. 100 000 股   b. 71 429 股   c. 140 000 股   d. 102 500 股

5. 当你在意大利度假时,1 欧元可以兑换 1.20 美元。度假结束后,你将未用完的欧元兑换成美元,此时汇率为 1 欧元兑换 1 美元。在你度假期间,_____。

    a. 美元贬值   b. 欧元升值

    c. 美元对欧元升值   d. 欧元对美元升值

6. 印第安纳州艾伦县政府从加拿大公司购买设备。该设备的成本为 1 600 000 加元,当时的汇率为 1 加元兑换 0.97 美元。一个月后,艾伦县政府支付货款,当时的汇率为 1 加元兑换 0.96 美元。艾伦县政府购买该设备的成本是_____。

    a. 1 616 000 美元   b. 1 552 000 美元   c. 16 000 美元   d. 1 536 000 美元

7. 为什么上市公司向公众报告其会计政策变更非常重要?

    a. 会计政策变更影响股利,而投资者需要股利回报。

    b. 某些会计政策变更比其他会计变更更特殊。

    c. 不同会计期间经营成果的比较十分重要。

    d. 多数会计政策变更会导致净利润增加,而投资者需要了解净利润增加的原因。

8. 其他综合收益_____。

    a. 包括可供出售投资未实现的利得或损失   b. 影响每股盈余

    c. 包括设备出售损益   d. 不影响所得税

9. Mattison 公司赚取的税前利润是 180 000 美元,应税所得是 150 000 美元,所得税税率是 32%。该公司关于所得税的会计分录为_____。

    a. 应交所得税   57 600

        所得税费用   48 000

        递延所得税负债   9 600

    b. 所得税费用   48 000

        应交所得税   48 000

    c. 所得税费用   57 600

应交所得税		57 600
d. 所得税费用	57 600	
应交所得税		48 000
递延所得税负债		9 600

10. 递延所得税负债通常是_____。

	账户类别	报表类别
a.	短期	利润表
b.	长期	资产负债表
c.	长期	利润表
d.	短期	股东权益变动表

11. 股东权益变动表的主要目的是报告_____。

a. 综合收益　　　　　　　　　　　　b. 财务状况

c. 权益账户变动的原因　　　　　　　d. 经营成果

12. 独立审计人员出具的审计报告_____。

a. 向投资者保证被审计公司财务报告编制符合公认会计原则（GAAP）

b. 从根本上说是被审计公司管理层的责任

c. 确保证财务报表没有重大会计错误

d. 向投资者保证投资于被审计公司的股票是安全的

自我测评

道德检测

下列情况违反了 AICPA 职业行为守则三原则（客观性、独立性和谨慎性）中的哪个原则？假设例子中的所有人都是 AICPA 的成员（注：有关原则的描述，请参阅第 1 章有关 AICPA 专业行为准则的内容）。

a. Brianna 是 Scuba 系统公司的首席执行官，她正在为对公司进行年终审计的独立会计师事务所做前期准备。Brianna 工作太忙了，忘了对内部控制进行评估。为了节约时间，她利用去年的财务报告中的内部控制报告快速地写完了报告。她修改了去年的报告中的一些句子，但是并没有对内部控制做任何评估。

b. Matthew 是一家大型会计师事务所新聘请的审计人员。他被指派为公司的最大客户 Transport Global 公司测试现金。Matthew 不确定他需要做哪些类型的测试，所以他只是复制了去年的文件并修改了时间。

c. Ashley 是史密斯公司（Smith & Associates）新任的审计经理。她拥有 Overpass 系统公司的股票，该公司是史密斯公司的客户之一。她没有向史密斯公司管理层说明她拥有 Overpass 系统公司股票的事，因为她知道自己不会因为拥有该公司的股票而影响审计工作。

d. Jared 负责编制 Gearbox 公司的财务报表附注。Jared 知道 Gearbox 公司将面临一项 1 亿美元的诉讼损失，但是因为他拥有该公司的股票，不希望该公司的股价下降，所以没有披露这条信息而是选择了隐瞒。

小练习

S11-1 （目标：评价盈余质量）研究表明，超过 50% 有财务报表舞弊的公司存在不正当确认收入的情形。这意味着什么？陈述不正当收入确认最常用的方法。

S11-2 （目标：评价盈余质量）仔细研究 Kurzic 进口公司 2016 年度的利润表，并回答下列问题：

Kurzic 进口公司合并利润表（节选）		
（除每股盈余外，单位：千美元）	2016 年度	2015 年度
销售收入净额	1 806 092	1 825 975
经营成本与费用：		
销售成本（包括采购和商店占用成本）	1 045 880	1 121 690
销售和行政费用	526 060	549 850
折旧和摊销	48 750	55 675
经营成本与费用总计	1 620 690	1 727 215
经营收入（损失）	185 402	98 760
非经营收入和费用：		
利息和投资收入	(2 740)	(2 675)
利息费用	1 640	1 725
利息收入净额	(1 100)	(950)
所得税前持续经营利润（损失）	186 502	99 710
备付所得税（优惠）	69 315	34 700
持续经营利润（损失）	117 187	65 010
终止经营活动：		
终止经营利润（损失）	210	(2 300)
净利润（亏损）	117 397	62 710
持续经营下的每股盈余（损失）：基本	1.52	0.85
终止经营下的每股盈余（损失）：基本	0.00	(0.03)
每股盈余（损失）：基本	1.52	0.83

1. 2016 年度，Kurzic 进口公司通过销售产品赚取了多少毛利？持续经营利润是多少？净利润是多少？

2. 2016 年度末，大多数精明的投资者在预测 Kurzic 进口公司 2017 年度及以后年度的净利润时会使用哪一项净利润数据？指出该项利润科目的名称，给出金额并陈述理由。

S11-3 （目标：编制复杂的利润表）2016 年 12 月 31 日，Musicality 公司报告了下列项目的相关数据，其列示未按特定顺序：

			千美元
其他利得（损失）	(23 000)	销售成本	74 000
销售收入净额	195 000	营业费用	66 000
终止经营损失	10 000	应收账款	22 000

所得税税率为 40%，适用于所有科目。

编制 Musicality 公司 2016 年度的多步式利润表。省略每股盈余数据。

S11-4 （目标：公司股票估值）2016 年度，Orange 计算机公司销售收入净额为 193.2 亿美元，净利润为 19.91 亿美元，没有发生重大的终止经营活动和会计政策变更事项。每股盈余是 2.1 美元。以 10% 的资本化率计算，该公司的股票每股价值多少？将你预测的股价与报纸上刊登的 Orange 计算机公司的实际股价（71.04 美元）进行对比。根据你预测的股价，是应该买进、持有还是卖出 Orange 计算机公司的股票？

S11-5 （目标：外币交易利得或损失的会计处理）假设 Natural Soda 公司 9 月 12 日向俄罗斯公司赊销软饮料糖浆，销售价款为 20 万卢布。在销售日，1 卢布等于 0.36 美元。10 月 18 日，Natural Soda 公司收回 50% 的应收账款，汇率为 1 卢布等于 0.31 美元。11 月 15 日，Natural Soda 公司收到剩余的全部货款，当时的汇率为 1 卢布等于 0.39 美元。

编制 Natural Soda 公司上述三笔交易的会计分录。

S11-6 （目标：外币交易利得或损失的会计处理）Industrial Belting 公司赊销了 70 万墨西哥比索的货物。在销售日，汇率为 1 比索等于 0.092 美元。4 月 24 日，Industrial Belting 公司收到客户付款，当时的汇率为 1 比索等于 0.096 美元。编制 Industrial Belting 公司现金收款的会计分录。

Industrial Belting 公司赊购存货，价款为 2.9 万瑞士法郎。购买日，汇率为 1 瑞士法郎等于 0.78 美元。10 月 25 日，该公司用现金支付货款，汇率为 1 瑞士法郎等于 0.83 美元。编制 Industrial Belting 公司现金付款的会计分录。

在上述两种情形下，哪一种货币升值？哪一种货币贬值？

S11-7 （目标：使用利润表中的其他信息） Juneau 巡航线公司截至 2016 年 12 月 31 日的利润表如下：

	百万美元
经营收入	95 500
经营费用	84 100
经营利润	11 400
营业外收入（费用），净额	1 000
持续经营利润	12 400
终止经营利润，税后	1 100
净利润	13 500

要求

1. Juneau 巡航线公司的终止经营利润是一项费用还是一项收入？为什么？

2. Juneau 巡航线公司的终止经营利润是否应该包括在净利润中？说明理由。

3. 假设你是一位财务分析师，你的工作是预测 Juneau 巡航线公司 2017 年及以后年度的净利润。利润表中的哪个项目将被用于你的预测？该项目的确切数字是多少？你为什么会使用这一项目？

S11-8 （目标：公司所得税的会计处理） Colossal Marine 公司经营的第一个年度 2016 年度，报告的税前利润为 171 000 美元、应纳税所得为 148 000 美元。公司所适用的所得税税率是 40%。

要求

1. 编制 Colossal Marine 公司 2016 年度的所得税会计分录。

2. 编制 Colossal Marine 公司的当期利润表,从税前利润开始;同时编制该公司的资产负债表,列示短期负债和长期负债部分。

S11-9 (目标:解释每股盈余数据)Weather Seal Windows 公司有流通在外的优先股股票,并于当年增发了普通股股票。

1. 给出计算普通股净利润的每股盈余的基本公式。

2. 列出 Weather Seal Windows 公司必须报告每股盈余数据的利润项目。

3. 为什么每股盈余是有用的商业统计数据?

S11-10 (目标:计算每股盈余)使用 S11-3 中 Musicality 公司的数据。2016 年度,Musicality 公司有发行在外的普通股 10 000 股。当年,该公司宣告并发放优先股股利 1 000 美元。

在 Musicality 公司的利润表上报告每股盈余(保留小数点后两位)。

S11-11 (目标:报告综合损益)使用 S11-3 中 Musicality 公司的数据。该公司 2016 年度的未实现投资利得为 2 100 美元,外币折算调整(收益)为 3 200 美元。这两项均为税后净额。从 S11-3 中该公司的净利润开始,列示如何在财务报表中报告其他综合损益。

Musicality 公司应该报告其他综合损益的每股盈余数据吗?说明理由。

S11-12 (目标:报告前期损益调整)iWorld 公司截至 2016 年 12 月 31 日的年度留存收益表报告如下:

美元

iWorld 公司留存收益表 截至 2016 年 12 月 31 日的年度	
2015 年 12 月 31 日留存收益	55 000
2016 年度净利润	67 000
2016 年度股利	(26 000)
2016 年 12 月 31 日留存收益	96 000

在发布 2016 年度财务报告之前,iWorld 公司发现 2015 年度净利润多计了 10 000 美元。编制 iWorld 公司 2016 年度留存收益表,并作出错误更正,即前期损益调整(以章末习题为例)。

S11-13 (目标:分析分部信息)Worldwide 电子公司的总部位于新泽西州。公司通过设在美国及其他 18 个国家的 150 家零售店和 25 家批发商店销售电子设备。此外,公司还有一个精心设计的网站,用于宣传产品。公司通过三个独立的部门管理和评价零售店、批发商店和互联网业务,每个部门都有自己的管理层。

1. 给出业务分部的定义。出于财务报告的目的,Worldwide 电子公司可以如何划分业务分部?

2. 分部报告的目的是什么?分部报告在哪些方面可能对公司的潜在投资者有好处?

S11-14 (目标:区分财务报表的责任)Meinike 公司的年度报告包括以下内容:

管理层年度报告——财务报告的内部控制

建立和维护适当的财务报告内部控制制度是公司管理层的责任……管理层已经对公司的财务报告内部控制制度的有效性进行了评价……基于该评价,管理层认为,截至 2016 年 9 月 30 日,公司的财务报告内部控制制度是有效的。

续表

独立注册的会计师事务所报告

Meinike 公司董事会及全体股东：

我们审计了 Meinike 公司及其子公司（以下简称"该公司"）2016 年 9 月 30 日和 2015 年 9 月 30 日的合并资产负债表，同时，还审计了截至 2016 年 9 月 30 日的 3 个会计年度的合并利润表、合并股东权益变动表和合并现金流量表。编制合并财务报表是该公司管理层的责任……我们的责任是基于我们的审计工作，就合并财务报表和企业内部控制发表意见。

我们按照美国上市公司会计监督委员会（PCAOB）的审计标准实施审计工作……

我们认为，该公司的财务报表按照美国公认会计原则编制，在所有重大方面公允地反映了该公司 2015 年 9 月 30 日和 2016 年 9 月 30 日的合并财务状况，以及截至 2016 年 9 月 30 日的 3 个会计年度的合并经营成果和现金流量情况。

SLMA LLP 会计师事务所
科罗拉多州奥罗拉
2016 年 12 月 28 日

1．谁对 Meinike 公司的财务报表负责？

2．Meinike 公司编制的财务报表根据的是什么会计准则？

3．指出 Meinike 公司的管理层在履行确保财务信息的可靠性的管理层责任方面采取的一项具体措施。

4．什么机构对 Meinike 公司的财务报表出具独立的外部意见？该机构位于何处？是何时向公众发布其审计意见的？

5．审计涵盖的确切内容有哪些？写出名称和日期。

6．审计人员实施审计的标准是什么？

7．审计人员对 Meinike 公司财务报表的审计意见是什么？

练习

（A 组）

E11-15A （目标：编制和使用利润表；编制综合收益表）假设 Searstown Cycles 公司的利润表中报告了一些特殊项目。以下是摘自 Searstown Cycles 公司财务报表的数据，其列示没有特定的顺序：

千美元

所得税费用（收益）：		销售收入净额	13 500
持续经营	305	外币折算利得（税后）	350
终止经营	58	终止经营收益	290
可供出售投资未实现利得	36	宣告并已支付的股利	650
短期投资	20	营业费用总额	12 200

要求

1．编制 Searstown Cycles 公司截至 2016 年 9 月 30 日的年度利润表。省略每股盈余数据。参考章末习题。

2．编制 Searstown Cycles 公司截至 2016 年 9 月 30 日的年度综合收益表。参考表 11-2。

E11-16A （目标：编制利润表；计算每股盈余；评价盈余数量；评价公司的投资价值）

Hooper 图书公司 2016 年度的会计数据如下：

	千美元
营业外收入	1 600
所得税费用	5 640
销售收入	122 000
营业费用总额	104 800

要求

1. 编制 Hooper 图书公司截至 2016 年 12 月 31 日的单步式利润表，其中包括每股盈余数据。Hooper 图书公司当年流通在外的普通股股数为 100 万股，没有流通在外的优先股股票。

2. 假设 Hooper 图书公司的营业收入反映其核心业务在过去 3 年稳步增长，年增长率约为 10%，并且没有终止经营业务。该公司的盈余质量如何？

3. 假定投资者对 Hooper 图书公司持续经营收益采用的资本化率是 7%。估计该公司每股股票的价格。

E11-17A （目标：运用收益数据进行投资分析）Flash Bytes 公司 2016 年的销售收入是 76.6 亿美元，营业利润是 21 亿美元，净利润是 30 亿美元。每股盈余(EPS)是 4.70 美元。2017 年 1 月 2 日，Flash Bytes 公司的普通股在纽约证券交易所的每股市价是 54.00 美元。

投资者在确定 Flash Bytes 公司股票的每股价值时采用的资本化率大约是多少？在计算每股价值的公式中采用每股盈余。

E11-18A （目标：外币交易利得或损失的会计处理）假定 Holloway Stores 发生了下列外币交易：

5 月 9 日	从日本的 Toyita 公司赊购存货，价款为 700 000 日元，汇率为 1 日元等于 0.009 2 美元。
6 月 18 日	向 Toyita 公司支付货款，汇率为 1 日元等于 0.008 5 美元。
22 日	向法国的 Magnificente 公司赊销商品，售价为 40 000 欧元，汇率为 1 欧元等于 1.22 美元。不考虑销售成本。
28 日	从 Magnificente 公司收回货款，汇率为 1 欧元等于 1.18 美元。

要求

1. 编制 Holloway Stores 上述交易的会计分录。重点关注因汇率变动所导致的外币交易利得或损失(答案四舍五入取整数)。

2. 5 月 10 日购买完成以及 6 月 23 日销售完成后，Holloway Stores 希望哪种货币升值？实际上哪种货币升值了？解释原因。

E11-19A （目标：公司所得税的会计处理）Martell Heights 公司 2016 年度利润表报告的税前利润是 320 000 美元。该公司向美国国税局申报的应纳税所得为 280 000 美元。2016 年度公司所适用的所得税税率是 25%。

要求

1. 编制 Martell Heights 公司 2016 年度的所得税会计分录。

2. 2016 年度，该公司实际支付的所得税是多少？

3. 2016 年年初，Martell Heights 公司的递延所得税负债余额为 31 000 美元。2016 年 12 月 31 日，该公司在资产负债表中列报的递延所得税金额是多少？

E11-20A （目标：计算每股盈余）Altar Loan 公司 2016 年 12 月 31 日的资产负债表报告的数据如下：

	美元
优先股，面值 100 美元，股息率 6%，已发行 9 000 股	900 000
普通股，面值 0.75 美元，已发行 900 000 股	675 000
库存普通股，70 000 股，按成本计价	630 000

2016 年度，Altar Loan 公司的净利润是 6 200 000 美元。计算 Altar Loan 公司 2016 年度的普通股每股盈余（保留小数点后两位）。假设当年已发行和发行在外的股份数量没有变化。

E11-21A （目标：计算并运用每股盈余）Athens 控股公司经营多种业务，其中包括汽车旅馆、汽车租赁和房地产。对 Athens 控股公司来说，2016 年是不同寻常的一年，公司利润表中报告的数据如下：

	百万美元
收入净额	3 931
费用总额及其他	3 355
持续经营收益	576
终止经营收益（税后）	（85）
净利润	491

2016 年，Athens 控股公司还报告了下列内容（百万美元，除每股面值外）：

普通股，面值 0.05 美元，已发行 6 亿股	30
库存股，2 亿股，按成本计价	（3 700）

要求

说明 Athens 控股公司应该如何报告 2016 年度的每股盈余数据（近似到美分）。

E11-22A （目标：在留存收益表上报告前期损益调整）EcoClean 公司是一家家居用品连锁店。2016 年度，该公司报告了前期损益调整事项。其中，一项会计差错导致 2015 年度的净利润被少报了 1 300 万美元。2015 年 12 月 31 日未经调整的留存收益是 3.44 亿美元。2016 年度的净利润为 9 700 万美元，宣告的股利为 6 800 万美元。

要求

编制该公司截至 2016 年 12 月 31 日的年度留存收益表。EcoClean 公司的前期损益调整对 2016 年度的净利润有什么影响？

E11-23A （目标：编制综合收益表）截至 2016 年 12 月 31 日的年度，Bacarella 国际公司的税后净利润为 3 600 000 美元。报告的税后可供出售投资未实现利得为 120 000 美元，来自墨西哥子公司的税后外币折算利得为 160 000 美元。

要求

1. 编制 Bacarella 国际公司截至 2016 年 12 月 31 日的综合收益表。参考表 11-2。

2. 解释以下项目将会出现在 Bacarella 国际公司 2016 年 12 月 31 日股东权益变动表的哪个地方。

a. 净利润

b. 税后可供出售投资未实现利得

c. 来自墨西哥子公司的税后外币折算利得

E11-24A （目标：分析分部信息）下面是宝洁公司 2014 年度财务报告的附注（节选）：

分部信息摘要：

……报告分部包括以下五个：

美容：美容保养（止汗剂、除臭剂、化妆品、个人清洁用品、护肤品）；头发护理和染发剂；高级品牌（SKII、香水）；专业沙龙

修面：剃须护理（刀片、剃须刀、剃须前后产品）；其他电子产品

保健：个人保健（胃肠道、快速诊断、呼吸道、其他个人保健品、维生素/矿物质/补充剂）；口腔护理（牙刷、牙膏、其他口腔护理）

婴儿、女性和家庭护理：婴儿护理（婴儿湿巾、尿布和裤子）；女性护理；家庭护理（纸巾、面巾纸、厕纸）

全球分部情况（单位：百万美元）

		净销售额	持续经营的税前损益	持续经营净损益
美容	**2014 年**	**19 507**	**3 530**	**2 739**
	2013 年	19 956	3 215	2 474
	2012 年	20 318	3 196	2 390
修面	**2014 年**	**8 009**	**2 589**	**1 954**
	2013 年	8 038	2 458	1 837
	2012 年	8 339	2 395	1 807
保健	**2014 年**	**7 798**	**1 597**	**1 083**
	2013 年	7 684	1 582	1 093
	2012 年	7 235	1 520	1 022
牙膏	**2014 年**	**26 060**	**4 678**	**3 039**
	2013 年	25 862	4 757	3 089
	2012 年	25 580	4 485	2 816
婴儿、女性和家庭护理	**2014 年**	**20 950**	**4 310**	**2 940**
	2013 年	20 479	4 507	3 047
	2012 年	19 714	4 271	2 927
公司整体*	**2014 年**	**83 062**	**14 885**	**11 707**
	2013 年	82 581	14 692	11 301
	2012 年	82 006	12 528	9 150

＊分部信息并不意味着涵盖整个公司的财务数据，因为整个公司的财务数据还包括折旧和摊销、终止经营/已出售分部的经营结果。

要求

1. 截至 2014 年度末，宝洁公司有几个经营分部？

2. 哪些经营分部 2014 年比 2013 年经营得更好？

3. 哪个经营分部 2014 年利润率最高？哪个最低？评价截至 2014 年度末宝洁公司的整体盈利能力。

4. 通过分析宝洁公司的分部信息，作为潜在投资者，你学到了什么？

（B 组）

E11-25B （目标：编制和使用利润表；编制综合收益表）假设 Victor Cycles 公司的利润

表中报告了一些特殊项目。以下是摘自 Victor Cycles 公司财务报表的数据，其列示没有特定的顺序：

			千美元
所得税费用（收益）：		销售收入净额	13 300
持续经营	295	外币折算利得（税后）	300
终止经营	56	终止经营收益	280
可供出售投资未实现利得	35	宣告并已支付的股利	620
短期投资	20	营业费用总额	12 200

要求

1. 编制 Victor Cycles 公司截至 2016 年 9 月 30 日的年度利润表. 省略每股盈余数据。参考章末习题。

2. 编制 Victor Cycles 公司截至 2016 年 9 月 30 日的年度综合收益表。参考表 11-2。

E11-26B （目标：编制利润表；计算每股盈余；评价盈余质量；评价公司的投资价值）Calloway 图书公司 2016 年度的会计数据如下：

	千美元
营业外收入	2 300
所得税费用	7 950
销售收入	129 000
营业费用总额	104 800

要求

1. 编制 Calloway 图书公司截至 2016 年 12 月 31 日的单步式利润表，其中包括每股盈余数据。Calloway 图书公司当年流通在外的普通股股数为 100 万股，没有流通在外的优先股股票。

2. 假设公司的经营收入反映了其核心业务在过去 3 年中稳步增长，年增长率约为 10%，并且没有终止经营业务。该公司的盈余质量如何？

3. 假定投资者对 Calloway 图书公司持续经营收益采用的资本化率是 8%，估计该公司每股股票的价格。

E11-27B （目标：运用收益数据进行投资分析）Rondell 公司 2016 年的销售收入是 69.6 亿美元，营业利润是 20 亿美元，净利润是 30 亿美元。每股盈余（EPS）是 4.30 美元。2017 年 1 月 3 日，Rondell 公司的普通股在纽约证券交易所的每股市价是 54.10 美元。

投资者在确定 Rondell 公司股票的每股价值时采用的资本化率大约是多少？在计算每股价值的公式中采用每股盈余。

E11-28B （目标：外币交易利得或损失的会计处理）假定 Newman Stores 发生了下列外币交易：

5 月 9 日	从日本的 Harajuku 公司赊购存货，价款为 800 000 日元，汇率为 1 日元等于 0.008 8 美元。
6 月 18 日	向 Harajuku 公司支付货款，汇率为 1 日元等于 0.008 1 美元。
22 日	向法国的 Le Fleur 公司赊销商品，售价为 50 000 欧元，汇率为 1 欧元等于 1.21 美元。不考虑销售成本。
28 日	从 Le Fleur 公司收回货款，汇率为 1 欧元等于 1.13 美元。

要求

1. 编制 Newman Stores 上述交易的会计分录。重点关注因汇率变动所导致的外币交易利得或损失（答案四舍五入取整数）。

2. 5 月 10 日购买完成后以及 6 月 23 日销售完成后，Newman Stores 希望哪种货币升值？实际上哪种货币升值？解释原因。

E11-29B （目标：公司所得税的会计处理）Botto Heights 公司 2016 年度利润表报告的税前利润是 420 000 美元。该公司向美国国税局申报的应纳税所得为 390 000 美元。2016 年度公司所适用的所得税税率是 40%。

要求

1. 编制 Botto Heights 公司 2016 年度的所得税会计分录。

2. 2016 年度，该公司实际支付的所得税是多少？

3. 2016 年年初，Botto Heights 公司的递延所得税负债余额为 37 000 美元。2016 年 12 月 31 日，该公司在资产负债表中列报的递延所得税金额是多少？

E11-30B （目标：计算每股盈余）Prestige Loan 公司 2016 年 12 月 31 日的资产负债表报告的数据如下：

	美元
优先股，面值 50 美元，股息率 10%，已发行 10 000 股	500 000
普通股，面值 0.75 美元，已发行 1 000 000 股	750 000
库存普通股，80 000 股，按成本计价	720 000

2016 年度，Prestige Loan 公司的净利润是 630 000 美元。计算 Prestige Loan 公司 2016 年度的普通股每股盈余（保留小数点后两位）。假设当年已发行和发行在外的股份数量没有改变。

E11-31B （目标：计算并运用每股盈余）Croker 控股公司经营多种业务，其中包括汽车旅馆、汽车租赁和房地产。对 Croker 控股公司来说，2016 年是不同寻常的一年，公司利润表中报告的数据如下：

	百万美元
收入净额	3 936
费用总额及其他	3 360
持续经营收益	576
终止经营收益（税后）	84
净利润	660

2016 年，Croker 控股公司还报告了下列内容（百万美元，除每股面值外）：

普通股，面值 0.15 美元，已发行 13 亿股	195
库存股，5 亿股，按成本计价	(3 649)

要求

说明 Croker 控股应该如何报告 2016 年度的每股盈余数据（近似到美分）。

E11-32B （目标：在留存收益表上报告前期损益调整）EverClean 公司是一家家居用品连锁店。2016 年度，该公司报告了前期损益调整事项。其中，一项会计差错导致 2015 年度的净利润被多报了 1 200 万美元。2015 年 12 月 31 日未经调整的留存收益是 3.45 亿美元。2016 年度的净利润为 9 900 万美元,宣告的股利为 6 500 万美元。

要求

编制该公司截至 2016 年 12 月 31 日的年度留存收益表。EverClean 公司的前期损益调整对 2016 年度的净利润有什么影响?

E11-33B (目标:编制综合收益表)截至 2016 年 12 月 31 日的年度,Martinson 国际公司的税后净利润为 4 200 000 美元。报告的税后可供出售投资未实现利得为 180 000 美元,来自巴西子公司的税后外币折算利得为 180 000 美元。

要求

1. 编制 Martinson 国际公司截至 2016 年 12 月 31 日的综合收益表。参考表 11-2。

2. 解释以下项目将会出现在 Martinson 国际公司 2016 年 12 月 31 日股东权益变动表的哪个地方。

a. 净利润

b. 税后可供出售投资未实现利得

c. 来自巴西子公司的税后外币折算利得

E11-34B (目标:分析分部信息)下面是耐克公司 2014 年度财务报告的附注(节选):

百万美元

	年度截止日为 5 月 31 日		
	2014 年度	2013 年度	2012 年度
收入			
北美洲	12 299	11 158	9 538
西欧	4 979	4 193	4 212
中东欧	1 387	1 229	1 146
中国	2 602	2 478	2 561
日本	771	876	920
新兴市场	3 949	3 832	3 523
全球品牌部	125	115	111
耐克品牌收入总额	26 112	23 881	22 011
匡威	1 684	1 449	1 324
Corporate	3	(17)	(4)
耐克公司合并总收入	27 799	25 313	23 331
息税前利润			
北美洲	3 075	2 641	2 092
西欧	855	643	599
中东欧	279	234	209
中国	816	813	913
日本	131	139	135
新兴市场	955	988	826
全球品牌部	(2 021)	(1 746)	(1 479)
耐克品牌收入总和	4 090	3 712	3 295
匡威	496	425	394
Corporate	(1 009)	(884)	(674)
耐克合并息税前利润合计	3 577	3 253	3 015

要求

1. 根据以上信息,你认为耐克公司 2014 年度末的报告分部是什么?

2. 2014 年度哪个经营分部增长最快?哪个最慢?

3. 2014 年度哪个经营分部利润率最高?哪个最低?评价截至 2014 年度末该公司的整体盈利能力。

4. 通过分析耐克公司分部信息,作为潜在投资者,你学到了什么?

练习测试

回答下列问题以测试你对公司利润表和股东权益变动表的理解。从给出的备选答案中选出最佳的选项。

Q11-35 对一家公司而言,最好的利润来源是_____。

a. 前期损益调整　　b. 固定资产出售收益　　c. 持续经营收益　　d. 终止经营收益

Q11-36 Marva's Lotion 公司在当年的利润表中报告了几个收益数据(括号表示损失):

　　　　　　　　　　　　　　　　　　　　　　　　　　　　　　美元

毛利	140 000	持续经营收益	38 000
净利润	40 000	终止经营损失	(12 000)
所得税前利润	76 000		

大多数投资分析人员预测 Marva's Lotion 公司下一个会计年度将取得多少净利润?

a. 38 000 美元　　b. 40 000 美元　　　c. 76 000 美元　　　d. 26 000 美元

Q11-37 参考上一题。假设你正将 Marva's Lotion 公司的股票当作一项投资来评估。你要求的投资回报率是 10%,所以你采用的 Marva's Lotion 公司收益的资本化率也是 10%。你愿意以什么价格购买该公司的全部股票?

a. 400 000 美元　　b. 760 000 美元　　　c. 1 400 000 美元　　d. 380 000 美元

Q11-38 Providence 系统公司从日本 Megaplex 公司购买存货。购买价格为 150 000 日元,汇率为 1 日元等于 0.008 8 美元。一个月后,Providence 系统公司以日元支付货款,当时的汇率为 1 日元等于 0.009 3 美元。Providence 系统公司的会计分录为_____。

a. 借记存货 1 320 美元　　　　　　b. 记录外币交易利得 75 美元

c. 借记存货 1 395 美元　　　　　　d. 上述选项都不对

Q11-39 规避外币交易损失的方法之一是_____。

a. 尽可能地推迟债务偿还　　　　　b. 以外币结算

c. 以外币存货和固定资产予以对冲　　d. 以本币作为回款货币

Q11-40 外币交易利得或损失应在哪张报表上列报?

a. 利润表　　　　　　　　　　　　b. 资产负债表

c. 现金流量表　　　　　　　　　　d. 合并工作底稿

Q11-41 每股盈余数据不在下列哪项中列报?

a. 终止经营收益

b. 综合损益

c. 持续经营收益

Q11-42 Copyking 公司的税前利润是 200 000 美元,应税所得是 120 000 美元。所得税税率是 25%。Copyking 公司利润表中报告的净利润是_____。

a. 30 000 美元　　　　　　　　　　b. 50 000 美元

c. 120 000 美元　　　　　　　　　　d. 150 000 美元

Q11-43　上一题中 Copyking 公司需要立即缴纳的所得税是_____。

a. 120 000 美元　　　　　　　　　　b. 50 000 美元

c. 90 000 美元　　　　　　　　　　d. 30 000 美元

Q11-44　使用 Q11-42 和 Q11-43 中 Copyking 公司的相关数据。经营第一年年末，该公司的递延所得税负债是_____。

a. 20 000 美元　　　　　　　　　　b. 30 000 美元

c. 50 000 美元　　　　　　　　　　d. 120 000 美元

Q11-45　下面各项中哪一项与前期损益调整最相关？

a. 优先股股利　　　　　　　　　　b. 留存收益

c. 库存股　　　　　　　　　　　　d. 每股盈余

Q11-46　分部信息在公司报表的哪一部分报告？

a. 利润表　　　　　　　　　　　　b. 财务报表附注

c. 资产负债表　　　　　　　　　　d. 股东权益变动表

Q11-47　下列哪个陈述是正确的？

a. 公司管理层审计财务报表

b. 上市公司审计人员审计财务报表和内部控制

c. GAAP 要求公司发布社会责任报告

d. 独立审计人员编制财务报表

问题

（A 组）

P11-48A　（目标：编制利润表，列报每股盈余数据；评价盈余质量）以下信息摘自 Daughtry 化妆品公司 2016 年 12 月 31 日的会计记录：

			美元
前期税前损益调整——借记留存收益	5 000	利息费用	21 000
所得税费用（收益）：		诉讼和解收益	6 000
持续经营收益	27 600	股利收入	12 000
终止经营收益	4 800	库存普通股（1 000 股，成本计价）	16 000
出售固定资产损失	10 000	管理费用	70 900
终止经营收益	12 000	销售收入	536 000
优先股，6%，面值 25 美元，已发行		留存收益期初余额	196 000
1 000 股	25 000	销售费用	81 000
销售成本	302 000	普通股，无面值，授权并已发行 21 000 股	350 000
普通股股利	28 000		

要求

1. 参照章末习题的格式编制 Daughtry 化妆品公司截至 2016 年 12 月 31 日的单步式利润表，将收入项目和费用项目汇总列报，并列报每股盈余数据。假设优先股股息于 2016 年 12

月 31 日宣告发放。

2. 评价该公司截至 2016 年 12 月 31 日的利润情况。Daughtry 化妆品公司的高层管理人员预期持续经营收益会达到销售收入的 7％。

P11-49A （目标：编制留存收益表）运用 P11-48A 中的数据，编制 Daughtry 化妆品公司截至 2016 年 12 月 31 日的留存收益表。采用章末习题中留存收益表的格式。

P11-50A （目标：运用收益数据进行投资决策）P11-48A 中的 Daughtry 化妆品公司很有希望在所处的行业中赢得市场份额。来自爱尔兰的一些投资者考虑购买该公司流通在外的普通股股票。Daughtry 化妆品公司普通股股票当前的股价是每股 24 美元。

A Better Life 杂志的一篇报道预测该公司的利润一定会增长。在不确定的将来，公司可以赚取不低于现有水平的利润。基于这一点，投资者认为预测该公司普通股价值的适当的资本化率是 10％。这种看法将引导投资者为 Daughtry 化妆品公司出价多少？Daughtry 化妆品公司的现有股东会接受这个价格吗？说明理由。

P11-51A （目标：外币交易利得或损失的会计处理）假定 Lyndell 公司完成的跨国交易事项如下：

5 月 1 日	向意大利汽车制造商 Polito 公司赊销存货，价款为 80 000 欧元，汇率为 1 欧元等于 1.34 美元。Polito 公司要求以欧元结算。不考虑销售成本。
10 日	从一家加拿大公司赊购产品，价款为 59 000 加元，汇率为 1 加元等于 0.77 美元。货款将以加元支付。
17 日	向一家英国公司赊销存货，价款为 138 000 英镑，汇率为 1 英镑等于 1.93 美元。货款将以英镑支付。不考虑销售成本。
22 日	收回 Polito 公司所欠货款，汇率为 1 欧元等于 1.37 美元。
6 月 18 日	向加拿大公司支付货款，汇率为 1 加元等于 0.76 美元。
24 日	收回英国公司所欠货款，汇率为 1 英镑等于 1.90 美元。

要求

1. 编制 Lyndell 公司上述交易的会计分录，并说明如何在利润表中列示外币交易利得或损失。

2. 这个问题对你加深对跨国交易的理解有何帮助？

P11-52A （目标：评价盈余质量；计算每股盈余；估算股票价格）Better Ventures（BVL）公司专门帮助业绩差的公司实现良好的业绩。2015 年 12 月 31 日，BVL 公司的股本结构由 12 000 股优先股（每股 2.20 美元）和 130 000 股普通股构成。2016 年，BVL 公司发行了普通股股票，年底流通在外的股份数为 140 000 股。2016 年，流通在外的普通股的加权平均数是 134 000 股。2016 年度，该公司的持续经营收益是 225 000 美元。当年，该公司终止了一个业务分部，终止经营损失为 66 000 美元。所有数据为税后金额。假设 2016 年优先股数量没有发生改变。

要求

1. 计算 BVL 公司的每股盈余数据。从利润表中的持续经营收益项目开始。

2. 分析师们相信 BVL 公司能在不确定的将来以现有的水平获取利润。分别估算当资本化率为 8％、10％和 12％时，该公司普通股的每股市场价格。以上三项估计中，哪一项假定该公司股票的投资者的风险最大？为什么？

P11-53A　（目标：编制利润表；计算每股盈余；编制综合收益表）Megan Hodge 是天然食品公司的会计师。他在一次交通事故中受伤，在养伤期间，另一名无会计工作经验的员工编制了天然食品公司年度截至 2016 年 6 月 30 日的利润表，具体如下。

美元

天然食品公司利润表 截至 2016 年 6 月 30 日的年度		
收入和利得：		
销售收入		870 000
股本溢价		14 000
收入和利得合计		884 000
费用和损失：		
销售成本	385 000	
销售费用	104 000	
管理费用	96 000	
可供出售投资未确认损失	10 000	
股利支付	12 000	
所得税费用	85 500	
费用和损失合计		692 500
持续经营收益		191 500
其他利得和损失：		
终止经营损失		（25 000）
净利润		166 500
每股盈余		11.10

列示在利润表中的数据都是正确的。然而，某些科目列报的不正确，甚至有些科目根本不应该在利润表中予以列示。此外，相关数据并未计算所得税费用（税率为 30%）。天然食品公司在 2004 年发行了 15 000 股普通股。2016 年度，该公司持有 5 000 股库存股。

要求

1. 参考章末习题，为该公司编制一份正确的截至 2016 年 6 月 30 日的年度利润表（单步式，将所有的收入和费用汇总列示），包含净利润和其他综合损益。编制每股盈余部分。

2. 参考表 11-2，为该公司编制 2016 年度综合收益表。按要求 1 从净利润开始计算。

P11-54A　（目标：公司所得税的会计处理）Elemental 出版公司的会计记录（非所得税记录）列示的该公司截至 2016 年 12 月 31 日的利润表如下：

美元

收入总额	910 000
费用：	
销售成本	480 000
营业费用	200 000
税前费用合计	680 000
税前利润	230 000

2016 年度的应税所得包括对税前会计利润的下列调整：

a. 计入 2017 年度应税所得的 13 000 美元已经在 2016 年度纳税。

b. MACRS 税收折旧法下的折旧费用为 33 000 美元。

所得税税率为 32%。

要求

1. 计算 Elemental 出版公司 2016 年度的应税所得。

2. 编制 Elemental 出版公司 2016 年度所得税的会计分录。

3. 编制 Elemental 出版公司 2016 年度的单步式利润表。

（B 组）

P11-55B （目标：编制利润表，列报每股盈余数据；评价盈余质量）以下信息摘自 Clark 化妆品公司 2016 年 12 月 31 日的会计记录：

			美元
前期税前损益调整——借记留存收益	8 000	利息费用	24 000
所得税费用（收益）：		诉讼和解收益	8 000
持续经营收益	26 440	股利收入	14 000
终止经营收益	6 320	库存普通股（1 000 股，成本计价）	17 000
出售固定资产损失	12 000	管理费用	72 900
终止经营收益	16 000	销售收入	542 000
优先股，10%，面值 10 美元，已发行		留存收益期初余额	198 000
4 000 股	40 000	销售费用	83 000
销售成本	306 000	普通股，无面值，授权并已发行 23 000 股	370 000
普通股股利	27 000		

要求

1. 参考章末习题的格式编制 Clark 化妆品公司截至 2016 年 12 月 31 日的单步式利润表，将收入项目和费用项目汇总列报，并列报每股盈余数据。假设优先股股息于 2016 年 12 月 31 日宣告发放。

2. 评价该公司截至 2016 年 12 月 31 日的利润情况。Clark 化妆品公司的高层管理人员预期持续经营收益会达到销售收入的 6%。

P11-56B （目标：编制留存收益表）运用 P11-55B 中的数据，编制 Clark 化妆品公司截至 2016 年 12 月 31 日的留存收益表。采用章末习题中留存收益表的格式。

P11-57B （目标：运用收益数据进行投资决策）P11-55B 中的 Clark 化妆品公司很有希望在所处的行业中赢得市场份额。来自爱尔兰的一些投资者考虑购买该公司流通在外的普通股股票。Clark 化妆品公司普通股股票当前的股价是每股 21 美元。

A Better Life 杂志的一篇报道预测该公司的利润一定会增长。在不确定的将来，公司可以赚取不低于现有水平的利润。基于这一点，投资者认为预测该公司普通股价值的适当的资本化率是 10%。这种看法将引导投资者为 Clark 化妆品公司出价多少？Clark 化妆品公司的现有股东会接受这个价格吗？说明理由。

P11-58B （目标：外币交易利得或损失的会计处理）假定 Taupe 公司完成的跨国交易事项如下：

5 月 1 日	向意大利汽车制造商 Aromando 赊销存货，价款为 100 000 欧元，汇率为 1 欧元等于 1.37 美元。Aromando 公司要求以欧元结算。不考虑销售成本。	
10 日	从一家加拿大公司赊购产品，价款为 53 000 加元，汇率为 1 加元等于 0.73 美元。货款将以加元支付。	
17 日	向一家英国公司赊销存货，价款为 132 000 英镑，汇率为 1 英镑等于 1.95 美元。货款将以英镑支付。不考虑销售成本。	
22 日	收回 Aromando 公司所欠货款，汇率为 1 欧元等于 1.40 美元。	
6 月 18 日	向加拿大公司支付货款，汇率为 1 加元等于 0.72 美元。	
24 日	收回英国公司所欠货款，汇率为 1 英镑等于 1.92 美元。	

要求

1. 编制 Taupe 公司上述交易的会计分录，并说明如何在利润表中列示外币交易利得或损失。

2. 这个问题对你加深对跨国交易的理解有何帮助？

P11-59B （目标：评价盈余质量；计算每股盈余；估算股票价格）Turnover Specialists (TSL)公司专门帮助业绩差的公司实现良好的业绩。2015 年 12 月 31 日，TSL 公司的股本结构由 11 000 股优先股（每股 2.30 美元）和 125 000 股普通股构成。2016 年，TSL 公司发行了普通股股票，年底流通在外的股份数为 135 000 股。2016 年，流通在外的普通股的加权平均数是 131 000 股。2016 年度，该公司的持续经营收益是 220 000 美元。当年，该公司终止了一个业务分部，终止经营损失为 67 000 美元。所有数据为税后金额。假设 2016 年优先股数量没有发生改变。

要求

1. 计算 TSL 公司的每股盈余数据。从利润表中的持续经营收益项目开始。

2. 分析师们相信 TSL 公司能在不确定的将来以现有的水平获取利润。分别估算当资本化率为 6%、8% 和 10% 时，该公司普通股的每股市场价格。以上三项估计中，哪一项假定该公司股票的投资者的风险最大？为什么？

P11-60B （目标：编制利润表；计算每股盈余；编制综合收益表）Sophie Miller 是北方食品公司的会计师。他在一次交通事故中受伤，在他养伤期间，另一名无会计工作经验的员工编制了北方食品公司年度截至 2016 年 6 月 30 日的利润表，具体如下。

美元

北方食品公司利润表 截至 2016 年 6 月 30 日的年度		
收入和利得：		
销售收入		864 000
股本溢价		12 000
收入和利得合计		876 000
费用和损失：		
销售成本	387 000	
销售费用	104 000	
管理费用	99 000	

续表

可供出售投资未实现损失	13 000	
股利支付	15 000	
所得税费用	109 600	
费用和损失合计		727 600
持续经营收益		148 400
其他利得和损失：		
终止经营损失		27 000
净利润		175 400
每股盈余		11.69

列示在利润表中的数据都是正确的。然而,某些科目列报的不正确,甚至有些科目根本不应该在利润表中列示。此外,相关数据并未计算所得税费用(税率为40%)。北方食品公司在2004年发行了15 000股普通股。2016年度,该公司持有5 000股库存股。

要求

1. 参考章末习题,为该公司编制一份正确的截至2016年6月30日的年度利润表(单步式,将所有的收入和费用汇总列示),包含净利润和其他综合损益。编制每股盈余部分。

2. 参考表11-2,为该公司编制2016年度综合收益表。按要求1从净利润开始计算。

P11-61B (目标:公司所得税的会计处理)Consolidated出版公司的(非所得税记录)会计账簿列示的该公司2016年度的利润表如下:

美元

收入总额	900 000
费用:	
销售成本	480 000
营业费用	220 000
税前费用合计	700 000
税前利润	200 000

2016年度的应税所得包括对税前会计利润的下列调整:

a. 计入2017年度应税所得的17 000美元已在2016年度纳税。

b. MACRS税收折旧法下的折旧费用为33 000美元。

所得税税率为30%。

要求

1. 计算Consolidated出版公司2016年度的应税所得。

2. 编制Consolidated出版公司2016年度所得税的会计分录。

3. 编制Consolidated出版公司2016年度的单步式利润表。

挑战性练习

P11-62 (目标:分析各种交易事项对利润表和每股盈余的影响)Windy City Fashions公司是一家经营休闲装的零售商。该公司近期简化的利润表如下:

美元

利润表	
截至 2015 年 1 月 31 日的年度	
销售收入	2 255 000
营业费用：	
销售成本	1 100 000
销售和管理费用	500 000　　1 600 000
营业利润	655 000
营业外收入（费用）	25 000
税前利润	680 000
所得税费用（税率为 25%）	170 000
净利润	510 000
每股盈余（30 000 股）	17.00

要求

1. 假定下列交易在年底时未予确认。使用下面的表格，指出每项交易的影响（＋代表增加，－代表减少，NE 代表没有影响）。除每股盈余外，计算每一列的金额。

交　易	营业利润	税前利润	净利润	每股盈余
调整前余额	655 000	680 000	510 000	
a.				
b.				
c.				
d.				
e.				
f.				
g.				
h.				
i.				
合计				

a. 从一家德国公司赊购存货，购买价款为 140 000 欧元，汇率为 1 欧元等于 1.20 美元。

b. 赊销商品，价款为 100 000 美元（存货成本为 30 000 美元）。

c. 更正以前年度多计的折旧费用 60 000 美元。

d. 向德国公司支付购买存货的货款，汇率为 1 欧元等于 1.46 美元。

e. 派发 7% 的股票股利 2 100 股。股票的市场价值为每股 45 美元。

f. 记录额外发生的管理费用 3 000 美元。

g. 记录利息收入 15 000 美元。

h. 宣告优先股股利 60 000 美元。

i. 发行普通股股票 2 100 股，价值 98 700 美元。

2. 在记录上述交易后，确认营业利润、税前利润、净利润和每股盈余的金额。假设上述交易 e 和 i 已经发生。

知识应用

决策案例

案例 1 （目标：评价盈余质量）Prudhoe Bay 石油公司正在进行公司股票的首次公开发行(IPO)。为了引起公众对其股票的兴趣，Prudhoe Bay 公司的首席财务官在各媒体广发新闻。其中有一条格外吸引眼球。Prudhoe Bay 石油公司于 11 月 19 日宣布未经审计的每股盈余为 1.19 美元，比去年的每股盈余 0.63 美元上升了 89%。每股盈余上升 89% 是相当好的。

你在决定购买 Prudhoe Bay 石油公司的股票之前，做了进一步调查并发现该公司在确定未经审计的每股盈余时忽略了以下事项：

- 可供出售投资的未确认损失，每股 0.06 美元；
- 出售建筑物收益，每股 0.05 美元；
- 以前年度损益调整导致留存收益增加，从而每股盈余增加 1.10 美元；
- 重组费用，每股 0.29 美元；
- 开始于 5 年前的诉讼和解损失，每股 0.12 美元；
- 员工罢工导致的损失，每股 0.24 美元；
- 终止经营收益，每股 0.09 美元。

你想知道应该怎样处理这些特别项目，于是打电话给你在美林的股票经纪人。她认为这些项目是不会再发生的，而且不属于 Prudhoe Bay 石油公司的核心经营业务。她建议你忽略这些项目，并将每股盈余 1.19 美元视为对该公司长期盈利能力的一项合理的预测。

要求

你将使用哪一项每股盈余数据来预测 Prudhoe Bay 石油公司的未来收益？写出结论，并解释原因。

案例 2 （目标：评价盈余质量）Mike Magid Toyota 公司是一家汽车经销商。Mike Magid Toyota 公司的年度报告包括附注 1——重要的会计政策摘要，如下所示：

收入确认

在以现金购买的情形下，当收到现金时，公司确认销售收入；在赊销的情形下（大部分销售属于这种情形），当收到客户预付的定金并与客户签订了分期付款销售合同时，确认销售收入。大部分分期付款销售合同的收款期通常为 36～60 个月……

向客户出售保险单取得的收入在保险合同存续期内被确认为收入。

Bay Area Nissan 公司是 Mike Magid Toyota 公司的竞争对手，该公司的重要会计政策摘要包括如下内容：

收入确认的会计政策

在以现金购买的情形下，当收到现金时，公司确认销售收入；在赊销的情形下（大部分销售属于这种情形），当客户签订了分期付款销售合同时，确认销售收入。赊销中，客户很少预付定金。大部分的分期付款销售合同的收款期通常介于 36～60 个月……向客户出售保险单取得的收入在客户签订保险合同时即确认为收入，而费用则在保险合同的存续期内予以确认。

假设你决定投资于汽车经销商的股票，并且锁定在 Mike Magid Toyota 公司和 Bay Area Nissan 公司。哪家公司的盈余质量较高？为什么？这两家公司的会计政策会影响你的投资决策吗？如果会，是怎样影响的？指出导致这两家公司之间差异的财务报表的具体账户。

道德事项

新加坡皇家银行的利润表中报告了下列经营成果：

	美元
所得税税前利润	187 046
所得税费用	72 947
持续经营收益	114 099
终止经营收益（税后）	419 557
净利润	533 656

假设新加坡皇家银行的管理层未按照国际财务报告准则报告其经营成果，具体如下：

	美元
税前利润	706 603
所得税费用	172 947
净利润	533 656

要求

1．确认本案例所涉及的道德事项。

2．在本案例中，利益相关者是谁？

3．从经济的、法律的和道德的角度评价本案例中的道德事项。对所有的利益相关者的影响是什么？

4．假设你是该银行的财务总监。你的上司——首席执行官试图给你施加压力，让你做一些不符合国际财务报告准则的披露。你会怎么做？有哪些潜在的后果？

聚焦财务：苹果公司

（目标：评价盈余质量和投资）苹果公司的合并财务报表见本书附录 A。

要求

1．苹果公司的合并经营报表中没有提及持续经营的收入，为什么？关注苹果公司截至 2014 年 9 月 27 日的前 3 个会计年度的合并经营报表以及财务报表和其他财务报表的附注，你发现了哪些可以帮助你评价公司的盈余质量的线索？

2．假设你是一名投资者，你愿意为苹果公司的股票支付什么价格？根据风险确定的资本化率为 5%、6% 和 7% 时，分别计算估计的苹果公司的股票价值。为了简化计算，将截至 2014 年 9 月 27 日的年度净利润用作未来的估计年利润。如果你对苹果公司进行评级，那么你的投资策略会是什么？有什么风险？你认为苹果公司是一个安全的投资对象吗？

3．登录苹果公司的官方网站，对比你估计的价格和实际股票价格，你估计的哪一个价格最接近真实价格？

聚焦分析：安德玛公司

（目标：评价盈余质量和投资；分析披露信息）

本案例以附录 B 中安德玛公司的合并财务报表为基础。

要求

1．关注安德玛公司截至 2014 年 12 月 31 日的前 3 个会计年度的合并利润表和附注 2 中该公司的主要会计政策。你对安德玛公司的盈余质量是怎么评价的？说明理由。

2. 参考合并财务报表的附注 16。公司的管理层如何定义其经营区域？哪张财务报表的信息是按照公司经营区域报告的？哪个地区最大？

3. 2014 年年底，如果你认为该公司的投资处于高风险的状态，你愿意为该公司的股票支付多少价格？如果是低风险呢？使用介于 4%～10% 的偶数投资资本化率进行分析，并使用持续经营的基本每股盈余。

4. 登录安德玛公司官方网站，对比你在要求 3 中估计的价格和实际股票价格。

小组项目

选择一家公司并研究其经营业务。在网上搜索有关这家公司的文章，并通过以下途径获取该公司的年度报告：从公司的网站下载或者证券交易委员会(www. sec. gov)网站下载，点击"Filings"，然后通过"Company Filings Search"进行检索。

要求

1. 根据你们小组的分析，在课堂上向全班同学介绍你们在该公司的财务报表及其附注中发现的有关该公司的 6 个令人关注的事项。你们可以只提出显而易见的项目，如销售收入净额或收入总额、净利润、资产总额、负债总额、股东权益总额和股利以及其他项目。一旦你们使用了其中一个项目，就不能再次使用该项目。

2. 小组要撰写一篇论文讨论上述事项。论文的篇幅限于两页(Word 文档，双倍行距)。

复习测试答案

1. d

2. b

3. c(5.94 美元 /0.06)

4. a(28 000 美元 /0.28)

5. c

6. b (1 600 000 加元×0.97 美元/加元)

7. c

8. a

9. d

10. b

11. c

12. a

第 12 章

现金流量表

谷歌：最棒的互联网搜索引擎

当你在互联网上查询网址时，你使用的搜索引擎是什么？很可能是谷歌，世界上最大的搜索引擎。谷歌公司由拉里·佩奇（Larry Page）和谢尔盖·布林（Sergey Brin）在斯坦福大学读书期间创立。从无到有，谷歌公司已经成长为全球的技术领导者，改变了人与人之间的信息传递方式。公司的盈利模式主要来自在线广告收入。谷歌公司拥有数以亿计的网址，使人们可以通过搜索引擎无限连接。首次公开发行以来，谷歌公司的股票就是华尔街的"宠儿"。目前，该公司每股股票的交易价格超过 500 美元。

谷歌的成功之处在于使用方便。登录谷歌的主页（www.google.com），你可以通过搜索窗口轻而易举地找到你所需要的信息。你可以获取全部有用网址的清单，世界就在你的指尖移动。谷歌不仅是最棒的互联网搜索引擎，近年来，还成为印钞机。2014 年度，经营活动产生的现金流量比净利润多出 80 亿美元，当年年底，公司现金及其等价物的余额为 183 亿美元。

百万美元

谷歌公司合并现金流量表（节选） 截至 12 月 31 日的年度		
	2014 年度	**2013 年度**
经营活动产生的现金流量		
净利润	14 444	12 920
将净利润调整为经营活动产生的净现金流量：		
折旧及处置固定资产损失	3 523	2 781
无形资产和其他资产摊销及减值	1 456	1 158
股权激励，税后	3 631	2 862
递延所得税	(938)	(437)
其他利得或损失	(104)	(594)
流动资产和流动负债的变动：		
应收账款	(1 641)	(1 307)
所得税净额	283	401

续表

	2014 年度	2013 年度
预付收入、待摊费用及其他资产	459	(930)
应付账款	436	605
应计费用和其他负债	757	713
应计收入份额	245	254
递延收入	(175)	233
经营活动产生的净现金流量	22 376	18 659
投资活动产生的现金流量		
购买不动产和设备	(10 959)	(7 358)
购买有价证券	(56 310)	(45 444)
出售有价证券	51 315	38 314
其他投资净额	(213)	2 257
企业合并	(4 888)	(1 448)
投资活动产生的净现金流量	(21 055)	(13 679)
筹资活动产生的现金流量		
与股权激励相关的净支付,税后	(1 421)	(300)
发行债券收到的现金(扣除成本)	11 625	10 768
偿还负债支付的现金	(11 643)	(11 325)
筹资活动产生(使用)的净现金流量	(1 439)	(857)
汇率变动对现金及其等价物的影响	(433)	(3)
现金及其等价物的净增加(减少)	(551)	4 120
现金及其等价物期初余额	18 898	14 778
现金及其等价物期末余额	18 347	18 898
现金流量补充信息:		
利息的现金支付	86	72
税款的现金支付	2 819	1 932
非现金筹资活动	2 314	433

在前面的章节,我们从不同的角度(应收账款、固定资产等)探讨了现金流量问题。本章将介绍如何编制和使用现金流量表。我们先介绍大多数公司都采用的报表格式——间接法,然后介绍编制现金流量表的另一种方法——直接法。希望在学习本章之后,你可以采用两种方法分析真实公司的现金流量表。

本章分为三个部分:概述;使用间接法编制现金流量表;使用直接法编制现金流量表。

概述适用于有关现金流量的所有问题。仅希望介绍间接法的老师可以只讲前三小节,而对直接法感兴趣的老师可以从概述直接过渡到直接法的部分。

学习目标

1. 识别现金流量表的目标
2. 区分经营活动、投资活动和筹资活动
3. 使用间接法编制现金流量表
4. 使用直接法编制现金流量表

识别现金流量表的目标

资产负债表反映的是企业的财务状况。通过分析连续两期的资产负债表,你可以看出现金的增加或者减少,但是不能解释现金余额变动的原因。利润表报告的是企业净利润,也提供了追踪现金流向的线索,但是仍不能解释现金余额变动的原因。因此,我们需要另外一张报表。

现金流量表(statement of cash flows)解释了现金的来源和去向,即现金的收入和支出。这张报表涵盖了一段特定的时间,因此通常要标明“截至 2016 年 12 月 31 日的年度表”或“截至 2016 年 6 月 30 日的月度表”。图 12-1 提供了四种基本时段的报表的例子。

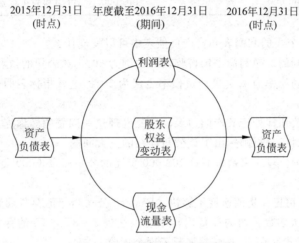

图 12-1　财务报表的时间顺序

现金流量表主要有以下目标:

1. 预测未来的现金流量。历史的现金收入和支出情况是未来的现金流量很好的预测指标。

2. 评价管理决策。如果管理层的决策明智,那么公司会蒸蒸日上;反之,就会遭受损失。而现金流量表反映了管理层是怎样取得现金和怎样将现金用于经营活动的。

3. 判断公司支付股利和利息的能力。股东需要收回投资股本的股利,债权人要索取借出款项的本金和利息,而现金流量表反映了公司的支付能力。

4. 反映净利润和现金流量之间的关系。通常,较高的净利润会导致现金余额的增加,反之亦然。但是,有时即使净利润很高,现金流仍可能出现不充裕的情形。

在现金流量表中,现金不止意味着银行里的货币,还包括**现金等价物**(cash equivalents),即能够迅速变现的、具有极高流动性的短期投资,如货币市场资金和美国政府国库券。在本章中,现金是指现金及其等价物。

你的现金流状况如何?无法掩饰的财务困境信号

每家公司都希望赚取净利润,因为利润能衡量其经营成功与否。没有净利润,经营就会萎缩,停止偿还利息,股价也会下跌。高企的净利润吸引着投资者,但是你不能仅仅依靠净利润来偿还债务,还债需要的是现金。

每家公司都既需要利润,又需要充裕的现金流。因为净利润产生现金,所以收入和现金流经常同向变动。不过有些时候,净利润和现金流遵循不同的产生方式。我们以 Fastech 公司为例来说明。

Fastech 公司利润表 年度截至 2016 年 12 月 31 日	美元
销售收入	100 000
销售成本	30 000
营业费用	10 000
净利润	60 000

Fastech 公司资产负债表 2016 年 12 月 31 日			美元
现金	3 000	流动负债合计	50 000
应收账款	37 000	长期负债	20 000
存货	40 000		
固定资产净值	60 000	股东权益	70 000
资产总额	140 000	负债和股东权益总额	140 000

我们从 Fastech 公司的利润表和资产负债表中可以发现什么？

- 该公司是盈利的。净利润占销售收入的比例为 60%,该公司的盈利能力看起来很好。
- 该公司的流动比率为 1.6,资产负债率也仅为 50%,这些指标表明该公司有能力清偿债务。
- 但实际上该公司却处于破产的边缘。你能发现这一问题吗？你能找出导致这一问题的原因吗？财务分析师指出了该公司存在的三大问题。

1. 现金余额很少。对一家销售额达 100 000 美元的公司而言 3 000 美元现金是不足以偿付其债务的。

2. Fastech 公司销售存货的速度不够快。Fastech 公司当年的存货周转率只有 0.75。正如第 6 章所讲到的,大多数公司的存货周转率可以达到 3～8。0.75 的存货周转率意味着需要很长一段时间才能售完存货,这样就拖延了现金回收。

3. Fastech 公司的应收账款周转天数是 135 天[365÷(100 000 美元销售收入/37 000 美元应收账款)]。很少有公司会等这么长时间才收回账款。

从上述讨论我们可以学到：良好的经营状况既需要赚取较高的净利润,也需要充足的现金流量作保障。

下面介绍现金流量的不同类别。

 ## 区分经营活动、投资活动和筹资活动

公司的商业活动包括经营活动、投资活动和筹资活动三个方面。

前面列出的谷歌公司的现金流量表反映了现金流量在上述三个方面的变动。

经营活动(operating activities)产生收入、费用、利润和损失——净利润,是权责发生制的产物。现金流量表反映了经营活动的状况。经营活动反映了组织运营的核心,所以是最重要的三类活动之一。成功的经营活动必须能够从日常运营中产生绝大部分的现金收入。

投资活动(investing activities)增加和减少长期资产,如计算机、土地、建筑物、设备及在其他公司的投资,包括对资产的购买或出售。投资活动非常重要,但是仍无法与经营活动相比。

筹资活动(financing activities)从债权人和股东手中取得现金,包括发行股票、贷款、库存股交易和支付股利。偿还贷款也是筹资活动。筹资活动现金流与长期负债和股东权益有关。它是三大活动中最不重要的,所以排在最后。图 12-2 表明了经营活动、投资活动和筹资活动与资产负债表各部分之间的关系。

图 12-2　经营、投资和筹资活动现金流与资产负债表

回顾谷歌公司的现金流量表,特别注意每一部分(经营活动、投资活动和筹资活动)的最后一行。谷歌公司有非常充裕的现金流。2014 年度,谷歌公司的经营活动产生了 224 亿美元的现金流。其中,144 亿美元来自净利润,我们后面将会对其他调整项作出详细解释。谷歌公司的投资项目包括约 110 亿美元不动产和设备投资,约 560 亿美元有价证券投资,约 50 亿美元对其他公司的投资。谷歌公司出售或收回到期的有价证券投资 510 亿美元。谷歌公司投资了 14 亿美元,筹到了 116 亿美元资金,同时偿还负债 116 亿美元。这些数字表明:

- 经营活动是谷歌公司最主要的现金来源。
- 谷歌公司对未来的运营大力投资。
- 其他公司、银行和个人愿意向谷歌公司提供资金。

经营活动的两种报表格式

描述经营活动的现金流情况有两种格式:

- 间接法,将净利润调整为经营活动产生的现金流量。
- 直接法,列出了经营活动的所有现金收入和现金支出。

这两种方法使用不同的计算方式,但是它们从经营活动得出相同的现金流量。这两种方法的使用也不影响投资活动或筹资活动。下表简述了这两种方法的区别:

美元

间 接 法		直 接 法	
净利润	600	从客户处收款	2 000
调整项:		减项:	
折旧等	300	对供应商的支付	(1 100)
经营活动产生的净现金流量	900	经营活动产生的净现金流量	900
		相同	

由于大部分公司采用间接法编制现金流量表,所以我们先介绍这种方法。

使用间接法编制现金流量表

我们以生产跑车零部件的供应商 TRF 公司为例,说明如何编制现金流量表。使用间接法编制现金流量表的步骤如下。

步骤 1　列出使用间接法编制的现金流量表的模板,如表 12-1 所示。图 12-3 给出了报表更直观的格式。

表 12-1　现金流量表示例:间接法

TRF 公司现金流量表
截至 2016 年 12 月 31 日的年度
经营活动产生的现金流量:

净利润

将净利润调整为经营活动产生的净现金流量：

＋折旧/摊销费用

＋处置长期资产损失

－处置长期资产利得

－非现金流动资产增加

＋非现金流动资产减少

＋流动负债增加

－流动负债减少

经营活动产生的净现金流量

投资活动产生的现金流量：

＋长期资产(投资、土地、建筑物、设备等)的出售

－购买长期资产

＋收回应收票据

－其他债务

投资活动产生的净现金流量

筹资活动产生的现金流量：

＋发行股票

＋出售库存股

－购买库存股

＋借款(发行应付票据或债券)

－偿付应付票据或债券

－支付股利

筹资活动产生的净现金流量

当年现金的净增加(减少)：

＋2015 年 12 月 31 日的现金余额

＝2016 年 12 月 31 日的现金余额

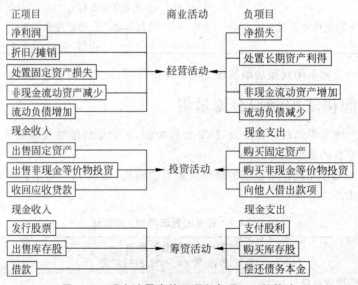

图 12-3 现金流量表的正项和负项——间接法

步骤 2　利用资产负债表计算当期的现金变动,现金余额的变动是现金流量表计算的校验基准。表 12-2 列出了 TRF 公司的比较财务报表,特别注意其中的现金项。TRF 公司的现金在 2016 年减少了 8 000 美元。为什么当年的现金减少了? 我们可以通过现金流量表作出解释。

步骤 3　从利润表中找出净利润、折旧、折耗和摊销费用及出售长期资产损益。将这些项目复制到现金流量表中。表 12-3 列出了 TRF 公司的利润表,并重点标示了其中的相关项。

步骤 4　使用利润表和资产负债表来编制现金流量表。只有能够充分解释不同年份的资产负债项目的变动,现金流量表的编制才算完成。

表 12-2　比较资产负债表　　　　　　　　　　千美元

TRF 公司比较资产负债表
2016 年 12 月 31 日和 2015 年 12 月 31 日

	2016 年	2015 年	增加(减少)	
资产				
流动资产:				
现金及其等价物	**34**	**42**	**(8)**	
应收账款	96	81	15	⎫ 流动资产的变动——**经营活动**
存货	35	38	(3)	
预付费用	8	7	1	⎭
固定资产净值	343	219	124	⎫ 非流动资产的变动——**投资活动**
应收票据	21	—	21	⎭
资产总额	537	387	150	
负债				
流动负债:				
应付账款	91	57	34	⎫
应付工资	4	6	(2)	流动负债的变动——**经营活动**
应计负债	1	3	(2)	⎭
长期借款	160	77	83	⎫ 长期负债及实收资本的变动—— **筹资活动**
股东权益				
普通股	162	158	4	⎭
留存收益	119	86	33	⎫ 净利润引起的变动——**经营活动** 股利引起的变动——**筹资活动**
负债和股东权益总额	537	387	150	

表 12-3　利　润　表　　　　　　　　　　千美元

TRF 公司利润表
截至 2016 年 12 月 31 日的年度

收入和利得:		
销售收入	303	
利息收入	2	
出售固定资产利得	8	
收入和利得总额		313
费用:		
销售成本	150	

续表

工资费用	56
折旧费用	**18**
其他营业费用	17
所得税费用	15
利息费用	7
费用总额	263
净利润	**50**

TRF 公司现金流量表的经营活动部分见表 12-4。

表 12-4 使用间接法编制的现金流量表——经营活动 千美元

TRF 公司现金流量表(节选) 截至 2016 年 12 月 31 日的年度		
经营活动产生的现金流量:		
净利润		50
将净利润调整为净现金流量		
经营活动产生:		
Ⓐ 折旧	18	
Ⓑ 处置固定资产利得	(8)	
Ⓒ 应收账款的增加	(15)	
存货的减少	3	
预付费用的增加	(1)	
应付账款的增加	34	
应付工资的减少	(2)	
应计负债的减少	(2)	27
经营活动产生的净现金流量		77

经营活动产生的现金流量

经营活动与产生净利润的交易有关。

经营活动部分从利润表中的净利润开始,然后将净利润调整为经营活动产生的净现金流量。下面具体讨论这些调整项。

Ⓐ **折旧、损耗和摊销费用** 这些费用要加回净利润,以从净利润转化为现金流。让我们找出原因。折旧记为折旧费用,不影响现金流。但是折旧与其他费用一样会减少净利润。因此,将净利润调整为现金流时,我们将折旧费用加回到净利润项目中。加回的部分抵销了先前的扣除金额。

折旧费用		18 000
累计折旧		18 000

例:假设你只进行了两项交易,一笔金额为 1 000 美元的现金销售和 300 美元的折旧费用。从经营活动中产生的现金流是 1 000 美元,而净利润是 700 美元(1 000 美元－700 美元)。为了将净利润(700 美元)调整为现金流(1 000 美元),我们将折旧加回到净利润项目中。折耗和摊销也按相同的方法处理。

ⓑ **出售长期资产的损益**　　长期资产的出售是投资活动,出售总会产生收益或是损失。在现金流量表中,收益或损失是净利润的调整项。表 12-4 包括对收益的调整。2016 年,TRF 公司以 6.2 万美元出售了一台账面价值 5.4 万美元的设备,所以有 8 000 美元的收益。

6.2 万美元的现金收入是投资活动(如表 12-5 所示),这 6.2 万美元包括 8 000 美元的收益。净利润同样包括收益,所以我们必须将这部分收益从经营活动产生的现金流中减去,从而可以将其加到投资活动部分设备出售的账面净值中(54 000 美元＋8 000 美元＝62 000 美元)。我们将在后面解释投资活动。

长期资产出售的损失同样产生对净利润的调整项。长期资产以低于账面价值的价格出售会产生损失,这项损失会从出售资产收到的现金的金额中体现出来。损失会降低净利润。因此,为了呈现投资活动中出售资产收到的现金的金额,损失必须加回到净利润中,以得到经营活动产生的净现金流。

ⓒ **流动资产和流动负债账户的变动(不包括现金)**　　大多数流动资产和流动负债都是从经营活动中产生的。例如,应收账款是从销售中产生的,存货与销售成本有关,等等。除现金外,流动账户的变动是现金流量表中净利润项目的调整项。原因如下:

1. 非现金流动资产的增加会减少现金。资产的增加需要用现金购买。假设你进行一笔赊销。应收账款是增加的,但是现金却没有变。表 12-2 显示 2016 年,TRF 公司的应收账款增加了 1.5 万美元。为了计算经营活动产生的净现金流量,我们必须减去这 1.5 万美元应收账款的增加项。原因是:我们没有收到这 1.5 万美元的现金。同样的道理也适用于其他的流动资产账户。如果该类账户的数额增加,则现金会减少。

2. 非现金流动资产的减少会增加现金。假设 TRF 公司的应收账款余额减少了 4 000 美元,这是因为收到了现金,导致了应收账款的减少。所以我们将应收账款和其他流动资产中的减少数额加回到净利润中。

3. 流动负债的减少会减少现金。对流动负债的偿付既减少了现金,也减少了负债,所以我们从净利润中减去流动负债的减少部分。在表 12-4 中,应计负债的 2 000 美元的减少部分要从净利润中减去,以得到经营活动产生的净现金流量。

4. 流动负债的增加会增加现金。TRF 公司的应付账款增加的原因是没有用现金支付这笔负债。现金支付金额因此少于费用,TRF 公司手头就有了更多现金。因此,流动负债的增加会增加现金。

评价经营活动产生的现金流量　　我们来计算一下 2016 年 TRF 公司经营活动产生的现金流量。TRF 公司的经营活动产生的现金流量是 7.7 万美元。这个数额超过了净利润,这是公司运营良好的标志。我们进一步考察 TRF 公司的投资活动和筹资活动,如表 12-5 所示。

表 12-5　现金流量表——间接法　　　　　　　　千美元

TRF 公司现金流量表
截至 2016 年 12 月 31 日的年度

经营活动产生的现金流量:	
净利润	50
将净利润调整为净现金流量	

经营活动产生:

Ⓐ	折旧	18	
Ⓑ	处置固定资产利得	(8)	
	应收账款的增加	(15)	
	存货的减少	3	
Ⓒ	预付费用的增加	(1)	
	应付账款的增加	34	
	应付工资的减少	(2)	
	应计负债的减少	(2)	27
经营活动产生的净现金流量			77
投资活动产生的现金流量:			
购买固定资产		(196)	
借给其他公司的款项		(21)	
处置固定资产收益		62	
投资活动产生的净现金流量			(155)
筹资活动产生的现金流量:			
发行长期债券		94	
发行普通股		4	
偿付长期债券		(11)	
支付股利		(17)	
筹资活动产生的净现金流量			70
现金净减少			(8)
2015 年 12 月 31 日的现金余额			42
2016 年 12 月 31 日的现金余额			34

投资活动产生的现金流量

投资活动影响长期资产(如固定资产)、长期投资(如债券及其他公司的股票)。这些账户余额的增加代表对上述资产的购买,同时导致现金的减少。这些账户余额的减少代表对上述资产的出售,同时导致现金的增加。

大部分数据来自资产负债表。

计算固定资产的购买和出售　公司一般对每项固定资产都设置独立的账户。但是在计算现金流量时,有必要将对所有固定资产的记录合并成总账,而且我们将扣除折旧费用得到净值。这样,使用单一的固定资产账户就更容易了。

为了说明这一点,请看 TRF 公司的情况:

- 资产负债表报告期初扣除折旧费用后的固定资产净值为 219 000 美元,期末余额为 343 000 美元(见表 12-2)。
- 利润表显示折旧费用为 18 000 美元,固定资产出售的收益为 8 000 美元(见表 12-3)。

TRF 公司购买固定资产的总额为 196 000 美元(见表 12-5)。那么,从出售固定资产中得到的收入是多少?首先,我们必须知道出售固定资产的账面价值,如下所示:

美元

固定资产净值

期初余额	+	购买额	−	折旧费用	−	已售资产的账面价值	=	期末余额
219 000	+	196 000	−	18 000		−X	=	343 000
						−X	=	343 000−219 000−196 000
								+18 000
						X	=	54 000

出售固定资产的收入为 62 000 美元,计算过程如下:

美元

出售收入	=	已售资产的账面价值	+	利得	−	损失
X	=	54 000	+	8 000	−	0
X	=	62 000				

出售固定资产收到的现金 62 000 美元可以追溯到如表 12-5 所示的现金流量表。固定资产的 T 形账户列出了计算账面价值的另一种方式:

固定资产净值

期初余额	219 000	折旧费用	18 000
购买	196 000	已售资产的账面价值	54 000
期末余额	343 000		

如果出售导致了 3 000 美元的损失,出售收入为 51 000 美元(54 000 美元−3 000 美元),那么现金流量表在投资活动部分就会记录一笔 51 000 美元的现金收入。

计算投资交易、借出款项和回收款项 投资交易的计算过程与固定资产的计算过程相同。TRF 公司没有投资活动,但是在此项示例中,我们假设其存在投资活动。因为投资活动没有折旧,所以简单一些,如下所示:

美元

投资(数额仅为假设)						
期初余额	+	购买额	−	已售投资的账面价值	=	期末余额
100 000	+	50 000		−X	=	140 000
				−X	=	140 000−100 000−50 000
				X	=	10 000

投资活动的 T 形账户给出了另一种计算方式:

	投资		
期初余额	100 000		
购买	50 000	已售投资的账面价值	10 000
期末余额	140 000		

TRF 公司有一笔长期的应收款项,这笔应收票据的交易产生的现金流量可以按如下方法计算(数据来自表 12-2):

应收票据 美元

期初余额	+	新借出的款项	−	收回款项	=	期末余额
0	+	X	−	0	=	21 000
		X			=	21 000

应收票据			
期初余额	0		
新借出的款项	21 000	收回款项	0
期末余额	21 000		

参考现金流量表(表12-5)的投资活动部分,可以看到 TRF 公司的所有投资活动都被列示在内。表12-6 总结了投资活动产生的现金流量,并以黑体标注。

表 12-6　计算投资活动产生的现金流量

现金收入

出售固定资产	期初固定资产(净值)	+ 取得成本	− 折旧	−	已售资产的账面价值	= 期末固定资产(净值)
	收到的现金 =	**已售资产的账面价值**	**+出售收益** 或 **−出售损失**			
出售投资	期初投资	+ 投资的购买成本	−已售投资的成本	=	期末投资	
	收到的现金 =	**已售投资的成本**	**+出售收益** 或 **−出售损失**			
收回应收票据	期初应收票据	+ 新借出的款项	**−收回款项**	=	期末应收票据	

现金支出

购买固定资产	期初固定资产(净值)	+ **取得成本**	− 折旧	−	出售资产的账面价值	=期末固定资产(净值)
购买投资	期初投资	+ **投资的购买成本**	−出售投资的成本	=	期末投资	
新借出的款项	期初应收票据	+ **新借出的款项**	−收回款项	=	期末应收票据	

筹资活动产生的现金流量

筹资活动影响负债和股东权益,如应付票据、应付债券、长期债务、普通股、股本溢价和留存收益。上述数据大部分来自资产负债表。上述账户余额的增加导致现金余额增加,上述账户余额的减少导致现金余额减少。

计算长期债务的发行和支付　长期债务、应付票据或应付债券的期初余额和期末余额数据都来自资产负债表。如果发行债务或支付债务的任意一项已知,那么另外一项即可计算出来。TRF 公司的新债发行总计 94 000 美元(代表现金的增加)(见表12-5)。

借款的支付(代表现金的减少)是从长期债务账户中计算出来的(见表12-2)。

长期债务（应付票据、应付债券） 美元

期初余额	+	新债的发行	−	债务的偿付	=	期末余额
77 000	+	94 000		−X	=	160 000
				−X	=	160 000−77 000−94 000
				X	=	*11 000*

长期债务			
		期初余额	77 000
偿付	*11 000*	发行新债	94 000
		期末余额	160 000

计算股票发行和库存股的回购 这部分现金流是由股票账户决定的。例如，从发行普通股中收到的现金可以结合普通股和股本溢价确定。与计算固定资产一样，我们使用一个合并的普通股账户来计算。TRF 公司的数据如下所示：

普通股 美元

期初余额	+	新股发行	=	期末余额
158 000	+	*4 000*	=	162 000

普通股	
期初余额	158 000
发行新股	*4 000*
期末余额	162 000

普通股的增加和相应追加的实收资本代表了现金的等量增加。

TRF 公司没有库存股，但是回购库存股产生的现金流可以计算如下（使用假设数据）：

库存股（使用假设数据） 美元

期初余额	+	回购库存股	=	期末余额
16 000	+	*3 000*	=	19 000

库存股		
期初余额	16 000	
回购	*3 000*	
期末余额	19 000	

库存股的增加（回购）代表了现金的等量减少。如果重新发行库存股来获得现金，那么库存股的减少代表了现金的等量增加。

计算股利宣告与支付 如果股利宣告与支付没有给出，则可以通过计算得出。TRF 公司的股利支付如下：

留存收益 美元

期初余额	+	净利润	−	股利宣告和支付	=	期末余额
86 000	+	50 000		−X	=	119 000
				−X	=	119 000−86 000−50 000
				X	=	*17 000*

T形账户同样可以显示股利的计算过程。股利支付使留存收益减少,现金同时减少。

留存收益

			期初余额	86 000
宣告并支付股利	17 000		净利润	50 000
			期末余额	119 000

参考现金流量表(表12-5)的投资活动部分,可以看到 TRF 公司的所有投资活动都被列示在内。表12-7 总结了筹资活动产生的现金流量,并以黑体标注。

表 12-7 计算筹资活动产生的现金流量

现金收入

发行长期债务 (应付票据)	期初长期债务 (应付票据)	+	**新债发行收到的现金**	−	债务偿付	=	期末长期债务 (应付票据)
发行股票	期初股票	+	**新股发行收到的现金**	=	期末股票		

现金支出

长期债务	期初长期债务 (应付票据)	+	新债发行收到的现金	−	**债务偿付**	=	期末长期债务 (应付票据)
购买库存股	期初库存股	+	**购买库存股的成本**	=	期末库存股		
发放股利	期初留存收益	+	净利润	−	**股利宣告和支付**	=	期末留存收益

思考题

使用间接法编制现金流量表。将下列活动分别归类到经营活动、投资活动和筹资活动。

a. 发行股票   b. 长期借款   c. 销售收入

d. 支付股利   e. 购买土地   f. 回购库存股

g. 偿付应付债券   h. 利息费用   i. 出售设备

j. 销售成本   k. 购买另外一家公司   l. 借出款项

答案

a. 筹资活动   b. 筹资活动

c. 经营活动(包括在净利润中)   d. 筹资活动   e. 投资活动

f. 筹资活动   g. 筹资活动

h. 经营活动(包括在净利润中)   i. 投资活动   j. 经营活动(包括在净利润中)

k. 投资活动   l. 投资活动

不涉及现金的投资和筹资活动

公司的投资活动有时并不需要现金,同样,有些筹资活动也并不直接获取现金。前面的例子没有讲到这种情况。现在,假设 TRF 公司发行价值 300 000 美元的普通股以购买一处仓库。TRF 公司对该业务编制如下分录:

仓库	300 000	
普通股		300 000

这项交易并不会记录为一笔现金支付,因为 TRF 公司没有支付任何现金。但是,对仓库的投资和股票的发行都很重要。这些不涉及现金的投资和筹资活动可以在现金流量表的其他部分列报。表 12-8 说明了记录不涉及现金的投资和筹资活动的过程。

表 12-8　不涉及现金的投资和筹资活动(所有数据均为假设)　千美元

不涉及现金的投资和筹资活动:	
通过发行新股购置建筑物等	300
通过发行应付票据购置土地等	70
通过发行新股支付长期债务	100
不涉及现金的投资和筹资活动总额	470

接下来我们应用所学,使用间接法编制现金流量表。

章中习题

Lucas 公司披露了 2016 年度的利润表和比较资产负债表,以及相应的交易数据,如下所示。

美元

Lucas 公司利润表 截至 2016 年 12 月 31 日的年度		
销售收入		662 000
销售成本		560 000
毛利润		102 000
营业费用		
工资费用	46 000	
折旧费用——设备	7 000	
摊销费用——专利	3 000	
租赁费用	2 000	
经营费用总额		58 000
营业利润		44 000
其他项目:		
出售设备损失		(2 000)
税前利润		42 000
所得税费用		16 000
净利润		*26 000*

美元

Lucas 公司比较资产负债表 2015 年 12 月 31 日和 2016 年 12 月 31 日					
资产	**2016 年**	**2015 年**	**负债**	**2016 年**	**2015 年**
流动资产：			流动负债：		
现金及其等价物	*19 000*	*3 000*	应付账款	35 000	26 000
应收账款	22 000	23 000	应计负债	7 000	9 000
存货	34 000	31 000	应交所得税	10 000	10 000
预付费用	1 000	3 000	流动负债合计	52 000	45 000
流动资产合计	76 000	60 000	长期应付票据	44 000	—
设备净值	67 000	52 000	应付债券	40 000	53 000
长期投资	18 000	10 000	**股东权益**		
专利净值	44 000	10 000	普通股	52 000	20 000
			留存收益	27 000	19 000
			减：库存股	(10 000)	(5 000)
资产总额	205 000	132 000	负债和股东权益总额	205 000	132 000

2016 年度交易数据：			
购买设备	98 000	发行长期应付票据购买专利	37 000
支付股利	18 000	发行长期票据借入现金	7 000
发行普通股以赎回应付债券	13 000	发行普通股筹措现金	19 000
购买长期投资	8 000	出售设备（账面价值，76 000 美元）	74 000
回购库存股	5 000		

要求

编制 Lucas 公司截至 2016 年 12 月 31 日的年度现金流量表（间接法）。按照以下 4 个步骤进行。对于步骤 4，编制资产负债表中每个长期余额账户的 T 形账户。对于每项固定资产，采用一个单独的账户，使用累计折旧后的净值（如设备净值）。

步骤 1　列出现金流量表的模板。

步骤 2　利用比较资产负债表，确定年度现金的变动为 16 000 美元。

步骤 3　利用利润表将净利润、折旧、摊销和出售设备损失的数额复制到现金流量表中。

步骤 4　完成现金流量表，计算每个资产负债表账户的年度变动额。

答案

美元

Lucas 公司现金流量表 截至 2016 年 12 月 31 日的年度	
经营活动产生的现金流量：	
净利润	26 000
将净利润调整为经营活动产生的净现金流量：	

续表

折旧	7 000	
摊销	3 000	
出售固定资产的损失	2 000	
应收账款减少	1 000	
存货增加	(3 000)	
预付费用减少	2 000	
应付账款增加	9 000	
应计负债减少	(2 000)	
经营活动产生的净现金流量		19 000
投资活动产生的现金流量：		45 000
购买设备	(98 000)	
出售设备	74 000	
购买长期投资	(8 000)	
投资活动产生的净现金流量		(32 000)
筹资活动产生的现金流量：		
发行普通股	19 000	
支付现金股利	(18 000)	
发行长期应付票据	7 000	
回购库存股	(5 000)	3 000
筹资活动产生的净现金流量		16 000
现金及其等价物的净增加：		3 000
2015 年 12 月 31 日余额		19 000
2016 年 12 月 31 日余额		
不涉及现金的投资和筹资活动：		37 000
发行长期票据以购买专利		13 000
发行普通股以赎回应付债券		50 000
不涉及现金的投资和筹资活动总额		

设备净值

期初余额	52 000		
	98 000		76 000
			7 000
期末余额	67 000		

长期投资

余额	10 000	
	8 000	
余额	18 000	

专利净值

期初余额	10 000		
	37 000		3 000
期末余额	440 000		

长期应付票据

		期初余额	0
			37 000
			7 000
		期末余额	44 000

应付债券

		期初余额	53 000
	13 000		
		期末余额	40 000

普通股

		期初余额	20 000
			13 000
			19 000
		期末余额	52 000

留存收益			库存股		
	期初余额	19 000	期初余额	5 000	
18 000		*26 000*		*5 000*	
	期末余额	27 000	期末余额	10 000	

 ## 使用直接法编制现金流量表

美国财务会计准则委员会(FASB)和国际会计准则理事会(IASB)建议使用直接法编制现金流量表,因为这种方法提供的关于现金来源和使用的信息更为清晰。但是很少有公司使用这种方法,因为它相对于间接法而言,计算较为复杂。投资和筹资活动产生的现金流不受所使用方法的影响。

为了说明如何使用这种方法编制现金流量表,我们以 TRF 公司为例。使用直接法编制现金流量表的过程如下。

步骤1 列出使用直接法编制的现金流量表的模板,如表 12-9 所示。图 12-4 给出了报表更为直观的格式。

表 12-9 现金流量表模板——直接法

TRF 公司现金流量表
截至 2016 年 12 月 31 日的年度
经营活动产生的现金流量:
收入:
从顾客处收取货款
收到应收票据的利息
收到投资股票的股利
现金收入总额
支付:
给供应商
给员工
利息费用
所得税
现金支付总额
经营活动产生的净现金流量
投资活动产生的现金流量:
＋出售长期资产(投资、土地、建筑物、设备等)
—购买长期资产
＋收回应收票据
—向其他公司借出的款项
投资活动产生的净现金流量
筹资活动产生的现金流量:
＋发行股票
＋出售库存股
—回购库存股
＋借款(发行应付票据或应付债券)

续表

—偿付应付票据或应付债券

—支付股利

筹资活动产生的净现金流量

当年现金的净增加（减少）

＋2015 年 12 月 31 日现金余额

＝2016 年 12 月 31 日现金余额

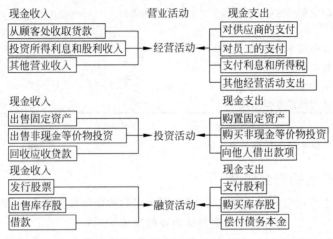

图 12-4　现金流量表的现金收入和现金支出——直接法

　　步骤 2　利用资产负债表计算本期内现金的变动，现金余额的变动是现金流量表计算的校验基准。TRF 公司的比较财务报表显示 TRF 公司的现金在 2016 年减少了 8 000 美元（见表 12-9）。为什么当年的现金减少了？我们可以通过现金流量表作出解释。

　　步骤 3　使用现有的数据编制现金流量表。TRF 公司的交易数据显示在表 12-10 中。这些交易既影响了利润表（表 12-3），也影响了现金流量表。有些交易影响其中一张报表，而有些交易影响另外一张报表。例如，销售收入（项目 1）记录在利润表中。现金的收回（项目 2）记录在现金流量表中。其他交易，如利息费用和支付（项目 12）同时影响两张报表。现金流量表只记录那些有现金影响的交易活动（表 12-10 中标有"＊"号的项目）。表 12-11 是 TRF 公司 2016 年度的现金流量表。

表 12-10　TRF 公司 2016 年交易概要　　　　　　　　　　　　　　　　　　美元

经营活动	
1. 赊销	303 000
*2. 从顾客处收取货款	288 000
*3. 利息收入	2 000
4. 销售成本	150 000
5. 赊购存货	147 000
*6. 对供应商的支付	133 000
7. 工资费用	56 000
*8. 支付工资	58 000

续表

9. 折旧费用	18 000
10. 其他经营费用	17 000
*11. 所得税费用和支付	15 000
*12. 利息费用和支付	7 000
投资活动	
*13. 支付现金购买固定资产	196 000
*14. 借款给其他公司	21 000
*15. 出售固定资产的收入(包括 8 000 美元的利得)	62 000
筹资活动	
*16. 发行长期债务的收入	94 000
*17. 发行普通股的收入	4 000
*18. 偿付长期债务	11 000
*19. 现金股利的宣告和支付	17 000

* 标出了在现金流量表中记录的现金流量。

注:利润表的数据来源于后面的表 12-13。

经营活动产生的现金流量

经营活动产生的现金流量是首先列出的,因为它们的地位最为重要。表 12-11 显示 TRF 公司现金流量较为充裕,经营活动是现金最主要的来源。

从顾客处收取货款 销售的现金收入和应收账款的收回都在现金流量表中列示为从顾客处收取货款——288 000 美元,见表 12-11。

利息和股利的现金收入 利息和股利收入在利润表中列报,仅有利息和股利的现金收入在现金流量表中列示——2 000 美元的利息,见表 12-11。TRF 公司在 2016 年度没有收到股利。

对供应商的支付 对供应商的支付包括所有对存货和除工资费用、利息、所得税外的营业费用的现金支付。供应商是那些提供存货和主要服务的企业。例如,一家服装店的供应商可能包括阿迪达斯和拉尔夫·劳伦。其他供应商提供广告、设施和办公设备。如表 12-11 所示,TRF 公司向供应商支付了 133 000 美元的现金。

表 12-11　现金流量表——直接法　　　　　　千美元

TRF 公司现金流量表		
截至 2016 年 12 月 31 日的年度		
经营活动产生的现金流量:		
收入:		
从顾客处收取货款	288	
收到利息	2	
现金收入总额		290
支付:		
对供应商的支付	(133)	
对员工的支付	(58)	
所得税	(15)	

续表

利息	(7)
现金支付总额	(213)
经营活动产生的净现金流量	77
投资活动产生的现金流量：	
购买固定资产	(196)
向其他公司借出的款项	(21)
出售固定资产的收入	62
投资活动产生的净现金流量	(155)
筹资活动产生的现金流量：	
发行长期债务的收入	94
发行普通股的收入	4
偿付长期债务	(11)
支付股利	(17)
筹资活动产生的净现金流量	70
现金的净减少：	(8)
2015 年 12 月 31 日的现金余额	42
2016 年 12 月 31 日的现金余额	34

对员工的支付　这一项包括工资和其他形式的员工薪酬。应计项目不包含在这一项中，因为它们还没有被支付。现金流量表只记录了 58 000 美元的现金支付。

利息费用和所得税费用的支付　利息和所得税与其他费用分开列报。TRF 公司用现金支付了所有的利息和所得税。因此，利润表和现金流量表中列报的金额是相同的。因为利息和所得税属于费用，所以利息支付和所得税支付是经营活动产生的现金流量。

折旧、折耗和摊销费用

因为这些费用不影响现金流量，所以不列在用直接法编制的现金流量表中。

投资活动产生的现金流量

投资是很重要的，一家公司的投资活动关系其未来。固定资产的大量采购代表了公司的扩张趋势。少量的投资活动则意味着公司没有成长。

购买固定资产和投资及向其他公司借出的款项　这些现金支付获得了长期资产。TRF 公司在表 12-11 中的第一项投资活动是购买了价值 196 000 美元的固定资产。TRF 公司同时以应收票据的形式向其他公司借出了一笔价值 21 000 美元的款项。

出售固定资产和投资及收回应收票据　这些现金收入同样是投资活动。出售固定资产需要做些解释。TRF 公司出售固定资产，收到 62 000 美元现金，其中包含 8 000 美元的利得。那么，在现金流量表中记录的数额应该是多少？应该是 62 000 美元而不是 8 000 美元。

投资者经常对那些出售大量资产的公司心存戒备，因为这意味着可能发生了紧急事件。例如，航空业出现问题，会导致一些航空公司将飞机出售以获取现金。

筹资活动产生的现金流量

筹资活动产生的现金流量包括以下几类。

发行股票和债务（应付票据和应付债券）的收入　对一家公司而言，发行股票和借款是筹资的两种方式。在表 12-11 中，TRF 公司通过发行普通股收到了 4 000 美元的现金。TRF 公司同时以长期借款（应付票据）的方式借入了 94 000 美元。

偿付债务和回购股票 偿付债务（应付票据）与借款刚好相反。TRF 公司记录了偿付 110 000 美元的债务。回购库存股是另一种形式的筹资活动。

支付现金股利 支付现金股利是筹资活动。在表 12-11 中 TRF 公司支付了 17 000 美元的现金股利。股票股利对现金没有影响，因此不在现金流量表中列示。

不涉及现金的投资和筹资活动

公司的投资活动有时并不需要现金，筹资活动有时也并不直接获取现金。TRF 公司的例子中并没有发生这样的活动。现在假设 TRF 公司发行了价值 300 000 美元的普通股以购买一处仓库。TRF 公司会编制如下分录：

仓库	300 000	
普通股		300 000

这项交易不是现金支付，因此并不包含在现金支付中。但是对仓库的投资和发行股票都很重要，因此这些不涉及现金的投资和筹资活动需要在现金流量表的专门部分列示。表 12-12 说明了这些活动（所有数据均为假设）。

表 12-12 不涉及现金的投资和筹资活动 千美元

不涉及现金的投资和筹资活动	
通过发行普通股购买建筑物	300
通过发行应付票据购买土地	70
通过发行普通股偿付长期负债	100
不涉及现金的投资和筹资活动总额	470

思考题

将下列项目按经营活动、投资活动和筹资活动分类，并指出那些在用直接法编制的现金流量表中没有列示的项目。

a. 净利润	b. 支付股利	c. 长期借款
d. 向供应商支付现金	e. 发放贷款	f. 出售库存股
g. 折旧费用	h. 用现金购买设备	i. 发行股票
j. 用现金购买另外一家公司	k. 偿付长期应付票据	l. 支付所得税
m. 从顾客处收取货款	n. 应计利息收入	o. 预付费用到期
p. 收到现金股利		

答案

a. 没有列示	b. 筹资活动	c. 筹资活动	d. 经营活动
e. 投资活动	f. 筹资活动	g. 没有列示	h. 投资活动
i. 筹资活动	j. 投资活动	k. 筹资活动	l. 经营活动
m. 经营活动	n. 没有列示	o. 没有列示	p. 经营活动

接下来我们来看看怎样通过直接法计算经营活动产生的现金流量。

使用直接法计算经营活动产生的现金流量

为了使用直接法计算经营活动产生的现金流量，我们要借助利润表和比较资产负债表。

图 12-5 描述了这一过程。表 12-13 是 TRF 公司的利润表,表 12-14 是 TRF 公司的比较资产负债表。

计算从顾客处收取的货款 收到货款起始于销售收入(权责发生制),2016 年 TRF 公司的销售收入是 303 000 美元(见表 12-13),根据比较资产负债表,应收账款从年初的 81 000 美元增加到了年底的 96 000 美元,增加了 15 000 美元,因此从顾客处收取的货款是 288 000 美元。现金收款(X)的计算过程如下:

应收账款 美元

期初余额	+	销售收入	—	从顾客处收取的货款	=	期末余额
81 000	+	303 000		—X	=	96 000
				—X	=	96 000 — 81 000 — 303 000
				X	=	*288 000*

应收账款的 T 形账户提供了另外一种计算方式:

应收账款

期初余额	81 000		
销售收入	303 000	*款项收回*	*288 000*
期末余额	96 000		

应收账款增加了,所以从顾客处收到的货款少于销售收入。

所有应收款项的收回都这样计算。现在计算应收利息的现金收入。TRF 公司取得了利息收入,收到 2 000 美元现金。利息收入与收到的现金利息一般不同,计算过程见图 12-5。

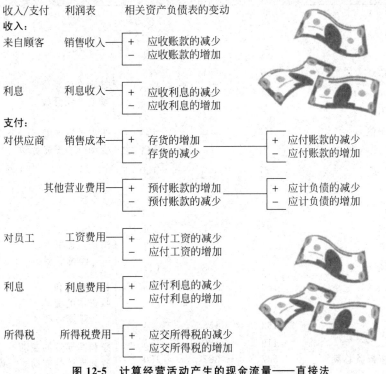

图 12-5 计算经营活动产生的现金流量——直接法

表 12-13 利 润 表 千美元

TRF 公司利润表 截至 2016 年 12 月 31 日的年度		
收入和利得：		
销售收入	303	
利息收入	2	
出售固定资产收得	8	
收入和利得总额		313
费用		
销售成本	150	
工资费用	56	
折旧费用	18	
其他营业费用	17	
所得税费用	15	
利息费用	7	
费用总额		263
净利润		50

表 12-14 比较资产负债表 千美元

TRF 公司比较资产负债表 2015 年 12 月 31 日和 2016 年 12 月 31 日			
	2016 年	**2015 年**	**增加（减少）**
资产			
流动资产：			
现金	34	42	（8）
应收账款	96	81	15
存货	35	38	（3）
预付费用	8	7	1
固定资产净值	343	219	124
应收票据	21	—	21
资产总额	537	387	150
负债			
流动负债：			
应付账款	91	57	34
应付工资	4	6	（2）
应计负债	1	3	（2）
长期负债	160	77	83
股东权益			
普通股	162	158	4
留存收益	119	86	33
负债和股东权益总额	537	387	150

非现金流动资产的变动——经营活动

非流动资产的变动——投资活动

流动负债的变动——经营活动

长期负债和实收资本的变动——筹资活动

净利润导致的变动——经营活动
股利导致的变动——筹资活动

计算对供应商的支付　对供应商的支付包括两个部分：存货的支付；营业费用的支付（利息和所得税除外）。

存货的支付是通过权责发生制调整销售成本得到的。我们利用销售成本、存货和应付账款来计算。首先，要计算采购成本。所有的数据来源于表 12-13 和表 12-14。

销售成本　　　　　　　　　　　　　　　　　　　　　　　　　　　　　　　　　美元

期初存货	+	采购成本	−	期末存货	=	销售成本
38 000	+	X	−	35 000	=	150 000
		X			=	150 000−38 000+35 000
		X			=	*147 000*

下面计算存货(Y)的现金支付。

应付账款　　　　　　　　　　　　　　　　　　　　　　　　　　　　　　　　　美元

期初余额	+	采购成本	−	存货的现金支付	=	期末余额
57 000	+	147 000		−Y	=	91 000
				−Y	=	91 000−57 000−147 000
				Y	=	*113 000*

T 形账户可以显示数据的来源。下面列出销售成本和应付账款的 T 形账户。

	销售成本				应付票据	
期初余额	38 000	期末余额	35 000		期初余额	57 000
采购	*147 000*			现金支付　113 000	采购	147 000
销售成本	150 000				期末余额	91 000

应付账款增加说明为购买存货支付的现金低于实际购买存货的金额。

计算其他营业费用的支付　工资以外的营业费用的支付可通过三个账户计算——预付费用、应计负债和其他营业费用。所有数据来源于表 12-13 和表 12-14。

预付费用　　　　　　　　　　　　　　　　　　　　　　　　　　　　　　　　　美元

期初余额	+	现金支付	−到期的预付费用(假设值)	=	期末余额
7 000	+	X	7 000	=	8 000
		X		=	8 000−7 000+7 000
		X		=	*8 000*

应计负债　　　　　　　　　　　　　　　　　　　　　　　　　　　　　　　　　美元

期初余额	+	期末应计费用(假设值)	−	现金支付	=	期末余额
3 000	+	1 000		−X	=	1 000
				−X	=	1 000−3 000−1 000
				X	=	*3 000*

其他营业费用   美元

期末应计负债 ＋到期的预付费用＋		现金支付	=	期末余额
1 000	＋ 7 000	X	=	17 000
		X	=	17 000－1 000－7 000
		X	=	9 000
		其他营业费用的支付总额	=	8 000＋3 000＋9 000
			=	20 000

T 形账户提供了另外一种计算方式。

预付费用		应计负债		其他营业费用	
期初余额 7 000			期初余额 3 000	到期的预	
现金支付 8 000	到期的预付费用 7 000	现金支付 3 000	年末应计负债 1 000	付费用 1 000 年末应计	
期末余额 8 000			期末余额 1 000	负债 7 000	
				现金支付 **9 000**	
				期末余额 17 000	

营业费用的支付总额＝20 000(8 000＋3 000＋9 000)

现在我们可以计算对供应商的现金支付,具体如下:

对供应商的现金支付	=	存货的现金支付	+	营业费用的现金支付
133 000	=	113 000	+	20 000

计算对员工的支付　将所有员工的工资合并为一个独立的账户——工资费用会使计算方便一些。然后我们计算对员工的现金支付,过程如下:

应付工资   美元

期初余额 ＋	工资费用 －	现金支付	=	期末余额
6 000 ＋	56 000	－X	=	4 000
		－X	=	4 000－6 000－56 000
		X	=	58 000

应付工资			
		期初余额	6 000
现金支付	58 000	工资费用	56 000
		期末余额	4 000

计算利息费用和所得税　TRF 公司的利息和所得税费用金额与支付金额相同,因此不需要进行分析以确定支付金额。如果不一致,可以参照图 12-5 的计算过程。

计算投资和筹资活动产生的现金流量

投资和筹资活动产生的现金流量的计算方法和间接法一样,可以参照前面的介绍。

思考题

Fidelity 公司对 2015 年和 2016 年的财务状况有如下记录(单位:百万美元):

	2016 年 12 月 31 日	2015 年 12 月 31 日
应收账款净额	3 500	3 900
存货	5 200	5 000
应付账款	900	1 200
应交所得税	600	700

截至 2016 年 12 月 31 日的年度	
收入	23 000
销售成本	14 100
所得税费用	900

基于以上数据,回答下列问题:

- 2016 年,Fidelies 公司从顾客处收到了多少现金货款?
- 2016 年,Fidelies 公司为存货支付了多少现金?
- 2016 年,Fidelies 公司支付了多少所得税?

答案

								百万美元
		期初应收账款		＋ 销售收入		－ 收到的货款		＝ 期末应收账款
收到货款	＝ *23 400*	3 900		＋ 23 000		－ *23 400*		＝ 3 500
		销售成本		＋ 存货的增加		＋ 应付账款的减少		＝ 现金支付
存货的支付	＝ *14 600*	14 100		＋ (5 200－5 000)		＋ (1 200－900)		＝ *14 600*
		期初应交所得税		＋ 所得税费用		－ *所得税的支付*		＝ 期末应交所得税
所得税的支付	＝ *1 000*	700		＋ 900		－ *1 000*		＝ 600

衡量现金的充足性:自由现金流量

本章我们着重介绍了经营活动、投资活动和筹资活动的现金流量。现实生活中,一些投资者想知道一家公司对于新的机会,有多少"自由"现金可以利用。**自由现金流量**(free cash flow)是经营活动产生的现金流量在支付了对固定资产的计划投资后的余额。自由现金流量可按如下方式计算:

自由现金流量＝经营活动产生的净现金流量－为计划的固定投资支付的现金

百事公司使用自由现金流量管理经营活动。假设百事公司预计经营活动将产生 23 亿美元现金,并计划使用 19 亿美元改造装瓶生产线。在本例中,百事公司的自由现金流量就是 4 亿美元。如果出现一个好的投资机会,百事公司可将 4 亿美元进行投资。壳牌石油公司也使用自由现金流量进行财务分析。充裕的自由现金流量对公司更加有利,因为这意味着有较多的现金可用于投资。下面的管理决策专栏介绍了一些使用现金流和利润数据进行投资和信贷分析的方法。

管理决策

投资者和债权人对现金流量及相关信息的使用

简·切尔德斯(Jan Childres)是位私人投资者。积累了几年投资经验后,她得出了一套评估股票和债券投资的指导原则。简使用权责发生制会计的数据和现金流的知识进行分析。下面是她给投资者和债权人的一些决策建议。

投资者:

问　题	需要考虑的因素	财务报表预测/决策模型[*]
1.投资股票我能得到多少股利?	预期未来净利润	持续经营收益[**]
	预期未来现金余额	净现金流来源于(按顺序):
		· 经营活动
		· 投资活动
		· 筹资活动
	未来股利政策	现在和过去的股利政策
2. 股价将会上涨还是下跌?	预期未来净利润	持续经营收益[**]
	预期经营活动产生的净现金流	持续经营收益[**] 经营活动产生的净现金流
3. 未来股价将会是怎样的水平?	预期未来收益来源于 · 持续经营 · 经营活动产生的净现金流	$预期未来股价=\dfrac{预期每股净收益[**]}{投资资本化率[**]}$ $预期未来股价=\dfrac{预期每股经营净现金流}{投资资本化率[**]}$

债权人:

问　题	需要考虑的因素	财务报表预测
公司有能力在借款到期时支付本金和利息吗?	预期未来经营活动产生的净现金流	持续经营收益[**] 经营活动产生的净现金流

[*] 在决策时还要考虑更多的情况。以上是一般的情况。

[**] 见第 11 章。

章末习题

Lucas 保健品公司报告了 2016 年的比较资产负债表和利润表,如下所示:

美元

Lucas 保健品公司比较资产负债表 2015 年 12 月 31 日和 2016 年 12 月 31 日		
	2016 年	**2015 年**
现金	19 000	3 000

续表

	2016 年	2015 年
应收账款	22 000	23 000
存货	34 000	31 000
预付费用	1 000	3 000
设备净值	90 000	79 000
无形资产	9 000	9 000
	175 000	148 000
应付账款	14 000	9 000
应计负债	16 000	19 000
应交所得税	14 000	12 000
应付票据	45 000	50 000
普通股	31 000	20 000
留存收益	64 000	40 000
库存股	(9 000)	(2 000)
	175 000	148 000

美元

Lucas 保健品公司利润表 截至 2016 年 12 月 31 日的年度	
销售收入	190 000
出售设备利得	6 000
收入和利得总额	196 000
销售成本	85 000
折旧费用	19 000
其他营业费用	36 000
费用总额	140 000
税前利润	56 000
所得税费用	18 000
净利润	38 000

假设 Berkshire Hathaway 公司正在考虑收购 Lucas 保健品公司。Berkshire Hathaway 公司需要查看 Lucas 保健品公司 2016 年的现金流量表。这里不涉及投资和筹资活动。

a. 从顾客处收到的货款。

b. 存货的现金支付。

c. 营业费用的现金支付。

d. 所得税的现金支付。

e. 出售设备的现金支付。Lucas 保健品公司当年购买新设备共支付 40 000 美元。

f. 发行普通股。

g. 发行应付票据。Lucas 保健品公司当年支付了 20 000 美元。

h. 现金股利。无股票股利。

提供需要的数据并列出计算过程。

答案

(单位:美元)

a. 分析应收账款(X=从顾客处收到的货款):

应收账款期初余额	+	销售收入	−	从顾客处收到的现金	=	应收账款期末余额
23 000	+	190 000	−	X	=	22 000
				X	=	*191 000*

b. 分析存货和应付账款(X=本期采购,Y=存货的现金支付)

期初存货	+	*本期采购*	−	销售成本	=	期末存货
31 000	+	X	−	85 000	=	34 000
		X			=	*88 000*

应付账款期初余额	+	*本期采购*	−	*存货的现金支付*	=	应付账款期末余额
9 000	+	88 000	−	Y	=	14 000
				Y	=	*83 000*

c. 分析营业费用的现金支付。从其他营业费用开始,调整应计负债和预付费用的变化。

其他营业费用	−	预付费用的减少	+	应计负债的减少	=	*其他营业费用的现金支付*
36 000	−	2 000	+	3 000	=	*37 000*

d. 分析应交所得税(X=所得税的现金支付)。

应交所得税期初余额	+	所得税费用	−	*所得税现金支付*	=	应交所得税期末余额
12 000	+	18 000	−	X	=	14 000
				X	=	*16 000*

e. 分析设备净值(X=已售设备的账面价值,然后与出售损益加总以计算已售设备的现金收入)。

期初设备净值	+	购买的设备	−	折旧	−	*已售设备的账面价值*	=	期末设备净值
79 000	+	40 000	−	19 000	−	X	=	90 000
						X	=	*10 000*

已售设备的现金收入	=	出售设备的账面价值	+	出售设备的收益
16 000	=	10 000	+	6 000

f. 分析普通股(X=发行普通股的现金收入)。

普通股期初余额	+	发行普通股	=	普通股期末余额
20 000	+	X	=	31 000
		X	=	*11 000*

g. 分析应付票据($X=$发行应付票据的现金收入)。

应付票据期初余额	＋	发行应付票据	－	支付	＝	应付票据期末余额
50 000	＋	X	－	20 000	＝	45 000
		X			＝	15 000

h. 分析留存收益($X=$股利)。

留存收益期初余额	＋	净利润	－	股利支付	＝	留存收益期末余额
40 000	＋	38 000	－	X	＝	64 000
				X	＝	14 000

复习：现金流量表

复习测试(答案见本章末)

1. 下列哪一项不需要在现金流量表中列示？

  a. 营销活动　　　　　b. 筹资活动　　　　　c. 投资活动　　　　　d. 经营活动

2. 在现金流量表中,产生长期负债的活动通常是_____。

  a. 筹资活动　　　　　　　　　　　　b. 经营活动

  c. 投资活动　　　　　　　　　　　　d. 不涉及现金的投资和筹资活动

3. 在现金流量表中,影响长期资产的活动是_____。

  a. 经营活动　　　　　b. 营销活动　　　　　c. 投资活动　　　　　d. 筹资活动

4. 2016 年,Merrill 公司借款 90 000 美元,支付股利 34 000 美元,发行了 14 000 股股票(每股 35 美元),购买土地支出 20 000 美元,收到现金股利 7 000 美元。当年净利润为 90 000 美元,折旧费用为 12 000 美元,应收账款增加了 9 000 美元。在间接法下,经营活动产生的净现金流量是_____。

  a. 102 000 美元　　　b. 635 000 美元　　　c. 75 000 美元　　　d. 93 000 美元

5. 现金流量表中,能够为企业运营和发展提供充足现金的活动是_____。

  a. 投资活动　　　　　b. 收入活动　　　　　c. 营销活动　　　　　d. 筹资活动

6. 在现金流量表中,以股票交换土地的活动应报告为_____。

  a. 投资活动　　　　　　　　　　　　b. 该交易不会在现金流量表中报告

  c. 不涉及现金的投资和筹资活动　　　d. 筹资活动

使用 Sutherland 公司的下列信息,回答第 7~10 题。

			美元
净利润	70 000	应付账款增加	12 000
折旧费用	13 000	用现金购买设备	23 000
支付股利	5 000	出售库存股	4 000
应收账款增加	2 000	偿还长期借款	8 000
收回长期应收票据	7 000	出售土地收入	39 000
出售土地损失	9 000	存货减少	1 000

7. 采用间接法计算,经营活动产生的净现金流量为_____。

  a. 105 000 美元　　　b. 117 000 美元　　　c. 103 000 美元　　　d. 119 000 美元

8. 投资活动产生(使用)的净现金流量为_____。

a. 119 000 美元

b. 23 000 美元

c. 105 000 美元

d. (117 000 美元)

9. 筹资活动产生(使用)的净现金流量为_____。

a. 5 000 美元

b. (1 000 美元)

c. (9 000 美元)

d. 119 000 美元

10. 已售土地的账面净值是_____。

a. 30 000 美元

b. 39 000 美元

c. 48 000 美元

d. 由所给数据无法确定

11. Stoddard 冰激凌公司年初的应收账款为 40 000 美元,年末的应收账款为 30 000 美元。如果当年的销售收入为 625 000 美元,那么当年公司从客户手中收到的货款为_____。

a. 665 000 美元

b. 615 000 美元

c. 635 000 美元

d. 655 000 美元

12. Merrimack Farms 公司的销售收入为 760 000 美元,销售成本为 380 000 美元。存货减少了 15 000 美元,应付账款减少了 10 000 美元。营业费用为 150 000 美元。Merrimack Farms 公司当年的净利润_____。

a. 230 000 美元

b. 215 000 美元

c. 380 000 美元

d. 220 000 美元

13. 使用第 12 题中 Merrimack Farms 公司的数据。当年存货的现金支付为_____。

a. 380 000 美元

b. 390 000 美元

c. 215 000 美元

d. 375 000 美元

自我测评

道德检测

下列情况违反了 AICPA 职业行为守则三原则(客观性、独立性和谨慎性)中的哪个原则?假设例子中的所有人都是 AICPA 的成员(注:有关原则的描述,请参阅第 1 章有关 AICPA 专业行为准则的内容)。

A. Sandy 是 Driver 系统公司新聘请的会计师。她的职责是编制公司的财务报表,包括现金流量表。该公司使用直接法编制现金流量表。Sandy 很多年没有编制过现金流量表了,也不记得如何使用直接法编制现金流量表。Sandy 使用间接法编制了现金流量表,并希望没有人会发现这一点。

B. Richard 是一位即将在 Canvas 工业公司退休的会计师。由于他抱着即将退休的心态,在编制公司的现金流量表时有点粗心,导致期末现金余额与资产负债表上的现金余额不一致。Richard 的做法是找一个"倒挤数"使之平衡。

C. Erin 是 Velo 公司的会计经理,在没有得到上司同意的情况下,擅自批准购买了一台昂贵的新设备。她知道上司看到财务报表后会找她核对,所以她要求另一名会计师将此项交易"隐藏"列报在现金流量表的其他项目中,以免被上司注意到。

D. 15 年来,Julie 一直是 Sola 技术公司的首席财务官,从未发现公司的财务报表中有任何重大差错或欺诈。Julie 相信今年的财务报表也是一样。由于有更紧急的事情需要处理,所以在没有对财务报表进行审核的情况下她就签了字。

小练习

S12-1　（目标：解释现金流量表的目标）现金流量表是如何帮助投资者和债权人行使下列职能的？

a. 预测未来现金流量

b. 评价管理层的决策

E12-2　（目标：解释现金流量表的目标）Sowell 公司的净利润连续 9 年增长，但是现在却面临破产的危险。债权人要求该公司立即偿付债务，但公司没有可足额支配的现金。Sowell 公司的高级管理层过于重视利润，而忽视了对现金流量的管理。

要求

写一份简单的备忘录，用你自己的语言，向 Sowell 公司的管理层解释现金流量表的用途。

S12-3　（目标：评价经营活动产生的现金流量——间接法）审阅 Chadwell 公司的现金流量表。

百万美元

Chadwell 公司合并现金流量表（节选） 截至 2016 年 12 月 31 日的年度		
经营活动产生的现金流量：		
净利润	875	
将净利润调整为经营活动产生的净现金流量		
折旧和摊销	222	
资产和负债的变动：		
应收账款增加	(470)	
其他流动资产增加	(160)	
应付账款减少	(167)	
应计费用和其他负债减少	(238)	
预收收入增加	25	
应交所得税减少	(266)	
其他项净值增加	26	
经营活动产生的净现金流量		(153)
投资活动产生的现金流量：		
购买固定资产	(1 593)	
购买投资	(21 282)	
出售投资	19 286	
购买其他公司	(363)	
投资活动产生的净现金流量		(3 952)
筹资活动产生的现金流量：		
发行普通股，净值	835	
其他投资活动，净值	378	
筹资活动产生的净现金流量		1 213
外币折算影响		18
现金及其等价物的净增加（减少）		(2 874)
现金及其等价物的期初余额		4 155
现金及其等价物的期末余额		1 281

假设 Chadwell 公司经营活动产生的现金流量多于经营活动使用的现金流量。在间接法下,指出能够使经营活动产生的现金流量为负的三种情形。

S12-4 (目标:使用现金流量数据评价经营业绩)Jolson 酒店公司的高级管理层对 2016 年度的经营业绩进行了分析。利润表显示与 2015 年度相比,净利润增长了 20%。但是,大部分增长来自非正常的建筑物受暴雨的冲毁而收到的保险费。资产负债表显示应收账款有大量增长。简要的现金流量表报告如下:

	美元
经营活动使用的净现金流量	(63 500)
投资活动产生的净现金流量	42 000
筹资活动产生的净现金流量	29 100
2016 年度现金的增加额	7 600

给 Jolson 酒店公司的高级管理层写一份评价 2016 年度经营情况的备忘录,其中包括你对将来的展望,重点关注现金流量数据所体现的信息。

S12-5 (目标:报告经营活动产生的现金流量——间接法)Smythe 运输公司 2016 年年初应收账款、存货和预付费用的总额为 60 000 美元。年末,这些流动资产的总额为 62 000 美元。Smythe 运输公司 2016 年年初的流动负债为 35 000 美元,年末的流动负债为 31 000 美元。

当年净利润为 21 000 美元,其中包括出售土地的 3 000 美元收益和 5 000 美元的折旧费用。

使用间接法列报 Smythe 运输公司 2016 年度经营活动产生的现金流量。

S12-6 (目标:区分经营活动、投资活动和筹资活动——间接法)Peabody Cruiselines 公司正在采用间接法编制截至 2016 年 3 月 31 日的年度的现金流量表。在编制现金流量表时应参考下列项目。识别作为经营活动的每个项目:在净利润基础上的加项(O+)或是净利润基础上的减项(O−);作为投资活动的项目(I);作为筹资活动的项目(F);在间接法下不使用的项目(N)。将相应的符号填入下面的空格中。

☐	a. 应付账款的增加	☐	b. 应收账款的减少
☐	c. 出售建筑物的收益	☐	d. 出售土地的损失
☐	e. 折旧费用	☐	f. 存货的增加
☐	g. 发行普通股	☐	h. 应计负债的减少
☐	i. 净利润	☐	j. 预付费用的减少
☐	k. 从客户处收款	☐	l. 用现金购买设备
☐	m. 留存收益	☐	n. 支付股利

S12-7 (目标:编制经营活动产生的现金流量——间接法)Williams 公司的会计师收集了截至 2016 年 6 月 30 日的年度的下列数据。

			美元
净利润	?	销售成本	116 000
支付股利	6 100	其他营业费用	34 000
发行普通股收入	18 000	用现金购买设备	42 000

续表

销售收入	225 000	流动负债减少	10 000
非现金流动资产的增加	29 000	偿付应付票据	30 000
回购库存股	7 000	出售土地的收入	27 000
		折旧费用	5 000

编制 Williams 公司年度截至 2016 年 6 月 30 日的经营活动产生的现金流量部分。Williams 公司采用间接法编制现金流量表。

S12-8 （目标：编制现金流量表——间接法）使用 S12-7 中的数据编制 Williams 公司年度截至 2016 年 6 月 30 日的现金流量表。Williams 公司使用间接法计算经营活动产生的现金流量。

S12-9 （目标：计算投资活动产生的现金流量）Pratt 计算机销售公司 2016 年度的财务报表如下：

千美元

Pratt 计算机销售公司利润表 截至 2016 年 12 月 31 日的年度	
服务收入	720
销售成本	310
工资费用	50
折旧费用	40
其他费用	140
费用总额	540
净利润	230

千美元

Pratt 计算机销售公司比较资产负债表 2015 年 12 月 31 日和 2016 年 12 月 31 日					
	2016 年	2015 年		2016 年	2015 年
资产			**负债**		
流动资产			流动负债		
现金	20	17	应付账款	53	42
应收账款	56	45	应付工资	30	26
存货	71	87	应计负债	12	15
预付费用	6	5	长期应付票据	64	53
固定资产净值	226	180			
长期投资	52	71	**股东权益**		
			普通股	41	30
			留存收益	231	239
总额	431	405	总额	431	405

计算下列投资活动产生的现金流量：

a. 固定资产的取得(全部是现金支付)。Pratt 计算机销售公司没有出售固定资产。

b. 出售投资所取得的收入。Pratt 计算机销售公司没有增加任何新的投资。

S12-10 (目标：计算筹资活动产生的现金流量)使用 S12-9 中提供的 Pratt 计算机销售公司的数据计算：

a. 新增借款或者长期应付票据的支付。Pratt 计算机销售公司当年只进行过一次此类交易。

b. 普通股的发行或回购。Pratt 计算机销售公司当年只进行过一次此类交易。

c. 现金股利的支付(包括股利支付的宣布)。

S12-11 (目标：计算经营活动产生的现金流量——直接法)使用 S12-9 中提供的 Pratt 计算机销售公司的数据计算：

a. 从客户处收回的货款　　b. 存货的支付

S12-12 (目标：编制经营活动产生的现金流量——直接法)使用 S12-9 中提供的 Pratt 计算机销售公司的数据计算：

a. 对员工的支付　　b. 其他费用的支付

S12-13 (目标：编制现金流量表——直接法)Laughlin 养马场公司 2016 年年初现金余额为 190 000 美元。当年，Laughlin 养马场公司的服务收入为 591 000 美元，从客户处收款 570 000 美元。当年的费用支付总额为 425 000 美元，其中 Laughlin 养马场公司向供应商和员工支付了 410 000 美元。Laughlin 养马场公司为购买设备支付了 137 000 美元，向股东支付的现金股利为 45 000 美元。2016 年，Laughlin 养马场公司通过发行票据借款 24 000 美元。

编制该公司当年的现金流量表。使用直接法编制经营活动的现金流量部分。

S12-14 (目标：计算经营活动产生的现金流量——直接法)Mulberry 公司的会计师整理了截至 2016 年 9 月 30 日的年度该公司的财务数据，具体如下：

			美元
销售成本	107 000	支付股利	7 500
向供应商支付货款	111 000	发行普通股收入	17 000
用现金购买设备	43 000	销售收入	217 000
支付员工薪酬	74 000	从客户处收款	202 000
偿付应付票据	23 000	支付所得税	15 000
出售土地收入	62 000	回购库存股	5 500
折旧费用	5 000		

编制 Mulberry 公司年度截至 2016 年 9 月 30 日的现金流量表的经营活动部分。Mulberry 公司采用直接法计算经营活动产生的现金流量。

S12-15 (目标：编制现金流量表——直接法)使用 S12-14 中的数据，编制 Mulberry 公司年度截至 2016 年 9 月 30 日的现金流量表。Mulberry 公司采用直接法计算经营活动产生的现金流量。

练习

（A 组）

E12-16A （目标：区分经营活动、投资活动和筹资活动——间接法）Bloomfield 投资公司专门从事低风险政府债券的投资。确认 Bloomfield 投资公司的各项交易是经营活动的项目（O）、投资活动的项目（I）、筹资活动的项目（F）、不涉及现金的筹资或投资项目（NIF），还是在现金流量表中不使用的项目（N）。指出每一项是增加（＋）还是减少（－）了现金。采用间接法区分经营活动的项目。

▢	a. 偿付长期债务	▢	k. 发行长期票据借入现金
▢	b. 应付工资增加	▢	l. 预付费用的增加
▢	c. 出售土地的现金收入	▢	m. 应计负债的减少
▢	d. 出售长期投资	▢	n. 出售设备的损失
▢	e. 支付现金购买建筑物	▢	o. 应收账款的减少
▢	f. 净利润	▢	p. 设备折旧
▢	g. 发行普通股以取得现金	▢	q. 应付账款的增加
▢	h. 支付现金股利	▢	r. 摊销无形资产
▢	i. 发行长期票据购买设备	▢	s. 回购库存股
▢	j. 用现金购买长期投资		

E11-17A （目标：区分经营活动、投资活动和筹资活动——间接法）指出下列交易是否对经营活动、投资活动、筹资活动及不涉及现金的投资和筹资活动产生影响。

a.	设备	28 000		h.	应付股利	25 000	
	现金		28 000		现金		25 000
b.	应付债券	70 000		i.	库存股	12 000	
	现金		70 000		现金		12 000
c.	现金	110 000		j.	土地	123 000	
	普通股		17 000		现金		123 000
	股本溢价		93 000	k.	现金	74 000	
d.	折旧费用	16 000			应收账款	13 000	
	累计折旧		16 000		服务收入		87 000
e.	出售设备损失	2 000		l.	工资费用	36 000	
	设备净值		2 000		现金		36 000
f.	建筑物	235 000		m.	家具	36 000	
	长期应付债券		235 000		现金		36 000
g.	现金	10 000					
	长期投资		10 000				

E12-18A （目标：计算经营活动产生的现金流量——间接法）中西部批发公司披露了下列财务数据：

		美元
净利润	40 000	折旧费用　17 000
股利收入	7 700	流动负债减少　23 000
支付利息	15 000	非现金流动资产减少　28 000
销售收入	180 000	支付股利　7 600
出售土地损失	27 000	支付所得税　12 000
用现金购置土地	44 000	

要求

采用间接法计算经营活动产生的现金流量。使用表 12-3 中经营活动部分的格式。评价中西部批发公司的经营活动产生的现金流量,并给出理由。

E12-19A　(目标:计算经营活动产生的现金流量——间接法)威斯康星商贸公司的会计记录中包括下列数据:

现金

7 月 1 日	80 000		
收入	468 000	支付	450 000
7 月 31 日	98 000		

应收账款

7 月 1 日	8 000		
赊销	22 000	收款	418 000
7 月 31 日	112 000		

存货

7 月 1 日	6 000		
购买	433 000	销售成本	333 000
7 月 31 日	106 000		

设备

7 月 1 日	186 000		
购置	8 000		
7 月 31 日	194 000		

累计折旧——设备

		7 月 1 日	45 000
		折旧	2 000
		7 月 31 日	47 000

应付账款

		7 月 1 日	11 000
支付	330 000	购买	433 000
		7 月 31 日	114 000

应计负债

		7 月 1 日	14 000
支付	33 000	应计	29 000
		7 月 31 日	10 000

留存收益

		7 月 1 日	64 000
季度股利	16 000	净利润	10 000
		7 月 31 日	58 000

要求

采用间接法计算威斯康星商贸公司 7 月经营活动产生(或使用的)净现金流量。威斯康星商贸公司在收回应收款项和销售存货方面存在问题吗？你是如何发现的？

E12-20A　(目标:编制现金流量表——间接法)Nyman 旅游用品公司的利润表和附加数据如下表所示:

美元

Nyman 旅游用品公司利润表 截至 2016 年 12 月 31 日的年度		
收入：		
销售收入	234 000	
股利收入	8 300	242 300
费用：		
销售成本	103 000	
工资费用	62 000	
折旧费用	33 000	
广告费用	4 300	
利息费用	2 100	
所得税费用	8 000	212 400
净利润		29 900

附加数据为：

a. 购置固定资产 134 000 美元，其中 90 000 美元以现金支付，44 000 美元以应付票据支付。

b. 出售土地的收入为 34 000 美元。

c. 发行普通股的收入为 60 000 美元。

d. 偿付长期应付票据 14 000 美元。

e. 支付股利 12 000 美元。

f. 来自资产负债表的数据：

美元

	2016 年 12 月 31 日	2015 年 12 月 31 日
流动资产：		
现金	165 000	68 000
应收账款	42 000	56 000
存货	48 000	61 000
预付费用	9 600	8 700
流动负债：		
应付票据	38 000	25 000
应计负债	99 000	82 000

要求

1. 采用间接法编制 Nyman 旅游用品公司截至 2016 年 12 月 31 日的年度的现金流量表。

2. 评估 Nyman 旅游用品公司 2016 年的现金流量状况，包括三种不同用途的现金流量情况，并解释原因。

E12-21A （目标：评价现金流量表——间接法）在以下三种情形下（每种情形都是独立的），分析 Sharma 商贸公司的现金流情形。在每一种情形下，确认 Sharma 商贸公司怎样赚取足够的现金以购买新的固定资产。将这三种情形按照财务状况的好坏程度排序。

	情形 A	情形 B	美元 情形 C
经营活动产生的现金流量			
净利润	14 000	14 000	14 000
折旧和摊销	17 000	17 000	17 000
流动资产的增加	(3 000)	(1 000)	(7 000)
流动负债的减少	(4 000)	(3 000)	(27 000)
	(24 000)	27 000	3 000
投资活动产生的现金流量			
购买固定资产	(141 000)	(141 000)	(141 000)
出售固定资产	47 000	148 000	28 000
	(94 000)	(7 000)	113 000
筹资活动产生的现金流量			
发行股票	104 000	26 000	149 000
偿还债务	(45 000)	(38 000)	(28 000)
	59 000	12 000	(121 000)
现金的净增加(减少)	(11 000)	22 000	5 000

E12-22A （目标：计算现金流量表中投资活动和筹资活动产生的现金流量）计算现金流量表的下列项目：

a. 固定资产的期初、期末净值分别为 120 000 美元和 115 000 美元。期间折旧费用为 13 000 美元，固定资产的购买额为 15 000 美元，固定资产的出售损失为 5 000 美元。出售固定资产的收入是多少？

b. 留存收益的期初和期末余额分别为 44 000 美元和 69 000 美元。当期的净利润为 59 000 美元，股票股利为 6 000 美元。当期的现金股利是多少？

E12-23A （目标：计算经营活动产生的现金流量——直接法）Pelham 医药公司的会计记录披露了下列数据：

			美元
支付工资	36 000	支付所得税	8 000
折旧费用	26 000	现金股利收入	9 000
流动负债减少	11 000	支付利息	20 000
非现金流动资产减少	21 000	现金销售	45 000
支付股利	7 000	出售土地收益	6 000
收回应收账款	90 000	用现金购买土地	32 000
净利润	20 000	支付应付账款	54 000

要求：

采用直接法计算经营活动产生的现金流量。评估 Pelham 医药公司的经营活动现金流量状况，并给出解释。

E12-24A （目标：识别现金流量表中的项目——直接法）Downtown Galleries 公司的部分账户如下：

<table>
<tr><td colspan="4" align="center">应付工资</td></tr>
<tr><td></td><td></td><td>期初余额</td><td>11 000</td></tr>
<tr><td>支付工资</td><td>15 000</td><td>工资费用</td><td>32 000</td></tr>
<tr><td></td><td></td><td>期末余额</td><td>28 000</td></tr>
</table>

<table>
<tr><td colspan="4" align="center">建筑物</td></tr>
<tr><td>期初余额</td><td>75 000</td><td>折旧</td><td>17 000</td></tr>
<tr><td>购置</td><td>116 000</td><td>已售建筑物的账面价值</td><td>88 000*</td></tr>
<tr><td>期末余额</td><td>86 000</td><td></td><td></td></tr>
</table>

* 售价为 120 000 美元。

<table>
<tr><td colspan="4" align="center">应付票据</td></tr>
<tr><td></td><td></td><td>期初余额</td><td>183 000</td></tr>
<tr><td>支付</td><td>54 000</td><td>发行票据获取现金</td><td>68 000</td></tr>
<tr><td></td><td></td><td>期末余额</td><td>197 000</td></tr>
</table>

要求

对于每一个账户,指出出现在用直接法编制的现金流量表中的对应项目,并指出列报的相应位置。

E12-25A (目标:编制现金流量表——直接法)Value World 公司的利润表和附加数据如下所示:

美元

Value World 公司利润表		
截至 2016 年 6 月 30 日的年度		
收入:		
销售收入	275 000	
股利收入	8 500	283 500
费用:		
销售成本	110 000	
工资费用	60 000	
折旧费用	22 000	
广告费用	13 000	
利息费用	2 200	
所得税费用	8 000	215 200
净利润		68 300

附加数据:

a. 从客户处收回的现金比销售收入少 12 000 美元。

b. 对供应商的支付比销售成本和广告费用之和少 2 300 美元。

c. 对员工的支付比工资费用多 1 500 美元。

d. 股利收入、利息费用和所得税费用等于其现金支付。

e. 固定资产的取得成本为 210 000 美元,其中 110 000 美元以现金支付,100 000 美元以签发票据的方式支付。

f. 出售土地的收入总计 29 000 美元。

g. 发行普通股的收入总计 31 000 美元。

h. 长期应付票据的支付为 17 000 美元。

i. 股利的支付为 12 500 美元。

j. 2015 年 6 月 30 日现金余额为 25 000 美元。

要求

1. 编制 Value World 公司的现金流量表,同时编制补充的不涉及现金的投资和筹资活动表。使用直接法报告经营活动产生的现金流量。

2. 评估 Value World 公司当年的现金流量状况,包括三种现金流量,并解释原因。

E12-26A (目标:计算现金流量表中的金额——直接法)计算现金流量表中的下列数据:

a. 应收账款的期初和期末余额分别为 47 000 美元和 53 000 美元。当期的赊销收入总计 141 000 美元。从客户处收回的现金是多少?

b. 销售成本为 76 000 美元。存货的期初余额和期末余额分别为 39 000 美元和 35 000 美元。应付账款的期初和期末余额分别为 29 000 美元和 32 000 美元。存货的现金支付是多少?

(B 组)

E12-27B (目标:区分经营活动、投资活动和筹资活动——间接法)McDowell 投资公司专门从事低风险政府债券的投资。确认 McDowell 投资公司的各项交易是经营活动的项目(O)、投资活动的项目(I)、筹资活动的项目(F)、不涉及现金的筹资或投资项目(NIF),还是在现金流量表中不使用的项目(N)。指出每一项是增加(+)还是减少(-)了现金。采用间接法区分经营活动的项目。

☐ a. 应付工资增加	☐ k. 净利润
☐ b. 设备折旧	☐ l. 出售设备损失
☐ c. 出售长期投资	☐ m. 应收账款的减少
☐ d. 发行普通股以取得现金	☐ n. 发行票据购买设备
☐ e. 应计负债减少	☐ o. 应付账款的增加
☐ f. 无形资产摊销	☐ p. 支付现金股利
☐ g. 用现金购买建筑物	☐ q. 用现金购买长期投资
☐ h. 偿付长期债务	☐ r. 出售土地的现金收入
☐ i. 发行长期票据借入现金	☐ s. 预付费用的增加
☐ j. 回购库存股	

E12-28B (目标:区分经营活动、投资活动和筹资活动——间接法)指出下列交易是否对经营活动、投资活动、筹资活动及不涉及现金的投资和筹资活动产生影响。

a.	现金	61 000		h.	设备	11 000	
	普通股		61 000		现金		11 000
	股本溢价		51 000	i.	家具	18 000	
b.	应付股利	13 000			现金		18 000
	现金		13 000	j.	现金	52 000	
c.	现金	7 000			应收账款		11 000

续表

	长期投资	7 000			服务收入	63 000
d.	建筑物	105 000		k.	工资费用	14 000
	长期应付票据		105 000		现金	14 000
e.	库存股	12 000		l.	出售设备损失	1 000
	现金		12 000		设备净值	1 000
f.	折旧费用	5 000		m.	应付债券	35 000
	累计折旧		5 000		现金	35 000
g.	土地	15 000				
	现金		15 000			

E12-29B （目标：计算经营活动产生的现金流量——间接法)中部批发公司披露了下列财务数据：

美元

净利润	13 000	折旧费用	9 000
股利收入	7 200	流动负债增加	22 000
支付利息	12 000	非现金流动资产增加	26 000
销售收入	208 000	支付股利	7 300
出售土地损失	20 000	支付所得税	5 000
用现金购置土地	42 000		

要求

采用间接法计算经营活动产生的现金流量。使用表 12-3 中经营活动部分的格式。评价中部批发公司的经营活动产生的现金流量，并给出理由。

E12-30B （目标：计算经营活动产生的现金流量——间接法)达科他商贸公司的会计记录包括下列数据：

现金			
10 月 1 日	90 000		
收入	460 000	支付	445 000
10 月 31 日	105 000		

应收账款			
10 月 1 日	1 000		
赊销	40 000	收款	440 000
10 月 31 日	101 000		

存货			
10 月 1 日	3 000		
购买	438 000	销售成本	336 000
10 月 31 日	105 000		

设备			
10 月 1 日	182 000		
购置	3 000		
10 月 31 日	185 000		

累计折旧——设备			
		10 月 1 日	57 000
		折旧	1 000
		10 月 31 日	58 000

应付账款			
		10 月 1 日	13 000
支付	332 000	购买	438 000
		10 月 31 日	119 000

应计负债				留存收益		
支付	30 000	10月1日	19 000	季度股利	17 000	10月1日	64 000
		应计	27 000			净利润	35 000
		10月31日	16 000			10月31日	82 000

要求

采用间接法计算达科他商贸公司 10 月经营活动产生（或使用的）净现金流量。该公司在收回应收款项和销售存货方面存在问题吗？你是如何发现的？

E12-31B （目标：编制现金流量表——间接法）Norman 旅游用品公司的利润表和附加数据如下表所示：

美元

Norman 旅游用品公司利润表 截至 2016 年 12 月 31 日的年度		
收入：		
销售收入	234 000	
股利收入	8 100	242 100
费用：		
销售成本	94 000	
工资费用	62 000	
折旧费用	26 000	
广告费用	4 300	
利息费用	1 900	
所得税费用	7 000	195 200
净利润		46 900

附加数据为：

a. 购置固定资产 150 000 美元，其中 99 000 美元以现金支付，51 000 美元以应付票据支付。

b. 出售土地的收入为 25 000 美元。

c. 发行普通股的收入为 47 000 美元。

d. 偿付长期应付票据 17 000 美元。

e. 支付股利 12 000 美元。

f. 来自资产负债表的数据：

美元

	2016 年 12 月 31 日	2015 年 12 月 31 日
流动资产：		
现金	90 000	83 800
应收账款	38 000	55 000
存货	104 000	91 000
预付费用	9 000	8 300
流动负债：		
应付票据	34 000	23 000
应计负债	18 000	43 000

要求

1. 采用间接法编制 Norman 旅游用品公司年度截至 2016 年 12 月 31 日的现金流量表。

2. 评估 Norman 旅游用品公司 2016 年度的现金流量状况,包括三种不同用途的现金流量情况,并解释原因。

E12-32B (目标:评价现金流量表——间接法)在以下三种情形下(每种情形都是独立的),分析 Loader 公司的现金流情形。在每一种情形下,确认 Loader 公司怎样赚取足够的现金以购买新的固定资产。将这三种情形按照财务状况的好坏程度排序。

美元

	情形 A	情形 B	情形 C
经营活动产生的现金流量			
净利润	25 000	25 000	25 000
折旧和摊销	11 000	11 000	11 000
流动资产的增加	(2 000)	(14 000)	(27 000)
流动负债的减少	(5 000)	(1 000)	(12 000)
	29 000	21 000	(3 000)
投资活动产生的现金流量			
购买固定资产	(102 000)	(102 000)	(102 000)
出售固定资产	46 000	111 000	11 000
	(56 000)	9 000	(91 000)
筹资活动产生的现金流量			
发行股票	26 000	18 000	119 000
偿还债务	(47 000)	(28 000)	(27 000)
	29 000	10 000	92 000
现金的净增加(减少)	2 000	20 000	(2 000)

E12-33B (目标:计算现金流量表中投资活动和筹资活动产生的现金流量)计算现金流量表的下列项目:

a. 固定资产的期初、期末净值分别为 120 000 美元和 112 000 美元。期间折旧费用为 16 000 美元,固定资产的购买额为 26 000 美元,固定资产的出售损失为 8 000 美元。出售固定资产的收入是多少?

b. 留存收益的期初和期末余额分别为 48 000 美元和 73 000 美元。当期的净利润为 61 000 美元,股票股利为 6 000 美元。当期的现金股利是多少?

E12-34B (目标:计算经营活动产生的现金流量——直接法)Stanley 医药公司的会计记录披露了下列数据:

美元

支付工资	38 000	支付所得税	24 000
折旧费用	26 000	现金股利收入	8 000
流动负债增加	5 000	支付利息	18 000
非现金流动资产增加	15 000	现金销售	34 000
支付股利	4 000	出售土地损失	6 000

			续表
收回应收账款	125 000	购买土地	33 000
净利润	60 000	支付应付账款	53 000

要求

采用直接法计算经营活动产生的现金流量。评估 Stanley 医药公司的经营活动现金流量状况,并给出解释。

E12-35B (目标:识别现金流量表中的项目——直接法)Rosemont Golf 公司的部分账户如下:

<table>
<tr><td colspan="4" align="center">应付工资</td></tr>
<tr><td>支付工资</td><td>23 000</td><td>期初余额</td><td>8 000</td></tr>
<tr><td></td><td></td><td>工资费用</td><td>21 000</td></tr>
<tr><td></td><td></td><td>期末余额</td><td>6 000</td></tr>
</table>

<table>
<tr><td colspan="4" align="center">建筑物</td></tr>
<tr><td>期初余额</td><td>60 000</td><td>折旧</td><td>15 000</td></tr>
<tr><td>购置</td><td>90 000</td><td>已售建筑物的账面价值</td><td>89 000*</td></tr>
<tr><td>期末余额</td><td>46 000</td><td></td><td></td></tr>
</table>

* 售价为 112 000 美元。

<table>
<tr><td colspan="4" align="center">应付票据</td></tr>
<tr><td>支付</td><td>50 000</td><td>期初余额</td><td>176 000</td></tr>
<tr><td></td><td></td><td>发行票据获取现金</td><td>56 000</td></tr>
<tr><td></td><td></td><td>期末余额</td><td>182 000</td></tr>
</table>

要求

对于每一个账户,指出出现在用直接法编制的现金流量表中的对应项目,并指出列报的相应位置。

E12-36B (目标:编制现金流量表——直接法)One Stop 公司的利润表和附加数据如下所示:

美元

<table>
<tr><td colspan="3" align="center">**One Stop 公司利润表**
截至 2016 年 6 月 30 日的年度</td></tr>
<tr><td>收入:</td><td></td><td></td></tr>
<tr><td>销售收入</td><td>265 000</td><td></td></tr>
<tr><td>股利收入</td><td>11 000</td><td>276 000</td></tr>
<tr><td>费用:</td><td></td><td></td></tr>
<tr><td>销售成本</td><td>109 000</td><td></td></tr>
<tr><td>工资费用</td><td>52 000</td><td></td></tr>
<tr><td>折旧费用</td><td>32 000</td><td></td></tr>
<tr><td>广告费用</td><td>7 000</td><td></td></tr>
<tr><td>利息费用</td><td>2 500</td><td></td></tr>
</table>

		续表
所得税费用	<u>11 500</u>	<u>214 000</u>
净利润		<u>62 000</u>

附加数据：

a. 从客户处收回的现金比销售收入多 15 000 美元。

b. 对供应商的支付比销售成本和广告费用之和多 2 300 美元。

c. 对员工的支付比工资费用少 2 300 美元。

d. 股利收入、利息费用和所得税费用等于其现金支付。

e. 固定资产的取得成本为 161 000 美元，其中 133 000 美元以现金支付，28 000 美元以签发票据的方式支付。

f. 出售土地的收入总计 25 000 美元。

g. 发行普通股的收入总计 93 000 美元。

h. 长期应付票据的支付为 10 000 美元。

i. 股利的支付为 9000 美元。

j. 2015 年 6 月 30 日现金余额为 42 000 美元。

要求

1. 编制 One Stop 公司的现金流量表，同时编制补充的不涉及现金的投资和筹资活动表。使用直接法编制经营活动产生的现金流量。

2. 评估 One Stop 公司当年的现金流量状况，包括三种现金流量，并解释原因。

E12-37B （目标：计算现金流量表中的金额——直接法）计算现金流量表中的下列数据：

a. 应收账款的期初和期末余额分别为 42 000 美元和 35 000 美元。当期的赊销收入总计 139 000 美元。从客户处收回的现金是多少？

b. 销售成本为 67 000 美元。存货的期初余额和期末余额分别为 56 000 美元和 59 000 美元。应付账款的期初和期末余额分别为 24 000 美元和 26 000 美元。存货的现金支付是多少？

练习测试

通过回答下列问题，测试你对现金流量表的理解。从下列选项中选择最合适的答案。

Q12-38 偿付应付债券在现金流量表的哪个部分报告？

a. 投资活动　　　　　　　　　　b. 不涉及现金的投资和筹资活动

c. 筹资活动　　　　　　　　　　d. 经营活动

Q12-39 出售存货换取现金在现金流量表的哪个部分报告？

a. 不涉及现金的投资和筹资活动　　b. 经营活动

c. 投资活动　　　　　　　　　　d. 筹资活动

Q12-40 出售设备换取现金在现金流量表的哪个部分报告？

a. 经营活动　　　　　　　　　　b. 不涉及现金的投资和筹资活动

c. 投资活动　　　　　　　　　　d. 筹资活动

Q12-41 下列哪一项会出现在用间接法编制的现金流量表中？

a. 折旧费用　　　　　　　　　　b. 从顾客处收回的款项

c. 利息的现金收入　　　　　　　d. 对供应商的支付

Q12-42 在用间接法编制的现金流量表上，预付保险费的增加会_____。

a. 增加到流动资产上　　　　　　b. 增加到净利润上

c. 从净利润中减去　　　　　　　　　　　　d. 包括在对供应商的支付中

Q12-43　在用间接法编制的现金流量表上,应付账款的增加会＿＿＿＿＿＿。

a. 在筹资活动部分报告　　　　　　　　　　b. 增加到经营活动的净利润中

c. 从经营活动的净利润中减去　　　　　　　d. 在投资活动部分报告

Q12-44　在用间接法编制的现金流量表上,出售固定资产的收益会＿＿＿＿＿＿。

a. 在投资活动部分报告　　　　　　　　　　b. 从经营活动的净利润中减去

c. 被忽略,因为它并未产生现金　　　　　　d. 增加到经营活动的净利润中

Q12-45　某公司使用间接法编制现金流动表。判断下列交易属于哪一项现金活动。

1. 收到现金股利是一项＿＿＿＿＿＿活动。

2. 支付现金股利是一项＿＿＿＿＿＿活动。

Q12-46　Innovations 照相机公司出售设备的成本为 18 000 美元,累计折旧为 6 000 美元,出售设备的收益为 4 000 美元。在 Innovations 照相机公司现金流量表的"出售固定资产的收入"部分应报告的金额是多少?

a. 14 000 美元　　　　　　　　　　　　　　b. 16 000 美元

c. 15 000 美元　　　　　　　　　　　　　　d. 其他金额

使用下列数据计算第 47～57 题,Sheehan 公司采用间接法计算经营活动现金流量。

Sheehan 公司 2016 年度利润表		美元
销售收入	175 000	
出售设备的收益	6 000*	181 000
销售成本	108 000	
折旧	6 500	
其他营业费用	26 000	140 500
净利润		40 500

* 2016 年出售设备的账面价值为 20 000 美元。

Sheehan 公司 2015 年 12 月 31 日和 2016 年 12 月 31 日比较资产负债表				美元	
	2016 年	**2015 年**		**2016 年**	**2015 年**
现金	5 500	1 500	应付账款	4 000	5 000
应收账款	7 000	18 000	应计负债	8 000	3 000
存货	12 000	11 000	普通股	24 000	12 000
固定资产净值	91 000	67 000	留存收益	79 500	77 500
	115 500	97 500		115 500	97 500

Q12-47　在计算 Sheehan 公司 2016 年经营活动产生的净现金流量的过程中包括多少项?

a. 2 项　　　　　　b. 7 项　　　　　　c. 5 项　　　　　　d. 3 项

Q12-48　Sheehan 公司的应计负债对其 2016 年的现金流量表有何影响?

a. 增加筹资活动产生的现金流量　　　　　　b. 没有影响,因为应计负债尚未支付

c. 增加投资活动产生的现金流量　　　　　　d. 增加经营活动产生的现金流量

Q12-49 Sheehan 公司的应收账款对其 2016 年经营活动产生的现金流量有何影响?

a. 增加经营活动产生的现金流量　　　　b. 减少经营活动产生的现金流量

c. 没有影响,因为应收账款产生于投资活动　　d. 减少投资活动产生的现金流量

Q12-50 Sheehan 公司 2016 年经营活动产生的净现金流量为_____。

a. 55 000 美元　　　　b. 58 000 美元　　　　c. 61 000 美元　　　　d. 52 000 美元

Q12-51 在计算 Sheehan 公司 2016 年投资活动产生的净现金流量的过程中包括多少项?

a. 5 项　　　　　　b. 3 项　　　　　　c. 7 项　　　　　　d. 2 项

Q12-52 2016 年出售设备的账面成本为 20 000 美元。Sheehan 公司 2016 年投资活动产生的净现金流量为_____。

a. 净流出 52 000 美元　　　　　　　　b. 净流出 58 000 美元

c. 净流出 24 500 美元　　　　　　　　d. 净流出 61 000 美元

Q12-53 在计算 Sheehan 公司 2016 年筹资活动产生的净现金流量的过程中包括多少项?

a. 2 项　　　　　　b. 7 项　　　　　　c. 3 项　　　　　　d. 5 项

Q12-54 Sheehan 公司 2016 年最大筹资活动的现金来源于(假设未分配股票股利)_____。

a. 发行普通股　　　b. 支付股利　　　c. 购买设备　　　d. 出售设备

Q12-55 Sheehan 公司 2016 年筹资活动产生的净现金流量为_____(假设未分配股利)。

a. 净流出 37 500 美元　　　　　　　　b. 净流出 26 500 美元

c. 净流入 12 000 美元　　　　　　　　d. 净流出 56 000 美元

Q12-56 假设 Sheehan 公司使用直接法编制现金流量表。赊销收入总计 850 000 美元,应收账款增加了 60 000 美元,应付账款减少了 20 000 美元。公司从客户处收回的款项为_____。

a. 850 000 美元　　　b. 910 000 美元　　　c. 790 000 美元　　　d. 810 000 美元

Q12-57 应交所得税的期初余额为 3 000 美元,期末余额为 4 000 美元。所得税费用为 59 700 美元。当年支付的所得税为_____。

a. 58 700 美元　　　b. 62 700 美元　　　c. 60 700 美元　　　d. 59 700 美元

问题

(A 组)

P12-58A (目标:编制利润表、资产负债表和现金流量表——间接法)Klaben 汽车公司成立于 2016 年 1 月 1 日。2016 年度该公司发生的交易事项如下:

2016 年 1 月 1 日,Klaben 汽车公司发行了 510 000 美元的普通股股票。1 月初,公司进行了下列现金支付:

a. 设备,220 000 美元。

b. 存货(9 辆汽车,每辆 27 000 美元),243 000 美元。

c. 2016 年店铺租金,25 000 美元。

2 月,Klaben 汽车公司赊购了 3 辆汽车作为存货,存货成本为 117 000 美元(每辆 39 000 美元)。在年底之前,公司支付货款 70 200 美元。Klaben 汽车公司采用先进先出法(FIFO)对

存货进行会计处理。

2016 年,Klaben 汽车公司出售了 11 辆汽车,总售价为 649 000 美元。在年底之前,公司收回了 80% 的货款。

该公司雇用了 2 名员工,年薪总计为 151 000 美元,其中,Klaben 汽车公司在年终还有 1 000 美元没有发放。在年底,公司支付了所得税 22 000 美元。

2016 年年底,Klaben 汽车公司宣告并支付了现金股利 11 000 美元。

Klaben 汽车公司采用直线折旧法计提设备折旧,使用年限为 5 年,无残值。

要求

1. 编制 Klaben 汽车公司年度截至 2016 年 12 月 31 日的利润表。使用单步式,将所有收入和费用汇总列示。

2. 编制 Klaben 汽车公司 2016 年 12 月 31 日的资产负债表。

3. 编制 Klaben 汽车公司年度截至 2016 年 12 月 31 日的现金流量表,采用间接法计算经营活动产生的现金流量。

P12-59A (目标:编制利润表、资产负债表和现金流量表——直接法)使用 P12-58A 中 Klaben 汽车公司的相关数据。

要求

1. 编制 Klaben 汽车公司年度截至 2016 年 12 月 31 日的利润表。使用单步式,将所有收入和费用汇总列示。

2. 编制 Klaben 汽车公司 2016 年 12 月 31 日的资产负债表。

3. 编制 Klaben 公司年度截至 2016 年 12 月 31 日的现金流量表,采用直接法计算经营活动产生的现金流量。

P12-60A (目标:编制现金流量表——间接法)Carlson 软件公司年度截至 2016 年 12 月 31 日和 2015 年 12 月 31 日的财务数据如下:

美元

	2016 年 12 月 31 日	2015 年 12 月 31 日
流动资产:		
现金及其等价物	105 800	20 000
应收账款	18 000	64 100
存货	8 600	86 000
预付费用	2 900	1 600
流动负债:		
应付账款	9 300	55 400
应交所得税	28 600	16 600
应计负债	15 000	27 400

美元

2016 年度的交易数据:			
发行长期票据购置土地	202 000	回购库存股	14 100
股票股利	34 900	出售设备的损失	32 000
收回借款	12 400	支付现金股利	46 000

续表

折旧费用	19 000	发行长期票据借入现金	55 200
用现金购买建筑物	159 000	净利润	58 000
通过发行普通股赎回应付票据	80 000	发行普通股取得现金	83 100
用现金购买长期投资	45 300	出售设备收入	12 300
		摊销费用	5 500

要求

编制 Carlson 软件公司的现金流量表,采用间接法报告经营活动现金流量。在补充的表格中报告不涉及现金的投资活动和筹资活动。

P12-61A (目标:编制现金流量表——间接法)Canton 影城 2016 年 6 月 30 日和 2015 年 6 月 30 日的比较资产负债表报告了下列数据:

美元

	2016 年 6 月 30 日	2015 年 6 月 30 日
流动资产:		
现金及其等价物	45 400	14 500
应收账款	14 500	22 200
存货	63 800	61 200
预付费用	3 100	2 200
流动负债:		
应付账款	57 300	55 600
应计负债	32 700	46 700
应交所得税	9 800	10 900

Canton 影城年度截至 2016 年 6 月 30 日的业务数据包括下列内容:

美元

发行票据购置土地	104 000	出售长期投资的收入	15 500
摊销费用	5 000	折旧费用	15 200
支付现金股利	28 000	用现金购买建筑物	44 000
用现金购买设备	34 600	净利润	54 000
发行长期票据借入现金	47 000	发行普通股取得现金	10 000
		股票股利	12 000

要求

1. 编制 Canton 影城年度截至 2016 年 6 月 30 日的现金流量表。采用间接法报告经营活动产生的现金流量。在补充的表格中报告不涉及现金的投资活动和筹资活动。

2. 评估 Canton 影城当年的现金流量状况,包括三种现金流量,并给出解释。

P12-62A (目标:编制现金流量表——间接法)King 供应公司 2015 年和 2016 年的比较资产负债表及 2016 年度的利润表如下所示。

美元

King 供应公司比较资产负债表			
	2016 年 12 月 31 日	2015 年 12 月 31 日	增加（减少）
流动资产：			
现金及其等价物	17 300	4 000	13 300
应收账款	56 000	55 000	1 000
存货	66 600	52 200	14 400
预付费用	1 800	3 900	（2 100）
固定资产：			
土地	63 600	20 000	43 600
设备净值	53 100	49 900	3 200
资产总额	258 400	185 000	73 400
流动负债：			
应付账款	35 400	26 900	8 500
应付工资	24 000	16 000	8 000
其他应计负债	22 100	24 200	（2 100）
长期负债：			
应付票据	49 000	25 000	24 000
股东权益：			
普通股,无面值	88 100	65 900	22 200
留存收益	39 800	27 000	12 800
负债和股东权益总额	258 400	185 000	73 400

美元

King 供应公司 2016 年度利润表		
收入：		
销售收入		442 000
费用：		
销售成本	186 500	
工资费用	76 000	
折旧费用	15 000	
其他营业费用	50 300	
利息费用	24 200	
所得税费用	29 000	
费用总额		381 000
净利润		61 000

King 供应公司 2016 年没有不涉及现金的投资和筹资活动。当年没有出售土地或设备，没有偿付应付票据，没有回购股票，也没有库存股交易。

要求

1. 编制 King 供应公司 2016 年度的现金流量表，采用间接法报告经营活动现金流量。

2. 从本题中学到的知识可以如何帮助你评价一项投资？

P12-63A （目标：编制现金流量表——直接法）使用 P12-62A 中 King 供应公司的数据。

要求

1. 采用直接法编制 King 供应公司 2016 年度的现金流量表。

2. 从本题中学到的知识可以如何帮助你进行投资分析？

P12-64A （目标：编制现金流量表——直接法）Crutchfield 家具公司年度截至 2016 年 10 月 31 日的会计报表中列报的数据如下：

a. 赊销收入，584 200 美元。

b. 借款给其他公司，12 800 美元。

c. 用现金购买固定资产，44 400 美元。

d. 销售成本，403 000 美元。

e. 发行普通股的收入，7 000 美元。

f. 支付现金股利，48 700 美元。

g. 收到利息，4 500 美元。

h. 通过发行短期票据取得设备，16 300 美元。

i. 支付工资，93 700 美元。

j. 出售固定资产的收入，22 300 美元，其中包括 6 700 美元的损失。

k. 收回应收账款，406 000 美元。

l. 利息收入，3 000 美元。

m. 股利的现金收入，4 700 美元。

n. 对供应商的支付，368 000 美元。

o. 现金销售收入，182 700 美元。

p. 折旧费用，49 600 美元。

q. 发行票据的收入，20 200 美元。

r. 偿付长期应付票据，71 000 美元。

s. 利息费用和支付，13 400 美元。

t. 工资费用，91 900 美元。

u. 收回借款，11 200 美元。

v. 出售投资的收入，9 500 美元，其中包括 3 100 美元的收益。

w. 通过发行长期票据偿付短期应付票据，41 000 美元。

x. 摊销费用，4 800 美元。

y. 所得税费用和支付，38 300 美元。

z. 现金余额：2016 年 10 月 31 日，40 200 美元；2017 年 10 月 31 日，18 000 美元。

要求

1. 编制 Crutchfield 家具公司年度截至 2017 年 10 月 31 日的现金流量表。采用直接法报告经营活动产生的现金流量。在补充的表格中报告不涉及现金的投资和筹资活动。

2. 从现金流量的角度评价该公司 2017 年度的经营业绩，并解释原因。

P12-65A （目标：编制现金流量表——间接法和直接法）为编制现金流量表，Percy 电气公司将 2016 年的经营活动汇总在两个账户中，如下所示：

现金

期初余额	71 500	支付应付账款	446 000
出售长期投资	21 300	支付股利	27 900
从客户处收款	661 500	支付员工工资	139 200
发行普通股	47 600	支付利息	25 500
收到股利	16 900	购买设备	31 700
		营业费用支出	34 100
		偿还长期应付票据	41 100
		回购库存股	25 700
		支付所得税	19 100
期末余额	28 500		

普通股

	期初余额	84 100
	发行股票获得现金	47 600
	发行股票获得土地	80 300
	发行股票偿还长期应付票据	20 000
	期末余额	232 000

Percy 电气公司 2016 年度的利润表和资产负债表如下：

美元

Percy 电气公司利润表 **截至 2016 年 12 月 31 日的年度**		
收入：		
销售收入		689 200
股利收入		16 900
总收入		706 100
费用和损失：		
销售成本	447 200	
工资费用	131 400	
折旧费用	19 900	
其他营业费用	49 400	
利息费用	27 800	
所得税费用	17 100	
出售投资损失	1 100	
费用和损失总额		693 900
净利润		12 200

美元

Percy 电气公司资产负债表（节选） 2016 年 12 月 31 日	
	增加（减少）
流动资产：	
现金及其等价物	（43 000）
应收账款	27 700
存货	（9 000）
预付费用	（5 000）
土地	80 300
设备净值	11 800
长期投资	（22 400）
流动负债：	
应付账款	（7 800）
应付利息	2 300
应付工资	（7 800）
其他应计负债	10 300
应交所得税	（2 000）
长期应付票据	（61 100）
普通股	147 900
留存收益	（15 700）
库存股	25 700

要求

1. 采用直接法报告经营活动现金流量，编制 Percy 电气公司年度截至 2016 年 12 月 31 日的现金流量表，并在补充的表格中报告不涉及现金的投资和筹资活动。

2. 利用 Percy 电气公司 2016 年度的利润表和资产负债表，采用间接法报告经营活动产生的现金流量作为补充事项。

P12-66A （目标：编制现金流量表——间接法和直接法）Donna Dunn 设计公司 2015 年 6 月 30 日和 2016 年 6 月 30 日的比较资产负债表及 2016 年度的交易数据如下：

美元

Donna Dunn 设计公司比较资产负债表			
	2016 年 6 月 30 日	2015 年 6 月 30 日	增加（减少）
流动资产：			
现金	28 400	8 100	20 300
应收账款	48 600	22 100	26 500
存货	98 200	62 900	35 300
预付费用	1 300	2 600	（1 300）
土地	36 900	102 300	65 400
设备净值	74 400	73 500	900
长期投资	19 200	5 800	13 400

	2016 年 6 月 30 日	2015 年 6 月 30 日	增加（减少）
	307 000	277 300	29 700
流动负债：			
短期应付票据	13 100	18 700	(5 600)
应付账款	29 500	40 500	(11 000)
应交所得税	13 600	14 600	(1 000)
应计负债	18 200	9 600	8 600
应付利息	3 600	2 800	800
应付工资	4 700	4 400	300
长期应付票据	47 300	94 400	(47 100)
普通股	68 900	47 300	21 600
留存收益	108 100	45 000	63 100
	307 000	277 300	29 700

截至 2016 年 6 月 30 日的交易数据如下：

a. 净利润为 70 600 美元。

b. 设备的折旧费用为 13 500 美元。

c. 用 13 400 美元现金购买长期投资。

d. 土地出售收入为 58 200 美元，其中包括 7 200 美元的损失。

e. 通过发行长期票据取得设备，金额为 14 400 美元。

f. 偿付长期应付票据 61 500 美元。

g. 发行普通股取得现金收入 16 000 美元。

h. 支付现金股利 7 500 美元。

i. 通过发行普通股偿还短期应付票据，金额为 5 600 美元。

要求

1. 编制 Donna Dunn 设计公司年度截至 2016 年 6 月 30 日的现金流量表，采用间接法报告经营活动产生的现金流量。在补充的表格中报告不涉及现金的投资和筹资活动。除短期应付票据外，所有的流动账户都来自经营活动。

2. 采用直接法在补充的表格中报告不涉及现金的投资和筹资活动。会计记录包括下列项目：

从客户处收款 239 000 美元；收到利息 1 500 美元；向供应商支付货款 146 900 美元；支付员工工资 48 100 美元；支付所得税 12 000 美元；支付利息 5 000 美元。

（B 组）

P12-67B （目标：编制利润表、资产负债表和现金流量表——间接法）Pruitt 汽车公司成立于 2016 年 1 月 1 日。2016 年度该公司发生的交易事项如下：

2016 年 1 月 1 日，公司发行了 440 000 美元的普通股股票。1 月初，Pruitt 汽车公司进行了下列现金支付：

a. 设备，180 000 美元。

b. 存货（7 辆汽车，每辆 29 000 美元），203 000 美元。

c. 2016 年店铺租金，17 000 美元。

2 月，Pruitt 汽车公司赊购了 2 辆汽车作为存货，存货成本为 80 000 美元（每辆 40 000 美元）。在年底之前，公司支付货款 24 000 美元。Pruitt 汽车公司采用先进先出法（FIFO）对存货进行会计处理。

2016 年，Pruitt 汽车公司出售了 8 辆汽车，总售价为 488 000 美元。在年底之前，公司收回了 80% 的货款。

该公司雇用了 5 名员工，年薪总计为 125 000 美元，其中，Pruitt 汽车公司在年终还有 3 000 美元没有发放。在年底，公司支付了所得税 12 600 美元。

2016 年年底，Pruitt 汽车公司宣告并支付了现金股利 19 000 美元。

Pruitt 汽车公司采用直线折旧法计提设备折旧，使用年限为 5 年，无残值。

要求

1. 编制 Pruitt 汽车公司年度截至 2016 年 12 月 31 日的利润表。使用单步式，将所有收入和费用汇总列示。

2. 编制 Pruitt 汽车公司 2016 年 12 月 31 日的资产负债表。

3. 编制 Pruitt 汽车公司年度截至 2016 年 12 月 31 日的现金流量表，采用间接法计算经营活动产生的现金流量。

P12-68B （目标：编制利润表、资产负债表和现金流量表——直接法）使用 P12-67B 中 Pruitt 汽车公司的相关数据。

要求

1. 编制 Pruitt 汽车公司年度截至 2016 年 12 月 31 日的利润表。使用单步式，将所有收入和费用汇总列示。

2. 编制 Pruitt 汽车公司 2016 年 12 月 31 日的资产负债表。

3. 编制 Pruitt 汽车公司年度截至 2016 年 12 月 31 日的现金流量表，采用直接法计算经营活动产生的现金流量。

P12-69B （目标：编制现金流量表——间接法）Johnson 软件公司年度截至 2016 年 12 月 31 日和 2015 年 12 月 31 日的财务数据如下：

美元

	2016 年 12 月 31 日	2015 年 12 月 31 日
流动资产：		
现金及其等价物	67 000	30 000
应收账款	21 000	64 100
存货	8 800	81 000
预付费用	3 100	1 700
流动负债：		
应付账款	9 100	55 600
应交所得税	18 700	16 600
应计负债	15 500	27 400

2016 年度的交易数据：			美元
发行长期票据购置土地	197 000	回购库存股	10 700
股票股利	40 100	出售设备的利得	3 500
收回借款	10 100	支付现金股利	18 100
折旧费用	21 000	发行长期应付票据借入现金	34 700
用现金购买建筑物	109 000	净利润	5 700
通过发行普通股赎回应付票据	64 000	发行普通股取得现金	37 000
购买长期投资	45 200	出售设备收入	53 000
		摊销费用	4 400

要求

编制 Johnson 软件公司的现金流量表,采用间接法报告经营活动现金流量。在补充的表格中报告不涉及现金的投资和筹资活动。

P12-70B （目标：编制现金流量表——间接法）Barberton 影城 2015 年 9 月 30 日和 2016 年 9 月 30 日的比较资产负债表报告了下列数据：

	2016 年 9 月 30 日	美元 2015 年 9 月 30 日
流动资产：		
现金及其等价物	33 800	16 000
应收账款	14 500	21 600
存货	63 900	60 400
预付费用	17 200	1 500
流动负债：		
应付账款	58 000	56 000
应计负债	47 200	37 200
应交所得税	3 300	10 300

Barberton 影城年度截至 2016 年 9 月 30 日的业务数据包括下列内容：

			美元
发行票据购置土地	109 000	出售长期投资的收入	16 300
摊销费用	6 000	折旧费用	15 700
支付现金股利	28 000	用现金购买建筑物	44 000
用现金购买设备	59 100	净利润	58 000
发行长期票据借入现金	45 000	发行普通股取得现金	15 000
		股票股利	17 000

要求

1. 编制 Barberton 影城年度截至 2016 年 9 月 30 日的现金流量表。采用间接法报告经营活动产生的现金流量。在补充的表格中报告不涉及现金的投资和筹资活动。

2. 评估 Barberton 影城当年的现金流量状况,包括三种现金流量,并给出解释。

P12-71B　（目标：编制现金流量表——间接法）Lombardi 供应公司 2015 年和 2016 年的比较资产负债表及 2016 年度的利润表如下所示。

美元

Lombardi 供应公司比较资产负债表			
	2016 年 12 月 31 日	2015 年 12 月 31 日	增加（减少）
流动资产：			
现金及其等价物	17 900	14 000	3 900
应收账款	56 700	60 000	(3 300)
存货	37 700	52 200	(14 500)
预付费用	1 700	3 900	2 200
固定资产：			
土地	69 100	22 100	47 000
设备净值	62 100	49 300	12 800
资产总额	245 200	201 500	43 700
流动负债：			
应付账款	35 500	31 300	4 200
应付工资	30 000	21 100	8 900
其他应计负债	22 800	24 100	(1 300)
长期负债：			
应付票据	52 000	38 000	14 000
股东权益：			
普通股，无面值	88 200	64 000	24 200
留存收益	16 700	23 000	(6 300)
负债和股东权益总额	245 200	201 500	43 700

美元

Lombardi 供应公司 2016 年度利润表		
收入：		
销售收入		438 000
费用：		
销售成本	185 100	
工资费用	76 900	
折旧费用	16 100	
其他营业费用	50 100	
利息费用	24 600	
所得税费用	29 300	
费用总额		382 100
净利润		55 900

　Lombardi 供应公司 2016 年没有不涉及现金的投资和筹资活动。当年没有出售土地或设备，没有偿付应付票据，没有回购股票，也没有库存股交易。

要求

1. 编制 Lombardi 供应公司 2016 年度的现金流量表,采用间接法报告经营活动现金流量。

2. 从本题中学到的知识可以如何帮助你评价一项投资?

P12-72B (目标:编制现金流量表——直接法)使用 P12-71B 中 Lombardi 供应公司的数据。

要求

1. 采用直接法编制 Lombardi 供应公司 2016 年度的现金流量表。

2. 从本题中学到的知识可以如何帮助你进行投资分析?

P12-73B (目标:编制现金流量表——直接法)Driscoll 家具公司截至 2016 年 12 月 31 日的会计报表中列报的数据如下:

a. 赊销收入,600 000 美元。

b. 借款给其他公司,9 900 美元。

c. 用现金购买固定资产,59 200 美元。

d. 销售成本,282 900 美元。

e. 发行普通股的收入,20 000 美元。

f. 支付现金股利,48 600 美元。

g. 收到利息,4 300 美元。

h. 通过发行短期票据取得设备,16 400 美元。

i. 支付工资,88 800 美元。

j. 出售固定资产的收入,22 500 美元,其中包括 6 900 美元的损失。

k. 收回应收账款,395 000 美元。

l. 利息收入,3 700 美元。

m. 股利的现金收入,8 900 美元。

n. 对供应商的支付,368 200 美元。

o. 现金销售收入,191 300 美元。

p. 折旧费用,49 900 美元。

q. 发行票据的收入,20 000 美元。

r. 偿付长期应付票据,57 000 美元。

s. 利息费用和支付,13 800 美元。

t. 工资费用,86 800 美元。

u. 收回借款,8 500 美元。

v. 出售投资的收入,11 200 美元,其中包括 3 700 美元的收益。

w. 通过发行长期票据偿付短期应付票据,59 000 美元。

x. 摊销费用,1 400 美元。

y. 所得税费用和支付,38 000 美元。

z. 现金余额:2015 年 12 月 31 日,19 100 美元;2016 年 12 月 31 日,17 300 美元。

要求

1. 编制 Driscoll 家具公司年度截至 2016 年 12 月 31 日的现金流量表。采用直接法报告经营活动产生的现金流量。在补充的表格中报告不涉及现金的投资和筹资活动。

2. 从现金流量的角度评价该公司 2016 年度的经营业绩,并解释原因。

P12-74B (目标:编制现金流量表——间接法和直接法)为编制现金流量表,Franklin 电气公司将 2016 年的经营活动汇总在两个账户中,如下所示:

现金

期初余额	9 100	支付应付账款	387 000
出售长期投资	21 000	支付股利	27 800
从客户处收款	661 800	支付员工工资	132 800
发行普通股	47 100	支付利息	26 800
收到股利	16 600	购买设备	31 600
		营业费用支出	34 300
		偿还长期应付票据	41 700
		回购库存股	19 000
		支付所得税	19 300
期末余额	35 300		

普通股

		期初余额	54 000
		发行股票获得现金	47 100
		发行股票获得土地	51 000
		发行股票偿还长期应付票据	24 000
		期末余额	176 100

美元

Franklin 电气公司利润表 **截至 2016 年 12 月 31 日的年度**		
收入:		
销售收入		691 800
股利收入		16 600
总收入		708 400
费用和损失:		
销售成本	398 700	
工资费用	125 000	
折旧费用	41 700	
其他营业费用	23 800	
利息费用	24 400	
所得税费用	16 100	
出售投资损失	1 400	
费用和损失总额		631 100
净利润		77 300

美元

Franklin 电气公司资产负债表（节选） 2016 年 12 月 31 日	
	增加（减少）
流动资产：	
现金及其等价物	26 200
应收账款	30 000
存货	(12 900)
预付费用	(300)
土地	51 000
设备净值	(10 100)
长期投资	(22 400)
流动负债：	
应付账款	(1 200)
应付利息	(2 400)
应付工资	(7 800)
其他应计负债	(10 800)
应交所得税	(3 200)
长期应付票据	(65 700)
普通股	122 100
留存收益	49 500
库存股	19 000

要求

1. 采用直接法报告经营活动现金流量，编制 Franklin 电气公司年度截至 2016 年 12 月 31 日的现金流量表，并在补充的表格中报告不涉及现金的投资和筹资活动。

2. 利用 Franklin 电气公司 2016 年度的利润表和资产负债表，采用间接法报告经营活动产生的现金流量作为补充事项。

P12-75B （目标：编制现金流量表——间接法和直接法）Sally Fagan 设计公司 2015 年 6 月 30 日和 2016 年 6 月 30 日的比较资产负债表及 2016 年度的交易数据如下：

美元

Sally Fagan 设计公司比较资产负债表			
	2016 年 6 月 30 日	2015 年 6 月 30 日	增加（减少）
流动资产：			
现金	28 400	10 800	17 600
应收账款	48 800	31 500	17 300
存货	68 500	62 900	5 600
预付费用	400	2 400	(2 000)

续表

	2016 年 6 月 30 日	2015 年 6 月 30 日	增加（减少）
土地	43 100	89 900	(46 800)
设备净值	74 100	73 700	400
长期投资	19 200	4 600	14 600
	282 500	275 800	6 700
流动负债：			
短期应付票据	13 200	20 200	(7 000)
应付账款	29 400	40 400	(11 000)
应交所得税	13 800	14 700	(900)
应计负债	38 100	14 900	23 200
应付利息	4 100	2 500	1 600
应付工资	4 300	4 900	(600)
长期应付票据	48 800	94 200	(45 400)
普通股	65 000	51 200	13 900
留存收益	65 700	32 800	32 900
	282 500	275 800	(6 700)

截至 2016 年 6 月 30 日的交易数据如下：

a. 净利润为 70 600 美元。

b. 设备的折旧费用为 13 200 美元。

c. 用 14 600 美元购买长期投资。

d. 土地出售收入为 39 900 美元，其中包括 6 900 美元的损失。

e. 通过发行长期票据取得设备，金额为 13 600 美元。

f. 偿付长期应付票据 59 000 美元。

g. 发行普通股取得现金收入 6 900 美元。

h. 支付现金股利 37 700 美元。

i. 通过发行普通股偿还短期应付票据，金额为 7 000 美元。

要求

1. 编制 Sally Fagan 设计公司年度截至 2016 年 6 月 30 日的现金流量表，采用间接法报告经营活动产生的现金流量。在补充的表格中报告不涉及现金的投资和筹资活动。除短期应付票据外，所有的流动账户都来自经营活动。

2. 采用直接法在补充的表格中报告经营活动产生的现金流量。会计记录包括下列项目：

从客户处收款 231 600 美元；收到利息 1 200 美元；向供应商支付货款 95 100 美元；支付员工工资 39 100 美元；支付所得税 12 100 美元；支付利息 4 400 美元。

挑战性练习

E12-76 （目标：计算现金流量）Top Notch 公司年度截至 2016 年 5 月 31 日的财务报表数据如下：

	2016 年	2015 年
		千美元
利润表		
销售收入净额	23 984	21 115
销售成本	18 088	15 333
折旧费用	259	234
其他营业费用	3 880	4 248
所得税费用	536	485
净利润	1 221	815
资产负债表		
现金及其等价物	15	14
应收账款	597	609
存货	3 060	2 790
不动产和设备,净值	4 345	3 425
应付账款	1 549	1 366
应计负债	942	639
应交所得税	201	190
长期负债	476	463
普通股	520	446
留存收益	4 329	3 734

要求

确定 Top Notch 公司 2016 年度下列各项现金收入和现金支出的金额。

a. 从客户处收取款项

b. 支付货款

c. 其他营业费用支出

d. 发行普通股收入

e. 支付现金股利

E12-77 (目标:配合使用资产负债表和现金流量表)2016 年 12 月 31 日,Crown Specialties 公司报告的财务数据如下:

	2016 年	2015 年
		千美元
比较资产负债表(节选):		
不动产和设备净值	11 000	9 640
长期应付票据	4 100	3 010
现金流量表(节选):		
折旧费用	1 890	
资本性支出	(4 130)	
出售不动产和设备的收入	800	
发行长期应付票据的收入	1 175	
偿付长期应付票据	(150)	
发行普通股	386	

要求

确定 Crown Specialties 公司 2016 年度下列各项的金额：

a. 出售不动产和设备的收益或损失；

b. 举借长期负债以获取非现金资产的金额。

P12-78　（目标：利用现金流量表编制资产负债表）Northtown 公司 2015 年 12 月 31 日的资产负债表和 2016 年度的现金流量表如下所示：

美元

Northtown 公司资产负债表 2015 年 12 月 31 日	
资产：	
现金	14 000
应收账款（净额）	95 000
存货	60 500
预付费用	2 600
土地	99 800
机器和设备（净值）	73 600
资产总额	345 500
负债：	
应付账款	40 300
预收收入	9 000
应交所得税	6 000
长期负债	84 100
负债总额	139 400
股东权益：	
普通股，无面值	47 300
留存收益	158 800
股东权益总额	206 100
负债和股东权益总额	345 500

美元

Northtown 公司现金流量表 截至 2016 年 12 月 31 日的年度		
经营活动产生的现金流量：		
净利润		15 600
将净利润调整为经营活动产生的净现金流量：		
折旧费用	13 600	
出售设备损失	8 000	
出售土地收益	(6 800)	
资产和负债的变动：		
应收账款的减少	66 300	
存货的增加	(17 900)	
预付费用的增加	(1 300)	

续表

应付账款的增加	1 000	
应交所得税的减少	(4 700)	
预收收入的增加	15 000	73 200
经营活动产生的净现金流量		88 800
投资活动产生的现金流量：		
购买设备	(28 000)	
出售设备	5 000	
出售土地	69 700	
投资活动产生的净现金流量		46 700
筹资活动产生的现金流量：		
偿付长期负债	(15 000)	
发行普通股	22 000	
支付现金股利(宣告股利：9 000)	(3 000)	
筹资活动产生的净现金流量		4 000
现金增加(减少)		139 500
现金期初余额(2015 年 12 月 31 日)		14 000
现金期末余额(2016 年 12 月 31 日)		153 500

要求

编制 Northtown 公司 2016 年 12 月 31 日的资产负债表。

知识应用

决策案例

案例 1 （目标：编制并使用现金流量表评价经营活动）T-Bar-M Camp 公司 2016 年的比较资产负债表和利润表刚刚在公司的董事会上公布。董事们提出了一个根本性的问题：现金余额为什么这么低？这个问题令董事会非常恼火，因为 2016 年公司盈利丰厚。作为公司的财务主管，你必须回答这个问题。

千美元

T-Bar-M Camp 公司利润表 截至 2016 年 12 月 31 日的年度	
收入：	
销售收入	436
费用：	
销售成本	221
工资费用	48
折旧费用	46
利息费用	13
摊销费用	11
费用总额	339
净利润	97

千美元

T-Bar-M Camp 公司比较资产负债表 2016 年 12 月 31 日和 2015 年 12 月 31 日		
	2016 年	2015 年
资产		
现金	17	63
应收账款净额	72	61
存货	194	181
长期投资	369	259
不动产、厂房和设备	(244)	(198)
累计折旧	31	0
专利权	177	188
资产总额	616	554
负债和股东权益		
应付账款	63	56
应计负债	12	17
长期应付票据	179	264
普通股,无面值	149	61
留存收益	213	156
负债和股东权益总额	616	554

要求

1. 编制该公司 2016 年的现金流量表,以最能显示净利润与经营活动现金流量之间的关系的格式编写。2016 年,该公司没有出售固定资产或长期投资,也没有发行应付票据。当年没有不涉及现金的投资活动和筹资活动。单位为千美元。

2. 回答董事们的问题:现金余额为什么这么低? 指出 2016 年度的两项最大的现金支出项目。

3. 关注该公司 2016 年度的净利润和现金流量数据。这一年对公司而言是好是坏? 说明理由。

案例 2 (目标:使用现金流量数据评估一项投资)应用技术公司和四星餐饮公司请你向客户推荐它们公司的股票。因为应用技术公司和四星餐饮公司有相同的净利润和相似的财务状况,你的决定取决于这两家公司的现金流量状况,数据如下所示:

美元

	应用技术公司		四星餐饮公司	
经营活动产生的净现金流量		30 000		70 000
投资活动产生(或使用)的现金:				
购买固定资产	(20 000)		(100 000)	
出售固定资产	40 000	20 000	10 000	(90 000)
筹资活动产生(或使用)的现金:				
发行普通股	—			30 000
支付长期负债	(40 000)		—	
现金的净增加		10 000		10 000

要求

基于这两家公司的现金流量状况,你认为哪一家公司更好? 说明理由。

道德事项

哥伦比亚汽车公司今年的经营情况很糟糕,净利润只有 37 000 美元。而且,由于哥伦比亚汽车公司的两家重要的海外客户延期支付货款,造成哥伦比亚汽车公司的应收账款急剧增加。当前,公司急需一笔借款。哥伦比亚汽车公司的董事会需要更好地审视公司的财务状况。与哥伦比亚汽车公司合作的银行密切关注公司经营活动产生的现金流量状况。公司的财务主管丹尼尔·皮维(Daniel Peavey)建议将那些迟迟无法收回的应收账款重分类为长期项目。他向董事会解释说,将 80 000 美元应收账款转为长期项目会增加经营活动产生的净现金。这个方法可以帮助哥伦比亚汽车公司获取贷款。

要求

1. 使用已知数据,分别计算重新分类应收账款前后经营活动产生的净现金,哪一组报告数据使哥伦比亚汽车司看起来运作良好?

2. 确定上述做法所涉及的道德事项。

3. 谁是利益相关者?

4. 分别从经济的、法律的和道德的角度分析上述情形。对利益相关者的潜在影响是什么?

5. 董事会应该怎么做?

6. 在什么情况下,对应收账款进行重新分类是符合道德规范的?

聚焦财务:苹果公司

(目标:使用现金流量表)请参考附录 A 中苹果公司的合并财务报表,回答下列问题。

要求

1. 苹果公司采用哪种方法列报经营活动产生的现金流? 你是怎么判断的?

2. 2014 年度,公司的哪种活动(经营活动、投资活动或筹资活动)创造了最多的现金流? 哪种活动使用了最多的现金? 仅以现金流量表为依据,苹果公司的经营状况如何? 给出理由。

3. 假定苹果公司使用直接法列报经营活动现金流量。计算 2014 年度的下列各项金额(不考虑现金流量表,仅以资产负债表和利润表为依据)。

a. 计算从客户及其他方收取的款项。编制应收账款的 T 形账户,编制坏账准备的 T 形账户,通过将应收账款的期初和期末净额分别加上坏账准备的期初和期末余额(期初余额:9 900 万美元;期末余额:8 600 万美元),计算应收账款的期初和期末余额。假设所有销售都是赊销,公司采用销售净额百分比法计提坏账损失,且坏账计提比例为 0.5%。

b. 计算支付给供应商的货款。假设所有存货以赊购的方式买入。

c. 评价 2014 年度苹果公司的净利润、资产总额、股东权益及经营活动现金流的具体表现。

聚焦分析:安德玛公司

(目标:分析现金流量表)

请参考附录 B 中安德玛公司的合并财务报表。

要求

1. 安德玛公司主要的现金来源是什么? 从管理层、股东及债权人的角度,给出具体评价。该公司的现金主要用到了哪些方面? 如何评价? 说明理由。

2. 简要说明导致净利润和经营活动现金流净额不同的三个主要原因。

3. 与前两年相比,2014 年该公司是购买了更多的固定资产还是出售了更多的固定资产? 你是怎么判断的?

4. 在合并现金流量表的筹资活动部分找出最大的现金流量项目,并解释产生该项目的可能原因。

5. 具体评价该公司 2014 年现金流量的总体情况。哪些信息会帮助你作出合理评价?

小组项目

项目 1　小组成员每人选择一家公司的年报,公司应处于不同的行业。评估最近 2 年内公司的现金流量趋势。在对公司的现金流量的评估中,你可能会使用其他可以公开获得的信息,如其他财务报表(利润表、资产负债表、股东权益变动表和相关附注)以及杂志和报纸的新闻报道。将公司的现金流量情况从最好到最差进行排序,并将你的研究结论写成两页纸的报告。

项目 2　选择一家公司,获取它的年报,包括所有的财务报告。关注现金流量表,特别是经营活动产生的现金流量。识别这家公司究竟是采用直接法还是间接法编制经营活动产生的现金流量。如需要,使用其他财务报表(利润表、资产负债表、股东权益变动表)和相关附注,并采用另一种方法编制经营活动产生的现金流量。

复习测试答案

1. a

2. a

3. c

4. d(90 000 美元 + 12 000 美元 − 9 000 美元)

5. d

6. c

7. c(70 000 美元 + 13 000 美元 − 2 000 美元 + 9 000 美元 + 12 000 美元 + 1 000 美元)

8. b(7 000 美元 − 23 000 美元 + 39 000 美元)

9. c(−8 000 美元 + 4 000 美元 − 5 000 美元)

10. c(39 000 美元 + 9 000 美元)

11. c(40 000 美元 + 625 000 美元 − 30 000 美元)

12. a(760 000 美元 − 380 000 美元 − 150 000 美元)

13. d(380 000 美元 − 15 000 美元 + 10 000 美元)

第 **13** 章

财务报表分析

安德玛公司——"热门"竞争对手

自始至终,本书都在讲述迪士尼、苹果、安德玛、联邦快递、英特尔、西南航空、Gap和谷歌等公司的财务状况、经营成果和现金流量。本书只剩下最后一部分——财务报表分析。在本章的前半部分,我们利用关于行业、公司及其经营战略的信息,采用横向分析法、纵向分析方法和现金流分析法对安德玛公司的财务报表进行分析(安德玛公司的财务报表详见附录B),该公司也是本书所关注的公司之一。安德玛公司曾出现在第6章存货和销售成本的讨论中。在本章的后半部分,我们会以苹果公司为例,对其财务比率进行分析(苹果公司的财务报表详见附录A),苹果公司也曾出现在第5章的短期投资和应收款项的讨论中。学完这一章,你将能更好地理解这些财务数据之间的关系,因为这些数据反映了世界上最重要的两家公司的财务状况、经营成果和现金流。此外,你在本章掌握的技能是具有相通性的,可以帮助你深刻理解和解释其他公司的财务报表。这也证明了为什么会计是非常有价值的分析工具。

在"竞争致胜"的运动服装市场上,安德玛显然是一个强有力的竞争对手。在截至2014年12月31日的会计年度,安德玛公司的股价增长了70%,这实在令人难以置信。在过去较长的一段时期,该公司的股票价格都处于"奥林匹亚式"的增长速度——5年间增长了850%,10年间增长了1 400%。

创新是安德玛经营战略的重要组成部分。像其他许多成功的企业一样,安德玛也是始于一个简单的想法——做优质的T恤。创始人兼首席执行官凯文·普兰克曾经是马里兰大学的橄榄球队队员。1996年,普兰克在母亲家的地下室创立了安德玛。普兰克的目标是开发一种新面料以替代传统的纯棉T恤。纯棉T恤并没有吸湿排汗的功能。产品开发的目标是使运动员不论是在比赛时还是在平时训练中都能保持干净清爽。尽管多样化产品(男士、女士、年轻人)开发的技术要求极其复杂,但是感受其产品魅力的方式却很简单,即不论春夏秋冬,安德玛都会为你提供合适的运动服饰。

除了在运动服饰行业取得良好业绩,安德玛近期正在收购Endomonto、MyFitnessPal和MapMyFitness,大举进军"互联健身"领域。目前,安德玛的"互联健身"社区有超过1.3亿用户活跃在其整合的网络平台上,那里是世界上最大的数字健康和健身社区。最新的技术创新包括"可穿戴计算"设备。该技术将传感器集成到产品中以测量速度、卡路里消耗、心率和其他数据,帮助运动员在运动中评价自身的表现。

如何从财务角度衡量公司的创新呢?我们可以通过财务报表分析回答这个问题。下面我们就以安德玛截止日为 12 月 31 日的 2012 年度、2013 年度和 2014 年度的比较合并财务报表为例。2014 年度,安德玛公司的净利润约为 30 亿美元,这个数据是好还是不好呢?要回答这个问题,我们不仅需要分析营业收入净额的增长趋势,还需要比较关键营业费用在过去 3 年的增长趋势。当然,我们还需要将安德玛公司的经营成果与其主要的竞争对手进行比较。

千美元,个别项目除外

安德玛公司合并利润表(节选) 会计年度截止日为 12 月 31 日			
	2014 年度	2013 年度	2012 年度
销售收入净额	3 084 370	2 332 051	1 834 921
销售成本	1 572 164	1 195 381	955 624
毛利	1 512 206	1 136 670	879 297
销售及行政费用	1 158 251	871 572	670 602
营业利润	353 955	265 098	208 695
利息费用,净额	(5 335)	(2 933)	(5 183)
其他费用,净额	(6 410)	(1 172)	(73)
税前利润	342 210	260 993	203 439
备付所得税	134 168	98 663	74 661
净利润	208 042	162 330	128 778
每股盈余:			
每股盈余——基本	0.98	0.77	0.62
每股盈余——稀释	0.95	0.75	0.61
流通在外加权平均普通股			
普通股——基本(千股)	213 227	210 696	208 686
普通股——稀释(千股)	219 380	215 958	212 760

本章涵盖了进行财务分析的基本工具。本章的第一部分说明如何评价安德玛公司各年之间的变化趋势,以及如何与同行业的公司进行比较。在进行同行业的公司比较时,我们选择了耐克公司——它被安德玛视为运动服装行业最主要的竞争对手。本章的第二部分讨论苹果公司的财务比率。大部分比率你已经在以前的章节中有所接触。然而,到目前为止,我们还没有应用这些比率对公司进行综合分析。

通过学习这些财务比率,你将:掌握财务报表分析的基本工具;学习更多的商业知识。

无论你将来选择的职业领域是市场营销、管理、金融、创业还是会计,你都会发现这些分析工具对你的职业生涯大有帮助。

1. 横向分析
2. 纵向分析
3. 编制共同比财务报表
4. 分析现金流量表
5. 使用财务比率进行决策
6. 使用其他指标进行投资决策

从大局出发

投资者和债权人不能只根据一年的数据分析一家公司。财务分析远不止是做数学运算。大局就是在理解行业和经营的前提下,分析公司的财务状况和经营成果。财务分析通常需要使用各种媒介(商业新闻、财经杂志及其他出版物)进行大量的阅读和调查。你也可以通过上网搜索,在热门的财经网站上免费获取这些信息,还可以在一些需要付费的知名网站上买到行业或公司的分析资料。了解行业、市场、宏观经济状况的变化,产品发展的趋势,基于财务数据背景的具体的公司战略,可以帮助你理解公司的发展历程。毕竟,财务数据应该是公司具体战略实施的结果。

在全球经济从严重的经济衰退中逐步恢复的阶段,运动服装行业正处于迅速扩张的时期。消费者正在重新感受舒适,愿意花钱购买运动又时尚的服装。强大的消费者信心使运动服装的生产商、经销商和零售商的销售迅猛增长。2014年,运动服销量的增长超过了服装市场整体的增长。运动服不仅舒适,而且时尚。生产商越来越注重运动服饰面料的颜色和款式,使人们不论在街上还是在体育馆,只要穿上运动服,就会神采飞扬。安德玛公司在这一蓬勃发展的领域占有一席之地。

例如,2012年12月31日至2014年12月31日,安德玛的销售收入净额从18亿美元增长到31亿美元。这意味着在过去的36个月中,销售收入净额实现了68%的巨幅增长。此外,公司各个部门的业绩也表现良好。安德玛公司连续20个季度的整体收入增长率超过20%。另外,在2015年度的第一季度,安德玛的收入(未披露)持续快速增长。2014年度的第一季度,服装销售增长率为21%、鞋类收入增长率为41%、国际收入增长率为74%。本章开篇的合并利润表反映了安德玛从经营活动中获取的收入也在稳步增长,从2012年12月31日的2.087亿美元增长到2014年12月31的3.54亿美元。

每家上市公司呈报给证券交易委员会的年报均以公司业务简介作为开头。这一部分涵盖了该公司的产品、市场份额、销售和分销战略、产品设计和发展、生产和质量保证、存货管理等重要信息。项目1(业务)描述了公司如何评价自身的经营活动并帮助人们了解公司管理层制定某项战略决策的原因。另外,在安德玛公司年报中管理层的讨论和分析部分,你还会看到公司管理层对销售收入、运输费用、销售成本、毛利、销售费用、管理费用、所得税费用等项目的详细说明。在管理层的讨论与分析部分,管理层对利润表中每一个项目的变化趋势都进行了详细解释。

对大局有了一定的理解之后,我们就可以开始对数据进行更进一步的挖掘,而且财务分析也变得更有意义。上市公司的财务报表应具有可比性,这也是财务报表至少应覆盖两个会计年度的原因。本章开篇安德玛公司的合并利润表涵盖了3个会计年度。事实上,大部分财务分析包括 3～10 年的趋势分析。因为财务分析的目标之一是预测公司的未来,所以从公司的历史发展趋势开始分析就理所当然。例如,利润表的趋势分析就包括对净收入、各种费用及净利润的趋势分析。

图 13-1 列示了安德玛公司的营业收入净额和营业利润数据过去 3 年的变化趋势。从左至右观察,2012—2014 年,安德玛公司的营业收入净额(图 A)和营业利润(图 B),都保持健康的增长速度。这些都是好的发展迹象,因为在一般情形下,营业收入和营业利润的稳定增长不仅验证了公司的盈余质量,同时也为公司的未来扩张和价值增长打下了基础。我们怎样才能预测安德玛公司 2015 年及以后年度的营业收入净额和营业利润呢? 就像我们之前看到的那样,财务报表分析远不仅是做趋势分析,财务报表分析还包括了解公司过去的核心业务及未来的发展计划。下面以横向分析来检验能否像我们预想的一样,了解更多关于安德玛公司的故事。

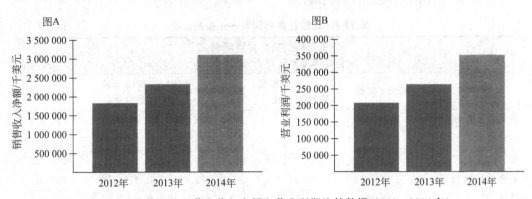

图 13-1　安德玛公司营业收入净额和营业利润比较数据(2012—2014 年)

 ## 横向分析

许多决策取决于营业收入、营业费用和利润等的增长趋势。今年的收入有所增长吗? 增长了多少? 假定今年销售收入增长了 500 万美元,这是好的迹象还是坏的迹象呢? 那要看与什么相比。评价是基于去年及以前年度的净收入。例如,如果今年销售收入净额增长 500 万美元意味着和去年相比增长了 20%,与前年相比或许增长了 40%,那么可以帮助我们作出评价和决策。

对各年度之间百分比增长的研究称为**横向分析**(horizontal analysis)。计算百分比的变动需要经过下面两个步骤:

1. 计算从基年(前一年)到后一年的数额变动值。
2. 将这个数值除以基年的数值。

示例:安德玛公司

我们以安德玛公司为例进行横向分析(使用 2013 年和 2014 年的数据):

千美元

	2014 年	2013 年	增加(减少) 金额	增加(减少) 百分比
销售收入净额	3 084 370	2 332 051	752 319	32.3%

2014 年,安德玛公司的收入净额增加了 32.3%,计算过程如下:

步骤 1　计算安德玛公司 2013—2014 年的收入增加额:

2014 年		2013 年		增加
3 084 370 美元	—	2 332 051 美元	=	752 319 美元

步骤 2　将变动额除以基年的数额,即可得到当期的变动百分比:

$$变动百分比 = \frac{美元变化值}{基期的美元值} = \frac{752\ 319\ 美元}{2\ 332\ 051\ 美元} = 32.3\%$$

表 13-1 列示了对安德玛公司的具体的横向分析。合并利润表涵盖了从 2012 年 12 月 31 日到 2014 年 12 月 31 日两个年度的数据。

表 13-1　比较合并利润表——横向分析　　　　　　千美元

安德玛公司合并利润表 会计年度截止日为 12 月 31 日				
	2014 年度	2013—2014 年度 变动百分比	2013 年度	2012—2013 年度 变动百分比	2012 年度
销售收入净额	3 084 370	32.3%	2 332 051	27.1%	1 834 921
销售成本	1 572 164	31.5%	1 195 381	25.1%	955 624
毛利	1 512 206	33.0%	1 136 670	29.3%	879 297
销售及行政费用	1 158 251	32.9%	871 572	30.0%	670 602
营业利润	353 955	33.5%	265 098	27.0%	208 695
利息费用净额	(5 335)	81.9%	(2 933)	(43.4%)	(5 183)
其他费用净额	(6 410)	446.9%	(1 172)	1 505.5%	(73)
税前利润	342 210	31.1%	260 993	28.3%	203 439
备付所得税	134 168	36.0%	98 663	32.1%	74 661
净利润	208 042	28.2%	162 330	26.1%	128 778

请专注于表 13-1 中的 2013—2014 年度变动百分比一列。安德玛公司年度报告中"管理层讨论和分析"部分提供了更为详细的讨论。让我们先对销售收入净额的变动进行分类分析。

千美元

	年度截止日为 12 月 31 日		增加(减少)	
	2014 年度	2013 年度	金额	百分比
服装类	2 291 520	1 762 150	529 370	30.0%
鞋类	430 987	298 825	132 162	44.2%
配饰	275 425	216 098	59 327	27.5%
产品销售收入总额	2 997 932	2 277 073	720 859	31.7%
特许经营和其他收入	86 438	54 978	31 460	57.2%
销售收入净额合计	3 084 370	2 332 051	752 319	32.3%

以上数据表明安德玛公司的销售收入净额主要包括产品(服装、鞋类、配饰)的销售收入

净额、特许经营收入和其他收入。产品销售收入主要源于对不同国家、不同区域、独立的以及专门的零售商的批发销售，以及厂家直营店的销售。在具体收入构成分析方面，在销售收入净额 32.3％的增长率中，服装类产品贡献了 30％，鞋类产品贡献了 44.2％，配饰产品贡献了 27.5％。虽然特许经营收入和其他收入在整体销售收入净额中的占比较小，但其在本期的增长率却最高，达 57.2％。特许经营收入是安德玛公司通过与第三方（专业运动团队）签订合同，允许其销售安德玛品牌的服装和鞋所收取的费用。同时，安德玛公司还通过 MapMyFitness 的数字广告出售数字健康平台的特许经营权并收取一定的费用。2013 年，安德玛公司收购了 MapMyFitness。

销售成本包含了各种产品销售的直接成本，毛利等于销售收入净额减去销售成本。从表 13-1 可以看出，2014 年相比 2013 年，销售成本增长了 31.5％，毛利增长了 33％。在年报中的管理层的讨论与分析中，管理层解释说，上述增长在很大程度上来自安德玛公司工厂直营店销售的积压库存产品。积压库存产品是指那些销货速度慢的产品。安德玛公司必须降价销售这些产品，从而导致毛利降低。2014 年，积压的库存产品比 2013 年少，所以 2014 年可以实现较高的销售价格和毛利。

2014 年，销售及行政费用与 2013 年相比增长了 32.9％。年报中的管理层的讨论与分析指出，这些费用包括市场推广费用，如专业运动队和运动员的赞助费用；销售成本包括分销费用、产品研发费用和供应链成本；公司运营成本包括人力资源成本和其他管理费用。2014 年，上述费用都有所增长，但是增长速度低于毛利的增长速度，所以安德玛公司的营业利润依旧实现了大幅增长（33.5％）。

与 2013 年相比，2014 年的利息费用增长了 81.9％，主要是由于安德玛公司新增了长期借款，这在后面的资产负债表中可以看到。其他费用包括因美元升值而导致的外币汇兑损失。2014 年，安德玛公司的所得税费用增长了 36％，这与公司披露的利润增长一致。想了解关于费用的更多会计处理，可以查阅本书的第 11 章。

整体来看，安德玛公司的净利润 2012—2014 年实现了持续增长，这主要是由于安德玛公司产品需求增加导致的销售收入净额的增加。与此同时，公司采取了一系列措施来控制产品成本和管理费用。因此，净利润几乎和销售收入有着相同的增长速度。以上事实足以解释安德玛公司的股票为什么一直受到投资者的追捧。

对资产负债表的趋势分析可以帮助我们深入了解安德玛公司流动资产和长期资产的状况。表 13-2 展示了资产负债表中的一些变化趋势。

表 13-2　合并资产负债表——横向分析　　　　千美元

安德玛公司合并资产负债表				
	2014 年 12 月 31 日	2013 年 12 月 31 日	增加（减少）	
			金额	百分比
资产				
现金及其等价物	593 175	347 489	245 686	70.7％
应收账款净额	279 835	209 952	69 883	33.3％
存货	536 714	469 006	67 708	14.4％
预付费用及其他流动资产	87 177	63 987	23 190	36.2％
递延所得税	52 498	38 377	14 121	36.8％

续表

	2014 年 12 月 31 日	2013 年 12 月 31 日	增加（减少）	
			金额	百分比
流动资产合计	1 549 399	1 128 811	420 588	37.3%
不动产和设备净值	305 564	223 952	81 612	36.4%
商誉	123 256	122 244	1 012	0.8%
无形资产净值	26 230	24 097	2 133	8.9%
递延所得税	33 570	31 094	2 476	8.0%
其他长期资产	57 064	47 543	9 521	20.0%
资产总额	2 095 083	1 577 741	517 342	32.8%
负债和股东权益				
循环信用贷款	—	100 000	(100 000)	(100.0)%
应付账款	210 432	165 456	44 976	27.2%
应计费用	147 681	133 729	13 952	10.4%
长期借款本年到期的部分	28 951	4 972	23 979	482.3%
其他流动负债	34 563	22 473	12 090	53.8%
流动负债合计	421 627	426 630	(5 003)	(1.2)%
长期借款（除去本年到期的部分）	255 250	47 951	207 299	432.3%
其他长期负债	67 906	49 806	18 100	36.3%
负债总额	744 783	524 387	220 396	42.0%
承诺和或有事项（参见附注 7）				
股东权益：				
A 级普通股	59	57	2	3.5%
B 级可转换普通股	12	13	(1)	(7.7)%
股本溢价	508 350	397 248	111 102	28.0%
留存收益	856 687	653 842	202 845	31.0%
累计其他综合收益（损失）	(14 808)	2 194	(17 002)	(774.9)%
股东权益总额	1 350 300	1 053 354	296 946	28.2%
负债和股东权益总额	2 095 083	1 577 741	517 342	32.8%

首先，2014 年，现金及其等价物增长了 70.7%。应收账款净额增长了 33.3%，与表 13-1 中销售收入净额增长基本保持一致。这些变动表明 2014 年安德玛公司的销售收入和应收账款均实现了增长，并且实现了巨额的现金收入。同年，存货增长了 14.4%，表明公司正在增加库存，希望 2015 年能够增加销售收入。同时，安德玛公司还偿还了全部的循环信用贷款，这与长期借款的增加密不可分。2014 年，应付账款增加了 27.2%，与销售成本的增长率有些差距。这表明安德玛公司对债权人的付款率在逐步改善。总体来看，流动资产总额增长了 37.3%，流动负债总额降低了 1.2%。2014 年，营运资本净额从 2013 年的 7.022 亿美元增长到了 11.28 亿美元。2013 年和 2014 年的流动比率均非常高，这表明安德玛公司对短期负债拥有很强的偿还能力。

不动产和设备的净增长为 36.4%，这表明安德玛公司对仓库和技术等长期资产进行了大额投资。长期负债增加了 2.31 亿美元，其中包括用来为上述长期资产及融资租赁提供资金的借款。

从股东权益的附注及合并股东权益变动表中,我们知道安德玛公司有两个等级的股票(A 级和 B 级):4 亿股授权发行的 A 级普通股和 3 660 万股授权发行的 B 级普通股。B 级普通股可转换为 A 级普通股。然而,上述每类股票的票面价值只有 0.0003⅓ 美元。2014 年 12 月 31 日,流通在外的 1.773 亿股的 A 级股票的票面价值约为 59 000 美元;流通在外的 3 660 万股的 B 级股票的票面价值约为 12 000 美元。2014 年,上述股票发行产生的股本溢价约为 508 350 000 美元(与 2013 年相比增加了 28%)。该项增长主要源于员工及其他人员的股票期权行权,以及与以股份支付为依据的相关费用。最后,净利润为 2.08 亿美元,扣除为股权激励计划保留的股票(520 万美元)的影响,留存收益增加了 2.028 亿美元。

总的来看,2014 年 12 月 31 日,安德玛公司的财务状况非常健康并在发展。从当前和长期的角度来看,2014 年年末,管理层在公司的发展方面投入了大量的资源。公司还持有大量的现金,为 2015 年实现更大的发展做好了准备。

趋势百分比

趋势百分比(trend percentage)是一种横向分析。趋势是指公司业务运行的方向。收入在 5 年内是如何变化的?净利润显示了什么趋势?这些问题可以通过一个具有代表性的期间(如最近 5 年)的趋势百分比来回答。

计算趋势百分比时,选择一年作为基年,该年的数据设为 100%。以后每一年的金额均为基年的某个百分比。为了计算趋势百分比,我们需要将后一年的金额除以基年的金额,然后乘以 100。

$$趋势百分比 = \frac{任一年的金额(美元)}{基年金额(美元)} \times 100$$

在第 11 章,我们将营业利润视为衡量公司盈利质量的主要指标。原因在于营业利润是公司核心业务未来净现金流的最佳估计。持续经营收益通常用于估计公司当前的价值。

2012—2014 年,安德玛公司的营业利润如下:

百万美元

	2014 年	**2013 年**	**2012 年(基年)**
营业利润	353 955	265 098	208 695

下面计算 2012—2014 年的变动趋势。2012 年被设置为基年(2012 年 = 100%)。在计算趋势百分比时,用每年的金额除以 2012 年的金额,结果如下所示。

百万美元

	2014 年	**2013 年**	**2012 年(基年)**
营业利润	170%	127%	100%

相比基年(2012 年),2013 年营业利润增长了 27%,2014 年又增长了 43%,即相比基年(2012 年)增长了 70%。增长的主要原因是上述两年收入大幅增长。你可以对任何重要的项目进行趋势分析。利润表数据趋势分析被广泛用于对未来的预测。

横向分析强调了财务报表项目随时间的变化趋势,但是没有任何一种技术手段能够描述企业经营活动的全貌。

纵向分析

纵向分析(vertical analysis)描述了财务报表中任一项目与其基准项之间的关系,基准项被定为 100%。财务报表中的其他项目均可描述为这个基准项的某个百分比。在利润表中,(销售)收入总额常被用作基准项。假设投资者预期公司的净利润占销售收入净额的比例大于 8%。一般来说,在经济环境逐步改善的情况下,如果在两年间该比率下降至 4%,可能会导致投资者对公司管理层的表现失望。这样一来,他们可能会出售安德玛公司的股票,转而投资更具投资潜力的公司。

示例:安德玛公司

表 13-3 列示了安德玛公司合并经营报表的纵向分析。在本例中:

$$纵向分析\% = \frac{每个利润表项目}{销售收入净额}$$

表 13-3　比较合并经营报表——纵向分析　　　　　千美元

安德玛公司合并利润表(节选) 会计年度截止日为 12 月 31 日					
	2014 年度	占总额的%	2013 年度	占总额的%	2012 年度	占总额的%
销售收入净额	3 084 370	100.0%	2 332 051	100.0%	1 834 921	100.0%
销售成本	1 572 164	51.0%	1 195 381	51.3%	955 624	52.1%
毛利	1 512 206	49.0%	1 136 670	48.7%	879 297	47.9%
销售及行政费用	1 158 251	37.6%	871 572	37.4%	670 602	36.5%
营业利润	353 955	11.4%	265 098	11.4%	208 695	11.4%
利息费用净额	(5 335)	(0.2)%	(2 933)	(0.1)%	(5 183)	(0.3)%
其他费用净额	(6 410)	(0.2)%	(1 172)	(0.1)%	(73)	0.0%
税前利润	342 210	11.0%	260 993	11.2%	203 439	11.1%
备付所得税	134 168	4.3%	98 663	4.2%	74 661	4.1%
净利润	208 042	6.7%	162 330	7.0%	128 778	7.0%

我们可以利用表 13-3 中的纵向分析研究毛利、营业利润和净利润等关键财务数据的变动趋势。结构百分比使我们可以看到绝对数据所无法提供的变动趋势。接下来我们先看毛利的变化,然后是营业费用。

安德玛公司 3 年期间的毛利率略有改善(2012 年为 47.9%,2013 年为 48.7%,2014 年为 49.0%)。正如我们在第 6 章中所学到的,毛利率衡量每一美元销售额产生的平均利润。该公司正在逐步提升毛利率,这意味着公司在略微提高售价的同时,也在控制成本,从而部分弥补了营业成本增加带来的影响。

在毛利逐步改善的情况下,安德玛公司的营业费用也略有增长,从 2012 年占净收入的 36.5% 上升到 2014 年占净收入的 37.6%。这个略微负面的增长趋势抵消了公司整体毛利的小幅增长,并与净利润占销售收入净额的比例的增长保持一致,净利润占销售收入净额的比例从 11.4% 增长至 11.5%。值得注意的是,公司实施长期战略的结果与横向分析的结果有着很强的互补性,只是角度略有不同。在截至 2014 年 12 月 31 日的会计年度,从财务角度来看,安德玛公司是一家既盈利又管理完善的公司。

表 13-4 列示了安德玛公司的合并资产负债表的纵向分析数据。基准数据(100%)为每年的总资产。安德玛公司的资产负债表的纵向分析揭示了相比 2013 年 12 月 31 日,安德玛公司 2014 年 12 月 31 日财务状况的下列信息:

表 13-4 比较合并资产负债表——纵向分析　　　　　　　　千美元

安德玛公司合并资产负债表				
	2014 年 12 月 31 日	占总资产%	2013 年 12 月 31 日	占总资产%
资产				
现金及其等价物	593 175	28.3%	347 489	22.0%
应收账款净额	279 835	13.4%	209 952	13.3%
存货	536 714	25.6%	469 006	29.7%
预付费用及其他流动资产	87 177	4.2%	63 987	4.1%
递延所得税	52 498	2.5%	38 377	2.4%
流动资产合计	1 549 399	74.0%	1 128 811	71.5%
不动产和设备净值	305 564	14.6%	223 952	14.2%
商誉	123 256	5.9%	122 244	7.7%
无形资产净值	26 230	1.3%	24 097	1.5%
递延所得税	33 570	1.6%	31 094	2.0%
其他长期资产	57 064	2.7%	47 543	3.0%
资产总额	2 095 083	100.0%	1 577 741	100.0%
负债和股东权益				
循环信用贷款	—		100 000	6.3%
应付账款	210 432	10.0%	165 456	10.5%
应计费用	147 681	7.0%	133 729	8.5%
长期借款本年到期的部分	28 951	1.4%	4 972	0.3%
其他流动负债	34 563	1.6%	22 473	1.4%
流动负债合计	423 627	20.1%	426 630	27.0%
长期借款(除本年到期的部分)	255 250	12.2%	47 951	3.0%
其他长期负债	67 906	3.2%	49 806	3.2%
负债总额	744 783	35.5%	524 387	33.2%
承诺和或有事项(参见附注 7)				
股东权益				
A 级普通股	59	0.0%	57	0.0%
B 级可转换普通股	12	0.0%	13	0.0%
股本溢价	508 350	24.3%	397 248	25.2%
留存收益	856 687	40.9%	653 842	41.4%
累计其他综合收益(损失)	(14 808)	(0.7)%	2 194	0.1%
股东权益总额	1 350 300	64.5%	1 053 354	66.8%
负债和股东权益总额	2 095 083	100.0%	1 577 741	100.0%

* 在计算过程中,由于四舍五入,可能会有细微的差异。

- 2014 年,现金及其等价物与 2013 年相比增加了 70.7%(见表 13-2),并且其占总资产的百分比从 22.0％增加到了 28.3％。

- 虽然我们从表 13-2 中看到,2014 年应收账款净额相比 2013 年增加了 33.3％,但在表 13-4 中却可以看到,应收账款净额占总资产的百分比几乎保持不变(2014 年为 13.4％,2013 年为 13.3％)。正如在前面指出的,应收账款的年增长率大致与销售收入净额的增长百分比相匹配(参见表 13-1 中的 32.3％)。这表明安德玛公司的销售和应收款项遵循一致的增长模式并且收款保持稳定。

虽然 2014 年的库存量相比 2013 年增长了 14.4％(见表 13-2),但其占总资产的百分比却下降了,从 2013 年的 29.7％下降到了 2014 年的 25.6％(见表 13-4)。存货周转率(销售成本/平均存货)略有增加,从 2013 年的约 3.03 次(大约每 120 天 1 次)增加到了 2014 年的 3.126 次(大约每 117 天 1 次)。结合表 13-3 和表 13-4 的相关信息,我们可以看到毛利在 2014 年略有改善(2014 年:49％;2013 年:48.7％),存货周转在 2014 年比 2013 年快了 3 天左右。这意味与 2013 年相比,在 2014 年,公司的产品更加有利可图,销售速度更快,这是一个非常好的趋势。

- 虽然表 13-2 显示,与 2013 年相比,2014 年不动产、厂房和设备净值增加了 36.4％,但其占总资产的比例仍然相对不变(2014 年:14.6％;2013 年:14.2％,见表 13-4)。因此,2014 年公司在厂房和设备方面的投资与所有其他资产基本保持同比增长。
- 公司的资产负债率(负债总额/资产总额)从 2013 年的 33.2％提高到 2014 年的 35.5％。这主要是 2014 年融资扩张导致的长期借款增加的结果。正如我们在第 3 章中讨论的,35.5％的资产负债率被认为是相当低的水平。只要公司经营活动的现金流充裕,扩大经营和偿还债务就有保障。

总的来说,2014 年 12 月 31 日,安德玛公司的财务状况非常好。具体表现在流动性强、存货和固定资产投资良好并有相对较低的财务杠杆(债务)比率。难怪分析师对安德玛公司的未来给予较高的评价——运动服装行业的"热门"竞争者。

编制共同比财务报表

表 13-3 和表 13-4 可以修改为只报告百分比(不报告金额)的报表。这种报表称为**共同比报表**(common-size statements)。共同比财务报表有助于不同公司之间的比较,因为报表中的所有数据都是以百分比的形式存在的,从而以公分母反映每家参与比较的公司的财务结果。

思考题

计算下列利润表的共同比数据:

	美元
销售收入净额	150 000
销售成本	60 000
毛利	90 000
营业费用	40 000
营业利润	50 000
所得税	15 000
净利润	35 000

答案

销售收入净额	100%	（=150 000 美元÷150 000 美元）
销售成本	40%	（=60 000 美元÷150 000 美元）
毛利	60%	（=90 000 美元÷150 000 美元）
营业费用	27%	（=40 000 美元÷150 000 美元）
营业利润	33%	（=50 000 美元÷150 000 美元）
所得税	10%	（=15 000 美元÷150 000 美元）
净利润	23%	（=35 000 美元÷150 000 美元）

提示：你可以使用 Excel 快速轻松地将美元计价的数据转换为百分比。

标杆比较

标杆比较（benchmarking）是指将公司同某一设定的标准进行比较，以考察公司是否取得了进步。假设你是大型投资银行高盛的财务分析师。你正在考虑对安德玛公司和耐克公司这两家零售商进行投资。对财务报表的直接比较是没有意义的，原因在于从规模上看，两家公司并不具备可比性，因为耐克公司的规模比安德玛公司大太多。不过，你可以将两家公司的利润表转化为共同比格式的报表，进而比较其百分比结构。你会发现这种比较分析是非常有用的。

与主要竞争对手进行标杆比较

表 13-5 列示了安德玛公司和耐克公司的共同比报表数据。

表 13-5 与主要竞争对手比较的共同比利润表

安德玛公司共同比利润表，与主要竞争对手比较（节选）2014 年度		
	安德玛公司	耐克公司
销售收入净额	100.0%	100.0%
销售成本	51.0%	55.2%
毛利	49.0%	44.8%
营业（销售及行政）费用	37.6%	35.1%
营业利润	11.4%	9.7%

在这个比较中，两家公司的经营业绩惊人地相似。因为耐克公司比安德玛公司大得多，销售范围更广，其客户包括沃尔玛和塔吉特等大型折扣店，从而耐克公司销售的产品也比安德玛公司更广泛。尽管耐克公司的毛利率（44.8%）略低于安德玛公司（49%），但是由于其规模优势产生的规模经济，使耐克的销售和一般管理费用比率低于安德玛公司，这也部分补偿了毛利率较低的不足。两家公司的营业利润（安德玛公司：11.4%；耐克公司：9.7%）十分具有可比性。

分析现金流量表

前面对利润表和资产负债表进行了分析，接下来讲解如何对现金流量表进行横向分析。为继续讨论报表分析在决策中的作用，我们使用安德玛公司的合并现金流量表（见表 13-6）进行分析。我们稍微修改了报表，以说明所选项目的横向百分比变化。

表 13-6   安德玛公司比较合并现金流量表（节选）   千美元

会计年度截止日为 12 月 31 日			
	2014 年度	**2013 年度**	**变动百分比**
现金及其等价物期初余额			
经营活动产生的现金流量			
净利润	208 042	162 330	28.2%
将净利润调整为经营活动产生的净现金流量			
折旧与摊销	72 093	50 549	
未实现外币折算损失（利得）	11 739	1 905	
不动产和设备处置损失	261	332	
股权激励	50 812	43 184	
递延所得税	(17 584)	(18 832)	
储备金和减值准备变动	31 350	13 945	
经营资产和负债变动，扣除收购的影响			
应收账款	(101 057)	(35 960)	
存货	(84 658)	(156 900)	
预付费用及其他资产	(33 345)	(19 049)	
应付账款	49 137	14 642	
应计费用和其他负债	28 856	56 481	
应交和应收所得税	3 387	7 443	
经营活动产生的净现金流量	219 033	120 070	82.4%
投资活动产生的现金流量			
购买不动产和设备	(140 528)	(87 830)	60.0%
企业收购	(10 924)	(148 097)	
购买其他资产	(860)	(475)	
应收贷款变动	—	(1 700)	
投资活动产生的净现金流量	(152 312)	(238 102)	
筹资活动产生的现金流量			
循环信贷资金流入	—	10 000	
偿还循环信用贷款	(100 000)	—	
定期贷款流入	250 000		
偿还定期贷款	(13 750)	—	
偿还长期借款	(4 972)	(5 471)	
股权激励计划的溢税收益	36 965	17 167	
股票期权行权和其他股票发行收入	15 776	15 099	
支付债务融资成本	(1 713)	—	
筹资活动产生的净现金流量	182 306	126 795	43.8%
汇率变动对现金及其等价物的影响	(3 341)	(3 115)	
现金及其等价物的净增加额	245 686	5 648	
现金及其等价物期初余额	347 489	341 841	
现金及其等价物期末余额	593 175	347 489	

2014 年,经营活动产生的净现金流量是安德玛公司现金的主要来源(2.19 亿美元)。经营活动产生的净现金流量相比 2013 年增加了 82.4%。此外,2014 年,经营活动产生的净现金流量超过了当年的净利润。经营活动产生大部分现金的能力是公司经营状况良好的一个标志。

下面来看投资活动部分。值得注意的是,2013—2014 年,安德玛公司的不动产和设备的支出增加了 60%。这表明该公司正在将经营活动产生的现金注入经营业务中,并且将经营活动产生的充裕现金投入未来产能的建设。最后,值得关注的是,安德玛公司正通过借入长期债务来满足经营活动所无法满足的资金增长需求。这一时期的利率处于历史较低水平且公司的财务杠杆比率非常低,这使得为公司发展而融资借款更具有吸引力。分析师也许会发现,分析现金流量表的信息有助于发现公司经营的弱点及成功的关键因素。这是为什么呢?原因就在于现金短缺可能瞬间导致公司破产,但大量的现金余额却并不能保证公司经营的成功。我们以 Unix 公司的现金流量表为例,看看你能否发现现金流量不足的迹象。

百万美元

Unix 公司现金流量表 截至 2016 年 6 月 30 日的年度		
经营活动产生的现金流量:		
净利润		35 000
将净利润调整为经营活动产生的净现金流量:		
折旧	14 000	
非现金流动资产的净增加	(24 000)	
流动负债的净增加	8 000	(2 000)
经营活动产生的净现金流量		33 000
投资活动产生的现金流量:		
出售不动产、厂房和设备	91 000	
投资活动产生的净现金流量		91 000
筹资活动产生的现金流量:		
借款	22 000	
偿还长期借款	(90 000)	
回购库存股	(9 000)	
支付股利	(23 000)	
筹资活动产生的净现金流量		(100 000)
现金增加(减少)		24 000

Unix 公司的现金流量表揭示了以下情形:

- Unix 公司经营活动产生的净现金流量少于净利润。这种情况并不常见。一般来说,因为折旧费用和摊销的加回,经营活动产生的净现金流量会多于净利润。流动资产的增加和流动负债的增加会相互抵销。对于 Unix 公司而言,其 2014 年流动资产的增加远远高于流动负债的增加,这也许不会产生太多的负面影响,但也可能导致应收账款难以收回或者存货难以卖掉,任何一种情形的发生都会使公司陷入困境。

- 出售固定资产的收入是 Unix 公司的主要现金来源。如果这是一次性的情况,也不必担忧。例如,Unix 公司可能打算转营其他新业务,因此公司也许会卖掉那些过时的、已无生产能力的设备。但是如果出售固定资产的收入一直都是公司现金的主要来源,那么 Unix 公司就可能面临现金短缺的问题。一家公司不可能持续出售固定资产,除非这是一家将要破产的公司。

- 现金流量表中唯一的亮点是,Unix 公司偿还长期借款的金额多于其新增的借款,这会使公司的资产负债率下降,从而使其信用级别上升。

总体来看,一家运转良好的公司的现金流量有以下几个方面的特点:

- 经营活动是公司主要的现金来源(不是现金的运用)。
- 投资活动中对长期资产的购买大于对长期资产的出售。
- 筹资活动并非主要由借款来支撑。

章中习题

HRP 公司是一家制造金属探测器的公司。对该公司的比较利润表进行横向分析和纵向分析。说明与 2015 年相比,2016 年是否运营良好,并给出理由。建议使用 Excel 进行分析。

美元

HRP 公司比较利润表 年度截止日为 12 月 31 日		
	2016 年度	2015 年度
收入总额	275 000	225 000
费用:		
销售成本	194 000	165 000
工程、销售和管理费用	54 000	48 000
利息费用	5 000	5 000
所得税费用	9 000	3 000
其他费用(收益)	1 000	(1 000)
费用总额	263 000	220 000
净利润	12 000	5 000

答案

横向分析显示,该公司的收入总额增长了 22.2%,高于费用总额增长的百分比(19.5%),从而导致当年的净利润增长了 140%。

美元

HRP 公司比较利润表的横向分析 年度截止日为 12 月 31 日				
	2016 年度	2015 年度	增加(减少)	
			金额	百分比/%
收入总额	275 000	225 000	50 000	22.2
费用:				
销售成本	194 000	165 000	29 000	17.6
工程、销售和管理费用	54 000	48 000	6 000	12.5
利息费用	5 000	5 000	—	—

续表

| | 2016 年度 | 2015 年度 | 增加（减少） | |
			金额	百分比/%
所得税费用	9 000	3 000	6 000	200.0
其他费用	1 000	(1 000)	2 000	—*
费用总额	263 000	220 000	43 000	19.5
净利润	12 000	(5 000)	7 000	140.0

* 百分比变动一般不计算从负值到正值的变动，反之亦然。

　　纵向分析显示销售成本占销售收入之比（从 73.3％到 70.5％）与工程、销售和管理费用占收入之比（从 21.3％到 19.6％）都有所降低。因为这两项成本和费用是 HRP 公司的最大支出，所以它们的降低非常重要。费用的相对降低使 2016 年的净利润占收入之比为 4.4％，相比前一年的 2.2％有很大增长。总体来看，2016 年的经营状况明显好于 2015 年。

| HRP 公司比较利润表的纵向分析 年度截止日为 12 月 31 日 | | | | |
| | 2016 年度 | | 2015 年度 | |
	金额/美元	百分比/%	金额/美元	百分比/%
收入总额	275 000	100.0	225 000	100.0
费用：				
销售成本	194 000	70.5	165 000	73.3
工程、销售和管理费用	54 000	19.6	48 000	21.3
利息费用	5 000	1.8	5 000	2.2
所得税费用	9 000	3.3	3 000	1.4**
其他费用（收益）	1 000	0.4	(1 000)	(0.4)
费用总额	263 000	95.6	220 000	97.8
净利润	12 000	4.4	5 000	2.2

**为四舍五入后的值。

 ## 使用财务比率进行决策

　　比率是财务分析的主要工具。在本书前面的章节，我们介绍了财务比率在财务报表分析中的应用。比率揭示了各种财务信息之间的内在关系。本节我们以苹果公司为例介绍财务比率的计算及财务比率在决策中的运用。

　　许多公司在年度报告中的特别部分披露财务比率。苹果公司在年报的摘要中披露了各项比率（见表 13-7）。很多财经网站也会提供这些财务比率。我们在本书中学到的大多数财务比率的计算公式在表 13-7 中都可以找到。该表可用作其他公司的财务报表分析模板，不过在本章中用到的财务比率是为苹果公司量身定制的。

　　本章讨论的财务比率分类如下：

　　1. 偿付流动负债的能力；

　　2. 销售存货和收回应收账款的能力；

3. 偿付长期负债的能力;

4. 盈利能力;

5. 从投资的角度分析公司股票。

在求解本节的财务分析问题时,你会发现在其他课程中学到的技能会有很大帮助,如 Microsoft Excel。Excel 的应用使财务比率计算变得简便易行。但是,如何解释财务比率以及如何在决策中运用财务比率,则没有那么简单。下面,我们就以苹果公司为例,进行财务比率分析。

表 13-7　苹果公司的财务数据摘要及关键比率

百万美元,个别项目除外

	2014 年度	2013 年度	2012 年度	2011 年度	2010 年度
经营成果					
销售收入净额	182 795	170 910	156 508	108 249	65 225
销售成本	112 258	106 606	87 846	64 431	39 541
毛利	70 537	64 304	68 662	43 818	25 684
销售毛利率	38.6%	37.6%	43.9%	40.5%	39.4%
营业利润	52 503	48 999	55 241	33 790	18 385
营业利润率	28.7%	28.7%	35.3%	31.2%	28.2%
税后利润	39 510	37 037	41 733	25 922	14 013
销售回报率	21.6%	21.7%	26.7%	23.9%	21.5%
资产收益率	18.0%	19.4%	28.6%	27.0%	22.9%
股东权益回报率	33.61%	30.73%	42.93%	41.58%	35.38%
利息保障倍数	137	360	N/A	N/A	N/A
流通在外的普通股股数(千股)	6 085 572	6 477 320	6 543 726	924 528	909 461
基本每股盈余(美元)	6.49	5.72	6.38	28.05	15.41
市盈率	15.50	12.00	14.93	13.59	21.91
现金股利	11 126	10 564	2 523	—	—
每股股利	1.82	1.64	2.65	—	—
财务状况					
应收账款	17 460	13 102	10 930	5 369	5 510
平均应收账款	15 281	12 016	8 150	5 440	4 436
存货	2 111	1 764	791	776	1 051
平均存货	1 937.5	1 277.5	783.5	913.5	753
流动资产	68 531	73 286	57 653	44 988	41 678
速动资产	42 537	53 648	40 059	31 321	31 130
资产总额	231 839	207 000	176 064	116 371	75 183
平均总资产	219 420	191 532	146 218	95 777	61 342
资产周转率	0.833	0.892	1.070	1.130	1.063
应付账款	30 196	22 367	21 175	14 632	12 015
平均应付账款	26 282	21 771	17 904	13 324	8 808
流动负债	63 448	43 658	38 542	27 970	20 722
负债总额	120 292	83 451	57 854	39 756	27 392
营运资本	5 083	29 628	19 111	17 018	20 956

续表

	2014 年度	2013 年度	2012 年度	2011 年度	2010 年度
流动比率	1.08	1.68	1.50	1.61	2.01
速动比率	0.67	1.23	1.04	1.12	1.50
资产负债率	0.52	0.40	0.33	0.34	0.36
股东权益总额	111 547	123 549	118 210	76 615	47 791
平均股东权益	117 548	120 880	97 413	62 203	39 716
财务杠杆比率	1.867	1.584	1.501	1.540	1.545
存货周转率	57.94	83.45	112.12	70.53	52.51
存货周转天数	6.30	4.37	3.26	5.18	6.95
应收账款周转率	11.96	14.22	19.20	19.90	14.70
应收账款周转天数	30.52	25.67	19.01	18.34	24.83
应付账款周转率	4.27	4.90	4.91	4.84	4.49
应付账款周转天数	85.48	74.49	74.34	75.41	81.29
现金循环周期	(48.7)	(44.5)	(52.1)	(51.9)	(49.5)

财务分析的起点——公司和行业信息

如本章开篇所述,除非我们了解数字产生的背景,否则财务分析仅仅是一个数字。要做到这一点,我们必须了解公司经营所处的行业、公司发展的历史以及公司未来的发展方向。苹果公司被称为世界上最具创新性的公司。创新发展对苹果公司股东的影响是什么?下面的具体分析详细描述了苹果公司 2012—2014 年的经营战略对其财务数据的影响(见表 13-7)。只有在充分了解公司背景后,才能解读公司的财务数据。

在截至 2012 年 9 月 29 日的会计年度,苹果是全球最大的上市公司,市值达 6 260 亿美元,比谷歌公司和微软公司市值的总和还高。如表 13-7 所示,2010—2012 年,苹果公司全球的销售收入净额增长了 2.4 倍,从 652 亿美元增至 1 565 亿美元。这一期间的税后净利润也增加了近两倍,从 140 亿美元增至 417 亿美元。2012 年度末,尽管苹果公司持有大量流动性极高的现金和有价证券,但却未向股东支付过股利,也未以其他任何形式向股东返还现金。由于持有充裕的现金,公司没有必要进行长期借贷,从而导致其极低的资产负债率。

尽管公司有丰厚的利润和充裕的现金,但股东却没能通过股利分派或股票回购分享公司的盈利。这也是导致公司股东不满的原因。在股东不断施压的情况下,2012 年度末,公司董事会投票表决通过首次分派股利的决议,并在以后的几年间实行积极的股票回购计划,以满足股东将所持有的公司股票价值变现的要求。当时,苹果公司股票的每股价格已超过 600 美元。然而,随之而来的问题是公司需将现金派发给股东。由于境外子公司所在地的税率远低于美国本土,导致公司的大部分现金都由境外子公司持有。为了使苹果公司(母公司)达到分派股利的目标,子公司持有的现金和利润必须"汇回"美国本土。也就是说,境外子公司必须以股利的形式进行分配,并将外币兑换成美元。上述汇回美国本土的收入需缴纳美国公司所得税,且税率超过 30%。

苹果公司如何能既满足股东的要求——分派股利,又做到少交税款?公司财务部门经过缜密策划,提出了一个创新的解决方案,即通过借贷向股东支付股利,并回购股东持有的公司股票。这一做法避免了从境外子公司转回收入。因此,尽管公司持有巨额的现金储备,2013 年度和 2014 年度,苹果公司仍然发行了约 400 亿美元的长期债券。通过发行债券和出售大量的短期可供出售有价证券,2013 年度和 2014 年度,苹果公司筹集了近 900 亿美元的现金以支付股利和回购股票。基于公司良好的信用评级,所发债券被机构投资者（如养老基金）抢购。由于债券利息（处于历史上低利率水平）可以抵税（而股利却不能抵税）,也使公司避免了与汇回收益相关的沉重税务负担。此外,2014 年度,公司还进行了 1∶7 的股票分割。完成此次股票分割后,苹果公司的股票数量比原来增加了 7 倍,从而使股票的市场价格从每股 700美元降至不到 100 美元。你将在下面的讨论中发现,上述决定对苹果公司过去两年的流动性和盈利能力的影响是重大的。

开始数据分析

了解了一家公司及其所处行业的背景后,应如何根据当期比率确定其经营状况是强还是弱？在决策之前,你必须:①将当期比率与前期比率进行比较;②将当期比率与同行业的比率进行比较,可以是同行业的平均比率,也可以是主要竞争对手的比率。在下面的分析中,我们将苹果公司的当期比率与前期比率（参见表 3-7）进行比较,并与同行业比率（如果有数据）或者与苹果公司的一个竞争对手的比率进行比较。

衡量短期偿债能力

营运资本（working capital）的定义如下:

$$营运资本＝流动资产－流动负债$$

营运资本衡量了公司利用流动资产偿还流动负债的能力。一般而言,营运资本越多,偿还负债的能力就越强。我们在前面讲过,资本等于资产总额减去负债总额。营运资本就好像总资本的"流动"版本。下面两家公司的营运资本相同。具体数据如下:

美元

	Jones 公司	Smith 公司
流动资产	100 000	200 000
流动负债	50 000	150 000
营运资本	50 000	50 000

上述两家公司的营运资本均为 50 000 美元。但是 Jones 公司的营运资本恰好等于流动负债,而 Smith 公司的营运资本则仅为流动负债的 1/3。Jones 公司的财务状况更好,因为其营运资本占流动负债的比率较高。

如表 13-7 所示,截至 2014 年 9 月 27 日（2014 年度）,苹果公司的营运资本为 50.83 亿美元。与 2012 年度和 2013 年度相比,营运资本显著下降,2012 年度的营运资本为 191.11 亿美元,2013 年的营运资本为 296.28 亿美元。如前所述,公司营运资本的减少是公司战略决策的具体反映,因为公司从 2013 年度开始向股东返还现金。2013 年度,公司回购股票的金额为229 亿美元,而 2014 年度回购股票的金额几乎是 2013 年度的两倍,达 450 亿美元。2014 年度,公司还以现金股利的形式向股东支付了 111 亿美元。这使苹果公司的营运资本大幅降低,但还不至于降到危险水平。主要原因在于苹果公司的月销售额持续以数十亿美元的速度增长,且大部分销售是现金销售。下面让我们来看看两个关键的比率,以加深对苹果公司的了解。

流动比率　评价流动资产和流动负债的最常见的比率是**流动比率**（current ratio）,即流动资产除以流动负债。在第 3 章我们讲过,流动比率衡量公司使用流动资产偿付流动负债的能力。苹果公司的合并利润表和合并资产负债表见表 13-8 和表 13-9。

表 13-8 苹果公司比较合并利润表 百万美元,股份数除外

	年度截至		
	2014 年 9 月 27 日	**2013 年 9 月 28 日**	**2012 年 9 月 29 日**
销售收入净额	182 795	170 910	156 508
销售成本	112 258	106 606	87 846
毛利	70 537	64 304	68 662
营业费用:			
研发费用	6 041	4 475	3 381
销售及行政费用	11 993	10 830	10 040
营业费用合计	18 034	15 305	13 421
营业利润	52 503	48 999	55 241
其他收益(费用)净额	980	1 156	522
税前利润	53 483	50 155	55 763
备付所得税	13 973	13 118	14 030
净利润	39 510	37 037	41 733
每股盈余:			
基本每股盈余*	6.49	5.72	6.38
稀释每股盈余*	6.45	5.68	6.31
计算每股盈余所使用的股数:			
基本	6 085 572	6 477 320	6 543 726
稀释	6 122 663	6 521 634	6 617 483
宣告发放的普通股每股现金股利	1.82	1.64	0.38

* 追溯调整 2012 年度和 2013 年度的数据以反映 2014 年度 1∶7 的股票分割。

表 13-9 苹果公司比较合并资产负债表 百万美元(特殊说明除外)

	2014 年 9 月 27 日	**2013 年 9 月 28 日**
流动资产:		
现金及其等价物	13 844	14 259
短期有价证券	11 233	26 287
应收账款,分别减坏账准备 86 和 99	17 460	13 102
存货	2 111	1 764
递延所得税	4 318	3 453
供应商非贸易应收账款	9 759	7 539
其他流动资产	9 806	6 882
流动资产合计	68 531	73 286
长期有价证券	130 162	106 215
不动产、厂房和设备净值	20 624	16 597
商誉	4 616	1 577
无形资产净值	4 142	4 179

续表

	2014 年 9 月 27 日	2013 年 9 月 28 日
其他资产	3 764	5 146
资产总额	231 839	207 000
流动负债:		
应付账款	30 196	22 367
应计负债	18 453	13 856
递延收入	8 491	7 435
商业票据	6 308	——
流动负债合计	63 448	43 658
长期递延收入	3 031	2 625
长期借款	28 987	16 960
其他非流动负债	24 826	20 208
负债总额	120 292	83 451
承诺和或有事项		
股东权益:		
普通股,无面值,授权发行 12 600 000 股,已发行 5 866 161 股,流通在外 6 294 494 股	23 313	19 764
留存收益	87 152	104 256
累计其他综合收益(损失)	1 082	(471)
股东权益总额	111 547	123 549
负债与股东权益总额	231 839	207 000

使用表 13-9 中的数据,计算苹果公司 2014 年 9 月 27 日和 2013 年 9 月 28 日的流动比率:

	苹果公司流动比率	
公式	**2014 年度**	**2013 年度**
流动比率 = $\dfrac{流动资产}{流动负债}$	$\dfrac{68\ 531}{63\ 448} = 1.08$	$\dfrac{73\ 286}{43\ 658} = 1.68$

苹果公司的流动比率 2014 年度降低了,从 1.68 下降到 1.08,原因是营运资本减少:使用盈余现金支付股利和回购股票。如表 13-7 所示,过去 5 年流动比率从 2010 年度的 2.01 大幅下降到 2014 年度的 1.08。进一步审视表 13-9 中的流动资产和流动负债可以看到,2014 年度流动负债从 436.58 亿美元增加到 634.48 亿美元(约增加了 45%),而流动资产则从 732.86 亿美元减少至 685.31 亿美元(约减少了 6.5%)。如表 13-7 所示,应付账款从 2013 年度的 223.67 亿美元增加到 2014 年度的 301.96 亿美元(增加了 35.0%),5 年内增长了 2.5 倍。这是公司增长的必然结果。特别是基于偿付现有流动负债的能力来看,苹果公司的流动比率仍处于健康水平,并非危险的征兆。一般来说,较高的流动比率表示公司的财务状况较好。苹果公司显然有足够的流动资金保证其业务的正常运行。苹果公司的流动比率为 1.08,与 IBM 和惠普公司这两个竞争对手的流动比率相当。

公司	流动比率
IBM 公司	1.25
惠普公司	1.15

速动比率　正如第 5 章所述，**速动比率**（quick ratio），又称**酸性测试比率**（acid-test ratio），测试当公司的流动负债即将到期时，公司能否通过酸性测试，立即支付流动负债。相对于流动比率，酸性测试比率对流动性测试的范围更窄。

为了计算速动（酸性测试）比率，我们只将现金、短期投资和应收项目净额（账款和票据，取净额）之和除以流动负债，而不考虑存货和预付费用，原因在于这两项资产的流动性相对较低，在关键时刻，公司可能会面临难以将其立即变现的问题。

使用表 13-7 和表 13-9 中的数据，计算苹果公司 2013 年度和 2014 年度的速动（酸性测试）比率，具体如下（单位：百万美元）：

公式	苹果公司速动（酸性测试）比率	
	2014 年度	**2013 年度**
速动（酸性测试）比率＝（现金及其等价物＋短期投资＋应收款项净额）/流动负债	$\dfrac{13\ 844+11\ 233+17\ 460}{63\ 448}$ $=0.67$	$\dfrac{14\ 259+26\ 287+13\ 102}{43\ 658}$ $=1.23$

如流动比率一样，苹果公司的速动（酸性测试）比率在 2014 年度波动较大，但仍比行业平均水平高很多。苹果公司主要竞争对手的速动（酸性测试）比率如下：

公司	速动（酸性测试）比率
IBM 公司	0.944
惠普公司	0.73

0.90～1.00 的速动（酸性测试）比率在大多数行业中是可以接受的。但是，为什么很多零售公司会有如此低的速动比率？原因在于这类公司可以快速卖掉存货，并立刻收回现金。上述现象导致我们需要关注下面一组比率——衡量周转率的比率。

衡量周转能力和现金循环周期

销售存货、收回应收账款及支付应付账款的能力，对于零售企业、批发企业乃至制造企业都是非常重要的，因为上述能力是企业持续发展的源泉。本小节我们将讨论衡量这项能力的三个比率——存货周转率、应收账款周转率和应付账款周转率，以及这三个比率之间的关系——现金循环周期。

存货周转率　公司一般希望存货销售的速度越快越好。存货销售越快，现金回流也就越快。

第 6 章介绍过的**存货周转率**（inventory turnover）衡量公司在一年中可以卖掉其平均存货的次数。较高的存货周转率表明存货更容易销售，较低的存货周转比率表明销售会有困难。如果存货周转率为 6，则表明公司在一年内平均可以卖掉其平均存货 6 次，这显然比卖掉 3 次要好。但是过高的存货周转率意味着公司手头没有保留足够的存货，如果公司不能满足订单的要求，就会导致公司在销售上有所损失。因此，公司应该保持最能产生盈利能力的周转率，而并非存货周转率越高越好。

为了计算存货周转率,我们将销售成本除以期间平均存货。我们使用销售成本而不是销售收入净额来计算,因为销售成本和存货都是以成本计价的。苹果公司2014年度的存货周转率如下:

公式	苹果公司存货周转率	竞争对手(惠普公司)
存货周转率=$\dfrac{销售成本}{平均存货}$	$\dfrac{112\ 258}{1\ 937.5}=57.94$	9.06
存货周转天数(DIO)=$\dfrac{365}{存货周转率}$	$\dfrac{365}{57.94}=6.3$(天)	40.3(天)

销售成本来自合并利润表(表13-8)。平均存货是期初存货(17.64亿美元)和期末存货(21.11亿美元)的平均值(见如表13-9所示的资产负债表)。如果存货余额每月之间变化很大,则应该使用月平均值,即将12个月的存货余额相加再除以12。

存货周转率根据行业的性质不同而差别很大。例如,苹果公司2014年度的存货周转率是57.9次。如果以天数计算,存货周转天数为6.3(365/57.9)。2013年度,苹果公司的存货周转率为83.5次。如表13-7所示,2012年度比2010年度的库存量增加了一倍多,2014年度末存货周转率下降到2012年度的一半左右,但是依旧较高。2014年度,惠普公司的存货周转率为9.06次(存货周转天数为40.3天)。即使按照这些标准来看,苹果公司依旧表现卓越。

在评估存货周转率时,应该比较不同会计期间的存货周转率,也应该将本公司的存货周转率与同行业的平均水平及主要竞争对手的存货周转率进行比较。存货周转率的稳步增长是积极的信号,尤其是在毛利也同步增长的时候。如果存货周转率突然急剧下跌,那么公司需要采取措施以增加销售额,一般是通过降价的方式。不过,这种方式将会导致毛利降低,直到多余的存货被处理完毕。

应收账款周转率　　应收账款周转率(accounts receivable turnover)衡量公司从顾客处收回现金的能力。一般来讲,比率越高越好。但是,过高的应收账款周转率表明信用政策过紧,从而会对销售收入产生负面影响,以至于失去客户和销售收入。

应收账款周转率等于销售收入净额(假设所有销售都为赊销)除以平均应收账款净额。该比率表明当年应收账款转换为现金的次数。2014年度,苹果公司的应收账款周转率计算如下:

公式	苹果公司应收账款周转率	竞争对手(惠普公司)
应收账款周转率=$\dfrac{赊销收入净额}{平均应收账款净额}$	$\dfrac{182\ 795}{15\ 281}=11.96$	7.50
应收账款周转天数=$\dfrac{365}{应收账款周转率}$	$\dfrac{365}{11.96}=30.5$(天)	48.7(天)

销售收入净额来自表13-7和表13-8。平均应收账款净额是将期初净额(131.02亿美元)和期末净额(174.6亿美元)相加后除以2。如果当年应收账款的波动很大,则可使用月平均值。2014年度,苹果公司的应收账款周转率为11.96次。如表13-7所示,应收账款周转率在逐年下降,从2011年度的19.9次下降到2014年度的11.96次。2014年度,惠普公司的应收账款周转率仅为7.5次。

苹果公司的应收账款周转率11.96远远高于同行业的平均水平。苹果公司拥有并经营大量的零售商店,而且大多数的销售是现金销售,相对于销售规模来说,应收账款余额一直保持较低的水平。

应收账款周转天数　公司必须将其应收账款转换成现金。在其他条件不变的情况下,应收账款的余额越低,现金流量就越充足。

第 5 章介绍过的**应收账款周转天数**(days sales in receivables)反映应收账款的持有天数。应收账款周转天数有两种计算方法,其得出的结果是相似的。在第一种方法下,如果已知应收账款周转率,那么只需用 365 除以该值。苹果公司的应收账款周转天数是30.5(365/11.96)。如表 13-7 所示,2011 年度以来,应收账款周转天数大约延长了 12 天,这意味着 2014 年度苹果公司应收账款的回收比 2011 年度大约慢了 12 天。不过,苹果公司的应收账款回收期还是可以接受的,并且与公司的 30 天的信用期大致相同。

在第二种方法下,可分两步计算应收账款周转天数:

1. 将销售收入净额除以 365,得到日平均销售收入。

2. 将应收账款净额除以日平均销售收入。

计算数据来自苹果公司 2014 年度的合并利润表(表 13-8)和合并资产负债表(表 13-9)。

公式	苹果公司应收账款周转天数	竞争对手(惠普公司)
1. 日平均销售收入 $=\dfrac{销售收入净额}{365\ 天}$	$\dfrac{182\ 795}{365}=500.8$	
2. 将日平均销售收入转换为应收账款周转天数 $=\dfrac{平均应收账款净额}{日平均销售收入}$	$\dfrac{15\ 281}{500.8}=30.5(天)$	48.7(天)

相比之下,2014 年度,惠普公司的应收账款平均周转天数为 48.7 天(365/7.5)。原因在于,惠普公司的自营销售网点和产品销售数量远远少于苹果公司。

应付账款周转率　第 9 章曾经讨论过的应付账款周转率衡量公司每年支付应付账款的次数。应付账款周转率等于销售成本除以平均应付账款余额。苹果公司的应付账款周转率计算如下:

公式	苹果公司应付账款周转率	竞争对手(惠普公司)
应付账款周转率 $=\dfrac{销售成本}{平均应付账款}$	$\dfrac{112\ 258}{26\ 282}=4.27$	4.93
应付账款周转天数 $=\dfrac{365}{应付账款周转率}$	$\dfrac{365}{4.27}=85.5(天)$	74.0(天)

平均而言,苹果公司每年支付应付账款 4.27 次,约 85.5 天支付 1 次。应付账款周转天数等于 365 天除以应付账款周转率(365÷4.27＝85.5 天)。相比之下,惠普公司的应付账款周转率为每年 4.93 次,约 74 天支付 1 次。如表 13-7 所示,过去 4 年间应付账款周转天数增加了 10 天,这表明 2014 年度苹果公司向供应商付款比 2011 年度慢了 10 天。

现金循环周期　将存货周转率、应收账款周转率和应付账款周转率以天数的形式表示,即可得到**现金循环周期**(cash coversion cycle)。具体计算如下:

公式	苹果公司现金循环周期	竞争对手(惠普公司)
现金循环周期＝存货周转天数＋应收账款周转天数－应付账款周转天数	6.3＋30.5－85.5＝－48.7(天)	15.0(天)

本例中,现金循环周期为负数,看起来很奇怪。这意味着什么?很显然,苹果公司有能力在向供应商(为苹果公司提供零部件和原材料以生产计算机)付款的48.7天前,销售存货并从客户处收回现金。这就意味着,苹果公司可以保持较低的存货水平,同时,可以持有比其他公司更多的现金。这也解释了为什么苹果公司有能力持有110亿美元的短期投资(见表13-9)。原因就在于,在向供应商付款之前,苹果公司可以充分利用闲置的现金进行投资,从而赚取较高的收益。苹果公司主要的竞争对手惠普公司处于同样的情形。惠普公司的现金循环周期为−43天。从表13-7可知,苹果公司的现金循环周期(负数)从2011年度到2014年度大约缩短了4天(略有下降),其竞争对手惠普公司2014年度的现金循环周期则为15天。

本章前面提到的安德玛公司2014年的现金循环周期为113天,而安德玛公司的竞争对手耐克公司2014年的现金循环周期则为88.7天。这些公司的存货周转率均低于苹果公司。一般来说,零售企业的存货周转率具有季节性(每年4次,约每90天周转一次),由于应收账款周转天数不同,现金循环周期通常为30~60天。服务性行业的现金循环周期只包括应收账款周转天数和应付账款周转天数(＝应收账款周转天数−应付账款周转天数),原因在于,服务性行业一般不持有存货。

衡量财务杠杆:总体偿债能力

到目前为止,我们讲到的比率都与流动资产和流动负债有关。上述比率衡量公司销售存货、收回应收账款和偿付流动负债的能力。衡量总体偿债能力的两个指标是资产负债率和利息保障倍数。

资产负债率 假设你是一家银行的信贷人员,两家相似的公司同时提出50万美元的贷款申请。第一家公司的负债为60万美元,第二家公司的负债仅为25万美元。哪家公司可以申请到贷款?答案是第二家公司,原因在于第二家公司的负债金额较少。

这种负债总额和资产总额之间的关系被称为**资产负债率**(debt ratio)。在第3章和第9章我们曾经讨论过这个比率。资产负债率表明由债务支持的资产占资产总额的比例。如果资产负债率为1,则表明全部资产都是通过负债融资的。如果资产负债率为0.5,则意味只有一半的资产是通过负债融资的。资产负债率越高,支付利息和偿还本金的压力就越大。资产负债率越低,公司的信贷风险就越低。

2013年度和2014年度,苹果公司的资产负债率如下:

公式	苹果公司资产负债率		竞争对手(惠普公司)
	2014 年度	**2013 年度**	
资产负债率＝$\dfrac{\text{负债总额}}{\text{资产总额}}$	$\dfrac{120\ 292}{231\ 839}=0.52$	$\dfrac{83\ 451}{207\ 000}=0.40$	0.73

虽然苹果公司的资产负债率在2014年度大幅上升,但与其他很多上市公司相比仍然较低。风险管理协会报告的数据显示,大多数公司的平均资产负债率为0.62,即使公司之间有差异,波动也不是很大。但是,处于特殊行业的公司(如航空公司)的资产负债率通常很高。资产负债率与我们下面要介绍的财务杠杆比率相关,在杜邦分析法下,我们使用财务杠杆比率计算股东权益回报率。

利息保障倍数 分析师还经常用到另一个比率——**利息保障倍数**(times-interest-earned ratio)。该比率将净利润与利息费用联系起来。利息保障倍数等于营业利润除以利息费用。

利息费用是其他收入(费用)的一部分,并在财务报表附注 3 中单独披露。该比率衡量营业利润可以覆盖利息费用的倍数,所以也称为利息覆盖率。利息保障倍数越高,表明公司支付利息的能力越强;利息保障倍数越低,则意味着公司有可能无法支付利息。苹果公司的利息保障倍数如下。

公式	苹果公司利息保障倍数		竞争对手
	2014 年度	**2013 年度**	(惠普公司)
利息保障倍数 = $\dfrac{营业利润}{利息费用}$	$\dfrac{52\ 503}{384} = 137$	$\dfrac{48\ 999}{136} = 360$	12

苹果公司 2014 年度的利息费用为 3.84 亿美元,高于 2013 年度的 1.36 亿美元。2014 年度和 2013 年度,营业利润分别为利息费用的 137 倍和 360 倍。苹果公司的营业利润显然足以支付利息费用。相比之下,惠普公司的资产负债率相对较高(0.73),导致其利息保障倍数相对较低(12)。不过,惠普公司也有能力支付利息费用。我们在第 9 章分析了西南航空公司的财务报表,其利息保障倍数为 17.1,而美国大陆航空公司的利息保障倍数却仅为 3.2 倍。总之,像其他很多财务报表分析因素一样,判断利息覆盖是否充足在很大程度上取决于公司所处的行业及公司的具体情况。

衡量盈利能力

公司经营的基本目标是盈利,所以衡量盈利能力的比率也被广泛地应用。

毛利率 我们在第 6 章将毛利定义为销售收入净额与销售成本之差(毛利＝销售收入净额－销售成本)。销售毛利是公司销售产品后,在扣除营业费用之前所赚取的利润金额。在第 11 章,我们强调持续提升毛利率是盈余质量的一个重要因素。下面,我们来看看苹果公司的毛利率。

公式	苹果公司毛利率		竞争对手
	2014 年度	**2013 年度**	(惠普公司)
毛利率 = $\dfrac{毛利}{销售收入净额}$	38.6%	37.6%	24.1%

苹果公司以科技领域的创新者著称。该公司一直处在开发新科技产品的前沿,吸引着消费者的眼球。你还记得上次光顾苹果商店的时间吗(很可能是新款苹果手机上市的时候)?你愿意付多少钱购买新款 iPhone、iPad 或 iMac?你还记得当时商店里是多么拥挤吗?正像我们在第 7 章讨论的,由于员工的创新能力,某些公司可以采取产品差异化的竞争战略。相比竞争对手,这类公司可以售出更多的产品。当消费者想拥有某一产品时,他愿意支付更高的价格。如表 13-7 所示,2014 年度,苹果公司的毛利率为 38.6%,比 2013 年度提高了 1%。不过,值得关注的是,苹果公司 2014 年度的毛利率比 2012 年度下降了 5.3%。尽管苹果公司是公认的行业领导者,但它并没有垄断整个智能计算设备产业。近年来,来自三星公司的智能手机和手持设备的竞争压力,迫使苹果公司不断降价,从而影响了其毛利率。不过,相比之下,惠普公司产品的毛利率仅为 24.1%。

营业利润率 营业利润率等于营业利润除以销售收入净额。这是一个重要的财务比率,原因在于它衡量的是公司的核心业务每一美元收入所赚取的利润。在第 11 章,我们曾经讲到,持续较高的营业利润水平是决定盈余质量的关键因素。形成高营业利润水平的首要因素是较高的营业利润率。接下来,假定产品质量和客户服务水平保持不变,要使营业利润最大化,则需要尽可能地降低营业成本。苹果公司与惠普公司的营业利润率的对比数据如下。

公式	苹果公司营业利润率		竞争对手 (惠普公司)
	2014 年度	2013 年度	
营业利润率 $=\dfrac{\text{营业利润}}{\text{销售收入净额}}$	28.7%	28.7%	6.4%

从核心业务盈利能力来看,苹果公司远远领先于竞争对手惠普公司。然而,由于近年来毛利率的下降,公司的营业利润率已经从 2012 年度的 35.3% 的高点回落到 2010 年度的水平。

杜邦分析 在第 7 章和第 10 章,我们介绍了杜邦分析,主要包括资产收益率(ROA)和普通股股东权益回报率(ROE)。在学习下面的内容之前,回顾一下前面所学的知识会很有帮助。表 13-10 给出了杜邦分析的驱动因素,具体如下。

表 13-10 杜邦分析模型

资产收益率(ROA)	×	财务杠杆比率 (权益乘数)	=	普通股股东权益回报率 (ROE)
销售净利率 × 资产周转率	×	财务杠杆比率(权益乘数)	=	普通股股东权益回报率
$\dfrac{\text{净利润}^{*}}{\text{销售收入净额}} \times \dfrac{\text{销售收入净额}}{\text{平均总资产}}$	×	$\dfrac{\text{平均总资产}}{\text{平均普通股股东权益}}$	=	$\dfrac{\text{净利润}^{*}}{\text{平均普通股股东权益}}$

从表 13-10 可以发现,杜邦分析的最终目标是解释普通股股东权益回报率的驱动因素(表格的最右一栏),包括销售净利率、资产周转率和财务杠杆比率。杜邦分析模型的前面两项可以计算出资产收益率。在杜邦模型中引入财务杠杆比率即可计算出普通股股东权益回报率。下面,我们通过苹果公司的案例,解释杜邦分析模型中的每个因素。

销售净利率 在商业领域,回报是指盈利能力。我们来考虑**销售净利率**(rate of return on net sales),或销售利润率(ROS)。在第 7 章我们曾介绍过这个比率,它也是杜邦分析模型中的第一个比率。该比率是指单位销售收入带来的利润占销售收入的比例。苹果公司的销售净利率如下。

公式	苹果公司销售净利率		竞争对手 (惠普公司)
	2014 年度	2013 年度	
销售净利率 $=\dfrac{\text{净利润}-\text{优先股股利}}{\text{销售收入净额}}$	$\dfrac{39\ 510}{182\ 795}=21.6\%$	$\dfrac{37\ 037}{170\ 910}=21.7\%$	4.5%

公司力求获得较高的销售净利率。销售净利率越高,每一美元的销售收入带来的利润就越多。如表 13-7 所示,苹果公司 2014 年度的销售净利率很高(21.6%),但是当观察销售净利率 5 年的变化趋势时,我们发现苹果公司的销售净利率在 2012 年度达到高点(26.7%)。如前所述,这主要是因为近年来苹果公司的毛利率在不断下降。然而,尽管近年来苹果公司的销售净利率在下降,但还是超越了下面几家著名的公司。

公司	销售净利率
联邦快递	4.6%
百事	9.8%
英特尔	20.9%
惠普	4.5%

资产周转率 在第7章曾讨论过的**资产周转率**（asset turnover）衡量的是每一美元资产的投入可产生多少销售收入净额。我们通过对该比率的分析来评价管理层是否在有效地经营着公司。资产周转率较高的公司，相对于资产周转率较低的公司，生产效率更高。下面我们比较一下苹果公司和惠普公司的资产周转率。

公式	苹果公司资产周转率		竞争对手
	2014 年度	**2013 年度**	（惠普公司）
资产周转率＝$\dfrac{销售收入净额}{平均总资产}$	$\dfrac{182\ 795}{219\ 420}=0.833$	$\dfrac{170\ 910}{191\ 532}=0.892$	1.07

与惠普公司相比，苹果公司每一美元的销售需要更多的资产投入，这正是创新型公司的特点。强调低成本战略的公司（如惠普公司）则恰恰相反。进行主要产品的创新，不论是在有形资产还是在无形资产上，都需要巨额的投资。这正是苹果公司的盈利能力远远高于惠普公司的原因。因此，尽管苹果公司的盈利能力明显高于惠普公司，但是至少在管理效率方面，惠普公司更胜一筹。

资产收益率 计算了驱动比率（销售净利率和资产周转率）后，通过杜邦分析模型对上述比率进行整合，即可得出**资产收益率**（rate of return on assets），具体如下。

资产收益率（ROA）	苹果公司资产收益率		竞争对手
	2014 年度	**2013 年度**	（惠普公司）
销售净利率*	21.6%	21.7%	4.5%
×	×	×	×
资产周转率	0.833	0.892	1.07
=	=	=	=
资产收益率（ROA）	18.0%	19.4%	4.8%

* 有些分析师利用未扣除利息费用的净利润计算资产收益率。原因在于，利息费用衡量的是在总资产中由债权人提供的资产部分所赚取的回报。

上述计算所需数据来自表13-7、表13-8和表13-9，而驱动因素的比率则来自前面的两个示例。从计算中，我们不难发现，苹果公司资产收益率的主要驱动因素是其较高的盈利能力，而其较高的盈利能力则源于差异化的产品竞争战略，而不是管理效率。相反，惠普公司的资产收益率的主要驱动因素是较高的管理效率，而不是盈利能力。惠普公司的经营模式是低成本、低净利、高效率的基础计算机技术提供商。相比苹果公司，惠普公司每一美元资产的投入可产生更多的销售收入。

财务杠杆比率（权益乘数） 杜邦分析模型中的最后一个因素是财务杠杆比率，该比率衡量债务融资对盈利能力的影响程度。在第9章和第10章，你已经学到融资经营的好处。

我们刚刚提到资产负债率等于负债总额与资产总额之比。**财务杠杆比率**（leverage ratio）或称权益乘数，衡量的是每一美元资产由权益融资的比例。由于资产总额－股东权益＝负债总额，所以财务杠杆比率也可以看作是资产负债率的另一种表现形式。下面我们比较一下苹果公司和惠普公司的财务杠杆比率。

公式	苹果公司财务杠杆比率		竞争对手
	2014 年度	**2013 年度**	（惠普公司）
财务杠杆比率＝$\dfrac{\text{平均总资产}}{\text{平均普通股股东权益}}$	$\dfrac{219\ 420}{117\ 548}=1.867$	$\dfrac{191\ 532}{120\ 880}=1.584$	3.813

正像前面所分析的一样，苹果公司的资产负债率相对较低（2014 年度为 52%，2013 年度为 40%）。这也恰好从另一个方面说明该公司的财务杠杆比率非常低（2014 年度为 1.867，2013 年度为 1.584）。相比之下，惠普公司的资产负债率较高（2014 年度为 73%）。因此，惠普公司的债务融资比例远高于权益融资比例，财务杠杆比率达 3.813。

普通股股东权益回报率　**普通股股东权益回报率**（rate of return on common stockholders' equity）是衡量盈利能力的常用指标，简称股东权益回报率（ROE）。我们在第 10 章介绍过这个比率。该比率解释了净利润与公司普通股股东投资之间的关系——每一美元的投资可以赚多少钱。

为了计算这个比率，我们首先将优先股股利从净利润中减去，以得出归属于普通股股东的净利润，然后将其除以平均普通股股东权益。普通股股东权益等于股东权益总额减去优先股权益。2014 年度，苹果公司的普通股股东权益回报率（ROE）如下。

公式	苹果公司 2014 年普通股股东权益回报率	竞争对手（惠普公司）
普通股股东权益回报率＝$\dfrac{\text{净利润－优先股股利}}{\text{平均普通股股东权益}}$	$\dfrac{39\ 510-0}{117\ 548}=33.6\%$	18.3%

采用杜邦分析，不仅可以得出相同的结果（剔除误差），还可以帮助我们了解更多关于盈利能力（销售净利率）、资产利用率（资产周转率）和财务杠杆比率之间的关系。

普通股股东权益回报率（ROE）	苹果公司普通股股东权益回报率		竞争对手
	2014 年度	**2013 年度**	（惠普公司）
资产收益率（ROA）	18.0%	19.4%	4.8%
×	×	×	×
财务杠杆比率	1.867	1.584	3.813
=	=	=	=
普通股股东权益回报率	33.6%	30.7%	18.3%

与惠普公司相比，苹果公司的盈利能力更强。惠普公司在资产周转率和财务杠杆比率方面比苹果公司略胜一筹，其资产周转率为 1.07，资产负债率为 73%，财务杠杆比率为 3.81（每一美元股东权益配置 3.81 美元的资产）。可以肯定的是，财务杠杆的使用通常是一件好事，只是财务杠杆比率要保持在合理的范围内。在实务中，由于它是资产收益率的

复合因子,因此这种做法也称为**负债经营**(trading on the equity)。一般来说,像惠普这样的公司会因负债经营而面临更高的经营风险。然而,苹果公司超强的盈利能力使其资产收益率和股东权益回报率都表现出色。正如我们在第 10 章所强调的,财务杠杆有助于股东权益回报率的提升,但同时也会对股东权益回报率产生负面影响。例如,在利润和现金流下降的情况下,仍必须偿还债务。因此,财务杠杆实际上是一把双刃剑。在光景好时会增加利润,而在光景不好时会放大损失。

下面给出了一些知名公司近期的股东权益回报率(ROE)。

公司	普通股股东权益回报率/%
通用电气	11.7
谷歌	15.1
星巴克	42.4

普通股每股盈余　第 9 章和第 11 章讨论过普通股每股盈余,简称**每股盈余**(earnings per share,EPS),即流通在外的每股普通股应得到的净利润。每股盈余是财务分析中使用最广泛的比率,而且是唯一一个在利润表上列报的比率。

每股盈余等于归属于普通股股东的净利润除以当年流通在外的普通股股数。因为优先股股东对股利有优先的索求权,所以应从净利润中扣除优先股股利。苹果公司没有优先股,因此也没有优先股股利。2013 年度和 2014 年度,苹果公司的每股盈余如下(相关数据来自表 13-7 和表 13-8)。

公式	苹果公司每股盈余(基本)	
	2014 年度	**2013 年度**
普通股每股盈余 = $\dfrac{\text{净利润} - \text{优先股股利}}{\text{流动在外普通股平均股数}}$	$\dfrac{39\,510\,000 - 0}{6\,085\,572} = 6.49$	$\dfrac{37\,037\,000 - 0}{6\,477\,320} = 5.72$

2014 年度,苹果公司的每股盈余增长了 13%(2014 年度为 6.49 美元,2013 年度为 5.72 美元)。为了保持可比性,以反映 2014 年度实施的股票分割,苹果公司对 2013 年度的每股盈余进行了重述。2014 年度,苹果公司实施了 1∶7 的股票分拆,使股票数量增加了 7 倍,也使每股盈余同比例下降。与此同时,苹果公司股票的市场价值也从每股 634 美元降至 93 美元。股票分割是一项战略举措,旨在增加苹果公司股票的市场流动性,使股票价格变得更便宜。多年来,投资苹果公司的股东一直在享受巨额的回报。2015 年中期,苹果公司的普通股每股售价约为 130 美元。可以看到,自股票分割以后,苹果公司的股票价格几乎实现了约 40% 的增长。股票价格在 6 个月内波动幅度如此大,你认为以每股 130 美元买进苹果公司的股票是一个明智的商业决定吗? 今后,股票价格又将会怎样? 这是一名潜在投资者需要回答的问题。下一节将介绍市场分析师是如何决策的。

分析股票投资

投资者购买股票是为了获得投资收益。投资收益由两部分组成:①出售股票的利得(或损失);②股利。

市盈率(乘数)　**市盈率**(price/earnings ratio)是普通股股价与每股盈余的比值。该比率又称 P/E 比,在《华尔街日报》的股票分析一栏和互联网上均有报道。该比率说明了每股盈余的市场价格。

苹果公司的市盈率计算如下。2013 年 9 月 28 日(2013 年度末),苹果公司的普通股股价为 482.75 美元;2014 年 9 月 27 日(2014 年度末),苹果公司的普通股股价为 100.75 美元。上市公司的股价可以从公司网站或者各种财经网站获取。

公式	苹果公司市盈率(P/E)	
	2014 年度	2013 年度
市盈率 = $\dfrac{普通股每股市价}{每股盈余}$	$\dfrac{100.75}{6.49} = 15.5$	$\dfrac{482.75}{40.03} = 12.1$

给定苹果公司 2014 年度的市盈率 15.5,我们可以说该公司的股票是以每股盈余的 15.5 倍出售的。苹果公司每一美元的盈利在股票市场上的价值是 15.5 美元。

股票交易在一定区间内进行,上市公司按季度更新每股盈余数据。每股盈余数据一般按年度报告,同时,公司也会预期下一年度的数据(季度数据乘以 4)。根据苹果公司 2014 年度的盈余数据以及当年股票的交易区间:每股价格为 100～131 美元。高科技行业发展迅速,新的竞争对手,如三星和摩托罗拉(谷歌公司的子公司)同类智能产品的价格相对较低,正在对苹果公司形成威胁。然而,股票市场价格的变动是以对未来的预期为依据的,经营周期、政府政策、新产品进入市场、对外贸易、汇率变动及公司管理高层的健康状况等因素都会对公司未来的盈利产生影响。市场变幻莫测,很难对市场作出准确的预测。一些市场分析师试图通过对股票历史市盈率的研究,预测股票的未来走势。如果市盈率出现下行曲线,且假定预期盈利增加,则可以预期股票价格会变得非常有吸引力,这是买进股票的信号。如果市盈率出现上扬的曲线,在给定盈余的基础上,股票价格则是变得越来越贵,在这种情形下,分析师会建议投资者"持有"或者"卖出"股票。2015 年 5 月 29 日,苹果公司的历史市盈率为 16.2(股价为每股 131.08 美元)。一个热门网站预测苹果公司 2015 年 9 月的每股盈余是 13.52。根据多数分析师的估计,该网站预测苹果公司 2015 年度的每股盈余约为 9 美元。因此,苹果公司 2015 年度预期的股价约为 121.68 美元(13.52×9 美元)。这样看起来,苹果公司的股价在 2015 年 5 月 29 日(131.08 美元)是被高估了。基于上述分析,你会买入、持有还是卖出?决定卖出可能是最好的选择,因为 2015 年 10 月 17 日,苹果公司股票的交易价格约为每股 111 美元。

股息率　股息率(dividend yield)是每股股利与每股股票的市场价格之比。该比率衡量对于投资者投资的回报,即股利与投资者购买股票的市场价格之比。尽管股利的分配没有任何担保,但那些声誉良好的公司还是会持续派发股利,即使是在经济状况不好的时期。优先股股东往往特别关注这个比率,原因在于他们投资的主要目的就是获得股利。不过,通用电气、默克集团和 IBM 等大公司也会向普通股股东派发丰厚的股利。在定期存款和货币市场利率较低的时期,对于保守的投资者来说,股利收入也是一个不错的选择。

基于其卓越的盈利能力和丰厚的现金流,2012 年 8 月 16 日,苹果公司首次宣告派发季度股息(每股 2.65 美元)。由此,公司开启了支付定期股息的模式。在截至 2014 年 9 月 27 日的年度,苹果公司股票的每股股利为 1.82 美元。根据苹果公司 2014 年 9 月 27 日的股价 100.75 美元计算,当日,苹果公司普通股股息率如下。

公式	苹果公司普通股股息率
	2014 年 9 月 27 日
普通股股息率 = $\dfrac{\text{普通股每股股利}}{\text{普通股每股市价}^*}$	$\dfrac{1.82 \text{ 美元}}{100.75 \text{ 美元}} = 0.018$

* 可以用同样的方法计算优先股的股息率。

2014 年度,苹果公司的股息率约为 1.8%。你也许会认为该比率太低,但是与同期的定期存款利率或债券收益率相比,还是比较有吸引力的。股息率的变动范围很大,一般来说,历史悠久的稳定型公司(如宝洁和通用电气)的股息率较高,而新创立的成长型公司的股息率则较低,甚至不会支付现金股利。长期以来,购买苹果公司股票的投资者并不是因其潜在的股利而是预期股票会升值。不过,如今投资者期望鱼与熊掌兼得——股价升值和股利丰厚。

普通股每股账面价值 普通股每股账面价值(book value per share of common stock)就是普通股股东权益除以流通在外的普通股股数。普通股股东权益等于股东权益总额减去优先股股东权益。苹果公司没有流通在外的优先股,其普通股每股账面价值如下。具体数据来自表 13-8 和表 13-9。

公式	苹果公司普通股每股账面价值	
	2014 年度	**2013 年度**
普通股每股账面价值 = $\dfrac{\text{股东权益总额} - \text{优先股股东权益}}{\text{流通在外的加权平均普通股股数}}$	$\dfrac{111\,547\,000 - 0}{6\,085\,572} = 18.33$	$\dfrac{123\,549\,000 - 0}{6\,477\,320} = 19.07$

账面价值表明了流通在外的每股普通股所享有的账面金额。许多专家认为账面价值对于投资分析没有用处,因为它和市场价格没有联系,也没有提供资产负债表报告的股东权益以外的信息。但一些投资者将股票按照市场价格与账面价值之比进行分级。比率越低,股票投资越有吸引力。该类投资者被称为价值型投资者,他们与成长型投资者不同,后者更关注净利润的增长趋势。

苹果公司的发展前景如何?有些人预测,苹果公司已经实现了辉煌,公司股票的吸引力已达到顶峰。人们在之前就曾经这样说过苹果公司,但他们的判断被证明是错的。原因在于,无人能计量苹果公司最有价值的资产——创新和创造性的劳动力。苹果公司在过去 10 年的发展是惊人的。在这段时间里,买卖苹果公司股票的投资者都赚得盆满钵满。苹果公司的每股盈余坚实稳健,其销售净利率(ROS)、资产收益率(ROA)和股东权益回报率(ROE)均处于行业领先。截至 2015 年 3 月 28 日(2015 年度的前两个季度),苹果公司的销售额为 1 326 亿美元,毛利率为 40.3%,而且还有 335 亿美元的高流动性资产供研发使用。从流动性和财务杠杆的角度来看,公司处于良好的发展态势。负的现金循环周期表明,在应付账款到期的几周前,公司已卖出存货并已收回应收款项。2014 年度末,苹果公司的资产负债率较低,有能力偿还现有债务。苹果公司最近的市盈率约为 13.5,处于相对较低的水平。

除此以外,苹果公司是世界上最大的公司之一,或许还是最具创新力的公司,不断生产出满足消费者需要的新产品。公司在"勇于创新"的个人消费电子产品领域的未来,取决于它能否像过去一样继续提供捕获消费者"内心"的产品。

比率分析的局限性

商业决策处于充满不确定性的世界中。比率分析非常有用，但是并不能解决所有的问题。就像我们日常使用的物理温度计一样，华氏102度只能告诉医生病人身体不适，但却不能告诉医生病人哪里出了问题，以及如何医治。

在财务分析中，流动比率的突然下降可能预示着公司出了问题，但是并没有确定是什么问题。公司管理层必须认真分析是什么原因导致流动比率下降。流动资产减少可能是现金短缺，也可能是销售减少。公司管理层必须对所有比率进行评估，以便找出问题的原因，如是竞争加剧还是经济衰退。

法律制度、国际关系、会计丑闻等其他因素都会导致公司由盈利转为亏损。要想使比率分析有用，最好的办法是对比率进行历史趋势分析，并考虑其他所有的相关因素。一两年的数据并不能代表一家公司长期的经营发展趋势。投资决策——不论是股票、债券、房地产、现金还是复杂的金融工具，完全依赖投资者对风险的承担水平，而风险则是投资中永恒的主题。

 # 使用其他指标进行投资决策

经济增加值

可口可乐、魁格和其他领先的公司使用**经济增加值**（economic value added，EVA®）评价经营业绩。EVA®将会计和财务指标结合起来衡量经营活动是否增加了股东财富。EVA®可以通过以下方式计算：

$$EVA® = 税前净利润 + 利息费用 - 资本费用$$

资本费用＝｛应付票据＋长期负债中本年到期的部分＋长期负债＋股东权益｝×资本成本

计算EVA®用到的所有数据，除资本成本外，均来自财务报表。**资本成本**（cost of capital）是公司股东和债权人要求的加权平均回报率（在第11章介绍过）。资本成本根据公司的风险不同而不同。例如，股东对一家刚刚成立的公司要求的投资回报率要高于对安德玛公司要求的投资回报率，因为新成立的公司还未经过市场检验，风险更高。债权人也会基于风险因素而对新公司要求较高的利率。因此，新公司的资本成本要高于安德玛公司的资本成本。

资本成本是财务分析课程的一个主要论题。在下列讨论中，我们假设一个资本成本（如10%、12%或15%）来完成EVA®的计算。

EVA®的计算是基于下述考虑的：公司股东的回报（净利润）和债权人的回报（利息费用）应该超出公司的资本费用。**资本费用**（capital charge）是股东和债权人对公司使用其资金而要求的回报。EVA®为正表明公司股东财富的增加，因此公司的股票对于投资者而言就具有吸引力。如果EVA®为负，股东很可能因为对公司不满意而卖掉股票，导致公司股价下跌。不同的公司根据自己的需要进行EVA®的计算。

下面以安德玛公司为例，说明EVA®的具体应用。2014年，安德玛公司的EVA®计算如下（数据来自表13-1和表13-2），使用税前净利润数据，假定资本成本为8%（单位：百万美元）。

$$
\begin{aligned}
安德玛公司的 EVA® &= 税前净利润 + 利息费用 - \left\{ \underbrace{短期借款 + 长期负债 + 股东权益}_{（期初余额）} \right\} × 资本成本 \\
&= \underbrace{342 + 5}_{347} - \left\{ \underbrace{[(105 + 48 + 1053)}_{1\,206} \right. \left. \begin{array}{l} × 0.08] \\ × 0.08 \end{array} \right. \\
&= \underbrace{347} \qquad\qquad - \underbrace{96} \\
&= 251
\end{aligned}
$$

　　上述计算结果表明,安德玛公司的营业利润在减去资本费用后,为股东增加了 2.51 亿美元的财富,经营业绩很好。同时,也证实了之前采用传统方法对安德玛公司经营业绩评价的结论是正确的。

财务报表分析中的危险信号

　　近些年发生的财务丑闻引起了人们对财务分析中危险信号的重视。下列情况意味着公司可能存在很高的风险。

- 收益问题。持续经营收益和净利润是否连续几年都很低? 净利润是否已转为亏损? 这对于处于周期性行业的公司(如航空公司或建筑公司)来说是正常的,但安德玛这样的公司则很难在经历多年亏损后幸存。

- 现金流量减少。现金流支撑着收益。来自持续经营的现金流是否连续几年低于净利润? 固定资产的出售是否成为现金流的主要来源? 如果是,公司很可能面临现金短缺。

- 负债过多。公司的资产负债率与主要竞争对手和行业平均水平相比如何? 如果资产负债率比平均水平高很多,那么在经济不景气时公司有可能难以偿付债务。如前所述,苹果公司 2014 年度的资产负债率为 52%,远低于其竞争对手惠普公司的资产负债率(73%)。

- 难以收回账款。应收账款周转天数是否比行业中其他公司增长的快? 如果是这样,可能导致现金短缺。苹果公司的现金回收能力极其强大。

- 存货增长。存货周转率是否在下降? 如果是的话,公司可能面临产品滞销的风险,也可能是在资产负债表中高估了存货。回忆一下销售成本模型,高估利润的一种最简单的方法就是高估存货。苹果公司不存在类似的问题。

- 销售收入、存货和应收账款的变动趋势。一般来讲,销售收入、存货和应收账款一般同向变动。销售收入的增加会导致应收账款的增加,同时也会增加存货以满足销售。这些项目的异常变动可能预示着麻烦。苹果公司的相关项目都比较正常。

有效的资本市场

　　在一个**有效的资本市场**(efficient capital market)上,市场价格能够完全反映需要披露的所有公众信息。因为如果股价反映了所有可以公开得到的信息,那么就可以证明市场是有效的。市场有效性对管理措施和投资决策都有很深的影响。这意味着管理者不能通过做假账来欺骗投资者。如果所有的信息都是公开的,那么市场总体就能给公司的股票定一个"公平"的价格。

　　假设你是 Vitacomp 公司的总裁。公司的每股盈余是 2 美元,股价是 40 美元——所以市盈率是 20 倍。你认为 Vitacomp 公司的股价被低估了。为了改变这种状况,你考虑将资产折旧方法从加速折旧法改为直线折旧法。会计方法的变更会使每股盈余增至 3 美元,但是股价会增至 60 美元吗? 很可能不会。公司的股票价格很可能仍停留在 40 美元,因为市场能够理解会计方法的变更所带来的影响。毕竟,公司只是改变了折旧的计价方法,Vitacomp 公司的现金流并没有变化,公司的经济实质也没有改变——有效的市场会根据数据的内在价值作出判断。

　　在有效的资本市场上,寻找被"低估"的股票是不可能的,除非投资者有相关的内部信息,而基于内部信息投资是非法的。适宜的投资策略包括规避风险、分散投资和最小化交易成本。财务分析的作用主要是帮助你识别和管理不同股票的风险。

下面的管理决策专栏汇总了使用最广泛的财务比率。

管理决策

使用比率进行财务报表分析

莱恩(Lane)和凯·柯林斯(Kay Collins)经营一家财务咨询公司。他们为客户管理资金,并进行财务报表分析。他们怎样衡量公司支付应付账款、销售存货、收回应收账款的能力呢?他们使用本书中所讨论的常用的财务比率。具体如下:

比　　率	计 算 公 式	比 率 说 明
衡量偿还短期负债的能力		
1. 流动比率	$\dfrac{流动资产}{流动负债}$	衡量使用流动资产偿付流动负债的能力
2. 速动(酸性测试)比率	$\dfrac{现金及其等价物+短期投资+\substack{应收账款\\净额}}{流动负债}$	衡量流动负债马上到期情况下的偿付能力
衡量周转率和现金循环周期		
3. 存货周转率	$\dfrac{销售成本}{平均存货}$	表明存货的销售能力:一年中公司可以销售平均存货多少次
存货周转天数	$\dfrac{365}{存货周转率}$	存货周转天数将存货周转率转换为销售平均存货所需的天数
4. 应收账款周转率	$\dfrac{赊销收入净额}{平均应收账款净额}$	衡量从赊销顾客手中收回账款的能力
5. 应收账款周转天数	$\dfrac{平均应收账款净额}{日平均销售收入}$	显示平均应收账款相当于多少天的销售收入,即需要多少天才能收回应收账款
未收回销售收入的天数	$\dfrac{365}{应收账款周转率}$	
6. 应付账款周转率	$\dfrac{销售成本}{平均应付账款}$	显示当年应付账款的周转次数以及公司支付应付账款的天数
应付账款周转天数	$\dfrac{365}{应付账款周转率}$	
7. 现金循环周期	存货周转天数+应收账款周转天数-应付账款周转天数	从整体说明公司的流动性,即从存货到应收账款再到现金,扣除支付应付账款的天数
衡量偿还长期负债的能力		
8. 资产负债率	$\dfrac{负债总额}{资产总额}$	表明以负债融资的资产占资产总额的比例
9. 利息保障倍数	$\dfrac{营业利润}{利息费用}$	衡量营业利润覆盖利息的程度,即营业利润相当于费用的多少倍

续表

比　　率	计 算 公 式	比率说明
衡量盈利能力		
10.　毛利率	$\dfrac{毛利}{销售收入净额}$	表明在扣除其他营业费用前，销售收入所含的利润比例
11.　营业利润率	$\dfrac{营业利润}{销售收入净额}$	表明在扣除营业费用后，每一美元销售收入所含的利润比例
12.　杜邦分析模型	表 13-10	资产收益率和股东权益回报率的详细分析
13.　销售净利率	$\dfrac{净利润-优先股股利}{销售收入净额}$	显示每一美元的销售收入能够赚多少净利润
14.　资产周转率	$\dfrac{销售收入净额}{平均总资产}$	衡量每一美元资产的投入所产生的收入净额
15.　总资产收益率	杜邦分析模型： 销售净利率×资产周转率或 $\dfrac{净利润-优先股股利}{平均总资产}$	衡量公司资产的盈利能力
16.　财务杠杆比率	$\dfrac{平均总资产}{平均普通股股东权益}$	也称作权益乘数，说明资产总额与平均普通股股东权益的比率
17.　普通股股东权益回报率	杜邦分析模型： 资产收益率×权益乘数或 $\dfrac{净利润-优先股股利}{平均普通股股东权益}$	衡量普通股股东投资所赚取的净利润
18.　普通股每股盈余	$\dfrac{净利润-优先股股利}{流通在外的普通股平均股数}$	衡量流通在外的普通股每股所赚取的净利润
分析股票投资		
19.　市盈率	$\dfrac{普通股每股市价}{每股盈余}$	表明一美元每股盈余的市场价格
20.　股息率	$\dfrac{普通股（优先股）每股股利}{普通股（优先股）每股市价}$	显示股东每期收到的股利收入占股票市场价值的比例
21.　普通股每股账面价值	$\dfrac{股东权益总额-优先股权益}{流通在外的普通股股数}$	说明流通在外的普通股的每股账面价值

章末习题

下列财务数据摘自 Lear 公司的年度报告。

千美元,个别项目除外

Lear 公司主要财务数据 年度截止日为 1 月 31 日				
	2016 年度	**2015 年度**	**2014 年度**	**2013 年度**
经营结果				
销售收入净额	13 848	13 673	11 635	9 054
销售成本	8 715	8 599	6 775	5 318
利息费用	109	75	45	46
营业利润	1 675	1 445	1 817	1 333
净利润(净亏损)	1 450	877	1 127	824
现金股利	76	75	76	77
财务状况				
商品存货	1 550	1 904	1 462	1 056
资产总额	7 591	7 012	5 189	3 963
流动比率	1.48	0.95	1.25	1.20
股东权益	3 010	2 928	2 630	1 574
流通在外的普通股平均股数(千股)	850	879	895	576

要求

计算 2014—2016 年的下列财务比率,并评价 Lear 公司的经营业绩。使用杜邦分析模型计算资产收益率和股东权益回报率。该公司的经营业绩如何?三年来经营业绩是有所改进还是恶化了?

a. 存货周转率	b. 毛利率	c. 营业利润率	d. 销售净利率
e. 资产周转率	f. 资产收益率	g. 财务杠杆比率	h. 股东权益回报率
i. 利息保障倍数	j. 每股盈余		

答案

		2016 年度	**2015 年度**	**2014 年度**
a.	存货周转率	$\dfrac{8\,715}{(1\,550+1\,904)/2}$ $=5.05$ 次	$\dfrac{8\,599}{(1\,904+1\,462)/2}$ $=5.1$ 次	$\dfrac{6\,775}{(1\,462+1\,056)/2}$ $=5.4$ 次
b.	毛利率	$\dfrac{13\,848-8\,715}{13\,848}$ $=37.1\%$	$\dfrac{13\,673-8\,599}{13\,673}$ $=37.1\%$	$\dfrac{11\,635-6\,775}{11\,635}=41.8\%$
c.	营业利润率	$\dfrac{1\,675}{13\,848}=12.1\%$	$\dfrac{1\,445}{13\,673}=10.6\%$	$\dfrac{1\,817}{11\,635}=15.6\%$
d.	销售净利率	$\dfrac{1\,450}{13\,848}=10.5\%$	$\dfrac{877}{13\,673}=6.4\%$	$\dfrac{1\,127}{11\,635}=9.7\%$
e.	资产周转率	$\dfrac{13\,848}{(7\,591+7\,012)/2}$ $=1.897$	$\dfrac{13\,673}{(7\,012+5\,189)/2}$ $=2.241$	$\dfrac{11\,635}{(5\,189+3\,963)/2}$ $=2.543$

续表

		2016 年度	2015 年度	2014 年度
f.	资产收益率*	$10.5\% \times 1.897$ $= 19.9\%$	$6.4\% \times 2.241$ $= 14.3\%$	$9.7\% \times 2.543 = 24.7\%$
g.	财务杠杆比率	$\dfrac{7\,301.50}{(3\,010+2\,928)/2}$ $= 2.459$	$\dfrac{6\,100.50}{(2\,928+2\,630)/2}$ $= 2.195$	$\dfrac{4\,576}{(2\,630+1\,574)/2}$ $= 2.177$
h.	股东权益回报率*	$19.9\% \times 2.459$ $= 48.9\%$	$14.3\% \times 2.195$ $= 31.4\%$	$24.7\% \times 2.177 = 53.8\%$
i.	利息保障倍数	$\dfrac{1\,675}{109} = 15.4$ 倍	$\dfrac{1\,445}{75} = 19.3$ 倍	$\dfrac{1\,817}{45} = 40.4$ 倍
j.	每股盈余	$\dfrac{1\,450}{850} = 1.71$ 美元	$\dfrac{877}{879} = 1.00$ 美元	$\dfrac{1\,127}{895} = 1.26$ 美元

* 采用杜邦分析模型计算(见表 13-10)。

评价:Lear 公司的经营业绩在 2015 年度经历小幅下降之后,2016 年度开始逐渐复苏。与 2015 年度相比,除了毛利率保持不变外,营业利润率和所有盈利能力指标都有所改善。尽管资产周转率有所下降,但由于公司 2016 年度的盈利能力有所提升,使得资产收益率朝着好的方向发展。总体来讲,2016 年度,公司的净利润和每股盈余都表现良好,从而使资产收益率(ROA)增长显著,再加上财务杠杆的作用,股东权益回报率(ROE)有显著的提升。

复习:财务报表分析

复习测试(答案见本章末)

Donovan 公司拥有餐馆连锁店。分析 Donovan 公司的财务报表,回答下列问题。

百万美元,每股盈余除外

Donovan 公司合并利润表 年度截止日为 12 月 31 日		
	2016 年度	2015 年度
收入		
公司直营餐馆收入	12 900	11 100
加盟店和联营店的收入	4 450	3 600
收入总额	17 350	14 700
食品和纸巾(销售成本)	4 515	3 330
工资和员工福利	3 800	3 500
租金和其他营业费用	2 900	3 400
加盟店——租金费用	946	840
销售及行政费用	1 840	1 740
其他营业费用,净额	545	845
营业费用总额	14 546	13 655
营业利润	2 804	1 045
利息费用	360	385
其他非营业费用,净额	97	58

续表

	2016 年度	2015 年度
税前利润	2 347	602
所得税费用	821	241
净利润	1 526	361
基本普通股每股盈余：		
净利润	1.39	0.38
普通股每股股利	0.70	0.50

百万美元，每股盈余除外

Donovan 公司合并资产负债表		
	2016 年 12 月 31 日	2015 年 12 月 31 日
资产		
流动资产：		
现金及其等价物	590	445
应收账款和应收票据	760	826
存货，成本，未超过市价	140	126
预付费用及其他流动资产	560	435
流动资产合计	2 050	1 832
不动产和设备：		
不动产和设备，成本	28 770	26 300
累计折旧和摊销	(8 870)	(7 300)
不动产和设备净值	19 900	19 000
其他资产：		
在联营企业的投资	1 090	1 000
商誉，净值	1 770	1 540
杂项	960	1 070
其他资产合计	3 820	3 610
资产总额	25 770	24 442
负债和股东权益：		
流动负债：		
应付账款	560	630
应交所得税	65	18
其他应交税款	200	200
应付利息	183	194
应付重组和餐馆终止经营费用	115	325
应付工资及其他负债	910	735
长期借款本年到期部分	380	275
流动负债合计	2 413	2 377
长期借款	9 300	9 400
其他长期负债和少数股东权益	710	540
递延所得税	1 030	1 005

续表

	2016 年 12 月 31 日	2015 年 12 月 31 日
负债总额	13 453	13 322
股东权益：		
优先股,无面值,授权发行 1.4 亿股,已发行 0 股	—	—
普通股,面值 0.01 美元,授权发行 20 亿股,已发行 13 亿股	14	14
股本溢价	2 531	2 432
未实现的员工持股计划(ESOP)补偿	(94)	(96)
留存收益	20 106	19 350
累计其他综合收益(损失)	(810)	(1 570)
库存普通股——成本,3 亿股和 4.5 亿股	(9 430)	(9 010)
股东权益总额	12 317	11 120
负债和股东权益总额	25 770	24 442

1. 对 Donovan 公司 2016 年度利润表的横向分析显示其销售及行政费用为_____。

a. 0.11　　　　b. 5.75%　　　　c. 0.95　　　　d. 以上都不是

2. 对 Donovan 公司 2016 年度利润表的纵向分析显示其销售及行政费用为(以收入总额为基数)_____。

a. 10.61%　　　　b. 14.30%　　　　c. 12.60%　　　　d. 以上都不是

3. 2015—2016 年,Donovan 公司的利润表中哪一项的变动趋势最好?

a. 净利润　　　　b. 工资和员工福利　　　　c. 食品和纸巾成本　　　　d. 收入总额

4. 在 Donovan 公司的共同比资产负债表中,商誉_____。

a. 占收入总额的 10.2%　　　　　　b. 为 17.7 亿美元

c. 占 6.9%　　　　　　d. 上升了 14.9%

5. Donovan 公司的可比标杆公司为_____。

a. 微软　　　　b. 沃尔沃　　　　c. Whataburger　　　　d. 以上都是

6. 2016 年度,Donovan 公司的存货周转率为_____。

a. 34 次　　　　b. 61 次　　　　c. 84 次　　　　d. 15 次

7. 2016 年年底,Donovan 公司的速动(酸性测试)比率为_____。

a. 0.85　　　　b. 2.41　　　　c. 0.56　　　　d. 0.05

8. 2016 年度,Donovan 公司的应收账款和应收票据的平均周转天数为_____。

a. 32 天　　　　b. 2 天　　　　c. 1 天　　　　d. 17 天

9. 大多数公司的资产负债率为 0.62,2016 年 Donovan 公司的总体负债情况看起来_____。

a. 中等　　　　b. 有风险　　　　c. 安全　　　　d. 无法回答

10. 2016 年度,Donovan 公司的销售净利率为_____。

a. 5.92%　　　　b. 2.18 美元　　　　c. 8.8%　　　　d. 1.39 美元

11. 2016 年度,Donovan 公司的股东权益回报率为_____。

a. 5.92%　　　　b. 15.26 亿美元　　　　c. 13.0%　　　　d. 8.8%

12. 2016 年 12 月 31 日,Donovan 公司的普通股股价为 34 美元。在该价格下,投资者认为其每一美元净利润的市场价格为_____。

    a. 1.00 美元　　　　b. 24.46 美元　　　　c. 34.00 美元　　　　d. 0.06 美元

13. 2016 年 12 月 31 日,Donovan 公司的普通股股价是 34 美元,每股股利是 0.70 美元。该公司 2016 年度的股息率为_____。

    a. 7.0%　　　　b. 1.5%　　　　c. 2.1%　　　　d. 5.2%

14. Donovan 公司 2016 年度为投资者创造的经济增加值(EVA®)是多少? 假设资本成本为 6%。

    a. 14.59 亿美元　　　b. 18.86 亿美元　　　c. 15.26 亿美元　　　d. 5.66 亿美元

自我测评

道德检测

下列情况违反了 AICPA 职业行为守则三原则(客观性、独立性和谨慎性)中的哪个原则? 假设例子中的所有人都是 AICPA 的成员(注:有关原则的描述,请参阅第 1 章有关 AICPA 专业行为准则的内容)。

A. Tiffany 是 Kiva 公司的高级会计经理,负责为首席执行官和首席财务官准备季度报告。这些报告将 Kiva 公司的各种财务比率与行业平均水平进行了比较。本季度,Kiva 公司与其竞争对手相比表现不佳,某些比率对公司产生负面影响。由于两位上司平时对她都很好,所以 Tiffany 不想让他们失望。最后,她决定在提交的报告中仅包含对公司有利的比率。

B. Jackie 是 Widget 公司的会计师,她的上司给她的工作量一直很大。昨天,Jackie 的上司要求她对公司过去 5 年的财务报表进行分析,并提交一份报告,解释财务数据的异常项目。Jackie 很忙,所以她很快将报告汇总在一起,并没有对所用数据和相关计算进行核查。

C. Amirali 最近被聘为 Moeini&Chaghervand 公司的高级审计经理,但他没有透露自己的妻子是该公司的客户的首席财务官。

D. Miles 是 Genesis 全球公司的会计经理,他知道公司的流动资金必须保持在 50 000 美元以上,以满足债务契约所设定的条件。过去一年,Genesis 全球公司的营运资本在短时间内跌至 50 000 美元以下。Miles 编制了虚构的会计分录,以规避公司违反债务契约要求的事实。

小练习

S13-1 (目标:收入和净利润的横向分析)Verifine 公司在 2016 年度比较利润表中报告了如下数据:

千美元

	2016 年度	**2015 年度**	**2014 年度**
收入	20 289	20 045	18 449
总费用	10 701	10 409	10 180

对 2015 年度和 2016 年度的收入和净利润数据做横向分析,包括美元变动额和百分比变动。

S13-2 (目标:销售收入和净利润的趋势分析)Breen 公司报告了以下销售收入和净利润数据:

千美元

	2016 年度	2015 年度	2014 年度	2013 年度
销售收入	10 962	10 266	9 570	8 700
净利润	553	392	371	350

计算 Breen 公司收入和净利润的百分比趋势。以 2013 年为基年。

S13-3　（目标：弥补现金短缺的纵向分析）Carlton 软件公司 2014 年、2015 年和 2016 年的资产负债表中的部分数据如下：

美元

	2016 年 12 月 31 日	2015 年 12 月 31 日	2014 年 12 月 31 日
现金	14 750	7 920	7 245
应收账款净额	29 500	15 840	19 320
存货	312 700	237 600	183 540
预付费用	35 400	42 240	33 810
不动产、厂房和设备净值	197 650	244 400	239 085
资产总额	590 000	528 000	483 000

Carlton 软件公司的收入和利润金额都很高，但是其现金却出现了短缺。对 Carlton 软件公司 2014 年、2015 年和 2016 年年末的资产做纵向分析。基于分析结果解释现金短缺的原因。

S13-4　（目标：比较两家公司的共同比利润表）Carlton 公司和 Lofton 公司是竞争对手。通过将其简化的利润表转换为共同比报表格式，比较这两家公司的经营业绩。

百万美元

	Carlton 公司	Lofton 公司
销售收入净额	16 000	7 000
销售成本	9 536	4 648
销售及行政费用	4 448	1 414
利息费用	96	14
其他费用	32	42
所得税费用	672	154
净利润	1 216	728

哪家公司的净利润较高？哪家公司的销售净利率较高？哪家公司的盈利能力较强？说明原因。

S13-5　（目标：评价公司的流动比率趋势）以 Peterson 公司的财务数据为依据，说明如何计算 Peterson 公司 2014—2016 年每年的流动比率。公司偿付流动负债的能力是加强了还是减弱了？

美元,个别项目除外

会计年度截止日为 12 月 31 日	2016 年度	2015 年度	2014 年度
经营成果			
净利润	220	310	312
普通股每股盈余	1.23	1.54	1.85
销售净利率	19.6%	17.6%	19.6%
平均股东权益回报率	21.0%	18.0%	19.0%
财务状况			
流动资产	646	596	434
流动负债	380	400	350
营运资本	266	196	84
流动比率	1.70	1.49	1.24

S13-6 (目标:评价公司的速动比率)使用 Gagnon 公司的资产负债表数据,回答下列问题:

1. 分别计算 Gagnon 公司 2015 年 12 月 31 日和 2016 年 12 月 31 日的速动比率。

2. 将 Gagnon 公司的速动比率与 Horner 公司、Isaacson 公司和 Jona 公司的数据进行比较。Gagnon 公司的速动比率是提高了还是下降了? 说明原因。

百万美元

Gagnon 公司资产负债表(节选)

	2016 年 12 月 31 日	2015 年 12 月 31 日	增加(减少)	
			金额	百分比/%
资产				
流动资产:				
现金及其等价物	1 202	902	300	33.3
短期投资	8	84	(76)	(90.5)
应收账款净额	246	256	(10)	(3.9)
存货	90	82	8	9.8
预付费用及其他资产	242	344	(102)	(29.7)
流动资产合计	1 788	1 668	120	7.2
固定资产净值	3 642	3 306	336	10.2
无形资产	1 010	858	152	17.7
其他资产	820	732	88	12.0
资产总额	7 260	6 564	696	10.6
负债和股东权益				
流动负债:				
应付账款	978	884	94	10.6
应交所得税	40	70	(30)	(42.9)

续表

	2016 年 12 月 31 日	2015 年 12 月 31 日	增加（减少）	
			金额	百分比/%
短期借款	124	118	6	5.1
其他负债	70	72	(2)	(2.8)
流动负债合计	1 212	1 144	68	5.9
长期借款	3 514	2 844	670	23.6
其他负债	1 168	1 076	92	8.6
负债总额	5 894	5 064	830	16.4
股东权益：				
普通股	2	2	—	—
留存收益	1 532	1 670	(138)	(8.3)
累计其他综合收益（损失）	(168)	(172)	4	(2.3)
股东权益总额	1 366	1 500	(134)	(8.9)
负债和股东权益总额	7 260	6 564	696	10.6

公司	速动（酸性测试）比率
Horner 公司（公用事业公司）	0.79
Isaacson 公司（百货商店）	0.68
Jona 公司（杂货店）	0.71

S13-7 （目标：计算并评价周转率和现金循环周期）使用 Gagnon 公司 2016 年度的利润表数据和 S13-6 中的资产负债表数据，计算下列比率：

a. Gagnon 公司 2016 年度的存货周转率和存货周转天数。

b. Gagnon 公司 2016 年度的应收账款周转天数（保留小数点后一位）。假设所有销售均为赊销。

c. Gagnon 公司 2016 年度的应付账款周转率和应付账款周转天数。假设存货对销售成本的影响可忽略，在计算中直接用销售成本代替采购成本。

d. 现金循环周期（天数）。

上述比率是看起来是强还是弱？说明原因。

百万美元

Gagnon 公司利润表（节选） 会计年度截止日为 12 月 31 日		
	2016 年度	**2015 年度**
收入	9 505	9 309
费用：		
食品和纸巾（销售成本）	2 519	2 634
工资和员工福利	2 169	2 241
租金和其他营业费用	2 443	2 745
行政管理费用	1 207	1 135

续表

	2016 年度	2015 年度
利息费用	194	147
其他费用(收益),净额	21	(35)
税前利润	952	442
所得税费用	387	269
净利润	565	173

S13-8 （目标：衡量公司偿还长期负债的能力）使用 S13-6 和 S13-7 中给出的 Gagnon 公司的财务报表,回答下列问题：

1. 计算公司 2016 年 12 月 31 日的资产负债率。

2. 计算公司 2016 年度的利息保障倍数。将息税前利润视作营业利润,你只需将利息费用加回税前利润即可得到。

3. Gagnon 公司偿付债务和利息的能力是增强了还是减弱了？评价在要求 1 和要求 2 中计算的财务比率。

S13-9 （目标：使用杜邦分析衡量盈利能力）使用 S13-6 和 S13-7 中给出的 Gagnon 公司的财务报表,计算该公司 2016 年度的下列盈利能力指标并给出计算过程：

a. 销售净利率。

b. 资产周转率。

c. 总资产收益率。

d. 财务杠杆比率（权益乘数）。

e. 普通股股东权益回报率。

f. Gagnon 公司的盈利能力是强、一般还是弱？

S13-10 （目标：计算每股盈余和市盈率）Ferguson 汽车公司截至 2016 年 12 月 31 日的年度报告列示的数据如下：

	百万美元,百万股
流通在外的优先股,10%	100
净利润	1 200
流通在外的普通股平均股数	700

1. 计算 Ferguson 汽车公司的每股盈余(EPS)和市盈率,金额近似到美分。Ferguson 汽车公司的每股股票的市价为 19.98 美元。

2. Ferguson 汽车公司每一美元的净利润在市场上值多少钱？

S13-11 （目标：使用比率数据重新编制利润表）Pine Florals 公司的利润表列示的部分数据如下：

利 润 表	千美元
销售收入净额	7 200
销售成本	(a)
销售费用	1 516
管理费用	1 334

续表

利息费用	(b)
其他费用	153
税前利润	1 045
所得税费用	(c)
净利润	(d)

使用下列比率数据完成 Pine Florals 公司的利润表。

a. 存货周转率是 4(期初存货余额是 780 000 美元,期末存货余额是 750 000 美元)。

b. 销售净利率(税后)是 0.10。

S13-12 (目标:使用比率数据重新编制资产负债表)Pine Florals 公司的资产负债表列示的部分数据如下:

资产负债表			千美元
现金	260	流动负债合计	2 250
应收账款	(a)	长期借款	(e)
存货	750	其他长期负债	980
预付费用	(b)		
流动资产合计	(c)		
固定资产净值	(d)	普通股	160
其他资产	2 450	留存收益	2 570
资产总额	6 500	负债和股东权益总额	(f)

使用下列比率完成 Pine Florals 公司的资产负债表:

a. 资产负债率是 0.58。

b. 流动比率是 1.10。

c. 速动比率是 0.20。

S13-13 (目标:使用财务比率分析公司)假设你是 Cole Binder 公司的投资分析师。你的工作是为客户提供投资建议。你所掌握的信息是图片软件行业另外两家公司的财务比率。具体数据如下:

比　　率	Tower. org	Graphics Imaging
应收账款周转天数	41	48
存货周转率	7	11
毛利率	67%	58%
销售净利率	12%	13%
利息保障倍数	19	13
股东权益回报率	35%	30%
资产收益率	14%	19%

向 Cole Binder 公司投资委员会提交一份书面报告,推荐一家值得投资的公司,并给出理由。

S13-14 (目标:衡量公司的经济增加值)计算 Beecher 软件公司的经济增加值(EVA®)。公司的资本成本是 12%,净利润是 730 000 美元,利息费用是 403 000 美元,长期负债期初余额为 750 000 美元,股东权益期初余额为 3 250 000 美元。所有金额近似为千美元。公司股东会对公司所创造的经济增加值感到满意吗?

练习

(A 组)

E13-15A (目标:计算营运资本的年度变化趋势)Majestic Mountain Lodge 公司 2015 年和 2016 年的营运资本净额的美元变动额和变动百分比各是多少? 这种变动趋势是有利的还是不利的?

美元

	2016 年	2015 年	2014 年
流动资产总额	643 260	299 000	300 000
流动负债总额	390 000	110 000	150 000

E13-16A (目标:利润表的横向分析)对 Cornnor 音乐公司的比较利润表进行横向分析。百分比变动额保留到百分之零点一(四舍五入保留小数点后三位)。

美元

Cornnor 音乐公司比较利润表 年度截止日为 12 月 31 日		
	2016 年度	2015 年度
收入总额	83 6000	938 000
费用:		
销售成本	408 000	409 350
销售及行政费用	238 000	263 000
利息费用	9 500	14 000
所得税费用	79 000	85 750
费用总额	734 500	772 100
净利润	101 500	165 900

E13-17A (目标:计算趋势百分比)计算 Sagamore Valley 销售与服务公司近 5 年的总收入和净利润变动百分比,使用第 0 年作为基年。金额四舍五入取整数。

千美元

	第 4 年	第 3 年	第 2 年	第 1 年	第 0 年
总收入	1 428	1 242	1 088	1 021	1 019
净利润	106	95	82	69	86

在此期间,总收入和净利润哪个增长得更快?

E13-18A (目标:资产负债表的纵向分析)Curtis Golf 公司要求你对其资产负债表进行纵向分析,以确定资产、负债和股东权益的比例。

美元

Curtis Golf 公司资产负债表	
2016 年 12 月 31 日	
资产	
流动资产合计	41 440
不动产、厂房和设备净值	199 640
其他资产	38 920
资产总额	280 000
负债	
流动负债合计	47 320
长期借款	106 120
负债总额	153 440
股东权益	
股东权益总额	126 560
负债和股东权益总额	280 000

E13-19A （目标：编制共同比利润表）编制 Connor 音乐公司的共同比利润表，使用 E13-16A 中 2015 年度和 2016 年度的财务数据，百分比近似到百分之零点零一（保留小数点后四位）。

E13-20A （目标：分析现金流量表）指出 Beckwith Orchards 公司现金流量表所揭示的潜在问题。

美元

Beckwith Orchards 公司现金流量表		
当年度		
经营活动产生的现金流量：		
净利润		72 100
将净利润调整为经营活动产生的净现金而加(减)非现金项目：		
折旧	11 250	
非现金流动资产净增加	(53 500)	
流动负债净减少（不包括短期借款）	(19 750)	(62 000)
经营活动产生的净现金流量		10 100
投资活动产生的现金流量：		
不动产、厂房和设备出售收入		124 200
投资活动产生的净现金流量		124 200
筹资活动产生的现金流量：	117 050	
发行债券	(180 525)	
偿付短期借款	(89 025)	
偿付长期借款	(39 500)	
支付股利		
筹资活动产生的净现金流量		(192 000)
现金增加（减少）		(57 700)

E13-21A （目标：计算财务比率；评价周转率、流动性和短期偿债能力）Adventure News
公司的财务报表列报的部分数据如下：

美元

	2016 年	2015 年	2014 年
资产负债表：			
现金	24 000	30 000	
短期投资	12 000	21 000	
应收账款净额	58 000	71 000	40 000
存货	90 000	73 000	59 000
预付费用	10 000	10 000	
流动资产合计	194 000	205 000	
应付账款	40 000	70 000	30 000
流动负债合计	133 000	95 000	
利润表：			
赊销收入净额	491 000	506 000	
销售成本	277 000	288 000	

要求

1. 参考表 13-7，计算 2015 年和 2016 年的下列财务比率：

a. 流动比率

b. 速动（酸性测试）比率

c. 存货周转率和存货周转天数

d. 应收账款周转率

e. 应收账款平均周转天数

f. 应付账款周转率和应付账款周转天数（在应付账款周转率公式中使用销售成本）

g. 现金循环周期（天数）

（计算天数时，四舍五入取整数）

2. 评价该公司 2016 年的流动性和短期偿债能力。与 2015 年相比，这两项财务比率是提
高了还是下降了？

3. 作为公司的管理者，为了改进财务状况，你会做哪些努力？

E13-22A （目标：分析偿债能力）DuBois 家具公司要求你确定该公司在 2016 年偿付流
动负债和长期借款的能力是增强了还是恶化了。为了回答这个问题，计算 2015 年和 2016 年
的下列财务比率（保留小数点后两位）。

a. 营运资本净额

b. 流动比率

c. 速动（酸性测试）比率

d. 资产负债率

e. 利息保障倍数

总结上述分析结果并撰写一份书面报告。

美元

	2016 年	**2015 年**
现金	22 000	51 000
短期投资	34 000	23 000
应收账款净额	121 000	131 000
存货	238 000	273 000
预付费用	19 000	7 000
资产总额	570 000	490 000
流动负债合计	227 000	272 000
长期借款	97 000	104 000
营业利润	194 000	150 000
利息费用	42 000	44 000

E13-23A （目标：分析公司的盈利能力）为衡量 Dominion Decor 公司的盈利能力，计算下列财务比率：销售净利率、资产周转率、资产收益率、财务杠杆比率、普通股股东权益回报率、毛利率、营业利润率、每股盈余。使用杜邦分析模型分析资产收益率和普通股股东权益回报率，保留小数点后三位。该公司的比较利润表如下。

美元

Dominion Decor 公司比较利润表 **会计年度截止日为 12 月 31 日**		
	2016 年度	**2015 年度**
销售收入净额	190 000	240 000
销售成本	102 000	134 000
毛利	88 000	106 000
销售及行政费用	44 000	49 000
营业利润	44 000	57 000
利息费用	9 000	7 000
税前利润	35 000	50 000
所得税费用	12 000	16 000
净利润	23 000	34 000

附加数据：

美元，股数除外

	2016 年	**2015 年**	**2014 年**
资产总额	300 000	270 000	250 000
普通股股东权益	104 000	103 000	102 000
优先股股利	15 000	14 000	3 000
当年流通在外普通股平均股数	24 000	23 000	22 000

2016 年度，该公司的经营业绩是改善了还是恶化了？

E13-24A （目标：评价股票投资）评价对 Monroe Falls 分销公司的普通股投资。特别要使用 3 个与普通股相关的比率来确定 Monroe Falls 分销公司的普通股股票在过去一年中是否更加具有投资吸引力(2015 年和 2016 年普通股股数相同)。四舍五入保留小数点后三位。

美元

	2016 年度	2015 年度
净利润	114 000	70 500
普通股股利	11 000	18 000
普通股股东权益期末余额(包括 43 500 股普通股)	300 000	510 000
优先股,5%的股息率	105 000	105 000
年末普通股每股市价	23.50	17.25

E13-25A (目标:使用经济增加值衡量公司业绩)Emerson 公司和 Farmers 银行的经济增加值有很大差异。这两家公司的财务报表(节选)如下。

百万美元

	Emerson 公司	Farmer 银行
资产负债表数据:		
资产总额	4 490	13 590
附息借款	1 257	3
其他所有负债	2 690	2 590
股东权益	543	10 997
负债和股东权益总额	4 490	13 590
利润表数据:		
总收入	10 447	3 819
利息费用	79	5
税前净利润	220	1 121

要求

1. 在进行计算之前,你认为投资于哪家公司较好? 说明理由。

2. 计算两家公司的经济增加值(EVA®),然后决定你会投资哪家公司的股票。假设两家公司的资本成本都是 9.5%。

(B 组)

E13-26B (目标:计算营运资本的年度变化趋势)Blueberry Lane Lodge 公司 2015 年和 2016 年的营运资本净额的美元变动额和变动百分比各是多少? 这种变动趋势是有利的还是不利的?

美元

	2016 年	2015 年	2014 年
流动资产总额	424 950	259 800	260 000
流动负债总额	410 000	200 000	130 000

E13-27B (目标:利润表的横向分析)对 Mitchell 音乐公司的比较利润表进行横向分析。

百分比变动额保留到百分之零点一（四舍五入保留小数点后三位）。

美元

Mitchell 音乐公司比较利润表 会计年度截止日为 12 月 31 日		
	2016 年度	**2015 年度**
收入总额	1 075 000	915 000
费用：		
销售成本	475 000	406 250
销售及行政费用	285 000	261 000
利息费用	22 500	12 500
所得税费用	104 500	82 150
费用总额	887 000	761 900
净利润	188 000	153 100

E13-28B （目标：计算趋势百分比）计算 Valley View 销售与服务公司近 5 年的总收入和净利润变动百分比，使用第 0 年作为基年。金额四舍五入取整数。

千美元

	第 4 年	第 3 年	第 2 年	第 1 年	第 0 年
总收入	1 422	1 263	1 098	1 020	1 019
净利润	170	112	101	96	83

在此期间，总收入和净利润哪个增长得更快？

E13-29B （目标：资产负债表的纵向分析）Fox Den Golf 公司要求你对其资产负债表进行纵向分析，以确定资产、负债和股东权益的比例。

美元

Fox Den Golf 公司资产负债表 2016 年 12 月 31 日	
资产	
流动资产合计	45 880
不动产、厂房和设备净值	222 580
其他资产	41 540
资产总额	310 000
负债	
流动负债合计	50 530
长期借款	115 630
负债总额	166 160
股东权益	
股东权益总额	143 840
负债和股东权益总额	310 000

E13-30B （目标：编制共同比利润表）编制 Mitchell 音乐公司的共同比利润表，使用

E13-27B 中 2015 年度和 2016 年度的财务数据,百分比近似到百分之零点零一(保留小数点后四位)。

E13-31B (目标:分析现金流量表)指出阳光水果公司现金流量表所揭示的潜在问题。

美元

阳光水果公司现金流量表		
当年度		
经营活动产生的现金流量:		
净利润		104 000
将净利润调整为经营活动产生的净现金而加(减)非现金项目:		
折旧	32 000	
非现金流动资产净增加	(65 000)	
流动负债净减少(不包括短期借款)	(44 000)	(77 000)
经营活动产生的净现金流量		27 000
投资活动产生的现金流量:		
不动产、厂房和设备出售收入		151 000
投资活动产生的净现金流量		151 000
筹资活动产生的现金流量:		
发行债券	110 000	
偿付短期借款	(186 000)	
偿付长期借款	(101 000)	
支付股利	(56 000)	
筹资活动产生的净现金流量		(233 000)
现金增加(减少)		(55 000)

E13-32B (目标:计算财务比率;评价周转率、流动性和短期偿债能力)Carver News 公司的财务报表列报的部分数据如下:

美元

	2016 年	2015 年	2014 年
资产负债表:			
现金	77 000	103 000	
短期投资	13 000	27 000	
应收账款净额	81 000	84 000	30 000
存货	88 000	75 000	62 000
预付费用	12 000	6 000	
流动资产合计	271 000	295 000	
应付账款	85 000	70 000	50 000
流动负债合计	138 000	96 000	
利润表:			
赊销收入净额	491 000	505 000	
销售成本	271 000	279 000	

要求

1. 参考表 13-7,计算 2015 年和 2016 年的下列财务比率:

a. 流动比率

b. 速动(酸性测试)比率

c. 存货周转率和存货周转天数

d. 应收账款周转率

e. 应收账款平均周转天数

f. 应付账款周转率和应付账款周转天数(在应付账款周转率公式中使用销售成本)

g. 现金循环周期(天数)

(计算天数时,四舍五入取整数)

2. 评价该公司的流动性和短期偿债能力。与 2015 年相比,这两项财务比率是提高了还是下降了?

3. 作为公司的管理者,为了改进财务状况,你会做哪些努力?

E13-33B (目标:分析偿债能力)Irvin 家具公司要求你确定该公司在 2016 年偿付流动负债和长期借款的能力是增强了还是恶化了。为了回答这个问题,计算 2015 年和 2016 年的下列比率(保留小数点后两位)。

a. 营运资本净额

b. 流动比率

c. 速动(酸性测试)比率

d. 资产负债率

e. 利息保障倍数

总结上述分析结果并撰写一份书面报告。

美元

	2016 年	2015 年
现金	22 000	48 000
短期投资	26 000	19 000
应收账款净额	123 000	132 000
存货	235 000	269 000
预付费用	14 000	6 000
资产总额	570 000	530 000
流动负债合计	217 000	113 000
长期借款	87 000	303 000
营业利润	250 000	130 000
利息费用	38 000	46 000

E13-34B (目标:分析公司的盈利能力)为衡量 Harmony Decor 公司的盈利能力,计算下列财务比率:销售净利率、资产周转率、资产收益率、财务杠杆比率、普通股股东权益回报率、毛利率、营业利润率、每股盈余。使用杜邦分析模型分析资产收益率和普通股股东权益回报率,保留小数点后三位。该公司的比较利润表如下。

美元

Harmony Decor 公司比较利润表 会计年度截止日为 12 月 31 日		
	2016 年度	2015 年度
销售收入净额	250 000	199 000
销售成本	123 000	102 000
毛利	127 000	97 000
销售及行政费用	55 000	51 000
营业利润	72 000	46 000
利息费用	14 000	18 000
税前利润	58 000	28 000
所得税费用	20 000	10 000
净利润	38 000	18 000

附加数据：

美元，股数除外

	2016 年	2015 年	2014 年
资产总额	310 000	305 000	300 000
普通股股东权益	196 000	194 000	192 000
优先股股利	2 000	1 000	0
当年流通在外普通股平均股数	15 000	14 000	13 000

2016 年度，该公司的经营业绩是改善了还是恶化了？

E13-35B （目标：评价股票投资）评价对 Bastille 分销公司的普通股投资。特别要使用 3 个与普通股相关的财务比率来确定 Bastille 分销公司的普通股股票在过去一年中是否更加具有投资吸引力（2015 年和 2016 年普通股股数相同）。四舍五入保留小数点后三位。

美元

	2016 年	2015 年
净利润	91 000	98 700
普通股股利	28 000	20 000
普通股权益期末余额（包括 96 250 股普通股）	575 000	495 000
优先股，7% 的股息率	90 000	90 000
年末普通股每股市价	22.00	16.80

E13-36B （目标：使用经济增加值衡量公司业绩）Daniels 公司和 Granger 银行的经济增加值有很大差异。这两家公司的财务报表（节选）如下。

百万美元

	Daniels 公司	Granger 银行
资产负债表数据:		
资产总额	4 430	14 704
附息借款	1 244	13
其他所有负债	2 550	2 600
股东权益	636	12 091
负债和股东权益总额	4 430	14 704
利润表数据:		
总收入	10 506	3 800
利息费用	81	8
税前净利润	195	999

要求

1. 在计算之前,你认为投资于哪家公司较好? 说明理由。

2. 计算两家公司的经济增加值(EVA®),然后决定你会投资哪家公司的股票。假设两家公司的资本成本都是 12.5%。

练习测试

使用迈阿密医药公司的财务报表数据回答 Q13-37 至 Q13-48。

百万美元

迈阿密医药公司合并资产负债表	2016 年 12 月 31 日	2015 年 12 月 31 日
资产:		
流动资产		
现金及其等价物	4 369	4 206
短期投资	850	523
应收账款和应收票据	3 404	2 402
存货,成本	433	404
预付费用和其他流动资产	1 602	1 221
流动资产合计	10 658	8 756
不动产和设备净值	1 545	938
投资	6 681	5 328
其他非流动资产	302	122
资产总额	19 186	15 144
负债和股东权益:		
流动负债		
应付账款	7 702	6 000
应计负债和其他负债	3 695	3 099
流动负债合计	11 397	9 099
长期借款	306	307
其他非流动负债	1 701	1 175

续表

	2016 年 12 月 31 日	2015 年 12 月 31 日
负债总额	13 404	10 581
股东权益		
优先股和股本溢价(面值 0.02 美元),无流通在外股份	—	—
普通股和股本溢价(面值 0.05 美元),已授权 60 亿股,2016 年和 2015 年分别发行 14.02 亿股和 11.46 亿股	7 807	7 007
库存股,成本分别为 1.8 亿美元和 1.24 亿美元	(6 200)	(4 403)
留存收益	4 304	2 036
其他综合损失	(91)	(29)
其他	(38)	(48)
股东权益总额	5 782	4 563
负债和股东权益总额	19 186	15 144

百万美元,每股盈余除外

迈阿密医药公司合并利润表 会计年度截止日为 12 月 31 日			
	2016 年度	2015 年度	2014 年度
销售收入净额	42 041	35 304	31 191
销售成本	35 164	29 111	26 061
毛利	6 877	6 193	5 130
营业费用:			
销售及行政费用	3 748	3 350	2 689
研发和工程费用	584	558	529
专项支出	—	—	500
营业费用总额	4 332	3 908	3 718
营业利润	2 545	2 285	1 412
投资收益和其他损益净额	185	197	(78)
税前利润	2 730	2 482	1 334
所得税费用	1 137	950	473
净利润	1 593	1 532	861
普通股每股盈余:			
基本每股盈余(EPS)	1.42	0.9	0.37

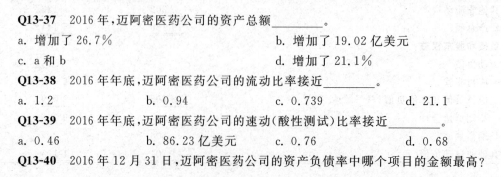

Q13-37 2016 年,迈阿密医药公司的资产总额_____。

a. 增加了 26.7%
b. 增加了 19.02 亿美元
c. a 和 b
d. 增加了 21.1%

Q13-38 2016 年年底,迈阿密医药公司的流动比率接近_____。

a. 1.2 　　　　b. 0.94 　　　　c. 0.739 　　　　d. 21.1

Q13-39 2016 年年底,迈阿密医药公司的速动(酸性测试)比率接近_____。

a. 0.46 　　　b. 86.23 亿美元 　　　c. 0.76 　　　d. 0.68

Q13-40 2016 年 12 月 31 日,迈阿密医药公司的资产负债率中哪个项目的金额最高?

a. 应付账款　　　　　b. 现金及其等价物　　c. 普通股　　　　　　d. 投资

Q13-41　将最早一年作为基年,2016 年度,迈阿密医药公司销售收入净额的变动比率为_____。

a. 135%　　　　　　　　　　　b. 增加了 108.5 亿美元

c. 119%　　　　　　　　　　　d. 上升了 19.1%

Q13-42　2016 年度,迈阿密医药公司的共同比利润表中列报的销售成本为_____。

a. 134.9%　　　　b. 351.64 亿美元　　c. 83.6%　　　　　　d. 增长了 20.8%

Q13-43　假设所有的销售均为赊销,2016 年度,迈阿密医药公司的应收账款周转天数为_____。

a. 134.9 天　　　　b. 35 天　　　　　c. 20.8 天　　　　　d. 25 天

Q13-44　2016 年度,迈阿密医药公司的存货周转率为_____。

a. 134.9 次　　　　b. 非常低　　　　c. 835 164 美元　　　d. 84 次

Q13-45　假设迈阿密医药公司的长期负债的利率为 11%。在截至 2016 年 12 月 31 日的年度,迈阿密医药公司的利息保障倍数为_____。

a. 20.8 倍　　　　b. 134.9 倍　　　c. 75.6 倍　　　　　d. 35 164

Q13-46　迈阿密医药公司的销售利润率的变动趋势为_____。

a. 2016 年度相对 2014 年度有所改进　　b. 正在下降

c. 保持在 21.1%　　　　　　　　　　　d. 令人担忧

Q13-47　2016 年度,迈阿密医药公司流通在外的普通股平均股数是(提示:计算每股盈余)_____。

a. 351.64 亿股　　b. 11.22 亿股　　c. 2 080 万股　　　d. 13.49 亿股

Q13-48　2016 年 12 月 31 日,迈阿密医药公司流通在外的普通股每股账面价值为_____。

a. 134.9　　　　　b. 4.73 美元　　　c. 35 164　　　　　d. 20.8

问题

(A 组)

P13-49A　(目标:计算趋势百分比、销售净利率、资产周转率、资产收益率并进行同行业比较)Abacus 航运公司连续 5 年的销售收入净额、净利润和资产总额如下:

千美元

	2016 年	2015 年	2014 年	2013 年	2012 年
销售收入净额	500	418	365	309	299
净利润	51	39	43	34	27
资产总额	298	262	249	223	201

要求

1. 计算 2013—2016 年每个项目的趋势百分比。以 2012 年为基年。近似至一个百分点。

2. 计算 2014—2016 年每年的销售净利率,四舍五入保留小数点后三位。解释数据的含义。

3. 计算 2014—2016 年每年的资产周转率。解释数据的含义。

4. 使用杜邦分析模型计算2014—2016年的平均总资产收益率。

5. 与以前年度相比,Abacus航运公司2016年的销售净利率如何?与行业平均水平相比表现如何?在航运业,如果销售净利率高于9%,则属于表现良好;如果销售净利率高于11%,则处于行业的领先地位。

6. 以公司以前年度的表现及同行业18%的水平为依据,评价Abacus航运公司2016年资产收益率的水平。

P13-50A(目标:编制共同比财务报表;分析盈利能力;进行同行业比较)Bryan产品公司的高层管理人员要求你将该公司的盈利能力和财务状况与同行业的平均水平进行比较。公司的利润表、资产负债表和相关的行业数据如下。

Bryan产品公司利润表及行业平均水平 截至2016年12月31日的年度		
	Bryan产品公司/美元	**行业平均/%**
销售收入净额	800 000	100.0
销售成本	416 000	57.3
毛利	384 000	42.7
营业费用	176 000	29.4
营业利润	208 000	13.3
其他费用	12 000	2.5
净利润	196 000	10.8

Bryan产品公司资产负债表及行业平均水平 2016年12月31日		
	Bryan产品公司/美元	**行业平均/%**
流动资产	531 300	72.1
固定资产净值	127 650	19.0
无形资产净值	20 700	4.8
其他资产	10 350	4.1
总额	690 000	100.0
流动负债	317 400	47.2
长期负债	144 900	21.0
股东权益	227 700	31.8
总额	690 000	100.0

要求

1. 编制Bryan产品公司的共同比利润表和资产负债表。报表的第一列列示的是Bryan产品公司的共同比财务报表,第二列列示的是行业平均水平。

2. 为了分析盈利能力,计算Bryan产品公司的(a)毛利率,(b)营业利润率和(c)销售净利率。将上述比率与行业平均水平进行比较。与行业平均水平相比,Bryan产品公司的盈利能力是较强还是较弱?

3. 为了分析财务状况,计算Bryan产品公司的(a)流动资产、流动负债之和与资产总额之比，(b)股东权益与资产总额之比。将上述财务比率与行业平均水平进行比较。与行业平均水平相比，Bryan 产品公司的财务状况是好还是差？

P13-51A （目标：使用现金流量表进行决策）从投资者的角度对两家公司进行评价。这两家公司规模相似，都是以美国东部海岸作为主要往返航线的航空公司。假设已经对其他信息做过分析。现在，你的投资决策取决于你对公司现金流量的分析。

美元

Chattanooga 航空公司现金流量表 会计年度截止日为 9 月 30 日		
	2017 年度	**2016 年度**
经营活动产生的现金流量：		
净利润（亏损）	(63 000)	160 000
将净利润调整为经营活动产生的净现金流量：		
合计	79 000	(13 000)
经营活动产生的净现金流量	16 000	147 000
投资活动产生的现金流量：		
购买不动产、厂房和设备	(67 000)	(140 000)
出售长期投资	58 000	9 000
投资活动产生（使用）的净现金流量	(9 000)	(131 000)
筹资活动产生的现金流量：		
发行短期应付票据	198 000	218 000
偿付短期应付票据	(246 000)	(183 000)
支付现金股利	(51 000)	(92 000)
筹资活动产生（使用）的净现金流量	(99 000)	(57 000)
现金增加（减少）	(92 000)	(41 000)
年初现金余额	106 000	147 000
年末现金余额	14 000	106 000

美元

东部航空公司现金流量表 会计年度截止日为 9 月 30 日		
	2017 年度	**2016 年度**
经营活动产生的现金流量：		
净利润（亏损）	264 000	193 000
将净利润调整为经营活动产生的净现金流量：		
合计	67 000	79 000
经营活动产生的净现金流量	331 000	272 000
投资活动产生的现金流量：		
购买不动产、厂房和设备	(395 000)	(610 000)
出售不动产、厂房和设备	69 000	119 000
投资活动使用的净现金流量	(326 000)	(491 000)
筹资活动产生的现金流量：		
发行长期应付票据	198 000	131 000

续表

	2017 年度	2016 年度
偿付短期应付票据	(95 000)	(26 000)
筹资活动产生的净现金流量	103 000	105 000
现金增加(减少)	108 000	(114 000)
年初现金余额	176 000	290 000
年末现金余额	284 000	176 000

要求

分析 Chattanooga 航空公司和东部航空公司的优势和劣势,在分析的基础上得出结论,并推荐一家值得投资的公司。

P13-52A (目标:计算交易活动对部分财务比率的影响)摩根工程公司的财务报表数据如下:

美元,股数除外

现金	30 000	应付账款	107 000
短期投资	32 000	预计负债	31 000
应收账款净额	86 000	长期应付票据	163 000
存货	147 000	其他长期负债	31 000
预付费用	5 000	净利润	91 000
资产总额	673 000	流通在外普通股股数	50 000
短期应付票据	48 000		

要求

1. 计算摩根工程公司的流动比率、资产负债率和每股盈余(所有比率四舍五入保留小数点后两位)。

2. 在评价下列交易对上述三个比率的影响之后,再计算这三个比率。假设每笔交易都是独立的。

a. 以长期应付票据的形式借款 160 000 美元。

b. 1 月 1 日,发行 18 000 股普通股股票,收到 308 000 美元现金。

c. 偿付短期应付票据 30 000 美元。

d. 赊购 8 000 美元商品,借记存货账户。

e. 收回应收账款 24 000 美元。

P13-53A (目标:使用财务比率评价股票投资)Sanfield Optical Mart 公司的比较财务报表数据如下所示:

美元

Sanfield Optical Mart 公司比较利润表		
会计年度截止日为 12 月 31 日		
	2016 年度	2015 年度
销售收入净额	986 000	892 000
销售成本	680 000	581 000

续表

	2016 年度	2015 年度
毛利	306 000	311 000
营业费用	127 000	148 000
营业利润	179 000	163 000
利息费用	30 000	50 000
税前利润	149 000	113 000
所得税费用	41 000	41 000
净利润	108 000	72 000

美元

Sanfield Optical Mart 公司比较资产负债表			
	2016 年 12 月 31 日	2015 年 12 月 31 日	2014 年 12 月 31 日*
流动资产:			
现金	32 000	82 000	
应收账款净额	227 000	157 000	200 000
存货	297 000	294 000	258 000
预付费用	7 000	29 000	
流动资产合计	563 000	562 000	
不动产、厂房和设备净值	273 000	261 000	
资产总额	836 000	823 000	701 000
应付账款	150 000	105 000	112 000
其他流动负债	135 000	187 000	
流动负债合计	285 000	292 000	
长期负债	240 000	233 000	
负债总额	525 000	525 000	
普通股股东权益,无面值	311 000	298 000	199 000
负债和股东权益总额	836 000	823 000	

* 2014 年数据摘录。

附加信息:

1. Sanfield Optical Mart 公司的普通股市价:2016 年 12 月 31 日为 89.38 美元,2015 年 12 月 31 日为 85.67 美元。

2. 流通在外的普通股股数:2016 年度为 15 000 股,2015 年度为 10 000 股。

3. 所有销售均为赊销。

要求

1. 计算 2015 年度和 2016 年度的下列财务比率:

a. 流动比率

b. 速动(酸性测试)比率

c. 应收账款周转率和应收账款周转天数(天数四舍五入取整数)

d. 存货周转率和存货周转天数(天数四舍五入取整数)

e. 应付账款周转率和应付账款周转天数(在周转率公式中使用销售成本,天数四舍五入取整数)

f. 现金循环周期(天数)

g. 利息保障倍数

h. 资产收益率(使用杜邦分析模型)

i. 普通股股东权益回报率(使用杜邦分析模型)

j. 普通股每股盈余

k. 市盈率

2. 判断下列事项:

a. Sanfield Optical Mart 公司 2016 年度的财务状况是改善了还是恶化了?

b. Sanfield Optical Mart 公司的普通股的投资吸引力是增加了还是减少了?

3. 你在本题中学到的知识会如何帮助你评价一项投资?

P13-54A (目标:使用比率分析在两种股票投资间进行选择;衡量经济增加值)假设你打算进行股票投资。你已经将范围缩小为 Star.com 公司和 Westlake Shops 公司,而且收集了下列数据。

当年的部分利润表数据:

美元

	Star.com 公司	Westlake Shops 公司
销售收入净额(均为赊销)	602 000	523 000
销售成本	460 000	386 000
营业利润	90 000	69 000
利息费用	—	11 000
净利润	68 000	35 000

当年年末的部分资产负债表和市场价格数据:

美元

	Star.com 公司	Westlake Shops 公司
流动资产:		
现金	22 000	36 000
短期投资	5 000	15 000
应收账款净额	183 000	165 000
存货	218 000	184 000
预付费用	21 000	11 000
流动资产合计	449 000	411 000
资产总额	982 000	935 000
流动负债合计	371 000	335 000
负债总额	670 000	688 000
优先股,6%,面值 150 美元		30 000
普通股,面值 1 美元(100 000 股)	100 000	
面值 5 美元(15 000 股)		75 000
股东权益总额	312 000	247 000
普通股每股市价	7.48	36.21

当年年初的部分资产负债表数据如下：

美元

资产负债表		
	Star. com 公司	**Westlake Shops 公司**
应收账款净额	144 000	195 000
存货	208 000	196 000
资产总额	851 000	908 000
长期借款	—	310 000
优先股,10%,面值 150 美元		30 000
普通股,面值 1 美元(100 000 股)	100 000	
面值 5 美元(15 000 股)		75 000
股东权益总额	265 000	221 000

你的策略是投资市盈率较低,但是财务状况看上去良好的公司。假设你已经分析过其他数据,你的决策最终取决于财务比率分析的结果。

要求

1. 计算两家公司当年的下列财务比率,决定哪家公司的股票与你的投资策略更匹配。

a. 速动(酸性测试)比率

b. 存货周转率

c. 应收账款平均周转天数

d. 资产负债率

e. 利息保障倍数

f. 普通股股东权益回报率

g. 普通股每股盈余

h. 市盈率

2. 计算上述两家公司的经济增加值(EVA®),通过对 EVA® 的评估确定或修正你的投资决策。假定两家公司的资本成本都是 10%。(计算 EVA® 时忽略所得税,直接使用净利润。)

(B 组)

P13-55B (目标:计算趋势百分比、销售净利率、资产周转率、资产收益率并进行同行业比较)Urbana 航运公司连续 5 年的销售收入净额、净利润和资产总额如下:

千美元

	2016 年	**2015 年**	**2014 年**	**2013 年**	**2012 年**
销售收入净额	510	400	362	314	296
净利润	53	47	50	37	24
资产总额	297	269	246	231	209

要求

1. 计算 2013—2016 年每个项目的趋势百分比。以 2012 年为基年。近似至一个百分点。

2. 计算 2014—2016 年每年的销售净利率,四舍五入保留小数点后三位。解释数据的含义。

3. 计算 2014—2016 年每年的资产周转率。解释数据的含义。

4. 使用杜邦分析模型计算 2014—2016 年的平均总资产收益率。

5. 与以前年度相比,Urbana 航运公司 2016 年的销售净利率如何?与行业平均水平相比表现如何?在航运业,如果销售净利率高于 9％,则属于表现良好;如果销售净利率高于11％,则处于行业的领先地位。

6. 以公司以前年度的表现及同行业 18％ 的水平为依据,评价 Urbana 航运公司 2016 年资产收益率的水平。

P13-56B (目标:编制共同比财务报表;分析盈利能力;进行同行业比较) Gordon 产品公司的高层管理人员要求你将该公司的盈利能力和财务状况与同行业的平均水平进行比较。公司的利润表、资产负债表和相关的行业数据如下:

Gordon 产品公司利润表及行业平均水平 截至 2016 年 12 月 31 日的年度		
	Gordon 产品公司/美元	行业平均/%
销售收入净额	955 000	100.0
销售成本	649 400	57.3
毛利	305 600	42.7
营业费用	210 100	29.4
营业利润	95 500	13.3
其他费用	4 775	2.5
净利润	90 725	10.8

Gordon 产品公司资产负债表及行业平均水平 2016 年 12 月 31 日		
	Gordon 产品公司/美元	行业平均/%
流动资产	531 300	72.1
固定资产净值	129 720	19.0
无形资产净值	27 600	4.8
其他资产	1 380	4.1
总额	690 000	100.0
流动负债	271 860	47.2
长期负债	146 280	21.0
股东权益	271 860	31.8
总额	690 000	100.0

要求

1. 编制 Gordon 产品公司的共同比利润表和资产负债表。报表的第一列列示的是 Gordon 产品公司的共同比财务报表,第二列列示的是行业平均水平。

2. 为了分析盈利能力,计算 Gordon 产品公司的(a)毛利率,(b)营业利润率和(c)销售净利率。将上述比率与行业平均水平进行比较。与行业平均水平相比,Gordon 产品公司的盈利能力是较强还是较弱?

3. 为了分析财务状况,计算 Gordon 产品公司的(a)流动资产、流动负债之和与资产总额之比,(b)股东权益与资产总额之比。将上述财务比率与行业平均水平进行比较。与行业平均水平相比,Gordon 产品公司的财务状况是好还是差?

P13-57B (目标:使用现金流量表进行决策)从投资者的角度对两家公司进行评价。这两家公司规模相似,都是以美国西部海岸作为主要往返航线的航空公司。假设已经对其他信息做过分析,现在,你的投资决策取决于你对公司现金流量的分析。

美元

西部航空公司现金流量表 会计年度截止日为 5 月 31 日				
	2017 年度		**2016 年度**	
经营活动产生的现金流量:				
净利润(亏损)		(105 000)		214 000
将净利润调整为经营活动产生的净现金流量:				
合计		118 000		(44 000)
经营活动产生的净现金流量		13 000		170 000
投资活动产生的现金流量:				
购买不动产、厂房和设备	(94 000)		(147 000)	
出售长期投资	98 000		29 000	
投资活动产生(使用)的净现金流量		4 000		(118 000)
筹资活动产生的现金流量:				
发行短期应付票据	149 000		185 000	
偿付短期应付票据	(256 000)		(134 000)	
支付现金股利	(67 000)		(106 000)	
筹资活动使用的净现金流量		(174 000)		(55 000)
现金增加(减少)		(157 000)		(3 000)
年初现金余额		168 000		171 000
年末现金余额		11 000		168 000

美元

Tech 航空公司现金流量表 会计年度截止日为 5 月 31 日				
	2017 年度		**2016 年度**	
经营活动产生的现金流量:				
净利润(亏损)		201 000		147 000
将净利润调整为经营活动产生的净现金流量:				
合计		92 000		66 000
经营活动产生的净现金流量		293 000		213 000
投资活动产生的现金流量:				
购买不动产、厂房和设备	(448 000)		(630 000)	
出售不动产、厂房和设备	87 000		113 000	

续表

	2017 年度	2016 年度
投资活动使用的净现金流量	(361 000)	(517 000)
筹资活动产生的现金流量：		
发行长期应付票据	244 000	168 000
偿付短期应付票据	(107 000)	(16 000)
筹资活动产生的净现金流量	137 000	152 000
现金增加(减少)	69 000	(152 000)
年初现金余额	135 000	287 000
年末现金余额	204 000	135 000

要求

分析西部航空公司和 Tech 航空公司各自的优势和劣势，在分析的基础上得出结论，并推荐一家值得投资的公司。

P13-58B （目标：计算交易活动对部分财务比率的影响）Eastland 工程公司的财务报表数据如下：

美元，股数除外

现金	27 000	应付账款	100 000
短期投资	32 000	预计负债	34 000
应收账款净额	83 000	长期应付票据	162 000
存货	147 000	其他长期负债	31 000
预付费用	9 000	净利润	94 000
资产总额	677 000	流通在外普通股股数	46 000
短期应付票据	44 000		

要求

1. 计算 Eastland 工程公司的流动比率、资产负债率和每股盈余（所有比率四舍五入保留小数点后两位）。

2. 在评价下列交易对上述三个比率的影响之后，再计算这三个比率。假设每笔交易都是独立的。

a. 以长期应付票据的形式借款 100 000 美元。

b. 1 月 1 日，发行 20 000 股普通股股票，收到现金 362 000 美元。

c. 偿付短期应付票据 25 000 美元。

d. 赊购 45 000 美元商品，借记存货账户。

e. 收回应收账款 16 000 美元。

P13-59B （目标：使用财务比率评价股票投资）Arch Optical Mart 公司的比较财务报表数据如下所示：

美元

Arch Optical Mart 公司比较利润表		
会计年度截止日为 12 月 31 日		
	2016 年度	2015 年度
销售收入净额	957 000	875 000
销售成本	675 000	576 000
毛利	282 000	299 000
营业费用	129 000	142 000
营业利润	153 000	157 000
利息费用	37 000	45 000
税前利润	116 000	112 000
所得税费用	40 000	39 000
净利润	76 000	73 000

美元

Arch Optical Mart 公司比较资产负债表		
	2016 年 12 月 31 日　2015 年 12 月 31 日　2014 年 12 月 31 日*		
流动资产：			
现金	45 000	49 000	
应收账款净额	217 000	158 000	200 000
存货	302 000	286 000	181 000
预付费用	4 000	29 000	
流动资产合计	568 000	522 000	
不动产、厂房和设备净值	285 000	277 000	
资产总额	853 000	799 000	700 000
应付账款	160 000	110 000	112 000
其他流动负债	135 000	188 000	
流动负债合计	295 000	298 000	
长期负债	243 000	231 000	
负债总额	538 000	529 000	
普通股股东权益,无面值	315 000	270 000	199 000
负债和股东权益总额	853 000	799 000	

* 2014 年数据节选。

附加信息：

1. Arch Optical Mart 公司的普通股市价：2016 年 12 月 31 日为 88.17 美元,2015 年 12 月 31 日为 77.01 美元。

2. 流通在外的普通股股数：2016 年度为 18 000 股,2015 年度为 17 800 股。

3. 所有销售均为赊销。

要求

1. 计算 2015 年度和 2016 年度的下列财务比率：

a. 流动比率

b. 速动(酸性测试)比率

 c. 应收账款周转率和应收账款周转天数(天数四舍五入取整数)

 d. 存货周转率和存货周转天数(天数四舍五入取整数)

 e. 应付账款周转率和应付账款周转天数(在周转率公式中使用销售成本,天数四舍五入取整数)

 f. 现金循环周期(天数)

 g. 利息保障倍数

 h. 资产收益率(使用杜邦分析模型)

 i. 普通股股东权益回报率(使用杜邦分析模型)

 j. 普通股每股盈余

 k. 市盈率

2. 判断下列事项:

a. Arch Optical Mart 公司 2016 年度的财务状况是改善了还是恶化了?

b. Arch Optical Mart 公司的普通股的投资吸引力是增加了还是减少了?

3. 你在本题中学到的知识会如何帮助你评价一项投资?

P13-60B (目标:使用比率分析在两种股票投资间进行选择;衡量经济增加值)假设你打算进行股票投资。你已经将范围缩小为 Disc. com 公司和 Holiday Shops 公司,而且收集了下列数据。

当年的部分利润表数据:

美元

	Disc. com 公司	Holiday Shops 公司
销售收入净额(均为赊销)	595 000	514 000
销售成本	458 000	390 000
营业利润	86 000	79 000
利息费用	—	16 000
净利润	64 000	39 000

当年年末的部分资产负债表和市场价格数据:

美元

	Disc. com 公司	Holiday Shops 公司
流动资产:		
现金	26 000	42 000
短期投资	7 000	12 000
应收账款净额	184 000	162 000
存货	217 000	187 000
预付费用	20 000	13 000
流动资产合计	454 000	416 000
资产总额	982 000	932 000
流动负债合计	365 000	335 000
负债总额	670 000	713 000
优先股,10%,面值 100 美元		20 000

续表

	Disc. com 公司	Holiday Shops 公司
普通股,面值 1 美元(100 000 股)	100 000	
面值 5 美元(10 000 股)		50 000
股东权益总额	312 000	219 000
普通股每股市价	6.40	66.60

当年年初的部分资产负债表数据如下:

资产负债表		美元
	Disc. com 公司	Holiday Shops 公司
应收账款净额	141 000	190 000
存货	203 000	194 000
资产总额	845 000	908 000
长期借款	—	309 000
优先股,10%,面值 100 美元	—	20 000
普通股,面值 1 美元(100 000 股)	100 000	
面值 5 美元(10 000 股)		50 000
股东权益总额	260 000	219 000

你的策略是投资市盈率较低,但是财务状况看上去良好的公司。假设你已经分析过其他数据,你的决策最终取决于财务比率分析的结果。

要求

1. 计算两家公司当年的下列财务比率,决定哪家公司的股票与你的投资策略更匹配。

a. 速动(酸性测试)比率

b. 存货周转率

c. 应收账款平均周转天数

d. 资产负债率

e. 利息保障倍数

f. 普通股股东权益回报率

g. 普通股每股盈余

h. 市盈率

2. 计算上述两家公司的经济增加值(EVA®),通过对 EVA® 的评估确定或修正你的投资决策。假定两家公司的资本成本都是 10%。(计算 EVA® 时忽略所得税,直接使用净利润。)

挑战性练习

E13-61 (目标:使用比率数据重新编制资产负债表)下列报表摘自 Burbick 工业公司的财务数据(单位:百万美元,特殊项目除外):

负债总额	12 500
流动资产合计	16 150
累计折旧	900
资产负债率	50%
流动比率	1.90

要求

完成下列简化的资产负债表。报告金额近似至百万美元。

	百万美元
流动资产	☐
不动产、厂房和设备	☐
减：累计折旧	☐　☐
资产总额	☐
流动负债	☐
长期负债	☐
股东权益	☐
负债和股东权益总额	☐

E13-62　（目标：使用财务比率数据重新编制利润表）下列数据来自 Valley 公司的财务报表（单位：百万美元，特殊项目除外）：

平均股东权益	3 200
利息费用	500
营业利润率	35%
股东权益回报率	25%
所得税税率	36%

要求

完成下列简化的利润表。报告金额近似到百万美元。

	百万美元
销售收入	☐
营业费用	☐
营业利润	☐
利息费用	☐
税前利润	☐
所得税费用	☐
净利润	☐

P13-63　（目标：使用趋势百分比、共同比百分比和财务比率重新编制财务报表）Emore 公司不完整的比较利润表和资产负债表如下：

美元

Emore 公司比较利润表 会计年度截止日为 12 月 31 日		
	2016 年度	**2015 年度**
销售收入	2 100 000	2 000 000
销售成本	?	1 100 000
毛利	?	900 000
营业费用	?	700 000
营业利润	?	200 000
利息费用	20 000	20 000
税前利润	?	180 000
所得税费用(30%)	?	54 000
净利润	?	126 000

美元

Emore 公司比较资产负债表		
	2016 年 12 月 31 日	**2015 年 12 月 31 日**
资产		
流动资产:		
现金	?	28 000
应收账款净额	?	145 000
存货	?	180 000
流动资产合计	?	353 000
厂房和设备净值	?	447 000
资产总额	?	800 000
负债		
流动负债	160 000	160 000
10%的应付债券	?	240 000
负债总额	?	400 000
股东权益		
普通股,面值 5 美元	?	203 200
留存收益	?	196 800
股东权益总额	?	400 000
负债和股东权益总额	?	800 000

要求

使用财务比率、共同比百分比、趋势百分比,完成 Emore 公司 2016 年度的利润表和资产负债表。附加信息如下:

美元

附加信息	2016 年度	2015 年度
共同比销售成本百分比	75%	55%

附加信息	2016 年度	2015 年度
共同比普通股百分比	27%	25.4%
趋势百分比,营业利润	130%	100%
资产周转率	2	
应收账款周转率	15	
速动(酸性测试)比率	1.30	
流动比率	2.25	
权益回报率(杜邦分析模型)	35%	

知识应用

决策案例

案例 1 (目标:评价交易活动对公司业绩的影响)2016 年度,美国有线娱乐公司陷入了财务困境,原因在于该公司当年净亏损 49 亿美元。这一结果使其大部分利润率变成了负数,流动比率也降到了 1.0 以下。但是,公司的资产负债率仍旧保持在 0.27 的水平。假设美国有线娱乐公司的高级管理层正在寻找改善公司财务比率的方法。特别是,公司正在考虑下列交易事项:

1. 以 3 000 万美元出售有线电视业务(50%以现金形式,50%以长期应收票据形式)。有线电视业务的账面价值是 2 700 万美元。

2. 以长期借款的方式借入 1 亿美元。

3. 用 5 亿美元现金回购库存股。

4. 冲销账面上价值 1.28 亿美元的商誉的 1/4。

5. 以正常毛利率 60%出售广告服务,广告将立即上线。

6. 从 NBC 公司购买商标,支付 2 000 万美元的现金,并发行一张 1 年期的价值 8 000 万美元的应付票据。

要求

1. 公司管理层需要了解上述交易对有线娱乐公司下列财务比率的影响(增加、减少,还是保持不变):

a. 流动比率

b. 资产负债率

c. 利息保障倍数,公式为:(净利润+利息费用)/利息费用

d. 股东权益回报率

e. 普通股每股账面价值

2. 上述交易中的一些事项可以立即改善公司的财务状况,另一些事项则刚好相反,还有些事项的结果不能确定。评价每一项交易的影响,是正面的、负面的还是无法确定。

案例 2 (目标:分析会计方法差异对财务比率的影响)假定你是一名财务分析师,正试图比较卡特彼勒公司和 CNH 全球公司的财务报表。CNH 全球公司是跨国公司,采用国际财务报告准则(IFRS)编制财务报表。卡特彼勒公司则采用后进先出法(LIFO)核算存货。由于国际财务报告准则不允许采用后进先出法,所以 CNH 全球公司只能采用先进先出法对存货进行会计处理。分析这两家公司会计核算方法的不同对财务比率的影响。对于本章所讨论

的财务比率,指出哪家公司具有较高的财务比率。同时,指出没有受到先进先出法/后进先出法(FIFO/LIFO)差异影响的比率。不考虑所得税的影响,并假设存货的成本正在增加。基于以上的财务比率分析得出结论,并说明哪家公司总体上看起来较好。

案例 3 (目标:识别可以削减损失和增加盈利的活动)假设你在经营 Outward Bound 公司,该公司的一家分店——佛蒙特州体育用品商店去年亏损严重。为了扭转公司的经营状况,你需要分析公司及同行业当年的经营数据,以便找出问题的所在。公司的财务数据如下:

%

Outward Bound 公司共同比资产负债表数据		
	Outward Bound 公司	行业平均水平
现金和短期投资	3.0	6.8
应收账款净额	15.2	11.0
存货	64.2	60.5
预付费用	1.0	0.0
流动资产合计	83.4	78.3
固定资产净值	12.6	15.2
其他资产	4.0	6.5
资产总额	100.0	100.0
短期应付票据,12%	17.1	14.0
应付账款	21.1	25.1
应计负债	7.8	7.9
流动负债合计	46.0	47.0
长期借款,11%	19.7	16.4
负债总额	65.7	63.4
普通股股东权益	34.3	36.6
负债和股东权益总额	100.0	100.0

%

Outward Bound 公司共同比利润表数据		
	Outward Bound 公司	行业平均水平
销售收入净额	100.0	100.0
销售成本	(68.2)	(64.8)
毛利	31.8	35.2
营业费用	(37.1)	(32.3)
营业利润(或损失)	(5.3)	2.9
利息费用	(5.8)	(1.3)
其他收入	1.1	0.3
税前利润(或损失)	(10.0)	1.9
所得税(费用)节约	4.4	(0.8)
净利润(损失)	(5.6)	1.1

要求

基于对以上数据的分析，提出 Outward Bound 公司可以采取的四个行动方案来帮助公司扭亏为盈。说明理由。

道德事项

Turnberry Golf 公司的长期借款协议对公司的经营提出了一些要求。例如，Turnberry Golf 公司不能回购超过留存收益余额的库存股。此外，长期借款不能超过股东权益，流动比率不能低于 1.5。如果 Turnberry Golf 公司没有达到上述任何一项要求，公司的债权人就有权接管公司的管理权。

顾客需求的变化使 Turnberry Golf 公司很难吸引顾客。流动负债攀升的速度超过了流动资产，导致流动比率降到了 1.47。在财务报表公布之前，Turnberry Golf 公司的管理层想尽一切办法提高流动比率。财务总监指出有一项投资既可以被归为长期项目也可以被归为短期项目，分类取决于管理层的意图。通过将一项投资转化为一年内变现的投资，Turberry Golf 公司可以将其归为短期投资，这属于流动资产。根据财务总监的建议，Turnberry Golf 公司的董事会投票决定将一项长期投资重新分类为短期投资。

要求

1. 本案例中涉及什么会计问题？需要考虑哪些道德事项？

2. 谁是本案例中的利益相关者？

3. 从经济的、法律的和道德的角度分析对潜在利益相关者的影响。

4. 在财务报表公布后不久，公司的销售收入有所增加，流动比率也随之上升。Turnberry Golf 公司的管理层决定，不出售这项被归为短期项目的投资，公司因此又将其重新归类为长期投资。你认为管理层的做法符合道德规范吗？说明理由。

聚焦财务：苹果公司

（目标：计算财务比率；使用现金流量表；衡量流动性和盈利能力；分析股票投资）苹果公司的合并财务报表见本书附录 A。评价苹果公司 2013 年度和 2014 年度的经营业绩。

要求

1. 以苹果公司 2013 年度和 2014 年度的比较利润表为依据，针对下列各项做横向分析和纵向分析。

a. 销售收入净额

b. 毛利率

c. 营业利润

d. 净利润

与 2013 年度相比，2014 年度的经营业绩是变好了还是变坏了？说明理由。

2. 对苹果公司 2013 年度和 2014 年度的资产负债表进行横向分析和纵向分析。基于上述分析，资产负债表中的哪一项得到了改善？哪一项变坏了？说明理由。

3. 计算 2013 年度和 2014 年度现金流量表中主要现金流（经营活动、投资活动和筹资活动）的变动趋势。哪一项活动为公司创造最多的现金流？哪一项活动花费最多的现金流？

4. 正如本章所讲述的，我们使用 2014 年度末的数据，预测出苹果公司的股价约为 121 美元。登录 Google Finance 或 Yahoo! Finance 等财经网站，对 2014 年度以后发生的事件进行研究。这些事件对苹果公司股价的影响是正面的还是负面的？这些事件哪些是苹果公司可控的？哪些是苹果公司不可控的？基于这些数据，重新分析选择苹果公司作为长期投资的依据。在 2014 年度末以每股 121 美元的价格买入苹果公司的股票是明智的决定吗？说明理由。

聚焦分析：安德玛公司

（目标：分析变动趋势；计算财务比率并用其进行决策）

本案例以附录 B 中安德玛公司的合并财务报表为基础。

要求

1. 计算安德玛公司 2013 年和 2014 年的主要财务比率，并回答下列问题：

a. 与 2013 年相比，2014 年公司流动负债的偿还能力是提高了还是下降了？

b. 与 2013 年相比，2014 年公司的下列财务比率是否有所改进？是变好了还是变坏了？存货周转率和存货周转天数、应收账款周转率和应收账款周转天数、应付账款周转率和应付账款周转天数、现金循环周期。2012 年的相关数据如下：应收账款净额为 175 524 000 美元，存货为 319 286 000 美元，应付账款为 143 689 000 美元。假定所有的销售都是赊销。

c. 使用杜邦分析模型，计算销售净利率、平均总资产收益率、平均股东权益回报率。2012 年的相关数据如下：资产总额为 1 157 083 000 美元，股东权益总额为 816 922 000 美元。与 2013 年相比，上述财务比率是变好了还是变差了？

2. 在 http://www.sec.gov 或 MSN Money 和 Yahoo! Finance 等财经网站获取安德玛公司 2015 年度的财务报告，重新计算要求 1 中的财务比率。

3. 基于上述分析结论，你认为安德玛公司未来的发展前景如何？你会选择安德玛公司的股票作为长期投资吗？说明理由。

小组项目

项目 1 选择一个你比较感兴趣的行业，将行业中的领头公司作为标杆，再选择同行业中的另外两家公司。对于本章的决策指南专栏提到的每一类比率，列出这三家公司的至少两个比率。写一份关于这两家公司及标杆公司的分析报告（篇幅为两页纸）。

项目 2 选择一家公司并获取该公司的财务报表。将该公司的利润表和资产负债表转化为共同比财务报表，并将其与同行业平均水平进行比较。风险管理协会的《年度报告研究》、邓百氏的《行业标准和关键经营比率》以及 Prentice Hall 出版的 Leo Troy 编写的《企业年鉴和行业财务比率》公布了大多数行业的共同比财务报表。

复习测试答案

1. b(1 840 美元－1 740 美元)/1 740 美元＝5.75%

2. a(1 840 美元/17 350 美元)＝10.61%

3. a

4. c(1 770 美元/25 770 美元)＝6.9%

5. c

6. a $\dfrac{4\ 515\ 美元}{(140\ 美元＋126\ 美元)/2}=34$ 次

7. c[(590 美元＋760 美元)/2 413 美元＝0.56]

8. d $\dfrac{(760\ 美元＋826\ 美元)/2}{17\ 350\ 美元/365}=17$ 天

9. c

10. c(1 526 美元/17 350 美元＝8.8%)

11. c $\dfrac{1\ 526}{(12\ 317\ \text{美元}+11\ 120\ \text{美元})/2}=13.0\%$

12. b（34 美元/1.39 美元＝24.46 美元）

13. c（0.70 美元/34 美元＝2.1%）

14. a［2 347 美元＋360 美元－（275 美元＋9 400 美元＋11 120 美元）×0.06＝1 459 美元］

综合财务报表分析作业

本练习的目标是提高学生对财务报表进行综合分析的能力。从 http：//www. sec. gov 上获取科尔公司（kohl's Corporation）的 2014 年度报告（10-K）（年度截至 2015 年 1 月 31 日）。

要求 1

基本信息（已知资料来源）

a. 浏览相关网站（如 Yahoo！Finance 和 Hoover's），查找各种折扣行业，选出科尔公司的两个竞争对手。

b. 描述科尔公司的业务模式和风险因素。

c. 列出科尔公司的三个品牌。

d. 科尔公司金额最高的资产是什么？金额最高的负债是什么？

e. 科尔公司授权发行的股票有多少？已发行的股票有多少？流通在外的股票有多少？

f. 当年，科尔公司是否回购了本公司的普通股股票？如果是，回购了多少？

g. 科尔公司报告的收入是多少？

h. 科尔公司采用什么方法核算存货？

i. 当年，科尔公司的坏账费用是多少？

j. 科尔公司是否在境外开展经营？说明理由。

要求 2

评价盈利能力。运用你在本书和其他渠道获取的信息，评价科尔公司 2013 年和 2014 年的盈利能力。在分析中应计算下列财务比率，并对其进行评价。注：你需要在 http：//www. sec. gov 上查看科尔公司的 2013 年度报告以获得 2012 年的资产和股东权益数据。

a. 销售净利率

b. 资产周转率

c. 资产收益率（杜邦分析模型）

d. 财务杠杆比率

e. 股东权益回报率（杜邦分析模型）

f. 毛利率

g. 每股盈余（列出计算过程）

h. 每股账面价值

要求 3

评价科尔公司 2013 年度和 2014 年度销售存货、回收应收账款和偿付债务的能力。在分析中应计算下列财务比率，并对其进行评价（2014 年度报告包括 2013 年和 2014 年的资产负债表，有关 2012 的存货和应收账款数据需要参考 2013 年度报告）。

a. 存货周转率和存货周转天数

b. 应收账款周转率和应收账款周转天数

c. 现金循环周期

d. 流动比率

e. 速动(酸性测试)比率

f. 资产负债率

g. 利息保障倍数

要求 4

评价科尔公司的现金流量。

a. 2014 年,科尔公司主要的两项现金来源是什么?

b. 科尔公司经营活动产生的现金流量是大于还是小于该公司的净利润? 导致这两项金额不同的主要原因是什么?

c. 2014 年,科尔公司投资活动产生的主要现金来源是什么? 与 2012 年和 2013 年相同吗? 如果不同,那么 2012 年和 2013 年该公司投资活动产生的主要现金来源是什么?

d. 2014 年,科尔公司筹资活动产生的主要现金来源是什么? 与 2012 年和 2013 年相同吗? 如果不同,那么 2012 年和 2013 年该公司筹资活动的主要现金来源是什么?

e. 在上述分析中,你发现了哪些现金流量趋势?

要求 5

其他财务分析。

a. 计算 2011—2014 年的下列财务指标:共同比销售百分比、毛利百分比、营业利润百分比和净利润百分比。对所计算的指标进行评价。

b. 获取科尔公司 2011 年以来的主要财务数据(10-K),计算趋势百分比,以 2011 年为基年。对所计算的趋势百分比进行评价。

要求 6

评价科尔公司的股票投资。以买入、持有、卖出的形式给出投资建议,并说明理由。

a. 2015 年 2 月 2 日——资产负债表日(2015 年 1 月 31 日)后的第一个交易日,科尔公司股票的收盘价是多少?

b. 使用每股盈余数据计算市盈率,股票市价采用问题 a 中得出的收盘价。

c. 假设科尔公司的加权平均资本成本及预期营业利润的相关资本化率为 8%。使用在第 11 章中学到的方法,估计科尔公司 2015 年 2 月 2 日的价值。将该估值与当日科尔公司的市值进行比较。基于这两个数值的比较,你会对科尔公司的股票给出哪类评级? 买入、持有还是卖出? 比较评估日(它将晚于 2015 年 2 月 2 日)股票的价格与 2015 年 2 月 2 日的股票价格。另外,将财务报表日作为投资决策日是一个明智的选择吗? 说明理由。

2 0 1 4

Apple Inc.

A N N U A L   R E P O R T

Author's Note: Information in the narrative component of these financial statements has been greatly abbreviated, though should be sufficient to complete the requirements of the Focus on Financials activities.

To view the report in its entirety, visit:
http://www.sec.gov/Archives/edgar/data/320193/000119312514383437/d783162d10k.htm

Source: From Apple Inc., Annual Report 2014

UNITED STATES
SECURITIES AND EXCHANGE COMMISSION
Washington, D.C. 20549

Form 10-K

[...]

☒ **ANNUAL REPORT PURSUANT TO SECTION 13 OR 15(d) OF THE SECURITIES EXCHANGE ACT OF 1934**

For the fiscal year ended September 27, 2014

[...]

Commission file number: 000-10030

[...]

APPLE INC.

(Exact name of registrant as specified in its charter)

California	**94-2404110**
(State or other jurisdiction of incorporation or organization)	(I.R.S. Employer Identification No.)
1 Infinite Loop	
Cupertino, California	**95014**
(Address of principal executive offices)	(Zip Code)

Registrant's telephone number, including area code: **(408) 996-1010**

Securities registered pursuant to Section 12(b) of the Act:

Common Stock, $0.00001 par value per share	**The NASDAQ Stock Market LLC**
(Title of class)	(Name of exchange on which registered)

Securities registered pursuant to Section 12(g) of the Act: None

[...]

5,864,840,000 shares of common stock were issued and outstanding as of October 10, 2014.

DOCUMENTS INCORPORATED BY REFERENCE

[...]

PART I

Item 1.　Business

Company Background

The Company designs, manufactures, and markets mobile communication and media devices, personal computers, and portable digital music players, and sells a variety of related software, services, accessories, networking solutions, and third-party digital content and applications. The Company's products and services include iPhone®, iPad®, Mac®, iPod®, Apple TV®, a portfolio of consumer and professional software applications, the iOS and OS X® operating systems, iCloud® , and a variety of accessory, service and support offerings. In September 2014, the Company announced Apple Watch™, which is expected to be available in early calendar year 2015, and Apple Pay™, which became available in the U.S. in October 2014. The Company also sells and delivers digital content and applications through the iTunes Store®, App Store™, iBooks Store™ and Mac App Store. The Company sells its products worldwide through its retail stores, online stores and direct sales force, as well as through third-party cellular network carriers, wholesalers, retailers and value-added resellers. In addition, the Company sells a variety of third-party iPhone, iPad, Mac and iPod compatible products, including application software, and various accessories, through its online and retail stores. The Company sells to consumers, small and mid-sized businesses ("SMB") and education, enterprise and government customers. The Company's fiscal year is the 52 or 53-week period that ends on the last Saturday of September. The Company is a California corporation established in 1977.

Business Strategy

The Company is committed to bringing the best user experience to its customers through its innovative hardware, software and services. The Company's business strategy leverages its unique ability to design and develop its own operating systems, hardware, application software and services to provide its customers products and solutions with innovative design, superior ease-of-use and seamless integration. As part of its strategy, the Company continues to expand its platform for the discovery and delivery of third-party digital content and applications through the iTunes Store. As part of the iTunes Store, the Company's App Store and iBooks Store allow customers to discover and download applications and books through either a Mac or Windows-based computer or through iPhone, iPad and iPod touch® devices ("iOS devices"). The Company's Mac App Store allows customers to easily discover, download and install Mac applications. The Company also supports a community for the development of third-party software and hardware products and digital content that complement the Company's offerings. The Company believes a high-quality buying experience with knowledgeable salespersons who can convey the value of the Company's products and services greatly enhances its ability to attract and retain customers. Therefore, the Company's strategy also includes building and expanding its own retail and online stores and its third-party distribution network to effectively reach more customers and provide them with a high-quality sales and post-sales support experience. The Company believes continual investment in research and development ("R&D"), marketing and advertising is critical to the development and sale of innovative products and technologies.

Business Organization

The Company manages its business primarily on a geographic basis. Accordingly, the Company determined its reportable operating segments, which are generally based on the nature and location of its customers, to be the Americas, Europe, Greater China, Japan, Rest of Asia Pacific and Retail. The Americas segment includes both North and South America. The Europe segment includes European countries, as well as India, the Middle East and Africa. The Greater China segment includes China, Hong Kong and Taiwan. The Rest of Asia Pacific segment includes Australia and Asian countries, other than those countries included in the Company's other operating segments. The results of the Company's geographic segments do not include the results of the Retail segment. Each operating segment provides similar hardware and software products and similar services. Further information regarding the Company's operating segments may be found in Part II, Item 7 of this Form 10-K under the subheading "Segment Operating Performance," and in Part II, Item 8 of this Form 10-K in the Notes to Consolidated Financial Statements in Note 11, "Segment Information and Geographic Data."
[…]

No single customer accounted for more than 10% of net sales in 2014, 2013 or 2012.

Competition

The markets for the Company's products and services are highly competitive and the Company is confronted by aggressive competition in all areas of its business. These markets are characterized by frequent product introductions and rapid technological advances that have substantially increased the capabilities and use of mobile communication and media devices, personal computers and other digital electronic devices. The Company's competitors who sell mobile devices and personal computers based on other operating systems have aggressively cut prices and lowered their product margins to gain or maintain market share. The Company's financial condition and operating results can be adversely affected by these and other industry-wide downward pressures on gross margins. Principal competitive factors important to the Company include price, product features, relative price/performance, product quality and reliability, design innovation, a strong third-party software and accessories ecosystem, marketing and distribution capability, service and support and corporate reputation.

The Company is focused on expanding its market opportunities related to personal computers and mobile communication and media devices. These markets are highly competitive and include many large, well-funded and experienced participants. The Company expects competition in these markets to intensify significantly as competitors attempt to imitate some of the features of the Company's products and applications within their own products or, alternatively, collaborate with each other to offer solutions that are more competitive than those they currently offer. These markets are characterized by aggressive pricing practices, frequent product introductions, evolving design approaches and technologies, rapid adoption of technological and product advancements by competitors and price sensitivity on the part of consumers and businesses.

The Company's digital content services have faced significant competition from other companies promoting their own digital music and content products and services, including those offering free peer-to-peer music and video services.

The Company's future financial condition and operating results depend on the Company's ability to continue to develop and offer new innovative products and services in each of the markets in which it competes. The Company believes it offers superior innovation and integration of the entire solution including the hardware (iPhone, iPad, Mac and iPod), software (iOS, OS X and iTunes), online services and distribution of digital content and applications (iTunes Store, App Store, iBooks Store and Mac App Store). Some of the Company's current and potential competitors have substantial resources and may be able to provide such products and services at little or no profit or even at a loss to compete with the Company's offerings.

Supply of Components

Although most components essential to the Company's business are generally available from multiple sources, a number of components are currently obtained from single or limited sources. In addition, the Company competes for various components with other participants in the markets for mobile communication and media devices and personal computers. Therefore, many components used by the Company, including those that are available from multiple sources, are at times subject to industry-wide shortage and significant pricing fluctuations that could materially adversely affect the Company's financial condition and operating results.

[...]

Foreign and Domestic Operations and Geographic Data

During 2014, the Company's domestic and international net sales accounted for 38% and 62%, respectively, of total net sales. Information regarding financial data by geographic segment is set forth in Part II, Item 7 of this Form 10-K under the subheading "Segment Operating Performance," and in Part II, Item 8 of this Form 10-K in the Notes to Consolidated Financial Statements in Note 11, "Segment Information and Geographic Data."

While substantially all of the Company's hardware products are currently manufactured by outsourcing partners that are located primarily in Asia, the Company also performs final assembly of certain products at its manufacturing facility in Ireland. The supply and manufacture of a number of components is performed by sole-sourced outsourcing partners in the U.S., Asia and Europe. Margins on sales of the Company's products in foreign countries and on sales of products that include components obtained from foreign suppliers, can be adversely affected by foreign currency exchange rate fluctuations and by international trade regulations, including tariffs and antidumping penalties. Information regarding concentration in the available sources of supply of materials and products is set forth in Part II, Item 8 of this Form 10-K in the Notes to Consolidated Financial Statements in Note 10, "Commitments and Contingencies."

Business Seasonality and Product Introductions

The Company has historically experienced higher net sales in its first quarter compared to other quarters in its fiscal year due in part to seasonal holiday demand. Additionally, new product introductions can significantly impact net sales, product costs and operating expenses. Product introductions can also impact the Company's net sales to its indirect distribution channels as these channels are filled with new product inventory following a product introduction, and often, channel inventory of a particular product declines as the next related major product launch approaches. Net sales can also be affected when consumers and distributors anticipate a product introduction. However, neither historical seasonal patterns nor historical patterns of product introductions should be considered reliable indicators of the Company's future pattern of product introductions, future net sales or financial performance. [...]

Employees

As of September 27, 2014, the Company had approximately 92,600 full-time equivalent employees and an additional 4,400 full-time equivalent temporary employees and contractors. Approximately 46,200 of the total full-time equivalent employees worked in the Company's Retail segment. [...]

CONSOLIDATED STATEMENTS OF OPERATIONS

(In millions, except number of shares which are reflected in thousands and per share amounts)

	Years ended		
	September 27, 2014	September 28, 2013	September 29, 2012
Net sales	$ 182,795	$ 170,910	$ 156,508
Cost of sales	112,258	106,606	87,846
Gross margin	70,537	64,304	68,662
Operating expenses:			
Research and development	6,041	4,475	3,381
Selling, general and administrative	11,993	10,830	10,040
Total operating expenses	18,034	15,305	13,421
Operating income	52,503	48,999	55,241
Other income/(expense), net	980	1,156	522
Income before provision for income taxes	53,483	50,155	55,763
Provision for income taxes	13,973	13,118	14,030
Net income	$ 39,510	$ 37,037	$ 41,733
Earnings per share:			
Basic	$ 6.49	$ 5.72	$ 6.38
Diluted	$ 6.45	$ 5.68	$ 6.31
Shares used in computing earnings per share:			
Basic	6,085,572	6,477,320	6,543,726
Diluted	6,122,663	6,521,634	6,617,483
Cash dividends declared per common share	$ 1.82	$ 1.64	$ 0.38

See accompanying Notes to Consolidated Financial Statements.

CONSOLIDATED STATEMENTS OF COMPREHENSIVE INCOME

(In millions)

	Years ended		
	September 27, 2014	September 28, 2013	September 29, 2012
Net income	$ 39,510	$ 37,037	$ 41,733
Other comprehensive income/(loss):			
Change in foreign currency translation, net of tax effects of $50, $35 and $13, respectively	(137)	(112)	(15)
Change in unrecognized gains/losses on derivative instruments:			
Change in fair value of derivatives, net of tax benefit/(expense) of $(297), $(351) and $73, respectively	1,390	522	(131)
Adjustment for net losses/(gains) realized and included in net income, net of tax expense/(benefit) of $(36), $255 and $220, respectively	149	(458)	(399)
Total change in unrecognized gains/losses on derivative instruments, net of tax	1,539	64	(530)
Change in unrealized gains/losses on marketable securities:			
Change in fair value of marketable securities, net of tax benefit/(expense) of $(153), $458 and $(421), respectively	285	(791)	715
Adjustment for net losses/(gains) realized and included in net income, net of tax expense/(benefit) of $71, $82 and $68, respectively	(134)	(131)	(114)
Total change in unrealized gains/losses on marketable securities, net of tax	151	(922)	601
Total other comprehensive income/(loss)	1,553	(970)	56
Total comprehensive income	$ 41,063	$ 36,067	$ 41,789

See accompanying Notes to Consolidated Financial Statements.

CONSOLIDATED BALANCE SHEETS

(In millions, except number of shares which are reflected in thousands and par value)

	September 27, 2014	September 28, 2013
ASSETS:		
Current assets:		
Cash and cash equivalents	$ 13,844	$ 14,259
Short-term marketable securities	11,233	26,287
Accounts receivable, less allowances of $86 and $99, respectively	17,460	13,102
Inventories	2,111	1,764
Deferred tax assets	4,318	3,453
Vendor non-trade receivables	9,759	7,539
Other current assets	9,806	6,882
Total current assets	68,531	73,286
Long-term marketable securities	130,162	106,215
Property, plant and equipment, net	20,624	16,597
Goodwill	4,616	1,577
Acquired intangible assets, net	4,142	4,179
Other assets	3,764	5,146
Total assets	$ 231,839	$ 207,000

LIABILITIES AND SHAREHOLDERS' EQUITY:

	September 27, 2014	September 28, 2013
Current liabilities:		
Accounts payable	$ 30,196	$ 22,367
Accrued expenses	18,453	13,856
Deferred revenue	8,491	7,435
Commercial paper	6,308	0
Total current liabilities	63,448	43,658
Deferred revenue – non-current	3,031	2,625
Long-term debt	28,987	16,960
Other non-current liabilities	24,826	20,208
Total liabilities	120,292	83,451
Commitments and contingencies		
Shareholders' equity:		
Common stock and additional paid-in capital, $0.00001 par value; 12,600,000 shares authorized; 5,866,161 and 6,294,494 shares issued and outstanding, respectively	23,313	19,764
Retained earnings	87,152	104,256
Accumulated other comprehensive income/(loss)	1,082	(471)
Total shareholders' equity	111,547	123,549
Total liabilities and shareholders' equity	$ 231,839	$ 207,000

See accompanying Notes to Consolidated Financial Statements.

CONSOLIDATED STATEMENTS OF SHAREHOLDERS' EQUITY
(In millions, except number of shares which are reflected in thousands)

	Common Stock and Additional Paid-In Capital		Retained Earnings	Accumulated Other Comprehensive Income/(Loss)	Total Shareholders' Equity
	Shares	Amount			
Balances as of September 24, 2011	6,504,937	$ 13,331	$ 62,841	$ 443	$ 76,615
Net income	0	0	41,733	0	41,733
Other comprehensive income/(loss)	0	0	0	56	56
Dividends and dividend equivalents declared	0	0	(2,523)	0	(2,523)
Share-based compensation	0	1,740	0	0	1,740
Common stock issued, net of shares withheld for employee taxes	69,521	200	(762)	0	(562)
Tax benefit from equity awards, including transfer pricing adjustments	0	1,151	0	0	1,151
Balances as of September 29, 2012	6,574,458	16,422	101,289	499	118,210
Net income	0	0	37,037	0	37,037
Other comprehensive income/(loss)	0	0	0	(970)	(970)
Dividends and dividend equivalents declared	0	0	(10,676)	0	(10,676)
Repurchase of common stock	(328,837)	0	(22,950)	0	(22,950)
Share-based compensation	0	2,253	0	0	2,253
Common stock issued, net of shares withheld for employee taxes	48,873	(143)	(444)	0	(587)
Tax benefit from equity awards, including transfer pricing adjustments	0	1,232	0	0	1,232
Balances as of September 28, 2013	6,294,494	19,764	104,256	(471)	123,549
Net income	0	0	39,510	0	39,510
Other comprehensive income/(loss)	0	0	0	1,553	1,553
Dividends and dividend equivalents declared	0	0	(11,215)	0	(11,215)
Repurchase of common stock	(488,677)	0	(45,000)	0	(45,000)
Share-based compensation	0	2,863	0	0	2,863
Common stock issued, net of shares withheld for employee taxes	60,344	(49)	(399)	0	(448)
Tax benefit from equity awards, including transfer pricing adjustments	0	735	0	0	735
Balances as of September 27, 2014	5,866,161	$ 23,313	$ 87,152	$ 1,082	$ 111,547

See accompanying Notes to Consolidated Financial Statements.

CONSOLIDATED STATEMENTS OF CASH FLOWS

(In millions)

	Years ended		
	September 27, 2014	September 28, 2013	September 29, 2012
Cash and cash equivalents, beginning of the year	$ 14,259	$ 10,746	$ 9,815
Operating activities:			
Net income	39,510	37,037	41,733
Adjustments to reconcile net income to cash generated by operating activities:			
Depreciation and amortization	7,946	6,757	3,277
Share-based compensation expense	2,863	2,253	1,740
Deferred income tax expense	2,347	1,141	4,405
Changes in operating assets and liabilities:			
Accounts receivable, net	(4,232)	(2,172)	(5,551)
Inventories	(76)	(973)	(15)
Vendor non-trade receivables	(2,220)	223	(1,414)
Other current and non-current assets	167	1,080	(3,162)
Accounts payable	5,938	2,340	4,467
Deferred revenue	1,460	1,459	2,824
Other current and non-current liabilities	6,010	4,521	2,552
Cash generated by operating activities	59,713	53,666	50,856
Investing activities:			
Purchases of marketable securities	(217,128)	(148,489)	(151,232)
Proceeds from maturities of marketable securities	18,810	20,317	13,035
Proceeds from sales of marketable securities	189,301	104,130	99,770
Payments made in connection with business acquisitions, net	(3,765)	(496)	(350)
Payments for acquisition of property, plant and equipment	(9,571)	(8,165)	(8,295)
Payments for acquisition of intangible assets	(242)	(911)	(1,107)
Other	16	(160)	(48)
Cash used in investing activities	(22,579)	(33,774)	(48,227)
Financing activities:			
Proceeds from issuance of common stock	730	530	665
Excess tax benefits from equity awards	739	701	1,351
Taxes paid related to net share settlement of equity awards	(1,158)	(1,082)	(1,226)
Dividends and dividend equivalents paid	(11,126)	(10,564)	(2,488)
Repurchase of common stock	(45,000)	(22,860)	0
Proceeds from issuance of long-term debt, net	11,960	16,896	0
Proceeds from issuance of commercial paper, net	6,306	0	0
Cash used in financing activities	(37,549)	(16,379)	(1,698)
Increase/(decrease) in cash and cash equivalents	(415)	3,513	931
Cash and cash equivalents, end of the year	$ 13,844	$ 14,259	$ 10,746
Supplemental cash flow disclosure:			
Cash paid for income taxes, net	$ 10,026	$ 9,128	$ 7,682
Cash paid for interest	$ 339	$ 0	$ 0

See accompanying Notes to Consolidated Financial Statements.

Notes to Consolidated Financial Statements

Note 1 – Summary of Significant Accounting Policies

Apple Inc. and its wholly-owned subsidiaries (collectively "Apple" or the "Company") designs, manufactures and markets mobile communication and media devices, personal computers and portable digital music players, and sells a variety of related software, services, accessories, networking solutions and third-party digital content and applications. The Company sells its products worldwide through its retail stores, online stores and direct sales force, as well as through third-party cellular network carriers, wholesalers, retailers and value-added resellers. In addition, the Company sells a variety of third-party iPhone, iPad, Mac and iPod compatible products, including application software, and various accessories through its online and retail stores. The Company sells to consumers, small and mid-sized businesses, and education, enterprise and government customers.

Basis of Presentation and Preparation

The accompanying consolidated financial statements include the accounts of the Company. Intercompany accounts and transactions have been eliminated. The preparation of these consolidated financial statements in conformity with U.S. generally accepted accounting principles ("GAAP") requires management to make estimates and assumptions that affect the amounts reported in these consolidated financial statements and accompanying notes. Actual results could differ materially from those estimates.

The Company's fiscal year is the 52 or 53-week period that ends on the last Saturday of September. The Company's fiscal years 2014, 2013 and 2012 ended on September 27, 2014, September 28, 2013 and September 29, 2012, respectively. An additional week is included in the first fiscal quarter approximately every six years to realign fiscal quarters with calendar quarters. Fiscal years 2014 and 2013 spanned 52 weeks each. Fiscal year 2012 spanned 53 weeks, with a 14th week included in the first quarter of 2012. Unless otherwise stated, references to particular years, quarters, months and periods refer to the Company's fiscal years ended in September and the associated quarters, months and periods of those fiscal years.
[...]

Common Stock Split

On June 6, 2014, the Company effected a seven-for-one stock split to shareholders of record as of June 2, 2014. All share and per share information has been retroactively adjusted to reflect the stock split.

Revenue Recognition

Net sales consist primarily of revenue from the sale of hardware, software, digital content and applications, accessories and service and support contracts. The Company recognizes revenue when persuasive evidence of an arrangement exists, delivery has occurred, the sales price is fixed or determinable and collection is probable. Product is considered delivered to the customer once it has been shipped and title, risk of loss and rewards of ownership have been transferred. For most of the Company's product sales, these criteria are met at the time the product is shipped. For online sales to individuals, for some sales to education customers in the U.S., and for certain other sales, the Company defers revenue until the customer receives the product because the Company retains a portion of the risk of loss on these sales during transit. The Company recognizes revenue from the sale of hardware products, software bundled with hardware that is essential to the functionality of the hardware, and third-party digital content sold on the iTunes Store in accordance with general revenue recognition accounting guidance. The Company recognizes revenue in accordance with industry specific software accounting guidance for the following types of sales transactions: (i) standalone sales of software products, (ii) sales of software upgrades and (iii) sales of software bundled with hardware not essential to the functionality of the hardware.

For the sale of most third-party products, the Company recognizes revenue based on the gross amount billed to customers because the Company establishes its own pricing for such products, retains related inventory risk for physical products, is the primary obligor to the customer and assumes the credit risk for amounts billed to its customers. For third-party applications sold through the App Store and Mac App Store and certain digital content sold through the iTunes Store, the Company does not determine the selling price of the products and is not the primary obligor to the customer. Therefore, the Company accounts for such sales on a net basis by recognizing in net sales only the commission it retains from each sale. The portion of the gross amount billed to customers that is remitted by the Company to third-party app developers and certain digital content owners is not reflected in the Company's Consolidated Statements of Operations.

The Company records deferred revenue when it receives payments in advance of the delivery of products or the performance of services. This includes amounts that have been deferred for unspecified and specified software upgrade rights and non-software services that are attached to hardware and software products. The Company sells gift cards redeemable at its retail and online stores, and also sells gift cards redeemable on the iTunes Store for the purchase of digital content and software. The Company records deferred revenue upon the sale of the card, which is relieved upon redemption of the card by the customer. Revenue from AppleCare service and support contracts is deferred and recognized over the service coverage periods. AppleCare service and support contracts typically include extended phone support, repair services, web-based support resources and diagnostic tools offered under the Company's standard limited warranty.

The Company records reductions to revenue for estimated commitments related to price protection and other customer incentive programs. For transactions involving price protection, the Company recognizes revenue net of the estimated amount to be refunded. For the Company's other customer incentive programs, the estimated cost of these programs is recognized at the later of the date at which the Company has sold the product or the date at which the program is offered. The Company also records reductions to revenue for expected future product returns based on the Company's historical experience. Revenue is recorded net of taxes collected from customers that are remitted to governmental authorities, with the collected taxes recorded as current liabilities until remitted to the relevant government authority.
[…]

Shipping Costs

For all periods presented, amounts billed to customers related to shipping and handling are classified as revenue, and the Company's shipping and handling costs are included in cost of sales.

Warranty Costs

The Company generally provides for the estimated cost of hardware and software warranties at the time the related revenue is recognized. The Company assesses the adequacy of its pre-existing warranty liabilities and adjusts the amounts as necessary based on actual experience and changes in future estimates.

Software Development Costs

Research and development ("R&D") costs are expensed as incurred. Development costs of computer software to be sold, leased, or otherwise marketed are subject to capitalization beginning when a product's technological feasibility has been established and ending when a product is available for general release to customers. In most instances, the Company's products are released soon after technological feasibility has been established. Costs incurred subsequent to achievement of technological feasibility were not significant, and software development costs were expensed as incurred during 2014, 2013 and 2012.

Advertising Costs

Advertising costs are expensed as incurred and included in selling, general and administrative expenses. Advertising expense was $1.2 billion, $1.1 billion and $1.0 billion for 2014, 2013 and 2012, respectively.
[…]

Earnings Per Share

Basic earnings per share is computed by dividing income available to common shareholders by the weighted-average number of shares of common stock outstanding during the period. Diluted earnings per share is computed by dividing income available to common shareholders by the weighted-average number of shares of common stock outstanding during the period increased to include the number of additional shares of common stock that would have been outstanding if the potentially dilutive securities had been issued. Potentially dilutive securities include outstanding stock options, shares to be purchased under the Company's employee stock purchase plan, unvested restricted stock and unvested RSUs. The dilutive effect of potentially dilutive securities is reflected in diluted earnings per share by application of the treasury stock method. Under the treasury stock method, an increase in the fair market value of the Company's common stock can result in a greater dilutive effect from potentially dilutive securities.

The following table shows the computation of basic and diluted earnings per share for 2014, 2013 and 2012 (net income in millions and shares in thousands):

	2014	2013	2012
Numerator:			
Net income	$　　39,510	$　　37,037	$　　41,733
Denominator:			
Weighted-average shares outstanding	6,085,572	6,477,320	6,543,726
Effect of dilutive securities	37,091	44,314	73,757
Weighted-average diluted shares	6,122,663	6,521,634	6,617,483
Basic earnings per share	$　　6.49	$　　5.72	$　　6.38
Diluted earnings per share	$　　6.45	$　　5.68	$　　6.31

[...]

Financial Instruments

Cash Equivalents and Marketable Securities

All highly liquid investments with maturities of three months or less at the date of purchase are classified as cash equivalents. The Company's marketable debt and equity securities have been classified and accounted for as available-for-sale. Management determines the appropriate classification of its investments at the time of purchase and reevaluates the designations at each balance sheet date. The Company classifies its marketable debt securities as either short-term or long-term based on each instrument's underlying contractual maturity date. Marketable debt securities with maturities of 12 months or less are classified as short-term and marketable debt securities with maturities greater than 12 months are classified as long-term. The Company classifies its marketable equity securities, including mutual funds, as either short-term or long-term based on the nature of each security and its availability for use in current operations. The Company's marketable debt and equity securities are carried at fair value, with the unrealized gains and losses, net of taxes, reported as a component of shareholders' equity. The cost of securities sold is based upon the specific identification method.

[...]

Allowance for Doubtful Accounts

The Company records its allowance for doubtful accounts based upon its assessment of various factors. The Company considers historical experience, the age of the accounts receivable balances, credit quality of the Company's customers, current economic conditions and other factors that may affect customers' ability to pay.

Inventories

Inventories are stated at the lower of cost, computed using the first-in, first-out method, or market. If the cost of the inventories exceeds their market value, provisions are made currently for the difference between the cost and the market value.

Property, Plant and Equipment

Property, plant and equipment are stated at cost. Depreciation is computed by use of the straight-line method over the estimated useful lives of the assets, which for buildings is the lesser of 30 years or the remaining life of the underlying building; between two to five years for machinery and equipment, including product tooling and manufacturing process equipment; and the shorter of lease terms or ten years for leasehold improvements. The Company capitalizes eligible costs to acquire or develop internal-use software that are incurred subsequent to the preliminary project stage. Capitalized costs related to internal-use software are amortized using the straight-line method over the estimated useful lives of the assets, which range from three to five years. Depreciation and amortization expense on property and equipment was $6.9 billion, $5.8 billion and $2.6 billion during 2014, 2013 and 2012, respectively.

Long-Lived Assets Including Goodwill and Other Acquired Intangible Assets

The Company reviews property, plant and equipment, inventory component prepayments and certain identifiable intangibles, excluding goodwill, for impairment. Long-lived assets are reviewed for impairment whenever events or changes in circumstances indicate the carrying amount of an asset may not be recoverable. Recoverability of these assets is measured by comparison of their carrying amounts to future undiscounted cash flows the assets are expected to generate. If property, plant and equipment, inventory component prepayments and certain identifiable intangibles are considered to be impaired, the impairment to be recognized equals the amount by which the carrying value of the assets exceeds its fair value. The Company did not record any significant impairments during 2014, 2013 and 2012.

[...]

The Company amortizes its intangible assets with definite useful lives over their estimated useful lives and reviews these assets for impairment. The Company typically amortizes its acquired intangible assets with definite useful lives over periods from three to seven years.

Fair Value Measurements

The Company applies fair value accounting for all financial assets and liabilities and non-financial assets and liabilities that are recognized or disclosed at fair value in the financial statements on a recurring basis. The Company defines fair value as the price that would be received from selling an asset or paid to transfer a liability in an orderly transaction between market participants at the measurement date. When determining the fair value measurements for assets and liabilities, which are required to be recorded at fair value, the Company considers the principal or most advantageous market in which the Company would transact and the market-based risk measurements or assumptions that market participants would use in pricing the asset or liability, such as risks inherent in valuation techniques, transfer restrictions and credit risk. Fair value is estimated by applying the following hierarchy, which prioritizes the inputs used to measure fair value into three levels and bases the categorization within the hierarchy upon the lowest level of input that is available and significant to the fair value measurement:

Level 1 – Quoted prices in active markets for identical assets or liabilities.

Level 2 – Observable inputs other than quoted prices in active markets for identical assets and liabilities, quoted prices for identical or similar assets or liabilities in inactive markets, or other inputs that are observable or can be corroborated by observable market data for substantially the full term of the assets or liabilities.

Level 3 – Inputs that are generally unobservable and typically reflect management's estimate of assumptions that market participants would use in pricing the asset or liability.

The Company's valuation techniques used to measure the fair value of money market funds and certain marketable equity securities were derived from quoted prices in active markets for identical assets or liabilities. The valuation techniques used to measure the fair value of the Company's debt instruments and all other financial instruments, all of which have counterparties with high credit ratings, were valued based on quoted market prices or model driven valuations using significant inputs derived from or corroborated by observable market data.

[...]

Note 2 – Financial Instruments

Cash, Cash Equivalents and Marketable Securities

The following tables show the Company's cash and available-for-sale securities' adjusted cost, gross unrealized gains, gross unrealized losses and fair value by significant investment category recorded as cash and cash equivalents or short- or long-term marketable securities as of September 27, 2014 and September 28, 2013 (in millions):

	2014						
	Adjusted Cost	**Unrealized Gains**	**Unrealized Losses**	**Fair Value**	**Cash and Cash Equivalents**	**Short-Term Marketable Securities**	**Long-Term Marketable Securities**
Cash	$ 10,232	$ 0	$ 0	$ 10,232	$ 10,232	$ 0	$ 0
Level 1:							
Money market funds	1,546	0	0	1,546	1,546	0	0
Mutual funds	2,531	1	(132)	2,400	0	2,400	0
Subtotal	4,077	1	(132)	3,946	1,546	2,400	0
Level 2:							
U.S. Treasury securities	23,140	15	(9)	23,146	12	607	22,527
U.S. agency securities	7,373	3	(11)	7,365	652	157	6,556
Non-U.S. government securities	6,925	69	(69)	6,925	0	204	6,721
Certificates of deposit and time deposits	3,832	0	0	3,832	1,230	1,233	1,369
Commercial paper	475	0	0	475	166	309	0
Corporate securities	85,431	296	(241)	85,486	6	6,298	79,182
Municipal securities	940	8	0	948	0	0	948
Mortgage- and asset-backed securities	12,907	26	(49)	12,884	0	25	12,859
Subtotal	141,023	417	(379)	141,061	2,066	8,833	130,162
Total	$ 155,332	$ 418	$ (511)	$ 155,239	$ 13,844	$ 11,233	$ 130,162

[...]

As of September 27, 2014, the Company considers the declines in market value of its marketable securities investment portfolio to be temporary in nature and does not consider any of its investments other-than-temporarily impaired. The Company typically invests in highly-rated securities, and its investment policy limits the amount of credit exposure to any one issuer. The policy generally requires investments to be investment grade, with the primary objective of minimizing the potential risk of principal loss. Fair values were determined for each individual security in the investment portfolio. When evaluating an investment for other-than-temporary impairment, the Company reviews factors such as the length of time and extent to which fair value has been below its cost basis, the financial condition of the issuer and any changes thereto, changes in market interest rates, and the Company's intent to sell, or whether it is more likely than not it will be required to sell, the investment before recovery of the investment's cost basis. During 2014, 2013 and 2012 the Company did not recognize any significant impairment charges. [...]

Accounts Receivable

Trade Receivables

The Company has considerable trade receivables outstanding with its third-party cellular network carriers, wholesalers, retailers, value-added resellers, small and mid-sized businesses, and education, enterprise and government customers. The Company generally does not require collateral from its customers; however, the Company will require collateral in certain instances to limit credit risk. In addition, when possible, the Company attempts to limit credit risk on trade receivables with credit insurance for certain customers or by requiring third-party financing, loans or leases to support credit exposure. These credit-financing arrangements are directly between the third-party financing company and the end customer. As such, the Company generally does not assume any recourse or credit risk sharing related to any of these arrangements.

As of September 27, 2014, the Company had two customers that represented 10% or more of total trade receivables, one of which accounted for 16% and the other 13%. As of September 28, 2013, the Company had two customers that represented 10% or more of total trade receivables, one of which accounted for 13% and the other 10%. The Company's cellular network carriers accounted for 72% and 68% of trade receivables as of September 27, 2014 and September 28, 2013, respectively. The additions and write-offs to the Company's allowance for doubtful accounts during 2014, 2013 and 2012 were not significant.

[...]

Note 3 – Consolidated Financial Statement Details

The following tables show the Company's consolidated balance sheet details as of September 27, 2014 and September 28, 2013 (in millions):

Inventories

	2014	2013
Components	$ 471	$ 683
Finished goods	1,640	1,081
Total inventories	$ 2,111	$ 1,764

Property, Plant and Equipment

	2014	2013
Land and buildings	$ 4,863	$ 3,309
Machinery, equipment and internal-use software	29,639	21,242
Leasehold improvements	4,513	3,968
Gross property, plant and equipment	39,015	28,519
Accumulated depreciation and amortization	(18,391)	(11,922)
Net property, plant and equipment	$ 20,624	$ 16,597

Accrued Expenses

	2014	2013
Accrued warranty and related costs	$ 4,159	$ 2,967
Accrued marketing and selling expenses	2,321	1,291
Accrued taxes	1,209	1,200
Accrued compensation and employee benefits	1,209	959
Deferred margin on component sales	1,057	1,262
Other current liabilities	8,498	6,177
Total accrued expenses	$ 18,453	$ 13,856

Non-Current Liabilities

	2014	2013
Deferred tax liabilities	$ 20,259	$ 16,489
Other non-current liabilities	4,567	3,719
Total other non-current liabilities	$ 24,826	$ 20,208

Other Income and Expense

The following table shows the detail of other income and expense for 2014, 2013 and 2012 (in millions):

	2014	2013	2012
Interest and dividend income	$ 1,795	$ 1,616	$ 1,088
Interest expense	(384)	(136)	0
Other expense, net	(431)	(324)	(566)
Total other income/(expense), net	$ 980	$ 1,156	$ 522

Note 4 – Goodwill and Other Intangible Assets

On July 31, 2014, the Company completed the acquisitions of Beats Music, LLC, which offers a subscription streaming music service, and Beats Electronics, LLC, which makes Beats® headphones, speakers and audio software (collectively, "Beats"). The total purchase price consideration for these acquisitions was $2.6 billion, which consisted primarily of cash, of which $2.2 billion was allocated to goodwill, $636 million to acquired intangible assets and $258 million to net liabilities assumed. Concurrent with the close of the acquisition, the Company repaid $295 million of existing Beats outstanding debt to third-party creditors. In conjunction with the Beats acquisitions, the Company issued approximately 5.1 million shares of its common stock to certain former equity holders of Beats. The restricted stock was valued at approximately $485 million based on the Company's common stock on the acquisition date. The majority of these shares, valued at approximately $417 million, will vest over time based on continued employment with Apple.

The Company also completed various other business acquisitions during 2014 for an aggregate cash consideration, net of cash acquired, of $957 million, of which $828 million was allocated to goodwill, $257 million to acquired intangible assets and $128 million to net liabilities assumed.

The Company completed various business acquisitions during 2013 for an aggregate cash consideration, net of cash acquired, of $496 million, of which $419 million was allocated to goodwill, $179 million to acquired intangible assets and $102 million to net liabilities assumed.

The Company's gross carrying amount of goodwill was $4.6 billion and $1.6 billion as of September 27, 2014 and September 28, 2013, respectively. The Company did not have any goodwill impairments during 2014, 2013 or 2012.

The following table summarizes the components of gross and net intangible asset balances as of September 27, 2014 and September 28, 2013 (in millions):

	2014			2013		
	Gross Carrying Amount	Accumulated Amortization	Net Carrying Amount	Gross Carrying Amount	Accumulated Amortization	Net Carrying Amount
Definite-lived and amortizable acquired intangible assets	$ 7,127	$ (3,085)	$ 4,042	$ 6,081	$ (2,002)	$ 4,079
Indefinite-lived and non-amortizable acquired intangible assets	100	0	100	100	0	100
Total acquired intangible assets	$ 7,227	$ (3,085)	$ 4,142	$ 6,181	$ (2,002)	$ 4,179

Amortization expense related to acquired intangible assets was $1.1 billion, $960 million and $605 million in 2014, 2013 and 2012, respectively. As of September 27, 2014, the remaining weighted-average amortization period for acquired intangible assets is 3.8 years. [...]
[...]

Note 5 – Income Taxes

The provision for income taxes for 2014, 2013 and 2012, consisted of the following (in millions):

	2014	2013	2012
Federal:			
Current	$ 8,624	$ 9,334	$ 7,240
Deferred	3,183	1,878	5,018
	11,807	11,212	12,258
State:			
Current	855	1,084	1,182
Deferred	(178)	(311)	(123)
	677	773	1,059
Foreign:			
Current	2,147	1,559	1,203
Deferred	(658)	(426)	(490)
	1,489	1,133	713
Provision for income taxes	$ 13,973	$ 13,118	$ 14,030

The foreign provision for income taxes is based on foreign pre-tax earnings of $33.6 billion, $30.5 billion and $36.8 billion in 2014, 2013 and 2012, respectively. The Company's consolidated financial statements provide for any related tax liability on undistributed earnings that the Company does not intend to be indefinitely reinvested outside the U.S. Substantially all of the Company's undistributed international earnings intended to be indefinitely reinvested in operations outside the U.S. were generated by subsidiaries organized in Ireland, which has a statutory tax rate of 12.5%. As of September 27, 2014, U.S. income taxes have not been provided on a cumulative total of $69.7 billion of such earnings. The amount of unrecognized deferred tax liability related to these temporary differences is estimated to be approximately $23.3 billion.

As of September 27, 2014 and September 28, 2013, $137.1 billion and $111.3 billion, respectively, of the Company's cash, cash equivalents and marketable securities were held by foreign subsidiaries and are generally based in U.S. dollar-denominated holdings. Amounts held by foreign subsidiaries are generally subject to U.S. income taxation on repatriation to the U.S.

A reconciliation of the provision for income taxes, with the amount computed by applying the statutory federal income tax rate (35% in 2014, 2013 and 2012) to income before provision for income taxes for 2014, 2013 and 2012, is as follows (dollars in millions):

	2014	2013	2012
Computed expected tax	$ 18,719	$ 17,554	$ 19,517
State taxes, net of federal effect	469	508	677
Indefinitely invested earnings of foreign subsidiaries	(4,744)	(4,614)	(5,895)
Research and development credit, net	(88)	(287)	(103)
Domestic production activities deduction	(495)	(308)	(328)
Other	112	265	162
Provision for income taxes	$ 13,973	$ 13,118	$ 14,030
Effective tax rate	26.1%	26.2%	25.2%

[…]

Note 6 – Debt

[…]

Long-Term Debt

In the third quarter of 2014 and 2013, the Company issued $12.0 billion and $17.0 billion of long-term debt, respectively. The debt issuances included floating- and fixed-rate notes with varying maturities for an aggregate principal amount of $29.0 billion (collectively the "Notes"). The Notes are senior unsecured obligations, and interest is payable in arrears, quarterly for the floating-rate notes and semi-annually for the fixed-rate notes.

The following table provides a summary of the Company's long-term debt as of September 27, 2014 and September 28, 2013:

	2014		2013	
	Amount (in millions)	Effective Interest Rate	Amount (in millions)	Effective Interest Rate
Floating-rate notes due 2016	$ 1,000	0.51%	$ 1,000	0.51%
Floating-rate notes due 2017	1,000	0.31%	0	0
Floating-rate notes due 2018	2,000	1.10%	2,000	1.10%
Floating-rate notes due 2019	1,000	0.54%	0	0
Fixed-rate 0.45% notes due 2016	1,500	0.51%	1,500	0.51%
Fixed-rate 1.05% notes due 2017	1,500	0.30%	0	0
Fixed-rate 1.00% notes due 2018	4,000	1.08%	4,000	1.08%
Fixed-rate 2.10% notes due 2019	2,000	0.53%	0	0
Fixed-rate 2.85% notes due 2021	3,000	0.79%	0	0
Fixed-rate 2.40% notes due 2023	5,500	2.44%	5,500	2.44%
Fixed-rate 3.45% notes due 2024	2,500	0.90%	0	0
Fixed-rate 3.85% notes due 2043	3,000	3.91%	3,000	3.91%
Fixed-rate 4.45% notes due 2044	1,000	4.48%	0	0
Total borrowings	29,000		17,000	
Unamortized discount	(52)		(40)	
Hedge accounting fair value adjustments	39		0	
Total long-term debt	$ 28,987		$ 16,960	

[…]

The effective rates for the Notes include the interest on the Notes, amortization of the discount and, if applicable, adjustments related to hedging. The Company recognized $381 million and $136 million of interest expense on its long-term debt for the years ended September 27, 2014 and September 28, 2013, respectively. The Company did not have any long-term debt in 2012.

[…]

Note 7 – Shareholders' Equity

Preferred and Common Stock

During the second quarter of 2014, the Company's shareholders approved amendments (the "Amendments") to the Company's Restated Articles of Incorporation. The Amendments included the elimination of the Board of Directors' authority to issue preferred stock and established a par value for the Company's common stock of $0.00001 per share.

Dividends

The Company declared and paid cash dividends per common share during the periods presented as follows:

	Dividends Per Share	Amount (in millions)
2014:		
Fourth quarter	$ 0.47	$ 2,807
Third quarter	0.47	2,830
Second quarter	0.44	2,655
First quarter	0.44	2,739
Total	$ 1.82	$ 11,031
2013:		
Fourth quarter	$ 0.44	$ 2,763
Third quarter	0.44	2,789
Second quarter	0.38	2,490
First quarter	0.38	2,486
Total	$ 1.64	$ 10,528

The Company paid cash dividends of $0.38 per share, totaling $2.5 billion, during the fourth quarter of 2012. Future dividends are subject to declaration by the Board of Directors.

[…]

Note 10 – Commitments and Contingencies

Accrued Warranty and Indemnification

The Company offers a basic limited parts and labor warranty on its hardware products. The basic warranty period for hardware products is typically one year from the date of purchase by the end-user. The Company also offers a 90-day basic warranty for its service parts used to repair the Company's hardware products. The Company provides currently for the estimated cost that may be incurred under its basic limited product warranties at the time related revenue is recognized. Factors considered in determining appropriate accruals for product warranty obligations include the size of the installed base of products subject to warranty protection, historical and projected warranty claim rates, historical and projected cost-per-claim and knowledge of specific product failures that are outside of the Company's typical experience. The Company assesses the adequacy of its pre-existing warranty liabilities and adjusts the amounts as necessary based on actual experience and changes in future estimates.

The following table shows changes in the Company's accrued warranties and related costs for 2014, 2013 and 2012 (in millions):

	2014	2013	2012
Beginning accrued warranty and related costs	$ 2,967	$ 1,638	$ 1,240
Cost of warranty claims	(3,760)	(3,703)	(1,786)
Accruals for product warranty	4,952	5,032	2,184
Ending accrued warranty and related costs	$ 4,159	$ 2,967	$ 1,638

[…]

The Company has entered into indemnification agreements with its directors and executive officers. Under these agreements, the Company has agreed to indemnify such individuals to the fullest extent permitted by law against liabilities that arise by reason of their status as directors or officers and to advance expenses incurred by such individuals in connection with related legal proceedings. […]
[…]

Operating Leases

The Company leases various equipment and facilities, including retail space, under noncancelable operating lease arrangements. The Company does not currently utilize any other off-balance sheet financing arrangements. The major facility leases are typically for terms not exceeding 10 years and generally contain multi-year renewal options. Leases for retail space are for terms ranging from five to 20 years, the majority of which are for 10 years, and often contain multi-year renewal options. As of September 27, 2014, the Company's total future minimum lease payments under noncancelable operating leases were $5.0 billion, of which $3.6 billion related to leases for retail space.

Rent expense under all operating leases, including both cancelable and noncancelable leases, was $717 million, $645 million and $488 million in 2014, 2013 and 2012, respectively. Future minimum lease payments under noncancelable operating leases having remaining terms in excess of one year as of September 27, 2014, are as follows (in millions):

2015	$	662
2016		676
2017		645
2018		593
2019		534
Thereafter		1,877
Total	$	4,987

[…]

Contingencies

The Company is subject to various legal proceedings and claims that have arisen in the ordinary course of business and that have not been fully adjudicated. In the opinion of management, there was not at least a reasonable possibility the Company may have incurred a material loss, or a material loss in excess of a recorded accrual, with respect to loss contingencies. However, the outcome of litigation is inherently uncertain. Therefore, although management considers the likelihood of such an outcome to be remote, if one or more of these legal matters were resolved against the Company in a reporting period for amounts in excess of management's expectations, the Company's consolidated financial statements for that reporting period could be materially adversely affected.
[…]

2 0 1 4

Under Armour, Inc.

A N N U A L   R E P O R T

Author's Note: Information in the narrative component of these financial statements has been greatly abbreviated, though should be sufficient to complete the requirements of the Focus on Analysis activities.

To view the report in its entirety, visit:
http://www.sec.gov/Archives/edgar/data/1336917/000133691715000006/ua-20141231x10k.htm

Source: From Under Armour Inc., Annual Report 2014

UNITED STATES
SECURITIES AND EXCHANGE COMMISSION
Washington, D.C. 20549

Form 10-K

[...]

☑ **ANNUAL REPORT PURSUANT TO SECTION 13 OR 15(d) OF THE SECURITIES EXCHANGE ACT OF 1934**

For the fiscal year ended December 31, 2014

[...]

Commission File No. 001-33202

[...]

UNDER ARMOUR, INC.
(Exact name of registrant as specified in its charter)

Maryland	**52-1990078**
(State or other jurisdiction of incorporation or organization)	(I.R.S. Employer Identification No.)

1020 Hull Street	
Baltimore, Maryland 21230	**(410) 454-6428**
(Address of principal executive offices) (Zip Code)	(Registrant's Telephone Number, Including Area Code)

Securities registered pursuant to Section 12(b) of the Act:

Class A Common Stock	**New York Stock Exchange**
(Title of each class)	(Name of each exchange on which registered)

[...]

DOCUMENTS INCORPORATED BY REFERENCE

[...]

ITEM 1.   BUSINESS

General

Our principal business activities are the development, marketing and distribution of branded performance apparel, footwear and accessories for men, women and youth. The brand's moisture-wicking fabrications are engineered [...] for wear in nearly every climate to provide a performance alternative to traditional products. Our products are sold worldwide and are worn by athletes at all levels, from youth to professional, on playing fields around the globe, as well as by consumers with active lifestyles.

Our net revenues are generated primarily from the wholesale sales of our products to national, regional, independent and specialty retailers. We also generate net revenue from the sale of our products through our direct to consumer sales channel, which includes our brand and factory house stores and websites, and from product licensing. A large majority of our products are sold in North America; however we believe that our products appeal to athletes and consumers with active lifestyles around the globe. Internationally, our net revenues are generated from a mix of wholesale sales to retailers and distributors and sales through our direct to consumer sales channels, and license revenue from sales by our third party licensee. We plan to continue to grow our business over the long term through increased sales of our apparel, footwear and accessories, expansion of our wholesale distribution, growth in our direct to consumer sales channel and expansion in international markets. Virtually all of our products are manufactured by [...] unaffiliated [...] manufacturers operating in 13 countries outside of the United States.

In December 2013, we acquired MapMyFitness, Inc. ("MapMyFitness"), a digital connected fitness company with users primarily in the U.S., and in January 2015, we acquired Endomondo, ApS. ("Endomondo") a digital connected fitness company with over 20 million registered users primarily in Europe and other regions outside the U.S. In February 2015, we entered into an agreement to acquire MyFitnessPal, Inc. ("MyFitnessPal"), a digital nutrition and connected fitness company with over 80 million registered users. [...] The acquisition is expected to close in the first quarter of 2015, subject to regulatory approval. These businesses will form the core of our Connected Fitness business and strategy.

Our Connected Fitness strategy is focused on connecting with our consumers and increasing awareness and sales of our existing product offerings through our global wholesale and direct to consumer channels. We plan to engage and grow this community by developing innovative applications, services and other digital solutions to impact how athletes and fitness-minded individuals train, perform and live.

We were incorporated as a Maryland corporation in 1996. [...]

Products

Our product offerings consist of apparel, footwear and accessories for men, women and youth. We [...] provide consumers with products that we believe are a superior alternative to traditional athletic products. In 2014, sales of apparel, footwear and accessories represented 74%, 14% and 9% of net revenues, respectively. Licensing arrangements, primarily for the sale of our products, and other revenue represented the remaining 3% of net revenues. [...]

Apparel

Our apparel is offered in a variety of styles and fits intended to enhance comfort and mobility, regulate body temperature and improve performance regardless of weather conditions. [...] Our three gearlines are marketed to tell a very simple story about our highly technical products and extend across the sporting goods, outdoor and active lifestyle markets. [...] HEATGEAR® when it is hot, COLDGEAR® when it is cold and ALLSEASONGEAR® between the extremes. [...]
[...]

Footwear

Our footwear offerings include football, baseball, lacrosse, softball and soccer cleats, slides and performance training, running, basketball and outdoor footwear. Our footwear is light, breathable and built with performance attributes for athletes. Our footwear is designed with innovative technologies which provide stabilization, directional cushioning and moisture management engineered to maximize the athlete's comfort and control.

Accessories

Accessories primarily includes the sale of headwear, bags and gloves. Our accessories include HEATGEAR® and COLDGEAR® technologies and are designed with advanced fabrications to provide the same level of performance as our other products.

License and Other

We have agreements with our licensees to develop Under Armour apparel and accessories. [...] During 2014, our licensees offered socks, team uniforms, baby and kids' apparel, eyewear and inflatable footballs and basketballs that feature performance advantages and functionality similar to our other product offerings.

We also offer digital fitness platform licenses and subscriptions, along with digital advertising through our MapMyFitness business. License and other revenues generated from the sale of apparel and accessories and the use of our MapMyFitness platforms are included in our net revenues.

Marketing and Promotion

We currently focus on marketing and selling our products to consumers primarily for use in athletics, fitness, training and outdoor activities. [...]

Sports Marketing

Our marketing and promotion strategy begins with providing and selling our products to high-performing athletes and teams on the high school, collegiate and professional levels. We execute this strategy through outfitting agreements, professional and collegiate sponsorships, individual athlete agreements and by providing and selling our products directly to team equipment managers and to individual athletes. As a result, our products are seen on the field, giving them exposure to various consumer audiences through the internet, television, magazines and live at sporting events. This exposure [...] helps us establish on-field authenticity as consumers can see our products being worn by high-performing athletes.

We are the official outfitter of athletic teams in several high-profile collegiate conferences. We are an official supplier of footwear and gloves to the National Football League ("NFL") and we are the official combine scouting partner to the NFL with the right to sell combine training apparel. We are the Official Performance Footwear Supplier of Major League Baseball and a partner with the National Basketball Association ("NBA") which allows us to market our NBA athletes in game uniforms in connection with our basketball footwear.

Internationally, we sponsor and sell our products to European and Latin America soccer and rugby teams. [...]
[...]

Media

We feature our products in a variety of national digital, broadcast, and print media outlets. We also utilize social and mobile media to engage consumers and promote conversation around our brand and our products.

Retail Presentation

The primary component of our retail marketing strategy is to increase and brand floor space dedicated to our products within our major retail accounts. The design and funding of Under Armour concept shops within our major retail accounts has been a key initiative for securing prime floor space, educating the consumer and creating an exciting environment for the consumer to experience our brand. Under Armour concept shops enhance our brand's presentation within our major retail accounts with a shop-in-shop approach, using dedicated floor space exclusively for our products, including flooring, lighting, walls, displays and images.

Sales and Distribution

The majority of our sales are generated through wholesale channels, which include national and regional sporting goods chains, independent and specialty retailers, department store chains, institutional athletic departments and leagues and teams. [...]

We also sell our products directly to consumers through our own network of brand and factory house stores in our North America, Latin America and Asia-Pacific operating segments, and through websites globally. [...] Through [...] stores, consumers experience our brand first-hand and have broader access to our performance

products. In 2014, sales through our wholesale, direct to consumer and licensing channels represented 67%, 30% and 3% of net revenues, respectively.
[…]

Our primary business operates in four geographic segments: (1) North America, comprising the United States and Canada, (2) Europe, the Middle East and Africa ("EMEA"), (3) Asia-Pacific, and (4) Latin America. […] The following table presents net revenues by segment for each of the years ending December 31, 2014, 2013 and 2012:

	Year ended December 31,					
	2014		2013		2012	
		% of		% of		% of
(*In thousands*)	Net Revenues	Net Revenues	Net Revenues	Net Revenues	Net Revenues	Net Revenues
North America	$ 2,796,390	90.7%	$ 2,193,739	94.1%	$ 1,726,733	94.1%
Other foreign countries and						
businesses	287,980	9.3	138,312	5.9	108,188	5.9
Total net revenues	$ 3,084,370	100.0%	$ 2,332,051	100.0%	$ 1,834,921	100.0%

[…]

Competition

[…] Many of our competitors are large apparel and footwear companies with strong worldwide brand recognition and significantly greater resources than us, such as Nike and Adidas. We also compete with other manufacturers, including those specializing in outdoor apparel, and private label offerings of certain retailers, including some of our retail customers.
[…]

Under Armour, Inc. and Subsidiaries

Consolidated Balance Sheets

(In thousands, except share data)

	December 31, 2014	December 31, 2013
Assets		
Current assets		
Cash and cash equivalents	$ 593,175	$ 347,489
Accounts receivable, net	279,835	209,952
Inventories	536,714	469,006
Prepaid expenses and other current assets	87,177	63,987
Deferred income taxes	52,498	38,377
Total current assets	1,549,399	1,128,811
Property and equipment, net	305,564	223,952
Goodwill	123,256	122,244
Intangible assets, net	26,230	24,097
Deferred income taxes	33,570	31,094
Other long term assets	57,064	47,543
Total assets	$ 2,095,083	$ 1,577,741
Liabilities and Stockholders' Equity		
Current liabilities		
Revolving credit facility	$ —	$ 100,000
Accounts payable	210,432	165,456
Accrued expenses	147,681	133,729
Current maturities of long term debt	28,951	4,972
Other current liabilities	34,563	22,473
Total current liabilities	421,627	426,630
Long term debt, net of current maturities	255,250	47,951
Other long term liabilities	67,906	49,806
Total liabilities	744,783	524,387
Commitments and contingencies (see Note 7)		
Stockholders' equity		
Class A Common Stock, $0.0003 1/3 par value; 400,000,000 shares authorized as of December 31, 2014 and 2013; 177,295,988 shares issued and outstanding as of December 31, 2014 and 171,628,708 shares issued and outstanding as of December 31, 2013.	59	57
Class B Convertible Common Stock, $0.0003 1/3 par value; 36,600,000 shares authorized, issued and outstanding as of December 31, 2014 and 40,000,000 shares authorized, issued and outstanding as of December 31, 2013.	12	13
Additional paid-in capital	508,350	397,248
Retained earnings	856,687	653,842
Accumulated other comprehensive income (loss)	(14,808)	2,194
Total stockholders' equity	1,350,300	1,053,354
Total liabilities and stockholders' equity	$ 2,095,083	$ 1,577,741

See accompanying notes.

Under Armour, Inc. and Subsidiaries
Consolidated Statements of Income
(In thousands, except per share amounts)

	Year Ended December 31,		
	2014	**2013**	**2012**
Net revenues	$ 3,084,370	$ 2,332,051	$ 1,834,921
Cost of goods sold	1,572,164	1,195,381	955,624
Gross profit	1,512,206	1,136,670	879,297
Selling, general and administrative expenses	1,158,251	871,572	670,602
Income from operations	353,955	265,098	208,695
Interest expense, net	(5,335)	(2,933)	(5,183)
Other expense, net	(6,410)	(1,172)	(73)
Income before income taxes	342,210	260,993	203,439
Provision for income taxes	134,168	98,663	74,661
Net income	$ 208,042	$ 162,330	$ 128,778
Net income available per common share			
Basic	$ 0.98	$ 0.77	$ 0.62
Diluted	$ 0.95	$ 0.75	$ 0.61
Weighted average common shares outstanding			
Basic	213,227	210,696	208,686
Diluted	219,380	215,958	212,760

See accompanying notes.

Under Armour, Inc. and Subsidiaries
Consolidated Statements of Comprehensive Income
(In thousands)

	Year Ended December 31,		
	2014	**2013**	**2012**
Net income	$ 208,042	$ 162,330	$ 128,778
Other comprehensive income (loss):			
Foreign currency translation adjustment	(16,743)	(897)	423
Unrealized gain (loss) on cash flow hedge, net of tax of ($408), $505 and $58 for the years ended December 31, 2014, 2013 and 2012.	(259)	723	(83)
Total other comprehensive income (loss)	(17,002)	(174)	340
Comprehensive income	$ 191,040	$ 162,156	$ 129,118

See accompanying notes.

Under Armour, Inc. and Subsidiaries

Consolidated Statements of Stockholders' Equity

(In thousands)

	Class A Common Stock		Class B Convertible Common Stock		Additional Paid-In Capital	Retained Earnings	Accumulated Other Comprehensive Income (Loss)	Total Stockholders' Equity
	Shares	Amount	Shares	Amount				
					[...]			
Balance as of December 31, 2012	166,922	$ 56	42,600	$ 14	$321,303	$493,181	$ 2,368	$ 816,922
Exercise of stock options	1,822	—	—	—	12,159	—	—	12,159
Shares withheld in consideration of employee tax obligations relative to stock-based compensation arrangements	(47)	—	—	—	—	(1,669)	—	(1,669)
Issuance of Class A Common Stock, net of forfeitures	332	—	—	—	3,439	—	—	3,439
Class B Convertible Common Stock converted to Class A Common Stock	2,600	1	(2,600)	(1)	—	—	—	—
Stock-based compensation expense	—	—	—	—	43,184	—	—	43,184
Net excess tax benefits from stock-based compensation arrangements	—	—	—	—	17,163	—	—	17,163
Comprehensive income	—	—	—	—	—	162,330	(174)	162,156
Balance as of December 31, 2013	171,629	57	40,000	13	397,248	653,842	2,194	1,053,354
Exercise of stock options	1,454	1	—	—	11,258	—	—	11,259
Shares withheld in consideration of employee tax obligations relative to stock-based compensation arrangements	(95)	—	—	—	—	(5,197)	—	(5,197)
Issuance of Class A Common Stock, net of forfeitures	908	—	—	—	12,067	—	—	12,067
Class B Convertible Common Stock converted to Class A Common Stock	3,400	1	(3,400)	(1)	—	—	—	—
Stock-based compensation expense	—	—	—	—	50,812	—	—	50,812
Net excess tax benefits from stock-based compensation arrangements	—	—	—	—	36,965	—	—	36,965
Comprehensive income (loss)	—	—	—	—	—	208,042	(17,002)	191,040
Balance as of December 31, 2014	177,296	$ 59	36,600	$ 12	$508,350	$856,687	$(14,808)	$1,350,300

See accompanying notes.

Under Armour, Inc. and Subsidiaries
Consolidated Statements of Cash Flows
(In thousands)

	Year Ended December 31,		
	2014	2013	2012
Cash flows from operating activities			
Net income	$ 208,042	$ 162,330	$ 128,778
Adjustments to reconcile net income to net cash used in operating activities			
Depreciation and amortization	72,093	50,549	43,082
Unrealized foreign currency exchange rate losses (gains)	11,739	1,905	(2,464)
Loss on disposal of property and equipment	261	332	524
Stock-based compensation	50,812	43,184	19,845
Deferred income taxes	(17,584)	(18,832)	(12,973)
Changes in reserves and allowances	31,350	13,945	13,916
Changes in operating assets and liabilities, net of effects of acquisitions:			
Accounts receivable	(101,057)	(35,960)	(53,433)
Inventories	(84,658)	(156,900)	4,699
Prepaid expenses and other assets	(33,345)	(19,049)	(4,060)
Accounts payable	49,137	14,642	35,370
Accrued expenses and other liabilities	28,856	56,481	21,966
Income taxes payable and receivable	3,387	7,443	4,511
Net cash provided by operating activities	219,033	120,070	199,761
Cash flows from investing activities			
Purchases of property and equipment	(140,528)	(87,830)	(50,650)
Purchase of business	(10,924)	(148,097)	—
Purchases of other assets	(860)	(475)	(1,310)
Change in loans receivable	—	(1,700)	—
Change in restricted cash	—	—	5,029
Net cash used in investing activities	(152,312)	(238,102)	(46,931)
Cash flows from financing activities			
Proceeds from revolving credit facility	—	100,000	—
Payments on revolving credit facility	(100,000)	—	—
Proceeds from term loan	250,000	—	—
Payments on term loan	(13,750)	—	(25,000)
Proceeds from long term debt	—	—	50,000
Payments on long term debt	(4,972)	(5,471)	(44,330)
Excess tax benefits from stock-based compensation arrangements	36,965	17,167	17,868
Proceeds from exercise of stock options and other stock issuances	15,776	15,099	14,776
Payments of debt financing costs	(1,713)	—	(1,017)
Net cash provided by financing activities	182,306	126,795	12,297
Effect of exchange rate changes on cash and cash equivalents	(3,341)	(3,115)	1,330
Net increase in cash and cash equivalents	245,686	5,648	166,457
Cash and cash equivalents			
Beginning of period	347,489	341,841	175,384
End of period	$ 593,175	$ 347,489	$ 341,841
Non-cash investing and financing activities			
Increase in accrual for property and equipment	$ 4,922	$ 3,786	$ 12,137
Non-cash acquisition of business	11,233	—	—
Other supplemental information			
Cash paid for income taxes	103,284	85,570	57,739
Cash paid for interest, net of capitalized interest	4,146	1,505	3,306

See accompanying notes.

Under Armour, Inc. and Subsidiaries
Notes to the Audited Consolidated Financial Statements

1. Description of the Business

Under Armour, Inc. is a developer, marketer and distributor of branded performance apparel, footwear and accessories. These products are sold worldwide and worn by athletes at all levels, from youth to professional on playing fields around the globe, as well as by consumers with active lifestyles.

2. Summary of Significant Accounting Policies

Basis of Presentation

The accompanying consolidated financial statements include the accounts of Under Armour, Inc. and its wholly owned subsidiaries (the "Company"). All intercompany balances and transactions have been eliminated. The accompanying consolidated financial statements were prepared in accordance with accounting principles generally accepted in the United States of America.
[...]

Cash and Cash Equivalents

The Company considers all highly liquid investments with an original maturity of three months or less at date of inception to be cash and cash equivalents. Included in interest expense, net for the years ended December 31, 2014, 2013 and 2012 was interest income of $192.0 thousand, $23.7 thousand and $25.2 thousand, respectively, related to cash and cash equivalents.

Concentration of Credit Risk

[...] The majority of the Company's accounts receivable is due from large sporting goods retailers. Credit is extended based on an evaluation of the customer's financial condition and collateral is not required. The Company had two customers in North America that individually accounted for 23.4% and 11.1% of accounts receivable as of December 31, 2014. The Company's largest customer accounted for 14.4%, 16.6% and 16.6% of net revenues for the years ended December 31, 2014, 2013 and 2012, respectively.

Allowance for Doubtful Accounts

The Company makes ongoing estimates relating to the collectability of accounts receivable and maintains an allowance for estimated losses resulting from the inability of its customers to make required payments. In determining the amount of the reserve, the Company considers historical levels of credit losses and significant economic developments within the retail environment that could impact the ability of its customers to pay outstanding balances and makes judgments about the creditworthiness of significant customers based on ongoing credit evaluations. [...] As of December 31, 2014 and 2013, the allowance for doubtful accounts was $3.7 million and $2.9 million, respectively.

Inventories

Inventories consist primarily of finished goods. Costs of finished goods inventories include all costs incurred to bring inventory to its current condition, including inbound freight, duties and other costs. The Company values its inventory at standard cost which approximates landed cost, using the first-in, first-out method of cost determination. Market value is estimated based upon assumptions made about future demand and retail market conditions. If the Company determines that the estimated market value of its inventory is less than the carrying value of such inventory, it records a charge to cost of goods sold to reflect the lower of cost or market. [...]
[...]

Property and Equipment

Property and equipment are stated at cost, including the cost of internal labor for software customized for internal use, less accumulated depreciation and amortization. Property and equipment is depreciated using the straight-line method over the estimated useful lives of the assets: 3 to 10 years for furniture, office equipment, software and plant equipment and 10 to 35 years for site improvements, buildings and building equipment. Leasehold and tenant improvements are amortized over the shorter of the lease term or the estimated useful lives of the assets. The cost of in-store apparel and footwear fixtures and displays are capitalized, included in furniture, fixtures and displays, and depreciated over 3 years. The Company periodically reviews assets' estimated useful lives based upon actual experience and expected future utilization. A change in useful life is treated as a change in accounting estimate and is applied prospectively.

The Company capitalizes the cost of interest for long term property and equipment projects based on the Company's weighted average borrowing rates in place while the projects are in progress. Capitalized interest was $0.4 million and $0.4 million as of December 31, 2014 and 2013, respectively.

Upon retirement or disposition of property and equipment, the cost and accumulated depreciation are removed from the accounts and any resulting gain or loss is reflected in selling, general and administrative expenses for that period. Major additions and betterments are capitalized to the asset accounts while maintenance and repairs, which do not improve or extend the lives of assets, are expensed as incurred.

Goodwill, Intangible Assets and Long-Lived Assets

Goodwill and intangible assets are recorded at their estimated fair values at the date of acquisition and are allocated to the reporting units that are expected to receive the related benefits. Goodwill and indefinite lived intangible assets are not amortized and are required to be tested for impairment at least annually or sooner whenever events or changes in circumstances indicate that the assets may be impaired. [...] The Company performs its annual impairment tests in the fourth quarter of each fiscal year.

[...] When factors indicate that an asset should be evaluated for possible impairment, the Company reviews long-lived assets to assess recoverability from future operations using undiscounted cash flows. If future undiscounted cash flows are less than the carrying value, an impairment is recognized in earnings to the extent that the carrying value exceeds fair value.

Accrued Expenses

At December 31, 2014, accrued expenses primarily included $61.4 million and $14.0 million of accrued compensation and benefits and marketing expenses, respectively. At December 31, 2013, accrued expenses primarily included $56.7 million and $11.9 million of accrued compensation and benefits and marketing expenses, respectively.

Foreign Currency Translation and Transactions

The functional currency for each of the Company's wholly owned foreign subsidiaries is generally the applicable local currency. The translation of foreign currencies into U.S. dollars is performed for assets and liabilities using current foreign currency exchange rates in effect at the balance sheet date and for revenue and expense accounts using average foreign currency exchange rates during the period. Capital accounts are translated at historical foreign currency exchange rates. Translation gains and losses are included in stockholders' equity as a component of accumulated other comprehensive income. Adjustments that arise from foreign currency exchange rate changes on transactions, primarily driven by intercompany transactions, denominated in a currency other than the functional currency are included in other expense, net on the consolidated statements of income.
[...]

Revenue Recognition

The Company recognizes revenue pursuant to applicable accounting standards. Net revenues consist of both net sales and license and other revenues. Net sales are recognized upon transfer of ownership, including passage of title to the customer and transfer of risk of loss related to those goods. Transfer of title and risk of loss is based upon shipment under free on board shipping point for most goods or upon receipt by the customer depending on the country of the sale and the agreement with the customer. In some instances, transfer of title and risk of loss takes place at the point of sale, for example, at the Company's brand and factory house stores. The Company may also ship product directly from its supplier to the customer and recognize revenue when the product is delivered to and accepted by the customer. License and other revenues are primarily recognized based upon shipment of licensed products sold by the Company's licensees. Sales taxes imposed on the Company's revenues from product sales are presented on a net basis on the consolidated statements of income and therefore do not impact net revenues or costs of goods sold.

The Company records reductions to revenue for estimated customer returns, allowances, markdowns and discounts. The Company bases its estimates on historical rates of customer returns and allowances as well as the specific identification of outstanding returns, markdowns and allowances that have not yet been received by the Company. [...] As of December 31, 2014 and 2013, there were $68.9 million and $43.8 million, respectively, in reserves for customer returns, allowances, markdowns and discounts.
[...]

4. Property and Equipment, Net

Property and equipment consisted of the following:

(*In thousands*)	December 31, 2014	December 31, 2013
Leasehold and tenant improvements	$ 128,088	$ 97,776
Furniture, fixtures and displays	80,035	68,045
Buildings	46,419	45,903
Software	67,506	51,984
Office equipment	51,531	39,551
Plant equipment	70,317	45,509
Land	17,628	17,628
Construction in progress	57,677	28,471
Other	3,175	1,219
Subtotal property and equipment	522,376	396,086
Accumulated depreciation	(216,812)	(172,134)
Property and equipment, net	$ 305,564	$ 223,952

Construction in progress primarily includes costs incurred for software systems, leasehold improvements and in-store fixtures and displays not yet placed in use.

Depreciation expense related to property and equipment was $63.6 million, $48.3 million and $39.8 million for the years ended December 31, 2014, 2013 and 2012, respectively.

5. Goodwill and Intangible Assets, Net

The following table summarizes changes in the carrying amount of the Company's goodwill by reportable segment as of the periods indicated:

(*In thousands*)	North America	Other foreign countries and businesses	Total
Balance as of December 31, 2013	$ 119,799	$ 2,445	$ 122,244
Goodwill acquired	—	1,012	1,012
Balance as of December 31, 2014	$ 119,799	$ 3,457	$ 123,256

During 2014, the Company acquired $1.0 million of goodwill in connection with the acquisition of certain assets of its former distributor in Mexico, which was accounted for as a business combination.

The following table summarizes the Company's intangible assets as of the periods indicated:

(*In thousands*)	December 31, 2014 Gross Carrying Amount	December 31, 2014 Accumulated Amortization	December 31, 2014 Net Carrying Amount	December 31, 2013 Gross Carrying Amount	December 31, 2013 Accumulated Amortization	December 31, 2013 Net Carrying Amount
Intangible assets subject to amortization:						
Technology	$ 12,000	$ (1,907)	$ 10,093	$ 12,000	$ (126)	$ 11,874
Trade name	5,000	(1,353)	3,647	5,000	(53)	4,947
Customer relationships	11,927	(4,692)	7,235	3,600	(38)	3,562
Lease-related intangible assets	3,896	(2,762)	1,134	3,896	(2,605)	1,291
Other	2,196	(893)	1,303	1,266	(532)	734
Total	$ 35,019	$ (11,607)	$ 23,412	$ 25,762	$ (3,354)	$ 22,408
Indefinite-lived intangible assets			2,818			1,689
Intangible assets, net			$ 26,230			$ 24,097

Technology, trade-name and customer relationship intangible assets were acquired with the purchase of MapMyFitness and are amortized on a straight-line basis over 84 months, 48 months and 24 months, respectively. Customer relationship intangible assets were also acquired with the acquisition of certain assets of the Company's former distributor in Mexico and are amortized on a straight-line basis over 36 months. Lease-related intangible assets were acquired with the purchase of the Company's corporate headquarters and are amortized over the remaining third party lease terms, which ranged from 9 months to 15 years on the date of purchase. Other intangible assets are amortized using estimated useful lives of 55 months to 120 months with no residual value. Amortization expense, which is included in selling, general and administrative expenses, was $8.5 million, $1.6 million and $2.2 million for the years ended December 31, 2014, 2013 and 2012, respectively.

The following is the estimated amortization expense for the Company's intangible assets as of December 31, 2014:

(In thousands)	
2015	$ 7,862
2016	6,118
2017	3,236
2018	2,074
2019	1,966
2020 and thereafter	2,156
Amortization expense of intangible assets	$ 23,412

At December 31, 2014, 2013 and 2012, the Company determined that its goodwill and indefinite-lived intangible assets were not impaired.

6. Credit Facility and Long Term Debt

Credit Facility

In May 2014, the Company entered into a new unsecured $650.0 million credit facility and terminated its prior $325.0 million secured revolving credit facility. The credit agreement has a term of five years through May 2019, with permitted extensions under certain circumstances. The credit agreement provides for a committed revolving credit facility of $400.0 million, in addition to an aggregate term loan commitment of $250.0 million, consisting of a $150.0 million term loan, drawn at the closing of the credit agreement, and $100.0 million delayed draw term loan drawn in November 2014 for general corporate purposes. At the Company's request and the lenders' consent, the revolving credit facility or term loans may be increased by up to an additional $150.0 million. Borrowings under the revolving credit facility may be made in U.S. Dollars, Euros, Pounds Sterling, Japanese Yen and Canadian Dollars. Up to $50.0 million of the facility may be used for the issuance of letters of credit and up to $50.0 million of the facility may be used for the issuance of swingline loans. There were no significant letters of credit and no swingline loans outstanding as of December 31, 2014.
[…]

The Company used $100.0 million of the proceeds from the $150.0 million loan to repay the $100.0 million outstanding under the Company's prior revolving credit facility. The Company incurred and capitalized $1.7 million in deferred financing costs in connection with the credit facility.

Other Long Term Debt

The Company has long term debt agreements with various lenders to finance the acquisition or lease of qualifying capital investments. Loans under these agreements are collateralized by a first lien on the related assets acquired. At December 31, 2014, 2013 and 2012, the outstanding principal balance under these agreements was $2.0 million, $4.9 million and $11.9 million, respectively. Currently, advances under these agreements bear interest rates which are fixed at the time of each advance. The weighted average interest rates on outstanding borrowings were 3.1%, 3.3% and 3.7% for the years ended December 31, 2014, 2013 and 2012, respectively.
[…]

The following are the scheduled maturities of long term debt as of December 31, 2014:

(In thousands)	
2015	$ 28,951
2016	27,000
2017	27,000
2018	27,000
2019	138,250
2020 and thereafter	36,000
Total scheduled maturities of long term debt	284,201
Less current maturities of long term debt	(28,951)
Long term debt obligations	$ 255,250

Interest expense, net was $5.3 million, $2.9 million and $5.2 million for the years ended December 31, 2014, 2013 and 2012, respectively. Interest expense includes the amortization of deferred financing costs and interest expense under the credit and long term debt facilities.

The Company monitors the financial health and stability of its lenders under the credit and other long term debt facilities, however during any period of significant instability in the credit markets lenders could be negatively impacted in their ability to perform under these facilities.

7. Commitments and Contingencies

Obligations Under Operating Leases

The Company leases warehouse space, office facilities, space for its brand and factory house stores and certain equipment under non-cancelable operating leases. The leases expire at various dates through 2028, excluding extensions at the Company's option, and include provisions for rental adjustments. […] The following is a schedule of future minimum lease payments for non-cancelable real property operating leases as of December 31, 2014 as well as significant operating lease agreements entered into during the period after December 31, 2014 through the date of this report:

(In thousands)	
2015	$ 56,452
2016	57,079
2017	52,172
2018	48,345
2019	44,313
2020 and thereafter	214,214
Total future minimum lease payments	$ 472,575

Included in selling, general and administrative expense was rent expense of $59.0 million, $41.8 million and $31.1 million for the years ended December 31, 2014, 2013 and 2012, respectively, under non-cancelable operating lease agreements. Included in these amounts was contingent rent expense of $11.0 million, $7.8 million and $6.2 million for the years ended December 31, 2014, 2013 and 2012, respectively.

Sponsorships and Other Marketing Commitments

Within the normal course of business, the Company enters into contractual commitments in order to promote the Company's brand and products. These commitments include sponsorship agreements with teams and athletes on the collegiate and professional levels, official supplier agreements, athletic event sponsorships and other marketing commitments. The following is a schedule of the Company's future minimum payments under its sponsorship and other marketing agreements as of December 31, 2014, as well as significant sponsorship and other marketing agreements entered into during the period after December 31, 2014 through the date of this report:

(In thousands)	
2015	$ 90,056
2016	71,654
2017	56,734
2018	44,982
2019	33,155
2020 and thereafter	96,345
Total future minimum sponsorship and other marketing payments	$ 392,926

The amounts listed above are the minimum obligations required to be paid under the Company's sponsorship and other marketing agreements. [...]

Other

From time to time, the Company is involved in litigation and other proceedings, including matters related to commercial and intellectual property disputes, as well as trade, regulatory and other claims related to its business. The Company believes that all current proceedings are routine in nature and incidental to the conduct of its business, and that the ultimate resolution of any such proceedings will not have a material adverse effect on its consolidated financial position, results of operations or cash flows.

In connection with various contracts and agreements, the Company has agreed to indemnify counterparties against certain third party claims relating to the infringement of intellectual property rights and other items. Generally, such indemnification obligations do not apply in situations in which the counterparties are grossly negligent, engage in willful misconduct, or act in bad faith. Based on the Company's historical experience and the estimated probability of future loss, the Company has determined that the fair value of such indemnifications is not material to its consolidated financial position or results of operations.

8. Stockholders' Equity

The Company's Class A Common Stock and Class B Convertible Common Stock have an authorized number of shares at December 31, 2014 of 400.0 million shares and 36.6 million shares, respectively, and each have a par value of $0.0003 1/3 per share. Holders of Class A Common Stock and Class B Convertible Common Stock have identical rights, including liquidation preferences, except that the holders of Class A Common Stock are entitled to one vote per share and holders of Class B Convertible Common Stock are entitled to 10 votes per share on all matters submitted to a stockholder vote. Class B Convertible Common Stock may only be held by Kevin Plank, the Company's founder and Chief Executive Officer, or a related party of Mr. Plank, as defined in the Company's charter. As a result, Mr. Plank has a majority voting control over the Company. Upon the transfer of shares of Class B Convertible Stock to a person other than Mr. Plank or a related party of Mr. Plank, the shares automatically convert into shares of Class A Common Stock on a one-for-one basis. In addition, all of the outstanding shares of Class B Convertible Common Stock will automatically convert into shares of Class A Common Stock on a one-for-one basis upon the death or disability of Mr. Plank or on the record date for any stockholders' meeting upon which the shares of Class A Common Stock and Class B Convertible Common Stock beneficially owned by Mr. Plank is less than 15% of the total shares of Class A Common Stock and Class B Convertible Common Stock outstanding. Holders of the Company's common stock are entitled to receive dividends when and if authorized and declared out of assets legally available for the payment of dividends.

During the year ended December 31, 2014, 3.4 million shares of Class B Convertible Common Stock were converted into shares of Class A Common Stock on a one-for-one basis in connection with stock sales. [...]

16. Segment Data and Related Information

The Company's operating segments are based on how the Chief Operating Decision Maker ("CODM") makes decisions about allocating resources and assessing performance. As such, the CODM receives discrete financial information for the Company's principal business by geographic region based on the Company's strategy to become a global brand. These geographic regions include North America; Latin America; Europe, the Middle East and Africa ("EMEA"); and Asia-Pacific. Each geographic segment operates exclusively in one industry: the development, marketing and distribution of branded performance apparel, footwear and accessories. [...]

The net revenues and operating income (loss) associated with the Company's segments are summarized in the following tables. Net revenues represent sales to external customers for each segment. In addition to net revenues, operating income (loss) is a primary financial measure used by the Company to evaluate performance of each segment. Intercompany balances were eliminated for separate disclosure and the majority of corporate expenses within North America have not been allocated to other foreign countries and businesses.

	Year Ended December 31,		
(*In thousands*)	**2014**	**2013**	**2012**
Net revenues			
North America	$ 2,796,390	$ 2,193,739	$ 1,726,733
Other foreign countries and businesses	287,980	138,312	108,188
Total net revenues	$ 3,084,370	$ 2,332,051	$ 1,834,921

	Year Ended December 31,		
(*In thousands*)	**2014**	**2013**	**2012**
Operating income (loss)			
North America	$ 372,347	$ 271,338	$ 200,084
Other foreign countries and businesses	(18,392)	(6,240)	8,611
Total operating income	353,955	265,098	208,695
Interest expense, net	(5,335)	(2,933)	(5,183)
Other expense, net	(6,410)	(1,172)	(73)
Income before income taxes	$ 342,210	$ 260,993	$ 203,439

Net revenues by product category are as follows:

	Year Ended December 31,		
(*In thousands*)	**2014**	**2013**	**2012**
Apparel	$ 2,291,520	$ 1,762,150	$ 1,385,350
Footwear	430,987	298,825	238,955
Accessories	275,425	216,098	165,835
Total net sales	2,997,932	2,277,073	1,790,140
Licensing and other revenues	86,438	54,978	44,781
Total net revenues	$ 3,084,370	$ 2,332,051	$ 1,834,921

As of December 31, 2014 and 2013, the majority of the Company's long-lived assets were located in the United States. Net revenues in the United States were $2,670.4 million, $2,082.5 million and $1,650.4 million for the years ended December 31, 2014, 2013 and 2012, respectively.
[...]

附录 **C**

不同类型企业的典型会计科目图表

简单的服务公司		
资产	**负债**	**所有者权益**
现金	应付账款	普通股
应收账款	应付票据（短期）	留存收益
坏账准备	应付薪水	股利
应收票据（短期）	应付工资	**收入和利得**
应收利息	应交工资税	服务收入
易耗物资	应付员工福利费	利息收入
预付租金	应付利息	土地（家具、设备或建筑物）销售收入
预付保险费	预收服务收入	**费用和损失**
应收票据（长期）	应付票据（长期）	工资费用
土地		所得税费用
建筑物		员工福利费用
累计折旧——建筑物		租赁费用
设备		保险费用
累计折旧——设备		易耗物资费用
家具		坏账费用
累计折旧——家具		折旧费用——家具
		折旧费用——设备
		折旧费用——建筑物
		所得税费用
		利息费用
		杂费
		土地（家具、设备或建筑物）销售（或交换）损失

合伙服务企业	
与简单的服务公司类似，只是所有者权益不同	**所有者权益**
	合伙人 1，资本
	合伙人 2，资本
	⋮
	合伙人 n，资本
	合伙人 1，提款
	合伙人 2，提款
	⋮
	合伙人 n，提款

复杂的商品流通企业

资产	负债	所有者权益	费用和损失
现金	应付账款	优先股	销售成本
交易性证券投资或可供出售证券投资	应付票据（短期）	优先股股本溢价	薪金费用
应收账款	应付债券本年到期部分	普通股	工资费用
坏账准备	应付薪水	普通股股本溢价	佣金费用
应收票据（短期）	应付工资	库存股股本溢价	工资所得税费用
应收利息	应交工资税	股票回购股本溢价	员工福利费用
存货	应付员工福利费	留存收益	租赁费用
易耗物资	应付利息	累计其他综合收益（损失）	保险费用
预付租金	应交所得税	可供出售证券未实现投资利得	易耗物资费用
预付保险费	预收服务收入	（损失）	坏账费用
应收票据（长期）	应付票据（长期）	外币折算调整	折旧费用——土地改良
权益法投资	应付债券	库存股	折旧费用——家具和固定设施
可供出售证券投资	租赁负债	少数股东权益	折旧费用——设备
持有至到期债券投资			折旧费用——建筑物
其他应收款项（长期）		**收入和利得**	开办费
土地		销售收入	摊销费用——特许权
土地改良		利息收入	摊销费用——租赁改良
建筑物		股利收入	摊销费用——专利
累计折旧——建筑物		权益法投资收入	所得税费用
设备		交易性证券未实现利得	交易性证券未确认损失
累计折旧——设备		投资出售利得	出售投资损失
家具和固定设施设备		土地（家具、设备或建筑物）出售利得	出售（或交换）
累计折旧——家具和固定设施		非持续经营收入	土地（家具、设备或建筑物）出售损失
特许权		营业外收入	终止经营损失
专利			营业外支出
租赁改良支出			
商誉			

制造业		
与商品流通企业类似，只是资产项目不同		**资产**
		存货：
		原材料
		在产品
		产成品
		工人工资
		间接费用

附录 D

公认会计原则(GAAP)摘要

　　每个技术领域都有专业协会和监督部门来管理其职业惯例,会计学也不例外。在美国,公认会计原则(GAAP)主要由财务会计准则委员会(FASB)编写。FASB 有 7 名专职委员及大量的员工。FASB 是一个没有政府或专业从属关系的独立组织。FASB 接受财务会计基金会(Financial Accounting Foundation,FAF)的监督和指导,该基金会负责遴选 FASB 委员并提供资金。为确保中立,在加入 FASB 之前,FASB 委员需要有在不同行业和机构工作的背景。每名 FASB 委员的任期为 5 年,并且可以再延期 5 年。

　　FASB 的公告被称为《财务会计准则公报》。一旦正式颁布,这些准则即被编入《会计准则法典》。该法典是美国非政府 GAAP 唯一一个权威性资料来源。该法典将已颁布的 GAAP 进行汇编,明确不同类型交易事项的计量和报告规范。GAAP 被视为"专业领域的会计法"。正如法律通过人们对其的认可而树立自身的权威,公认会计原则依赖企业界的广泛认可而存在。贯穿本书,我们都将 GAAP 视为计量和报告业务活动的最合适的原则。

　　2002 年,FASB 和国际会计准则理事会(IASB)宣布了国际会计准则趋同计划。双方一致同意,在 GAAP 和国际财务报告准则(IFRS)的基础上,建立一套全球性、一致性的高质量会计准则。至此,所有新颁布的 GAAP 和 IASB 的新标准都应在计量和报告不同类型的交易事项方面保持一致(即使不是完全一样)。然而,GAAP 和 IFRS 之间的差异始终存在。在附录 E 中将做详细讨论。

　　美国国会赋予证券交易委员会(SEC)的最终职责是为上市公司制定会计原则。而 SEC 则将大部分准则制定权交给了 FASB。GAAP 制定流程图如图 D-1 所示。

美国国会　　证券交易委员会　财务会计准则委员会

图 D-1　GAAP 制定流程图

财务报告目标

　　财务报告的基本目标是为投资决策和贷款决策提供有用的信息。FASB 认为有用的会计信息必须符合相关性、可靠性及如实反映经济实质的质量特征要求。

　　相关的会计信息在预测和评价企业过去的业绩时非常有用,也就是说,相关的信息具有反馈价值。例如,百事公司披露每一条产品线的盈利能力信息,有助于投资者对该公司进行评价。为满足相关性的要求,会计信息必须具有时效性。为了满足如实反映的要求,信息必须完整、中立(不偏不倚)且无重大会计差错(准确)。会计信息必须关注交易事项的经济实质,而不仅仅是法律形式。如实反映使信息对使用者更加可靠。在第 1 章中,图 1-2 给出了会计目标、会计信息基本质量特征和增强信息特征及会计信息的限制条件。这些质量特征和限制条件构成了 GAAP 的概念框架和基本原则。表 D-1 总结了会计假设、概念和原则,以便为决策的制定提供有用的信息。

表 D-1　重要会计概念、原则和财务报表

假设、概念、原则及 财务报表	简明摘要	正文参考
假设和概念		
主体假设	界定一个组织独立会计核算的界限。	第 1 章
持续经营假设	会计人员假设在可预见的将来企业会持续经营。	第 1 章
币值稳定假设	忽略通货膨胀的影响,会计信息主要以货币方式反映。	第 1 章
会计分期假设	确保会计信息可以定期报告。	第 3 章
原则		
历史成本原则	资产以实际历史成本确认入账。	第 1 章
收入原则	何时确认收入(只有当收入实现时才予以确认)及收入确认的金额(已收到的现金价值)。	第 3 章、第 5 章和第 11 章
费用确认(配比)原则	(1)确认和计量当期所发生的费用;(2)使费用与当期确认的收入配比。目标是确定净利润。	第 3 章
一致性原则	企业在不同的会计期间应采用相同的会计方法。	第 6 章
披露原则	企业财务报表应披露充足的信息,以便信息使用者在此基础上作出决策。	第 6 章
财务报表		
资产负债表	资产＝负债＋所有者权益(某一特定时点)	第 1 章
利润表	收入和利得 －费用和损失 ＝当期净利润或净亏损	第 1 章和第 11 章
现金流量表	现金收入 －现金支出 ＝当期现金的增加或减少(经营、投资和筹资活动)	第 1 章和第 12 章
综合收益表	净利润(来自利润表) ＋其他综合收益 －其他综合损失 ＝综合收益(损失)	第 11 章
留存收益表	期初留存收益 ＋净利润(－净亏损) －股利 ＝期末留存收益	第 1 章和第 10 章
股东权益变动表	列出每个股东权益账户(包括留存收益)变动的原因。	第 10 章
财务报表附注	提供在财务报表中不便列示的信息,附注是财务报表的组成部分。	第 11 章

附录 **E**

美国公认会计原则(GAAP)与国际财务 报告准则(IFRS)的差异

下表描述了美国公认会计原则(GAAP)和国际财务报告准则(IFRS)之间的差异,主要涵盖了本书所涉及的专题。由于商业的全球化,采用一套统一的全球会计标准具有理论上的优势,但要想实现这一目标却困难重重。不过,某些专家仍然相信,GAAP 和 IFRS 的统一终将成为现实。表中的最后一栏列示了 GAAP 转换成 IFRS 将会带来的变化(以当前实施的准则为依据)。上述相关内容有助于我们评价准则变化对美国企业财务报表的影响。

会计科目	专题	GAAP	IFRS	采用 IFRS 的影响
存货和销售成本 (第 6 章)	存货计价方法	企业可以选择使用后进先出法(LIFO)计量存货成本。当前,为获取税收利益,大量美国企业使用后进先出法。	在任何情形下都不允许使用后进先出法。	后进先出法可能被取消。企业可以选择使用先进先出法(FIFO)、平均成本法和个别成本法。
	成本与市价孰低(LCM)	市价一般由重置成本决定。存货跌价减值不可以转回。	市价一般由可变现净值(公允价值)决定。在某些情形下,存货跌价减值可以转回。	由于销售价格一般高于重置成本,存货跌价减值的情形会越来越少。存货跌价减值在一段时间内可以转回。
不动产、厂房和设备 (第 7 章)	资产减值和重估	如果长期资产减值,则计提减值准备。减值准备不可以转回。	依据公允价值的变动(评估),长期资产可以升值,也可以减值。公允价值调整可以转回。	历史成本原则也许不再适用于长期资产。资产价值由独立的资产评估机构评估。资产价值可以调增或调减。
	折旧	按资产的类别(如建筑物、设备等)计提折旧费用。	按资产的组成部分计提折旧费用(比按类别计提更详细)	在资产折旧期间,需要记录更详细的信息。

会计科目	专题	GAAP	IFRS	采用 IFRS 的影响
研究和开发 (第7章)	开发成本	所有研发费用应确认为费用。只有计算机软件开发成本是一个例外,即可以资本化,并在未来产生销售收入期间予以摊销。	所有研究支出应予费用化,而开发支出则可以资本化,并在未来产生销售收入期间予以摊销。	GAAP 制定了新的准则,资本化的范围扩展至所有的开发成本,而不仅局限于计算机软件开发成本。
无形资产 (第7章)	资本化和在资产负债表中确认无形资产	只有外购的无形资产才予以确认。内部开发的资产不予确认。	如果未来经济利益很可能发生且金额能够可靠地计量,则确认为无形资产(与或有事项确认的标准相同)。既可以是外购的,也可以是内部开发的。	在资产负债上确认更多的无形资产。在持有期间内摊销或者减值。
或有负债 (第9章)	或有负债确认	如果或有负债很可能发生,且金额能够可靠地计量,则确认为预计负债(通过会计分录)。可能发生的或有负债应在财务报表附注中披露。	很可能发生和可能发生的或有负债均需通过会计分录予以确认。可能在未来发生的事项不是或有事项。从定义看,或有事项只能在财务报表的附注中披露。但是,如果或有事项发生的可能性更大(超过 50%),且该项金额可以估计,IFRS 要求通过会计分录计提或有事项准备。	无论 FASB 和 IASB 目前研究项目的结果如何,在资产负债表中将确认更多的负债。
或有负债 (第9章)	或有负债披露	FASB 已经重申,在近期(1 年之内),准则征求意见稿关于或有损失的披露要求会大大增加,这一变化会带来重大影响(对企业来讲将会非常严重,甚至会引起巨大波动)。另外,征求意见稿还要求采用定量化表格的形式披露近年来应计或有损失的变动金额(增加或减少)。	IASB 已着手研究现有准则关于披露的要求,并重申在未来几年会增加或有损失的披露要求。	无论 FASB 和 IASB 目前研究项目的结果如何,在资产负债表中将确认更多的负债。

续表

会计科目	专题	GAAP	IFRS	采用 IFRS 的影响
租赁负债 (第9章)	租赁分类	FASB 和 IASB 颁布了一项联合征求意见稿,旨在取消经营租赁。租赁资产未来应付款的现值将在资产"使用权"的类别下摊销。相关的负债将作为"长期负债项目——未来租赁付款"列报。	现有的相关规范与 GAAP 相同。	在多数情形下,租赁被确认为融资租赁,从而导致在资产负债表上确认更多的长期资产和长期负债。
收入 (第5章和第11章)	收入确认	FASB 和 IASB 最近发布了一个新的联合标准——基于五步法的收入确认模型。新准则于 2015 年颁布,并于 2018 年开始实施。对于商品零售行业(本书中涉及的大量案例),GAAP 和 IFRS 对收入确认的规范已基本一致。	IASB 与 FASB 的新收入确认准则是联合项目研究的结果,因此在 2018 年新收入准则实施后,GAAP 和 IFRS 之间关于收入确认的差异将消除,并趋于一致。	新标准将全球收入确认的方式标准化。
利息收入和利息费用 (第12章)	间接法现金流量表列报 直接法现金流量表列报	使用间接法编制现金流量表时,由于利息收入和利息费用是净利润的组成部分,所以包括在经营活动中(作为净利润的一部分)。因此,利息收入和利息费用不属于投资活动。	使用间接法编制现金流量表时,将利息收入和利息费用从净利润中剔除(调整分录,与折旧费用调整类似)。无论是使用直接法还是间接法编制现金流量表,利息收入属于投资活动,而利息费用则属于筹资活动。	在现金流量表中,利息收入和利息费用将被重新分类。

教学支持说明